Crecimiento económico

Crecimiento económico

Robert J. Barro | Xavier Sala-i-Martin

EDITORIAL
REVERTÉ

Barcelona · Bogotá · Buenos Aires · México

Registro bibliográfico (ISBD)

Barro, Robert J.

[Economic Growth. Español]

Crecimiento económico / Robert J. Barro, Xavier Sala-i-Martin ; versión española traducida por Gotzone Pérez Apilanez ; revisada por Robert Andrew Robinson y José Ramón de Espínola Salazar. – Versión española de la 2ª ed inglesa. – Barcelona : Reverté, 2009, 2012

XVIII , 660 p. : il. ; 25 cm.

Ed. orig.: Economic Growth. 2ª ed. Cambridge MIT Press, cop. 2004. – Índice.

B. 26591-2012. – ISBN 978-84-291-2608-2.

1. Ciencia económica. I. Sala-i-Martin, Xavier. II. Pérez Apilanez, Gotzone, trad. III. Robinson, Robert, Andrew, rev. IV. Espínola Salazar, José Ramón de, rev. V. Título.

330

Título de la obra original:

Economic Growth. Second Edition

Edición original en lengua inglesa publicada en Estados Unidos por:

The MIT Press. 55 Hyward Street. Cambridge, Massachusetts 02142-1315, USA

Edición en español:

Edición en papel
ISBN: 978-84-291-2608-2

Edición ebook (PDF)
ISBN: 978-84-291-9428-9

Versión española traducida por:

Gotzone Pérez Apilanez
Licenciada en Administración y Gestión de Empresas
Licenciada en Traducción e Interpretación

Revisada por:

Robert Andrew Robinson
José Ramón de Espínola
Profesores del Departamento de Economía
Universidad Pontificia Comillas

Propiedad de:

EDITORIAL REVERTÉ, S. A.
Loreto, 13-15. Local B
08029 Barcelona. ESPAÑA
Tel: (34) 93 419 33 36
Fax: (34) 93 419 51 89
reverte@reverte.com
www.reverte.com

Impreso en España - *Printed in Spain*

Depósito Legal: B. 26591-2012
Impresión:

1323

Para Rachel
—Robert J. Barro

A la memòria dels meus estimats Joan Martín Pujol i Ramon Oriol Martín Montemayor
—Xavier Sala-i-Martin

Prólogo

¿Hay algo que pueda hacer el gobierno de la India para que su economía crezca como las de Indonesia o Egipto? Si la respuesta es sí, ¿qué exactamente? Si la respuesta es no, ¿qué ocurre en India que hace que así sea? Son asombrosas las consecuencias que para el bienestar de la humanidad entrañan preguntas como éstas: una vez que se empieza a pensar en ellas, resulta difícil pensar en cualquier otra cosa.[1]

Robert E. Lucas, Jr. (1988)

En cierto sentido, los economistas siempre han sabido de la importancia del crecimiento. No obstante, en el núcleo de la disciplina, el estudio del crecimiento económico languidecía desde finales de los años 1960. Tras un lapso de dos décadas, este tipo de investigación renació a finales de los ochenta. La nueva investigación arrancó con los modelos de determinación del crecimiento a largo plazo, un área que hoy en día se conoce por el nombre de teoría del crecimiento endógeno. Otra reciente investigación amplió el viejo modelo neoclásico del crecimiento especialmente para obtener las implicaciones empíricas de convergencia entre economías. Este libro aúna los nuevos resultados con la exposición de la principal investigación surgida a partir de los años cincuenta y hasta principios de la década de 2000. El análisis hace hincapié en las implicaciones empíricas de las teorías y en la relación de estas hipótesis con los datos y pruebas empíricas. Esta combinación de teoría y trabajo empírico es el aspecto más estimulante de la investigación actual en el campo del crecimiento económico.

La introducción explica los motivos del estudio emprendido, resalta algunas regularidades empíricas claves del proceso de crecimiento y expone una breve historia de la teoría moderna del crecimiento. Los capítulos 1 y 2 analizan el modelo neoclásico del crecimiento, a partir de Solow-Swan en los años cincuenta pasando por Cass-Koopmans y Ramsey en los sesenta, hasta llegar a los más recientes perfeccionamientos del modelo. El capítulo 3 analiza ampliaciones del modelo incorporando el sector público, permitiendo costes de ajuste de la inversión, así como relaciones exteriores y modelos de familias con horizonte finito. Los capítulos 4 y 5 tratan las versiones de la teoría del crecimiento endógeno que se basan en ren-

1. Estas acertadas palabras de Lucas se han convertido probablemente en el fragmento más citado de la literatura del crecimiento. Resulta pues irónico (y se menciona muy poco) que, en las mismas fechas en las que Lucas redactaba su trabajo, India ya había empezado a crecer más deprisa que Indonesia o Egipto. Las tasas de crecimiento del PIB per cápita entre 1960 y 1980 fueron 3,2 % en Egipto, 3,9 % en Indonesia y 1,5 % en la India. Por el contrario, entre 1980 y 2000, las tasas de crecimiento del PIB per cápita fueron 1,8 % en Egipto, 3,5 % en Indonesia y 3,6 % en India. Así pues, parece ser que el gobierno de India ha superado el reto de Lucas, mientras que Egipto no.

dimientos constantes de los factores reproducibles. Los capítulos 6, 7 y 8 analizan modelos más recientes de progreso tecnológico e I+D, incluyendo ampliaciones de la variedad y la calidad de los productos y la difusión de la tecnología. El capítulo 9 tiene en cuenta la determinación endógena de la oferta de trabajo y la población, incluyendo modelos de migración, fertilidad y elección trabajo-ocio. El capítulo 10 analiza los principios básicos de la contabilidad del crecimiento y aplica este marco a los modelos de crecimiento endógeno. El capítulo 11 trata el análisis empírico por regiones, incluyendo los estados de EE. UU. y regiones de Europa y Japón. El capítulo 12 analiza las pruebas empíricas del crecimiento económico de un amplio grupo de países entre 1960 y 2000.

El libro está redactado para alumnos de primer año de tercer ciclo de economía. La primera edición ha sido ampliamente utilizada en cursos de tercer ciclo de Macroeconomía, Crecimiento económico y Desarrollo económico. La mayoría de los capítulos incluyen problemas que sirven de guía a los alumnos, desde ejercicios más rutinarios hasta ampliaciones de los modelos que exigen una mayor reflexión. Matemáticamente, se hace uso de ecuaciones diferenciales y técnicas de optimización dinámica, que se tratan en el apéndice matemático con el que se cierra el texto. El libro es útil en asignaturas optativas para alumnos de licenciatura que dominan este nivel matemático. La primera edición ha sido utilizada en este sentido en el mundo entero.

Hemos hecho buen uso de los comentarios y sugerencias de Daron Acemoglu, Philippe Aghion, Minna S. Andersen, Marios Angeletos, Elsa V. Artadi, Abhijit Banerjee, Paulo Barelli, Gary Becker, Olivier Blanchard, Juan Braun, Francesco Caselli, Paul Cashin, Daniel Cohen, Irwin Collier, Diego Comin, Michael Connolly, Michelle Connolly, Ana Corbacho, Vivek Dehejia, Marcelo Delajara, Gernot Doppelhoffer, Paul Evans, Rosa Fernandez, Monica Fuentes-Neira, Xavier Gabaix, Oded Galor, Victor Gomes Silva, Zvi Griliches, Gene Grossman, Christian Groth, Laila Haider, Elhanan Helpman, Toshi Ichida, Dale Jorgenson, Ken Judd, Jinill Kim, Michael Kremer, Phil Lane, Stephen Lin, Norman Loayza, Greg Mankiw, Kiminori Matsuyama, Sanket Mohapatra, Casey Mulligan, Kevin M. Murphy, Marco Neuhaus, Renger van Nieuwkoop, Sylvia Noin-McDavid, Joan O'Connell, Salvador Ortigueira, Lluis Parera, Pietro Peretto, Torsten Persson, Danny Quah, Climent Quintana, Rodney Ramchandran, Jordan Rappaport, Sergio Rebelo, Joan Ribas, Paul Romer, Joan Rossello, Michael Sarel, Etsuro Shioji, Chris Sims, B. Anna Sjögren, Nancy Stokey, Gustavo Suarez, Robert Tamura, Silvana Tenreyro, Merritt Tilney, Aaron Tornell, Nuri Ucar, Jaume Ventura, Martin Weitzman, Arthur Woll y Alwyn Young.

Sobre los autores

Robert J. Barro es Robert C. Waggoner, profesor de Economía de la Universidad de Harvard. Es licenciado en Física por Caltech y doctor en Economía por Harvard. Ha ejercido la docencia en Rochester, Chicago y Brown. Es un señalado columnista del diario *Business Week*, miembro de la Hoover Institution de Stanford e investigador asociado del National Bureau of Economic Research. En 2003 fue elegido presidente de la Western Economic Association, entre 1997 y 1998 fue vicepresidente de la American Economic Association y entre 1994 y 1995 fue nombrado investigador (Houblon-Norman Research Fellow) del Banco de Inglaterra. Está casado con Rachel McCleary, junto a la que dirige el Proyecto Religión, Economía y Sociedad de la Universidad de Harvard.

Xavier Sala-i-Martín es profesor de Economía de la Universidad de Columbia y es profesor asociado de la Universidad Pompeu Fabra de Barcelona. Es licenciado en Ciencias por la Universitat Autònoma de Barcelona y doctor por la Universidad de Harvard. Es investigador asociado del National Bureau of Economic Research y del Center of European Policy Research. Es también columnista en el diario La Vanguardia de Barcelona y ha participado en numerosos programas del Canal 3 de la televisión catalana y Catalunya Radio. Es consejero económico senior del World Economic Forum (Foro económico mundial/internacional) y miembro del Consejo de la Fundación Catalunya Oberta. En 1992, 1995, 1998 y 1999 los estudiantes de Yale y Columbia le otorgaron el galardón Distinguished Teacher Award por sus clases de crecimiento económico.

Índice de contenidos

Introducción

I.1. La importancia del crecimiento

A fin de entender la importancia del crecimiento económico, evaluemos la actuación a largo plazo de la economía estadounidense. El producto interior bruto (PIB) real per cápita de los EE.UU. se multiplicó por diez entre 1870 y 2000 pasando de 3.340 dólares a 33.330 dólares, ambas cifras expresadas en dólares de 1996. Este crecimiento del PIB per cápita se traduce en una tasa de crecimiento del 1,8 % anual. Esta actuación proporcionó a los EE.UU. el segundo PIB per cápita mayor del mundo en 2000 (sólo por detrás de Luxemburgo, que cuenta con una población de 400.000 habitantes).[1]

Para apreciar las consecuencias de diferencias, aparentemente pequeñas, en las tasas de crecimiento cuando se acumulan en largos periodos de tiempo, vamos a calcular cuál habría sido el PIB de los EE.UU. en 2000 si desde 1870 hubiese crecido a una tasa del 0,8 %, un punto menos que la tasa actual. La tasa de crecimiento del 0,8 % es bastante parecida a la lograda a largo plazo (entre 1900 y 1987) por la India (0,64 %), Pakistán (0,88 %) y las Islas Filipinas (0,86 %). Si los EE.UU. hubieran tenido en 1870 un PIB per cápita de 3.340 dólares y hubieran crecido a un 0,8 % anual durante los 130 años siguientes, su PIB per cápita en 2000 hubiese alcanzado 9.450 dólares, sólo 2,8 veces el valor de 1870 y el 28 % de 33.300 dólares, el valor real de 2.000. Así, en vez de ser el segundo país con el PIB per cápita más alto en el año 2.000, habría ocupado el puesto cuarenta y cinco entre los 150 países para los que se dispone de datos. Dicho de otro modo, si la tasa de crecimiento anual hubiera sido tan sólo un punto inferior, el PIB per cápita de los EE.UU. en 2.000 habría sido semejante al de México o Polonia.

Y al contrario, suponga que la tasa de crecimiento del PIB real per cápita de los EE.UU. desde 1870 hubiera sido del 2,8 % anual, un punto más que su valor actual. Esta tasa de crecimiento se aproxima a las experimentadas a largo plazo por Japón (2,95 % anual entre 1890 y 1990) y Taiwán (2,75 % anual entre 1900 y 1987). Si los EE.UU. hubieran tenido en 1870 un PIB per cápita de 3.340 dólares y hubieran crecido al 2,8 % anual durante los 130 años siguientes, su PIB per cápita en 2000 habría alcanzado 127.000 dólares, 38 veces más que en 1870 y 3,8 veces 33.300 dólares, el valor actual en 2000. Un PIB per cápita de 127.000 dólares es un dato muy alejado de la experiencia de cualquier país, y tal vez sea un objetivo irrealizable (aunque muy probablemente las personas de 1870 hubieran pensado lo mismo de 33.300 dólares). Sin embargo, podemos decir que si la tasa de crecimiento a largo

1. Los datos del PIB a largo plazo han sido tomados de Maddison (1991) y se analizarán en el capítulo 12. Los datos recientes han sido tomados de Heston, Summers y Aten (2002) y también se analizarán en el capítulo 12.

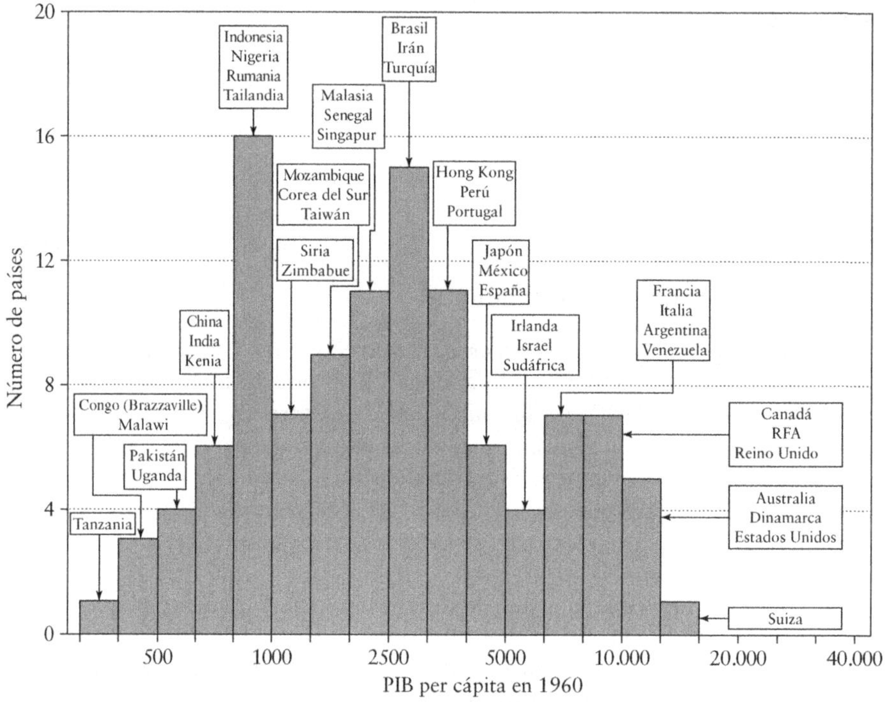

ILUSTRACIÓN I.1 I Histograma del PIB per cápita en 1960. Los datos de 113 países corresponden a los valores ajustados en paridad del poder adquisitivo (PPA), de las World Penn Tables versión 6.1, tal y como aparecen en Summers y Heston (1991) y Heston, Summers y Aten (2002). Dentro de cada grupo se señalan países representativos.

plazo de los EE.UU. se mantuviera, ello implicaría que los EE. UU. no alcanzarían en PIB per cápita de 127.000 dólares hasta el año 2074.

En la comparación de los niveles de PIB per cápita durante un siglo aparecen cifras hasta veinte veces mayores que las iniciales. Por ejemplo, el PIB per cápita de Japón en 1990 era alrededor de veinte veces superior al de 1890. Las comparaciones de los niveles de PIB per cápita entre países en un momento dado, revelan aumentos aún mayores. La ilustración I.1 muestra un histograma de los logaritmos del PIB per cápita real de 113 países en 1960(aquellos para los que se dispone de datos). El valor promedio es de 3.390 dólares de PIB per cápita (en dólares de 1996). La desviación típica del logaritmo del PIB per cápita, que mide la dispersión proporcional del PIB per cápita real, era de 0,89. Esta cifra significa que una banda con una anchura de 1 desviación típica en torno al promedio abarcaba un intervalo desde 0,41 veces el promedio hasta 2,4 veces dicho promedio. El mayor PIB per cápita, los 14.980 dólares de Suiza, era 39 veces superior al menor de todos, los 381 dólares de Tanzania. Los EE.UU. tenían el segundo PIB per cápita más alto, con 12.270 dólares. La ilustración señala diversos países representativos de cada intervalo de PIB per cápita. La interpretación general es que entre los países más ricos se encuentran los de la OCDE y unos pocos latinoamericanos, como Argentina y Venezuela. La mayor parte de América Latina se situaba en un intervalo intermedio de PIB per cápita. Los países más pobres se encontraban en África y Asia, pero entre los asiáticos varios entraban en un intervalo intermedio del PIB per cápita.

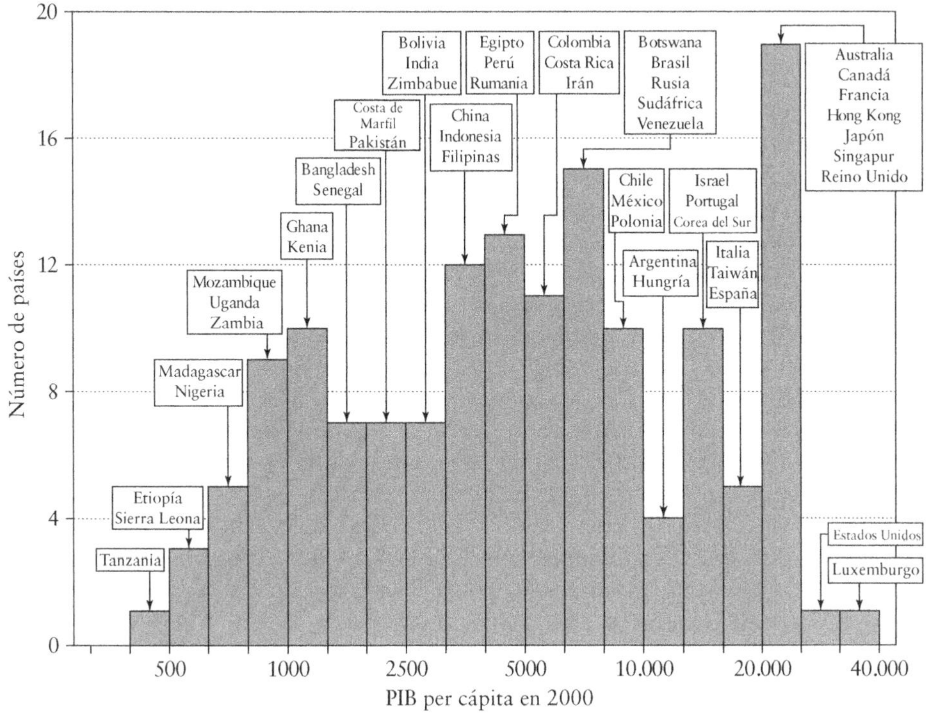

ILUSTRACIÓN I.2 I Histograma del PIB per cápita en 2000. Los datos de 150 países se han obtenido de las fuentes señaladas en la ilustración I.1. Dentro de cada grupo se señalan países representativos.

La ilustración I.2 muestra un histograma similar del año 2000, esta vez de 150 países. El valor promedio del PIB per cápita en este caso es de 8.490 dólares, dos veces y media el valor de 1960. La desviación típica del logaritmo del PIB per cápita de 2000 era de 1,12, lo que entraña que la banda de 1 desviación típica abarcaba desde 0,33 veces el promedio hasta 3,1 veces dicho promedio. Así pues, la dispersión proporcional del PIB per cápita aumentó entre 1960 y 2000. El mayor valor en 2000, los 43.990 dólares de Luxemburgo, era 91 veces mayor que el valor más pequeño, los 482 dólares de Tanzania (la República Democrática del Congo era aún más pobre, pero no se disponía de datos de 2000). Si obviamos Luxemburgo debido a su pequeño tamaño y comparamos el PIB per cápita de Tanzania con el segundo mayor, el de los EE.UU., éste es 69 veces mayor que el primero. En la ilustración I.2 de nuevo aparecen señalados países representativos dentro de cada intervalo de PIB per cápita. Los países de la OCDE siguen dominando el grupo de cabeza, junto con algunos países del este asiático. La mayoría de los restantes países asiáticos estaban en el grupo intermedio de PIB per cápita al igual que la mayoría de los latinoamericanos. En el intervalo inferior en 2000 predominaban los países del África subsahariana.

Para apreciar las diferencias de PIB per cápita que predominan en 2000, analicemos la situación de Tanzania, el país más pobre entre los mostrados en la ilustración I.2. Si Tanzania creciera a la tasa a largo plazo de los EE.UU., es decir a un 1,8 % anual, tardaría 235 años en alcanzar la cifra de PIB per cápita de los EE.UU. de

2000 y si creciera a la tasa a largo plazo de Japón, el 2,75 % anual, necesitaría 154 años para alcanzar dicha cifra.

Para los 112 países de los que se dispone información, la tasa de crecimiento promedio del PIB per cápita real entre 1960 y 2000 fue del 1,8 % anual, casualmente la misma cifra que la tasa a largo plazo de los EE.UU., y la desviación típica fue de 1,7.[2] La ilustración I.3 muestra un histograma de estas tasas de crecimiento. El intervalo abarca desde −3,2 % anual de la República Democrática del Congo (antiguo Zaire) hasta 6,4 % anual de Taiwán. (Si no fuera por la falta de datos, el país con crecimiento más bajo sería probablemente Irak.) Diferencias de esta magnitud en las tasas de crecimiento durante cuarenta años tienen consecuencias enormes sobre los niveles de vida. Taiwán multiplicó su PIB per cápita real por 13 desde 1.430 dólares de 1960 (puesto 76 de 113 países) hasta 18.730 dólares de 2000 (puesto 24 de 150), mientras que en la República Democrática del Congo el PIB per cápita real disminuyó casi un 70 %, de 980 dólares de 1960 (puesto 93 de 113) hasta 320 dólares de 1995. Si no fuera porque faltan los datos de 2000, habría tenido el PIB per cápita más bajo ese año.

Otros países tuvieron entre 1960 y 2000 tasas de crecimiento casi tan altas como la de Taiwán. Los que superaron el 5 % anual fueron Singapur, con un 6,2 % anual, Corea del Sur, con un 5,9 %, Hong-Kong, con un 5,4 % y Botswana, con un 5,1 % anual. Durante cuarenta años, estos países han multiplicado al menos por siete sus niveles de PIB per cápita. Justo después se sitúan Tailandia y Chipre, con un crecimiento del 4,6 %, China, con un 4,3 %, Japón, con un 4,2 % (con un crecimiento rápido sobre todo en los setenta) e Irlanda, con un 4,1 %. La ilustración I.3 muestra que otros países de la OCDE aparecen en los siguientes grupos de mayor crecimiento, junto a unos pocos países latinoamericanos (Brasil y Chile, entre otros) y varios asiáticos (Indonesia, India, Pakistán y Turquía). Los EE.UU. ocupaban el puesto cuadragésimo con una tasa de crecimiento del 2,5 %.

En la cola del crecimiento, sin contar la República Democrática del Congo, había otros 16 países con tasas de crecimiento del PIB per cápita real negativas entre 1960 y 2000. La lista, que sería considerablemente más larga de no faltar datos, la integraban la República Centroafricana, Níger, Angola, Nicaragua, Mozambique, Madagascar, Nigeria, Zambia, Chad, Islas Comores, Venezuela, Senegal, Ruanda, Togo, Burundi y Mali. Así que, con la excepción de Nicaragua y Venezuela, este grupo está formado sólo por países subsaharianos. Para los 38 países subsaharianos de los que existen datos, la tasa de crecimiento promedio entre 1960 y 2000 fue de tan sólo 0,6 % anual. En consecuencia, en un periodo de cuarenta años, el país subsahariano típico vio multiplicado su PIB per cápita en tan sólo 1,3 veces. Con tasas de crecimiento algo superiores a las africanas encontramos varios países latinoamericanos con poco crecimiento: Bolivia, Perú y Argentina.

Generalizando las experiencias de crecimiento por regiones, se puede afirmar que el África subsahariana comenzó siendo relativamente pobre en 1960 y creció a la tasa más baja, con lo que en 2000 era con gran diferencia, la zona geográfica más pobre. En muchos casos, Asia comenzó sólo ligeramente por encima de África,

2. Estos datos estadísticos incluyen la República Democrática del Congo (el antiguo Zaire) del que se disponen datos entre 1960 y 1995.

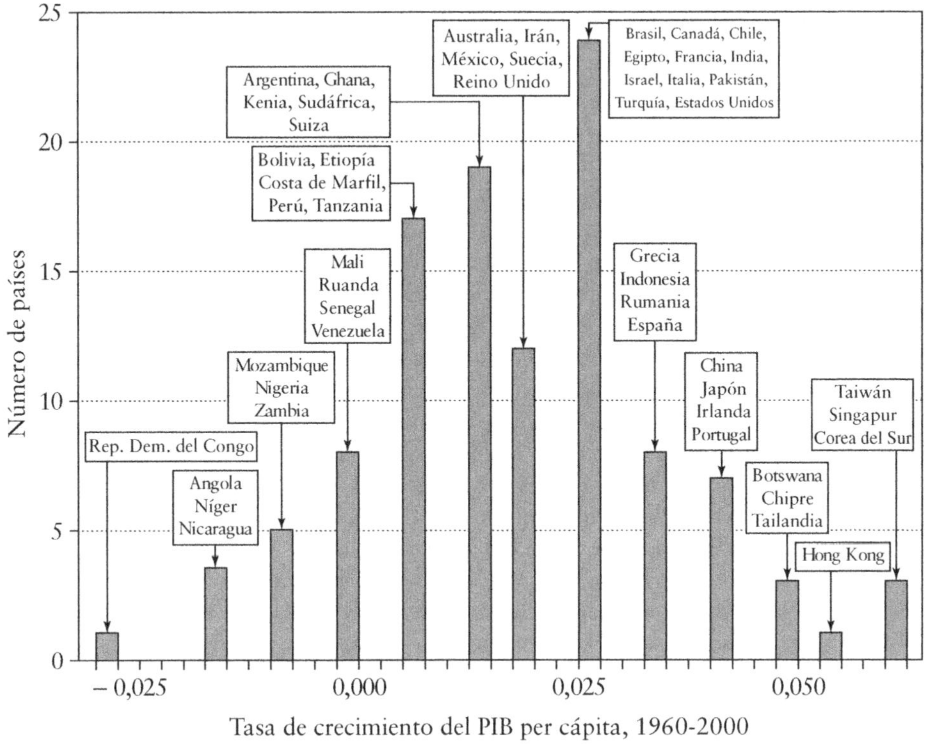

ILUSTRACIÓN I.3 | Histograma de la tasa de crecimiento del PIB per cápita entre 1960 y 2000. Las tasas de crecimiento se calculan para los 112 países a partir de las cifras de PIB per cápita entre 1960 y 2000 de las ilustraciones I.1 e I.2. En el caso de la República Democrática del Congo (antiguo Zaire) la tasa de crecimiento abarca el periodo 1960-1995. La RFA es el único país incluido en la ilustración I.1 (para 1960) que no lo está en la I.3 (por problemas con los datos debidos a la reunificación de Alemania). Dentro de cada grupo se indican países representativos.

pero creció con rapidez y en 2000 se encontraba en el grupo intermedio. América Latina empezó en el grupo medio-alto, creció algo por debajo del promedio y en consecuencia en 2000 se encontraba en el grupo intermedio, con Asia. Por último, los países de la OCDE se encontraban en cabeza en 1960, crecieron a un ritmo promedio o superior y por lo tanto terminaron siendo los más ricos.

Si queremos entender por qué los países tienen niveles de vida tan distintos (ilustraciones I.1 e I.2) tenemos que entender por qué los países tienen tasas de crecimiento a largo plazo tan distintas (ilustración I.3). Incluso pequeñas diferencias en las tasas de crecimiento, acumuladas a lo largo de cuarenta años o más, tienen consecuencias sobre los niveles de vida mucho más importantes que las fluctuaciones del ciclo económico a corto plazo que tradicionalmente han recibido la atención de los macroeconomistas. En otras palabras, si podemos entender cuáles son las medidas de política económica que influyen en las tasas de crecimiento a largo plazo, por pequeña que sea dicha influencia, podremos contribuir mucho más a la mejora de los niveles de vida que las aportaciones hechas en toda la historia del análisis macroeconómico por las políticas estabilizadoras y reductoras de las fluctuaciones. El crecimiento económico, la materia de este libro, es el ámbito de la macroeconomía que de verdad importa.

I.2. La distribución de la renta mundial

A pesar de que en este libro nos centramos en los determinantes teóricos y empíricos del crecimiento económico, no debemos olvidar que el crecimiento tiene importantes repercusiones sobre el bienestar de los individuos. De hecho, el crecimiento es probablemente el factor que por sí solo tiene una mayor influencia sobre los niveles de vida individuales. Así pues, entender los factores determinantes del crecimiento económico es básico para entender cómo aumentar los niveles de vida de la población y, en consecuencia, reducir la pobreza mundial.

La ilustración I.4 muestra la evolución del PIB per cápita mundial entre 1970 y 2000.[3] Es evidente que el habitante medio del planeta se ha enriquecido con el tiempo. Sin embargo, la tasa de crecimiento promedio positiva durante las tres últimas décadas no debe interpretarse como que la renta de todos los individuos ha aumentado en dicho periodo. En concreto, no significa que los ingresos de los más pobres hayan aumentado ni tampoco que el número de personas cuyos ingresos están por debajo de un cierto umbral de pobreza (digamos un dólar diario, tal y como lo define el Banco Mundial) haya disminuido.[4] De hecho, si la desigualdad aumentara a la vez que el crecimiento económico sería posible que en el mundo se produjera al mismo tiempo un crecimiento positivo del PIB per cápita y un incremento del número de personas por debajo del umbral de pobreza. Para evaluar de qué manera influye el crecimiento sobre la pobreza, Sala-i-Martín (2003a) calcula la distribución mundial de la renta individual. Para hacerlo, utiliza datos microeconómicos derivados de encuestas y datos agregados de PIB de países para todos los años entre 1970 y 2000.[5] El resultado para 1970 aparece en la ilustración I.5. En el eje de abscisas aparece el nivel de renta (en escala logarítmica) y en el eje de ordenadas el número de personas. Las curvas de trazo más fino representan las distribuciones de renta de los países por separado. Observe, por ejemplo, que China (el país más poblado del planeta) tiene una parte importante de su distribución por debajo del umbral del dólar diario, al igual que India y un gran número de pequeños países. Este patrón contrasta con la posición de países como EE.UU., Japón, o la propia

3. El "mundo" en este caso está formado por 126 países (139 tras la descomposición de la URSS en 1989) en Sala-i-Martín (2003a, 2003b). Los habitantes de estos 126 países representan el 95 % de la población mundial. El PIB per cápita mundial se estima sumando los datos de los países individuales de Heston, Summers y Aten (2002) y dividiendo el total resultante entre la población mundial.

4. La búsqueda de un umbral de pobreza "verdadero" tiene una larga historia, pero el actual umbral de "menos de un dólar al día" se remonta a 1990 y fue utilizado por el Banco Mundial. Éste definió en principio el umbral de pobreza como un dólar al día con los precios de 1985. A pesar de que la propia definición del Banco Mundial cambió más tarde a 1,08 dólares en dólares de 1993 (observe que un dólar de 1985 no equivale a 1,08 dólares de 1993), hemos decidido utilizar la definición original de un dólar diario en precios de 1985. Un dólar al día o 365 dólares al años a precios de 1985 se convierte en 495 dólares anuales en precios de 1996, que es el año base de los datos de Heston, Summers y Aten (2002) utilizados para construir la distribución de la renta mundial. De acuerdo con Bhalla (2002), Sala-i-Martín (2003a) ajusta el umbral de pobreza con un aumento del 15 % para corregir es sesgo provocado por los datos infravalorados de los ricos. Este ajuste significa que nuestro umbral de pobreza de "un dólar al día" es de 570 dólares anuales (o 1,5 dólares diarios) en dólares de 1996.

5. Sala-i-Martín (2003b) construye una distribución análoga estimando el número de personas cuyo gasto de consumo personal es menor de un dólar diario. El uso del consumo, en vez de la renta, se ajusta mejor al concepto de "pobreza extrema" utilizado por los organismos internacionales como el Banco Mundial y la ONU. Sin embargo, el consumo individual tiene la desventaja de no contemplar ni los servicios públicos ni el ahorro.

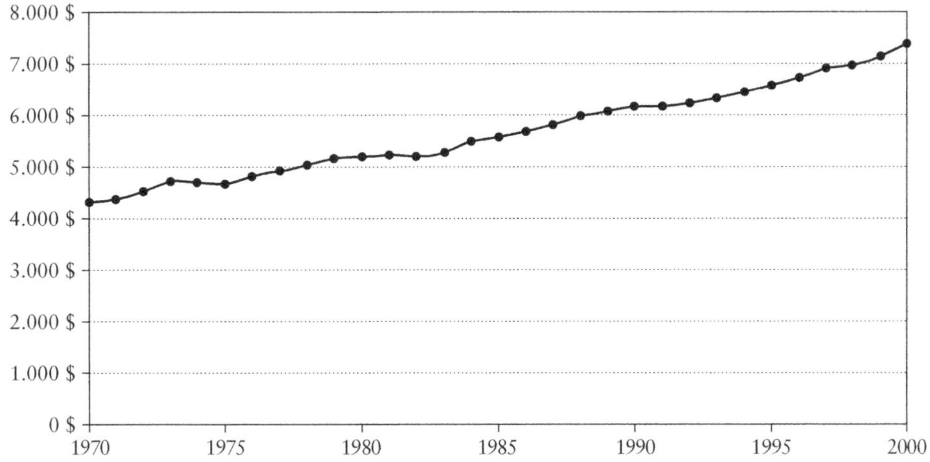

ILUSTRACIÓN I.4 | PIB per cápita mundial, 1970-2000. El PIB per cápita mundial es el sumatorio de los PIB de 126 países (139 tras la descomposición de la URSS) dividido entre la población. La muestra de 126 países es la utilizada por Sala-i-Martín (2003a) y equivale al 95 % de la población mundial.

URSS, en los que sólo una fracción muy pequeña de su distribución está por debajo del umbral del dólar diario. La curva más gruesa de la ilustración I.5 es la integral de todas las distribuciones individuales. En consecuencia esta curva corresponde a la distribución de la renta mundial en 1970. De nuevo, buena parte de los ciudadanos del mundo eran en 1970 pobres (es decir, tenían rentas por debajo del dólar diario).

La ilustración I.6 muestra estas mismas distribuciones en 2000. Si se compara la distribución de 1970 con la de 2000 se observan varios hechos de interés. En primer lugar, la distribución de la renta mundial se ha desplazado hacia la derecha. Este desplazamiento equivale al crecimiento acumulado del PIB per cápita. En segundo lugar, vemos que, teniendo como base la evolución de la renta mundial, se produce una evolución positiva de las rentas de la mayoría de los países. La mayoría de los países incrementaron su renta per cápita y, por tanto, se desplazaron a la derecha. En tercer lugar, vemos que la dispersión de las distribuciones de algunos países, muy especialmente China, ha aumentado en este periodo. En otras palabras, la desigualdad de rentas ha aumentado en algunos países grandes. En cuarto lugar, los aumentos de la desigualdad dentro de algunos países no ha sido suficiente para compensar el crecimiento per cápita agregado, con lo que el porcentaje de la población mundial cuyas rentas están por debajo del umbral de pobreza ha disminuido espectacularmente.

El porcentaje exacto de la población mundial que vive por debajo del umbral de pobreza se puede calcular a partir de las distribuciones estimadas por Sala-i-Martín (2003a).[6] Estas tasas de pobreza, expuestas en la ilustración I.7 se han dividido por tres: mientras que en 1970 el 20 % de los ciudadanos del mundo eran pobres, en

6. El Banco Mundial, la ONU y muchos investigadores individuales definen pobreza en términos de consumo y no de renta. Sala-i-Martín (2003b) calcula las tasas de pobreza y el número de personas mediante el consumo. La evolución de la pobreza en términos de consumo es similar a la expuesta aquí en términos de renta, aunque, evidentemente, las tasas de pobreza son mayores si se utiliza el consumo en vez de la renta manteniendo el mismo umbral de pobreza.

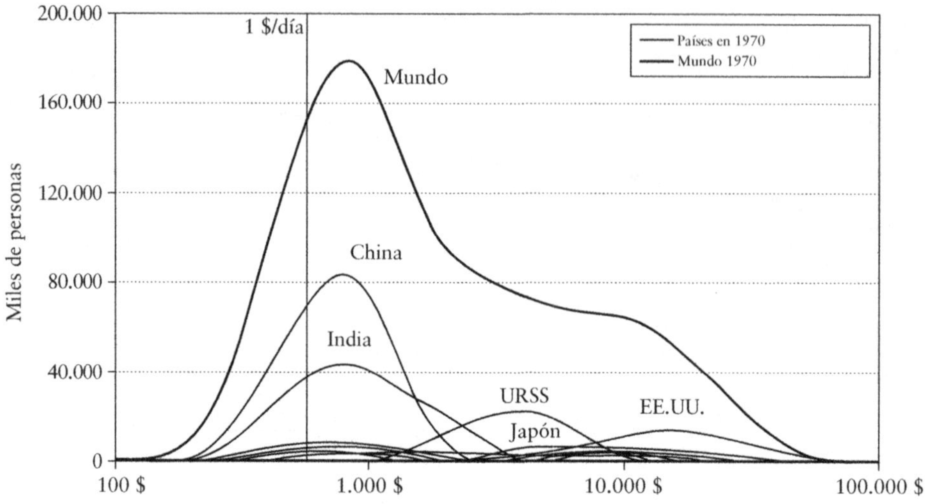

ILUSTRACIÓN I.5 | La distribución de la renta mundial en 1970. La renta aparece en el eje de abscisas (en escala logarítmica) y el número de personas en el de ordenadas. Las curvas de trazo más fino corresponden a distribuciones de renta de países por separado. La curva de trazo más grueso es la integral de las distribuciones individuales de los países y equivale a la distribución de la renta mundial. La recta vertical señala el umbral de pobreza (que corresponde a un dólar diario a precios de 1985). Fuente: Sala-i-Martín (2003a).

2000 esta cifra se había reducido al 7 %.[7] Entre 1970 y 1978 el crecimiento de la población más que compensó la reducción de las tasas de pobreza. De hecho, Sala-i-Martín (2003a) muestra que durante dicho periodo el número total de pobres aumentó en veinte millones de personas. Ahora bien, a partir de 1978, el número total de personas con unos ingresos inferiores al umbral de un dólar diario se redujo en más de 300 millones. Este logro es aún más llamativo si tenemos en cuenta que la población total aumentó en más de 1600 millones de personas durante el mismo periodo.

La conclusión que salta a la vista es que durante los últimos treinta años, el crecimiento económico fue causa de una reducción importante de las tasas de pobreza mundiales y del número de pobres en el mundo. Como se dijo anteriormente, podía no haber sido así: si el crecimiento agregado hubiera venido acompañado de aumentos importantes de la desigualdad de renta, podría haberse dado el caso de que el valor promedio de la renta hubiese aumentado pero que al mismo tiempo también hubiera aumentado el porcentaje de la distribución situada por debajo de un umbral de pobreza concreto. Sala-i-Martín (2003a) demuestra que, aunque este resultado es posible desde el punto de vista teórico, no es esto lo que ocurrió en la práctica durante los últimos treinta años. Es más, también demuestra que, en realidad, la desigualdad de la renta mundial disminuyó ligeramente entre 1980 y 2000. Esta conclusión se cumple aunque se mida la desigualdad mediante el coeficiente de Gini, el índice de Theil, la media de la desviación logarítmica, los diversos índices de Atkinson, la varianza del logaritmo de la renta o el coeficiente de variación.

7. Sala-i-Martín (2003a) expone funciones de distribución acumulada (FDA) para 1970, 1980, 1990 y 2000. Usando estas funciones, es fácil observar que las tasas de pobreza han descendido espectacularmente durante los últimos treinta años, independientemente de la elección del umbral de pobreza. Así pues, la conclusión de que el crecimiento ha reducido la pobreza tiene una base sólida.

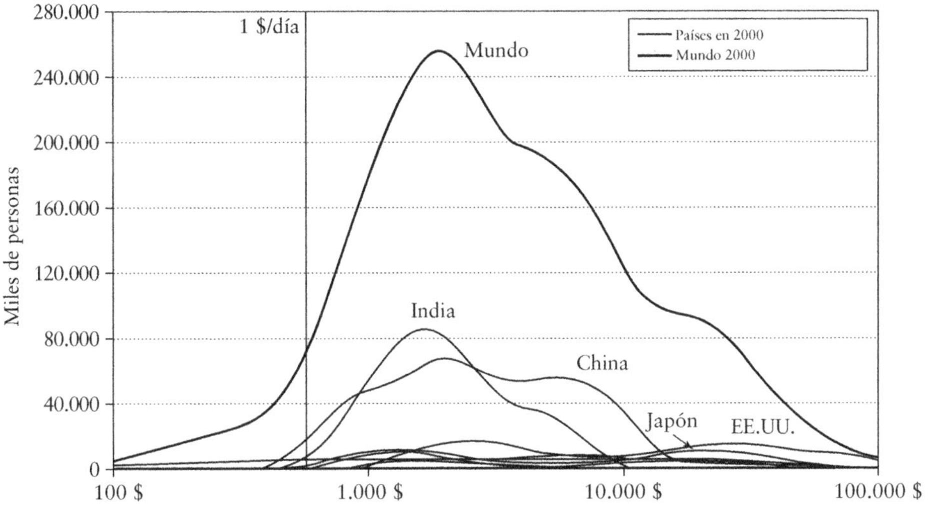

ILUSTRACIÓN I.6 | La distribución de la renta mundial en 2000. La renta aparece en el eje de abscisas (en escala logarítmica) y el número de personas en el de ordenadas. Las curvas de trazo más fino corresponden a distribuciones de la renta de los países por separado. La curva de trazo más grueso es la integral de las distribuciones individuales de los países y representa la distribución de la renta mundial. La recta vertical señala el umbral de pobreza (que corresponde a un dólar diario a precios de 1985). Fuente: Sala-i-Martín (2003a).

Sala-i-Martín (2003a) clasifica el mundo en regiones y señala que la erradicación de la pobreza ha sido más marcada en aquellas regiones en las que ha habido un mayor crecimiento. La ilustración I.8 recoge las tasas de pobreza de las regiones más pobres del mundo: este de Asia, Asia meridional, América Latina, África, Oriente medio y norte de África (OMNA), Europa oriental y Asia central. En 1970, tres de estas regiones tenían tasas de pobreza cercanas o superiores al 30 %. Dos de ellas (este de Asia y Asia meridional) han experimentado disminuciones importantes de dichas tasas. Estas son también las regiones que tuvieron tasas de crecimiento positivo elevadas. En cambio, África ha visto elevarse dramáticamente sus tasas de pobreza durante los últimos treinta años. También sabemos que las tasas de crecimiento per cápita fueron negativas o próximas a cero en la mayoría de los países africanos. En la ilustración I.8 también aparecen dos regiones que en 1970 tenían tasas de pobreza cercanas al 10 %: América Latina y OMNA. En ambas han disminuido las tasas de pobreza. En Latinoamérica la reducción de la pobreza fue espectacular en los setenta, una década en la que las tasas de crecimiento fueron altas, pero sufrió un revés durante los ochenta ("la década perdida", en la que se dieron tasas negativas de crecimiento). Las tasas de pobreza se estabilizaron en los noventa. Por su parte, las tasas de pobreza de OMNA descendieron ligeramente entre 1970 y 1975. Durante la década de gran crecimiento que siguió a las crisis del petróleo la disminución fue muy grande. Posteriormente se estabilizó al pararse el crecimiento agregado.

Por último, Europa oriental y Asia central (región que incluye a la antigua URSS) tenían en 1970 tasas de pobreza muy bajas, que se multiplicaron por diez entre 1989 y 2000. Hay dos razones que explican la explosión de las tasas de pobreza en estas dos regiones. En primer lugar, el gran aumento de la desigualdad

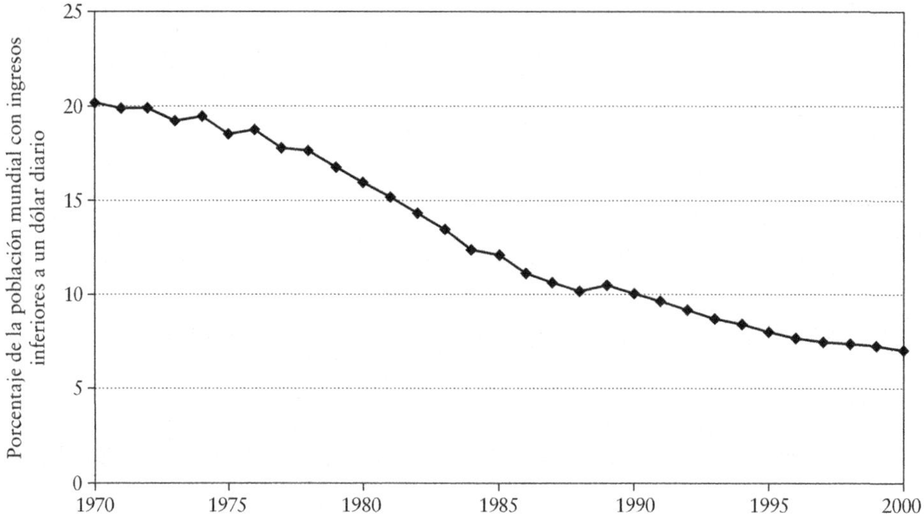

ILUSTRACIÓN I.7 | Tasas de pobreza mundiales. El gráfico muestra el porcentaje de la población total cuyos ingresos no alcanzan el umbral de pobreza. Fuente: Sala-i-Martín (2003a).

que siguió al hundimiento del sistema comunista. En segundo lugar, las pobres tasas de crecimiento de estos países. Tenga en cuenta, sin embargo, que los niveles medios de renta de estos países siguen siendo muy superiores a los niveles de África o incluso de Asia. Así pues, incluso después del deterioro de la renta promedio y el aumento de la dispersión de la misma, las tasas de pobreza siguen siendo relativamente bajas en Europa Central y Asia Central.

I.3. Regularidades empíricas en relación al crecimiento económico

Kaldor (1963) enumeró una serie de hechos estilizados que en su opinión tipificaban el proceso de crecimiento económico:

1. La producción per cápita crece en el tiempo y su tasa de crecimiento no es decreciente.
2. El capital físico por trabajador crece en el tiempo.
3. La tasa de rentabilidad del capital es aproximadamente constante.
4. El ratio capital físico entre producción es aproximadamente constante.
5. Las participaciones del trabajo y del capital físico en la renta nacional son aproximadamente constantes.
6. La tasa de crecimiento de la producción por trabajador es muy distinta en los distintos países.[8]

8. Kuznets (1973, 1981) señala otros rasgos del crecimiento económico actual. Apunta al rápido ritmo de transformación estructural, que incluye desplazamientos de la agricultura hacia la industria y

La sexta característica está en la línea de los datos de los países anteriormente analizados. Los rasgos 1, 2, 4 y 5 parecen ajustarse razonablemente bien a los datos a largo plazo de los países desarrollados actuales. Para un análisis de la estabilidad del ratio a largo plazo entre capital físico y PIB en Japón, Alemania, Italia, el Reino Unido y los EE.UU., véase Maddison (1982, capítulo 3). Para indicadores de la estabilidad a largo plazo de la participación de los factores en los Estados Unidos véase Denison (1974, apéndice J) y Jorgenson, Gollop y Fraumeni (1987, tabla 9.3). Young (1995) señala que las participaciones de los factores fueron razonablemente estables en cuatro países del Sudeste asiático (Hong-Kong, Singapur, Corea del Sur y Taiwan) entre principios o mediados de los sesenta hasta 1990. Estudios de siete países desarrollados, (Canadá, Francia, Alemania, Italia, Japón, los Países Bajos y el Reino Unido) indican que las proporciones de los factores son similares a las de los Estados Unidos. (Christensen, Cummings y Jorgenson, 1980, y Dougherty, 1991.) Sin embargo, en algunos países de América Latina analizados por Elías (1990) las participaciones del capital tienden, sin embargo, a ser mayores que en los EE.UU.

El tercer rasgo de Kaldor, relativo a la estabilidad de las tasas reales de rentabilidad, parece estar fuertemente influenciado por la experiencia del Reino Unido; en este caso, el tipo de interés real parece no tener una tendencia a largo plazo

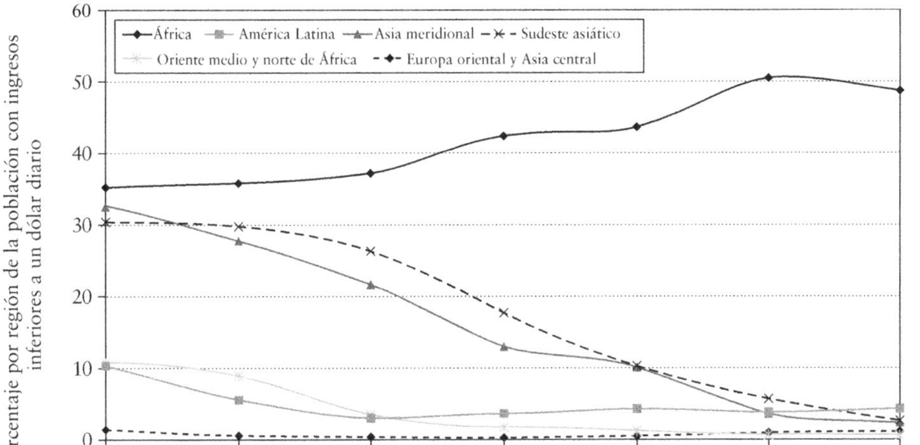

ILUSTRACIÓN I.8 | Tasas de pobreza por regiones. El gráfico muestra el porcentaje de la población de cada región con ingresos inferiores al umbral de pobreza. Las regiones son las definidas por el Banco Mundial: sur de Asia, Asia meridional, América Latina, África, Oriente medio y norte de África (OMNA) y Europa oriental y Asia central. Fuente: Sala-i-Martín (2003a).

los servicios. Este proceso entraña la urbanización, el cambio del trabajo en el hogar al trabajo asalariado y el incremento de la importancia de la formación reglada. También sostiene que el crecimiento actual entraña una mayor presencia del comercio internacional y que los avances tecnológicos implican una dependencia menor de los recursos naturales. Por último, analiza la importancia creciente del Estado: "la expansión del crecimiento económico moderno puso mayor énfasis en la importancia y la necesidad de la organización en las unidades nacionales... El Estado ha tenido una importancia crítica como emisor de las normas que enmarcan el funcionamiento de la actividad económica; como árbitro... y como proveedor de infraestructuras" (1981 p. 59).

(véase Barro, 1987, ilustraciones 4 y 7). Sin embargo, en el caso de los EE.UU., los datos a largo plazo parecen indicar un moderado descenso de los tipos de interés reales (Barro, 1997, tabla 11.1). Las tasas de rentabilidad real de algunos países con crecimiento rápido, como Corea del Sur o Singapur, son mucho mayores que las de los EE.UU., pero han disminuido con el tiempo (Young, 1995). Así pues, parece probable que la hipótesis de Kaldor en lo que respecta a una tasa de rentabilidad real más o menos estable debiera ser sustituida por la tendencia a que la rentabilidad decrezca en cierta medida conforme la economía se desarrolla.

A partir de los datos incluidos en el capítulo 12 se pueden valorar las tendencias a largo plazo de la tasa de crecimiento del PIB per cápita real. Las tablas 12.10 y 12.11 toman datos de Angus Maddison, para 31 países y sobre periodos de más o menos un siglo. En la práctica, estas cifras representan la totalidad de la información existente sobre el crecimiento en muy largos periodos de tiempo.

En la tabla 12.10 aparecen 16 países desarrollados actuales: los principales países europeos más los EE.UU., Canadá y Australia. Estos datos muestran una tasa de crecimiento per cápita promedio del 1,9 % anual a lo largo de aproximadamente un siglo, dividido en periodos de veinte años, tal y como se ve en la tabla I.1. Estas cifras corroboran la hipótesis de Kaldor relativa a que la tasa de crecimiento del PIB per cápita real no tiene una tendencia decreciente a largo plazo; de hecho, los periodos posteriores a la II Guerra Mundial muestran tasas de crecimiento muy superiores al promedio a largo plazo. La disminución de la tasa de crecimiento de 3,7 % anual en el periodo 1950-1970 hasta el 2,2 % anual en el periodo 1970-1990 corresponde a la frecuentemente señalada *ralentización de la productividad*. Sin embargo, viendo la tabla, es evidente que la tasa de crecimiento del periodo 1970-1990 es alta en relación al periodo histórico completo.

La tabla 12.11 contiene datos de 15 países menos desarrollados de Asia y América Latina. En este caso, la tasa de crecimiento promedio a largo plazo entre 1900 y 1987 fue de 1,4 % anual y la división del periodo en cuatro subperiodos de veinte años, se ofrece en la tabla I.2. De nuevo, el periodo posterior a la II Guerra Mundial (en este caso, 1950-1987) muestra tasas de crecimiento muy superiores al promedio a largo plazo.

TABLA I.1 | Tasas de crecimiento a largo plazo de los países desarrollados actuales

Periodo	Tasa de crecimiento (% anual)	Número de países
1830–50	0,9	10
1850–70	1,2	11
1870–90	1,2	13
1890–10	1,5	14
1910–30	1,3	16
1930–50	1,4	16
1950–70	3,7	16
1970–90	2,2	16

Fuente: Tabla 12.10.

Nota: Las tasas de crecimiento son medias simples de los países para los que se tenía información.

TABLA I.2 | Tasas de crecimiento a largo plazo de los países menos desarrollados actuales

Periodo	Tasa de crecimiento (% anual)	Número de países
1900–13	1,2	15
1913–50	0,4	15
1950–73	2,6	15
1973–87	2,4	15

Fuente: Tabla 12.11 del capítulo 12

Nota: Las tasas de crecimiento son medias simples de los países para los que se tenía información.

La información expuesta en las ilustraciones I.1 a I.3 representa el comportamiento del PIB per cápita real de más de cien países entre 1960 y 2000. A partir de estos datos, podemos ampliar el conjunto de hechos estilizados que enumeraba Kaldor. Una característica de los datos transversales de países es que no existe correlación entre la tasa de crecimiento del PIB per cápita entre 1960 y 2000 y el nivel del PIB per cápita en 1960 (véase capítulo 12). En la terminología que desarrollaremos en el capítulo 1, nos referiremos a la tendencia de los países pobres a crecer más deprisa que los ricos como convergencia β. Así pues, la simple relación entre el crecimiento y el punto de inicio de una amplia muestra de países no revela la existencia de convergencia β. Este tipo de convergencia surge si limitamos la muestra a un grupo de economías más homogéneas, como los diferentes estados de los EE.UU., las regiones de varios países europeos y las prefecturas japonesas (véase Barro y Sala-i-Martín, 1991, 1992a y 1992b y capítulo 11). En estos casos, las áreas más pobres tienden a crecer más deprisa que las más ricas. Este comportamiento también aparece en la comparación de datos entre países si limitamos la muestra a un conjunto de economías prósperas actuales, relativamente homogéneas, como los países de la OCDE (véase Baumol 1986; DeLong, 1988).

En el capítulo 1 explicamos que existe convergencia *condicional* β si la tasa de crecimiento del PIB per cápita está inversamente relacionada con el nivel inicial del PIB per cápita, manteniendo constantes una serie de variables, como los niveles iniciales de capital humano, las medidas de política económica, la propensión al ahorro y la tasa de fecundidad, entre otros. La muestra más amplia de países, es decir, el conjunto de datos que no exhibe convergencia β en su sentido absoluto, claramente presenta convergencia β en sentido condicional (véase Barro, 1991; Barro y Sala-i-Martín, 1992a; y Mankiw, Romer y Weil, 1992). No obstante, la tasa de convergencia es tan sólo alrededor del 2 % anual. Es decir, una economía invierte unos 35 años en eliminar la mitad del diferencial entre su PIB per cápita inicial y su objetivo de PIB per cápita a largo plazo. (El objetivo tiende a aumentar a lo largo del tiempo.)

Los resultados del capítulo 12 muestran que hay un cierto número de variables que están relacionadas significativamente con la tasa de crecimiento del PIB per cápita, cuando el nivel inicial del PIB per cápita permanece constante. Por ejemplo, el crecimiento depende directamente de la cantidad inicial de capital humano, principalmente del nivel educativo y de salud; depende directamente del nivel de protección legal y del ratio entre inversión y PIB, y depende inversamente de la tasa de fecundidad y del ratio entre gasto público en consumo y PIB.

Podemos calcular las regularidades de los ratios de inversión y ahorro utilizando los datos a largo plazo de Maddison (1992). Este autor proporciona información a

TABLA I.3 I Ratios con relación al PIB de la inversión nacional bruta y el ahorro nacional bruto (en porcentaje)

Periodo	Australia	Canadá	Francia	India	Japón	Corea	Reino Unido	EE.UU.
			1. Inversión nacional bruta					
1870–89	16,5	16,0	12,8	—	—	—	9,3	19,8
1890–09	13,7	17,2	14,0	—	14,0	—	9,4	17,9
1910–29	17,4	19,8	—	6,4	16,6	5,1[a]	6,7	17,2
1930–49	13,3	13,1	—	8,4	20,5	—	8,1	12,7
1950–69	26,3	23,8	22,6	14,0	31,8	16,3[b]	17,2	18,9
1970–89	24,9	22,8	23,2	20,2	31,9	29,1	18,2	18,7
			2. Ahorro nacional bruto					
1870–89	11,2	9,1	12,8	—	—	—	13,9	19,1
1890–09	12,2	11,5	14,9	—	12,0	—	13,1	18,4
1910–29	13,6	16,0	—	6,4	17,1	2,38	9,6	18,9
1930–49	13,0	15,6	—	7,7	19,8	—	4,8	14,1
1950–69	24,0	22,3	22,8	12,2	32,1	5,9[b]	17,7	19,6
1970–89	22,9	22,1	23,4	19,4	33,7	26,2	19,4	18,5

Fuente: Maddison (1992).
[a] 1911-1929.
[b] 1951-1969.

largo plazo para varios países en lo que respecta a los ratios entre inversión nacional bruta y PIB y entre ahorro nacional bruto (la suma de la inversión nacional y la inversión neta extranjera) y PIB. En la tabla I.3 se muestran los valores promedio de los ratios de inversión y ahorro en periodos de veinte años para los ocho países con datos suficientes para este análisis a largo plazo. Para cada país, la tabla muestra que el recorrido temporal de la inversión nacional y el ahorro nacional son, por regla general, semejantes. Sin embargo, la inversión nacional fue considerablemente más alta que el ahorro nacional (es decir, que el préstamo del exterior al país fue elevado) en Australia y Canadá entre 1870 y 1929, en Japón entre 1890 y 1909, en el Reino Unido entre 1930 y 1949 y en Corea entre 1950 y 1969 (de hecho, hasta principio de los ochenta). El ahorro nacional fue muy superior a la inversión nacional (es decir, el préstamo del país al exterior fue elevado), en el Reino Unido entre 1870 y 1929 y en los EE.UU. entre 1930 y 1949.

En el caso de los EE.UU., la observación más llamativa de la tabla es la estabilidad en el tiempo de los ratios de inversión nacional y ahorro nacional. La única excepción son los valores relativamente bajos entre 1930 y 1949, que corresponde a la Gran Depresión y a la II Guerra Mundial. Sin embargo, los EE.UU. son una excepción en relación a la estabilidad de sus ratios de inversión y ahorro; los datos de los siete países restantes muestran un claro aumento de los ratios en el tiempo. En concreto, los ratios de los periodos 1950-1989 son, en todos los casos, significativamente más elevadas que las anteriores a la II Guerra Mundial. Así pues, los datos a largo plazo parecen indicar que los ratios de inversión nacional bruta y ahorro nacional bruto respecto del PIB tienen a aumentar a medida que una economía se desarrolla, al menos para el rango de valores habituales. El supuesto de un ratio de ahorro bruto constante, que aparece en el capítulo 1 en el modelo Solow-Swan, no tiene en cuenta la regularidad que manifiestan los datos empíricos.

Los datos transversales de países también revelan otras regularidades en relación a las tasas de fecundidad y, en consecuencia, a las tasas de crecimiento demográfico. En la mayoría de los países, la tasa de fecundidad tiende a disminuir al incrementarse el PIB per cápita. Sin embargo, en los países más pobres, la tasa de fecundidad puede aumentar al aumentar el PIB per cápita, tal y como predijo Malthus (1798). Existe una relación aún más fuerte entre nivel educativo y fecundidad. Excepto en los países más avanzados, la escolarización femenina está inversamente relacionada con la tasa de fecundidad, mientras que la escolarización masculina está directamente relacionada con la tasa de fecundidad. El efecto neto de estas fuerzas es que la tasa de fecundidad –y la tasa de crecimiento de la población– tienden a caer cuando una economía se desarrolla. El supuesto de una tasa de crecimiento demográfico exógena y constante es otro elemento del modelo Solow-Swan que entra en contradicción con los datos empíricos.

I.4. Una breve historia de la teoría moderna del crecimiento económico

Los economistas clásicos, como Adam Smith (1776), David Ricardo (1817) y Thomas Malthus (1798), y mucho más tarde Frank Ramsey (1928), Allyn Young (1928), Frank Knight (1944) y Joseph Schumpeter (1934) aportaron muchos de los ingredientes básicos que aparecen en las teorías modernas del crecimiento económico. Estas ideas incluyen los enfoques básicos de la dinámica del comportamiento competitivo y del equilibrio, el papel de los rendimientos decrecientes y su relación con la acumulación de capital físico y humano, la interacción entre la renta per cápita y la tasa de crecimiento de la población, los efectos del avance tecnológico que se presentan en forma de aumento de la especialización del trabajo y de invenciones de nuevos bienes y métodos de producción, y el papel del poder monopolístico como incentivo del avance tecnológico.

Nuestro estudio comienza con estas nociones ya establecidas y se centra en las aportaciones a la tradición neoclásica a partir de finales de los cincuenta. Utilizamos la metodología y el lenguaje neoclásico y nos apoyamos en conceptos como capitales stock de capital agregado, las funciones de producción agregadas, las funciones de utilidad de los consumidores representativos (conhorizonte temporal infinito). También utilizamos métodos matemáticos modernos de optimización dinámica y ecuaciones diferenciales. Estas herramientas, descritas en el apéndice al final del libro, son conocidas hoy en día por la mayoría de los estudiantes de economía de primer curso de postgrado.

Desde una perspectiva cronológica, el inicio de la teoría moderna del crecimiento es el artículo clásico de Ramsey (1928), una obra que se adelantaba a su tiempo en varias décadas. El tratamiento de Ramsey de la optimización en el tiempo del comportamiento de los hogares va más allá de su simple aplicación a la teoría del crecimiento; en la actualidad resulta difícil hablar de la teoría del consumo, de los precios de los activos o incluso del ciclo económico sin acudir a las condiciones de optimización que Ramsey (y Fisher, 1930) aportaron a la economía. La función de utilidad intertemporal de Ramsey se utiliza hoy en día tanto como la función de producción Cobb-Douglas. Sin embargo, el conjunto de la profesión no aceptó o incorporó el enfoque de Ramsey hasta los años sesenta.

Entre Ramsey y finales de los cincuenta, Harrod (1939) y Domar (1946) trataron de integrar el análisis keynesiano en la teoría del crecimiento económico. Utilizaron funciones de producción con escaso grado de sustitución entre los factores para argumentar que el sistema capitalista era fundamentalmente inestable. Dado que publicaron durante o inmediatamente después de la Gran Depresión, sus puntos de vista fueron aceptados por muchos economistas. A pesar de que estas aportaciones desencadenaron una gran actividad investigadora en su día, es muy poco lo que el pensamiento actual conserva de este análisis.

Las siguientes aportaciones de importancia fueron las de Solow (1956) y Swan (1956). El aspecto básico del modelo Solow-Swan radica en la forma neoclásica de la función de producción, un requisito que entraña rendimientos constantes a escala, rendimientos decrecientes de cada factor y un cierto grado de elasticidad de sustitución entre los factores. Esta función de producción se combina con una tasa de ahorro constante para generar un modelo de equilibrio general de la economía extremadamente sencillo.

Una predicción de estos modelos y que sólo en los últimos años ha sido analizada seriamente como hipótesis empírica, es la convergencia condicional. Cuanto menor sea el nivel inicial de PIB per cápita en relación a la posición a largo plazo o estado estacionario, mayor será la tasa de crecimiento. Esta propiedad surge del supuesto de rendimientos decrecientes de capital; aquellas economías que disponen de menos capital por trabajador (en relación a su capital por trabajador a largo plazo) tienden a tener tasas de rentabilidad más elevadas y mayores tasas de crecimiento. La convergencia es condicional porque en el modelo de Solow-Swan los niveles correspondientes al estado estacionario de capital y producción por trabajador dependen de la tasa de ahorro, de la tasa de crecimiento demográfico y de la posición de la función de producción, variables que pueden diferir entre las distintas economías. Estudios empíricos recientes indican que deberíamos incluir fuentes adicionales de diferencias entre países, especialmente, las diferencias en la política económica y en el stock inicial de capital humano. Sin embargo, el punto esencial radica en que el concepto de convergencia condicional, una propiedad básica del modelo Solow-Swan, explica en gran medida el crecimiento económico de países y regiones.

El modelo Solow-Swan también predice que, si no se producen mejoras continuas de tecnología, el crecimiento per cápita cesará en algún momento. Este pronóstico, que se asemeja a los de Malthus y Ricardo, también tiene su origen en el supuesto de rendimientos decrecientes de capital. Sin embargo, hemos observado que tasas positivas de crecimiento per cápita pueden mantenerse durante un siglo o más, y que dichas tasas de crecimiento no muestran una tendencia clara a disminuir.

Los teóricos neoclásicos del crecimiento de finales de los cincuenta y sesenta percibían esta deficiencia del modelo y en general la arreglaban asumiendo el supuesto de que el avance tecnológico ocurría de manera exógena. Este arreglo concilia la teoría con una tasa de crecimiento per cápita positiva y posiblemente constante a largo plazo, manteniendo al mismo tiempo la predicción de la convergencia condicional. Sin embargo, el punto débil evidente radica en que la tasa de crecimiento per cápita a largo plazo viene determinada por completo por un único elemento, la tasa de progreso tecnológico, que no queda recogida en el modelo. (También la tasa de crecimiento a largo plazo de la producción depende de la tasa de crecimiento de la población, otro elemento exógeno en la teoría.) Así pues, llegamos a un modelo de crecimiento que lo explica todo menos el crecimiento a largo plazo, lo que resulta poco satisfactorio, obviamente.

Cass (1965) y Koopmans (1965) volvieron a introducir en el modelo neoclásico de crecimiento el análisis de la optimización del consumidor de Ramsey y así aportaron la determinación endógena de la tasa de ahorro. Esta solución permite una dinámica de transición más compleja y tiende a mantener la hipótesis de convergencia condicional. El carácter endógeno del ahorro no elimina la dependencia de la tasa de crecimiento per cápita a largo plazo de un progreso tecnológico de carácter exógeno.

El equilibrio de la versión de Cass-Koopmans del modelo neoclásico de crecimiento puede apoyarse en un entorno descentralizado y competitivo en el que los factores productivos, trabajo y capital, se remuneran según sus productos marginales. En ese caso, la renta total vacía el producto total debido al supuesto de que la función de producción tiene rendimientos constantes a escala. Es más, los resultados descentralizados son óptimos de Pareto.

Incluir una teoría del cambio tecnológico dentro del marco neoclásico es complicado, ya que no pueden mantenerse las condiciones habituales de competencia. El avance tecnológico implica la creación de nuevas ideas, que en parte son bienes no rivales y en consecuencia comparten rasgos con los bienes públicos. Para una tecnología dada, es decir, para un estado de conocimiento dado, es razonable suponer rendimientos constantes a escala de los factores de producción clásicos, que son bienes rivales, como el trabajo, el capital y la tierra. En otras palabras, dado un nivel de tecnología que permita saber cómo producir, resulta lógico pensar es posible duplicar una empresa, empleando idéntica cantidad de tierra, trabajo y capital, y obtener el doble de producción. Pero entonces, si las ideas, que son bienes no rivales, se incluyen como factor de producción, los rendimientos a escala tienden a ser crecientes y estos rendimientos crecientes están reñidos con la competencia perfecta. En concreto, la remuneración de las viejas ideas, que son bienes no rivales, de acuerdo con su coste de producción marginal actual, es decir cero, no proporciona la recompensa requerida al esfuerzo de investigación sobre el que reposa la creación de nuevas ideas.

Arrow (1962) y Sheshinski (1967) construyeron modelos en los que las ideas eran subproductos no esperados de la producción o de la inversión, un mecanismo que se describe como "aprendizaje mediante la experiencia". En estos modelos, los descubrimientos de cada persona se divulgan inmediatamente a toda la economía, y este proceso de difusión instantánea podría ser técnicamente posible ya que el conocimiento es de carácter no rival. Más tarde Romer (1986) demostró que en este caso puede mantenerse el marco competitivo para determinar la tasa de equilibrio del progreso tecnológico, pero que la tasa de crecimiento resultante no sería propiamente un óptimo de Pareto. En general, la condición de la competencia se incumple si las invenciones dependen en parte de esfuerzos deliberados de I+D, y si las innovaciones concretas sólo gradualmente se extienden a otros productores. En este marco más realista, una teoría descentralizada del progreso tecnológico requiere cambios fundamentales en el modelo neoclásico de crecimiento para incorporar el análisis en competencia imperfecta.[9] Estos añadidos a la teoría no llegaron hasta la investigación de Romer (1987, 1990) a finales de los ochenta.

El trabajo de Cass (1965) y Koopmans (1965) completa el modelo básico de crecimiento neoclásico.[10] A partir de entonces, la teoría del crecimiento se vuelve excesivamente técnica y se aleja poco a poco de las aplicaciones empíricas. Por el contrario, los economistas del desarrollo, teniendo que aconsejar a países en dificultades, mantuvieron un enfoque aplicado tendiendo a utilizar modelos poco sofisticados técnicamente, pero útiles desde el punto de vista empírico. Los campos de la economía del desarrollo y la economía del crecimiento se distanciaron y estas dos áreas casi se separaron por completo.

Debido probablemente a su falta de relevancia empírica, a principios de los setenta, en vísperas de la revolución causada por la teoría de las expectativas racionales y las crisis del petróleo, la teoría del crecimiento murió en cuanto a ámbito activo de investigación. Durante los quince años siguientes, la investigación macroeconómica se centró en las fluctuaciones a corto plazo. Las aportaciones más importantes incluyeron la incorporación de las expectativas racionales a los modelos del ciclo económico, enfoque que mejoró la evaluación de la política económica, y la aplicación de la metodología de equilibrio general a la teoría de los ciclos económicos reales.

En la segunda mitad de los ochenta y a partir de los trabajos de Romer (1986) y Lucas (1988) la investigación del crecimiento económico experimentó un gran auge. Motivó esta investigación la observación (o el recuerdo) de que los factores determinantes del crecimiento económico a largo plazo eran una cuestión crucial, de mucha mayor importancia que los mecanismos de los ciclos económicos o los efectos anticíclicos de las políticas fiscales y monetarias. Sin embargo, el reconocimiento de la importancia del crecimiento a largo plazo era sólo el primer paso; para avanzar, había que liberarse de las limitaciones del modelo neoclásico de crecimiento, en el que la tasa de crecimiento a largo plazo estaba vinculada a la tasa de progreso tecnológico considerado exógeno. Así pues, de una u otra manera, las aportaciones recientes determinan la tasa de crecimiento a largo plazo desde dentro del modelo; de ahí proviene la calificación de modelos de *crecimiento endógeno*.

La primera hornada de esta nueva investigación, Romer (1986), Lucas (1988), Rebelo (1991), se basaba en los trabajos de Arrow (1962), Sheshinski (1967) y Uzawa (1965) y en realidad no incorporaban una teoría del cambio tecnológico. En estos modelos, el crecimiento puede continuar de forma indefinida ya que los rendimientos de la inversión de una amplia gama de bienes de capital, que incluye el capital humano, no disminuyen necesariamente a medida que la economía se desarrolla. (Esta idea fue lanzada por Knight, en 1944.) La difusión del conocimiento entre productores y las externalidades positivas del capital humano forman parte de este proceso, pero sólo porque contribuyen a evitar la tendencia a registrar rendimientos decrecientes en la acumulación de capital.

---

9. Otro enfoque es suponer que toda la investigación, al ser un bien no rival, un bien público clásico, es financiada por el Estado mediante impuestos; véase Shell (1967).

10. Sin embargo, investigaciones recientes han demostrado cómo ampliar el modelo neoclásico de crecimiento para permitir la heterogeneidad entre hogares (Caselli y Ventura, 2000) y para incorporar preferencias no consistentes en el tiempo (Barro, 1999).

La inclusión de teorías de I+D y de la competencia imperfecta en el marco del crecimiento comenzó con Romer (1987, 1990) e incluyó las aportaciones significativas de Aghion y Howitt (1992) y de Grossman y Helpman (1991, capítulos 3 y 4). En estos modelos, el progreso tecnológico proviene de una actividad de I+D intencionada, y esta actividad se ve recompensada por algún tipo de monopolio posterior. Si la economía no sufre sequía de ideas, a largo plazo la tasa de crecimiento no tiene por qué dejar de ser positiva. Ahora bien, la tasa de crecimiento y la cantidad de actividad creativa inherente tienden a no ser óptimos de Pareto debido a las distorsiones relacionadas con la creación de nuevos bienes y métodos de producción. En estos modelos, la tasa de crecimiento a largo plazo depende de actuaciones del Estado, tales como el sistema impositivo, el mantenimiento de la ley y el orden, la provisión de infraestructuras, la protección de la propiedad intelectual y la regulación del comercio internacional, los mercados financieros y otros aspectos de la economía. El Estado tiene pues un enorme potencial para lo bueno y para lo malo a través de su influencia sobre la tasa de crecimiento a largo plazo. Esta línea de investigación siguió activa durante los noventa y se ha aplicado, por ejemplo, a explicar los efectos de escala del proceso de crecimiento (Jones, 1999), a analizar si el progreso tecnológico aumentará el uso del trabajo o del capital (Acemoglu, 2002) y para evaluar el papel de la competencia en el proceso de crecimiento (Aghion et al. 2001, 2002).

Esta nueva investigación también incluye modelos de difusión de la tecnología. Mientras que el análisis de la invención se relaciona con la tasa de avance tecnológico en las economías líderes, el estudio de su difusión corresponde a la manera en la que las economías menos avanzadas comparten estos avances mediante la imitación. Puesto que la copia tiende a ser más barata que la innovación, los modelos de difusión predicen una forma de convergencia condicional que se asemeja a las predicciones del modelo neoclásico de crecimiento. Algunas investigaciones empíricas recientes han comprobado la importancia de la difusión de la tecnología en el proceso de convergencia.

Otro parámetro exógeno esencial en el modelo neoclásico de crecimiento es la tasa de crecimiento demográfico. Una tasa mayor de crecimiento demográfico disminuye el nivel de estado estacionario del capital y de la producción por trabajador y, en consecuencia, tiende a reducir la tasa de crecimiento per cápita para un nivel inicial de producción per cápita. Sin embargo, el modelo estándar no considera los efectos de las tasas de de renta per cápita y salario sobre el crecimiento demográfico, el tipo de efectos en los Malthus hizo hincapié, y tampoco tiene en cuenta los recursos invertidos en el proceso de educación de los hijos. Otra línea de la investigación más reciente convierte en endógeno el crecimiento de la población al incorporar al modelo neoclásico investigaciones sobre la elección reproductiva. Los resultados son coherentes, por ejemplo, con la regularidad empírica de que las tasas de fecundidad tienden a caer al aumentar la renta per cápita en la mayoría de los casos, pero pueden aumentar al aumentar la renta per cápita en los países más pobres. Trabajos adicionales relacionados con el carácter endógeno de la oferta de trabajo dentro del ámbito del crecimiento incluyen los movimientos migratorios y la elección entre trabajo y ocio.

La diferencia más clara entre la teoría del crecimiento de los sesenta y la de los noventa radica en que la investigación más reciente presta gran atención a las implicaciones empíricas y a la relación entre teoría y datos. Sin embargo, gran parte de este enfoque aplicado implica la utilización de hipótesis empíricas de la antigua teoría, especialmente la predicción de la convergencia condicional del modelo neoclásico de crecimiento. Las regresiones de corte transversal entre países que nacen del modelo neoclásico se convirtieron realmente en parte integrante de la investigación en los noventa. Un interesante desarrollo reciente en este campo, que analizaremos en el capítulo 12, atañe a la evaluación de la solidez de este tipo de estimaciones. Otros análisis empíricos se centran más directamente en las teorías recientes del crecimiento endógeno, incluidos el papel de los rendimientos crecientes, la I+D, el capital humano y la difusión de la tecnología.

I.5. Comentarios a la segunda edición

Esta segunda edición de *Crecimiento económico* incluye modificaciones a lo largo de todo el libro. Mencionamos aquí algunos de los puntos clave. En esta introducción hemos tratado ya algunos nuevos cálculos de la distribución mundial de la renta de los individuos entre 1970 y 2000.

Hemos simplificado y hecho más accesible el capítulo 1. Hemos añadido un epígrafe relativo a los mercados en el modelo de Solow-Swan. También analizamos la naturaleza de la debilidad teórica del modelo neoclásico que condujo a la aparición de los modelos de crecimiento endógeno en competencia imperfecta.

El capítulo 2 amplía el análisis del modelo básico de crecimiento neoclásico para permitir que los hogares sean heterogéneos. Se mejora el enfoque eliminando las trayectorias con insuficiencia de ahorro y con el cálculo y la aplicación de las condiciones de transversalidad. También incluimos un análisis de modelos con tasas de preferencias no constantes en el tiempo.

El capítulo 3 contiene varias ampliaciones del modelo básico de crecimiento neoclásico, incluyendo un tratamiento ampliado del sector público. El modelo permite varios tipos de tasas impositivas y permite hacer una distinción clara entre impuestos sobre las rentas del capital e impuestos sobre el trabajo o el consumo.

Los capítulos 6 y 7 analizan modelos de progreso tecnológico endógeno. El material nuevo incluye el análisis del papel y las fuentes de los efectos de escala en estos modelos. Tratamos en el capítulo 6 la opinión más bien negativa de Thomas Jefferson en relación a las patentes como mecanismo de fomento de las invenciones. El capítulo 7 contiene un análisis mejorado de los modelos en los que el progreso tecnológico toma la forma de mejoras de la calidad. Hemos mejorado especialmente el tratamiento de la interacción entre líderes de la industria y *outsiders* y, en consecuencia, el papel de la competencia exterior en el proceso de crecimiento.

El capítulo 8 presenta un modelo de difusión tecnológica. El modelo básico ha sido mejorado y los resultados teóricos se relacionan con las conclusiones empíricas más recientes.

El capítulo 9 trata en mayor detalle el crecimiento demográfico endógeno. El capítulo 10 contiene un análisis mejorado de la contabilidad del crecimiento, incluida su relación con las teorías del progreso tecnológico endógeno. El capítulo 11, utilizando datos regionales, amplía el análisis de los estados de EE.UU. al año 2000.

En el capítulo 12 incluimos un tratamiento actualizado de las regresiones de crecimiento de corte transversal entre países, utilizando la nueva batería de datos de Summers-Heston, Penn World Tables versión 6.1, que contiene datos de 2000 (veáse Heston, Summers y Aten, 2002). También analizamos en este capítulo diversos puntos relativos a la fiabilidad de las estimaciones hechas a partir de las regresiones de corte transversal entre países, incluidas varias maneras de calibrar la solidez de dichos resultados.

Modelos de crecimiento con tasas de ahorro exógenas (el modelo Solow-Swan)

CAPÍTULO 1

1.1. Estructura básica

La primera pregunta que nos planteamos en este capítulo es si es posible que una economía disfrute de tasas de crecimiento positivas permanentes simplemente a través del ahorro y la inversión en stock de capital. Si observamos los datos de los países entre 1960 y 2000 vemos que la tasa media anual de crecimiento del PIB real per cápita de 112 países fue el 1,8 % y el ratio medio de inversión bruta respecto del PIB fue el 16 %.[1] Sin embargo, en los treinta y ocho países de África subsahariana la tasa media de crecimiento fue de tan sólo el 0,6 % y el promedio del coeficiente de inversión bruta fue de tan sólo el 10 %. En el otro extremo, en los nueve países del milagro económico de Asia oriental, la tasa media de crecimiento fue el 4,9 % y el ratio medio de inversión alcanzó el 25 %. Estos datos parecen indicar que el crecimiento y las tasas de inversión están directamente relacionados. Sin embargo, antes de que nos entusiasmemos en exceso con esta relación, deberíamos advertir que en veintitrés países de la OCDE la tasa media de crecimiento fue el 2,7 %, es decir, menor que la de los nueve países de Asia oriental, aunque el ratio medio de inversión fue el 24 %, es decir, muy similar a la de los países de Asia oriental. Así pues, aunque la propensión a invertir no lo explique todo, resulta lógico considerarla el punto de partida para tratar de relacionar la tasa de crecimiento de una economía con su disposición a ahorrar e invertir. Al respecto, comenzaremos con un modelo sencillo en el que la única fuente posible de crecimiento per cápita sea la acumulación de capital físico.

La mayoría de los modelos de crecimiento que analizaremos en este libro tienen la misma estructura básica de equilibrio general. En primer lugar, los hogares son los propietarios de los factores y los activos de la economía, entre ellos los derechos de propiedad de las empresas, y además deciden qué parte de su renta consumen o ahorran. Cada familia decide el número de hijos que tiene, si forma parte de la población activa y cuánto trabaja. En segundo lugar, las empresas contratan factores, como el trabajo y el capital, y los utilizan para producir bienes que venden a los hogares y a otras empresas. Las empresas tienen acceso a la tecnología que les permite transformar los factores en producción. Tercero, existen mercados en los que las empresas intercambian sus bienes con los hogares y con otras empresas, y en

1. Estos datos, procedentes de las Penn World Tables, versión 6.1, son descritos por Summers y Heston (1991) y Heston, Summers y Aten (2002). Dichos datos serán analizados en el capítulo 12.

los que los hogares venden sus factores a las empresas. Las cantidades demandadas y ofertadas determinan los precios relativos de los factores y los bienes producidos.

Aunque la mayoría de los modelos de crecimiento tienen esta estructura general, es más cómodo comenzar el análisis con un modelo simplificado en el que no aparezcan ni las empresas ni los mercados. Podemos imaginarnos una unidad, que sea a la vez hogar y productora (como Robinson Crusoe), propietaria de los factores y que disponga de la tecnología necesaria para transformar los factores en productos. En el mundo real, la producción requiere numerosos factores distintos, que resumiremos en tres: capital físico, $K(t)$, trabajo $L(t)$ y conocimiento $T(t)$. La función de producción tiene la siguiente forma:

$$Y(t) = F[K(t), L(t), T(t)] \tag{1.1}$$

en la que $Y(t)$ representa el flujo de producto obtenido en el momento t.

El capital, $K(t)$, representa los factores físicos duraderos, tales como la maquinaria, los edificios, los bolígrafos, etc. Estos bienes fueron producidos en algún momento anterior mediante una función de producción de forma idéntica a la de la ecuación (1.1). Es importante señalar que estos factores no pueden ser utilizados por varios productores al mismo tiempo. Esta característica se denomina *rivalidad*: un bien tiene la característica de *rival* si no puede ser utilizado por varios usuarios al mismo tiempo.

El segundo factor de la función de producción es el trabajo, $L(t)$, que representa los factores vinculados a los individuos. Este factor incluye el número de trabajadores y el número de horas que trabajan, así como su fuerza física, su formación y salud. El trabajo es también un factor *rival*, ya que el trabajador no puede trabajar en una actividad sin reducir el tiempo que dedica a otras.

El tercer factor es el nivel de conocimientos o tecnología, $T(t)$. Los trabajadores y la maquinaria no pueden producir sin una *receta* o *programa* que describa el proceso. Esta receta es lo que se denomina *conocimiento* o *tecnología*. La tecnología puede mejorar con el transcurso del tiempo; por ejemplo, la misma cantidad de capital y trabajo obtienen una mayor producción en 2000 que en 1900, ya que la tecnología empleada en el año 2000 es más avanzada. La tecnología puede ser distinta en diferentes países. Por ejemplo, la misma cantidad de capital y trabajo logra una producción mayor en Japón que en Zambia, ya que en Japón disponen de una tecnología mejor. La característica esencial y diferenciadora de la tecnología es que es un *bien no rival*: dos o más productores pueden utilizar la misma fórmula al mismo tiempo.[2] Es decir, dos productores que deseen producir Y unidades de

2. En la literatura económica, los conceptos de *no rivalidad* y *bien público* a menudo se confunden. Los bienes públicos son no rivales (pueden ser usados por muchas personas de forma simultánea) y también son no excluyentes (es tecnológica o legalmente imposible impedir el uso de dichos bienes). El rasgo característico del conocimiento es la no rivalidad. Algunas fórmulas o diseños son no excluyentes (por ejemplo, fórmulas de cálculo sobre las que no existen derechos de propiedad), mientras que otras son excluyentes (por ejemplo, las fórmulas para producir productos farmacéuticos protegidas por patentes). Thomas Jefferson entendió a la perfección estas propiedades de las ideas cuando dijo a Isaac McPherson, en una carta del 13 de agosto de 1813: "Si la naturaleza ha creado algo menos susceptible a la propiedad exclusiva que todo lo demás es la acción del poder del pensamiento que denominamos idea, que un individuo puede poseer en exclusiva mientras la guarde para sí mismo; ahora bien, en el momento en el que la divulga, se convierte en posesión de todos y el receptor no puede

producto cada uno tendrán que utilizar un conjunto diferente de trabajadores y maquinaria, pero podrán usar la misma tecnología. Esta propiedad de no rivalidad tiene repercusiones importantes en lo relativo a la interacción entre tecnología y crecimiento económico.[3]

Supongamos una tecnología productiva de un único sector, en el que la producción es un bien homogéneo que puede consumirse, $C(t)$, o ser invertido, $I(t)$. La inversión se utiliza para crear nuevas unidades de capital físico, $K(t)$, o para reemplazar el capital obsoleto y depreciado. Una forma de imaginar esa tecnología de un único sector es estableciendo una analogía con los animales de una granja que pueden ser consumidos o utilizados como insumos para obtener más animales. La literatura del crecimiento económico ha utilizado expresiones más imaginativas y ha empleado términos como *shmoos*, *puttys* o *ectoplasma*, a fin de expresar la fácil transformación de los bienes de capital en bienes de consumo y viceversa.

En este capítulo nos centraremos en una economía cerrada: los hogares no pueden comprar bienes o activos extranjeros y no pueden vender bienes y activos en el exterior. (En el capítulo 3 trabajaremos con una economía abierta.) También suponemos que no hay gasto público en bienes y servicios. (En el capítulo 4 incluiremos estas compras.) En una economía cerrada sin gasto público, toda la producción se dedica al consumo o a la inversión bruta,[4] con lo que $Y(t) = C(t) + I(t)$. Si restamos $C(t)$ a ambos miembros y teniendo en cuenta que la producción es igual a la renta, obtenemos que, en esta sencilla economía, el ahorro, $S(t) \equiv Y(t) - C(t)$, es igual a la inversión, $I(t)$.

Denominemos $s(\cdot)$ a la tasa de ahorro, es decir, a la parte ahorrada de la producción, con lo que $1 - s(\cdot)$ es la parte consumida de la producción. Los hogares racionales eligen su tasa de ahorro comparando los costes y los beneficios de consumir hoy en vez de mañana. Esta comparación implica parámetros de preferencia y variables que describen el estado de la economía, como por ejemplo el nivel de riqueza y el tipo de interés. En el capítulo 2, en el que explícitamente construimos un modelo de esta decisión, vemos que $s(\cdot)$ es una función compleja del estado de la economía, una función para la que no existe una solución única. En este capítulo inicial y para facilitar el análisis, suponemos que $s(\cdot)$ viene dada exógenamente. La función más sencilla, la asumida por Solow (1956) y Swan (1956) en sus artículos ya clásicos, toma la forma de una constante $0 \leq s(\cdot) = s \leq 1$. En este capítulo

despojarse de ella. También es característica peculiar de la idea que nadie la posee menos por el hecho de que los demás la posean en su totalidad. Quien recibe una idea mía, recibe conocimiento sin que disminuya el mío" (la versión original, en inglés, se encuentra en los documentos de Thomas Jefferson de la Biblioteca del Congreso (*Tomas Jefferson Papers at the Library of Congress*, portal de internet: `lcweb2.loc.gov/ammem/mtjhtml/mtjhome.html`).

3. Las políticas públicas, que dependen de las leyes y las instituciones, también afectarían a la producción de la economía. Dado que las instituciones públicas básicas son no rivales, podemos incluir estos factores dentro de $T(t)$ en la función de producción.

4. En una economía abierta con gasto público la ecuación es

$$Y(t) - r \cdot D(t) = C(t) + I(t) + G(t) + NX(t),$$

en la que $D(t)$ es la deuda internacional, r es el tipo de interés real internacional, $G(t)$ es el gasto público y $NX(t)$ son las exportaciones netas. En este capítulo suponemos que no hay gasto público, con lo que $G(t) = 0$, y que la economía es cerrada, es decir $D(t) = NX(t) = 0$.

empleamos esta tasa de ahorro constante porque a partir de ella deducimos de manera muy clara un gran número de resultados. Puesto que el ahorro tiene que ser igual a la inversión, $S(t) = I(t)$, la *tasa de ahorro* tiene que ser igual a la *tasa de inversión*. En otras palabras, la tasa de ahorro de una economía cerrada representa la proporción del PIB que la economía dedica a la inversión.

Aceptamos el supuesto de que el capital es un bien homogéneo que se deprecia a una tasa constante $\delta > 0$; es decir, en cada fracción de tiempo, una proporción constante del stock de capital se desgasta y por tanto ya no puede ser utilizada en la producción. Sin embargo, se supone que todas las unidades de capital son igualmente productivas independientemente del momento en el que fueron producidas.

En un periodo, el incremento neto del stock de capital es igual a la inversión bruta menos la depreciación:

$$\dot{K}(t) = I(t) - \delta K(t) = s \cdot F[K(t), L(t), T(t)] - \delta K(t) \tag{1.2}$$

en la que el punto sobre la variable, como en $\dot{K}(t)$, expresa variación con respecto al tiempo, $\dot{K}(t) \equiv dK(t)/d(t)$ (una convención que utilizamos a lo largo de todo el libro) y $0 \leq s \leq 1$. La ecuación (1.2) determina la dinámica de K para una tecnología y trabajo dados.

El factor trabajo, L, varía a lo largo del tiempo debido al crecimiento de la población, a modificaciones en las tasas de actividad, a cambios en el número de horas trabajadas por trabajador y a mejoras en las cualificaciones y la calidad de los trabajadores. En este capítulo, simplificamos el análisis suponiendo que todos trabajan las mismas horas y tienen las mismas cualificaciones, que normalizamos al valor uno. Así pues, igualamos el factor trabajo a la población total. En el capítulo 5 analizamos la acumulación de formación o capital humano y en el capítulo 9 la elección entre trabajo y ocio.

También en el capítulo 9 vemos que el crecimiento de la población depende del comportamiento de la fertilidad, la mortalidad y los movimientos migratorios. En este capítulo aceptamos el supuesto simplificador de que la población crece a una tasa constante y exógena, $\dot{L}/L = n \geq 0$, sin utilizar recurso alguno. Si en el momento cero normalizamos al valor 1 el número de personas y la intensidad del trabajo por persona, la población y la población activa en el momento t equivalen a

$$L(t) = e^{nt} \tag{1.3}$$

A fin de destacar el papel de la acumulación de capital, aceptaremos el supuesto de que el nivel tecnológico, $T(t)$, es una constante. Abandonaremos esta suposición más adelante.

Si $L(t)$ viene dada por la ecuación (1.3) y no hay progreso tecnológico, entonces la ecuación (1.2) determina la evolución en el tiempo del capital $K(t)$ y la producción $Y(t)$. Una vez que sepamos cómo varían el capital o el PIB a lo largo del tiempo, sabremos también las tasas de crecimiento de estas variables. En los siguientes epígrafes veremos que dicho comportamiento depende esencialmente de las propiedades de la función de producción, $F(\cdot)$.

1.2. El modelo neoclásico de Solow y Swan

1.2.1. La función de producción neoclásica

El proceso del crecimiento económico depende de la forma de la función de producción. Comenzaremos analizando la función de producción neoclásica. Decimos que una función de producción, $F(K, L, T)$, es neoclásica si tiene las siguientes características:[5]

1. Rendimientos constantes a escala. La función $F(\cdot)$ tiene rendimientos a escala constantes. Es decir, si multiplicamos el capital y el trabajo por la misma constante positiva, λ, obtenemos λ veces la cantidad de producción:

$$F(\lambda K, \lambda L, T) = \lambda \cdot F(K, L, T) \quad \text{para todo} \quad \lambda > 0 \tag{1.4}$$

Esta propiedad se conoce también por el nombre de *homogeneidad de grado uno en K y L*. Es importante señalar que la definición de escala atañe sólo a los dos bienes rivales, capital y trabajo. En otras palabras, no definimos los rendimientos constantes a escala como $F(\lambda K, \lambda L, \lambda T) = \lambda F(K, L, T)$.

Para entender intuitivamente por qué es lógico este supuesto desde el punto de vista económico, utilicemos el siguiente argumento: imagine que la planta 1 produce Y unidades mediante la función de producción F, combinando K unidades de capital y L de trabajo y *empleando* la tecnología T. Resulta lógico pensar que si creamos una planta idéntica en otro lugar (es decir, si hacemos una *réplica* de la planta) deberíamos ser capaces de producir la misma cantidad de producto Y. Sin embargo, para crear esta segunda planta, necesitamos un nuevo conjunto de maquinaria y trabajadores, pero podemos utilizar la misma tecnología en ambas, ya que, aunque el capital y el trabajo son bienes rivales, la tecnología es un bien no rival y puede utilizarse en ambas plantas al mismo tiempo. Así pues, dado que la tecnología es un factor no rival, nuestra definición de rendimientos a escala resulta lógica.

2. Rendimientos positivos y decrecientes de los factores privados. Para todo $K > 0$ y $L > 0$, $F(\cdot)$ se caracteriza por tener productos marginales positivos y decrecientes en cada factor:

$$\begin{aligned} \frac{\partial F}{\partial K} > 0, &\qquad \frac{\partial^2 F}{\partial K^2} < 0 \\ \frac{\partial F}{\partial L} > 0, &\qquad \frac{\partial^2 F}{\partial L^2} < 0 \end{aligned} \tag{1.5}$$

Es decir, la tecnología neoclásica supone que, si se mantienen constantes los niveles de tecnología y trabajo, cada unidad adicional de capital añade sumas positivas

5. A fin de simplificar la notación eliminamos los subíndices de tiempo.

de producción, pero estas sumas positivas disminuyen a medida que el número de máquinas aumenta. Al trabajo se le supone esta misma propiedad.

3. Condiciones de Inada. La tercera característica definitoria de la función de producción neoclásica establece que el producto marginal del capital (o del trabajo) tiende a infinito cuando el capital (o el trabajo) tiende a 0, y tiende a 0 cuando el capital (o el trabajo) tiende a infinito:

$$\begin{aligned} \lim_{K\to 0}\left(\frac{\partial F}{\partial K}\right) &= \lim_{L\to 0}\left(\frac{\partial F}{\partial L}\right) = \infty \\ \lim_{K\to \infty}\left(\frac{\partial F}{\partial K}\right) &= \lim_{L\to \infty}\left(\frac{\partial F}{\partial L}\right) = 0 \end{aligned} \tag{1.6}$$

Estas propiedades se denominan condiciones de Inada, en honor al economista del mismo nombre.

4. Esencialidad. Algunos economistas añaden a la definición de la función de producción neoclásica la condición de *esencialidad*. Un factor es esencial si se requiere una cantidad estrictamente positiva del mismo para producir una cantidad de producción positiva. En el apéndice mostramos que las tres propiedades neoclásicas de las ecuaciones (1.4)-(1.6) implican que cada factor es *esencial* para la producción, es decir, $F(0, L) = F(K, 0) = 0$. Las tres propiedades de la función de producción neoclásica también implican que la producción tiende a infinito si cada factor tiende a infinito, otra propiedad que queda demostrada en el apéndice.

Variables per cápita Cuando decimos que un país es rico o pobre, solemos pensar en producción o consumo por persona. En otras palabras, no pensamos que la India es más rica que los Países Bajos, porque tenga un PIB mucho mayor, ya que, una vez que se divide entre el número de habitantes, en la India la renta que como promedio recibe cada persona es mucho menor que en los Países Bajos. Para tener en cuenta esta propiedad, construimos el modelo en términos per cápita y estudiamos principalmente el comportamiento dinámico de las variables per cápita de PIB, consumo y capital.

Puesto que la definición de rendimientos constantes a escala se aplica a todos los valores de λ también es válida para $\lambda = 1/L$. Así pues, la producción puede definirse como

$$Y = F(K, L, T) = L \cdot F(K/L, 1, T) = L \cdot f(k) \tag{1.7}$$

donde $k \equiv K/L$ es el capital por trabajador, $y \equiv Y/L$ es la producción por trabajador y la función $f(k)$ equivale a $F(k, 1, T)$.[6] Ello implica que la función de producción puede expresarse en su forma intensiva (es decir, en forma *por trabajador* o *per*

6. Puesto que suponemos que T es constante, es uno de los parámetros implícitos en la definición de $f(k)$.

cápita) de la siguiente manera

$$y = f(k) \tag{1.8}$$

En otras palabras, la función de producción no tiene "efectos de escala": la producción por persona viene fijada por la cantidad de capital físico del que dispone cada persona, y, si k permanece constante, el hecho de tener más o menos trabajadores no afecta a la producción total por persona. En consecuencia, economías de gran tamaño, como China e India, pueden tener una producción o renta por persona menores que economías muy pequeñas, como Suiza o los Países Bajos.

Podemos derivar esta condición $Y = L \cdot f(k)$ primero con respecto a K, manteniendo L fijo, y después con relación a L, manteniendo K fijo, a fin de comprobar que los productos marginales de los factores de producción vienen dados por

$$\partial Y / \partial K = f'(k) \tag{1.9}$$

$$\partial Y / \partial L = f(k) - k \cdot f'(k) \tag{1.10}$$

Las condiciones de Inada implican que $\text{lím}_{k \to 0} [f'(k)] = \infty$ y $\text{lím}_{k \to \infty} [f'(k)] = 0$. La ilustración 1.1 muestra la producción neoclásica en términos per cápita: ésta pasa por el punto 0, es vertical en 0, tiene pendiente positiva y es cóncava. Cuando k tiende a infinito dicha pendiente tiene una asíntota igual a 0.

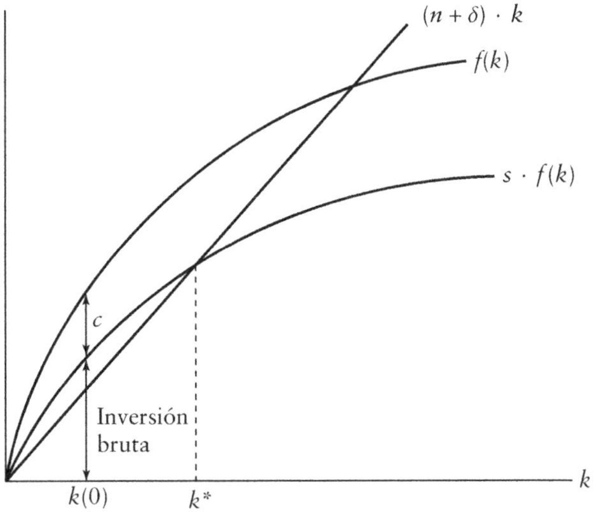

ILUSTRACIÓN 1.1 | El modelo Solow-Swan. La curva de la inversión bruta, $s \cdot f(k)$ es proporcional a la función de producción, $f(k)$. El consumo por persona es igual a la distancia vertical entre $f(k)$ y $s \cdot f(k)$. La depreciación efectiva (de k) viene dada por $(n + \delta)k$, que es una recta que parte del origen. La variación de k viene dada por la distancia vertical entre $s \cdot f(k)$ y $(n + \delta)k$. El nivel de estado estacionario del capital, k^*, se alcanza en el punto de intersección entre la curva $s \cdot f(k)$ y la recta $(n + \delta)k$.

El ejemplo de la función Cobb-Douglas Generalmente se acepta que la función Cobb-Douglas, una función de producción sencilla, describe razonablemente bien las economías reales.[7]

$$Y = AK^{\alpha}L^{1-\alpha} \tag{1.11}$$

en la que $A > 0$ es el nivel de tecnología y α es una constante, $0 < \alpha < 1$. La función Cobb-Douglas se puede expresar en forma intensiva como

$$y = Ak^{\alpha} \tag{1.12}$$

Observe que $f'(k) = A\alpha k^{\alpha-1} > 0$, $f''(k) = -A\alpha(1-\alpha)k^{\alpha-2} < 0$, $\text{lím}_{k\to\infty} f'(k) = 0$, y $\text{lím}_{k\to 0} f'(k) = \infty$. Así pues, la función Cobb-Douglas cumple las propiedades de una función de producción neoclásica.

La propiedad esencial de la función de producción Cobb-Douglas radica en el comportamiento de las participaciones de los factores en la renta. Como se verá en el epígrafe 1.2.3, en una economía con competencia perfecta, el capital y el trabajo son retribuidos según su producto marginal; es decir, el producto marginal del capital es igual a la renta percibida R, y el producto marginal del trabajo es igual al salario w. Así pues, cada unidad de capital se paga a $R = f'(k) = \alpha Ak^{\alpha-1}$ y cada unidad de trabajo se paga a $w = f(k) - k \cdot f'(k) = (1-\alpha) \cdot Ak^{\alpha}$. En consecuencia, la participación del capital en la renta es $Rk/f(k) = \alpha$ y la participación del trabajo es $w/f(k) = 1 - a$. Así pues, en un entorno de competencia perfecta, si la función de producción es la función Cobb-Douglas, las participaciones de los factores en la renta son constantes e independientes de k.

1.2.2. La ecuación fundamental del modelo Solow-Swan

En esta sección analizamos el comportamiento dinámico de la economía descrita por la función de producción neoclásica. El modelo de crecimiento resultante se denomina modelo Solow-Swan, en honor a las importantes contribuciones de Solow (1956) y Swan (1956).

El cambio en el stock de capital en el transcurso del tiempo viene fijado por la ecuación (1.2). Si dividimos por L ambos miembros de la ecuación, obtenemos

$$\dot{K}/L = s \cdot f(k) - \delta k$$

7. Douglas es Paul H. Douglas, que fue primero economista del trabajo de la Universidad de Chicago y más tarde senador de los EE.UU. por el estado de Illinois. Cobb es Charles W. Cobb, matemático de Amherst. Douglas (1972, pp. 46-47) señala que en 1927 se puso en contacto con Cobb con el propósito de hallar una función de producción que se ajustara a sus ecuaciones empíricas de la producción, el empleo y el stock de capital de la industria estadounidense. Resulta interesante que Douglas afirme que la forma de la función fue desarrollada anteriormente por Philip Wicksteed, con lo que proporciona un ejemplo más de la Ley de Stigler (que establece que no hay nada que reciba el nombre de la persona que realmente lo inventó).

En el segundo miembro aparecen únicamente variables per cápita, pero no así en el primero. Así pues, no se trata de una ecuación diferencial normal que pueda ser resuelta con facilidad. A fin de transformarla en una ecuación diferencial en términos de k, derivamos $k \equiv K/L$ con respecto al tiempo para obtener

$$\dot{k} \equiv \frac{d(K/L)}{dt} = \dot{K}/L - nk$$

donde $n = \dot{L}/L$. Si este resultado lo sustituimos dentro de la expresión de $\dot{K}/L$ podemos reordenar las variables y obtener

$$\dot{k} = s \cdot f(k) - (n + \delta) \cdot k \tag{1.13}$$

La ecuación (1.13) es la ecuación diferencial fundamental del modelo Solow-Swan. Esta ecuación no lineal depende únicamente de k.

El término $n+\delta$ en el segundo miembro de la ecuación (1.13) puede considerarse como la tasa de depreciación del coeficiente capital-trabajo, $k \equiv K/L$. Si la tasa de ahorro, s, fuese cero, el capital por persona disminuiría, en parte debido a la depreciación del capital a la tasa δ y en parte debido al aumento del número de personas a la tasa n.

La ilustración 1.1 muestra el funcionamiento de la ecuación (1.13). La curva superior es la función de producción, $f(k)$. El término $(n+\delta) \cdot k$ de la ecuación (1.13) aparece representado en la ilustración 1.1 mediante una recta que nace en el origen y tiene una pendiente positiva igual a $n+\delta$. El término $s \cdot f(k)$ de la ecuación (1.13) es muy similar a la propia función de producción con la excepción de s, la constante positiva que aparece multiplicando. Observe en la ilustración que la curva $s \cdot f(k)$ nace en el origen [porque $f(0) = 0$], tiene una pendiente positiva [porque $f'(k) > 0$] y se va aplanando a medida que k crece [porque $f''(k) < 0$]. Las condiciones de Inada implican que la curva $s \cdot f(k)$ es vertical en $k=0$ y que se vuelve plana a medida que k tiende a infinito. Estas propiedades implican que, dejando aparte el origen, la curva $s \cdot f(k)$ y la recta $(n+\delta) \cdot k$ tienen un punto de intersección y ese punto es único.

Considere una economía en la que el stock inicial de capital por persona $k(0) > 0$. La ilustración 1.1 muestra que la inversión bruta por persona es igual a la altura de la curva $s \cdot f(k)$ en dicho punto. El consumo por persona es igual a la distancia vertical en dicho punto entre las curvas $f(k)$ y $s \cdot f(k)$.

1.2.3. Mercados

En esta sección vemos cómo en un modelo que incorpore explícitamente la presencia de mercados también puede obtenerse la ecuación fundamental del modelo Solow-Swan. En lugar de poseer la tecnología y quedarse con la producción obtenida gracias a la misma, suponemos que los hogares poseen activos financieros y trabajo. Los activos proporcionan una tasa de rentabilidad $r(t)$ y el trabajo percibe el salario $w(t)$. Así pues, la renta total que reciben los hogares es la suma de la renta de los activos y del trabajo, $r(t) \cdot (\text{activos}) + w(t) \cdot L(t)$. Los hogares utilizan la renta que no consumen para acumular más activos

$$d(\text{activos})/dt = [r \cdot (\text{activos}) + w \cdot L] - C \tag{1.14}$$

donde, de nuevo, los subíndices indicativos del tiempo se han eliminado para simplificar la notación. Si dividimos por L ambos miembros de la ecuación (1.14), denominamos a a los activos por persona y derivamos a con respecto al tiempo, $\dot{a} = (1/L) \cdot d(\text{activos})/dt - na$, obtenemos la variación de los activos por persona:

$$\dot{a} = (r \cdot a + w) - c - na \tag{1.15}$$

Como se veía en la ecuación (1.1), las empresas contratan trabajo y capital y emplean ambos factores, junto con la tecnología, para obtener producción, que venden a un precio unitario. Pensemos en las empresas como arrendatarias de los servicios de capital de los hogares, que son sus propietarios. (Los resultados no cambiarían si las empresas fueran las propietarias del capital y los hogares poseyeran acciones de las empresas.) Así pues, el coste del capital de las empresas son los pagos por su arrendamiento de capital, que son proporcionales a K. Esta especificación supone que los servicios de capital puedan modificarse sin incurrir en gastos adicionales, como por ejemplo, los costes de instalación de nuevas máquinas.

Denominemos R al rendimiento de una unidad de servicios de capital y supongamos que el stock de capital se deprecia a una tasa constante $\delta \geq 0$. El rendimiento neto de un hogar que posea una unidad de capital será $R - \delta$. Los hogares reciben también el tipo de interés r por los fondos prestados a otros hogares. Sin incertidumbre, el capital y el préstamo son sustitutivos perfectos en tanto que depósitos de valor y, en consecuencia, tienen que proporcionar un rendimiento idéntico, con lo que $r = R - \delta$ o, dicho de otro modo, $R = r + \delta$.

El flujo de ingresos netos o beneficio de la empresa representativa en un momento dado del tiempo viene dada por

$$\pi = F(K, L, T) - (r + \delta) \cdot K - wL \tag{1.16}$$

es decir, los ingresos brutos de la venta de la producción, $F(K, L, T)$, menos el coste de los factores, integrado por las rentas del capital, $(r + \delta) \cdot K$, y los salarios de los trabajadores, wL. Suponemos que la tecnología es gratuita, por lo que no hay que realizar ningún pago por utilizarla en el proceso productivo. Suponemos que el objetivo de la empresa es maximizar el valor actual de los beneficios. Dado que la empresa adquiere servicios de capital y trabajo sin costes de ajuste, no hay elementos intertemporales en el problema de maximización de la empresa.[8] (El problema se convierte en intertemporal al introducir los costes de ajuste del capital, como veremos en el capítulo 3).

8. En el capítulo 2 vemos que las empresas dinámicas maximizarán el valor actual descontado de todos los beneficios futuros, que viene dado si r es constante por la $\int_0^\infty L \cdot [f(k) - (r + \delta) \cdot k - w] \cdot e^{-rt} dt$. Puesto que el problema no conlleva restricción dinámica alguna, la empresa maximiza los beneficios en cada momento del tiempo. En realidad, un problema dinámico no es otra cosa que una sucesión de problemas estáticos.

Considere una empresa, sin importar su tamaño, y digamos que requiere un nivel de factor trabajo L. Dado que la función de producción tiene rendimientos constantes a escala, el beneficio de esta empresa, definido en la ecuación (1.16) también puede expresarse como

$$\pi = L \cdot [f(k) - (r + \delta) \cdot k - w] \tag{1.17}$$

Una empresa en competencia perfecta, para la que r y w vienen dados, maximiza su beneficio para un L determinado decidiendo

$$f'(k) = r + \delta \tag{1.18}$$

Es decir, la empresa elige aquel ratio capital-trabajo que iguale el producto marginal del capital a su precio de arrendamiento.

Dependiendo del valor de w, el beneficio resultante será positivo, cero o negativo. Si el beneficio fuera positivo, la empresa podría lograr beneficios infinitos eligiendo un tamaño infinito. Si el beneficio fuera negativo, la empresa disminuiría su tamaño hasta que fuera cero. En consecuencia, en el equilibrio de mercado, w tiene que tener un valor tal que el beneficio sea igual a cero; es decir, el coste total de los factores, $(r+\delta) \cdot K + wL$, es igual a los ingresos brutos de la ecuación (1.17). En dicho caso, a la empresa le es indiferente uno u otro tamaño.

Para que el beneficio sea cero, el salario tiene que ser igual al producto marginal del trabajo correspondiente al valor de k que satisface la ecuación (1.18):

$$[f(k) - k \cdot f'(k)] = w \tag{1.19}$$

Sustituyendo las expresiones de las ecuaciones (1.18) y (1.19) en la ecuación (1.17) puede comprobarse fácilmente que el nivel de beneficio resultante es igual a cero para cualquier valor de L. De igual manera, si los precios de los factores son iguales a sus respectivos productos marginales, los pagos de los factores agotan la producción total (un resultado que en términos matemáticos equivale al teorema de Euler).[9]

El modelo no determina el tamaño de una empresa individual y competitiva que opere con una función de producción con rendimientos constantes a escala. Sin embargo, el modelo determina el coeficiente capital-trabajo, k, así como el nivel agregado de producción, ya que la mano de obra viene fijada por la ecuación (1.3).

El siguiente paso es definir el equilibrio de la economía. En una economía cerrada, el único activo con una oferta neta positiva es el capital, ya que todos los préstamos y créditos deben cancelarse en el conjunto de la economía. Así pues, el equilibrio del mercado de activos exige que $a = k$. Si sustituimos esta igualdad, así como $r = f'(k) - \delta$ y $w = f(k) - k \cdot f'(k)$ en la ecuación (1.15) obtenemos

$$\dot{k} = f(k) - c - (n + \delta) \cdot k$$

9. El teorema de Euler establece que si una función $F(K, L)$ es homogénea de grado uno en K y L, entonces $F(K, L) = F_K \cdot K + F_L \cdot L$. Este resultado se puede demostrar mediante las ecuaciones $F(K, L) = L \cdot f(k)$, $F_K = f'(k)$ y $F_L = f(k) - k \cdot f'(k)$.

Por último, si de acuerdo con Solow-Swan aceptamos el supuesto de que los hogares consumen una fracción constante de su renta bruta, $c = (1 - s) \cdot f(k)$, obtenemos

$$\dot{k} = s \cdot f(k) - (n + \delta) \cdot k$$

que resulta ser la ecuación fundamental del modelo Solow-Swan que obtuvimos en la ecuación (1.13). Así pues, incluir mercados competitivos en el modelo Solow-Swan no cambia los principales resultados.[10]

1.2.4. El estado estacionario

Ahora ya contamos con las herramientas necesarias para analizar el comportamiento del modelo a lo largo del tiempo. Primero consideramos el *largo plazo* o *estado estacionario*, y después describimos el corto plazo o dinámica de transición. Definimos el estado estacionario como aquella situación en la que las diversas magnitudes crecen a tasas constantes (quizás iguales a cero).[11] En el modelo Solow-Swan, el estado estacionario corresponde a $\dot{k} = 0$ en la ecuación (1.13),[12] es decir, a la intersección de la curva $s \cdot f(k)$ con la recta $(n + \delta) \cdot k$ de la ilustración 1.1.[13] El valor de k correspondiente se denota k^*. (Nos centraremos en la intersección en $k > 0$ y haremos caso omiso de la intersección en $k = 0$.) Algebraicamente, k^* satisface la siguiente condición

$$s \cdot f(k^*) = (n + \delta) \cdot k^* \tag{1.20}$$

Puesto que k es constante en el estado estacionario, c e y también son constantes en los valores $y^* = f(k^*)$ y $c^* = (1 - s) \cdot f(k^*)$, respectivamente. Así pues, en el modelo neoclásico, las magnitudes per cápita k, c e y no crecen en el estado estacionario. El carácter constante de las magnitudes per cápita significa que los niveles de las

---

10. Observe que, tanto en ésta como en las secciones anteriores, suponemos que cada persona ahorra un porcentaje constante de su renta bruta. También podríamos haber supuesto que ahorra un porcentaje constante de su renta neta $f(k) - \delta k$, que en el modelo de mercado equivale a $ra + w$. En ese caso, la ecuación fundamental del modelo Solow-Swan sería $\dot{k} = s \cdot f(k) - (s\delta + n) \cdot k$. Nuevamente, la misma ecuación es correcta para el modelo del hogar-productor y para el modelo de mercado.

11. Algunos economistas utilizan la expresión trayectoria de crecimiento equilibrado para describir el estado en el que todas las variables crecen a una tasa constante y utilizan estado estacionario para describir el caso particular en el que la tasa de crecimiento es cero.

12. Podemos demostrar que k tiene que ser constante en el estado estacionario. Divida por k ambos miembros de la ecuación (1.13) para llegar a la expresión $\dot{k}/k = s \cdot f(k)/k - (n + \delta)$. Por definición, en el estado estacionario el primer miembro de la ecuación es constante. Puesto que s, n y δ son también constantes, se deduce que $f(k)/k$ debe ser constante en el estado estacionario. La derivada con respecto al tiempo de $f(k)/k$ es igual a $-\{[f(k) - kf'(k)]/k\} \cdot (\dot{k}/k)$. La expresión $f(k) - kf'(k)$ es igual al producto marginal del trabajo (como se vio en la ecuación [1.19]) y es un término positivo. En consecuencia, siempre y cuando k sea finito, $\dot{k}/k$ tiene que ser igual a 0 en el estado estacionario.

13. La intersección en el intervalo de k positivo existe y es única, ya que $f(0) = 0$, $n + \delta < \text{lím}_{k \to 0} [s \cdot f'(k)] = \infty$, $n + \delta > \text{lím}_{k \to \infty} [s \cdot f'(k)] = 0$ y $f''(k) < 0$.

variables K, C e Y, crecen en el estado estacionario a la tasa del crecimiento de la población, n.

Los cambios definitivos en el nivel de la tecnología se representan mediante desplazamientos de la función de producción, $f(\cdot)$. Los desplazamientos de la función de producción, las variaciones de la tasa de ahorro, s, de la tasa de crecimiento de la población, n, y de la tasa de depreciación, δ, afectan a los *niveles* per cápita de las diversas magnitudes en el estado estacionario. Por ejemplo, en la ilustración 1.1, un desplazamiento proporcional hacia arriba de la función de producción o un incremento de s desplaza la curva $s \cdot f(k)$ hacia arriba y provoca a su vez un incremento de k^*. Un incremento de n o de δ desplaza la recta $(n+\delta) \cdot k$ hacia arriba y provoca una disminución de k^*.

Es importante señalar que un cambio único en el nivel de tecnología, la tasa de ahorro, la tasa de crecimiento de la población y la tasa de depreciación no afecta a las tasas de crecimiento per cápita de producción, capital y consumo en el estado estacionario, que siguen siendo igual a cero. Por esta razón, el modelo tal y como se ha definido hasta ahora no proporciona una explicación de los factores determinantes del crecimiento per cápita a largo plazo.

1.2.5. La regla de oro de la acumulación de capital y la ineficiencia dinámica

Para un nivel dado de A, y dados los valores de n y δ, existe un único valor de estado estacionario de $k^* > 0$ para cada valor de la tasa de ahorro s. Esta relación se expresa mediante $k^*(s)$, con $dk^*(s)/ds > 0$. El nivel de estado estacionario del consumo per cápita es $c^* = (1-s) \cdot f[k^*(s)]$. A partir de la ecuación (1.20) sabemos que $s \cdot f(k^*) = (n+\delta) \cdot k^*$; así pues, podemos expresar c^* como

$$c^*(s) = f[k^*(s)] - (n+\delta) \cdot k^*(s) \tag{1.21}$$

La ilustración 1.2 muestra la relación que existe entre c^* y s, implícita en la ecuación (1.21). Para niveles bajos de s, la cantidad c^* aumenta al aumentar s, y disminuye para niveles altos de s. La cantidad c^* alcanza un máximo al hacerse cero su

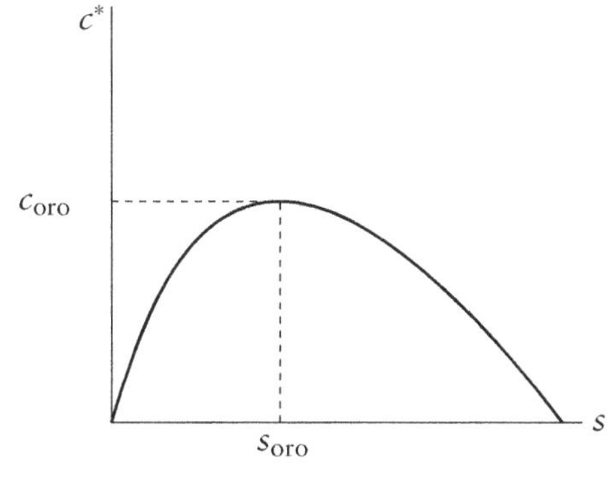

ILUSTRACIÓN 1.2 | La regla de oro de la acumulación de capital. El eje de ordenadas muestra el nivel de consumo per cápita de estado estacionario que corresponde a cada tasa de ahorro. La tasa de ahorro que maximiza el consumo per cápita de estado estacionario se denomina la tasa de ahorro de la regla de oro y se denota s_{oro}.

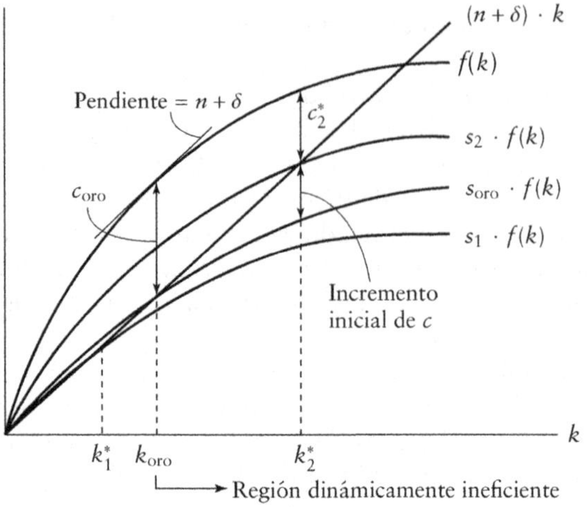

ILUSTRACIÓN 1.3 | La regla de oro y la ineficiencia dinámica. Si la tasa de ahorro está por encima de la regla de oro ($s_2 > s_{oro}$ en la ilustración), la disminución de s aumenta el consumo per cápita del estado estacionario y también aumenta el consumo per cápita durante la transición. Puesto que c aumenta en todos los momentos del tiempo, una tasa de ahorro superior al valor de la regla de oro es dinámicamente ineficiente. Si la tasa de ahorro se encuentra por debajo de la regla de oro ($s_1 < s_{oro}$ en la ilustración), un incremento de s aumenta el consumo per cápita del estado estacionario, pero disminuye el consumo per cápita durante la transición. La conveniencia de dicho cambio depende de cómo ponderan los hogares su consumo actual en relación al consumo futuro.

derivada, es decir, cuando $[f'(k^*) - (n+\delta)] \cdot dk^*/ds = 0$. Puesto que $dk^*/ds > 0$, el término entre corchetes tiene que ser igual a 0. Si llamamos k_{oro} al valor de k^* que corresponde al máximo de c^*, entonces, la condición que determina k_{oro} es

$$f'(k_{oro}) = n + \delta \tag{1.22}$$

La tasa de ahorro correspondiente puede denominarse s_{oro}, y el nivel asociado de consumo per cápita del estado estacionario, $c_{oro} = f(k_{oro}) - (n+\delta) \cdot k_{oro}$

La condición de la ecuación (1.22) se denomina la *regla de oro de la acumulación de capital* (véase Phelps, 1966). Este nombre proviene de la cita bíblica del mismo nombre que dice "Trata a los demás como quisieras ser tratado". En términos económicos, el resultado de la regla de oro puede interpretarse como "si proporcionamos la misma cantidad de consumo a los miembros de las generaciones presentes y futuras, es decir, si no damos menos a las futuras generaciones que a la nuestra, la cantidad máxima de consumo per cápita es c_{oro}".

La ilustración 1.3 muestra el funcionamiento de la regla de oro. La ilustración considera tres posibles tasas de ahorro, s_1, s_{oro} y s_2, donde $s_1 < s_{oro} < s_2$. En cada caso el consumo por persona, c, es igual a la distancia vertical entre la función de producción, $f(k)$, y la correspondiente curva $s \cdot f(k)$. Para cada s, el valor de estado estacionario k^* corresponde con la intersección entre la curva $s \cdot f(k)$ y la recta $(n+\delta) \cdot k$. El consumo per cápita de estado estacionario, c^*, alcanza su máximo cuando $k^* = k_{oro}$, ya que la tangente de la función de producción en dicho punto es paralela a la recta $(n+\delta) \cdot k$. La tasa de ahorro para la que $k^* = k_{oro}$ es aquella para la que la curva $s \cdot f(k)$ corta la recta $(n+\delta) \cdot k$ en k_{oro}. Puesto que $s_1 < s_{oro} < s_2$ también vemos en la ilustración que $k_1^* < k_{oro} < k_2^*$.

Es importante plantearse si ciertas tasas de ahorro son mejores que otras. No seremos capaces de seleccionar la mejor tasa de ahorro (o de determinar si una tasa de ahorro constante es o no deseable) hasta que especifiquemos una función objetivo, algo que haremos en el próximo capítulo. Sin embargo, en el contexto presente, podemos afirmar que una tasa de ahorro que sea siempre superior a s_{oro} es ineficiente porque en cualquier momento temporal se pueden obtener cantidades mayores de consumo per cápita reduciendo la tasa de ahorro.

Considere una economía como la descrita por la tasa de ahorro s_2 de la ilustración 1.3, en la que $s_2 > s_{oro}$ por lo que $k_2^* > k_{oro}^*$ y $c_2^* < c_{oro}$. Imagine que, comenzando en el estado estacionario, la tasa de ahorro no cesara de disminuir hasta llegar a s_{oro}. La ilustración 1.3 muestra que el consumo per cápita, c, que viene dado por la distancia vertical entre las curvas $f(k)$ y $s_{oro} \cdot f(k)$, inicialmente aumenta en una cantidad discreta. Acto seguido, el nivel de c desciende monótonamente durante la transición[14] hacia el nuevo estado estacionario, c_{oro}. Puesto que $c_2^* < c_{oro}$, podemos concluir que c es mayor que su valor anterior, c_2^*, en todos los momentos de la transición, así como en el nuevo estado estacionario. Así pues, cuando $s > s_{oro}$, la economía está ahorrando en exceso, ya que el consumo per cápita en cualquier momento del tiempo podría aumentar disminuyendo la tasa de ahorro. Una economía que ahorra en exceso se califica de dinámicamente ineficiente, ya que la evolución de su consumo per cápita es inferior a otras posibles evoluciones alternativas para cualquier momento del tiempo.

Si $s < s_{oro}$, como en el caso de la tasa de ahorro s_1 de la ilustración 1.3, el consumo per cápita de estado estacionario puede aumentar incrementando la tasa de ahorro. Sin embargo, este aumento en la tasa de ahorro reduciría c en el presente y durante parte del periodo de transición. El resultado sería pues considerado como positivo o negativo dependiendo de cómo ponderan los hogares el consumo actual en relación a la evolución futura del consumo. No podemos juzgar la conveniencia de un aumento de la tasa de ahorro en esta situación hasta que establezcamos supuestos específicos sobre cómo las unidades económicas descuentan el futuro. Trataremos este asunto en el próximo capítulo.

1.2.6. Dinámica de transición

Las tasas de crecimiento a largo plazo del modelo Solow-Swan están determinadas en su totalidad por variables exógenas; en el estado estacionario, las magnitudes per cápita, k, c e y no aumentan y las variables agregadas, K, C e Y crecen a la tasa, exógena, del crecimiento de la población n. Así pues, la principal conclusión que se establece a propósito del largo plazo es que las tasas de crecimiento de estado estacionario son independientes de la tasa de ahorro o del nivel tecnológico. Sin embargo, en lo referente a la dinámica de transición, el modelo tiene implicaciones de gran interés. Esta transición muestra de qué manera la renta per cápita de una economía converge hacia su propio valor de estado estacionario y hacia el valor de las rentas per cápita de otras economías.

14. En el siguiente subapartado se analiza la dinámica de transición del modelo.

Si dividimos por k ambos miembros de la ecuación (1.13), la tasa de crecimiento de k viene dada por

$$\gamma_k \equiv \dot{k}/k = s \cdot f(k)/k - (n + \delta) \tag{1.23}$$

en la que utilizamos la notación γ_k para representar la tasa de crecimiento de la variable k, notación que utilizaremos a lo largo de todo el libro. Tenga en cuenta que, en cualquier momento del tiempo, la tasa de crecimiento de una variable es igual a la tasa de crecimiento per cápita más la tasa exógena de crecimiento de la población n; por ejemplo,

$$\dot{K}/K = \dot{k}/k + n$$

Para propósitos posteriores, nos resultará conveniente centrarnos en la tasa de crecimiento de k, tal y como la expresa la ecuación (1.23).

La ecuación (1.23) establece que $\dot{k}/k$ es la diferencia entre dos términos. Denominamos *curva de ahorro* al primer término, $s \cdot f(k)/k$, y *curva de depreciación* al segundo término $(n + \delta)$. En la ilustración 1.4 trazamos ambas curvas respecto de k. La curva de ahorro tiene pendiente negativa;[15] en $k = 0$ su asíntota es igual a infinito y cuando k tiende a infinito es igual a 0.[16] La curva de depreciación es una recta horizontal en $n + \delta$. La tasa de crecimiento del capital per cápita (a partir de la ecuación [1.23]) es igual a la distancia vertical entre la curva de ahorro y la recta de depreciación, y el punto de intersección corresponde al estado estacionario. Puesto que $n + \delta > 0$ y $s \cdot f(k)/k$, disminuye monótonamente desde infinito hasta 0, la curva de ahorro y la recta de depreciación tienen un punto de intersección y sólo uno. Así pues, el ratio capital-trabajo de estado estacionario $k^* > 0$ existe y es único.

La ilustración 1.4 muestra que, a la izquierda del estado estacionario, la curva $s \cdot f(k)/k$ se sitúa por encima de $n + \delta$. Así pues, la tasa de crecimiento de k es positiva y k aumenta con el transcurso del tiempo. A medida que k aumenta, $\dot{k}/k$ disminuye, y tiende a 0 a medida que k se aproxima a k^*. (La curva de ahorro se va aproximando a la recta de depreciación a medida que k se aproxima a k^*; así pues, $\dot{k}/k$ disminuye.) La economía tiende asintóticamente hacia el estado estacionario en el que k y, en consecuencia, c e y permanecen constantes.

La razón que explica las tasas de crecimiento decrecientes durante la transición es la existencia de rendimientos decrecientes del capital: cuando k es relativamente pequeña, el producto medio del capital, $f(k)/k$, es relativamente grande. Hemos supuesto que los hogares invierten y ahorran una fracción constante, s, de su producto. Así pues, cuando k es relativamente pequeña, la inversión bruta por unidad de capital, $s \cdot f(k)/k$ es relativamente elevada. El capital por trabajador, k, se deprecia de forma efectiva a una tasa constante $n + \delta$. En consecuencia, la tasa de crecimiento $\dot{k}/k$ es también relativamente alta.

---

15. La derivada de $f(k)/k$ con respecto a k es igual a $-[f(k)/k - f'(k)]/k$. La expresión entre corchetes es igual al producto marginal del trabajo, que es positivo. En consecuencia, la derivada es negativa.

16. Observe que $\text{lím}_{k\to 0}\,[s \cdot f(k)/k] = 0/0$. Podemos aplicar la regla de l'Hôpital, obteniendo $\text{lím}_{k\to 0}\,[s \cdot f(k)/k] = \text{lím}_{k\to 0}\,[s \cdot f'(k)] = \infty$, a partir de las condiciones de Inada. De igual manera, la condición de Inada $\text{lím}_{k\to\infty}\,[f'(k)] = 0$ implica que $\text{lím}_{k\to\infty}\,[s \cdot f(k)/k] = 0$.

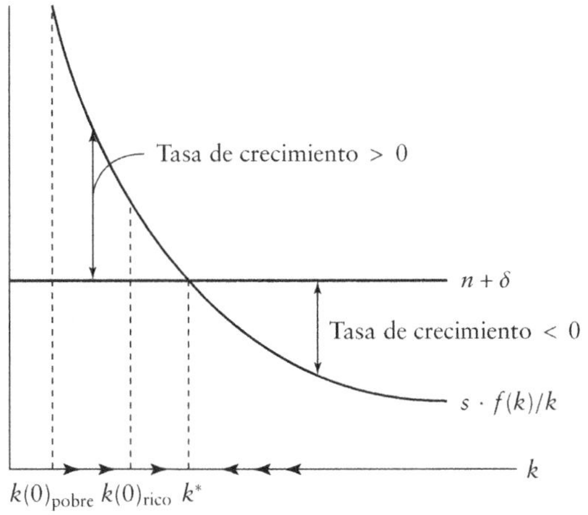

ILUSTRACIÓN 1.4 | Dinámica del modelo Solow-Swan. La tasa de crecimiento de k viene dada por la distancia vertical entre la curva de ahorro, $s \cdot f(k)/k$, y la línea de depreciación efectiva, $n+\delta$. Si $k < k^*$, la tasa de crecimiento de k es positiva, y k aumenta hacia k^*. Si $k > k^*$, la tasa de crecimiento es negativa, y k disminuye hacia k^*. Por tanto, el capital por persona en el estado estacionario es estable. Nótese que, en la transición desde un inicial bajo capital por persona la tasa de crecimiento de k desciende monótonamente hacia cero. Las flechas sobre el eje horizontal indican la dirección del movimiento de k a lo largo del tiempo.

Un argumento similar demuestra que si la economía parte de un punto superior al estado estacionario, $k(0) > k^*$, la tasa de crecimiento de k es negativa, y k disminuye a lo largo del tiempo. (Tenga en cuenta, a partir de la ilustración 1.4, que para $k > k^*$ la recta $n+\delta$ se encuentra situada por encima de la curva $s \cdot f(k)/k$ y, en consecuencia, $\dot{k}/k < 0$.) La tasa de crecimiento aumenta y tiende a 0 a medida que k tiende a k^*. Así pues, el sistema tiene equilibrio estable: para cualquier valor inicial $k(0) > 0$, la economía converge hacia su único estado estacionario, $k^* > 0$.

Podemos estudiar también el comportamiento de la producción durante la transición. La tasa de crecimiento de la producción per cápita viene dada por

$$\dot{y}/y = f'(k) \cdot \dot{k}/f(k) = [k \cdot f'(k)/f(k)] \cdot (\dot{k}/k) \tag{1.24}$$

La expresión entre corchetes a la derecha del segundo igual es la participación del capital, es decir, la participación de la renta del capital en la renta total.[17]

La ecuación (1.24) muestra que la relación entre $\dot{y}/y$ y $\dot{k}/k$ depende del comportamiento de la participación del capital. En el caso Cobb-Douglas (ecuación [1.11]), la participación del capital es la constante α e $\dot{y}/y$ es la proporción α de $\dot{k}/k$. Así pues, el comportamiento de $\dot{y}/y$ imita el de $\dot{k}/k$.

De forma más general, podemos sustituir $\dot{k}/k$ de la ecuación (1.23) en la ecuación (1.24) y obtenemos

$$\dot{y}/y = s \cdot f'(k) - (n+\delta) \cdot \mathrm{Sh}(k) \tag{1.25}$$

17. Ya hemos dicho anteriormente que en el equilibrio del mercado competitivo cada unidad de capital recibe un rendimiento igual a su producto marginal, $f'(k)$. Así pues, $k \cdot f'(k)$ es la renta per cápita ganada por los propietarios del capital, y $k \cdot f'(k)/f(k)$ (el término entre corchetes) es la participación de la renta del capital en la renta total per cápita.

en la que $\mathrm{Sh}(k) \equiv k \cdot f'(k)/f(k)$ denota la participación del capital. Si derivamos con respecto a k y reorganizamos los términos, obtenemos

$$\partial(\dot{y}/y)/\partial k = \left[\frac{f''(k) \cdot k}{f(k)}\right] \cdot (\dot{k}/k) - \frac{(n+\delta)f'(k)}{f(k)} \cdot [1 - \mathrm{Sh}(k)]$$

Dado que $0 < \mathrm{Sh}(k) < 1$, el último término del segundo miembro es negativo. Si $\dot{k}/k \geq 0$, el primer término del segundo miembro es no positivo y, en consecuencia, $\partial(\dot{y}/y)/\partial k < 0$. Así pues, $\dot{y}/y$ disminuye necesariamente a medida que k aumenta (y por tanto y aumenta) en el intervalo en que $\dot{k}/k \geq 0$, es decir, si $k \leq k^*$. Si $\dot{k}/k < 0$ ($k > k^*$), el signo de $\partial(\dot{y}/y)/\partial k$ es ambiguo para la forma general de la función de producción, $f(k)$. Sin embargo, si la economía está cerca de su estado estacionario, la magnitud de $\dot{k}/k$ será pequeña y se cumplirá que $\partial(\dot{y}/y)/\partial k < 0$, incluso si $k > k^*$.

En el modelo Solow-Swan, que establece una tasa de ahorro constante, el nivel de consumo per cápita viene dado por $c = (1 - s) \cdot y$. Así pues, las tasas de crecimiento del consumo y la renta per cápita son idénticas en cualquier momento del tiempo, $\dot{c}/c = \dot{y}/y$. En consecuencia, el consumo sigue la misma dinámica que la producción.

1.2.7. El comportamiento de los precios de los factores durante la transición

Vimos con anterioridad que el modelo Solow-Swan es coherente con una economía de mercados competitivos en la que las empresas maximizan sus beneficios y los hogares eligen ahorrar una fracción constante de su renta bruta. Es interesante estudiar el comportamiento de los salarios y el tipo de interés durante la transición a medida que el stock de capital se mueve hacia el estado estacionario. Vimos que el tipo de interés es igual al producto marginal del capital menos la tasa constante de depreciación, $r = f'(k) - \delta$. Dado que el tipo de interés depende del producto marginal del capital, que a su vez depende del stock de capital per cápita, durante la transición el tipo de interés varía a medida que varía el capital. Dado que la función de producción neoclásica tiene rendimientos decrecientes del capital, $f''(k) < 0$, el producto marginal del capital disminuye a medida que crece el capital. En consecuencia, el tipo de interés disminuye monótonamente hasta su valor de estado estacionario, que viene dado por $r^* = f'(k^*) - \delta$.

También vimos que el salario en competencia venía dado por $w = f(k) - k \cdot f'(k)$. Nuevamente, el salario varía al aumentar el capital. Para ver el comportamiento del salario, derivemos w con respecto a k y obtendremos

$$\frac{\partial w}{\partial k} = f'(k) - f'(k) - k \cdot f''(k) = -k \cdot f''(k) > 0$$

En consecuencia, el salario aumenta monótonamente al aumentar el stock de capital. En el estado estacionario, el salario viene dado por $w^* = f(k^*) - k^* \cdot f'(k^*)$.

En la ilustración 1.5 puede observarse gráficamente el comportamiento del salario y del tipo de interés. La curva que aparece en la ilustración es la función de producción, $f(k)$. La renta por trabajador que recibe cada hogar individual viene dada por

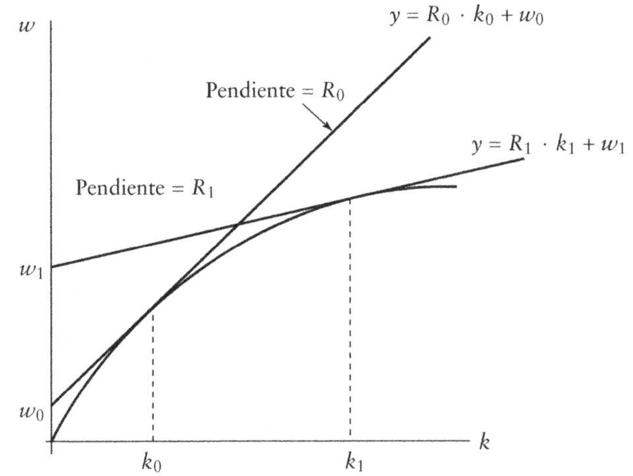

ILUSTRACIÓN 1.5 | Precios de los factores durante la transición. En k_0, la recta tangente a la función de producción tiene una pendiente igual al rendimiento del capital R_0 y una ordenada en el origen igual al salario w_0. A medida que k aumenta hacia k_1, el rendimiento del capital desciende hacia R_1 y el salario aumenta hacia w_1.

$$y = w + Rk \tag{1.26}$$

en la que $R = r + \delta$ es la renta percibida por el capital. Una vez determinados el tipo de interés y el salario, y es una función lineal de k, con ordenada en el origen w y pendiente R.

Evidentemente, R depende de k a través de la condición del producto marginal, $f'(k) = R = r + \delta$. En consecuencia, R, la pendiente de la función de renta de la ecuación (1.26) debe ser igual a la pendiente de $f(k)$ en el valor concreto de k. La ilustración muestra dos valores, k_0 y k_1. La función de la renta en estos dos valores viene dada por dos rectas que son tangentes a $f(k)$ en k_0 y k_1, respectivamente. A medida que k aumenta durante la transición, la ilustración muestra que la pendiente de la tangente disminuye, de R_0 a R_1. La ilustración también muestra que la ordenada en el origen, que es igual a w, aumenta de w_0 y w_1.

1.2.8. Experimentos de política económica

Suponga que la economía se encuentra inicialmente en una situación de estado estacionario en la que el capital per cápita es igual a k_1^*. Imagine que la tasa de ahorro no cesa de aumentar de s_1 a un valor superior, s_2, quizás porque los hogares modifican su comportamiento o porque el Estado aplica una política que aumenta la tasa de ahorro. La ilustración 1.6 muestra que la función $s \cdot f(k)/k$ se desplaza hacia la derecha. En consecuencia, la intersección con la recta $n + \delta$ también se desplaza hacia la derecha y el nuevo stock de capital de estado estacionario, k_2^*, es superior a k_1^*.

¿Cómo se ajusta la economía de k_1^* a k_2^*? En $k = k_1^*$, la distancia entre al curva $s_1 \cdot f(k)/k$ y la recta $n + \delta$ es positiva; es decir, el ahorro es más que suficiente para generar un aumento de k. A medida que k aumenta, su tasa de crecimiento desciende y tiende a 0 conforme k se aproxima a k_2^*. En consecuencia, el resultado es que un

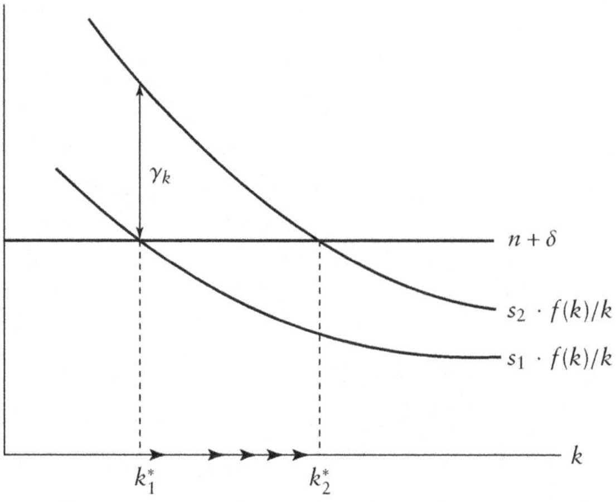

ILUSTRACIÓN 1.6 I Efectos de un aumento en la tasa de ahorro. A partir del capital per cápita de estado estacionario, k_1^*, un aumento de s, de s_1 a s_2, desplaza hacia la derecha la curva $s \cdot f(k)/k$. En el primer estado estacionario, la inversión es superior a la depreciación efectiva y la tasa de crecimiento de k se vuelve positiva. El capital per cápita aumenta hasta que la economía alcanza su nuevo estado estacionario en $k_2^* > k_1^*$.

aumento permanente de la tasa de ahorro provoca temporalmente tasas de crecimiento per cápita positivas. A largo plazo, los niveles de k e y son permanentemente mayores, pero las tasas de crecimiento per cápita vuelven a ser cero.

Estas tasas de crecimiento transitorias positivas podrían llevar a la conclusión de que la economía podría seguir creciendo mediante incrementos sucesivos de la tasa de ahorro. Un problema que plantea este razonamiento es que la tasa de ahorro es una fracción entre cero y uno. Puesto que las personas no pueden ahorrar más que su renta, la tasa de ahorro tiene por límite la unidad. Tenga en cuenta que, aunque las personas pudieran ahorrar la totalidad de su renta, la curva de ahorro seguiría cortando la recta de depreciación y, en consecuencia, el crecimiento per cápita a largo plazo se detendría.[18] El motivo radica en que el funcionamiento de los rendimientos decrecientes del capital devolvería finalmente a la economía al estado estacionario con crecimiento cero. Por lo tanto, ahora podemos contestar a la pregunta que hacíamos al principio de este capítulo. ¿Puede la renta per cápita crecer de forma continua simplemente mediante el ahorro y la inversión en capital físico? Si la función de producción es neoclásica, la respuesta es no.

También podemos evaluar cambios permanentes en la tasa de crecimiento de la población, n. Estos cambios pueden ser producto de variaciones en el comportamiento de los hogares o de las políticas públicas que influyen en la fertilidad. Una disminución de n desplaza la recta de depreciación hacia abajo, con lo que el nivel de capital por trabajador del estado estacionario será mayor. Sin embargo, a largo plazo, la tasa de crecimiento del capital per cápita seguirá siendo cero.

Una única y definitiva mejora en el nivel tecnológico tiene sobre las tasas de crecimiento per cápita unos efectos transitorios similares. Si la función de producción $f(k)$ se desplaza hacia arriba de forma proporcional, la curva de ahorro también

18. Antes de alcanzar $s = 1$ la economía llegará a s_{oro}, con lo que incrementos posteriores de la tasa de ahorro colocarían a la economía en situación dinámicamente ineficiente.

se desplaza hacia arriba, tal y como se ve en la ilustración 1.6. En consecuencia, temporalmente $\dot{k}/k$ se vuelve positiva. A largo plazo, las mejoras tecnológicas permanentes provocan mayores niveles de k e y, pero no variaciones en las tasas de crecimiento per cápita. La diferencia principal entre las mejoras del conocimiento y los aumentos de la tasa de ahorro es que las primeras no tienen límites. Es decir, la función de producción puede desplazarse una y otra vez, ya que, en principio, no hay límites para el conocimiento humano. Sin embargo, la tasa de ahorro tiene un límite superior igual a la unidad. En consecuencia, si dentro del marco neoclásico queremos generar crecimiento a largo plazo del consumo y la renta per cápita, el crecimiento debe provenir del progreso tecnológico más que de la acumulación de capital físico.

Ya vimos con anterioridad (nota 3) que las diferencias en las políticas e instituciones públicas pueden provocar cambios en el nivel tecnológico. Por ejemplo, los tipos impositivos altos sobre la renta del capital, los fallos en la protección del derecho de propiedad o la normativa legal inadecuada pueden ser económicamente equivalentes a un nivel tecnológico menor. Sin embargo, probablemente es imposible lograr un crecimiento perpetuo mediante una sucesión continua de mejoras de las políticas e instituciones públicas. Así pues, a largo plazo, el crecimiento seguirá dependiendo del progreso tecnológico.

1.2.9. Ejemplo: la tecnología Cobb-Douglas

Podemos ilustrar los resultados en el caso de una función de producción de tipo Cobb-Douglas (ecuación [1.11]). A partir de la ecuación (1.20), el coeficiente capital-trabajo en el estado estacionario viene determinado de la siguiente manera

$$k^* = [sA/(n+\delta)]^{1/(1-\alpha)} \tag{1.27}$$

Tenga en cuenta que, como vimos gráficamente en la función de producción más general $f(k)$, k^* aumenta al aumentar la tasa de ahorro s y el nivel tecnológico A, y disminuye al aumentar la tasa de crecimiento de la población, n, y la tasa de depreciación, δ. El nivel de producción per cápita en el estado estacionario viene determinado por

$$y^* = A^{1/(1-\alpha)} \cdot [s/(n+\delta)]^{\alpha/(1-\alpha)}$$

En consecuencia, y^* está en función directa de s y A, y en función inversa de n y δ.

Durante la transición, la tasa de crecimiento de k viene dada a partir de la ecuación (1.23) por

$$\dot{k}/k = sAk^{-(1-\alpha)} - (n+\delta) \tag{1.28}$$

Si $k(0) < k^*$, entonces $\dot{k}/k$ de la ecuación (1.28) es positiva. Esta tasa de crecimiento disminuye a medida que k aumenta, y tiende a cero a medida que k se aproxima a k^*. Puesto que la ecuación (1.24) implica que $\dot{y}/y = \alpha \cdot (\dot{k}/k)$, el comportamiento de $\dot{y}/y$ imita el de $\dot{k}/k$. En concreto, cuanto más pequeño sea $y(0)$ mayor será $\dot{y}/y$.

Solución de forma cerrada Resulta interesante señalar que, cuando la función de producción es de tipo Cobb-Douglas y la tasa de ahorro es constante, es posible calcular una forma cerrada de la trayectoria temporal exacta de k. La ecuación (1.28) puede expresarse como

$$\dot{k} \cdot k^{-\alpha} + (n+\delta) \cdot k^{1-\alpha} = sA$$

Si definimos $v \equiv k^{1-\alpha}$, podemos transformar la ecuación en

$$\left(\frac{1}{1-\alpha}\right) \cdot \dot{v} + (n+\delta) \cdot v = sA$$

que es una ecuación diferencial lineal de primer orden en v. La solución a esta ecuación es la siguiente

$$v \equiv k^{1-\alpha} = \frac{sA}{(n+\delta)} + \left\{[k(0)]^{1-\alpha} - \frac{sA}{(n+\delta)}\right\} \cdot e^{-(1-\alpha)\cdot(n+\delta)\cdot t}$$

El último término es una función exponencial en la que el exponente es igual a $-(1-\alpha)\cdot(n+\delta)$. En consecuencia, la diferencia entre $k^{1-\alpha}$ y su valor de estado estacionario, $sA/(n+\delta)$, desaparece exactamente a la tasa constante $(1-\alpha)\cdot(n+\delta)$.

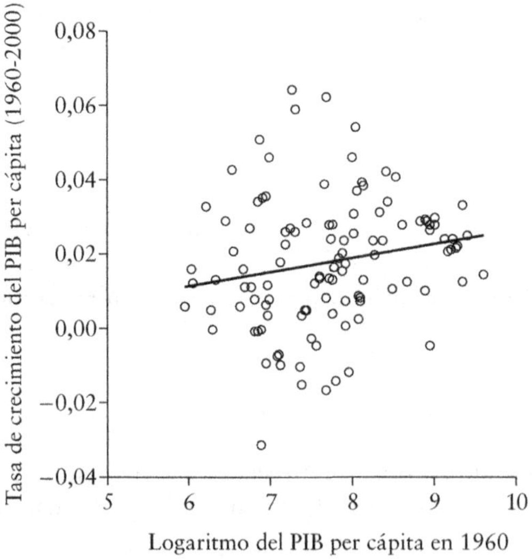

ILUSTRACIÓN 1.7 I La convergencia del PIB entre países: Tasa de crecimiento en relación al nivel inicial del PIB per cápita real de 114 países. Para una muestra de 114 países, la tasa media de crecimiento del PIB per cápita entre 1960 y 2000 (mostrada en el eje de ordenadas) tiene poca relación con el nivel de PIB per cápita real de 1960 (en el eje de abscisas). De hecho, la relación es ligeramente positiva. En consecuencia, la convergencia absoluta no se sostiene para un conjunto amplio de países.

1.2.10. Convergencia absoluta y convergencia condicional

La ecuación fundamental del modelo Solow-Swan (ecuación [1.23]) implica que la derivada de $\dot{k}/k$ con respecto a k es negativa:

$$\partial(\dot{k}/k)/\partial k = s \cdot [f'(k) - f(k)/k]/k < 0$$

Si el resto de los factores permanece constante, valores más pequeños de k se asocian a valores mayores de $\dot{k}/k$. Surge entonces una pregunta importante: ¿significa esto que las economías con un menor capital per cápita tienden a crecer más deprisa en términos per cápita? En otras palabras, ¿tiende a darse *convergencia* entre las economías?

Para responder a estas preguntas, considere un grupo de economías cerradas (por ejemplo, regiones o países aislados) que son similares desde el punto de vista estructural, es decir, que tienen los mismos valores de los parámetros, s, n, y δ y también comparten la misma función de producción $f(\cdot)$. En consecuencia, estas economías tienen los mismos valores de estado estacionario de k^* e y^*. Imagine que la única diferencia entre ellas es la cantidad de capital per cápita inicial $k(0)$. Estas diferencias en los valores iniciales podrían ser reflejo de alteraciones pasadas, como por ejemplo, guerras o perturbaciones transitorias de la función de producción. El modelo implica pues que las economías menos avanzadas, es decir, con valores más bajos de $k(0)$ e $y(0)$, tienen tasas de crecimiento de k mayores y normalmente también mayores tasas de crecimiento de y.[19]

En la ilustración 1.4 aparecen dos economías, una con un valor inicial de $k(0)$ bajo, $k(0)_{\text{pobre}}$, y otra con un valor inicial alto, $k(0)_{\text{rica}}$. Puesto que ambas economías tienen los mismos parámetros subyacentes, las dinámicas de k en cada caso estarán determinadas por la misma curva $s \cdot f(k)/k$ y la misma recta $n + \delta$. En consecuencia, la tasa de crecimiento $\dot{k}/k$ será sin duda mayor en la economía con el valor inicial bajo, $k(0)_{\text{pobre}}$. Este resultado implica una forma de convergencia: regiones o países que tienen valores iniciales más bajos del coeficiente capital-trabajo tienen tasas de crecimiento per cápita $\dot{k}/k$ mayores y, por tanto, tienden a alcanzar o converger con regiones o países que inicialmente tienen coeficientes capital-trabajo más altos.

La hipótesis de que las economías pobres tienden a crecer per cápita más deprisa que las economías ricas, no condicionada por ninguna otra característica de las economías, se denomina *convergencia absoluta*. Cuando se compara con los datos empíricos de conjuntos de economías, esta hipótesis sólo se ve corroborada a medias. Por ejemplo, podemos observar las experiencias de crecimiento de un amplio conjunto de países durante el periodo 1960 a 2000. La ilustración 1.7 representa la tasa media de crecimiento anual del PIB per cápita real en relación al logaritmo del PIB per cápita real al principio del periodo, 1960, para 114 países. Las tasas de crecimiento están positivamente correlacionadas con la posición inicial; es decir, existe cierta tendencia a que los países inicialmente más ricos crezcan más deprisa en términos per cápita. En consecuencia, esta muestra de países refuta la hipótesis de la convergencia absoluta.

---

19. Esta conclusión no es ambigua si la función de producción es del tipo Cobb-Douglas, si $k \leq k^*$ o si k es ligeramente superior a k^*.

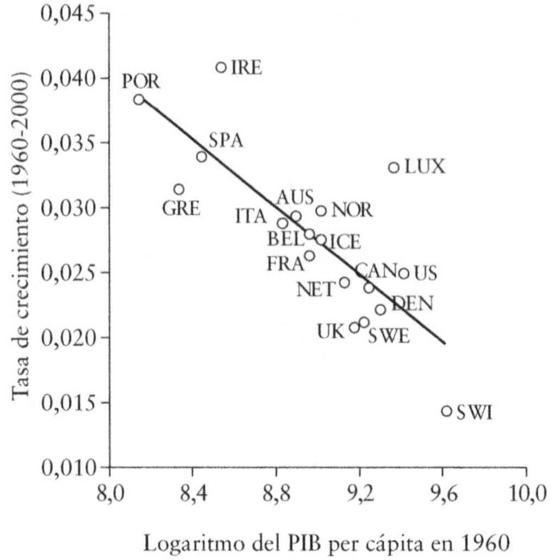

ILUSTRACIÓN 1.8 I Convergencia del PIB entre los países de la OCDE. Tasa de crecimiento en relación con el nivel inicial del PIB per cápita real de 18 países de la OCDE. Si se reduce la muestra a los 18 países fundadores de la OCDE (en 1961) la tasa media de crecimiento del PIB per cápita real entre 1960 y 2000 está negativamente correlacionada con el nivel de PIB per cápita real de 1960. En consecuencia, la hipótesis de la convergencia absoluta se confirma para estos países de la OCDE.

La hipótesis sale mejor parada si examinamos un grupo más homogéneo de economías. La ilustración 1.8 muestra los resultados si analizamos únicamente los 18 países relativamente avanzados que eran miembros de la OCDE (Organización para la Cooperación y el Desarrollo Económico) desde sus inicios en 1961.[20] En este caso, los países que inicialmente eran más pobres experimentaron unas tasas de crecimiento per cápita significativamente más altas.

Este resultado se vuelve aún más claro si consideramos un grupo aún más homogéneo, como los estados de los EE.UU., contemplados cada uno de ellos como una economía independiente. La ilustración 1.9 representa la tasa de crecimiento de la renta personal per cápita para cada estado desde 1880 hasta 2000 en relación al logaritmo de la renta personal per cápita en 1880.[21] En este diagrama, la convergencia absoluta, el que los estados más pobres al principio crecen más rápido en términos per cápita, resulta evidente.

Podemos adaptar la teoría de la convergencia a los datos empíricos si permitimos la existencia de heterogeneidad entre las economías; en concreto, si descartamos el supuesto de que todas las economías tengan los mismos parámetros y, en consecuencia, la misma posición de estado estacionario. Si el estado estacionario puede ser distinto, tenemos que modificar el análisis para considerar el concepto de *convergencia condicional*. La idea básica radica en este caso en que una economía crece más deprisa cuanto más lejos se encuentre de su propio estado estacionario.

---

20. Alemania no aparece por falta de datos y Turquía porque en 1960 no era una economía avanzada.

21. Hay 47 observaciones para los estados o territorios de los EE.UU. No hay datos para Oklahoma, que no existía como Estado en 1880.

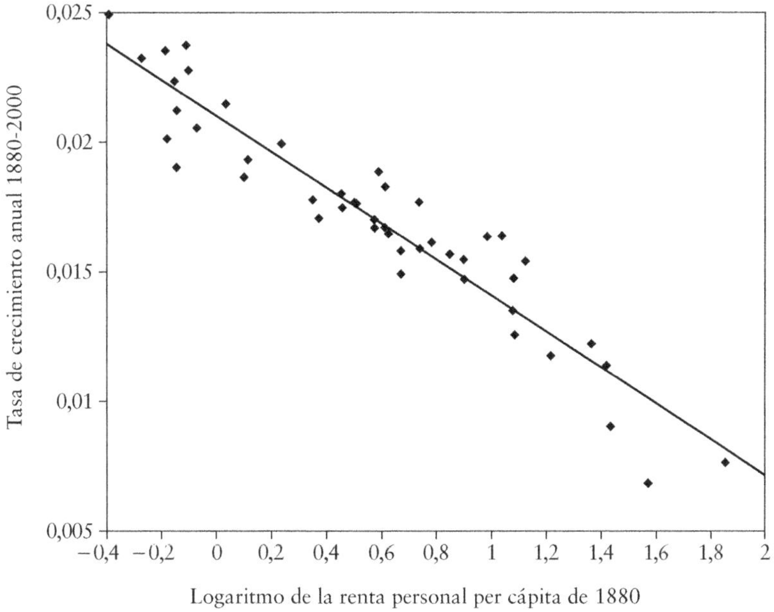

ILUSTRACIÓN 1.9 | Convergencia de la renta personal entre los estados de los EE.UU.: renta personal de 1880 y crecimiento de la renta entre 1880 y 2000. La tasa de crecimiento de la renta personal per cápita entre 1880 y 2000 (en el eje de ordenadas) está en función inversa respecto del nivel de renta per cápita de 1880 (en el eje de abscisas). En consecuencia, la hipótesis de convergencia absoluta se cumple para los estados de los Estados Unidos.

En la ilustración 1.10 se ilustra el concepto de convergencia condicional considerando dos economías que difieren en dos únicos aspectos: en primer lugar, tienen stocks de capital per cápita iniciales distintos, $k(0)_{\text{pobre}} < k(0)_{\text{rico}}$, y en segundo lugar

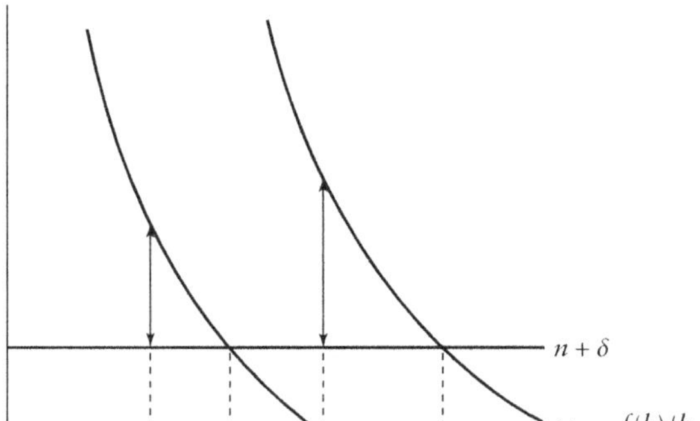

ILUSTRACIÓN 1.10 | Convergencia condicional. Si una economía rica tiene una tasa de ahorro superior a una economía pobre, la economía rica puede estar proporcionalmente más lejos de su estado estacionario. En este caso, el pronóstico para la economía rica es que crecerá más deprisa per cápita que la economía pobre; es decir, no se cumple la hipótesis de convergencia absoluta.

tienen tasas de ahorro distintas, $s_{pobre} \neq s_{rico}$. Nuestro análisis previo implica que distintas tasas de ahorro producen diferencias del mismo sentido en los valores del capital per cápita de estado estacionario, es decir, $k^*_{pobre} \neq k^*_{rico}$. [En la ilustración 1.10, estos valores de estado estacionario vienen fijados por la intersección entre las curvas $s_i \cdot f(k)/k$ y la recta común $n+\delta$.] Destacamos el caso en el que $s_{pobre} < s_{rico}$ y, en consecuencia, $k^*_{pobre} < k^*_{rico}$, porque estas diferencias probablemente explican por qué en el momento inicial $k(0)_{pobre} < k(0)_{rico}$. (Como se señaló en la introducción también es empíricamente cierto que los países con mayores niveles de PIB per cápita real tienden a tener tasas de ahorro superiores.)

La pregunta es: ¿predice el modelo que la economía pobre crecerá más deprisa que la rica? Si ambas tienen la misma tasa de ahorro, la tasa de crecimiento per cápita, es decir, la distancia entre la curva $s \cdot f(k)/k$ y la recta $n+\delta$ sería mayor para la economía pobre y entonces $(\dot{k}/k)_{pobre} > (\dot{k}/k)_{rico}$. Sin embargo, si la economía rica tiene una tasa de ahorro superior, como en la ilustración 1.10, entonces, tal vez podría ocurrir que $(\dot{k}/k)_{pobre} < (\dot{k}/k)_{rico}$, con lo que la economía rica crecería más deprisa. Intuitivamente se entiende que la baja tasa de ahorro de la economía pobre contrarresta la influencia de su mayor productividad del capital como factor determinante del crecimiento económico. Así pues, la economía pobre podría crecer a un ritmo menor que la rica.

El modelo neoclásico predice que cada economía converge hacia su propio estado estacionario y que la velocidad de dicha convergencia está inversamente relacionada con la distancia que le separa de dicho estado estacionario. En otras palabras, el modelo predice convergencia condicional, en el sentido de que un valor inicial de renta per cápita real más bajo tiende a generar una tasa de crecimiento per cápita mayor, si se controlan los factores determinantes del estado estacionario.

Recuerde que el valor del estado estacionario, k^*, depende de la tasa de ahorro, s, y del nivel de la función de producción, $f(\cdot)$. También hemos dicho que las políticas e instituciones públicas pueden considerarse como elementos adicionales con capacidad para desplazar la posición de la función de producción. Las conclusiones a propósito de la convergencia condicional parecen indicar que deberían mantenerse constantes dichos factores determinantes de k^* para aislar la relación inversa pronosticada entre las tasas de crecimiento y las posiciones iniciales.

Algebraicamente, podemos ilustrar el concepto de convergencia condicional a partir del término $\dot{k}/k$ de la ecuación (1.23). Uno de los determinantes de $\dot{k}/k$ es la tasa de ahorro, s. A partir de la condición de estado estacionario de la ecuación (1.20) podemos expresar s de la manera siguiente:

$$s = (n+\delta) \cdot k^*/f(k^*)$$

Si en la ecuación (1.23) sustituimos s por esta expresión, $\dot{k}/k$ puede expresarse como

$$\dot{k}/k = (n+\delta) \cdot \left[\frac{f(k)/k}{f(k^*)/k^*} - 1 \right] \tag{1.29}$$

La ecuación (1.29) satisface que $\dot{k}/k = 0$ cuando $k = k^*$. Para un k^* dado, la expresión implica que una disminución de k, que aumenta el producto medio del capital, $f(k)/k$, incrementa a su vez $\dot{k}/k$. Sin embargo, un k menor se corresponde con una $\dot{k}/k$ mayor sólo en el caso de que la disminución afecte al valor de estado estacionario, k^*. En concreto, $f(k)/k$ debe ser alto en relación al valor de estado estacionario, $f(k^*)/k^*$. En consecuencia, no cabría esperar que un país pobre creciera rápidamente si su valor de estado estacionario, k^*, fuese tan bajo como su valor actual de k.

En el caso de una tecnología de tipo Cobb-Douglas, la tasa de ahorro puede expresarse así

$$s = \frac{(n+\delta)}{A} \cdot k^{*(1-\alpha)}$$

expresión que podemos sustituir en la ecuación (1.23), obteniendo

$$\dot{k}/k = (n+\delta) \cdot \left[\left(\frac{k}{k^*} \right)^{\alpha-1} - 1 \right] \tag{1.30}$$

Vemos que la tasa de crecimiento del capital, k, depende del ratio k/k^*; es decir, depende de la distancia existente entre el coeficiente capital-trabajo actual y el coeficiente capital-trabajo en el estado estacionario.

El resultado de la ecuación (1.29) parece indicar que tendríamos que observar la relación empírica entre la tasa de crecimiento per cápita, $\dot{y}/y$, y la posición inicial, $y(0)$, manteniendo constantes las variables que explican las diferencias en la posición de estado estacionario, y^*. Para un grupo relativamente homogéneo de economías, como los estados de los EE.UU., las diferencias entre las posiciones de estado estacionario pueden ser mínimas, y observaríamos el patrón de convergencia que aparece en la ilustración 1.9. Sin embargo, para un conjunto de 114 economías, como las que aparecen en la ilustración 1.7, las diferencias entre las posiciones de estado estacionario son con toda probabilidad significativas. Es más, es probable que los países con niveles iniciales $y(0)$ bajos estén en dicha posición precisamente porque tienen valores y^* de estado estacionario bajos, quizás debido a tasas de ahorro crónicamente bajas o a políticas económicas permanentemente erróneas que disminuyen de hecho el nivel de la función de producción. En otras palabras, la tasa de crecimiento per cápita puede tener poca correlación con el logaritmo de $y(0)$, $\log[y(0)]$, como se ve en la ilustración 1.7, porque dicho logaritmo no está correlacionado con la distancia al estado estacionario, $\log[y(0)/y^*]$. El enfoque de la convergencia condicional indica que esta distancia es la variable que cuenta para la posterior tasa de crecimiento per cápita.

En el capítulo 12 vemos que la inclusión de variables que aproximan las diferencias entre las posiciones de estado estacionario explica una importante diferencia en los resultados de la muestra amplia de países. Cuando estas variables adicionales se mantienen constantes, la relación entre la tasa de crecimiento per cápita y el logaritmo del PIB per cápita real inicial se convierte en significativamente inversa, tal y como predice el modelo neoclásico. En otras palabras, los datos de la muestra amplia de países apoyan la hipótesis de convergencia condicional.

1.2.11. La convergencia y la dispersión de la renta per cápita

El concepto de convergencia analizado hasta el momento establece que aquellas economías con niveles más bajos de renta per cápita (expresada en relación a sus niveles de renta per cápita en el estado estacionario) tienden a crecer más deprisa en términos per cápita. Este comportamiento a menudo se confunde con un significado alternativo de convergencia, por el que la dispersión de la renta real per cápita entre un grupo de economías o individuos tiende a disminuir con el transcurso del tiempo.[22] Ahora mostramos que, incluso en el caso de que la convergencia absoluta se cumpla en el sentido expuesto, la dispersión de la renta per cápita no tiene por qué disminuir con el tiempo.

Suponga que existe convergencia absoluta para un grupo de economías $i = 1, \ldots, N$, en la que N es una cifra alta. Para intervalos de tiempo discretos, que por ejemplo correspondan a datos anuales, la renta real per cápita de la economía i se puede aproximar a través del proceso

$$\log(y_{it}) = a + (1-b)\cdot \log(y_{i,t-1}) + u_{it} \tag{1.31}$$

donde a y b son constantes, con $0<b<1$, y u_{it} es la perturbación aleatoria. La condición $b>0$ implica la existencia de convergencia absoluta ya que la tasa de crecimiento anual, $\log(y_{it}/y_{i,t-1})$, está inversamente relacionada con $\log(y_{i,t-1})$. Un coeficiente b mayor corresponde a una tendencia mayor hacia la convergencia.[23] La perturbación aleatoria recoge los choques coyunturales de la función de producción, de la tasa de ahorro, etc. Suponemos que u_{it} tiene media cero, la misma varianza, σ_u^2, para todas las economías y es independiente del tiempo y de las economías.

Una medida de la dispersión o desigualdad de la renta per cápita es la varianza de $\log(y_{it})$ de la muestra:

$$D_t \equiv \frac{1}{N}\cdot \sum_{i=1}^{N} [\log(y_{it}) - \mu_t]^2$$

donde μ_t es la media de $\log(y_{it})$ de la muestra. Si hay un gran numero N de observaciones, la varianza de la muestra es muy similar a la varianza de la población y podemos utilizar la ecuación (1.31) para prever la evolución de D_t en el transcurso del tiempo:

$$D_t \approx (1-b)^2 \cdot D_{t-1} + \sigma_u^2$$

Esta ecuación diferencial de primer orden de la dispersión tiene un estado estacionario que viene dado por

---

22. Véase Sala-i-Martin (1990) y Barro y Sala-i-Martin (1992a) para más información sobre las dos definiciones de convergencia.

23. El requisito $b < 1$ hace imposible un efecto adelantamiento, que pronosticaría que una economía que comenzase por detrás de otra, sistemáticamente la adelantaría en una fecha futura. Este efecto adelantamiento no puede darse en el modelo neoclásico, pero sí en algunos modelos de adaptación tecnológica que analizamos en el capítulo 8.

$$D^* = \sigma_u^2/[1 - (1 - b)^2]$$

En consecuencia, la dispersión del estado estacionario disminuye al aumentar b (la intensidad del efecto de convergencia), pero aumenta al aumentar la varianza σ_u^2 de la perturbación aleatoria. En concreto, $D^* > 0$ aunque $b > 0$, siempre y cuando $\sigma_u^2 > 0$.

La evolución de D_t puede expresarse de la siguiente manera

$$D_t = D^* + (1 - b)^2 \cdot (D_{t-1} - D^*) = D^* + (1 - b)^{2t} \cdot (D_0 - D^*) \qquad (1.32)$$

donde D_0 es la dispersión en el momento 0. Dado que $0 < b < 1$, con el transcurso del tiempo, D_t tiende monótonamente hacia su valor de estado estacionario D^*. La ecuación (1.32) implica que D_t aumenta o disminuye en el tiempo dependiendo de si D_0 es inicialmente superior o inferior al valor de estado estacionario.[24] Observe especialmente que una dispersión creciente es perfectamente compatible con la convergencia absoluta ($b > 0$).

Estos resultados en lo que respecta a la convergencia y la dispersión son análogos a la falacia de Galton a propósito de la distribución de la altura de una población (véase Quah, 1993 y Hart, 1995 para un tratamiento detallado de esta cuestión). La observación de que la altura de los miembros de una familia tiende a regresar a la media en el transcurso de las generaciones (una propiedad análoga a nuestro concepto de convergencia de renta per cápita) no implica que la dispersión de la altura dentro de la población total (una medida semejante a la dispersión de la renta per cápita entre economías) tienda a reducirse en el tiempo.

1.2.12. El progreso tecnológico

Clasificación de los inventos Hasta este momento hemos aceptado el supuesto de que el nivel de tecnología es constante en el tiempo. En consecuencia, vimos que a largo plazo todas las variables per cápita eran constantes. Este rasgo del modelo es evidentemente poco realista. Por ejemplo, en los EE.UU. la tasa media de crecimiento per cápita ha sido positiva durante más de dos siglos. En ausencia de progreso tecnológico, los rendimientos decrecientes habrían impedido que se mantuviera el crecimiento per cápita durante tanto tiempo simplemente mediante la acumulación de más capital por trabajador. Los economistas neoclásicos de los años cincuenta y sesenta reconocieron este problema y modificaron el modelo básico para permitir que la tecnología mejorara con el tiempo. Estas mejoras aportaron una solución al problema de los rendimientos decrecientes y así permitieron que la economía creciera en términos per cápita a largo plazo. En esta sección analizaremos el funcionamiento del modelo cuando se permiten avances tecnológicos.

---

24. Podríamos ampliar el modelo permitiendo choques temporales en σ_u^2 o importantes perturbaciones como guerras o crisis del petróleo que afecten de idéntica manera a amplios subgrupos de economías. En este modelo ampliado, la dispersión podría alejarse de la trayectoria concreta que hemos deducido; por ejemplo, D_t podría aumentar en algunos periodos aunque D_0 tuviera un valor superior a su estado estacionario.

Aunque algunos descubrimientos son producto del azar, la mayoría de los avances tecnológicos surgen de una actividad de investigación deliberada, como la I+D desarrollada en universidades y laboratorios, tanto públicos como privados. Esta investigación es financiada en ocasiones por organismos privados y otras por entidades públicas, tales como la National Science Foundation. Puesto que los recursos que se dedican a la I+D dependen de las condiciones económicas, la evolución de la tecnología también depende de dichas condiciones. Esta relación será analizada en los capítulos 6 al 8. De momento, analizaremos únicamente el caso más sencillo, en el que la tecnología mejora por razones exógenas.

La primera cuestión radica en la manera de introducir el progreso tecnológico exógeno en el modelo. Este progreso puede tomar diferentes formas. Ciertos inventos pueden permitir a los productores obtener el mismo volumen de producción con una cantidad relativamente menor de capital o trabajo, dos casos que se conocen por el nombre respectivo de progreso tecnológico *ahorrador de capital* o *ahorrador de trabajo*. Los inventos que no producen un ahorro relativo en ninguno de los factores de producción se denominan *neutrales* o *insesgados*.

La definición de progreso tecnológico neutral depende de la definición exacta de ahorro en capital y ahorro en trabajo. Las tres definiciones más conocidas son las de Hicks (1932), Harrod (1942) y Solow (1969).

Hicks afirma que una innovación tecnológica es neutral (neutral según Hicks) si el ratio entre los productos marginales no varía para un coeficiente capital-trabajo dado. Esta propiedad corresponde a una renumeración de las isocuantas, con lo que las funciones de producción neutrales según Hicks pueden expresarse como

$$Y = T(t) \cdot F(K, L) \tag{1.33}$$

donde $T(t)$ es el índice del estado de la tecnología y $\dot{T}(t) \geq 0$.

Harrod establece que una innovación es neutral (neutral según Harrod) si las participaciones relativas de los factores, $(K \cdot F_K)/(L \cdot F_L)$, no varían para un coeficiente capital-producto dado. Robinson (1938) y Uzawa(1961) demostraron que esta definición implicaba que la función de producción podía expresarse de la siguiente forma

$$Y = F[K, L \cdot T(t)] \tag{1.34}$$

donde $T(t)$ es el índice de la tecnología y $\dot{T}(t) \geq 0$. Esta forma se denomina progreso tecnológico que *aumenta la eficiencia del trabajo*, porque aumenta la producción de la misma manera en que lo haría un aumento del stock de trabajo. (Observe que el factor tecnológico, $T(t)$, aparece en esta función multiplicando a L.)

Por último, Solow establece que una innovación es neutral (neutral según Solow) si la participación relativa de los factores, $(L \cdot F_L)/(K \cdot F_K)$, no varía para un coeficiente trabajo-producto dado. Esta definición puede expresarse mediante una función de producción de la forma

$$Y = F[K \cdot T(t), L] \tag{1.35}$$

donde $T(t)$ es el índice la tecnología y $\dot{T}(t) \geq 0$. En las funciones de producción de esta forma el progreso tecnológico *aumenta la eficiencia del capital*, ya que el progreso tecnológico aumenta la producción de la misma manera que lo haría un aumento del stock de capital.

El requisito para que el progreso tecnológico aumente la eficiencia del trabajo Suponga que consideramos únicamente tasas constantes de progreso tecnológico. En ese caso, en el modelo neoclásico de crecimiento, con una tasa de crecimiento demográfico constante, sólo los cambios tecnológicos que aumentan la eficiencia del trabajo resultan congruentes con la existencia de estado estacionario, es decir, con tasas de crecimiento constantes a largo plazo de las diferentes variables. Este resultado se demuestra en el apéndice de este capítulo (sección 1.5).

Si queremos analizar modelos con estado estacionario, tenemos que aceptar el supuesto de que el progreso tecnológico aumenta la eficiencia del trabajo. Otro enfoque, que sería bastante más complicado, trabajaría con modelos sin estado estacionario, es decir, en los que las tasas de crecimiento no tienden a ser constantes a largo plazo. Sin embargo, una razón para quedarnos con el marco conceptual más sencillo, que tiene estado estacionario, es que la experiencia a largo plazo de los Estados Unidos y otros países desarrollados indica que las tasas de crecimiento per cápita pueden ser positivas y sin tendencia durante largos periodos de tiempo (véase el capítulo 12). Este hecho empírico parece indicar que una teoría útil predeciría que las tasas de crecimiento per cápita tienden a ser constantes a largo plazo; es decir, tendría estado estacionario.

Si la función de producción es tipo Cobb-Douglas, $Y = AK^{\alpha}L^{1-\alpha}$, como en la ecuación (1.11), es evidente que el tipo de progreso tecnológico, aumente A o haga más eficiente K o L, no influirá en los resultados (véase el análisis de este punto en el apéndice). Es decir, en el caso de una función Cobb-Douglas, no erraremos al suponer que el progreso tecnológico incrementa la eficiencia del trabajo. Recuerde que la propiedad principal de la función Cobb-Douglas es que en un entorno competitivo, las participaciones de los factores en la renta son constantes. Entonces, si las participaciones de los factores en la renta son razonablemente estables, como parece ocurrir en el caso de la economía estadounidense aunque no en otras, es probable que acertemos considerando la función de producción similar a la Cobb-Douglas y, por lo tanto, aceptando el supuesto de que el progreso tecnológico aumenta la eficiencia del trabajo.

Cuando la función de producción no es tipo Cobb-Douglas, otro posible enfoque es deducir el tipo de progreso tecnológico a partir de una teoría del cambio tecnológico. Acemoglu (2002) adopta este enfoque, utilizando una variante del modelo de cambio tecnológico endógeno que examinamos en el capítulo 6. Acemoglu demuestra que, bajo ciertas condiciones, el tipo de progreso tecnológico tendería asintóticamente a aumentar la eficiencia del trabajo.

El modelo Solow-Swan con progreso tecnológico que aumenta la eficiencia del trabajo Suponemos ahora que la función de producción incluye progreso tecnológico que aumenta la eficiencia del trabajo, como se vio en la ecuación (1.34), y que el índice de la tecnología, $T(t)$, crece a una tasa constante x. La condición para que se modifique el stock de capital es

$$\dot{K} = s \cdot F[K, L \cdot T(t)] - \delta K$$

Si dividimos por L ambos miembros de la ecuación, podemos deducir una expresión del cambio de k en el transcurso del tiempo:

$$\dot{k} = s \cdot F[k, T(t)] - (n + \delta) \cdot k \tag{1.36}$$

La única diferencia con la ecuación (1.13) es que la producción per cápita depende ahora del nivel de la tecnología, $T(t)$.

Si dividimos por k ambos miembros de la ecuación (1.36) llegamos a la expresión de la tasa de crecimiento:

$$\dot{k}/k = s \cdot F[k, T(t)]/k - (n + \delta) \tag{1.37}$$

Al igual que en la ecuación (1.23), $\dot{k}/k$ es igual a la diferencia de dos términos, el primero de ellos resulta de multiplicar s por el producto medio del capital y el segundo término es $n + \delta$. La única diferencia es que ahora, para un k dado, el producto medio del capital, $F[k, T(t)]/k$, aumenta con el tiempo debido al crecimiento de $T(t)$ a la tasa constante x. En relación a la ilustración 1.4, la curva con pendiente negativa $s \cdot F(\cdot)/k$ se desplaza continuamente hacia la derecha, y entonces el nivel de k que corresponde a la intersección entre dicha curva y la recta $n + \delta$ también se desplaza continuamente hacia la derecha. Ahora calculemos la tasa de crecimiento de k en el estado estacionario.

Por definición, la tasa de crecimiento del estado estacionario, $(\dot{k}/k)^*$, es constante. Puesto que s, n y δ son también constantes, la ecuación (1.37) implica que el producto medio del capital, $F[k, T(t)]/k$, es constante en el estado estacionario. Debido a los rendimientos constantes a escala, la expresión del producto medio del capital es igual a $F[1, T(t)/k]$ y, por lo tanto, es constante sólo si k y $T(t)$ crecen a la misma tasa, es decir, si $(\dot{k}/k)^* = x$.

La producción per cápita viene dada por la expresión

$$y = F[k, T(t)] = k \cdot F[1, T(t)/k]$$

Puesto que en el estado estacionario k y $T(t)$ crecen a la tasa constante x, la tasa de crecimiento del estado estacionario de y es igual a x. Además, puesto que $c = (1 - s) \cdot y$, la tasa de crecimiento de c en el estado estacionario también es igual a x.

Para analizar la dinámica de transición del modelo con progreso tecnológico, nos será más cómodo expresar el sistema en función de las variables que son constantes en el estado estacionario. Puesto que k y $T(t)$ crecen a la misma tasa en el estado estacionario, podemos trabajar con el ratio $\hat{k} \equiv k/T(t) = K/[L \cdot T(t)]$. La variable $L \cdot T(t) \equiv \hat{L}$ se denomina a menudo cantidad efectiva de trabajo, es decir, la cantidad física de trabajo, L, multiplicada por su eficiencia, $T(t)$. (El término trabajo efectivo es apropiado ya que la economía opera como si la cantidad de trabajo empleada fuera $\hat{L}$.) La variable $\hat{k}$ es entonces la cantidad de capital por unidad de trabajo efectivo.

La cantidad de producción por unidad de trabajo efectivo $\hat{y} \equiv Y/[L \cdot T(t)]$ se expresa

$$\hat{y} = F(\hat{k}, 1) \equiv f(\hat{k}) \tag{1.38}$$

Así pues, nuevamente podemos expresar la función de producción en su forma intensiva sustituyendo k e y por $\hat{k}$ e $\hat{y}$, respectivamente. Si procedemos de la misma manera que lo hicimos para deducir las ecuaciones (1.13) y (1.23), pero ahora con la condición de que $A(t)$ crece a la tasa constante x, podemos obtener la ecuación dinámica de $\hat{k}$:

$$\dot{\hat{k}}/\hat{k} = s \cdot f(\hat{k})/\hat{k} - (x + n + \delta) \tag{1.39}$$

La única diferencia entre las ecuaciones (1.39) y (1.23), dejando aparte el acento circunflejo (ˆ), es que el segundo término del segundo miembro incluye el parámetro x. El término $x + n + \delta$ es ahora la tasa de depreciación efectiva de $\hat{k} \equiv K/\hat{L}$. Si la tasa de ahorro, s, fuera cero, $\hat{k}$ disminuiría, en parte debido a la depreciación de K a la tasa δ y en parte debido al crecimiento de $\hat{L}$ a la tasa $x + n$.

A través de un razonamiento similar al de la sección 1.2.4, podemos demostrar que la tasa de crecimiento del estado estacionario de $\hat{k}$ es igual a cero. El valor $\hat{k}^*$ en el estado estacionario cumple la condición

$$s \cdot f(\hat{k}^*) = (x + n + \delta) \cdot \hat{k}^* \tag{1.40}$$

La dinámica de transición de $\hat{k}$ es semejante, cualitativamente hablando, a la de k en el modelo anterior. En concreto, podemos construir un gráfico semejante al de la ilustración 1.4 en el que $\hat{k}$ se sitúe en el eje de abscisas, la curva de pendiente negativa sea ahora $s \cdot f(\hat{k})/\hat{k}$ y la recta horizontal sea $x+n+\delta$ en vez de $n+\delta$. El nuevo gráfico aparece en la ilustración 1.11. Podemos utilizarlo, como hicimos antes con la ilustración 1.4, para comprobar la relación entre el valor inicial, $\hat{k}(0)$, y la tasa de crecimiento, $\dot{\hat{k}}/\hat{k}$.

En el estado estacionario, las variables con acento circunflejo, $\hat{k}$, $\hat{y}$, $\hat{c}$, son ahora constantes. En consecuencia, las variables per cápita, k, y, c, crecen en el estado estacionario a la tasa exógena x, con que crece el progreso tecnológico.[25] Las variables K, Y, C, en consecuencia, crecen ahora en el estado estacionario a la tasa $n + x$, es decir, la suma del crecimiento de la población y el progreso tecnológico. Observe que, al igual que en el análisis anterior en el que no se tenía en cuenta el progreso tecnológico, las variaciones de la tasa de ahorro o del nivel de la función de producción afectan a los niveles a largo plazo, $\hat{k}^*$, $\hat{y}^*$, $\hat{c}^*$, pero no a sus tasas de crecimiento en el estado estacionario. Al igual que antes, este tipo de alteraciones influyen en las tasas de crecimiento durante la transición desde la posición inicial, representada por $\hat{k}(0)$, hasta el estado estacionario, $\hat{k}^*$.

25. Siempre tenemos la condición $(1/\hat{k}) \cdot (d\hat{k}/dt) = \dot{k}/k - x$. En consecuencia, $(1/\hat{k}) \cdot (d\hat{k}/dt) = 0$ implica que $\dot{k}/k = x$, y análogamente para $\dot{y}/y$ y $\dot{c}/c$.

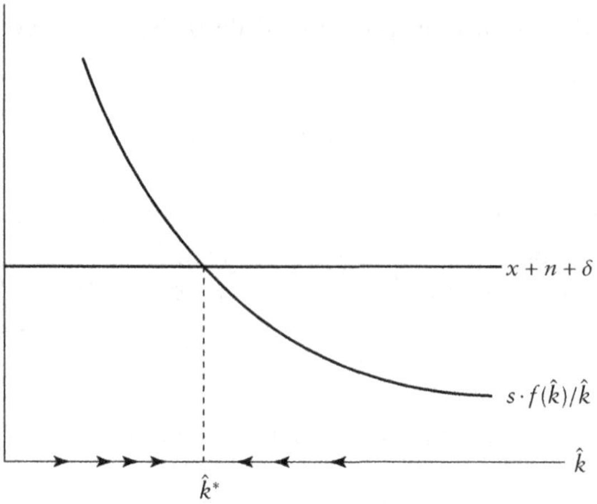

ILUSTRACIÓN 1.11 I El modelo Solow-Swan con progreso tecnológico. La tasa de crecimiento del capital por trabajador efectivo, ($\hat{k} \equiv K/LT$), viene dada por la distancia vertical entre la curva $s \cdot f(\hat{k})/\hat{k}$ y la recta de depreciación efectiva, $x + n + \delta$. La economía se encuentra en el estado estacionario cuando $\hat{k}$ es constante. Dado que T crece a la tasa constante x, la tasa de crecimiento del capital per cápita del estado estacionario, k, también es igual a x.

1.2.13. Una medida cuantitativa de la velocidad de convergencia

Es importante conocer la velocidad de la dinámica de transición. Si la convergencia es rápida, podemos centrarnos en el comportamiento del estado estacionario, ya que la mayoría de las economías se encontrarán encontrarían próximas a sus estados estacionarios. Por el contrario, si la convergencia es lenta, las economías se encontrarán normalmente lejos de sus estados estacionarios y, en consecuencia, en sus experiencias de crecimiento prevalecerá la dinámica de transición.

En esta sección vamos a proporcionar una valoración cuantitativa de la rapidez con la que una economía se acerca a su estado estacionario para el caso de una función de producción de tipo Cobb-Douglas como la de la ecuación (1.11). (Más adelante generalizaremos a un tipo más amplio de función de producción). Podemos utilizar la ecuación (1.39), en la que sustituimos L por $\hat{L}$, para determinar la tasa de crecimiento de $\hat{k}$ en el caso de la función de producción Cobb-Douglas

$$\dot{\hat{k}}/\hat{k} = sA \cdot (\hat{k})^{-(1-\alpha)} - (x + n + \delta) \tag{1.41}$$

La *velocidad de convergencia*, β, mide en qué proporción desciende la tasa de crecimiento a medida que el stock de capital aumenta, es decir,

$$\beta \equiv -\frac{\partial(\dot{\hat{k}}/\hat{k})}{\partial \log \hat{k}} \tag{1.42}$$

Observe que el segundo miembro de la ecuación lleva signo negativo porque la derivada tiene signo negativo, de manera que β es positiva.

Para calcular β tenemos que reformular la tasa de crecimiento de la ecuación (1.41) como función del logaritmo de $\log(\hat{k})$:

$$\dot{\hat{k}}/\hat{k} = sA \cdot e^{-(1-\alpha)\cdot \log(\hat{k})} - (x + n + \delta) \tag{1.43}$$

Ahora podemos calcular la derivada de la ecuación (1.43) con respecto a $\log(\hat{k})$ y hallar la expresión de β:

$$\beta = (1 - \alpha) \cdot sA \cdot (\hat{k})^{-(1-\alpha)} \tag{1.44}$$

Observe que la velocidad de convergencia no es constante, sino que disminuye monótonamente a medida que el stock de capital aumenta y se aproxima a su valor de estado estacionario. En el estado estacionario, se cumple que $sA \cdot (\hat{k})^{-(1-\alpha)} = (x + n + \delta)$. Así pues, en las cercanías del estado estacionario la velocidad de convergencia es igual a

$$\beta^* = (1 - \alpha) \cdot (x + n + \delta) \tag{1.45}$$

Durante la transición hacia el estado estacionario, la tasa de convergencia, β, es superior a β^*, pero disminuye con el tiempo.

Otra forma de calcular β^* es considerar la aproximación logarítmica lineal de la ecuación (1.41) en el entorno próximo al estado estacionario:

$$\dot{\hat{k}}/\hat{k} \cong -\beta^* \cdot [\log(\hat{k}/\hat{k}^*)] \tag{1.46}$$

donde el coeficiente β^* se obtiene a partir de la linealización logarítmica de la ecuación (1.41) en el entorno del estado estacionario. El coeficiente resultante puede reformularse para igualar el segundo miembro de la ecuación (1.45). El método de cálculo de esta linealización logarítmica se encuentra en un apéndice al final de este capítulo (sección 1.5).

Antes de que vayamos más lejos en las implicaciones de la ecuación (1.45) demostraremos que también se aplica a la tasa de crecimiento de $\hat{y}$. Para una función de producción Cobb-Douglas, como la mostrada en la ecuación (1.11), sabemos que

$$\dot{\hat{y}}/\hat{y} = \alpha \cdot (\dot{\hat{k}}/\hat{k})$$

$$\log(\hat{y}/\hat{y}^*) = \alpha \cdot \log(\hat{k}/\hat{k}^*)$$

Si sustituimos estas fórmulas en la ecuación (1.46) obtenemos

$$\dot{\hat{y}}/\hat{y} \approx -\beta^* \cdot [\log(\hat{y}/\hat{y}^*)] \tag{1.47}$$

Así pues, el coeficiente de convergencia de $\hat{y}$ es el mismo que el de $\hat{k}$.

El término $\beta^* = (1 - \alpha) \cdot (x + n + \delta)$ de la ecuación (1.45) indica la rapidez con la que la producción por trabajador efectivo de una economía, $\hat{y}$, se aproxima a su estado estacionario, $\hat{y}^*$, en el entorno del estado estacionario. Por ejemplo, si

$\beta^* = 0{,}05$ al año, en un año se recortaría el 5 % de la distancia entre $\hat{y}$ e $\hat{y}^*$. La mitad de la vida de la convergencia, es decir, el tiempo que tarda en recortarse la mitad de la diferencia inicial, sería de 14 años.[26] Serían necesarios unos 28 años para recortar tres cuartas partes de la diferencia inicial.

Considere lo que cuantitativamente implica el coeficiente de convergencia $\beta^* = (1-\alpha)\cdot(x+n+\delta)$ de la ecuación (1.45). En primer lugar, la tasa de ahorro, s, no afecta a β^*. Este resultado es el reflejo de dos fuerzas contrapuestas que se contrarrestan exactamente en la función Cobb-Douglas. La primera, dado $\hat{k}$, una tasa de ahorro mayor provoca una mayor inversión y, en consecuencia, una velocidad de convergencia mayor. La segunda, una tasa de ahorro mayor aumenta la intensidad del capital del estado estacionario $\hat{k}$ y, en consecuencia, disminuye el producto medio del capital en el entorno del estado estacionario. Este efecto reduce la velocidad de convergencia. El coeficiente β^* también es independiente del nivel de eficiencia total de la economía, A. Las diferencias en A, como las diferencias en s, tienen efectos contrapuestos sobre la velocidad de convergencia, y dichos efectos se contrarrestan exactamente en el caso de una función Cobb-Douglas.

Para entender las implicaciones cuantitativas de los parámetros que forman la ecuación (1.45), considere los valores de referencia $x = 0{,}02$ al año, $n = 0{,}01$ anual y $\delta = 0{,}05$ anual. Estos valores son razonables, por ejemplo, en una economía como la estadounidense. La tasa de crecimiento a largo plazo del PIB real es cercana al 2 % anual, y se corresponde con el parámetro teórico x. La tasa de crecimiento demográfico de las últimas décadas ronda el 1 % anual y la tasa estimada para la depreciación del stock total de infraestructuras y equipos ronda el 5 % anual.

Si los valores de los parámetros, x, n y δ, son constantes, el coeficiente β^* de la ecuación (1.45) depende únicamente del parámetro α, la participación del capital en la renta. Un valor habitual de la participación en la renta bruta correspondiente a un concepto restringido del capital físico (estructuras y equipos) viene a ser $\frac{1}{3}$ (véase Denison, 1962; Maddison, 1982; y Jorgenson, Gollop y Fraumeni, 1987). Con $\alpha = \frac{1}{3}$ en la ecuación (1.45) $\beta^* = 5{,}6$ % anual, lo que implica que la mitad del periodo de convergencia dura 12,5 años. En otras palabras, si la participación de capital es $\frac{1}{3}$, el modelo neoclásico predice transiciones relativamente cortas.

En los capítulos 11 y 12 argumentamos que esta predicción de la velocidad de convergencia es muy superior a la calculada a partir de datos empíricos. Un coeficiente de convergencia β entre 1,5 % y 3 % anual encaja mejor con los datos empíricos. Si $\beta^* = 2$ % anual, la mitad del periodo de convergencia es 35 años, y el tiempo que se requiere para eliminar las tres cuartas partes de la diferencia inicial al estado estacionario es de 70 años. En otras palabras, las velocidades de convergencia que son congruentes con los datos empíricos implican que para que la convergencia sea significativa el plazo requerido es normalmente de varias generaciones.

---

26. La ecuación (1.47) es una ecuación diferencial en $\log[\hat{y}(t)]$ cuya solución es

$$\log[\hat{y}(t)] = (1 - e^{-\beta^* t})\cdot \log(\hat{y}^*) + e^{-\beta^* t}\cdot \log[\hat{y}(0)].$$

El tiempo t para el que $\log[\hat{y}(t)]$ se encuentre a medio camino entre $\log[\hat{y}(0)]$ y $\log(\hat{y}^*)$ cumple la condición $e^{-\beta^* t} = 1/2$. Así pues, la mitad del periodo de convergencia es $\log(2)/\beta^* = 0{,}69/\beta^*$. Por tanto, si $\beta^* = 0{,}05$ al año, la mitad del periodo de convergencia es 14 años.

Para ajustarse a una tasa de convergencia observada en torno al 2 % anual, el modelo neoclásico requiere un valor del coeficiente α de participación del capital mucho más alto. Por ejemplo, un valor $\alpha = 0{,}75$, junto con los valores de referencia de los demás parámetros, conduce a un $\beta^* = 2\,\%$ anual. A pesar de que una participación del capital de 0,75 es demasiado elevada para el concepto restringido de capital físico, esta participación es razonable si se considera una medida del capital más amplia que también incluya el capital humano.

Un modelo Solow-Swan ampliado con capital físico y capital humano Una forma de aumentar la participación del capital es añadir capital humano al modelo. Consideremos la función de producción Cobb-Douglas que utiliza capital físico, K, capital humano, H,[27] y trabajo, L:

$$Y = AK^{\alpha}H^{\eta}[T(t)\cdot L]^{1-\alpha-\eta} \tag{1.48}$$

donde $T(t)$ de nuevo crece a una tasa exógena x. Si se divide la función de producción entre $T(t)\cdot L$ se obtiene la producción por unidad de trabajo efectivo:

$$\hat{y} = A\hat{k}^{\alpha}\hat{h}^{\eta} \tag{1.49}$$

La producción puede dedicarse por completo al consumo o a la inversión en cada tipo de capital. De acuerdo con Solow y Swan, suponemos que se consume una fracción constante, $1-s$, de la renta bruta, con lo que la acumulación de capital viene dada por

$$\dot{\hat{k}} + \dot{\hat{h}} = sA\hat{k}^{\alpha}\hat{h}^{\eta} - (\delta + n + x)\cdot(\hat{k} + \hat{h}) \tag{1.50}$$

donde suponemos que ambos bienes de capital se deprecian a la misma tasa constante.

La pregunta clave es de qué manera el ahorro total se distribuirá entre el capital físico y el capital humano. Resulta razonable pensar que los hogares invertirán en el tipo de capital que genere una mayor rentabilidad, con lo que ambas tasas de rendimiento y, en consecuencia, los dos productos marginales del capital tendrán que ser iguales si han de darse ambas formas de inversión. En consecuencia, tenemos la condición[28]

$$\alpha\cdot\frac{\hat{y}}{\hat{k}} - \delta = \eta\cdot\frac{\hat{y}}{\hat{h}} - \delta \tag{1.51}$$

---

27. En los capítulos 4 y 5 se analiza el capital humano con mayor detalle.

28. En un marco de mercado, el beneficio sería $\pi = AK_t^{\alpha}H_t^{\eta}(T_tL_t)^{1-\alpha-\eta} - R_kK - R_hH - wL$, donde R_k y R_h son las tasas de rendimiento del capital físico y el capital humano, respectivamente. Las condiciones de primer orden de la empresa exigen que los productos marginales de cada bien de capital sean iguales a su rendimiento $R_k = \alpha\frac{\hat{y}}{\hat{k}}$ y $R_h = \eta\frac{\hat{y}}{\hat{h}}$. En un entorno sin incertidumbre, como el que estamos considerando, el capital físico, el capital humano y los préstamos son sustitutivos perfectos en su calidad de depósitos de valor y, en consecuencia, sus rentabilidades netas tienen que ser idénticas. En otras palabras $r = R_k - \delta = R_h - \delta$. En consecuencia, las empresas que optimizan sus beneficios arriendan capital físico y humano hasta el punto en que sus productos marginales sean iguales.

La igualdad de los productos marginales implica una relación de uno a uno entre el capital físico y el capital humano:

$$\hat{h} = \frac{\eta}{\alpha} \cdot \hat{k} \tag{1.52}$$

Podemos utilizar esta relación para eliminar $\hat{h}$ de la ecuación (1.50) y obtener

$$\dot{\hat{k}} = s\tilde{A}\hat{k}^{\alpha+\eta} - (\delta + n + x) \cdot \hat{k} \tag{1.53}$$

donde $\tilde{A} \equiv (\frac{\eta^{\eta}\alpha^{(1-\eta)}}{\alpha+\eta}) \cdot A$ es una constante. Observe que esta ecuación de la acumulación de capital es idéntica a la ecuación (1.41) excepto en que el exponente del stock de capital por trabajador es ahora la suma de las participaciones de capital humano y físico, $\alpha+\eta$, en vez de α. Utilizando un cálculo equivalente al de la sección anterior, llegamos a la siguiente expresión del coeficiente de convergencia de estado estacionario.

$$\beta^* = (1 - \alpha - \eta) \cdot (\delta + n + x) \tag{1.54}$$

Jorgenson, Gollop y Fraumeni (1987) calculan una participación del capital humano entre 0,4 y 0,5. Con $\eta = 0{,}4$ y los parámetros de referencia de la sección previa, incluido $\alpha = \frac{1}{3}$, la velocidad de convergencia prevista sería igual a $\beta^* = 0{,}021$. Así pues, con un concepto de capital más amplio que incluya el capital humano, el modelo Solow-Swan puede producir tasas de convergencia como las observadas empíricamente.

Mankiw, Romer y Weil (1992) utilizan una función de producción semejante a la ecuación (1.48). Sin embargo, en lugar de suponer como el modelo Solow-Swan, que la tasa total de ahorro bruto es constante y exógena, suponen que las tasas de inversión en ambos tipos de capital son constantes y exógenas. Así pues, para el capital físico la tasa de crecimiento es

$$\dot{\hat{k}} = s_k\tilde{A}\hat{k}^{\alpha-1}\hat{h}^{\eta} - (\delta + n + x) = s_k\tilde{A} \cdot e^{-(1-\alpha)\ln\hat{k}} \cdot e^{\eta\ln\hat{h}} - (\delta + n + x) \tag{1.55}$$

donde s_k es una constante exógena. Igualmente, para el capital humano la tasa de crecimiento es

$$\dot{\hat{h}} = s_h\tilde{A}\hat{k}^{\alpha}\hat{h}^{\eta-1} - (\delta + n + x) = s_h\tilde{A} \cdot e^{\alpha\ln\hat{k}} \cdot e^{-(1-\eta)\ln\hat{h}} - (\delta + n + x) \tag{1.56}$$

donde s_h es otra constante exógena. Un defecto de este enfoque es que las tasas de rendimiento del capital físico y el capital humano no son iguales.

La tasa de crecimiento de $\hat{y}$ es la media ponderada de las tasas de crecimiento de ambos factores:

$$\dot{\hat{y}}/\hat{y} = \alpha \cdot (\dot{\hat{k}}/\hat{k}) + \eta \cdot (\dot{\hat{h}}/\hat{h})$$

Si utilizamos las ecuaciones (1.55) y (1.56) y realizamos un desarrollo de Taylor bidimensional de primer orden obtenemos

$$
\begin{aligned}
\dot{\hat{y}}/\hat{y} = & \left[\alpha s_k \tilde{A} \cdot e^{-(1-\alpha)\ln \hat{k}^*} \cdot e^{\eta \ln \hat{h}^*} \cdot [-(1-\alpha)]\right. \\
& \left. + \eta s_h \tilde{A} \cdot e^{\alpha \ln \hat{k}^*} \cdot e^{-(1-\eta)\ln \hat{h}^*} \cdot \alpha\right] \cdot (\ln \hat{k} - \ln \hat{k}^*) \\
& + \left[\alpha s_k \tilde{A} \cdot e^{-(1-\alpha)\ln k^*} \cdot e^{\hat{\eta} \ln h^*} \cdot \eta\right. \\
& \left. + \eta s_h \tilde{A} \cdot e^{\alpha \ln \hat{k}} \cdot e^{-(1-\eta)\ln \hat{h}^*} \cdot [-(1-\eta)]\right] \cdot (\ln \hat{h} - \ln \hat{h}^*)
\end{aligned}
$$

Se pueden utilizar las condiciones del estado estacionario que obtuvimos de las ecuaciones (1.55) y (1.56) para obtener

$$
\begin{aligned}
\dot{\hat{y}}/\hat{y} &= -(1-\alpha-\eta) \cdot (\delta + n + x) \cdot [\alpha \cdot (\ln \hat{k} - \ln \hat{k}^*) + \eta \cdot (\ln \hat{h} - \ln \hat{h}^*)] \\
&= -\beta^* \cdot (\ln \hat{y} - \ln \hat{y}^*) \qquad (1.57)
\end{aligned}
$$

En consecuencia, en las proximidades del estado estacionario, el coeficiente de convergencia es $\beta^* = (1-\alpha-\eta) \cdot (\delta + n + x)$, el mismo de la ecuación (1.54).

1.3. Modelos de crecimiento endógeno

1.3.1. La insatisfacción teórica con la teoría neoclásica

A mediados de los ochenta se hizo cada vez más patente que, desde el punto de vista de la teoría, el modelo de crecimiento neoclásico estándar no era una herramienta satisfactoria para analizar los factores determinantes del crecimiento a largo plazo. Hemos visto que el modelo sin cambio tecnológico predice que la economía alcanzará finalmente un estado estacionario en el que el crecimiento per cápita será cero, debido fundamentalmente a los rendimientos decrecientes del capital. Una manera de salir del problema era ampliar el concepto de capital, sobre todo para incluir el capital humano, y después suponer que los rendimientos decrecientes del capital no afectan a este tipo de capital más amplio. Este enfoque se destaca en la siguiente sección y se analiza con detalle en los capítulos 4 y 5. No obstante, otro posible enfoque sería considerar que el progreso tecnológico en forma de generación de nuevas ideas fuera la única vía por la que una economía pudiera escapar a los rendimientos decrecientes a largo plazo. En consecuencia, se convirtió en prioritario ir más allá del tratamiento del progreso tecnológico como algo exógeno y, en cambio, explicar este progreso desde dentro del modelo de crecimiento. Sin embargo, los enfoques endógenos del cambio tecnológico presentan contradicciones básicas con el modelo neoclásico, debidas principalmente a la naturaleza no rival de las ideas sobre las que se basa la tecnología.

Recuerde que uno de los rasgos principales del estado de la tecnología, T, es que se trata de un factor del proceso de producción de carácter no rival. Así pues, el argumento de la réplica que utilizábamos antes para justificar el supuesto de los rendimientos constantes a escala parece indicar que la medida correcta de la escala se refiere a los otros dos factores de carácter rival, el capital y el trabajo. Así pues, el concepto de rendimientos constantes a escala que utilizábamos implicaba homogeneidad de grado uno en K y L.

$$F(\lambda K, \lambda L, T) = \lambda \cdot F(K, L, T)$$

Recuerde también que el teorema de Euler implica que una función que es homogénea de grado uno puede expresarse de la forma siguiente

$$F(K, L, T) = F_K \cdot K + F_L \cdot L \tag{1.58}$$

En el análisis realizado hasta ahora, hemos supuesto que la misma tecnología, T, está a disposición de todas las empresas gratuitamente. Esta disponibilidad es factible técnicamente porque T es no rival. Sin embargo, es posible que T sea parcialmente excluible (por ejemplo, la protección de una patente, el secreto y la experiencia pueden permitir a algunos productores acceder a ciertas tecnologías que son mejores que las que disponen el resto de productores). De momento, vamos a mantener el supuesto de que la tecnología es no excluible, con lo que todos los productores acceden a ella por igual. Este supuesto también implica que cualquier avance tecnológico está a disposición de todos los productores de manera inmediata.

Sabemos por nuestro análisis previo que las empresas en entornos perfectamente competitivos, que toman como dados los precios de los factores, R y w, igualan los productos marginales a los precios de los respectivos factores, es decir, $F_K = R$ y $F_L = w$. De la ecuación (1.58) se deduce que los pagos de los factores absorben el valor de la producción, con lo que el beneficio de cada empresa es igual a cero en todo momento.

Suponga que la empresa tiene la posibilidad de pagar un coste fijo, κ, para mejorar su tecnología de T a T'. Puesto que la nueva tecnología, como hemos supuesto, estará a la libre disposición de los demás productores, sabemos que los valores de equilibrio de R y w de nuevo implicarían un flujo de beneficio igual a cero para cada empresa. Así pues, la empresa que pagara el coste fijo κ, acabaría perdiendo dinero, ya que dicho coste fijo no sería compensado por beneficios futuros. En consecuencia, el modelo neoclásico de competencia perfecta no puede explicar inversiones deliberadas en cambios tecnológicos si la tecnología es un bien no excluible (al tiempo que no rival).

La siguiente etapa es, evidentemente, permitir que la tecnología sea excluible, al menos parcialmente. Para esclarecer los problemas de esta ampliación, analicemos el caso extremo de exclusión total, en el que la tecnología de cada empresa fuera completamente excluible. No obstante, establezcamos el supuesto de que existen infinitas maneras de que las empresas mejoren su tecnología de T a T' mediante el pago del coste fijo κ, es decir, que hay libre entrada en el negocio de creación de mejoras tecnológicas. Suponga que todas las empresas comienzan con la tecnología T. ¿Existirían en ese caso incentivos para que una empresa cualquiera pagara κ con objeto de mejorar su tecnología y situarla en T'? De hecho, el incentivo es enorme. Al precio actual de los factores, R y w, una empresa neoclásica con una tecnología mejor obtendría beneficio en cada una de las unidades producidas. Dado que hemos supuesto que los rendimientos son constantes a escala, la empresa tendría interés en contratar todo el capital y el trabajo existentes en la economía. En este caso, la empresa adquiriría un gran poder monopolístico y con toda probabilidad dejaría de actuar como un competidor perfecto en los mercados de bienes y factores. En consecuencia, se inclumplirían las condiciones del modelo de competencia perfecta.

Otro problema aún más básico de este resultado radica en que las otras empresas también habrían visto la misma oportunidad de beneficio y también habrían pagado el coste κ de adquirir mejor tecnología, T'. Sin embargo, si muchas empresas emprenden la misma mejora tecnológica, la competencia hace aumentar los precios de los factores, R y w, con lo que los beneficios de nuevo caen a cero. En este caso, ninguna de las empresas puede cubrir su coste fijo, κ, un resultado idéntico al caso en el que la tecnología era no excluible. En consecuencia, no se alcanza el equilibrio si se produce el avance tecnológico (porque todos los innovadores tienen pérdidas) y al mismo tiempo no se está en equilibrio si no se produce dicho avance (debido a que el beneficio potencial para el innovador único es enorme).

Estas dificultades conceptuales hicieron que los investigadores introdujeran algunos rasgos de la competencia imperfecta a fin de construir modelos más satisfactorios, en los que el nivel de tecnología pudiera mejorar a través de actuaciones deliberadas tales como los gastos en I+D. Esta posibilidad de progreso tecnológico endógeno y, en consecuencia, *crecimiento endógeno*, puede proporcionar una vía de escape a los rendimientos decrecientes a nivel agregado. Romer (1990) y Aghion y Howitt (1992) fueron pioneros en este tipo de modelos; los analizaremos en los capítulos 6, 7 y 8. De momento, trataremos únicamente modelos en los que la tecnología es fija o varía de forma exógena.

1.3.2. El modelo *AK*

La propiedad fundamental de los modelos de crecimiento endógeno es la ausencia de rendimientos decrecientes del capital. La versión más sencilla de una función de producción sin rendimientos decrecientes es la denominada función AK.[29]

$$Y = AK \tag{1.59}$$

donde A es una constante positiva que corresponde al nivel de tecnología. La ausencia total de rendimientos decrecientes puede parecer poco realista, pero la idea se vuelve más plausible si consideramos K en un sentido amplio que incluya el capital humano.[30] La producción per cápita es $y = Ak$ y los productos marginal y medio del capital son constantes al nivel $A > 0$.

Si en la ecuación (1.13) sustituimos $f(k)/k = A$ obtenemos

$$\dot{k}/k = sA - (n + \delta)$$

29. Creemos que el primer economista que utilizó una función de producción del tipo AK fue von Neumann (1937).

30. Knight (1944) hizo hincapié en la idea de que los rendimientos decrecientes pudieran no afectar a un concepto amplio de capital.

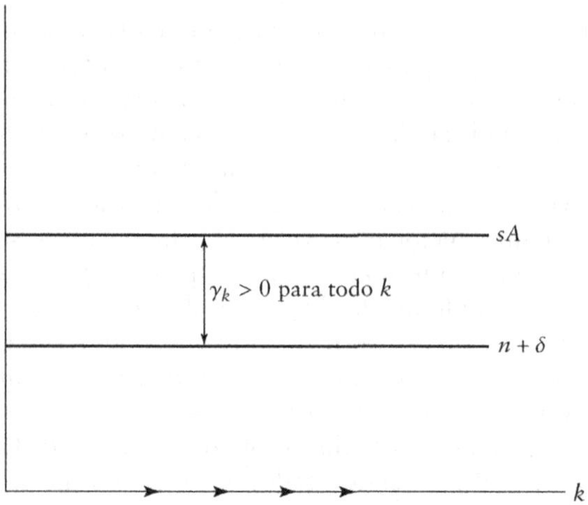

ILUSTRACIÓN 1.12 I El modelo AK. Si la tecnología es AK, la curva de ahorro $s \cdot f(k)/k$ es una recta horizontal al nivel sA. Si $sA > n + \delta$, se produce un aumento permanente de k, aunque no haya progreso tecnológico.

Volvemos al caso en el que el progreso tecnológico es cero, $x = 0$, ya que queremos demostrar que ahora puede haber crecimiento per cápita a largo plazo, aunque no haya cambio tecnológico exógeno. En la representación gráfica, la diferencia principal radica en que la curva de ahorro de pendiente negativa, $s \cdot f(k)/k$ de la ilustración 1.4, es sustituida en la ilustración 1.12 por una recta horizontal al nivel sA. La curva de depreciación sigue siendo la misma recta horizontal al nivel $n + \delta$. Por tanto, $\dot{k}/k$ es la distancia vertical entre las dos rectas, sA y $n+\delta$. Representamos el caso en el que $sA > (n + \delta)$ con lo que $\dot{k}/k > 0$. Puesto que ambas rectas son paralelas, $\dot{k}/k$ es constante; más concretamente, es independiente de k. En consecuencia, k siempre crece a la tasa de estado estacionario, $(\dot{k}/k)^* = sA - (n + \delta)$.

Dado que $y = Ak$, $\dot{y}/y = \dot{k}/k$ en todo momento del tiempo. Además, puesto que $c = (1 - s) \cdot y$, $\dot{c}/c = \dot{k}/k$. Así pues, todas la variables per cápita del modelo crecen a la misma tasa constante, que viene dada por

$$\gamma^* = sA - (n + \delta) \tag{1.60}$$

Observe que una economía descrita por la tecnología AK puede mostrar crecimiento per cápita positivo a largo plazo en ausencia de progreso tecnológico. Más aún, la tasa de crecimiento per cápita mostrada en la ecuación (1.60) depende de los parámetros de comportamiento del modelo, s, A y n. Por ejemplo, a diferencia del modelo neoclásico, una mayor tasa de ahorro, s, provoca un crecimiento per cápita a largo plazo mayor, γ^*.[31] Análogamente, si el nivel de la tecnología A, tiene una mejora definitiva (o si la desaparición de una distorsión generada por el Estado

31. Con la función de producción AK nunca se llega al caso de ahorro ineficiente del modelo neoclásico. Un desplazamiento, en un momento del tiempo, a un s permanentemente superior, se traduce en un nivel inferior de c en ese momento, pero una tasa de crecimiento per cápita permanentemente mayor, γ^*, y en consecuencia valores de c superiores en algún momento futuro. Este cambio no puede ser considerado ineficiente porque será o no deseable dependiendo de cómo descuenten los hogares los niveles futuros de consumo.

aumenta A), la tasa de crecimiento a largo plazo aumenta. Los cambios en la tasa de depreciación, δ, y en el crecimiento de la población, n, también tienen efectos permanentes sobre la tasa de crecimiento per cápita.

A diferencia del modelo neoclásico, el modelo AK no predice la convergencia, ni condicional ni absoluta, es decir, se cumple $\partial(\dot{y}/y)/\partial y = 0$ en todos los niveles de y. Considere un grupo de economías que estructuralmente son similares, es decir, los parámetros s, A, n y δ son los mismos. La única diferencia entre las economías es su stock de capital inicial per cápita, $k(0)$, y en consecuencia su $y(0)$ y $c(0)$. Puesto que el modelo establece que cada economía crece a la misma tasa per cápita, γ^*, independientemente de su posición inicial, la predicción es que todas las economías crecen a la misma tasa per cápita. Esta consecuencia refleja la ausencia de rendimientos decrecientes. Otra forma de ver este resultado es observar que el modelo AK es simplemente un modelo Cobb-Douglas con una participación del capital igual a la unidad, $\alpha = 1$. El análisis de la convergencia en la sección anterior mostraba que la velocidad de convergencia venía expresada por la ecuación (1.45), en la que $\beta^* = (1 - \alpha) \cdot (x + n + \delta)$; es decir, si $\alpha = 1$ entonces $\beta^* = 0$. Esta predicción es un fallo importante del modelo, ya que la convergencia condicional es un hecho empírico. Véase los capítulos 11 y 12 para un análisis más detallado.

Comentábamos que una forma de ver la ausencia de rendimientos decrecientes del capital en la función de producción AK era considerar un concepto de capital amplio que incluyera elementos tanto físicos como humanos. En los capítulos 4 y 5 analizamos con más detalle modelos que tienen en cuenta estos dos tipos de capital.

Se han utilizado otros enfoques para eliminar del modelo neoclásico la tendencia a los rendimientos decrecientes. En el capítulo 4 estudiamos la noción del aprendizaje mediante la experiencia, introducida por Arrow (1962) y utilizada por Romer (1986). En estos modelos, la experiencia en la producción o la inversión contribuye a la productividad. Más aún, el aprendizaje de un productor puede aumentar la productividad de los demás mediante la difusión del conocimiento de un productor a otro. En consecuencia, un mayor stock de capital en toda la economía (o una mayor acumulación del producto obtenido en el pasado) aumenta el nivel de tecnología de cada uno de los productores. En consecuencia, los rendimientos decrecientes del capital pueden no afectar al agregado, e incluso son posibles rendimientos crecientes. En una situación de rendimientos crecientes, el producto medio del capital de cada uno de los productores, $f(k)/k$, tiende a aumentar al aumentar el valor de k de la economía. En consecuencia, la curva $s \cdot f(k)/k$ de la ilustración 1.4 tiene pendiente positiva, al menos en cierto intervalo, y dentro de este intervalo la tasa de crecimiento $\dot{k}/k$ aumenta al aumentar k. Así pues, este modelo predice que al menos en ciertos intervalos de renta per cápita las economías tienden a divergir. Sin embargo, no está claro que estos intervalos de divergencia sean corroborados empíricamente.

1.3.3. Crecimiento endógeno con dinámica de transición

El modelo AK proporciona crecimiento endógeno al evitar los rendimientos decrecientes del capital a largo plazo. Sin embargo, este tipo de función de producción también implica que el producto marginal y medio del capital son siempre constantes y, en consecuencia, las tasas de crecimiento no poseen la propiedad de convergencia.

¿Es posible mantener la característica de rendimientos constantes del capital a largo plazo y al mismo tiempo recuperar la convergencia? Esta idea surgió de Jones y Manuelli (1990).[32]

Considere de nuevo la expresión de la tasa de crecimiento de k de la ecuación (1.13)

$$\dot{k}/k = s \cdot f(k)/k - (n + \delta) \tag{1.61}$$

Si existe estado estacionario, la tasa de crecimiento asociada, $(\dot{k}/k)^*$, es constante por definición. Una $(\dot{k}/k)^*$ positiva significa que el crecimiento de k no tiene límites. La ecuación (1.13) implica que para que $(\dot{k}/k)^*$ sea positiva es condición necesaria y suficiente que el producto medio de capital $f(k)/k$ sea superior a $(n + \delta)/s$ cuando k tiende a infinito. En otras palabras, si el producto medio del capital tiende a su límite, en ese caso, la condición $\text{lím}_{k\to\infty} [f(k)/k] > (n + \delta)/s$ es condición necesaria y suficiente para un crecimiento endógeno de estado estacionario.

Si $f(k) \to \infty$ cuando $k \to \infty$ la aplicación de la regla de l'Hôpital muestra que cuando k tiende a infinito el límite del producto medio, $f(k)/k$, y el límite del producto marginal, $f'(k)$, son idénticos. (Estamos asumiendo que existe $\text{lím}_{k\to\infty} [f'(k)]$.) En consecuencia, la condición primordial para el crecimiento endógeno de estado estacionario radica en que $f'(k)$ tenga un límite lo suficientemente superior a 0:

$$\underset{k\to\infty}{\text{lím}} [f(k)/k] = \underset{k\to\infty}{\text{lím}} [f'(k)] > (n + \delta)/s > 0$$

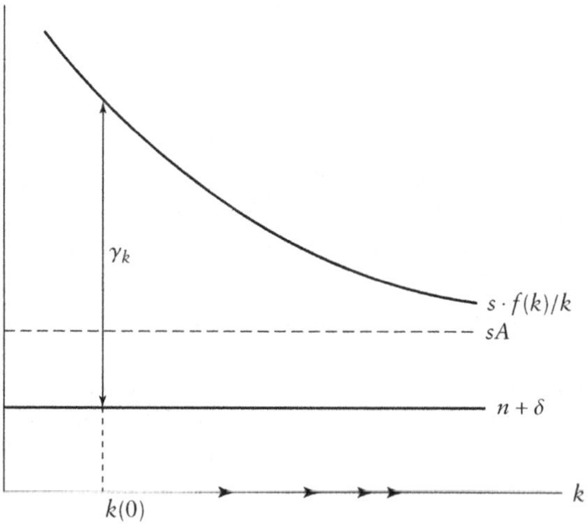

ILUSTRACIÓN 1.13 I Crecimiento endógeno con dinámica de transición. Si la tecnología es $F(K, L) = AK + BK^{\alpha}L^{1-\alpha}$, la tasa de crecimiento de k es decreciente para todo k. Si $sA > n + \delta$, la tasa de crecimiento de k se aproxima asintóticamente a una constante positiva, dada por $sA - n - \delta$. Así pues, el crecimiento endógeno coexiste con una transición en la que la tasa de crecimiento disminuye a medida que se desarrolla la economía.

32. Véase Kurz (1968) para un análisis de esta noción.

Esta inecuación incumple una de las condiciones de Inada del modelo neoclásico $\lim_{k\to\infty}[f'(k)] = 0$. Económicamente, el incumplimiento de esta condición significa que la tendencia de los rendimientos decrecientes del capital tiende a desaparecer. En otras palabras, cuando k es bajo la función de producción puede presentar rendimientos crecientes o decrecientes de k, pero cuando k es grande el producto marginal del capital debe tener un límite inferior. Un ejemplo sencillo en el que la función de producción converge asintóticamente hacia la forma AK es la siguiente

$$Y = F(K, L) = AK + BK^{\alpha}L^{1-\alpha} \tag{1.62}$$

donde $A > 0$, $B > 0$ y $0 < \alpha < 1$. Observe que esta función de producción combina las funciones AK y la Cobb-Douglas. Tiene rendimientos constantes a escala y rendimientos positivos y decrecientes de trabajo y capital. Sin embargo, incumple una de las condiciones de Inada porque $\lim_{K\to\infty}(F_K) = A > 0$.

En términos per cápita podemos expresar la función así

$$y = f(k) = Ak + Bk^{\alpha}$$

El producto medio del capital viene dado por

$$f(k)/k = A + Bk^{-(1-\alpha)}$$

que disminuye al aumentar k, pero tiende a A cuando k tiende a infinito.

La dinámica de este modelo puede analizarse mediante la expresión usual de la ecuación (1.13):

$$\dot{k}/k = s \cdot \left[A + Bk^{-(1-\alpha)}\right] - (n + \delta) \tag{1.63}$$

La ilustración 1.13 muestra que la curva de ahorro tiene pendiente negativa y que la recta $(n + \delta)$ es horizontal. Sin embargo, y a diferencia de lo que ocurre en la ilustración 1.4, cuando k tiende a infinito la curva de ahorro de la ilustración 1.13 tiende a la cantidad positiva sA, en vez de a 0. Si $sA > n + \delta$, el supuesto de la ilustración, entonces la tasa de crecimiento de estado estacionario, $(\dot{k}/k)^*$, es positiva.

Este modelo genera crecimiento endógeno de estado estacionario y al mismo tiempo predice la convergencia condicional, como el modelo neoclásico. El motivo radica en que la propiedad de convergencia proviene de la relación inversa entre $f(k)/k$ y k, relación que se mantiene en el modelo. La ilustración 1.13 muestra que entre dos economías cuya única diferencia sea el valor inicial, $k(0)$, aquella que tenga el stock de capital por persona menor crecerá más deprisa en términos per cápita.

1.3.4. Funciones de producción con elasticidad de sustitución constante

Considere otro ejemplo, la función de producción que tiene elasticidad de sustitución entre trabajo y capital constante (ESC)(Arrow et al., 1961)

$$Y = F(K, L) = A \cdot \{a \cdot (bK)^{\psi} + (1-a) \cdot [(1-b) \cdot L]^{\psi}\}^{1/\psi} \tag{1.64}$$

donde $0 < a < 1$, $0 < b < 1$,[33] y $\psi < 1$. Observe que la función de producción tiene rendimientos constantes a escala para todos los valores de ψ. La elasticidad de sustitución entre el capital y el trabajo es $1/(1-\psi)$ (véase el apéndice, sección 1.5.4). Cuando $\psi \to -\infty$ la función de producción tiende hacia una tecnología de proporciones fijas (como se verá en la siguiente sección), $Y = \text{mín}\,[bK, (1-b)L]$, en la que la elasticidad de sustitución es 0. Cuando $\psi \to 0$, la función de producción se aproxima al tipo Cobb-Douglas, $Y = (\text{constante}) \cdot K^a L^{1-a}$, y la elasticidad de sustitución es 1 (véase el apéndice, sección 1.5.4). Para $\psi = 1$ la función de producción es lineal, $Y = A \cdot [abK + (1-a) \cdot (1-b) \cdot L]$, con lo que K y L son sustitutivos perfectos (tienen elasticidad de sustitución infinita).

Para obtener una expresión de la producción per cápita, dividamos por L ambos miembros de la ecuación (1.64)

$$y = f(k) = A \cdot [a \cdot (bk)^{\psi} + (1-a) \cdot (1-b)^{\psi}]^{1/\psi}$$

Los productos marginal y medio del capital vienen expresados respectivamente por

$$f'(k) = Aab^{\psi}[ab^{\psi} + (1-a) \cdot (1-b)^{\psi} \cdot k^{-\psi}]^{(1-\psi)/\psi}$$
$$f(k)/k = A[ab^{\psi} + (1-a) \cdot (1-b)^{\psi} \cdot k^{-\psi}]^{1/\psi}$$

En consecuencia, $f'(k)$ y $f(k)/k$ son positivos y decrecientes al aumentar k para todos los valores de ψ.

Podemos estudiar el comportamiento dinámico de una economía con ESC a partir de la ecuación (1.13):

$$\dot{k}/k = s \cdot f(k)/k - (n + \delta) \tag{1.65}$$

En una representación gráfica con k en el eje de abscisas, $s \cdot f(k)/k$ es una curva de pendiente negativa, $n + \delta$ es una recta horizontal y $\dot{k}/k$ sigue siendo la distancia vertical entre la curva y la recta. Sin embargo, ahora el comportamiento de la tasa de crecimiento depende del parámetro ψ, que expresa la elasticidad de sustitución entre L y K.

Consideremos primero el caso de $0 < \psi < 1$, es decir, en el que existe un alto grado de sustitución entre L y K. En este caso, los límites del producto marginal y del producto medio del capital son

$$\lim_{k\to\infty} [f'(k)] = \lim_{k\to\infty} [f(k)/k] = Aba^{1/\psi} > 0$$
$$\lim_{k\to 0} [f'(k)] = \lim_{k\to 0} [f(k)/k] = \infty$$

33. La formulación habitual no incluye los términos b y $1-b$. Ello implica que las participaciones de K y L en la producción total tienden a 1/2 cuando $\psi \to -\infty$. En nuestra formulación, las participaciones de K y L tienden respectivamente a b y a $1-b$ cuando $\psi \to -\infty$.

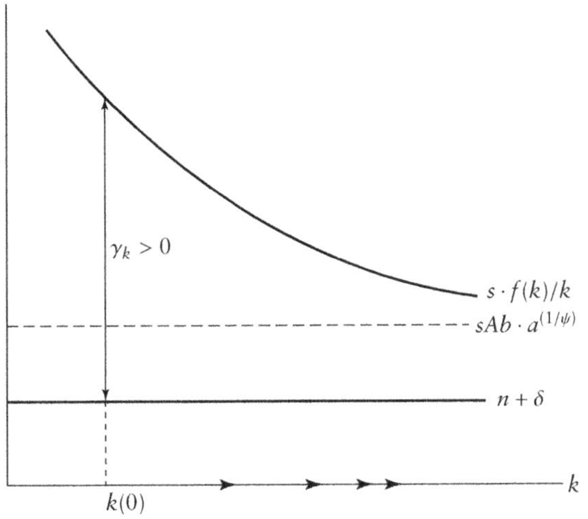

ILUSTRACIÓN 1.14 | El modelo ESC con $0 < \psi < 1$ y $sAb \cdot a^{1/\psi} > n + \delta$. Si la tecnología ESC presenta una alta elasticidad de sustitución ($0 < \psi < 1$) y si los parámetros satisfacen la desigualdad $sAb \cdot a^{1/\psi} > n + \delta$, existe crecimiento endógeno. Durante la transición, disminuye la tasa de crecimiento de k.

Así pues, cuando k tiende a infinito, el producto marginal y el producto medio tienden a una constante positiva y no a 0. En este sentido, la función de producción con ESC y un alto grado de sustitución entre los factores ($0 < \psi < 1$) es semejante al ejemplo de la ecuación (1.62) en el que los rendimientos decrecientes desaparecen asintóticamente. En consecuencia, podemos anticipar que este modelo ESC es capaz de generar crecimiento de estado estacionario endógeno.

La ilustración 1.14 muestra gráficamente los resultados. La curva $s \cdot f(k)/k$ tiene pendiente negativa y su asíntota es la constante positiva $sAb \cdot a^{1/\psi}$. Si la tasa de ahorro es lo bastante elevada, de manera que $sAb \cdot a^{1/\psi} > n + \delta$ (tal es el supuesto en la ilustración), entonces la curva $s \cdot f(k)/k$ siempre se sitúa por encima de la recta $n + \delta$. En este caso, la tasa de crecimiento per cápita siempre es positiva y el modelo genera crecimiento de estado estacionario endógeno a la siguiente tasa

$$\gamma^* = sAb \cdot a^{1/\psi} - (n + \delta)$$

La dinámica de este modelo es semejante a la descrita por la ilustración 1.13[34]

Analicemos ahora el caso en el que $\psi < 0$, es decir, en el que el grado de sustitución entre L y K es bajo. En dicho caso, los límites del producto marginal y del producto medio del capital son

$$\lim_{k \to \infty} [f'(k)] = \lim_{k \to \infty} [f(k)/k] = 0$$

$$\lim_{k \to 0} [f'(k)] = \lim_{k \to 0} [f(k)/k] = Ab \cdot a^{1/\psi} < \infty$$

34. Si $0 < \psi < 1$ y $sAb \cdot a^{1/\psi} < n + \delta$, entonces la curva $s \cdot f(k)/k$ corta a $n + \delta$ en el valor de estado estacionario k^*, como en el modelo neoclásico estándar de la ilustración 1.4. En este caso, no hay crecimiento endógeno.

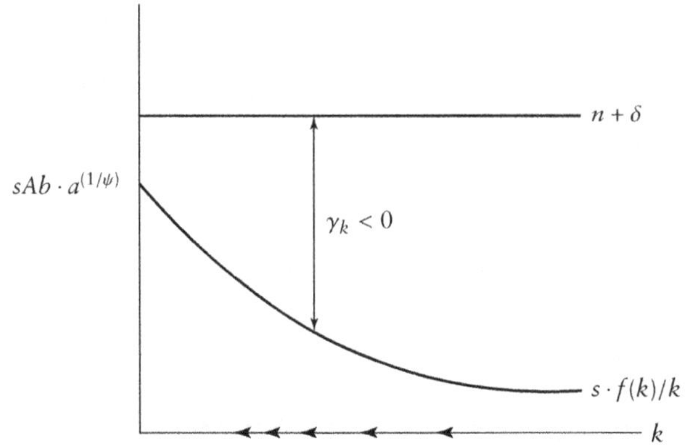

ILUSTRACIÓN 1.15 I El modelo ESC con $\psi < 0$ y $sAb \cdot a^{1/\psi} < n+\delta$. Si la elasticidad de sustitución de la tecnología ESC es baja ($\psi < 0$) y si $sAb \cdot a^{1/\psi} < n+\delta$, la tasa de crecimiento de k sería negativa para todos los niveles de k.

Puesto que cuando k tiende a infinito el producto marginal y el producto medio tienden a 0, se cumple la condición básica de Inada y el modelo no genera crecimiento endógeno. Sin embargo, en este caso, el incumplimiento de la condición de Inada cuando k tiende a 0 puede provocar problemas. Suponga que la tasa de ahorro es lo bastante baja como para que $sAb \cdot a^{1/\psi} < n+\delta$. En este caso, la curva $s \cdot f(k)/k$ se sitúa inicialmente en un punto por debajo de $n+\delta$ y tiende a 0 cuando k tiende a infinito. La ilustración 1.15 muestra que, en dicho caso, la curva nunca corta la recta $n+\delta$ y, en consecuencia, no hay un estado estacionario en el que el valor de k sea positivo. Puesto que la tasa de crecimiento $\dot{k}/k$ es siempre negativa, la economía se contrae con el tiempo y k, c e y tienden a cero.[35]

Puesto que el producto medio del capital, $f(k)/k$, es una función inversa respecto de k para todos los valores de ψ, la tasa de crecimiento $\dot{k}/k$ está en función inversa de k. En consecuencia, el modelo ESC siempre muestra la propiedad de convergencia: entre dos economías con idénticos parámetros y con valores iniciales $k(0)$ distintos, la que tenga un valor de $k(0)$ inferior tiene un valor de $\dot{k}/k$ superior. Cuando los parámetros de diferentes economías son distintos, el modelo predice convergencia condicional, como se ha descrito anteriormente.

Podemos utilizar el método desarrollado anteriormente en el caso de la función de producción Cobb-Douglas para calcular la fórmula del coeficiente de convergencia en el entorno del estado estacionario. Para una función de producción con ESC el resultado, que amplía la ecuación (1.45),[36] es

$$\beta^* = -(x+n+\delta) \cdot \left[1 - a \cdot \left(\frac{bsA}{x+n+\delta}\right)^{\psi}\right] \tag{1.66}$$

35. Si $\psi < 0$ y $sAb \cdot a^{1/\psi} > n+\delta$, nuevamente la curva $s \cdot f(k)/k$ corta a la recta $n+\delta$ en el valor de estado estacionario k^*.

36. Véase Chua (1993) para un análisis adicional. La fórmula de β en la ecuación (1.66) se aplica sólo a los casos en los que existe un nivel de estado estacionario k^*. Si $0 < \psi < 1$, se aplica a $bsA \cdot a^{1/\psi} < x+n+\delta$. Si $\psi < 0$, se aplica a $bsA \cdot a^{1/\psi} > x+n+\delta$.

Para el caso Cobb-Douglas, en el que $\psi = 0$ y $a = \alpha$, la ecuación (1.66) equivale a la ecuación (1.45). Para $\psi \neq 0$, el nuevo resultado es que β^* de la ecuación (1.66) depende de s y A. Si $\psi > 0$ (un alto grado de sustitución entre L y K), β^* disminuye al aumentar sA, y viceversa si $\psi < 0$. Sólo en el caso de la función Cobb-Douglas, en el que $\psi = 0$, el coeficiente β^* es independiente de s y A.

1.4. Otras funciones de producción... otras teorías del crecimiento

1.4.1. La función de producción de Leontief y la controversia de Harrod-Domar

La función de producción de proporciones fijas de Leontief (1941), es una función de producción utilizada con anterioridad a la neoclásica

$$Y = F(K, L) = \text{mín}\,(AK, BL) \tag{1.67}$$

donde $A > 0$ y $B > 0$ son constantes. Esta especificación, que corresponde a $\psi \to -\infty$ en la función ESC de la ecuación (1.64) fue utilizada por Harrod (1939) y Domar (1946). Con proporciones fijas, si el stock de capital y la mano de obra disponibles cumplen que $AK = BL$, se emplearán todas las máquinas y todos los trabajadores. Si, en cambio, K y L tienen la relación $AK > BL$ sólo se utiliza una parte del capital $(B/A) \cdot L$ y el capital restante no. Por el contrario si, $AK < BL$, sólo se utiliza una parte del trabajo $(A/B) \cdot K$ y el trabajo restante queda desempleado. El supuesto de no sustitución entre capital y trabajo condujo a Harrod y Domar a predecir que las economías capitalistas tendrían resultados no deseados en forma de aumentos permanentes de maquinaria o trabajadores desempleados. Analizaremos ahora brevemente el modelo Harrod-Domar mediante las herramientas desarrolladas en el capítulo.

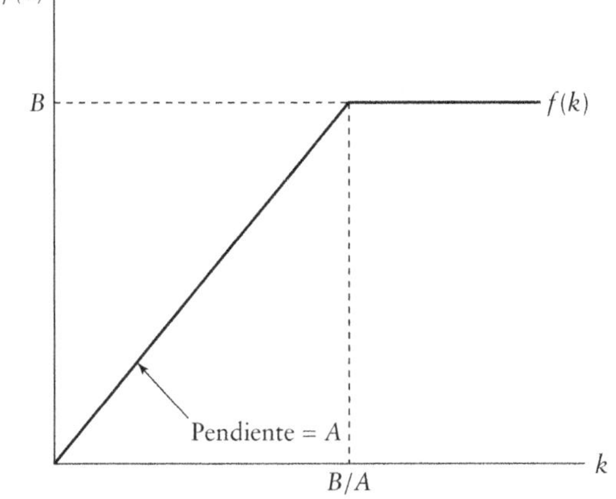

ILUSTRACIÓN 1.16 | La función de producción de Leontief en términos per cápita. En términos per cápita, la función de producción de Leontief puede expresarse como $y = \text{mín}\,(Ak, B)$. Para $k < B/A$, la producción per cápita viene dada por $y = Ak$. Para $k > B/A$, la producción per cápita viene dada por $y = B$.

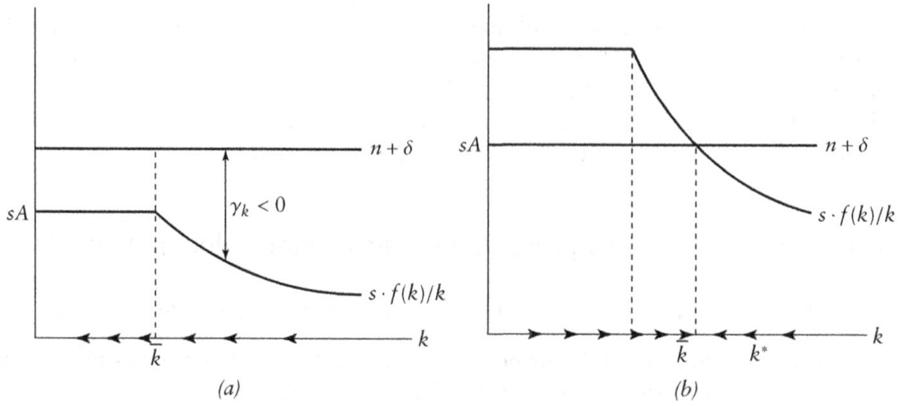

ILUSTRACIÓN 1.17 I El modelo Harrod-Domar. En el gráfico *(a)*, bajo el supuesto de que $sA < n+\delta$, la tasa de crecimiento de k es negativa para todo k. En consecuencia, la economía tiende a $k = 0$. En el gráfico *(b)*, bajo el supuesto de que $sA > n+\delta$, la tasa de crecimiento de k es positiva en $k < k^*$ y negativa en $k > k^*$, donde k^* es el valor en el estado estacionario. Puesto que k^* es mayor que B/A, una parte del stock de capital nunca se utiliza. Es más, la cantidad de capital ocioso crece de forma regular (como lo hacen K y L).

Para obtener la producción per cápita, en la ecuación (1.67) divida ambos miembros por L:

$$y = \text{mín}\,(Ak, B)$$

Para $k < B/A$, el capital se emplea totalmente e $y = Ak$. Así pues, la ilustración 1.16 muestra que la función de producción en dicho intervalo es una recta que pasa por el origen con pendiente A. Para $k > B/A$, la cantidad de capital utilizado es constante, e Y es igual a la constante B multiplicada por el trabajo L. Así pues, la producción por trabajador, y, es igual a la constante B, como se muestra en el intervalo horizontal de $f(k)$ de la ilustración. Observe que, cuando k tiende a infinito, el producto marginal del capital, $f'(k)$, es cero. En consecuencia, se cumple la principal condición de Inada y esta función de producción no genera crecimiento endógeno de estado estacionario.

A partir de la expresión de la ecuación (1.13) obtenemos

$$\dot{k}/k = s \cdot [\,\text{mín}\,(Ak, B)]/k - (n+\delta) \tag{1.68}$$

Las ilustraciones 1.17*a* y 1.17*b* muestran que el primer término, $s \cdot [\,\text{mín}\,(Ak, B)]/k$ es una recta horizontal al nivel sA para $k \leq B/A$. Para $k > B/A$, este término se convierte en una curva con pendiente negativa que tiende a cero cuando k tiende a infinito. El segundo término de la ecuación (1.68) es la ya conocida recta horizontal al nivel $n+\delta$.

Supongamos primero que la tasa de ahorro es lo bastante baja como para que $sA < n+\delta$, tal y como se ve en la ilustración 1.17. En ese caso, la curva de ahorro, $s \cdot f(k)/k$, nunca corta a la recta $n+\delta$, por lo que no existe valor positivo de k^* de estado estacionario. Es más, la tasa de crecimiento del capital, $\dot{k}/k$, siempre es negativa, por lo que en términos per cápita la economía se contrae y k, c e y tienden a cero. En consecuencia la economía se sitúa a la izquierda de B/A con desempleo creciente y permanente.

Ahora supongamos que la tasa de ahorro es lo bastante alta como para que $sA > n + \delta$, como se ve en la ilustración 1.17*b*. Dado que la curva $s \cdot f(k)/k$ tiende a cero cuando k tiende a infinito, corta a la recta $n + \delta$ en el punto $k^* > B/A$. En consecuencia, si la economía se encuentra inicialmente en $k(0) < k^*$, $\dot{k}/k$ es igual a la constante $sA - n - \delta > 0$ hasta el momento en que k alcanza el valor B/A. En ese punto, $\dot{k}/k$ disminuye hasta alcanzar el valor cero en $k = k^*$. Si la economía se sitúa inicialmente en un punto $k(0) > k^*$, $\dot{k}/k$ es inicialmente negativa y tiende a cero cuando k tiende a k^*.

Puesto que $k^* > B/A$, el estado estacionario se caracteriza por tener máquinas paradas, pero no trabajadores desempleados. Puesto que k es constante en el estado estacionario, la variable K crece al mismo ritmo que L, a la tasa n. Puesto que el porcentaje de máquinas empleadas permanece constante, también la cantidad de máquinas paradas crece al ritmo n (aunque se supone no obstante que los hogares siguen ahorrando a la tasa s).

La única manera de alcanzar un estado estacionario en el que se emplee todo el capital y todo el trabajo es que los parámetros del modelo cumplan la condición $sA = n + \delta$. Puesto que los cuatro parámetros que aparecen en esta igualdad son todos ellos exógenos, no hay razón para que esta igualdad se cumpla. Así pues, la conclusión de Harrod y Domar es que con toda probabilidad, la economía alcanzará uno de dos estados no deseables: crecimiento permanente del desempleo o crecimiento permanente de la maquinaria parada.

Hoy sabemos que hay varios supuestos no verosímiles en la argumentación de Harrod y Domar. En primer lugar, el modelo Solow-Swan demostró que el parámetro A de Harrod y Domar, el producto medio del capital, dependería normalmente de k, y que k se ajustaría para cumplir la igualdad $s \cdot f(k)/k = n + \delta$ en el estado estacionario. En segundo lugar, la tasa de ahorro podría ajustarse para cumplir esta condición. En concreto, si los agentes maximizan su utilidad (como suponemos en el capítulo siguiente), no sería una decisión óptima para ellos seguir ahorrando a una tasa constante s si el producto marginal del capital es cero. Este ajuste de la tasa de ahorro descartaría la posibilidad de un equilibrio con maquinaria parada de forma permanente.

1.4.2. Modelos de crecimiento con trampas de pobreza

Un ámbito de la literatura del desarrollo económico se interesa por las *trampas de pobreza*.[37] Podemos pensar en una trampa de pobreza como un estado estacionario estable con niveles bajos de producción y stock de capital per cápita. Es una trampa porque si los agentes tratan de salir de ella la economía tiende a retornar a este estado estacionario de niveles bajos, que en sí mismo es estable.

Vimos que en el modelo neoclásico, el producto medio del capital, $f(k)/k$, disminuye al aumentar k. Sin embargo, también vimos que este producto medio puede crecer al aumentar k en algunos modelos que presentan rendimientos crecientes, por ejemplo, modelos que incorporan el aprendizaje mediante la experiencia o la

37. Véase especialmente el modelo *big-push* de Lewis (1954). Una formulación más moderna de esta idea aparece en Murphy, Shleifer y Vishny (1989).

difusión del conocimiento. Puede darse una trampa de pobreza si la economía se mueve en un intervalo en el que el producto medio del capital es decreciente, seguido de otro intervalo con producto medio creciente. (Las trampas de pobreza también surgen en algunos modelos con tasas de ahorro no constantes; véase Galor y Ryder, 1989.)

Podemos lograr un intervalo de rendimientos crecientes si imaginamos un país que tenga acceso a tecnología tradicional y al mismo tiempo a tecnología moderna.[38] Supongamos que los productores pueden utilizar una función de producción básica, que tiene la forma Cobb-Douglas habitual.

$$Y_A = AK^{\alpha}L^{1-\alpha} \tag{1.69}$$

El país también tiene acceso a un tecnología moderna, de mayor productividad,[39]

$$Y_B = BK^{\alpha}L^{1-\alpha} \tag{1.70}$$

donde $B > A$. Sin embargo, para poder explotar esta tecnología moderna, se supone que el país tiene que pagar un coste de implantación en cada momento del tiempo, quizás para pagar la infraestructura pública o el sistema legal requeridos. Suponemos que dicho coste es proporcional al trabajo y viene dado por bL, donde $b > 0$. Suponemos además que este coste es soportado por el Estado y financiado mediante un impuesto b por trabajador. El resultado es el mismo si el impuesto lo pagan los productores o los trabajadores (que son, en todo momento, los mismos agentes en una economía de hogares-productores).

Expresada por trabajador, la primera función de producción es

$$y_A = Ak^{\alpha} \tag{1.71}$$

La segunda función de producción, neta de coste de implantación y expresada por trabajador es

$$y_B = Bk^{\alpha} - b \tag{1.72}$$

Ambas funciones aparecen plasmadas en la ilustración 1.18.

Si el Estado ha decidido pagar el coste de implantación, igual a b por trabajador, todos los productores utilizarán la tecnología moderna (porque de cualquier manera habrá que pagar el impuesto b por trabajador). Si el Estado no ha pagado el coste de implantación, todos los productores tendrán que usar la tecnología antigua. Un Estado sensato pagará el coste si el desplazamiento a la tecnología moderna provoca un aumento del producto por trabajador al valor actual de k, producto calculado neto de coste de implantación. En el caso presente, el desplazamiento

38. Esta sección es una adaptación de Galor y Zeira (1993) que utilizan dos tecnologías en el ámbito de la educación.

39. Generalmente, la intensidad de capital de la tecnología moderna sería distinta de la de la tecnología antigua. Sin embargo, esto complica el análisis algebraico sin añadir otras diferencias significativas.

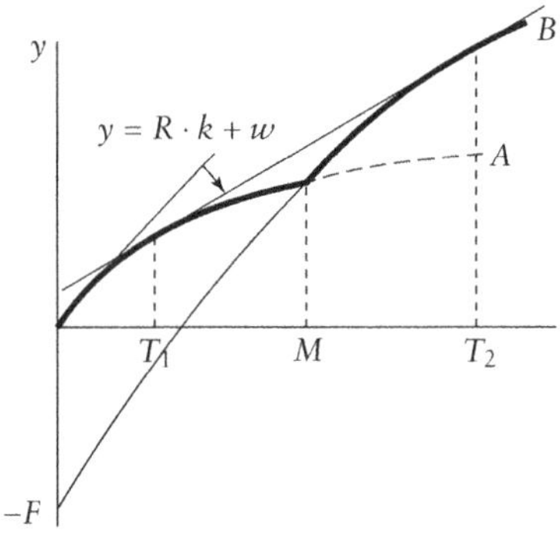

ILUSTRACIÓN 1.18 I Función de producción moderna y función tradicional. La función de producción tradicional tiene una productividad relativamente baja. La función de producción moderna se caracteriza por una mayor productividad, pero suponemos que requiere un coste fijo para funcionar.

está garantizado si k supera un nivel crítico, dado por $\tilde{k} = [b/(B - A)]^{1/\alpha}$. En consecuencia, el valor crítico de k es mayor cuanto mayor sea el coste de implantación, b, y disminuye cuanto mayor sea la diferencia de los parámetros de productividad, $B - A$. Suponemos que el Estado paga el coste de implantación si $k \geq \tilde{k}$ y no lo hará si $k < \tilde{k}$.

La tasa de crecimiento del capital por trabajador viene dada, como en otros casos, por la ecuación fundamental del modelo Solow-Swan, la ecuación (1.23):

$$\dot{k}/k = s \cdot f(k)/k - (\delta + n)$$

donde $f(k) = Ak^{\alpha}$ si $k < \tilde{k}$ y $f(k) = Bk^{\alpha} - b$ si $k \geq \tilde{k}$. El producto medio del capital, $f(k)/k$, puede medirse gráficamente en la ilustración 1.18 mediante la pendiente de la cuerda que va desde el origen hasta la función de producción efectiva. Podemos ver que hay un intervalo de $k \geq \tilde{k}$ en el que el producto medio es creciente. En consecuencia, la curva de ahorro es semejante a la representada en la ilustración 1.19: tiene la ya conocida pendiente negativa para niveles bajos de k, le sigue un intervalo con pendiente positiva y de nuevo tiene pendiente negativa para niveles muy altos de k.

La ilustración 1.19 muestra que la curva $s \cdot f(k)/k$ primero corta la recta $n + \delta$ en el valor de estado estacionario bajo, $k^*_{\text{bajo}} < \tilde{k}$, en el que suponemos que $k^*_{\text{bajo}} < \tilde{k}$. Este estado estacionario tiene las características que ya conocemos del modelo neoclásico. En concreto, $\dot{k}/k > 0$ para $k < k^*_{\text{bajo}}$, y $\dot{k}/k < 0$ al menos en algún intervalo $k > k^*_{\text{bajo}}$. Así pues, k^*_{bajo} es un estado estacionario estable: es una trampa de pobreza en el sentido descrito con anterioridad.

Suponemos que la tendencia de rendimientos crecientes en el intervalo intermedio de k es lo bastante fuerte como para que la curva $s \cdot f(k)/k$ aumente hasta cortar de nuevo a la recta $n + \delta$ en un estado estacionario k^*_{medio}. Sin embargo, este estado estacionario es inestable, ya que $\dot{k}/k < 0$ se cumple a la izquierda y $\dot{k}/k > 0$ se cumple a la derecha. En consecuencia, si la economía se sitúa inicialmente en $k^*_{\text{bajo}} < k(0) < k^*_{\text{medio}}$, tenderá naturalmente a retornar a la trampa de pobreza en k^*_{bajo}, mientras que si de alguna manera consigue situarse en $k(0) > k^*_{\text{medio}}$, tiende a crecer aún más, alcanzando niveles de k aún mayores.

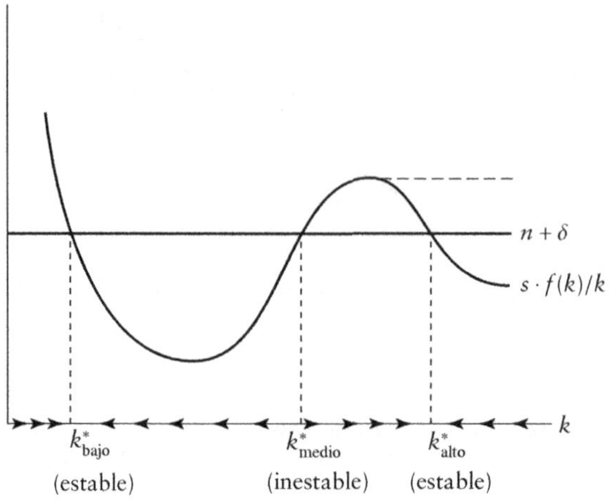

ILUSTRACIÓN 1.19 I Una trampa de pobreza. Se supone que la función de producción presenta rendimientos decrecientes de k cuando k es bajo, rendimientos crecientes para valores intermedios de k, y rendimientos constantes o decrecientes cuando k es alto. La curva $s \cdot f(k)/k$ es por tanto decreciente para valores bajos de k, creciente para valores intermedios, y decreciente u horizontal para valores altos de k. El valor de estado estacionario k^*_{bajo} es estable y por tanto constituye una trampa de pobreza para países que parten de un valor de k entre 0 y k^*_{medio}. Si un país parte de $k > k^*_{\text{medio}}$, converge a k^*_{alto} si finalmente se dan rendimientos decrecientes. Si los rendimientos del capital son constantes para altos valores de k, como se representa en el tramo intermitente de la curva, el país converge a una tasa de crecimiento a largo plazo de k positiva.

En el intervalo en el que $k > k^*_{\text{medio}}$, la tendencia de la economía a registrar rendimientos decrecientes finalmente hace que descienda la curva $s \cdot f(k)/k$ lo suficiente hasta igualarse con $n + \delta$ en el estado estacionario k^*_{alto}. Este estado estacionario, que corresponde a un alto nivel de renta per cápita pero con crecimiento per cápita cero a largo plazo, nos resulta familiar tras el estudio del modelo neoclásico. El problema básico para una economía poco desarrollada, situada en la trampa k^*_{bajo}, radica en cómo pasar por encima del punto crítico y alcanzar un nivel de renta per cápita alto a largo plazo.

Una implicación empírica del modelo descrito en la ilustración 1.19 es que existirá un intervalo medio de valores de k, en las proximidades de k^*_{medio}, para el que la tasa de crecimiento, $\dot{k}/k$, es creciente en k, y por lo tanto, en y. Es decir, en este intervalo de renta per cápita se cumplirá un patrón de divergencia. Nuestro análisis de los datos empíricos entre países, que veremos en el capítulo 12, no apoya esta hipótesis. No obstante, estos resultados son objeto de controversia (véase, por ejemplo, Quah, [1996]).

1.5. Apéndice: Demostraciones de varias proposiciones

1.5.1. Demostración de que cada factor es esencial en la producción con una función de producción neoclásica

Mencionábamos en la parte central de este capítulo que las propiedades de la función de producción neoclásica implican que los dos factores, K y L, son esenciales para la producción. Para demostrar esta condición, fíjese primero que si $Y \to \infty$ cuando $K \to \infty$, entonces

$$\lim_{K\to\infty} \frac{Y}{K} = \lim_{K\to\infty} \frac{\partial Y}{\partial K} = 0$$

donde la primera igualdad surge de la regla de l'Hôpital y la segunda de la condición de Inada. Si Y alcanza un límite cuando K tiende a infinito, entonces la conclusión inmediata es:

$$\lim_{K\to\infty} (Y/K) = 0$$

Sabemos también que, a partir de los rendimientos constantes a escala, para todo L finito,

$$\lim_{K\to\infty} (Y/K) = \lim_{K\to\infty} [F(1, L/K)] = F(1,0)$$

de manera que $F(1,0) = 0$. Entonces, la condición de rendimientos constantes a escala implica

$$F(K,0) = K \cdot F(1,0) = 0$$

para todo K finito. Podemos demostrar, mediante un argumento análogo que $F(0,L) = 0$ para todo L finito. Estos resultados demuestran que cada uno de los factores es esencial en la producción.

Para demostrar que la producción tiende a infinito cuando uno de los factores tiende a infinito, observe que

$$F(K,L) = L \cdot f(k) = K \cdot [f(k)/k]$$

En consecuencia, para todo K finito

$$\lim_{L\to\infty} [F(K,L)] = K \cdot \lim_{k\to 0} [f(k)/k] = K \cdot \lim_{k\to 0} [f'(k)] = \infty$$

donde las últimas igualdades surgen de la regla de l' Hôpital (porque la condición de esencialidad implica $f(0) = 0$) y de la condición de Inada. Podemos demostrar, mediante un razonamiento análogo, que $\lim_{K\to\infty} [F(K,L)] = \infty$. En consecuencia, la producción tiende a infinito cuando cualquiera de los factores tiende a infinito.

1.5.2. Propiedades del coeficiente de convergencia en el modelo Solow-Swan

La ecuación (1.46) es una linealización logarítmica de la ecuación (1.41) en las proximidades del estado estacionario. Para obtener la ecuación (1.46), hemos expresado la ecuación (1.41) en valores de $\log(\hat{k})$. Observe que $\dot{\hat{k}}/\hat{k}$ es la derivada con respecto al tiempo de $\log(\hat{k})$ y que $(\hat{k})^{-(1-\alpha)}$ puede expresarse como $e^{-(1-\alpha)\cdot\log(\hat{k})}$. El valor de estado estacionario de $sA(\hat{k})^{-(1-\alpha)}$ es igual a $x+n+\delta$. Podemos pues realizar un desarrollo de Taylor de primer orden del $\log(\hat{k})$ en torno a $\log(\hat{k}^*)$ para llegar a la ecuación (1.46). Consulte el apéndice matemático al final del libro si necesita más información. Este resultado aparece en Sala-i-Martín (1990) y en Mankiw, Romer y Weil (1992).

La verdadera velocidad de convergencia de $\hat{k}$ o de $\hat{y}$ no es constante; depende de la distancia al estado estacionario. La tasa de crecimiento de $\hat{y}$ puede expresarse como

$$\dot{\hat{y}}/\hat{y} = \alpha \cdot \left[s \cdot A^{1/\alpha} \cdot (\hat{y})^{-(1-\alpha)/\alpha} - (x+n+\delta)\right]$$

Si utilizamos la condición $\hat{y}^* = A \cdot [sA/(x+n+\delta)]^{\alpha/(1-\alpha)}$, también podemos expresar la tasa de crecimiento como

$$\dot{\hat{y}}/\hat{y} = \alpha \cdot (x+n+\delta) \cdot \left[(\hat{y}/\hat{y}^*)^{-(1-\alpha)/\alpha} - 1\right]$$

El coeficiente de convergencia es

$$\beta = -d(\dot{\hat{y}}/\hat{y})]/d[\log(\hat{y})] = (1-\alpha) \cdot (x+n+\delta) \cdot (\hat{y}/\hat{y}^*)^{-(1-\alpha)/\alpha}$$

En el estado estacionario $\hat{y} = \hat{y}^*$ y $\beta = (1-\alpha) \cdot (x+n+\delta)$, como en la ecuación (1.45). Con carácter general, β disminuye al aumentar $\hat{y}/\hat{y}^*$.

1.5.3. Demostración de que el progreso tecnológico debe aumentar la eficiencia del trabajo

Mencionábamos en el texto que el avance tecnológico tenía que tener la forma de aumento de la eficiencia del trabajo que mostraba la ecuación (1.34) para que así el modelo tuviera estado estacionario con tasas de crecimiento constantes. Para demostrar esta condición, empezamos con el supuesto de que la función de producción incluye progreso tecnológico que aumenta la eficiencia del trabajo y aumenta la eficiencia del capital.

$$Y = F[K \cdot B(t), L \cdot A(t)] \tag{1.73}$$

donde $B(t) = A(t)$ implica que el avance tecnológico es neutral según Hicks.

Suponemos que $A(t) = e^{xt}$ y $B(t) = e^{zt}$, donde $x \geq 0$ y $z \geq 0$ son constantes. Si en la ecuación (1.73) dividimos ambos miembros por K, podemos expresar la producción por unidad de capital como

$$Y/K = e^{zt} \cdot \left\{F\left[1, \frac{L \cdot A(t)}{K \cdot B(t)}\right]\right\} = e^{zt} \cdot \varphi\left[(L/K) \cdot e^{(x-z)\cdot t}\right]$$

donde $\varphi(\cdot) \equiv F[1, \frac{L \cdot A(t)}{K \cdot B(t)}]$. La población, L, crece a la tasa constante n. Si γ_K^* es la tasa de crecimiento constante de K en el estado estacionario, Y/K puede expresarse así

$$Y/K = e^{zt} \cdot \varphi\left[e^{(n+x-z-\gamma_K^*)\cdot t}\right] \tag{1.74}$$

Recuerde que la tasa de crecimiento de K viene dada por

$$\dot{K}/K = s \cdot (Y/K) - \delta$$

En el estado estacionario, $\dot{K}/K$ es igual a la constante γ_K^* y, en consecuencia, Y/K tiene que ser también constante. Hay dos maneras de lograr que el segundo miembro de la ecuación (1.74) sea constante. La primera, que $z = 0$ y $\gamma_K^* = n + x$; es decir, que el progreso tecnológico únicamente aumente la eficiencia del trabajo y que la tasa de crecimiento del capital en el estado estacionario sea igual a $n + x$. En este caso, la función de producción puede expresarse en la forma de la ecuación (1.34).

La segunda manera de hacer constante el segundo miembro de la ecuación (1.74) es que $z \neq 0$ y que el término $\varphi[e^{(n+x-z-\gamma_K^*)t}]$ contrarreste exactamente el término e^{zt}. Para que esto sea así, la derivada de Y/K con respecto al tiempo (en el estado estacionario) tiene que ser igual a cero. Si derivamos la ecuación (1.74), la igualamos a cero y reorganizamos los términos, obtenemos

$$\varphi'(\chi) \cdot \chi/\varphi(\chi) = -z/(n + x - z - \gamma_K^*)$$

donde $\chi \equiv e^{(n+x-z-\gamma_K^*)\cdot t}$ y el término del segundo miembro es una constante. Si integramos, podemos expresar la solución así

$$\varphi(\chi) = (\text{constante}) \cdot \chi^{1-\alpha}$$

donde α es una constante. Este resultado implica que la función de producción puede expresarse así

$$Y = (\text{constante}) \cdot (Ke^{zt})^{\alpha} \cdot (Le^{xt})^{1-\alpha} = (\text{constante}) \cdot K^{\alpha} \cdot (Le^{vt})^{1-\alpha}$$

donde $v = [z\alpha + x \cdot (1-\alpha)]/(1-\alpha)$. En otras palabras, si la tasa de progreso tecnológico que aumenta la eficiencia del capital, z, no es cero y hay estado estacionario, la función de producción tiene que tener la forma Cobb-Douglas. Es más, si la función de producción es de tipo Cobb-Douglas, siempre podemos calificar el cambio tecnológico como del tipo que aumenta la eficiencia del trabajo (a la tasa v). Así pues, se llega a la conclusión de que la existencia de estado estacionario implica que el progreso tecnológico es del tipo que aumenta la eficiencia del trabajo.

Otro enfoque del progreso tecnológico establece el supuesto de que los bienes de capital producidos más tarde, es decir, en una época más reciente, son de mejor calidad para un coste dado. Si la calidad aumenta con respecto a $T(t)$, la ecuación de la acumulación de capital en este modelo de épocas es

$$\dot{K} = s \cdot T(t) \cdot F(K, L) - \delta K \tag{1.75}$$

donde K se mide en unidades de calidad constante. Esta ecuación corresponde a un progreso tecnológico neutral según Hicks dado por $T(t)$ en la función de producción. La única diferencia con la formulación habitual es que la producción es $Y = F(K, L)$ y no $T(t) \cdot F(K, L)$.

Si queremos utilizar un modelo con estado estacionario, tendríamos que suponer que $F(K, L)$ es tipo Cobb-Douglas. En este caso, las propiedades principales de este modelo de épocas no se diferencian de las del modelo analizado en el texto en el que el avance tecnológico aumenta la eficiencia del capital (véase Phelps, 1962, y Solow, 1969, para un análisis con mayor detalle). Una diferencia del modelo de épocas es que, aunque K e Y crecen a tasas constantes en el estado estacionario, la tasa de crecimiento de K (en unidades de calidad constante) es superior a la de Y. Así pues, K/Y aumenta de manera regular a largo plazo.

1.5.4. Propiedades de la función de producción ESC

La elasticidad de sustitución es una medida de la curvatura de las isocuantas. La pendiente de las isocuantas es

$$\frac{dL}{dK}_{\text{isocuanta}} = -\frac{\partial F(\cdot)/\partial K}{\partial F(\cdot)/\partial L}$$

La elasticidad viene dada por

$$\left[\frac{\partial(\text{Pendiente})}{\partial(L/K)} \cdot \frac{L/K}{\text{Pendiente}}\right]^{-1}$$

Para la función de producción ESC mostrada en la ecuación (1.64), la pendiente de la isocuanta es

$$-(L/K)^{1-\psi} \cdot a \cdot b^{\psi}/[(1-a) \cdot (1-b)^{\psi}]$$

y la elasticidad es $1/(1-\psi)$, una constante.

Para calcular el límite de la función de producción cuando ψ tiende a cero, partimos de la ecuación (1.64) para obtener $\text{lím}_{\psi\to 0}\,[\log(Y)] = \log(A) + 0/0$ que incluye un término indeterminado. Aplicando la regla de l'Hôpital obtenemos:

$$\begin{aligned}
&\text{lím}_{\psi\to 0}\,[\log(Y)] \\
&= \log(A) + \left[\frac{a(bK)^{\psi} \cdot \log(bK) + (1-a) \cdot [(1-b) \cdot L]^{\psi} \cdot \log[(1-b) \cdot L]}{a \cdot (bK)^{\psi} + (1-a) \cdot [(1-b) \cdot L]^{\psi}}\right]_{\psi=0} \\
&= \log(A) + a \cdot \log(bK) + (1-a) \cdot \log[(1-b) \cdot L]
\end{aligned}$$

De donde se deduce que $Y = \tilde{A}K^{a}L^{1-a}$, donde $\tilde{A} = Ab^{a} \cdot (1-b)^{1-a}$. Es decir, la función de producción ESC tiende a la forma Cobb Douglas cuando ψ tiende a cero.

1.6. Problemas

1.1. Convergencia

a. Explique las diferencias entre convergencia absoluta, convergencia condicional y la disminución de la dispersión de la renta real per cápita entre grupos.

b. ¿En qué circunstancias la convergencia absoluta implica una disminución de la dispersión de la renta per cápita?

1.2. Formas de progreso tecnológico. Suponga que la tasa de progreso tecnológico exógeno es constante.

a. Demuestre que un estado estacionario puede coexistir con el progreso tecnológico únicamente si dicho progreso es del tipo que aumenta la eficiencia del trabajo. ¿Por qué intuye que este resultado tiene que ser así?
b. Suponga que la función de producción es $Y = F[B(T) \cdot K, A(t) \cdot L]$, donde $B(t) = e^{zt}$ y $A(T) = e^{xt}$, con $z \geq 0$ y $x \geq 0$. Muestre que si $z > 0$ y existe estado estacionario, la función de producción tiene que ser necesariamente de tipo Cobb-Douglas.

1.3. Dependencia de la tasa de ahorro, la tasa de crecimiento de la población y la tasa de depreciación de la intensidad del capital. Suponga que la función de producción cumple las propiedades neoclásicas.

a. ¿Por qué la tasa de ahorro, s, depende generalmente de k? (Responda de manera intuitiva: la respuesta precisa aparecerá en el capítulo 2.)
b. ¿Cómo varía la velocidad de convergencia si $s(k)$ es una función creciente de k? ¿Y si $s(k)$ es una función decreciente de k?
Ahora considere el caso de una tecnología AK.
c. En este modelo, ¿por qué la tasa de ahorro, s, dependería de k?
d. ¿Cómo cambia en el tiempo la tasa de crecimiento de k, dependiendo de si $s(k)$ es una función creciente o decreciente de k?
e. Suponga que la tasa de crecimiento de la población, n, depende de k. En una tecnología AK, ¿cuál tendría que ser la relación entre n y k para que el modelo predijera convergencia? ¿Puede pensar en motivos por los que n estaría relacionada con k? (Analizaremos la determinación de n en el capítulo 9).
f. Repita la pregunta e sustituyendo n por la tasa de depreciación δ. ¿Por qué podría δ depender de k?

1.4. Efectos de una tasa de ahorro mayor. Analice la siguiente afirmación: "Asignar una proporción mayor de la producción nacional a la inversión ayudaría a reestablecer un alto crecimiento de la productividad y del nivel de vida". ¿En qué circunstancias es correcta esta afirmación?

1.5. Proporciones de los factores. Para una función de producción neoclásica, demuestre que cada factor de producción gana su producto marginal. Demuestre que si los propietarios del capital ahorran toda su renta y los trabajadores consumen toda su renta, la economía alcanza la regla de oro de la acumulación de capital. Explique sus resultados.

1.6. Distorsiones del modelo Solow-Swan (basadas en Easterly, 1993). Suponga que la producción se logra mediante una función de producción con ESC,

$$Y = \left[\left(a_F K_F^{\eta} + a_I K_I^{\eta}\right)^{\psi/\eta} + a_G K_G^{\psi}\right]^{1/\psi}$$

donde Y es la producción; K_F es el capital formal, sujeto a imposición; K_I es el capital informal, que evade la imposición; K_G es el capital público que aporta el Estado y que todos los productores utilizan libremente; $a_F, a_I, a_G > 0$; $\eta < 1$; y $\psi < 1$. El capital formal e informal instalado tiene distinta localización y forma de propiedad y, por lo tanto, tiene distinta productividad.

La producción puede dedicarse bien al consumo o bien a la inversión bruta en las tres formas de capital. Los tres tipos de capital se deprecian a la tasa δ. La población es constante y el progreso tecnológico es nulo.

El capital formal está sujeto a imposición a la tasa τ en el momento de su instalación. Así pues, el precio del capital formal (en unidades de producción) es $1+\tau$. El precio de una unidad de capital informal es 1. La inversión bruta en capital público es la fracción fija s_G de la recaudación impositiva. Si parte de la recaudación impositiva no se emplea, es devuelta a las familias en un pago único. La suma de la inversión en las dos formas de capital privado es la fracción s de la renta neta de impuestos y transferencias. El capital privado que ya existe puede ser transformado completamente bien en capital formal o bien en capital informal.

a. Calcule el ratio entre capital informal y formal que utilizan los productores maximizadores del beneficio.

b. En el estado estacionario, las tres formas de capital crecen a la misma tasa. ¿Cuál es el ratio entre producto y capital formal en el estado estacionario?

c. ¿Cuál es la tasa de crecimiento de la economía en el estado estacionario?

d. Las simulaciones con cifras demuestran que, para valores razonables de los parámetros, el gráfico de la tasa de crecimiento con respecto al tipo impositivo, τ, aumenta con rapidez inicialmente, alcanza un máximo, y por último decrece con regularidad. Explique esta relación no monótona entre la tasa de crecimiento y el tipo impositivo.

1.7. Una función de producción lineal. Considere la función de producción $Y = AK + BL$, donde A y B son constantes y positivas.

a. ¿Es neoclásica esta función de producción? ¿Cuáles de las condiciones neoclásicas cumple y cuáles no?

b. Exprese la producción por persona en función del capital per cápita. ¿Cuál es el producto marginal de k? ¿Cuál es el producto medio de k?
En lo sucesivo, suponemos que la población crece a la tasa constante n y que el capital se deprecia a la tasa constante δ.

c. Plantee la ecuación fundamental del modelo de Solow-Swan.

d. ¿En qué condiciones tiene el modelo un estado estacionario sin crecimiento del capital per cápita, y en qué condiciones tiene crecimiento endógeno?

e. En el modelo de crecimiento endógeno, ¿cuál es el comportamiento en el tiempo de la tasa de crecimiento del stock de capital (aumenta o disminuye)? ¿Y la tasa de crecimiento de la producción y el consumo per cápita?

f. Si $s = 0,4$, $A = 1$, $B = 2$, $\delta = 0,08$ y $n = 0,02$, ¿cuál es la tasa de crecimiento a largo plazo de la economía? ¿Y si $B = 5$? Explique las diferencias.

1.8. Forma del progreso tecnológico y el crecimiento en el estado estacionario. Considere una economía con una función de producción de tipo ESC:

$$Y = D(t) \cdot \{[B(t) \cdot K]^{\psi} + [A(t) \cdot L]^{\psi}\}^{1/\psi}$$

donde ψ es un parámetro constante distinto de cero. Los términos $D(t)$, $B(t)$ y $A(t)$ representan distintas formas de progreso tecnológico. Las tasas de crecimiento de estos tres términos son constantes y las llamamos x_D, x_B y x_A, respectivamente. Suponga que la población es constante, con $L = 1$, y que normalizamos a 1 los niveles iniciales de las tres tecnologías, de manera que $D(0) = B(0) = A(0) = 1$. En esta economía, la acumulación de capital se rige por la fórmula habitual:

$$\dot{K} = Y - C - \delta K$$

a. Demuestre que, en el estado estacionario (definido como aquella situación en la que todas las variables crecen a tasas constantes, aunque no necesariamente iguales) las tasas de crecimiento de Y, K y C son idénticas.

b. Suponga primero que $x_B = x_A = 0$ y que $x_D > 0$. Demuestre que el estado estacionario debe caracterizarse por $\gamma_K = 0$ (y que por lo tanto $\gamma_Y = \gamma_C = 0$). (Pista: Comience por demostrar que $\gamma_Y = x_D + \frac{[K_0 e^{\gamma_k t}]^{\psi}}{1+[K_0 e^{\gamma_k t}]^{\psi}} \cdot \gamma_K$.)

c. A partir de los resultados de los apartados *a* y *b*, ¿cuál es la única tasa de crecimiento de $D(t)$ que es coherente con el estado estacionario? Por lo tanto, ¿cuál es la única tasa de crecimiento de Y posible en el estado estacionario?

d. Suponga ahora que $x_D = x_B = 0$ y que $x_A > 0$. Demuestre que en el estado estacionario $\gamma_K = -x_B$. (Pista: comience por demostrar que $\gamma_Y = (x_B + \gamma_K) \cdot \frac{[K_t \cdot B_t]^{\psi}}{1+[K_t \cdot B_t]^{\psi}}$.)

e. Utilizando los resultados obtenidos en *a* y *d*, demuestre que la única tasa de crecimiento de B coherente con el estado estacionario es $x_B = 0$.

f. Finalmente, suponga que $x_D = x_B = 0$ y que $x_A > 0$. Demuestre que en el estado estacionario las tasas de crecimiento deben cumplir $\gamma_K = \gamma_Y = \gamma_C = x_D$. (Pista: demuestre primero que $\gamma_Y = \frac{K_t^{\psi} \cdot \gamma_K + A_t^{\psi} \cdot x_A}{K_t^{\psi} + A_t^{\psi}}$.)

g. ¿Cuál será la tasa de crecimiento de estado estacionario del apartado *f* si la población en vez de ser constante crece a la tasa $n > 0$?

Modelos de crecimiento con optimización del consumidor (el modelo de Ramsey)

Capítulo 2

Una debilidad de los modelos analizados en el capítulo 1 radica en que la tasa de ahorro y, en consecuencia, el ratio de consumo con respecto a la renta son exógenos y constantes. Al no permitir que los consumidores optimicen su comportamiento, este modelo no nos permite analizar de qué manera afectan los incentivos al comportamiento de la economía. En concreto, no podemos analizar la reacción de la economía ante variaciones de los tipos de interés, los tipos impositivos u otras variables. En el capítulo 1 vimos que incluir la optimización en el comportamiento de las empresas no modificaba los resultados básicos del modelo Solow-Swan, principalmente porque la suma total de la inversión de la economía seguía dependiendo del ahorro de las familias y este ahorro seguía siendo exógeno.

Para presentar una imagen más completa del proceso de crecimiento económico tenemos que permitir que el consumo y, en consecuencia, la tasa de ahorro sean determinados por hogares y empresas optimizadores que actúan en mercados competitivos. Hablamos de una cantidad inmensa de hogares que eligen su consumo y su ahorro de forma que maximizan su utilidad familiar sujetos a una restricción presupuestaria intertemporal. Este tipo de comportamiento del consumidor es un elemento clave del modelo de crecimiento económico de Ramsey, desarrollado por el propio Ramsey (1928) y mejorado más tarde por Cass (1965) y Koopmans (1965).

Una conclusión importante radica en que la tasa de ahorro no es constante sino función del stock de capital per cápita k. Así pues, modificamos el modelo Solow-Swan de dos maneras: en primer lugar mantenemos constante el nivel medio de la tasa de ahorro, y en segundo lugar determinamos si dicha tasa de ahorro aumenta o disminuye al desarrollarse la economía. Analizamos también cómo las tasas de ahorro dependen de los tipos de interés y la riqueza y, en un capítulo posterior, de los tipos impositivos y las subvenciones.

El nivel promedio de la tasa de ahorro es particularmente importante en la determinación del nivel de las variables en el estado estacionario. En concreto, las condiciones de optimización del modelo de Ramsey descartan el caso de exceso ineficiente de ahorro que era posible en el modelo Solow-Swan.

La tendencia de las tasas de ahorro a aumentar o disminuir con el desarrollo económico afecta a la dinámica de transición, por ejemplo, a la velocidad de convergencia hacia el estado estacionario. En caso de que la tasa de ahorro aumente al aumentar k, la velocidad de convergencia será menor que en el modelo Solow-Swan, y viceversa. No obstante, vemos que aunque la tasa de ahorro aumente en el modelo de Ramsey la propiedad de convergencia se sigue cumpliendo con las condiciones generales. Es decir, una economía tiende a crecer más deprisa en términos per cápita cuanto más lejos esté de su propio estado estacionario.

Demostramos que el modelo Solow-Swan con tasa de ahorro constante es un caso particular del modelo de Ramsey. Es más, este caso corresponde a valores razonables de los parámetros. Así pues, valía la pena comenzar por el modelo Solow-Swan en tanto que aproximación manejable al modelo con optimización. Sin embargo, también destacamos que los datos empíricos parecen indicar que, durante la transición al estado estacionario, las tasas de ahorro generalmente aumentan al aumentar la renta per cápita. El modelo de Ramsey es congruente con este patrón y nos permite evaluar las repercusiones del comportamiento del ahorro en la dinámica de transición. Es más, el modelo con optimización resultará esencial en posteriores capítulos cuando ampliemos el modelo de Ramsey en varios aspectos y tengamos en cuenta posibles actuaciones de la política económica que tengan influencia en los incentivos al ahorro.

2.1. Hogares

2.1.1. Planteamiento del modelo

Los hogares ofrecen trabajo a cambio de salarios, reciben ingresos en forma de intereses por sus activos, adquieren bienes para su consumo y ahorran acumulando activos. El modelo básico supone que todos los hogares son idénticos, es decir, todos tienen las mismas preferencias, el mismo salario (porque todos los trabajadores son igualmente productivos), comienzan con la misma cantidad de activos por persona y tienen la misma tasa de crecimiento demográfico. Con estos supuestos, el análisis puede utilizar el marco habitual del agente representativo, en el que el equilibrio surge de las decisiones de un único hogar. Más adelante analizamos cómo generalizar estos resultados cuando se tienen en cuenta diversas posibilidades de heterogeneidad de los hogares.

Cada hogar está formado por uno o más trabajadores adultos de la generación actual. Cuando hacen planes, estos adultos tienen en cuenta el bienestar y los recursos de sus futuros descendientes. Construimos un modelo que contempla esta relación intergeneracional a través del supuesto de que la generación actual maximiza su utilidad e incorpora una restricción presupuestaria en un horizonte infinito. Es decir, aunque los individuos tienen vidas finitas, consideramos una familia ampliada (dinastía) con un horizonte vital infinito. Este planteamiento es adecuado si los padres son altruistas y prevén hacer transferencias a sus hijos, que a su vez prevén hacer transferencias a los suyos, y así sucesivamente. La familia (dinastía) con horizonte infinito corresponde a un conjunto de individuos mortales que están vinculados mediante una red de transferencias intergeneracionales basadas en el altruismo.[1]

1. Véase Barro (1974). No tenemos en cuenta los matrimonios, que crean vínculos entre distintas familias (dinastías). Para un análisis más detallado véase Bernheim y Bagwell (1988).

Los adultos actuales prevén que el tamaño de la familia crecerá a la tasa n, debido a la influencia neta de la fertilidad y la mortalidad. En el capítulo 9 analizamos de qué manera los agentes racionales eligen su fertilidad mediante la ponderación de los costes y beneficios de criar hijos. Ahora bien, de momento, seguimos manteniendo la simplificación de que n es una tasa exógena y constante. También hacemos caso omiso de los movimientos migratorios, cuestión tratada en el capítulo 9. Si normalizamos a la unidad el número de adultos en el momento cero, el número de adultos de la familia en el momento t es

$$L(t) = e^{nt}$$

Si $C(t)$ es el consumo total en el momento t, entonces $c(t) \equiv C(t)/L(t)$ es el consumo por persona adulta.

Cada hogar desea maximizar su utilidad total U que viene dada por

$$U = \int_0^{\infty} u[c(t)] \cdot e^{nt} \cdot e^{-\rho t}\, dt \tag{2.1}$$

Esta formulación tiene en cuenta que la utilidad de un hogar en el momento 0 es la suma ponderada de todos los flujos de utilidad futuros, $u(c)$. La función u(c), que se denomina con frecuencia función de felicidad, asocia el flujo de utilidad por persona a la cantidad de consumo por persona c. Suponemos que $u(c)$ es creciente con respecto a c y cóncava, $u'(c) > 0$, $u''(c) < 0$.[2] El supuesto de la concavidad implica una preferencia por el consumo regular a lo largo del tiempo: los hogares prefieren un patrón de consumo relativamente uniforme a otro en el que c sea muy bajo en ciertos periodos y muy alto en otros. Esta preferencia por la regularidad del consumo rige el comportamiento del ahorro de los hogares, ya que éstos tenderán a pedir dinero prestado cuando su renta sea relativamente baja y ahorrar cuando su renta sea relativamente alta. También aceptamos el supuesto de que $u(c)$ cumple las condiciones de Inada: $u'(c) \to \infty$ cuando $c \to 0$ y $u'(c) \to 0$ cuando $c \to \infty$.

La multiplicación en la ecuación (2.1) de $u(c)$ por el tamaño de la familia, $L = e^{nt}$, representa el sumatorio de las utilidades de todos los miembros vivos de la familia en el momento t. El otro factor que aparece multiplicando, $e^{-\rho t}$, implica la tasa de preferencia temporal, $\rho > 0$. El valor positivo de ρ significa que las utilidades son menos valoradas cuanto más tarde se reciben.[3] Suponemos que $\rho > n$, de manera que U de la ecuación (2.1) tiene un límite si c es constante en el tiempo.

---

2. Los resultados no variarían con transformaciones lineales positivas de la función de utilidad, pero sí con transformaciones positivas arbitrarias y monótonas. Así pues, el análisis depende de una forma restringida de utilidad cardinal. Para un análisis más exhaustivo véase Koopmans (1965).

3. Ramsey (1928) prefería el supuesto $\rho = 0$. Así pues, veía al agente optimizador como un organizador social y no como un hogar competitivo, que decide el consumo y el ahorro actual así como el de las generaciones venideras. El descuento de la utilidad para las generaciones futuras ($\rho > 0$) era, en opinión de Ramsey, "éticamente indefendible". En el apéndice matemático resolvemos un ejemplo con $\rho = 0$.

Una razón por la que ρ es positivo radica en que las utilidades percibidas en momentos muy lejanos en el tiempo corresponden al consumo de generaciones futuras. Suponga que, partiendo de un punto en el que los niveles de consumo por persona de cada generación son iguales, los padres prefieren una unidad de su propio consumo a una unidad del consumo de sus hijos. Este "egoísmo" de los padres corresponde a $\rho > 0$ de la ecuación (2.1). Matizando más, también habría que distinguir la tasa a la que los individuos descuentan su propio flujo de utilidad en distintos momentos del tiempo (caso en el que podría cumplirse $\rho = 0$) de la tasa que se aplica entre generaciones. Únicamente por motivos de conveniencia, la ecuación (2.1) establece que la tasa de descuento en la vida de una persona es la misma que entre generaciones.

También sería aceptable que los padres tuvieran una utilidad marginal decreciente con respecto al número de hijos. Podemos introducir este rasgo en el modelo permitiendo que la tasa de preferencia temporal ρ aumente al aumentar la tasa de crecimiento de la población n.[4] Dado que n se considera exógena, la dependencia de ρ respecto de n no modificaría significativamente el análisis expuesto en este capítulo. Sin embargo, analizaremos este efecto en el capítulo 9, que tiene en cuenta la determinación endógena del crecimiento demográfico.

Los hogares poseen activos en forma de derechos de propiedad sobre el capital (como veremos más adelante) o en forma de préstamos concedidos. Los préstamos obtenidos representan deuda. Mantenemos el supuesto de economía cerrada, que no contempla intercambio de activos con el extranjero. Los hogares pueden prestar dinero y pedirlo prestado a otros hogares, pero el hogar representativo tendrá préstamo neto igual a cero. Dado que se supone que los dos tipos de activos, el capital y los préstamos, son sustitutivos perfectos como depósitos de valor, tienen que generar la misma tasa de rendimiento real $r(t)$. Denominamos a los activos netos del hogar por persona $a(t)$, medidos en términos reales, es decir, en unidades de bienes de consumo.

Los hogares actúan en condiciones de competencia en el sentido de que cada uno de ellos considera como dados el tipo de interés $r(t)$ y el salario pagado por cada unidad de trabajo $w(t)$. Suponemos que cada adulto ofrece inelásticamente una unidad de trabajo por unidad de tiempo. (En el capítulo 9 se analiza la elección entre trabajo y ocio.) En equilibrio, el mercado de trabajo se vacía y el hogar obtiene la cantidad de empleo deseada. Es decir, el modelo no contempla "desempleo involuntario".

Puesto que cada persona realiza una unidad de trabajo por unidad de tiempo, la renta salarial de un adulto es igual a $w(\mathrm{t})$. En consecuencia, la renta total que recibe el total de hogares es la suma de la renta salarial $w(t)L(t)$ y la renta de los activos $r(t) \cdot$ (Activos). Los hogares utilizan la renta que no consumen para acumular más activos:

4. Un caso habitual en la literatura sobre el crecimiento acepta el supuesto de que ρ aumenta lo mismo que aumenta n; es decir, $\rho = \rho^* + n$, donde ρ^* es la tasa de preferencia temporal positiva para un crecimiento de la población nulo. En dicho caso, la utilidad en el momento t entra en la ecuación (2.1) como $u(c)e^{-\rho^* t}$, que depende de la utilidad per cápita, pero no del tamaño de la familia en el momento t. Esta especificación fue usada, por ejemplo, por Sidrauski (1967) y Blanchard y Fisher (1989, capítulo 2).

$$\frac{d(\text{Activos})}{dt} = r \cdot (\text{Activos}) + wL - C \tag{2.2}$$

donde omitimos los indicadores de tiempo siempre que no haya ambigüedad. Puesto que a representa los activos per cápita tenemos:

$$\dot{a} = \left(\frac{1}{L}\right) \cdot \left[\frac{d(\text{Activos})}{dt}\right] - na$$

Así pues, si dividimos la ecuación (2.2) entre L, obtenemos la restricción presupuestaria en términos per cápita:

$$\dot{a} = w + ra - c - na \tag{2.3}$$

Si cada hogar puede tomar dinero prestado en cantidad ilimitada al tipo de interés del momento $r(t)$ tiene incentivos para adoptar un comportamiento de tipo piramidal (encadenado). El hogar puede pedir dinero prestado para financiar su consumo actual y después utilizar préstamos futuros para refinanciar el principal y pagar los intereses. En dicho caso, la deuda del hogar crece indefinidamente al tipo de interés $r(t)$. Puesto que nunca se amortiza el principal, el consumo añadido hoy resulta gratuito. Así pues, un hogar que pudiera tomar dinero prestado de esta manera podría financiar un nivel arbitrariamente alto de consumo de manera perpetua.

Para eliminar esta posibilidad de financiación piramidal, suponemos que el mercado de crédito restringe las sumas prestadas. La restricción adecuada es que el valor actual de los activos debe ser asintóticamente no negativo, es decir:

$$\lim_{t\to\infty}\left\{a(t) \cdot \exp\left[-\int_0^t [r(v) - n]\, dv\right]\right\} \geq 0 \tag{2.4}$$

Esta restricción significa que, a largo plazo, la deuda por persona del hogar ($a[t]$ con valor negativo) no puede crecer tanto como $r(t) - n$, con lo que el nivel de la deuda tiene que crecer más despacio que $r(t)$. Esta restricción elimina la posibilidad de la financiación piramidal descrita. Más adelante mostramos cómo la restricción que establece el mercado de préstamos expresada en la ecuación (2.4) se deriva naturalmente del equilibrio de mercado.

El problema de optimización del hogar es maximizar U en la ecuación (2.1), sujeta a la restricción presupuestaria de la ecuación (2.3), el stock de activos iniciales $a(0)$ y el límite de obtención de préstamos de la ecuación (2.4). También debe cumplirse la restricción de no negatividad $c(t) \geq 0$. Sin embargo, cuando $c(t)$ tiende a 0, la condición de Inada implica que la utilidad marginal del consumo tiende a infinito. Así pues, esta restricción nunca tendrá la posibilidad de acotar el resultado, con lo que podemos obviarla sin problema.

2.1.2. Condiciones de primer orden

Los métodos matemáticos para resolver este tipo de problema de optimización dinámica aparecen en el apéndice matemático al final del volumen. Utilizamos dichos resultados sin más explicación. A partir de la función de Hamilton del valor actual

$$J = u[c(t)] \cdot e^{-(\rho - n)t} + v(t) \cdot \{w(t) + [r(t) - n] \cdot a(t) - c(t)\} \tag{2.5}$$

donde la expresión entre llaves es igual a $\dot{a}$ de la ecuación (2.3). La variable $v(t)$ es el valor actual del precio sombra de la renta. Representa el valor de un incremento de la renta recibido en el momento t en unidades de utilidad del momento cero.[5] Nótese que este precio sombra depende del tiempo, porque existe un precio sombra para cada "restricción" y el hogar se enfrenta a una sucesión continua de restricciones, una en cada momento. Las condiciones de primer orden de máximo de U son:

$$\frac{\partial J}{\partial c} = 0 \Longrightarrow v = u'(c)e^{-(\rho - n)t} \tag{2.6}$$

$$\dot{v} = -\partial J/\partial a \Longrightarrow \dot{v} = -(r - n) \cdot v \tag{2.7}$$

La condición de transversalidad es

$$\lim_{t \to \infty} [v(t) \cdot a(t)] = 0 \tag{2.8}$$

La ecuación de Euler Si derivamos la ecuación (2.6) con respeto al tiempo y sustituimos v en dicha ecuación y $\dot{v}$ en la ecuación (2.7) obtenemos la condición básica de elección del consumo en el transcurso del tiempo:

$$r = \rho - \left(\frac{du'/dt}{u'}\right) = \rho - \left[\frac{u''(c) \cdot c}{u'(c)}\right] \cdot (\dot{c}/c) \tag{2.9}$$

Esta ecuación establece que los hogares eligen su consumo de manera que la tasa de rendimiento r sea igual a la tasa de preferencia temporal ρ más la tasa de disminución de la utilidad marginal del consumo u' debida al crecimiento del consumo per cápita c.

El tipo de interés r, en el primer miembro de la ecuación (2.9), es la tasa de rendimiento del ahorro. El segundo término del segundo miembro puede considerarse como la tasa de rendimiento del consumo. Los agentes prefieren consumir hoy en vez de mañana por dos razones. En primer lugar, dado que los hogares descuentan la utilidad futura a la tasa ρ, esta tasa es parte de la tasa de rendimiento del consumo actual. En segundo lugar, si $\dot{c}/c > 0$, c es bajo hoy con respecto a mañana. Puesto que los agentes prefieren un consumo regular a lo largo del tiempo (ya que $u''(c) < 0$)

5. Alternativamente, podríamos utilizar el precio sombra $ve^{(\rho - n)t}$. Este precio sombra mide el valor de un incremento de la renta en el momento t en unidades de utilidad del momento t. (Véase el análisis correspondiente en el apéndice matemático al final del volumen.)

desearán equilibrar el flujo desplazando parte del consumo futuro al presente. El segundo término del segundo miembro de la ecuación recoge este efecto. Si los agentes optimizan su comportamiento, la ecuación (2.9) establece que igualan las dos tasas de rendimiento y, en consecuencia, son indiferentes a variaciones marginales del consumo o del ahorro.

Otra posible interpretación de la ecuación (2.9) es que los hogares elegirán un patrón de consumo plano, con $\dot{c}/c = 0$, si $r = \rho$. Los hogares estarán dispuestos a alejarse de este patrón plano y sacrificar parte del consumo de hoy a cambio de más consumo mañana, es decir, aceptarán que $\dot{c}/c > 0$ sólo si se ven compensados por un tipo de interés r suficientemente mayor que ρ. El término $[\frac{-u''(c)\cdot c}{u'(c)}] \cdot (\dot{c}/c)$ del segundo miembro de la ecuación (2.9) proporciona la compensación necesaria. Observe que el término entre corchetes indica la elasticidad de $u'(c)$ con respecto a c. Esta elasticidad, que es una medida de la concavidad de $u(c)$, fija en cuánto tiene que ser r mayor que ρ. Si la elasticidad es grande, mayor es la prima exigida a r con respecto a ρ, para un valor dado de $\dot{c}/c$.

La elasticidad de la utilidad marginal $\{[-u''(c)\cdot c]/[u'(c)]\}$ se denomina a veces la inversa de la elasticidad de sustitución intertemporal.[6] La ecuación (2.9) establece que para encontrar un estado estacionario en el que r y $\dot{c}/c$ sean constantes, esta elasticidad tiene que ser asintóticamente constante. En consecuencia, seguimos la práctica habitual de suponer la forma funcional siguiente

$$u(c) = \frac{c^{(1-\theta)} - 1}{(1-\theta)} \tag{2.10}$$

donde $\theta > 0$, de manera que la elasticidad de la utilidad marginal es igual a la constante $-\theta$.[7] La elasticidad de sustitución de esta función de utilidad es la constante $\sigma = 1/\theta$. Así pues, esta expresión se denomina función de utilidad con *elasticidad de sustitución intertemporal constante* (ESIC). Cuanto mayor sea θ, más rápida será la disminución proporcional de $u'(c)$ en respuesta a aumentos de c y, en consecuencia, menos dispuestos estarán los hogares a aceptar desviaciones del patrón regular de

6. La elasticidad de sustitución intertemporal entre el consumo en el momento t_1 y en el momento t_2 viene dada por el inverso de la variación proporcional del valor de la pendiente de una curva de indiferencia en respuesta a la variación proporcional del ratio $c(t_1)/c(t_2)$. Si denominamos σ a esta elasticidad sería

$$\sigma = \left[\frac{c(t_1)/c(t_2)}{-u'[c(t_1)]/u'[c(t_2)]} \cdot \frac{d\{u'[c(t_1)]/u'[c(t_2)]\}}{d[c(t_1)/c(t_2)]}\right]^{-1}$$

donde $-u'[c(t_1)]/u'[c(t_2)]$ es el valor de la pendiente de la curva de indiferencia. Si t_2 tiende a t_1, obtenemos la elasticidad instantánea,

$$\sigma = -u'(c)/[c \cdot u''(c)]$$

que es la inversa del valor de la elasticidad de la utilidad marginal.

7. La inclusión en la expresión del valor -1 resulta conveniente ya que implica que cuando $\theta \to 1$ $u(c)$ tiende a $\log(c)$. (Este resultado se demuestra utilizando la regla de l'Hôpital.) Sin embargo, el término $-1/(1-\theta)$ puede omitirse sin que afecte a los resultados posteriores, ya que las elecciones de los hogares no varían respecto a transformaciones lineales de la función de utilidad (véase la nota 2).

c a lo largo del tiempo. Cuando θ tiende a cero, la función de utilidad tiende a una forma lineal en c; si $r = \rho$, la linealidad significa que los hogares son indiferentes a consumir en un momento u otro del tiempo.

La expresión de $u(c)$ de la ecuación (2.10) implica que la condición de óptimo de la ecuación (2.9) se simplifica, quedando:

$$\dot{c}/c = (1/\theta) \cdot (r - \rho) \tag{2.11}$$

Así pues, la relación entre r y ρ determina si los hogares eligen un patrón de consumo per cápita creciente en el tiempo, constante o decreciente. Una menor disposición a la sustitución intertemporal (un mayor valor de θ) implica una menor sensibilidad de $\dot{c}/c$ al diferencial entre r y ρ.

La condición de transversalidad La condición de transversalidad de la ecuación (2.8) establece que el valor de los activos per cápita del hogar, es decir, la cantidad resultante de multiplicar $a(t)$ por el precio sombra $v(t)$, debe tender a cero cuando el tiempo tiende a infinito. Si pensamos en el infinito como el final del horizonte de previsión, se intuye que los agentes optimizadores no desearán poseer ningún activo con valor al final de dicho periodo.[8] La utilidad aumentaría si los activos, que están siendo desaprovechados, se utilizaran para aumentar el consumo en algún momento del tiempo.

El precio sombra v evoluciona en el tiempo de acuerdo a la ecuación (2.7). Integrando dicha ecuación con respecto al tiempo:

$$v(t) = v(0) \cdot \exp\left\{-\int_0^t [r(v) - n]\, dv\right\}$$

El término $v(0)$ es igual a $u'[c(0)]$, que es positivo porque $c(0)$ es finito (si U es finita) y $u'(c)$ se supone positiva siempre y cuando c sea finita.

Si sustituimos la expresión de $v(t)$ en la ecuación (2.8), la condición de transversalidad se transforma en

$$\lim_{t\to\infty} \left\{a(t) \cdot \exp\left[-\int_0^t [r(v) - n]\, dv\right]\right\} = 0 \tag{2.12}$$

Esta ecuación implica que los activos por persona a no crecen asintóticamente a una tasa tan elevada como $r - n$, o, lo que es lo mismo, que los activos no crecen a una tasa tan elevada como r. Sería subóptimo que los hogares acumularan activos continuamente a la tasa r o superior, porque su utilidad aumentaría si dichos activos fueran consumidos en algún momento.

En caso de endeudamiento, donde $a(t)$ es negativo, los hogares con horizonte vital infinito incumplirían la ecuación (2.12) obteniendo dinero prestado y no de-

8. Interpretar la condición de transversalidad en el problema del horizonte infinito como el límite de la condición equivalente en un problema de horizonte finito no siempre es correcto. Véase el apéndice matemático al final del volumen.

volviendo nunca ni la cantidad prestada ni los intereses. Sin embargo, la ecuación (2.4) elimina la posibilidad de financiación piramidal, es decir, comportamientos por los que la deuda del hogar crece indefinidamente a la tasa r o superior. Para obtener dinero prestado de forma indefinida, los hogares tendrían que encontrar acreedores; es decir, otros hogares tendrían que estar dispuestos a mantener activos que crecieran a una tasa r o superior. Sin embargo, a partir de la condición de transversalidad sabemos que no habría hogares dispuestos a mantener activos que asintóticamente crecieran a una tasa tan elevada. Por lo tanto, en el equilibrio, los hogares no podrían obtener préstamos de forma piramidal. En otras palabras, la restricción de la inecuación (2.4) no es arbitraria, y de hecho en el equilibrio vendría impuesta por el mercado de préstamos. Sujetos a esta restricción, la conducta óptima de los hogares satisface la condición de la ecuación (2.12). Es decir, esta igualdad se cumple independientemente de que $a(t)$ sea positiva o negativa.

La función de consumo El término $\exp[-\int_0^t r(v)\,dv]$, que aparece en la ecuación (2.12), es el factor de actualización que convierte una unidad de renta en el momento t en una equivalente unidad de renta en el momento cero. Si $r(v)$ fuese igual a la constante r, el factor de actualización se simplificaría en e^{-rt}. De forma más general podemos considerarlo como un tipo de interés promedio entre 0 y t, definido así:

$$\bar{r}(t) = (1/t) \cdot \int_0^t r(v)\,dv \tag{2.13}$$

El factor de actualización es igual a $e^{-\bar{r}(t)\cdot t}$.

La ecuación (2.11) determina la tasa de crecimiento de c. Para determinar el nivel de c, es decir, la función de consumo, tenemos que utilizar la restricción presupuestaria, la ecuación (2.3), para obtener la restricción presupuestaria intertemporal del hogar. Podemos resolver la ecuación (2.3) como una ecuación diferencial lineal de primer orden en a, para obtener una restricción presupuestaria intertemporal que se cumpla para cualquier momento $T \geq 0$:[9]

$$a(T) \cdot e^{-[\bar{r}(T)-n]T} + \int_0^T c(t)e^{-[\bar{r}(t)-n]t}\,dt = a(0) + \int_0^T w(t)e^{-[\bar{r}(t)-n]t}\,dt$$

donde utilizamos la definición de $\bar{r}(t)$ de la ecuación (2.13). Esta restricción presupuestaria intertemporal establece que el valor actual descontado de toda la renta entre 0 y T más la riqueza inicial tiene que ser igual al valor actual descontado de todo el consumo futuro más el valor actual de los activos en T. Si calculamos su límite cuanto $T \to \infty$, el primer término del primer miembro de la ecuación desaparece (debido a la condición de transversalidad de la ecuación [2.12]) y la restricción

9. Los métodos para resolver ecuaciones diferenciales lineales de primer orden con coeficientes variables se tratan en el apéndice matemático al final del volumen.

presupuestaria intertemporal se transforma en

$$\int_0^\infty c(t)e^{-[\bar{r}(t)-n]t}\,dt = a(0) + \int_0^\infty w(t)e^{-[\bar{r}(t)-n]t}\,dt = a(0) + \tilde{w}(0) \tag{2.14}$$

Así pues, el valor actual del consumo es igual a la riqueza de toda la vida, definida como la suma de los activos iniciales $a(0)$ más el valor actual de la renta del trabajo, representada por $\tilde{w}(0)$.

Si integramos la ecuación (2.11) entre 0 y t, y utilizamos la definición de $\bar{r}(t)$ de la ecuación (2.13), obtenemos que el consumo viene dado por

$$c(t) = c(0) \cdot e^{(1/\theta)\cdot[\bar{r}(t)-\rho]t}$$

La sustitución de este resultado de $c(t)$ en la ecuación de la restricción presupuestaria intertemporal de la ecuación (2.14) nos conduce hasta la función de consumo en el momento cero:

$$c(0) = \mu(0) \cdot [a(0) + \tilde{w}(0)] \tag{2.15}$$

donde $\mu(0)$, la propensión al consumo respecto de la riqueza, viene dada por

$$[1/\mu(0)] = \int_0^\infty e^{[\bar{r}(t)\cdot(1-\theta)/\theta-\rho/\theta+n]t}\,dt \tag{2.16}$$

Para una riqueza dada, un incremento en los tipos de interés promedio, $\bar{r}(t)$, provoca dos efectos sobre la propensión marginal al consumo de la ecuación (2.16). En primer lugar, el alza de los tipos de interés aumenta el coste del consumo actual con respecto al consumo futuro, es decir, se produce un efecto sustitución intertemporal que incita a que los hogares trasladen parte de su consumo presente al futuro. En segundo lugar, el alza de los tipos de interés produce un efecto renta que tiende a aumentar el consumo de todos los periodos. El efecto neto sobre $\mu(0)$ de un incremento en $\bar{r}(t)$ depende de cuál de las dos influencias mencionadas predomine.

Si $\theta < 1$, $\mu(0)$ disminuye al aumentar $\bar{r}(t)$, ya que predomina el efecto sustitución. De manera intuitiva vemos que cuando θ es bajo los hogares se preocupan relativamente poco de regular su consumo y el efecto sustitución intertemporal es grande. Por el contrario, si $\theta > 1$, $\mu(0)$ aumenta al aumentar $\bar{r}(t)$ porque el efecto sustitución es relativamente pequeño. Por último, cuando $\theta = 1$ (función de utilidad de tipo logarítmico) los dos efectos se contrarrestan perfectamente y $\mu(0)$ se simplifica en $\rho - n$, que es independiente de $\bar{r}(t)$. Recuerde que establecimos el supuesto de que $\rho - n > 0$.

Si mantenemos constante el término de riqueza, $a(0)+\tilde{w}(0)$, el efecto de $\bar{r}(t)$ sobre $\mu(0)$ se extiende a $c(0)$. Ahora bien, de hecho y para una trayectoria dada de $w(t)$, $\tilde{w}(0)$ disminuye al aumentar $\bar{r}(t)$. Este tercer efecto refuerza el efecto sustitución mencionado con anterioridad.

2.2. Empresas

Las empresas producen bienes, pagan salarios por el factor trabajo y rentas al factor capital. Todas las empresas tienen acceso a la tecnología de producción,

$$Y(t) = F[K(t), L(t), T(t)]$$

donde Y es el flujo de producción, K es el factor capital (en unidades de bienes), L es el factor trabajo (en horas por persona al año) y $T(t)$ es el nivel tecnológico, que se supone crece a una tasa constante $x \geq 0$. Así pues, $T(t) = e^{xt}$, donde normalizamos a uno el nivel tecnológico inicial $T(0)$. La función $F(\cdot)$ cumple las propiedades neoclásicas expuestas en el capítulo 1. En concreto, Y muestra rendimientos constantes a escala en K y L, y cada factor se caracteriza por tener producto marginal positivo y decreciente.

En el capítulo 1 vimos que el estado estacionario coexiste con progreso tecnológico a tasa constante sólo si el progreso tecnológico es del tipo que aumenta la eficiencia del trabajo

$$Y(t) = F[K(t), L(t) \cdot T(t)]$$

Si de nuevo definimos "trabajo efectivo" como el producto de la cantidad de trabajo por el nivel de tecnología, $\hat{L} \equiv L \cdot T(t)$, la función de producción puede expresarse de la siguiente manera

$$Y = F(K, \hat{L}) \tag{2.17}$$

Nos resultará más cómodo trabajar con variables que permanecen constantes en el estado estacionario. En el capítulo 1 vimos que el estado estacionario del modelo con progreso tecnológico exógeno era tal que las variables per cápita crecían al mismo ritmo que el progreso tecnológico, es decir, a la tasa x. Esta propiedad se mantendrá en el presente modelo. Así pues, volveremos a tratar con cantidades por unidad de trabajo efectivo:

$$\hat{y} \equiv Y/\hat{L} \text{ y } \hat{k} \equiv K/\hat{L}$$

La función de producción puede entonces expresarse en su forma intensiva, como en la ecuación (1.38),

$$\hat{y} = f(\hat{k}) \tag{2.18}$$

donde $f(0) = 0$. Se puede comprobar fácilmente que los productos marginales de los factores vienen dados por[10]

10. Podemos expresar $Y = \hat{L} \cdot f(\hat{k})$. Si derivamos Y con respecto a K, manteniendo constantes L y t, obtenemos $\partial Y/\partial K = f'(\hat{k})$. Si derivamos Y con respecto de L manteniendo constantes K y t, obtenemos $\partial Y/\partial L = [f(\hat{k}) - \hat{k} \cdot f'(\hat{k})]e^{xt}$.

$$\partial Y/\partial K = f'(\hat{k})$$
$$\partial Y/\partial L = [f(\hat{k}) - \hat{k} \cdot f'(\hat{k})] \cdot e^{xt} \tag{2.19}$$

Las condiciones de Inada, analizadas en el capítulo 1, implican que $f'(\hat{k}) \to \infty$ cuando $\hat{k} \to 0$ y que $f'(\hat{k}) \to 0$ cuando $\hat{k} \to \infty$.

Consideramos que las empresas arriendan los servicios del capital a los hogares, que son los propietarios del capital. (Ninguno de los resultados cambiaría si las empresas fueran propietarias del capital y los hogares poseyeran acciones que representan el capital de las empresas.) Si denominamos $R(t)$ a la renta de una unidad de capital, el coste total del capital de una empresa será RK, que es un múltiplo de K. Suponemos que los servicios del capital pueden aumentar o disminuir sin incurrir en gastos adicionales, como el coste de instalar la maquinaria o de hacer otros cambios. En el capítulo 3 analizaremos este tipo de costes de ajuste.

Al igual que en el capítulo 1, establecemos el supuesto de un modelo de producción con un único sector en el que una unidad de producción puede ser utilizada para generar una unidad de consumo C o una unidad adicional de capital K. Así pues, cuando la economía no se encuentre en una solución de esquina en la que toda la producción actual se dedica o al consumo o a nuevo capital, el precio de una unidad de K se fijará en una unidad de C. Dado que C será distinto de cero en el equilibrio, tenemos que considerar únicamente la posibilidad de que no haya una fracción de la producción que se dedique a nuevo capital; es decir, que la inversión bruta sea igual a cero. Incluso en esta situación, el precio de K en términos de C seguiría siendo la unidad en el caso de que el capital fuera reversible, en el sentido de que los stocks existentes pudieran ser consumidos al precio señalado. Con capital reversible, la inversión bruta de la economía puede ser negativa, y el precio de K en términos de C sigue siendo la unidad. Aunque esta reversibilidad puede darse en el caso del ganado de una explotación pecuaria, en economía generalmente se acepta que la inversión es irreversible. En este caso, el precio de K en términos de C es igual a la unidad únicamente si en el equilibrio la restricción de inversión bruta agregada no negativa no se aplica. En el siguiente análisis, mantenemos el supuesto de reversibilidad y tratamos el caso de la inversión irreversible en el apéndice 2B (sección 2.9).

Puesto que el stock de capital se deprecia a la tasa constante $\delta \geq 0$, la tasa neta de rendimiento de un hogar que posea una unidad de capital es $R - \delta$.[11] Recuerde que los hogares también pueden recibir el tipo de interés r por los fondos prestados a otros hogares. Puesto que el capital y los préstamos son sustitutivos perfectos en tanto que depósitos de valor, $r = R - \delta$ o, lo que es lo mismo, $R = r + \delta$.

El flujo de ingresos netos o beneficio de una empresa representativa en cualquier momento del tiempo se expresa como

$$\pi = F(K, \hat{L}) - (r + \delta) \cdot K - wL \tag{2.20}$$

11. De manera más general, si el precio del capital puede variar en el tiempo, la tasa real de rendimiento de los propietarios del capital es igual a $R/\phi - \delta + \dot{\phi}/\phi$, donde ϕ es el precio del capital en unidades de bienes de consumo. En el caso presente, donde $\phi = 1$, el término de ganancia de capital $\dot{\phi}/\phi$ desaparece y la tasa de rendimiento se simplifica, quedando igual a $R - \delta$.

Al igual que en el capítulo 1, el problema de maximizar el valor actual del beneficio se reduce en este caso a un problema de maximizar el beneficio en cada periodo sin tener en cuenta las consecuencias sobre otros periodos. El beneficio puede expresarse así

$$\pi = \hat{L} \cdot [f(\hat{k}) - (r + \delta) \cdot \hat{k} - we^{-xt}] \tag{2.21}$$

Una empresa competitiva, que considera r y w como dados, maximiza su beneficio para un $\hat{L}$ dado cuando

$$f'(\hat{k}) = r + \delta \tag{2.22}$$

Al igual que antes, en el equilibrio de mercado, w es igual al producto marginal del trabajo correspondiente al valor de $\hat{k}$ que cumple la ecuación (2.22):

$$[f(\hat{k}) - \hat{k} \cdot f'(\hat{k})]e^{xt} = w \tag{2.23}$$

Esta condición garantiza que el beneficio es igual a cero para cualquier valor de $\hat{L}$.

2.3. El equilibrio

Hemos visto el comportamiento de los hogares competitivos que se enfrentan a un tipo de interés r y un salario w dados. Después hemos incluido empresas competitivas, que también se enfrentan a valores dados de r y w. Ahora ya podemos combinar el comportamiento de hogares y empresas y analizar la estructura del equilibrio en un mercado competitivo.

Puesto que estamos en una economía cerrada, la deuda neta del conjunto de la economía es nula. Así pues, los activos por persona adulta a equivalen al capital por trabajador k. La igualdad entre k y a surge del hecho de que la totalidad del stock de capital de la economía tiene que ser propiedad de alguien; en concreto, en este modelo de economía cerrada, todo el stock de capital es propiedad de los residentes de la economía. Si estuviéramos en una economía abierta a los mercados internacionales de capital, la diferencia entre k y a correspondería a la deuda exterior neta del país. En el capítulo 3 analizamos el caso de una economía abierta, en el que la deuda exterior neta puede ser distinta de cero.

La restricción presupuestaria del hogar de la ecuación (2.3) determina $\dot{a}$. Utilizando $a = k$, $\hat{k} = ke^{-xt}$ y las expresiones de r y w de las ecuaciones (2.22) y (2.23) se obtiene

$$\dot{\hat{k}} = f(\hat{k}) - \hat{c} - (x + n + \delta) \cdot \hat{k} \tag{2.24}$$

donde $\hat{c} \equiv C/\hat{L} = ce^{-xt}$ y $\hat{k}(0)$ vienen dados. La ecuación (2.24) representa la restricción de recursos del conjunto de la economía: la variación en el stock de capital es igual a la producción menos el consumo y la depreciación, y la variación de $\hat{k} \equiv K/\hat{L}$ también tiene en cuenta el crecimiento de $\hat{L}$ a la tasa $x + n$.

La ecuación diferencial (2.24) es la relación básica que determina la evolución de $\hat{k}$ y, en consecuencia, de $\hat{y} = f(\hat{k})$ en el transcurso del tiempo. Sin embargo, el elemento que falta es la determinación de $\hat{c}$. Si conociéramos la relación que existe entre $\hat{c}$ y $\hat{k}$ (o $\hat{y}$), o si tuviéramos otra ecuación diferencial que fijara la evolución de $\hat{c}$, podríamos estudiar la dinámica completa de la economía.

En el modelo Solow-Swan del capítulo 1 esta relación que falta se suplía mediante el supuesto de una tasa de ahorro constante. Este supuesto implicaba la función de consumo lineal $\hat{c} = (1 - s) \cdot f(\hat{k})$. En el modelo presente el comportamiento de la tasa de ahorro no es tan sencillo. Ahora bien, gracias a la conducta optimizadora de los hogares sabemos que c crece de acuerdo a la ecuación (2.11). Si utilizamos las condiciones $r = f'(\hat{k}) - \delta$ y $\hat{c} = ce^{-xt}$, obtenemos

$$\dot{\hat{c}}/\hat{c} = \frac{\dot{c}}{c} - x = \frac{1}{\theta} \cdot [f'(\hat{k}) - \delta - \rho - \theta x] \tag{2.25}$$

Esta ecuación y la ecuación (2.24) constituyen un sistema de dos ecuaciones diferenciales en $\hat{c}$ y $\hat{k}$. Este sistema, junto con la condición inicial $\hat{k}(0)$ y la condición de transversalidad, establecen la trayectoria temporal de $\hat{c}$ y $\hat{k}$.

Sustituyendo en la ecuación (2.12) $a = k$ y $\hat{k} = ke^{-xt}$, podemos expresar la condición de transversalidad en términos de $\hat{k}$, obteniendo así

$$\lim_{t\to\infty} \left\{\hat{k} \cdot \exp\left(-\int_0^t [f'(\hat{k}) - \delta - x - n]\, dv\right)\right\} = 0 \tag{2.26}$$

Podemos interpretar este resultado si damos un salto adelante y, al igual que en el modelo Solow-Swan, usamos el resultado de que $\hat{k}$ alcanza asintóticamente un valor constante de estado estacionario $\hat{k}^*$. En consecuencia, la condición de transversalidad de la ecuación (2.26) exige que $f'(\hat{k}^*) - \delta$, la tasa de rendimiento del estado estacionario, sea superior a $x + n$, la tasa de crecimiento de K de estado estacionario.

2.4. Entornos alternativos

Hasta ahora el análisis se ha aplicado a una economía descentralizada con hogares y empresas que actúan en competencia. Sin embargo, a partir de la estructura del modelo, vemos que estas mismas ecuaciones y, en consecuencia, los mismos resultados pueden darse también en otros entornos. En primer lugar, los hogares podrían desempeñar las funciones de las empresas empleando como trabajadores a los miembros adultos de la familia de acuerdo con el proceso de producción $f(\hat{k})$.[12] La restricción de recursos de la ecuación (2.24) se obtiene directamente (la producción total debe asignarse al consumo o a la inversión bruta, que es igual a la inversión neta más la depreciación). Si los hogares maximizan la función de utilidad de las ecuaciones (2.1) y (2.10), sujetas a la ecuación (2.24), entonces, las

12. Este modelo se analizó en el capítulo 1.

ecuaciones (2.25) y (2.26) siguen representando las condiciones de primer orden. Así pues, la división de funciones entre hogares y empresas no es fundamental para el análisis.

También podríamos suponer que la economía está dirigida por un *planificador social*, que dicta las decisiones de consumo en el tiempo y cuyo objetivo es maximizar la utilidad de la familia representativa. El recurso a este planificador social será útil en diversos casos, a fin de encontrar los resultados óptimos de la economía. Se supone que el planificador tiene las mismas preferencias establecidas anteriormente, en concreto, la misma tasa de preferencia temporal ρ y la misma función de utilidad $u(c)$. El planificador también está sujeto a la restricción de recursos de la ecuación (2.24). En consecuencia, la solución para el planificador será idéntica a la de una economía descentralizada.[13] Puesto que un planificador social con poderes dictatoriales alcanzará un óptimo de Pareto, los resultados de la economía descentralizada, que son idénticos a los del planificador, también serán un óptimo de Pareto.

2.5. El estado estacionario

Ahora analizamos si las condiciones de equilibrio, las ecuaciones (2.24), (2.25) y (2.26), son congruentes con el estado estacionario, es decir, aquella situación en la que las diversas variables crecen a tasas constantes (posiblemente iguales a cero). Demostramos primero que las tasas de crecimiento de estado estacionario de $\hat{k}$ y $\hat{c}$ tienen que ser iguales a cero, como era el caso en el modelo Solow-Swan del capítulo 1.

Llamemos $(\gamma_{\hat{k}})^*$ a la tasa de crecimiento de estado estacionario de $\hat{k}$ y $(\gamma_{\hat{c}})^*$ a la tasa de crecimiento de estado estacionario de $\hat{c}$. En el estado estacionario, la ecuación (2.25) implica

$$\hat{c} = f(\hat{k}) - (x + n + \delta) \cdot \hat{k} - \hat{k} \cdot (\gamma_{\hat{k}})^* \tag{2.27}$$

Si derivamos con respecto al tiempo esta condición obtendremos que en el estado estacionario debe cumplirse:

$$\dot{\hat{c}} = \dot{\hat{k}} \cdot \{f'(\hat{k}) - [x + n + \delta + (\gamma_{\hat{k}})^*]\} \tag{2.28}$$

La expresión entre llaves es positiva a partir de la condición de transversalidad mostrada en la ecuación (2.26). En consecuencia, $(\gamma_{\hat{k}})^*$ y $(\gamma_{\hat{c}})^*$ son del mismo signo.

Si $(\gamma_{\hat{k}})^* > 0$, $\hat{k} \to \infty$ y $f'(\hat{k}) \to 0$, entonces la ecuación (2.25) implica que $(\gamma_{\hat{c}}) < 0$, una consecuencia que contradice el resultado anterior de que $(\gamma_{\hat{k}})^*$ y $(\gamma_{\hat{c}})^*$

---

13. El problema del planificador reside en la elección de aquella trayectoria de c que maximice U en la ecuación (2.1), sujeta a la restricción presupuestaria de la economía de la ecuación (2.24), al valor inicial $\hat{k}(0)$ y a las inecuaciones $c \geq 0$ y $\hat{k} \geq 0$. La función de Hamilton de este problema es

$$J = u(c)e^{-\rho t} + \nu \cdot [f(\hat{k}) - ce^{-xt} - (x + n + \delta) \cdot \hat{k}]$$

Las ecuaciones de primer orden habituales llevan a la ecuación (2.25) y la condición de transversalidad a la ecuación (2.26).

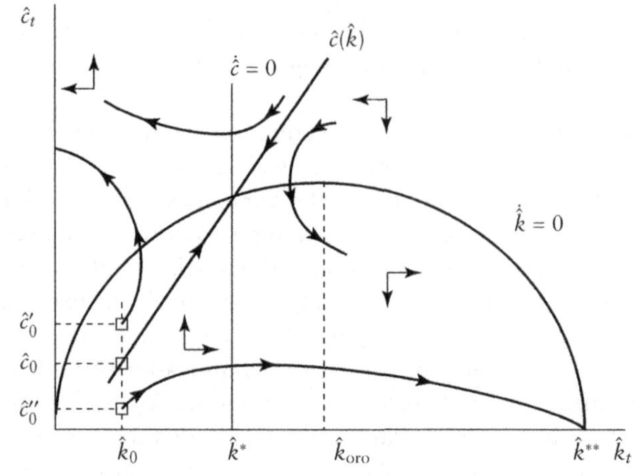

ILUSTRACIÓN 2.1 | El diagrama de fase del modelo de Ramsey. La ilustración muestra la dinámica de transición del modelo de Ramsey. Los lugares geométricos $\dot{\hat{c}}/\hat{c} = 0$ y $\dot{\hat{k}} = 0$ dividen el espacio en cuatro sectores y las flechas muestran la dirección del movimiento en cada sector. El modelo presenta una trayectoria estable de punto de silla. El tramo estable es una curva de pendiente positiva que pasa por el origen y por el estado estacionario. Comenzando en un nivel bajo de $\hat{k}$, el óptimo inicial de $\hat{c}$ es bajo. Durante la transición $\hat{c}$ y $\hat{k}$ crecen, tendiendo a sus valores de estado estacionario.

son del mismo signo. Si $(\gamma_{\hat{k}})^* < 0$, $\hat{k} \to 0$ y $f'(\hat{k}) \to \infty$, entonces la ecuación (2.25) implica que $(\gamma_{\hat{c}})^* > 0$, una consecuencia que de nuevo contradice el resultado de que $(\gamma_{\hat{k}})^*$ y $(\gamma_{\hat{c}})^*$ son del mismo signo. En consecuencia, la única posibilidad que queda es que $(\gamma_{\hat{k}})^* = (\gamma_{\hat{c}})^* = 0$. El resultado $(\gamma_{\hat{k}})^* = 0$ implica que $(\gamma_{\hat{y}})^* = 0$. Por lo tanto, las variables por unidad de trabajo efectivo, $\hat{k}$, $\hat{c}$ y $\hat{y}$, son constantes en el estado estacionario. Este comportamiento implica que las variables per cápita, k, c e y, crecen en el estado estacionario a la tasa x, y que las variables K, C e Y crecen en el estado estacionario a la tasa $x + n$. Estos resultados de las tasas de crecimiento de estado estacionario son idénticos a los resultados del modelo Solow-Swan, en el que la tasa de ahorro era exógena y constante.

Los valores de estado estacionario de $\hat{c}$ y $\hat{k}$ se determinan igualando a cero las expresiones de las ecuaciones (2.24) y (2.25). La curva de la ilustración 2.1 que corresponde a $\hat{c} = f(\hat{k}) - (x + n + \delta) \cdot \hat{k}$ muestra pares de valores $(\hat{k}, \hat{c})$ que cumplen la condición $\dot{\hat{k}} = 0$ de la ecuación (2.24). Observe que la curva alcanza su máximo en $f'(\hat{k}) = \delta + x + n$, de manera que el tipo de interés, $f'(\hat{k}) - \delta$, es igual a la tasa de crecimiento de la producción en el estado estacionario, $x + n$. Esta igualdad entre el tipo de interés y la tasa de crecimiento corresponde al nivel de $\hat{k}$ de la regla de oro (como se describió en el capítulo 1),[14] ya que conduce a un máximo de $\hat{c}$ en el estado estacionario. El valor de $\hat{k}$ que corresponde a la regla de oro se denomina $\hat{k}_{oro}$.

14. En el capítulo 1 definimos el nivel de k de la regla de oro como el stock de capital per cápita que maximiza el consumo per cápita de estado estacionario. Se demostró que dicho nivel de capital era tal que $f'(k_{oro}) = \delta + n$; véase la ecuación (1.22). Cuando existe progreso tecnológico exógeno, el nivel de $\hat{k}$ de la regla de oro se define como el nivel que maximiza el consumo por unidad efectiva de trabajo de estado estacionario, $\hat{c} = f(\hat{k}) - (x+n+\delta) \cdot \hat{k}$. Observe que el máximo se alcanza cuando $f'(\hat{k}_{oro}) = (x+n+\delta)$.

La ecuación (2.25) y la condición $\dot{\hat{c}} = 0$ implican

$$f'(\hat{k}^*) = \delta + \rho + \theta x \tag{2.29}$$

Esta ecuación establece que el tipo de interés de estado estacionario, $f'(\hat{k}) - \delta$, es igual a la tasa de descuento efectiva, $\rho + \theta x$.[15] La recta vertical en $\hat{k}^*$ de la ilustración 2.1 representa esta condición; observe que $\dot{\hat{c}}/\hat{c} = 0$ se cumple en este valor de $\hat{k}$ independientemente del valor de $\hat{c}$.[16] La clave para el cálculo de $\hat{k}^*$ de la ecuación (2.29) son los rendimientos decrecientes del capital, que hacen de $f'(\hat{k}^*)$ una función monótonamente decreciente de $\hat{k}^*$. Es más, las condiciones de Inada ($f'(0) = \infty$ y $f'(\infty) = 0$ garantizan que la ecuación (2.29) tiene un único valor positivo de $\hat{k}^*$.

La ilustración 2.1 muestra el cálculo de los valores de estado estacionario $(\hat{k}^*, \hat{c}^*)$ en el punto de intersección de la curva con la recta vertical. En concreto, si $\hat{k}^*$ se ha calculado a partir de la ecuación (2.29), el valor de $\hat{c}^*$ procede de igualar a cero la expresión de la ecuación (2.24)

$$\hat{c}^* = f(\hat{k}^*) - (x + n + \delta) \cdot \hat{k}^* \tag{2.30}$$

Observe que $\hat{y}^* = f(\hat{k}^*)$ es el valor de estado estacionario de $\hat{y}$.

Considere la condición de transversalidad de la ecuación (2.26). Puesto que $\hat{k}$ es constante en el estado estacionario, esta condición se cumple si la tasa de rendimiento del estado estacionario, $r^* = f'(\hat{k}^*) - \delta$, es superior a la tasa de crecimiento del estado estacionario, $x + n$. La ecuación (2.29) implica que esta condición puede expresarse de la siguiente manera

$$\rho > n + (1 - \theta)x \tag{2.31}$$

Si ρ no es lo bastante grande como para cumplir la ecuación (2.31), el problema de optimización del hogar no está bien planteado, porque si c creciera a la tasa x se alcanzaría una utilidad infinita.[17] En lo sucesivo establecemos el supuesto de que los parámetros cumplen la ecuación (2.31).

En la ilustración 2.1, el valor de estado estacionario $\hat{k}^*$, se sitúa a la izquierda de $\hat{k}_{\text{oro}}$. Si se cumple la condición de transversalidad de la ecuación (2.31) esta relación se cumple siempre. El valor de estado estacionario viene dado por $f'(\hat{k}^*) = \delta + \rho + \theta x$,[18] mientras que el valor de la regla de oro proviene de $f'(\hat{k}_{\text{oro}}) = \delta + x + n$. La inecuación (2.31) implica que $\rho + \theta x > x + n$ y, por tanto, $f'(\hat{k}^*) > f'(\hat{k}_{\text{oro}})$. El resultado de $\hat{k}^* < \hat{k}_{\text{oro}}$ se deduce a partir de $f''(\hat{k}) < 0$.

---

15. La parte θx de la tasa efectiva de descuento representa el efecto de la utilidad marginal decreciente del consumo debida al crecimiento de c a la tasa x. Véase la ecuación (2.9).

16. La ecuación (2.25) establece que $\dot{\hat{c}}/\hat{c} = 0$ también se cumple si $\hat{c} = 0$, es decir, sobre el eje de abscisas de la ilustración 2.1.

17. El apéndice matemático al final del volumen analiza varios casos en los que es posible manejar una utilidad infinita.

18. Esta condición en ocasiones se denomina *regla de oro modificada*.

En consecuencia, en el modelo optimizador no puede darse exceso de ahorro ineficiente que sí podía darse en el modelo Solow-Swan considerando una tasa de ahorro constante arbitraria. Si el hogar con horizonte vital infinito ahorrara en exceso se daría cuenta de que no tiene un comportamiento óptimo, pues estaría incumpliendo la condición de transversalidad y, en consecuencia, se desplazaría hacia una trayectoria que conllevara un menor ahorro. Observe que el hogar optimizador no ahorra lo suficiente como para alcanzar el valor de la regla de oro $\hat{k}_{oro}$. El motivo radica en que la impaciencia recogida en la tasa efectiva de descuento, $\rho + \theta x$, hace que no merezca la pena sacrificar más consumo actual a fin de alcanzar el máximo de $\hat{c}$ de estado estacionario ($\hat{c}_{oro}$, el valor de la regla de oro).

Las tasas de crecimiento en el estado estacionario no dependen de los parámetros que caracterizan la función de producción, $f(\cdot)$, o de ρ y θ, los parámetros de preferencia que caracterizan las actitudes de los hogares en lo que respecta al consumo y al ahorro. Estos parámetros sí tienen efectos a largo plazo sobre los niveles de las variables

En la ilustración 2.1, un aumento de la disposición a ahorrar, representado por una disminución de ρ o θ, desplaza $\dot{\hat{c}}/\hat{c} = 0$ hacia la derecha y $\dot{\hat{k}} = 0$ no varía. Este desplazamiento conlleva valores más altos de $\hat{c}^*$ y $\hat{k}^*$ y, en consecuencia, un mayor valor de $\hat{y}^*$. De igual manera, un desplazamiento proporcional hacia arriba de la función de producción o una disminución de la tasa de depreciación, δ, desplaza hacia arriba la curva $\dot{\hat{k}} = 0$ y la recta $\dot{\hat{c}}/\hat{c} = 0$ a la derecha. Estos desplazamientos provocan aumentos en $\hat{c}^*$, $\hat{k}^*$ e $\hat{y}^*$. Un aumento de x aumenta el término que expresa la preferencia temporal efectiva, $\rho + \theta x$, de la ecuación (2.29) y también disminuye el valor de $\hat{c}^*$ correspondiente a un valor dado de $\hat{k}^*$ en la ecuación (2.30). En la ilustración 2.1 estos cambios desplazan $\dot{\hat{k}} = 0$ hacia abajo y $\dot{\hat{c}}/\hat{c} = 0$ hacia la izquierda y, en consecuencia, reducen $\hat{c}^*$, $\hat{k}^*$ e $\hat{y}^*$. (Aunque $\hat{c}$ disminuye, la utilidad aumenta ya que el aumento de x hace aumentar la tasa de crecimiento de c en relación a la de $\hat{c}$.) Por último, si se mantiene fija ρ, el efecto de n sobre $\hat{k}^*$ e $\hat{y}^*$ es cero. La ecuación (2.30) implica que $\hat{c}^*$ disminuye. Si una n mayor provoca una tasa de preferencia temporal mayor (por las razones analizadas con anterioridad), entonces un incremento de n reduciría $\hat{k}^*$ e $\hat{y}^*$.

2.6. Dinámica de transición

2.6.1. El diagrama de fase

El modelo de Ramsey, al igual que el modelo Solow-Swan, es especialmente interesante por sus predicciones sobre el comportamiento de las tasas de crecimiento y otras variables durante la transición desde un ratio inicial entre factores $\hat{k}(0)$ hasta un ratio de estado estacionario $\hat{k}^*$. Las ecuaciones (2.24), (2.25) y (2.26) fijan la evolución de $\hat{k}$ y $\hat{c}$ para un valor dado de $\hat{k}(0)$. El diagrama de fase de la ilustración 2.1 muestra la naturaleza de dicha dinámica.[19]

19. Véase el apéndice matemático para un análisis más exhaustivo de los diagramas de fase.

Primero localizamos el lugar geométrico $\dot{\hat{c}} = 0$. Puesto que $\dot{\hat{c}} = \hat{c}\cdot(1/\theta)\cdot[f'(\hat{k})-\delta-\rho-\theta x]$, hay dos situaciones en las que $\dot{\hat{c}}$ puede ser igual a cero: $\hat{c} = 0$, que corresponde al eje de abscisas de la ilustración 2.1, y $f'(\hat{k}) = \delta + \rho + \theta x$, que es una recta vertical en $\hat{k}^*$, el ratio capital-trabajo definido en la ecuación (2.29). Observamos que $\hat{c}$ aumenta para $\hat{k} < \hat{k}^*$ (con lo que las fechas apuntan hacia arriba en esta región) y disminuye para $\hat{k} > \hat{k}^*$ (las flechas apuntan hacia abajo).

Recuerde que la curva de la ilustración 2.1 representa las combinaciones de $\hat{k}$ y $\hat{c}$ que cumplen la condición $\dot{\hat{k}} = 0$ de la ecuación (2.24). Esta ecuación también implica que $\hat{k}$ disminuye para los valores de $\hat{c}$ situados por encima de la curva continua (con lo que las flechas apuntan hacia la izquierda en esta región) y aumenta para los valores de $\hat{c}$ situados bajo la curva (las fechas apuntan hacia la derecha).

Puesto que los lugares geométricos $\dot{\hat{c}} = 0$ y $\dot{\hat{k}} = 0$ se cortan en tres ocasiones, existen tres estados estacionarios: el primero se encuentra en el origen ($\hat{c} = \hat{k} = 0$), el segundo estado estacionario corresponde a $\hat{k}^*$ y $\hat{c}^*$, y el tercero conlleva un stock de capital positivo $\hat{k}^{**} > 0$, pero un consumo cero. No tenemos en cuenta la solución del origen porque no tiene interés.

El segundo estado estacionario es estable con trayectoria de punto de silla. En concreto, observe que la disposición de las flechas de la ilustración 2.1 tiene una forma tal que la economía puede converger hasta el estado estacionario si comienza en dos de los cuatro cuadrantes en los que las dos curvas dividen el espacio. La propiedad de la trayectoria de punto de silla también se puede demostrar linealizando el sistema de ecuaciones dinámicas en torno al estado estacionario y viendo que el determinante de la matriz característica es negativo (véase el apéndice 2A de la sección 2.8 para una explicación más detallada). El signo del determinante implica que los dos autovalores tienen signos contrarios, señal de que el sistema es localmente estable con trayectoria de punto de silla.

El equilibrio dinámico sigue la trayectoria estable de punto de silla mostrada por la curva continua con flechas. Suponga por ejemplo que el ratio inicial entre factores cumple $\hat{k}(0) < \hat{k}^*$, como se muestra en la ilustración 2.1. Si el ratio inicial de consumo es $\hat{c}(0)$, como allí se representa, la economía sigue la trayectoria estable hacia el par de valores de estado estacionario $(\hat{k}^*, \hat{c}^*)$. Esta trayectoria cumple todas las condiciones de primer orden, incluida la condición de transversalidad, como se vio en la sección anterior.

Las otras dos soluciones posibles son que el ratio inicial de consumo sea superior o inferior a $\hat{c}(0)$. Si el ratio es superior a $\hat{c}(0)$, la tasa inicial de ahorro es demasiado baja para que la economía permanezca en la trayectoria estable. La trayectoria finalmente cortará la curva $\dot{\hat{k}} = 0$. Después de esta intersección, $\hat{c}$ sigue aumentando, $\hat{k}$ empieza a disminuir y la trayectoria toca el eje de ordenadas en un momento finito, en el que $\hat{k} = 0$.[20] La condición $f(0) = 0$ implica que $\hat{y} = 0$; en consecuencia, $\hat{c}$ tiene que saltar hasta cero en ese punto. Dado que este salto incumple la condición

20. Podemos comprobar a partir de la ecuación (2.24) que $\dot{\hat{k}}$ se vuelve cada vez más negativo en esta región. En consecuencia, $\hat{k}$ tiene que llegar a ser 0 en un momento finito.

de primer orden en la que se basa la ecuación (2.25), esta trayectoria, en la que el ratio inicial de consumo es superior a $\hat{c}(0)$, no es de equilibrio.[21]

La última posibilidad es que el ratio inicial de consumo sea inferior a $\hat{c}(0)$. En este caso, la tasa inicial de ahorro es demasiado alta para permanecer en la trayectoria estable de punto de silla, y la economía finalmente cortará a la curva $\dot{\hat{c}} = 0$. Tras esta intersección, $\hat{c}$ disminuye y $\hat{k}$ sigue aumentando. La economía converge hacia el punto en el que la curva $\dot{\hat{k}} = 0$ corta al eje de abscisas en el punto denominado $\hat{k}^{**}$. En concreto, observe que $\hat{k}$ es superior al valor de la regla de oro $\hat{k}_{oro}$ y que tiende asintóticamente a un valor mayor de $\hat{k}$. En consecuencia, asintóticamente, $f'(\hat{k})-\delta$ se sitúa por debajo de $x+n$, y la trayectoria incumple la condición de transversalidad de la ecuación (2.26). Este incumplimiento de la condición de transversalidad significa que los hogares están ahorrando en exceso: la utilidad aumentaría si el consumo creciera en momentos anteriores. Así pues, la trayectoria en la que el ratio inicial de consumo es inferior a $\hat{c}(0)$ no es de equilibrio. Esto hace que la trayectoria estable de punto de silla que lleva al estado estacionario positivo $\hat{k}^*$ quede como la única posibilidad.[22]

2.6.2. La importancia de la condición de transversalidad

Es importante resaltar el papel de la condición de transversalidad en el cálculo del equilibrio único. Para explicar dicho papel, partimos de una variante poco realista del modelo de Ramsey en la que todo el mundo sabe que el mundo acabará en una fecha conocida $T > 0$. En ese caso,la función de utilidad de la ecuación (2.1) se convierte en

$$U = \int_0^T u[c(t)] \cdot e^{nt} \cdot e^{-\rho t}\, dt$$

y la condición que elimina la financiación piramidal es

$$a(T) \cdot \exp\left[-\int_0^T [r(v) - n]\, dv\right] \geq 0$$

Por su parte, la ecuación (2.3) sigue expresando la restricción presupuestaria. Puesto que la única diferencia entre este problema y el analizado en las secciones anteriores es la fecha final, la única condición de optimización que cambia es la condición de transversalidad, que ahora se convierte en

21. Este análisis es correcto si la inversión es reversible. Si la inversión es irreversible, la restricción $\hat{c} \leq f(\hat{k})$ establece un límite antes de que la trayectoria toque el eje de ordenadas. Es decir, las trayectorias que empiezan en puntos como el $\hat{c}_0'$ de la ilustración 2.1 finalmente cortarían a la función de producción $\hat{c} = f(\hat{k})$ que se sitúa por debajo de la curva $\dot{\hat{k}} = 0$. A partir de ahí, la trayectoria seguiría a la función de producción, hacia abajo y hacia el origen. En el apéndice 2B (sección 2.9) se demuestra que estas trayectorias no son equilibrios.

22. Se obtienen resultados similares si la economía se sitúa inicialmente en $\hat{k}(0) > \hat{k}^*$ en la ilustración 2.1. En ese caso, la única complicación es que, si la inversión es irreversible, la restricción $\hat{c} \leq f(\hat{k})$ podría ser aplicable en esta región. Véase el apéndice 2B (sección 2.9).

$$a(T) \cdot \exp\left[-\int_0^T [r(v) - n]\, dv\right] = 0$$

Puesto que el término exponencial no puede ser igual a cero en un momento finito, esta condición implica que los activos al final del horizonte de previsión son iguales a cero:

$$a(T) = 0 \tag{2.32}$$

En otras palabras, puesto que el valor sombra de los activos en el momento T es positivo, los hogares tomarán la decisión óptima de no dejar ningún activo cuando "fallezcan".

El comportamiento de las empresas no varía y el equilibrio del mercado de activos de nuevo exige que $a(t) = k(t)$. En consecuencia, las ecuaciones (2.24) y (2.25) siguen estableciendo las condiciones de equilibrio general, y los lugares geométricos $\dot{\hat{k}} = 0$ y $\dot{\hat{c}} = 0$ son los mismos que los de la ilustración 2.1. Las flechas que representan la dinámica del sistema también son las mismas.

Puesto que $a(t) = k(t)$, la condición de transversalidad de la ecuación (2.32) se puede expresar de la siguiente manera

$$\hat{k}(T) = 0 \tag{2.33}$$

De acuerdo con la ilustración 2.1, esta nueva condición de transversalidad exige que la elección inicial de $\hat{c}(0)$ sea tal que el stock de capital sea igual a cero en el momento T. En otras palabras, la optimización exige ahora que la economía toque el eje de ordenadas exactamente en el momento T. Esto implica que el tramo estable mostrado ya no representa el equilibrio, pues no conduce a la economía hacia el capital cero en el momento T. Esto es también cierto para cualquier elección inicial de consumo situada por debajo del tramo estable. En consecuencia, el nuevo equilibrio se caracteriza por un valor inicial de $\hat{c}(0)$ situado por encima del tramo estable.

Sería posible que tanto $\hat{c}$ como $\hat{k}$ crecieran durante un tiempo. De hecho, si T es grande, en su inicio la trayectoria de transición estaría próxima aunque ligeramente por encima del tramo estable mostrado en la ilustración 2.1. Sin embargo, al final la economía corta a la curva $\dot{\hat{k}} = 0$. A partir de ahí, $\hat{c}$ y $\hat{k}$ disminuyen y la economía acaba teniendo capital cero en el momento T. En consecuencia, vemos que el mismo sistema de ecuaciones diferenciales conduce a un equilibrio (el tramo estable) o a otro distinto (la trayectoria que acaba en el eje de ordenadas en T) dependiendo únicamente de la condición de transversalidad.

2.6.3. La forma del tramo estable

El tramo estable representado en la ilustración 2.1 representa el equilibrio de $\hat{c}$ en función de $\hat{k}$.[23] Esta relación se conoce en programación dinámica por el nombre de

23. La relación equivalente en el modelo Solow-Swan, $\hat{c} = (1 - s) \cdot f(\hat{k})$, surgía del supuesto de que la tasa de ahorro es constante.

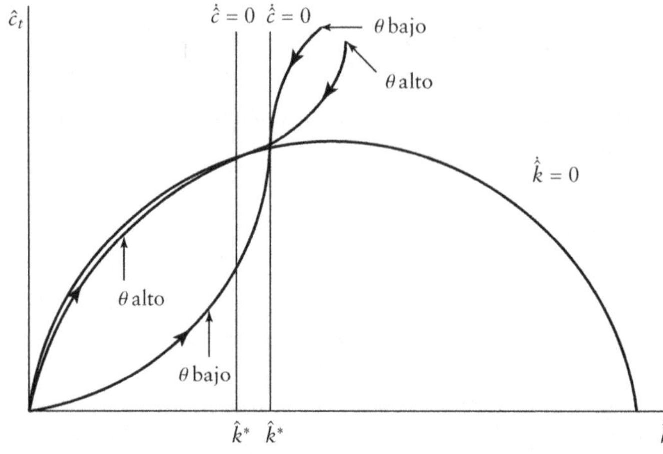

ILUSTRACIÓN 2.2 I La pendiente de la trayectoria de punto de silla. Cuando θ es bajo, a los consumidores no les preocupan las grandes variaciones de consumo en el tiempo. En consecuencia, eligen un consumo relativamente bajo cuando el stock de capital es bajo (y el tipo de interés es alto). En esta situación la tasa de inversión es inicialmente alta y la economía alcanza el estado estacionario con rapidez. Por el contrario, si θ es alto los consumidores prefieren un consumo regular en el tiempo. Así pues, al principio dedican la mayor parte de sus recursos al consumo (el tramo estable está próximo a la curva $\dot{\hat{k}} = 0$) y poco a la inversión. En este caso la economía se aproxima al estado estacionario con lentitud.

policy function: indica el valor óptimo de una variable de control $\hat{c}$ con respecto a una variable dada $\hat{k}$. Esta función es una curva de pendiente positiva que atraviesa el origen y la posición de estado estacionario. Su forma exacta depende de los parámetros del modelo.

Considere, por ejemplo, el efecto del parámetro θ sobre la forma del tramo estable. Suponga que la economía se encuentra inicialmente en $\hat{k}(0) < \hat{k}^*$, con lo que los valores futuros de $\hat{c}$ serán superiores a $\hat{c}(0)$. Unos valores altos de θ implican que los hogares tiene una fuerte preferencia por un consumo regular en el tiempo; así pues, se esforzarán por desplazar consumo futuro hacia el presente. En consecuencia, cuando θ es alto el tramo estable estará próximo a la curva $\dot{\hat{k}} = 0$, tal y como se muestra en la ilustración 2.2. En consecuencia, la baja tasa de inversión implica que la transición será larga.

Por el contrario, si θ es bajo los hogares están más dispuestos a posponer su consumo en respuesta a las altas tasas de rendimiento. En este caso, para valores bajos de $\hat{k}$ (véase la ilustración 2.2) el tramo estable tiene poca pendiente y está próximo al eje de abscisas. Los altos niveles de inversión implican que la transición será relativamente rápida, y a medida que $\hat{k}$ se acerca a $\hat{k}^*$ los hogares incrementarán $\hat{c}$ de manera importante. El gráfico deja claro que las aproximaciones lineales en torno al estado estacionario no recogen adecuadamente esta dinámica.

Para el caso de una tecnología de tipo Cobb-Douglas, $\hat{y} = A\hat{k}^{\alpha}$, en el apéndice 2C (sección 2.10) mostramos que $\hat{c}/\hat{k}$ aumenta, es constante o disminuye en la transición a partir de $\hat{k}(0) < \hat{k}^*$, dependiendo de si el parámetro θ es menor, igual o mayor que la participación del capital α. Se deduce que el tramo estable es convexo, lineal o cóncavo dependiendo de si θ es menor, igual o mayor que α. (Más tarde veremos que $\theta > \alpha$ es el caso más factible.) Si $\theta = \alpha$, de manera que $\hat{c}/\hat{k}$ es constante durante la transición, la *policy function* tiene una solución en forma cerrada (analítica), $\hat{c} = (\text{constante}) \cdot \hat{k}$, donde la constante resulta ser $(\delta + \rho)/\theta - (\delta + n)$.

2.6.4. El comportamiento de la tasa de ahorro

La tasa de ahorro bruta s es igual a $1 - \hat{c}/f(\hat{k})$. El modelo Solow-Swan, que vimos en el capítulo 1, aceptaba el supuesto de que s era constante a un valor arbitrario. En el modelo de Ramsey con consumidores optimizadores, s puede seguir una trayectoria complicada que incluye tramos crecientes y decrecientes a medida que la economía se desarrolla y tiende al estado estacionario.

El comportamiento de la tasa de ahorro es incierto ya que recoge las influencias del efecto sustitución y del efecto renta, influencias que tienen signo contrario. Al aumentar $\hat{k}$, la disminución de $f'(\hat{k})$ disminuye la tasa de rendimiento del ahorro r. La disminución del incentivo al ahorro, un efecto intertemporal de sustitución, tiende a disminuir la tasa de ahorro a medida que se desarrolla la economía. En segundo lugar, la renta por trabajador efectivo en una economía pobre $f(\hat{k})$ está muy por debajo de la renta permanente o a largo plazo de la economía. Dado que los hogares prefieren un consumo regular, cuando son pobres querrán consumir mucho en relación a su renta: es decir, cuando $\hat{k}$ es bajo la tasa de ahorro es baja. Al aumentar $\hat{k}$ el diferencial entre renta permanente y renta corriente disminuye. Así pues, el consumo tiende a disminuir en relación a la renta actual y la tasa de ahorro tiende a aumentar. Esta influencia, el efecto renta, tiende a aumentar la tasa de ahorro a medida que la economía se desarrolla.

El comportamiento de la tasa de ahorro durante la transición depende de cuál de los dos efectos, sustitución o renta, predomine. En general el efecto neto no está claro y la trayectoria de la tasa de ahorro durante la transición puede ser compleja. Sin embargo, estos resultados se simplifican en el caso de una función de producción de tipo Cobb-Douglas. El apéndice 2C demuestra que en este caso a medida que $\hat{k}$ aumenta, dependiendo de los valores de los parámetros, la tasa de ahorro desciende monótonamente, permanece constante o crece monótonamente.

En el caso Cobb-Douglas, en el apéndice 2C se demuestra que la tasa de ahorro del estado estacionario s^* adopta la expresión

$$s^* = \alpha \cdot (x + n + \delta)/(\delta + \rho + \theta x) \tag{2.34}$$

Observe que la condición de transversalidad, de la que se deriva la ecuación (2.31), implica que $s^* < \alpha$ en la ecuación (2.34); es decir, la tasa de ahorro bruto de estado estacionario es inferior a la participación del capital bruto.

Podemos utilizar un diagrama de fase para analizar el comportamiento de transición de la tasa de ahorro en el caso de una función de producción Cobb-Douglas. En general, esta metodología es interesante porque proporciona una manera de estudiar el comportamiento de variables de interés, como la tasa de ahorro, que no entran directamente dentro de las condiciones de primer orden del modelo. El método requiere trasformar las variables que aparecen en las condiciones de primer orden. Las relaciones dinámicas que utilizamos con anterioridad se expresaban en términos de las variables $\hat{c}$ y $\hat{k}$. Para estudiar el comportamiento dinámico de la tasa de ahorro $s = 1 - \hat{c}/\hat{y}$, vamos a reformular estas mismas relaciones en términos de las variables $\hat{c}/\hat{y}$ y $\hat{k}$. Después, podremos construir un diagrama de fase en términos de $\hat{c}/\hat{y}$ y $\hat{k}$. El tramo estable de dicho diagrama de fase mostrará de qué manera se mueve $\hat{c}/\hat{y}$, y, por lo tanto, $s = 1 - \hat{c}/\hat{y}$ al aumentar $\hat{k}$.

Empezamos señalando que la tasa de crecimiento de $\hat{c}/\hat{y}$ viene dada por la tasa de crecimiento de $\hat{c}$ menos la tasa de crecimiento de $\hat{y}$. Si la función de producción es Cobb-Douglas, la tasa de crecimiento de $\hat{y}$ es un múltiplo de la tasa de crecimiento de $\hat{k}$, es decir

$$\frac{1}{\hat{c}/\hat{y}} \cdot \frac{d(\hat{c}/\hat{y})}{dt} = (\dot{\hat{c}}/\hat{c}) - (\dot{\hat{y}}/\hat{y}) = (\dot{\hat{c}}/\hat{c}) - \alpha \cdot (\dot{\hat{k}}/\hat{k})$$

Ahora podemos utilizar las condiciones de equilibrio de las ecuaciones (2.24) y (2.25) y obtener

$$\begin{aligned}\frac{1}{\hat{c}/\hat{y}} \cdot \frac{d(\hat{c}/\hat{y})}{dt} &= [(1/\theta) \cdot (\alpha A \hat{k}^{\alpha-1} - \delta - \rho - \theta x)] \\ &\quad - \alpha \cdot [A\hat{k}^{\alpha-1} - (\hat{c}/\hat{y}) \cdot A\hat{k}^{\alpha-1} - (x + n + \delta)] \qquad (2.35)\end{aligned}$$

donde utilizamos la identidad $\hat{c}/\hat{k} = (\hat{c}/\hat{y}) \cdot A\hat{k}^{\alpha-1}$. La tasa de crecimiento de $\hat{k}$ es

$$\dot{\hat{k}}/\hat{k} = [A\hat{k}^{\alpha-1} - (\hat{c}/\hat{y}) \cdot A\hat{k}^{\alpha-1} - (x + n + \delta)] \qquad (2.36)$$

Téngase en cuenta que las ecuaciones (2.35) y (2.36) representan un sistema de ecuaciones diferenciales en las variables $\hat{c}/\hat{y}$ yd $\hat{k}$. En consecuencia, se puede construir un diagrama de fase convencional con estas variables.

Empezamos igualando a cero la ecuación (2.35) para obtener la curva $\frac{d(\hat{c}/\hat{y})}{dt} = 0$:

$$\hat{c}/\hat{y} = \left(1 - \frac{1}{\theta}\right) + \psi \cdot \frac{\hat{k}^{1-\alpha}}{\alpha A} \qquad (2.37)$$

donde $\psi \equiv [(\delta + \rho + \theta x)/\theta - \alpha \cdot (x + n + \delta)]$ es una constante. Esta curva tiene pendiente positiva, negativa o es una recta horizontal dependiendo de si ψ es positiva, negativa o cero. Las tres posibilidades aparecen representadas en la ilustración 2.3.

Con independencia del valor de ψ, las flechas situadas por encima del lugar geométrico $\dfrac{d(\hat{c}/\hat{y})}{dt} = 0$ apuntan hacia arriba y las flechas por debajo de ella apuntan hacia abajo.

Podemos calcular la curva $\dot{\hat{k}} = 0$ igualando a cero la ecuación (2.35) y obtenemos

$$\hat{c}/\hat{y} = 1 - \frac{(x + n + \delta)}{A} \cdot \hat{k}^{1-\alpha} \qquad (2.38)$$

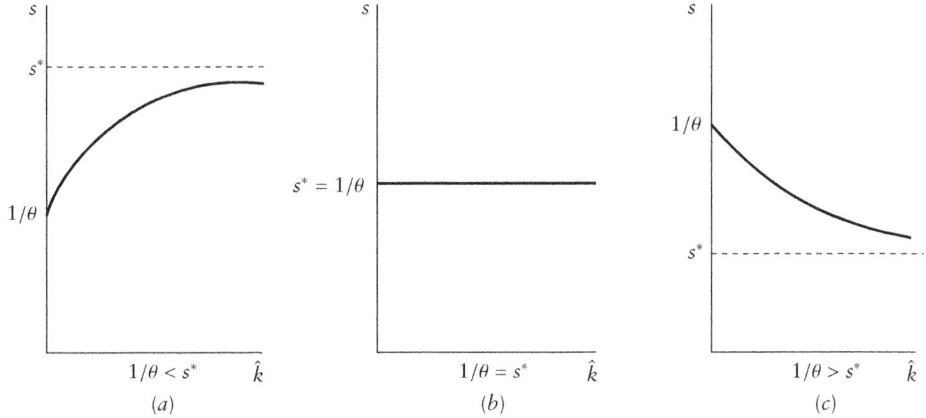

ILUSTRACIÓN 2.3 | Diagrama de fase del comportamiento de la tasa de ahorro (en la función de producción Cobb-Douglas). En el caso de una función Cobb-Douglas, la tasa de ahorro tiene un comportamiento monótono. El gráfico *a* muestra el diagrama de fase para $\hat{c}/\hat{y}$ y $\hat{k}$ cuando los parámetros son tales que $(\delta + \rho + \theta x)/\theta > \alpha \cdot (x + n + \delta)$. Puesto que el tramo estable tiene pendiente positiva, el ratio de consumo aumenta a medida que la economía se aproxima al estado estacionario. En consecuencia, en este caso la tasa de ahorro (uno menos la tasa de consumo) desciende monótonamente durante la transición. El gráfico *b* corresponde al caso en el que $(\delta + \rho + \theta x)/\theta < \alpha \cdot (x + n + \delta)$. El tramo estable tiene ahora pendiente negativa y, en consecuencia, la tasa de ahorro aumenta monótonamente durante la transición. El gráfico *c* representa el caso $(\delta+\rho+\theta x)/\theta+\alpha\cdot(x+n+\delta)$. El tramo estable es horizontal, lo que significa que la tasa de ahorro es constante durante la transición.

que tiene pendiente negativa.[24] Las flechas apuntan hacia la izquierda por encima de la curva y hacia la derecha por debajo de la misma.

Los tres gráficos de la ilustración 2.3 muestran que el estado estacionario es estable con trayectoria de punto de silla independientemente del valor de ψ. Sin embargo, el tramo estable tiene pendiente positiva cuando $\psi > 0$, pendiente negativa cuando $\psi < 0$ y es horizontal cuando $\psi = 0$. Siguiendo el razonamiento de anteriores secciones, sabemos que una economía con horizonte infinito siempre se sitúa sobre el tramo estable. Así pues, cuando $\hat{k}$ aumenta y dependiendo de los valores de los parámetros el ratio de consumo desciende monótonamente, se mantiene constante o aumenta monótonamente. En consecuencia, la tasa de ahorro tiene exactamente el comportamiento contrario. Un valor alto de θ, que corresponde a una escasa disposición a sustituir consumo en el tiempo, hace más probable que se cumpla $\psi < 0$, en cuyo caso es más probable que la tasa de ahorro aumente durante la transición. Este resultado se produce porque un mayor θ debilita el efecto sustitución del tipo de interés.

En el caso concreto de $\psi = 0$, durante la transición la tasa de ahorro es constante en su valor de estado estacionario $s^* = 1/\theta$. Para esta combinación de parámetros, los efectos riqueza y sustitución se contrarrestan el uno al otro, con lo que la tasa de ahorro permanece constante mientras que el stock de capital aumenta tendiendo a su estado estacionario. Así pues, la tasa de ahorro constante del modelo Solow-Swan es un caso particular del modelo de Ramsey. Sin embargo, incluso en este

24. Cuando $\psi < 0$, la curva $\frac{d\hat{k}}{dt} = 0$ tiene también una pendiente más pronunciada que la curva $\frac{d(\hat{c}/\hat{y})}{dt} = 0$.

caso, existe una diferencia importante con el modelo Solow-Swan. El nivel de s en el modelo de Ramsey viene fijado por los parámetros subyacentes y no puede ser fijado de manera arbitraria. En concreto, la elección arbitraria de s en el modelo Solow-Swan puede provocar resultados que son dinámicamente ineficientes si s lleva a la economía a un stock de capital de estado estacionario superior a la regla de oro. Un resultado así es imposible en el modelo de Ramsey.

En un análisis posterior, utilizamos los valores $\rho = 0{,}02$ anual, $\delta = 0{,}05$ anual, $n = 0{,}01$ anual y $x = 0{,}02$ anual. Si aceptamos el supuesto de una participación del capital convencional $\alpha = 0{,}3$, el valor de θ que provoca una tasa de ahorro constante es 17: es decir, $s^* < 1/\theta$ y la tasa de ahorro desciende (contrariamente a lo que indican los datos empíricos) a medida que la economía se desarrolla, a menos que θ sea superior a este elevado valor.

En el caso del modelo Solow-Swan dijimos que la teoría no se ajustaba a los datos empíricos en lo referente a las velocidades de convergencia a menos que el coeficiente de participación del capital α fuera muy superior al valor 0,3. Los valores próximos a 0,75 se ajustan mejor a los datos empíricos, y estos valores altos de α resultan razonables si consideramos el capital de forma amplia, de manera que incluya el componente humano. En la siguiente sección mostramos que las conclusiones con respecto a α se mantienen en el modelo de crecimiento de Ramsey, modelo que permite que la tasa de ahorro varíe en el tiempo. Si suponemos que $\alpha = 0{,}75$, junto con los valores de referencia de los otros parámetros, el valor de θ que provoca una tasa de ahorro constante es 1,75. Es decir, a medida que se desarrolla la economía la tasa de ahorro bruta aumenta (o disminuye) si θ es superior (o inferior) a 1,75. Si $\theta = 1{,}75$ la tasa de ahorro bruta es constante y toma el valor 0,57. Tenemos que interpretar este alto valor de la tasa de ahorro bruta incluyendo como ahorro bruto los diversos gastos que aumentan o mantienen el capital humano; además del gasto en educación y formación, este ahorro bruto incluiría parte de los desembolsos en alimentación, sanidad, etc.

Nuestra interpretación de los datos empíricos de países es que durante la transición la tasa de ahorro tiende a aumentar de forma moderada al aumentar la renta per cápita. El modelo de Ramsey puede ajustarse a este patrón, así como a las velocidades de convergencia observadas, si combinamos los parámetros de referencia con un valor de α cercano a 0,75 y un valor de θ algo superior a 2. El valor de θ no puede ser muy superior a 2, porque la tasa de ahorro de estado estacionario s^* de la ecuación (2.34) sería demasiado baja. Por ejemplo, el valor $\theta = 10$ implica que $s^* = 0{,}22$, que es demasiado bajo para un concepto amplio de ahorro bruto que tenga en cuenta el capital humano.

2.6.5. Las trayectorias del stock de capital y la producción

El tramo estable representado en la ilustración 2.1 muestra que, si $\hat{k}(0) < \hat{k}^*$, $\hat{k}$ y $\hat{c}$ aumentan monótonamente a medida que tienden a alcanzar sus valores de estado estacionario. La trayectoria creciente de $\hat{k}$ implica que la tasa de rendimiento r desciende monótonamente a partir de su posición inicial, $f'[\hat{k}(0)] - \delta$, hasta su valor de estado estacionario, $\rho + \theta x$. La ecuación (2.25) y la trayectoria decreciente de r implican que $\dot{c}/c$, la tasa de crecimiento del consumo per cápita, desciende monótonamente. Es decir, cuanto más bajo es $\hat{k}(0)$ y, en consecuencia $\hat{y}(0)$, mayor es el valor inicial de $\dot{c}/c$.

También querríamos relacionar las tasas iniciales de crecimiento per cápita del capital y de la producción, γ_k y γ_y, con el ratio inicial $\hat{k}(0)$. En el capítulo 1 dijimos que la relación inversa que existe entre $\dot{k}/k$ y $\hat{k}(0)$ y entre $\dot{y}/y$ e $\hat{y}(0)$ se denomina efecto convergencia. En el apéndice 2D (sección 2.11), utilizando la función de consumo obtenida a partir de las ecuaciones (2.15) y (2.16), vemos que $\dot{k}/k$ disminuye monótonamente a medida que la economía se desarrolla y se acerca a su estado estacionario. En otras palabras, aunque la tasa de ahorro aumente durante la transición, no aumentará lo suficiente para eliminar la relación inversa entre $\dot{k}/k$ y $\hat{k}$. Así pues, la determinación endógena de la tasa de ahorro no elimina la propiedad de convergencia de $\hat{k}$.

Tomando logaritmos y derivando la función de producción de la ecuación (2.18) podemos obtener la tasa de crecimiento de la producción por trabajador efectivo:

$$\dot{\hat{y}}/\hat{y} = \left[\frac{\hat{k}\cdot f'(\hat{k})}{f(\hat{k})}\right]\cdot(\dot{\hat{k}}/\hat{k}) \tag{2.39}$$

es decir, el resultado de multiplicar la participación de la renta del capital en la producción por la tasa de crecimiento de $\hat{k}$. Para una función de producción Cobb-Douglas, la participación de la renta del capital es igual a la constante α. En consecuencia, las propiedades de $\dot{k}/k$ se transfieren inmediatamente a las de $\dot{y}/y$. Este resultado se cumple en casos más generales que el Cobb-Douglas, a menos que la participación de la renta del capital crezca lo suficientemente deprisa a medida que la economía se desarrolla como para más que compensar el descenso de $\dot{k}/k$.

2.6.6. Las velocidades de convergencia

Aproximaciones logarítmicas lineales en torno al estado estacionario En esta sección vamos a realizar una valoración cuantitativa de la velocidad de convergencia en el modelo de Ramsey. Comenzamos por una versión logarítmica lineal del sistema dinámico de $\hat{k}$ y $\hat{c}$, las ecuaciones (2.24) y (2.25). Este enfoque es una ampliación del método utilizado en el capítulo 1 para el modelo Solow-Swan; la única diferencia en este caso es que trabajamos con un sistema de dos variables en vez de un sistema de una sola variable. La ventaja del método de linealización logarítmica es que de él surge una solución analítica del coeficiente de convergencia. Su principal inconveniente es que sólo se cumple como aproximación en el entorno del estado estacionario.

El apéndice 2A analiza una versión logarítmica lineal de las ecuaciones (2.24) y (2.25) cuando se amplían en torno al estado estacionario. Los resultados pueden expresarse de la siguiente manera

$$\log[\hat{y}(t)] = e^{-\beta t}\cdot\log[\hat{y}(0)] + (1-e^{-\beta t})\cdot\log(\hat{y}^*) \tag{2.40}$$

donde $\beta > 0$. Así pues, para todo $t \geq 0$, $\log[\hat{y}(t)]$ es el promedio ponderado del valor inicial y del valor de estado estacionario, $\log[\hat{y}(0)]$ y $\log(\hat{y}^*)$, y la ponderación del valor inicial disminuye exponencialmente a la tasa β. La velocidad de convergencia β depende de los parámetros de la tecnología y de las preferencias. Para el caso de una tecnología Cobb-Douglas, la expresión del coeficiente de convergencia (que se deriva de la linealización logarítmica en torno a la posición de estado estacionario) es

$$2\beta = \left\{\zeta^2 + 4\cdot\left(\frac{1-\alpha}{\theta}\right)\cdot(\rho+\delta+\theta x)\cdot\left[\frac{\rho+\delta+\theta x}{\alpha} - (n+x+\delta)\right]\right\}^{1/2} - \zeta \qquad (2.41)$$

donde $\zeta = \rho - n - (1-\theta)\cdot x > 0$. Más adelante analizamos la manera en la que actúan los diversos parámetros en esta expresión.

La ecuación (2.40) implica que la tasa promedio de crecimiento per cápita de la producción y durante un intervalo que va del momento inicial 0 a un momento futuro $T \geq 0$ viene dada por

$$(1/T)\cdot\log[y(T)/y(0)] = x + \frac{(1-e^{-\beta T})}{T}\cdot\log[\hat{y}^*/\hat{y}(0)] \qquad (2.42)$$

De momento se mantienen fijos la tasa de crecimiento de estado estacionario x, la velocidad de convergencia β y el intervalo promedio T. La ecuación (2.42) establece que la tasa promedio de crecimiento per cápita de la producción depende inversamente del ratio de $\hat{y}(0)$ con respecto a $\hat{y}^*$. Así pues, al igual que en el modelo Solow-Swan, el efecto de la posición inicial $\hat{y}(0)$ está condicionado por la posición de estado estacionario $\hat{y}^*$. En otras palabras, el modelo de Ramsey también predice convergencia condicional y no absoluta.

El coeficiente $(1-e^{-\beta T})/T$, que relaciona la tasa de crecimiento de y con el $\log[\hat{y}^*/\hat{y}(0)]$ en la ecuación (2.42), disminuye al aumentar T para un valor dado de β. Si $\hat{y}(0) < \hat{y}^*$, de manera que las tasas de crecimiento disminuyen con el tiempo, un aumento de T significa que cada vez más tasas de crecimiento futuras bajas entran en el promedio con tasas de crecimiento cercanas más altas. En consecuencia, la tasa promedio de crecimiento, que aparece en la ecuación (2.42) disminuye al aumentar T. Cuando $T \to \infty$ la tasa de crecimiento de estado estacionario x predomina en el promedio; en consecuencia, el coeficiente $(1-e^{-\beta T})/T$ tiende a cero, y la tasa promedio de crecimiento de y de la ecuación (2.42) tiende a x.

Para un T dado un β mayor implica un mayor coeficiente $(1-e^{-\beta T})/T$. (Cuando $T \to 0$ el coeficiente tiende a β.) La ecuación (2.41) expresa la dependencia de β de los parámetros subyacentes. Considere primero el caso del modelo Solow-Swan en el que la tasa de ahorro es constante. Como dijimos antes, esta situación se cumple si la tasa de ahorro de estado estacionario s^* de la ecuación (2.34) es igual a $1/\theta$, o de manera análoga si la combinación de parámetros $\alpha\cdot(\delta+n) - (\delta+\rho)/\theta - x\cdot(1-\alpha)$ es igual a cero.

Suponga que los parámetros toman los valores básicos que utilizamos en el capítulo 1: $\delta = 0{,}05$ anual, $n = 0{,}01$ anual y $x = 0{,}02$ anual. También suponemos que $\rho = 0{,}02$ anual para obtener un valor razonable del tipo de interés de estado estacionario $\rho + \theta x$. Como dijimos en la sección anterior, para estos valores de referencia de los parámetros la tasa de ahorro es constante si $\alpha = 0{,}3$ cuando $\theta = 17$, y si $\alpha = 0{,}75$ cuando $\theta = 1{,}75$.

Con una tasa de ahorro constante, la expresión de la velocidad de convergencia β se simplifica, de la forma expresada en la ecuación (2.41) al resultado que aparecía en la ecuación (1.45) del modelo Solow-Swan:

$$\beta^* = (1 - \alpha) \cdot (x + n + \delta)$$

Dijimos en el capítulo 1 que la estimación empírica de β cercana a 0,02 anual requiere que el valor de α sea cercano a 0,75, es decir, en el intervalo en el que la definición amplia de capital implica que los rendimientos decrecientes del capital se hacen presentes con lentitud. Valores bajos de $x+n+\delta$ disminuyen el valor necesario de α, pero los valores factibles provocan un valor de α bastante superior a 0,3, que correspondería a una definición restringida de capital físico.

En el caso de una tasa de ahorro variable, la ecuación (2.41) determina el efecto total de los diversos parámetros sobre la velocidad de convergencia. Lo novedoso de este caso concierne a la inclinación de la trayectoria temporal de la tasa de ahorro durante la transición. Si la tasa de ahorro disminuye al aumentar $\hat{k}$, la velocidad de convergencia será mayor, y viceversa. Por ejemplo, vimos anteriormente que un valor alto del parámetro de sustitución intertemporal θ hace más probable que la tasa de ahorro aumente al aumentar $\hat{k}$. A través de esta influencia un θ alto reduce la velocidad de convergencia β de la ecuación (2.41).

Si la tasa de preferencia temporal ρ aumenta, el nivel de la tasa de ahorro tiende a disminuir (véase la ecuación [2.34]). Sin embargo, el efecto sobre la velocidad de convergencia depende no del nivel de la tasa de ahorro sino de la tendencia de la tasa de ahorro a aumentar o a disminuir a medida que se desarrolla la economía. Por consiguiente, una ρ alta tiende a inclinar hacia abajo la trayectoria de la tasa de ahorro. La tasa efectiva de preferencia temporal es $\rho + \theta \cdot \dot{c}/c$. Dado que $\dot{c}/c$ está inversamente relacionado con $\hat{k}$, el efecto de ρ sobre la tasa efectiva de preferencia temporal es proporcionalmente menor cuánto menor es $\hat{k}$. En consecuencia, la tasa de ahorro tiende a disminuir menos cuánto menor es $\hat{k}$, y así la trayectoria temporal de la tasa de ahorro se inclina hacia abajo. Por consiguiente, una ρ mayor tiende a aumentar la magnitud de β de la ecuación (2.41).

Con una tasa de ahorro variable los parámetros δ y x tienden a aumentar β, al igual que lo hacían en el modelo Solow-Swan. El efecto total del parámetro n es incierto, pero tiende a ser pequeño en el intervalo relevante.[25]

El resultado básico, que se cumple con una tasa de ahorro constante o variable, es que para valores factibles de los otros parámetros, el modelo exige un valor de α alto, cercano a 0,75, para ajustarse a los datos empíricos de la velocidad de convergencia β. Podemos disminuir el valor necesario de α a 0,5-0,6 si suponemos que los valores de θ son muy altos (superiores a 10) junto con un valor de δ cercano a cero. Sin embargo, antes dijimos que valores muy altos de θ hacen que la tasa de ahorro de estado estacionario sea demasiado baja y un valor de δ próximo a cero es poco realista. Además, tal y como veremos más adelante, valores de α muy inferiores

25. La ecuación (2.41) implica que los efectos sobre β son inequívocamente negativos para α y positivos para δ. Nuestros cálculos indican que los efectos de los otros parámetros tienen los signos que hemos indicado siempre que los otros parámetros estén acotados dentro un intervalo razonable.

a 0,75 provocan predicciones que contradicen los datos empíricos en lo que respecta al comportamiento de transición del tipo de interés y del ratio capital-producto. En el capítulo 3 analizamos de qué manera los costes de ajuste de la inversión pueden frenar la tasa de convergencia, aunque esta ampliación no modifica las principales conclusiones.

Soluciones numéricas del sistema no lineal En esta sección evaluamos las propiedades de convergencia del modelo mediante un segundo enfoque, que utiliza métodos numéricos para resolver el sistema no lineal de ecuaciones diferenciales. Este enfoque evita los errores de aproximación inherentes a la linealización del modelo y proporciona unos resultados precisos para una especificación dada de los parámetros subyacentes. El inconveniente en este caso es la ausencia de una solución analítica. Tenemos que generar un nuevo conjunto de respuestas para cada especificación de los valores de los parámetros.

Podemos usar métodos numéricos a fin de obtener una solución global de un sistema no lineal de ecuaciones diferenciales. En el caso de una función de producción Cobb-Douglas, las tasas de crecimiento de $\hat{k}$ y $\hat{c}$ vienen dadas por las ecuaciones (2.24) y (2.25) como

$$\gamma_{\hat{k}} \equiv \dot{\hat{k}}/\hat{k} = A \cdot (\hat{k})^{\alpha-1} - (\hat{c}/\hat{k}) - (x + n + \delta) \tag{2.43}$$

$$\gamma_{\hat{c}} \equiv \dot{\hat{c}}/\hat{c} = (1/\theta) \cdot [\alpha A \cdot (\hat{k})^{\alpha-1} - (\delta + \rho + \theta x)] \tag{2.44}$$

Si precisamos los valores de los parámetros $(A, \alpha, x, n, \delta, \rho, \theta)$ y sabemos que la relación que existe entre $\hat{c}$ y $\hat{k}$ durante la trayectoria, es decir conocemos la *policy function* $\hat{c}(\hat{k})$, los métodos numéricos habituales para la resolución de ecuaciones diferenciales nos permitirán calcular la trayectoria temporal completa de $\hat{k}$ y $\hat{c}$. El apéndice matemático muestra cómo utilizar un procedimiento denominado *método de la eliminación temporal* para calcular numéricamente la *policy function*. (Véase también Mulligan y Sala-i-Martín, 1991.) Por ahora suponemos que ya hemos resuelto esa parte del problema.

Una vez que conocemos la *policy function* podemos calcular las trayectorias de todas las variables que nos interesan, incluido el coeficiente de convergencia, definido por $\beta = -d(\gamma_{\hat{k}})/d[\log(\hat{k})]$. (En el caso de una función Cobb-Douglas, el coeficiente de convergencia de $\hat{y}$ es el mismo que el de $\hat{k}$.) La ilustración 2.4 representa la relación entre β y $\hat{k}/\hat{k}^*$ cuando utilizamos los valores de referencia de los parámetros ($\delta = 0{,}05$, $x = 0{,}02$, $n = 0{,}01$, $\rho = 0{,}02$), $\theta = 3$ y $\alpha = 0{,}3$ ó $0{,}75$.[26] Para cada valor de α, β es una función decreciente con respecto a $\hat{k}/\hat{k}^*$; es decir, la velocidad de convergencia disminuye a medida que la economía se acerca al estado estacionario.[27] En el estado estacionario, donde $\hat{k}/\hat{k}^* = 1$, los valores de β (0,082 si

26. Para un valor dado de $\hat{k}/\hat{k}^*$, el parámetro A no afecta a β en el caso de una función de producción Cobb-Douglas.

27. Esta relación no se cumple de manera general. En concreto, β puede aumentar al aumentar $\hat{k}/\hat{k}^*$

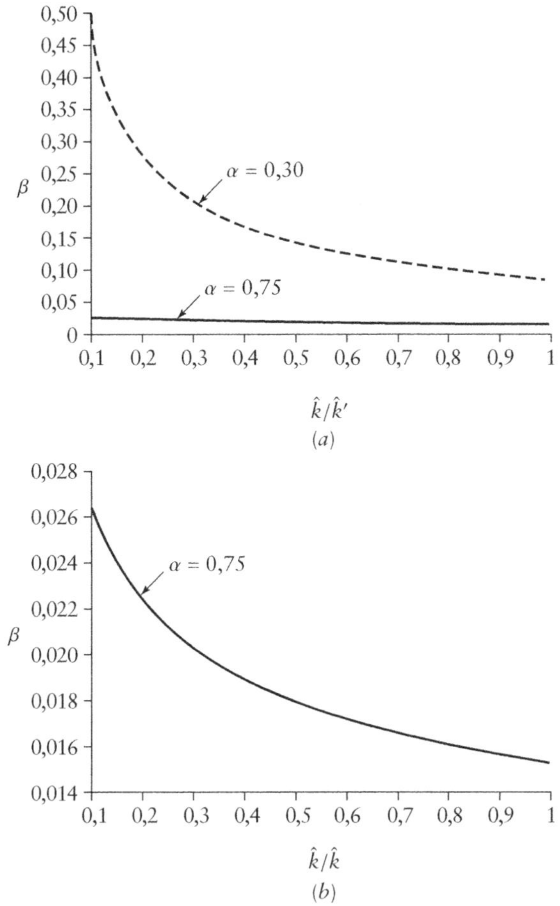

ILUSTRACIÓN 2.4 | Estimaciones numéricas de la velocidad de convergencia en el modelo de Ramsey. La velocidad exacta de convergencia (representada en el eje de ordenadas) es una función decreciente de la distancia al estado estacionario $\hat{k}/\hat{k}^*$ (representada en el eje de abscisas). El análisis parte de una función de producción Cobb-Douglas y los resultados se representan para dos valores de participación del capital, $\alpha = 0{,}30$ y $\alpha = 0{,}75$. El cambio de la velocidad de convergencia durante la transición es más pronunciado en el caso de menor participación del capital. El valor de la velocidad de convergencia β en el estado estacionario ($\hat{k}/\hat{k}^* = 1$) es el valor que calculamos analíticamente con una aproximación logarítmica lineal en las proximidades del estado estacionario (ecuación [2.41]).

$\alpha = 0{,}3$ y $0{,}015$ si $\alpha = 0{,}75$) son los que se deducen de la ecuación (2.41) para la linealización logarítmica en el entorno del estado estacionario.

Si $\hat{k}/\hat{k}^* < 1$, la ilustración 2.4 indica que β es superior a los valores que se deducen de la ecuación (2.41). Por ejemplo, si $\hat{k}/\hat{k}^* = 0{,}5$, $\beta = 0{,}141$ si $\alpha = 0{,}3$, y $0{,}018$ si $\alpha = 0{,}75$. Si $\hat{k}/\hat{k}^* = 0{,}1$, $\beta = 0{,}474$ si $\alpha = 0{,}3$, y $0{,}026$ si $\alpha = 0{,}75$. Así pues, si utilizamos el valor alto del coeficiente de participación del capital que preferimos, $\alpha = 0{,}75$, el coeficiente de convergencia β se sitúa entre 1,5 % y 3 % para un intervalo amplio de $\hat{k}/\hat{k}^*$. Este comportamiento es congruente con los

si θ es muy pequeño y α es muy grande, por ejemplo, si $\theta = 0{,}5$ y $\alpha = 0{,}95$.

datos empíricos analizados en los capítulos 11 y 12; hallamos que los coeficientes de convergencia no parecen superar este intervalo ni siquiera en aquellas economías que se encuentran muy alejadas de su estado estacionario. Por el contrario, si suponemos que $\alpha = 0{,}3$ cuando $\hat{k}$ es muy inferior a $\hat{k}^*$ el modelo predice erróneamente tasas de convergencia extremadamente altas.

Puesto que la velocidad de convergencia aumenta con respecto a la distancia al estado estacionario, las duraciones de la transición son más cortas que las halladas en el modelo linealizado. Podemos utilizar los resultados de la trayectoria temporal de $\hat{k}$ para calcular el periodo exacto que se requiere para cerrar un porcentaje concreto de la brecha inicial a $\hat{k}^*$. El gráfico *a* de la ilustración 2.5 muestra cómo la brecha entre $\hat{k}$ y $\hat{k}^*$ desaparece con el tiempo si la economía se encuentra inicialmente en $\hat{k}/\hat{k}^* = 0{,}1$ si $\alpha = 0{,}3$ y si $\alpha = 0{,}75$. A título de ejemplo, si $\alpha = 0{,}75$ se necesitan 38 años para cerrar el 50 % de la brecha, frente a los 45 años que estima la aproximación lineal.

El gráfico *b* de la ilustración 2.5 representa el nivel de consumo, expresado como $\hat{c}/\hat{c}^*$; en el gráfico *c* aparece el nivel de producción $\hat{y}/\hat{y}^*$; en el gráfico *d* aparece el nivel de inversión bruta $\hat{\imath}/\hat{\imath}^*$. Observe que para $\alpha = 0{,}75$ las trayectorias de $\hat{c}/\hat{c}^*$ e $\hat{y}/\hat{y}^*$ son similares, ya que la tasa de ahorro bruta y, en consecuencia, $\hat{c}/\hat{y}$ cambian en este caso en cantidades muy pequeñas (se analizará más adelante).

En el gráfico *e* aparece $\gamma_{\hat{y}}$, la tasa de crecimiento de $\hat{y}$. Para $\alpha = 0{,}3$ el modelo implica, contradiciendo los datos empíricos, que el valor inicial de $\gamma_{\hat{y}}$ (correspondiente a $\hat{k}/\hat{k}^* = 0{,}1$) es inverosímilmente alto, cercano al 15 % anual, lo que significa que γ_y es aproximadamente el 17 % anual. Este tipo de resultado llevó a King y Rebelo (1993) a considerar que el comportamiento de transición del modelo de Ramsey no era una aproximación razonable de las experiencias reales de crecimiento. Sin embargo, vemos que para $\alpha = 0{,}75$ el modelo predice con una mayor lógica que $\gamma_{\hat{y}}$ se situaría inicialmente en torno al 3,5 % anual, con lo que γ_y alcanzaría una cifra cercana al 5,5 % anual.

En el gráfico *f* aparece la tasa de ahorro bruto $s(t)$. A partir de los resultados analíticos anteriores para el caso de una función Cobb-Douglas, y dados los valores de referencia de los otros parámetros, sabemos que $s(t)$ disminuye monótonamente cuando $\alpha = 0{,}3$ y aumenta monótonamente cuando $\alpha = 0{,}75$. Para $\alpha = 0{,}3$ los resultados no se corresponden con los datos empíricos, ya que el modelo predice una disminución de $s(t)$ desde 0,28 en $\hat{k}/\hat{k}^* = 0{,}1$ hasta 0,22 en $\hat{k}/\hat{k}^* = 0{,}5$ y 0,18 en $\hat{k}/\hat{k}^* = 1$. Los niveles de la tasa de ahorro que predice también son improbablemente bajos para una definición amplia de capital. Por el contrario, para $\alpha = 0{,}75$ el aumento moderado de la tasa de ahorro a medida que la economía se desarrolla se ajusta bien a los datos empíricos. En este caso la tasa de ahorro aumenta desde 0,41 para $\hat{k}/\hat{k}^* = 0{,}1$ hasta 0,44 para $\hat{k}/\hat{k}^* = 0{,}5$ y 0,46 para $\hat{k}/\hat{k}^* = 1$. El nivel de tasa de ahorro que predice también es razonable si consideramos la definición amplia de capital.

En el gráfico *g* se observa el comportamiento del tipo de interés r. Observe que el tipo de interés de estado estacionario es $r^* = \rho + \theta x = 0{,}08$ y el producto marginal correspondiente $f'(\hat{k}^*) = r^* + \delta = 0{,}13$. Si consideramos la posición inicial $\hat{k}(0)/\hat{k}^* = 0{,}1$, como en la ilustración 2.5, la función de producción Cobb-Douglas implica

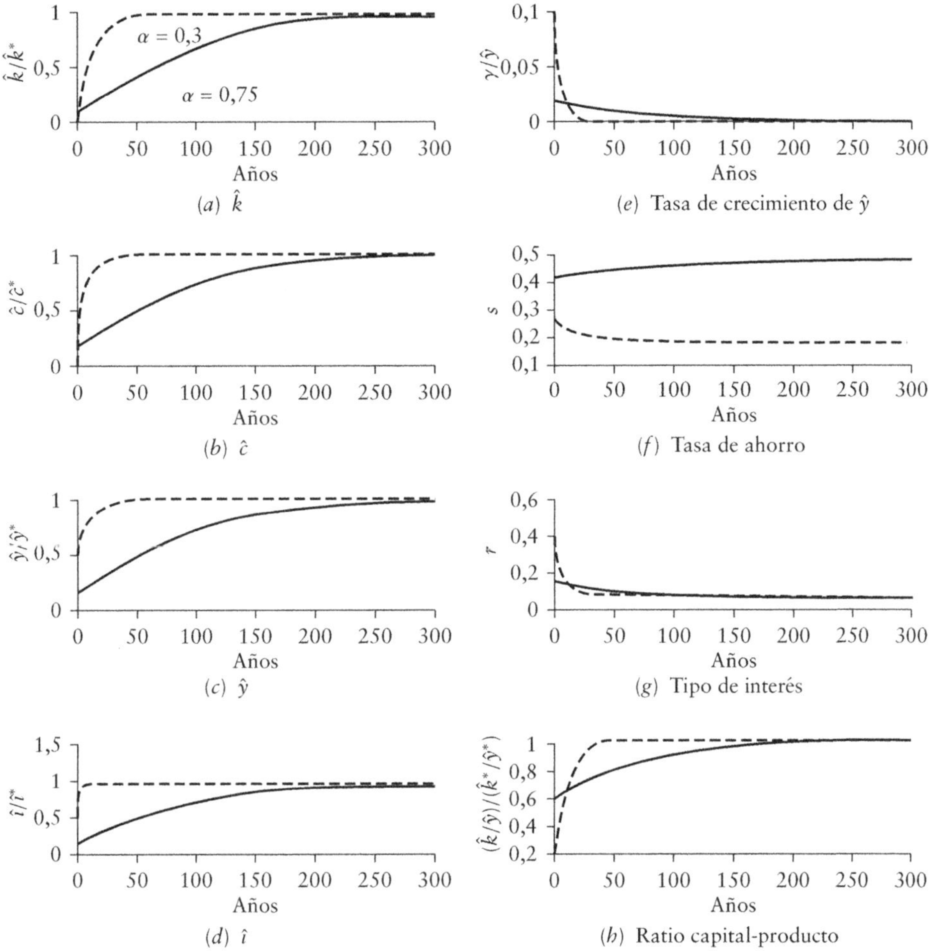

ILUSTRACIÓN 2.5 | Estimaciones numéricas de las trayectorias dinámicas del modelo de Ramsey. En los ocho gráficos aparecen las trayectorias dinámicas exactas de las ocho variables clave: los valores por unidad de trabajo efectivo del stock de capital, el consumo, la producción y la inversión, la tasa de crecimiento de la producción por trabajador efectivo, la tasa de ahorro, el tipo de interés y el ratio capital-producto. Las cuatro primeras variables y la última se representan como ratios respecto de sus valores de estado estacionario: así pues, cada una de las variables tiende asintóticamente a 1. El análisis parte de una tecnología de producción Cobb-Douglas, donde la línea de puntos de cada gráfico corresponde a $\alpha = 0{,}30$ y la línea continua a $\alpha = 0{,}75$. Los otros parámetros se tratan en el texto. En cada caso se acepta el supuesto de que el capital inicial por trabajador efectivo es una décima parte de su valor de estado estacionario.

$$f'[\hat{k}(0)]/f'(\hat{k}^*) = [\hat{k}(0)/\hat{k}^*]^{\alpha-1} = (10)^{1-\alpha}$$

Así pues, para $\alpha = 0{,}3$ obtenemos $f'[\hat{k}(0)] = 5 \cdot f'(\hat{k}^*) = 0{,}55$. En otras palabras, con un coeficiente de participación del capital próximo a 0,3, el tipo de interés inicial (en $\hat{k}[0]/\hat{k}^* = 0{,}1$) alcanzaría el 60 %, un valor inverosímilmente alto. Esta predicción con respecto al tipo de interés, que también contradice los datos empíricos, fue otro de los motivos que llevaron a King y Rebelo (1993) a rechazar la dinámica de transición del modelo de Ramsey. Sin embargo, si establecemos el supuesto de que el coeficiente de participación del capital es $\alpha = 0{,}75$, obtenemos $f'[\hat{k}(0)] = 1{,}8 \cdot f'(\hat{k}^*) = 0{,}23$, con lo que $r(0)$ toma el valor del 18 %, una cifra más razonable.

En el último gráfico de la ilustración 2.5 aparece el comportamiento del ratio capital-producto $(\hat{k}/\hat{y})$ expresado en relación a $(\hat{k}^*/\hat{y}^*)$. Kaldor (1963) afirmaba que este ratio variaba relativamente poco durante el transcurso del desarrollo económico y Maddison (1982, capítulo 3) apoyaba esta idea. Sin embargo, estas observaciones utilizan la definición restringida de capital físico, mientras que nuestro modelo adopta un enfoque más amplio que incluye el capital humano. Los datos de países muestran que aquellos que tienen PIB real per cápita más alto tienden a tener ratios más elevados de capital humano, en forma de nivel educativo, respecto del capital físico (véase Judson, 1998). Esta observación parece indicar que el ratio de capital humano con respecto al capital físico tendería a aumentar durante la transición hacia niveles de PIB real per cápita más altos (véase el capítulo 5 en el que se expone una explicación teórica de este comportamiento). Si el ratio de capital físico con respecto al producto permanece relativamente estable, el ratio capital-producto con una definición amplia de capital aumentaría durante la transición.

Con una función de producción Cobb-Douglas el ratio capital-producto es $\hat{k}/\hat{y} = (1/A) \cdot \hat{k})^{(1-\alpha)}$. Si $\alpha = 0{,}3$, un incremento de $\hat{k}$ de 10 veces su valor, provocaría un incremento de $\hat{k}/\hat{y}$ de 5 veces su valor, algo que se aleja considerablemente de las variaciones observadas en $\hat{k}/\hat{y}$ durante largos periodos de desarrollo económico. Por el contrario, si $\alpha = 0{,}75$, un incremento de $\hat{k}$ de 10 veces su valor, provocaría un incremento de $\hat{k}/\hat{y}$ de 1,8 veces su valor. Con una definición amplia de capital este comportamiento parece razonable.

La principal lección del análisis de las trayectorias temporales de la ilustración 2.5 radica en que la dinámica de transición del modelo de Ramsey con un coeficiente α de participación del capital tradicional en torno al 0,3 no proporciona una buena descripción de diversos aspectos del desarrollo económico. Para una economía que inicialmente se sitúa muy lejos de su posición de estado estacionario, las predicciones inadecuadas incluyen una velocidad de convergencia excesiva, tipos de interés y tasas de crecimiento inviablemente altas, una tasa de ahorro bruto que disminuye muy deprisa y grandes incrementos en el tiempo del ratio capital-producto. Todas estas deficiencias desaparecen si consideramos una definición amplia de capital y, en consecuencia, aceptamos el supuesto de un coeficiente α de participación del capital alto, en torno a 0,75. Este valor de α, junto con valores factibles de los restantes parámetros del modelo, produce predicciones que se ajustan bien a las experiencias empíricas de crecimiento que estudiamos en los capítulos 11 y 12.

2.6.7. Heterogeneidad de los hogares

Hasta ahora nuestro análisis ha partido de un único hogar como agente representativo del conjunto de la economía. Se acepta el supuesto de que las decisiones de consumo y ahorro del agente representativo equivalen al comportamiento del agente medio de una economía compleja formada por muchas familias. La cuestión pertinente radica en si el comportamiento de este hogar "representativo" o "medio" es de verdad equivalente al comportamiento que obtendríamos si promediáramos el comportamiento de muchas familias heterogéneas.

Caselli y Ventura (2000) han ampliado el modelo de Ramsey para introducir diversas formas de heterogeneidad de los hogares.[28] De acuerdo a su análisis, suponemos que la economía está formada por J hogares de igual tamaño, cada uno de los cuales forma una familia con horizonte temporal ilimitado. La población de cada hogar y, en consecuencia, la población total crece a la tasa constante n. Las ecuaciones (2.1) y (2.10) siguen representando las preferencias de cada hogar y los parámetros ρ y θ son los mismos para todos los hogares. En este caso, lo más sencillo es permitir diferencias entre los hogares en lo que respecta a los activos iniciales y la productividad del trabajo.

Llamemos $a_j(t)$ y π_j respectivamente a los activos per cápita y al nivel de productividad del hogar j-ésimo. El salario pagado al hogar j-ésimo es $\pi_j w$, donde w es el salario promedio de la economía y π_j es constante, y lo hemos normalizado de manera que el valor promedio de π_j sea igual a 1.

La restricción presupuestaria de cada hogar es idéntica a la de la ecuación (2.3)

$$\dot{a}_j = \pi_j \cdot w + ra_j - c_j - na_j \tag{2.45}$$

En esta versión, cada hogar podría tener un valor distinto de activos iniciales $a_j(0)$. La tasa de crecimiento óptima del consumo per cápita de cada hogar cumple las habituales condiciones de primer orden de la ecuación (2.9):

$$\dot{c}_j / c_j = (1/\theta) \cdot (r - \rho) \tag{2.46}$$

Como se hizo en el análisis de la primera sección de este capítulo, puede obtenerse el nivel de consumo per cápita de cada hogar resolviendo la ecuación diferencial de c_j y utilizando la condición de transversalidad (de la ecuación [2.12]). El resultado, equivalente a la ecuación (2.15), es

$$c_j = \mu \cdot (a_j + \pi_j \tilde{w}) \tag{2.47}$$

donde μ es la propensión al consumo respecto de los activos (expresada en la ecuación [2.16]) y $\tilde{w}$ es el valor actual del salario promedio de la economía.

El valor de los activos per cápita del conjunto de la economía es $a = (\frac{1}{\mathcal{J}}) \cdot \sum_1^{\mathcal{J}} a_j$ y el valor del consumo per cápita del conjunto de la economía es $c = (\frac{1}{\mathcal{J}}) \cdot \sum_1^{\mathcal{J}} c_j$. Puesto que la tasa de crecimiento de la población es la misma para todos los hogares, la agregación es sencilla: primero se calcula el sumatorio de la ecuación (2.45) para los $\mathcal{J}$ hogares y después se divide entre $\mathcal{J}$ para calcular la restricción presupuestaria de la economía:

$$\dot{a} = w + ra - c - na \tag{2.48}$$

Esta restricción presupuestaria es idéntica a la ecuación (2.3).

28. Stiglitz (1969) construyó un modelo con heterogeneidad de los hogares sujeto a una variedad de funciones de ahorro no optimizadoras.

También podemos agregar la función de consumo de los hogares, es decir la ecuación (2.47), a fin de obtener el valor de consumo por persona de la economía:

$$c = \mu \cdot (a + \tilde{w}) \tag{2.49}$$

Esta relación es idéntica a la ecuación (2.15).

Por último, a partir de las ecuaciones (2.48) y (2.49) podemos obtener

$$\dot{c}/c = (1/\theta) \cdot (r - \rho) \tag{2.50}$$

que es la condición habitual del crecimiento del consumo de la economía. Esta descripción del comportamiento agregado de los hogares, es decir las ecuaciones (2.48) y (2.49), al combinarse con el análisis habitual de las empresas competitivas, se convierte en el modelo estándar de Ramsey. Así pues, el modelo que incluye heterogeneidad en los activos iniciales y en la productividad de los trabajadores tiene las mismas implicaciones macroeconómicas que el modelo habitual del agente representativo. En otras palabras, si las diferencias entre los hogares de la economía radican en su nivel de riqueza o productividad y si sus preferencias son ESIC con tasas de descuento y parámetros idénticos, en tal caso el consumo, los activos, la renta y el capital promedios de los hogares se comportan exactamente igual que los del hogar representativo. Así pues, el modelo del agente representativo aporta una descripción correcta de las variables promedio de una economía formada por agentes heterogéneos como los mencionados.

Además de apoyar el uso del modelo de agente representativo, la ampliación del modelo para incluir la heterogeneidad también permite un estudio de la evolución de la desigualdad. La ecuación (2.46) implica que cada hogar elige la misma tasa de crecimiento del consumo. En consecuencia, el consumo relativo c_j/c no varía en el tiempo.

El modelo implica una dinámica de los activos relativos a_j/a. Las ecuaciones (2.45), (2.47), (2.48) y (2.49) implican que los activos relativos varían de acuerdo a

$$\frac{d}{dt}\left(\frac{a_j}{a}\right) = \frac{(w - \mu\tilde{w})}{a} \cdot \left(\pi_j - \frac{a_j}{a}\right) \tag{2.51}$$

Podemos demostrar que en el estado estacionario (en el que w crece a la tasa x y $r = \rho + \theta x$) se cumple la relación $w = \mu\tilde{w}$. Así pues, las posiciones de los activos relativos permanecen constantes en el estado estacionario. Fuera del estado estacionario, la ecuación (2.51) implica que la posición de los activos relativos no varía en el tiempo para el hogar cuya productividad relativa del trabajo π_j sea tan alta como su posición de activos relativos a_j/a. Para otro tipo de hogares el comportamiento dependerá del signo de $w - \mu\tilde{w}$. Suponga que $w > \mu\tilde{w}$. En líneas generales, esta condición establece que la propensión a ahorrar una parte de la renta salarial (permanente) es positiva. En ese caso, la ecuación (2.51) implica que en el transcurso del tiempo a_j/a aumentará o disminuirá dependiendo de si la productividad relativa del trabajo es superior o no a la posición de los activos relativos, π_j >(o <) a_j/a. Así pues, se cumplirá un patrón de convergencia por el que los activos relativos se desplazarán hacia la productividad relativa. Sin embargo, en caso de que $w<\mu\tilde{w}$ se cumplirá el patrón opuesto. Fuera del estado estacionario, el signo de $w-\mu\tilde{w}$ depende de la relación de los tipos de interés con las tasas de crecimiento de los salarios, y esta relación es ambigua. Así pues, el modelo no establece predicciones claras en lo que respecta al movimiento de a_j/a durante la transición.

Caselli y Ventura (2000) también consideraron un tipo de heterogeneidad en las preferencias de los hogares. Establecieron el supuesto de que las preferencias conllevaban una función de felicidad $u(c+\beta_j g)$, donde g es un servicio público. El parámetro $\beta_j>0$ indica el valor que el hogar j-ésimo atribuye a dicho servicio público. La variable g también podría representar los servicios que los hogares obtienen de forma gratuita del medio ambiente, por ejemplo, al contemplar el cielo. El resultado principal de esta ampliación radica en que la agregación de los comportamientos individuales sigue concordando con el modelo del agente representativo, en el sentido de que las variables promedio de la economía, a y c, evolucionan de igual manera que lo harían con un único agente que tuviera los valores promedio de activos iniciales, productividad laboral y preferencias. En este sentido, los resultados del modelo de Ramsey son coherentes con esta ampliación en la que se introducen preferencias heterogéneas.

2.7. Tasas de preferencia temporal no constantes

La mayor parte de los modelos macroeconómicos básicos, incluido el modelo neoclásico de crecimiento que hemos analizado, se basa en el supuesto de que los hogares tienen una tasa de preferencia ρ constante. Sin embargo, la base lógica de este supuesto no está clara.[29] Quizás la razón de esta falta de claridad sea que el motivo por el que los individuos tienen preferencia temporal positiva tampoco está muy claro.

Ramsey (1928, p. 543) prefiere utilizar una tasa de preferencia temporal igual a cero. Justifica este enfoque en un contexto normativo diciendo "no descontamos disfrutes posteriores en comparación con los anteriores, una práctica que es éticamente indefendible". De manera semejante, Fisher (1930, capítulo 4) argumenta que la preferencia temporal, o impaciencia como él prefiere denominarla, refleja principalmente la falta de previsión y autocontrol del individuo. Un motivo por el que los economistas no han aceptado una tasa de preferencia temporal nula radica en que provoca dificultades en el equilibrio a largo plazo: en concreto, la condición de transversalidad del modelo que hemos analizado requiere la desigualdad $\rho>x\cdot(1-\theta)+n$, que es positiva si $\theta<1+(n/x)$. Así pues, la mayoría de los análisis aceptan el supuesto de una tasa de preferencia temporal positiva, aunque constante. Como se sabe desde Strotz (1936), y gracias a los estudios de Pollak (1968) y Goldman (1980), "y como mucho antes lo entendió el propio Ramsey (1928)"[30],

29. Véase Koopmans (1960) y Fishburn y Rubinstein (1982) para un cálculo axiomático de la tasa de preferencia temporal constante.

30. En la parte de su análisis en la que tiene en cuenta la preferencia temporal, Ramsey (1928, p. 439) dice "Suponiendo la tasa de descuento constante, [quiero decir que] el valor actual de un disfrute en un momento futuro se obtendrá descontando dicho disfrute a la tasa ρ... Éste es el único supuesto que

la no constancia de la tasa de preferencia temporal puede provocar un problema de coherencia temporal. Este problema surge del hecho de que la valoración relativa de los flujos de utilidad en distintos momentos varía a medida que el momento de planificación varía. En este contexto, las decisiones de consumo definitivas son normalmente distintas de las adoptadas secuencialmente, teniendo en cuenta la manera en la que se determina el consumo futuro. Por lo tanto, la tecnología del momento de la decisión definitiva del consumo influye en los resultados.

Laibson (1997a, 1997b), impulsado en parte por su propia reflexión, y en parte por resultados experimentales, ha hecho observaciones muy convincentes en lo que respecta a la manera en que varían las tasas de preferencia temporal.[31] Afirma que los individuos tienen un alto grado de impaciencia en lo que respecta al consumo de hoy en relación al de mañana, pero que en relación a decisiones más lejanas en el tiempo son mucho más pacientes, por ejemplo, entre los próximos 365 y 366 días. Así pues, las tasas de preferencia temporal serían muy altas a corto plazo, pero mucho más bajas a largo plazo, vistas desde el día de hoy. Teniendo en cuenta estos puntos de vista y los datos empíricos, es importante plantear si los economistas podemos seguir dependiendo de la versión estándar del modelo neoclásico de crecimiento (la analizada en este capítulo) como el modelo básico de la macroeconomía dinámica.

Para evaluar este problema, seguimos el procedimiento de Barro (1999) y modificamos la función de utilidad de la ecuación (2.1) convirtiéndola en

$$U(\tau) = \int_{\tau}^{\infty} u[c(t)] \cdot e^{-[\rho\cdot(t-\tau)+\phi(t-\tau)]}\, dt \tag{2.52}$$

donde τ representa la fecha actual y $\phi(t-\tau)$ es la función que recoge los aspectos de la preferencia temporal que no pueden ser descritos por el factor exponencial habitual $e^{-\rho\cdot(t-\tau)}$. Por sencillez, comenzamos con el caso en el que el crecimiento demográfico es cero, $n = 0$, con lo que el término $e^{n\cdot(t-\tau)}$ no aparece en la ecuación (2.52). Aceptamos el supuesto de que la función de felicidad tiene la forma habitual, la de la ecuación (2.10):

$$u(c) = \frac{c^{(1-\theta)} - 1}{(1-\theta)}$$

Se acepta el supuesto de que el nuevo término de preferencia temporal $\phi(t-\tau)$, al igual que el factor habitual de preferencia temporal, depende únicamente de la distancia en el tiempo $t-\tau$.[32] Podemos normalizarlo, obteniendo $\phi(0) = 0$.

---

podemos establecer, sin contradecir nuestra hipótesis fundamental de que las sucesivas generaciones actúan con el mismo sistema de preferencias. Porque, si tenemos una tasa de descuento variable, por ejemplo una tasa de descuento superior para los primeros cincuenta años, nuestra preferencia por los disfrutes de 2000 D.C. en relación a los de 2050 D.C. se calcularía a la tasa inferior, mientras que la de los que vivan en el año 2000 D.C. sería a una tasa superior".

31. Para un análisis de las pruebas empíricas, véase Thaler (1981), Ainslie (1992) y Loewenstein y Prelec (1992).

32. La función de utilidad puede ampliarse incluyendo la fecha cronológica t, la edad del hogar y otras características del ciclo vital, sin que eso afecte a los resultados básicos.

También suponemos que la función $\phi(\cdot)$ es continua y se puede derivar dos veces. La expresión $\rho+\phi'(v)$ proporciona la tasa instantánea de preferencia temporal en la distancia temporal $v=t-\tau\geq 0$. Se acepta que posee las siguientes propiedades, siguiendo a Laibson (1997a), $\phi'(v)\geq 0, \phi''(v)\leq 0$ y $\phi'(v)$ tiende a cero cuando v tiende a infinito. Estas propiedades entrañan que la tasa de preferencia temporal, expresada por $\rho+\phi'(t-\tau)$, es alta a corto plazo pero aproximadamente constante en el futuro lejano, a un valor más bajo ρ. Con estas preferencias, los consumidores son impacientes en lo que respecta a consumir justo ahora, pero no son cortos de miras en el sentido de no tener en cuenta las consecuencias a largo plazo. El análisis acepta que en la toma de decisiones no se dan fallos de este tipo.

Excepto en la modificación de la tasa de preferencia temporal, el modelo no cambia, incluyendo la especificación de la función de producción y el comportamiento de las empresas. Por conveniencia, comenzamos con el caso de cambio tecnológico nulo, $x=0$.

2.7.1. Resultados con decisiones definitivas del consumo

Las condiciones de optimización de primer orden de la trayectoria del consumo del hogar $c(t)$ serían sencillas si la trayectoria completa del consumo presente y futuro pudiera elegirse de manera definitiva en el momento presente τ. En concreto, la ecuación (2.11), expresión de la tasa de crecimiento del consumo, se transformaría en

$$\dot{c}/c=(1/\theta)\cdot[r(t)-\rho-\phi'(t-\tau)] \tag{2.53}$$

para $t>\tau$. La novedad radica en que a ρ se le añade el término $\phi'(t-\tau)$. La ecuación (2.53) puede ser interpretada como resultante de perturbaciones, por las que el consumo desciende en cierto momento y aumenta en otro momento, incluso en un momento inmediato, mientras que los restantes factores que influyen en el consumo se mantienen constantes.

Dadas las propiedades de $\phi(\cdot)$, $\rho+\phi'(t-\tau)$ se situaría inicialmente en un valor alto y disminuiría tendiendo a ρ a medida que $t-\tau$ tiende a infinito. Así pues, la tasa de preferencia temporal en el estado estacionario sería ρ, y el estado estacionario del modelo coincidiría con el análisis anterior. Los nuevos resultados atañerían a la transición, durante la que las tasas de preferencia temporal serían superiores a ρ, pero decrecientes en el tiempo.

Un problema provocado por esta solución radica en que el momento presente τ es arbitrario, y en la situación típica la posibilidad de tomar decisiones de consumo definitivas no surge en ese momento. Si fuese posible decidir para siempre el consumo, muy probablemente esta posibilidad habría existido en el pasado, quizás incluso en el pasado infinito. En este último caso, los valores presentes y todos los valores futuros del consumo habrían sido fijados con anterioridad y τ sería en realidad menos infinito, con lo que $\phi'(t-\tau)$ sería igual a cero para todo $t\geq 0$. Así pues, la tasa de preferencia temporal sería igual a ρ para todo $t\geq 0$, y los resultados estándar del modelo de Ramsey se aplicarían a todos los casos y no únicamente al estado estacionario.

El principal problema es que la fijación de decisiones futuras de $c(t)$ es problemática. Así pues, en la siguiente sección se busca la solución a falta de una tecnología que fije el consumo futuro. En este marco, en el momento τ el hogar sólo puede determinar el flujo instantáneo de consumo $c(\tau)$.

2.7.2. Resultados con decisiones secuenciales del consumo con función de utilidad logarítmica

En general, la condición de primer orden de la ecuación (2.53) no se cumplirá si no hay fijación del consumo, ya que es imposible que el hogar pueda tener en cuenta las perturbaciones sobre las que se basa la condición. En concreto, el hogar no podrá comprometerse a disminuir $c(\tau)$ en el momento τ e incrementar $c(t)$ en algún momento futuro, mientras mantiene fijo el consumo en los restantes momentos. Por el contrario, el hogar tendrá que estimar de qué manera su elección de $c(\tau)$ en el momento τ modificará su stock de activos y cómo afectará esta variación de activos a las elecciones de consumo de fechas futuras.

Primero calcularemos la solución completa en ausencia de decisiones definitivas del consumo futuro con una función utilidad logarítmica, donde $\theta = 1$. Los resultados de estado estacionario para θ en general se tratan en la siguiente sección. Los resultados durante la transición para θ en general son más complicados, pero algunos de ellos se tratan más tarde.

Considere la elección $c(t)$ en el momento τ como el flujo constante $c(\tau)$ en el pequeño intervalo discreto $[\tau, \tau + \epsilon]$. Si la amplitud del intervalo ϵ tiende a cero generará resultados en momentos continuos de tiempo. La integral completa de los flujos de utilidad de la ecuación (2.52) puede dividirse en dos partes

$$\begin{aligned} U(\tau) &= \int_{\tau}^{\tau+\epsilon} \log[c(t)] \cdot e^{-[\rho\cdot(t-\tau)+\phi(t-\tau)]}\, dt + \int_{\tau+\varepsilon}^{\infty} \log[c(t)] \cdot e^{-[\rho\cdot(t-\tau)+\phi(t-\tau)]}\, dt \\ &\approx \epsilon \cdot \log[c(\tau)] + \int_{\tau+\epsilon}^{\infty} \log[c(t)] \cdot e^{-[\rho\cdot(t-\tau)+\phi(t-\tau)]}\, dt \qquad (2.54) \end{aligned}$$

donde la aproximación surge de considerar $e^{-[\rho\cdot(t-\tau)+\phi(t-\tau)]}$ igual a uno en el intervalo $[\tau, \tau+\epsilon]$. Esta aproximación es exacta en el equilibrio ya que ϵ tiende a cero. Observe que se supone función de utilidad logarítmica.[33]

El consumidor puede elegir $c(\tau)$ y por tanto el ahorro del momento τ. Esta elección afecta a $c(t)$ para $t \geq \tau + \epsilon$, ya que afecta al stock de activos $k(\tau + \epsilon)$ del que se dispone en el momento $\tau + \epsilon$. (Por conveniencia suponemos que hay igualdad entre los activos per cápita $a[t]$ y el stock de capital per cápita $k[t]$.) Para calcular el $c(\tau)$ óptimo el hogar tiene que saber, en primer lugar, la relación que existe entre $c(\tau)$ y $k(\tau+\epsilon)$ y, en segundo lugar, la relación que existe entre $k(\tau+\epsilon)$ y las decisiones de $c(t)$ para $t \geq \tau + \epsilon$.

La primera parte del problema es sencilla. La restricción presupuestaria del hogar es

33. Pollak (1968, sección 2) calcula los resultados con una utilidad logarítmica en un horizonte finito y con tipo de interés cero.

$$\dot{k}(t) = r(t) \cdot k(t) + w(t) - c(t) \tag{2.55}$$

Para un stock inicial de activos dado $k(\tau)$ el stock en el momento $\tau + \epsilon$ viene determinado por

$$k(\tau + \epsilon) \approx k(\tau) \cdot [1 + \epsilon \cdot r(\tau)] + \epsilon \cdot w(\tau) - \epsilon \cdot c(\tau) \tag{2.56}$$

La aproximación proviene de obviar los términos de orden ϵ^2 del intervalo $(\tau, \tau + \epsilon)$, y considerar constantes las variables $r(t)$ y $w(t)$ en dicho intervalo. Estos supuestos son correctos en el equilibrio cuando ϵ tiende a cero. El resultado que se obtiene de la ecuación (2.56) es

$$d[k(\tau + \epsilon)]/d[c(\tau)] \approx -\epsilon \tag{2.57}$$

Así pues, un mayor consumo hoy significa menos activos en el siguiente momento del tiempo.

El cálculo más difícil atañe a la relación entre $k(\tau + \epsilon)$ y $c(t)$ para $t \geq \tau + \epsilon$, es decir, la propensión a consumir respecto de la riqueza. En el modelo estándar con función de utilidad logarítmica y a partir de las ecuaciones (2.15) y (2.16) sabemos que, debido a que los efectos renta y sustitución relacionados con la trayectoria de los tipos de interés se anulan, el consumo es una fracción constante de la riqueza.

$$c(t) = \rho \cdot [k(t) + \tilde{w}(t)]$$

donde $\tilde{w}(t)$ es el valor actual de los salarios. Con este fundamento, resulta razonable la conjetura de que los efectos renta y sustitución asociados a los tipos de interés seguirían anulándose en el caso de función de utilidad logarítmica, aunque la tasa de preferencia temporal sea variable y no se fije definitivamente el consumo futuro. Sin embargo, la constante de proporcionalidad, denominada λ, no tiene por qué ser igual a ρ. Así pues, la conjetura correcta es que el consumo viene dado por

$$c(t) = \lambda \cdot [k(t) + \tilde{w}(t)] \tag{2.58}$$

para $t \geq \tau + \epsilon$ y una λ constante > 0.[34]

En el marco de esta conjetura, se puede comprobar que $c(t)$ crece a la tasa $r(t) - \lambda$ para $t \geq \tau + \epsilon$. Así pues, para todo $t \geq \tau + \epsilon$ el consumo viene determinado por

$$\log[c(t)] = \log[c(\tau + \epsilon)] + \int_{\tau+\epsilon}^{t} r(v)\,dv - \lambda \cdot (t - \tau - \epsilon)$$

34. Phelps y Pollak (1968, sección 4) utilizan una hipótesis similar para calcular un equilibrio de Cournot-Nash de su problema. Establecen el supuesto de utilidad isoelástica y tecnología lineal, de manera que la tasa de rendimiento es constante. La última propiedad es esencial, ya que si la tasa de rendimiento es variable en el tiempo el consumo no es una fracción constante de la riqueza (excepto en el caso de que $\theta = 1$). La tecnología lineal también elimina cualquier dinámica de transición, con lo que la economía se encuentra siempre en una situación de crecimiento de estado estacionario.

En consecuencia, la expresión de la utilidad de la ecuación (2.54) puede expresarse de la siguiente manera

$$U(\tau) \approx \epsilon \cdot \log[c(\tau)] + \log[c(\tau+\epsilon)] \cdot \int_{\tau+\epsilon}^{\infty} e^{-[\rho\cdot(t-\tau)+\phi(t-\tau)]}\,dt$$

$$+ \text{los términos que son independientes de la trayectoria de } c(t) \tag{2.59}$$

Definamos la integral

$$\Omega(\epsilon) \equiv \int_{\epsilon}^{\infty} e^{-[\rho v+\phi(v)]}\,dv \tag{2.60}$$

El efecto marginal de $c(\tau)$ sobre $U(\tau)$ puede calcularse de la siguiente manera

$$\frac{d[U(\tau)]}{d[c(\tau)]} \approx \frac{\epsilon}{c(\tau)} + \frac{\Omega(\epsilon)}{c(\tau+\epsilon)} \cdot \frac{d[c(\tau+\epsilon)]}{d[k(\tau+\epsilon)]} \cdot \frac{d[k(\tau+\epsilon)]}{dc(\tau)}$$

La última derivada es igual a $-\epsilon$, a partir de la ecuación ([2.57], y la penúltima es igual a λ, según la solución de la ecuación (2.58). Por lo tanto, si igualamos a cero $d[U(\tau)]/d[c(\tau)]$

$$c(\tau) = \frac{c(\tau+\epsilon)}{\lambda \cdot \Omega(\epsilon)}$$

Si esta solución es correcta, $c(\tau+\epsilon)$ tiene que tender a $c(\tau)$ cuando ϵ tiende a cero. En caso contrario, $c(t)$ se caracterizaría por tener saltos en todos los momentos del tiempo, y la respuesta sería incorrecta. El único valor de λ que cumple esta correspondencia se deduce de inmediato y es

$$\lambda = 1/\Omega = \frac{1}{\int_0^{\infty} e^{-[\rho v+\phi(v)]}\,dv} \tag{2.61}$$

donde utilizamos la notación $\Omega \equiv \Omega(0)$.

Resumiendo, la solución al problema del consumo del hogar con función de utilidad logarítmica es que $c(t)$ es una fracción λ de la riqueza de cada fecha, donde λ es la constante definida en la ecuación (2.61). La solución es coherente en el tiempo ya que, si en todos los momentos futuros $c(t)$ se elige de esta manera, el consumo que se decida de esta manera en el momento presente será óptimo.[35]

---

35. Este enfoque proviene de la ecuación (2.61) como un equilibrio de Cournot-Nash, pero no muestra que el equilibrio sea único. En un modelo de tiempo discreto con horizonte finito, como el utilizado por Laibson (1996), es fácil de demostrar esta característica de equilibrio único. En el periodo final, el hogar consume la totalidad de sus activos y la solución única para cada uno de los periodos anteriores puede calcularse yendo hacia atrás secuencialmente a partir del periodo final. Este resultado se cumple siempre y cuando $u(c)$ sea cóncava y no sólo para utilidad isoelástica. El resultado único también se cumple si la duración del periodo tiende a cero (para conseguir un tiempo continuo) y si la longitud del horizonte

El análisis de la ecuación (2.61) revela que $\lambda = \rho$ en el caso estándar del modelo de Ramsey, en el que $\phi(v) = 0$ para todo v. Para evaluar las repercusiones generales de $\phi(v)$ sobre λ, nos es útil expresar la ecuación (2.61) de la siguiente manera

$$\lambda = \frac{\int_0^\infty e^{-[\rho v + \phi(v)]} \cdot [\rho + \phi'(v)]\, dv}{\int_0^\infty e^{-[\rho v + \phi(v)]}\, dv} \tag{2.62}$$

Puesto que el numerador de la ecuación (2.62) es igual a uno,[36] esta ecuación equivale a la ecuación (2.61).

La expresión de la ecuación (2.62) nos es útil porque muestra que λ es el promedio ponderado independiente del tiempo de las tasas de preferencia temporal instantáneas $\rho + \phi'(v)$. Puesto que $\phi'(v) \geq 0$, $\phi''(v) \leq 0$ y $\phi'(v) \to 0$ cuando $v \to \infty$, se deduce que

$$\rho \leq \lambda \leq \rho + \phi'(0) \tag{2.63}$$

Es decir, λ toma un valor intermedio entre la tasa de preferencia temporal a largo plazo ρ y la tasa instantánea a corto plazo $\rho + \phi'(0)$.

La determinación de la tasa efectiva de preferencia temporal puede hacerse especificando la forma de $\phi(v)$. Laibson (1997a) propone una "cuasi-hipérbola" en un periodo discreto, por lo que $\phi(v) = 0$ en el periodo presente y $e^{-\phi(v)} = \beta$ en cada uno de los periodos posteriores, donde $0 < \beta \leq 1$. (Phelps y Pollak, 1968, también utilizan esta forma.) En esta especificación, el factor de descuento entre hoy y mañana incluye el factor $\beta \leq 1$. Este factor no aparece entre ningún par de periodos futuros consecutivos. Laibson afirma que β sería considerablemente menor que la unidad en un periodo anual, quizás entre un medio y dos tercios.

Este caso de cuasi-hipérbola puede utilizarse en un contexto de tiempo continuo si se especifica que

$$\phi(v) = 0 \text{ para } 0 \leq v \leq V, \qquad e^{-\phi(v)} = \beta \text{ para } v > V \tag{2.64}$$

para ciertos $V > 0$, donde $0 < \beta \leq 1$. [Con esta especificación, $\phi'(v)$ es igual a infinito en $v = V$, y es igual a cero en cualquier otro caso.] Laibson propone una V pequeña, con lo que se cumpliría la condición $\rho V \ll 1$.

Si sustituimos la ecuación (2.64) en la expresión de Ω de la ecuación (2.60) llegamos a (cuando $\epsilon = 0$)

---

es arbitrariamente grande. Sin embargo, Laibson (1994) utiliza un enfoque explícito de teoría de juegos para demostrar la posibilidad de que el equilibrio no fuera único en el caso de un horizonte infinito. La existencia de equilibrios múltiples depende de los castigos que sancionen las desviaciones pasadas de las decisiones de consumo con relación a los valores designados, y este tipo de equilibrios dejan de existir si el horizonte es finito. Nuestro análisis del caso de horizonte infinito no tiene en cuenta este tipo de equilibrios.

36. Utilice el cambio de variable $z = e^{-[\rho v + \phi(v)]}$.

$$\Omega = (1/\rho) \cdot [1 - (1-\beta) \cdot e^{-\rho V}]$$

Cuando V tiende a infinito, Ω tiende a $1/\rho$, que corresponde al caso del modelo de Ramsey. La condición $\rho V \ll 1$ implica que la expresión de Ω se simplifica en β/ρ, como aproximación, con lo que

$$\lambda \approx \rho/\beta \tag{2.65}$$

Si β es un valor intermedio entre un medio y dos tercios, λ se encuentra entre 1,5 ρ y 2 ρ. Así pues, si ρ = 0,02 anual, el alto descuento de corto plazo de la utilidad futura en el modelo de Ramsey hace que la tasa efectiva de preferencia temporal λ se encuentre entre 0,03 y 0,04 anual.

La especificación de la ecuación (2.64) produce resultados cerrados sencillos, pero la forma funcional implica un extraño salto discreto en $e^{-\phi(v)}$ en el momento futuro V. De forma más general, la interpretación en la literatura económica de la impaciencia a corto plazo es que $\rho+\phi'(v)$ es grande cuando v es pequeña, y disminuye hacia ρ cuando v aumenta. Una función sencilla que recoge esta propiedad de forma regular es

$$\phi'(v) = be^{-\gamma v} \tag{2.66}$$

donde $b = \phi'(0) \geq 0$ y $\gamma > 0$. El parámetro γ representa la tasa constante a la que $\phi'(v)$ disminuye de $\phi'(0)$ hasta cero.

Si integramos la expresión de la ecuación (2.66), junto con la condición de acotación $\phi(0) = 0$, llegamos a una expresión de $\phi(v)$[37]

$$\phi(v) = (b/\gamma) \cdot (1 - e^{-\gamma v}) \tag{2.67}$$

Este resultado puede sustituirse en la ecuación (2.60) y obtener una expresión de Ω:

$$\Omega = e^{-(b/\gamma)} \cdot \int_0^{\infty} e^{[-\rho v + (b/\gamma) \cdot e^{-\gamma v}]}\, dv$$

La integral no tiene una solución analítica, pero puede calcularse numéricamente si se especifican los valores de los parámetros ρ, b y γ.

Para que concuerde con las observaciones de Laibson (1997a), el parámetro $b = \phi'(0)$ tiene que valer en torno a 0,50 anual y el parámetro γ tiene que alcanzar al menos 0,50 anual, con lo que $\phi'(v)$ alcanza valores cercanos a cero tras el trascurso de pocos años. Con ρ = 0,02, b = 0,50 y γ = 0,50, Ω toma el valor de 19,3, con lo que $\lambda = 1/\Omega = 0{,}052$. Si b = 0,25 y los otros parámetros son los indicados, Ω = 31,0 y λ = 0,032. Así pues, la forma funcional más adecuada de la ecuación (2.67) tiene implicaciones que son similares a las de la ecuación (2.64).

37. La expresión de la ecuación (2.67) es similar a la "hipérbola generalizada" propuesta por Loewenstein y Prelec (1992, p. 580). La expresión puede expresarse también como $\phi(v) = (b/\gamma) \cdot \log(1+\gamma v)$.

La introducción del término $\phi(\cdot)$ en la función de utilidad de la ecuación (2.52) y el consiguiente desplazamiento a un entorno de incoherencia temporal conlleva, en el caso de función de utilidad logarítmica, un incremento de la tasa de preferencia temporal por encima de ρ. Puesto que la tasa efectiva de preferencia temporal λ es constante, la dinámica y el estado estacionario del modelo toman exactamente la misma forma que en el modelo estándar de Ramsey que analizamos con anterioridad. La mayor tasa de preferencia temporal corresponde a un tipo de interés de estado estacionario mayor,

$$r^* = \lambda \tag{2.68}$$

y, por lo tanto, a una menor intensidad de capital de estado estacionario k^*, que viene fijada por la siguiente condición

$$f'(k^*) = \lambda + \delta$$

Dado que la tasa efectiva de preferencia temporal λ es constante, en lo referente a las observaciones empíricas el modelo con función de utilidad logarítmica y sin fijación del consumo futuro es equivalente al modelo neoclásico de crecimiento estándar. Es decir, el equilibrio coincide con el del modelo estándar para una elección adecuada de ρ. Puesto que el parámetro ρ no puede ser observado directamente, es problemático saber, a partir de los datos, si la tasa instantánea de preferencia temporal incluye el término variable $\phi'(v)$.

2.7.3. Crecimiento demográfico y progreso tecnológico

Resulta sencillo introducir el crecimiento de la población en la ecuación (2.1). La solución con función de utilidad logarítmica es semejante a la anterior, excepto en que la integral Ω se define ahora como

$$\Omega \equiv \int_0^\infty e^{-[(\rho-n)\cdot v+\phi(v)]}\, dv \tag{2.69}$$

La relación entre la propensión al consumo respecto de la riqueza λ y el término Ω modificado es

$$\lambda = n + (1/\Omega) \tag{2.70}$$

y el tipo de interés de estado estacionario es de nuevo $r^* = \lambda$. El cálculo de estos resultados queda como ejercicio práctico.

En el modelo de Ramsey, en el que $\phi(v) = 0$ para todo v, $\Omega = 1/(\rho - n)$ a partir de la ecuación (2.69) y $\lambda = \rho$ a partir de la ecuación (2.70). Para el caso de las preferencias cuasi-hiperbólicas de Laibson de la ecuación (2.64) el resultado es

$$\Omega \approx \beta/(\rho - n), \qquad \lambda \approx (\rho/\beta) - n \cdot (1 - \beta)/\beta \tag{2.71}$$

Si $0<\beta<1$, un incremento de n provoca la disminución de λ y, en consecuencia, disminuye el tipo de interés de estado estacionario $r^* = \lambda$.

También resulta sencillo introducir progreso tecnológico exógeno del tipo que aumenta la eficiencia del trabajo a la tasa $x \geq 0$. La solución para λ sigue siendo la mostrada en las ecuaciones (2.69) y (2.70). Sin embargo, puesto que en el estado estacionario el consumo per cápita aumenta a la tasa x, la condición para el tipo de interés de estado estacionario es

$$r^* = \lambda + x$$

Así pues, como es habitual en el caso de función de utilidad logarítmica, r^* se incrementa a una tasa equivalente a la tasa de progreso tecnológico x.

2.7.4. Resultados con utilidad isoelástica

En el análisis estándar, en el que $\phi(t-\tau) = 0$ para todo t, el consumo no es una fracción constante de la riqueza excepto en el caso $\theta = 1$. Sin embargo, sabemos que para cualquier valor de θ, la condición de primer orden del crecimiento del consumo en el momento τ viene dada a partir de la ecuación (2.11) por

$$\frac{\dot{c}}{c}(\tau) = (1/\theta) \cdot [r(\tau) - \rho] \tag{2.72}$$

Una conjetura razonable es que la ecuación (2.72) se siga cumpliendo si $\phi(t-\tau) \neq 0$, aunque la constante ρ sea reemplazada por otra constante que represente la tasa efectiva de preferencia temporal. Pero esta conjetura no es correcta. El motivo radica en que la tasa efectiva de preferencia temporal en el momento τ está afectada por la interacción de la trayectoria de los valores futuros de $\phi'(t-\tau)$ con los tipos de interés futuros, y no es constante cuando los tipos de interés varían, excepto en el caso en que $\theta = 1$.

Aunque la dinámica de transición es compleja, es sencillo obtener las características del estado estacionario. El punto esencial es que, en estado estacionario, un incremento de los activos del hogar sería utilizado para aumentar el consumo de manera uniforme en periodos futuros. Esta propiedad simplifica el cálculo de las propensiones al consumo de periodos futuros en relación a los activos presentes y, en consecuencia, facilita encontrar la condición de optimización de primer orden del consumo presente. A continuación se presentan únicamente los resultados.

En el estado estacionario, el tipo de interés viene expresado por

$$r^* = x + n + 1/\Omega \tag{2.73}$$

donde la integral Ω ahora se define como

$$\Omega \equiv \int_0^{\infty} e^{-\{[\rho - x\cdot(1-\theta)-n]\cdot v + \phi(v)\}}\, dv \tag{2.74}$$

Así pues, si $\phi(v) = 0$, obtenemos el resultado estándar

$$r^* = \rho + \theta x$$

Para el caso de la función de utilidad cuasi-hiperbólica de Laibson de la ecuación (2.64) el resultado sería

$$r^* \approx \frac{\rho}{\beta} - n \cdot \frac{(1 - \beta)}{\beta} + x \cdot \frac{(\beta + \theta - 1)}{\beta} \tag{2.75}$$

donde recordemos que $0 < \beta < 1$. Así pues, para el caso de función de utilidad logarítmica ($\theta = 1$) considerado anteriormente, x tiene el efecto de modificar r^* en un valor equivalente al de la variación de x. De manera más general, el efecto de x sobre r^* es mayor o menor dependiendo de si θ es mayor o menor de uno.

Para la dinámica de transición, Barro (1999) demuestra que el crecimiento del consumo en cualquier momento τ cumple la condición

$$\frac{\dot{c}}{c}(\tau) = (1/\theta) \cdot [r(\tau) - \lambda(\tau)] \tag{2.76}$$

El término $\lambda(\tau)$ es la tasa efectiva de preferencia temporal y viene expresada por

$$\lambda(\tau) = \frac{\int_\tau^\infty \omega(t, \tau) \cdot [\rho + \phi'(t - \tau)]\, dt}{\int_\tau^\infty \omega(t, \tau)\, dt} \tag{2.77}$$

donde $\omega(t, \tau) > 0$. Así pues, $\lambda(\tau)$ es de nuevo el promedio ponderado de las futuras tasas instantáneas de preferencia temporal $\rho + \phi'(t - \tau)$. La diferencia con la ecuación (2.62) radica en que $\omega(t, \tau)$, el factor de ponderación, es variable en el tiempo excepto en el caso de que $\theta = 1$.

Barro (1999) demuestra que si $\theta > 1$, $\omega(t, \tau)$ disminuye con el promedio de los tipos de interés entre las fechas t y τ. Si la economía tiene inicialmente una intensidad de capital inferior a su valor de estado estacionario, $r(\tau)$ alcanza inicialmente un valor alto y va disminuyendo hacia su valor de estado estacionario. Las ponderaciones $\omega(t, \tau)$ son en ese caso especialmente bajas para aquellas fechas de t lejanas. Puesto que estas fechas son también las que se caracterizan por valores relativamente bajos de $\rho + \phi'(t - \tau)$, $\lambda(\tau)$ es inicialmente elevada. Sin embargo, a medida que disminuyen los tipos de interés, las ponderaciones $\omega(t, \tau)$ se vuelven más equilibradas y $\lambda(\tau)$ disminuye. La trayectoria descendente de $\lambda(\tau)$ significa que los hogares efectivamente se vuelven más pacientes con el tiempo. Sin embargo, los efectos son exactamente los contrarios si $\theta < 1$. El caso de $\theta = 1$, que hemos analizado ya, es el caso intermedio en el que las ponderaciones permanecen constantes durante la transición. Así pues, en este caso la tasa efectiva de preferencia temporal no varía durante la transición.

2.7.5. El grado de fijación del consumo futuro

Hasta ahora el análisis consideraba el caso de una fijación completa del consumo futuro, como en la ecuación (2.53), o los casos sin fijación ninguna, como en la ecuación (2.76). Barro (1999) también analiza los casos intermedios en los que es posible una fijación del consumo en un intervalo de duración T, donde $0 \leq T \leq \infty$. Aumentos en la importancia de la fijación, es decir un T mayor, conducen a largo plazo a una tasa efectiva de preferencia temporal inferior y, en consecuencia, a tipos de interés más bajos y a una intensidad de capital mayor. Sin embargo, variaciones de T también entrañan efectos de transición; inicialmente un aumento de T tiende a hacer que los hogares sean menos pacientes, porque de repente tienen la posibilidad de restringir su comportamiento futuro. Así pues, el análisis implica que un aumento de T provoca inicialmente un descenso en la tasa de ahorro, aunque a largo plazo tiende a aumentar la propensión a ahorrar.

Si el parámetro T pudiera ser identificado mediante variables observables, como la naturaleza de las instituciones financieras y legales o rasgos culturales que influyen en la importancia de la disciplina individual, los nuevos resultados teóricos podrían tener aplicaciones empíricas. De hecho, desde un punto de vista empírico, las nuevas perspectivas del modelo ampliado atañen a la relación entre el grado de fijación del consumo futuro y variables como los tipos de interés y las tasas de ahorro. Para un grado dado de fijación, el resultado principal es que una tasa de preferencia temporal variable no modifica los principales resultados del modelo neoclásico de crecimiento.

2.8. Apéndice 2A: Linealización logarítmica del modelo de Ramsey

El sistema de ecuaciones diferenciales que caracteriza el modelo de Ramsey viene dado a partir de las ecuaciones (2.24) y (2.25) por

$$\dot{\hat{k}} = f(\hat{k}) - \hat{c} - (x + n + \delta) \cdot \hat{k}$$

$$\dot{\hat{c}}/\hat{c} = \dot{c}/c - x = (1/\theta) \cdot [f'(\hat{k}) - \delta - \rho - \theta x] \tag{2.78}$$

Linealizamos logarítmicamente este sistema para el caso de una función de producción Cobb-Douglas, $f(\hat{k}) = A \cdot \hat{k}^{\alpha}$.

Comenzamos planteando el sistema de la ecuación (2.78) en términos de logaritmos de $\hat{c}$ y $\hat{k}$:

$$\begin{aligned} d[\log(\hat{k})]/dt &= A \cdot e^{-(1-\alpha)\cdot\log(\hat{k})} - e^{\log(\hat{c}/\hat{k})} - (x + n + \delta) \\ d[\log(\hat{c})]/dt &= (1/\theta) \cdot [\alpha A \cdot e^{-(1-\alpha)\cdot\log(\hat{k})} - (\rho + \theta x + \delta)] \end{aligned} \tag{2.79}$$

En el estado estacionario, donde $d[\log(\hat{k})]/dt = d[\log(\hat{c})]/dt = 0$ obtenemos

$$A \cdot e^{-(1-\alpha)\cdot\log(\hat{k}^*)} - e^{\log(\hat{c}^*/\hat{k}^*)} = (x + n + \delta)$$

$$\alpha A \cdot e^{-(1-\alpha)\cdot\log(\hat{k}^*)} = (\rho + \theta x + \delta) \tag{2.80}$$

Realizamos el desarrollo de Taylor de primer grado de la ecuación (2.79) en torno a los valores de estado estacionario fijados por la ecuación (2.80):

$$\begin{bmatrix} d[\log(\hat{k})]/dt \\ d[\log(\hat{c})]/dt \end{bmatrix} = \begin{bmatrix} \zeta & x+n+\delta-\dfrac{(\rho+\theta x+\delta)}{\alpha} \\ -(1-\alpha)\cdot\dfrac{(\rho+\theta x+\delta)}{\theta} & 0 \end{bmatrix} \cdot \begin{bmatrix} \log(\hat{k}/\hat{k}^*) \\ \log(\hat{c}/\hat{c}^*) \end{bmatrix} \tag{2.81}$$

donde $\zeta \equiv \rho - n - (1-\theta)\cdot x$. El determinante de la matriz característica es igual a

$$-[(\rho+\theta x+\delta)/\alpha - (x+n+\delta)]\cdot(\rho+\theta x+\delta)\cdot(1-\alpha)/\theta$$

Puesto que $\rho+\theta x > x+n$ (a partir de la condición de transversalidad de la ecuación [2.31]) y $\alpha<1$, el determinante es negativo. Esta condición implica que los dos autovalores del sistema tienen signos opuestos, un resultado que implica trayectoria estable de punto de silla. (Véase el análisis en el apéndice matemático al final del volumen.)

Para calcular los autovalores, denominados ϵ, utilizamos la condición

$$\det\begin{bmatrix} \zeta-\epsilon & x+n+\delta-\dfrac{(\rho+\theta x+\delta)}{\alpha} \\ -(1-\alpha)\cdot\dfrac{(\rho+\theta x+\delta)}{\theta} & -\epsilon \end{bmatrix} = 0 \tag{2.82}$$

Esta condición corresponde a una ecuación cuadrática en ϵ :

$$\epsilon^2 - \zeta\cdot\epsilon - [(\rho+\theta x+\delta)/\alpha - (x+n+\delta)]\cdot[(\rho+\theta x+\delta)\cdot(1-\alpha)/\theta] = 0 \tag{2.83}$$

Esta ecuación tiene dos soluciones.

$$2\epsilon = \zeta \pm \left[\zeta^2 + 4\cdot\left(\frac{1-\alpha}{\theta}\right)\cdot(\rho+\theta x+\delta)\cdot[(\rho+\theta x+\delta)/\alpha - (x+n+\delta)]\right]^{1/2} \tag{2.84}$$

donde ϵ_1, la raíz con signo positivo, es positiva y ϵ_2, la raíz con signo negativo, es negativa. Observe que ϵ_2 corresponde a $-\beta$ de la ecuación (2.41).

La solución lineal logarítmica para $\log(\hat{k})$ toma la siguiente forma

$$\log[\hat{k}(t)] = \log(\hat{k}^*) + \psi_1\cdot e^{\epsilon_1 t} + \psi_2\cdot e^{\epsilon_2 t} \tag{2.85}$$

donde ψ_1 y ψ_2 son constantes de integración arbitrarias. Puesto que $\epsilon_1>0$, $\psi_1=0$, para que $\log[\hat{k}(t)]$ tienda asintóticamente a $\log(\hat{k}^*)$ tiene que cumplirse que $\psi_1>0$. ($\psi_1>0$ no cumple la condición de transversalidad y $\psi_1<0$ hace que $\hat{k}\to 0$, lo que corresponde a los casos en los que el sistema toca el eje de ordenadas en la ilustración 2.1.) La otra constante ψ_2 se calcula a partir de la condición inicial.

$$\psi_2 = \log[\hat{k}(0)] - \log(\hat{k}^*) \tag{2.86}$$

Si en la expresión de la ecuación (2.85) sustituimos $\psi_1 = 0$, el valor de ψ_2 de la ecuación (2.86), y $\epsilon_2 = -\beta$ obtenemos la trayectoria temporal de $\log[\hat{k}(t)]$:

$$\log[\hat{k}(t)] = (1 - e^{-\beta t}) \cdot \log(\hat{k}^*) + e^{-\beta t} \cdot \log[\hat{k}(0)] \tag{2.87}$$

Puesto que $\log[\hat{y}(t)] = \log(A) + \alpha \cdot \log[\hat{k}(t)]$, la trayectoria temporal de $\log[\hat{y}(t)]$ viene dada por

$$\log[\hat{y}(t)] = (1 - e^{-\beta t}) \cdot \log(\hat{y}^*) + e^{-\beta t} \cdot \log[\hat{y}(0)] \tag{2.88}$$

que es una ecuación idéntica a la ecuación(2.40).

2.9. Apéndice 2B: Inversión irreversible

Suponga que la inversión es irreversible, con lo que cumple que $\hat{c} \le f(\hat{k})$. En este caso, analice de nuevo las trayectorias dinámicas que se sitúan inicialmente en $\hat{k} < \hat{k}^*$, en una posición similar a $\hat{c}_0'$ de la ilustración 2.1. Estas trayectorias al final cortarán a la función de producción $\hat{c} = f(\hat{k})$, tras lo cual la restricción de la inversión irreversible será aplicable. A partir de ese momento, las trayectorias descenderán a lo largo de la función de producción, con lo que se cumplirá $\hat{c} = f(\hat{k})$. Por tanto, la intensidad del capital descenderá de acuerdo con $\dot{\hat{k}} = -(x + n + \delta) \cdot \hat{k}$. Así pues, $\hat{k}$ y $(\hat{c})$ tenderán a cero asintóticamente, pero no alcanzarán cero en un periodo finito. Analicemos por qué estas trayectorias no pueden ser equilibrios.

Cuando la restricción $\hat{c} \le f(\hat{k})$ es aplicable, con lo que toda la producción se dedica al consumo y nada a la inversión bruta, el precio del capital, denominado ϕ, puede ser inferior a 1. Entonces, la tasa de rendimiento de los propietarios del capital cumple la siguiente ecuación (véase la nota 11)

$$r = R/\phi - \delta + \dot{\phi}/\phi \tag{2.89}$$

La maximización de beneficios de las empresas competitivas sigue implicando la condición $R = f'(\hat{k})$, condición que puede sustituirse dentro de la expresión de r.

La optimización del consumidor supone, como siempre,

$$\dot{c}/c = (1/\theta) \cdot (r - \rho)$$

Así pues, sustituyendo en esta ecuación la expresión de r de la ecuación (2.89), se llega a la expresión de la tasa de crecimiento de $\hat{c}$:

$$\dot{\hat{c}}/\hat{c} = \left(\frac{1}{\theta\phi}\right) \cdot [f'(\hat{k}) + \dot{\phi} - \phi \cdot (\delta + \rho + \theta x)] \tag{2.90}$$

La condición $\hat{c} = f(\hat{k})$, junto con $\dot{\hat{k}} = -(x + n + \delta) \cdot \hat{k}$, implica otra condición de la tasa de crecimiento de $\hat{c}$:

$$\dot{\hat{c}}/\hat{c} = -\alpha(\hat{k}) \cdot (x + n + \delta) \tag{2.91}$$

donde $\alpha(\hat{k}) \equiv \hat{k} \cdot f'(\hat{k})/f(\hat{k})$ es la participación del capital en la renta (que en el caso de la función de producción Cobb-Douglas es una constante). En consecuencia, las ecuaciones (2.90) y (2.91) implican que $\dot{\phi}$ cumple la expresión:

$$\dot{\phi} = -f'(\hat{k}) + \phi \cdot [\delta + \rho + \theta x - \alpha(\hat{k}) \cdot \theta \cdot (x + n + \delta)] \tag{2.92}$$

Suponga que la restricción $\hat{c} \leq f(\hat{k})$ es aplicable en algún momento T, en el que se cumple $\hat{k}(T) < \hat{k}^*$. En ese punto, $f'(\hat{k}) - \delta > \rho + \theta x$. En consecuencia, cuando $\phi = 1$ (justo en el momento T), la ecuación (2.92) implica que $\dot{\phi} < 0$. Con el tiempo, el incremento de R y la disminución de ϕ tienden a aumentar r de acuerdo con la ecuación (2.81). No obstante, los hogares están satisfechos con una tasa de crecimiento de $\hat{c}$ negativa (ecuación [2.91]), porque la tasa de pérdida de capital $\dot{\phi}/\phi$ aumenta lo bastante como para mantener una tasa de rendimiento r baja. Sin embargo, la ecuación (2.92) implica que, a medida que $\hat{k}$ disminuye y $f'(\hat{k})$ aumenta, $\dot{\phi}$ aumenta tendiendo a infinito (independientemente de lo que ocurra con $\alpha[\hat{k}]$ en el intervalo entre 0 y 1). Así pues, ϕ alcanzaría el valor cero en un periodo finito y después se volvería negativo. Esta condición incumple la libre disposición en lo que respecta a la propiedad del capital. Así pues, en la región caracterizada por $\hat{c} \leq f(\hat{k})$ no pueden darse trayectorias en las que la restricción de irreversibilidad $\hat{k} < \hat{k}^*$ sea aplicable.

La restricción $\hat{c} \leq f(\hat{k})$ puede ser aplicable en la región caracterizada por $\hat{k} > \hat{k}^*$. Arrow y Kurz (1970) observaron y analizaron esta posibilidad.

2.10. Apéndice 2C: El comportamiento de la tasa de ahorro

Esta sección recoge un tratamiento algebraico del comportamiento de transición de la tasa de ahorro. Analizamos aquí la transición en la que $\hat{k}$ y $\hat{c}$ aumentan en el tiempo, y utilizamos una función de producción Cobb-Douglas, de manera que $f(\hat{k}) = A\hat{k}^\alpha$.

La tasa de ahorro bruto s es igual a $1 - \hat{c}/f(\hat{k})$. En el estado estacionario tanto $\dot{\hat{k}}$ de la ecuación (2.24) como $\dot{\hat{c}}/\hat{c}$ de la ecuación (2.25) son iguales a cero. Si utilizamos estas condiciones, junto con $f(\hat{k})/\hat{k} = f'(\hat{k})/\alpha$, que se cumple en el caso de una función Cobb-Douglas, llegamos a la siguiente expresión de la tasa de ahorro de estado estacionario

$$s^* = \alpha \cdot (x + n + \delta)/(\rho + \theta x + \delta) \tag{2.93}$$

La condición de transversalidad de la ecuación (2.31) implica que $\rho + \theta x > x + n$ y, por lo tanto, $s^* < \alpha$.

Puesto que $s = 1 - \hat{c}/f(\hat{k})$, s se desplaza en el sentido contrario al del ratio de consumo $\hat{c}/f(\hat{k})$. Si definimos $z \equiv \hat{c}/f(\hat{k})$ y calculamos la derivada del ratio se obtiene

$$\gamma_z \equiv \dot{z}/z = \dot{\hat{c}}/\hat{c} - \frac{f'(\hat{k}) \cdot \dot{\hat{k}}}{f(\hat{k})} = \dot{\hat{c}}/\hat{c} - \alpha \cdot (\dot{\hat{k}}/\hat{k}) \tag{2.94}$$

donde el último término del último miembro de la ecuación corresponde al caso Cobb-Douglas. Sustituyendo las ecuaciones (2.24) y (2.25) en la ecuación (2.94) se obtiene

$$\gamma_z = f'(\hat{k}) \cdot [z(t) - (\theta - 1)/\theta] + (\delta + \rho + \theta x) \cdot (s^* - 1/\theta) \tag{2.95}$$

donde utilizamos la condición $f(\hat{k})/\hat{k} = f'(\hat{k})/\alpha$, que se cumple en el caso de una función Cobb-Douglas.

El comportamiento de z depende de si s^* es mayor, igual o menor que $1/\theta$. Supóngase primero que $s^* = 1/\theta$. En ese caso, $z(t) = (\theta - 1)/\theta$ es congruente con $\gamma_z = 0$ de la ecuación (2.95). Por el contrario, $z(t) > (\theta - 1)/\theta$ para ciertos t implicaría que $\gamma_z > 0$ para todo t, un resultado que no concuerda con que z tienda a su valor de estado estacionario. De igual manera, $z(t) < (\theta - 1)/\theta$ también puede eliminarse, ya que implica que $\gamma_z < 0$ para todo t. En consecuencia, si $s^* = 1/\theta$, z es constante con valor $(\theta - 1)/\theta$ y, en consecuencia, la tasa de ahorro s es igual a la constante $1/\theta$. Siguiendo el mismo razonamiento, vemos que $s^* > 1/\theta$ conlleva que $z(t) < (\theta - 1)/\theta$ para todo t, mientras que $s^* < 1/\theta$ conlleva que $z(t) > (\theta - 1)/\theta$ para todo t.

Derivando con respecto al tiempo la ecuación (2.95)

$$\dot{\gamma}_z = f''(\hat{k}) \cdot (\dot{\hat{k}}) \cdot [z(t) - (\theta - 1)/\theta] + f'(\hat{k}) \cdot \gamma_z \cdot z(t) \tag{2.96}$$

Suponga ahora que $s^* > 1/\theta$, con lo que se cumple $z(t) < (\theta - 1)/\theta$ para todo t. En ese caso, $\gamma_z > 0$ para ciertos t conllevaría que $\dot{\gamma}_z > 0$ en la ecuación (2.96) (ya que $f''(\hat{k}) < 0, f'(\hat{k}) > 0$ y $\dot{\hat{k}} > 0$). Así pues, se cumpliría $\gamma_z > 0$ para todo t, un resultado que no concuerda con una economía que tiende hacia su estado estacionario. Se deduce que si $s^* > 1/\theta$ $\gamma_z < 0$ y, en consecuencia, $\dot{s} > 0$. Siguiendo el mismo razonamiento, si $s^* < 1/\theta$ tiene que cumplirse que $\gamma_z > 0$ y $\dot{s} < 0$.

Los resultados pueden resumirse así:

$s^* = 1/\theta$ implica que $s(t) = 1/\theta$, un valor constante

$s^* > 1/\theta$ implica que $s(t) > 1/\theta$ y $\dot{s}(t) > 0$

$s^* < 1/\theta$ implica que $s(t) < 1/\theta$ y $\dot{s}(t) < 0$

Estos resultados concuerdan con la representación gráfica de la ilustración 2.3.

Si utilizamos la expresión de s^* de la ecuación (2.93), vemos que $s^* \geq 1/\theta$ exige que $\theta \geq (\rho+\theta x+\delta)/[\alpha\cdot(x+n+\delta)] > 1/\alpha$. En consecuencia, si $\theta \leq 1/\alpha$, se cumple que los parámetros deben estar dentro del intervalo en el que $\dot{s} < 0$. En otras palabras, si $\theta \leq 1/\alpha$, el efecto sustitución intertemporal es lo bastante fuerte como para garantizar que la tasa de ahorro disminuye durante la transición. Sin embargo, para nuestro valor preferido de α, próximo a 0,75, esta desigualdad exige que $\theta \leq 1{,}33$, y esto es poco probable que se cumpla.

Podemos analizar el comportamiento del ratio consumo/capital $\hat{c}/\hat{k}$ de la misma manera. Los resultados en ese caso son:

$\theta = \alpha$ implica que $\hat{c}/\hat{k} = (\delta+\rho)/\theta - (\delta+n)$, una constante

$\theta < \alpha$ implica que $\hat{c}/\hat{k} < (\delta+\rho)/\theta - (\delta+n)$ y que $\hat{c}/\hat{k}$ aumenta con el transcurso del tiempo

$\theta > \alpha$ implica que $\hat{c}/\hat{k} > (\delta+\rho)/\theta - (\delta+n)$ y que $\hat{c}/\hat{k}$ disminuye con el transcurso del tiempo

2.11. Apéndice 2D: demostración de que $\gamma_{\hat{k}}$ disminuye monótonamente si la economía se sitúa inicialmente en $\hat{k}(0) < \hat{k}^*$

Antes de nada, tenemos que demostrar lo siguiente: $\hat{c}(0)$ disminuye si $r(v)$ aumenta durante un cierto intervalo para todo $v \geq 0$.[38] Las ecuaciones (2.15) y (2.16) implican

$$\hat{c}(0) = \frac{\hat{k}(0) + \displaystyle\int_0^{\infty} \hat{w}(t)e^{-[\bar{r}(t)-n-x]t}\,dt}{\displaystyle\int_0^{\infty} e^{[\bar{r}(t)\cdot(1-\theta)/\theta-\rho/\theta+n]t}\,dt} \tag{2.97}$$

donde $\bar{r}(t)$ es el tipo de interés promedio entre los momentos 0 y t, tal y como se definió en la ecuación (2.13). Un incremento en los valores de $r(v)$ para todo $0 \leq v \leq t$ hace aumentar $\bar{r}(t)$ y, en consecuencia, disminuye el numerador de la ecuación (2.97). Si $\theta \leq 1$, el incremento de los valores de $r(v)$ aumenta el denominador; en consecuencia, si $\theta \leq 1$ el resultado se deduce de inmediato. Suponga ahora que $\theta > 1$, con lo que el denominador disminuye al aumentar $r(v)$. Sabemos que si $\theta > 1$, $r(v)\cdot(1-\theta)/\theta-\rho/\theta+n < 0$, ya que $r(v)$ es superior a $\rho+\theta x$, el tipo de interés de estado estacionario, que a su vez es superior a $x+n$, por la condición de transversalidad. En consecuencia, cuanto mayor es el valor de θ el denominador de la ecuación (2.97) se vuelve proporcionalmente más sensible a $r(v)$ (en sentido negativo). Por consiguiente, si demostramos el resultado para $\theta \to \infty$, dicho resultado se cumplirá para todo $\theta > 0$. Con $\theta \to \infty$ la ecuación (2.97) se simplifica de la siguiente manera

38. Agradecemos a Olivier Blanchard su ayuda en esta parte de la demostración.

$$\hat{c}(0) = \frac{\hat{k}(0) + \int_0^\infty \hat{w}(t) e^{-[\bar{r}(t)-x-n]t}\, dt}{\int_0^\infty e^{-[\bar{r}(t)-n]t}\, dt} \tag{2.98}$$

La ecuación (2.98) puede también expresarse así

$$\hat{c}(0) = \frac{\int_0^\infty \psi(t) e^{-[\bar{r}(t)-n-x]t}\, dt}{\int_0^\infty \phi(t) e^{-[\bar{r}(t)-n-x]t}\, dt} \tag{2.99}$$

donde $\psi(t) = \hat{k}(0) \cdot [r(t) - n - x] + \hat{w}(t)$ y $\phi(t) = e^{-xt}$. Se deduce de inmediato que $\dot{\phi} < 0$ y se puede demostrar que $\dot{\psi} > 0$ a partir de las condiciones $r(t) = f'[\hat{k}(t)] - \delta$, $\hat{w}(t) = f[\hat{k}(t)] - \hat{k}(t) \cdot f'[\hat{k}(t)]$, $\hat{k}(t) > \hat{k}(0)$ y $\dot{\hat{k}} > 0$. En consecuencia, un aumento de $r(v)$ para $0 \leq v \leq t$, que provoca aumento en $\bar{r}(t)$, tiene un efecto negativo proporcionalmente mayor en el numerador de la ecuación (2.99) que en el denominador. En consecuencia, el efecto neto sobre $\hat{c}(0)$ de un incremento de $r(v)$ es negativo, resultado que estábamos buscando.

Podemos usar este resultado para obtener el límite inferior de $\hat{c}(0)$. Puesto que $r(0) > \bar{r}(t)$, si en la ecuación (2.97) sustituimos $r(0)$ por $\bar{r}(t)$ y $\hat{w}(0)$ por $\hat{w}(t)$ respectivamente, $\hat{c}(0)$ disminuirá. En consecuencia,[39]

$$(1-\theta)/\theta + \rho/\theta - n] \cdot \left[1 + \frac{\hat{w}(0)}{\hat{k} \cdot [r(0) - n - x]}\right] \tag{2.100}$$

Utilizaremos esta desigualdad más tarde.

La tasa de crecimiento de $\hat{k}$ viene expresada por la ecuación (2.24)

$$\gamma_{\hat{k}} = f(\hat{k})/\hat{k} - \hat{c}/\hat{k} - (x + n + \delta) \tag{2.101}$$

en esta ocasión omitimos los indicadores de tiempo. Derivando la ecuación (2.101) con respecto al tiempo obtenemos

$$\dot{\gamma}_{\hat{k}} = -(\hat{w}/\hat{k}) \cdot \gamma_{\hat{k}} - d(\hat{c}/\hat{k})/dt$$

donde utilizamos la condición $\hat{w} = f(\hat{k}) - \hat{k} \cdot f'(\hat{k})$. Queremos demostrar que $\dot{\gamma}_{\hat{k}} < 0$ se cumple durante la transición, en la que tanto $\hat{k}$ como $\hat{c}$ aumentan. La expresión de $\dot{\hat{c}}/\hat{c}$ de la ecuación (2.25) y la expresión de $\dot{\hat{k}}$ de la ecuación (2.24) pueden utilizarse para obtener

39. El resultado se deduce de la integración del segundo miembro de la ecuación (2.97) si $[r(0) \cdot (1-\theta)/\theta + \rho/\theta - n] > 0$. Si está expresión es no positiva, la desigualdad de la ecuación (2.100) se cumple con solución trivial.

$$\dot{\gamma}_{\hat{k}} = -(\hat{w}/\hat{k}) \cdot \gamma_{\hat{k}} + (\hat{c}/\hat{k}) \cdot [\hat{w}/\hat{k} + [f'(\hat{k}) - \delta] \cdot (\theta - 1)/\theta + \rho/\theta - n - \hat{c}/\hat{k}] \quad (2.102)$$

En consecuencia, si $\hat{c}/\hat{k} \geq \hat{w}/\hat{k} + [f'(\hat{k}) - \delta] \cdot (\theta - 1)/\theta + \rho/\theta - n$, entonces, a partir de $\dot{\gamma}_{\hat{k}} < 0$ se deduce que $\gamma_{\hat{k}} > 0$, que es el resultado que se buscaba demostrar. Por consiguiente, ahora suponemos que

$$\hat{c}/\hat{k} < \hat{w}/\hat{k} + [f'(\hat{k}) - \delta] \cdot (\theta - 1)/\theta + \rho/\theta - n \quad (2.103)$$

Si sustituimos $\hat{c}/\hat{k}$ a la izquierda de los corchetes de la ecuación (2.102) por la expresión de la desigualdad de la ecuación (2.103), utilizamos la expresión de $\gamma_{\hat{k}}$ de la ecuación (2.101) y sustituimos $f(\hat{k})/\hat{k}$ por $\hat{w}/\hat{k} + f'(\hat{k})$, al final obtenemos

$$\begin{aligned}\dot{\gamma}_{\hat{k}} < &-(\hat{w}/\hat{k}) \cdot [f'(\hat{k}) - \delta - \rho - \theta x]/\theta + [\rho/\theta - n + [f'(\hat{k}) - \delta] \cdot (\theta - 1)/\theta]^2 \\ &+ [\rho/\theta - n + [f'(\hat{k}) - \delta] \cdot (\theta - 1)/\theta] \cdot (\hat{w} - \hat{c})/\hat{k} \end{aligned} \quad (2.104)$$

Si $\rho/\theta - n + [f'(\hat{k}) - \delta] \cdot (\theta - 1)/\theta \leq 0$, podemos usar la desigualdad de la ecuación (2.103) para demostrar $\dot{\gamma}_{\hat{k}} < 0$, resultado que buscábamos demostrar. Ahora suponemos que

$$\rho/\theta - n + [f'(\hat{k}) - \delta] \cdot (\theta - 1)/\theta > 0 \quad (2.105)$$

Dada la desigualdad de la ecuación (2.105), podemos utilizar el límite inferior de $\hat{c}/\hat{k}$ de la ecuación (2.100) en la ecuación (2.104), y obtener tras algunas operaciones

$$\dot{\gamma}_{\hat{k}} < -\frac{(\hat{w}/\hat{k}) \cdot [f'(\hat{k}) - \delta - \rho - \theta x]^2}{[f'(\hat{k}) - \delta - n - x] \cdot \theta^2} < 0 \quad (2.106)$$

donde utilizamos la condición $r = f'(\hat{k}) - \delta$. Las expresiones entre corchetes de la ecuación (2.106) son todas positivas, ya que $f'(\hat{k}) - \delta$ es mayor que $\rho + \theta x$, el tipo de interés de estado estacionario, que a su vez es mayor que $n + x$, a partir de la condición de transversalidad. En consecuencia, $\dot{\gamma}_{\hat{k}} < 0$, que es el resultado que queríamos demostrar.

2.12. Problemas

2.1. Eliminación de la posibilidad de tomar prestado en el modelo de Ramsey. Considere el problema de optimización del hogar del modelo de Ramsey. ¿Cómo variarían los resultados si los consumidores no pudieran tomar dinero prestado y sólo pudieran ahorrar?

2.2. Irreversibilidad de la inversión en el modelo de Ramsey. Suponga que la economía se sitúa inicialmente en $\hat{k}(0) > \hat{k}^*$. ¿En qué se diferencian las trayectorias de transición dependiendo de si el capital es reversible (se puede convertir de nuevo en bienes de consumo en proporción uno a uno) o irreversible?

2.3. Utilidad exponencial. Suponga que los hogares con horizonte infinito maximizan una función de utilidad como la de la ecuación (2.1), donde $u(c)$ tiene ahora la forma exponencial siguiente,

$$u(c) = -(1/\theta) \cdot e^{-\theta c}$$

donde $\theta > 0$. El comportamiento de las empresas es el mismo que en el modelo de Ramsey y el progreso tecnológico es cero.

a. Relacione θ con la concavidad de la función de utilidad y con la preferencia de los hogares de mantener un consumo regular en el tiempo. Calcule la elasticidad de sustitución intertemporal. ¿Cuál es su relación con el nivel de consumo per cápita c?

b. Calcule las condiciones de primer orden de un hogar representativo cuyas preferencias se expresan mediante la función $u(c)$.

c. Combine las condiciones de primer orden del hogar representativo con las de las empresas a fin de describir el comportamiento en el tiempo de $\hat{c}$ y $\hat{k}$. [Suponga que $\hat{k}(0)$ es inferior al valor de estado estacionario.]

d. ¿Cómo depende la transición del parámetro θ? Compare este resultado con el del modelo analizado en el texto.

2.4. Las preferencias de Stone-Geary Suponga que se cumplen las condiciones habituales del modelo de Ramsey, con la diferencia de que la función de utilidad instantánea del hogar representativo de la ecuación (2.10) cambia y toma la forma Stone-Geary:

$$u(c) = \frac{(c - \bar{c})^{1-\theta} - 1}{1 - \theta}$$

donde $\bar{c} \geq 0$ representa el nivel de subsistencia del consumo per cápita.

a. ¿Cuál es la elasticidad de sustitución intertemporal de esta nueva función de utilidad?
Si $\bar{c} > 0$, ¿cómo varía la elasticidad al aumentar c?

b. ¿Cómo altera la nueva formulación de la función de utilidad el crecimiento del consumo de la ecuación (2.9)? Ofrezca una explicación intuitiva del nuevo resultado.

c. ¿Cómo afecta la modificación de la función de utilidad a los valores de estado estacionario $\hat{k}^*$ y $\hat{c}^*$?

d. ¿Qué clase de cambios es probable se produzcan en la dinámica de transición de $\hat{k}$ y $\hat{c}$ y, por lo tanto, en la tasa de convergencia? (Este sistema revisado requiere la utilización de métodos numéricos para producir resultados exactos.)

2.5. Modelo del fin del mundo. Suponga que todos los individuos saben que el mundo se va a acabar con seguridad en el momento $T > 0$. Resolvimos este problema en el texto al analizar la importancia de la condición de transversalidad. Repase dicho análisis respondiendo a las siguientes preguntas:

a. ¿Cómo afecta esta modificación a las ecuaciones de transición de $\hat{k}$ y $\hat{c}$ (ecuaciones [2.24] y [2.25])?

b. ¿Cómo afecta esta modificación a la condición de transversalidad?
c. Utilice la ilustración 2.1 para describir la nueva trayectoria de transición de la economía.
d. A medida que T se hace mayor, ¿cuál es la relación entre la nueva trayectoria de transición y la mostrada en la ilustración 2.1? ¿Qué ocurre cuando T tiende a infinito?

2.6. La tierra en el modelo de Ramsey. Suponga que la función de producción requiere de trabajo L, capital K y tierra Λ, y tiene la siguiente forma ESC con rendimientos constantes.

$$Y = A \cdot [a \cdot (K^{\alpha} L^{1-\alpha})^{\psi} + (1 - a) \cdot \Lambda^{\psi}]^{1/\psi}$$

donde $A > 0$, $a > 0$, $0 < \alpha < 1$ y $\psi < 1$. No hay progreso tecnológico y L crece a la tasa constante $n > 0$. La cantidad de tierra Λ es constante. La depreciación es cero. La renta incluye en este caso el alquiler de la tierra, así como los pagos al capital y al trabajo.
a. Demuestre que en condiciones de competencia los pagos de los factores siguen absorbiendo el total de la producción.
b. ¿Cuáles son las condiciones de ψ que hacen que el nivel de la producción per cápita y sea constante en el estado estacionario? ¿Y en qué condiciones disminuye y con regularidad a largo plazo? ¿Qué parecen indicar estos resultados en lo que respecta al papel de un factor fijo como la tierra en el proceso de crecimiento?

2.7. Otros posibles entornos institucionales. Hemos analizado detalladamente el modelo de Ramsey en un entorno competitivo de empresas y hogares.
a. Demuestre que los resultados son idénticos si los hogares producen ellos mismos directamente y los trabajadores son los miembros de la familia.
b. Suponga que las preferencias de un planificador social son las mismas que las del hogar representativo del modelo que hemos analizado. Demuestre que si el planificador puede dictar las decisiones de consumo en el tiempo, los resultados son idénticos a los del modelo con hogares y empresas en condiciones de competencia. ¿Qué implica este resultado en relación al óptimo de Pareto de las soluciones descentralizadas?

2.8. Dinero e inflación en el modelo de Ramsey (basado en Sidrauski, 1967; Brock, 1975; y Fisher, 1979). Suponga que el Estado emite moneda fiduciaria. El stock de dinero M se expresa en dólares y crece a la tasa μ que puede variar en el tiempo. Llega nuevo dinero en forma de transferencias de cantidad fija a los hogares. Los hogares pueden mantener activos en forma de capital, dinero y préstamos. La ecuación (2.1) sigue representando la utilidad del hogar, con la diferencia de que $u(c)$ es sustituida por $u(c, m)$, donde $m \equiv M/PL$ es el saldo real de efectivo per cápita y P es el nivel de precios (en dólares por unidad de bien). Las derivadas parciales de la función de utilidad son $u_c > 0$ y $u_m > 0$. La tasa de inflación se denomina $\pi \equiv \dot{P}/P$. La población crece a la tasa n. La producción de la economía es la misma que en el modelo de Ramsey estándar, y no hay progreso tecnológico.
a. ¿Cuál es la restricción presupuestaria del hogar representativo?
b. ¿Cuáles son las condiciones de primer orden asociadas a la elección de c y m?

c. Suponga que μ es constante a largo plazo y que m es constante en el estado estacionario. ¿Cómo afecta un cambio de μ a largo plazo a los valores de estado estacionario de c, k e y? ¿Cómo afecta dicho cambio a los valores de estado estacionario de π y de m? ¿Cómo afecta a la utilidad alcanzada $u(c,m)$ en el estado estacionario? ¿Cuál sería el valor óptimo de μ a largo plazo en este modelo?

d. Suponga ahora que $u(c,m)$ es una función separable de c y de m. En este caso, ¿afecta la trayectoria de μ a la trayectoria de transición de c, k e y?

2.9. Política fiscal en el modelo de Ramsey (basado en Barro, 1974, y McCallum, 1984). Considere el modelo de Ramsey estándar en el que los hogares tienen horizonte infinito, las preferencias vienen dadas por las ecuaciones (2.1) y (2.10), la población crece a la tasa n, la función de producción es neoclásica y hay progreso tecnológico a la tasa x. El Estado compra la cantidad G de bienes y servicios, impone una cantidad fija T de impuestos, y tiene una cantidad B de bonos del Tesoro pendientes de amortización. Las cantidades, G, T y B, que pueden variar en el tiempo, se miden en unidades de bienes, y B tiene inicialmente un valor dado $B(0)$. Los bonos tienen vencimiento infinitesimal, pagan el tipo de interés r, y los hogares individuales los consideran sustitutivos perfectos de los títulos de propiedad de capital y de los préstamos nacionales. (Suponga que el Estado nunca suspende el pago de la deuda.) El Estado podría suministrar servicios públicos vinculados a la trayectoria de G, pero en este problema dicha trayectoria se mantiene fija.

a. ¿Cuál es la restricción presupuestaria del Estado?

b. ¿Cuál es la restricción presupuestaria del hogar representativo?

c. El hogar, ¿sigue cumpliendo la condición de optimización de primer orden de la tasa de crecimiento de c, tal y como queda expresada en la ecuación (2.9)?

d. ¿Cuál es la condición de transversalidad y cuál es su relación con el comportamiento de B a largo plazo? ¿Qué significa esta condición?

e. ¿Cómo afectan las diferencias de $B(0)$ o de la trayectoria de B y T a la dinámica de transición y a los valores de estado estacionario de las variables c, k, r e y? (Si no hay influencia, el modelo está caracterizado por la *equivalencia Ricardiana*.)

Ampliaciones del modelo de crecimiento de Ramsey

Capítulo 3

En este capítulo ampliamos el modelo de Ramsey en varias direcciones. En primer lugar introducimos el gasto público y varios tipos de impuestos. En segundo lugar, incluimos los costes de instalación dentro del proceso de inversión en capital físico. En tercer lugar, pasamos a una economía abierta en la que se presta y se toma prestado en el mercado exterior. Por último, estudiamos los efectos de horizonte vital finito.

3.1. El Estado

3.1.1. Modificaciones al modelo de Ramsey

El modelo de Ramsey puede ser modificado de manera sencilla para incluir en él las funciones del Estado. Suponga que el Estado adquiere la cantidad G de bienes y servicios. De momento, vamos a aceptar que estas compras no influyen en la utilidad de los hogares ni en la producción de las empresas. Analizaremos estos efectos más tarde. El Estado también hace transferencias a los hogares por la cantidad real agregada V. Estas transferencias son de cuantía fija, en el sentido de que no dependen de la renta o de otras circunstancias de los hogares.

Se acepta el supuesto de que el Estado mantiene equilibrado su presupuesto, de manera que financia la totalidad de sus gastos $G + V$ mediante diversos impuestos. Los impuestos considerados en este momento son gravámenes proporcionales a la renta salarial τ_w, la renta de los activos privados τ_a, el consumo τ_c, y los beneficios empresariales τ_f. Así pues la restricción presupuestaria del Estado es

$$G + V = \tau_w wL + \tau_a r \cdot (\text{activos}) + \tau_c C + \tau_f \cdot (\text{beneficios empresariales}) \tag{3.1}$$

Como anteriormente, w es el salario y r es la tasa de rendimiento de los activos. Las variables L y C son respectivamente las cantidades agregadas de trabajo y consumo. Más tarde trataremos la definición de los beneficios de las empresas. El tipo impositivo sobre los rendimientos de los activos τ_a es el mismo, independientemente de que procedan de préstamos nacionales o de la propiedad del capital. También establecemos el supuesto de que los tipos impositivos son constantes en el tiempo.

La presencia de impuestos y transferencias modifica la restricción presupuestaria del hogar representativo de la ecuación (2.2) que se transforma en

$$\dot{a} = (1 - \tau_w) \cdot w + (1 - \tau_a) \cdot ra - (1 + \tau_c) \cdot c - na + v \tag{3.2}$$

donde a, c y v son respectivamente las cantidades per cápita de activos, consumo y transferencias. Seguimos aceptando que cada hogar aporta una cantidad de trabajo fija, calculada en una unidad de trabajo por unidad de tiempo, y que n es la tasa de crecimiento de la población y la mano de obra.

Al igual que hicimos en el capítulo 2 podemos obtener las condiciones de primer orden de la decisión de consumo. Para el caso de una función de utilidad con elasticidad de sustitución intertemporal constante, como en la ecuación (2.9)

$$u(c) = \frac{c^{1-\theta} - 1}{1 - \theta}$$

el resultado de la tasa de crecimiento del consumo per cápita de la ecuación (2.10) se transforma en[1]

$$\dot{c}/c = (1/\theta) \cdot [(1 - \tau_a) \cdot r - \rho] \tag{3.3}$$

Así pues, la decisión del hogar de aplazar el consumo depende de la tasa de rendimiento tras el impuesto $(1 - \tau_a) \cdot r$. El tipo impositivo sobre el consumo τ_c no aparece en la condición de primer orden porque es constante en el tiempo. Si este tipo impositivo fuera variable, afectaría a la decisión de en qué momento consumir y en consecuencia aparecería en la ecuación (3.3). La tasa de rendimiento tras el impuesto $(1 - \tau_a) \cdot r$ también aparece en la condición de transversalidad, que de la ecuación (2.11) se transforma en

$$\lim_{t\to\infty} \left\{ a(t) \cdot \exp\left[- \int_0^t [(1 - \tau_a) \cdot r(v) - n]\, dv \right] \right\} = 0 \tag{3.4}$$

Las empresas mantienen la función de producción definida por la ecuación (2.16)

$$Y = F(K, \hat{L})$$

donde K es el factor capital y $\hat{L} = Le^{xt}$ es el factor trabajo efectivo. Las empresas pagan el salario w por cada unidad de trabajo L y una renta del capital $R = r + \delta$

1. Para calcular la ecuación de Euler, plantee la función de Hamilton $J = e^{-(\rho-n)t} \cdot \frac{c^{1-\theta}-1}{1-\theta} + \nu \cdot [(1 - \tau_w) \cdot w + (1 - \tau_a) \cdot ra - (1 + \tau_c) \cdot c - na + v]$. Las condiciones de primer orden con respecto a c y a a son

(i) $e^{-(\rho-n)t} \cdot c^{-\theta} = \nu \cdot (1 + \tau_c)$

(ii) $-\dot{\nu} = \nu \cdot [(1 - \tau_a) \cdot r - n]$

En (i) introduzca logaritmos y derive con respecto al tiempo y sustituya el resultado en (ii) obteniendo $\frac{\dot{c}}{c} = \frac{1}{\theta}[(1 - \tau_a) \cdot r - \frac{\dot{\tau}_c}{1+\tau_c} - \rho]$. Si el tipo impositivo sobre el consumo es constante en el tiempo, $\dot{\tau}_c$ es igual a cero, y la ecuación de Euler se convierte en la ecuación (3.3).

por cada unidad de servicios del capital K, donde δ es la tasa de depreciación del capital. Establecemos el supuesto de que el Estado define los ingresos imponibles de las empresas de manera que sean iguales a la producción menos los pagos salariales y la depreciación.[2]

$$\text{Ingresos imponibles} = F(K, \hat{L}) - wL - \delta K \tag{3.5}$$

Los beneficios después de impuestos de las empresas pueden expresarse de la siguiente manera

$$\text{Beneficios después de impuestos} = (1 - \tau_f) \cdot [F(K, \hat{L}) - wL - \delta K] - rK \tag{3.6}$$

La condición de primer orden de la elección de $\hat{k} \equiv K/\hat{L}$ de la empresa, a fin de maximizar el beneficio después de impuestos, es una modificación de la ecuación (2.21)

$$f'(\hat{k}) = \frac{r}{1 - \tau_f} + \delta \tag{3.7}$$

Así pues, un τ_f mayor aumenta $f'(\hat{k})$, el producto marginal del capital necesario para un r dado. Este resultado se produce porque los pagos por las rentas del capital (dejando aparte la depreciación) no son deducibles de la base imponible definida en la ecuación (3.5). También se puede comprobar, a partir de lo argumentado en el capítulo 2, que en la ecuación (3.6) la empresa representativa alcanza un beneficio después de impuestos igual a cero. De igual manera, la empresa iguala el producto marginal del trabajo al salario:

$$w = e^{xt} \cdot [f(\hat{k}) - \hat{k} \cdot f'(\hat{k})] \tag{3.8}$$

Si utilizamos la condición de equilibrio del mercado de activos $\hat{a} = \hat{k}$, junto con las condiciones de primer orden de las ecuaciones (3.7) y (3.8) y la restricción presupuestaria del Estado de la ecuación (3.1), la condición para la evolución de $\hat{k}$ equivalente a la ecuación (2.23) se convierte en

$$\dot{\hat{k}} = f(\hat{k}) - \hat{c} - (x + n + \delta) \cdot \hat{k} - \hat{g} \tag{3.9}$$

donde $\hat{g} \equiv G/\hat{L}$. Esta ecuación sigue representando la restricción de recursos de la economía: la variación del stock de capital es igual a la producción menos el consumo menos la depreciación de los stocks de capital menos el gasto público en bienes y servicios. Observe que ni los impuestos ni las transferencias aparecen directamente en esta restricción de recursos de la economía.

2. Observe que, aunque la depreciación es deducible del impuesto, el tipo de interés real r, parte de los pagos por las rentas del capital no son deducibles del impuesto. Esta situación sería diferente para la financiación de la deuda si los intereses fueran, como es habitual, un gasto deducible de la empresa.

Las ecuaciones (3.3) y (3.7) implican que la condición para la evolución de $\hat{c}$ se ve modificada, pasando de la expresada en la ecuación (2.24) a

$$\dot{\hat{c}}/\hat{c} = \frac{1}{\theta} \cdot \{(1 - \tau_a) \cdot (1 - \tau_f) \cdot [f'(\hat{k}) - \delta] - \rho - \theta x\} \tag{3.10}$$

Así pues el producto marginal neto del capital $f'(\hat{k}) - \delta$ se ve atenuado por el efecto conjunto de los impuestos sobre los rendimientos de los activos τ_a y sobre los ingresos de las empresas τ_f. En el modelo, la renta del capital está efectivamente sujeta a doble imposición, la primera a nivel de la empresa al tipo τ_f cuando los ingresos son percibidos por la empresa, y la segunda a nivel del hogar al tipo τ_a cuando la renta es percibida como renta del capital.

La condición de transversalidad de la ecuación (2.25) también se ve modificada al incorporar los efectos de los impuestos

$$\lim_{t\to\infty} \left\{\hat{k} \cdot \exp\left(-\int_0^t [(1 - \tau_a) \cdot (1 - \tau_f) \cdot [f'(\hat{k}) - \delta] - x - n]\, dv\right)\right\} = 0 \tag{3.11}$$

Así pues, en el estado estacionario, en el que $\hat{k} = \hat{k}^*$, el producto marginal neto del capital, $f'(\hat{k}^*) - \delta$, tiene que ser superior a $(x + n)/[(1 - \tau_a) \cdot (1 - \tau_f)]$.

3.1.2. Efectos de los tipos impositivos

Impuestos sobre los salarios y el consumo El tipo impositivo sobre la renta salarial τ_w no aparece en ninguna de las condiciones de equilibrio. Esto es así porque establecimos el supuesto de que los hogares realizaban una cantidad de trabajo fija. En este caso, el impuesto sobre el salario es un impuesto de suma fija, no distorsionador. Con una decisión ocio-trabajo como la analizada en el capítulo 9, τ_w ya no sería equivalente a un impuesto de suma fija e influiría en el equilibrio.

Con anterioridad dijimos que el tipo impositivo del consumo τ_c no influye en la decisión del consumo en el tiempo y, por lo tanto, tampoco en la ecuación (3.10), ya que τ_c es constante. En otros casos, los posibles cambios de τ_c afectarían a la ecuación (3.10) en el presente y en el futuro. Por ejemplo, si se espera que el tipo impositivo del consumo aumente en el futuro $\dot{\tau}_c > 0$, los individuos preferirán consumir más en el momento presente y menos en el futuro, con lo que el crecimiento del consumo disminuirá. Ocurriría lo contrario si en el futuro se esperara una reducción del tipo impositivo sobre el consumo.

Dada una decisión ocio-trabajo, incluso un τ_c constante afectaría al equilibrio al influir sobre la oferta de trabajo. Sin embargo, este efecto no aparece en el presente planteamiento porque establecemos el supuesto de que los hogares realizan una cantidad fija de trabajo. Así pues, τ_c no afecta al equilibrio y funciona como un impuesto de suma fija.

Si suponemos que $\hat{g} = \tau_a = \tau_f = 0$, el diagrama de fase en el espacio $(\hat{k}, \hat{c})$ sería el mismo que aparece en la ilustración 2.1. Si en cambio suponemos que $\hat{g}$ es una constante positiva, $\dot{\hat{k}}$ se desplaza hacia abajo de acuerdo con la ecuación (3.9). El nivel de gasto público en bienes y servicios G sería financiado por una combinación

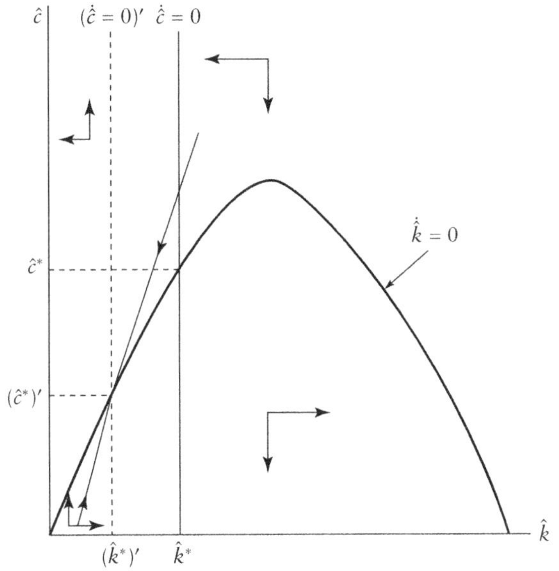

ILUSTRACIÓN 3.1 | Impuestos sobre la renta del capital. Las curvas continuas corresponden a $\tau_a = \tau_f = 0$. Si $\tau_a > 0$ o $\tau_f > 0$ la recta $\dot{\hat{c}} = 0$ se desplaza hacia la izquierda hasta la recta discontinua denominada $(\dot{\hat{c}} = 0)'$. La posición de $\dot{\hat{k}} = 0$ es la misma en ambos casos. En consecuencia, $\hat{k}^*$ y $\hat{c}^*$ son inferiores.

de τ_w y τ_c tomando en consideración la trayectoria temporal de las transferencias V. La combinación exacta de τ_w, τ_c y V no tiene importancia, porque en el modelo estas variables corresponden a impuestos o transferencias de cuantía fija. Así pues, el diagrama de fase del modelo corresponde a las líneas continuas de la ilustración 3.1.

Impuestos sobre la renta del capital y los ingresos de las empresas Suponga que seguimos considerando $\hat{g}$ como una constante positiva, pero ahora $\tau_a > 0$ o $\tau_f > 0$. Si mantenemos fijo $\hat{g}$, estamos asumiendo que la restricción presupuestaria del Estado de la ecuación (3.1) se cumple en cada periodo mediante algún tipo de ajuste de τ_w, τ_c y V. De nuevo, la combinación exacta de los ajustes no afecta al equilibrio.

Los valores positivos de τ_a y τ_f influyen en el modelo únicamente a través de la expresión de $\dot{\hat{c}}$ de la ecuación (3.10). En concreto, un incremento de τ_a o de τ_f desplaza la recta $\dot{\hat{c}} = 0$ hacia la izquierda, como queda representado por la recta discontinua denominada $(\dot{\hat{c}} = 0)'$ de la ilustración 3.1. Dado $\hat{g}$, un aumento de τ_a o de τ_f no influye sobre $\dot{\hat{k}} = 0$ (véase la ecuación [3.9]).

Como se ve en el diagrama, la existencia de impuestos sobre la renta del capital provoca la disminución a largo plazo de $\hat{k}^*$ y $\hat{c}^*$. Este efecto se debe a que los impuestos disminuyen el incentivo al ahorro. La condición de transversalidad garantiza que, tras el aumento inicial del tipo impositivo en el momento cero, la economía se situará en el nuevo tramo estable. Puesto que el nivel de capital no puede dar un salto en el momento cero, el nivel inicial de consumo tiene que aumentar. El motivo es que, inicialmente, el aumento de los impuestos disminuye la tasa de rendimiento después de impuestos por lo que fomenta que los individuos sustituyan consumo futuro por actual.

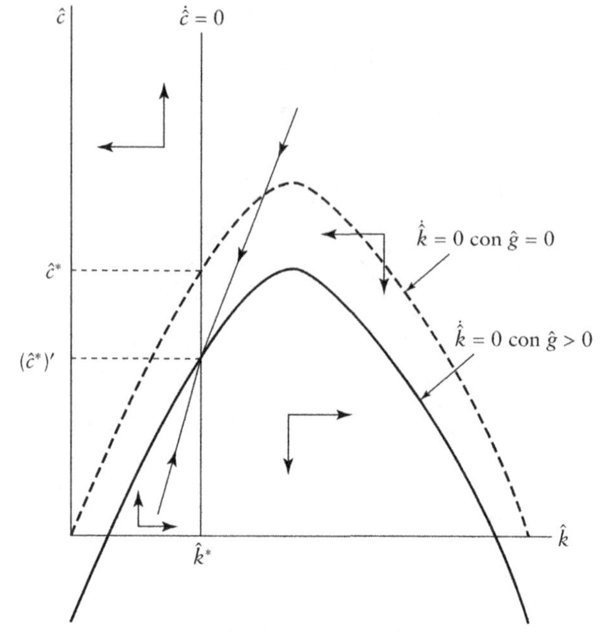

ILUSTRACIÓN 3.2 I Efectos del gasto público en bienes y servicios. La curva continua $\dot{\hat{k}} = 0$ corresponde a $\hat{g} > 0$ y la curva discontinua, situada más arriba, corresponde a $\hat{g} = 0$. La posición de $\dot{\hat{c}} = 0$ es la misma en ambos casos. Así pues, un mayor valor de $\hat{g}$ conlleva un valor menor de $\hat{c}^*$.

3.1.3. Efectos del gasto público en bienes y servicios

Considere ahora los efectos de un aumento permanente e inesperado del gasto público en bienes y servicios. La ilustración 3.2 analiza estos efectos comparando el caso en el que $\hat{g} > 0$ y el caso en el que $\hat{g} = 0$. Los tipos impositivos distorsionadores τ_a y τ_f se suponen idénticos en ambos casos, es decir, establecemos el supuesto de que el gasto público en bienes y servicios se financia mediante impuestos sobre los salarios o el consumo o por disminuciones de las transferencias de suma fija. Por consiguiente, estamos considerando los efectos de un mayor gasto público en bienes y servicios cuya financiación es equivalente a un impuesto de suma fija. Para analizar los efectos del gasto público en bienes y servicios financiado por un impuesto distorsionador, podemos combinar el presente análisis con el de la sección anterior.

Dado el supuesto establecido en cuanto a la financiación, la posición del lugar geométrico $\dot{\hat{c}} = 0$ es la misma para ambos valores de $\hat{g}$. Sin embargo, la posición de $\dot{\hat{k}} = 0$ es más baja en el caso de $\hat{g} > 0$ que en el caso de $\hat{g} = 0$. La intensidad del capital en el estado estacionario $\hat{k}^*$ es la misma en ambos casos, pero $\hat{c}^*$ es inferior cuando $\hat{g} > 0$. A largo plazo el gasto público en bienes y servicios ejerce un efecto expulsión sobre el consumo en una proporción uno a uno. No se produce un efecto a largo plazo sobre el capital, porque la financiación mediante una herramienta equivalente a un impuesto de suma fija evita la distorsión. Además, hemos supuesto que el gasto público no tiene efectos directos sobre la producción.

Los efectos dinámicos de un mayor gasto en bienes y servicios son más sencillos, si, en lugar de trabajar con un $\hat{g}$ constante, suponemos que el ratio $\lambda \equiv G/C$ es constante. Así pues, la expresión de $\dot{\hat{k}}$ de la ecuación (3.9) se transforma en

$$\dot{\hat{k}} = f(\hat{k}) - (1 + \lambda) \cdot \hat{c} - (x + n + \delta) \cdot \hat{k} \quad (3.12)$$

En este caso, observando las ecuaciones (3.10) y (3.12), se ve claramente que las trayectorias temporales completas de las variables $(1+\lambda) \cdot \hat{c}$ y $\hat{k}$ no varían al variar el valor de λ. Así pues, un valor mayor de λ no provoca cambio alguno en la trayectoria completa de $\hat{k}$. Por consiguiente, un valor mayor de λ conduce a una sustitución en proporción uno a uno de G por C a lo largo de la trayectoria completa.

Gasto público en bienes y servicios en la función de utilidad Hasta ahora hemos supuesto que los hogares no recibían utilidad alguna de los servicios del Estado. Suponga por el contrario que la utilidad del hogar representativo tiene la forma $u(c, \tilde{g})$. La especificación de $\tilde{g}$ depende de la manera en la que los servicios públicos influyen sobre los hogares. Si el gasto público en bienes y servicios se utiliza para proporcionar un bien equivalente a un bien privado (por ejemplo, comedores escolares gratuitos), entonces se cumpliría que $\tilde{g} = g$. En el caso de que los bienes y servicios proporcionados por el Estado fueran bienes públicos no rivales, como podría ser la protección de un monumento, se cumpliría $\tilde{g} = G$. Muy probablemente, el ejemplo más importante de bienes no rivales sería las ideas y los conocimientos que nacen de la investigación y la experiencia.

Otro ejemplo podría ser que el Estado utilizara este gasto para proporcionar bienes públicos no excluibles sujetos a saturación. En ese caso los servicios a los hogares podrían tener la forma siguiente

$$\tilde{g} = g \cdot \Psi(G/C) \quad (3.13)$$

donde $\Psi(\cdot) > 0$, $\Psi'(\cdot) > 0$, $\Psi(0) = 0$ y $\Psi(\infty) = 1$. Este parámetro $\Psi(G/C)$ recoge el grado de saturación de los servicios públicos. Para un G/C dado, los servicios proporcionados a cada hogar $\tilde{g}$ son proporcionales a g. Sin embargo, a medida que G disminuye en relación a C, aumenta la saturación y cada hogar recibe una menor cantidad de servicios efectivos por cada unidad de g. Esta especificación podría ajustarse bastante bien a los servicios que proporcionan las carreteras, parques, etc. En otros casos, la saturación puede estar vinculada a la producción Y o al stock de capital privado K, en vez de a C.

La condición de primer orden del hogar representativo para c puede calcularse de la manera habitual, suponiendo en este caso que $\tilde{g}$ sigue una trayectoria temporal exógena y que $u(c, \tilde{g})$ es la función de utilidad del hogar. La condición de primer orden resultante puede calcularse de la forma habitual,

$$r \cdot (1 - \tau_a) = \rho - \left(\frac{u_{cc}c}{u_c}\right) \cdot \left(\frac{\dot{c}}{c}\right) - \left(\frac{u_{c\tilde{g}}\tilde{g}}{u_c}\right) \cdot \left(\frac{d\tilde{g}/dt}{\tilde{g}}\right) \quad (3.14)$$

Así pues, se obtiene la condición estándar de $\dot{c}/c$ si $(\frac{u_{cc}c}{u_c}) = -\theta$ y $(\frac{u_{c\tilde{g}}\tilde{g}}{u_c}) = 0$. En el caso presente, la condición estándar se ve modificada, teniendo en cuenta la evolución de $\tilde{g}$ en el tiempo y la naturaleza del término de interacción $(\frac{u_{c\tilde{g}}\tilde{g}}{u_c})$.

Suponga que la función de utilidad tiene la forma que generaliza nuestra especificación anterior, en la que la elasticidad intertemporal de sustitución era constante.

$$u(c, \tilde{g}) = \frac{\{[h(c, \tilde{g})]^{1-\theta} - 1\}}{1-\theta} \tag{3.15}$$

donde la función de felicidad $h(c, \tilde{g})$ cumple que $h_c > 0$ y $h_{\tilde{g}} > 0$ y es homogénea de grado uno con respecto a c y $\tilde{g}$. En este caso y a partir de la ecuación (3.14), podemos demostrar que se cumple la condición estándar de primer orden para $\dot{c}/c$, como aparece en la ecuación (3.3), si que el ratio de c con respecto a $\tilde{g}$ permanece constante en el tiempo. Por ejemplo, si $\tilde{g} = g$ (bienes privados suministrados públicamente), y si el ratio $\lambda = g/c$ permanece constante en el tiempo, la dinámica del sistema viene dada por las ecuaciones (3.3) y (3.12), lo que implica que obtenemos los mismos resultados que antes, cuando λ era constante; es decir, un λ más alto no modifica la trayectoria de $\hat{k}$, y un g mayor ejerce un efecto expulsión sobre c en una proporción uno a uno en cada momento del tiempo. Se obtienen los mismos resultados si λ es constante y los bienes suministrados públicamente están sujetos a saturación como se recogía en la ecuación (3.13).

Si $\tilde{g} = G$ (bienes públicos puros) se cumple la condición de $\dot{c}/c$ recogida en la ecuación (3.3) si el ratio G/c es constante, lo que implica que $\lambda = g/c$ disminuye de acuerdo a e^{-nt}. En la ecuación (3.12) la disminución en el tiempo de λ desplaza continuamente hacia arriba la posición de $\dot{\hat{k}} = 0$. Este desplazamiento se produce debido a que el aumento de la población a la tasa n significa que el suministro de una cantidad dada de servicios públicos per cápita $\tilde{g}$ se abarata con el tiempo. En el estado estacionario, los servicios públicos son gratuitos (ya que la población es infinita) y la posición de $\dot{\hat{k}} = 0$ corresponde a la curva continua de la ilustración 3.2. Sin embargo, estos resultados únicamente se cumplen si los servicios públicos son enteramente no rivales. Probablemente, hay pocos bienes que entren en esta categoría.

La solución del planificador social Podemos usar el enfoque del planificador social para evaluar el suministro óptimo de servicios públicos en diversas situaciones. El planificador social maximiza la función $\int_0^\infty e^{-(\rho-n)t} \cdot u(c, \tilde{g}) \cdot dt$, sujeto a la restricción de recursos (3.9). Así pues, la función de Hamilton del planificador es

$$J = u(c, \tilde{g}) \cdot e^{-(\rho-n)t} + \upsilon \cdot [f(\hat{k}) - \hat{c} - (x + n + \delta) \cdot \hat{k} - \hat{g}] \tag{3.16}$$

Una condición de primer orden de este problema es:

$$f'(\hat{k}) - \delta = \rho - \left(\frac{u_{cc}c}{u_c}\right) \cdot \left(\frac{\dot{c}}{c}\right) - \left(\frac{u_{c\tilde{g}}\tilde{g}}{u_c}\right) \cdot \left(\frac{d\tilde{g}/dt}{\tilde{g}}\right) \tag{3.17}$$

Si $\tau_a = \tau_f = 0$, a partir de la solución descentralizada de la ecuación (3.14), junto con la condición para las empresas de la ecuación (3.7), llegamos a la ecuación (3.17), con lo que las decisiones de ahorro no sufren distorsión.

La otra condición de primer orden para el planificador social depende de la especificación de $\tilde{g}$. Si $\tilde{g} = g$, la condición es

$$u_c/u_{\tilde{g}} = 1 \tag{3.18}$$

La tasa de sustitución de la utilidad entre $\tilde{g}$ y c es uno, porque el suministro de estos dos bienes le cuesta a la sociedad exactamente lo mismo.

Si $\tilde{g} = G$, la condición de primer orden del planificador social se convierte en

$$u_c/u_{\tilde{g}} = e^{nt} \tag{3.19}$$

En este caso, el crecimiento de la población a la tasa n abarata los bienes públicos con el transcurso del tiempo. En consecuencia, la tasa de sustitución de la utilidad entre $\tilde{g}$ y c crece con el tiempo a la tasa n. Asintóticamente, las implicaciones de este caso son extrañas, ya que la idea de servicios públicos enteramente no rivales no es verosímil.

Si los servicios públicos están sujetos a saturación de la manera expresada por la ecuación (3.13), la condición de primer orden del planificador social será

$$u_c/u_{\tilde{g}} = \Psi(g/c) + (g/c) \cdot \Psi'(g/c) \tag{3.20}$$

Este resultado correspondería a la ecuación (3.18) si $\Psi(g/c) = 1$ y $\Psi'(g/c) = 0$. En caso contrario, la condición de primer orden tiene en cuenta el hecho de que los servicios públicos están sujetos a saturación ($\Psi[g/c] < 1$) y que un incremento en g/c reduce la saturación ($\Psi'[g/c] > 0$).

El gasto público en la función de producción Ciertos servicios públicos pueden entrar con más facilidad en el modelo mediante su inclusión en la función de producción:

$$\hat{y} = f(\hat{k}, \tilde{g}) \tag{3.21}$$

Nuevamente, el flujo de bienes públicos $\tilde{g}$ puede consistir en bienes privados suministrados públicamente, con lo que $\tilde{g} = g$, o puede equivaler a bienes públicos no rivales, y en ese caso $\tilde{g} = G$. También se podrían considerar los servicios públicos como bienes públicos no excluibles que están sujetos a saturación, quizás con la siguiente forma

$$\tilde{g} = g \cdot \Psi(G/Y)$$

si consideramos que la saturación de G está relacionada con la producción total Y. Los resultados en estos casos son semejantes a aquellos en los que los servicios públicos entraban directamente en las funciones de utilidad del hogar. En el último caso, los servicios públicos afectan a la utilidad directamente, mientras que en el anterior, los servicios públicos afectan a la producción y después, indirectamente, a la utilidad.

Una condición para los bienes privados suministrados públicamente o para los bienes públicos puros es que el planificador social eligiera el nivel de gasto público para el cual $\partial Y/\partial G = 1$. Esta condición significa que el aumento de producción que una unidad adicional de servicios públicos logra es igual a su coste, que es igual a la unidad. Para el caso de los bienes privados suministrados públicamente, la función de producción Cobb-Douglas sería

$$\hat{y} = A\hat{k}^{\alpha}\hat{g}^{\beta} \tag{3.22}$$

donde $0 < \beta < 1$. Se puede demostrar que la condición $\partial Y/\partial G = 1$ implica que $G/Y = \beta$. Es decir, los servicios públicos representarían una fracción constante de la producción durante toda la trayectoria dinámica.

Para los bienes públicos, la función de producción Cobb-Douglas es

$$\hat{y} = A\hat{k}^{\alpha}G^{\beta} \tag{3.23}$$

Es posible demostrar que la condición del planificador social $G/Y = \beta$ también se cumple en este caso.

Otra posibilidad a tener en cuenta es que servicios públicos, como el establecimiento y la protección del derecho de propiedad y la ley y el orden en general, aumentan la probabilidad de que los hogares individuales y las empresas mantengan la propiedad de los activos (capital) acumulados. Para los hogares, una mejora de la protección de los derechos de propiedad aumenta efectivamente la tasa de rendimiento de los activos. En este sentido una mejora de los derechos equivale a una disminución de los tipos impositivos τ_a y τ_f de la ecuación (3.10). En consecuencia, una mejora de los derechos de propiedad fomenta la formación de capital.

3.2. Costes de ajuste de la inversión

En el capítulo 2 dijimos que en la versión estricta del modelo neoclásico de crecimiento la velocidad de convergencia es mayor que la velocidad hallada empíricamente. Comentamos que una forma de reducir la velocidad en el modelo era mediante la introducción de costes de ajuste de la inversión. Los costes de ajuste son aquellos costes relacionados con la instalación del capital. En esta sección se analiza el modelo neoclásico de crecimiento con costes de ajuste.

3.2.1. El comportamiento de las empresas

Al igual que en capítulo 2 la función de producción es neoclásica:

$$Y = F(K, \hat{L}) \tag{3.24}$$

donde $F(\cdot)$ cumple las propiedades neoclásicas (ecuaciones 1.4 a 1.6) y donde

$\hat{L} = Le^{xt}$ es la cantidad efectiva de factor trabajo. Cada empresa i tiene acceso a la tecnología de la ecuación (3.24); eliminamos el subíndice i por comodidad.

En este caso y por conveniencia, vamos a considerar que las empresas son propietarias del stock de capital K, que ya no arriendan a los hogares. En su lugar, éstos tendrán derechos de propiedad sobre los flujos netos de caja de las empresas.

El cambio en el stock de capital de las empresas viene dado por

$$\dot{K} = I - \delta K \tag{3.25}$$

donde I es la inversión bruta. Suponemos que el coste en unidades de producción de cada unidad de inversión es 1 más un coste de ajuste, que es una función creciente de I en relación a K, es decir,

$$\text{Coste de la inversión} = I \cdot [1 + \phi(I/K)] \tag{3.26}$$

donde $\phi(0) = 0$, $\phi' > 0$ y $\phi'' \geq 0$. El supuesto establece que los costes de ajuste dependen de la inversión bruta I, y no de la inversión neta $I - \delta K$.

Como siempre, las empresas pagan el salario w por cada unidad de trabajo L y obviamos cualquier coste de ajuste relacionado con las variaciones de L. El flujo neto de caja de la empresa responde a la expresión

$$\text{Flujo neto de caja} = F(K, \hat{L}) - wL - I \cdot [1 + \phi(I/K)] \tag{3.27}$$

La empresa tiene una cifra fija de acciones y el valor de estas acciones en el momento 0 es la cantidad $V(0)$ que se fija en el mercado de valores. (Si normalizamos a la unidad el número de acciones, $V(0)$ es la cotización por acción del momento 0.) Suponemos que el flujo neto de caja de la ecuación (3.27) se dedica a pagar los dividendos de los accionistas.[3] Así pues, $V(0)$ es igual al valor actual de los flujos netos de caja entre el momento 0 e infinito, descontados a la tasa de rendimiento de mercado $r(t)$. [Así, la tasa de rendimiento de los propietarios de las acciones acabará siendo $r(t)$ en cada momento del tiempo.] La empresa toma sus decisiones a fin de favorecer los intereses de los accionistas y, en consecuencia, busca la maximización de $V(0)$.

Como se hizo en la ecuación (2.12), definimos $\bar{r}(t)$ como el tipo de interés promedio entre los momentos 0 y t,

$$\bar{r}(t) \equiv (1/t) \cdot \int_0^t r(v)\, dv$$

3. Este planteamiento es satisfactorio si aceptamos la existencia de dividendos negativos (gravámenes proporcionales a los accionistas) que financian los flujos netos de caja negativos. En su lugar, podríamos permitir que las empresas pidieran préstamos al tipo de interés $r(t)$. Los resultados serían los mismos que los alcanzados en el texto si introdujéramos una restricción de préstamos que eliminara la financiación de la deuda de manera piramidal (encadenada). (Esta restricción es la misma que la que se impuso a los hogares.) También podríamos permitir que las empresas financiaran los flujos netos de caja negativos mediante la emisión de nuevas acciones. Los resultados seguirían siendo los mismos si establecemos el objetivo de la empresa como la maximización de la cotización de las acciones existentes.

El objetivo de la empresa es elegir L e I en cada momento de manera que se maximice

$$V(0) = \int_0^{\infty} e^{-\bar{r}(t)\cdot t} \cdot \{F(K, \hat{L}) - wL - I \cdot [1 + \phi(I/K)]\} \cdot dt \qquad (3.28)$$

sujeta a la ecuación (3.25) y al valor inicial $K(0)$.

Podemos afrontar este problema de optimización mediante el desarrollo de la función de Hamilton

$$J = e^{-\bar{r}(t)\cdot t} \cdot \{F(K, \hat{L}) - wL - I \cdot [1 + \phi(I/K)] + q \cdot (I - \delta K)\} \qquad (3.29)$$

donde q es el precio sombra asociado a $\dot{K} = I - \delta K$. Se trata de la función de Hamilton del valor actual, con lo que q expresa el número de unidades de bienes por unidad de capital en el momento t. Es decir, q representa el precio sombra del valor actual del capital instalado en unidades de producción presente. El precio sombra del valor actual es pues

$$\nu = q \cdot e^{-\bar{r}(t)\cdot t}$$

La maximización implica las condiciones de primer orden habituales:

$$\partial J/\partial L = \partial J/\partial I = 0 \text{ y } \dot{\nu} = -\partial J/\partial K$$

y la condición de transversalidad

$$\lim_{t\to\infty} (\nu K) = 0$$

Las condiciones de primer orden pueden expresarse de la siguiente manera:

$$[f(\hat{k}) - \hat{k} \cdot f'(\hat{k})] \cdot e^{xt} = w \qquad (3.30)$$

$$q = 1 + \phi(\hat{\imath}/\hat{k}) + (\hat{\imath}/\hat{k}) \cdot \phi'(\hat{\imath}/\hat{k}) \qquad (3.31)$$

$$\dot{q} = (r + \delta) \cdot q - [f'(\hat{k}) + (\hat{\imath}/\hat{k})^2 \cdot \phi'(\hat{\imath}/\hat{k})] \qquad (3.32)$$

donde hemos utilizado la forma intensiva de la función de producción $f(\cdot)$ y expresado el capital y la inversión bruta como cantidades por unidad de trabajo efectiva, $\hat{k}$ e $\hat{\imath}$ respectivamente.[4]

4. Para w, r, q y $\dot{q}$ dados, las ecuaciones (3.30) a (3.32) garantizan que todas las empresas tienen los mismos valores de $\hat{k}$ e $\hat{\imath}$. El tamaño relativo de cada empresa, $\hat{L}_i(t)/\hat{L}(t)$, está fijado en su valor inicial $\hat{L}_i(0)/\hat{L}(0)$; en concreto, no se producen variaciones en el tiempo del tamaño relativo debido a los costes de ajuste de la instalación de capital (si suponemos que dichos costes también existen en el caso de que la empresa compre y venda capital de segunda mano).

La ecuación (3.32) es la ecuación habitual del producto marginal del trabajo con respecto al salario, que se cumple porque no se asignan costes de ajuste a las variaciones del factor trabajo. La ecuación (3.31) significa que si $\hat{\imath} > 0$ el precio sombra del capital instalado q es mayor que la unidad debido a los costes de ajuste. La relación entre q e $\hat{\imath}/\hat{k}$ es monótonamente creciente ya que $\phi'(\hat{\imath}/\hat{k}) > 0$ y $\phi''(\hat{\imath}/\hat{k}) \geq 0$.[5]

La ecuación (3.32) también puede expresarse de la siguiente manera

$$r = (1/q) \cdot [f'(\hat{k}) + (\hat{\imath}/\hat{k})^2 \cdot \phi'(\hat{\imath}/\hat{k})] - \delta + \dot{q}/q$$

Esta ecuación establece que la tasa de rendimiento de mercado r es igual a la tasa total de rendimiento que se obtiene al pagar q por poseer una unidad de capital. Este rendimiento del capital es igual al producto marginal $f'(\hat{k})$ más la disminución marginal de los costes de ajuste (cuando K aumenta para una I dada), todo ello deflactado por el coste del capital q menos la depreciación del capital instalado a la tasa δ; más la tasa de ganancia de capital $\dot{q}/q$. Si no hubiera costes de ajuste, de manera que $\phi(\hat{\imath}/\hat{k}) = \phi'(\hat{\imath}/\hat{k}) = 0$ y $q = 1$, la ecuación (3.32) se simplificaría en el resultado habitual, $r = f'(\hat{k}) - \delta$.

La condición de transversalidad puede expresarse de la siguiente manera

$$\lim_{t \to \infty} \left[q\hat{k} \cdot e^{-[\bar{r}(t) - n - x] \cdot t} \right] = 0 \qquad (3.33)$$

Así pues, si q y $\hat{k}$ tienden asintóticamente a valores constantes (como realmente lo hacen) el tipo de interés de estado estacionario r^* tiene que ser superior (como habitualmente) a la tasa de crecimiento de estado estacionario $n + x$.

Puesto que la relación entre q e $\hat{\imath}/\hat{k}$ recogida en la ecuación (3.31) es monótonamente creciente, podemos invertir esta relación y expresar $\hat{\imath}/\hat{k}$ como una función monótonamente creciente de q:

$$\hat{\imath}/\hat{k} = \psi(q) \qquad (3.34)$$

donde $\psi'(q) > 0$. Con frecuencia se han estimado de forma empírica relaciones del tipo de la ecuación (3.34).[6] Estos estudios empíricos se basan en la propuesta de Brainard y Tobin (1968) de utilizar el ratio entre el valor de mercado de las empresas y el stock de capital V/K como aproximaxión a q. El ratio V/K se conoce por el nombre de *q promedio*, mientras que el precio sombra del capital instalado que aparece en nuestro análisis teórico se denomina *q marginal*. Sin embargo, ambas definiciones de q coinciden en nuestro modelo.

Para demostrar la igualdad entre q marginal y q promedio, utilizamos las ecuaciones (3.32), (3.31) y (3.25) y obtenemos (tras varias operaciones)

---

5. Este resultado requiere sólo la condición más débil $2 \cdot \phi'(\hat{\imath}/\hat{k}) + (\hat{\imath}/\hat{k}) \cdot \phi''(\hat{\imath}/\hat{k}) > 0$.

6. Véase, por ejemplo, von Furstenberg (1977), Summers (1981) y Blanchard, Rhee y Summers (1993). Barro (1990a) calcula la primera derivada, de manera que la variación en el ratio de inversión se vincula a la variación en el valor de mercado de las empresas. Esta variación del valor de mercado se aproxima mediante la tasa de rendimiento del mercado de valores.

$$d(qK)/dt = \dot{q}K + q\dot{K} = rqK - \hat{L} \cdot \{f(\hat{k}) - we^{-xt} - \hat{\imath} \cdot [1 + \phi(\hat{\imath}/\hat{k})]\}$$

Esta relación es una ecuación lineal diferencial de primer orden en qK que puede resolverse utilizando $e^{-\bar{r}(t)\cdot t}$ como factor de integración. Si utilizamos la condición de transversalidad de la ecuación (3.33) y la definición de V de la ecuación (3.28) obtendremos

$$qK = V$$

de manera que V/K (o q promedio) es igual a q(o q marginal). Hayashi (1982) demuestra que este resultado se cumple siempre que la función de producción se caracterice por tener rendimientos constantes a escala y el mercado de valores sea eficiente.[7]

3.2.2. El equilibrio con un tipo de interés dado

A continuación vamos a analizar el estado estacionario y la dinámica de transición cuando el tipo de interés $r(t)$ viene dado de manera exógena. Este planteamiento correspondería a una empresa individual que considera el tipo de interés de la economía como un valor dado o a una pequeña economía abierta que toma como valor dado el tipo de interés internacional. Este último contexto corresponde a una ampliación del modelo de Ramsey que analizaremos más adelante en este mismo capítulo. En dicha ampliación, que obvia los costes de ajuste de la inversión, la convergencia de $\hat{k}$ e $\hat{y}$ hacia sus valores de estado estacionario resulta ser instantánea. Sin embargo, a continuación demostramos que los costes de ajuste conllevan velocidades de convergencia finitas aún en presencia de mercados mundiales de préstamos perfectos.

Simplificamos el análisis mediante el supuesto de que el tipo de interés r es constante y $r > x + n$. También nos restringimos al caso en el que el coste de ajuste es proporcional a $\hat{\imath}/\hat{k}$; es decir

$$\phi(\hat{\imath}/\hat{k}) = (b/2) \cdot (\hat{\imath}/\hat{k}) \tag{3.35}$$

con lo que $\phi'(\hat{\imath}/\hat{k}) = (b/2) > 0$. El parámetro b expresa la sensibilidad de los costes de ajuste a la cantidad total invertida. Un valor más alto de b significa mayores costes de ajuste por cada unidad de $\hat{\imath}/\hat{k}$. Esta especificación lineal de $\phi(\cdot)$ no es necesaria para obtener los principales resultados, pero simplifica el análisis. Si sustituimos esta expresión de $\phi(\cdot)$ en la ecuación (3.31) obtenemos una relación lineal entre $\hat{\imath}/\hat{k}$ y q:

$$\hat{\imath}/\hat{k} = \psi(q) = (q-1)/b \tag{3.36}$$

7. Para que el teorema de Hayashi se cumpla son necesarios dos requisitos más: los bienes de capital tienen que ser homogéneos (algo que hemos dado por supuesto en todo momento) y el coste total de ajuste tiene que ser homogéneo de grado uno en I y K (que también hemos supuesto, ya que los costes totales se expresan mediante $I \cdot [1 + \phi(I/K)]$).

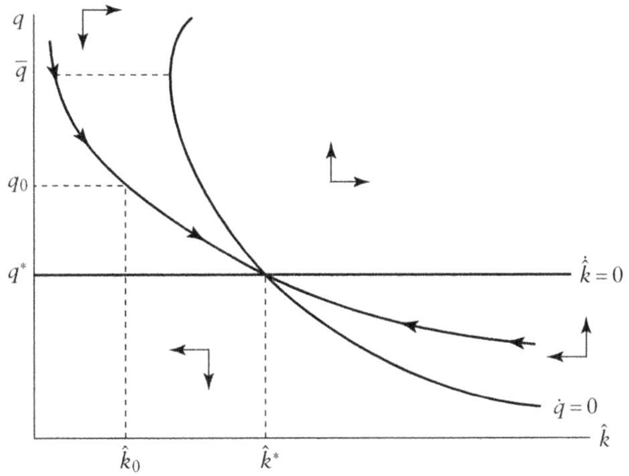

ILUSTRACIÓN 3.3 | El diagrama de fase del modelo con costes de ajuste (y tipo de interés fijo). El diagrama de fase se representa en el espacio $(q, \hat{k})$, donde q es el valor de mercado de la unidad de capital instalado. $\dot{\hat{k}} = 0$ es una recta horizontal en q^* y $\dot{q} = 0$ tiene pendiente negativa en las proximidades del estado estacionario. Cuando q aumenta, la pendiente se hace mayor; la pendiente se vuelve positiva en $q > 1 + b \cdot (r + \delta) > \bar{q}$. El tramo estable tiene en todo momento pendiente negativa. Así pues, para valores bajos de $\hat{k}$, se cumple $q > q^*$. En este caso, la transición se caracteriza por incrementos monótonos en $\hat{k}$ y decrementos monótonos de q.

Las ecuaciones (3.25) y (3.36) implican que la variación de $\hat{k}$ puede expresarse como función de q:

$$\dot{\hat{k}} = \hat{\imath} - (x + n + \delta) \cdot \hat{k} = [(q - 1)/b - (x + n + \delta)] \cdot \hat{k} \tag{3.37}$$

Si sustituimos $\hat{\imath}/\hat{k}$ de las ecuaciones (3.35) y (3.36) en la ecuación (3.32) podemos relacionar $\dot{q}$ con q y con $\hat{k}$:

$$\dot{q} = (r + \delta) \cdot q - [f'(\hat{k}) + (q - 1)^2/2b] \tag{3.38}$$

Las ecuaciones (3.37) y (3.38) forman un sistema bidimensional de ecuaciones diferenciales en la variable $\hat{k}$ y en el precio sombra q. Podemos utilizar un diagrama de fase para analizar el estado estacionario y la dinámica de transición de este sistema. En la ilustración 3.3 el diagrama de fase se representa en el espacio $(\hat{k}, q)$.

A partir de la ecuación (3.37)(y si $\dot{\hat{k}} = 0$), la condición $\hat{k} \neq 0$ implica:

$$q = q^* = 1 + b \cdot (x + n + \delta) \tag{3.39}$$

El valor de estado estacionario de q es mayor que 1, porque en el estado estacionario los costes de ajuste son soportados únicamente por la inversión bruta que sustituye al capital que se va destruyendo a la tasa δ. Hay también depreciación del capital en unidades efectivas porque $\hat{L}$ crece a la tasa $x+n$. La ecuación (3.39) está representada en la ilustración 3.3 por la recta horizontal $q = q^*$. La ecuación (3.37) implica que $\dot{\hat{k}} > 0$ para $q > q^*$ y $\dot{\hat{k}} < 0$ para $q < q^*$, tal y como indican las flechas.

A partir de la ecuación (3.38) la condición $\dot{q} = 0$ lleva a

$$(q-1)^2 - 2b \cdot (r+\delta) \cdot q + 2b \cdot f'(\hat{k}) = 0 \qquad (3.40)$$

Si sustituimos $q = q^*$ de la ecuación (3.39), el valor $\hat{k}^*$ de estado estacionario cumple la siguiente condición

$$f'(\hat{k}^*) = r + \delta + b \cdot (x+n+\delta) \cdot [r+\delta-(1/2)\cdot(x+n+\delta)] \qquad (3.41)$$

Puesto que $r > x+n$, la ecuación (3.41) demuestra que la presencia de costes de ajuste $b > 0$ hace que $f'(\hat{k}^*)$ sea superior al valor $r+\delta$ que alcanzaría de no existir estos costes. En consecuencia, $\hat{k}^*$ disminuye por efecto de los costes de ajuste.

La pendiente de la relación entre q y $\hat{k}$ en $\dot{q} = 0$ se obtiene a partir de la ecuación (3.40), y es igual a

$$\frac{dq}{d\hat{k}} = \frac{-b \cdot f''(\hat{k})}{(q-1) - b \cdot (r+\delta)}$$

El numerador es positivo, y si $q < 1 + b \cdot (r+\delta)$ el denominador es negativo. Esta desigualdad debe cumplirse en el valor de estado estacionario q^*, ya que $r > x+n$ (véase la ecuación [3.39]). En consecuencia, la curva $\dot{q} = 0$ tiene pendiente negativa para $q \le q^*$, como muestra la ilustración 3.3.[8] La pendiente es positiva si $q > 1 + b \cdot (r+\delta) > q^*$. La ecuación (3.39) implica que $\dot{q} > 0$ para los valores de $\hat{k}$ a la izquierda de la curva $\dot{q} = 0$ y $\dot{q} < 0$ para valores a la derecha de la curva. Las flechas de la ilustración muestran estos movimientos de q.

El sistema descrito en la ilustración 3.3 presenta estabilidad con trayectoria de punto de silla. El tramo estable tiene pendiente negativa como queda representado en la curva con flechas. Así pues, si la economía empieza en $\hat{k}(0) < \hat{k}^*$, entonces $q(0) > q^*$. El alto valor de mercado del capital instalado fomenta una gran inversión (aunque no en una cantidad infinita); es decir, de acuerdo con la ecuación (3.36), cuando q es alto $\hat{\imath}/\hat{k}$ es alto. El incremento de $\hat{k}$ con el tiempo hace que q disminuya y, en consecuencia, disminuye $\hat{\imath}/\hat{k}$. Al final, q tiende a q^*, $\hat{\imath}/\hat{k}$ tiende a $x+n+\delta$ y $\hat{k}$ tiende a $\hat{k}^*$.

La teoría predice que una economía pobre [en la que $\hat{k}(0)$ sea muy inferior a $\hat{k}^*$] con acceso a los mercados mundiales de préstamos tendrá un alto valor q de capital instalado y una alta tasa de crecimiento de su stock de capital. A continuación cuantificamos las implicaciones de la velocidad de convergencia del capital y la producción.

Podemos hacer una aproximación de las ecuaciones (3.37) y (3.38) como sistema lineal de $\log(\hat{k})$ y q en las proximidades del estado estacionario. Establecemos el supuesto de que la función de producción es de tipo Cobb-Douglas, $f(\hat{k}) = A\hat{k}^\alpha$, y

8. Se puede demostrar que esta propiedad se mantiene para toda función de costes de ajuste $\phi(\cdot)$ que cumpla $2 \cdot \phi'(\hat{\imath}/\hat{k}) + (\hat{\imath}/\hat{k}) \cdot \phi''(\hat{\imath}/\hat{k}) > 0$.

utilizamos los valores habituales de los parámetros $\alpha = 0{,}75$, $x = 0{,}02$ anual, $n = 0{,}01$ anual y $\delta = 0{,}05$ anual. También suponemos que el tipo de interés internacional es $r = 0{,}06$ anual, aunque los resultados son prácticamente los mismos si r es algo mayor, como por ejemplo $r = 0{,}08$ anual.

Con estos valores de los parámetros, el coeficiente de convergencia β para $\hat{k}$ e $\hat{y}$ depende del parámetro b de la función de costes de ajuste de la ecuación (3.35). Para pensar en valores razonables de este parámetro, observe que en el estado estacionario, donde $(\hat{\imath}/\hat{k})^* = x + n + \delta = 0{,}08$ anual, el coste de una unidad de capital es igual a $1 + 0{,}04 \cdot b$. Además, la ecuación (3.39) implica que $q^* = 1 + 0{,}08 \cdot b$. Así pues, $b = 1$ implica que $q^* = 1{,}08$ y que en el estado estacionario el coste de una unidad de capital adicional es 1,04, mientras que si $b = 10$ implica que $q^* = 1{,}80$ y el coste por cada unidad de capital extra será 1,40. El valor $q^* = 1{,}80$ es relativamente alto en relación a las estimaciones de q realizadas por Blanchard, Rhee y Summers (1993); sus valores en ningún caso superaban 1,5. En consecuencia, para el capital físico, valores de b iguales o superiores a 10 implican costes de ajuste improbablemente altos y tienden a generar valores de q^* altos, contrarios a los datos empíricos. De hecho, puesto que $q > q^*$ se cumple cuando $\hat{k} < \hat{k}^*$, el modelo exigiría que b fuera muy inferior a 10 para garantizar que no se produzca $q > 1{,}5$ durante la transición al estado estacionario.

Ahora bien, valores de b muy inferiores a 10 implican un coeficiente de convergencia β improbablemente alto. Para los valores de los parámetros mencionados anteriormente, β disminuye de ∞ en $b = 0$ a 0,16 cuando $b = 1$, 0,11 cuando $b = 2$ y 0,09 cuando $b = 3$. El coeficiente β no desciende a 0,05 hasta que b no supera el valor 6 y no desciende a 0,03 hasta que b es igual a 12. [9] Para que β descienda a 0,03 con un valor de b más bajo, tenemos que aceptar el supuesto de que el coeficiente de participación del capital α es mayor que 0,75. Por ejemplo, si $\alpha = 0{,}90$, β desciende a 0,03 con b igual a 6.

Vemos dos maneras de salir de este atolladero. La primera radica en argumentar que el capital incluye el capital humano y que los costes de ajuste asociados al capital humano son tan altos que resultan razonables valores de b iguales o superiores a 10, acompañados de los correspondientes valores altos de q. [10] No sabemos cómo comprobar esta hipótesis a partir de la información que poseemos actualmente respecto de los rendimientos del capital humano. La segunda posibilidad radica en eliminar el supuesto de que la economía es capaz de financiar la totalidad de su inversión a un tipo de interés fijo r. Una manera de hacerlo es retomar los modelos de economía cerrada tratados en el capítulo 1 y 2, en los que r varía para igualar la demanda de inversión al nivel deseado de ahorro nacional. Una segunda forma radica en mantener la economía abierta, pero introducir algunas restricciones en las condiciones que permiten a una economía individual pedir dinero prestado

9. Cuando b tiende a infinito, β tiende a 0,025; es decir, a medida que el parámetro del coste de ajuste se vuelve arbitrariamente alto, la velocidad de convergencia no tiende a cero. Sin embargo, cuando b tiende a infinito, la economía tiende a un valor de estado estacionario $\hat{k}^*$ que tiende a cero.

10. Kremer y Thomson (1998) utilizan un modelo de generaciones solapadas en el que los trabajadores jóvenes se benefician de interacciones con los trabajadores mayores y más experimentados en el contexto de una relación aprendiz-maestro. Efectivamente, este marco implica altos costes de ajuste de incrementos rápidos de capital humano.

en los mercados de préstamos mundiales. En la siguiente sección calculamos los resultados para el caso en el que los costes de ajuste de la inversión se incluyen en el modelo neoclásico de crecimiento en una economía cerrada. En una sección posterior, analizamos los costes de ajuste en una economía abierta.

3.2.3. El equilibrio en una economía cerrada con tipo de interés fijo

Los gastos en inversión bruta por trabajador efectivo, incluidos los costes de ajuste son:

$$\hat{\imath} \cdot [1 + \phi(\hat{\imath}/\hat{k})]$$

En una economía cerrada, este gasto es igual al ahorro bruto por trabajador efectivo. Si aceptamos el supuesto de que ese ahorro es la fracción constante s de la producción bruta por trabajador $f(\hat{k})$ obtenemos:

$$s \cdot f(\hat{k})/\hat{k} = (\hat{\imath}/\hat{k}) \cdot [1 + \phi(\hat{\imath}/\hat{k})]$$

Si utilizamos la expresión lineal de $\phi(\hat{\imath}/\hat{k})$ de la ecuación (3.35) y la correspondiente expresión de $\hat{\imath}/\hat{k}$ de la ecuación (3.36) el resultado se simplifica en la expresión siguiente:

$$s \cdot f(\hat{k})/\hat{k} = \left(\frac{1}{2b}\right) \cdot (q^2 - 1) \qquad (3.42)$$

Si utilizamos una función de producción Cobb-Douglas, $f(\hat{k}) = A\hat{k}^{\alpha}$, a partir de la ecuación (3.42) resolvemos q expresada en valores de $\hat{k}$ y sustituimos este resultado en la expresión de $\dot{\hat{k}}$ de la ecuación (3.37), obtenemos una ecuación diferencial en $\hat{k}$:

$$\dot{\hat{k}}/\hat{k} = (1/b) \cdot \{[1 + 2bsA \cdot \hat{k}^{\alpha-1}]^{1/2} - 1\} - (x + n + \delta) \qquad (3.43)$$

Este resultado es la forma general de la expresión de la ecuación (1.30) del modelo Solow-Swan teniendo en cuenta los costes de ajuste. Si $b = 0$ se cumple el resultado del modelo Solow-Swan.[11] Como hemos hecho hasta ahora, se puede calcular el coeficiente de convergencia β mediante la linealización logarítmica de la ecuación (3.43) en las proximidades del estado estacionario. La expresión de β que se obtiene es:

$$\beta = (1 - \alpha) \cdot (x + n + \delta) \cdot \left[\frac{1 + (1/2) \cdot b \cdot (x + n + \delta)}{1 + b \cdot (x + n + \delta)}\right] \qquad (3.44)$$

Así pues, si no hay costes de ajuste ($b = 0$), la expresión de β se simplifica, convirtiéndose en la del modelo Solow-Swan $(1 - \alpha) \cdot (x + n + \delta)$ (véase la ecuación [1.31]).

11. Aplicando la regla de l'Hôpital se demuestra que, cuando b tiende a cero, la expresión de la ecuación (3.43) se convierte en la expresión de la ecuación (1.30).

Si $b > 0$, la ecuación (3.44) establece que en el modelo de costes de ajuste β es menor que en el modelo Solow-Swan y que es una función decreciente de b. Cuando b tiende a infinito, β tiende a $(1/2) \cdot (1 - \alpha) \cdot (x + n + \delta)$, es decir, a la mitad del valor que predice el modelo Solow-Swan.

Si utilizamos los mismos valores de los parámetros que antes ($\alpha = 0{,}75$, $x = 0{,}02$, $n = 0{,}01$, $\delta = 0{,}05$) y suponemos que los posibles valores del coeficiente de costes de ajuste b son muy inferiores a 10, el principal resultado es que la influencia de los costes de ajuste sobre la velocidad de convergencia es poco importante. Por ejemplo, si $b = 0$ (en el caso del modelo Solow-Swan), $\beta = 0{,}020$ al año. Si $b = 2, \beta = 0{,}019$, y si $b = 10, \beta = 0{,}016$. Así pues, aunque la existencia de costes de ajuste ralentiza la convergencia, la importancia de dicho efecto tiende a ser pequeña. Como dijimos con anterioridad, para obtener efectos mayores, tenemos que aceptar el supuesto de que los coeficientes de coste de ajuste son tan altos que el correspondiente valor de q^*, y sobre todo los valores de transición de q son superiores a los valores observados empíricamente (al menos en el caso del capital físico).

A fin de tener en cuenta los costes de ajuste en el modelo de Ramsey podemos actuar de manera idéntica.[12] En lugar de aceptar el supuesto de que la tasa de ahorro bruto es constante, utilizamos la condición ya conocida de optimización del hogar $\dot{c}/c = (1/\theta) \cdot (r - \rho)$. Este análisis es sencillo aunque engorroso y desvela una serie de nuevos resultados. En concreto, descubrimos que la existencia de costes de ajuste reduce la velocidad de convergencia en relación a la original del modelo de Ramsey (ecuación [2.34]). Ahora bien, al igual que en el caso del modelo Solow-Swan, si utilizamos un valor del coeficiente de coste de ajuste b congruente con un comportamiento "razonable" del precio sombra q, los efectos cuantitativos son pequeños.

3.3. El modelo de Ramsey en una economía abierta

En los modelos de economía cerrada de los capítulos 1 y 2 los residentes del país poseían la totalidad del stock de capital. Así pues, para un país i, el capital por trabajador k_i era igual a los activos per cápita de los hogares a_i. En esta sección ampliamos el modelo a una economía abierta. Comenzamos modificando el modelo de Ramsey de manera que tenga en cuenta la movilidad internacional de bienes y los préstamos y créditos internacionales. Veremos que esta modificación para una economía abierta conlleva algunas conclusiones paradójicas. Acto seguido analizamos si otras modificaciones (imperfecciones de los mercados financieros internacionales, parámetros de preferencias variables, horizonte finito y costes de ajuste de inversión) pueden conducir a resultados más razonables.

3.3.1. Planteamiento del modelo

El mundo está formado por muchos países. Por comodidad, decimos que uno de esos países, el país i, es el país nacional y el resto son los países extranjeros. Dentro

12. Para un mayor análisis de este modelo, véase Abel y Blanchard (1983) y el problema 3.5.

de cada uno de los países, los hogares y las empresas tienen iguales objetivos y restricciones establecidas por el modelo de Ramsey del capítulo 2.

Se establece el supuesto de que en su condición de depósitos de valor, los derechos nacionales y los derechos extranjeros de propiedad del capital son sustitutivos perfectos. Así pues, todos ellos deben remunerarse a la misma tasa de rendimiento r. Puesto que seguimos suponiendo que en cualquier país los préstamos y los derechos de propiedad del capital son sustitutivos perfectos como depósitos de valor, la variable r será el tipo de interés mundial único.

Suponga que el país nacional tiene unos activos per cápita a_i y un capital per cápita k_i. Si k_i es mayor que a_i, la diferencia $k_i - a_i$ tiene que representar los derechos de propiedad netos en la economía nacional de los residentes extranjeros. A la inversa, si a_i es mayor que k_i, $a_i - k_i$ representa los derechos de propiedad netos de los residentes nacionales en las economías extranjeras. Si definimos d_i como la deuda neta del país nacional con el exterior (derechos de propiedad extranjeros en la economía nacional menos los derechos de propiedad nacionales en los países extranjeros), entonces

$$d_i = k_i - a_i \tag{3.45}$$

De igual manera, los activos nacionales son iguales al capital nacional menos la deuda externa: $a_i = k_i - d_i$.

El saldo de la balanza por cuenta corriente equivale (con signo opuesto) a la variación en la deuda externa agregada, $D_i = L_i d_i$, donde L_i es la población y la mano de obra del país i. Así pues, si L_i crece a la tasa n_i, el saldo de la balanza por cuenta corriente del país i es igual a $-(\dot{d}_i + n_i d_i)$.[13]

El modelo sigue teniendo únicamente un solo tipo de bien físico, pero ahora los residentes extranjeros pueden adquirir producción nacional y los nacionales pueden adquirir producción externa. En este modelo, la única función del comercio internacional es permitir que la producción nacional sea distinta del gasto nacional en consumo e inversión. En otras palabras, tenemos en cuenta los aspectos intertemporales del comercio internacional, pero hacemos caso omiso de sus implicaciones en las tendencias de especialización de la producción.

Seguimos aceptando el supuesto de la no movilidad del factor trabajo. Es decir, los residentes nacionales no pueden ni trabajar en el extranjero ni emigrar, y los extranjeros no pueden trabajar en el país nacional ni inmigrar. En el capítulo 9 analizaremos el fenómeno de la migración.

La restricción presupuestaria del hogar representativo del país i es idéntica a la establecida en la ecuación (2.2):

$$\dot{a}_i = w_i + (r - n_i) \cdot a_i - c_i \tag{3.46}$$

La única novedad radica en que r es el tipo de interés internacional.

13. Puesto que D_i es la deuda externa total del país, el saldo de la balanza por cuenta corriente es igual a $-\dot{D}_i$. La definición $d_i \equiv D_i/L_i$ y la condición $\dot{L}_i/L_i = n_i$ implican que $-\dot{D}_i/L_i = -(\dot{d}_i + n_i d_i)$.

Suponemos que los hogares tienen el mismo tipo de preferencias que en el capítulo 2 (ecuaciones [2.1] y [2.9]) y permitimos que cada país tenga su propia tasa de descuento ρ_i y su propia elasticidad de sustitución intertemporal θ_i. Puesto que el objetivo y las restricciones son las mismas que en el capítulo 2, la condición de primer orden del consumo sigue siendo la establecida en la ecuación (2.10):

$$\dot{c}_i/c_i = (1/\theta_i)\cdot(r-\rho_i)$$

o, si se expresa en valores de consumo por trabajador efectivo,

$$(1/\hat{c}_i)\cdot(d\hat{c}_i/dt) = (1/\theta_i)\cdot(r-\rho_i-\theta_i x_i) \qquad (3.47)$$

De nuevo, la condición de transversalidad exige que $a_i(t)$ crezca asintóticamente a una tasa inferior a $r - n_i$, como se estableció en la ecuación (2.11).

De nuevo, las condiciones de optimización de las empresas implican que los productos marginales de los factores tienen que ser iguales a los precios de los mismos (ecuaciones [2.21] y [2.22]):

$$f'(\hat{k}_i) = r + \delta_i \qquad (3.48)$$

$$[f(\hat{k}_i) - \hat{k}_i\cdot f'(\hat{k}_i)]\cdot e^{x_i t} = w_i \qquad (3.49)$$

Si sustituimos w_i de la ecuación (3.49) en la ecuación (3.46) y utilizamos la ecuación (3.48), la variación de los activos por trabajador efectivo se puede expresar como

$$d\hat{a}_i/dt = f(\hat{k}_i) - (r+\delta_i)\cdot(\hat{k}_i - \hat{a}_i) - (x_i + n_i + \delta_i)\cdot\hat{a}_i - \hat{c}_i \qquad (3.50)$$

Observe que a partir de la ecuación (3.45) sabemos que $(\hat{k}_i - \hat{a}_i) = \hat{d}_i$, que es igual a cero en el caso de una economía cerrada. La ecuación (3.50) es la forma general de la ecuación (2.23) para el caso en el que $\hat{d}_i \neq 0$.

3.3.2. Comportamiento del stock de capital y la producción en una economía pequeña

Si la economía del país i es pequeña con respecto a la economía mundial, la acumulación de activos y el stock de capital del país tiene un efecto insignificante en la trayectoria del tipo de interés internacional $r(t)$. Así pues, podemos considerar que, para el país i, la trayectoria de $r(t)$ es exógena. Dada dicha trayectoria, las ecuaciones (3.48) y (3.49) fijan las trayectorias de $\hat{k}_i(t)$ y $w_i(t)$ sin tener en consideración las decisiones de consumo y ahorro de los hogares nacionales. Dada la trayectoria temporal de $w_i(t)$, las ecuaciones (3.47) y (3.50) y la condición de transversalidad determinan las trayectorias de $\hat{c}_i(t)$ y $\hat{a}_i(t)$. Por último, las trayectorias de $\hat{k}_i(t)$ y $\hat{a}_i(t)$ determinan el comportamiento de la deuda externa neta $\hat{d}_i(t)$ de la ecuación (3.45).

Para simplificar, aceptamos el supuesto de que el tipo de interés internacional es igual a la constante r. De hecho, la economía mundial se encuentra en el tipo de estado estacionario que antes analizamos para una única economía cerrada. Si el país i fuera una economía cerrada, su tipo de interés de estado estacionario sería $\rho_i + \theta_i x_i$ (como en el capítulo 2). Aceptamos el supuesto de que se cumple $r \leq \rho_i + \theta_i x_i$, ya que si $r > \rho_i + \theta_i x_i$, al final la economía nacional acumularía tal cantidad de activos que incumpliría la condición establecida inicialmente de que se trata de una economía pequeña. También establecemos como condición que $r > x_i + n_i$, es decir, que el tipo de interés internacional es mayor que la tasa de crecimiento de estado estacionario que se daría en el país i si se tratara de una economía cerrada. En caso contrario, el valor actual de los salarios sería infinito y, en consecuencia, la utilidad que se podría alcanzar sería ilimitada.

Si r es constante, la ecuación (3.48) implica que $\hat{k}_i(t)$ es igual a una constante, que denominamos $(\hat{k}_i^*)_{\text{abierta}}$, y que cumple la condición $f'[(\hat{k}_i^*)_{\text{abierta}}] = r + \delta_i$. En otras palabras, la velocidad de convergencia desde cualquier valor inicial $\hat{k}_i(0)$ hacia $(\hat{k}_i^*)_{\text{abierta}}$ es infinita. Si $(\hat{k}_i^*)_{\text{abierta}}$ es mayor que $\hat{k}_i(0)$ se produce una entrada de capitales provenientes del resto del mundo tan rápida (a una tasa infinita) que el diferencial desaparece inmediatamente. De igual manera, si $\hat{k}_i(0)$ es superior a $(\hat{k}_i^*)_{\text{abierta}}$ se produce una enorme salida de capitales. Esta predicción de velocidad de convergencia infinita de $\hat{k}_i$, contraria a los datos empíricos, es una de las implicaciones problemáticas de la versión para economías abiertas del modelo de Ramsey.

Recuerde que $\hat{k}_i^*$, el valor de estado estacionario del modelo de economía cerrada del capítulo 2, cumple la condición $f'(\hat{k}_i^*) - \delta = \rho_i + \theta_i x_i$. La condición $r \leq \rho_i + \theta_i x_i$ implica que $(\hat{k}_i^*)_{\text{abierta}} \geq \hat{k}_i^*$; es decir, la intensidad de capital del estado estacionario en una economía abierta es por lo menos tan alta como en una economía cerrada.

Puesto que $\hat{k}_i(t)$ es constante, $\hat{y}_i(t)$ también es constante, es decir, la velocidad de convergencia desde $\hat{y}_i(0)$ hasta $(\hat{y}_i^*)_{\text{abierta}}$ es infinita, e $y_i(t)$ crece a la tasa constante x_i. La ecuación (3.49) implica que también $w_i(t)$ crece a la tasa x_i. Así pues, el salario por unidad de trabajo efectivo, $\hat{w}_i(t) = w_i(t) \cdot e^{-x_i t}$, es igual a una constante denominada $(\hat{w}_i^*)_{\text{abierta}}$.

3.3.3. El comportamiento del consumo y los activos en una economía pequeña

La ecuación (3.47) implica que el consumo por trabajador efectivo $\hat{c}_i(t)$ crece a la tasa constante $(r - \rho_i - \theta_i x_i)/\theta_i \leq 0$. Si utilizamos la expresión de la función de consumo que dedujimos en el capítulo 2, (ecuaciones [2.14] y [2.15], $\hat{c}_i(t)$ puede expresarse así

$$i - r \cdot (1 - \theta_i) - n_i\theta_i] \cdot \left[\hat{a}_i(0) + \frac{(\hat{w}_i^*)_{\text{abierta}}}{r - x_i - n_i}\right] \cdot e^{[(r-\rho_i-\theta_i x_i)/\theta_i]\cdot t} \tag{3.51}$$

El primer término entre corchetes del segundo miembro de la ecuación es positivo, a partir de las condiciones $\rho_i + \theta_i x_i \geq r$ y $r > x_i + n_i$.

Si $r = \rho_i + \theta_i x_i$, $\hat{c}_i(t)$ es constante. En caso contrario, es decir si $r < \rho_i + \theta_i x_i$, $\hat{c}_i(t)$ tendería asintóticamente a cero. El país toma dinero prestado para disfrutar de un nivel alto de consumo más pronto, ya que es impaciente en el sentido de que

$\rho_i + \theta_i x_i > r$, pero más tarde paga el precio en forma de un crecimiento del consumo bajo. Recuerde que, a diferencia de este caso, en una economía cerrada $\hat{c}_i(t)$ es asintóticamente constante. El que $\hat{c}_i(t)$ tienda a cero si $r < \rho_i + \theta_i x_i$ es otro de los resultados problemáticos del modelo de Ramsey en el caso de una economía abierta.

La ecuación (3.50) es una ecuación diferencial lineal de primer orden en $\hat{a}_i(t)$. Esta ecuación, junto con la expresión de $\hat{c}_i(t)$ de la ecuación (3.51) y el valor inicial dado de los activos $\hat{a}_i(0)$, fijan la trayectoria temporal de $\hat{a}_i(t)$ mediante la siguiente expresión

$$\hat{a}_i(t) = \left[\hat{a}_i(0) + \frac{(\hat{w}_i^*)_{\text{abierta}}}{r - x_i - n_i}\right] \cdot e^{[(r-\rho_i-\theta_i x_i)/\theta_i]\cdot t} - \frac{(\hat{w}_i^*)_{\text{abierta}}}{r - x_i - n_i} \tag{3.52}$$

El último término del segundo miembro de la ecuación es el valor actual del ingreso salarial (por unidad de trabajo efectivo), donde $(r - x_i - n_i) > 0$ se deduce de la condición $r > x_i + n_i$.

Si $r = \rho_i + \theta_i x_i$, $\hat{a}_i(t)$ es constante. En caso contrario, es decir, si $r < \rho_i + \theta_i x_i$, el término exponencial de la ecuación (3.52), $e^{[(r-\rho_i-\theta_i x_i)/\theta_i]\cdot t}$, disminuiría, tendiendo a cero con el transcurso del tiempo. Así pues, si $\hat{a}_i(0) > 0$, $\hat{a}_i(t)$ al final disminuye hasta cero, con lo que $\hat{d}_i(t)$ de la ecuación (3.45) es igual a $(\hat{k}_i^*)_{\text{abierta}}$. Posteriormente, $\hat{a}_i(t)$ se vuelve negativa, es decir, la economía del país se convierte en deudora, no sólo porque no es propietaria de su stock de capital, sino también porque está endeudada utilizando el valor actual de su ingreso salarial como garantía. Asintóticamente, $\hat{a}_i(t)$ tiende hacia el último término de la ecuación (3.52), $-[(\hat{w}_i^*)_{\text{abierta}}/(r - x_i - n_i)]$, de manera que $\hat{d}_i(t)$ tiende hacia la constante positiva $(\hat{k}_i^*)_{\text{abierta}} + [(\hat{w}_i^*)_{\text{abierta}}/(r - x_i - n_i)]$. En otras palabras, un país impaciente hipoteca asintóticamente la totalidad de su capital y de su ingreso salarial. Este comportamiento de los activos, contrario a los resultados empíricos, es otra de las debilidades del modelo.

3.3.4. El equilibrio mundial

Ahora considere que el mundo está formado por un conjunto de países, $i = 1, \ldots, M$. Aceptamos el supuesto de que el crecimiento demográfico n_i y la tasa de avance tecnológico x_i tienen valores idénticos, n y x, en todos los países. En este caso, las cuotas de producción de cada país, Y_i, en la producción mundial no varían con el tiempo.

Supongamos que los países están ordenados según sus tasas efectivas de preferencia temporal, $\rho_i + \theta_i x$, y que al país número 1 le corresponde el valor más bajo. Ya hemos visto que si $\rho_i + \theta_i x > r$, $\hat{c}_i(t)$ tiende a cero y $\hat{a}_i(t)$ tiende a una cifra negativa. Por el contrario, si $\rho_i + \theta_i x < r$, $\hat{c}_i(t)$ y $\hat{a}_i(t)$ crecerían indefinidamente y el consumo del país i al final sería mayor que la producción mundial. Antes de que esto ocurriera, el tipo de interés mundial se ajustaría a la baja. En concreto, en el punto de estado estacionario de todos los países tiene que cumplirse $\rho_i + \theta_i x \geq r$. La única manera de que se cumpla esta condición y que al mismo tiempo el stock de capital mundial pertenezca a alguien (de manera que el stock de capital mundial sea igual a los activos mundiales) es que r sea igual a $\rho_1 + \theta_1 x$, expresión de la preferencia temporal del país más paciente. Asintóticamente, el país 1 posee la totalidad de la riqueza, definida como los derechos de propiedad del capital y del valor actual del ingreso salarial de todos los países. A largo plazo, todos los demás países poseen una cantidad insignificante (por unidad de trabajo efectivo).

El consumo del país 1 crece asintóticamente a la tasa $n + x$, idéntica a la tasa de crecimiento de la producción mundial. El ratio entre el consumo del país 1 y la producción mundial tiende a una constante positiva, mientras que el ratio de los demás países tiende a cero.[14]

En resumen, la versión del modelo de Ramsey para una economía abierta produce varios resultados que los datos empíricos contradicen. Las variables $\hat{k}_i$, $\hat{y}_i$ y $\hat{w}_i$ convergen instantáneamente a sus valores de estado estacionario. Además, para todas las economías excepto la más paciente $\hat{c}_i$ tiende a cero, y $\hat{a}_i$ al final se vuelve negativa. La contrapartida de estos resultados es que los derechos de propiedad extranjeros netos y el saldo de la balanza por cuenta corriente de las economías impacientes se vuelven negativos y alcanzan un valor alto con respecto al PIB. Además, la trayectoria de los gastos nacionales de consumo e inversión tiende a desarrollarse de manera muy distinta de la evolución de la producción nacional.

Una manera de interpretar algunos de los resultados problemáticos es considerando la relación existente entre el término que expresa la preferencia temporal $\rho_i + \theta_i x$ y el tipo de interés r_i al que se enfrenta el país i. En el marco de una economía cerrada del capítulo 2, en el estado estacionario r_i se ajusta hasta igualar a $\rho_i + \theta_i x$, mientras que en el modelo de una economía abierta r_i está sujeto al tipo de interés internacional r. Si $r_i < \rho_i + \theta_i x$, el ratio entre consumo y producción tiende a cero asintóticamente. Si $r_i > \rho_i + \theta_i x$, el ratio entre consumo y producción mundial tenderá a infinito, pero antes de que esto ocurra el país acabará teniendo la propiedad de la totalidad de la riqueza mundial y el tipo de interés internacional se ajustará hasta igualar $\rho_i + \theta_i x$. Este resultado se cumple para el país más paciente, pero al final los restantes países alcanzan la situación en la que $r_i < \rho_i + \theta_i x$, con lo que el ratio entre consumo y producción tiende a cero. Para evitar este resultado, necesitamos algún mecanismo que elimine el diferencial entre r_i y $\rho_i + \theta_i x$ para todos los países y no sólo para el más paciente. Es decir, o r_i tiene que ser distinto de r o la tasa efectiva de preferencia temporal $\rho_i + \theta_i x$ tiene que ser variable. Comenzamos considerando un modelo en el que r_i es distinto de r.

3.4. La economía mundial con restricción del crédito internacional

Nuestro primer intento de mejorar las predicciones del modelo de crecimiento en una economía abierta conlleva la inclusión de una restricción sobre el endeudamiento internacional. En la sección anterior, describimos un equilibrio en el que al final la economía abierta hipoteca la totalidad de su capital e ingreso laboral, y en la que el ratio entre consumo y PIB tiende a cero. Cohen y Sachs (1986) señalan

14. Obtendríamos resultados idénticos para el caso de un único país que estuviera formado por M familias con distintos valores de preferencia temporal, $\rho_i + \theta_i x$. De nuevo, la familia más paciente acabaría poseyéndolo todo asintóticamente. En el caso de las familias, este resultado se vería mitigado por la transmisión hereditaria imperfecta de los parámetros de preferencia y por el matrimonio entre familias. Entre países, pueden hacerse consideraciones semejantes, sobre todo si se permite la migración de individuos.

que en este tipo de equilibrio, al final, los residentes de la economía nacional acabarían dejando de pagar sus deudas. Mientras que la penalización por impago se limite a un porcentaje de la producción nacional o del stock de capital nacional, en algún momento los residentes (o su gobierno) preferirían convertirse en morosos a continuar por la trayectoria en la que el ratio entre consumo y PIB tiende a cero.

Puesto que los prestamistas serían capaces de prever este impago inevitable, la trayectoria que acabamos de describir no constituye un equilibrio, ni siquiera antes del momento de producirse el impago. En concreto, los residentes de un país impaciente alcanzarían finalmente un punto en el que no podrían pedir prestada la cantidad deseada $\hat{d}_i(t)$ al tipo de interés mundial r. En consecuencia, debemos reconsiderar las decisiones que toman los residentes en una economía abierta cuando se establecen ciertas restricciones a su capacidad de endeudamiento.

3.4.1. Establecimiento de un modelo con capital físico y humano

Una manera sencilla de proceder es distinguir dos tipos de capital, uno que puede utilizarse sin problemas como garantía de los préstamos extranjeros y un segundo que no se puede utilizar como tal garantía. Podemos aceptar el supuesto, por ejemplo, de que el capital humano constituye una garantía inaceptable de un préstamo, mientras que al menos algunos tipos de capital físico son aceptables, ya que el acreedor puede apropiarse de ellos en caso de impago.

Suponemos ahora que la función de producción incluye estos dos tipos de capital:

$$\hat{y} = f(\hat{k}, \hat{h}) = A\hat{k}^{\alpha}\hat{h}^{\eta} \tag{3.53}$$

donde $\hat{k}$ es el capital físico por unidad de trabajo efectivo y $\hat{h}$ es el capital humano por unidad de trabajo efectivo.[15] Utilizamos una función de producción de tipo Cobb-Douglas, donde α es la participación del capital físico, η es la participación del capital humano, $0 < \alpha < 1$, $0 < \eta < 1$ y $0 < \alpha + \eta < 1$. La condición $0 < \alpha + \eta < 1$ garantiza la existencia de rendimientos decrecientes en la acumulación de capital en sentido amplio, es decir, para variaciones proporcionales del capital físico y humano.

Seguimos con el supuesto de una tecnología de producción de un único sector en la que las unidades de producción pueden dedicarse en una proporción uno a uno al consumo, a aumentos del capital físico o a aumentos del capital humano. (En el capítulo 4 trataremos este modelo con mayor detalle y en el capítulo 5 añadiremos un sector educativo que produce nuevo capital humano.) La restricción presupuestaria, una generalización de la ecuación (3.50), es igual a

$$\begin{aligned} d\hat{a}/dt &= d\hat{k}/dt + d\hat{h}/dt - d\hat{d}/dt \\ &= A\hat{k}^{\alpha}\hat{h}^{\eta} - (r+\delta)\cdot(\hat{k}+\hat{h}-\hat{a}) - (x+n+\delta)\cdot\hat{a} - \hat{c} \end{aligned} \tag{3.54}$$

15. Este análisis se basa en Barro, Mankiw y Sala-i-Martín (1995). Un modelo alternativo, establecido por Cohen y Sachs (1986), mantiene un único tipo de capital, k, pero establece el supuesto de que sólo una fracción v de este capital, $0 \le v \le 1$, sirve como garantía de los préstamos externos. Los resultados obtenidos por este modelo alternativo son semejantes a los del modelo con dos tipos de capital, con la diferencia de que el modelo con dos tipos de capital es más sencillo.

donde $\hat{a} = \hat{k} + \hat{h} - \hat{d}$. Por comodidad, hemos eliminado el subíndice i del país. También aceptamos el supuesto de que ambos tipos de capital se deprecian a la misma tasa de depreciación δ.

3.4.2. La economía cerrada

Si por un momento volvemos al caso de una economía cerrada, $d = 0$ y $a = k+h$. En ese caso, los resultados del proceso de crecimiento son idénticos a los obtenidos en el capítulo 2, con la diferencia de que ahora consideramos explícitamente el capital de forma amplia, de manera que incluya tanto el componente físico como el humano. Los inversionistas igualan el producto marginal de cada tipo de capital a $r+\delta$, donde r es el tipo de interés nacional. Dada la función de producción Cobb-Douglas de la ecuación (3.53), esta condición implica que el ratio k/h queda fijado en α/η.[16] En el estado estacionario, las cantidades de los dos tipos de capital por unidad de trabajo efectivo son constantes en los valores $\hat{k}^*$ y $\hat{h}^*$ respectivamente, donde $\hat{k}^*/\hat{h}^* = \alpha/\eta$. Si la economía se sitúa inicialmente en $\hat{k}(0) < \hat{k}^*$ y $\hat{h}(0) < \hat{h}^*$, la transición implica el crecimiento de $\hat{k}$, $\hat{h}$ e $\hat{y}$. Al igual que en el análisis anterior, las tasas de crecimiento disminuyen durante la transición.

En el modelo de Ramsey del capítulo 2 la velocidad de convergencia hacia el estado estacionario dependía de la participación del capital. Esta participación era igual a α en la versión Cobb-Douglas del modelo con un único tipo de capital, pero ahora en el modelo con dos tipos de capitales es igual a $\alpha + \eta$. Con la excepción de la sustitución de α por $\alpha + \eta$, los resultados son idénticos a los del modelo que analizamos en el capítulo 2. En concreto, aunque se sustituya α por $\alpha + \eta$, la expresión de la ecuación (2.34) del coeficiente de convergencia β en el modelo de linealización logarítmica se sigue cumpliendo:

$$2\beta = \left\{\zeta^2 + 4\cdot\left(\frac{1-\alpha-\eta}{\theta}\right)\cdot(\rho+\delta+\theta x)\cdot\left[\frac{\rho+\delta+\theta x}{\alpha+\eta} - (n+x+\delta)\right]\right\}^{1/2} - \zeta \tag{3.55}$$

donde $\zeta = \rho - n - (1-\theta)\cdot x > 0$. Si suponemos, por ejemplo, que $\alpha = 0{,}30$ y $\eta = 0{,}45$, los resultados referentes a la velocidad de convergencia coinciden con los hallados en el capítulo 2 en el caso en el que la participación del capital era igual a 0,75. Si trabajamos con los valores de referencia habituales de los otros parámetros, es decir, $n = 0{,}01$ anual, $x = 0{,}02$ anual, $\delta = 0{,}05$ anual y $\rho = 0{,}02$ anual, y utilizamos $\theta = 3$, el coeficiente de convergencia es $\beta = 0{,}015$ anual.

16. La economía da un salto desde un ratio inicial arbitrario $k(0)/h(0)$ a α/η si permitimos que ambos tipos de inversión sean reversibles, de manera que las unidades de k puedan transformarse inmediatamente en unidades de h y viceversa. Si establecemos la restricción de que la inversión bruta en cada tipo de capital tiene que ser no negativa, las dinámicas de transición se vuelven más complejas. En el capítulo 5 estudiaremos este tipo de efectos.

3.4.3. La economía abierta

La distinción entre los dos tipos de capital gana en interés al permitir que la economía sea abierta y añadir la restricción del mercado de préstamos. Ahora establecemos el supuesto de que la cantidad de deuda externa d tiene que ser positiva, pero no puede ser superior al capital físico k. El capital físico puede ser utilizado como garantía de los préstamos externos, mientras que el capital humano y el trabajo no.

De manera implícita, estamos suponiendo que los residentes poseen el stock de capital físico, pero pueden financiar una parte o la totalidad de dicho stock mediante la emisión de bonos al exterior. El resultado sería el mismo si tuviéramos en cuenta la inversión externa directa, en cuyo caso los extranjeros serían propietarios de parte del stock de capital físico en vez de propietarios de los bonos. El supuesto importante es que los residentes no pueden endeudarse utilizando como garantía el capital humano o el trabajo y que los extranjeros no pueden ser propietarios del capital humano nacional o el trabajo.

Existen varias razones que justifican la restricción en el endeudamiento. La propiedad del capital físico es más fácilmente transmisible que la del capital humano y, en consecuencia, se puede financiar más fácilmente mediante deuda. El capital físico también se ajusta mejor a la inversión externa directa: un individuo puede apropiarse de una empresa, pero no de los ingresos del trabajo de otro individuo. Por último, podríamos dejar de emplear los términos "capital físico" y "capital humano" y reconocer que no todas las inversiones pueden financiarse en mercados de capitales perfectos. La diferencia esencial entre k y h en este contexto no es la naturaleza física del capital, sino por el contrario si los bienes acumulados pueden ser utilizados como garantía de los préstamos obtenidos en los mercados mundiales.

Seguimos con el supuesto de que el tipo de interés internacional r es constante. Además, también aceptamos el supuesto de que $r = \rho + \theta x$, el tipo de interés de estado estacionario que correspondería a la economía nacional si fuera una economía cerrada. Es decir, la economía nacional no es ni más ni menos impaciente que el mundo en su conjunto. (Resulta sencillo ampliar el razonamiento al caso en el que $r < \rho + \theta x$.)

La cantidad inicial de activos por trabajador efectivo es $\hat{k}(0) + \hat{h}(0) - \hat{d}(0)$, y la principal consideración a tener en cuenta es si dicha cantidad es mayor o menor que la cantidad de capital humano de estado estacionario $\hat{h}^*$. Si $\hat{k}(0) + \hat{h}(0) - \hat{d}(0) \geq \hat{h}^*$, la restricción de endeudamiento no se aplica, y la economía salta hasta el estado estacionario. Por el contrario, si $\hat{k}(0) + \hat{h}(0) - \hat{d}(0) < \hat{h}^*$, la restricción ejerce de límite, es decir, se cumple que $d = k$, y se obtienen varios resultados nuevos. Así pues, vamos a centrarnos en este segundo caso.[17]

Puesto que el capital físico se utiliza como garantía, el rendimiento neto de dicho capital $f_k - \delta$, donde f_k es el producto marginal del capital, en todo momento es igual al tipo de interés internacional r. En consecuencia, la expresión de f_k que se deduce de la función de producción Cobb-Douglas de la ecuación (3.53) implica que

17. Si $r < \rho + \theta x$, al final la economía nacional se verá limitada en el mercado mundial de préstamos. Así pues, aunque no sea así en la fecha inicial, nuestro análisis de una economía con endeudamiento restringido se cumple en algún momento del futuro. Si $r > \rho + \theta x$, al final se incumple el supuesto de una economía pequeña y r tendría que variar.

$$\hat{k} = \alpha\hat{y}/(r + \delta) \tag{3.56}$$

La ecuación (3.56) garantiza que el ratio entre capital físico y PIB, k/y, será constante durante toda la transición hacia el estado estacionario, a diferencia del caso de una economía cerrada, en la que k/y aumentará de forma regular durante la transición. La constancia en el tiempo de k/y es uno de los hechos estilizados de Kaldor (1963) relativos al desarrollo económico; véase el análisis correspondiente expuesto en la introducción. Así pues, es notable la congruencia del modelo de economía abierta con endeudamiento restringido con el mencionado hecho de Kaldor.[18]

La expresión de $\hat{k}$ de la ecuación (3.56) puede utilizarse junto con la función de producción de la ecuación (3.53) a fin de expresar $\hat{y}$ en función de $\hat{h}$:

$$\hat{y} = \tilde{A}\hat{h}^{\epsilon} \tag{3.57}$$

donde $\tilde{A} \equiv A^{1/(1-\alpha)} \cdot [\alpha/(r + \delta)]^{\alpha/(1-\alpha)}$ y $\epsilon \equiv \eta/(1 - \alpha)$. De la condición $0 < \alpha + \eta < 1$ se deduce que $0 < \epsilon < \alpha + \eta < 1$. En consecuencia, la función de producción en forma simplificada de la ecuación (3.57) expresa $\hat{y}$ como una función de $\hat{h}$ caracterizada por un producto marginal positivo y decreciente. Así pues, las implicaciones de este modelo en lo relativo a la convergencia son similares a las de una economía cerrada: ambos modelos implican que la acumulación del stock de capital se realiza bajo la condición de rendimientos decrecientes.

La restricción presupuestaria de la ecuación (3.54) puede utilizarse junto a la forma simplificada de la función de producción de la ecuación (3.57), la restricción de endeudamiento $d = k$ (que implica que $a = h$), y la condición $(r + \delta) \cdot \hat{k} = \alpha\hat{y}$ de la ecuación (3.56), para obtener la restricción presupuestaria revisada:

$$d\hat{h}/dt = (1 - \alpha) \cdot \tilde{A}\hat{h}^{\epsilon} - (\delta + n + x) \cdot \hat{h} - \hat{c} \tag{3.58}$$

Observe que $\alpha\tilde{A}\hat{h}^{\epsilon}$, que en la ecuación aparece restando de $\tilde{A}\hat{h}^{\epsilon}$, corresponde al flujo de desembolsos de rentas del capital físico $(r+\delta)\hat{k}$ (véase la ecuación [3.56]). Puesto que $d = k$, este término corresponde a los pagos netos externos de los factores y, en consecuencia, es igual a la diferencia (por unidad de trabajo efectivo) entre PNB y PIB. El PIB es superior al PNB, porque el país se ve limitado en el mercado internacional de préstamos y tiene una deuda externa positiva $d = k$.

Estableciendo que los hogares producen directamente los bienes, maximizan la utilidad (a partir de las ecuaciones [2.1] y [2.9]), sujetos a la restricción presupuestaria de la ecuación (3.58) y dado un stock inicial de capital humano, $\hat{h}(0) > 0$, [el valor $\hat{h}(0)$ es igual a la cantidad dada de activos iniciales, que se supone inferior a $\hat{h}^*$], la condición de optimización del consumo en el tiempo es igual a

18. En el modelo, la constancia exacta de k/y depende de la invariabilidad del tipo de interés internacional r y del supuesto de que la función de producción es de tipo Cobb-Douglas. Esta función de producción conlleva que el producto promedio de capital y/k es proporcional al producto marginal. Puesto que el producto marginal del capital, neto de depreciación, es igual al tipo de interés internacional fijo r, el producto promedio y/k tiene que ser constante.

$$\dot{\hat{c}}/\hat{c} = (1/\theta) \cdot [(1 - \alpha) \cdot \tilde{A}\epsilon\hat{h}^{\epsilon-1} - (\delta + \rho + \theta x)] \tag{3.59}$$

donde $(1 - \alpha) \cdot \tilde{A}\epsilon\hat{h}^{\epsilon-1} = \tilde{A}\eta\hat{h}^{\epsilon-1} = f_h$, el producto marginal del capital humano. La ecuación (3.59) corresponde a la expresión habitual de la ecuación (3.47) si interpretamos r en esa expresión como la tasa de rendimiento nacional, que es igual a $f_h - \delta$. Las ecuaciones (3.58) y (3.59) y la habitual condición de transversalidad describen al completo la dinámica de transición de este modelo.

Dado que aceptamos el supuesto de que $r = \rho + \theta x$, el estado estacionario es idéntico al de una economía cerrada con capital físico y humano. Así pues, la posibilidad de endeudarse en el mercado internacional de préstamos no influye en el estado estacionario, pero en cambio sí afectará a la velocidad de convergencia.[19]

El sistema descrito por las ecuaciones (3.58) y (3.59) y la condición de transversalidad se caracteriza por la dinámica de transición habitual. Podemos comparar los resultados con los obtenidos en un modelo de economía cerrada con bienes de capital k y h en el que el stock de capital en sentido amplio por trabajador es $k + h$ y la participación del capital es $\alpha + \eta$. Las únicas diferencias radican en que la ecuación (3.58) incluye $(1 - \alpha) \cdot \tilde{A}$ como constante proporcional de la función de producción, la variable stock de capital es h en vez de $k + h$ y el exponente del stock de capital es $\epsilon \equiv \eta/(1 - \alpha)$ en vez de $\alpha + \eta$. Puesto que ϵ y $\alpha + \eta$ son positivas e inferiores a 1, es decir, ambos modelos se caracterizan por rendimientos decrecientes, las dinámicas de ambos son básicamente idénticas.

La expresión del coeficiente de convergencia β coincide con la del modelo de economía cerrada de la ecuación (3.55), con la diferencia de que el parámetro de participación del capital $\alpha + \eta$ se ve sustituido por $\epsilon \equiv \eta/(1 - \alpha)$. (Recuerde que el nivel de la tecnología de producción no influye en la tasa de convergencia.) Así pues, el coeficiente de convergencia de una economía abierta con endeudamiento restringido viene dado por

$$2\beta = \left\{\zeta^2 + 4 \cdot \left(\frac{1 - \epsilon}{\theta}\right) \cdot (\delta + \rho + \theta x) \cdot \left[\frac{\delta + \rho + \theta x}{\epsilon} - (\delta + n + x)\right]\right\}^{1/2} - \zeta \tag{3.60}$$

donde $\zeta = \rho - n - (1 - \theta) \cdot x > 0$. El coeficiente que surge de la ecuación (3.60) tiene idéntico valor al que surgiría en una economía cerrada que tuviera una participación del capital en sentido amplio igual a ϵ en vez de $\alpha + \eta$. Puesto que $\epsilon \equiv \eta/(1 - \alpha)$, se deduce que $\epsilon < \alpha + \eta$ (a partir de la condición $\alpha + \eta < 1$). *Así pues, la economía abierta con endeudamiento restringido se comporta igual que una economía cerrada con una participación del capital en sentido amplio inferior a* $\alpha + \eta$. Recuerde que la tasa de convergencia depende inversamente de la participación del capital (ya que una participación del capital menor significa que los rendimientos decrecientes se presentan más pronto). En consecuencia, la economía abierta con endeudamiento

19. En el caso de que hubiéramos aceptado el supuesto de que $r < \rho + \theta x$, con lo que la economía nacional sería más impaciente que las restantes economías del mundo (véase nota 17), la posibilidad de endeudamiento externo sí que afectaría también a la posición de estado estacionario. La economía abierta tendría intensidades de capital en el estado estacionario, $\hat{h}^*$ y $\hat{k}^*$, superiores a las de una economía cerrada.

restringido tiene una tasa de convergencia superior a la de una economía cerrada. Sin embargo, nótese que $(\alpha + \eta) \rightarrow 1$ implica que $\epsilon \rightarrow 1$ y, en consecuencia, $\beta \rightarrow 0$ en la ecuación (3.60). Así pues, si no se cumple la característica de rendimientos decrecientes del capital en sentido amplio ($\alpha + \eta = 1$), el modelo no presentaría la propiedad de convergencia.[20]

Podemos entender por qué la economía parcialmente abierta converge con mayor rapidez que la economía cerrada si pensamos en la tendencia de los rendimientos decrecientes a presentarse a medida que se acumula capital humano $\hat{h}$. Para los exponentes dados de la función de producción, α y η, la cuestión principal es el comportamiento durante la transición del ratio k/h. En una economía cerrada, k/h se mantiene constante (en el valor α/η), mientras que en una economía abierta k/h disminuye durante la transición (véase más adelante). Es decir, en una economía abierta $\hat{k}$ es relativamente alto al comienzo, ya que la disponibilidad de financiación externa hace posible la rápida adquisición de capital físico. La disminución de k/h con el tiempo provoca que los rendimientos decrecientes de $\hat{h}$ se hagan presentes con mayor rapidez que si no existiera tal disminución. Así pues, la velocidad de convergencia es mayor en una economía abierta que en una economía cerrada.

Aunque la economía abierta con endeudamiento restringido converge más deprisa que la economía cerrada, la velocidad de convergencia de la economía abierta es finita. Si utilizamos los valores de $\alpha = 0,30$ y $\eta = 0,45$, junto con los valores de referencia de los otros parámetros ya mencionados anteriormente, el coeficiente de convergencia de la ecuación (3.60) es igual a 0,025, frente al valor de 0,015 en el caso de una economía cerrada. El valor 0,025 se ajusta bien a los cálculos empíricos de los coeficientes de convergencia.

Recuerde que una economía abierta con movilidad perfecta del capital converge a una tasa infinita. Así pues, nuestro resultado revela que una economía abierta con movilidad parcial del capital se asemeja más a una economía cerrada que a una economía totalmente abierta. Aunque hasta el momento hemos obtenido este resultado a partir de un conjunto concreto de valores de α y η, el resultado básico es mucho más general. Si aumentamos α/η para un $\alpha + \eta$ dado, incrementamos el grado de movilidad del capital y, en consecuencia, aumentamos el coeficiente de convergencia β. Para los valores de referencia del resto de los parámetros (incluido $\alpha + \eta = 0,75$), β aumenta de 0,015 cuando $\alpha/\eta = 0$ a 0,030 cuando $\alpha/\eta = 1$, a 0,042 cuando $\alpha/\eta = 2$ y a 0,053 cuando $\alpha/\eta = 3$. Así pues, si utilizamos los valores de referencia del resto de los parámetros y aceptamos el supuesto de que no más de la mitad del stock de capital total puede utilizarse como garantía de los préstamos externos ($\alpha/\eta \leq 1$), el coeficiente de convergencia que se predice disminuye, y se sitúa dentro del intervalo 0,015 a 0,030 anual. Este intervalo se ajusta bien a los cálculos empíricos.[21]

---

20. Si $\alpha = 0$, con lo que no hay capital que pueda utilizarse como garantía, entonces $\epsilon = \eta$ y β de la ecuación (3.60) equivale al valor de la ecuación (3.55) para una economía cerrada (con una participación del capital igual a η). Si $\eta = 0$, con lo que todo el capital puede usarse como garantía, entonces $\epsilon = 0$ y β de la ecuación (3.60) se convierte en infinito, al igual que ocurre en la economía abierta con movilidad perfecta del capital.

21. Barro, Mankiw y Sala-i-Martín (1995) generalizan la función de producción de la ecuación (3.53) de una función Cobb-Douglas a una especificación con elasticidad de sustitución constante (ESC). El

La transición al estado estacionario conlleva un aumento monótono del capital humano por trabajador efectivo $\hat{h}$, desde su valor inicial $\hat{h}(0)$ hasta su valor de estado estacionario $\hat{h}^*$. La ecuación (3.57) implica que la tasa de crecimiento de $\hat{y}$ es ϵ veces la tasa de crecimiento de $\hat{h}$, donde el valor de ϵ se sitúa entre 0 y 1. Así pues, el ratio h/y aumenta de forma regular durante la transición. Sin embargo, recuerde que la ecuación (3.56) implica que el ratio k/y es constante. Así pues, $\hat{k}$ aumenta a la misma tasa que $\hat{y}$ y el ratio del capital humano con respecto al físico h/k aumenta durante la transición. Nótese que, aunque el capital físico se utiliza por completo como garantía, en cualquier caso $\hat{k}$ aumenta gradualmente hacia su valor de estado estacionario $\hat{k}^*$. El motivo radica en la restricción que el ahorro nacional ejerce sobre la acumulación de capital humano y la complementariedad entre $\hat{h}$ y $\hat{k}$ en la función de producción. Cuando $\hat{h}$ es bajo, el nivel del producto marginal del capital físico es bajo. En consecuencia, se cumple $\hat{k} < \hat{k}^*$ aunque los productores nacionales puedan financiar todas las adquisiciones de capital físico mediante deuda externa. El incremento gradual del capital humano afecta positivamente al producto marginal del capital físico y provoca en consecuencia un aumento de $\hat{k}$.

El endeudamiento externo se produce sólo a través de préstamos garantizados con capital físico cuyo tipo de interés está anclado al tipo de interés internacional r. También podemos tener en cuenta la existencia de un mercado nacional de préstamos, aunque la circunstancia de un agente nacional representativo garantiza que, en el equilibrio, nadie pedirá prestado. Para los préstamos garantizados con capital físico, el tipo de interés sombra del mercado nacional también será r. Si suponemos que el capital humano y el trabajo no pueden usarse como garantía en el mercado nacional, el tipo de interés sombra del mercado nacional de esta clase de préstamos garantizados es infinito (o al menos lo suficientemente alto para que el endeudamiento deseado caiga a cero), al igual que ocurre en el mercado mundial.

En su lugar, podríamos suponer que el capital humano y el trabajo pueden servir de garantía del endeudamiento nacional, pero no del endeudamiento externo. Esta situación sería posible si el marco legal permitiera los contratos de préstamo basados en los ingresos del trabajo en el caso de acreedores nacionales, pero no en el caso de acreedores extranjeros. En esta situación, el tipo de interés sombra de los préstamos nacionales, garantizados mediante ingresos del trabajo, es igual al producto marginal neto del capital humano. Este producto marginal neto se sitúa inicialmente en un valor relativamente alto (que corresponde al stock inicial bajo $\hat{h}[0]$) y después disminuye gradualmente hacia su valor de estado estacionario r. Así pues, la transición se caracteriza por una disminución del diferencial entre este tipo de interés nacional y el tipo de interés internacional r. Un ejemplo sería el mercado informal de préstamo de Corea del Sur (véase Collins y Park, 1989, p. 353). En los años sesenta y setenta el diferencial entre los tipos de interés del mercado informal y los tipos de interés internacionales se situaba entre 30 y 40 puntos porcentuales, pero a mitad de los ochenta se redujo a unos 15 puntos porcentuales.

---

grado de sustitución afecta a β, y el resultado es que β es mayor si $\hat{k}$ y $\hat{h}$ son peores sustitutivos en la producción. Sin embargo, la principal conclusión radica en que, si $\alpha/\eta \leq 1$ 1 y para los parámetros de referencia habituales, β se restringe al pequeño intervalo (0,014; 0,035). Así pues, las predicciones teóricas se ajustan bien a las estimaciones empíricas de β aún en este caso más general.

Otra implicación de este modelo radica en que, a pesar de la existencia de préstamos internacionales, las propiedades de convergencia del producto nacional bruto y del producto interior bruto son las mismas. Como señalamos anteriormente, la renta de los factores netos procedentes del exterior (por unidad de trabajo efectivo) es igual a $-(r + \delta) \cdot \hat{k} = -\alpha\hat{y}$. Así pues,

$$\text{PNB (por unidad de trabajo efectivo)} = \hat{y} - \alpha\hat{y} = \hat{y} \cdot (1 - \alpha) \tag{3.61}$$

Puesto que el PNB es proporcional al PIB, que equivale a $\hat{y}$, las tasas de convergencia del PNB y del PIB son idénticas. Este resultado parece indicar que datos de PNB probablemente generen tasas de convergencia idénticas a las generadas por datos de PNB o de renta nacional. En el estudio realizado para los estados de los EE.UU. por Barro y Sala-i-Martín (1991) se halla una confirmación de esta predicción: las tasas de convergencia son semejantes para el producto bruto per cápita y para la renta personal per cápita de los estados.

El modelo implica que la diferencia entre PIB y PNB sería grande en una economía abierta con restricción de endeudamiento: aproximadamente entre el 20 % y el 25 % del PIB en el caso de los valores de los parámetros utilizados anteriormente. En la misma medida, el déficit por cuenta corriente, que es igual a la variación del capital físico, es también grande. Es poco habitual encontrar países en desarrollo que tengan diferencias PIB-PNB y déficit por cuenta corriente así de elevados.[22] Podemos conciliar la teoría con esta observación empírica señalando que, en primer lugar, muchos países en desarrollo no son lo suficientemente productivos como para que sea relevante la restricción de endeudamiento y, en segundo lugar, que las garantías exigidas para endeudarse internacionalmente pueden ser considerablemente inferiores al capital físico. Si el coeficiente α fuera inferior a 0,3 los ratios estimados para la diferencia PIB-PNB y el déficit por cuenta corriente serían inferiores.

La introducción de la restricción de endeudamiento elimina del modelo de economía abierta con movilidad perfecta del capital algunas de las predicciones problemáticas. En concreto, las velocidades de convergencia del stock de capital y de la producción dejan de ser infinitas. Sin embargo, considere lo que ocurre si los países tienen diferentes grados de impaciencia, representados por la combinación de parámetros de preferencia $\rho_i + \theta_i x$. Con mercados perfectos de capitales, vimos antes que todos los países, excepto el más paciente, seguían una trayectoria en la que $\hat{c}$ tendía a cero. Por el contrario, en el modelo con endeudamiento restringido se predijo que todos los países, excepto el más paciente, alcanzarán al final una situación en la que los residentes se verán efectivamente limitados en el mercado de crédito internacional. Esta restricción de endeudamiento implica que $\hat{c}$ tiende a una constante positiva, una asíntota bastante más atractiva que cero. Sin embargo, el resultado de que todos los países excepto el más paciente verán en algún momento futuro restringido su endeudamiento resulta incómodo. Para evitar este resultado tenemos que analizar modelos en los que $\rho_i + \theta_i x$, la tasa de preferencia temporal efectiva, sea variable. En una sección posterior analizamos modelos con esta característica.

22. Singapur representa el ejemplo contrario: su déficit por cuenta corriente se situaba entre el 10 % y el 20 % del PIB durante los años setenta (Fondo Monetario Internacional, 1991).

Costes de ajuste en la acumulación de capital humano Un posible problema del modelo analizado en esta sección radica en que la velocidad de convergencia de las economías que no se vean limitadas por los mercados de crédito internacionales debería ser infinita. Duczynsky (2000) analiza los activos externos netos de 113 países y 50 estados de los EE.UU. y llega a la conclusión de que 21 países y alrededor de la mitad de los estados de los EE.UU. tienen valores positivos, con lo que resulta difícil de afirmar que su endeudamiento se ve restringido. Ahora bien, la velocidad de convergencia de estas economías no es infinita. Este dato parece indicar que el mecanismo de restricción de endeudamiento analizado en la sección anterior no basta para explicar la lenta convergencia que revelan los datos.

Una posible alternativa o solución complementaria radicaría en la existencia de costes de ajuste, ya analizados para el caso de una economía cerrada. Si volvemos a distinguir entre capital físico y capital humano, podemos prever que los costes de ajuste serán especialmente importantes en los casos de aumento de capital humano a través del proceso educativo. El requisito fundamental del aprendizaje es el tiempo, y es probable que los intentos de acelerar el proceso educativo se enfrenten rápidamente a tasas de rendimiento decrecientes. Para recoger estos efectos, vamos a construir un modelo con perfecta movilidad internacional de capital en el que los costes de ajuste influyan únicamente en la acumulación de capital humano.

Las empresas y los individuos tienen un acceso perfecto a los mercados financieros internacionales y el tipo de interés es igual a la constante r. El crecimiento del consumo sigue expresándose mediante

$$\dot{c}/c = (1/\theta) \cdot (r - \rho)$$

Suponga que la función de producción es de tipo Cobb-Douglas para el capital físico y el capital humano:

$$Y = AK^{\alpha}H^{\eta}\hat{L}^{1-\alpha-\eta} \tag{3.62}$$

Suponga que el capital físico puede invertirse sin costes de instalación y que, para cada unidad de inversión en capital humano, las empresas tienen que pagar $\phi(I_h/H)$ unidades de producción. A partir de los supuestos de la sección 3.2, $\phi(0) = 0$, $\phi'(\cdot) > 0$ y $2\phi'(\cdot) + \frac{I_h}{H} \cdot \phi''(\cdot) > 0$. Las empresas maximizan el valor actual de los flujos de caja netos futuros:

$$\text{máx} \int_0^{\infty} e^{-\bar{r}(t)\cdot t} \cdot \left\{AK^{\alpha}H^{\eta}\hat{L}^{1-\alpha-\eta} - wL - I_k - I_h \cdot \left[1 + \phi\left(\tfrac{I_h}{H}\right)\right]\right\} \cdot dt \tag{3.63}$$

sujeto a las dos restricciones de acumulación

$$\dot{K} = I_k - \delta K \tag{3.64}$$

y

$$\dot{H} = I_h - \delta H \tag{3.65}$$

La función de Hamilton de este sistema es igual a

$$J = e^{-\bar{r}(t)t} \cdot \left\{ AK^{\alpha}H^{\eta}\hat{L}^{1-\alpha-\eta} - wL - I_k - I_h \cdot \left[1 + \phi\left(\frac{I_h}{H}\right)\right]\right\} \\ + \upsilon_k \cdot (I_k - \delta K) + \upsilon_h \cdot (I_h - \delta H) \tag{3.66}$$

donde υ_k es el precio sombra asociado al capital físico y υ_h es el precio sombra asociado al capital humano. A partir del análisis de la sección 2.3, podemos definir los precios sombra de los valores actuales $q_k = e^{rt} \cdot \upsilon_k$ y $q_h = e^{rt} \cdot \upsilon_h$. Tras hallar las condiciones de primer orden[23] y usando los precios sombra de los valores actuales, obtenemos que $qk = 1$ en todo momento del tiempo, de donde se deduce

$$\alpha \cdot (\hat{y}/\hat{k}) = r + \delta \tag{3.67}$$

En otras palabras, el producto marginal del capital físico (que es el bien de capital que no incurre en costes de ajuste) es igual al tipo de interés más la depreciación. Esta igualdad implica una relación uno a uno entre $\hat{k}$ y $\hat{h}$, expresada por

$$\hat{k} = (\hat{h})^{\eta/(1-\alpha)} \cdot \left(\frac{\alpha A}{r+\delta}\right)^{1/(1-\alpha)} \tag{3.68}$$

La condición de primer orden con respecto a I_h implica

$$q_h = 1 + \phi\left(\frac{\hat{\imath}_h}{\hat{h}}\right) + \frac{\hat{\imath}_h}{\hat{h}} \cdot \phi'\left(\frac{\hat{\imath}_h}{\hat{h}}\right) \tag{3.69}$$

donde $\hat{\imath}_h = I_h/\hat{L}$ es la inversión en capital humano por unidad de trabajo efectivo. Se puede invertir esta expresión de manera que exprese la tasa de inversión en capital humano como una función monótona del precio sombra del capital humano q_h:

$$\frac{\hat{\imath}_h}{\hat{h}} = \psi(q_h) \tag{3.70}$$

23. Las condiciones de primer orden con respecto a I_k, K, I_h y H son, respectivamente:

(i) $\nu_k = e^{-\bar{r}(t)t}$

(ii) $-\dot{\nu}_k = e^{-\bar{r}(t)t} \cdot \alpha \cdot (\hat{y}/\hat{k}) - \nu_k\delta$

(iii) $e^{-\bar{r}(t)t} \cdot \left(1 + \phi(\cdot) + \frac{\hat{\imath}_h}{\hat{h}} \cdot \phi'(\cdot)\right) = \nu_h$

(iv) $-\dot{\nu}_h = e^{-\bar{r}(t)t} \cdot \eta \cdot (\hat{y}/\hat{h}) - \nu_h \cdot \delta$

Observe que (i) implica $q_k = 1$ y, en consecuencia, $\dot{q}_k = 0$. Utilice este resultado y (ii) para obtener $\alpha \cdot (y/k) = r + \delta$.

con $\psi'(\cdot) > 0$. Podemos sustituir este resultado en la restricción de la acumulación de capital humano, obteniendo

$$\frac{d\hat{h}}{dt} = \hat{\imath}_h - (\delta + n + x) \cdot \hat{h} = \psi(q_h) \cdot \hat{h} - (\delta + n + x) \cdot \hat{h} \tag{3.71}$$

La condición de primer orden con respecto a $\hat{h}$ proporciona una ecuación dinámica de q_h:

$$\dot{q}_h = (r + \delta) \cdot q_h - \eta \cdot (\hat{y}/\hat{h}) - [\psi(q_h)]^2 \cdot \phi'[\psi(q_h)] \tag{3.72}$$

A partir de la ecuación (3.68) obtenemos

$$\dot{q}_h = (r + \delta) \cdot q_h - \tilde{A} \cdot h^{-\frac{1-\alpha-\eta}{1-\alpha}} - [\psi(q_h)]^2 \cdot \phi'[\psi(q_h)] \tag{3.73}$$

dondc $\tilde{A}$ es una función de constantes.

Las ecuaciones (3.71) y (3.73) forman un sistema de dos ecuaciones diferenciales ordinarias. En la ilustración 3.4 aparece representado el diagrama de fase. Observe que el lugar geométrico $\frac{d\hat{h}}{dt} = 0$ es una recta horizontal en $q_h^* = 1 + \phi(\delta + n + x) + (\delta + n + x) \cdot \phi'(\delta + n + x)$. Las flechas situadas por encima de esta recta apuntan a la derecha, y las situadas por debajo de esta recta apuntan hacia la izquierda. La curva $\dot{q}_h$ tiene pendiente positiva para valores altos de q_h, pero pendiente negativa cuando cruza la recta $\frac{d\hat{h}}{dt} = 0$. Las flechas a la izquierda de este punto de corte apuntan hacia abajo. El sistema es estable con trayectoria de punto de silla y el tramo estable tiene pendiente negativa. Si inicialmente la economía cuen-

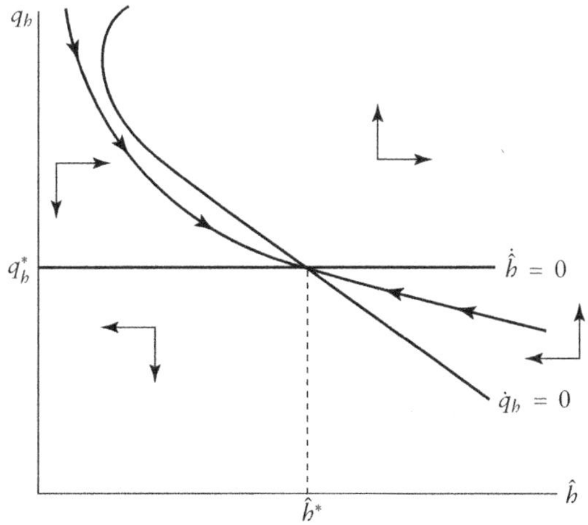

ILUSTRACIÓN 3.4 | Diagrama de fase del modelo con capital físico y humano y costes de ajuste en la acumulación de capital humano. El diagrama de fase se muestra en el cuadrante $(q_h, \hat{h})$. El lugar geométrico $\dot{\hat{h}} = 0$ es una recta horizontal en $q_h^* = 1 + \phi(\delta + n + x) + (\delta + n + x) \cdot \phi'(\delta + n + x)$. La curva $\dot{q}_h = 0$ tiene pendiente negativa en las proximidades del estado estacionario. El sistema tiene estabilidad con trayectoria de punto de silla y el tramo estable tiene pendiente negativa.

ta con un capital humano demasiado pequeño (es decir, a la izquierda del estado estacionario), el sistema no salta instantáneamente hasta el estado estacionario; es decir, la velocidad de convergencia no es infinita. Por el contrario, la economía sigue un proceso de convergencia lento a lo largo del tramo estable. El motivo radica en que un salto hasta el estado estacionario entrañaría que en un instante se produciría una inversión infinita en capital humano. El correspondiente coste de ajuste sería extremadamente grande y en consecuencia no sería óptimo. Así pues, la acumulación de capital humano es gradual y la economía converge con lentitud hacia el estado estacionario. A medida que aumenta h, el stock de capital físico aumenta de acuerdo con lo establecido en la ecuación (3.68). Se deduce pues que el nivel de PIB también converge con lentitud.

Kremer y Thomson (1998) analizan un modelo equivalente en el que la función de producción depende del capital humano de los jóvenes y de los mayores. Afirman que estos dos tipos de capital humano son complementarios (serviría la comparación con un equipo de fútbol, en el que el capital humano de los mayores está representado por la figura del entrenador, que complementa el capital humano de los jóvenes, que serían los jugadores). En este contexto, si el capital humano de la primera generación es pequeño, incluso aunque el capital sea perfectamente móvil, los jóvenes no se endeudarán para aumentar su stock de capital humano hasta el valor de estado estacionario, ya que la productividad de los jóvenes no será muy alta si los mayores tienen poco capital humano. Así pues, el proceso de acumulación de capital humano es gradual. El mecanismo propuesto por Kremer y Thomson (1998) equivale a introducir costes de ajuste en la acumulación de capital humano.

3.5. Variaciones de los parámetros de preferencia

En esta sección analizamos si algunas de las implicaciones problemáticas del modelo de Ramsey en economía abierta desaparecen al permitir que los parámetros de preferencia ρ_i e θ_i varíen. La idea, sugerida por Uzawa (1968), radica en que la tasa de preferencia temporal y la disposición a sustituir consumo en el tiempo tal vez dependan del nivel de riqueza o de consumo del hogar y, en consecuencia, quizás varíen al variar a_i y c_i.

Volvamos ahora al modelo de economía abierta sin restricción de endeudamiento. Una propiedad fundamental de este modelo radica en que los países con valores altos en el término de preferencia temporal $\rho_i + \theta_i x > r$ siguen una trayectoria en la que $\hat{a}_i(t)$ se vuelve negativa y $\hat{c}_i(t)$ disminuye tendiendo a cero. Se puede evitar este resultado tan poco atractivo estableciendo el supuesto de que, al disminuir $\hat{a}_i(t)$ y $\hat{c}_i(t)$, $\rho_i + \theta_i x$ también disminuye. En otras palabras, los países o los individuos tendrían que volverse más pacientes a medida que empobrecen.

Uzawa (1968) obtuvo el resultado deseado mediante el supuesto de que ρ_i es una función positiva de $c_i(t)$. No obstante, este mecanismo es poco atractivo porque no resulta lógico pensar que las tasas de preferencia temporal de los individuos aumenten al aumentar sus niveles de consumo.[24]

24. Mulligan (1993) argumenta que si el grado de altruismo depende de la cantidad de tiempo que los padres pasan con sus hijos, los individuos con salarios altos serán menos altruistas, ya que el coste

También podemos llegar al resultado deseado mediante el supuesto de que, a medida que el nivel de consumo aumenta, los individuos se vuelven más reticentes a sustituirlo en el tiempo, es decir, θ_i aumenta. Sin embargo, el supuesto habitual es justo el contrario. En la ecuación (2.8) vimos que el término de preferencia temporal efectiva implica elasticidad de la utilidad marginal con signo menos, $-u''(c)\cdot c/u'(c)$. En la especificación que hemos utilizado hasta ahora la magnitud de esta elasticidad es constante e igual a θ_i. Sin embargo, en ocasiones se modifica la forma de la función de utilidad a fin de que presente elasticidad variable teniendo en cuenta un nivel de consumo de subsistencia:

$$u(c_i) = \frac{(c_i - \overline{c}_i)^{(1-\theta_i)} - 1}{(1 - \theta_i)} \tag{3.74}$$

donde $\overline{c}_i > 0$ es el nivel de subsistencia constante. (Esta expresión de la función de utilidad se denomina Stone-Geary, en honor a Stone, 1954, y Geary, 1950-1951.) La ecuación (3.74) implica que la magnitud de la elasticidad de la utilidad marginal es $\theta_i c_i/(c_i - \overline{c}_i)$, que es igual a θ_i cuando $\overline{c}_i = 0$, y decreciente en c_i cuando $\overline{c}_i > 0$. Por lo tanto, esta expresión revisada de la utilidad implica que el término de preferencia temporal efectiva disminuye al aumentar $c_i(t)$; es decir, el término se mueve en el sentido contrario del que debería para poder resolver las dificultades del modelo con economía abierta.

Surgen interesantes resultados de modelos que establecen el supuesto de que los parámetros ρ_i y θ_i son constantes para cada país (o familia), pero consideran horizonte finito. El primer modelo de este tipo, que debemos a Samuelson (1958) y Diamond (1965), establecía el supuesto de que los individuos vivían un número fijo de periodos discretos, como la infancia o la edad adulta. La edad adulta de una generación se solapaba con la niñez de la generación siguiente; de ahí de ahí la habitual denominación de modelo de generaciones traslapadas o solapadas (GS). En este modelo, los individuos tienen horizonte finito, porque sólo viven dos periodos y, se supone, no les preocupa el bienestar de sus descendientes, mientras que la economía tiene horizonte infinito. Aunque el modelo GS recoge los efectos del horizonte finito, presenta el inconveniente de que las condiciones de equilibrio resultan ser demasiado complicadas como para proporcionar soluciones analíticas a muchos de los ejercicios estático-comparativos que nos gustaría considerar.

Blanchard (1985) conserva la esencia de la idea del horizonte finito en un modelo más manejable mediante el supuesto de que los individuos mueren de manera aleatoria siguiendo un proceso de Poisson. Para nuestros objetivos presentes, el elemento clave de este modelo radica en que el consumo agregado se comporta como si el término de preferencia temporal de cada individuo estuviera relacionado positivamente con $a_i(t)$. Sin embargo, los resultados provienen de la suma de individuos heterogéneos en cuanto a edad (y en consecuencia, en cuanto a activos y consumo) y no de las variaciones de los parámetros de preferencia de los individuos. Para obtener esos resultados, primero establecemos el modelo de Blanchard, en segundo

---

de oportunidad de pasar tiempo con sus propios hijos es alto. De ahí se deduce que los ricos tendrán tipos de descuento altos.

lugar lo aplicamos a una economía cerrada, y por último ampliamos el análisis a una economía abierta. El apéndice (sección 3.8) recoge un análisis de los modelos GS relacionados.

3.6. El crecimiento económico de un modelo con horizonte finito

3.6.1. Elecciones en un modelo con horizonte finito

En el análisis anterior, suponíamos que las familias duraban siempre, de manera que los hogares planificaban en un horizonte infinito. Ahora queremos introducir la posibilidad de que la familia finalice en un momento determinado. Este final podría ser la consecuencia del fallecimiento de adultos sin descendencia a quienes, por tanto, no les preocupan las cuestiones posteriores a su propia defunción. Alternativamente, también podría reflejar la situación de padres que llegaran a un momento en el que ya no estuvieran vinculados a sus hijos mediante transferencias intergeneracionales.

Definimos "defunción" como la desaparición de una familia, aunque dicha defunción no tenga necesariamente que corresponder a un fallecimiento real. Denominemos p a la probabilidad de defunción por unidad de tiempo, con lo que un individuo (u hogar) nacido en un momento j está vivo en el momento $t \geq j$ con la probabilidad $e^{-p(t-j)}$. La condición de que p no varíe con la edad resulta esencial para que el sumatorio sea manejable. Esta condición no es realista si pensamos en el fallecimiento real de un individuo, pero puede ser menos problemática si la vinculamos a la desaparición de una familia.

La probabilidad de haber fallecido en el momento t es igual a $1 - e^{-p\cdot(t-j)}$, de manera que la densidad de probabilidad de fallecimiento en el momento t es la derivada de dicha expresión $pe^{-p\cdot(t-j)}$. A partir de esta densidad de probabilidad se puede calcular la esperanza de vida como $1/p$. Así pues, un p mayor disminuye la esperanza de vida y aumenta la importancia del efecto del horizonte finito.

Al igual que antes, aceptamos el supuesto de que la población crece a la tasa constante n, con lo que la población total es $L(t) = e^{nt}$. El tamaño de la cohorte nacida en el momento t tiene que ser $(p + n) \cdot e^{nt}$, es decir, nacen un número de personas u hogares suficientes para reemplazar a aquellos que fallecen, pe^{nt}, y para generar un crecimiento neto, ne^{nt}.

El tipo de interés sin riesgo es $r(t)$. Tenemos que analizar qué ocurre con los activos de los individuos u hogares que desaparecen. En el modelo de horizonte vital infinito, de manera implícita estos activos se transmiten a los descendientes a través de transferencias intergeneracionales. Estas transferencias nacen de vínculos altruistas lo suficientemente sólidos como para evitar la solución de esquina de trasferencias cero. Sin embargo, en el modelo de horizonte vital finito la idea de "defunción" implica que estos vínculos no funcionan. Podríamos suponer que los activos van a parar a los hijos en forma de herencia o que revierten al conjunto de la sociedad mediante transferencias. Ahora bien, en el caso de que a los individuos les fuera realmente indiferente lo que pueda ocurrir tras su defunción, que es la noción básica de los modelos con horizonte vital finito, podrían mejorar su situación acudiendo al mercado de rentas vitalicias. Además, si permitimos que los individuos fallezcan endeudados y sin descendientes que asuman su deuda, los prestamistas exigirían un tipo de interés superior a r para cubrir el posible fallecimiento del prestatario.

Como hicieron Yaari (1965) y Blanchard (1985), suponemos que todos los préstamos estén avalados por un seguro de vida. Si el individuo vive, pagará el tipo de interés r más la prima del seguro de vida del préstamo. Si fallece, el seguro de vida devolverá el préstamo. Dado que la posibilidad de fallecimiento por unidad de tiempo es p, la prima exigida será p. Es decir, si el individuo sobrevive, el tipo total que paga por el préstamo es $r + p$. Desde el punto de vista de la compañía aseguradora, la prima a la tasa p sólo cubre los desembolsos esperados de las pólizas de los prestatarios fallecidos. De igual manera, los prestamistas pueden tener rentas vitalicias que pagan $r + p$ si el individuo vive y cero si muere. Desde el punto de vista de la sociedad financiera que ofrece las rentas vitalicias, el pago extra a la tasa p equilibra los desembolsos previstos por el fallecimiento de individuos. Desde el punto de vista de los individuos con horizonte vital finito, el tipo de rendimiento de las rentas vitalicias (condicionadas a la supervivencia) $r + p$ es más atractivo que el tipo de interés sin riesgo r. En consecuencia, todos los activos se mantendrían en forma de rentas vitalicias.[25]

Puesto que los mercados de seguros de vida y rentas vitalicias son plenamente utilizados por un amplio conjunto de la población, el total de activos liberados por los individuos que mueren $pa(t)$ coincide con el rendimiento extra (por encima del tipo sin riesgo r) que reciben los individuos que viven. En consecuencia, las compañías de seguros y rentas vitalicias alcanzan su punto muerto, y así se explica la total disposición de los activos tras la defunción de sus propietarios. De ahí también se deduce que la tasa de rendimiento pertinente para los individuos que sobreviven, sean deudores o acreedores, es $r + p$, y no r.

Llamemos $c(j, v)$ al consumo y $a(j, v)$ a los activos en el momento v de una persona nacida en el momento $j \le v$. Suponemos que la productividad no depende de la edad, por lo que el salario $w(v)$ es el mismo para todo $j \le v$. Comenzando en el momento actual t, el hogar maximiza la utilidad esperada, que viene expresada por

$$E_t U = E_t \left[\int_t^{\infty} \log [c(j, v)] \cdot e^{-\rho(v-t)} \, dv \right] \tag{3.75}$$

donde hemos puesto por condición que $u(c) = \log(c)$, que corresponde a $\theta = 1$ de la ecuación (2.9). Aunque la función de utilidad logarítmica resulta cómoda, se puede generalizar fácilmente los resultados de estado estacionario a aquellos casos en los que $\theta \neq 1$. (Si $\theta \neq 1$ el análisis de la transición es factible, aunque engorroso.)

La expresión de la ecuación (3.75) difiere de la ecuación (2.1) del modelo de Ramsey en que omite el término e^{nt}, que multiplica a la utilidad per cápita. En este modelo con horizonte vital finito, se supone que en la función de utilidad los

25. En ocasiones los economistas descartan esta posibilidad afirmando que en el mundo real las rentas vitalicias son poco importantes cuantitativamente, aunque son habituales los fondos de pensiones privados y las pensiones públicas de la seguridad social. En cualquier caso, el uso limitado de las rentas vitalicias puede ser una señal de que el modelo con horizonte infinito, que asume la existencia de vínculos altruistas entre generaciones, es satisfactorio. Según este modelo, la demanda de rentas vitalicias es pequeña, y la cantidad observada de rentas vitalicias debería ser también pequeña.

individuos no tienen en cuenta a sus descendientes, ni tampoco en la restricción presupuestaria, que analizaremos en el siguiente párrafo. Puesto que $e^{-p(v-t)}$ es la probabilidad de seguir con vida en el momento v, condicionada al hecho de estar vivo en el momento previo t, la utilidad esperada se transforma en

$$E_t U = \int_t^\infty \log[c(j,v)] \cdot e^{-(\rho+p)\cdot(v-t)}\, dv \tag{3.76}$$

Así pues, $\rho + p$ es la tasa efectiva de preferencia temporal en el contexto de un periodo de vida incierto.

La restricción presupuestaria del hogar es ahora

$$da(j,v)/dv = [r(v) + p] \cdot a(j,v) + w(v) - c(j,v) \tag{3.77}$$

Cada hogar maximiza la utilidad esperada de la ecuación (3.76), sujeta a la ecuación (3.77) y a la cantidad de activos iniciales $a(j,j)$. La condición de primer orden del consumo es idéntica a la estudiada anteriormente (ecuación [2.10] con $\theta = 1$):

$$\frac{dc(j,t)/dt}{c(j,t)} = r - \rho \tag{3.78}$$

Observe que la probabilidad de fallecimiento p se anula, ya que afecta por igual a la tasa efectiva de preferencia temporal $\rho + p$ que a la tasa de rendimiento $r + p$.

En este caso, la condición de transversalidad es igual a

$$\lim_{v\to\infty} \left[e^{-[\bar{r}(t,v)+p]\cdot(v-t)} \cdot a(j,v)\right] = 0 \tag{3.79}$$

donde $\bar{r}(t,v)$ es el tipo de interés "promedio" entre los momentos t y v (veáse la ecuación [2.12] para el periodo entre 0 y t). Las ecuaciones (3.77) y (3.79) implican que la restricción presupuestaria del periodo de vida del hogar es

$$\int_t^\infty c(j,v) \cdot e^{-[\bar{r}(t,v)+p]\cdot(v-t)}\, dv = a(j,t) + \tilde{w}(t) \tag{3.80}$$

donde $\tilde{w}(t) = \int_t^\infty w(v) \cdot e^{-[\bar{r}(t,v)+p]\cdot(v-t)}\, dv$ es el valor actual de la renta salarial. La ecuación (3.80) equivale a la ecuación (2.13) del modelo con horizonte vital infinito.

También podemos utilizar las ecuaciones (3.78) y (3.80) para calcular el consumo como función de la "riqueza":

$$c(j,t) = (\rho + p) \cdot [a(j,t) + \tilde{w}(t)] \tag{3.81}$$

que equivale a las ecuaciones (2.14) y (2.15) (con $\theta = 1$) del modelo con horizonte vital infinito. Para el caso de la función de utilidad logarítmica la propensión marginal al consumo respecto de la riqueza es la constante $\rho + p$.

Las variables agregadas $C(t)$, $A(t)$ y $\tilde{W}(t)$ proceden de la suma entre cohortes, referidas al momento del nacimiento $j \leq t$. Cada cohorte es ponderada por su tamaño, que es igual al tamaño inicial $(p + n) \cdot e^{nj}$ multiplicado por la fracción $e^{-p(t-j)}$ que sigue con vida en el momento $t \geq j$.[26] En consecuencia, el consumo y los activos agregados vienen dados por

$$C(t) = \int_{-\infty}^{t} c(j,t) \cdot (p+n) \cdot e^{nj} e^{-p(t-j)}\, dj \tag{3.82}$$

$$A(t) = \int_{-\infty}^{t} a(j,t) \cdot (p+n) \cdot e^{nj} e^{-p(t-j)}\, dj \tag{3.83}$$

Puesto que los salarios no dependen de la edad, el agregado del valor actual de la renta salarial es:

$$\tilde{W}(t) = \tilde{w}(t) \cdot e^{nt} = e^{nt} \cdot \int_{t}^{\infty} w(v) \cdot e^{-[\bar{r}(t,v)+p]\cdot(v-t)}\, dv \tag{3.84}$$

Puesto que la propensión al consumo respecto de la riqueza de la ecuación (3.81) es $\rho + p$, que no depende de la edad j, la relación agregada es idéntica a la individual:

$$C(t) = (\rho + p) \cdot [A(t) + \tilde{W}(t)] \tag{3.85}$$

Queremos utilizar la ecuación (3.82) para calcular el agregado análogo a la ecuación (3.78), que determina la variación en el tiempo del consumo individual. La variación en el tiempo del consumo agregado $\dot{C}$ depende de la variación en el tiempo de la riqueza agregada $\dot{A} + d\tilde{W}/dt$.

Podemos calcular $\dot{A}$ derivando la ecuación (3.83) con respecto a t. El resultado es

$$\dot{A} = r(t) \cdot A(t) + w(t) \cdot e^{nt} - C(t) \tag{3.86}$$

donde $w(t) \cdot e^{nt}$ corresponde a los salarios agregados pagados en el momento t. La derivada de la ecuación (3.86) utiliza la restricción presupuestaria individual de la ecuación (3.77) y la condición $a(j,j) = 0$, es decir, que los individuos nacen sin activos. Observe que la ecuación agregada es igual a la ecuación individual (3.77) con la diferencia de que la tasa de rendimiento de los activos totales es r, mientras que la de los activos individuales (la de un individuo que sigue con vida) es $r + p$.

También podemos calcular la variación de W(tilde) derivando la ecuación (3.84) con respecto a t. El resultado es

$$d\tilde{W}/dt = [r(t) + p + n] \cdot \tilde{W}(t) - w(t) \cdot e^{nt} \tag{3.87}$$

26. Estamos suponiendo que la estructura de edad de la población se sitúa siempre en su distribución de estado estacionario. Sin embargo, en el contexto presente, la estructura de edad no tiene importancia, porque la posibilidad de fallecer p y el salario w no dependen de la edad.

El último término del segundo miembro de la ecuación representa los salarios agregados, que son efectivamente el dividendo pagado por el stock de activos $\tilde{W}(t)$. El primer término del segundo miembro de la ecuación representa el descuento de los salarios individuales a la tasa $r(t) + p$ (porque los salarios desaparecen tras el fallecimiento del individuo) y el crecimiento de la población a la tasa n.

Podemos utilizar las ecuaciones (3.81) a (3.87) para calcular la variación en el tiempo del consumo agregado $\dot{C}$. El resultado, expresado como la tasa de crecimiento del consumo per cápita, es[27]

$$\dot{c}/c = r(t) - \rho - (p + n) \cdot (\rho + p) \cdot a(t)/c(t) \tag{3.88}$$

Observe que $c(t)$ se refiere al consumo agregado dividido por la población total y no al consumo de un individuo. La evolución del consumo de un individuo $c(j, t)$ viene expresada por la ecuación (3.78).

El nuevo elemento clave de la ecuación (3.88) es el último término del segundo miembro de la ecuación $(p + n) \cdot (\rho + p) \cdot a(t)/c(t)$. Puesto que $\rho + p$ es la propensión al consumo respecto de la riqueza, $(\rho + p) \cdot a(t)$ representa el consumo per cápita asociado a $a(t)$. Nuevos individuos entran en la economía a la tasa $p + n$. Puesto que llegan sin activos, su entrada disminuye el consumo promedio per cápita en la cantidad $(p+n)\cdot(\rho+p)\cdot a(t)$. Por último, la división entre $c(t)$ indica la contribución de este término a la disminución de la tasa de crecimiento del consumo per cápita $\dot{c}/c$.

Tenga en cuenta que el rasgo esencial de este análisis es la entrada de nuevos individuos (sin activos) y no la salida de personas mayores. Así pues, como señala Weil (1989), si nacen nuevos individuos ($n > 0$) los principales resultados se mantienen con horizonte vital infinito ($p = 0$). Sin embargo, es esencial el hecho de que a los mayores les sean indiferentes los recién nacidos en lo que respecta a los vínculos altruistas asumidos por el modelo con horizonte vital infinito del capítulo 2. Así pues, podemos comparar a los nuevos individuos con niños huérfanos o con inmigrantes (como Weil, 1989). En el capítulo 9 trataremos explícitamente la inmigración.

3.6.2. El modelo con horizonte finito en una economía cerrada

Volvamos al modelo con un único tipo de capital k. En una economía cerrada $\hat{a} = \hat{k}$, $f'(\hat{k}) = r + \delta$, y $\hat{w} = f(\hat{k}) - \hat{k} \cdot f'(\hat{k})$. La expresión que determina $\dot{\hat{k}}$ es la misma que en el modelo con horizonte infinito (ecuación [2.23]):

$$\dot{\hat{k}} = f(\hat{k}) - \hat{c} - (x + n + \delta) \cdot \hat{k} \tag{3.89}$$

La ecuación (3.88) y las condiciones $\hat{a} = \hat{k}$ y $r = f'(\hat{k}) - \delta$ implican

$$\dot{\hat{c}}/\hat{c} = f'(\hat{k}) - (\delta + \rho + x) - (p + n) \cdot (\rho + p) \cdot \hat{k}/\hat{c} \tag{3.90}$$

27. Para $\theta \neq 1$, cuando $r(t)$ es igual a la constante r este resultado se generaliza de la siguiente manera:

$$\dot{c}/c = (1/\theta) \cdot (r - \rho) - (1/\theta) \cdot [\rho + \theta p - (1 - \theta) \cdot r] \cdot (p + n) \cdot a(t)/c(t)$$

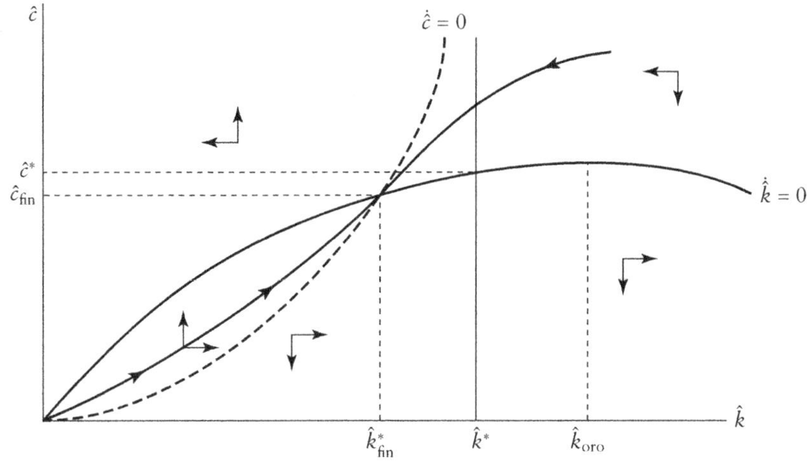

ILUSTRACIÓN 3.5 | Dinámica de una economía cerrada con horizonte finito. La curva $\dot{\hat{k}} = 0$ muestra la forma habitual de U invertida. La curva $\dot{\hat{c}} = 0$ pasa por el origen, tiene pendiente positiva y una asíntota vertical en $\hat{k} = \hat{k}^*$. En consecuencia, tanto la forma del tramo estable como la dinámica de transición del modelo son similares a las del modelo de Ramsey.

La ilustración 3.5 muestra el diagrama de fase de $\hat{k}$ y $\hat{c}$. La curva cóncava, que corresponde a $\dot{\hat{k}} = 0$, es idéntica a la curva del modelo con horizonte infinito de la ilustración 2.1. La recta vertical en $\hat{k}^*$, donde $f'(\hat{k}^*) = \delta + \rho + x$, es el valor de estado estacionario del modelo con horizonte infinito (si $\theta = 1$). Si $p + n > 0$, el término que incluye $\hat{k}/\hat{c}$ en la ecuación (3.90) se suma a la tasa de preferencia temporal ρ. En consecuencia, la curva discontinua de la ilustración 3.5 que representa $\dot{\hat{c}} = 0$, se sitúa en todo momento a la izquierda de la recta vertical. A medida que el ratio de $\hat{c}$ con respecto a $\hat{k}$ aumenta a lo largo de la curva discontinua, la magnitud del término que incluye a $\hat{k}/\hat{c}$ disminuye, tendiendo hacia 0. Así pues, la curva discontinua tiende hacia la recta vertical asintóticamente.

En la ilustración 3.5 los valores de estado estacionario del modelo con horizonte finito en una economía cerrada, que se fijan en el punto de corte de las curvas continua y discontinua, se denominan $\hat{k}^*_{\text{fin}}$ y $\hat{c}^*_{\text{fin}}$. Es importante observar que una tasa efectiva de preferencia temporal mayor provoca un producto marginal del capital mayor y, en consecuencia, un ratio capital-trabajo efectivo menor, es decir $\hat{k}^*_{\text{fin}} < \hat{k}^*$. De igual manera, el tipo de interés de estado estacionario es mayor que el tipo de interés de la economía con horizonte infinito, $r^*_{\text{fin}} > r^* = \rho + x$[28], y el consumo por trabajador efectivo es menor $\hat{c}^*_{\text{fin}} < \hat{c}^*$.

La transición desde un ratio inicial $\hat{k}(0)$ hasta $\hat{k}^*_{\text{fin}}$ es semejante a la del modelo con horizonte infinito. Si $\hat{k}(0) < \hat{k}^*_{\text{fin}}$, $\hat{k}$ aumenta monótonamente a lo largo de la curva continua marcada con flechas de la ilustración 3.5. La dinámica de las restantes variables, $\hat{c}$, r y las tasas de crecimiento de $\hat{k}$, $\hat{y}$ y $\hat{c}$, es también semejante a la del modelo con horizonte infinito.

28. Podemos utilizar la expresión de la nota 27 para demostrar que este resultado también se cumple si $\theta \neq 1$, en cuyo caso $r^* = \rho + \theta x$. También es posible demostrar que $r^*_{\text{fin}} < \rho + \theta x + p + n$.

Dado que $\hat{k}^*_{\text{fin}} < \hat{k}^*$, se deduce que $\hat{k}^*_{\text{fin}} < \hat{k}_{\text{oro}}$ (veáse la ilustración 3.5).[29] Así pues, el comportamiento asintótico de $\hat{k}$ en el modelo con horizonte finito en una economía cerrada no muestra el tipo de exceso ineficiente de ahorro que puede aparecer en el modelo Solow-Swan con una tasa de ahorro arbitraria. Diamond (1965) demostró que el exceso de ahorro puede aparecer en un modelo de generaciones solapadas de dos periodos en una economía cerrada. Como han demostrado nuestros resultados (que se basan en Blanchard, 1985), el rasgo del modelo de Diamond que posibilita la existencia de exceso de ahorro no es el horizonte finito de los individuos. Más bien, la diferencia esencial con relación al modelo que acabamos de analizar es el patrón de ciclo vital de las rentas del trabajo. En la versión de Diamond del modelo GS, los salarios son positivos en el primer periodo (laboral) y cero en el segundo periodo (jubilación). En consecuencia, el modelo supone que la renta salarial disminuye bruscamente durante el ciclo vital, mientras que el modelo con horizonte finito analizado supone que la renta salarial no depende de la edad. Un patrón de renta salarial decreciente respecto de la edad fomenta la existencia de ahorro adicional, pudiendo surgir un exceso ineficiente de ahorro si este efecto es muy fuerte.

Podemos ampliar el modelo con horizonte finito que hemos analizado antes introduciendo la disminución de la productividad laboral a lo largo del ciclo vital. (Para un análisis de esta situación véase Blanchard, 1985.) Si la productividad del trabajo y, en consecuencia, los salarios disminuyen con la edad a la tasa ω, la ecuación (3.90) se transforma en[30]

$$\dot{\hat{c}}/\hat{c} = f'(\hat{k}) - (\delta + \rho + x - \omega) - (p + n + \omega) \cdot (\rho + p) \cdot \hat{k}(t)/\hat{c}(t) \tag{3.91}$$

En la ecuación (3.91) ω aparece restando a ρ y por lo tanto disminuye la tasa de preferencia temporal. Dada la existencia de este estímulo al ahorro, si ω es lo suficientemente grande, se cumple $\hat{k}^*_{\text{fin}} > \hat{k}^*$. Es más, para un valor aún mayor de ω, el estado estacionario muestra exceso ineficiente de ahorro: $\hat{k}^*_{\text{fin}} > \hat{k}_{\text{oro}}$.

Aunque es posible que surja exceso ineficiente de ahorro en la economía con horizonte finito si la renta salarial desciende a lo largo del ciclo vital, es decir, si ω es suficientemente grande, no está claro que en la práctica debamos considerar a ω como valor positivo. Si comenzamos en el momento en el que un individuo obtiene su primer empleo, por ejemplo, entre los 18 y los 21 años, en ese caso la renta salarial aumenta considerablemente con la edad (y la experiencia) durante aproximadamente los 25 años siguientes y se mantiene relativamente estable durante los siguientes 20-25 años (véase Murphy y Welch, 1990, p. 207). Posteriormente, la renta salarial desciende considerablemente durante el intervalo de 10 a 15 años de

29. En el modelo con horizonte infinito utilizamos la condición $\rho > n$ para garantizar que $\hat{k}^* < \hat{k}_{\text{oro}}$. Seguimos manteniendo el supuesto de que $\rho > n$ se cumple en el caso de horizonte finito.

30. De nuevo aceptamos el supuesto de que la estructura de edad de la población corresponde a la distribución de estado estacionario. En el presente contexto, variaciones de la distribución por edades sí tendrían importancia, ya que afectarían a la distribución de productividades laborales y salarios. Para una distribución por edades dada y, en consecuencia, de productividades laborales, la cantidad agregada de factor trabajo efectivo sería proporcional a $e^{(n+x)t}$, al igual que en los otros modelos. Así pues, $\hat{k}$ puede cuantificarse como $Ke^{-(n+x)t}$.

jubilación. Así pues, el modelo de generaciones solapadas de dos periodos no tiene en cuenta el intervalo en el que las rentas salariales aumentan y también incurre en error al suponer que el periodo de jubilación dura lo mismo que el periodo de vida activa. Ambos errores exageran el incentivo a ahorrar durante la vida.

A fin de obtener una visión completa, tenemos que decidir qué tratamiento damos a los primeros 18-21 años de vida que corresponden a la infancia y a la edad de formación. Si tratamos a los hijos como hogares independientes, en estos 18-21 años obtendrían rentas salariales muy inferiores al promedio de la vida. El déficit de renta salarial presente en relación a la renta futura esperada influiría negativamente en el deseo agregado de ahorrar; presumiblemente, este efecto se manifestaría en el hecho de que los hijos financiarían su consumo mediante préstamos de sus padres.

Podemos argumentar lógicamente que los hijos no deberían considerarse hogares independientes.[31] Ahora bien, en tal caso, el periodo de baja renta salarial de los hijos hasta que alcanzan los 18 o 21 años se traduce, para una renta salarial dada de los padres, en una inferior renta salarial per cápita de la familia con hijos dependientes. Así pues, el bajo nivel de renta salarial de los hijos sería el motivo por el que los padres, durante el intervalo de la edad adulta que corresponde a la paternidad, ahorran menos de lo que ahorrarían en caso contrario. Así pues, este efecto combinado con la influencia de la renta salarial creciente de los adultos durante buena parte de su vida laboral contrarresta el efecto positivo en el ahorro provocado por la existencia del periodo de retiro.

El resultado final de este análisis es que $\omega \approx 0$, un perfil plano de la renta salarial per cápita de la familia, puede no ser una mala aproximación inicial en el análisis de la disposición agregada al ahorro. En tal caso, el análisis elimina la posibilidad de un exceso ineficiente de ahorro en el modelo con horizonte vital finito en una economía cerrada.

3.6.3. El modelo con horizonte finito en una economía abierta

Analicemos ahora el modelo con horizonte finito en una economía abierta con un único tipo de capital k y sin restricción de endeudamiento. Por comodidad, eliminamos el subíndice de país i. Si el tipo de interés mundial $r(t)$ es igual a la constante r, el ratio del capital con respecto al trabajo efectivo del país nacional es igual a la constante $(\hat{k}^*)_{\text{abierto}}$, donde $f'[(\hat{k}^*)_{\text{abierto}}] = r + \delta$. Así pues, este modelo sigue implicando una velocidad de convergencia infinita de $\hat{k}$ e $\hat{y}$. Sin embargo, el comportamiento de $\hat{c}$ y $\hat{a}$ va a ser más lógico que antes.

La ecuación (3.50) expresa la variación de los activos:

$$\begin{aligned} \dot{\hat{a}} &= f[(\hat{k}^*)_{\text{abierto}}] - (r + \delta) \cdot [(\hat{k}^*)_{\text{abierto}} - \hat{a}] - (x + n + \delta) \cdot \hat{a} - \hat{c} \\ &= (\hat{w}^*)_{\text{abierto}} + (r - x - n) \cdot \hat{a} - \hat{c} \end{aligned} \tag{3.92}$$

31. Sin embargo, este argumento es más atractivo en el modelo con horizonte infinito en el que los motivos altruistas de los progenitores les hacen ocuparse del consumo de sus hijos. En el modelo con horizonte finito, en el que los padres aparentemente no se ocupan de los hijos, las razones del cuidado paterno de los hijos menores resultan más difíciles de entender.

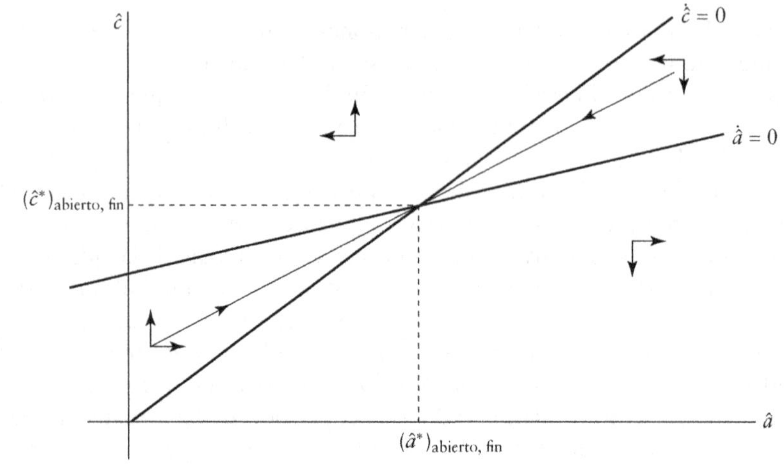

ILUSTRACIÓN 3.6 | El diagrama de fase en una economía abierta con horizonte finito (para un tipo de interés fijo). El diagrama analiza una pequeña economía abierta que se enfrenta a un tipo de interés fijo, determinado en los mercados de capitales mundiales. En este caso, los dos lugares geométricos son rectas y el modelo se caracteriza por tener estabilidad de punto de silla. Si la economía cuenta inicialmente con un nivel bajo de activos por persona efectiva, la transición se caracterizará por niveles monótonamente crecientes de consumo y activos por persona efectiva.

donde utilizamos la condición $f[(\hat{k}^*)_{\text{abierto}}] = (\hat{w}^*)_{\text{abierto}} + (r + \delta) \cdot (\hat{k}^*)_{\text{abierto}}$. El comportamiento del consumo del hogar de la ecuación (3.88) implica

$$\dot{\hat{c}}/\hat{c} = r - \rho - x - (p + n) \cdot (\rho + p) \cdot \hat{a}/\hat{c} \tag{3.93}$$

La ilustración 3.6 muestra el diagrama de fase de $(\hat{a}, \hat{c})$, a partir de las ecuaciones (3.92) y (3.93). Observe que este diagrama tiene un r constante. Es decir, estamos analizando la dinámica de una economía abierta de pequeño tamaño cuando la economía mundial se encuentra en el estado estacionario. La recta que representa $\dot{\hat{a}} = 0$ de la ecuación (3.92) tiene un punto de corte positivo con el eje vertical (igual a $[\hat{w}^*]_{\text{abierto}}$) y pendiente positiva igual a $r - x - n$. La recta que representa $\dot{\hat{c}} = 0$ de la ecuación (3.93) atraviesa el origen, y el signo de su pendiente es igual al signo de $r - \rho - x$. Este último término es positivo en el modelo con horizonte finito en una economía cerrada que hemos analizado en la sección anterior. Ahora, este término será positivo para todo país que acabe manteniendo activos positivos en el estado estacionario. La ilustración 3.6 muestra la recta $\dot{\hat{c}} = 0$ con una pendiente positiva superior a la pendiente de la recta $\dot{\hat{a}} = 0$.[32]

La ilustración 3.6 muestra los valores de estado estacionario de $\hat{c}$ y $\hat{a}$ en una economía abierta con horizonte finito. A diferencia del modelo con horizonte infinito, estos valores de estado estacionario son positivos y finitos. Este resultado es congruente con $\dot{\hat{c}} = 0$ de la ecuación (3.93), porque el ratio $\hat{a}/\hat{c}$ se ajusta de manera que el término que expresa la preferencia temporal total, $\rho + x + (p + n) \cdot (\rho + p) \cdot \hat{a}/\hat{c}$,

32. Si la pendiente de la curva $d\hat{c}/dt = 0$ es positiva, pero igual o inferior a la pendiente de la curva $d\hat{a}/dt = 0$, podemos demostrar que $\hat{c}$ aumenta indefinidamente. Este resultado no es congruente con el tipo de interés internacional fijo r.

es igual a r. En otras palabras, la propiedad esencial radica en que la tasa efectiva de preferencia temporal es una función creciente de $\hat{a}/\hat{c}$.

En la ilustración 3.6, un valor de ρ mayor aumenta la pendiente de la curva $\dot{\hat{c}} = 0$ (véase la ecuación [3.93]). Es decir, el lugar geométrico pivota en torno al origen en el sentido contrario al de las agujas del reloj. Así pues, de la ilustración se deduce que los países menos pacientes, es decir, aquellos que tienen los valores de ρ más altos, tienen valores de estado estacionario de $\hat{a}$ y $\hat{c}$ inferiores. A partir de la ilustración también podemos comprobar que los valores de $\hat{a}$ y $\hat{c}$ de estado estacionario disminuyen al aumentar x, p y n. (También disminuyen al aumentar θ si se permite que $\theta \neq 1$.)

El valor de $\hat{a}$ de estado estacionario es positivo para un intervalo de valores de los parámetros; es decir, la deuda $\hat{d}$ se mantiene por debajo del stock de capital $\hat{k}$. Sin embargo, un valor de ρ suficientemente alto (o de x o de θ) vuelve negativa la pendiente del lugar geométrico $\dot{\hat{c}} = 0$, con lo que el valor de $\hat{a}$ de estado estacionario también se vuelve negativo. En otras palabras, en el caso de las economías impacientes se cumple $\hat{d} > \hat{k}$. En estas situaciones, los prestatarios utilizan como garantía parte del valor actual de la renta salarial.

A partir de la ilustración 3.6, dados r y un conjunto de valores de los parámetros de los países $i = 1, \ldots, M$, podemos determinar el correspondiente conjunto de $\hat{a}_i$. También podemos determinar el conjunto de $\hat{k}_i$ a partir de la condición $f'(\hat{k}_i) = r + \delta_i$. En un equilibrio de estado estacionario completo, el tipo de interés internacional r es el valor que iguala la suma de los $\hat{a}_i$ (ponderada por la población activa efectiva de cada país) con la suma de los $\hat{k}_i$ (igualmente ponderada).

El modelo con horizonte finito resulta atractivo porque economías con distintos parámetros subyacentes pueden compartir un mercado de capitales sin que ello signifique que $\hat{c}_i$ tienda a cero en todos los países excepto el más paciente. Sin embargo, el modelo implica que las tasas de convergencia de $\hat{k}_i$ e $\hat{y}_i$ serían infinitas. Para evitar esta conclusión, podemos combinar el modelo con horizonte finito con la consideración de la restricción de endeudamiento estudiada en una sección anterior. Si identificamos $\hat{k}_i$ con el capital en sentido amplio $\hat{k}_i + \hat{h}_i$ del modelo con restricción de endeudamiento, el resultado se deduce fácilmente.

En la ilustración 3.6 y para un $(\hat{k}_i^*)_{\text{abierto}}$ dado, los países que tienen altos valores de $\hat{a}_i$ de estado estacionario no se ven limitados en el mercado de crédito, mientras que los que tienen valores bajos (y sin duda los de valores negativos) de $\hat{a}_i$ sí que se ven limitados en su endeudamiento. Entonces los países con valores relativamente altos de ρ_i, x_i, p_i, n_i y θ_i tienden a tener restricciones de crédito. Además de los países impacientes, que tienen valores de ρ_i y θ_i altos, son candidatos a tener endeudamiento restringido los países que crecen rápidamente en el estado estacionario (con x_i y n_i altos) y los que tienen altas tasas de mortalidad (p_i alto).

El modelo con horizonte finito en una economía abierta con restricción de endeudamiento implica que $\hat{c}_i$ y $\hat{a}_i$ permanecen positivos para todos los países. Además, sólo algunos países ven limitado su endeudamiento en el estado estacionario. Para estos países con endeudamiento restringido, las velocidades de convergencia de $\hat{k}_i$ e $\hat{y}_i$ en las proximidades del estado estacionario son finitas, como se vio en la sección anterior. Sin embargo, para los países sin restricción de endeudamiento las velocidades de convergencia de $\hat{k}_i$ e $\hat{y}_i$ siguen siendo infinitas. Para evitar este resultado, podemos introducir de nuevo los costes de ajuste de la inversión que tratamos con anterioridad.

3.7. Algunas conclusiones

Comenzamos con una ampliación del modelo de Ramsey que incluyera los impuestos y el gasto público. La imposición sobre la renta del capital tiende a disminuir la formación de capital y el gasto público en bienes y servicios tiende a expulsar el consumo privado.

Después introdujimos los costes de ajuste de la inversión, costes que preveíamos especialmente importantes en el caso de la acumulación de capital humano. Estos costes implican velocidades de convergencia del capital y la producción finitas aún en el caso de que los mercados de capital mundiales sean perfectos y el horizonte infinito. Sin embargo, argumentamos que los costes de ajuste no pueden explicar por sí solos las lentas velocidades de convergencia que se observan empíricamente, ya que los valores implícitos de la q de Brainard y Tobin serían incongruentemente altos. Es más, el modelo de costes de ajuste no elimina el comportamiento desconcertante del consumo y de los activos que surge en los casos de economías abiertas.

Después emprendimos la tarea, aparentemente sencilla, de ampliar el modelo de Ramsey a una economía abierta mediante la introducción de préstamos internacionales. Sin embargo, esta ampliación condujo a algunos resultados contrarios a los hechos observados: las velocidades de convergencia del stock de capital y la producción eran infinitas y, con la excepción del país más paciente, el consumo (por unidad de trabajo efectiva) tendía a cero mientras que los activos se volvían negativos. Asintóticamente, el país más paciente era el dueño de todo y consumía prácticamente la totalidad de la producción mundial.

Analizamos varias modificaciones del modelo de Ramsey a fin de eliminar estos problemáticos resultados. En un mercado de préstamos internacionales imperfecto, las velocidades de convergencia infinitas del capital y el producto no se darían en países con restricción de endeudamiento. Es más, en estos países, los activos se mantienen positivos y el consumo por unidad de trabajo efectivo no tiende a cero. Sin embargo, el modelo concreto que hemos analizado predice que todos los países, excepto el más paciente, verán finalmente limitado su endeudamiento, predicción contraria a los datos empíricos.

Continuamos nuestro análisis con un modelo en el que los individuos tenían horizonte vital finito y en el que nuevos individuos accedían a la economía. La acumulación de activos aumentaba la tasa de preferencia temporal del país. (Los parámetros que expresan las preferencias de los individuos son constantes; el resultado proviene de la suma de individuos con distintos niveles de consumo y activos.) En consecuencia, aún en ausencia de restricciones de crédito, la variación en la tasa efectiva de preferencia temporal evitaba que el país más paciente acumulara la totalidad de la riqueza mundial. De igual manera, el consumo por trabajador efectivo de los países relativamente impacientes no tendía a cero.

Combinando el modelo con horizonte finito con el modelo de mercado imperfecto de préstamos, hallábamos que el equilibrio a largo plazo se caracterizaba porque una serie de países no veían limitada su capacidad de endeudamiento y otro grupo de países sí. Los resultados eran atractivos en la medida en que muchos países, con distintos parámetros de preferencias, no veían limitada su capacidad de endeudamiento en los mercados de préstamos internacionales. Además, los países con restricción de endeudamiento mostraban velocidades de convergencia del stock de capital y la producción finitas. No obstante, subsiste el problema de que las velocidades de convergencia siguen siendo infinitas en el caso de países sin restricción de endeudamiento. Esta última predicción, contraria a los datos empíricos, puede eliminarse si incorporamos de nuevo los costes de ajuste de la inversión, especialmente en el caso del capital humano.

En este punto, no podemos afirmar que la teoría económica haya desarrollado una manera completamente satisfactoria de aplicar el modelo de Ramsey al caso de una economía abierta. No obstante, los distintos análisis que hemos estudiado en este capítulo nos permiten aproximarnos a dicho modelo. En concreto, la combinación de estos distintos análisis permite explicar simultáneamente la lenta convergencia observada del stock de capital y el producto, evitando las implicaciones contrarias a los datos empíricos de comportamiento del consumo y los activos.

3.8. Apéndice: modelos de generaciones solapadas o sucesivas

En el cuerpo central de este capítulo hemos analizamos el modelo de hogares con horizonte vital finito desarrollado por Blanchard (1985). Su modelo es básicamente una versión sencilla de los modelos de generaciones solapadas (GS), creados por Samuelson (1958) y Diamond (1965). Este apéndice describe la estructura de los modelos GS y señala algunas de sus implicaciones.

3.8.1. Hogares

El modelo GS más conocido supone que cada individuo vive únicamente dos periodos. El individuo trabaja en el primer periodo, cuando es joven, y se jubila en el segundo periodo, cuando es viejo, y después muere. A fin de relacionar este planteamiento con el mundo real, tenemos que considerar cada periodo como equivalente a una generación de, digamos, treinta años. Dado que los individuos consumen en los dos periodos de su vida, tienen que ahorrar durante el primer periodo para pagar el consumo del segundo periodo (si no tenemos en cuenta transferencias del Estado o de miembros de otras generaciones).

Llamaremos generación t a la cohorte nacida en el momento t. Los miembros de esta generación son jóvenes en el periodo t y viejos en el periodo $t + 1$. Así pues, durante el periodo t, los jóvenes de la generación t se solapan con los viejos de la generación $t - 1$. En cualquier momento del tiempo, sólo viven miembros de estas dos generaciones. La principal razón de analizar únicamente dos periodos es que simplifica la agregación del consumo y otras variables.[33]

33. En el modelo de Blanchard (1985) analizado en el texto, la función de consumo agregado es sencilla, porque los individuos de cualquier edad tienen la misma propensión al consumo respecto de la riqueza. Así pues, el consumo agregado es una sencilla función de la riqueza agregada. En el modelo GS, los individuos de distintas generaciones tienen distintas propensiones al consumo y distintos niveles de

Toda persona maximiza la utilidad de toda su vida, que depende del consumo en los dos periodos de su existencia. Establecemos el supuesto crucial de que a las personas les es indiferente lo que suceda tras su defunción; en concreto, no son altruistas con respecto a su descendencia y, en consecuencia, no dejan herencias u otras transferencias a los miembros de la siguiente generación. Suponemos que la forma de la función de utilidad de toda la vida es análoga, si bien para un periodo discreto, a la que vimos en el modelo de Ramsey.

$$U_t = \frac{c_{1t}^{1-\theta} - 1}{1-\theta} + \left(\frac{1}{1+\rho}\right) \cdot \left(\frac{c_{2t+1}^{1-\theta} - 1}{1-\theta}\right) \tag{3.94}$$

donde $\theta > 0$, $\rho > 0$, c_{1t} es el consumo de la generación t durante su juventud (es decir, durante el periodo t) y c_{2t+1} es el consumo de la generación t durante su vejez (es decir, en el periodo $t + 1$).

Considere que un individuo nace en el momento t. Puesto que los miembros de la generación anterior no se han preocupado de él, suponemos que ha nacido sin activos. Durante su juventud, este individuo oferta inelásticamente una unidad de trabajo y recibe una renta salarial w. No trabaja durante su vejez. Si s_t expresa la cantidad ahorrada durante el periodo t, la restricción presupuestaria del periodo t es

$$c_{1t} + s_t = w_t \tag{3.95}$$

En el periodo $t + 1$, el individuo consume su ahorro previo más los intereses acumulados:

$$c_{2t+1} = (1 + r_{t+1}) \cdot s_t \tag{3.96}$$

donde r_{t+1} es el tipo de interés de los préstamos entre los periodos t y $t + 1$. La ecuación (3.96) incorpora la idea de que, puesto que a los individuos no les preocupan sus descendientes, deciden haber consumido la totalidad de sus activos en el momento de su defunción. Si consideramos el endeudamiento, $s_t < 0$, tenemos que suponer que el mercado de préstamos impone la restricción de que los individuos no pueden fallecer endeudados.

Cada individuo considera w_t y r_{t+1} como dados y elige c_{1t} y s_t (y en consecuencia c_{2t+1}) a fin de maximizar la función de utilidad de la ecuación (3.94) sujeta a las ecuaciones (3.95) y (3.96). Podemos utilizar las ecuaciones (3.95) y (3.96) para sustituir c_{1t} y c_{2t+1} en la función de utilidad de la ecuación (3.94), y después calcular la condición de primer orden con respecto a s, $\partial U/\partial s_t = 0$. De esa manera obtenemos

$$(s_t)^{-\theta} \cdot (1 + r_{t+1})^{1-\theta} = (1 + \rho) \cdot (w_t - s_t)^{-\theta} \tag{3.97}$$

Si utilizamos las ecuaciones (3.95) y (3.96), la ecuación (3.97) implica

renta. Sin embargo la agregación es sencilla, ya que en cada momento del tiempo únicamente viven dos generaciones.

$$c_{2t+1}/c_{1t} = [(1 + r_{t+1})/(1 + \rho)]^{1/\theta} \tag{3.98}$$

Esta expresión es la homóloga para un periodo discreto de la relación habitual del modelo de Ramsey $(1/c) \cdot (dc/dt) = (1/\theta) \cdot (r - \rho)$ de la ecuación (2.24).

De la ecuación (3.97) se deduce que la tasa de ahorro puede expresarse como:

$$s_t = w_t/\psi_{t+1} \tag{3.99}$$

donde $\psi_{t+1} \equiv [1 + (1 + \rho)^{1/\theta} \cdot (1 + r_{t+1})^{-(1-\theta)/\theta}] > 1$. La dependencia de s_t respecto de w_t y r_{t+1} puede expresarse de la siguiente manera

$$s_w \equiv \partial s_t/\partial w_t = 1/\psi_{t+1}$$

$$s_r \equiv \partial s_t/\partial r_{t+1} = \left(\frac{1-\theta}{\theta}\right) \cdot \left[\frac{1+\rho}{1 + r_{t+1}}\right]^{1/\theta} \cdot s_t/\psi_{t+1}$$

Observe que $0 < s_w < 1$ y que $s_r > 0$ si $\theta < 1$, $s_r < 0$ si $\theta > 1$, y $s_r = 0$ si $\theta = 1$.

3.8.2. Empresas

Las empresas tienen la habitual función neoclásica de producción:

$$y_t = f(k_t) \tag{3.100}$$

donde $y_t \equiv Y_t/L_t$ y $k_t \equiv K_t/L_t$ son la producción y el capital por trabajador. (Simplificamos mediante la eliminación del progreso tecnológico, es decir $x = 0$, ya que no influye en los puntos principales de este análisis.) Puesto que cada joven trabaja una unidad de tiempo, la variable L_t es el número total de jóvenes en la economía. Observe que estamos suponiendo que el stock de capital en el periodo t es productivo en ese mismo periodo; es decir, que no hay ningún lapso de tiempo entre la producción y el uso del capital. Al igual que en el capítulo 2, la habitual maximización del beneficio de las empresas competitivas conduce a igualar los productos marginales netos y los precios de los factores:

$$w_t = f(k_t) - k_t \cdot f'(k_t) \tag{3.101}$$

$$r_t = f'(k_t) - \delta \tag{3.102}$$

donde δ es la tasa de depreciación.

3.8.3. El equilibrio

Suponemos una economía cerrada, de manera que los activos de los hogares, que en el momento inicial eran propiedad por completo de los miembros de la generación mayor, son iguales al stock de capital. La inversión agregada neta es igual a la renta total menos el consumo total:

$$K_{t+1} - K_t = w_t L_t + r_t K_t - c_{1t} L_t - c_{2t} L_{t-1} \tag{3.103}$$

donde L_{t-1} es el número de personas nacidas en el momento $t-1$, y todos son viejos en el momento t. Si sustituimos en la ecuación (3.103) w_t y r_t de las ecuaciones (3.101) y (3.102), obtenemos la restricción de recursos de la economía:

$$K_{t+1} - K_t = F(K_t, L_t) - C_t - \delta K_t \tag{3.104}$$

donde $C_t = c_{1t}L_t + c_{2t}L_{t-1}$ corresponde al consumo agregado, es decir, la suma del consumo de los jóvenes $c_{1t}L_t$ y de los viejos $c_{2t}L_{t-1}$.

Si en la ecuación (3.103) sustituimos c_{1t} y c_{2t} de las ecuaciones (3.95) y (3.96), obtendremos[34]

$$K_{t+1} = s_t L_t \tag{3.105}$$

es decir, el ahorro de los jóvenes es igual a stock de capital del siguiente periodo. Este resultado se cumple porque los viejos no desean conservar ningún activo en el momento de su defunción (ya que no se preocupan de su descendencia); así pues, venden todo su stock de capital a los jóvenes de la siguiente generación. Por lo tanto, todo el capital en manos de los viejos más cualquier incremento neto de capital tendrá que ser adquirido por los jóvenes con sus ahorros.

Observe que los ahorros del periodo t se convierten en capital en el periodo $t+1$. Si establecemos que un periodo dura treinta años, la ecuación (3.105) significa que la producción que no se consume se vuelve productiva treinta años más tarde. Esta estructura temporal tan poco realista es un inoportuno subproducto de los modelos de generaciones solapadas formados por sólo dos periodos. La estructura también significa que tenemos que interpretar las distintas tasas, r_t y δ, como cantidades por generación. Por ejemplo, un tipo de interés del 6 % anual corresponde a un valor de r_t de 5,0 y a una tasa de depreciación del 5 % anual le corresponde un valor de δ de 0,78.

Suponga que la tasa de crecimiento natural es constante, con lo que $L_{t+1}/L_t = 1 + n$. (Una tasa de crecimiento de la población del 1 % anual corresponde al valor de n de 0,35.) Podemos expresar la ecuación (3.105) en valores per cápita de la siguiente manera

34. Al sustituir las ecuaciones (3.95) y (3.96) en la ecuación (3.103) se obtiene la ecuación en diferencias siguiente

$$K_{t+1} = s_t L_t + (1 + r_t) \cdot (K_t - s_{t-1} L_{t-1})$$

Tenemos que elegir un punto de partida de la economía, por ejemplo, con un stock de capital inicial K_1, propiedad de los L_0 individuos mayores en el periodo 1. Estos mayores consumen la cantidad $c_{21}L_0 = (1 + r_1) \cdot K_1$. Esta condición, junto con las ecuaciones (3.95) y (3.103), implica que $K_2 = s_1 L_1$. Así, la ecuación en diferencias implica que $K_{t+1} = s_t L_t$ para todo $t \geq 2$.

$$k_{t+1} \equiv K_{t+1}/L_{t+1} = s_t/(1+n)$$

Sustituyendo s_t de la ecuación (3.99) en esta ecuación se obtiene

$$k_{t+1} \cdot (1+n) = w_t/\psi_{t+1} \tag{3.106}$$

Si sustituimos ψ_{t+1} por la expresión de la ecuación (3.99) obtenemos

$$k_{t+1} \cdot (1+n) \cdot \left\{1 + (1+\rho)^{1/\theta} \cdot [1 + r(k_{t+1})]^{(\theta-1)/\theta}\right\} = w(k_t) \tag{3.107}$$

donde $r(k_{t+1})$ viene dada por la ecuación (3.102) y $w(k_t)$ viene dado por la ecuación (3.101).

La ecuación (3.107) es una ecuación en diferencias no lineal en k_t; para cada valor de k_t, la ecuación determina implícitamente el valor de equilibrio de k_{t+1}.[35] Así pues, para un valor inicial dado de k_t, la ecuación (3.107) proyectará la trayectoria futura de los stocks de capital.

La ecuación (3.107) puede tener una solución analítica sólo en casos especiales de las funciones de producción y utilidad. Por ejemplo, si la función de utilidad es logarítmica ($\theta = 1$), en la ecuación (3.107) la expresión entre llaves del primer miembro de la ecuación se simplifica en $2 + \rho$. Así pues, la ecuación en diferencias queda así

$$k_{t+1} = [f(k_t) - k_t \cdot f'(k_t)]/[(1+n) \cdot (2+\rho)] \tag{3.108}$$

El estado estacionario Para calcular la intensidad de capital en el estado estacionario, consideremos que en la ecuación (3.107) $k_{t+1} = k_t = k^*$ y obtendremos

$$(1+n) \cdot \left\{1 + (1+\rho)^{1/\theta} \cdot [1 + f'(k^*) - \delta]^{(\theta-1)/\theta}\right\} = f(k^*)/k^* - f'(k^*) \tag{3.109}$$

Si consideramos una función Cobb-Douglas, $f(k_t) = Ak_t^\alpha$, podemos ver la naturaleza de la determinación de k^*. En ese caso, la ecuación (3.109) se simplifica de la siguiente manera

$$(1+n) \cdot \left\{1 + (1+\rho)^{1/\theta} \cdot [1 + \alpha A \cdot (k^*)^{\alpha-1} - \delta]^{(\theta-1)/\theta}\right\} = (1-\alpha) \cdot A \cdot (k^*)^{\alpha-1} \tag{3.110}$$

Si definimos z^* como el producto promedio del capital bruto, es decir $z^* \equiv A \cdot (k^*)^{\alpha-1}$, la ecuación (3.110) puede expresarse de la siguiente manera

$$(1+n) \cdot \left\{1 + (1+\rho)^{1/\theta} \cdot [1 + \alpha z^* - \delta]^{(\theta-1)/\theta}\right\} = (1-\alpha) \cdot z^* \tag{3.111}$$

35. Este valor de equilibrio puede ser único o no; véase el siguiente subapartado.

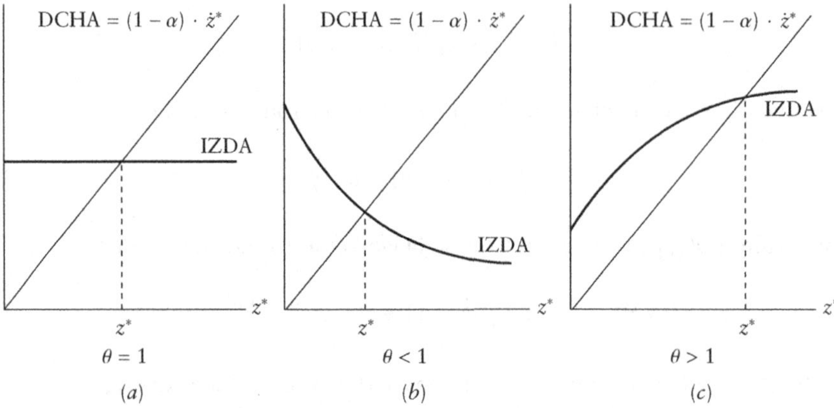

ILUSTRACIÓN 3.7 | Determinación del estado estacionario en el modelo GS. La ecuación (3.111) determina el producto promedio del capital bruto en el estado estacionario, z^*, en el modelo de generaciones solapadas con una tecnología tipo Cobb-Douglas. En la ilustración, la recta que pasa por el origen representa el segundo miembro de la ecuación (DCHA). Los tres gráficos representan el primer miembro de la ecuación (IZDA) en los tres casos posibles, $\theta = 1$, $\theta < 1$ y $\theta > 1$. En cada caso, existe estado estacionario y es único.

En la ilustración 3.7 determinamos gráficamente z^*, representando cada uno de los miembros de la ecuación (3.111) como funciones de z^*. El segundo miembro o lado de la derecha (DCHA) corresponde a una recta que pasa por el origen y cuya pendiente es $1 - \alpha$. El primer miembro o lado de la izquierda (IZDA) depende del valor de θ, es decir, de si es igual, inferior o superior a 1. Los tres casos están representados en los tres gráficos de la figura.

Si $\theta = 1$, es decir, si la función de utilidad es logarítmica, el primer miembro corresponde a una recta horizontal en $(1+n) \cdot (2+\rho) > 0$, como se ve en el gráfico *a* de la ilustración 3.7. Esta recta corta a la recta $(1-\alpha) \cdot z^*$ en un valor z^* positivo igual a $(1+n) \cdot (2+\rho)/(1-\alpha)$; así pues, el stock de capital de estado estacionario existe y es único. En este caso, la solución para la intensidad de capital de estado estacionario es

$$k^* = \left[\frac{A \cdot (1-\alpha)}{(1+n) \cdot (2+\rho)}\right]^{1/(1-\alpha)} \tag{3.112}$$

El gráfico *b* de la ilustración 3.7 corresponde al caso de $\theta < 1$. Esta función tiene un punto de corte con el eje vertical positivo, y cuando z^* tiende a infinito la función tiende a la asíntota $1 + n$. En consecuencia, el punto de corte con la expresión del segundo miembro de la ecuación, la recta $(1-\alpha) \cdot z^*$, se produce en un valor positivo y único de z^*. Así pues, el stock de capital de estado estacionario existe y es único.

El gráfico *c* de la ilustración 3.7 corresponde al caso de $\theta > 1$. La expresión a la izquierda del igual es una función creciente de z^*. El punto de corte es positivo, y cuando z^* tiende a infinito la pendiente disminuye, tendiendo monótonamente hacia cero. En consecuencia, el punto de corte con la expresión del segundo miembro de la ecuación, la recta $(1-\alpha) \cdot z^*$, se localiza en un valor positivo y único de z^*.

La regla de oro y la eficiencia dinámica Analicemos ahora si el modelo de generaciones solapadas es capaz de generar el tipo de exceso de ahorro que puede producirse en el modelo Solow-Swan del capítulo 1. Recuerde que el exceso de ahorro puede aparecer en el modelo Solow-Swan únicamente en el caso de que se suponga una tasa de ahorro arbitraria. En el modelo de Ramsey del capítulo 2, puesto que los hogares con horizonte infinito eligen ahorrar de manera óptima, no puede darse exceso de ahorro. En el modelo GS sorprende el resultado de que sí puede darse exceso de ahorro a pesar de que los hogares elijan ahorrar de manera óptima. Esta posibilidad surge porque los hogares tienen un horizonte finito, con una duración de dos periodos, mientras que por su parte la economía no tiene final.

Para evaluar la posibilidad de exceso de ahorro, calculamos primero la intensidad de capital que va aparejada al máximo consumo per cápita de estado estacionario. En cualquier momento del tiempo, el consumo agregado es $C_t \equiv c_{1t} \cdot L_t + c_{2t} \cdot L_{t-1}$. Dado que la población total es igual a $L_t + L_{t-1}$, el consumo per cápita es igual a $C_t/(L_t + L_{t-1})$. Puesto que $L_{t-1} = L_t/(1+n)$, esta expresión del consumo per cápita es igual a $(1+n)/(2+n)$ veces el consumo por trabajador $c_t \equiv C_t/L_t$. Así pues, la maximización del consumo per cápita equivale a la maximización del consumo por trabajador.

A fin de hallar el nivel de consumo por trabajador en el estado estacionario, dividimos ambos miembros de la ecuación (3.111) por L_t, obteniendo

$$k_{t+1} \cdot (1+n) - k_t = f(k_t) - c_t - \delta k_t \tag{3.113}$$

En el estado estacionario, $k_{t+1} = k_t = k^*$, y el consumo por trabajador de estado estacionario c^* viene dado por

$$c^* = f(k^*) - (n+\delta) \cdot k^* \tag{3.114}$$

En consecuencia, el máximo de c^* se hallará en el valor $k^* = k_{\text{oro}}$ que cumpla $f'(k_{\text{oro}}) = n + \delta$, es decir, en el valor de regla de oro definido en el capítulo 1. Resulta sencillo demostrar que, incluso para las formas sencillas de las funciones de utilidad y producción, el valor k^* de estado estacionario de la economía puede situarse en la región $k^* > k_{\text{oro}}$, región dinámicamente ineficiente.

Considere el caso de la utilidad logarítmica ($\theta = 1$) con tecnología tipo Cobb-Doublas. La ecuación (3.112) implica que en este caso la intensidad de capital de estado estacionario viene dada por $k^* = [\{A \cdot (1-\alpha)\}/\{(1+n) \cdot (2+\rho)\}]^{1/(1-\alpha)}$. Por otro lado, el valor de regla de oro es $k_{\text{oro}} = [\alpha A/(n+\delta)]^{1/(1-\alpha)}$. En consecuencia, la condición para que la intensidad de capital de estado estacionario sea mayor que el valor de la regla de oro (y, por lo tanto, para que la economía se sitúe en la región dinámicamente ineficiente) es

$$\frac{1-\alpha}{(1+n) \cdot (2+\rho)} > \frac{\alpha}{n+\delta} \tag{3.115}$$

Por lo tanto, es más probable que se produzca exceso de ahorro si las tasas de preferencia temporal ρ y el crecimiento natural n tienen valores pequeños; si la tasa de depreciación δ es grande; y si la participación del capital α es pequeña.

No puede producirse exceso de ahorro si α alcanza un valor próximo a 1 (ya que los salarios serán en ese caso cercanos a cero y los jóvenes tendrán poca capacidad de ahorro).

Si tomamos valores habituales de los parámetros, tales como $n = 0{,}35$, $\rho = 0{,}82$ y $\delta = 0{,}78$ (que corresponden a las tasas anuales de 0,01, 0,02 y 0,05 respectivamente), la ecuación (3.115) establece como condición que $\alpha < 0{,}32$. Es decir, únicamente se producirá exceso ineficiente de ahorro si la participación del capital tiene un valor inferior o igual a un tercio. Con anterioridad dijimos que es lógico suponer un valor mucho mayor de participación del capital si consideramos que éste también incluye el capital humano. Por ejemplo, en el modelo GS con los valores habituales de los restantes parámetros y si $\alpha = 0{,}75$, no se producirá exceso de ahorro.

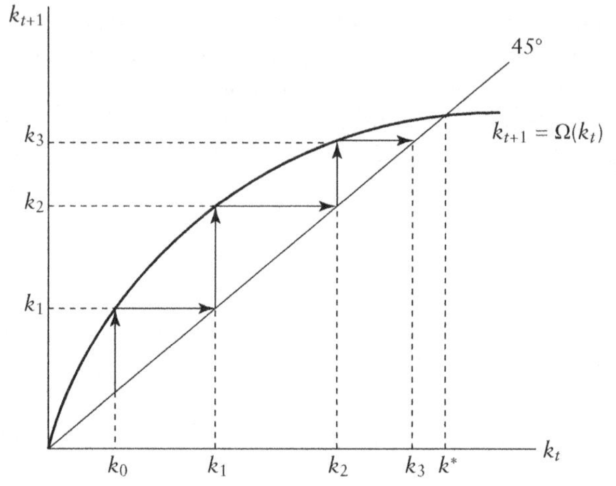

ILUSTRACIÓN 3.8 | Dinámica del modelo GS. La ecuación (3.116) fija la dinámica del modelo de generaciones solapadas con función de utilidad logarítmica y tecnología Cobb-Douglas. La función $\Omega(k_t)$, representada por la ecuación (3.116) y mostrada en la ilustración, determina el valor de k_{t+1} que corresponde a cada valor de k_t. Si la economía comienza en k_0, sigue la secuencia $k_1, k_2, \ldots$ mostrada en la ilustración.

Dinámica La dinámica de la economía GS viene expresada por la ecuación (3.107). Analicemos primero el caso de la función de utilidad logarítmica ($\theta = 1$) mostrado en la ecuación (3.108). Si la función de producción es tipo Cobb-Douglas $f(k) = Ak^\alpha$, la ecuación (3.108) se transforma en

$$k_{t+1} = (1-\alpha)\cdot Ak_t^\alpha/[(1+n)\cdot(2+\rho)] \equiv \Omega(k_t) \tag{3.116}$$

La ilustración 3.8 representa la relación entre k_{t+1} y k_t, que denominamos $\Omega(k_t)$. Cuando $k_t = 0$ la pendiente de $\Omega(k_t)$ es infinita, y tiende a cero cuando k_t tiende a infinito. La función $\Omega(k_t)$ corta la recta de 45 grados en el valor de estado estacionario k^*. En este caso, a medida que transcurre el tiempo, el stock de capital tiende monótonamente hacia su valor único de estado estacionario. En otras palabras, el estado estacionario es estable ya que la curva $\Omega(k_t)$ tiene siempre pendiente positiva y corta la recta de 45 grados por arriba.

Para los casos de funciones de utilidad y producción más generales, la dinámica del modelo GS puede ser compleja. Es posible poner ejemplos en los que la curva $\Omega(k_t)$ tiene pendiente negativa en el momento en el que corta la recta de 45 grados.

En estos casos, la economía puede mostrar ciclos.[36] Tampoco está garantizada la estabilidad del estado estacionario.

Altruismo, herencias y horizonte infinito El supuesto fundamental del modelo GS radica en que los individuos tienen horizonte finito de manera que no se preocupan de sus descendientes. Ahora vamos a suponer que los individuos valoran la felicidad de sus hijos (véase Barro, 1974). Si el vínculo altruista entre padres e hijos es lo suficientemente fuerte como para generar transferencias intergeneracionales, es decir, si el individuo típico no acaba en una solución de esquina en la que estas transferencias son iguales a cero, el efecto horizonte finito desaparece. En concreto, si el altruismo intergeneracional es grande, estamos de nuevo en el modelo de Ramsey del capítulo 2, en el que el horizonte es infinito.

La única manera de tener en cuenta vínculos altruistas entre generaciones es suponer que una persona nacida en el momento t obtiene utilidad de su propio consumo durante su vida y también de la utilidad futura de sus hijos. Por ejemplo, podemos tener

$$U_t = \frac{c_{1t}^{1-\theta} - 1}{1-\theta} + \left(\frac{1}{1+\rho}\right) \cdot \left(\frac{c_{2t+1}^{1-\theta} - 1}{1-\theta}\right) + \left(\frac{1+n}{(1+\rho)\cdot(1+\phi)}\right) \cdot U_{t+1} \tag{3.117}$$

Los dos primeros términos del segundo miembro de la ecuación coinciden con los de la ecuación (3.94) y representan la utilidad obtenida del consumo propio durante los dos periodos de vida. El último término del segundo miembro de la ecuación representa la utilidad futura U_{t+1} de cada descendiente directo. Esta utilidad dependerá del consumo del descendiente en sus dos periodos de vida y de la utilidad de sus descendientes en la generación siguiente.

El término U_{t+1} de la ecuación (3.117) aparece multiplicado por el número de descendientes $1 + n$ y dividido por dos términos. La presencia del primero, $1 + \rho$, se explica porque la utilidad surge únicamente una generación más tarde y, a este respecto, es comparable al consumo propio en el periodo de jubilación c_{2t+1}. El segundo término del denominador, $1 + \phi$, se explica porque puede ser que los individuos no valoren la utilidad de sus hijos, derivada en parte del consumo futuro de los mismos, de la misma manera en que valoran su propio consumo. En concreto, si $\phi > 0$, los padres son egoístas, en el sentido de que en caso de que el consumo de los padres en su edad anciana fuese igual al consumo de los hijos cuando son jóvenes, los padres preferirían una unidad adicional de su propio consumo en su jubilación a una unidad adicional del consumo de sus hijos durante su juventud.

Si utilizamos la ecuación (3.117) sustituyendo U_{t+1}, U_{t+2} sucesivamente, la utilidad puede expresarse como el sumatorio ponderado del consumo de cada generación durante su primer y segundo periodo.

36. Sin embargo, la posibilidad de la aparición de ciclos depende del entorno en tiempo discreto. Para una familia individual, este tiempo discreto puede resultar razonable, ya que representa la duración de una generación. Sin embargo, a nivel agregado, el tiempo discreto desaparecería por la acumulación de familias con distintas posiciones en el ciclo de vida. Si el modelo agregado recoge una sola variable de estado, como pudiera ser el stock de capital agregado, no se producirían ciclos.

$$U_t = \sum_{i=0}^{\infty} \left(\frac{1+n}{(1+\rho)\cdot(1+\phi)} \right)^i \cdot \left[\frac{c_{1t+i}^{1-\theta} - 1}{1-\theta} + \left(\frac{1}{1+\rho} \right) \cdot \left(\frac{c_{2t+1+i}^{1-\theta} - 1}{1-\theta} \right) \right] \qquad (3.118)$$

A fin de poner un límite a la utilidad cuando c_{1t+i} y c_{2t+i} son constantes en el tiempo, tenemos que imponer la restricción siguiente $1 + n < (1+\rho)\cdot(1+\phi)$.

Llamemos b_t a la transferencia intergeneracional que recibe cada descendiente nacido en el momento t. La cantidad transferida por cada persona mayor en el periodo t será $(1+n)\cdot b_t$. A fin de adecuar las restricciones presupuestarias de ambos periodos de la vida se modifican las ecuaciones (3.95) y (3.96)

$$c_{1t} + s_t = w_t + b_t \qquad (3.119)$$

$$c_{2t+1} + (1+n)\cdot b_{t+1} = (1+r_{t+1})\cdot s_t \qquad (3.120)$$

Observe que hemos establecido las transferencias de manera que éstas se produzcan cuando la generación mayor todavía esté con vida, de manera que dichas transferencias pueden financiar el consumo del periodo de juventud de la siguiente generación. Un elemento nuevo radica en que los individuos tienen dos fuentes de ingresos durante su juventud: la renta salarial y las transferencias de sus padres (si $b_t > 0$). Durante su vejez, los individuos tienen también dos maneras de gastar sus recursos: su propio consumo y las transferencias a sus hijos.

Un joven de la generación t maximiza la utilidad de la ecuación (3.118), sujeta a una transferencia b_t dada y a las restricciones impuestas a cada generación por las ecuaciones (3.119) y (3.120). Ponemos por condición que la restricción $b_{t+i} \geq 0$ se cumple para todo $i \geq 0$; es decir, que los padres no pueden solicitar transferencias a sus hijos. Si la restricción $b_{t+i} \geq 0$ no se aplica para todo $i \geq 0$, el problema es sencillo; aquí sólo trataremos este caso. (Para un análisis de estas restricciones y de las transferencias invertidas de hijos a padres veáse Weil, 1987 y Kimball, 1987.)

La especificación de la función de utilidad de la ecuación (3.118) implica que la forma del problema de optimización no varía al morir las generaciones mayores y nacer las nuevas. Es decir, la ponderación relativa del consumo de los diferentes periodos no varía con la llegada de nuevas generaciones. En consecuencia, podemos imaginar que los miembros de la generación t pueden decidir en el momento t lo que harán sus descendientes.

Una manera sencilla de obtener las condiciones de primer orden es utilizar las ecuaciones (3.119) y (3.120) para sustituir c_{1t}, c_{2t+1}, c_{1t+1}, etc. en la ecuación (3.118) para después maximizar con respecto a s_t y b_{t+1}. Las condiciones resultantes pueden expresarse de la siguiente manera:

$$\frac{c_{2t+1}}{c_{1t}} = \left(\frac{1+r_{t+1}}{1+\rho} \right)^{1/\theta} \qquad (3.121)$$

$$\frac{c_{2t}}{c_{1t}} = (1+\phi)^{1/\theta} \qquad (3.122)$$

La ecuación (3.121) determina la distribución del consumo a lo largo de la vida de un individuo y tiene la misma forma que la ecuación (3.98). La ecuación (3.122) relaciona el consumo de los padres en el momento t con el consumo de los hijos en el momento t. Estos niveles de consumo son diferentes únicamente si el parámetro de egoísmo ϕ es distinto de cero. En concreto, si $\phi > 0$, los hijos consumen menos durante su juventud que lo que consumen sus padres durante la vejez.

A fin de calcular la evolución en el tiempo del consumo por trabajador c_t[37] podemos combinar las ecuaciones (3.121) y (3.122).

$$\frac{c_{t+1}}{c_t} = \frac{c_{1t+1}}{c_{1t}} = \frac{c_{2t+1}}{c_{2t}} = \left(\frac{1 + r_{t+1}}{(1+\phi)\cdot(1+\rho)}\right)^{1/\theta} \tag{3.123}$$

Esta expresión es la homóloga en tiempo discreto de la solución estándar de la variación de c_t en el tiempo del modelo de Ramsey. La única diferencia radica en que el factor de descuento incluye el parámetro de egoísmo junto a la preferencia temporal ρ. El efecto del factor tiempo podría ser igual a cero, es decir $\rho = 0$, y entonces el descuento recogería únicamente el egoísmo de los progenitores ($\phi > 0$).

A fin de establecer la dinámica de k_t y c_t, la ecuación (3.123) puede combinarse con la restricción presupuestaria de la economía de la ecuación (3.113). No obstante, observando este sistema vemos que es análogo en tiempo discreto al del modelo de Ramsey. Dado que las ecuaciones dinámicas de k_t y c_t son idénticas a las del modelo de Ramsey, con la única diferencia del tiempo discreto, los resultados serán también idénticos. En concreto, el estado estacionario y la dinámica se comportan adecuadamente y el equilibrio no puede dinámicamente ineficiente. Así pues, si el altruismo es lo suficientemente fuerte como para garantizar una solución interna de las transferencias intergeneracionales, la estructura GS y el horizonte finito no proporcionan información nueva en lo relativo a la evolución de la economía.

3.9. Problemas

3.1. Tipos impositivos al consumo variables en el tiempo. Comience con una situación en la que el Estado no grava la renta del capital ni compra bienes y servicios, $\tau_a = \tau_f = G = 0$, y en la que el tipo impositivo del consumo τ_c es constante. Suponga que el Estado decide cambiar a una trayectoria creciente de τ_c, manteniendo $\tau_a = \tau_f = G = 0$. ¿Cómo afecta esta variación a la condición de primer orden del crecimiento del consumo de los hogares? ¿Cómo influye sobre el equilibrio de la economía? ¿Es una buena idea establecer un tipo impositivo al consumo variable en el tiempo?

3.2. Servicios públicos en la función de producción. Suponga que la función de producción es

37. Los resultados de c_{1t} y c_{2t} en la ecuación (3.123) se deducen de las ecuaciones (3.121) y (3.122). El resultado de c_t se cumple porque $c_t = [(1+n)c_{1t} + c_{2t}]/(1+n)$, y el ratio de c_{2t} con respecto a c_{1t} es la constante mostrada en la ecuación (3.122).

$$\hat{y} = f(\hat{k}, \tilde{g})$$

donde $\tilde{g}$ representa el flujo de servicios públicos. Analice los efectos sobre la economía de la trayectoria de $\tilde{g}$ en los siguientes casos:
a. $\tilde{g} = \hat{g}$ y G/Y es constante en el tiempo.
b. $\tilde{g} = G$ y G/Y es constante en el tiempo.

3.3. Especialización y diversificación internacional (basado en Ventura, 1997). Cada economía de pequeño tamaño es capaz de producir dos bienes intermedios X_1 y X_2 y un bien final Y, que puede dedicarse al consumo o la inversión. Las funciones de producción son

$$X_1 = (K_1)^{\alpha_1}(L_1)^{1-\alpha_1} \tag{1}$$

$$X_2 = (K_2)^{\alpha_2}(L_2)^{1-\alpha_2} \tag{2}$$

$$Y = (X_1)^{\alpha_3}(X_2)^{1-\alpha_3} \tag{3}$$

donde $\alpha_1, \alpha_2, \alpha_3 > 0$; K_1 y L_1 son las cantidades de capital y trabajo nacional utilizados en el sector que produce X_1; K_2 y L_2 son las cantidades de capital y trabajo nacional utilizados en el sector que produce X_2; $K_1 + K_2 = K$; y $L_1 + L_2 = L$. Como habitualmente, la producción final Y puede dedicarse a C o al incremento de K. El trabajo total L es constante. Los bienes intermedios se comercializan en el mercado mundial al precio constante p (en unidades de X_1 por unidad de X_2). Los bienes finales Y y las unidades de C y K no se comercializan internacionalmente. No existe un mercado mundial de préstamos, de manera que toda venta o toda compra de X_1 del país tiene que ser igual a una compra o una venta de X_2. En la ecuación (3) las cantidades de X_1 y X_2 que se emplean en producir Y son las cantidades producidas nacionalmente (a partir de las ecuaciones [1] y [2]) más la cantidad neta adquirida en el exterior.

a. ¿Para qué intervalo de $k \equiv K/L$ se encontrará la economía nacional en el "intervalo de diversificación" en el que se producen ambos tipos de bienes intermedios? Deduzca las expresiones de la renta del capital R y del salario w cuando k se encuentra en el intervalo de diversificación. (Observe que, en ausencia de movilidad de los factores, la igualdad del precio de los factores se obtiene mediante la movilidad de los bienes.)

b. Suponga que k aumenta, pero no lo bastante para desplazar a la economía fuera del intervalo de diversificación. ¿Por qué el aumento de k no provoca rendimientos decrecientes? (Nota: los resultados son una aplicación del teorema de Rybczinski, 1995.)

c. Suponga ahora que los consumidores tienen horizonte infinito y que maximizan el habitual problema de optimización del modelo de Ramsey. Deduzca las leyes de evolución de c y k, suponiendo que p es constante.

d. Imagine que el mundo está formado por un gran número de países de pequeño tamaño, cuya única diferencia es que tienen distintos valores de $k(0)$. Además, suponga que todos estos países se sitúan dentro del intervalo de diversificación. Deduzca la trayectoria de equilibrio mundial de p y las leyes de evolución de

c y k mundiales. ¿Cómo se relacionan estos resultados con los obtenidos en la pregunta c?

3.4. Restricciones internacionales de endeudamiento (basado en Cohen y Sachs, 1986). Suponga que el país nacional i, puede endeudarse en el mercado mundial de préstamos al tipo de interés real constante r. Sin embargo, el país sólo puede endeudarse hasta un porcentaje $\lambda \geq 0$ de su stock de capital, de manera que

$$d_i \leq \lambda k_i \tag{1}$$

Puesto que $d_i = k_i - a_i$ (ecuación [3.1]), de la ecuación (1) se deduce que

$$a_i \geq (1 - \lambda) \cdot k_i \tag{2}$$

Suponga que la economía nacional está formada por los habituales consumidores con horizonte infinito, para los que $\rho_i + \theta_i x_i > r$. Además, el país tiene inicialmente suficientes activos $a_i(0)$, de manera que la ecuación (2) no se aplica en el momento inicial.

a. Si la ecuación (2) no se aplica, ¿cuáles son las condiciones de optimización de primer orden? Relacione estas condiciones con las analizadas en la sección 3.4.3.

b. Suponga que la ecuación (2) se aplica en un momento finito. Utilice la ecuación (3.50) para calcular una expresión de $\dot{\hat{k}}$ cuando la ecuación (2) es restrictiva. ¿Cuál es la expresión de $\dot{\hat{c}}/\hat{c}$ si la ecuación (2) es restrictiva? Explique de manera intuitiva este resultado para aquellas situaciones en las que $\lambda = 1$, $\lambda = 0$ y $0 < \lambda < 1$.

c. ¿Cuál es el valor de estado estacionario de $\hat{k}$, y cómo depende este valor de λ y de r?

d. ¿Cómo afecta el parámetro λ a la dinámica de transición?

3.5. Costes de ajuste en el modelo de Ramsey (basado en Abel y Blanchard, 1983). Considere el modelo de costes de ajuste analizado en este capítulo. Suponga que los consumidores tienen las preferencias habituales del modelo de Ramsey. Ahora bien, en vez de un tipo de interés constante, suponga que se encuentra en una economía cerrada en equilibrio.

a. Halle la expresión de $\dot{q}$ en función de q, i/k, $\dot{c}/c$ y k.

b. Represente en un diagrama de fase las dinámicas de i/k y k. (Nota: resulta más sencillo trabajar con i/k que con q.)

3.6. Modelo de fin del mundo II. Suponga que el modelo de Ramsey es el mismo que el descrito en el capítulo 2, con la diferencia de que la función de utilidad es logarítmica ($\theta = 1$) y que la población cree que la probabilidad de que el mundo se acabe es $p \geq 0$ por unidad de tiempo. Es decir, si el mundo existe en el momento t, la posibilidad de que siga existiendo en la fecha futura T es $e^{-p(T-t)}$.

a. ¿Cuáles son las ecuaciones de transición de $\hat{k}$ y $\hat{c}$? ¿Cuál es la relación entre estas ecuaciones y las ecuaciones (2.23) y (2.24) del capítulo 2? ¿Y entre ellas y las ecuaciones (3.89) y (3.90) del modelo de Blanchard (1985)?

b. Utilice una modificación de la ilustración 2.1 para describir la trayectoria de transición de la economía.

c. A medida que p disminuye, ¿cuál es la relación entre esta trayectoria de transición y la mostrada en la ilustración 2.1? ¿Qué ocurre cuando p tiende a cero?

3.7. Política fiscal en un modelo de horizonte finito. Analice el problema 2.9 para el modelo de Blanchard (1985) en una economía cerrada como la descrita en este capítulo. Suponga que $n = x = G = 0$ y comience por el caso en que B es constante en el valor $B(0)$.

a. ¿Cómo influyen los diferentes valores de $B(0)$ en la trayectoria de transición de la economía y en su estado estacionario?

b. Suponga que B sigue una trayectoria que en algún momento tiende a una constante. ¿Cómo influye la trayectoria de B sobre la trayectoria de transición de la economía y su estado estacionario?

Modelos de crecimiento endógeno con un único sector

CAPÍTULO 4

Al igual que en modelo Solow-Swan, en el modelo de Ramsey la tasa de crecimiento per cápita de estado estacionario es igual a la tasa de progreso tecnológico x, que se supone exógena. Así pues, aunque estos modelos aportan marcos analíticos interesantes para el estudio de la dinámica de transición, no sirven para comprender los orígenes del crecimiento a largo plazo de la renta per cápita.

En el capítulo 1 dijimos que se podía construir una teoría del crecimiento endógeno mediante la eliminación de la tendencia a largo plazo del capital a experimentar rendimientos decrecientes. Analizamos un ejemplo sencillo, el modelo *AK*, en el que los rendimientos del capital siempre permanecen constantes, y analizamos tecnologías en las que los rendimientos del capital, aunque decrecientes, tienden asintóticamente hacia una constante positiva.

En este capítulo iniciamos nuestro estudio combinando la tecnología *AK* con el comportamiento optimizador de hogares y empresas. Este modelo produce crecimiento endógeno y los resultados son óptimos de Pareto, al igual que en el modelo de Ramsey. No obstante, aparece una dificultad, y es que este tipo de modelo no corrobora las pruebas empíricas existentes a favor de la convergencia.

Una interpretación del modelo *AK* radica en que el capital tiene que ser visto de manera amplia, de manera que incluya tanto capital físico como capital humano. En la sección 4.2 construimos un modelo sencillo con capital humano que aclara esta interpretación.

En el capítulo 1 señalamos que una función de producción con rendimientos constantes a nivel agregado puede reflejar el aprendizaje a través de la experiencia y la difusión del conocimiento. A partir de este tipo de tecnología puede darse crecimiento endógeno, pero los resultados no suelen ser óptimos de Pareto, ya que la difusión de conocimiento constituye un tipo de externalidad. Por lo tanto, estos modelos pueden implicar la conveniencia de ciertas políticas públicas. También analizamos modelos con bienes públicos suministrados por el Estado y demostramos que tienen repercusiones similares en lo referente al crecimiento y a las políticas públicas.

Al final del capítulo analizamos las dinámicas de transición de los modelos con agentes optimizadores cuando la tecnología se caracteriza por rendimientos de capital que, aunque decrecientes, tienden asintóticamente hacia una constante positiva. Estos modelos pueden combinar los rasgos de crecimiento endógeno de los modelos *AK* con el comportamiento convergente que caracteriza al modelo de Ramsey. De esta manera, este tipo de modelos de crecimiento endógeno pueden ser congruentes con las pruebas empíricas a favor de la convergencia.

4.1. El modelo *AK*

4.1.1. Comportamiento de los hogares

Utilizamos la estructura del capítulo 2 en la que los hogares con horizonte vital infinito maximizan su utilidad, que viene dada por

$$U = \int_0^\infty e^{-(\rho-n)t} \cdot \left[\frac{c^{(1-\theta)}-1}{(1-\theta)}\right] dt \tag{4.1}$$

sujeta a la restricción

$$\dot{a} = (r-n) \cdot a + w - c \tag{4.2}$$

donde a son los activos per cápita, r el tipo de interés, w el salario y n la tasa de crecimiento de la población. Volvemos a imponer la condición que elimina la financiación mediante deuda de tipo piramidal:

$$\lim_{t\to\infty} \left\{a(t) \cdot \exp\left[-\int_0^t [r(v)-n]\, dv\right]\right\} \geq 0 \tag{4.3}$$

De nuevo, las condiciones de optimización son

$$\dot{c}/c = (1/\theta) \cdot (r-\rho) \tag{4.4}$$

y la condición de transversalidad

$$\lim_{t\to\infty} \left\{a(t) \cdot \exp\left[-\int_0^t [r(v)-n]\, dv\right]\right\} = 0 \tag{4.5}$$

4.1.2. Comportamiento de las empresas

La única diferencia con respecto al capítulo 2 radica en que las empresas tienen una función de producción lineal.

$$y = f(k) = Ak \tag{4.6}$$

donde $A > 0$. La ecuación (4.6) se diferencia de la función neoclásica de producción en que el producto marginal del capital no es decreciente ($f'' = 0$) y en que infringe las condiciones de Inada, en concreto $f'(k) = A$ cuando k pasa de cero a infinito. De manera más general, en el apéndice del capítulo (sección 4.7) se demuestra que el incumplimiento de la condición de Inada $\lim_{k\to\infty} [f'(k)] = 0$ es el elemento básico sobre el que reposa el crecimiento endógeno.

Ya dijimos en el capítulo 1 que la ausencia total de rendimientos decrecientes del capital de la ecuación (4.6) puede parecer poco realista, pero que la idea se vuelve más plausible si consideramos el capital, K, de manera amplia, de manera que englobe el capital humano, el conocimiento, las infraestructuras públicas, etc. Las siguientes secciones de este capítulo analizan con mayor detalle estas interpretaciones.

De nuevo, las condiciones de maximización del beneficio exigen que el producto marginal del capital sea igual a la renta del capital, $R = r + \delta$. En este caso, la única diferencia proviene del hecho de que el producto marginal del capital es la constante A; así pues,

$$r = A - \delta \tag{4.7}$$

Puesto que el producto marginal del trabajo es cero, el salario w también es cero. (Podemos suponer que este salario igual a cero corresponde al trabajo no cualificado, es decir, aquel que carece de capital humano.)

4.1.3. El equilibrio

Al igual que en capítulo 2, aceptamos la condición de que la economía es cerrada, de manera que $a = k$. Si sustituimos $a = k$, $r = A - \delta$ y $w = 0$ en las ecuaciones (4.2), (4.4) y (4.5) obtenemos:

$$\dot{k} = (A - \delta - n) \cdot k - c \tag{4.8}$$

$$\dot{c}/c = (1/\theta) \cdot (A - \delta - \rho) \tag{4.9}$$

$$\lim_{t \to \infty} \left\{ k(t) \cdot e^{-(A-\delta-n) \cdot t} \right\} = 0 \tag{4.10}$$

El detalle sorprendente de la ecuación (4.9) proviene de que el crecimiento del consumo no depende del stock de capital per cápita k. En otras palabras, si el nivel de consumo per cápita en el momento 0 es $c(0)$ el consumo per cápita en el momento t viene dado por

$$c(t) = c(0) \cdot e^{(1/\theta) \cdot (A-\delta-\rho) \cdot t} \tag{4.11}$$

donde el nivel inicial de consumo $c(0)$ está pendiente de determinar.

Suponemos que la función de producción es lo suficientemente productiva como para garantizar el crecimiento de c, pero no tanto como para producir una utilidad ilimitada:

$$A > \rho + \delta > (A - \delta) \cdot (1 - \theta) + \theta n + \delta \tag{4.12}$$

La primera parte de esta expresión implica que $\dot{c}/c > 0$. La segunda parte, que es equivalente a $\rho + \theta x > x + n$ del modelo del capítulo 2, garantiza que la utilidad alcanzable está acotada[1] y que la condición de transversalidad se cumple.

1. A fin de comprobar este resultado, sustituya $c(t)$ de la ecuación (4.11) en la función de utilidad,

Para calcular la tasa de crecimiento del capital y la producción por trabajador, dividimos la ecuación (4.8) entre k y obtenemos

$$c/k = (A - \delta - n) - \dot{k}/k$$

En el estado estacionario (en el que, por definición, todas las variables crecen a tasas constantes), la tasa de crecimiento del capital per cápita es constante. En consecuencia, la expresión del segundo miembro de la ecuación es constante. Por tanto, c/k es constante y la tasa de crecimiento del capital per cápita (y por lo tanto la tasa de crecimiento de la producción per cápita y) son iguales a la tasa de crecimiento del consumo per cápita, que viene dada por la ecuación (4.9). Observe que esta argumentación sólo es válida en el estado estacionario: en principio, la tasa de crecimiento del capital fuera del estado estacionario puede no ser constante. Si ese fuera el caso, el ratio c/k tampoco sería constante. Ahora bien, habiendo aclarado este punto, a continuación demostraremos que, en realidad, el consumo y el capital (y por lo tanto la producción) crecen en todo momento a la misma tasa. En otras palabras: el modelo se caracteriza por la ausencia de dinámica de transición.

4.1.4. Dinámica de transición

A fin de calcular la tasa de crecimiento del capital cuando la economía no está en el estado estacionario, sustituimos en la ecuación (4.8) $c(t)$ de la ecuación (4.11), obteniendo

$$\dot{k} = (A - \delta - n) \cdot k - c(0) \cdot e^{(1/\theta)\cdot(A-\delta-\rho)\cdot t}$$

que es una ecuación diferencial lineal de primer orden en k. La solución general a esta ecuación es[2]

$$k(t) = (\text{constante}) \cdot e^{(A-\delta-n)\cdot t} + [c(0)/\varphi] \cdot e^{(1/\theta)\cdot(A-\delta-\rho)\cdot t} \tag{4.13}$$

donde

$$\varphi \equiv (A - \delta) \cdot (\theta - 1)/\theta + \rho/\theta - n \tag{4.14}$$

---

obteniendo

$$U = [1/(1-\theta)] \cdot \int_0^{\infty} e^{-(\rho-n)\cdot t} \cdot \left[c(0)^{1-\theta} \cdot e^{[(1-\theta)/\theta]\cdot(A-\delta-\rho)\cdot t} - 1\right] dt$$

Esta integral tiende a infinito excepto si $\rho - n > [(1-\theta)/\theta] \cdot (A - \delta - \rho)$. Añada δ a ambos miembros de la expresión y después reordene los términos para obtener la segunda inecuación de la ecuación (4.12). Otra forma de escribir esta expresión es $(A - \delta - n) > \gamma$, donde γ es la tasa de crecimiento del consumo per cápita de la ecuación (4.9). En el apéndice matemático se analizan varios casos en los que se puede trabajar con una utilidad ilimitada.

2. Véase en el apéndice matemático un análisis de este tipo de ecuaciones diferenciales lineales de primer orden.

Observe que otra manera de expresar estos parámetros es $\varphi \equiv (A-\delta-n)-\gamma$, donde γ es la tasa de crecimiento constante del consumo per cápita, expresada en la ecuación (4.9). De la condición (4.12) se deduce que $\varphi > 0$.

Si sustituimos $k(t)$ de la ecuación (4.13) en la condición de transversalidad de la ecuación (4.10), obtenemos

$$\lim_{t\to\infty}\{\text{constante} + [c(0)/\varphi]\cdot e^{-\varphi t}\} = 0$$

Puesto que $c(0)$ es finito y $\varphi > 0$, el segundo término dentro de las llaves tiende a cero. Por lo tanto, la condición de transversalidad exige que la constante sea cero. En consecuencia, de las ecuaciones (4.11) y (4.13) se deduce que[3]

$$c(t) = \varphi \cdot k(t) \tag{4.15}$$

$$\dot{k}/k = \dot{c}/c = (1/\theta)\cdot(A-\delta-\rho) \tag{4.16}$$

Puesto que $y = Ak$, también se deduce que $\dot{y}/y = \dot{k}/k = \dot{c}/c$. Así pues, el modelo no tiene dinámica de transición: las variables $k(t)$, $c(t)$ e $y(t)$ alcanzan inicialmente los valores $k(0)$, $c(0) = \varphi\cdot k(0)$ e $y(0) = A\cdot k(0)$ respectivamente, y posteriormente las tres variables crecen a la tasa constante $(1/\theta)\cdot(A-\delta-\rho)$.

En el modelo *AK*, las variaciones en los parámetros subyacentes pueden afectar a los niveles y a las tasas de crecimiento de las variables. Por ejemplo, un aumento permanente en la tasa de crecimiento de la población n no influye sobre las tasas de crecimiento per cápita de la ecuación (4.16), pero disminuye el nivel de consumo per cápita (véase las ecuaciones [4.14] y [4.15]). Variaciones en A, ρ y θ influyen en los niveles y las tasas de crecimiento de c y k.

La tasa de ahorro bruta viene dada por

$$s = (\dot{K}+\delta K)/Y = (1/A)\cdot(\dot{k}/k+n+\delta) = \left[\frac{A-\rho+\theta n+(\theta-1)\cdot\delta}{\theta A}\right] \tag{4.17}$$

donde $\dot{k}/k = (1/\theta)\cdot(A-\delta-\rho)$. Así pues, la tasa de ahorro bruto es constante y, dejando aparte n, depende de los mismos parámetros que influyen en la tasa de crecimiento per cápita.

4.1.5. El diagrama de fase

Podemos analizar el comportamiento dinámico de la economía a través de la representación de k y c en un diagrama de fase. Observe que, dado que $A > \rho + \delta$, el crecimiento del consumo siempre es positivo y, en consecuencia, no existe una posición $\dot{c} = 0$. Así pues, las flechas en el diagrama de fase de la ilustración 4.1 apuntan hacia arriba. Podemos utilizar la ecuación (4.8) para hallar que la curva $\dot{k} = 0$ es una recta que pasa por el origen y cuya pendiente es igual a $A-\delta-n$. Las flechas a

3. Observe que este modelo conlleva una *policy function* de c de forma cerrada.

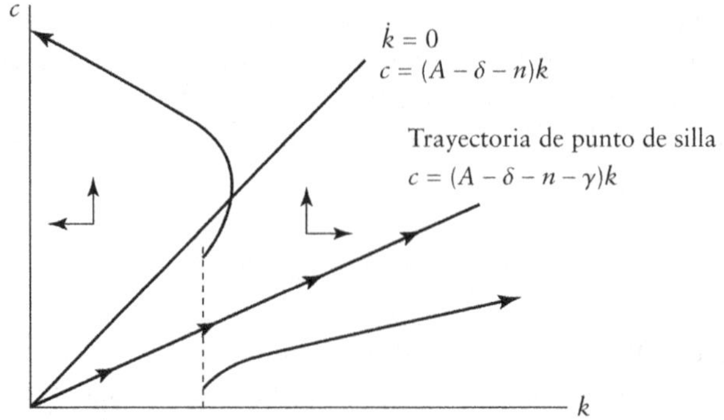

ILUSTRACIÓN 4.1 I Diagrama de fase del modelo *AK*. La curva $\dot{k} = 0$ es una recta que pasa por el origen y tiene por pendiente $A - \delta - n > 0$. Las flechas a la derecha de esta recta apuntan hacia la derecha y las flechas a la izquierda de esta recta apuntan hacia la izquierda. Dado que $A > \rho + \delta$, el crecimiento del consumo siempre es positivo, por lo que la posición $\dot{c} = 0$ no existe y las flechas siempre apuntan hacia arriba. La ecuación (4.15) parece indicar que la trayectoria de punto de silla es otra recta de pendiente igual a $\varphi = (A - \delta - n) - \gamma$, inferior a la pendiente de la recta $\dot{k} = 0$. La condición de transversalidad y la ecuación de Euler garantizan que la economía se sitúa siempre en la trayectoria de punto de silla, de manera que el ratio del consumo con respecto al capital siempre es constante.

la derecha de esta recta apuntan hacia la derecha y las flechas a la izquierda de esta recta apuntan hacia la izquierda. La ecuación (4.15) parece indicar que la trayectoria que sigue la economía (trayectoria de punto de silla) es otra recta de pendiente φ. Observe que, puesto que $\varphi = (A-\delta-n)-\gamma$, la pendiente del tramo estable es inferior a la pendiente de la recta $\dot{k} = 0$. Dado $k(0)$, si se elige un consumo inicial situado por encima de la trayectoria de punto de silla, la economía se topará con el eje de ordenadas. Este resultado infringe la ecuación de Euler (un argumento equivalente se trató en el capítulo 2 en el caso del modelo neoclásico). Si se elige un consumo inicial situado por debajo de la trayectoria de punto de silla, c y k crecen sin límite. A lo largo de dicha trayectoria, el stock de capital k crece más deprisa que c y se incumple la condición de transversalidad. La única solución que cumple las condiciones de primer orden (incluida la transversalidad) es la trayectoria de punto de silla, que conlleva un valor constante de c/k.

4.1.6. Factores determinantes de la tasa de crecimiento

Una sorprendente diferencia entre el modelo *AK* y el modelo neoclásico de crecimiento del capítulo 2 atañe al cálculo de la tasa de crecimiento per cápita a largo plazo. En el modelo *AK*, la tasa de crecimiento a largo plazo (que es igual a la tasa del crecimiento a corto plazo) depende de los parámetros que determinan la disposición a ahorrar y la productividad del capital de la ecuación (4.16). A valores más bajos de ρ y θ, que aumentan la disposición a ahorrar, mayor será la tasa de crecimiento per cápita de la ecuación (4.16) y mayor será la tasa de ahorro de la ecuación (4.17). Una mejora en el nivel tecnológico A, que aumenta el producto marginal y el producto promedio del capital, también aumenta la tasa de crecimiento y modifica la tasa de ahorro. En una sección de este mismo capítulo que veremos más adelante, demostraremos que modificaciones de los distintos tipos de políticas económicas equivalen a variaciones de A; es decir, podemos generalizar la interpretación del parámetro A y considerar que va más allá de simples diferencias en el nivel de la función de producción.

A diferencia de los efectos sobre el crecimiento a largo plazo del modelo AK, el modelo de Ramsey del capítulo 2 implica que la tasa de crecimiento per cápita a largo plazo está vinculada al valor x, la tasa exógena de cambio tecnológico. Una mayor disposición a ahorrar o una mejora en el nivel tecnológico se traducen a largo plazo en mayores niveles de capital y producción por trabajador efectivo, pero no en una variación de la tasa de crecimiento per cápita.

Los resultados son distintos debido a la influencia de los rendimientos decrecientes del capital del modelo neoclásico y a la ausencia de dichos rendimientos decrecientes en el modelo AK. En términos cuantitativos, la magnitud de la diferencia dependerá de la rapidez con la que tengan lugar dichos rendimientos decrecientes; una característica que, en el modelo neoclásico, determina la rapidez con la que las economías convergen hacia el estado estacionario. Si los rendimientos decrecientes se presentan lentamente, el periodo de convergencia será largo. En ese caso, los cambios de la disposición a ahorrar o del nivel de la tecnología afectarán durante mucho tiempo a la tasa de crecimiento del modelo neoclásico, aunque no para siempre. Así pues, si la convergencia es rápida, la diferencia entre modelo neoclásico y modelo AK es considerable, pero pierde importancia si la convergencia se produce con lentitud, como parecen indicar los datos empíricos. Si la convergencia es extremadamente lenta, los efectos del crecimiento del modelo AK son una aproximación satisfactoria a los efectos sobre la tasa de crecimiento del modelo neoclásico durante un periodo de tiempo largo.

En el capítulo 2 vimos que los resultados del modelo de Ramsey eran óptimos de Pareto. Probamos esta conclusión demostrando que los resultados coincidirían con los generados por un hipotético planificador social cuya función objetivo tuviera una forma idéntica a la del hogar representativo. En este caso, resulta sencillo aplicar el mismo procedimiento para demostrar que el equilibrio del modelo AK es un óptimo de Pareto,[4] una conclusión lógica ya que la desaparición de los rendimientos decrecientes de la función de producción, es decir, la sustitución de la función de producción neoclásica por una función de la forma AK, no introduce en el modelo fallo de mercado alguno.

4.2. Un modelo de un único sector con capital físico y humano

Dijimos anteriormente que una interpretación del modelo AK radica en considerar que el capital debe considerarse de forma amplia, de manera que esté formado por componentes físicos y humanos. Ahora vamos a construir un modelo sencillo en el que aparezca de forma explícita el capital humano.

Suponga que los factores de la función de producción son el capital físico K y el capital humano H.

$$Y = F(K, H) \tag{4.18}$$

4. El planificador elige la trayectoria de c que maximice U de la ecuación (4.1), sujeta a la restricción de la ecuación (4.8) $c(t) \geq 0$ y al valor inicial dado $k(0)$.

donde $F(\cdot)$ tiene las propiedades neoclásicas habituales, incluidos los rendimientos constantes a escala de K y H. Esta función de producción es semejante a la utilizada en el capítulo 3, con la diferencia de que entonces supusimos una función de tipo Cobb-Douglas con rendimientos decrecientes a escala de K y H. Podemos utilizar la condición de los rendimientos constantes a escala para expresar la función de producción de forma intensiva:

$$Y = K \cdot f(H/K) \tag{4.19}$$

donde $f'(H/K) > 0$.

Cada unidad de producto puede dedicarse o al consumo, o a la inversión en capital físico, o a la inversión en capital humano. Así pues, aceptamos el supuesto de que la tecnología del único sector atañe a la producción de capital humano, es decir, a la educación, así como a la producción de bienes de consumo y de capital físico. (En el capítulo 5 añadimos un sector educativo independiente.) Los stocks de capital físico y capital humano se deprecian a las tasas δ_K y δ_H, respectivamente. Suponemos también que la población L es constante, de manera que los cambios de H únicamente repercuten en la inversión neta en capital humano.

Llamemos R_K y R_H a las rentas de capital que pagan las empresas competitivas por el uso de ambos tipos de capital. Si no existen barreras a la entrada, la competencia entre empresas igualará los beneficios a cero. En consecuencia, la maximización de los beneficios y esta condición de beneficios iguales a cero implican (al igual que ocurría en el análisis del capítulo 2) que el producto marginal de cada uno de los factores es igual a su renta:

$$\partial Y/\partial K = f(H/K) - (H/K) \cdot f'(H/K) = R_K \tag{4.20}$$
$$\partial Y/\partial H = f'(H/K) = R_H$$

Puesto que ambos tipos de capital son sustitutivos perfectos el uno del otro y de los bienes de consumo, el precio de cada tipo de capital se fijará en una unidad.[5] Así pues, las tasas de rendimiento obtenidas por los propietarios del capital son $R_K - \delta_K$ y $R_H - \delta_H$, respectivamente, y en el equilibrio cada tasa de rendimiento debe ser igual al tipo de interés r. A partir de la ecuación (4.20) y reorganizando los términos de la misma, esta igualdad de tasas de rendimiento implica que

$$f(H/K) - f'(H/K) \cdot (1 + H/K) = \delta_K - \delta_H \tag{4.21}$$

De esta condición se deduce un valor único y constante de H/K.[6]

5. Este resultado se cumple si la restricción de no negatividad de la inversión bruta de cada tipo de capital no se aplica o si las unidades de capital antiguo pueden ser consumidas o transformadas en otro tipo de capital (una posibilidad poco realista). En el capítulo 5 tendremos en cuenta explícitamente este tipo de restricciones.

6. En la ecuación (4.21) se puede demostrar fácilmente que la expresión del primer miembro de la ecuación es monótonamente creciente con respecto a H/K. Es más, esta expresión se sitúa en el intervalo de $-\infty$ a $+\infty$ cuando H/K va de cero a ∞. Se deduce pues que la solución de H/K existe y es única.

Si definimos $A \equiv f(H/K)$, constante, de la ecuación (4.19) se deduce que $Y = AK$. Así pues, este modelo con dos tipos de capital es, básicamente, idéntico al modelo AK analizado en la sección anterior. A partir de dicho análisis sabemos que el equilibrio se caracteriza por tasas de crecimiento de C, K e Y constantes e iguales. (Como L es constante, estas tasas de crecimiento son iguales a las tasas de crecimiento per cápita.) Puesto que H/K es constante, H crece a la misma tasa que las restantes variables.

La conclusión principal de este sencillo caso es que podemos considerar que K es una representación de un conjunto de bienes de capital que abarca tanto elementos físicos como humanos. Si consideramos que los rendimientos constantes de estos dos tipos de capital son plausibles, el modelo AK puede ser una representación satisfactoria de este modelo amplio. En el capítulo 5 analizamos varios efectos adicionales que surgen al eliminar el supuesto de un único sector y sustituirlo por un supuesto en el que la función de producción de la educación es distinta a la de los bienes.

4.3. Modelos con aprendizaje mediante la experiencia y la difusión de conocimiento

4.3.1. Tecnología

El crecimiento endógeno del modelo AK reside en la ausencia de rendimientos decrecientes de los factores que pueden acumularse. Una serie de autores, entre los que se encuentran Frankel (1962), Griliches (1979), Romer (1986) y Lucas (1988), han construido modelos de crecimiento endógeno en los que los efectos de difusión del conocimiento desempeñan un papel esencial. Por motivos muy probablemente relacionados con las fechas, el análisis de Romer ha sido el más influyente.[7] Él utilizó el planteamiento de Arrow (1962) a fin de eliminar la tendencia a los rendimientos crecientes en la acumulación de capital a través del supuesto de que la creación de conocimiento es un subproducto de la inversión. Una empresa que aumenta su capital físico aprende al mismo tiempo a producir con mayor eficiencia. Este efecto positivo de la experiencia sobre la productividad se denomina aprendizaje mediante la experiencia o, en este caso, aprendizaje mediante la inversión.

Ilustremos las posibilidades a través del análisis de una función de producción neoclásica con tecnología del tipo que aumenta la eficiencia del trabajo en la empresa i

$$Y_i = F(K_i, A_i L_i) \tag{4.22}$$

donde L_i y K_i son los factores productivos convencionales y A_i es el índice del conocimiento del que dispone la empresa. La función $F(\cdot)$ cumple las propiedades neoclásicas señaladas en el capítulo 1(ecuaciones [1.5a] a [1.5c]): producto marginal de cada factor positivo y decreciente, rendimientos constantes a escala y condiciones de Inada. Aceptamos el supuesto de que la tecnología es del tipo que aumenta la

7. Cannon (2000) afirma a este respecto: "Frankel (1962) anticipa ideas habituales en la literatura moderna y merece un mayor reconocimiento. Los motivos por los que su artículo pasó inadvertido en su día siguen estando poco claros y quizás sirvan de demostración del papel que la suerte desempeña en los procesos de investigación y de crecimiento."

eficiencia del trabajo, de manera que si A_i crece a una tasa constante existe estado estacionario. No obstante y a diferencia del capítulo 2, no ponemos por condición que A_i crezca exógenamente a la tasa x. Es más, por motivos que quedarán claros más adelante, suponemos que la población activa L es constante.

Siguiendo el ejemplo de Arrow (1962), Sheshinski (1967) y Romer (1986) aceptamos dos supuestos relacionados con el crecimiento de la productividad. En primer lugar, el aprendizaje mediante la experiencia está vinculado a las inversiones netas de cada empresa. En concreto, un aumento del stock de capital de la empresa produce un aumento paralelo de su stock de conocimiento A_i. Este proceso recoge la idea de Arrow de que las ganancias en conocimiento y productividad provienen de la inversión y la producción, una noción que nació de la observación empírica de los grandes efectos positivos que tenía la experiencia sobre la productividad en la fabricación de fuselajes, en los astilleros navales y en otros sectores (véase Wright, 1936; Searle, 1946; Asher, 1956; y Rapping, 1965). Esta idea se vio corroborada por Schmookler, quien halló que las patentes (que vendrían a representar el aprendizaje) siguen de cerca la trayectoria de la inversión en capital físico.

El segundo supuesto clave radica en que el conocimiento de cada empresa es un bien público al que cualquier otra empresa puede acceder con un coste cero. En otras palabras, una vez descubierto, ese nuevo conocimiento se divulga instantáneamente al resto de la economía. Este supuesto implica que el cambio que expresa el nivel tecnológico de cada empresa $\dot{A}_i$ corresponde al aprendizaje de toda la economía y, en consecuencia, es proporcional a la variación del stock de capital agregado $\dot{K}$.

Si aunamos los supuestos de aprendizaje mediante la experiencia y difusión del conocimiento, en la ecuación (4.22) podemos sustituir A_i por K y expresar la función de producción de la empresa i de la siguiente manera[8]

$$Y_i = F(K_i, KL_i) \tag{4.23}$$

Si K y L_i son constantes, cada empresa se enfrenta a rendimientos decrecientes de K_i, al igual que en el modelo neoclásico del capítulo 2. No obstante, si cada productor aumenta K_i, K crecerá y generará una difusión de conocimiento que elevará la productividad de todas las empresas. Es más, la ecuación (4.23) es homogénea de grado 1 en K_i y K para un L_i dado. Es decir, existen rendimientos constantes a escala del capital a nivel social, cuando K_i y K crecen juntos para un L dado. El carácter constante de los rendimientos sociales del capital generará crecimiento endógeno.

El núcleo del análisis de Romer que conduce hasta la ecuación (4.23) ya aparecía en el artículo de Frankel (1962), que suponía que un factor de productividad del conjunto de la economía (que él denominó "modificador del desarrollo") era igual a la suma de los stocks de capital empleados por las empresas. Sin embargo, Frankel no expuso en detalle la naturaleza del proceso de difusión. En concreto, no se centró en el papel desempeñado por el conocimiento.

En la versión de Griliches (1979) de la ecuación (4.23), K_i representa el capital de conocimiento específico de la empresa i, mientras que K (que de nuevo representa

8. No tenemos en cuenta los conocimientos iniciales que los productores poseen antes de haber producido capital alguno.

la suma de todos los K_i) es el nivel agregado de conocimiento de un sector. La única diferencia de importancia con Romer (1986) es que Griliches se centra en las inversiones de I+D que él considera relevantes en la expansión del conocimiento, mientras que Romer se centra en la inversión neta en general.

En la versión de Lucas (1988), el conocimiento se crea y se transmite a través del capital humano. En consecuencia, K_i es el empleo de capital humano por la empresa y K es el nivel agregado de capital humano del sector o del país. En ese caso, los efectos de la difusión del conocimiento incluyen las interacciones entre individuos inteligentes. Un tema importante, que analizaremos más adelante, es si la difusión afecta al nivel total o al nivel promedio de capital humano.

Por un lado, el supuesto de la difusión de conocimientos resulta natural ya que éste tiene un carácter no rival; si una empresa aplica una idea, no impide que las demás también la apliquen. Por otro lado, las empresas tienen incentivos para mantener en secreto sus descubrimientos así como para utilizar la protección formal de la patente de sus invenciones. Así pues, el conocimiento de las mejoras de productividad se difundiría sólo de forma gradual y los innovadores conservarían su ventaja comparativa durante un tiempo. De hecho, en un entorno descentralizado, esta ventaja individual es esencial para fomentar la inversión, como los gastos en I+D mencionados por Griliches (1979), cuyo objetivo específico es lograr nuevas invenciones. No obstante, los modelos estándar de competencia perfecta no describen adecuadamente el tipo de interacción entre empresas que surge en este entorno, por lo que posponemos el análisis de otros enfoques alternativos a los capítulos 6 y 7. En esta sección, aceptaremos el supuesto extremo de que todos los descubrimientos son subproductos espontáneos de la inversión y que dichos descubrimientos se convierten de inmediato en conocimiento general. Esta especificación nos permite mantener el entorno de competencia perfecta, si bien es cierto que los resultados no serán óptimos de Pareto.

En este caso, establecemos el supuesto de que la difusión del conocimiento actúa a nivel del conjunto de la economía. Otros posibles supuestos son que la difusión sucede en un sector, o en una región geográfica determinada, dentro de una jurisdicción administrativa concreta, etc. El alcance de esta difusión será crucial para la aplicación empírica del modelo.

Los beneficios de una empresa pueden expresarse de la siguiente manera

$$L_i \cdot [F(k_i, K) - (r + \delta) \cdot k_i - w] \tag{4.24}$$

donde $r+\delta$ es la renta del capital y w es el salario. Como habitualmente, suponemos que cada empresa competitiva toma como dados estos precios de los factores. En este momento, establecemos el supuesto paralelo de que cada empresa es lo suficientemente pequeña como para no tener en cuenta su propia contribución al stock de capital y, por lo tanto, toma K como dado. Así pues, la maximización del beneficio y la condición de beneficio cero (como se expuso en el capítulo 2) implican

$$\begin{aligned} \partial y_i/\partial k_i &= F_1(k_i, K) = r + \delta \\ \partial Y_i/\partial L_i &= F(k_i, K) - k_i \cdot F_1(k_i, K) = w \end{aligned} \tag{4.25}$$

donde $F_1(\cdot)$, la derivada parcial de $F(k_i, K)$ con respecto a su primera variable k_i, es el producto marginal *privado* del capital. En concreto, este producto marginal no tiene en cuenta la contribución de k_i a K y, por lo tanto, al conocimiento agregado.

En el equilibrio, todas las empresas toman las mismas decisiones, de manera que se cumple $k_i = k$ y $K = kL$. Puesto que $F(k_i, K)$ es homogénea de grado uno en k_i y en K, podemos expresar el producto promedio de capital de la siguiente manera

$$F(k_i, K)/k_i = f(K/k_i) = f(L) \quad (4.26)$$

donde $f(L)$, la función del producto promedio de capital, cumple $f'(L) > 0$ y $f''(L) < 0$. Observe que este producto promedio no varía al variar k, ya que el aprendizaje mediante la experiencia y los efectos de la difusión del conocimiento eliminan la tendencia a los rendimientos decrecientes. No obstante, el producto promedio aumenta en relación al tamaño de la población activa L. Esta última propiedad es poco habitual y provoca efectos de escala que analizaremos más adelante.

Partiendo de la ecuación (4.26), el producto marginal privado del capital puede expresarse de la siguiente manera

$$F_1(k_i, K) = f(L) - L \cdot f'(L) \quad (4.27)$$

Así pues, el producto marginal privado del capital es inferior al producto promedio $f(L)$ y no varía al variar k. La ecuación (4.27) implica también que el producto marginal privado del capital aumenta al aumentar L (dado que $f''(L) < 0$).

4.3.2. Equilibrio

Seguimos con el supuesto de una economía cerrada en la que los hogares con horizonte vital infinito maximizan su utilidad de la manera habitual. Así pues, la restricción presupuestaria viene dada por la ecuación (4.2), la tasa de crecimiento del consumo per cápita por la ecuación (4.4) y la condición de transversalidad por la ecuación (4.5). Si utilizamos la condición $r = F_1(k_i, K) - \delta$ y la forma del producto marginal privado del capital de la ecuación (4.27), podremos transformar la ecuación (4.4) de la siguiente manera

$$\dot{c}/c = (1/\theta) \cdot [f(L) - L \cdot f'(L) - \delta - \rho] \quad (4.28)$$

Al igual que en el modelo AK, esta tasa de crecimiento es constante (siempre y cuando L sea constante). Suponemos que los parámetros son tales que la tasa de crecimiento es positiva, pero no lo suficientemente grande como para provocar una utilidad infinita.

$$f(L) - L \cdot f'(L) > \rho + \delta > (1 - \theta) \cdot [f(L) - L \cdot f'(L) - \delta - \rho]/\theta + \delta \quad (4.29)$$

Esta expresión equivale a la ecuación (4.12) del modelo AK.

Si sustituimos $a = k$ y las condiciones de primer orden de la ecuación (4.25) en la restricción presupuestaria de la ecuación (4.2), obtenemos la ecuación de acumulación de k:

$$\dot{k} = f(L) \cdot k - c - \delta k \tag{4.30}$$

Si utilizamos esta ecuación junto con la condición de transversalidad, se demuestra que el modelo no tiene dinámica de transición: las variables k e y crecen siempre a la tasa $\dot{c}/c$ de la ecuación (4.28). Puesto que el análisis es básicamente el mismo que ya hemos visto en el modelo AK, esta demostración queda como ejercicio práctico.

4.3.3. No óptimo de Pareto e implicaciones de política económica

A fin de comprobar si los resultados son óptimos de Pareto, podemos utilizar el método habitual de comparar la solución descentralizada con los resultados que obtendría un planificador social. El planificador maximiza la utilidad de la ecuación (4.1) (con la condición en este caso de que n sea igual a cero), sujeta a la restricción de acumulación de la ecuación (4.30). El rasgo clave de esta optimización radica en que, a diferencia de un productor individual, el planificador sabe que el incremento del stock de capital de cada empresa aumenta el stock de capital agregado y, por lo tanto, contribuye a la productividad de todas las demás empresas de la economía. En otras palabras, el planificador social *internaliza* la difusión de conocimiento entre las empresas.

A fin de hallar los valores óptimos de c y k, planteamos la función de Hamilton

$$J = e^{-\rho t} \cdot (c^{1-\theta} - 1)/(1 - \theta) + \nu \cdot [f(L) \cdot k - c - \delta k]$$

La optimización atañe a las condiciones de primer orden $J_c = 0$ y $\dot{\nu} = -J_k$, y a la condición de transversalidad $\lim_{t\to\infty} \nu k = 0$. Podemos operar con las condiciones de primer orden de la manera habitual y obtener la condición de la tasa de crecimiento de c:

$$\dot{c}/c \text{ (planificador)} = (1/\theta) \cdot [f(L) - \delta - \rho] \tag{4.31}$$

El planificador social elige la tasa de crecimiento del consumo en relación al producto promedio del capital $f(L)$, mientras que la solución descentralizada mostrada en la ecuación (4.28) lo hace en relación a la tasa de crecimiento del producto marginal privado del capital $f(L) - L \cdot f'(L)$. Dado que este producto marginal privado del capital es inferior al producto promedio, en el equilibrio descentralizado el crecimiento es demasiado bajo.

En el presente modelo, el aprendizaje mediante la experiencia y los efectos de difusión del conocimiento contrarrestan exactamente los rendimientos decrecientes a los que se enfrenta el productor individual. Así pues, los rendimientos son constantes a nivel social y el producto marginal social del capital es igual al producto promedio, $f(L)$. Puesto que el planificador social internaliza los efectos de difusión del conocimiento, este producto marginal social aparece como un factor determinante de la tasa de crecimiento de la ecuación (4.31). La solución descentralizada de la ecuación (4.28) produce una tasa de crecimiento inferior, ya que los productores individuales no internalizan la difusión de conocimiento; es decir, basan sus decisiones en el producto marginal privado $f(L) - L \cdot f'(L)$, que es inferior al producto marginal social.

En una economía descentralizada se puede alcanzar el óptimo social mediante subvenciones a la compra de bienes de capital (una deducción fiscal a la inversión), o bien el Estado puede alcanzar el óptimo mediante subvenciones a la producción. Las subvenciones funcionan en este modelo porque aumentan la tasa de rendimiento privado de la inversión y, en consecuencia, tienden a eliminar la diferencia positiva entre el rendimiento social y el rendimiento privado. Evidentemente, para evitar otras distorsiones, las subvenciones al capital o a la producción tendrían que ser financiados mediante un impuesto de cuantía fija. Este tipo de impuesto existe raramente en la realidad, pero en este modelo, que no contempla la elección trabajo-ocio, un impuesto sobre el consumo a un tipo impositivo constante sería equivalente a un impuesto de cuantía fija. En el capítulo 3 tratamos este tipo de impuesto.

4.3.4. Un ejemplo Cobb-Douglas

Si la función de producción de la ecuación (4.23) fuera de tipo Cobb-Douglas, la producción de la empresa i vendría dada por

$$Y_i = A \cdot (K_i)^{\alpha} \cdot (KL_i)^{1-\alpha} \tag{4.32}$$

donde $0 < \alpha < 1$. Si sustituimos $y_i = Y_i/L_i$, $k_i = K_i/L_i$ y $k = K/L$, después establecemos $y_i = y$ e $k_i = k$, el producto promedio del capital se convierte en

$$y/k = f(L) = AL^{1-\alpha} \tag{4.33}$$

un caso particular de la ecuación (4.26). Observe que la ecuación (4.33) cumple las propiedades generales de y/k constante con respecto a k y creciente con respecto a L.

Si derivamos con respecto a K_i la ecuación (4.32), manteniendo fijos K y L, podemos determinar el producto marginal privado del capital. Sustituyendo después $k_i = k$, es resultado que se obtiene es

$$\partial Y_i/\partial K_i = A\alpha L^{1-\alpha} \tag{4.34}$$

un caso particular de la ecuación (4.27). Conforme a las propiedades generales analizadas anteriormente, el producto marginal privado del capital de la ecuación (4.34) es constante con respecto a k, creciente con respecto a L e inferior al producto promedio de la ecuación (4.33) (dado que $0 < \alpha < 1$).

Si sustituimos la ecuación (4.34) en la ecuación (4.28) obtenemos que la tasa de crecimiento descentralizada viene dada por[9]

9. Aceptamos el supuesto de que los parámetros permiten un crecimiento positivo y una utilidad limitada; por lo tanto,

$$A\alpha L^{1-\alpha} > \rho + \delta > (1 - \theta) \cdot (A\alpha L^{1-\alpha} - \delta - \rho)/\theta + \delta$$

$$\dot{c}/c = (1/\theta) \cdot (A\alpha L^{1-\alpha} - \delta - \rho) \tag{4.35}$$

Si sustituimos la ecuación (4.33) en la ecuación (4.31) obtenemos la tasa de crecimiento del planificador social

$$\dot{c}/c \text{ (planificador)} = (1/\theta) \cdot (AL^{1-\alpha} - \delta - \rho) \tag{4.36}$$

Puesto que $\alpha < 1$, la tasa de crecimiento descentralizada es inferior a la tasa de crecimiento del planificador.

En la economía descentralizada, se puede alcanzar el óptimo social mediante la introducción de una deducción fiscal a la inversión al tipo $1-\alpha$, financiada mediante un impuesto de cuantía fija. Si los compradores de capital pagan únicamente la fracción α del coste, el rendimiento privado del capital igualará al rendimiento social. En ese caso, se puede demostrar que las decisiones descentralizadas coinciden con las decisiones del planificador social. Otra manera de llegar al mismo resultado es mediante una subvención a la producción al tipo $(1 - \alpha)/\alpha$.

4.3.5. Efectos de escala

El modelo se caracteriza por un efecto de escala, ya que el crecimiento de la población activa L aumenta la tasa de crecimiento per cápita de la economía descentralizada de la ecuación (4.28) y de la economía planificada de la ecuación (4.31). Respectivamente, estos resultados corresponden a los efectos positivos de L sobre el producto marginal privado del capital $f(L) - L \cdot f'(L)$ de la ecuación (4.27) y sobre el producto promedio $f(L)$ de la ecuación (4.26). Es más, si la población activa crece en el tiempo, las tasas de crecimiento per cápita también se incrementarán en el tiempo.[10]

Si identificamos L con la población activa de un país, la predicción que surge de inmediato es que en términos per cápita los países con más trabajadores tienden a crecer más rápidamente. Los resultados empíricos de un gran número de países en el periodo posterior a la II Guerra Mundial, que analizaremos en el capítulo 12, indican que la tasa de crecimiento del PIB per cápita guarda escasa relación con el nivel de población del país. (Estos resultados se cumplen si se mantienen constantes el nivel inicial de PIB per cápita, el nivel educativo promedio, y varias variables más.) Así pues, los datos empíricos no corroboran el efecto de escala del tamaño del país.

Es posible que la variable de escala para la difusión del conocimiento, L, no esté estrechamente vinculada a magnitudes agregadas medidas a nivel de país. Por ejemplo, pudiera ser que la escala pertinente fuera mayor que el tamaño de la economía nacional en el caso de que los productores se beneficiaran del conocimiento

---

resultado particular de la ecuación (4.29).

10. Este resultado se deduce directamente en el caso de $\dot{c}/c$, pero $\dot{k}/k$ e $\dot{y}/y$ no equivaldrán a $\dot{c}/c$ en un entorno caracterizado por una L creciente. Por otro lado, si L crece lo suficiente, y si $\theta < 1$, llegará un momento en el que se infringirá la condición de utilidad limitada de la ecuación (4.29).

acumulado en otros países. Kremer (1993) afirma que la variable de escala correcta pudiera ser la población mundial, y suministra algunas pruebas históricas de que la población mundial está correlacionada positivamente con el crecimiento de la productividad. Por otro lado, si la transmisión libre de ideas se restringe a aquellos que están más próximos (sea geográficamente o dentro de un sector), la escala apropiada puede ser inferior a la economía nacional. Estas salvedades complican las implicaciones empíricas del modelo de difusión del conocimiento y dificultan la evaluación de este modelo a través de los datos macroeconómicos.

Dedujimos el efecto de escala a partir de un modelo que acepta la existencia de aprendizaje mediante la experiencia y la difusión del conocimiento. Estos elementos provocan un efecto de escala sobre las tasas de crecimiento, porque implican rendimientos constantes a escala de K y rendimientos crecientes de K y L a nivel social. Aparecería un efecto de escala similar si existiera este mismo patrón de rendimientos de los factores pero por otros motivos. Sin embargo, el modelo del aprendizaje mediante la experiencia/difusión del conocimiento es especial porque también implica rendimientos constantes a escala en los factores K_i y L_i, que son decididos por cada empresa individual. Si se produjeran rendimientos crecientes a nivel de empresa, el modelo no sería coherente con el supuesto de competencia perfecta, ya que las empresas tendrían un incentivo para crecer ilimitadamente con objeto de beneficiarse de las economías de escala. Hemos eliminado este posible resultado suponiendo que la tecnología de la empresa depende del stock de capital agregado K y que cada empresa desconoce su propia aportación a este agregado. Esta especificación nos permite mantener el supuesto de competencia perfecta, pero también implica que el equilibrio competitivo no es un óptimo de Pareto.

Una forma de eliminar el efecto de escala es considerar que el término A_i de la ecuación (4.22) depende del capital promedio por trabajador de la economía K/L, en vez de depender del stock agregado de capital K. Esta especificación alternativa fue utilizada por Frankel (1962) es sus principales análisis, pero sin profundizar demasiado. Lucas (1988) también utiliza esta especificación, ya que asume que el aprendizaje y la difusión atañen al capital humano y que cada productor se beneficia no tanto del nivel agregado de capital humano de la economía sino del nivel promedio. Así pues, en vez de centrarnos en el conocimiento o experiencia acumulados por otros productores, debemos centrarnos en el beneficio de la interacción (libre) con una persona media, que posee un nivel medio de conocimientos y cualificaciones. La formulación de Lucas puede ser oportuna si pensamos que la presencia de individuos estúpidos dificulta la identificación y el uso de las buenas ideas aportadas por individuos inteligentes.

A fin de analizar este modelo, establezcamos que en la ecuación (4.22) $A_i = K/L$ y a partir de ahí sigamos el proceso anterior. La única diferencia que aparece en los resultados radica en que el producto promedio del capital y el producto marginal privado del capital dejan de depender de L. Por ejemplo, en el caso de una función Cobb-Douglas, el producto promedio de la ecuación (4.33) se transforma en A en vez de $AL^{1-\alpha}$, y el producto marginal privado de la ecuación (4.34) se transforma en $A\alpha$ en vez de $A\alpha L^{1-\alpha}$. Puesto que el análisis formal es idéntico al anterior, la demostración de estos resultados queda como ejercicio práctico.

4.4. Servicios públicos y crecimiento endógeno

En el modelo AK, cualquier elemento que modifique el nivel de la tecnología inicial A afecta a la tasa de crecimiento per cápita a largo plazo. En el modelo con aprendizaje mediante la experiencia y difusión del conocimiento, el carácter no rival de las ideas podía eliminar la tendencia a los rendimientos decrecientes de la acumulación de capital y, por lo tanto, producir la forma AK. En esta sección mostramos cómo los servicios públicos suministrados por el Estado pueden ser otro posible origen de la forma AK. En ese caso, las decisiones del Estado relativas a los servicios públicos determinan el coeficiente A y, por lo tanto, influyen sobre la tasa de crecimiento de la economía a largo plazo.

4.4.1. Un modelo de bienes públicos

En esta sección ampliamos el modelo del capítulo 3 en el que el gasto público en bienes y servicios G se incluía en la función de producción como bienes públicos puros. Si la función de producción es de tipo Cobb-Douglas, la función para la empresa i es (según Barro 1990b)

$$Y_i = AL_i^{1-\alpha} \cdot K_i^{\alpha} \cdot G^{1-\alpha} \tag{4.37}$$

donde $0 < \alpha < 1$. Esta ecuación implica que la producción de cada empresa se caracteriza por rendimientos constantes a escala de los factores privados L_i y K_i. Aceptamos el supuesto de que la población activa L es constante. Para un G fijo, la economía se enfrentará a rendimientos decrecientes de la acumulación de capital agregado K, al igual que ocurría en el modelo de Ramsey del capítulo 2. Ahora bien, si G crece al crecer K, la ecuación (4.37) indica que dichos rendimientos decrecientes no aparecerán; es decir, la función de producción especifica rendimientos constantes a escala de K_i y G para un L_i constante. Por este motivo, la economía es capaz de generar crecimiento endógeno, al igual que en el modelo AK estudiado con anterioridad en este mismo capítulo. Observe también que la forma de la función de producción implica que los servicios públicos son complementarios a los factores privados, en el sentido de que un incremento de G aumenta el producto marginal de L_i y K_i.

Si el exponente de G de la ecuación (4.37) fuera inferior a $1 - \alpha$, se producirían rendimientos decrecientes de K_i y G, que eliminarían el crecimiento endógeno. Por el contrario, si el exponente fuera superior a $1 - \alpha$, las tasas de crecimiento tenderían a aumentar con el tiempo. En consecuencia, nos estamos centrando en el caso concreto en el que el exponente de G es igual a $1 - \alpha$, de manera que los rendimientos constantes a escala de K_i y G implican que la economía es capaz de generar crecimiento endógeno. Este caso establece un paralelismo con la función de producción del modelo del aprendizaje mediante la experiencia y la difusión del conocimiento de la ecuación (4.23) con la diferencia de que el stock de capital agregado K ha sido reemplazado por la cantidad de bienes públicos G.

Suponga que el Estado financia el gasto público en bienes y servicios mediante impuestos de cuantía fija (que, en ausencia de la elección trabajo ocio, podrían ser impuestos sobre el consumo o impuestos sobre la renta salarial, como en el capítulo 3).

Para un G dado, cada empresa maximizadora del beneficio iguala el producto marginal del capital a la renta de capital $r + \delta$. Así pues, la ecuación (4.37) implica

$$\alpha A \cdot k_i^{-(1-\alpha)} \cdot G^{1-\alpha} = r + \delta \tag{4.38}$$

En consecuencia, cada empresa elige el mismo ratio capital-trabajo $k_i = k$. Así pues, la función de producción de la ecuación (4.37) puede agregarse y obtener

$$Y = ALk^{\alpha}G^{1-\alpha} \tag{4.39}$$

De la ecuación (4.39) se deduce que

$$G = (G/Y)^{1/\alpha}(AL)^{1/\alpha} \cdot k \tag{4.40}$$

Supongamos ahora que el Estado decide que el ratio de su gasto en bienes y servicios entre el PIB, G/Y, sea constante. Si sustituimos G de la ecuación (4.40) en la ecuación (4.38) obtenemos

$$r + \delta = \alpha A^{1/\alpha} \cdot (G/Y)^{(1-\alpha)/\alpha} \cdot L^{(1-\alpha)/\alpha} \tag{4.41}$$

Si G/Y y L son constantes, el producto marginal del capital no varía al variar k y, por lo tanto, es constante en el tiempo. El nivel del producto marginal es creciente con respecto a L, con lo que el modelo predice efectos de escala. Estos resultados establecen un paralelismo con los del modelo del aprendizaje mediante la experiencia y la difusión del conocimiento (véase la ecuación [4.27]).

El producto marginal del capital constante de la ecuación (4.41) desempeña en el proceso de crecimiento el mismo papel desempeñado por la constante A del modelo AK. No hay dinámica de transición y las tasas de crecimiento de c, k e y son iguales a la misma constante. Podemos determinar esta tasa de crecimiento común a partir de la expresión del crecimiento del consumo de la ecuación (4.4):[11]

$$\dot{c}/c = (1/\theta) \cdot [\alpha A^{1/\alpha} \cdot (G/Y)^{(1-\alpha)/\alpha} \cdot L^{(1-\alpha)/\alpha} - \delta - \rho] \tag{4.42}$$

La tasa de crecimiento aumenta al aumentar G/Y, ya que pusimos por condición que el gasto público G se financiaba a través de un impuesto no distorsionador.

En su lugar, podríamos haber supuesto que G fuera financiado en parte por un impuesto distorsionador, que en el modelo presente podrían ser los impuestos sobre la renta del capital τ_a y τ_f, que analizamos en el capítulo 3. En ese caso, la expresión del producto marginal neto del capital de la ecuación (4.42), $\alpha A^{1/\alpha} \cdot (G/Y)^{(1-\alpha)/\alpha} \cdot L^{(1-\alpha)/\alpha} - \delta$, sería multiplicada por $(1 - \tau_a) \cdot (1 - \tau_f)$, a fin de

11. Al igual que en el modelo AK y en el modelo de difusión del conocimiento, necesitamos condiciones de desigualdad que garanticen que la tasa de crecimiento sea positiva y que la utilidad esté acotada. La primera condición es $\partial Y_i/\partial K_i - \delta > \rho$, y la segunda condición, que corresponde a la condición de transversalidad, es $[(\theta - 1)/\theta] \cdot (\partial Y_i/\partial K_i - \delta) + \rho/\theta > 0$. El valor de $\partial Y_i/\partial K_i$ viene dado por el segundo miembro de la ecuación (4.41).

obtener el producto marginal del capital después de impuestos. Así, si τ_a y τ_f tendieran a aumentar al aumentar G/Y, el efecto positivo directo de G/Y sobre la tasa de crecimiento de la ecuación (4.42) sería contrarrestado por el efecto negativo causado por los tipos impositivos más altos. En consecuencia, la relación entre la tasa de crecimiento y G/Y es probablemente no monótona, primero creciente y después decreciente, cuando el efecto del tipo impositivo se vuelve predominante. Los resultados exactos dependen de la manera en la que τ_a y τ_f se relacionan con G/Y. Proponemos este análisis como ejercicio práctico.

Volvamos ahora al caso de los impuestos de cuantía fija, como supusimos en la ecuación (4.42). Como habitualmente, podemos determinar los resultados óptimos del modelo calculando las decisiones de un planificador social que busca maximizar la utilidad alcanzada por un hogar representativo. La maximización conlleva la condición de eficiencia $\partial Y/\partial G = 1$.[12] La forma concreta de la función de producción (ecuación [4.39]) implica que esta condición corresponde a

$$G/Y = 1 - \alpha \tag{4.43}$$

En consecuencia, en este modelo el ratio óptimo del gasto público con respecto al PIB es, de hecho, constante.

Si G/Y se calcula a partir de la ecuación (4.43), la solución de la tasa de crecimiento descentralizada de la ecuación (4.42) es también la elegida por el planificador social.[13] Este resultado descentralizado es óptimo, porque hemos supuesto que G se financia mediante impuestos de cuantía fija. Si sustituimos la ecuación (4.43) en la condición de la tasa de crecimiento de la ecuación (4.42) obtendremos

$$\dot{c}/c\ (\text{planificador social}) = (1/\theta) \cdot \left[\alpha A^{1/\alpha} \cdot (1-\alpha)^{(1-\alpha)/\alpha} \cdot L^{(1-\alpha)/\alpha} - \delta - \rho\right] \tag{4.44}$$

Un aumento en la escala, representada por L, aumenta el producto marginal del capital de la ecuación (4.41) y, por consiguiente, aumenta la tasa de crecimiento de la ecuación (4.44). Así pues, el modelo de bienes públicos predice efectos de escala que se asemejan a los del modelo de aprendizaje mediante la experiencia y la difusión del conocimiento (véase las ecuaciones [4.35] y [4.36]). En el contexto presente, la economía se beneficia de una escala mayor, porque a los servicios públicos se les supone el carácter de no rivales y, por lo tanto, pueden ampliarse sin coste a

12. El planificador elegirá c, k y G de manera que maximicen $\int_0^\infty e^{-\rho t} \cdot \frac{c^{1-\theta}-1}{1-\theta} \cdot dt$, sujeta a $\dot{k} = Ak^\alpha G^{1-\alpha} - c - \delta k - G/L$. La función de Hamilton es $J = e^{-\rho t} \cdot \frac{c^{1-\theta}-1}{1-\theta} + \nu \cdot (Ak^\alpha G^{1-\alpha} - c - \delta k - G/L)$. Las condiciones de primer orden son

(i) $e^{-\rho t} \cdot c^{-\theta} = \nu$

(ii) $A \cdot (1-\alpha) \cdot k^\alpha G^{-\alpha} = 1/L$

(iii) $-\dot{\nu} = \nu \cdot (A\alpha k^{\alpha-1} G^{1-\alpha} - \delta)$

más la condición de transversalidad habitual. Observe que (ii) equivale a $\partial Y/\partial G = 1$.

13. Tome logaritmos y derive la condición de primer orden (i) de la nota anterior, sustituya el resultado en (iii) y utilice (ii) para llegar a la ecuación (4.44).

usuarios adicionales. Un crecimiento continuo de L, que resultara del crecimiento de la población, implicaría tasas crecientes de crecimiento per cápita. Así pues, y al igual que ocurría en el modelo con aprendizaje mediante la experiencia y la difusión del conocimiento, para poder estudiar el estado estacionario tenemos que aceptar que el crecimiento de la población es cero.

Como dijimos anteriormente, los datos empíricos de países indican que la tasa de crecimiento del PIB per cápita guarda escasa relación con el tamaño del país, medido a través de su población. (En este caso, el país es la unidad de observación natural si consideramos que los beneficios de los bienes públicos suministrados por el Estado alcanzan sólo a la jurisdicción administrativa del Estado.) La no detección de efectos de escala de importancia significa muy probablemente que la mayor parte de los servicios del Estado no tienen el carácter no rival que el modelo les presupone. En consecuencia, vamos a analizar un caso distinto, en el que los servicios públicos están sujetos a congestión. Demostraremos que este modelo tiene muy diversas implicaciones en lo relativo a efectos de escala y a la adecuada financiación pública.

4.4.2. Un modelo de congestión

Como se dijo en el capítulo 3, muchos servicios públicos, como pueden ser las autopistas, las redes de distribución de agua, la policía, los bomberos y los tribunales, están sujetos a congestión. Para una cantidad dada de servicios agregados G, la cantidad asignada a cada individuo disminuye a medida que el resto de los usuarios abarrotan los servicios. En aquellas actividades públicas que sirven de factor de la producción privada, podemos construir un modelo de congestión (como en Barro y Sala-i-Martín, 1992c), expresando la función de producción del productor i-ésimo de la siguiente manera

$$Y_i = AK_i \cdot f(G/Y) \tag{4.45}$$

donde $f' > 0$ y $f'' < 0$. El proceso productivo es un proceso AK modificado por el elemento que incluye los servicios públicos: un aumento de G *en relación* a la producción agregada Y aumenta Y_i para un K_i dado. Debido a la congestión, un aumento de Y para un G dado disminuye los servicios públicos de los que puede disponer cada productor y, por lo tanto, reduce Y_i. Esta expresión pone por condición que, si se quiere aumentar los servicios públicos de los que puede disponer cada productor, G tiene que aumentar en relación a la producción total Y. También podríamos poner por condición que G tiene que aumentar en relación al capital privado agregado K, a fin de aumentar la cantidad de servicios. En este segundo caso, los resultados serían básicamente los mismos.

Para G e Y dados, la producción de la empresa se caracteriza por rendimientos constantes del factor privado K_i. Si G crece a la misma tasa que Y, G/Y permanece constante y los rendimientos constantes a escala de K_i implican que la economía es capaz de generar crecimiento endógeno, como en el modelo AK.

La condición del producto marginal del capital de la ecuación (4.41) se transforma en

$$r + \delta = A \cdot f(G/Y) \tag{4.46}$$

Observe que, a diferencia del modelo de bienes públicos, el producto marginal y, por lo tanto, la tasa de rendimiento, ya no dependen de la variable de escala L. Las tasas de crecimiento de c, k e y son todas ellas iguales a la misma constante, que viene expresada por la ecuación (4.4) que se transforma en

$$\dot{c}/c = (1/\theta) \cdot [A \cdot f(G/Y) - \delta - \rho] \tag{4.47}$$

Esta tasa de crecimiento es creciente con respecto a G/Y y no depende de L. Esta ausencia de dependencia con relación a L significa que en este modelo no aparecen los sorprendentes efectos de escala antes mencionados.

Nuevamente, podemos plantear y resolver el problema del planificador social a fin de evaluar si los resultados descentralizados son o no óptimos de Pareto. El planificador maximizará la función de utilidad habitual, sujeta a la restricción de recursos (expresada en términos per cápita)

$$\dot{k} = Ak \cdot f(G/Y) - c - \delta k - G/L \tag{4.48}$$

donde ponemos por condición que la tasa de crecimiento de la población sea igual a cero. La función de Hamilton es

$$J = e^{-\rho t} \cdot \frac{c^{1-\theta} - 1}{1 - \theta} + \upsilon \cdot [Ak \cdot f(G/Y) - c - \delta k - G/L] \tag{4.49}$$

Antes de derivar con respecto a c, k y G, observe que la derivada de la función de producción con respecto a k y G es algo compleja, ya que la producción agregada aparece dentro de la expresión de la producción agregada. Así pues, cuando derivamos y con respecto a k tenemos que tener en cuenta que Y depende de Y a través del término $f(G/Y)$. Una forma de resolver este problema es expresando la derivada con respecto a k de la siguiente manera

$$\frac{\partial y}{\partial k} = A \cdot f(G/Y) + Ak \cdot f'(G/Y) \cdot \left(\frac{-G/L}{y^2}\right) \cdot \frac{\partial y}{\partial k} \tag{4.50}$$

y después despejar $\frac{\partial y}{\partial k}$, obteniendo tras reorganizar los términos,

$$\frac{\partial y}{\partial k} = \frac{A \cdot f(G/Y)}{1 + (G/Y) \cdot \frac{f'(G/Y)}{f(G/Y)}} \tag{4.51}$$

De igual manera, la derivada de y con respecto a G es

$$\frac{\partial y}{\partial G} = L \cdot \frac{\frac{f'(G/Y)}{f(G/Y)}}{1 + (G/Y) \cdot \frac{f'(G/Y)}{f(G/Y)}} \tag{4.52}$$

Ya estamos listos para calcular las condiciones de primer orden del planificador.

La condición de primer orden con respecto al consumo nos lleva hasta la ya conocida ecuación de crecimiento del consumo $\frac{\dot{c}}{c} = \frac{1}{\theta}(-\frac{\dot{v}}{v} - \rho)$. La condición de primer orden con respecto a G exige que $\partial Y/\partial G = 1$. No resulta extraño que el planificador social cumpla esta última condición: la eficiencia implica el uso de G como factor hasta el punto en el que su producto marginal es igual a su unidad marginal, que está fijada en una unidad. A partir de la ecuación (4.52) la condición de eficiencia puede expresarse de la manera siguiente

$$\frac{f'(G/Y)}{f(G/Y)} = \frac{1}{1-(G/Y)} \tag{4.53}$$

Llamemos $(G/Y)^*$ al ratio que cumple esta condición. La condición de primer orden con respecto al capital exige que

$$-\dot{v} = v \cdot \left(\frac{\partial y}{\partial k} - \delta\right) \tag{4.54}$$

Si sustituimos las ecuaciones (4.54), (4.51) y (4.52) en la ecuación del crecimiento del consumo, hallamos que la tasa de crecimiento del planificador social viene dada por

$$\dot{c}/c \text{ (planificador social)} = (1/\theta) \cdot \{[1-(G/Y)^*] \cdot A \cdot f[(G/Y)^*] - \delta - \rho\} \tag{4.55}$$

Así pues, surge un nuevo resultado: la tasa de crecimiento del planificador social no corresponde a la tasa de crecimiento descentralizada, expresada en la ecuación (4.47), ni siquiera cuando $G/Y = (G/Y)^*$. Esto se explica porque el resultado descentralizado estaba vinculado a una imposición de cuantía fija y los impuestos de cuantía fija no son los adecuados cuando los servicios públicos están sujetos a congestión. Intuitivamente, podemos comprender la ecuación (4.55) de la siguiente manera. La decisión de un productor individual de ampliar su capital K_i y, por lo tanto, su producción Y_i aumenta la producción total Y y, en consecuencia, aumenta la congestión de G, la cantidad dada de servicios públicos. Con un impuesto de cuantía fija, el productor individual no tiene en cuenta estos efectos externos negativos y, por lo tanto, su incentivo para aumentar K_i e Y_i es demasiado grande. A fin de internalizar la distorsión, un productor que aumentara Y_i debería suministrar los suficientes recursos adicionales para mantener los servicios públicos destinados a los demás, es decir, mantener constante G/Y. La compensación necesaria es G/Y veces el aumento de Y. Esta es la razón por la que en la ecuación (4.55) el término $[1-(G/Y)^*]$ aparece multiplicando el producto marginal bruto de capital $A \cdot f[(G/Y)^*]$. Resulta interesante señalar que la solución descentralizada correspondería al resultado del planificador social si existiera un impuesto proporcional sobre la producción al tipo $(G/Y)^*$. Este tipo impositivo, que de hecho funciona como un pago por el uso del servicio suministrado por el Estado, disminuiría el producto marginal del capital después de impuestos hasta $[1-(G/Y)^*] \cdot A \cdot f[(G/Y)^*]$, que es la expresión que aparece en la ecuación (4.55).

4.5. Dinámica de transición, crecimiento endógeno

Los modelos que hasta el momento hemos analizado en este capítulo carecen de dinámica de transición. En concreto, predicen que las tasas de crecimiento per cápita serán independientes de los niveles iniciales de k e y. Así pues, estos modelos no son congruentes con los datos empíricos que apoyan la existencia de convergencia, como veremos en los capítulos 11 y 12.

Vimos en el capítulo 1, cuando tratamos los modelos con tasa de ahorro constante, que es posible construir un modelo de crecimiento endógeno que tenga dinámica de transición y que cumpla la propiedad de convergencia. Estos resultados se consiguen si modificamos la tecnología de manera que aparezcan de nuevo los rendimientos decrecientes del capital, pero también si establecemos la condición de que, cuando el stock de capital tiende a infinito, el producto marginal del capital tiene un límite inferior (de manera que incumple la condición de Inada en el infinito). En esta sección demostramos que este tipo de tecnología puede combinarse con el tipo de optimización de los hogares que aparece en el modelo de Ramsey.

Las tecnologías que vamos a analizar en esta sección toman la forma propuesta por Jones y Manuelli (1990).

$$Y = F(K, L) = AK + \Omega(K, L) \tag{4.56}$$

donde $\Omega(K, L)$ cumple las propiedades de una función de producción neoclásica: productos marginales positivos y decrecientes, rendimientos constantes a escala y las condiciones de Inada (ecuaciones [1.5a] a [1.5c]). Las funciones de producción con la forma de la ecuación (4.56) no son neoclásicas únicamente porque incumplen las condiciones de Inada, $\text{lím}_{K\to\infty} [\partial Y/\partial K] = A > 0$. El término AK de la función de producción proporcionará crecimiento endógeno, mientras que el término $\Omega(K, L)$ generará el comportamiento de convergencia. A fin de garantizar la suficiente sencillez al análisis de la dinámica, limitamos dicho análisis a varias formas concretas del término $\Omega(K, L)$.

4.5.1. Un ejemplo tipo Cobb-Douglas

Comenzaremos con una función de producción que ya vimos en el capítulo 1 (ecuación [1.35]):

$$Y = F(K, L) = AK + BK^{\alpha}L^{1-\alpha}$$

$A > 0$, $B > 0$ y $0 < \alpha < 1$.[14] Podemos expresar esta función en términos per cápita de la siguiente manera

$$y = f(k) = Ak + Bk^{\alpha} \tag{4.57}$$

14. Todos los resultados que analizamos en esta sección se cumplen si L es sustituida por $\hat{L}$, donde $\hat{L} = Le^{xt}$. Es decir, podemos permitir la existencia de progreso tecnológico exógeno en el término de la función de producción que está sujeto a rendimientos decrecientes. Si el parámetro A crece con regularidad en el tiempo, el modelo no tendría estado estacionario.

Observe que $\lim_{k \to \infty} [f'(k)] = A > 0$.

Las ecuaciones dinámicas de k y c son las halladas a partir del modelo de Ramsey del capítulo 2 (ecuaciones [2.23] y [2.24] con $x = 0$):

$$\dot{k}/k = f(k)/k - c/k - (n + \delta) = A + B \cdot k^{\alpha-1} - c/k - (n + \delta) \qquad (4.58)$$

$$\dot{c}/c = (1/\theta) \cdot [f'(k) - \delta - \rho] = (1/\theta) \cdot [A + B\alpha \cdot k^{\alpha-1} - \delta - \rho] \qquad (4.59)$$

Si el modelo genera crecimiento endógeno, es decir, si $(\dot{k}/k)^* > 0$, entonces $k \to \infty$ cuando $t \to \infty$ y los términos que incluyen $k^{\alpha-1}$ se vuelven despreciables asintóticamente. En consecuencia, el estado estacionario es igual al del modelo *AK*, y las tasas de crecimiento de c, k e y en el estado estacionario vienen todas ellas dadas a partir de la ecuación (4.16), que se transforma en

$$\gamma^* = (1/\theta) \cdot (A - \delta - \rho) \qquad (4.60)$$

Ponemos por condición que $A > \delta + \rho$, con lo que $\gamma^* > 0$.[15] (Si $A \leq \delta + \rho$, entonces $\gamma^* = 0$, como sucedía en el modelo estándar de Ramsey analizado en el capítulo 2.)

Podríamos intentar utilizar el enfoque de la ilustración 2.1 mediante la construcción de un diagrama de fase en el espacio (k, c). Sin embargo, este método no funciona, ya que si $\gamma^* > 0$ k y c crecen ilimitadamente. Un procedimiento que sí funciona requiere la transformación a variables que son constantes en el estado estacionario. Elegimos estudiar la evolución del producto promedio del capital, denominado $z \equiv f(k)/k$, y el ratio del consumo con respecto al stock de capital, que denominaremos $\chi \equiv c/k$. Observe que z es una variable que funciona como una *variable de estado*, ya que, al igual que k, su valor en un momento del tiempo está fijado por las inversiones pasadas y la evolución de L. Así pues, si la inversión es finita y L no da saltos, z y k tampoco darán saltos en un momento del tiempo. Por el contrario, χ es una variable que se comporta como una *variable de control*, ya que, al igual que c, su valor puede dar un salto en un momento del tiempo. (Ahora bien, estos saltos no serán óptimos en el equilibrio que estamos analizando.) A diferencia de k y c, las dos nuevas variables, z y χ, tienden hacia valores constantes en el estado estacionario.

Podemos utilizar las ecuaciones (4.58) y (4.59) para calcular un sistema dinámico en términos de las variables z y χ. Los resultados se expresan, tras un largo desarrollo algebraico, de la siguiente manera

$$\dot{z} = -(1 - \alpha) \cdot (z - A) \cdot (z - \chi - n - \delta) \qquad (4.61)$$

$$\dot{\chi} = \chi \cdot \left[(\chi - \varphi) - \frac{(\theta - \alpha)}{\theta} \cdot (z - A) \right] \qquad (4.62)$$

donde $\varphi \equiv (A - \delta) \cdot (\theta - 1)/\theta + \rho/\theta - n$. Necesitamos que $\varphi > 0$ para que se cumpla la condición de transversalidad. Esta condición también garantiza que la utilidad es

15. Seguimos poniendo por condición que $\rho > n$, de manera que $A > \delta + \rho$ implica que $A > \delta + n$. Si la última desigualdad no se cumpliera y si c fuera constante en el tiempo la utilidad no tendría límite.

finita cuando c crece a la tasa γ^* de la ecuación (4.60). A partir de las ecuaciones (4.61) y (4.62) se ve claramente que $\dot{z}=\dot{\chi}=0$ es congruente con $z=A$ y $\chi=\varphi$, que resultan ser los valores de estado estacionario de z y χ. (Observe que $z=A$ significa que, asintóticamente, el término AK de la función de producción predomina sobre el término $BK^\alpha L^{1-\alpha}$.)

La ilustración 4.2 representa el diagrama de fase en el espacio (z,χ). Dejando aparte $\dot{\chi}=0$, la ecuación (4.62) implica que $\chi=0$ es la recta $\chi=\varphi - A\cdot(\theta-\alpha)/\theta + z\cdot(\theta-\alpha)/\theta$. Si $\theta>\alpha$, la pendiente es positiva e inferior a uno, como se muestra en la ilustración. Si $\theta<\alpha$, la recta tendría pendiente negativa. Ese caso exige un grado improbablemente alto de sustitución intertemporal en el que θ tendría que ser considerablemente inferior a uno.

La ecuación (4.61) implica que $\dot{z}=0$ si $z=A$, o si $\chi=z-n-\delta$. La primera condición está representada en la ilustración 4.2 por la recta vertical en A. La segunda está representada mediante la recta de pendiente igual a uno y ordenada en el origen negativa. Observe que la pendiente de esta recta $\dot{z}=0$ tiene que ser más pronunciada que la pendiente de la recta $\dot{\chi}=0$, que es inferior a uno. (La desigualdad $A>\rho+\delta$ implica que la recta $\dot{z}=0$ corta la recta vertical en A en un valor de χ superior a φ, como queda representado en la ilustración.)

Dado que $z=A+B\cdot k^{\alpha-1}>A$, la región de la ilustración 4.2 en la que $z<A$ no es pertinente. En consecuencia, podemos restringir el análisis a la región en la que $z\geq A$. Observe en la ilustración que en esta región las rectas $\dot{z}=0$ y $\dot{\chi}=0$ tienen únicamente un punto de intersección en $z^*=A$ y $\chi^*=\varphi$, que son los valores de estado estacionario.

Analizamos ahora la dinámica de transición, comenzando por la posición inicial $z(0)>A$. La ilustración muestra el tramo estable que corresponde al valor inicial correctamente elegido $\chi(0)$. A lo largo de este tramo, tanto el producto promedio del

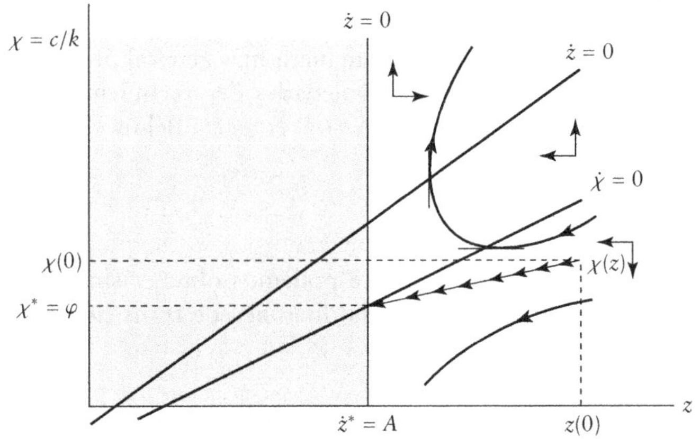

ILUSTRACIÓN 4.2 | Dinámica de transición de un modelo de crecimiento endógeno (cuando $F[K,L]=AK+BK^\alpha L^{1-\alpha}$). El diagrama de fase se representa en el espacio (z,χ), donde $z\equiv f(k)/k$ es el producto bruto promedio del capital y $\chi\equiv c/k$. La curva $\dot{\chi}=0$ es una recta de pendiente inferior a uno y positiva, como queda representada en la ilustración, si $\theta>\alpha$. Hay dos condiciones que cumplen $\dot{z}=0$. La primera es la recta vertical en $z=A$, y la segunda es una recta de pendiente positiva igual a uno. Esta recta tiene que cortar la recta vertical en A en un valor χ que sea superior a χ^*. Puesto que $z\equiv f(k)/k=A+Bk^{\alpha-1}>A$, el único estado estacionario posible es el punto en el que la recta $\dot{\chi}=0$ corta a la recta vertical $z=A$. Puesto que inicialmente se cumple que $z>z^*$, z y χ disminuyen monótonamente durante la transición. (Observe que el resultado de la trayectoria de χ depende del supuesto $\theta>\alpha$.)

capital z como el ratio del consumo con respecto al capital χ disminuyen monótonamente.[16] La disminución monótona de z corresponde al aumento monótono de k. La disminución monótona de χ depende del supuesto $\theta > \alpha$.[17] Si hubiéramos supuesto que $\theta < \alpha$, χ habría aumentado monótonamente durante la transición. (Si $\theta = \alpha$, $\chi = \varphi$, el valor de estado estacionario, durante la transición.)

La participación del capital en el producto viene dada por

$$k \cdot f'(k)/f(k) = (Ak + \alpha Bk^{\alpha})/(Ak + Bk^{\alpha})$$

que es igual a α si $A = 0$, e igual a 1 si $B = 0$. Si $A > 0$ y $B > 0$, la participación del capital tiende al valor 1 y la participación del trabajo tiende a cero a medida que k aumenta ilimitadamente. Esta implicación del modelo podría entrar en conflicto con los datos empíricos si interpretamos el capital en el sentido restringido de inmovilizado material, pero es más razonable si añadimos el capital humano a la definición. En ese caso, la implicación es que la participación del trabajo no cualificado en relación al producto total tiende a cero a medida que la economía se desarrolla.

El aspecto más importante del modelo ampliado radica en que recupera la dinámica de transición, durante la cual el producto promedio y el producto marginal disminuyen gradualmente hacia el valor de estado estacionario A. La productividad decreciente del capital tiende a generar un declive en el tiempo de las tasas de crecimiento per cápita; es decir, el modelo vuelve a caracterizarse por la propiedad de convergencia como en el modelo de Ramsey.

El apéndice 2C demostraba que en el modelo de Ramsey la tasa de crecimiento del capital per cápita $\dot{k}/k$ disminuye monótonamente durante la transición.[18] La prueba se basaba en el producto marginal decreciente del capital, $f''(k) < 0$, pero no en la condición de Inada, $\lim_{k\to\infty} [f'(k)] = 0$. En consecuencia, la propiedad de convergencia de las tasas decrecientes de crecimiento del capital per cápita se cumple de inmediato en el presente modelo, en el que la función de producción viene dada por la ecuación (4.57) o de manera más general por la ecuación (4.56). Este modelo se caracteriza por las propiedades de crecimiento a largo plazo del modelo AK junto al comportamiento de convergencia del modelo de Ramsey.

4.5.2. Un ejemplo ESC

En esta sección vamos a demostrar que podemos obtener similares resultados en lo relativo al crecimiento endógeno y la dinámica de transición partiendo de una

---

16. Podemos eliminar las trayectorias inestables mediante los argumentos habituales. Las trayectorias que tienden a $\chi = 0$ y $z=0$ incumplen la condición de transversalidad. Aquellas que conllevan $\chi \to \infty$ y $z \to \infty$ implican quedarse sin capital en un momento finito, lo que provocaría en algún momento un salto discreto hasta el consumo cero.

17. El apéndice 2B mencionaba que en el modelo de Ramsey con una tecnología tipo Cobb-Douglas *c/k disminuía monótonamente si $\theta > \alpha$*. Este resultado se sigue cumpliendo si la función de producción se transforma en $f(k) = Ak + Bk^{\alpha}$, el caso que nos ocupa.

18. Este resultado se cumple en el modelo de Ramsey si la economía se sitúa inicialmente en $k(0) < k^*$. En el caso que nos ocupa, k^* es infinito, de manera que esta desigualdad no presenta en ningún momento restricción alguna.

función de producción con elasticidad de sustitución constante (ESC). En el capítulo 1 vimos que con una función de producción tipo ESC, si la elasticidad de sustitución entre los factores K y L es alta, el crecimiento endógeno es factible. En concreto, establecemos ahora el supuesto de que la tecnología es

$$Y = F(K, L) = B \cdot \{a \cdot (bK)^{\psi} + (1 - a) \cdot [(1 - b) \cdot L]^{\psi}\}^{1/\psi} \tag{4.63}$$

donde $0 < a < 1$, $0 < b < 1$ y $0 < \psi < 1$, de manera que la elasticidad de sustitución $1/(1 - \psi)$ es mayor que 1.

En términos per cápita la función de producción puede expresarse de la siguiente manera

$$y = f(k) = B \cdot [a \cdot (bk)^{\psi} + (1 - a) \cdot (1 - b)^{\psi}]^{1/\psi} \tag{4.64}$$

En el capítulo 1 vimos que el producto marginal y el producto promedio del capital eran positivos y decrecientes y que tenían los límites siguientes:

$$\lim_{k \to \infty} [f'(k)] = \lim_{k \to \infty} [f(k)/k] = Bba^{1/\psi}$$
$$\lim_{k \to 0} [f'(k)] = \lim_{k \to 0} [f(k)/k] = \infty$$

En concreto, dado que cuando k tiende a infinito, $f'(k)$ tiende hacia una constante positiva, se incumple la principal condición de Inada y el modelo puede generar crecimiento endógeno.

A fin de desarrollar un análisis paralelo al que vimos en la sección anterior, definimos el parámetro A como

$$A \equiv Bba^{1/\psi} \tag{4.65}$$

Así definido, la función de producción ESC (con $0 < \psi < 1$) puede considerarse un caso particular de la ecuación (4.56). Si definimos $\Omega(K, L) \equiv F(K, L) - AK$, donde $F(K, L)$ es la función ESC de la ecuación (4.63) y A viene dado por la ecuación (4.65), la función $\Omega(K, L)$ cumple todas las propiedades neoclásicas (ecuaciones [1.5a] a [1.5c]), incluidas las condiciones de Inada.

Puesto que A es el límite de $f'(k)$, el análisis anterior parece indicar que, a fin de generar crecimiento endógeno, los parámetros del modelo tienen que cumplir la condición $A > \delta + \rho$. Esta desigualdad tenderá a cumplirse cuando el nivel tecnológico B sea alto, cuando la elasticidad de sustitución (recogida a través de ψ) sea alta y cuando los parámetros a y b sean grandes (cuanto mayores sean los valores de a y b, mayor será la importancia del capital en el proceso de producción).

Las ecuaciones dinámicas de k y c vuelven a ser las obtenidas en el modelo de Ramsey del capítulo 2 (ecuaciones [2.23] y [2.24] con $x = 0$):

$$\dot{k}/k = f(k)/k - c/k - (n + \delta)$$
$$\dot{c}/c = (1/\theta) \cdot [f'(k) - \delta - \rho]$$

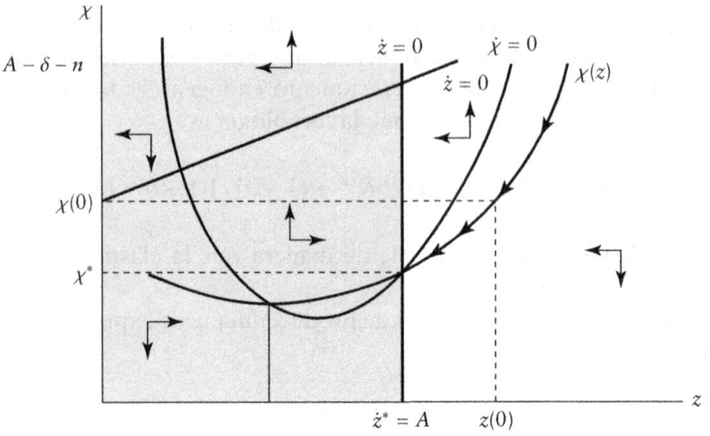

ILUSTRACIÓN 4.3 | La dinámica de transición de un modelo con crecimiento endógeno cuando la función de producción es ESC (con $0 < \psi < 1$). Al igual que en la ilustración 4.2, el diagrama de fase aparece representado en el espacio (z, χ). Aceptamos la condición de que $\theta > 1 - \psi$. La curva $\dot{\chi} = 0$ se caracteriza por tener forma de U con el mínimo a la izquierda de A. Las dos rectas $\dot{z} = 0$ se cortan en $\chi = A - \delta - n$. La curva $\dot{\chi} = 0$ corta a la recta $z = A$ por debajo de $A - \delta - n$. Por consiguiente, el estado estacionario viene dado por la intersección de la recta $\dot{\chi} = 0$ con la recta vertical $z = A$. Puesto que la economía se sitúa inicialmente en $z > z^*$, la transición se caracteriza por valores monótonamente decrecientes de z y χ. (Nota: El resultado de la trayectoria de χ depende del supuesto $\theta > 1 - \psi$.)

Si al igual que en la sección anterior definimos $z \equiv f(k)/k$ y $\chi \equiv c/k$, las ecuaciones dinámicas de z y χ pueden representarse de la siguiente manera

$$\dot{z}/z = [(z/A)^{-\psi} - 1] \cdot (z - \chi - n - \delta)$$
$$\dot{\chi}/\chi = (A/\theta) \cdot [(z/A)^{-\psi} - 1] - (z - A) + (\chi - \varphi) \tag{4.66}$$

donde, al igual que antes, $\varphi \equiv (A - \delta) \cdot (\theta - 1)/\theta + \rho/\theta - n > 0$. De nuevo, el análisis se restringe a la región en la que $z \geq A$, porque $f(k)/k$ nunca puede ser inferior a A. Nuevamente, la posición de estado estacionario es $z^* = A$ y $\chi^* = \varphi$.

A fin de analizar la dinámica del modelo, representamos en la ilustración 4.3 el diagrama de fase en el espacio (z, χ). Dejando aparte $z = 0$, en este espacio aparecen dos rectas que cumplen $\dot{z} = 0$: una recta vertical en $z = A$ y una recta de pendiente positiva igual a uno y ordenada en el origen igual a $-(n+\delta)$. Las dos rectas se cortan en $z = A$ y $\chi = A - \delta - n$.

Dejando aparte $\chi = 0$, $\dot{\chi} = 0$ viene dado por la curva $\chi = \varphi + (z - A) - (A/\theta) \cdot [(z/A)^{1-\psi} - 1]$. Esta curva tiene pendiente negativa para valores bajos de z y alcanza un mínimo en $z = A \cdot [(1 - \psi)/\theta]^{1/\psi}$. Si $\theta > 1 - \psi$, este mínimo se sitúa a la izquierda de A, como se muestra en la ilustración. Puesto que $0 < \psi < 1$, esta condición se cumple si $\theta \geq 1$. (El caso de $\theta \leq 1 - \psi$ queda a modo de ejercicio práctico.) Si z tiende a infinito, la pendiente de la curva $\dot{\chi} = 0$ tiende a 1. Esta curva corta a la recta vertical $z = A$ por debajo del punto $A - \delta - n$ (si como hemos supuesto $A > \rho + \delta > n + \delta$).

La ilustración 4.3 muestra que la trayectoria estable de punto de silla comienza a partir del valor $z(0) > A$. Las variables z y χ disminuyen monótonamente durante la transición, al igual que ocurría en el modelo analizado en la sección anterior.

Nuevamente, esta transición se caracteriza por la presencia de la propiedad de convergencia, de manera que $\dot{k}/k$ disminuye al aumentar k (y z tiende a A).

4.6. Observaciones finales

Este capítulo muestra que puede darse crecimiento endógeno siempre y cuando a largo plazo los rendimientos del capital no desciendan por debajo de un valor inicial positivo. Así pues, la tasa de crecimiento a largo plazo depende del nivel de la tecnología y de la disposición a ahorrar. En algunos modelos, los efectos provocados por el nivel de la tecnología pueden ampliarse e incluir la difusión de conocimiento entre productores, los efectos de escala y la influencia de los servicios públicos.

Los modelos de crecimiento endógeno más sencillos, que se asemejan mucho al modelo AK, no son coherentes con los datos empíricos a favor de la convergencia. Sin embargo, versiones ampliadas de modelos de crecimiento endógeno combinan el comportamiento de convergencia del modelo neoclásico de crecimiento con las propiedades del crecimiento a largo plazo del modelo AK. Estas teorías se ajustan mejor a las pruebas empíricas a favor de la convergencia.

4.7. Apéndice: Crecimiento endógeno en el modelo de sector único

En este capítulo hemos estudiado varios modelos capaces de generar crecimiento endógeno. La propiedad clave de todos estos ejemplos era la ausencia de rendimientos decrecientes, al menos asintóticamente, de manera que el producto marginal y el producto promedio del capital tenían límites positivos bajos. En concreto, se incumplía la condición de Inada, $\text{lím}_{k\to\infty}[f'(k)] = 0$. En esta sección analizamos de forma más general el papel de esta condición en los modelos de crecimiento endógeno con un único sector.

Considere un modelo sin progreso tecnológico exógeno en el que las ecuaciones dinámicas son las del modelo de Ramsey del capítulo 2 (ecuaciones [2.23] y [2.24]):

$$\gamma_k \equiv \dot{k}/k = f(k)/k - c/k - (n+\delta) \tag{4.67}$$

$$\gamma_c \equiv \dot{c}/c = (1/\theta)\cdot[f'(k) - \delta - \rho] \tag{4.68}$$

Si $f'(k)$ y γ_k tienden asintóticamente a límites finitos, la condición de transversalidad de la ecuación (2.25) puede expresarse de la siguiente manera

$$\text{lím}_{t\to\infty}[f'(k) - \delta] > \text{lím}_{t\to\infty}(\gamma_k + n) \tag{4.69}$$

es decir, la tasa asintótica de rendimiento del capital, que aparece en el lado izquierdo, es mayor que la tasa asintótica de crecimiento del stock de capital, que aparece en el lado derecho.

Como habitualmente, definimos el estado estacionario como la situación en la que las tasas de crecimiento de las variables K, Y y C son constantes. En los estados estacionarios analizados en el capítulo 2, las tasas de crecimiento de las variables por unidad de trabajo efectivo, como $\gamma_{\hat{k}}$ y $\gamma_{\hat{c}}$ eran cero, de manera que las tasas de crecimiento per cápita γ_k y γ_c eran iguales a x y las tasas de crecimiento de las variables de nivel γ_K y γ_C eran iguales a $n + x$. Puesto que ahora aceptamos el supuesto de que $x = 0$, las tasas de crecimiento per cápita serían iguales a cero en los estados estacionarios analizados en el capítulo 2. Así pues, lo que queremos analizar es si, cuando $x = 0$, las variaciones de la tecnología permitirían la existencia de estados estacionarios en los que las tasas de crecimiento per cápita fueran constantes positivas en vez de cero.

Suponga que el crecimiento per cápita de estado estacionario es positivo, de manera que

$$\lim_{t\to\infty} (\gamma_k) \equiv \gamma_k^* > 0$$

Si esto es así, k crece a largo plazo a la tasa positiva $\lim_{t\to\infty} (k) = \infty$; es decir, k aumenta ilimitadamente. Así pues, la condición de transversalidad de la ecuación (4.69) requiere

$$\lim_{k\to\infty} [f'(k)] > \gamma_k^* + n + \delta > n + \delta > 0 \tag{4.70}$$

Observe que el límite que aparece en el lado izquierdo de la expresión (4.70) corresponde a $k \to \infty$, una situación que se cumple cuando $t \to \infty$ si k crece a largo plazo a una tasa constante y positiva.

La condición normal de Inada, $\lim_{k\to\infty} [f'(k)] = 0$, elimina la desigualdad de la expresión (4.70): ésta es la razón por la que no se produce crecimiento endógeno con una función de producción neoclásica. No obstante, el modelo puede ser capaz de generar crecimiento positivo de k a largo plazo si el producto marginal del capital tiene un límite positivo y bajo. Llamamos a este producto marginal asintótico $A > 0$, es decir, ahora aceptamos el supuesto de que

$$\lim_{k\to\infty} [f'(k)] = A > 0 \tag{4.71}$$

La desigualdad de la expresión (4.70) implica que $A > 0$ no es condición suficiente para generar crecimiento de k en el estado estacionario. Para que γ_k^* sea positivo es condición necesaria que

$$A > n + \delta \tag{4.72}$$

Así pues, la tasa asintótica de rendimiento del capital $A - \delta$ tiene que ser superior a la tasa de crecimiento n del stock de capital que se obtendría si k fuera constante en el estado estacionario (como en el modelo de Ramsey con $x = 0$).

Si $\gamma_k^* > 0$, de manera que $\lim_{t\to\infty} (k) = \infty$, y por lo tanto $\lim_{t\to\infty} [f'(k)] = A$, la ecuación (4.68) implica

$$(\gamma_c)^* = (1/\theta) \cdot (A - \delta - \rho) \tag{4.73}$$

En consecuencia, $\gamma_c^* > 0$ exige que

$$A > \delta + \rho \tag{4.74}$$

En el capítulo 2 demostramos que, cuando $x = 0$, la condición de transversalidad exigía que $\rho > n$. Si, como damos por supuesto, esta desigualdad se sigue cumpliendo, la desigualdad de la expresión (4.74) implica la desigualdad de la expresión (4.72). Si la desigualdad de la expresión (4.74) no se cumpliera, el análisis del capítulo 2 seguiría siendo válido, incluido el resultado de $\gamma_k^* = 0$, aún a pesar de que la tecnología podría físicamente ser la base del crecimiento perpetuo de k. En ese caso, la tasa asintótica de rendimiento del capital, $A - \delta$, es demasiado baja para que $\gamma_k^* > 0$ sea óptima. En lo sucesivo, aceptaremos el supuesto de que la desigualdad de la expresión (4.74) se cumple.

A continuación queremos demostrar que $\gamma_k^* = \gamma_c^*$. La ecuación (4.67) implica

$$\gamma_k^* = \lim_{k\to\infty} [f(k)/k] - \lim_{k\to\infty} (c/k) - (n + \delta)$$

Si $f(k)$ tiende a infinito cuando k tiende a infinito, por la regla de l'Hôpital sabemos que $\lim_{k\to\infty} [f(k)/k] = \lim_{k\to\infty} [f'(k)] = A$. Así pues,

$$\gamma_k^* = A - n - \delta - \lim_{k\to\infty} (c/k) \tag{4.75}$$

Si $\gamma_c^* > \gamma_k^*$, entonces $\lim_{k\to\infty} (c/k) = \infty$, resultado que evidentemente entra en contradicción con $\gamma_k^* > 0$ de la ecuación (4.75). Si $\gamma_c^* < \gamma_k^*$, entonces $\lim_{k\to\infty} (c/k) = 0$, lo que implica que $\gamma_k^* = A - n - \delta$. Este resultado también podría expresarse como $A - \delta = \gamma_k^* + n$, que incumple la condición de transversalidad de la expresión (4.69). Podemos pues descartar $\gamma_c^* < \gamma_k^*$.

La única posibilidad que queda es

$$\gamma_k^* = \gamma_c^* = (1/\theta) \cdot (A - \delta - \rho) \tag{4.76}$$

donde utilizamos la expresión de γ_c^* de la ecuación (4.73). Esta solución sería válida si cumple la condición de transversalidad de la expresión (4.69), es decir, si $A - \delta$ es superior a $\gamma_k^* + n$. La expresión de γ_k^* de la ecuación (4.76) implica que la condición de transversalidad puede expresarse de la siguiente manera

$$\varphi \equiv (A - \delta) \cdot (\theta - 1)/\theta + \rho/\theta - n > 0 \tag{4.77}$$

Esta expresión equivale a la ecuación (4.12). En consecuencia, las ecuaciones (4.75) a (4.77) implican que

$$\lim_{k\to\infty} (c/k) = \varphi > 0 \tag{4.78}$$

Si interpretamos A como el valor asintótico de $f'(k)$, todos los modelos analizados en este capítulo cumplen las condiciones obtenidas en este apéndice. En concreto, la tasa de crecimiento per cápita en el estado estacionario viene dada por la ecuación (4.76) y el nivel de estado estacionario de c/k por la ecuación (4.78).

4.8. Problemas

4.1. El modelo *AK* como límite del modelo neoclásico. Considere el modelo de crecimiento neoclásico analizado en el capítulo 2 y suponga que la función de producción es de tipo Cobb-Douglas $\hat{y} = A\hat{k}^{\alpha}$.

a. ¿Cómo afecta un incremento de α a las ecuaciones de transición de $\hat{k}$ y $\hat{c}$ en las ecuaciones (2.23) y (2.24)? En consecuencia, ¿de qué manera afecta el incremento de α a las curvas $\dot{\hat{c}} = 0$ y $\dot{\hat{k}} = 0$ de la ilustración 2.1? ¿Cómo afectará a los valores de estado estacionario $\hat{k}^*$ y $\hat{c}^*$?

b. Por ejemplo, ¿qué le ocurre a $\hat{k}^*$ cuando α tiende a 1? ¿Cuál es la relación entre este resultado y el modelo *AK* analizado en este capítulo?

4.2. Exceso de ahorro en el modelo *AK* (basado en Saint-Paul, 1992). En el capítulo 1 vimos que una economía ahorra en exceso si tiende a un estado estacionario en el que la tasa de rendimiento r es menor que la tasa de crecimiento. Suponga que la tecnología es $Y = AK$ y que el ratio c/k tiende en el estado estacionario a la constante $(c/k)^*$.

a. Utilice la ecuación (4.8) para determinar la tasa de crecimiento de estado estacionario de K (y, en consecuencia, de Y y C). ¿Puede esta tasa de crecimiento de estado estacionario ser superior al tipo de interés r de la ecuación (4.7)? ¿Es posible generar exceso de ahorro si la economía tiende al estado estacionario y la tecnología es $Y = AK$?

b. Suponga que combinamos la tecnología *AK* con el modelo de consumidores con horizonte finito de Blanchard (1985), como se analizó en la sección 3.7. ¿Es posible generar exceso de ahorro en este modelo? ¿Qué ocurre si combinamos la tecnología *AK* con un modelo de generaciones solapadas, como el analizado en el apéndice del capítulo 3?

4.3. Dinámica de transición. Demuestre que en el modelo analizado en la sección 4.3 de aprendizaje a través de la experiencia con difusión de conocimiento no hay dinámica de transición. Es decir, la producción y el capital crecen siempre a la tasa constante de crecimiento del consumo de la ecuación (4.28).

4.4. Difusión de conocimiento a partir del capital promedio por trabajador. En el modelo analizado en la sección 4.3, suponga que el parámetro de la productividad de la empresa A_i, en vez de depender del stock agregado de capital K, depende de K/L, el capital promedio por trabajador de la economía. Suponemos que la función de producción es de tipo Cobb-Douglas:

$$Y_i = A \cdot (K_i)^{\alpha} \cdot [(K/L) \cdot L_i]^{1-\alpha}$$

Calcule la tasa de crecimiento de una economía descentralizada y la del planificador social. Explique por qué los efectos de escala analizados en la sección 4.3 no aparecen con esta nueva formulación.

4.5. Impuestos distorsionadores en el modelo de bienes públicos. Suponga que, en el modelo analizado en la sección 4.4.1, el gasto público G se financia mediante un impuesto sobre la renta de los activos del hogar al tipo τ_a. ¿De qué manera afecta este cambio a la relación entre la tasa de crecimiento y G/Y?; es decir, ¿cómo varía la ecuación (4.42)?

4.6. Congestión de los servicios públicos (basado en Barro y Sala-i-Martín, 1992c). En el modelo de congestión analizado en la sección 4.4.2, suponga que la producción de la empresa i viene dada por

$$Y_i = AK_i \cdot f(G/K)$$

es decir, la congestión de los servicios públicos incluye G en relación a K, en vez de G en relación a Y. ¿Cómo varían los resultados con esta nueva descripción de la congestión? En concreto, considere las nuevas tasas de crecimiento de la solución de una economía descentralizada y de la solución del planificador social.

4.7. Costes de ajuste con tecnología *AK* (basado en Barro y Sala-i-Martín, 1992c). Suponga que las empresas se enfrentan a una tecnología AK, pero que la inversión requiere costes de ajuste como los expuestos en la sección 3.3. La función de coste de ajuste unitario es $\phi(i/k) = (b/2)\cdot(i/k)$, de manera que el coste total de adquisición e inversión de una unidad de capital es $1 + (b/2)\cdot(i/k)$. Los productores maximizan el valor actual de los flujos de caja

$$\int_0^\infty \{AK - I \cdot [1 + (b/2)\cdot(I/K)]\} \cdot e^{-rt} \cdot dt$$

donde $r = A - \delta$. La maximización está sujeta a la restricción $\dot{K} = I - \delta K$.

a. Establezca la función de Hamilton y calcule las condiciones de primer orden de la empresa representativa. Halle la relación existente entre el tipo de interés y la tasa de crecimiento del capital. ¿Es esta relación monótona? Justifique su respuesta.

b. Suponga que los consumidores resuelven el problema habitual de horizonte infinito de Ramsey, de manera que la tasa de crecimiento del consumo está relacionada directamente con el tipo de interés. Suponga que la tasa de crecimiento del consumo es igual a la tasa de crecimiento del stock de capital. ¿Limita esta condición la tasa de crecimiento? Si la respuesta es no, puede descartarse una de las soluciones a partir de la condición de transversalidad?

c. Demuestre que la tasa de crecimiento del consumo es igual a la tasa de crecimiento del stock de capital. ¿Qué repercusión tiene sobre la dinámica de transición del modelo? Justifique su respuesta.

4.8. Crecimiento en un modelo con difusión de conocimiento (basado en Romer, 1986). Suponga que la función de producción de la empresa i es

$$Y_i = AK_i^\alpha \cdot L_i^{1-\alpha} \cdot K^\lambda$$

donde $0 < \alpha < 1$, $0 < \lambda < 1$ y K es el stock agregado de capital.

a. Demuestre que si $\lambda < 1 - \alpha$ y L es constante, el modelo tiene una dinámica de transición idéntica a la del modelo de Ramsey. ¿Cuál es la tasa de crecimiento de estado estacionario de Y, K y C en este caso?
b. Si $\lambda < 1 - \alpha$ y L crece a la tasa $n > 0$, ¿cuál es la tasa de crecimiento de estado estacionario de Y, K y C?
c. Demuestre que si $\lambda = 1 - \alpha$ y L es constante, el estado estacionario y la dinámica de transición son iguales a las del modelo AK.
d. ¿Qué ocurre si $\lambda = 1 - \alpha$ y L crece a la tasa $n > 0$?

Modelos de crecimiento endógeno de dos sectores (con especial hincapié en el papel del capital humano)

Capítulo 5

En el capítulo 4 aprendimos que se puede lograr crecimiento per cápita a largo plazo sin la presencia de progreso tecnológico externo si los rendimientos del capital son constantes asintóticamente. Entonces dijimos que la ausencia de rendimientos decrecientes sería posible si interpretáramos el capital de forma amplia, de manera que incluyera componentes humanos junto a los físicos. En este capítulo analizaremos modelos que distinguen entre capital físico y capital humano. Más generalmente, su estructura puede aplicarse a distintos tipos de capital, incluidos aquellos con acumulación de conocimiento que trataremos en los capítulos 6 y 7.

Comenzaremos con un modelo similar al que utilizamos en el capítulo 3 para estudiar una economía abierta, en el que el capital físico y el capital humano eran producidos con funciones de producción idénticas. En este modelo, la producción de la tecnología habitual de un único sector puede dedicarse al consumo, a la inversión en capital físico y a la inversión en capital humano. No obstante, surgen resultados nuevos si tenemos en cuenta la restricción de que la inversión bruta, tanto en capital físico como en capital humano, debe ser no negativa. Esta restricción afecta al proceso de crecimiento debido a los desequilibrios entre los niveles de capital físico y humano: la tasa de crecimiento de la producción será tanto mayor cuanto mayor sea la diferencia entre el ratio del capital físico con respecto al capital humano y el valor de estado estacionario de dicho ratio.

Después tenemos en cuenta la posibilidad de que el capital físico y el capital humano sean producidos mediante tecnologías distintas. En concreto, nos centramos en el caso empíricamente pertinente en el que la educación, es decir, la producción de nuevo capital humano, tiene un consumo relativamente intenso de factor capital humano. A título de ejemplo, esta condición se cumple en el modelo desarrollado por Uzawa (1965) y utilizado por Lucas (1988) en el que el capital humano existente es el único factor del sector que produce educación. Esta modificación de la estructura de la producción crea una asimetría en el efecto sobre la tasa de crecimiento generado por el desequilibrio entre el capital físico y el capital humano. El origen de la asimetría proviene del efecto positivo del ratio entre capital físico y capital humano sobre el salario real (por unidad de capital humano) y, por lo tanto, sobre el coste de oportunidad del capital humano empleado en educación. En este modelo, la tasa de crecimiento de una producción considerada de manera amplia, sigue creciendo al aumentar el tamaño del desequilibrio entre capital físico y capital humano si el capital humano es relativamente abundante y, sin embargo, si el capital humano es relativamente escaso, la tasa de crecimiento tiende a disminuir al aumentar dicho desequilibrio.

La presencia de capital humano puede relajar la restricción de los rendimientos decrecientes de una definición amplia de capital y, en consecuencia, permitir la existencia de crecimiento per cápita a largo plazo sin la presencia de progreso tecnológico exógeno. Así pues, la producción de capital humano puede ser una alternativa a las mejoras tecnológicas en la generación de crecimiento a largo plazo. Ahora bien, tenemos que recalcar algunos aspectos en los que la acumulación de capital humano no coincide con la creación de conocimiento en forma de progreso tecnológico. Si interpretamos el capital humano como las cualificaciones que posee el trabajador, el uso de tales cualificaciones en una actividad impide su empleo en otra actividad. En este caso, el capital humano es un bien rival. Puesto que los individuos son propietarios de su propia cualificación, al igual que de su trabajo no cualificado, el capital humano también es un bien excluible. Por el contrario, las ideas o conocimientos pueden ser bienes no rivales, en el sentido de que pueden difundirse libremente en actividades de cualquier tamaño, y en ciertos casos también pueden ser bienes no excluibles. Esta distinción implica que las teorías del progreso tecnológico, que trataremos en los capítulos 6 al 8, presentan importantes diferencias con los modelos de acumulación de capital humano que tratamos en el presente capítulo.

5.1. Un modelo de sector único con capital humano y físico

5.1.1. El modelo básico

Comenzaremos partiendo de una función de producción tipo Cobb-Douglas caracterizada por rendimientos constantes del capital físico y el capital humano, K y H.

$$Y = AK^{\alpha}H^{1-\alpha} \tag{5.1}$$

donde $0 \leq \alpha \leq 1$. Podemos definir el capital humano H como el número de trabajadores L multiplicado por el capital humano del trabajador típico h. Se supone que la cantidad de trabajadores L y la calidad de los mismos h son sustitutivos perfectos en la producción, queriendo decir con esto que lo que importa para la producción es el resultado de la combinación Lh. Esta especificación significa que un número fijo de trabajadores L no será el origen de rendimientos decrecientes, porque si duplicamos K y h, para un L fijo, la producción también se verá duplicada. Simplemente por comodidad, establecemos la condición de que la población activa L es fija y, por lo tanto, que H crece únicamente gracias a la mejora de la calidad promedio h. También eliminamos cualquier posible progreso tecnológico (es decir, suponemos que A permanece constante).

La producción puede dedicarse al consumo, a la inversión en capital físico o a la inversión en capital humano. Suponemos que los stocks de capital físico y capital humano se deprecian a la misma tasa δ. La depreciación del capital humano incluye las pérdidas por deterioro de cualificación y por defunción, descontados los beneficios de la experiencia. (Se podrían considerar tasas diferentes de depreciación del capital físico y el capital humano, pero esta generalización complicaría el análisis algebraico sin aportar gran cosa.)

La restricción de recursos de la economía es

$$Y = AK^{\alpha}H^{1-\alpha} = C + I_K + I_H \tag{5.2}$$

donde I_K e I_H son, respectivamente, la inversión bruta en capital físico y en capital humano. Las variaciones en los stocks de capital vienen dadas por

$$\dot{K} = I_K - \delta K, \qquad \dot{H} = I_H - \delta H \tag{5.3}$$

En el capítulo 2 vimos que trabajar con un modelo de diferentes empresas y hogares era equivalente a hacerlo con un modelo en el que los hogares fueran también responsables de la producción. Esto también se mantiene en el presente modelo, en el que trabajamos con hogares productores de bienes. Si omitimos el crecimiento de la población, los hogares maximizan la función de utilidad habitual

$$U = \int_0^{\infty} u[c(t)] \cdot e^{-\rho t}\, dt \tag{5.4}$$

sujeta a las dos restricciones de la ecuación (5.3) y a la restricción de recursos de la economía de la ecuación (5.2). La función de Hamilton es igual a

$$J = u(C) \cdot e^{-\rho t} + \nu \cdot (I_K - \delta K) + \mu \cdot (I_H - \delta H) + \omega \cdot (AK^{\alpha}H^{1-\alpha} - C - I_K - I_H) \tag{5.5}$$

donde ν y μ son, respectivamente, los precios sombra asociados a $\dot{K}$ y $\dot{H}$, y ω es el multiplicador de Lagrange asociado a la ecuación (5.2).[1] Utilizamos la función de utilidad habitual

$$u(C) = (C^{1-\theta} - 1)/(1 - \theta)$$

Las condiciones de primer orden pueden obtenerse de la manera habitual, calculando las derivadas de J con respecto a C, I_K e I_H e igualándolas a cero, igualando $\dot{\nu}$ y $\dot{\mu}$ a $\partial J/\partial K$ y $\partial J/\partial H$ respectivamente, y teniendo en cuenta la restricción presupuestaria de la ecuación (5.2).[2] Si simplificamos estas condiciones, obtenemos el resultado ya familiar de la tasa de crecimiento del consumo:

---

1. De forma equivalente, podríamos escribir así la función de Hamilton

$$J = u(C)e^{-\rho t} + \nu \cdot (AK^{\alpha}H^{1-\alpha} - C - \delta K - I_H) + \mu \cdot (I_H - \delta H)$$

Esta formulación impone de manera implícita la condición

$$I_K = AK^{\alpha}H^{1-\alpha} - C - I_H$$

que incluye el multiplicador de Lagrange ω de la ecuación (5.5).

2. Por el momento, no tenemos en cuenta las restricciones de desigualdad $I_K \geq 0$ y $I_H \geq 0$.

$$\dot{C}/C = (1/\theta) \cdot [A\alpha \cdot (K/H)^{-(1-\alpha)} - \delta - \rho] \tag{5.6}$$

donde $A\alpha \cdot (K/H)^{-(1-\alpha)} - \delta$ es el producto marginal neto del capital físico.

La segunda condición establece que el producto marginal neto del capital físico es igual al producto marginal neto del capital humano:

$$A\alpha \cdot (K/H)^{-(1-\alpha)} - \delta = A \cdot (1 - \alpha) \cdot (K/H)^{\alpha} - \delta$$

Esta condición implica que el ratio de los dos stocks de capital viene dado por[3]

$$K/H = \alpha/(1 - \alpha) \tag{5.7}$$

Este resultado de K/H implica que la tasa neta de rendimiento del capital físico y humano viene dada por[4]

$$r^* = A\alpha^{\alpha} \cdot (1 - \alpha)^{(1-\alpha)} - \delta \tag{5.8}$$

Esta tasa de rendimiento es constante, ya que la función de producción de la ecuación (5.1) se caracteriza por rendimientos constantes con respecto al capital en sentido amplio, K y H. En consecuencia, los rendimientos decrecientes no aparecen cuando K/H permanece constante (ecuación [5.7]), es decir, cuando K y H aumentan a la misma tasa.

Si K/H es constante, la ecuación (5.6) implica que $\dot{C}/C$ es constante e igual a

$$\gamma^* = (1/\theta) \cdot \left[A\alpha^{\alpha} \cdot (1 - \alpha)^{(1-\alpha)} - \delta - \rho\right] \tag{5.9}$$

donde hemos sustituido K/H por su valor en la ecuación (5.7). Aceptamos el supuesto de que los parámetros tienen valores tales que $\gamma^* > 0$.

A fin de analizar cómo se relaciona este modelo con algunos análisis previos, podemos sustituir la ecuación (5.7) en la función de producción de la ecuación (5.1) y obtenemos

$$Y = AK \cdot \left(\frac{1 - \alpha}{\alpha}\right)^{(1-\alpha)}$$

Es decir, este modelo es equivalente al modelo AK estudiado en el capítulo 4. Podemos utilizar el análisis empleado en ese capítulo para demostrar que, si se cumple la condición de transversalidad, las tasas de crecimiento de Y, K y H tienen

3. La identidad entre productos marginales netos se mantiene aunque las tasas de depreciación de ambos tipos de capital sean distintas. Nuevamente, esta condición determina el valor de K/H, pero la solución no puede expresarse, de manera general, mediante una expresión de forma cerrada en términos de los parámetros subyacentes.

4. Si introdujéramos en el modelo un mercado de crédito competitivo, la tasa de rendimiento sería r.

que ser iguales a la tasa de crecimiento de C.[5] Es decir, todas las cantidades crecen a la tasa constante γ^* de la ecuación (5.9).

Los resultados de r^* y γ^* de las ecuaciones (5.8) y (5.9) son, básicamente, idénticos a los obtenidos en el modelo AK analizado en el capítulo 4. Es decir, hasta ahora no hay diferencias significativas entre el modelo con dos tipos de capitales K y H y el modelo con una única forma amplia de capital.

5.1.2. La restricción de la inversión bruta no negativa

Suponga que la economía cuenta inicialmente con dos stocks de capital $K(0)$ y $H(0)$. Si el ratio $K(0)/H(0)$ difiere del valor $\alpha/(1-\alpha)$ de la ecuación (5.7), la solución que acabamos de hallar dicta ajustes discretos de ambos stocks hasta alcanzar el valor $\alpha/(1-\alpha)$ instantáneamente. Este ajuste se caracteriza por el aumento de uno de los stocks de capital y la disminución del otro, de manera que la suma $K + H$ no varía de forma inmediata.

Esta solución plantea el problema de que depende de la posibilidad de una tasa de inversión infinitamente positiva en uno de los tipos de capital y una tasa de inversión infinitamente negativa en el otro tipo. Dicho de otro modo, tenemos que aceptar la condición de que las inversiones son reversibles, de manera que las antiguas unidades de capital físico puedan convertirse en capital humano y viceversa, y dicho supuesto es poco realista. Lo más lógico es pensar que antes de la inversión los inversores pueden decidir si invertir en capital físico o en humano, pero que una vez tomada la decisión, ésta es irreversible. Matemáticamente, estas restricciones de irreversibilidad adoptarían la forma de restricciones de desigualdad: $I_K \geq 0$ y $I_H \geq 0$. En otras palabras, no se puede desinvertir el capital humano o el capital físico. Se puede tomar la decisión de no invertir nada en una u otra forma de capital; es decir, se puede establecer $I_K = 0$, que conllevaría una disminución continua de K a la tasa $\dot{K}/K = -\delta$, pero no se puede desinvertir K. Observe que, en la solución anterior, si $K(0)/H(0)$ difiere de $\alpha/(1-\alpha)$, el cambio discreto de la composición del capital en el momento cero exige la inversión bruta negativa (a una tasa infinita) de uno de los dos stocks, de manera que se incumple una de las restricciones de irreversibilidad. Por consiguiente, vamos a reconsiderar la solución del modelo en presencia de las restricciones de desigualdad. El análisis en el texto omite varios detalles, que aparecen en el apéndice 5A, sección 5.5.

Si $K(0)/H(0) < \alpha/(1-\alpha)$, es decir, si al principio H es relativamente abundante con respecto a K, la solución previa dicta una disminución de H y un aumento de K en el momento cero. La necesidad de disminuir H en una cantidad discreta implica que la desigualdad $I_H \geq 0$ se aplicará en el momento cero (y durante un intervalo finito de ahí en adelante). Cuando la restricción es operativa, el hogar elige $I_H = 0$; así pues, la tasa de crecimiento de H viene dada por $\dot{H}/H = -\delta$, y H sigue la siguiente trayectoria

$$H(t) = H(0) \cdot e^{-\delta t}, \quad \text{para } t = 0, \ldots \tag{5.10}$$

5. La condición de transversalidad es $r^* > \gamma^*$. De las ecuaciones (5.8) y (5.9) se deduce que esta condición puede expresarse así $\rho > (1-\theta) \cdot [A\alpha^{\alpha} \cdot (1-\alpha)^{(1-\alpha)} - \delta]$.

Los agentes se dan cuenta de que tienen demasiado H en relación a K, pero puesto que no es posible la inversión bruta negativa de H, permiten simplemente que H se deprecie a la tasa exógena δ.

Si $I_H = 0$, el problema de optimización del hogar puede expresarse mediante la función de Hamilton simplificada

$$J = u(C) \cdot e^{-\rho t} + \nu \cdot (AK^{\alpha}H^{1-\alpha} - C - \delta K) \tag{5.11}$$

donde ν multiplica la expresión de $\dot{K}$ (cuando $I_H = 0$).[6] Este caso es equivalente al modelo estándar de crecimiento neoclásico, en el que los hogares eligen entre el consumo y la inversión en una única forma de capital K, sujeto a progreso tecnológico exógeno que aumenta la cantidad del otro factor, en este caso H. En el modelo estándar, el otro factor, el trabajo efectivo, crece a la tasa x (con crecimiento de la población cero), mientras que en la presente situación, el otro factor, H, crece a la tasa $-\delta$.

La diferencia crucial con respecto al modelo estándar de crecimiento neoclásico radica en que K/H aumenta en el tiempo y alcanza el valor $\alpha/(1-\alpha)$ de la ecuación (5.7) en un plazo finito. En ese punto, los productos marginales netos del capital físico y el capital humano son iguales y, por lo tanto, la restricción de no negatividad de la inversión bruta en capital humano no se aplica. Los dos stocks de capital crecen indefinidamente a la tasa común γ^* de la ecuación (5.9). Ya hemos supuesto que los parámetros son tales que $\gamma^* > 0$. Así pues, durante la transición la dinámica es semejante a la del modelo neoclásico de crecimiento, pero la tasa de crecimiento a largo plazo es positiva (aunque no haya progreso tecnológico exógeno), debido a la ausencia de rendimientos decrecientes del capital en sentido amplio.

Algunos detalles de la dinámica de transición aparecen en el apéndice. En esta sección utilizaremos una aproximación heurística. Sabemos que las tasas de crecimiento de K, H e Y son iguales a $\gamma^* > 0$ en el estado estacionario, donde $K/H = \alpha/(1-\alpha)$. Antes de alcanzar el estado estacionario, $K/H < \alpha/(1-\alpha)$ e $I_H = 0$. Hemos demostrado que en esta situación las dinámicas de K e Y son las mismas que en el modelo neoclásico de crecimiento (con tecnología Cobb-Douglas). Así pues, el análisis del capítulo 2 implica que la solución posee la propiedad de convergencia de manera que las tasas de crecimiento $\gamma_K \equiv \dot{K}/K$ y $\gamma_Y \equiv \dot{Y}/Y$ disminuyen monótonamente en el tiempo. Puesto que ambas tasas de crecimiento disminuyen, tendiendo monótonamente hacia $\gamma^* > 0$, tienen que ser positivas y decrecientes durante la transición. Así pues, K/H aumenta monótonamente en el tiempo, en parte porque H disminuye (a la tasa δ) y en parte porque K aumenta (a una tasa que disminuye y que tiende a γ^*). El aumento de K/H implica que el producto marginal neto del capital físico y, en consecuencia, la tasa de rendimiento, disminuyen monótonamente.[7]

6. De forma equivalente, podríamos expresar la función de Hamilton de manera que $I_H = 0$ en el último término del segundo miembro de la ecuación (5.5):

$$J = u(C) \cdot e^{-\rho t} + \nu \cdot (I_K - \delta K) + \omega \cdot (AK^{\alpha}H^{1-\alpha} - C - I_K)$$

La ecuación (5.11) ya impone la condición $I_K = AK^{\alpha}H^{1-\alpha} - C$.

7. El aumento de K/H implica que el producto marginal neto de H aumenta en el tiempo. Sin embargo, este producto marginal neto es inferior al del capital físico. Así pues, la inversión bruta en H

Esta trayectoria decreciente de la tasa de rendimiento viene acompañada, como es habitual, por la trayectoria decreciente de γ_C.

Los resultados implican que la tasa de crecimiento de la producción γ_Y está inversamente relacionada con el ratio K/H, siempre que el valor de dicho ratio sea inferior a su valor de estado estacionario $\alpha/(1 - \alpha)$. La relación entre γ_Y y K/H puede denominarse *efecto desequilibrio*. Cuanto mayor es el desequilibrio, es decir, cuanto más lejos está K/H de su valor de estado estacionario, mayor es la tasa de crecimiento.

K/H podría ser bajo debido a una guerra que destruyera buena parte del capital físico sin dañar en exceso el capital humano. Un ejemplo podría ser el caso de Japón y Alemania tras la II Guerra mundial. En una situación así, la teoría predice que la producción crecerá a una tasa alta, muy superior a su valor de estado estacionario γ^*.

Si por el contrario la economía cuenta inicialmente con una relativa abundancia de capital físico, $K(0)/H(0) > \alpha/(1 - \alpha)$, los resultados son análogos. Esta situación podría estar provocada por una pandemia, similar a la Peste negra que asoló la Europa medieval y que diezmó la población sin destruir el capital físico. En este caso, la restricción $I_K \geq 0$ se aplica y, por lo tanto $I_K = 0$ y K crece a la tasa $-\delta$. Así pues, la elección de C y H está regida por las condiciones del modelo estándar de crecimiento neoclásico, con la excepción de que la inversión que debe decidirse afecta a H más que a K. En concreto, γ_H y γ_Y disminuyen monótonamente, tendiendo hacia el valor γ^* de estado estacionario. La disminución de K (a la tasa δ) y el aumento de H (a una tasa decreciente que tiende a γ^*) implica que K/H disminuye en el tiempo. La disminución de K/H disminuye el producto marginal neto de H y, en consecuencia, reduce la tasa de rendimiento y la tasa de crecimiento del consumo.[8]

De los resultados se deduce que K/H e γ_Y están directamente relacionados en la región en la que $K/H > \alpha/(1-\alpha)$. Así pues, aparece de nuevo un efecto desequilibrio; cuanto mayor es el desequilibrio, es decir, cuanto mayor es la distancia de K/H a su valor de estado estacionario, mayor es la tasa de crecimiento.

La ilustración 5.1 representa la tasa de crecimiento γ_Y en función de K/H. La tasa de crecimiento mínima γ^* corresponde al ratio en el estado estacionario $\alpha/(1-\alpha)$. A cada lado del estado estacionario, γ_Y aumenta al aumentar la distancia entre K/H y su valor en el estado estacionario.

En teoría, la escasez de capital físico, aquella situación en la que durante una guerra K es destruido pero no H, no tiene por qué tener un efecto mayor sobre la tasa

---

se mantiene en su valor mínimo, cero. Si pudiéramos observar el precio de mercado para las unidades existentes de H, veríamos que dicho precio es inferior a 1, su coste de sustitución, pero que aumenta tendiendo hacia 1 a medida que K/H tiende a $\alpha/(1 - \alpha)$. Así pues, la tasa total de rendimiento de poseer H, procedente de las ganancias de capital y de los "dividendos", sería igual al producto marginal neto de K en cada momento del tiempo. Así pues, el producto marginal neto de K sería igual a la tasa única de rendimiento que se observaría en el mercado de crédito.

8. El comportamiento de las tasas de rendimiento es análogo al caso en el que H es relativamente abundante. La disminución de K/H implica el aumento del producto marginal neto de K. Sin embargo, este producto marginal neto es inferior al del capital humano y la inversión bruta en K se mantiene en su valor mínimo, cero. El precio de mercado de las unidades existentes de K es inferior a su coste de sustitución, 1, pero aumenta tendiendo hacia 1 a medida que K/H tiende a $\alpha/(1 - \alpha)$. La tasa total de rendimiento de poseer K, procedente de las ganancias de capital y de los dividendos, será igual al producto marginal neto de H en cada momento del tiempo. Así pues, el producto marginal neto de H será igual a la tasa única de rendimiento que se observaría en un mercado de crédito.

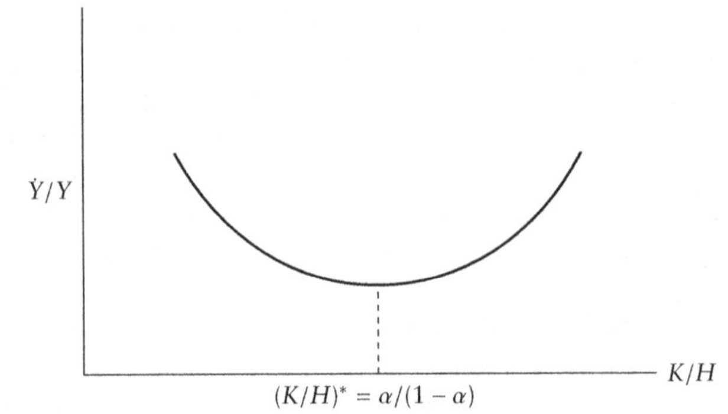

ILUSTRACIÓN 5.1 | El efecto desequilibrio en el modelo de sector único. La tasa de crecimiento de la producción depende del ratio entre los dos stocks de capital K/H. La tasa de crecimiento mínima corresponde al ratio en el estado estacionario $(K/H)^* = \alpha/(1-\alpha)$. A cada lado del estado estacionario, la tasa de crecimiento aumenta simétricamente al aumentar la diferencia entre K/H y $(K/H)^*$.

de crecimiento que la escasez de capital humano, provocada por ejemplo por una epidemia que diezma H pero no K. Existen pocas pruebas empíricas de los efectos sobre el crecimiento provocados por una disminución súbita de capital humano, aunque el análisis de la Peste negra realizado por Hirshleifer (1987, capítulos 1 y 2) parece indicar que en esta situación el crecimiento no es rápido. Así pues, podría ser que empíricamente un aumento de K/H por encima de su valor en el estado estacionario sólo tuviera un efecto positivo pequeño o incluso negativo sobre la tasa de crecimiento.

Una ampliación de la teoría de la que se deducen efectos asimétricos provocados por un K/H superior o inferior a su valor en el estado estacionario podría ser el análisis de los costes de ajuste de la acumulación de capital que tratamos en el capítulo 3. Que dichos costes de ajuste sean mucho mayores en H que en K es un supuesto factible, ya que es de suponer que el proceso educativo no puede ser acelerado significativamente sin toparse con una considerable disminución de la tasa de rendimiento de la inversión. En este caso, la relativa abundancia de H provocaría una inversión considerable en K y, por lo tanto, una mayor tasa de crecimiento de la producción. Sin embargo, la relativa abundancia de K tendría efectos mucho menores sobre la inversión en H y, por lo tanto, sobre la tasa de crecimiento de la producción. La ilustración 5.2 muestra el caso en el que la tasa de crecimiento mínima se sigue alcanzando cuando K/H es igual a su valor en el estado estacionario $\alpha/(1-\alpha)$,[9] pero en la región en la que $K/H < \alpha/(1-\alpha)$ la pendiente es mucho mayor que en la región en la que $K/H > \alpha/(1-\alpha)$. Este modelo predice que una economía se recuperará mucho más deprisa de una guerra que destruya principalmente K que de una epidemia que diezme principalmente H.

Otra implicación de los costes de ajuste de la inversión es que pueden tener lugar inversiones brutas positivas en ambos tipos de capital si K/H no se encuentra en su valor de estado estacionario $\alpha/(1-\alpha)$. Este resultado se cumple si las tasas de rendimiento de ambos tipos de inversión son altas cuando las tasas de inversión son

9. Algunas especificaciones de los costes de ajuste afectarían al ratio entre K y H en el estado estacionario, mientras que otras no. Véase el análisis expuesto en el capítulo 3.

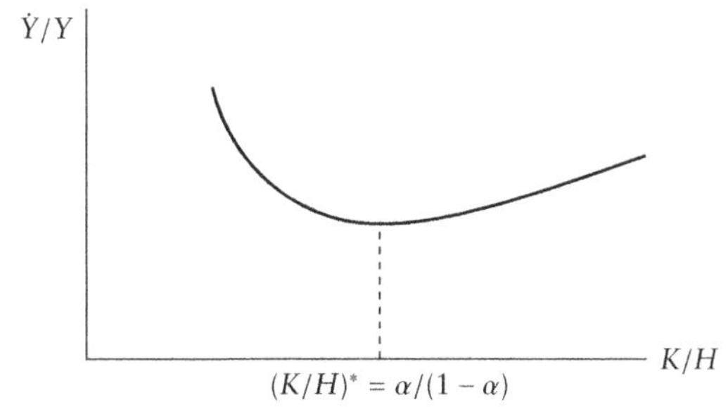

ILUSTRACIÓN 5.2 | El efecto desequilibrio con costes de ajuste del capital humano. Aceptamos el supuesto de que los costes de ajuste derivados de la modificación del capital humano son superiores a los derivados de la modificación del capital físico. En ese caso, la tasa de crecimiento es más sensible a K/H en la región en la que $K/H < (K/H)^*$ (el capital físico es relativamente escaso) que en la región donde $K/H > (K/H)^*$ (el capital humano es relativamente escaso).

bajas, y bajas cuando las tasas de inversión son altas. La posibilidad de que fuera del estado estacionario tengan lugar inversiones brutas positivas en ambos tipos de capital también se deduce en modelos en los que la tecnología de producción de bienes, C y $\dot{K}$, es distinta de la tecnología de la producción de educación $\dot{H}$. Analizamos esta noción en la sección siguiente.

5.2. Tecnologías distintas en la producción de bienes y en la producción de educación

5.2.1. El modelo de dos sectores de producción

Hasta ahora hemos aceptado el supuesto de que los bienes físicos y la educación proceden de funciones de producción idénticas. Esta especificación olvida un aspecto básico de la educación: los individuos con formación son su recurso principal. Así pues, tenemos que modificar el modelo de manera que incluya el hecho característico de que la producción de capital humano es relativamente intensiva en capital humano. Esta modificación cambia algunas de las conclusiones relativas a los efectos sobre el crecimiento de los desequilibrios entre capital físico y capital humano.

Al igual que Rebelo (1991) utilizamos un modelo con dos funciones de producción tipo Cobb-Douglas:[10]

$$Y = C + \dot{K} + \delta K = A \cdot (vK)^{\alpha} \cdot (uH)^{1-\alpha} \tag{5.12}$$

$$\dot{H} + \delta H = B \cdot [(1-v) \cdot K]^{\eta} \cdot [(1-u) \cdot H]^{1-\eta} \tag{5.13}$$

donde Y es la producción de bienes (de consumo e inversión bruta en capital físico); $A, B > 0$ son los parámetros tecnológicos; α $(0 \leq \alpha \leq 1)$ y η $(0 \leq \eta \leq 1)$ es la

10. Bond, Wang y Yip (1996) y Mino (1997) analizan este modelo con formas generales de la función de producción neoclásica.

participación del capital físico en la producción de cada uno de los sectores; por último, v $(0 \leq v \leq 1)$ y u $(0 \leq u \leq 1)$ son, respectivamente, los porcentajes de capital físico y capital humano utilizados en la producción. Los porcentajes de capital físico y de capital humanos empleados en educación, es decir, en producir capital humano, son $1 - v$ y $1 - u$.

La ecuación (5.12) indica que los bienes de consumo, C, y la inversión en capital físico, $I_K = \dot{K}+\delta K$, siguen siendo sustitutivos perfectos en cuanto a la oferta. En otras palabras, C e I_K provienen de un único flujo de producción de bienes.[11] Si $\eta \neq \alpha$, la ecuación (5.13) implica que el capital humano es producido con una tecnología distinta a la que produce los bienes. (Si $\eta = \alpha$, el modelo equivale al modelo con un único sector analizado en la sección anterior; véase la nota 13.) Como ya se ha dicho, consideramos el caso pertinente desde el punto de vista empírico, aquel en el que $\eta < \alpha$, es decir, el sector educativo es relativamente intensivo en capital humano y el sector de bienes es relativamente intensivo en capital físico.[12] De hecho, es este rasgo del modelo el que hace que resulte lógico identificar "H" con el capital humano del mundo real.

La forma de las ecuaciones (5.12) y (5.13) implica que ambas actividades de producción se caracterizan por rendimientos constantes a escala en ambos inputs de capital. Por este motivo, el modelo contará con crecimiento endógeno de estado estacionario como el descrito en el capítulo 4 en el modelo de un único sector. En el estado estacionario, v y u son constantes y C, K, H e Y crecen a la tasa común γ^*.

La producción puede ampliarse de manera que incluya la inversión bruta en capital humano, $\dot{H} + \delta H$, multiplicada por el precio sombra del capital humano. (Trataremos este precio sombra más adelante.) En el estado estacionario, esta medida amplia de la producción también aumentará a la tasa γ^*. La producción bruta, tal y como se define en la contabilidad nacional, se encuentra en un punto intermedio entre la definición amplia y la restringida, ya que esta medición incluye una parte de la inversión bruta en capital humano. Por ejemplo, el producto bruto incluye el salario del profesorado, pero no el tiempo empleado por los alumnos, ni tampoco parte del valor del tiempo empleado en la formación continua en el puesto de trabajo. En el caso de los Estados Unidos, Kendrick (1976, tablas A-1 y B-2) estima que aproximadamente la mitad de la inversión bruta en capital humano está incluida en el valor del producto.

Podemos incluir las tecnologías de las ecuaciones (5.12) y (5.13) en el modelo estándar de optimización del hogar que analizamos anteriormente. La función de Hamilton puede expresarse de la siguiente manera[13]

11. Podríamos ir más lejos e incluir diferentes intensidades de los factores en la producción de bienes de consumo y bienes de capital (el modelo de dos sectores utilizado por Uzawa, 1964 y Srinivasan, 1964) o en la producción de diferentes tipos de productos finales (Ventura, 1997).

12. De forma más general, podemos interpretar K y H como dos tipos distintos de bienes de capital, no necesariamente capital físico y capital humano. Dependiendo de la definición dada a H, el supuesto de que la producción de H requiere de manera relativamente intensa el uso de H es más o menos factible.

13. De manera equivalente, v puede multiplicar $I_K - \delta K$ y μ multiplicar a $I_H - \delta H$, y después introducir dos multiplicadores de Lagrange que correspondan a las dos restricciones $A \cdot (vK)^{\alpha} \cdot (uH)^{1-\alpha} = C + I_K$ y $B \cdot [(1-v) \cdot K]^{\eta} \cdot [(1-u) \cdot H]^{1-\eta} = I_H$. La formulación de la ecuación (5.14) ya impone estas restricciones.

$$J = u(C) \cdot e^{-\rho t} + \nu \cdot [A \cdot (vK)^{\alpha} \cdot (uH)^{1-\alpha} - \delta K - C] \\ + \mu \cdot \{B \cdot [(1-v) \cdot K]^{\eta} \cdot [(1-u) \cdot H]^{1-\eta} - \delta H\} \qquad (5.14)$$

donde ν multiplica la expresión de $\dot{K}$ y μ multiplica la expresión de $\dot{H}$. Si no se aplican las restricciones de desigualdad de inversión bruta no negativa, la solución cumple las condiciones de primer orden habituales, que provienen de igualar a cero las derivadas de J con respecto a C, v y u y de las condiciones $\dot{\nu} = -\partial J/\partial K$ y $\dot{\mu} = -\partial J/\partial H$.

Si operamos con las condiciones de primer orden, obtenemos la expresión ya familiar de la tasa de crecimiento del consumo:

$$\dot{C}/C = (1/\theta) \cdot \left[A\alpha \cdot (vK/uH)^{-(1-\alpha)} - \delta - \rho\right] \qquad (5.15)$$

En este modelo, el término $A\alpha \cdot (vK/uH)^{-(1-\alpha)} - \delta$, es decir, el producto marginal neto del capital físico de la producción de bienes es igual a la tasa de rendimiento r.

El capital físico tiene que percibir la misma tasa de rendimiento se emplee en uno o en otro sector de producción, y se debe cumplir esta misma condición en el caso del capital humano. Ambos requisitos conducen a la siguiente relación entre v y u:

$$\left(\frac{\eta}{1-\eta}\right) \cdot \left(\frac{v}{1-v}\right) = \left(\frac{\alpha}{1-\alpha}\right) \cdot \left(\frac{u}{1-u}\right) \qquad (5.16)$$

La ecuación (5.16) implica que v y u están directamente relacionados, que $v = 1$ cuando $u = 1$ y que $v = 0$ cuando $u = 0$.[14] En otras palabras, para los valores dados de α y η, la producción de bienes aumenta mediante un aumento simultáneo de los dos factores, K y H, empleados en el sector de bienes.

Sea $p \equiv \mu/\nu$ el precio sombra del capital humano en unidades de bienes. La ecuación (5.16) y la condición de que las tasas de rendimiento de K y H tienen que ser iguales conducen a la siguiente expresión de p:[15]

---

14. Si $\alpha = \eta$, la ecuación (5.16) implica que $v = u$. Si sustituimos este resultado en la ecuaciones (5.12) y (5.13), la función de producción se transforma en

$$Y = AuK^{\alpha}H^{1-\alpha}$$
$$\dot{H} + \delta H = B \cdot (1-u) \cdot K^{\alpha}H^{1-\alpha}$$

La producción en sentido amplio Q puede definirse así

$$Q = Y + (A/B) \cdot (\dot{H} + \delta H) = AK^{\alpha}H^{1-\alpha}$$

donde A/B es el precio constante de H en unidades de Y; de hecho, podemos definir las unidades de H de manera que $A/B = 1$. Con esta definición, la restricción presupuestaria de la economía es

$$Q = C + \dot{K} + \delta K + \dot{H} + \delta H$$

Así, el modelo es equivalente a la versión del único sector analizada con anterioridad en este mismo capítulo.

15. Aunque p es el precio sombra adecuado, no es el único precio de equilibrio de mercado si introducimos en el modelo un mercado de capital humano. El motivo radica en que en este modelo el capital humano y los bienes no pueden transformarse el uno en los otros o viceversa, de manera que el equilibrio es una solución de esquina. Quah (2002) demuestra que el intervalo del precio de equilibrio es $(0, \mu/\nu]$. Agradecemos a Danny Quah el habernos señalado este hecho.

$$p \equiv \mu/\nu = (A/B) \cdot (\alpha/\eta)^{\eta} \cdot [(1-\alpha)/(1-\eta)]^{1-\eta} \cdot (vK/uH)^{\alpha-\eta} \qquad (5.17)$$

El precio sombra p es igual al ratio entre el producto marginal de H en el sector de bienes (el salario) y el producto marginal en el sector educativo. La ecuación (5.17) muestra que este precio depende únicamente del ratio entre K empleado en el sector de bienes vK y H empleado en dicho sector uH.

La expresión de p nos permite calcular el concepto amplio de producción bruta que hemos mencionado con anterioridad:

$$Q = Y + pB \cdot [(1-v) \cdot K]^{\eta} \cdot [(1-u) \cdot H]^{1-\eta} \qquad (5.18)$$

Observe que la producción en sentido amplio, Q, es la suma de la producción en sentido restringido Y y el valor en unidades de bienes de la inversión bruta en capital humano, $pB \cdot [(1-v) \cdot K]^{\eta} \cdot [(1-u) \cdot H]^{1-\eta}$.

Podemos utilizar las ecuaciones (5.17), junto con las condiciones de primer orden de $\dot{\mu}$ y $\dot{\nu}$, para obtener una expresión de la tasa de crecimiento de p. Tras un largo desarrollo algebraico el resultado sería

$$\dot{p}/p = A\phi^{\alpha/(\eta-\alpha)} \cdot \left[\alpha\phi^{1/(\alpha-\eta)} \cdot p^{(1-\alpha)/(\eta-\alpha)} - (1-\alpha) \cdot p^{\eta/(\alpha-\eta)}\right] \qquad (5.19)$$

donde $\phi \equiv (A/B) \cdot (\alpha/\eta)^{\eta} \cdot [(1-\alpha)/(1-\eta)]^{1-\eta}$. El punto clave en esta expresión radica en que la tasa de crecimiento de p depende únicamente de p y de ninguna otra variable.

Si $\alpha \neq \eta$, la ecuación (5.17) determina una relación uno a uno entre p y vK/uH. En consecuencia, la ecuación (5.19) implica que la tasa de crecimiento del ratio vK/uH depende únicamente del valor del ratio y no de otras variables.

La ecuación de la tasa de crecimiento de vK/uH (que se calcula a partir de las ecuaciones [5.17] y [5.19]), la condición de $\dot{C}/C$ de la ecuación (5.15), la relación entre u y v de la ecuación (5.16) y las condiciones de $\dot{K}$ y $\dot{H}$ a partir de las restricciones presupuestarias determinan el comportamiento en el tiempo de u, v, C, K y H. Utilizando la ecuación (5.16) se puede eliminar la variable v. Puesto que las funciones de producción de las ecuaciones (5.1) y (5.13) se caracterizan por rendimientos constantes a escala, los niveles absolutos de K, H y C no influirán en la dinámica y el sistema puede expresarse mediante los ratios de dichas variables. Así pues, es posible expresar el modelo en términos de las variables u, C/K y K/H. En el estado estacionario de este sistema, los valores de u, C/K y K/H son constantes. Así pues, las tasas de crecimiento de C, K y H, al igual que las de Y y Q, son iguales en el estado estacionario.

La forma de la ecuación (5.17) tiene repercusiones inmediatas en la naturaleza de la dinámica. Esta expresión es una ecuación diferencial en una única variable p. Se puede demostrar fácilmente que la ecuación es estable ($\partial[\dot{p}/p]/\partial[p] < 0$) si $\alpha > \eta$, e inestable ($\partial[\dot{p}/p]/\partial[p] > 0$) si $\alpha < \eta$. (Si $\alpha = \eta$ el modelo es equivalente al modelo de un único sector; véase la nota 13.) Así pues, si $\alpha > \eta$, el caso que consideramos pertinente desde el punto de vista empírico, p converge monótonamente hacia su valor en el estado estacionario.

Puesto que la ecuación (5.17) relaciona p uno a uno con vK/uH, la convergencia monótona de p cuando $\alpha > \eta$ implica que vK/uH también converge monótonamente hacia su valor en el estado estacionario. El ratio vK/uH determina el producto marginal del capital físico en la producción de bienes. En consecuencia, r, igual al producto marginal neto del capital físico de la producción de bienes, y $\dot{C}/C$, calculado en la ecuación (5.15), también convergen monótonamente hacia su valor en el estado estacionario.

El resto del modelo resulta difícil de analizar para el caso general en el que $\alpha > \eta \geq 0$. Por lo tanto, comenzaremos por el caso particular de $\eta = 0$, ya que permite realizar una descripción analítica completa de la dinámica de transición. Después trataremos algunos resultados del caso más general, en el que $\alpha > \eta > 0$. Por último, contemplaremos el caso $\alpha < \eta$, aunque esta configuración de los parámetros no nos parece factible.

5.2.2. El modelo Uzawa-Lucas

El modelo básico A continuación exponemos el modelo estudiado por Uzawa (1965) y Lucas (1988) en el que la producción de capital humano no requiere capital físico; es decir, $\eta = 0$ en la ecuación (5.13). Este planteamiento es el caso extremo de la premisa de que el sector educativo es relativamente intensivo en capital humano ($\eta \leq \alpha$). Así pues, al comparar el modelo Uzawa-Lucas con el modelo de sector único (en el que las intensidades relativas del capital físico y el humano son idénticas en cada sector) podemos sacar a la luz las principales implicaciones del supuesto de las intensidades relativas de los factores. El apéndice 5B (sección 5.6) expone el modelo Uzawa-Lucas en detalle. En esta sección trabajamos con un resumen de los resultados, comenzando por el caso en el que no se aplican las restricciones de no negatividad de la inversión bruta en K y H.

La especificación $\eta = 0$ implica que $v = 1$; es decir, como K no es productivo en el sector de la educación, se utiliza en su totalidad en el sector de bienes. Así pues, las funciones de producción de las ecuaciones (5.1) y (5.13) se simplifican en[16]

$$Y = C + \dot{K} + \delta K = AK^{\alpha} \cdot (uH)^{1-\alpha} \tag{5.20}$$

$$\dot{H} + \delta H = B \cdot (1 - u) \cdot H \tag{5.21}$$

Al igual que en el capítulo 4, puede resultarnos útil expresar el sistema en variables que sean constantes en el estado estacionario. Una forma que facilita el análisis dinámico utiliza los ratios $\omega \equiv K/H$ y $\chi \equiv C/K$. Si utilizamos estas definiciones junto con las ecuaciones (5.20) y (5.21) obtenemos las expresiones de las tasas de crecimiento de K y H:

$$\dot{K}/K = A \cdot u^{(1-\alpha)} \omega^{-(1-\alpha)} - \chi - \delta \tag{5.22}$$

$$\dot{H}/H = B \cdot (1 - u) - \delta \tag{5.23}$$

16. Arnold (1997) generaliza el modelo mediante la sustitución de la ecuación (5.20) por una forma general de la función de producción neoclásica.

Así pues, la tasa de crecimiento de ω viene dada por

$$\dot{\omega}/\omega = \dot{K}/K - \dot{H}/H = A \cdot u^{(1-\alpha)}\omega^{-(1-\alpha)} - B \cdot (1-u) - \chi \tag{5.24}$$

Se pueden utilizar las condiciones de primer orden para demostrar que la tasa de crecimiento del consumo viene dada por la expresión ya conocida $\dot{C}/C = (1/\theta) \cdot (r - \rho)$, donde r es igual al producto marginal neto del capital físico en la producción de bienes, $\alpha A u^{1-\alpha}\omega^{-(1-\alpha)} - \delta$. Así pues, la tasa de crecimiento del consumo viene dada por

$$\dot{C}/C = \frac{1}{\theta} \cdot \left[\alpha A u^{1-\alpha}\omega^{-(1-\alpha)} - \delta - \rho\right] \tag{5.25}$$

La tasa de crecimiento de χ se deduce de las ecuaciones (5.25) y (5.22):

$$\dot{\chi}/\chi = \dot{C}/C - \dot{K}/K = \left(\frac{\alpha - \theta}{\theta}\right) \cdot A u^{1-\alpha}\omega^{-(1-\alpha)} + \chi - \frac{1}{\theta} \cdot [\delta \cdot (1-\theta) + \rho] \tag{5.26}$$

Por último, el apéndice 5B muestra que a partir de las ecuaciones (5.19) y (5.17) se deduce que la tasa de crecimiento de u viene dada por

$$\dot{u}/u = \frac{B \cdot (1-\alpha)}{\alpha} + Bu - \chi \tag{5.27}$$

Análisis del estado estacionario En el apéndice 5B se demuestra que las variables u, ω y χ son constantes en el estado estacionario. Si definimos la siguiente combinación de parámetros

$$\varphi \equiv \frac{\rho + \delta \cdot (1-\theta)}{B\theta} \tag{5.28}$$

los valores de estado estacionario, que corresponden a $\dot{u} = \dot{\omega} = \dot{\chi} = 0$, vienen dados por

$$\begin{aligned} \omega^* &= (\alpha A/B)^{1/(1-\alpha)} \cdot \left[\varphi + \frac{\theta - 1}{\theta}\right] \\ \chi^* &= B \cdot \left(\varphi + 1/\alpha - \frac{1}{\theta}\right) \\ u^* &= \varphi + \frac{\theta - 1}{\theta} \end{aligned} \tag{5.29}$$

La tasa de rendimiento y la tasa de crecimiento común de C, K, H, Q e Y vienen dadas en el estado estacionario por

$$r^* = B - \delta \tag{5.30}$$

$$\gamma^* = \left(\frac{1}{\theta}\right) \cdot (B - \delta - \rho) \tag{5.31}$$

La habitual condición de transversalidad $r^* > \gamma^*$ garantiza que los valores de ω^*, χ^* y u^* de la ecuación (5.29) son positivos. Si $\gamma^* > 0$ en la ecuación (5.30) se cumple que $u^* < 1$.

Dinámica de transición El sistema dinámico de ω, χ y u está formado por las ecuaciones (5.24), (5.26) y (5.27). Nos resultará útil trabajar con un sistema transformado en el que ω es sustituida por el producto promedio bruto del capital físico en la producción de bienes, que denominamos z:[17]

$$z \equiv Au^{1-\alpha}\omega^{-(1-\alpha)} \tag{5.32}$$

El producto *marginal* bruto del capital físico es igual a αz y la tasa de rendimiento es $r = \alpha z - \delta$. Aunque la variable z es la combinación de una variable de estado ω y una variable de control u, demostraremos más tarde que en el equilibrio la relación que une a z y ω es muy sencilla. En concreto, podemos hallar el valor inicial de $z(0)$ a partir del valor inicial de $\omega(0)$.

El sistema compuesto por las ecuaciones (5.24), (5.26) y (5.27) también puede expresarse en términos de las variables z, χ y u de la siguiente manera

$$\dot{z}/z = -(1-\alpha)\cdot(z - z^*) \tag{5.33}$$

$$\dot{\chi}/\chi = \left(\frac{\alpha - \theta}{\theta}\right)\cdot(z - z^*) + (\chi - \chi^*) \tag{5.34}$$

$$\dot{u}/u = B\cdot(u - u^*) - (\chi - \chi^*) \tag{5.35}$$

donde z^* es el valor de estado estacionario de z. A partir de la ecuación (5.29) y de la definición de z de la ecuación (5.32) se deduce que este valor de estado estacionario viene dado por

$$z^* = B/\alpha \tag{5.36}$$

Dinámica del producto promedio del capital físico, la tasa de rendimiento y el salario. La ecuación (5.33) es una ecuación diferencial de una variable, que determina la trayectoria temporal de z, el producto promedio bruto del capital físico. Esta ecuación tiene una solución de forma cerrada que se obtiene así

$$\left(\frac{z - z^*}{z}\right) = \left[\frac{z(0) - z^*}{z(0)}\right]\cdot e^{-(1-\alpha)\cdot z^* t} \tag{5.37}$$

17. También podríamos trabajar con el ratio vK/uH, que es igual a $(A\alpha/z)^{1/(1-\alpha)}$.

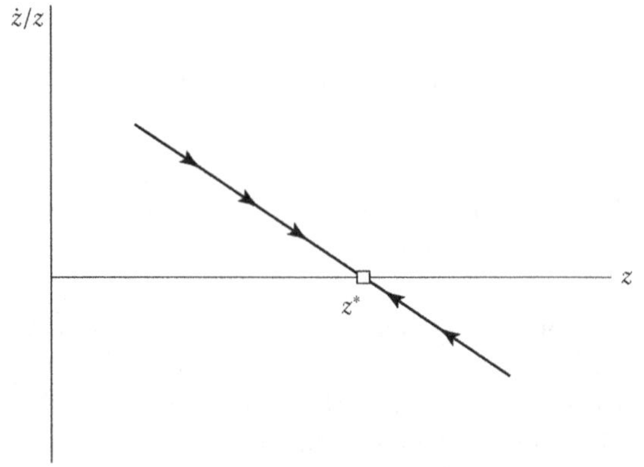

ILUSTRACIÓN 5.3 I Estabilidad de z, el producto promedio bruto del capital. La ecuación (5.33) del modelo Uzawa-Lucas es una ecuación diferencial lineal en z. Cuando $z < z^*$, la tasa de crecimiento de z es positiva y z crece hacia su valor de estado estacionario. Si $z > z^*$, se cumple el patrón opuesto. Así pues, el valor de estado estacionario, z^*, es estable.

donde $z(0)$ es el valor inicial de z. Esta ecuación establece que z se ajusta monótonamente a su valor de estado estacionario, z^*, a partir de su valor inicial, $z(0)$. En la ilustración 5.3 aparece una representación gráfica de esta propiedad de estabilidad.

Dado que la tasa de rendimiento es $r = \alpha z - \delta$, el comportamiento de z determina el comportamiento de r. En concreto, si $z(0) < z^*$, $r(0) < r^*$ y r con el tiempo crece monótonamente hacia su valor de estado estacionario. Estas propiedades son exactamente las contrarias si $z(0) > z^*$.

El salario w es igual a uH, el producto marginal del capital humano empleado en la producción de bienes. La función de producción de la ecuación (5.20) y la definición de z de la ecuación (5.32) implican que este producto marginal puede expresarse de la siguiente manera:

$$w = A \cdot (1-\alpha) \cdot u^{-\alpha}\omega^{\alpha} = A^{1/(1-\alpha)} \cdot (1-\alpha) \cdot z^{-\alpha/(1-\alpha)} \quad (5.38)$$

Así pues, si $z(0) < z^*$, $w(0) > w^*$ y con el tiempo w disminuye monótonamente hacia su valor de estado estacionario. Ocurre lo contrario si $z(0) > z^*$.

Dinámica de $\chi \equiv C/K$. La evolución de χ depende de la combinación de parámetros $\alpha - \theta$, que es un factor determinante de $\dot{\chi}/\chi$ de la ecuación (5.34). Puesto que $\alpha \leq 1$ y normalmente aceptamos el supuesto de que $\theta > 1$, es altamente probable que la desigualdad $\alpha < \theta$ se cumpla en la práctica. Así pues, en el análisis suponemos que $\alpha < \theta$.

Podemos considerar las ecuaciones (5.33) y (5.34) como un sistema bidimensional en z y χ y construir el habitual diagrama de fase en el espacio (z, χ). (Observe que la variable u no aparece en estas ecuaciones.) La recta vertical en z^* a la derecha de la ilustración 5.4 corresponde a $\dot{z} = 0$ en la ecuación (5.33). De esta ecuación también se deduce que cuando $z > z^*$ z disminuye, y que z aumenta cuando $z < z^*$. Así pues, la recta $\dot{z} = 0$ es estable, tal y como se muestra en la ilustración.

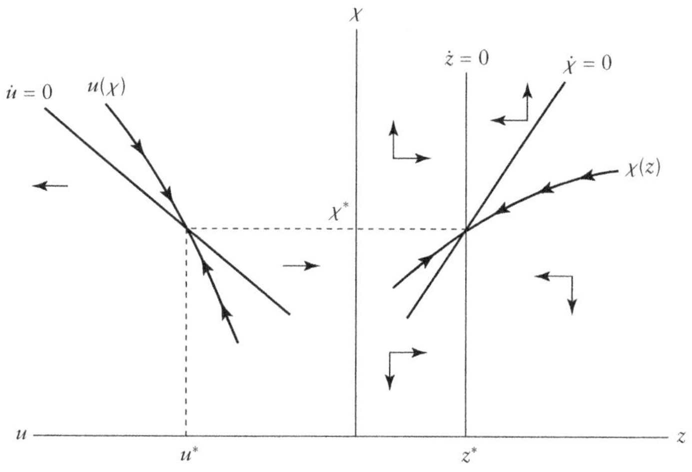

ILUSTRACIÓN 5.4 | Dinámica de z, χ y u en el modelo Uzawa-Lucas (con $\alpha < \theta$). En el lado derecho se utiliza el espacio (z, χ) para mostrar la recta $\dot{z} = 0$, la recta $\dot{\chi} = 0$ y la dinámica de z y χ. El tramo estable $\chi(z)$ tiene pendiente positiva. En el lado izquierdo se utiliza el espacio (u, χ) para mostrar la recta $\dot{u} = 0$ y la dinámica de u y χ. (En este panel, los movimientos hacia la izquierda corresponden a valores más altos de u.) El tramo estable de $u(\chi)$ tiene pendiente positiva. Si $z(0) > z^*$, entonces $\chi(0) > \chi^*$ (en el lado derecho) y $u(0) > u^*$ (en el lado izquierdo). Durante la transición, z, χ y u disminuyen monótonamente. (Nota: los resultados de χ y u dependen del supuesto $\alpha < \theta$.)

De la ecuación (5.34) se deduce que la ecuación $\dot{\chi} = 0$ cumple la siguiente condición:

$$\chi = \chi^* + \left(\frac{\theta - \alpha}{\theta}\right) \cdot (z - z^*) \tag{5.39}$$

Dado que $\theta > \alpha$, esta curva es una recta de pendiente positiva, tal y como se muestra en la parte derecha de la ilustración 5.4. Además, su pendiente es inferior a uno, una propiedad que emplearemos más adelante. De la ecuación (5.34) se deduce que χ aumenta para los puntos que se encuentran por encima de la recta $\dot{\chi} = 0$ y disminuye en caso contrario. Es decir, como se ve en la ilustración, esta recta es inestable.

La configuración de las dos rectas en el lado derecho de la ilustración 5.4 implica que la trayectoria estable de punto de silla, denominada $\chi(z)$, tiene pendiente positiva, tal y como está representada. Así pues, si $z(0) > z^*$, entonces $\chi(0) > \chi^*$ y z y χ disminuyen monótonamente con el tiempo hasta alcanzar sus valores de estado estacionario. A la inversa, si $z(0) < z^*$, entonces $\chi(0) < \chi^*$ y z y χ aumentan monótonamente hacia sus valores de estado estacionario.

Dinámica de u, la fracción de capital humano empleado en la producción. Para calcular la dinámica de u, utilizamos la ecuación (5.35) a fin de expresar el lugar geométrico $\dot{u} = 0$ de la siguiente manera:

$$u = u^* + (\chi - \chi^*)/B \tag{5.40}$$

Este lugar geométrico es una recta de pendiente positiva en el espacio (u, χ), como se muestra en el lado izquierdo de la ilustración 5.4. (Los movimientos hacia la izquierda corresponden a valores de u más altos.) En la ilustración, la trayectoria estable de punto de silla de u se denomina $u(\chi)$. Observe que si $z(0) > z^*$, de modo que $\chi(0) > \chi^*$, entonces $u(0) > u^*$. (Se puede comprobar a partir de la ilustración que si $u(0) \leq u^*$ o si $u(0)$ se sitúa a la izquierda de la recta $\dot{u} = 0$ con el tiempo u se alejaría de u^*.)

En resumen, hemos demostrado que si $\alpha < \theta$, entonces $z(0) > z^*$ implica que $\chi(0) > \chi^*$ y $u(0) > u^*$, y z, χ y u disminuyen monótonamente hacia sus valores de estado estacionario. A la inversa, si $z(0) < z^*$, entonces $\chi(0) < \chi^*$ y $u(0) < u^*$, y z, χ y u aumentan monótonamente hacia sus valores de estado estacionario.

Dinámica si $\alpha \geq \theta$. Podemos aplicar el mismo enfoque para analizar los casos en los que $\alpha \geq \theta$. Puesto que no consideramos estos casos pertinentes desde el punto de vista empírico, simplemente vamos a señalar los resultados. Los desarrollos quedan a modo de ejercicio práctico. Si $\alpha > \theta$, los resultados de χ y u, son los opuestos a los hallados anteriormente. Por ejemplo, si $z(0) > z^*$, entonces $\chi(0) < \chi^*$ y $u(0) < u^*$. La disminución monótona de z en el tiempo se asocia a aumentos monótonos de χ y u.

Si $\alpha = \theta$, entonces $\chi(0) = \chi^*$ y $u(0) = u^*$. Es decir, en el caso límite, las variables χ y u permanecen constantes en sus valores de estado estacionario durante toda la transición de $z(0)$ a z^*.

La relación entre z, el producto promedio bruto del capital físico y la variable de estado $\omega \equiv K/H$. Volvamos de nuevo al caso en el que $\alpha < \theta$. Para completar el análisis de la dinámica, tenemos que relacionar el comportamiento de z, y por lo tanto el de χ y de u, con el comportamiento de la variable de estado ω. En concreto, queremos utilizar la condición inicial de que ω se sitúa inicialmente en $\omega(0)$.

El apéndice 5B muestra que $z(0)$ y $\omega(0)$ están inversamente relacionadas, es decir que $z(0) \gtreqless z^*$ cuando $\omega(0) \lesseqgtr \omega^*$. Dicho de otro modo, si ω, el ratio entre K y H, es bajo inicialmente, z, el producto promedio bruto del capital físico, es alto inicialmente, y viceversa.

A modo de ejemplo, si inicialmente ω es superior a su valor de estado estacionario, una situación en la que el capital humano es escaso en relación al capital físico, entonces z, el producto medio del capital físico, y r, la tasa de rendimiento, tienen inicialmente valores bajos y después aumentan monótonamente hasta alcanzar sus valores de estado estacionario. También sabemos que en esta situación el salario w es inicialmente superior a su valor de estado estacionario y después disminuye, mientras que χ y u son inicialmente inferiores a su valor de estado estacionario y después aumentan. El comportamiento de u significa que inicialmente se asigna una cantidad comparativamente pequeña de capital humano a la producción de bienes y se asigna una cantidad comparativamente mayor a la educación. Con el tiempo, la asignación cambia, a favor de la producción de bienes y en contra de la producción de educación. Estos resultados son exactamente los opuestos si el valor inicial de ω es inferior a su valor de estado estacionario.

Policy functions de χ y u. Podemos resumir los resultados de χ y u en términos de las *policy functions*. La ilustración 5.5 muestra que las elecciones de χ y u son

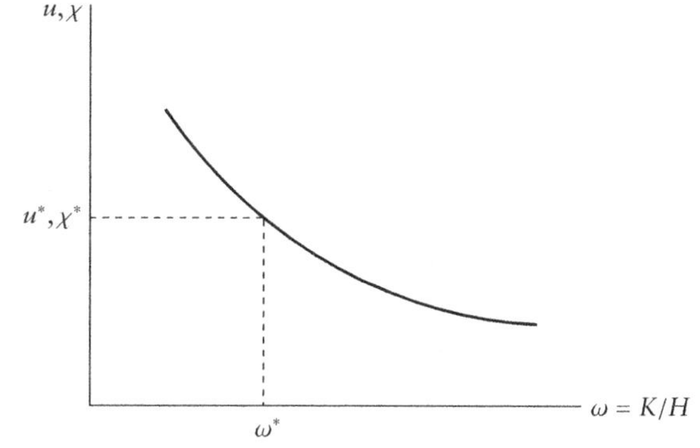

ILUSTRACIÓN 5.5 | *Policy functions* de u y χ (cuando $\alpha < \theta$). Las *policy functions* relacionan los valores óptimos de las variables de control, u y $\chi \equiv C/K$, con la variable de estado $\omega \equiv K/H$. Cuando $\alpha < \theta$, las *policy functions* tienen pendiente negativa. (La ilustración muestra una única curva por sencillez.) Si $\alpha = \theta$, las *policy functions* serían planas, y si $\alpha > \theta$, tendrían pendiente positiva.

funciones de ω de pendiente negativa.[18] (En esta ilustración trazamos una sola curva para ambas variables únicamente por sencillez.) Así pues, si imaginamos de nuevo un país que se sitúa inicialmente en una situación de relativa escasez de capital humano, $\omega > \omega^*$, ω disminuirá con el tiempo mientras que χ y u aumentarán. Por tanto, el país inicialmente asignará una cantidad comparativamente pequeña de sus recursos al consumo ($\chi \equiv C/K$ es bajo) y dedicará mucho tiempo a la educación ($1 - u$ es alto).

Comportamiento de transición de las tasas de crecimiento. En esta sección vamos a analizar la relación entre la dinámica de ω, z, χ y u y el comportamiento de transición de las tasas de crecimiento. En concreto, vamos a analizar si los desequilibrios entre K yH, es decir, los valores superiores o inferiores de ω con respecto a ω^*, provocan tasas de crecimiento superiores o inferiores de las distintas variables del modelo.

La tasa de crecimiento del consumo. Si la economía cuenta inicialmente con un capital físico relativamente bajo, $\omega < \omega^*$, el tipo de interés, r, disminuye monótonamente hasta alcanzar su valor de estado estacionario, $B - \delta$. Esta disminución de r implica la disminución de $\dot{C}/C$. A la inversa, si $\omega > \omega^*$, r y $\dot{C}/C$ aumentan con regularidad durante la transición. Si trazamos un gráfico de $\dot{C}/C$ en función de ω, obtenemos una curva de pendiente negativa, como la que muestra la sección superior de la ilustración 5.6.

Recuerde que, en el modelo de sector único con restricciones de desigualdad de la inversión bruta, la relación entre $\dot{C}/C$ y ω se describía mediante un curva en forma de U como la de la ilustración 5.1. En consecuencia, los desequilibrios entre K y H en cualquiera de las dos direcciones provocaban una mayor tasa de crecimiento del consumo. Por el contrario, en el intervalo del modelo Uzawa-Lucas en el que las restricciones de desigualdad de la inversión bruta en K y H no son operativas,

18. La ilustración 5.5 se cumple si $\alpha < \theta$. Las *policy functions* tienen pendiente positiva si $\alpha > \theta$ y son horizontales si $\alpha = \theta$.

el desequilibrio en el que hay escasez de K ($\omega < \omega^*$) implica un mayor valor de $\dot{C}/C$, mientras que el desequilibrio en el que hay escasez de H ($\omega > \omega^*$) implica un valor inferior de $\dot{C}/C$.

Las tasas de crecimiento del capital físico y humano. El comportamiento de transición de las tasas de crecimiento de las restantes variables es más complejo. En el apéndice 5B se demuestra que podemos operar con las fórmulas de $\dot{z}/z$, $\dot{\chi}/\chi$ y $\dot{u}/u$ de las ecuaciones (5.33) a (5.35) y utilizar la condición de $\dot{C}/C$ de la ecuación (5.25) para obtener las expresiones de las tasas de crecimiento de H y K:

$$\dot{H}/H = \gamma^* - B \cdot (u - u^*) \tag{5.41}$$

$$\dot{K}/K = \gamma^* + (z - z^*) - (\chi - \chi^*) \tag{5.42}$$

donde γ^* es la tasa de crecimiento en el estado estacionario, $(1/\theta) \cdot (B - \delta - \rho)$, de la ecuación (5.31).

Si como hemos estado suponiendo $\alpha < \theta$, la ilustración 5.5 muestra que $u - u^*$ disminuye monótonamente en ω. Así pues, la ecuación (5.41) implica que $\dot{H}/H$ es monótonamente creciente en ω. Un aumento en la cantidad relativa de capital físico aumenta la tasa de crecimiento del capital humano. Esta propiedad está representada en el segundo panel de la ilustración 5.6.

Recuerde que $z - z^*$ (la desviación del producto medio de capital con respecto a su valor de estado estacionario) es monótonamente decreciente al aumentar ω. Este efecto tiende a provocar que $\dot{K}/K$ disminuya al disminuir ω de acuerdo con la

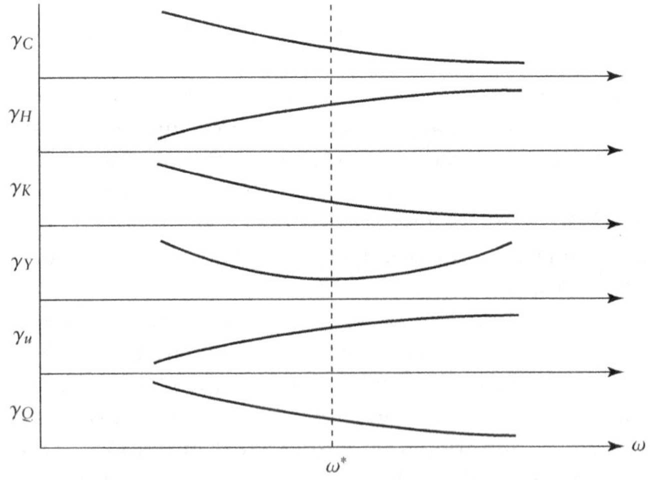

ILUSTRACIÓN 5.6 I Patrones de las tasas de crecimiento en el modelo Uzawa-Lucas. La ilustración muestra el comportamiento de las tasas de crecimiento del consumo, el capital humano, el capital físico, la producción de bienes (Y), la fracción del capital dedicada a la producción de bienes (u) y la producción en sentido amplio (Q). Todas estas variables están relacionadas con $\omega \equiv K/H$. (Nota: el mínimo de $\dot{Y}/Y$ puede situarse a la derecha o a la izquierda del valor de estado estacionario ω^*.)

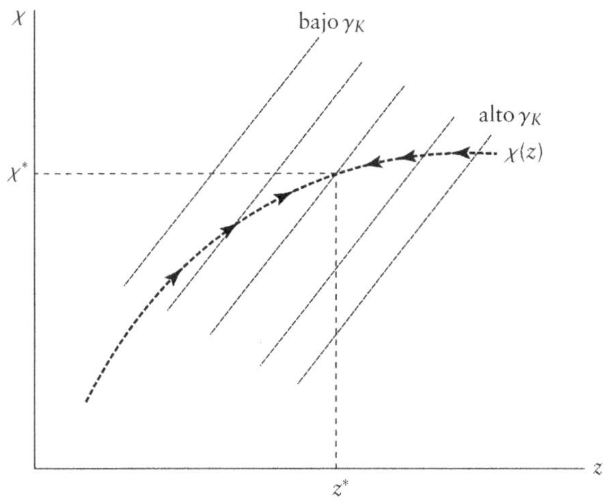

ILUSTRACIÓN 5.7 | Cálculo de la tasa de crecimiento del capital físico. En las proximidades del estado estacionario, las rectas isocrecimiento tienen más pendiente que la trayectoria de punto de silla $\chi(z)$. Las rectas isocrecimiento que se encuentran más a la derecha corresponden a valores mayores de $\dot{K}/K$. En consecuencia, $\dot{K}/K$ está directamente relacionada con z en las proximidades del estado estacionario. La relación inversa entre z y ω implica que $\dot{K}/K$ está inversamente relacionada con ω.

ecuación (5.42). Sin embargo, la ilustración 5.5 muestra que $\chi - \chi^*$ es monótonamente decreciente al aumentar ω y este efecto contrarresta la tendencia a disminuir de $\dot{K}/K$.[19]

La ilustración 5.7 nos da una perspectiva gráfica de la determinación de $\dot{K}/K$. Empezamos representando la trayectoria de punto de silla, denominada $\chi(z)$, en la parte derecha de la ilustración 5.4. Observe que esta curva tiene pendiente positiva pero es más plana que la curva $\dot{\chi} = 0$, al menos en las proximidades del estado estacionario. Recuerde también que a partir de la ecuación (5.39) se deduce que la pendiente de la curva $\dot{\chi} = 0$ es positiva, pero inferior a uno. En consecuencia, la pendiente de la curva $\chi(z)$ también tiene que ser inferior a uno en las proximidades del estado estacionario.

Utilizaremos la ecuación (5.42) para construir líneas isocrecimiento, es decir, curvas de z y χ que correspondan a valores constantes de $\dot{K}/K$. La ecuación implica que estas curvas son rectas y que su pendiente es igual a uno. La ilustración 5.7 muestra varias rectas isocrecimiento, y las que se encuentran más a la derecha, con valores de z más altos, corresponden a valores de $\dot{K}/K$ mayores. Sabemos también que la pendiente de estas rectas es mayor que la pendiente de la curva $\chi(z)$, al menos en las proximidades del estado estacionario [ya que, en esta región, la curva $\chi(z)$ tiene una pendiente inferior a uno].

La ilustración 5.7 muestra que $\dot{K}/K$ está directamente relacionado con z en las proximidades del estado estacionario. Así pues, $\dot{K}/K$ está inversamente relacionado con ω en esta región. En otras palabras, si $\omega(0) < \omega^*$, entonces a medida que ω aumenta con el tiempo, en la ecuación (5.42) que determina el valor de $\dot{K}/K$ el

19. Si $\alpha \geq \theta$, $\chi - \chi^*$ es constante o monótonamente decreciente en z. En este caso e inequívocamente, $\dot{K}/K$ es monótonamente decreciente en ω.

efecto de la disminución de $z - z^*$ predomina sobre el efecto de la disminución de $\chi - \chi^*$.

Mediante simulaciones numéricas hemos hallado que la relación inversa que existe entre $\dot{K}/K$ y ω se cumple para un amplio intervalo de ω en torno a su posición de estado estacionario (véase Mulligan y Sala-i-Martín, 1993). Es decir, la disminución de $z - z^*$ predomina sobre la disminución de $\chi - \chi^*$ para un amplio abanico de valores de los parámetros considerados.[20] Así pues, el modelo implica que un alto ratio entre capital físico y capital humano, ω, se asocia a una tasa menor de crecimiento del capital físico, $\dot{K}/K$. Esta propiedad está representada en la tercera sección de la ilustración 5.6.

La tasa de crecimiento de Y, la producción de bienes. El volumen de bienes producidos (en forma de bienes de consumo y capital físico) viene dado por la ecuación (5.20), $Y = AK^{\alpha} \cdot (uH)^{1-\alpha}$. En consecuencia, podemos utilizar las expresiones de $\dot{H}/H$ y $\dot{K}/K$ de las ecuaciones (5.41) y (5.42), junto con la expresión de $\dot{u}/u$ de la ecuación (5.35), para calcular la tasa de crecimiento de Y:

$$\dot{Y}/Y = \gamma^* + \alpha \cdot (z - z^*) - (\chi - \chi^*) \tag{5.43}$$

Analizaremos $\dot{Y}/Y$ mediante un proceso similar al utilizado para $\dot{K}/K$. La ecuación (5.43) implica que las líneas de isocrecimiento de $\dot{Y}/Y$ en el espacio (z, χ) son rectas y su pendiente es $\alpha < 1$. Varias de estas rectas aparecen en la ilustración 5.8. Observe que las rectas de la derecha están vinculadas a mayores tasas de crecimiento. A diferencia del caso anterior, estas rectas isocrecimiento no tienen necesariamente una pendiente mayor que la curva $\chi(z)$ en las proximidades del estado estacionario. Así pues, en las proximidades del estado estacionario, la relación entre $\dot{Y}/Y$ y z es incierta. En conclusión, $\dot{Y}/Y$ puede aumentar o disminuir en relación a ω.[21]

Las simulaciones numéricas realizadas verifican estas conclusiones y demuestran que la relación entre $\dot{Y}/Y$ y ω tiende a tener forma de U, tal y como se representa en la cuarta sección de la ilustración 5.6. El mínimo de $\dot{Y}/Y$ puede hallarse tanto a la izquierda como a la derecha del estado estacionario; es decir, $\dot{Y}/Y$ puede ser creciente o decreciente con respecto a ω en las proximidades del estado estacionario.

Suponga, por ejemplo, que utilizamos $\alpha = 0{,}5$ y los valores estándar de los parámetros que hemos considerado con anterioridad ($\rho = 0{,}02$, $n = 0{,}01$, $\delta = 0{,}05$), y fijamos $B = 0{,}11$ de manera que la tasa de rendimiento en el estado estacionario $B - \delta$ sea igual a 0,06. (En ese caso, la tasa de crecimiento de estado estacionario, $[1/\theta] \cdot [B - \delta - \rho]$, es igual a 0,02 si $\theta = 2$.) Para este conjunto de parámetros, el mínimo de $\dot{Y}/Y$ se halla en el valor de estado estacionario de ω si $\theta = 3{,}5$, a la izquierda del estado estacionario si $\theta > 3{,}5$, y a la derecha del estado estacionario si

20. Numéricamente, hallamos que la relación inversa entre $\dot{K}/K$ y ω puede invertirse para valores de ω muy grandes. Sin embargo, para valores de ω muy grandes o muy pequeños, las restricciones de desigualdad de la inversión bruta son operativas (véase la sección 2.2.4). Si examinamos únicamente el intervalo de ω para el que estas restricciones no son operativas, los resultados numéricos indican que $\dot{K}/K$ es decreciente con respecto a ω para todos los valores de los parámetros que hemos considerado.

21. Si $\alpha \geq \theta$, $\chi - \chi^*$ puede ser tanto constante como creciente en ω. Así pues, $\dot{Y}/Y$ es con toda certeza decreciente en ω.

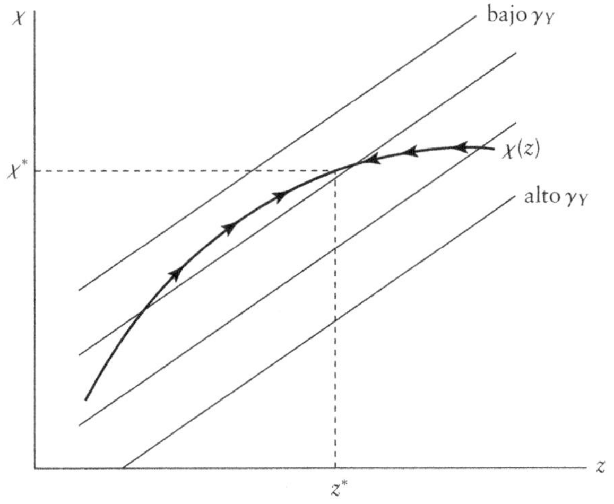

ILUSTRACIÓN 5.8 | Determinación de la tasa de crecimiento de la producción de bienes. En las proximidades del estado estacionario, las rectas isocrecimiento podrían tener mayor o menor pendiente que la trayectoria de punto de silla $\chi(z)$. En consecuencia, la relación entre la tasa de crecimiento $\dot{Y}/Y$ y z y ω es incierta. Observe que la curva $\chi(z)$ es la representada en la parte derecha de la ilustración 5.4 y se cumple si $\alpha < \theta$.

$\theta < 3{,}5$. (Observe que, si el mínimo de $\dot{Y}/Y$ se encuentra a la izquierda del estado estacionario, $\dot{Y}/Y$ aumenta al aumentar z en las proximidades del estado estacionario y viceversa.) Así pues, el efecto desequilibrio puede ser simétrico, con tasas de crecimiento de la producción mayores tanto si es K como si es H el que es relativamente escaso, o asimétrico, con tasas de crecimiento crecientes con un tipo de desequilibrio y decrecientes con el otro en las proximidades del estado estacionario.

La tasa de crecimiento de la producción en sentido amplio, Q. La producción en sentido amplio, Q, se definió en la ecuación (5.18) (recuerde que ahora se cumple $\eta = 0$). Si utilizamos la expresión de μ/ν de la ecuación (5.17) y las expresiones $\dot{Y}/Y$ de la ecuación (5.43), $\dot{H}/H$ de la ecuación (5.41) y $\dot{u}/u$ de la ecuación (5.35), la tasa de crecimiento de Q puede expresarse de la siguiente manera

$$\dot{Q}/Q = \dot{Y}/Y - (\dot{u}/u) \cdot \left(\frac{1-\alpha}{1-\alpha+\alpha u}\right) \qquad (5.44)$$

Ya hemos analizado la determinación de $\dot{Y}/Y$. Así pues, para analizar $\dot{Q}/Q$ queda por estudiar el comportamiento de $\dot{u}/u$.

La ecuación (5.35) implica que las líneas isocrecimiento de $\dot{u}/u$ son rectas de pendiente igual a la de la recta $\dot{u} = 0$, representada en la parte izquierda de la ilustración 5.4. La ilustración 5.9 muestra varias de estas rectas isocrecimiento; las situadas más hacia la izquierda (para valores mayores de u) corresponden a valores de $\dot{u}/u$ más altos. Si $z(0) > z^*$, lo que corresponde a $\omega(0) < \omega^*$, entonces $u(0) > u^*$ y $\chi(0) > \chi^*$. En consecuencia, la economía se desplaza hacia abajo a lo largo de la curva $u(\chi)$ representada en la ilustración (5.9), alcanzando valores de u y χ inferiores. La ilustración también muestra que $\dot{u}/u$ crece; es decir, si z aumenta, $\dot{u}/u$ aumenta desde un valor negativo hasta alcanzar su valor de estado estacionario igual a cero.

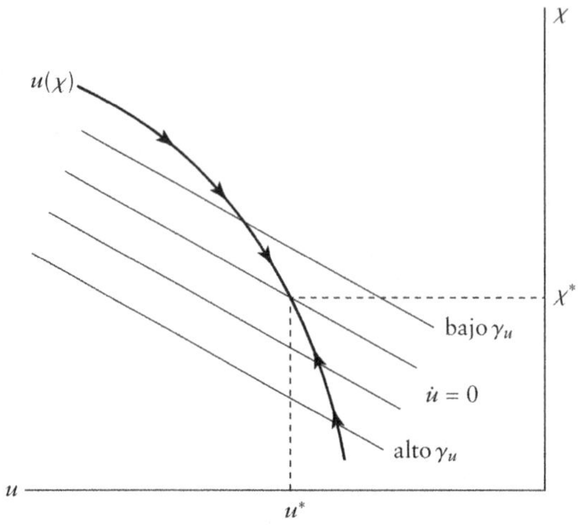

ILUSTRACIÓN 5.9 | Determinación de $\dot{u}/u$. En las proximidades del estado estacionario las líneas isocrecimiento son más planas que la trayectoria de punto de silla $\chi(u)$. Las líneas isocrecimiento situadas más arriba corresponden a valores más bajos de $\dot{u}/u$. Así pues, en el entorno del estado estacionario, $\dot{u}/u$ está inversamente relacionado con χ, y por lo tanto con z. Puesto que existe una relación inversa entre z y ω, $\dot{u}/u$ está directamente relacionado con ω.

Este comportamiento aparece representado en la quinta sección de la ilustración 5.6.

Volvamos de nuevo a la expresión de $\dot{Q}/Q$ de la ecuación (5.44). A medida que ω aumenta, también aumenta $\dot{u}/u$ (como acabamos de ver) y u disminuye. Así pues, el segundo término del segundo miembro de la ecuación tiende a producir una relación inversa entre $\dot{Q}/Q$ y ω.

En la expresión de $\dot{Q}/Q$ también aparece $\dot{Y}/Y$, que tiende a tener forma de U con relación a ω (véase la ilustración 5.6), y cuyo mínimo se encuentra a la izquierda o a la derecha del estado estacionario. Sin embargo, las simulaciones numéricas realizadas muestran que $\dot{Q}/Q$ tiene pendiente negativa con respecto a ω para un amplio intervalo de ω.[22] Es decir, para los valores de los parámetros con los que hemos trabajado, el segundo término del segundo miembro de la ecuación (5.44) es lo suficientemente fuerte como para eliminar la forma de U. En consecuencia, la sección inferior de la ilustración 5.6 muestra una función $\dot{Q}/Q$ monótonamente decreciente con respecto a ω.

Resumen de la dinámica del modelo Uzawa-Lucas. El modelo Uzawa-Lucas proporciona una perspectiva de los efectos de los desequilibrios entre K y H diferente a la del modelo de sector único. En el modelo de sector único, los grandes desequilibrios entre K y H en cualquier dirección aumentaban las tasas de crecimiento de la producción y el consumo. Observe que, en el modelo de sector único, la producción incluye los bienes de consumo y ambas formas de capital. En consecuencia,

22. Como se dijo en la nota 20, valores muy grandes o muy pequeños de ω hacen que las restricciones de desigualdad de la inversión bruta sean operativas. Si examinamos únicamente el intervalo de ω para el que dichas restricciones no son operativas, las simulaciones numéricas indican que $\dot{Q}/Q$, al igual que $\dot{K}/K$, es decreciente con respecto a ω para todos los valores de los parámetros utilizados.

tenemos que comparar la tasa de crecimiento de la producción del modelo de sector único con la tasa de crecimiento de la producción en sentido amplio del modelo Uzawa-Lucas.

En el modelo Uzawa-Lucas, $\dot{C}/C$ siempre está inversamente relacionada con ω y $\dot{Q}/Q$ tiende a estar inversamente relacionada con ω (véase la ilustración 5.6). Es decir, si el capital humano es abundante en relación al capital físico ($\omega < \omega^*$) estas tasas de crecimiento tienden a aumentar cuando aumenta la importancia del desequilibrio entre capital humano y capital físico, pero si el capital humano es relativamente escaso ($\omega > \omega^*$) tienden a disminuir cuando aumenta la importancia del desequilibrio. Así pues, el modelo predice que una economía se recuperará más deprisa tras una guerra que destruya sobre todo el capital físico que tras una epidemia que diezme el capital humano.

Estos nuevos resultados se basan sobre el supuesto de que el sector educativo es relativamente intensivo en capital humano. Si por ejemplo $\omega > \omega^*$, el producto marginal del capital humano en el sector de bienes es alto y cabría esperar que hubiera crecimiento debido principalmente a que la tasa de crecimiento del capital humano es alta. Sin embargo, un nivel alto de ω implica un salario alto y, en consecuencia, un alto coste operativo del sector educación, que es relativamente intensivo en capital humano. En otras palabras, este efecto fomenta que los individuos asignen capital humano a la producción de bienes, y no tanto a la educación, el sector que produce H que es el factor relativamente escaso. Así pues, cuando el valor de ω es superior al valor de ω^* este efecto tiende a ralentizar la tasa de crecimiento de la economía.

Comportamiento de la tasa de ahorro. En el capítulo 2 ya tratamos el comportamiento de la tasa de ahorro bruto en el modelo de Ramsey con un único sector. Si la función de producción era del tipo Cobb-Douglas, durante la transición la tasa de ahorro disminuía monótonamente, se mantenía constante o aumentaba monótonamente dependiendo de si una combinación concreta de parámetros era positiva, cero o negativa (véase el apéndice 2B). También señalamos que si se establecía el supuesto de una participación de capital alta, de aproximadamente 0,75, correspondiente a una noción amplia de capital, los valores razonables de los parámetros conllevaban una tasa de ahorro bruto más o menos constante.

Se puede aplicar un análisis semejante al modelo Uzawa-Lucas con una función de producción de bienes de tipo Cobb-Douglas. Suponga que definimos el ahorro bruto como la fracción no consumida de la producción de bienes, Y. Es decir, consideramos una definición restringida que excluye de la producción y del ahorro la producción de capital humano. Entonces, podemos demostrar (siguiendo un proceso análogo al del apéndice 2B) que el comportamiento de transición de la tasa de ahorro se calcula de la forma siguiente

$$
\begin{aligned}
\Psi &= -B\cdot(1-\alpha)/\alpha+\delta-(\rho+\delta)/\theta>0 \implies ds/d\omega>0 \qquad (5.45)\\
\Psi &= -B\cdot(1-\alpha)/\alpha+\delta-(\rho+\delta)/\theta=0 \implies s=1-\alpha\cdot(\theta-1)/\theta\\
\Psi &= -B\cdot(1-\alpha)/\alpha+\delta-(\rho+\delta)/\theta<0 \implies ds/d\omega<0
\end{aligned}
$$

En este caso la condición de una tasa de ahorro constante, $\psi = 0$, es difícil de cumplir. En primer lugar, la ecuación (5.45) implica que debe cumplirse

$\alpha\delta > B\cdot(1-\alpha)$ para que $\psi = 0$. Para los valores de los parámetros con los que trabajamos anteriormente, $\delta = 0{,}05$ y $B = 0{,}11$, esta condición requiere que $\alpha > 0{,}69$. Puesto que en este caso α se refiere únicamente al capital físico, es muy poco probable que esta desigualdad se cumpla. En segundo lugar, la condición de transversalidad del modelo [la tasa de rendimiento en el estado estacionario, $B - \delta$, es superior a la tasa de crecimiento en el estado estacionario, $(1/\theta)\cdot(B - \delta - \rho)$] puede utilizarse para demostrar que Ψ únicamente puede ser igual a cero si $(1/\theta) + (1/\alpha) < 2$. En concreto, esta condición requiere que $\theta > 1/\alpha$. Así pues, si un valor pequeño de α operara en la primera desigualdad, entonces una tasa de ahorro constante exigiría un valor grande de θ.

Si la tasa de ahorro fuera constante durante la transición, su valor $s = 1 - \alpha(\theta - 1)/\theta$, sería muy alto, excepto si α es cercano a 1 y θ es alto. Por ejemplo, si $\alpha = 0{,}5$ y $\theta = 2$, entonces $s = 0{,}75$. Puesto que los ahorros en este caso corresponden únicamente a la fracción de la producción de bienes que atañe al capital físico, y no incluye la inversión en capital humano, este valor alto de s es poco realista.

Los valores razonables de los parámetros, incluido un valor de α muy inferior a 1, corresponden a $\Psi < 0$ y, en consecuencia, $ds/d\omega < 0$ en la ecuación (5.45). Considere un país poco desarrollado que comienza con una relativa escasez de capital humano, de manera que $\omega > \omega^*$. El modelo predice que la tasa de ahorro bruto de este país (definida como la fracción no consumida de la producción de bienes) inicialmente sería baja y después aumentaría a medida que la economía se fuera aproximando a su estado estacionario.

Las restricciones de desigualdad de la inversión bruta En el modelo de sector único analizado en la primera parte de este capítulo, vimos que una de las restricciones de desigualdad de no negatividad de la inversión bruta era operativa si el valor inicial de $\omega \equiv K/H$ se alejaba de su valor de estado estacionario. En concreto, $\omega < \omega^*$ implicaba que la inversión bruta en capital humano era igual a cero, mientras que $\omega > \omega^*$ implicaba que la inversión bruta en capital físico era igual a cero. En el modelo Uzawa-Lucas, las restricciones de desigualdad no son operativas para el intervalo de ω en torno a su valor de estado estacionario, y la dinámica que hemos analizado hasta hora se cumple en dicho intervalo. Ahora bien, si el valor de ω es inicialmente lo suficientemente superior o inferior a su valor de estado estacionario, una de las restricciones de desigualdad de la inversión bruta se vuelve operativa.

Si $\alpha < \theta$ (tal y como estamos dando por supuesto) u y ω están inversamente relacionadas, como se muestra en la ilustración 5.5. Si ω es lo suficientemente inferior a ω^*, la restricción $u \leq 1$ se aplica. Es decir, si K es lo suficientemente escaso con relación a H, la inversión bruta en H se establece en una cantidad igual a cero. En este caso, H crece a la tasa constante $-\delta$. Hay un paralelismo entre esta situación y el habitual modelo de crecimiento de un único sector en el que la producción puede utilizarse en C o K. Sabemos que, en este intervalo, las tasas de crecimiento de C, K e Y están inversamente relacionadas con respecto a ω. Así pues, en la ilustración 5.6 las curvas $\dot{C}/C$ y $\dot{K}/K$ tienen pendiente negativa y el tramo de la curva $\dot{Y}/Y$ también tiene pendiente negativa aún en el caso de que ω sea lo suficientemente pequeño como para que la restricción $u \leq 1$ se aplique.

Podemos calcular numéricamente qué valor inferior a ω^* tiene que alcanzar ω para que la restricción de desigualdad $u \leq 1$ sea operativa y, en consecuencia

$\dot{H} + \delta H \geq 0$ también lo sea. Para los valores de los parámetros tratados con anterioridad, incluidos $\alpha = 0{,}5$ y $\theta = 2$, ω tiene que disminuir hasta el 5 % de ω^* para que la restricción se aplique. Se llega a conclusiones similares si permitimos que los parámetros se alejen un poco de nuestros valores preferidos.[23] Así pues, los resultados indican que para un amplio intervalo de valores de ω inferiores a ω^* podemos obviar sin problemas la restricción $u \leq 1$.

Un incremento suficiente de ω por encima de ω^* hace que la restricción $\dot{K} + \delta K \geq 0$ se aplique. Es decir, si K es lo suficientemente abundante con respecto a H, la inversión bruta en K se establece en una cantidad igual a cero.[24] En este caso, K crece a la tasa constante $-\delta$, y toda la producción se dedica al consumo. En este caso, la única decisión del hogar es la asignación de H entre la producción (u) y la educación $(1 - u)$. Este modelo equivale a un modelo de dos sectores en el que los bienes de consumo se producen con una tecnología y el capital (H) con otra distinta. La única diferencia con los modelos normales de dos sectores de este tipo (como el de Uzawa, 1964, y el de Srinivasan, 1964) radica en que el sector de bienes de consumo se caracteriza por rendimientos decrecientes, mientras que el sector de bienes de capital (H) exhibe rendimientos constantes.

En el apéndice 5B se demuestra que, en el modelo Uzawa-Lucas, cuando la restricción $\dot{K} + \delta K \geq 0$ es operativa las tasas de crecimiento de C e Y son constantes. Es decir, si ω es lo suficientemente alto como para que la restricción de no negatividad de la inversión física se aplique, entonces $\dot{C}/C$ e $\dot{Y}/Y$, al igual que $\dot{K}/K$, no varían con respecto a ω. En consecuencia, en la ilustración 5.6 las curvas de $\dot{C}/C$, $\dot{K}/K$ e $\dot{Y}/Y$ se vuelven horizontales para valores lo suficientemente altos de ω.

El comportamiento de las restantes tasas de crecimiento depende de la dinámica de u. En concreto, incluso si $\alpha < \theta$, la *policy function* de u no tiene por qué ser decreciente con respecto a ω (como era el caso en la ilustración 5.5) cuando la restricción $\dot{K} + \delta K \geq 0$ es operativa. Si u estuviera inversamente relacionada con ω en el intervalo restringido, $\dot{H}/H$ y $\dot{Q}/Q$ crecerían al crecer ω en este intervalo. Por el contrario, si u estuviera directamente relacionada con ω, $\dot{H}/H$ y $\dot{Q}/Q$ disminuirían al disminuir ω. Si $\theta \leq 1$ se cumple inequívocamente este último resultado, pero ambos son posibles si $\theta > 1$.

Hemos visto numéricamente lo alto que tiene que ser ω para que se aplique la restricción de no negatividad de la inversión física. En el caso de los valores de los parámetros tratados anteriormente, para que dicha restricción sea operativa ω prácticamente tiene que quintuplicar el valor de ω^*. Se llega a conclusiones similares si permitimos que los parámetros se alejen un poco de los valores preferidos. Así pues, estos resultados indican que para un amplio intervalo de valores de ω superiores a ω^* podemos obviar sin problemas la restricción $\dot{K} + \delta K \geq 0$.

Para valores razonables de los parámetros, el intervalo de ω en el que las restricciones de desigualdad no se aplican (desde el 5 % de ω^* hasta cinco veces el

---

23. Si $\alpha \geq \theta$ la restricción $u \leq 1$ nunca se aplica.

24. Si $\alpha < \theta$, u disminuye al aumentar ω, tal y como se muestra en la ilustración 5.5. Un aumento suficiente de ω haría que la desigualdad $u \geq 0$ se aplicara. Ahora bien, la restricción $C \geq 0$ nunca se aplica porque $u'(c) \to \infty$ cuando $c \to 0$. Así pues, a medida que ω aumenta, la desigualdad $\dot{K} + \delta K \geq 0$ se convierte en operativa antes de que lo haga la desigualdad $u \geq 0$. Numéricamente, también hallamos que la restricción $\dot{K} + \delta K \geq 0$ se aplica para valores lo suficientemente altos de ω, incluso si $\alpha \geq \theta$.

valor de ω^* para nuestros valores de los parámetros) puede calificarse de amplio en relación a los intervalos del ratio K/H más probables desde el punto de vista empírico. Así pues, parece razonable centrarnos en las implicaciones empíricas que se derivan de las soluciones interiores del modelo, es decir, de los gráficos mostrados en las ilustraciones 5.5 y 5.6.

5.2.3. El modelo Uzawa-Lucas generalizado

La forma generalizada del modelo Uzawa-Lucas mantiene el supuesto de que la educación es relativamente intensiva en capital humano, $\eta < \alpha$, pero tiene en cuenta la presencia de capital físico en el sector educativo, $\eta > 0$. Ya observamos anteriormente, a partir de las ecuaciones (5.17) y (5.19) para el caso de $\eta < \alpha$, que vK/uH, el ratio entre el capital físico empleado en la producción y el capital humano empleado en la producción, converge monótonamente hacia su valor de estado estacionario. De este resultado se deduce que la tasa de rendimiento, r, y la tasa de crecimiento del consumo, $\dot{C}/C$, convergen monótonamente hacia sus valores de estado estacionario. Así pues, estos resultados son los mismos que los del caso Uzawa-Lucas en el que $\eta = 0$.

La diferencia con el caso anterior es que no podemos simplificar el sistema dinámico en un sistema de dos dimensiones y, en consecuencia, no podemos construir los diagramas de fase en la forma que vimos en la ilustración 5.4. Es más, en general no podemos demostrar que las *policy functions* de χ y u estén monótonamente relacionadas con ω[25], o que las tasas de crecimiento de K, Y, H y Q se comporten como lo hacían anteriormente.[26]

Hemos realizado simulaciones en las que el valor de α se fija en 0,4 y el parámetro η varía entre 0 y 0,4. Suponemos que los restantes parámetros tienen los valores habituales; un caso representativo es $\delta = 0{,}05$, $\rho = 0{,}02$, $n = 0{,}01$ y $\theta = 3$. Para $\eta = 0$, fijamos $B = 0{,}13$ de manera que el tipo de interés en el estado estacionario es 0,08 y la tasa de crecimiento per cápita en el estado estacionario es 0,02. Los patrones de las distintas tasas de crecimiento cuando $\eta = 0$ corresponden a los mostrados en la ilustración 5.6. A medida que aumentamos el valor de η, ajustamos B a fin de mantener el tipo de interés y las tasas de crecimiento de estado estacionario.[27]

A medida que el valor de η se aproxima al de α, las simulaciones muestran que las *policy functions* de u y χ siguen estando monótona e inversamente relacionadas con ω, tal y como se muestra en la ilustración 5.5 para el caso de $\eta = 0$ (no obstante, véase la nota 25). Hallamos también que el comportamiento cualitativo de las distintas tasas de crecimiento sigue siendo el mostrado en la ilustración 5.6, con la diferencia de que mayores valores de η tienden a hacer que la pendiente de la curva $\dot{Y}/Y$ sea positiva en las proximidades del estado estacionario. Así pues, estos resultados numéricos parecen indicar que, si establecemos valores "razonables" de

25. A partir de las simulaciones hemos hallado que u puede estar relacionada no monótonamente con $\omega \equiv K/H$, pero únicamente con valores poco probables de los parámetros subyacentes. También hemos hallado casos con valores poco probables de los parámetros en los que la *policy function* de χ puede tener pendiente opuesta a la de u, un resultado que no puede cumplirse si $\eta = 0$.

26. Bond, Wang y Yip (1996) y Mino (1996) demuestran estabilidad local para el caso más general, en el que las funciones de producción cumplen las propiedades neoclásicas.

27. Normalizamos para fijar $A = 1$.

los parámetros subyacentes, las principales conclusiones cualitativas del modelo Uzawa-Lucas muy probablemente se mantengan cuando descartamos el supuesto poco realista de que el sector educativo no cuenta con el capital físico entre sus factores ($\eta = 0$). En concreto, muy probablemente seguirá siendo válido nuestro anterior análisis a propósito de los efectos de los desequilibrios entre K y H.

Una segunda diferencia del modelo generalizado radica en que el intervalo en el que las restricciones de desigualdad $u \leq 1$ y $\dot{K} + \delta K \geq 0$ no son operativas se reduce a medida que el valor de η se aproxima al valor de α. Este resultado resulta lógico ya que en nuestro análisis previo del modelo de sector único vimos que cuando $\eta = \alpha$ dicho intervalo se reduce a cero. Si establecemos el supuesto razonable de que η es muy inferior a α, aún en el caso de que ahora η sea positivo, seguiremos hallando que existe un amplio intervalo de valores de ω en las cercanías del estado estacionario para el que las restricciones de desigualdad no son operativas.

5.2.4. El modelo con intensidad de los factores opuesta

Hasta ahora hemos analizado modelos en los que el sector educativo es relativamente intensivo en capital humano, es decir, $\alpha > \eta \geq 0$. Esta sección trata brevemente las implicaciones de la opuesta intensidad de los factores $\alpha < \eta$. No le dedicaremos mucho tiempo a este análisis, ya que el supuesto de que la educación es relativamente intensiva en capital físico es poco creíble. (Si interpretáramos K y H, no como capital físico y capital humano, sino de alguna otra manera, la opuesta intensidad de los factores podría ser factible.)

Con anterioridad ya vimos que la condición $\alpha < \eta$ implica que la ecuación (5.19) es una ecuación diferencial inestable en la variable $p \equiv \mu/v$. (Esta ecuación se cumple siempre que las restricciones de desigualdad de la inversión bruta no sean operativas.) Así pues, cualquier desviación de p con respecto a su valor de estado estacionario aumentaría con el tiempo. Este comportamiento inestable se transmitía entonces al ratio vK/uH (a partir de la ecuación [5.17]). Recuerde que este ratio determina el producto marginal del capital físico en la producción de bienes y, en consecuencia, determina r y $\dot{C}/C$. Así pues, el comportamiento inestable del ratio vK/uH se transmitiría a r y a $\dot{C}/C$. Puesto que estos resultados poco creíbles contradicen la optimización de los hogares, nos centramos en el caso en el que el valor de p es siempre igual a su valor de estado estacionario.[28] El carácter constante de p implica que también el ratio vK/uH es constante (a partir de la ecuación [5.17]). Así pues, durante toda la transición hacia el estado estacionario r y $\dot{C}/C$ también son constantes.

El apéndice 5C (sección 5.7) muestra que la tasa de crecimiento de la producción en sentido amplio, $\dot{Q}/Q$, también es constante e igual a $\dot{C}/C$. Así pues, obtenemos el sorprendente resultado de que las tasas de crecimiento de C y Q no varían al variar la variable de estado $\omega \equiv K/H$ (en el intervalo en el que las restricciones de desigualdad no son operativas). En otras palabras, el efecto del desequilibrio no influye sobre estas tasas de crecimiento cuando la intensidad de los factores se invierte.

28. Bond, Wang y Yip (1996) y Mino (1996) lograron resultados análogos para el caso más general en el que las funciones de producción cumplen las propiedades neoclásicas habituales.

El carácter constante de vK/uH, $\dot{C}/C$ y $\dot{Q}/Q$ facilita el análisis de la dinámica de las variables u, χ, $\dot{H}/H$ y $\dot{K}/K$. El apéndice 5C muestra que cada una de estas variables se ajusta monótonamente a su valor de estado estacionario a medida que la variable de estado ω se ajusta a su valor de estado estacionario. Las pendientes de las variables con respecto a ω son todas inequívocas, y son negativas en el caso de u y χ, positiva en el de $\dot{H}/H$ y negativa en el de $\dot{K}/K$.

5.3. Condiciones para la presencia de crecimiento endógeno

Hasta ahora hemos trabajado con modelos en los que rendimientos constantes a escala caracterizaban a los sectores de bienes y educación. Es decir, aceptábamos la condición de que las funciones de producción tuvieran la forma de las ecuaciones (5.1) y (5.13). (El modelo Uzawa-Lucas, representado en las ecuaciones [5.20] y [5.21], es el caso particular en el que el sector educativo utiliza un único factor, el capital humano, es decir $\eta = 0$.) Estas funciones de producción implican que no aparecen rendimientos decrecientes cuando el capital físico y el humano crecen a la misma tasa. Así pues, en estado estacionario, las tasas de rendimiento permanecen constantes y la economía puede crecer a una tasa constante. Siguiendo a Mulligan y Sala-i-Martín (1993) a continuación vamos a analizar si formas más generales de las funciones de producción son coherentes con crecimiento positivo en el estado estacionario, es decir, con crecimiento endógeno.

Modificamos las ecuaciones (5.1) y (5.13) de la siguiente manera

$$Y = C + \dot{K} + \delta K = A \cdot (vK)^{\alpha_1} \cdot (uH)^{\alpha_2} \tag{5.46}$$

$$\dot{H} + \delta H = B \cdot [(1 - v) \cdot K]^{\eta_1} \cdot [(1 - u) \cdot H]^{\eta_2} \tag{5.47}$$

Es decir, mantenemos la forma Cobb-Douglas de las funciones de producción, pero permitimos que las sumas $\alpha_1 + \alpha_2$ y $\eta_1 + \eta_2$ no correspondan a la unidad, de manera que no se mantienen los rendimientos constantes a escala.

Si un sector se caracteriza por rendimientos decrecientes, digamos $\alpha_1 + \alpha_2 < 1$, podemos mantenernos dentro del habitual modelo competitivo si añadimos a la función de producción un factor como el trabajo no cualificado o la tierra cuya oferta agregada es fija. Si este factor tiene un exponente igual a $1 - \alpha_1 - \alpha_2$, de nuevo aparecen rendimientos constantes a nivel de un productor individual. El aspecto clave radica en que los rendimientos decrecientes, $\alpha_1 + \alpha_2 < 1$, se aplican a los factores que pueden acumularse.

Dentro de un entorno competitivo el modelo también puede tener rendimientos crecientes, digamos $\alpha_1 + \alpha_2 > 1$, si incluimos los efectos de difusión que analizamos en el capítulo 4. Por ejemplo, para producir Y, los factores K y H de una empresa individual podrían tener, respectivamente, los exponentes α_1 y $1 - \alpha_1$, de manera que la condición de los rendimientos constantes se cumpliera para el caso de una empresa individual. El agregado H de la economía podría aparecer como un factor adicional de la función de producción (como en Lucas, 1988) con un exponente $\alpha_1 + \alpha_2 - 1$, donde $\alpha_2 > 1 - \alpha_1$. El aspecto clave en este caso radica en que los rendimientos crecientes $\alpha_1 + \alpha_2 > 1$ se cumplen para aquellos factores que pueden ser acumulados en el conjunto de la economía.[29]

Suponga que buscamos un estado estacionario en el que u y v fueran constantes y C, Y, K y H crecieran a tasas constantes, aunque no necesariamente iguales. (A menos que u o v tiendan a cero, no podemos dejar que u o v crezcan a tasas constantes debido a las restricciones $0 \leq v \leq 1$ y $0 \leq u \leq 1$.) Si dividimos entre H la ecuación (5.47) y después tomamos logaritmos y derivamos con respecto al tiempo, obtenemos

$$\eta_1 \gamma_K^* + (\eta_2 - 1) \cdot \gamma_H^* = 0 \tag{5.48}$$

donde γ^* denota la tasa de crecimiento de estado estacionario de la variable indicada por el subíndice.

Si dividimos entre K la ecuación (5.46) y después tomamos logaritmos y derivamos con respecto al tiempo, obtenemos

$$\left(\frac{C/K}{C/K + \gamma_K^* + \delta}\right) \cdot (\gamma_C^* - \gamma_K^*) = (\alpha_1 - 1) \cdot \gamma_K^* + \alpha_2 \gamma_H^* \tag{5.49}$$

Partiendo del razonamiento utilizado en el capítulo 4 podemos demostrar que $\gamma_C^* = \gamma_K^*$. (Si $\gamma_C^* > \gamma_K^*$, entonces γ_K^* tal y como se calcula a partir de la ecuación [5.46] tiende a $-\infty$. Si $\gamma_C^* < \gamma_K^*$, entonces $\gamma_K^* = r$, el producto marginal neto de K en el sector de bienes. Esta igualdad incumple la condición de transversalidad.) La ecuación (5.49) se simplifica de la siguiente manera

$$(\alpha_1 - 1) \cdot \gamma_K^* + \alpha_2 \gamma_H^* = 0 \tag{5.50}$$

Podemos utilizar la condición $\gamma_Y^* = \alpha_1 \gamma_K^* + \alpha_2 \gamma_H^*$, que se deduce de la ecuación (5.46), junto con la ecuación (5.50) para demostrar que $\gamma_Y^* = \gamma_K^*$. Así pues, en el estado estacionario las variables C, K e Y tienen que crecer a una tasa idéntica.

Las ecuaciones (5.48) y (5.50) forman un sistema de dos ecuaciones lineales homogéneas con dos incógnitas, γ_K^* y γ_H^*. Ese sistema tendrá una solución distinta

29. Vimos en el capítulo 4 que la presencia de este tipo de efectos de difusión implicaba que los resultados en situación de competencia generalmente no serán óptimos de Pareto. Así pues, estos modelos suelen dar cabida a la intervención del Estado, básicamente mediante subsidios a estas actividades con efectos de difusión positivos. En casos extremos, en los que los efectos de difusión son muy amplios, son posibles múltiples equilibrios, y dichos equilibrios pueden normalmente clasificarse mediante el criterio del óptimo de Pareto. A título de ejemplo, suponga que la tasa de rendimiento de la educación de un individuo depende directamente del nivel promedio de la educación de la población. Así, en un tipo de equilibrio, todos los individuos reciben formación, ya que cuando la mayoría de los individuos se forma los restantes individuos consideran ventajoso formarse. En otro tipo de equilibrio, nadie recibe formación, ya que cuando la mayoría decide no formarse los individuos restantes consideran deseable no formarse. No hemos analizado los modelos con múltiples equilibrios, porque la cantidad de efectos de difusión que se requiere para producir estos distintos equilibrios parece ser improbablemente alta. Es más, desde un punto de vista positivo, los modelos que no hacen una selección entre los posibles equilibrios están incompletos. Para un análisis en mayor detalle de este tipo de modelos (y para una valoración más favorable de los mismos) véase Krugman (1991), Matsuyama (1991), Benhabib y Farmer (1996), Boldrin y Rustichini (1994), Chamley (1992) y Xie (1992).

de $\gamma_K^* = \gamma_H^* = 0$ únicamente si el determinante de la matriz característica de los coeficientes es cero. Esta condición exige que los parámetros cumplan lo siguiente

$$\alpha_2\eta_1 = (1-\eta_2)\cdot(1-\alpha_1) \tag{5.51}$$

La ecuación (5.51) representa la condición esencial que debe cumplirse para que el modelo genere crecimiento endógeno a tasas constantes y positivas.

Un ejemplo que cumple la ecuación (5.51) es el caso ya analizado de los rendimientos constantes en cada sector: $\alpha_1 + \alpha_2 = 1$ y $\eta_1 + \eta_2 = 1$. En este caso, $\gamma_H^* = \gamma_K^*$, con lo que el ratio K/H es constante en el estado estacionario. Ahora bien, la ecuación (5.51) puede cumplirse de otras maneras.

Si $\eta_1 = 0$ y $\eta_2 = 1$ (la condición establecida por Uzawa (1965) y Lucas (1988)) la ecuación (5.51) se cumple para cualquier valor de α_1 y α_2. Así pues, si la producción de educación es lineal con respecto a H, todas las variables pueden crecer en el estado estacionario, aún cuando la producción de bienes se caracterice por rendimientos decrecientes a escala, $\alpha_1 + \alpha_2 < 1$. Lucas hizo hincapié en un efecto difusión positivo procedente del capital humano agregado que llevaba hasta la condición $\alpha_1 + \alpha_2 > 1$. Nuestros resultados muestran que esta condición es congruente con el crecimiento endógeno, pero no esencial para el mismo. Si $\eta_1 = 0$ y $\eta_2 = 1$, como también supuso Lucas, este modelo puede generar crecimiento endógeno aunque no haya difusión del capital humano.

Si $\alpha_1 \neq 1$, la ecuación (5.50) implica

$$\gamma_K^* = \left(\frac{\alpha_2}{1-\alpha_1}\right)\cdot\gamma_H^*$$

En consecuencia, $\gamma_K^* \lesseqgtr \gamma_H^*$ si $\alpha_1 + \alpha_2 \lesseqgtr 1$. Así pues, aunque todas las cantidades pueden crecer a tasas constantes cuando $\eta_1 = 0$ y $\eta_2 = 1$, los ratios K/H, Y/H y C/H no tienden a valores constantes a menos que $\alpha_1 + \alpha_2 = 1$.

En un segundo ejemplo, suponga que $\alpha_i, \eta_i > 0$ para $i = 1,2$. Si $\alpha_1 + \alpha_2 < 1$, la ecuación (5.51) se cumple si $\eta_1 + \eta_2 > 1$. De igual manera, $\alpha_1 + \alpha_2 > 1$ puede emparejarse con $\eta_1 + \eta_2 < 1$. En otras palabras, los rendimientos decrecientes a escala de un sector pueden ser compensados por el grado adecuado de rendimientos crecientes de otro sector. Si $\alpha_1 + \alpha_2 < 1$, entonces $\gamma_K^* < \gamma_H^*$, y viceversa.

Por último, la ecuación (5.51) también se cumple si $\alpha_1 = 1$ y $\alpha_2 = 0$. Este caso corresponde al modelo AK estudiado en el capítulo 4. Bajo esta forma, el capital humano no desempeña papel alguno; no colabora en la producción de bienes y tampoco aparece en la función de utilidad. Así pues, los agentes optimizadores no acumularían ningún H, y todo el K sería asignado a la producción de bienes ($v = 1$ en las ecuaciones [5.46] y [5.47]).

Si buscamos el crecimiento endógeno y también queremos que en el estado estacionario K y H crezcan a la misma tasa, la ecuación (5.51) se cumplirá únicamente si el sector se caracteriza por rendimientos constantes a escala, $\alpha_1 + \alpha_2 = 1$ y $\eta_1 + \eta_2 = 1$, es decir, la formulación de las ecuaciones (5.1) y (5.13). Puesto que la alternativa en la que K/H aumenta o disminuye de manera perpetua parece poco factible, en el análisis de este capítulo aceptamos el supuesto de que cada sector se caracteriza por rendimientos constantes.

5.4. Recapitulación

Hemos ampliado el modelo AK del capítulo 4 para dar cabida a dos sectores, uno que produce bienes de consumo, C, y capital físico, K, y otro que crea capital humano H. Si los sectores tienen la misma intensidad de factores, los principales resultados nuevos con respecto al crecimiento provienen de la restricción según la cual la inversión bruta en cada tipo de bien de capital debe ser no negativa. Esta restricción provoca un efecto desequilibrio, por el que la tasa de crecimiento de la producción aumenta con la amplitud del diferencial entre el valor del ratio K/H y su valor de estado estacionario.

El supuesto de que la intensidad de factores sea igual no tiene en cuenta un aspecto clave de la educación: su input principal son personas con formación. Así pues, modificamos la estructura para precisar que la producción de capital humano es relativamente intensiva en capital humano. Este cambio en la especificación del modelo modifica las conclusiones del efecto desequilibrio. La tasa de crecimiento de la producción (definida de manera amplia para que incluya la producción de nuevo capital humano) tiende a aumentar al aumentar el desequilibrio si el capital humano es relativamente abundante, pero tiende a disminuir al aumentar el desequilibrio si el capital humano es relativamente escaso. De estos resultados se deduce que una economía se recuperaría rápidamente tras una guerra que destruyera sobre todo el capital físico, pero que su recuperación sería mucho más lenta tras una epidemia que diezmara el capital humano.

5.5. Apéndice 5A: Dinámica de transición con restricciones de desigualdad de la inversión bruta en el modelo de sector único

Suponga que $K(0)/H(0) > \alpha/(1-\alpha)$. Recuerde que en este caso el hogar desea reducir K y aumentar H en cantidades discretas, de manera que la restricción de la desigualdad $I_K \geq 0$ será operativa. Así pues, $I_K = 0$ y $\dot{K}/K = -\delta$. En esta situación, el problema del hogar se reduce a maximizar la utilidad, sujeta a la trayectoria de K y a la restricción $\dot{H} = Y - C - \delta H$.

La función de Hamilton de este problema es

$$J = u(C) \cdot e^{-\rho t} + \nu \cdot [AK^{\alpha}H^{1-\alpha} - \delta H - C] \tag{5.52}$$

donde $u(C) = (C^{1-\theta} - 1)/(1-\theta)$. Siguiendo el proceso habitual, las condiciones de primer orden $\partial J/\partial C = 0$ y $\dot{\nu} = -\partial J/\partial H$ conducen a la condición de la tasa de crecimiento del consumo:

$$\dot{C}/C = (1/\theta) \cdot [A \cdot (1-\alpha) \cdot (K/H)^{\alpha} - \delta - \rho] \tag{5.53}$$

donde $A \cdot (1-\alpha) \cdot (K/H)^{\alpha} - \delta$ es el producto marginal neto de H. Esta condición y la restricción presupuestaria

$$\dot{H} = AK^{\alpha}H^{1-\alpha} - \delta H - C$$

junto con $K(t) = K(0) \cdot e^{-\delta t}$ determinan las trayectorias de C, H y K.

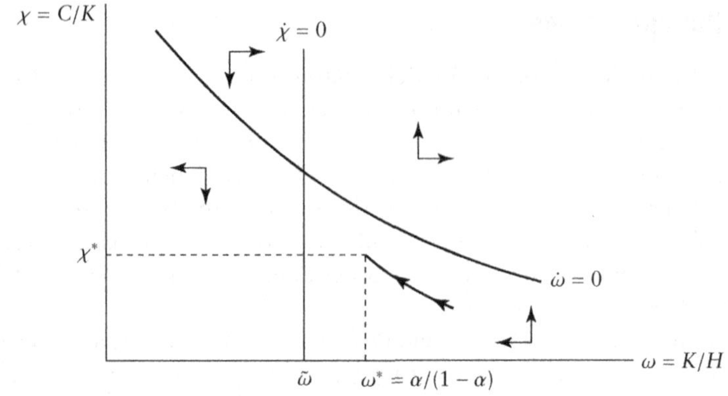

ILUSTRACIÓN 5.10 | Diagrama de fase del sector de modelo único cuando $\omega > \omega^*$ La dinámica representada en esta ilustración se cumple cuando $\omega \equiv K/H > \omega^* = \alpha/(1-\alpha)$. Cuando $\omega > \omega^*$, la economía se mueve siguiendo una trayectoria en la que $\chi \equiv C/K$ aumenta monótonamente y ω disminuye monótonamente. En un plazo finito la economía alcanza ω^* (antes alcanza $\tilde{\omega}$), exactamente en el momento en que χ alcanza el valor χ^*. En este punto la restricción de desigualdad por la cual la inversión bruta de K no puede ser negativa ya no se aplica. Las variables K y H crecen juntas a una tasa constante y positiva.

Como hicimos en el capítulo 4, podemos definir dos variables $\omega \equiv K/H$ y $\chi \equiv C/K$, que serán constantes en el estado estacionario. Pueden emplearse las condiciones de $\dot{C}$ y $\dot{H}$ para obtener las ecuaciones de transición de ω y χ:

$$\dot{\omega}/\omega = -A\omega^{\alpha} + \chi\omega \tag{5.54}$$

$$\dot{\chi}/\chi = (1/\theta)\cdot[A\cdot(1-\alpha)\cdot\omega^{\alpha} - \rho] + \delta\cdot(\theta-1)/\theta \tag{5.55}$$

La ilustración 5.10 muestra el diagrama de fase en la región (ω, χ). La condición $\dot{\omega}=0$ implica que $\chi = A\omega^{-(1-\alpha)}$, la curva de pendiente negativa de la ilustración. Un valor de χ por encima (por debajo) de la curva corresponde a $\dot{\omega}>0$ ($\dot{\omega}<0$). Mediante las flechas se muestra el sentido de estos movimientos en la ilustración.

La condición $\dot{\chi} = 0$ exige

$$\omega = \left[\frac{\rho + \delta\cdot(1-\theta)}{A\cdot(1-\alpha)}\right]^{1/\alpha} \equiv \tilde{\omega} \tag{5.56}$$

Aceptamos el supuesto de que $\rho + \delta\cdot(1-\theta) \geq 0$, de manera que $\tilde{\omega}$ está bien definida y es no negativa, pero esta condición no es necesaria para el análisis. Un valor de ω superior (o inferior) a $\tilde{\omega}$ corresponde a $\dot{\chi}>0$ (o $\dot{\chi}<0$), tal y como muestran las fechas de la ilustración. [Si $\rho + \delta\cdot(1-\theta) < 0$, entonces se cumple que $\dot{\chi}>0$ para todo $\chi \geq 0$.]

En la ilustración se muestra $\tilde{\omega} < \omega^* = \alpha/(1-\alpha)$, el ratio entre K y H que se cumple en la ecuación (5.7) en ausencia de restricciones de desigualdad efectivas en ambos tipos de inversión bruta. La expresión de $\tilde{\omega}$ implica que la condición $\tilde{\omega} < \omega^*$ corresponde a $\rho + \delta < A\alpha^{\alpha}\cdot(1-\alpha)^{1-\alpha}$, un resultado que se cumple a partir del supuesto $\gamma^* > 0$ de la ecuación (5.9). La ilustración también muestra el valor χ^*, que se cumple en el modelo en ausencia de restricciones de desigualdad vinculantes.

El valor de χ^* en este modelo resulta ser

$$\chi^* = \left(\frac{\theta - 1}{\theta}\right) \cdot \left[A \cdot \left(\frac{1-\alpha}{\alpha}\right)^{1-\alpha} - \frac{\delta}{\alpha}\right] + \frac{\rho}{\theta\alpha} \tag{5.57}$$

La dinámica mostrada en la ilustración 5.10 es pertinente en el caso de que $\omega > \omega^*$, la condición que hace que $I_K \geq 0$ se convierta en una restricción operativa. La ilustración muestra que en esta región χ aumenta monótonamente y que ω disminuye monótonamente. En un momento dado, ω alcanza el valor ω^*, y la restricción $I_K \geq 0$ deja de ser operativa. A partir de este punto, K y H crecen a la vez a la tasa γ^* de la ecuación (5.9). Esta tasa se cumple en el modelo en el que las restricciones de desigualdad sobre ambos tipos de inversión no se aplican. La posición de la trayectoria dinámica está determinada de manera que χ alcanza el valor χ^* mostrado en la ecuación (5.57) en el mismo momento en el que ω alcanza ω^*. Así, el nivel de consumo no da un salto cuando la restricción de no negatividad de la inversión bruta en capital físico se vuelve no operativa.[30]

Los resultados son análogos si $K(0)/H(0) < \alpha/(1-\alpha)$. En ese caso, la condición $I_H \geq 0$ es operativa y $\dot{H}/H = -\delta$. Las ecuaciones de transición de ω y χ son

$$\dot{\omega}/\omega = A\omega^{-(1-\alpha)} - \chi \tag{5.58}$$

$$\dot{\chi}/\chi = -A \cdot \left(\frac{\theta - \alpha}{\theta}\right) \cdot \omega^{-(1-\alpha)} + \chi + \delta \cdot (\theta - 1)/\theta - \rho/\theta \tag{5.59}$$

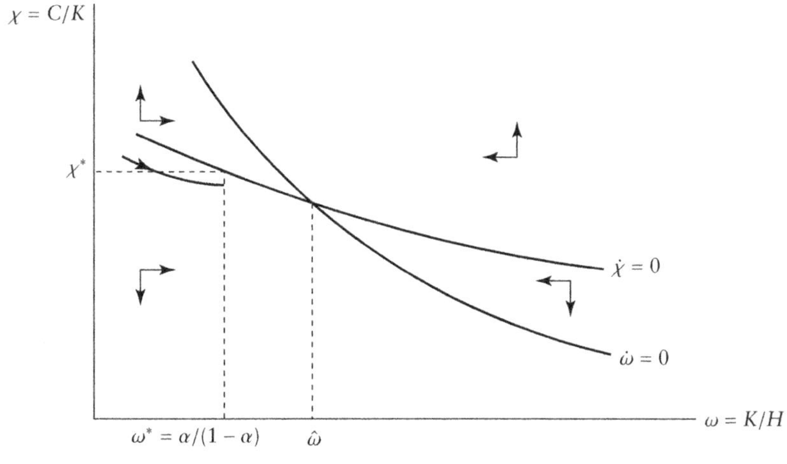

ILUSTRACIÓN 5.11 | Diagrama de fase para el modelo de un único sector cuando $\omega < \omega^*$. La dinámica mostrada en esta ilustración se cumple cuando $\omega \equiv K/H < \omega^* = \alpha/(1-\alpha)$. Cuando $\omega < \omega^*$ la economía se mueve a lo largo de una trayectoria en la que $\chi \equiv C/K$ disminuye monótonamente (si $\alpha < \theta$ como suponemos en este caso) y ω aumenta monótonamente. La economía alcanza ω^* en un plazo finito (antes de alcanzar ω^*) en el mismo momento en que χ alcanza el valor χ^*. En este punto, la restricción de desigualdad por la cual la inversión bruta en H no puede ser negativa deja de ser operativa. A partir de entonces las variables K y H crecen juntas a una tasa constante y positiva.

30. Agradecemos a Kiminori Matsuyama el haber aportado esta solución.

La ilustración 5.11 muestra el diagrama de fase en el caso de que $\alpha < \theta$. La condición $\dot{\omega} = 0$ corresponde a $\chi = \omega^{-(1-\alpha)}$. La condición $\dot{\chi} = 0$ corresponde a

$$\chi = A \cdot \left(\frac{\theta - \alpha}{\theta}\right) \cdot \omega^{-(1-\alpha)} - \delta \cdot (\theta - 1)/\theta + \rho/\theta \tag{5.60}$$

Si $\alpha < \theta$, la curva $\dot{\chi} = 0$ tiene pendiente negativa, tal y como se muestra en la ilustración. Esta pendiente tiene que ser menos negativa que la de la curva $\dot{\omega} = 0$ (pero la curva $\dot{\chi} = 0$ tendría pendiente positiva si $\alpha > \theta$). Las curvas $\dot{\omega} = 0$ y $\dot{\chi} = 0$ se cortan en el valor $\hat{\omega}$, que puede demostrarse (a partir de la condición $\gamma^* > 0$) que es superior a $\omega^* = \alpha/(1 - \alpha)$.

Si $\omega < \omega^*$, se cumple la dinámica mostrada en la ilustración 5.11. La ilustración muestra que en esta región χ disminuye monótonamente y ω aumenta monótonamente. (Si $\alpha > \theta$, χ aumenta monótonamente, y si $\alpha = \theta$, χ permanece constante). Nuevamente, la posición de la trayectoria dinámica está determinada de manera que χ alcanza el valor χ^* mostrado en la ecuación (5.57) en el mismo momento en que ω alcanza el valor ω^*.

5.6. Apéndice 5B: solución del modelo Uzawa-Lucas

La función de Hamilton de este modelo viene dada por

$$J = u(C) \cdot e^{-\rho t} + \nu \cdot [AK^{\alpha} \cdot (uH)^{1-\alpha} - C - \delta K] + \mu \cdot [B \cdot (1 - u) \cdot H - \delta H] \tag{5.61}$$

El término dentro del primer par de corchetes es igual a $\dot{K}$, y el término dentro del segundo par de corchetes es igual a $\dot{H}$. Si definimos $\omega \equiv K/H$ y $\chi \equiv C/K$, las tasas de crecimiento de K y H vienen dadas por

$$\dot{K}/K = Au^{1-\alpha}\omega^{-(1-\alpha)} - \chi - \delta \tag{5.62}$$

$$\dot{H}/H = B \cdot (1 - u) - \delta \tag{5.63}$$

En consecuencia, la tasa de crecimiento de ω viene dada por

$$\dot{\omega}/\omega = \dot{K}/K - \dot{H}/H = Au^{1-\alpha}\omega^{-(1-\alpha)} - \chi - B \cdot (1 - u) \tag{5.64}$$

Las condiciones de primer orden, $\partial J/\partial C = 0$ y $\partial J/\partial u = 0$ conducen a

$$u'(C) = \nu e^{\rho t} \tag{5.65}$$

$$\mu/\nu = (A/B) \cdot (1 - \alpha) \cdot u^{-\alpha}\omega^{\alpha} \tag{5.66}$$

La condición $\dot{\nu} = -\partial J/\partial K$ implica

$$\dot{\nu}/\nu = -A\alpha u^{1-\alpha}\omega^{-(1-\alpha)} + \delta \tag{5.67}$$

La condición $\dot{\mu} = -\partial J/\partial H$ implica

$$\dot{\mu}/\mu = -(\nu/\mu) \cdot A \cdot (1-\alpha) \cdot u^{1-\alpha}\omega^{\alpha} - B \cdot (1-u) + \delta$$

Si sustituimos ν/μ en la ecuación (5.66) y simplificamos, obtenemos

$$\dot{\mu}/\mu = -B + \delta \tag{5.68}$$

Podemos derivar con respecto al tiempo la ecuación (5.65) y utilizar $u(C) = (C^{1-\theta} - 1)/(1-\theta)$ y la expresión de $\dot{\nu}/\nu$ de la ecuación (5.67) a fin de obtener la expresión habitual del crecimiento del consumo:

$$\dot{C}/C = (1/\theta) \cdot \left[A\alpha u^{1-\alpha}\omega^{-(1-\alpha)} - \delta - \rho\right] \tag{5.69}$$

Este resultado corresponde a la ecuación (5.25). La tasa de crecimiento de χ puede calcularse a partir de las ecuaciones (5.69) y (5.62) hasta llegar a la expresión de la ecuación (5.26):

$$\dot{\chi}/\chi = \dot{C}/C - \dot{K}/K = \left(\frac{\alpha - \theta}{\theta}\right) \cdot Au^{1-\alpha}\omega^{-(1-\alpha)} + \chi - (1/\theta) \cdot [\delta \cdot (1-\theta) + \rho] \tag{5.70}$$

Si derivamos la ecuación (5.66) con respecto al tiempo y utilizamos las expresiones de $\dot{\nu}/\nu$ de la ecuación (5.67), $\dot{\mu}/\mu$ de la ecuación (5.68) y $\dot{\omega}/\omega$ de la ecuación (5.64) obtenemos después de simplificar

$$\dot{u}/u = B \cdot (1-\alpha)/\alpha + Bu - \chi \tag{5.71}$$

Este resultado aparece en la ecuación (5.27). Las ecuaciones (5.64), (5.70) y (5.71) forman un sistema de tres ecuaciones diferenciales en las variables ω, χ y u, donde la variable de estado ω comienza en un valor $\omega(0)$.

Se puede calcular el estado estacionario de este sistema de forma inmediata, planteando las tres derivadas con respecto al tiempo e igualándolas a cero. Si definimos la combinación de parámetros como se hizo en el texto

$$\varphi \equiv \frac{\rho + \delta \cdot (1-\theta)}{B\theta}$$

los resultados son

$$\begin{aligned} \omega^* &= (\alpha A/B)^{1/(1-\alpha)} \cdot [\varphi + (\theta - 1)/\theta] \\ \chi^* &= B \cdot (\varphi + 1/\alpha - 1/\theta) \\ u^* &= \varphi + (\theta - 1)/\theta \end{aligned} \tag{5.72}$$

Estos valores aparecen en la ecuación (5.29). La tasa de rendimiento en el estado estacionario, que es igual al producto marginal neto de K en el sector de bienes y al producto marginal neto de H en el sector educativo, es

$$r^* = B - \delta$$

La correspondiente tasa de crecimiento de estado estacionario de Y, C, K y H es

$$\gamma^* = (1/\theta) \cdot (B - \delta - \rho)$$

Los valores de r^* y γ^* aparecen en la ecuación (5.30).

Si se define z como el producto bruto medio del capital físico:

$$z \equiv Au^{1-\alpha}\omega^{-(1-\alpha)}$$

A partir de la ecuación (5.72) puede calcularse el valor de estado estacionario de z, que será igual a $z^* = B/\alpha$. El sistema de tres ecuaciones diferenciales, expresado en las ecuaciones (5.64), (5.70) y (5.71) puede expresarse también de la siguiente manera

$$\dot{\omega}/\omega = (z - z^*) - (\chi - \chi^*) + B \cdot (u - u^*) \tag{5.73}$$

$$\dot{\chi}/\chi = \left(\frac{\alpha - \theta}{\theta}\right) \cdot (z - z^*) + (\chi - \chi^*) \tag{5.74}$$

$$\dot{u}/u = B \cdot (u - u^*) - (\chi - \chi^*) \tag{5.75}$$

La definición de z implica

$$\dot{z}/z = (1 - \alpha) \cdot (\dot{u}/u - \dot{\omega}/\omega) = -(1 - \alpha) \cdot (z - z^*) \tag{5.76}$$

Los resultados de $\dot{z}/z$, $\dot{\chi}/\chi$ y $\dot{u}/u$ aparecen en las ecuaciones (5.33) a (5.35).

Podemos integrar la ecuación (5.76) y obtener la ecuación (5.37):

$$\frac{z - z^*}{z} = \left[\frac{z(0) - z^*}{z(0)}\right] \cdot e^{-(1-\alpha) \cdot z^* t}$$

donde $z(0)$ es el valor inicial de z. Despejando z en esta ecuación:

$$z = z^* \cdot z(0)/\left\{z^* \cdot e^{-(1-\alpha) \cdot z^* t} + z(0) \cdot \left[1 - e^{-(1-\alpha) \cdot z^* t}\right]\right\} \tag{5.77}$$

La ecuación (5.77) implica que $z \to z^*$ cuando $t \to \infty$. Si $z(0) > z^*$, entonces $\dot{z} < 0$ y $z > z^*$ para todo t, mientras que si $z(0) < z^*$, entonces $\dot{z} > 0$ y $z < z^*$ para todo t.

Estudiamos a continuación las características de la trayectoria estable de χ y u, es decir, la trayectoria a lo largo de la cual χ tiende a χ^* y u tiende a u^*. Supongamos que $z(0) > z^*$, de manera que $z - z^*$ disminuye monótonamente en el tiempo. La ecuación (5.74) puede expresarse de la siguiente manera

$$\dot{\chi}/\chi = (\chi - \chi^*) + \left(\frac{\alpha - \theta}{\theta}\right) \cdot \Omega(t) \tag{5.78}$$

donde $\Omega(t) = z - z^*$ es una función monótonamente decreciente con respecto al tiempo. Si $\alpha < \theta$, el segundo término del segundo miembro de la ecuación (5.78) es negativo, aunque su magnitud disminuye en el tiempo. Si $\chi \leq \chi^*$ para un tiempo finito t, la ecuación implica que $\dot{\chi} < 0$ para todos los t posteriores. Puesto que el tamaño de $\dot{\chi}$ es asintóticamente superior a un límite finito inferior, χ se alejaría de χ^* y alcanzaría el valor cero en un plazo finito. En consecuencia, la trayectoria estable se caracteriza por $\chi > \chi^*$ para todo t. Si $\dot{\chi} \geq 0$ para algunos t, la ecuación (5.78) implica que $\dot{\chi} > 0$ para todos los t posteriores (porque el término negativo del segundo miembro de la ecuación disminuye de tamaño con el tiempo). Así pues, χ se alejará de χ^* y tenderá a infinito. Por tanto, la trayectoria estable se caracteriza por $\dot{\chi} < 0$ para todo t.

Las conclusiones son similares si suponemos que $\alpha > \theta$ o si empezamos con $z(0) < z^*$. En las columnas de $\chi - \chi^*$ y $\dot{\chi}$ de la tabla 5.1 aparece un resumen de los resultados.

La ecuación (5.75) determina el comportamiento de u, dado el comportamiento de χ. Por ejemplo, suponga que $z(0) > z^*$ y $\alpha < \theta$, de manera que $\chi > \chi^*$ y $\dot{\chi} < 0$. Si $u \leq u^*$ para algunos t, la ecuación (5.75) implica que $\dot{u} < 0$ para todos los t posteriores. Así pues, u se aleja de u^* y tiende a cero. En consecuencia, la trayectoria estable se caracteriza por $u > u^*$ para todo t. Si $\dot{u} \geq 0$ para algunos t, $\dot{u} > 0$ para todos los t posteriores, ya que el término $-(\chi - \chi^*)$ de la ecuación (5.75) es negativo y su tamaño disminuye con el tiempo. Así pues $\dot{u} < 0$ se cumple para todo t. En la tabla 5.1 se muestra el comportamiento de $u - u^*$ y de $\dot{u}$ para las diversas combinaciones de signos de $z(0) - z^*$ y $\alpha - \theta$.

A continuación queremos señalar la manera en la que el valor inicial $z(0) - z^*$ se relaciona con el valor inicial de la variable de estado ω. Si sustituimos la expresión de $\chi - \chi^*$ de la ecuación (5.74) en la expresión de $\dot{\omega}/\omega$ de la ecuación (5.73) obtenemos

$$\dot{\omega}/\omega = (\alpha/\theta) \cdot (z - z^*) - \gamma_\chi + B \cdot (u - u^*) \tag{5.79}$$

Suponga que $\alpha \leq \theta$ y $z(0) > z^*$. En este caso, las condiciones $z - z^* > 0$, $\dot{\chi} \leq 0$ y $u - u^* \geq 0$ implican que $\dot{\omega}/\omega > 0$ en la ecuación (5.79). Por lo tanto, el sistema se encuentra en la trayectoria estable sólo si $\omega(0) < \omega^*$. Es más, ω aumenta monóto-

TABLA 5.1 I Comportamiento de transición de χ y u

$z(0) - z^*$	$\alpha - \theta$	$\chi - \chi^*$	$\dot{\chi}$	$u - u^*$	$\dot{u}$
>0	<0	>0	<0	>0	<0
>0	>0	<0	>0	<0	>0
=0	—	=0	=0	=0	=0
<0	<0	<0	>0	<0	>0
—	=0	=0	=0	=0	=0

namente de $\omega(0)$ hacia ω^* (ya que $\dot{\omega}/\omega > 0$). Así pues, la disminución monótona en z se corresponde con un aumento monótono en ω. Este resultado implica que un valor inicial más bajo de la variable de estado $\omega(0)$ se asocia con un valor inicial $z(0)$ mayor. Siguiendo un razonamiento similar, $z(0) < z^*$ corresponde a $\omega(0) > \omega^*$, y $z(0) = z^*$ a $\omega(0) = \omega^*$.

Para analizar el caso en el que $\alpha > \theta$, sustituya $u - u^*$ de la ecuación (5.75) en la ecuación (5.73) y obtendrá:

$$\dot{\omega}/\omega = (z - z^*) + \dot{u}/u \tag{5.80}$$

Cuando $\alpha > \theta$, podemos utilizar esta ecuación para demostrar que $z(0) > z^*$ ($z[0] < z^*$) corresponde a $\omega(0) < \omega^*$ (o $\omega[0] > \omega^*$).

La conclusión final es que $z(0) \gtreqless z^*$ corresponde a $\omega(0) \lesseqgtr \omega*$ para todas las configuraciones de α y θ. Es más, un valor más pequeño de $\omega(0)$ se corresponde con un valor mayor de $z(0)$. Así pues, inicialmente z es grande o pequeño dependiendo únicamente de si el capital físico es escaso o abundante en relación al capital humano. Podemos utilizar esta conclusión junto con las de la tabla 5.1 para trazar las *policy functions* de χ y u en función de ω. Estos resultados aparecen en la ilustración 5.5.

La tasa de rendimiento r es igual al producto marginal neto del capital físico en la producción de bienes, que a su vez es igual a $\alpha z - \delta$. En consecuencia, r se moverá en el mismo sentido que z y en sentido inverso a ω. La ecuación (5.69) implica que la tasa de crecimiento de C viene dada por

$$\dot{C}/C = (1/\theta) \cdot (\alpha z - \delta - \rho) \tag{5.81}$$

Dado que $\dot{C}/C$ se mueve en el mismo sentido que z, se moverá en sentido inverso a ω.

La tasa de crecimiento de K viene dada por

$$\dot{K}/K = \dot{C}/C - \dot{\chi}/\chi = (1/\theta) \cdot (\alpha z - \delta - \rho) - \dot{\chi}/\chi$$

donde hemos sustituido $\dot{C}/C$ por su expresión en la ecuación (5.81). Si sustituimos $\dot{\chi}/\chi$ de la ecuación (5.78) y utilizamos las expresiones $z^* = B/\alpha$ y $\gamma^* = (1/\theta)\cdot(B-\delta-\rho)$ obtenemos

$$\dot{K}/K = \gamma^* + (z - z^*) - (\chi - \chi^*) \tag{5.82}$$

la expresión que aparece en la ecuación (5.42).

La tasa de crecimiento de H viene dada por

$$\dot{H}/H = \dot{K}/K - \dot{\omega}/\omega$$

Si sustituimos $\dot{K}/K$ por su expresión de la ecuación (5.82) y $\dot{\omega}/\omega$ por su expresión de la ecuación (5.80), y si una vez hecho esto sustituimos $\dot{u}/u$ por su expresión en la ecuación (5.75), simplificando obtenemos

$$\dot{H}/H = \gamma^* - B \cdot (u - u^*) \tag{5.83}$$

la expresión que aparece en la ecuación (5.41).

Dado que $Y = AK^{\alpha} \cdot (uH)^{1-\alpha}$, la tasa de crecimiento de la producción viene dada por

$$\dot{Y}/Y = \alpha \cdot \dot{K}/K + (1 - \alpha) \cdot (\dot{u}/u + \dot{H}/H)$$

Si sustituimos $\dot{K}/K$ por su expresión en la ecuación (5.82), $\dot{u}/u$ por su expresión en la ecuación (5.75) y $\dot{H}/H$ por su expresión en la ecuación (5.83) obtenemos:

$$\dot{Y}/Y = \gamma^* + \alpha \cdot (z - z^*) - (\chi - \chi^*) \tag{5.84}$$

la expresión que aparece en la ecuación (5.43).

La producción en sentido amplio viene dada por

$$Q = Y + (\mu/\nu) \cdot B \cdot (1 - u) \cdot H = AK^{\alpha} \cdot (uH)^{1-\alpha} + (\mu/\nu) \cdot B \cdot (1 - u) \cdot H$$

donde μ/ν, el precio sombra del capital humano en unidades de bienes, viene dado por la ecuación (5.66). Si sustituimos μ/ν obtenemos

$$Q = Y \cdot (1 - \alpha + \alpha u)/u$$

Así pues, la tasa de crecimiento de la producción en sentido amplio viene dada por

$$\dot{Q}/Q = \dot{Y}/Y - \dot{u}/u \cdot (1 - \alpha)/(1 - \alpha + \alpha u) \tag{5.85}$$

la expresión que aparece en la ecuación (5.44).

Para tratamientos alternativos del modelo Uzawa-Lucas, véase Faig (1995) y Caballé y Santos (1993).

5.7. Apéndice 5C: el modelo con intensidad de los factores opuesta

En este apéndice analizamos la estructura de producción de las ecuaciones (5.1) y (5.13) con la condición $\alpha < \eta$. Llamemos $p \equiv \mu/\nu$ al valor de H en unidades de bienes. En el texto señalamos que la ecuación (5.19) es una ecuación diferencial inestable en p y que p siempre es igual a su valor de estado estacionario, que viene dado por

$$p = p^* = \psi^{1/(\alpha-\eta)} \cdot \left(\frac{\alpha}{1-\alpha}\right)^{(\alpha-\eta)/(1-\alpha+\eta)} \tag{5.86}$$

donde

$$\psi \equiv \left(\frac{A}{B}\right) \cdot \left(\frac{\alpha}{\eta}\right)^{\eta} \cdot \left(\frac{1-\alpha}{1-\eta}\right)^{1-\eta}$$

Por lo tanto, la ecuación (5.17) implica que vK/uH es siempre igual a su valor de estado estacionario.

$$\frac{vK}{uH} = \left(\frac{vK}{uH}\right)^* = \left[\psi \cdot \left(\frac{\alpha}{1-\alpha}\right)\right]^{1/(1-\alpha+\eta)} \tag{5.87}$$

Así pues, la tasa de rendimiento y la tasa de crecimiento del consumo son constantes y sus expresiones son las siguientes

$$r = r^* = \alpha A \cdot \left[\left(\frac{vK}{uH}\right)^*\right]^{\alpha-1} - \delta \tag{5.88}$$

$$\dot{C}/C = \gamma^* = (1/\theta) \cdot (r^* - \rho) \tag{5.89}$$

A continuación demostraremos que la riqueza en sentido amplio, $K + pH$, y la producción en sentido amplio, $Q \equiv Y + p \cdot (\dot{H} + \delta H)$, crecen siempre a la tasa γ^*, es decir, a la misma tasa que C. Se cumple el análisis de la optimización del consumidor del capítulo 2 si consideramos que los hogares ganan una tasa de rendimiento r sobre la totalidad de su riqueza en sentido amplio, $K+pH$. (En este planteamiento el salario del trabajo no cualificado es cero.) Las ecuaciones (2.14) y (2.15) mostraban que el consumo era un múltiplo de la riqueza en sentido amplio; es más, en este caso el múltiplo es una constante, ya que r es constante. En consecuencia, $K + pH$ crece a la misma tasa γ^* que C.

La función de Hamilton de la ecuación (5.14) puede expresarse así

$$J = u(C) \cdot e^{-\rho t} + \nu \cdot (Q - C) - \nu\delta \cdot (K + pH) \tag{5.90}$$

donde

$$u(C) = \frac{C^{1-\theta} - 1}{1-\theta}$$

Podemos comprobar, a partir de las condiciones de optimización de primer orden, que $\dot{J} = -\rho \cdot u(C) \cdot e^{-\rho t}$. Si derivamos la ecuación (5.90) con respecto al tiempo, utilizamos la condición de primer orden $\nu = C^{-\theta}e^{-\rho t}$ y después simplificamos, obtenemos

$$(\dot{\nu}/\nu - \delta) \cdot [C + \delta \cdot (K + pH)] + \delta Q = (\dot{\nu}/\nu) \cdot Q + \dot{Q}$$

Si utilizamos $\dot{\nu}/\nu = -(\rho + \theta \cdot \dot{C}/C)$ y despejamos, obtenemos la expresión de la tasa de crecimiento de Q:

$$\dot{Q}/Q = (\delta + \rho + \theta\gamma_C) \cdot \left\{1 - \left(\frac{1}{Q}\right) \cdot [C + \delta \cdot (K + pH)]\right\} \tag{5.91}$$

Dado que $\dot{C}/C$ es constante y $K + pH$ es un múltiplo constante y positivo de C, la ecuación (5.91) expresa $\dot{Q}/Q$ como una función lineal negativa de C/Q.

Una solución a la ecuación (5.91) es $\dot{Q}/Q = \dot{C}/C = \gamma^*$, de manera que C/Q es la constante $(C/Q)^*$. Otra posible alternativa es que, si $C/Q < (C/Q)^*$, entonces de la ecuación (5.91) se deduce que $\dot{Q}/Q > \gamma^*$ y $C/Q \to 0$, mientras que si $C/Q > (C/Q)^*$, $\dot{Q}/Q < \gamma^*$ y $C/Q \to \infty$. Así pues, la trayectoria estable se caracteriza por $\dot{Q}/Q = \gamma^*$ en todo momento.

Si utilizamos la relación entre u y v de la ecuación (5.16), entonces la ecuación (5.87) nos permite expresar u como función de $\omega \equiv K/H$:

$$u = \frac{\eta \cdot (1-\alpha)}{(\eta - \alpha)} - \left[\frac{\alpha \cdot (1-\eta)}{(vK/uH)^* \cdot (\eta - \alpha)}\right] \cdot \omega \tag{5.92}$$

Así pues, la *policy function* de u es una función de ω lineal, negativa y de forma cerrada. Puesto que la ordenada en el origen es superior a 1, la ecuación (5.92) determina un intervalo de ω para el que el valor indicado de u se encuentra en el interior, $u \in (0, 1)$. La forma de la ecuación implica que la amplitud de este intervalo tiende a cero cuando $\beta - \alpha$ tiende a cero.

Podemos usar la relación $v = (vK/uH)^* \cdot (u/\omega)$ junto con la ecuación (5.92) para hallar la expresión de v:

$$v = -\frac{\alpha \cdot (1-\beta)}{\beta - \alpha} + \left[\frac{\beta \cdot (1-\alpha)}{\beta - \alpha}\right] \cdot \left[\left(\frac{vK}{uH}\right)^*\right] \cdot \left(\frac{1}{\omega}\right) \tag{5.93}$$

Así pues, v es una función lineal positiva de $1/\omega$ y, por lo tanto, decreciente con respecto a ω. También podemos comprobar que la solución de v se encuentra en el interior del intervalo $(0, 1)$; es decir $v \in (0, 1)$ cuando $u \in (0, 1)$. (Este resultado se halla fácilmente a partir de la ecuación [5.16].)

Las ecuaciones (5.13) y (5.16) implican que la tasa de crecimiento de H viene dada por

$$\dot{H}/H = B \cdot \left[\frac{\eta \cdot (1-\alpha)}{\alpha \cdot (1-\eta)}\right]^\eta \cdot \left[\left(\frac{vK}{uH}\right)^*\right]^\eta \cdot (1-u) - \delta$$

Si sustituimos u en la ecuación (5.92) obtenemos

$$\dot{H}/H = -a_1 + a_2 \cdot \omega \tag{5.94}$$

donde $a_1 > 0$, $a_2 > 0$ son constantes. Así pues, $\dot{H}/H$ es una función lineal positiva de ω.

Puesto que la riqueza en sentido amplio $K + pH$ crece a la tasa constante γ^*, tenemos que

$$\gamma^* = \left(\frac{\omega}{\omega + p}\right) \cdot (\dot{K}/K) + \left(\frac{p}{\omega + p}\right) \cdot (\dot{H}/H)$$

Así pues, la tasa de crecimiento de K viene dada por

$$\dot{K}/K = \gamma^* + (\gamma^* - \gamma_H) \cdot (p/\omega)$$

Si sustituimos $\dot{H}/H$ de la ecuación (5.94) obtenemos

$$\dot{K}/K = \gamma^* - a_2 \cdot p + p \cdot (\gamma^* + a_1)/\omega \tag{5.95}$$

Así pues, $\dot{K}/K$ es una función lineal positiva de $1/\omega$ y, por lo tanto, una función inversa de ω. También podemos utilizar la ecuación (5.95) para calcular un intervalo de ω para el que la restricción de desigualdad $\dot{K}/K + \delta \geq 0$ no se aplica.

Para establecer la dinámica de $\chi \equiv C/K$ observe que la condición $Y = C + \dot{K} + \delta K$ implica

$$\chi = Av \cdot \left[\left(\frac{vK}{uH}\right)^*\right]^{\alpha-1} - \delta - \dot{K}/K$$

Si sustituimos v por su expresión en la ecuación (5.93) y $\dot{K}/K$ por su expresión en la ecuación (5.95) obtenemos

$$\chi = \text{constante} + \left\{A \cdot \left[\frac{\eta \cdot (1-\alpha)}{\eta - \alpha}\right] \cdot \left[\left(\frac{vK}{uH}\right)^*\right]^{\alpha} - p \cdot (\gamma^* + a_1)\right\} \cdot \left(\frac{1}{\omega}\right) \tag{5.96}$$

donde $-a_1$ es la constante de la expresión $\dot{H}/H$ de la ecuación (5.94). Si sustituimos a_1 y utilizamos la expresión de p de la ecuación (5.86), podemos usar la condición de transversalidad $r^* > \gamma^*$ de las ecuaciones (5.88) y (5.89) para demostrar que el término entre llaves de la ecuación (5.96) es positivo. Por lo tanto, χ es una función lineal directa de $1/\omega$ y, en consecuencia, una función inversa de ω.

5.8. Problemas

5.1. Función de producción ESC con capital físico y humano. Considere la función de producción ESC con capital físico K y capital humano H:

$$Y = A \cdot \{a \cdot (bK)^{\psi} + (1-a) \cdot [(1-b) \cdot H]^{\psi}\}^{1/\psi}$$

donde $0 < a < 1$, $0 < b < 1$, $\psi < 1$. La producción puede ser dedicada en una relación unidad a unidad al consumo o a la inversión en K o H. La tasa de depreciación de cada tipo de capital es δ. Los hogares se caracterizan por las habituales preferencias con horizonte infinito del modelo de Ramsey. Inicialmente suponga que no hay restricciones de irreversibilidad sobre K o H, de manera que la inversión bruta en cualquiera de ellos puede ser negativa.

a. Plantee la función de Hamilton y las condiciones de primer orden.

b. ¿Cuál es la relación óptima entre K y H? Sustituya esta relación en la función de producción y obtenga la relación entre Y y K. ¿A qué se parece esta función de producción "reducida"?
c. ¿Cuál es el valor de estado estacionario del ratio entre capital físico y capital humano $(K/H)^*$?
d. Describa el comportamiento de la economía a lo largo del tiempo si la condición inicial es $K(0)/H(0) < (K/H)^*$. ¿Cuáles son las tasas de inversión instantáneas de cada tipo de capital en el momento cero?
e. Suponga que las restricciones de desigualdad $I_K \geq 0$ y $I_H \geq 0$ se aplican. Si la economía se sitúa inicialmente en $K(0)/H(0) < (K/H)^*$, ¿de qué manera afectan a su dinámica tales restricciones?

5.2. Costes de ajuste del capital físico y el capital humano. Considere el modelo de la sección 5.1 en el que los bienes de consumo, el capital físico y el capital humano son producidos con el mismo tipo de tecnología. Sin embargo, considere que hay costes de ajuste en las modificaciones de ambos tipos de capital. Los costes de ajuste unitarios, semejantes a los establecidos en la sección 3.3, son $(b_K/2) \cdot (I_K/K)$ en el caso de K y $(b_H/2) \cdot (I_H/H)$ en el caso de H. Suponga que las tasas de depreciación de cada tipo de capital son cero.
a. Analice los parámetros b_K y b_H. ¿Cuál de ellos es probablemente mayor?
b. Suponga que $b_K = b_H$. Analice la dinámica a corto plazo si la economía se sitúa inicialmente en $K(0)/H(0) < (K/H)^*$. ¿Y si la economía se sitúa inicialmente en $K(0)/H(0) > (K/H)^*$?
c. Suponga que $b_K < b_H$. Vuelva a resolver la cuestión b, y comente las principales diferencias en los resultados.

5.3. Externalidades del capital humano (basado en Lucas, 1988). La función de producción del productor de bienes i-ésimo es igual a

$$Y_i = A \cdot (K_i)^\alpha \cdot (H_i)^\lambda \cdot H^\epsilon$$

donde $0 < \alpha < 1$, $0 < \lambda < 1$, $0 \leq \epsilon < 1$. Las variables K_i y H_i son los factores de capital físico y capital humano utilizados por la empresa i para producir bienes, Y_i. La variable H es el nivel medio de capital humano de la economía. El parámetro ϵ representa la intensidad de la externalidad del capital humano medio sobre la productividad de cada empresa. La producción del sector de bienes puede dedicarse al consumo, C, o a la inversión bruta en capital físico, I_K. El capital físico se deprecia a la tasa δ. La función de producción del capital humano es

$$(I_H)_j = BH_j$$

donde H_j es el capital humano empleado por el j-ésimo productor de capital humano. El capital humano también se deprecia a la tasa δ. Los hogares se caracterizan por las habituales preferencias con horizonte infinito del modelo de Ramsey, con una tasa de preferencia temporal ρ y un parámetro de sustitución temporal θ. En primer lugar, considere un equilibrio competitivo en el que los productores de Y y H actúan como competidores perfectos.

a. ¿Cuál es la tasa de crecimiento en el estado estacionario de C, K e Y? ¿De qué manera depende de la intensidad de la externalidad del capital humano, es decir, del parámetro ϵ?

b. ¿Cuál es la tasa de crecimiento de estado estacionario de H? ¿En qué circunstancias crece H a la misma tasa que K en el estado estacionario?

c. ¿En qué se diferenciaría la solución del planificador social de la solución competitiva?

Cambio tecnológico: modelos con una variedad ampliada de productos

Capítulo 6

En los capítulos 4 y 5 vimos modelos con crecimiento endógeno en los que los rendimientos decrecientes no caracterizaban a un concepto amplio de capital, cuando menos asintóticamente. Esta falta de rendimientos decrecientes significa que, aún en ausencia de progreso tecnológico, es factible crecimiento per cápita a largo plazo. Una visión diferente establece que la simple acumulación de capital (incluso entendido éste en su definición más amplia que incluye el capital humano) no puede mantener crecimiento a largo plazo, porque dicha acumulación se enfrentará en algún momento a una disminución importante de la tasa de rendimiento. Esta visión implica que habrá que basarse en el progreso tecnológico, es decir, mejoras continuas de los métodos de producción y de los tipos y calidades de productos, para evitar los rendimientos decrecientes a largo plazo.

La tasa exógena de progreso tecnológico x determinaba la tasa de crecimiento per cápita de estado estacionario en los modelos de Solow-Swan y Ramsey estudiados en los capítulos 1 y 2. En este capítulo y en el siguiente describimos avances teóricos recientes que endogenizan este proceso de mejora tecnológica; es decir, estos modelos explican de manera factible el origen del parámetro x. En consecuencia, estas teorías explican la manera en la que la política económica y otros factores influyen en la tasa de crecimiento per cápita a largo plazo de una economía.

Este capítulo analiza modelos en los que el progreso tecnológico se representa mediante una ampliación del número de variedades de los productos. Planteamos el aumento de este número como una innovación básica, similar a la aparición de un nuevo sector. Naturalmente, la identificación del estado de la tecnología con el número de variedades de productos debe ser vista como una metáfora: elige un aspecto del progreso tecnológico y aporta así un marco manejable para el estudio del crecimiento a largo plazo.

El siguiente capítulo se apoya en otra metáfora por la que el progreso se identifica con mejoras de calidad de una serie de tipos de productos ya existentes. Estas mejoras de calidad representan el proceso más o menos continuo que se produce dentro de una industria ya establecida. Así pues, el enfoque del próximo capítulo debe ser considerado como complementario del análisis de la variedad realizado en éste.

6.1. Un modelo básico con una variedad de productos

En este modelo hay tres tipos de agentes. En primer lugar, los productores de la producción final contratan trabajo y compran bienes intermedios que combinan para producir el producto final, que es vendido a un precio unitario. En segundo lugar, las empresas de I+D dedican recursos a la invención de nuevos productos. Una vez que el producto ha sido inventado, la empresa de I+D innovadora obtiene una patente permanente, que permite a dicha empresa vender el bien al precio que decida. Este precio se elige de manera que maximice los beneficios. En tercer lugar, los hogares maximizan su utilidad, sujeta a la habitual restricción presupuestaria.

6.1.1. Los productores de la producción final

Los productores del producto final disponen de una tecnología productiva que combina trabajo con cierto número de bienes intermedios a fin de producir bienes finales, que son vendidos en el mercado a un precio unitario. Seguimos el criterio de Spence (1976), Dixit y Stiglitz (1977), Ethier (1982) y Romer (1987, 1990) al establecer la función de producción de la empresa i de la siguiente manera

$$Y_i = AL_i^{1-\alpha} \cdot \sum_{j=1}^{N} (X_{ij})^{\alpha} \tag{6.1}$$

donde $0<\alpha<1$, Y_i es la producción, L_i es el factor trabajo, X_{ij} es la utilización del j-ésimo tipo de bien intermedio especializado y N es el número de variedades de bienes intermedios.[1] El parámetro A es una medida general de productividad o eficiencia. Esta formulación considera la variedad de bienes intermedios como un elemento de la función de producción. Otra posibilidad radica en establecer que la utilidad es una función de una variedad de bienes de consumo. Esta alternativa, adoptada por Grossman y Helpman (1991, capítulo 4) produce resultados similares.

La función de producción de la ecuación (6.1) establece una productividad marginal decreciente de cada factor L_i y X_{ij} y rendimientos constantes a escala del conjunto de los factores. La expresión separable acumulativa de $(X_{ij})^{\alpha}$ significa que el producto marginal del bien intermedio j es independiente de la cantidad empleada del bien intermedio j'.[2] En este sentido, un nuevo producto no es ni un bien

1. La aproximación básica a los beneficios de la variedad proviene de Spence (1976), si bien trató las preferencias del consumidor y definió la utilidad como una integral de los diversos tipos (en su ecuación [45]), y no como un sumatorio. Dixit y Stiglitz (1977) afinaron el análisis de Spence y utilizaron una expresión similar a la ecuación (6.1) para expresar las preferencias del consumidor en lo referente a una variedad de bienes. Ethier (1982) aplicó esta expresión a los factores de producción. Romer (1987, 1990) utilizó el modelo de Ethier con una variedad de factores productivos en el marco del cambio tecnológico y el crecimiento económico.

2. La siguiente es una expresión alternativa a la ecuación (6.1)

$$Y_i = AL_i^{1-\alpha} \cdot \left[\sum_{j=1}^{N} (X_{ij})^{\sigma}\right]^{\alpha/\sigma}$$

donde $0 < \sigma < 1$. En este caso, el parámetro σ, que puede ser distinto de α, rige el poder monopolístico sustitutivo directo ni un bien complementario directo de los tipos ya existentes. Pensamos que en general, esta especificación resulta lógica en promedio para las grandes innovaciones, el tipo de avances que queremos modelizar en este capítulo. En un caso concreto, un nuevo producto j puede sustituir a un bien existente j' (es decir, reducir el producto marginal de $X_{j'}$) o complementar a dicho bien (aumentar el producto marginal de $X_{j'}$). No obstante, la independencia de los productos marginales se cumplirá por término medio. Este supuesto de independencia es importante porque implica que los descubrimientos de nuevos tipos de productos no tienden a provocar la obsolescencia de los productos existentes.

Por el contrario, en el caso de las mejoras de calidad que analizaremos en el próximo capítulo, es una especificación razonable el establecer que un bien de calidad superior es un sustitutivo cercano de un bien de menor calidad. Este supuesto significa que los bienes de menor calidad tienden a quedarse obsoletos tras la introducción de bienes nuevos y mejores.

La ecuación (6.1) implica que el producto marginal de cada bien intermedio $\partial Y_i/\partial X_{ij}$ es infinito en $X_{ij} = 0$ y después disminuye a medida que X_{ij} aumenta. Si se pueden adquirir N tipos de bienes a precios finitos en el momento actual, la empresa tendrá interés en utilizar todos los tipos.

Es importante observar que el progreso tecnológico toma la forma de aumentos de N, el número de bienes intermedios especializados a su disposición, y no de aumentos de A, el parámetro de productividad. Para ver el efecto de un aumento de N, suponga que los bienes intermedios pueden medirse en las habituales unidades físicas y que todos ellos se emplean en la misma cantidad $X_{ij} = X_i$ (supuesto que se cumple en el equilibrio). Así, a partir de la ecuación (6.1), la cantidad de producción viene dada por

$$Y_i = AL_i^{1-\alpha}NX_i^{\alpha} = AL_i^{1-\alpha} \cdot (NX_i)^{\alpha} \cdot N^{1-\alpha} \tag{6.2}$$

Para un N dado, la ecuación (6.2) implica que la producción se caracteriza por rendimientos constantes a escala en L_i y NX_i, la cantidad total de factores intermedios. Para cantidades dadas de L_i y NX_i, Y_i aumenta al aumentar N de acuerdo al término $N^{1-\alpha}$. Este efecto, que recoge una forma de progreso tecnológico, refleja el beneficio de aplicar un total de factores intermedio dado NX_i a una mayor variedad de productos, N. El beneficio aparece debido a los rendimientos decrecientes de cada X_{ij} individual.

Para un L_i fijo, la ecuación (6.2) implica que el aumento de los factores intermedios NX_i se enfrentará a rendimientos decrecientes si se produce a través de un aumento de X_i (es decir, de todos los X_{ij}) para un N dado. Ahora bien, no aparecen rendimientos decrecientes si el aumento de NX_i procede del aumento de N para un X_i dado. Así pues, el cambio tecnológico en forma de aumentos continuos de N evita la tendencia a los rendimientos decrecientes. Esta propiedad de la función de producción es la base del crecimiento endógeno.

---

que posee el propietario de los derechos del bien intermedio j. El caso considerado en el texto corresponde a $\alpha = \sigma$.

Nos resultará útil suponer que el número de variedades N es una cifra continua y no discreta. Este supuesto no es realista si interpretamos N literalmente, como el número de tipos de bienes intermedios empleados, aunque si N fuera grande el error sería pequeño. De manera más general, N debe ser considerado como una aproximación adecuada de la complejidad tecnológica del proceso de producción de la empresa típica, o también como el grado promedio de especialización de los factores empleados por la empresa típica. Esta noción más amplia de N no será discreta sino continua.[3]

Los bienes finales, Y_i, producidos por todas las empresas son idénticos. La suma de la producción de todas las empresas, que denominamos Y, puede utilizarse para varios propósitos perfectamente sustitutivos. En concreto, puede dedicarse al consumo, a la producción de bienes intermedios X_j y más tarde a la I+D necesaria para la invención de nuevos tipos de bienes intermedios (es decir, a aumentar N). Todos los precios se miden en unidades de Y, el flujo homogéneo de bienes.

Podríamos modelizar X_{ij} como el flujo de servicios procedentes de los bienes duraderos. Entonces, las empresas arrendarían los bienes de capital subyacentes, K_{ij}. La cantidad total de capital arrendado por la empresa i, $K_i = \sum_{j=1}^{N} K_{ij}$, se asemejaría al factor capital de los modelos anteriormente analizados.[4] Utilizando este enfoque, llegaríamos a un modelo con dos variables de estado: el capital agregado K y el número de variedades de bienes N. Formalmente, el modelo sería similar a los estudiados en el capítulo 5.

Nos resultará más cómodo suponer que X_{ij} representa las compras de bienes no duraderos y servicios. Este modelo y otro con bienes intermedios duraderos llegan a conclusiones similares a propósito de los factores determinantes del cambio tecnológico y el crecimiento económico a largo plazo. El modelo de factores no duraderos es más sencillo, ya que únicamente conlleva una única variable de estado, el número de productos N.

El beneficio de un productor de bienes finales es

$$Y_i - wL_i - \sum_{j=1}^{N} P_j X_{ij}$$

3. Podríamos justificar formalmente la naturaleza continua de N definiéndola, no como en la ecuación (6.1), es decir, la suma de un número discreto de tipos distintos, sino como la integral de un continuo de tipos:

$$Y_i = AL_i^{1-\alpha} \cdot \int_0^N [X_i(j)]^\alpha dj$$

donde j es el subíndice continuo del tipo y N el intervalo de tipos de los que se dispone. Se obtienen básicamente los mismos resultados si utilizamos esta definición que si se usa la ecuación (6.1).

4. Acemoglu (2000) amplía el modelo de variedades mediante el supuesto de que un conjunto de bienes intermedios aumenta la eficiencia del trabajo L y otro conjunto aumenta la eficiencia del capital K. Así, los investigadores pueden elegir entre dedicar sus esfuerzos de I+D a innovaciones que aumenten la eficiencia del trabajo o a innovaciones que aumenten la eficiencia del capital. Acemoglu demuestra que, si la elasticidad de sustitución entre trabajo y capital es inferior a 1, el progreso tecnológico puede ser asintóticamente del tipo que aumenta la eficiencia del trabajo.

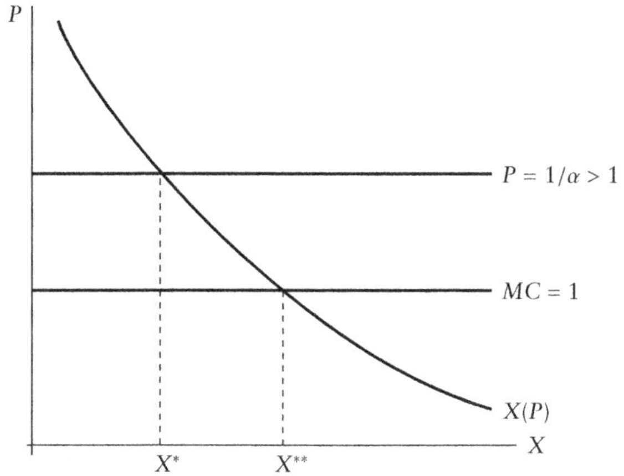

ILUSTRACIÓN 6.1 | La demanda de bienes intermedios. La demanda de bienes intermedios es una función decreciente con elasticidad constante. Cuando el precio es igual al coste marginal, las empresas demandan la cantidad X^{**}. Para aquellos precios superiores al coste marginal, la cantidad demandada es inferior a X^{**}.

donde w es el salario y P_j es el precio del bien intermedio j. Estos productores actúan en competencia perfecta y así consideran dados tanto w como los precios P_j. Por lo tanto, obtenemos las ya conocidas ecuaciones entre precios de los factores y productos marginales, y el beneficio resultante es cero.

La función de producción de la ecuación (6.1) implica que el producto marginal del j-ésimo bien intermedio viene dado por

$$\partial Y_i / \partial X_{ij} = A\alpha L_i^{1-\alpha} X_{ij}^{\alpha-1} \tag{6.3}$$

Por lo tanto, la igualdad entre este producto marginal y P_j implica

$$X_{ij} = L_i \cdot (A\alpha / P_j)^{1/(1-\alpha)} \tag{6.4}$$

Este resultado determina la cantidad demandada de factor j-ésimo, X_{ij}, en función del precio P_j. La elasticidad precio de la demanda de cada tipo de bien intermedio es igual a la constante $-1/(1-\alpha)$.

La función de demanda aparece representada en la ilustración 6.1. De la igualdad entre w y el producto marginal del trabajo se deduce que:

$$w = (1-\alpha) \cdot (Y_i / L_i) \tag{6.5}$$

6.1.2. Empresas de investigación

En un momento dado, la tecnología existente es capaz de producir N variedades de bienes intermedios. Para aumentar N se requiere un avance tecnológico, es decir, una invención que permita la producción de un nuevo tipo de bien intermedio. Establecemos el supuesto de que dicho avance necesita un esfuerzo deliberado en forma de I+D.

Las empresas de I+D se enfrentan a un proceso de decisión en dos fases. En la primera fase tienen que decidir si dedican recursos a la invención de un nuevo diseño. Las empresas gastarán dichos recursos si el valor actual neto de los beneficios esperados en el futuro es al menos igual a los gastos de I+D, que se pagan anticipadamente. En la segunda fase los inventores elegirán el precio óptimo al que venden los bienes inventados a los productores del producto final. Este precio determinará el flujo de beneficios en cada momento y, a su vez, el valor actual del beneficio que se consideró en la primera fase.

Resolveremos el modelo empezando por la segunda etapa. En primer lugar, hallaremos el precio óptimo, suponiendo que el nuevo diseño ya ha sido inventado, y después calcularemos el valor actual de los beneficios y lo compararemos con los costes de I+D. Si el valor actual es igual o superior a los costes de I+D, la empresa decidirá realizar el gasto en I+D. Por último, analizaremos el equilibrio en el caso de que la entrada en el sector de I+D sea libre.

Fase 2: Precio óptimo con el bien ya inventado A fin de fomentar la investigación, los innovadores con resultados positivos tienen que recibir algún tipo de compensación. El problema crucial estriba en que la obtención de una nueva idea o diseño, por ejemplo el bien intermedio j, tiene un coste, pero una vez creado puede ser utilizado de manera no rival por todos los posibles productores de j. Es decir, el uso que del diseño haga un productor no afectará a la producción que puedan lograr con los factores dados otros productores que utilicen el diseño. A posteriori, sería eficiente que la innovación obtenida se ofertara sin coste alguno a todos los productores, pero a priori esta solución no incentiva innovaciones futuras. Surge un conflicto, al igual que en análisis habitual de las patentes, entre las restricciones de uso de las ideas existentes, es decir, un cierto grado de exclusión, y la remuneración de la actividad de invención.

Resulta sorprendente que hace cerca de doscientos años Thomas Jefferson ya entendiera a la perfección las implicaciones relativas a la rivalidad y la exclusión. El tercer presidente de los Estados Unidos y autor de la Declaración de Independencia, que también trabajó un tiempo en la oficina de patentes estadounidense, escribió en su carta del 13 de agosto de 1813 a Isaac McPherson:[5]

Si la naturaleza ha creado algo menos proclive a la propiedad exclusiva que todo lo demás es la acción del poder mental que denominamos idea, que un individuo sólo posee en exclusiva mientras la guarda para sí mismo. No obstante, en el momento en que la divulga, la pone a disposición de todos y el que la ha recibido no puede desposeerse a sí mismo de ella. Su rasgo peculiar, también, es que nadie la posee menos porque otro la posea en su totalidad. Aquel que recibe una idea de mí, recibe instrucción para sí mismo sin menguar la mía... a las invenciones, que por su propia naturaleza no pueden ser objeto de propiedad, la sociedad puede otorgarles un derecho exclusivo de los beneficios que produzcan como manera de alentar al hombre a que desarrolle ideas capaces de producir utilidad, pero esto puede ser hecho o no, de acuerdo a la voluntad y la conveniencia de la sociedad, sin que nadie se queje o reclame. De esta manera, es un hecho, según he sido informado, que Inglaterra era, hasta el momento en que lo copiamos, el único país de la tierra que jamás, en una ley general, otorgó un derecho legal al uso exclusivo

5. El texto original de la carta forma parte de los documentos *Thomas Jefferson Papers* de la Biblioteca del Congreso de los Estados Unidos (*Library of the Congress*) y se pueden consultar en Internet en la dirección siguiente: `lcweb2.loc.gov/ammem/mtjhtml/mtjhome.html`.

de una idea. En otros países, en ocasiones se hace, en un gran caso, o por un acto especial y personal, pero de manera general otras naciones han pensado que estos monopolios aportan a la sociedad más inconvenientes que ventajas. Y puede observarse que las naciones que niegan el monopolio de las invenciones son tan fructíferas en aparatos nuevos y útiles como la propia Inglaterra.

Así pues, aunque Jefferson entendía el papel posible de las patentes en el fomento de las inversiones, al final se oponía a un régimen que tratara de imponer derechos de monopolio sobre las ideas.

A pesar del punto de vista de Jefferson, planteamos un marco normativo en el que el inventor del bien j tiene un derecho de monopolio permanente sobre la producción y la venta del bien X_j que utiliza su diseño.[6] El flujo de rentas del monopolio aporta así el incentivo necesario para la invención. Los derechos de monopolio pueden hacerse valer gracias a una protección explícita de las patentes o mediante el secreto. En ambos casos, sería lógico suponer que la posición de monopolio del inventor durara un plazo finito o se deteriorara gradualmente con el tiempo. Consideramos esta modificación más adelante, en este mismo capítulo.

El valor actual de los rendimientos de la invención del bien intermedio j-ésimo viene dada por

$$V(t) = \int_t^\infty \pi_j(v) \cdot e^{-\bar{r}(t,v)\cdot(v-t)}\, dv \tag{6.6}$$

donde $\pi_j(v)$ es el flujo de beneficios en la fecha v y $\bar{r}(t, v) \equiv [1/(v-t)] \cdot \int_t^v r(\omega)\, d\omega$ es el tipo de interés promedio entre los momentos t y v. Si el tipo de interés es igual a la constante r, como resulta ser cierto en el equilibrio, el factor de actualización se simplifica en $e^{-r(v-t)}$.

El ingreso del productor en cada fecha es igual al precio $P_j(v)$, multiplicado por la cantidad de bienes vendida. El flujo de beneficios es igual a los ingresos menos los costes de producción. Suponemos que una vez inventado, el coste de producción del bien intermedio de tipo j es una unidad de Y. De hecho, el inventor del bien cuelga una etiqueta en el flujo homogéneo de productos finales y de ese modo convierte dicho producto en el j-ésimo tipo de bien intermedio. Formalmente, suponemos que el coste marginal de producción y el coste promedio son constantes y están normalizados a 1. Así pues, el flujo de beneficio viene dado por

$$\pi_j(v) = [P_j(v) - 1] \cdot X_j(v) \tag{6.7}$$

donde

$$X_j(v) = \sum_i X_{ij}(v) = [A\alpha/P_j(v)]^{1/(1-\alpha)} \cdot \sum_i L_i = L \cdot [A\alpha/P_j(v)]^{1/(1-\alpha)} \tag{6.8}$$

6. Por comodidad suponemos que el inventor del diseño j-ésimo también es el productor del j-ésimo bien intermedio. Obtendríamos el mismo resultado si en vez de esto estableciéramos el supuesto de que el inventor cobrara *royalties* por el uso que de su diseño hacen los productores competitivos de bienes.

es el sumatorio de la cantidad demandada por los productores i a partir de la ecuación (6.4). La cantidad L es el sumatorio del factor trabajo, que suponemos constante.

Puesto que no hay dos variables de estado en la producción y tampoco elementos intertemporales en la función de demanda, el productor de X_j selecciona P_j en cada momento a fin de maximizar el flujo de beneficios de monopolio.[7] El problema de maximización se obtiene a partir de las ecuaciones (6.7) y (6.8) y es el siguiente:

$$\max_{P_j(v)} \pi_j(v) = [P_j(v) - 1] \cdot L \cdot [A\alpha / P_j(v)]^{1/(1-\alpha)} \tag{6.9}$$

La solución del precio del monopolio es[8]

$$P_j(v) = P = 1/\alpha > 1 \tag{6.10}$$

Así pues, el precio P_j es constante en el tiempo y es el mismo para todos los bienes intermedios j. El precio en monopolio es el margen de beneficio $1/\alpha$ sobre el coste marginal de producción igual a 1. El precio es el mismo para todos los bienes j, porque el coste de producción es el mismo para todos los bienes, y cada bien se incorpora simétricamente a la función de producción de la ecuación (6.1).

Si sustituimos P_j de la ecuación (6.10) en la ecuación (6.4), podemos determinar la cantidad agregada producida de cada uno de los bienes intermedios:

$$X_j = A^{1/(1-\alpha)} \alpha^{2/(1-\alpha)} L \tag{6.11}$$

que también es constante en el tiempo y entre los j. Es importante resaltar que, dado que el precio es superior al coste marginal, la cantidad X_j es inferior a la que alcanzaría si los bienes intermedios tuvieran un precio igual al coste marginal (véase la ilustración 6.1). La cantidad X_j es idéntica para todos los bienes y en todo momento del tiempo (si L es constante). La cantidad agregada de bienes intermedios, X, viene dada por

$$X = NX_j = A^{1/(1-\alpha)} \alpha^{2/(1-\alpha)} LN \tag{6.12}$$

El nivel de producción agregada se calcula a partir de las ecuaciones (6.2) y (6.12) de la siguiente manera

$$Y = AL^{1-\alpha} X^{\alpha} N^{1-\alpha} = A^{1/(1-\alpha)} \alpha^{2\alpha/(1-\alpha)} LN \tag{6.13}$$

7. Podríamos calcular este resultado a partir de nuestro ya conocido análisis dinámico, planteando la función de Hamilton y hallando las habituales condiciones de primer orden con respecto a P. Puesto que P es una variable de control, las condiciones de primer orden requerirían igualar a cero la derivada del beneficio, igual que si el modelo fuera estático.

8. Este resultado implica que la participación del factor en los bienes intermedios, que es α, es igual al inverso del ratio del margen de beneficio. Sin embargo, esta restricción no se cumple si suponemos la forma generalizada de la función de producción que aparece en la nota 2. En dicho caso, el precio de monopolio resulta ser $P_j = P = 1/\sigma$.

Si sustituimos P_j y X_j de las ecuaciones (6.10) y (6.11) en la ecuación (6.9) obtenemos la expresión del flujo de beneficios:

$$\pi_j(v) = \pi = LA^{1/(1-\alpha)} \cdot \left(\frac{1-\alpha}{\alpha}\right) \cdot \alpha^{2/(1-\alpha)} \tag{6.14}$$

que, de nuevo, es constante en el tiempo y para todos los bienes. Por último, podemos sustituir los valores óptimos de P_j y X_j en la ecuación (6.6) y obtendremos el valor actual neto del beneficio del inventor en el momento t

$$V(t) = LA^{1/(1-\alpha)} \cdot \left(\frac{1-\alpha}{\alpha}\right) \cdot \alpha^{2/(1-\alpha)} \cdot \int_t^{\infty} e^{-\bar{r}(t,v)\cdot(v-t)}\, dv \tag{6.15}$$

Fase 1: la decisión de entrar en el sector de I+D Sabemos que, una vez inventado el bien, la normativa legal permitirá al inventor obtener el valor actual $V(t)$ de la ecuación (6.15). Un investigador considerará interesante la inversión en I+D si el valor actual de la misma es igual o superior a su coste de I+D. Por tanto, la inversión en I+D depende de la naturaleza de los costes de I+D. Una descripción realista del proceso de investigación tendría en cuenta la incertidumbre sobre la cantidad de recursos requerida para generar una invención y sobre el éxito de la invención. Sin embargo, simplificamos el análisis mediante el supuesto de que se requiere una cantidad fija de investigación para producir un producto nuevo. (En el capítulo 7 analizaremos un modelo en el que el proceso de investigación está sujeto a incertidumbre.)

El entorno sin incertidumbre en la invención de nuevos productos genera en última instancia un crecimiento económico agregado de trayectoria regular. La aleatoriedad de la invención de nuevos productos eliminaría la regularidad a nivel agregado y de este modo introduciría variaciones en la tasa de crecimiento en torno a una tendencia a largo plazo. Estas variaciones se asemejarían a las fluctuaciones que se dan en los modelos del ciclo económico real. (Véase, por ejemplo, Kydland y Prescott, 1982, y McCallum, 1989.) Puesto que en este texto lo que nos interesa principalmente son los factores determinantes del crecimiento a largo plazo, aceptamos el supuesto de un proceso de I+D sin incertidumbre y sin componentes cíclicos.

En este primer modelo suponemos que el coste de crear un nuevo tipo de producto es η unidades de Y. Esta especificación significa que estamos aplicando los supuestos del ya conocido modelo de producción de un único sector al tratamiento de la producción de la I+D.[9] En general, pensaríamos que el coste de crear una nueva variedad depende del número de variedades inventadas con anterioridad, tal y como queda descrito por la función $\eta(N)$. La tendencia de las nuevas ideas a agotarse parece indicar que el coste aumenta al aumentar N, de manera que $\eta'(N) > 0$. Ahora bien, si lo ya descubierto facilita el nacimiento de nuevas ideas, el coste disminuiría al aumentar N de manera que se cumpliría $\eta'(N) < 0$.[10] En este caso suponemos

9. Rivera-Batiz y Romer (1991) utilizaron esta especificación en un modelo que denominaron el modelo de I+D de equipamiento de laboratorio.

10. El supuesto de que el coste de invención de un nuevo producto es decreciente es equivalente al

que ambos efectos se anulan, de manera que el coste de la invención no varía en el tiempo. Es decir

$$\text{coste I+D} = \eta, \text{constante} \tag{6.16}$$

Esta especificación resulta ser coherente con la tasa de crecimiento constante de la producción agregada. Ahora bien, provoca un cierto desconcierto en relación a los efectos de escala que trataremos más adelante. Una empresa decide dedicar recursos a la I+D si $V(t) \geq \eta$.

La condición de la libre entrada Suponemos que el sector de la invención se caracteriza por la libre entrada, de manera que cualquiera puede pagar el coste η de I+D que le garantice el valor actual neto $V(t)$ de la ecuación (6.15). Si $V(t) > \eta$, en el momento t se dedicaría a la I+D una cantidad infinita de recursos.[11] Así pues, en el equilibrio no se cumple $V(t) > \eta$. Si $V(t) < \eta$, en el momento t no habría recursos dedicados a la I+D y, por lo tanto, el número de bienes N se mantendría constante en el tiempo.[12] Centraremos el núcleo de nuestro análisis en los equilibrios con I+D positiva y, por lo tanto, en los que N crece en todo momento. En estos casos

$$V(t) = \eta \tag{6.17}$$

se cumple para todo t.

Si derivamos con respecto al tiempo la condición de libre entrada de la ecuación (6.17), utilizando la expresión de $V(t)$ de la ecuación (6.15) y teniendo en cuenta la condición $\bar{r}(t, v) \equiv [1/(v - t)] \cdot \int_t^v r(\omega)\, d\omega$[13], obtenemos

$$r(t) = \frac{\pi}{V(t)} + \frac{\dot{V}(t)}{V(t)} \tag{6.18}$$

donde π es el flujo de beneficios constante de la ecuación (6.9). La ecuación (6.18) establece que la tasa de rendimiento de los bonos $r(t)$ es igual a la tasa de rendimiento de la inversión en I+D. La tasa de rendimiento de I+D es igual a la tasa de beneficio $\pi/V(t)$ más la tasa de ganancia o pérdida de capital asociada a un cambio del valor de la empresa investigadora $\dot{V}(t)/V(t)$. Puesto que η es una constante, la condición de libre entrada de la ecuación (6.17) implica que $\dot{V}(t) = 0$. De la ecuación (6.18)

supuesto de que el coste es constante, pero que los nuevos productos son más productivos por unidad que los anteriores. En el capítulo 7 analizamos un modelo en el que los nuevos productos son más productivos que los antiguos.

11. La inversión podría ser infinita si no hay limitaciones a la obtención de préstamos al tipo de interés $r(t)$, en los que la deuda podría estar garantizada por el valor de la inversión.

12. El número de invenciones N no es reversible. Es decir, es imposible olvidarse de alguno de los diseños inventados y así obtener una reducción en los gastos de I+D que se emplearon en su diseño. Si N fuera reversible en dicho sentido, $V(t) = \eta$ tendría que cumplirse en todo momento.

13. Aplicamos aquí la regla de Leibniz para la derivada de una integral definida. Véase el análisis que aparece en el apéndice matemático.

se deduce que el tipo de interés es constante e igual a $r(t) = r = \pi/\eta$. Si sustituimos π por su valor en la ecuación (6.9) obtenemos

$$r = (L/\eta) \cdot A^{1/(1-\alpha)} \cdot \left(\frac{1-\alpha}{\alpha}\right) \cdot \alpha^{2/(1-\alpha)} \tag{6.19}$$

La tecnología y la estructura de mercado existentes fijan la tasa de rendimiento en el valor que aparece en la ecuación (6.19)(bajo el supuesto de que la tasa subyacente de crecimiento de N es positiva). Por lo tanto, la situación es análoga a la del modelo AK del capítulo 4, en el que la tecnología y los incentivos a la inversión fijaban la tasa de rendimiento en el valor $A - \delta$.

El bien intermedio que está a punto de ser descubierto genera un valor actual de beneficios en monopolio que cubre los costes de I+D, η. Es decir, $V(t) = \eta$ en la ecuación (6.15). Puesto que los antiguos y los nuevos productos reciben el mismo flujo de beneficios del monopolio, el valor actual de los beneficios de cada uno de los bienes intermedios existentes tiene también que ser igual a η. Así pues, η es el valor de mercado de una empresa que posee el procedimiento para producir uno de los bienes intermedios y el sumatorio del valor de mercado de las empresas es igual a ηN. (Recuerde que las empresas no poseen capital, porque no hay bienes duraderos en este modelo.)

6.1.3. Los hogares

Los hogares siguen maximizando su utilidad en un horizonte infinito:

$$U = \int_0^{\infty} \left(\frac{c^{1-\theta}-1}{1-\theta}\right) \cdot e^{-\rho t}\, dt \tag{6.20}$$

donde, en el presente modelo, la tasa de crecimiento de la población n es igual a cero. Los hogares ganan la tasa de rendimiento sobre sus activos r y reciben el salario w por la cantidad agregada fija de trabajo L. La ya conocida restricción presupuestaria agregada de los hogares, es

$$d(\text{activos})/dt = wL + r \cdot (\text{activos}) - C \tag{6.21}$$

Los hogares cumplen la habitual ecuación de Euler,[14]

$$\dot{C}/C = (1/\theta) \cdot (r - \rho) \tag{6.22}$$

La habitual condición de transversalidad implica que r tiene que ser superior a la tasa de crecimiento a largo plazo de la producción Y.

14. Puesto que la población L es constante, la tasa de crecimiento del consumo es igual a la tasa de crecimiento del consumo per cápita.

6.1.4. Equilibrio general

En una economía cerrada, el total de los activos de los hogares es igual al valor de mercado de las empresas

$$\text{activos} = \eta N$$

Puesto que η es constante, la variación de los activos tiene que ser

$$d(\text{activos})/dt = \eta \dot{N}$$

A partir de la ecuación (6.5), el salario viene dado por

$$w = (1 - \alpha) \cdot (Y/L)$$

Tras un cierto desarrollo, el tipo de interés de la ecuación (6.19) puede expresarse de la siguiente manera

$$r = \frac{1}{\eta} \cdot (1 - \alpha) \cdot \alpha \cdot (Y/N)$$

Así pues, la renta agregada, $wL + r \cdot \text{activos}$, es igual a $Y - \alpha^2 Y$. En consecuencia, la restricción presupuestaria de los hogares de la ecuación (6.21) se transforma en

$$\eta \dot{N} = Y - C - X \qquad (6.23)$$

donde utilizamos la condición $X = \alpha^2 Y$ que procede de las ecuaciones (6.12) y (6.13). La ecuación (6.23) es la restricción presupuestaria del conjunto de la economía. Esta condición establece que, en cualquier momento del tiempo, el PIB, Y, tiene que ser dedicado al consumo, C, a la producción de bienes intermedios, X, y a la creación de $\dot{N}$ nuevos productos, cada uno de los cuales costará η.

Si en la ecuación (6.22) sustituimos r por su expresión en la ecuación (6.19), hallaremos la tasa de crecimiento:

$$\gamma = (1/\theta) \cdot \left[(L/\eta) \cdot A^{1/(1-\alpha)} \cdot \left(\frac{1-\alpha}{\alpha} \right) \cdot \alpha^{2/(1-\alpha)} - \rho \right] \qquad (6.24)$$

Esta tasa de crecimiento es la tasa de crecimiento del número de diseños, N, de la producción, Y, así como del consumo, C. El modelo presente, al igual que el modelo AK, se caracteriza por carecer de dinámica de transición, y las tres variables crecen a la misma tasa constante.[15]

La ecuación (6.24) es válida únicamente si los parámetros subyacentes hacen que en la ecuación $\gamma \geq 0$. Si $\gamma < 0$, los posibles inversores no tendrían los suficientes

15. Se demuestra así que existe un equilibrio sin dinámica de transición. Se puede probar que no existen otros equilibrios siguiendo el procedimiento mostrado en el capítulo 4. Dejamos dicho desarrollo como ejercicio práctico.

incentivos para dedicar sus recursos a la I+D y, por lo tanto, N permanecería constante en el tiempo. En ese caso, la tasa de crecimiento γ sería igual a cero. En lo sucesivo suponemos que en la ecuación (6.24) se cumple que $\gamma \geq 0$.

Inicialmente el número de variedades de los bienes N es un valor $N(0)$ y después crece a la tasa constante γ de la ecuación (6.24). La expresión de la producción de la ecuación (6.13) indica que, para un L fijo, Y es proporcional a N. En consecuencia, Y y N crecen a la misma tasa constante.

El nivel de consumo C tiene que cumplir la restricción presupuestaria de la economía de la ecuación (6.23), que se puede expresar también de la siguiente manera

$$C = Y - \eta\gamma N - X$$

donde $\eta\gamma N = \eta\dot{N}$ es la cantidad de recursos dedicados a la I+D. Si sustituimos Y por su expresión en la ecuación (6.13), γ por su expresión en la ecuación (6.24) y X por su expresión en la ecuación (6.12), y después simplificamos, obtenemos

$$C = (N/\theta) \cdot \left\{LA^{1/(1-\alpha)} \cdot (1-\alpha) \cdot \alpha^{2\alpha/(1-\alpha)} \cdot [\theta - \alpha \cdot (1-\theta)] + \eta\rho\right\} \qquad (6.25)$$

La ecuación (6.25) garantiza que, para un L fijo, C y N crecen a la misma tasa γ, la de la ecuación (6.24).[16]

6.1.5. Factores determinantes de la tasa de crecimiento

Considere los factores determinantes de la tasa de crecimiento γ de la ecuación (6.24). Los parámetros de preferencia de los hogares, ρ y θ, y el nivel de la tecnología de producción A, actúan básicamente de la misma manera que lo hacían en el modelo AK analizado en el capítulo 4. Una mayor disposición al ahorro (valores de ρ y θ más bajos) y una mejor tecnología (un valor de A mayor) aumentan la tasa de crecimiento.

Un nuevo efecto influye sobre el coste de inventar un nuevo producto η. La disminución de η aumenta la tasa de rendimiento r de la ecuación (6.19) y, por lo tanto, aumenta la tasa de crecimiento γ de la ecuación (6.24).

El modelo se caracteriza por un efecto de escala, ya que una mayor dotación de trabajo L aumenta la tasa de crecimiento γ de la ecuación (6.24). Este efecto es semejante al que surgía en el capítulo 4 en el modelo del aprendizaje mediante la experiencia con difusión de conocimiento y en el modelo de bienes públicos. Al igual que en los modelos vistos anteriormente, si permitiéramos que la población L creciera a una tasa positiva, la economía no tendería a un estado estacionario con una tasa de crecimiento per cápita constante. En el modelo presente aparece un efecto de escala, ya que el nuevo producto, cuyo coste de invención es igual a

---

16. La condición de transversalidad es $r > \gamma$. (Recuerde que la tasa de crecimiento de la población, n, es igual a cero.) Puesto que $\gamma = (1/\theta) \cdot (r - \rho)$, la condición de transversalidad puede expresarse como $r \cdot (1-\theta) < \rho$. Si sustituimos r por su expresión en la ecuación (6.19) llegamos a la inecuación $LA^{1/(1-\alpha)} \cdot (1-\alpha) \cdot \alpha^{2\alpha/(1-\alpha)}\alpha \cdot (1-\theta) < \eta\rho$. Esta condición garantiza que la expresión de C de la ecuación (6.25) es positiva.

η, puede ser utilizado de forma no rival por el conjunto de la economía. Cuanto mayor sea el tamaño de la economía, representado por L, menor será el coste de una invención por unidad de L (o Y). Por lo tanto, al igual que una disminución de η, un aumento de L aumenta γ.

En el capítulo 4 vimos que los efectos de escala no se ven corroborados empíricamente si se identifica la escala con el número de habitantes de un país o con su actividad económica. Sin embargo, los países pueden no ser la unidad de medida adecuada en el contexto que nos ocupa. La escala que concierne al modelo tiene dos aspectos: en primer lugar, concierne a la totalidad de la producción a la que puede aplicarse una nueva idea de forma no rival; y en segundo lugar, mide el ámbito de aplicación de los derechos de propiedad del inventor. Si las ideas fluyen fácilmente a través de las fronteras, en el primer contexto los países no serán las unidades adecuadas. (Analizaremos la difusión de la tecnología en el capítulo 8.) También en el segundo contexto es posible que los países no sean la medida apropiada si el ámbito de protección de las patentes es internacional o si la posición de monopolio en los países extranjeros puede basarse, al menos parcialmente, sobre el secreto.

Si el mundo opera como una única unidad en lo que respecta al flujo de ideas y al respeto a la propiedad intelectual, L debería identificarse con la población mundial o con un sumatorio de la actividad económica mundial. En dicho caso, el modelo predeciría una relación directa entre el crecimiento mundial per cápita y los niveles de población mundial o la producción mundial agregada. Kremer (1993) afirma que esta hipótesis puede ser la correcta en plazos de tiempo muy largos. Sin embargo, la opinión habitual es que los datos empíricos refutan la predicción de efectos de escala. En consecuencia, muchos economistas han optado por modificar el modelo a fin de eliminar esta predicción. Véase Jones (1999) para un resumen de esta literatura.

6.1.6. Óptimo de Pareto

El problema del planificador social En esta sección demostramos que los resultados de la economía descentralizada no son óptimos de Pareto. Como hacemos habitualmente, podemos evaluar si son óptimos de Pareto comparando los resultados anteriores, en concreto la tasa de crecimiento γ de la ecuación (6.24), con los resultados del problema paralelo de un hipotético planificador social.

El planificador social desea maximizar la utilidad del hogar representativo de la ecuación (6.20). El planificador está sujeto únicamente a la restricción presupuestaria de la economía

$$Y = AL^{1-\alpha}N^{1-\alpha}X^{\alpha} = C + \eta\dot{N} + X \tag{6.26}$$

Hemos utilizado la misma función de producción que en la ecuación (6.1), pero hemos impuesto la condición de que la cantidad de bienes intermedios sea la misma para todas las empresas i y todos los productos intermedios j. Podemos demostrar fácilmente, mediante la optimización con respecto a cada uno de los X_{ij}, que el planificador satisface estas condiciones para la producción eficiente. El lado derecho de la ecuación (6.26) recoge los tres posibles usos de la producción: consumo, I+D y bienes intermedios.

La función de Hamilton del problema del planificador social puede expresarse de la forma siguiente

$$J = u(c) \cdot e^{-\rho t} + \nu \cdot (1/\eta) \cdot (AL^{1-\alpha}N^{1-\alpha}X^{\alpha} - Lc - X) \qquad (6.27)$$

donde el precio sombra ν se aplica a $\dot{N}$ y sustituimos la condición $C = L_c$. Las variables de control son c y X, y la variable de estado es N.

La diferencia con respecto a la solución descentralizada afecta a la determinación de X, la cantidad de bienes intermedios, y γ, la tasa de crecimiento de N. A partir de las condiciones de optimización habituales del planificador social se llega a las expresiones de X y γ:

$$X \text{ (planificador social)} = A^{1/(1-\alpha)}\alpha^{1/(1-\alpha)}LN \qquad (6.28)$$

$$\gamma \text{ (planificador social)} = (1/\theta) \cdot \left[(L/\eta) \cdot A^{1/(1-\alpha)} \cdot \left(\frac{1-\alpha}{\alpha}\right) \cdot \alpha^{1/(1-\alpha)} - \rho\right] \qquad (6.29)$$

De la elección de X en la ecuación (6.28) se deduce que el nivel de producción es

$$Y \text{ (planificador social)} = A^{1/(1-\alpha)}\alpha^{\alpha/(1-\alpha)}LN \qquad (6.30)$$

En comparación con la elección del planificador social de la ecuación (6.28), la solución descentralizada de X de la ecuación (6.11) está multiplicada por $\alpha^{1/(1-\alpha)} < 1$. Por lo tanto, la economía descentralizada dedica menos recursos que el planificador social a los bienes intermedios y, en consecuencia, genera un nivel inferior de producción (la ecuación [6.13] en comparación a la ecuación [6.30]).

En la ilustración 6.1, la cantidad de bienes intermedios que el planificador querría producir era X^{**}, que es la cantidad que se demandaría si el precio fuera igual al coste marginal. En la economía descentralizada, en la que los bienes intermedios tienen por precio el valor de monopolio $1/\alpha$, la cantidad demandada es X^{*}, una cantidad inferior, que también está representada en la ilustración. El diferencial entre X^{**} y X^{*} genera una pérdida de eficiencia estática provocada por el monopolio.

En la solución descentralizada de la tasa de crecimiento de la ecuación (6.24), el primer término dentro de los corchetes es igual a un múltiplo de $\alpha^{1/(1-\alpha)} < 1$, el término equivalente en la expresión del planificador social de la ecuación (6.29). Recuerde que este término de la ecuación (6.24) corresponde a la tasa de rendimiento privado r, dada en la ecuación (6.19). Así pues, la economía descentralizada tiene una tasa de crecimiento menor que la economía planificada, y la tasa de crecimiento menor corresponde a un déficit de la tasa de rendimiento privado en relación a la tasa de rendimiento utilizada de forma implícita por el planificador social. Esta tasa de rendimiento del planificador social es igual al primer término dentro de los corchetes de la ecuación (6.29):

$$r \text{ (planificador social)} = (L/\eta) \cdot A^{1/(1-\alpha)} \cdot \left(\frac{1-\alpha}{\alpha}\right) \cdot \alpha^{1/(1-\alpha)} \qquad (6.31)$$

En el modelo de aprendizaje mediante la experiencia con efectos de difusión del capítulo 4, la tasa de rendimiento privada era inferior a la tasa de rendimiento social, porque los productores se transmitían entre sí beneficios no remunerados. El modelo con invención de nuevos productos y derechos de monopolio sobre estas inversiones produce un diferencial entre los rendimientos sociales y privados de distinta naturaleza. La distorsión subyacente reside en los precios de monopolio de los bienes intermedios: el precio P de la ecuación (6.10) es $1/\alpha$ veces el coste marginal de producción, 1. En un entorno descentralizado el Estado podría hacer que el sector privado alcanzara el óptimo social si pudiera diseñar una política de exención de impuestos, un tipo de "política industrial", que hiciera que el precio fuera el coste marginal sin eliminar los incentivos necesarios para que los inventores creen los nuevos productos. En la siguiente sección veremos algunas de estas posibilidades.

Subsidios a la compra de bienes intermedios Suponga que se trata de una economía descentralizada, pero que el Estado utiliza un impuesto de cuantía fija para financiar un subsidio a la compra de todas las variedades de bienes intermedios. Si el subsidio es al tipo $1-\alpha$, los productores de Y pagarían únicamente αP por cada unidad de X. La demanda X_{ij} de la ecuación (6.4) aumentaría de acuerdo al múltiplo $(1/\alpha)^{1/(1-\alpha)}$. El precio de equilibrio P sigue siendo $1/\alpha$ veces el coste marginal, 1, pero la cantidad de equilibrio, X de la ecuación (6.11), está multiplicada por $(1/\alpha)^{1/(1-\alpha)}$, y así es idéntica a la elección del planificador social de la ecuación (6.28). Se llega a estos resultados porque el precio de utilizar X, descontados los subsidios públicos, es igual a 1.

El aumento de la cantidad de bienes intermedios X provoca una ganancia estática y dinámica de eficiencia. En un contexto estático, con N fija, el precio de monopolio implica que el producto marginal de X es superior a su coste de producción 1, y por lo tanto la economía no logra maximizar los bienes que pone a disposición del consumo. Si se dedicara una mayor producción a X, el aumento más que proporcional de Y significa que el consumo puede aumentar. El subsidio del Estado para la compra de X permite que la economía se asegure esa ganancia estática.

El mayor nivel de X también tiene un efecto dinámico que entraña el incentivo de aumentar N en el tiempo. El aumento de la cantidad de bienes intermedios hace aumentar el flujo de beneficios del monopolio de la ecuación (6.6) en $(1/\alpha)^{1/(1-\alpha)}$ veces. Este aumento de los beneficios aumenta a su vez la tasa de rendimiento r de la ecuación (6.19) en $(1/\alpha)^{1/(1-\alpha)}$ veces; así pues, la tasa de rendimiento privado coincide con la tasa de rendimiento social de la ecuación (6.31).[17] En consecuencia, la tasa de crecimiento descentralizada iguala a la tasa de crecimiento del planificador social de la ecuación (6.29). Así pues, el subsidio público proporciona una ganancia dinámica, ya que N crece a la tasa eficiente. En modelos más generales no se alcanza una solución óptima únicamente a través de un subsidio a la compra de bienes intermedios. Por ejemplo, en un modelo que analizaremos más adelante en el que la posición de monopolio del inventor es temporal, se requerirá también un subsidio a la investigación.

17. La coincidencia exacta depende de la elasticidad precio constante de la demanda de los bienes intermedios. Esta propiedad resulta de la forma de la función de producción de la ecuación (6.1).

Subsidios a los productos finales El Estado también puede fomentar el que la economía alcance el óptimo social estimulando la demanda de bienes intermedios mediante un subsidio a la producción. La tasa necesaria de subsidio a la producción Y_i es igual a $(1 - \alpha)/\alpha$, de manera que los productores reciben $1/\alpha$ unidades de ingreso por cada unidad de bien producida.

Subsidios a la investigación Una política que resulta lógica pero que en este modelo no logra alcanzar el óptimo social es el subsidio a la investigación y el desarrollo. Si el Estado soporta parte del coste de I+D, el posible inventor reduce su coste neto de investigación η de la ecuación (6.19). Este cambio puede aumentar los valores de r y γ resultantes de la elección privada, de manera que se igualen a los valores del planificador social. El problema lo plantea la cantidad de bienes intermedios X de la ecuación (6.11). Esta cantidad sigue sin ser la correcta desde el punto de vista social debido al precio de monopolio. Así pues, aunque la economía crece a la tasa "correcta" no alcanza la eficiencia estática, debido a que no dedica los suficientes recursos a los bienes intermedios para un N dado.

Aunque diversas políticas de exención de impuestos pueden introducirse en el modelo a fin de mejorar la asignación, la puesta en práctica exitosa de cualquiera de estas políticas industriales sería difícil. El Estado no sólo tiene que subvencionar las cosas correctas, básicamente la demanda de los bienes cuyo precio es de monopolio, sino que además tiene que financiar este proyecto mediante un impuesto no distorsionador. Si el impuesto gravara la producción, el proyecto sería contraproducente. Es más, en un modelo más realista, el subsidio necesario tendría que ser distinto entre los diferentes factores de producción o los bienes finales. En otras palabras, el Estado tendría que elegir a los ganadores de una manera omnisciente y benévola. La sección 6.2 ilustra este problema a partir de la distinción entre bienes competitivos y de monopolio.

6.1.7. Efectos de escala y el coste de I+D

Una manera de modificar los predicciones en lo relativo a los efectos de escala es modificar la especificación de los costes de I+D. Se partía del supuesto esencial de que la invención de una nueva variedad requería una cantidad fija η de producción Y. Este supuesto significa que $\dot{N}$ es el múltiplo constante $1/\eta$ de los costes de I+D. Así pues, la tasa de crecimiento de N viene dada por

$$\dot{N}/N = (1/\eta) \cdot \left(\frac{\text{I+D}}{N}\right) \tag{6.32}$$

La ecuación (6.13) implica que Y/L es proporcional a N. Así pues, la ecuación (6.32) implica una relación directa entre la tasa de crecimiento de la productividad, $\dot{N}/N$, y el ratio entre I+D e Y/L. De ahí se deduce que una tendencia a largo plazo común en las variables I+D, Y y L generaría una tendencia equivalente en el crecimiento de la productividad. Esta predicción ha sido criticada por Jones (1995,1996) desde el punto de vista empírico, basándose en el comportamiento de las series temporales de los países más avanzados, puesto que la tasa de crecimiento de la productividad se ha mantenido relativamente estable a pesar de las tendencias crecientes de los niveles de I+D, Y y L.

Una especificación alternativa que se ajusta mejor a los datos empíricos es la relación directa de $\dot{N}/N$ y el ratio entre I+D e Y. Así, la falta de tendencia en el crecimiento de la productividad correspondería a una falta de tendencia en el ratio entre gasto entre I+D y PIB. De hecho, en los Estados Unidos y desde 1970, el ratio de I+D ha variado muy poco (pasó del 2,6 % en 1970 al 2,5 % en 1996). En el Reino Unido, la participación bajó ligeramente, del 2,0 % en 1972 al 1,8 % en 1997. Otros países importantes de la OCDE experimentaron una ligera subida en el ratio de I+D en algunos periodos: Japón pasó del 1,7 % en 1970 al 2,8 % en 1997; Alemania, del 2,1 % en 1970 al 2,3 % en 1998; Francia del 1,9 % en 1970 al 2,2 % en 1977; Italia, del 0,8 % en 1970 al 1,4 % en 1996; y Canadá, del 1,2 % en 1970 al 1,7 % en 1998.[18]

Los datos hacen referencia al gasto en I+D formal, pero el concepto de investigación considerado por la teoría es mucho más amplio. Si como parece razonable, con el desarrollo de los países tiende a aumentar el porcentaje del verdadero gasto en I+D contenido en los datos recogidos, en dicho caso el verdadero ratio puede no haber aumentado en alguno de los países de la OCDE. Así pues, la estabilidad del ratio entre I+D y PIB puede ser una aproximación razonable al comportamiento en los países desarrollados. Es este caso, también sería oportuno, como aproximación de primer orden, el supuesto de que el crecimiento de la productividad $\dot{N}/N$, tuviera una relación directa y fija con el ratio entre I+D y PIB.

En el modelo teórico, el supuesto correspondiente es que el coste de inventar una nueva variedad de bien intermedio sea proporcional a la producción adicional que se creará gracias a la nueva variedad. Puesto que la producción Y es proporcional a N en la ecuación (6.13), un supuesto equivalente es que el coste de I+D es proporcional a Y/N. Puesto que la ecuación (6.13) implica que

$$Y/N = A^{1/(1-\alpha)}\alpha^{2\alpha/(1-\alpha)}L$$

la nueva especificación equivale a sustituir η del modelo original por el término $\eta A^{1/(1-\alpha)}\alpha^{2\alpha/(1-\alpha)}L$. Puesto que el nuevo término sigue siendo constante, la forma de los resultados anteriores se deduce inmediatamente. Así pues, a partir de las ecuaciones (6.19) y (6.24), la tasa de rendimiento y la tasa de crecimiento se simplifican en

$$r = \frac{\alpha \cdot (1-\alpha)}{\eta} \tag{6.33}$$

y

$$\gamma = (1/\theta) \cdot \left[\frac{\alpha \cdot (1-\alpha)}{\eta} - \rho\right] \tag{6.34}$$

18. Estos datos proceden del Banco Mundial, *Word Development Indicators 2002* y de la *Nacional Science Foundation*, en `http://www.nsf.gov`.

La principal novedad radica en que la tasa de rendimiento y la tasa de crecimiento ya no aumentan al aumentar L o A. Así pues, la economía conserva su capacidad de crecer de manera endógena, pero se han eliminado los efectos de escala.

La especificación revisada también admite crecimiento poblacional sin predecir un aumento de las tasas de crecimiento de la producción. Si $L(t)$ crece a la tasa constante n, el valor actual de los derechos de monopolio sobre una variedad de bienes intermedios se modifica de la ecuación (6.15) a su nueva expresión

$$V(t) = A^{1/(1-\alpha)} \cdot \left(\frac{1-\alpha}{\alpha}\right) \cdot \alpha^{2/(1-\alpha)} \cdot L(t) \cdot \left(\frac{1}{r-n}\right)$$

donde aceptamos el supuesto de que r es constante en el tiempo, supuesto que se revela cierto. El nuevo rasgo radica en que $V(t)$ aumenta al aumentar n, ya que un n mayor implica mayores niveles futuros de demanda de bienes intermedios.

Ahora, la condición de libre entrada es

$$\eta A^{1/(1-\alpha)} \alpha^{2\alpha/(1-\alpha)} L(t) = A^{1/(1-\alpha)} \cdot \left(\frac{1-\alpha}{\alpha}\right) \cdot \alpha^{2/(1-\alpha)} \cdot L(t) \cdot \left(\frac{1}{r-n}\right)$$

donde el primer miembro de la ecuación es el coste de la innovación (que es proporcional a $L[t]$) y el segundo miembro es $V(t)$. Si simplificamos la condición de libre entrada se llega a la expresión de la tasa de rendimiento de equilibrio:

$$r = n + \frac{\alpha \cdot (1-\alpha)}{\eta} \tag{6.35}$$

La tasa de crecimiento, como es habitual, es igual a $\gamma = (1/\theta) \cdot (r - \rho)$. En consecuencia, r y γ son independientes con respecto a L, pero aumentan al aumentar n.

6.1.8. El coste creciente de I+D

En esta sección analizamos el caso en el que el coste de I+D es una función creciente del número de ideas inventadas previamente, es decir, $\eta = \eta(N)$, donde $\eta'(N) > 0$. Este caso es plausible si pensamos que el principal efecto de un N creciente es el agotamiento del número total dado de posibles ideas. Consideramos una forma de función sencilla con una elasticidad constante:

$$\eta(N) = \phi N^{\sigma} \tag{6.36}$$

donde $\sigma > 0$ y $\phi > 0$ son constantes exógenas.

En primer lugar, observe que la estrategia de precio elegida una vez que el bien ya está inventado es independiente del tipo de coste de I+D. En consecuencia, el precio óptimo sigue siendo el valor de monopolio $P = 1/\alpha$, la cantidad de cada bien intermedio sigue siendo dada por la ecuación (6.11) y el flujo de beneficios por la ecuación (6.14). Al igual que antes, la condición de libre entrada conlleva

$$V(t) = \eta(N)$$

La principal diferencia con el caso anterior radica en que, a medida que N aumenta y por tanto $\eta(N)$ aumenta, el valor actual $V(t)$ tiene que aumentar en consecuencia. Puesto que $\dot{V}(t)$ deja de ser cero, la ecuación (6.18) implica que el tipo de interés no es constante. En su lugar, tenemos

$$r(t) = \frac{\pi}{\phi N^{\sigma}} + \sigma \cdot \left(\frac{\dot{N}}{N}\right) \tag{6.37}$$

El último término, que depende de $\dot{N}/N$, representa la tasa de crecimiento del valor de la empresa que posee los derechos de monopolio sobre el uso de un bien intermedio ya existente. Este valor es creciente en el tiempo, porque el coste de innovación es creciente y porque los bienes intermedios ya existentes son igual de buenos que los recién creados.[19]

Si sustituimos la expresión de $r(t)$ de la ecuación (6.37) en la ecuación (6.22) obtenemos

$$\frac{\dot{C}}{C} = \frac{1}{\theta} \cdot \left(\frac{\pi}{\phi N^{\sigma}} + \sigma \cdot \frac{\dot{N}}{N} - \rho\right) \tag{6.38}$$

Así pues, la tasa de crecimiento del consumo deja de ser constante y tiende a disminuir al aumentar N y a aumentar al aumentar $\dot{N}/N$. Para resolver el modelo, necesitamos una expresión de $\dot{N}/N$. Si sustituimos la expresión del coste de I+D de la ecuación (6.36) en la restricción presupuestaria, cuya expresión sigue siendo la ecuación (6.23), obtenemos

$$\frac{\dot{N}}{N} = \frac{\psi_1}{\phi} \cdot N^{-\sigma} - \frac{C}{\phi} \cdot N^{-(1+\sigma)} \tag{6.39}$$

donde $\psi_1 \equiv (1 - \alpha^2) \cdot A^{1/(1-\alpha)} \alpha^{2\alpha/(1-\alpha)} L > 0$ es constante para un L fijo.

Podemos resolver el modelo gráficamente mediante el trazado de un diagrama de fase en la región (C, N). $\dot{N} = 0$ es una recta que atraviesa el origen, $C = \psi_1 N$. Por encima de esta recta, las flechas apuntan hacia la izquierda, como puede verse en la ilustración 6.2.

Podemos sustituir la expresión de la ecuación (6.39) en la ecuación (6.38), obteniendo una expresión de $\dot{C}/C$ en función de N y C:

$$\frac{\dot{C}}{C} = \frac{1}{\theta} \cdot \left\{\left(\frac{\pi}{\phi}\right) \cdot N^{-\sigma} + \sigma \cdot \left[\left(\frac{\psi_1}{\phi}\right) \cdot N^{-\sigma} - \frac{C}{\phi} \cdot N^{-(1+\sigma)}\right] - \rho\right\} \tag{6.40}$$

19. Estos son los resultados cuando la condición de libre entrada se mantiene siempre en igualdad. En este caso, se siguen generando nuevas innovaciones aún a pesar de que el coste de la innovación es creciente.

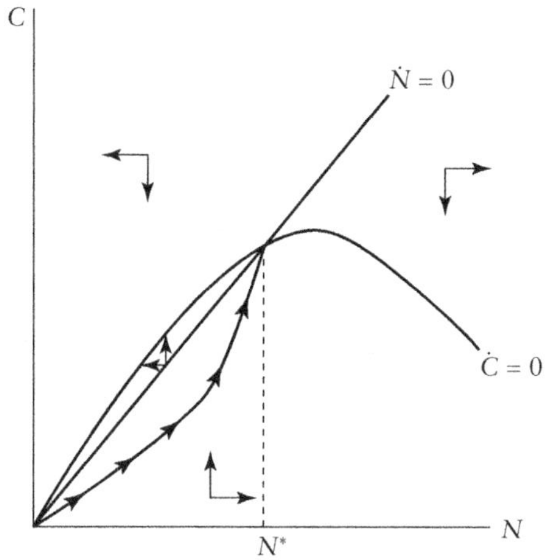

ILUSTRACIÓN 6.2 | Diagrama de fase del modelo con costes de I+D crecientes. La línea $\dot{N} = 0$ es una recta que pasa por el origen $C = \psi_1 N$. Por encima de esta recta, las flechas apuntan hacia la izquierda. La curva $\dot{C} = 0$ viene dada por

$$C = \left(\frac{\pi}{\sigma} + \psi_1\right) \cdot N - \frac{\rho\phi}{\sigma} \cdot N^{(1+\sigma)}$$

que es una curva cóncava con un máximo en

$$N^{\text{máx}} = \left(\frac{\pi + \sigma\psi_1}{\rho\phi \cdot (1 + \sigma)}\right)^{1/\sigma}$$

Las flechas por encima de esta curva apuntan hacia abajo y las que están por debajo de la misma apuntan hacia arriba. Observe que $N^* < N^{\text{máx}}$, de manera que el estado estacionario se encuentra a la izquierda del máximo de la curva $\dot{C} = 0$. Este estado estacionario se caracteriza por su estabilidad de punto de silla y la economía converge a lo largo de una trayectoria con pendiente positiva, que conlleva consumo creciente y número de variedades también creciente.

La correspondiente curva $\dot{C} = 0$ viene dada por

$$C = \left(\frac{\pi}{\sigma} + \psi_1\right) \cdot N - \frac{\rho\phi}{\sigma} \cdot N^{(1+\sigma)} \tag{6.41}$$

Esta ecuación tiene una forma cóncava con un máximo en

$$N^{\text{máx}} = \left(\frac{\pi + \sigma\psi_1}{\rho\phi \cdot (1 + \sigma)}\right)^{1/\sigma}$$

Las flechas por encima de esta curva apuntan hacia abajo, como puede verse en la ilustración 6.2. El valor de estado estacionario de N, que en la ilustración está fijado por la intersección de ambas curvas, viene dado por

$$N^* = \left(\frac{\pi}{\rho\phi}\right)^{1/\sigma} = \left(\frac{LA^{1/(1-\alpha)} \cdot \left(\frac{1-\alpha}{\alpha}\right) \cdot \alpha^{2/(1-\alpha)}}{\rho\phi}\right)^{1/\sigma} \tag{6.42}$$

Observe que $N^* < N^{máx}$, de manera que el estado estacionario se encuentra a la izquierda del máximo de la curva $\dot{C} = 0$.

El estado estacionario muestra estabilidad con trayectoria de punto de silla y la economía converge a lo largo de una trayectoria con pendiente positiva, que conlleva consumo creciente y número de variedades también creciente.[20] No obstante, a largo plazo, el número de ideas es constante, en la medida que L es constante. Si L crece a la tasa constante n, en el estado estacionario N también crecerá a esta misma tasa. Así pues, el modelo carece de efectos de escala en la tasa de crecimiento de estado estacionario. (El modelo tiene efectos de escala en el sentido de que un mayor nivel de L corresponde a un mayor nivel de N y, en consecuencia, a niveles mayores de c e y.) Observe que la tasa de crecimiento a largo plazo también es independiente de los parámetros de ahorro, ρ y θ, y del parámetro de coste de la I+D, η. El único elemento que influye sobre la tasa de crecimiento de estado estacionario es n, la tasa de crecimiento de la población.[21]

6.2. Deterioro del poder de monopolio, competencia

Hasta ahora hemos supuesto que el inventor de un bien intermedio obtiene un monopolio permanente sobre su uso. Desde un enfoque más realista, esta posición se vería deteriorada con el transcurso del tiempo a medida que los competidores tuvieran más información sobre el nuevo producto (o técnica) y lo imitaran o crearan sustitutivos cercanos. Otra posible razón de deterioro en el tiempo del poder de monopolio podría ser el carácter temporal de la protección acordada por la patente.

Una manera sencilla de modelizar el deterioro gradual del poder de monopolio radica en establecer el supuesto de que los bienes se transforman de monopolizados a competitivos con una probabilidad que proviene de un proceso de Poisson.[22] Es decir, si un bien intermedio j es objeto de monopolio en el momento actual, esta situación se transforma en competitiva en el siguiente momento dT con una probabilidad $p \cdot dT$, donde $p \geq 0$. Así, si un bien es inventado en el momento t e inicialmente es objeto de monopolio, la probabilidad de que en una fecha futura $v \geq t$ siga existiendo el monopolio es igual a $e^{-p \cdot (v-t)}$. (El parámetro p tiene el mismo funcionamiento que la probabilidad de fallecimiento utilizada en el modelo de horizonte finito del capítulo 3.)

Al igual que antes, un bien intermedio en monopolio se vende al precio de monopolio $1/\alpha$. La cantidad demandada de cada bien intermedio en monopolio,

20. Desechamos trayectorias que se encuentran por debajo del tramo estable de la misma manera que desechamos este tipo de trayectorias en el modelo con inversión irreversible estudiado en el capítulo 2. (La irreversibilidad en este caso procede del hecho de que es imposible olvidarse de las ideas que han sido inventadas, de manera que tiene que cumplirse $\dot{N} \geq 0$.) A lo largo de estas trayectorias, el precio de una patente se volvería negativo en un plazo finito, y este resultado incumpliría el supuesto de acceso gratuito. Para un análisis más detallado, véase el apéndice 2B del capítulo 2.

21. En otros modelos de esta literatura, una tasa de crecimiento per cápita de la producción a largo plazo distinta de cero depende de una tasa de crecimiento de la población distinta de cero, pero ambas tasas de crecimiento no son necesariamente iguales. Véase Jones (1995), Segerstrom (1998) y Peretto (1998).

22. Para un análisis de un modelo equivalente véase Judd (1985).

denominada X^m, viene dada por la ecuación (6.11):

$$X^m = LA^{1/(1-\alpha)}\alpha^{2/(1-\alpha)} \tag{6.43}$$

En situación de monopolio, el flujo de beneficios sería

$$\pi^m = \left(\frac{1-\alpha}{\alpha}\right) \cdot X^m \tag{6.44}$$

mientras que, en una situación de competencia perfecta el flujo de beneficios es igual a cero. Por lo tanto, el valor actual esperado en el momento t de la invención de un bien intermedio (inicialmente en monopolio) es pues una modificación de la ecuación (6.6) de manera que incluya el término $e^{-p(v-t)}$:

$$E[V(t)] = \int_t^\infty \pi^m \cdot e^{-[p+\bar{r}(t,v)]\cdot(v-t)}\,dv \tag{6.45}$$

Suponemos que a los posibles inventores sólo les interesa esta expectativa.[23]

Si derivamos con respecto al tiempo la ecuación (6.45), obtenemos una expresión equivalente a la ecuación (6.18):

$$r(t) = \frac{\pi^m}{E[V(t)]} + \frac{dE[V(t)]/dt}{E[V(t)]} - p \tag{6.46}$$

El primer término del segundo miembro de la ecuación es la tasa de beneficio $\pi^m/E[V(t)]$. El segundo término es la tasa de ganancia del capital, suponiendo que se mantiene la posición de monopolio. El último término, $-p$, corresponde a la probabilidad de pérdida de la posición de monopolio por unidad de tiempo. Cuando se produce esta pérdida, ésta es igual a $E[V(t)]$, el valor total de la empresa, ya que la pérdida de la posición de monopolio implica que el valor actual de todos los beneficios futuros desciende a cero. Puesto que la pérdida de dicha posición tiene una probabilidad p por unidad de tiempo, el efecto sobre la tasa de rendimiento viene dado por $-p \cdot E[V(t)]/E[V(t)] = -p$.

Volvamos al entorno en el que el coste de I+D es igual a la constante η. La condición de libre entrada con I+D positivo conlleva $E[V(t)] = \eta$, de manera que $dE[V(t)]/dt = 0$. Si sustituimos en la ecuación (6.46) obtenemos

$$r(t) = \frac{\pi^m}{\eta} - p$$

Puesto que el segundo miembro de la ecuación es constante, $r(t)$ es igual a la constante r. Si sustituimos π^m de la ecuación (6.46) en esta ecuación obtenemos

23. Este resultado es coherente con la aversión individual al riesgo, ya que los riesgos dependen únicamente de la idiosincrasia, y la propiedad de las empresas se diversificaría.

$$r = (L/\eta) \cdot A^{1/(1-\alpha)} \cdot \left(\frac{1-\alpha}{\alpha}\right) \cdot \alpha^{2/(1-\alpha)} - p \tag{6.47}$$

La única diferencia entre la ecuación (6.47) y la ecuación (6.19) es el término p que resta. Por lo tanto, la naturaleza temporal de la posición de monopolio disminuye el valor r anterior en una cantidad igual a p. Recuerde también que la tasa de rendimiento de la ecuación (6.19) ya era inferior a la tasa de rendimiento social de la ecuación (6.31). En consecuencia, la naturaleza temporal de la posición de monopolio del innovador crea un diferencial aún mayor entre la tasa de rendimiento social y la tasa de rendimiento privada. Este hecho se explica porque desde un punto de vista social el beneficio generado por la invención es permanente, mientras que desde el punto de vista privado sólo es temporal.

La tasa de rendimiento constante de la ecuación (6.47) implica, como ya es habitual, una tasa de crecimiento del consumo constante:[24]

$$\dot{c}/c = (1/\theta) \cdot \left[(L/\eta) \cdot A^{1/(1-\alpha)} \cdot \left(\frac{1-\alpha}{\alpha}\right) \cdot \alpha^{2/(1-\alpha)} - p - \rho\right] \tag{6.48}$$

Las tasas de crecimiento del número de bienes intermedios N y del nivel de producción Y dejan, en general, de ser iguales a $\dot{c}/c$. A fin de analizar estas otras tasas de crecimiento habrá que analizar el reparto de N entre bienes en monopolio y competitivos.

Llamemos N^c al número de bienes intermedios que se han vuelto competitivos, de manera que $N - N^c$ sea la cifra de los que siguen estando en monopolio. La cantidad producida de cada bien intermedio en monopolio es igual a X^m, tal y como aparece en la ecuación (6.43). Para cada bien competitivo, cuyo precio es igual al coste marginal, 1, la cantidad producida se deduce a partir de la ecuación (6.4) y es igual a

$$X^c = LA^{1/(1-\alpha)}\alpha^{1/(1-\alpha)} > X^m \tag{6.49}$$

El nivel de producción agregada puede calcularse a partir de las ecuaciones (6.1), (6.43) y (6.49) de la siguiente manera

$$Y = A^{1/(1-\alpha)}\alpha^{2\alpha/(1-\alpha)}LN \cdot \left[1 + (N^c/N) \cdot \left(\alpha^{-\alpha/(1-\alpha)} - 1\right)\right] \tag{6.50}$$

Así pues, para un N dado, si $N^c > 0$, Y es superior a la cantidad de la ecuación (6.13) (ya que $0 < \alpha < 1$). Es más, Y aumenta al aumentar N^c/N para un N dado. Este efecto representa una ganancia estática por el hecho de que la provisión de los bienes intermedios existentes cambia desde el monopolio a la competencia.

Puesto que cada bien en monopolio se transforma en competitivo con una probabilidad por unidad de tiempo igual a p, si $N - N^c$ es lo suficientemente grande puede hacerse una aproximación de la variación de N^c en el tiempo:

24. Si la ecuación (6.48) indica que $\dot{c}/c < 0$, existe una solución de esquina en $\dot{c}/c = \dot{N}/N = \dot{y}/y = 0$.

$$\dot{N}^c \approx p \cdot (N - N^c) \tag{6.51}$$

Por último, el modelo se completa con el cálculo del nivel de C a partir de la restricción presupuestaria de la economía.

$$C = Y - \eta\dot{N} - N^c X^c - (N - N^c) \cdot X^m \tag{6.52}$$

Es decir, el consumo es igual a la producción, Y, menos los gastos de I+D, $\eta\dot{N}$, menos la producción de los bienes intermedios competitivos, $N^c X^c$, menos la producción de los bienes intermedios en monopolio, $(N - N^c) \cdot X^m$.

El modelo contiene dos variables de estado, N y N^c, y se caracteriza por una dinámica de transición en la que el ratio N^c/N tiende a su valor de estado estacionario $(N^c/N)^*$. A este respecto, el modelo se asemeja al modelo de dos sectores analizado en el capítulo 5 en el que el ratio entre los dos tipos de bienes de capital K/H se ajustaba gradualmente a su valor $(K/H)^*$. En el contexto presente, el análisis de la transición es engorroso, por lo que nos centramos únicamente en las características del estado estacionario.

En el estado estacionario, N, N^c, Y y C crecen a la tasa de la ecuación (6.48), que ahora denominamos γ^*. En consecuencia, de la ecuación (6.51) se deduce que:

$$(N^c/N)^* = \frac{p}{\gamma^* + p} \tag{6.53}$$

Así pues, la fracción competitiva aumenta al aumentar p, la probabilidad de que los bienes se vuelvan competitivos, y disminuye al aumentar γ^*, la tasa a la que se inventan los nuevos bienes intermedios (que al nacer son de monopolio).

Si sustituimos la expresión de N^c/N de la ecuación (6.53) en la ecuación (6.50), podemos hallar la expresión de la producción que se cumple en la trayectoria hacia el estado estacionario:

$$Y^* = A^{1/(1-\alpha)}\alpha^{2\alpha/(1-\alpha)}LN \cdot \left[1 + \left(\frac{p}{\gamma^* + p}\right) \cdot \left(\alpha^{-\alpha/(1-\alpha)} - 1\right)\right] \tag{6.54}$$

(Observe que Y^* aumenta a la misma tasa que N.) Si $p = 0$, de manera que $(N^c/N)^* = 0$ (véase la ecuación [6.53]), la expresión de Y^* es idéntica a la mostrada en la ecuación (6.13) para el modelo de monopolio puro. Si $p \to \infty$, de manera que los bienes intermedios en monopolio se transforman en competitivos instantáneamente y, por lo tanto, $(N^c/N)^* = 1$, la expresión de Y^* tiende a la expresión del planificador social de la ecuación (6.30). Sin embargo, la dificultad reside en que $p \to \infty$ también conlleva $\gamma^* = 0$.[25] En otras palabras, si el valor de p siempre hubiera sido infinito, nunca se habría inventado nada, y N sería igual a un valor asignado $N(0)$, lo que elimina cualquier posible actividad de I+D deliberada.

25. Un mayor valor de p implica $r < 0$ en la ecuación (6.47) y $\dot{c}/c < 0$ en la ecuación (6.48). En ese caso el equilibrio es la solución de esquina en la que los inventores gastan cero en I+D (puesto que no pueden gastar una cantidad negativa), de manera que N permanece constante y $\gamma^* = 0$.

En el modelo de monopolio puro, vimos que puede alcanzarse el óptimo social si el Estado utiliza un impuesto de cuantía fija para financiar un subsidio a las compras de bienes intermedios a la tasa $1 - \alpha$. En el contexto presente, el subsidio debe restringirse a las compras de bienes intermedios en monopolio. En el modelo es posible la selección de los bienes a subvencionar, ya que los bienes en cuestión se encuentran o totalmente en monopolio o totalmente en competencia, pero dicha selección sería todo un reto en la práctica.

En cualquier caso, un subsidio a la tasa $1 - \alpha$ a los bienes intermedios en monopolio no sirve para alcanzar el óptimo social, ya que el término p sigue generando un diferencial entre la tasa de rendimiento social (ecuación [6.31]) y la tasa de rendimiento privado (ecuación [6.47], donde $\alpha^{2/(1-\alpha)}$ ha sido sustituido por un $\alpha^{1/(1-\alpha)}$). Para alcanzar el óptimo social, el Estado también tendría que subvencionar el gasto en investigación a fin de aumentar la tasa de rendimiento privado de la I+D en la cantidad p. En otras palabras, ahora se necesitan dos herramientas de política económica, una para estimular la producción de bienes intermedios y otra para fomentar la I+D.

El Estado también puede influir directamente sobre el parámetro p restringiendo el poder de monopolio, por ejemplo, mediante la puesta en vigor de normativa antimonopolio o limitaciones a la protección de las patentes. Un aumento de p entraña el habitual *trade off* que aparece en los modelos de políticas óptimas de patentes, la ganancia estática que surge del aumento de la competencia frente a la pérdida dinámica de una tasa de crecimiento de nuevos productos excesivamente baja (a título de ejemplo véase Reinganum, 1989)[26] Este análisis es complejo porque se enfrenta a problemas de coherencia temporal: el Estado querría eliminar todo el poder de monopolio actual, es decir, hacer que los N productos existentes se ofertaran al precio competitivo y, al mismo tiempo, prometer la protección de los derechos de propiedad de las invenciones futuras. Evidentemente, dichas promesas tienden a no ser creíbles. Una posible manera de proceder sería suponer que el Estado se compromete a no modificar la probabilidad p de los bienes ya existentes, pero puede elegir la probabilidad de los bienes que serán inventados en el futuro.

6.3. El modelo de cambio tecnológico de Romer

En su artículo de 1990 Romer fue el primero en aplicar formalmente la estructura de variedades a la modelización del crecimiento endógeno. En su formulación, el descubrimiento de un nuevo tipo de bien requiere η unidades de trabajo, y no de producto final.[27] Por lo tanto, un aumento de N, que aumenta la producción y el producto marginal del trabajo, aumenta también el salario real y, en consecuencia, aumenta el coste de I+D de los bienes. En este punto, el modelo de Romer es similar al analizado en la sección 6.1.8 en el que el coste de I+D aumentaba al aumentar N. En ese modelo vimos que si L fuera constante, como puso por

26. En el presente modelo, una tasa de innovación baja constituye una pérdida social. En otros modelos, como el analizado en el capítulo 7, una tasa de innovación baja puede ser conveniente.

27. Romer (1990) en vez de considerar los bienes intermedios como no duraderos, los definió como bienes duraderos de vida infinita, aunque esta diferencia no influye sobre los principales resultados.

condición Romer, el crecimiento cesaría en un momento dado y en el estado estacionario N sería constante. Así pues, la producción per cápita Y/L sería constante a largo plazo.

El modelo de Romer (1990) genera crecimiento endógeno debido a otra característica de su formulación. Supone que el coste de inventar un nuevo producto disminuye en la medida en que la sociedad acumula nuevas ideas, representadas por el número de productos N.[28] Concretamente, suponga que la fracción λ de trabajo se dedica a la producción y la fracción $1 - \lambda$ se dedica a la I+D. El supuesto de Romer establece que la variación de N depende de la cantidad de trabajo dedicada a la I+D, $(1 - \lambda) \cdot L$, dividida por η/N, de manera que

$$\dot{N}/N = (1 - \lambda) \cdot L/\eta \tag{6.55}$$

Jones (1995, 1999) criticó este tipo de formulación porque implica una relación directa entre la tasa de cambio tecnológico $\dot{N}/N$ y la cantidad absoluta de trabajo dedicada a la I+D $(1 - \lambda) \cdot L$. Jones afirma que los datos empíricos de los Estados Unidos y otros países desarrollados refutan este modelo, dado que el número de científicos e ingenieros que se dedican a la I+D ha aumentado de forma importante con el tiempo, pero la tasa de crecimiento de la productividad no ha aumentado. Por ejemplo, en Estados Unidos, el número de científicos e ingenieros en el sector de la I+D ha pasado de 544 000 en 1970 a 960 000 en 1991. En otros países de la OCDE se han registrado aumentos proporcionalmente mayores: en Japón se ha pasado de 172 000 en 1970 a 511 000 en 1992; en Alemania, de 82 000 en 1970 a 176 000 en 1989; en Francia, de 58 000 en 1970 a 129 000 en 1991; y en el Reino Unido, de 77 000 en 1972 a 123 000 en 1992.[29] Ya señalamos que este tipo de crítica no incumbe a los modelos que suponen una relación directa entre el crecimiento de la productividad y la fracción de PIB dedicada a la I+D.

Si mantenemos la formulación de Romer de la ecuación (6.55) a propósito del proceso de innovación, a pesar de las razonables objeciones de Jones, esto implica que el coste de la invención es proporcional a w/N. Puesto que w es proporcional a N (a partir de las ecuaciones [6.5] y [6.13]) se llega a la conclusión de que el coste en unidades de bienes de inventar un nuevo producto permanece constante en el tiempo. Así pues, esta formulación sería congruente con una tasa de crecimiento de estado estacionario de N e Y/L constante.

Aunque la tasa de crecimiento es constante en el equilibrio, el cálculo de esta tasa de crecimiento en un modelo de economía descentralizada entraña un nuevo tipo de externalidad: la decisión individual de emprender I+D, y por lo tanto ampliar N, reduce la cantidad de trabajo necesaria para posteriores invenciones. Por lo tanto, la investigación actual tiene un efecto difusión positivo sobre la productividad de la investigación futura. La incapacidad de la economía descentralizada de remunerar a los investigadores por el beneficio de este efecto difusión positivo constituye otra forma de distorsión. En consecuencia, un responsable de política económica que desee que la economía descentralizada alcance una solución óptima de Pareto

28. Grossman y Helpman (1991, capítulo 3) establecieron el mismo supuesto.

29. Estos datos provienen de la *Nacional Science Foundation* y pueden consultarse en www.nsf.gov.

tendrá que tener en cuenta este efecto difusión, además del precio de monopolio de los bienes intermedios.

En el modelo de Romer la condición de libre entrada se convierte en

$$r = \alpha\lambda L/\eta \tag{6.56}$$

Así pues, de la ecuación (6.55) y de la condición de primer orden habitual, $\dot{c}/c = (1/\theta)\cdot(r-\rho)$, se deduce que

$$(1-\lambda)\cdot L/\eta = (1/\theta)\cdot(\alpha\lambda L/\eta - \rho) \tag{6.57}$$

A partir de esta condición hallamos λ y, por lo tanto, r y γ, la tasa de crecimiento de N:

$$\lambda = \frac{(\theta L + \eta\rho)}{L\cdot(\theta+\alpha)}$$

$$r = \frac{\alpha\cdot(\theta L + \eta\rho)}{\eta\cdot(\theta+\alpha)} \tag{6.58}$$

$$\gamma = \frac{(\alpha L - \eta\rho)}{\eta\cdot(\theta+\alpha)}$$

La expresión de γ, la tasa de crecimiento, es en varios aspectos similar a la obtenida en la ecuación (6.24) para una economía descentralizada, en la que el coste de I+D se fijaba con respecto a los bienes y no con respecto al trabajo. Las similitudes son, en primer lugar, que γ es mayor cuánto más dispuestos a ahorrar estén los hogares (ρ o θ más bajas); en segundo lugar, que γ es mayor cuánto menor es η, el coste de I+D; y por último, que se produce un efecto de escala que consiste en que γ es mayor cuánto mayor es L.

Sin embargo, a diferencia del caso mencionado, γ de la ecuación (6.58) es independiente del parámetro de productividad A que aparece en la función de producción de bienes (ecuación [6.1]). Este resultado se deduce del supuesto de que el sector de investigación no utiliza bienes intermedios en calidad de factores. Si los bienes intermedios se añadieran como factores productivos en este sector (aunque sea con una intensidad menor que en el sector de bienes) un aumento de A incrementaría γ.

Para aclarar las distorsiones del modelo de Romer, podemos plantear el problema del planificador social. El planificador social trata de maximizar la utilidad del hogar representativo, sujeto a las restricciones

$$Y = A\cdot(\lambda L)^{(1-\alpha)}N^{1-\alpha}X^{\alpha} = C + X$$

$$\dot{N}/N = (1-\lambda)\cdot L/\eta$$

Las variables de control son C, X y λ, y la variable de estado es N. A partir de las condiciones de optimización habituales, las soluciones son:

$$\begin{aligned} \gamma \text{ (planificador social) } &= (1/\theta)\cdot(L/\eta-\rho) \\ \lambda \text{ (planificador social) } &= (1/\theta)\cdot(L-\rho\eta)/L \end{aligned} \tag{6.59}$$

La elección de γ de la ecuación (6.59) corresponde a una tasa social implícita de rendimiento igual a L/η.

La tasa de crecimiento del planificador social de la ecuación (6.59) es superior a la tasa de crecimiento de la ecuación (6.58). El diferencial entre ambas tasas de crecimiento refleja la elección del planificador social de dedicar más trabajo a la investigación $(1-\lambda)\cdot L$, que el asignado de manera privada. La asignación inadecuada de trabajo entre producción e investigación es un reflejo de las distorsiones subyacentes: el precio de monopolio y el efecto difusión de la investigación. Para clarificar la naturaleza de estas distorsiones, podemos analizar políticas capaces de hacer que los resultados de la economía descentralizada coincidan con los derivados de elecciones óptimas de Pareto del planificador social.

De nuevo, un responsable de política económica puede neutralizar el efecto directo del precio de monopolio mediante la aplicación de un impuesto de cuantía fija, que subvencione la compra de bienes intermedios a tasa $1-\alpha$. Este subsidio aumenta los valores descentralizados de la tasa de rendimiento y la tasa de crecimiento de la economía con respecto a los valores de la ecuación (6.58). Sin embargo, la tasa de crecimiento sigue siendo inferior a la obtenida por el planificador social, dado que todavía quedan por internalizar los efectos difusión de la investigación.

Para eliminar esta distorsión se requiere otra forma de subsidio que se aplique directamente a la investigación. La tasa necesaria de subsidio del gasto en I+D resulta ser igual a $(1/\theta)\cdot[1-(\rho\eta/L)]$. Esta subvención aporta un incentivo suficiente a la investigación, de manera que el crecimiento de la economía descentralizada coincide con el obtenido por la elección del planificador social de la ecuación (6.59). Del mismo modo, la tasa privada de rendimiento se convierte en $r = L/\eta$, que es la tasa que el planificador social utiliza implícitamente en el cálculo de γ.

El solicitud de un subsidio a la investigación debido a sus efectos de difusión positivos es equivalente a la del argumento ya expuesto en el capítulo 4 a favor de un subsidio a la compra de bienes de capital o a la producción en el modelo con efectos de difusión positivos en la producción. De nuevo, una política de subsidios eficiente es difícil de aplicar en la práctica, ya que en primer lugar requiere que el Estado identifique las áreas de investigación prometedoras capaces de generar beneficios de difusión importantes, y en segundo lugar supone que la financiación pública necesaria no provocará efectos distorsionadores superiores a los beneficios de la internalización de los efectos de difusión. En el siguiente capítulo se expone otro posible inconveniente de los subsidios a la investigación: el beneficio privado de la innovación puede ser demasiado alto porque incluye la transferencia de rentas desde un monopolio existente al innovador. Este tipo de efecto también puede verse en modelos en los que los investigadores competitivos compiten en un nuevo producto o proceso (para un análisis más amplio, véase Reinganum, 1989).

6.4. Recapitulación

Hemos construido un modelo en el que el progreso tecnológico se identifica con el aumento del número de variedades de bienes intermedios utilizados por los productores. Al dedicar recursos al descubrimiento de nuevos tipos de bienes, los investigadores tienen por motivación la perspectiva de beneficios de monopolio. En el principal modelo analizado, en el que la producción se caracteriza por rendimientos constantes en relación al número de tipos de bienes y en el que la estructura de costes conlleva un gasto fijo de bienes en cada invención, la economía es capaz de generar crecimiento endógeno. La tasa de crecimiento depende de diversas características de las preferencias y la tecnología, incluidas la disposición a ahorrar, el nivel de la función de producción, el coste de la I+D y el tamaño de la economía (medida por la cantidad de un factor fijo, como el trabajo no cualificado o el capital humano). Varias formulaciones alternativas de la tecnología de la I+D logran conservar la mayor parte de las implicaciones concernientes al crecimiento a la vez que eliminan los efectos de escala que los datos empíricos parecen refutar.

La tasa de crecimiento resultante, y las elecciones asociadas relativas a las cantidades de bienes intermedios empleados en la producción, no son en general óptimos de Pareto. Analizamos varias posibilidades que permiten mejorar dichos resultados mediante la aplicación de estructuras de impuestos y subsidios. Si bien estas posibilidades existen en la teoría, este tipo de políticas industriales serían difíciles de aplicar en la práctica.

La tasa de crecimiento de equilibrio del modelo corresponde a la tasa de cambio tecnológico exógena x de los modelos Solow-Swan y Ramsey de los capítulos 1 y 2. Así pues, el análisis endogeniza el parámetro x y, por lo tanto, viene a completar una importante laguna teórica. Por ejemplo, si la difusión de ideas de un país a otro es rápida, el modelo explica por qué la tecnología de todos los países puede mejorar con el tiempo. Así pues, el modelo es capaz de explicar por qué la tasa de crecimiento a largo plazo del PIB per cápita real mundial puede ser positiva.

6.5. Problemas

6.1. Dinámica de transición del modelo de variedades. En el modelo de la sección 6.1 mostramos que existe un equilibrio en el que N, Y y C crecen a la misma tasa constante, y que la tasa de rendimiento r es constante.

a. Demuestre que no existe ningún otro equilibrio, es decir, que este modelo no tiene dinámica de transición. (Pista: básese en el análisis de una situación similar en el capítulo 4.)

b. Suponga que la tasa de crecimiento de la ecuación (6.24) es negativa. En dicho caso, ¿cuál es el equilibrio? ¿Qué condición de los parámetros subyacentes llevan a esta situación?

6.2. Una función de producción alternativa con variedades. Suponga que, en lugar de la ecuación (6.1), la función de producción es la siguiente

$$Y_i = AL_i^{1-\alpha} \cdot \left[\sum_{j=1}^{N} (X_{ij})^{\sigma} \right]^{\alpha/\sigma}$$

donde $0 < \sigma < 1$. No es el parámetro α sino sobre todo el parámetro σ el que controla la elasticidad de la demanda de cada tipo de bien intermedio.

a. ¿Cómo se pone precio a los bienes intermedios en monopolio y cuál es la cantidad de cada uno de ellos, X_j?

b. ¿Cuál es la condición de libre entrada de I+D y cómo se calcula la tasa de rendimiento?

c. ¿Cuáles son las tasas de crecimiento de N, X_j y la producción total Y en el estado estacionario?

6.3. Implicaciones de las políticas económicas en el modelo de variedades. Considere el primer modelo de variedades de los bienes intermedios del productor, en el que la ecuación (6.34) define la tasa de crecimiento de equilibrio de la economía.

a. Demuestre que el Estado puede garantizar un equilibrio óptimo si utiliza un impuesto de cuantía fija para financiar el subsidio adecuado de los bienes intermedios. ¿Qué tasa de subsidio se necesita? En un modelo más complejo, ¿qué razones dificultarían la puesta en práctica de la política adecuada?

b. ¿Puede el Estado garantizar una solución óptima si establece únicamente un subsidio a la I+D (financiada a través de un impuesto de cuantía fija)? Justifique su respuesta. ¿Cuáles serían las modificaciones del modelo que harían que para el Estado cobrara importancia la subvención a la investigación?

6.4. Factores intermedios duraderos (basado en Barro y Sala-i-Martín, 1992). Suponga que los factores intermedios, X_{ij}, son bienes duraderos de vida infinita. Se pueden crear nuevas unidades de estos bienes duraderos a partir de una unidad de producción final. El inventor del j-ésimo tipo de bien intermedio cobra un precio de arrendamiento R_j y los productores competitivos de los bienes finales consideran R_j como un precio dado.

a. ¿Cómo se calcula R_j?

b. En el estado estacionario, ¿cuál es la cantidad X_j de cada tipo de bien intermedio?

c. ¿Cuál es la tasa de crecimiento de estado estacionario de la economía? ¿En qué se diferencia esta solución de la analizada en el texto para el caso en el que los factores intermedios eran bienes no duraderos?

d. Si los bienes intermedios son duraderos, ¿qué tipos de efectos dinámicos aparecen en la transición hacia el estado estacionario?

6.5. La duración de las posiciones de monopolio. Considere el modelo de la sección 6.2 en el que los bienes intermedios en monopolio se transforman en bienes competitivos con la probabilidad p por unidad de tiempo.

a. ¿Cómo afectan las diferencias en p a las propiedades del estado estacionario del modelo?

b. ¿Qué tipos de intervenciones públicas conducirían al resultado óptimo de este modelo? En concreto, ¿es posible alcanzar la solución óptima únicamente a través del subsidio a las compras de los bienes intermedios en monopolio?

c. Si el Estado puede influir en el valor de p mediante varias herramientas (como las leyes antimonopolio o la protección mediante patentes), ¿cuáles son las implicaciones del modelo relativas a las políticas más aconsejables?

6.6. Efectos de escala

a. ¿Por qué el modelo de variedades del cambio tecnológico de la sección 6.1 se caracteriza por tener un efecto de escala en el sentido de que la tasa de crecimiento aumenta al aumentar la cantidad de trabajo agregada L? ¿Es adecuado identificar L con el dato empírico de la población de un país?

b. ¿Qué ocurre en este modelo si la población L crece a una tasa positiva constante?

c. ¿Qué tipo de modificaciones del modelo eliminarían los efectos de escala?

Cambio tecnológico: el modelo de Schumpeter de escalas de calidad

CAPÍTULO 7

En el capítulo anterior se identificaba el progreso tecnológico con un aumento del número de tipos de productos, N. En este capítulo tenemos en cuenta mejoras en la calidad o la productividad de cada tipo de producto. Este enfoque se conoce como enfoque de crecimiento endógeno de Schumpeter. Podemos interpretar los aumentos de N básicamente como innovaciones que representan tipos de bienes o métodos de producción completamente nuevos. Por el contrario, los incrementos de calidad de los productos ya en el mercado conllevan una continua serie de mejoras de los bienes y las técnicas. Así, este capítulo viene a completar el análisis del capítulo 6.

En la ilustración 7.1 se muestra el planteamiento básico. Los bienes intermedios, que existen en N variedades, están representados en el eje de abscisas. En el capítulo 6 N podía aumentar en el tiempo pero ahora lo consideraremos un valor constante. En el eje de ordenadas aparece representada la mejor calidad posible de cada tipo de bien intermedio en el momento actual. Más adelante aclaramos el significado concreto de la escala numérica que aparece en este eje. Puesto que el proceso de mejora de la calidad se produce a diferentes ritmos (y de manera aleatoria) la ilustración muestra que los diversos niveles actuales varían de manera irregular entre los distintos sectores.

En el análisis de la innovación básica del capítulo 6 establecimos el supuesto de que los nuevos tipos de bienes intermedios no interactuaban con los antiguos bienes. (Para ello, utilizamos la forma funcional de Spence, 1976, y Dixit-Stiglitz, 1977, en la que estos factores aparecen como términos independientes de un sumatorio.) En consecuencia, la introducción de un nuevo tipo de bien no convierte en obsoletos a los antiguos.

Un aspecto importante del modelo de Schumpeter radica en que cuando un producto o técnica es mejorado, el nuevo bien o método tiende a desplazar al antiguo. Así pues, resulta natural identificar los diferentes niveles de calidad de un mismo bien como bienes sustitutivos cercanos entre sí. Establecemos el supuesto extremo de que las diferentes calidades de un tipo concreto de factor intermedio son sustitutivos perfectos entre sí. Así pues, la aparición de una calidad superior elimina por completo las calidades inferiores. Por este motivo, los investigadores que logran mejorar la calidad de los productos tienden a eliminar o "destruir" las rentas de monopolio de sus predecesores, un proceso que Schumpeter (1934) y Aghion y Howitt (1992) denominaron de "destrucción creativa". Desde el punto de vista normativo, el proceso de destrucción creativa implica un efecto de "acaparamiento

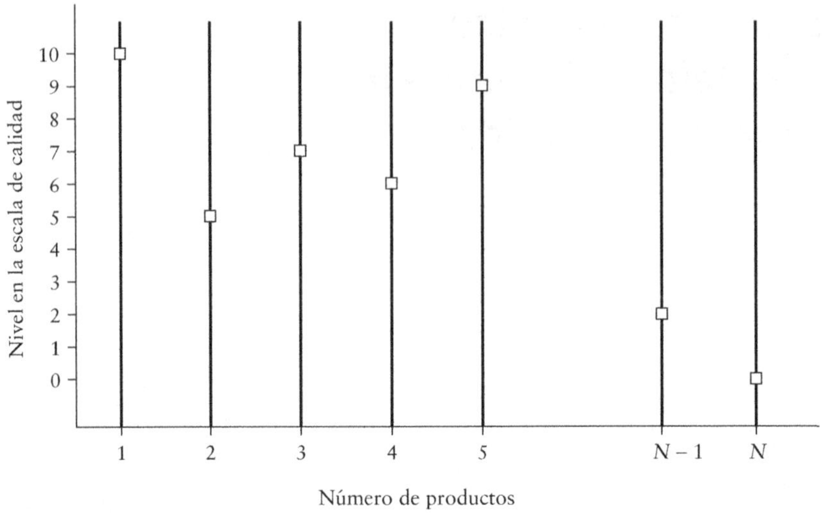

ILUSTRACIÓN 7.1 I Escalas de calidad y variedades de producto. En el eje de abscisas se representan el número de variedades de productos y en el eje de ordenadas el nivel de calidad alcanzado en cada sector en el momento actual.

del negocio" que conlleva que la investigación realizada por las empresas líderes sea superior a la socialmente óptima. En consecuencia, la tasa de crecimiento de la economía descentralizada puede ser excesivamente alta.

7.1. Esquema del modelo

Antes de entrar en detalles técnicos, presentaremos un esquema de la estructura del modelo que tendremos que desarrollar para poder analizar las mejoras de calidad. La economía consta de tres sectores: productores de bienes finales, empresas de I+D y consumidores. Los productores de bienes finales demandan bienes intermedios a las empresas de I+D y utilizan, como en el caso anterior, N variedades de bienes intermedios, aunque ahora N es constante. Cada tipo de bien intermedio puede mejorar a lo largo de una escala de calidad. En cada momento del tiempo existen los conocimientos necesarios para producir toda una gama de calidades de cada tipo de bien intermedio. Sin embargo, consideramos un tipo de equilibrio en el que en cada sector sólo se produce la calidad más puntera y ésta es la única que utilizan los productores de bienes finales para generar su producción.

Las empresas de I+D invierten recursos en mejorar la calidad de los bienes intermedios actuales. Una empresa exitosa posee los derechos exclusivos sobre el uso del bien intermedio que ha logrado mejorar, de manera que puede venderlo a los productores de bienes finales a precio de monopolio. La empresa que posee el monopolio sobre el uso de las tecnologías más avanzadas recibe el flujo de beneficios. Empezamos con un modelo en el que el innovador más reciente elimina el flujo de beneficios de su predecesor. Así pues, al decidir el volumen de recursos que van a dedicar a la investigación, las empresas analizan el importe del flujo de beneficios y su probable duración. Esta duración es aleatoria, pues depende de los resultados, que son inciertos, de la investigación realizada por sus competidores.

La naturaleza temporal de la posición de monopolio del innovador conlleva dos rasgos que diferencian el modelo presente del modelo con derechos de monopolio permanentes expuesto en el capítulo 6. En primer lugar, cuánto más corta sea la duración esperada del monopolio, menor será la retribución anticipada de la I+D. Esto supone una distorsión ya que desde el punto de vista social dichos avances son permanentes. (Esta influencia también aparece en el capítulo 6 en el modelo en el que los bienes intermedios se transforman en competitivos con el tiempo.) En segundo lugar, parte de la retribución de la investigación exitosa radica en la destrucción creativa o en el efecto de acaparamiento de negocio generada por la transferencia de beneficios del antiguo innovador al más reciente. Puesto que desde el punto de vista social esta transferencia no tiene valor alguno, esta segunda influencia constituye un incentivo excesivo de la I+D. Demostramos que el segundo efecto es mayor que el primero, ya que básicamente, ambos efectos son lo mismo, con la diferencia de que el segundo aparece con anterioridad en el tiempo, de manera que soporta un descuento menor. Así pues, el efecto neto es un aumento del rendimiento privado de la investigación con respecto al rendimiento social.

En una sección posterior establecemos el supuesto de que el líder de la industria de I+D posee tanto la ventaja de ser el primero en actuar, como costes de investigación menores. En dicho caso, el líder tiende a realizar la totalidad de la investigación. No obstante, si la ventaja de costes es pequeña, la probabilidad de éxito de la investigación viene dada por la amenaza de una posible entrada, básicamente igual que en el modelo inicial. Si la ventaja de costes es grande, el líder de la industria puede hacer caso omiso de los posibles competidores y actuar como un investigador monopolístico.

7.2. El modelo

7.2.1. Los productores de producto final: niveles de calidad en la tecnología de producción

Modificamos la función de producción de la empresa i de la ecuación (6.1):

$$Y_i = AL_i^{1-\alpha} \cdot \sum_{j=1}^{N} (\tilde{X}_{ij})^{\alpha} \tag{7.1}$$

donde, como antes, L_i es el factor trabajo y $0 < \alpha < 1$. El nuevo elemento es $\tilde{X}_{ij}$, que representa la cantidad que se emplea del j-ésimo tipo de bien intermedio *ajustada a la calidad.*

Los posibles niveles de cada bien intermedio se sitúan a lo largo de una escala de calidad en la que los niveles se sitúan a intervalos regulares de valor igual a $q > 1$.[1] Normalizamos, de manera que cuando se inventa inicialmente, cada bien empieza en el nivel de calidad 1. Los siguientes niveles se sitúan al nivel q, q^2,

1. Este planteamiento sigue los modelos de Aghion y Howitt (1992) y Grossman y Helpman (1991, capítulo 4).

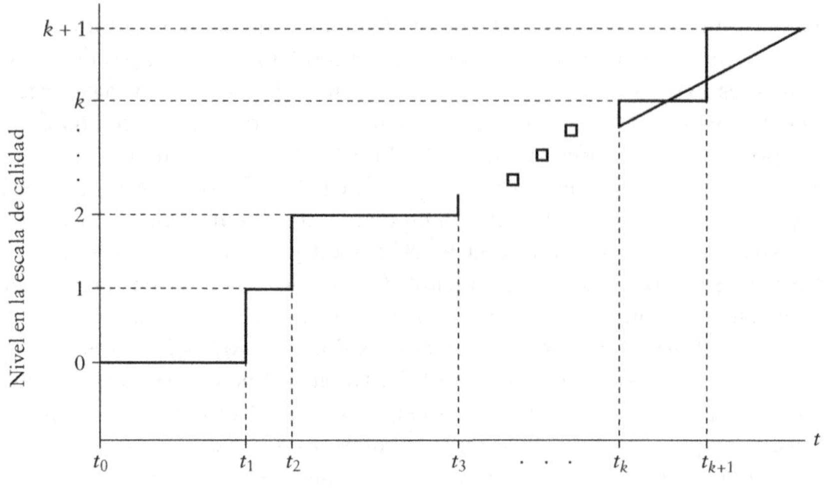

ILUSTRACIÓN 7.2 | Una escala de calidad en un sector único. A lo largo del tiempo, la posición en la escala de calidad en un sector único puede tanto permanecer constante como desplazarse de manera discreta hasta el siguiente escalón. La periodicidad de los desplazamientos es estocástica porque depende de los resultados inciertos del esfuerzo investigador.

y así sucesivamente. Por lo tanto, si se han producido k_j mejoras en el sector j, los posibles niveles de dicho sector son $1, q, q^2, \ldots, (q)^{\kappa_j}$. Los aumentos de los niveles de calidad de los bienes ya presentes en el sector, es decir, los incrementos de κ_j, proceden de la puesta en marcha exitosa de las investigaciones realizadas, que analizaremos más adelante. Estas mejoras se producen únicamente de forma secuencial, una a una.

En la ilustración 7.2 se muestra una posible trayectoria de evolución de la calidad puntera en el sector j. La mejor calidad de la que se dispone en el momento t_0 es igual a 1, aumenta a q (nivel 1) en el momento t_1, a q^2 (nivel 2) en el momento t_2, a q^k (nivel k) en el momento t_k y así sucesivamente. Así pues, $t_{k+1} - t_k$ es el intervalo en el que q^k es la mejor calidad posible. La ilustración muestra intervalos de distinta magnitud para cada k: estas magnitudes son aleatorias y dependen del éxito que tengan las empresas de I+D en el desarrollo de nuevas ideas.

El bien intermedio es no duradero y tiene un coste marginal de producción igual a uno (en términos de producción Y). Es decir, el coste de producción es igual para todos los niveles de calidad q^k, donde $k = 0, \ldots, \kappa_j$. Así pues, el innovador más reciente tiene una ventaja de eficiencia sobre los anteriores inventores del sector, pero en algún momento futuro estará en desventaja en relación con los futuros innovadores. En este caso suponemos que todos los innovadores son individuos distintos.

La empresa responsable de cada mejora de calidad del sector j posee un derecho de monopolio para producir el bien intermedio j-ésimo con tal nivel de calidad. En concreto, si los niveles de calidad $k = 1, \ldots, \kappa_j$ ya han sido alcanzados, el innovador k-ésimo es el único proveedor de los bienes intermedios al nivel de calidad q^k.[2]

2. Puesto que este modelo no considera la invención inicial de un tipo de producto, tenemos que suponer que los bienes de calidad uno (nivel cero) pueden ser producidos por cualquiera. El tratamiento de estos bienes de calidad más baja no será un problema si en cada sector se han producido ya mejoras importantes de calidad.

En el análisis principal establecemos el supuesto de que el nivel de calidad más alto de bienes intermedios es el único que se produce y se utiliza en el momento actual y en cada sector.[3] Así pues, en el sector j, el bien intermedio tendrá el nivel de calidad q^{k_j}. Si X_{ij} es la cantidad física empleada por la empresa i de este bien intermedio, la cantidad ajustada a la calidad de este bien intermedio es:

$$\tilde{X}_{ij} = q^{\kappa_j} X_{ij} \tag{7.2}$$

Así pues, la función de producción de la ecuación (7.1) se convierte en

$$Y_i = AL_i^{1-\alpha} \cdot \sum_{j=1}^{N} (q^{\kappa_j} X_{ij})^{\alpha} \tag{7.3}$$

En el capítulo 6 las mejoras de calidad no entraban en el análisis y en todos los sectores $\kappa_j = 0$. Así pues, los avances tecnológicos de la ecuación (7.3) sólo podían proceder de N. Puesto que N es ahora constante, estamos suponiendo implícitamente que todos los tipos de bienes intermedios existentes fueron descubiertos en algún momento de un pasado lejano. No obstante, ahora permitimos que k_j varíe con el tiempo en cada sector en respuesta a las inversiones en I+D que pretenden mejorar la calidad en dicho sector.

La ecuación (7.3) implica que el producto marginal del bien intermedio j es igual a

$$\partial Y_i / \partial X_{ij} = A\alpha L_i^{1-\alpha} q^{\alpha\kappa_j} X_{ij}^{\alpha-1} \tag{7.4}$$

Cada una de las empresas busca maximizar su beneficio,

$$Y_i - w \cdot L_i - \sum_{j=1}^{N} P_j X_{ij} \tag{7.5}$$

donde P_j es el precio del bien j. Las condiciones de primer orden exigen que el producto marginal sea igual al precio, de manera que

$$A\alpha L_i^{1-\alpha} q^{\alpha\kappa_j} X_{ij}^{\alpha-1} = P_j$$

Reorganizando esta expresión y sumando todas las empresas i se llega a la función de demanda agregada del bien j:

$$X_j = L \cdot [A\alpha q^{\alpha\kappa_j} / P_j]^{1/(1-\alpha)} \tag{7.6}$$

Esta función de demanda corresponde a las obtenidas en el capítulo 6 cuando $\kappa_j = 0$

3. Este supuesto resulta ser la condición $\alpha q \geq 1$. La naturaleza general de los resultados se mantendría aunque $\alpha q < 1$, en cuyo caso podríamos analizar un equilibrio con un precio límite, en vez de un precio de monopolio. En el apéndice (sección 7.6) se analiza en detalle este caso.

(véase, por ejemplo la ecuación [6.4]). En concreto, la elasticidad de la demanda sigue siendo la constante $-1/(1-\alpha)$. Al igual que en el capítulo 6, aceptamos el supuesto de que el trabajo agregado, L, es constante.

7.2.2. El sector de la investigación

Las empresas de I+D se enfrentan al mismo tipo de decisiones en dos etapas a las que se enfrentaban en el capítulo 6. En la primera etapa, deben decidir si dedican recursos o no a una investigación en concreto y, si lo hacen, tienen que decidir cuánto invertirán. En la segunda etapa, los investigadores con éxito fijan el precio al que vender los bienes recién inventados a los productores del producto final. De nuevo resolvemos el modelo comenzando por la segunda etapa, es decir, primero calculamos el precio óptimo de un bien ya inventado y después analizamos la primera etapa.

Etapa 2: Precios, beneficios y producción tras la invención del bien La innovación de un sector equivale a una mejora de calidad por valor del factor q. El innovador κ_j-ésimo del sector j mejora la calidad de $q^{\kappa_j - 1}$ a q^{κ_j}. Este innovador obtendrá el siguiente flujo de beneficios de monopolio:

$$\pi(\kappa_j) = (P_j - 1) \cdot X_j \tag{7.7}$$

donde X_j viene dado por la ecuación (7.6) y 1 es el coste marginal de producción. Las empresas eligen precios que maximizan el valor actual descontado de todos los beneficios futuros. Puesto que no hay restricciones dinámicas, este problema equivale a maximizar los beneficios periodo a periodo. El precio óptimo P_j viene dado por la misma expresión del margen de beneficio de la ecuación (6.7):

$$P_j = 1/\alpha \tag{7.8}$$

Así pues, el precio de monopolio vuelve a ser constante en el tiempo y entre sectores.[4]

La cantidad agregada del bien intermedio j que se produce puede calcularse a partir de las ecuaciones (7.6) y (7.8):

$$X_j = LA^{1/(1-\alpha)}\alpha^{2/(1-\alpha)} \cdot q^{\kappa_j\alpha/(1-\alpha)} \tag{7.9}$$

Puesto que en el modelo del capítulo 6 $\kappa_j = 0$, esta cantidad era constante en el tiempo y entre sectores (véase la ecuación [6.8]). La evolución de κ_j en el tiempo en cada sector y las diferencias de κ_j entre sectores serán la causa de las variaciones de X_j en el tiempo y entre sectores.

4. El precio de monopolio es el apropiado porque la función de demanda de la ecuación (7.6) supone que los niveles más bajos de los bienes intermedios de tipo j no resultan ser una competencia real para el tipo de bien más puntero. Véase el apéndice (sección 7.6). Aghion, Harris, Howitt y Vickers (2001) utilizan un planteamiento en el que los bienes de calidades diferentes son sustitutivos imperfectos y, por lo tanto, pueden coexistir en el mercado.

Puesto que el innovador podrá establecer el precio según la ecuación (7.8) y podrá vender la cantidad de bienes intermedios fijada por la ecuación (7.9), el flujo de beneficios vendrá dado por la sustitución en la ecuación (7.7)

$$\pi(\kappa_j) = \bar{\pi} \cdot q^{\kappa_j \alpha/(1-\alpha)} \tag{7.10}$$

donde

$$\bar{\pi} \equiv A^{1/(1-\alpha)} \cdot \left(\frac{1-\alpha}{\alpha}\right) \cdot \alpha^{2/(1-\alpha)} L \tag{7.11}$$

es constante en el tiempo si la población L se mantiene también constante. Pensemos en $\bar{\pi}$ como el flujo de beneficio básico, que corresponde a $\kappa_j = 0$. El beneficio $\bar{\pi}$ es idéntico al beneficio del capítulo 6 (ecuación [6.13]), ya que en ese modelo el nivel de calidad no variaba. Para un $\bar{\pi}$ dado, $\pi(\kappa_j)$ de la ecuación (7.10) es una función creciente con respecto a κ_j. Así pues, el beneficio recibido por los inventores de los productos de mayor calidad será mayor. Es más, puesto que en el equilibrio q^{κ_j} aumentará con el tiempo, los beneficios también aumentarán en el tiempo.

Una de las diferencias esenciales entre este modelo y el del capítulo 6 radica en que, aunque el derecho de monopolio sobre una invención es a perpetuidad, cuando un competidor logre una nueva mejora de calidad el valor de dicho derecho pasará a ser cero. (Recuerde que suponemos que los innovadores no son los mismos individuos.) En otras palabras, si denominamos t_{κ_j} al momento en el que se produce la mejora de calidad κ_j-ésima y t_{κ_j+1} al momento en el que el siguiente competidor consigue la siguiente mejora, el flujo de beneficios de la ecuación (7.10) se refiere únicamente al plazo comprendido entre t_{κ_j} y t_{κ_j+1}. Es importante destacar que t_{κ_j+1} está influenciado por las decisiones de inversión en investigación que han tomado los competidores y es, por lo tanto, endógeno. El intervalo en el que la innovación κ_j-ésima es la innovación puntera es

$$T(\kappa_j) = t_{\kappa_j+1} - t_{\kappa_j}$$

El valor actual de la totalidad de los beneficios del inventor del nivel κ_j, calculados en el momento t_{κ_j}, viene dado por

$$V(\kappa_j) = \int_{t_{\kappa_j}}^{t_{\kappa_j+1}} \pi(\kappa_j) \cdot e^{-\bar{r}(v, t_{\kappa_j}) \cdot (v - t_{\kappa_j})}\, dv \tag{7.12}$$

donde, como es habitual, $\bar{r}(v, t_{\kappa_j}) \equiv [1/(v - t_{\kappa_j})] \cdot \int_{t_{\kappa_j}}^{v} r(\omega)\, d\omega$ es el tipo de interés promedio entre los momentos t_{kj} y v. Observe que, si el tipo de interés r es constante en el tiempo, como ocurre en el equilibrio, el valor actual se simplifica y es igual a

$$V(\kappa_j) = \pi(\kappa_j) \cdot \left[1 - e^{-r \cdot T(\kappa_j)}\right]/r \tag{7.13}$$

Este valor actual, que representa la ganancia de la innovación κ_j-ésima, depende directamente del flujo de beneficios $\pi(\kappa_j)$ y de $T(\kappa_j)$, la duración del monopolio del inventor del nivel j. Puesto que conocemos $\pi(\kappa_j)$, para determinar $V(\kappa_j)$ tenemos que calcular la duración $T(\kappa_j)$.

Si sustituimos L por L_i en la ecuación (7.9), podemos calcular la cantidad X_{ij} de bien intermedio j utilizado por la empresa i. Entonces, a partir de la ecuación (7.3), si sumamos todas las empresas i, podemos obtener la expresión de la producción agregada.

$$Y = A^{1/(1-\alpha)}\alpha^{2\alpha/(1-\alpha)}L \cdot \sum_{j=1}^{N} q^{\kappa_j\alpha/(1-\alpha)} \tag{7.14}$$

Puesto que L y N son constantes, en este modelo la clave del crecimiento de la producción agregada es el aumento de los niveles de calidad de la escala, κ_j, en los diversos sectores.

Podemos definir un índice agregado de calidad

$$Q \equiv \sum_{j=1}^{N} q^{\kappa_j\alpha/(1-\alpha)} \tag{7.15}$$

de manera que

$$Y = A^{1/(1-\alpha)}\alpha^{2\alpha/(1-\alpha)}LQ \tag{7.16}$$

El índice Q es una combinación de los diversos niveles de κ_j. Los aumentos de los κ_j influyen sobre la producción agregada, ya que hacen que Q aumente. Si sumamos la ecuación (7.9) entre sectores, observamos también que la cantidad total de bienes intermedios producidos, denominada X, es proporcional a Q:

$$X = A^{1/(1-\alpha)}\alpha^{2/(1-\alpha)}LQ \tag{7.17}$$

El carácter aleatorio de las innovaciones implica que en un sector en concreto el progreso siempre será irregular: normalmente no ocurre nada, pero en ciertas ocasiones la productividad aumenta en una cantidad discreta. No obstante, aceptamos el supuesto de que los sectores son pequeños y que las probabilidades de éxito en la investigación son independientes entre sectores. La ley de los grandes números implica que los cambios de los resultados microeconómicos no se transmitirán a las variables macroeconómicas: el sumatorio de una gran cifra N de sectores independientes hará que la trayectoria del índice agregado de calidad Q de la ecuación (7.15) sea regular y, en consecuencia, también será suave la trayectoria del crecimiento económico agregado. Así pues, al igual que en el capítulo 6, el análisis obvia las fluctuaciones agregadas que son el núcleo central de los modelos del ciclo económico real. Analizamos a continuación los factores determinantes de las variaciones de los κ_j.

Etapa 1: innovación

La duración del beneficio de monopolio. Llamemos $p(\kappa_j)$ a la probabilidad por unidad de tiempo de que se produzca una innovación exitosa en el sector j cuando la calidad puntera es κ_j. En otras palabras, $p(\kappa_j)$ es la probabilidad por unidad de tiempo de que un investigador externo aumente la calidad del sector j de κ_j a $\kappa_j + 1$. Como se verá más adelante, esta probabilidad depende de las inversiones en investigación. Sin embargo y de momento, tomamos $p(\kappa_j)$ como una cifra dada, de manera que la probabilidad de que el actual monopolista pierda su posición de monopolio viene dada por un proceso de Poisson, semejante al del modelo del capítulo 6 en el que la posición de monopolio del innovador era temporal.

El valor actual del beneficio del monopolista $V(\kappa_j)$ de la ecuación (7.13) es una variable aleatoria, ya que la fecha final t_{κ_j+1} ocurre con probabilidad $p(\kappa_j)$ por unidad de tiempo. El valor esperado de $V(\kappa_j)$ viene dado por

$$E[V(\kappa_j)] = \pi(\kappa_j)/[r + p(\kappa_j)] \tag{7.18}$$

El cálculo de la ecuación (7.18) se expone en el apéndice (sección 7.6.2), pero su interpretación es intuitiva.[5] Si despejamos r en la ecuación (7.18) obtenemos

$$r = \frac{\pi(\kappa_j) - p(\kappa_j) \cdot E[V(\kappa_j)]}{E[V(\kappa_j)]}$$

es decir, la ecuación establece que la tasa de rendimiento de mercado es igual a la tasa de rendimiento de la I+D. El aspecto clave de esta ecuación radica en que el rendimiento de la I+D, del segundo miembro de la ecuación, incluye la pérdida de capital esperada del monopolista actual, $p(\kappa_j) \cdot E[V(\kappa_j)]$, provocada por la posibilidad de que tenga lugar la siguiente innovación en el sector j. La ecuación (7.18) indica que la probabilidad de perder la posición de monopolio $p(\kappa_j)$ se combina con r para obtener la tasa efectiva de descuento $r + p(\kappa_j)$. Observe que un incremento de $p(\kappa_j)$ disminuye $E[V(\kappa_j)]$. Sustituyendo en la ecuación (7.18) la expresión de $\pi(\kappa_j)$ de la ecuación (7.10) se obtiene

$$E[V(\kappa_j)] = \bar{\pi} \cdot q^{\kappa_j \alpha/(1-\alpha)}/[r + p(\kappa_j)] \tag{7.19}$$

donde $\bar{\pi}$ viene dado por la ecuación (7.11).

La tecnología de la I+D. En este apartado analizamos cómo depende la probabilidad $p(\kappa_j)$ de las inversiones en I+D del sector j. Llamemos $Z(\kappa_j)$ al flujo agregado de recursos que invierten los posibles innovadores del sector j cuando el nivel de calidad más alto es κ_j. Aceptamos el supuesto de que $p(\kappa_j)$ depende únicamente del gasto total en I+D, $Z(\kappa_j)$, y no del reparto de dicho gasto entre las empresas investigadoras. También aceptamos que un gasto $Z(\kappa_j)$ mayor aumenta la probabilidad de éxito $p(\kappa_j)$. Sería plausible aceptar el supuesto de que el efecto marginal

5. El resultado también corresponde a la ecuación (6.18) del capítulo 6.

de $Z(\kappa_j)$ sobre $p(\kappa_j)$ disminuyera al aumentar $Z(\kappa_j)$. Es decir, en algún momento la inversión en I+D se enfrentaría a rendimientos decrecientes. No obstante, dado que simplifica considerablemente el análisis sin afectar a la mayoría de las conclusiones, suponemos que la probabilidad de éxito es proporcional al gasto de I+D, $Z(\kappa_j)$.[6]

Para un $Z(\kappa_j)$ dado, es probable que la probabilidad de innovación dependa también de κ_j. Si innovar se vuelve cada vez más difícil, la probabilidad de éxito dependerá inversamente de κ_j. Si por el contrario, las innovaciones anteriores facilitan las posteriores, la probabilidad de éxito dependerá directamente de κ_j. En cualquier caso, suponemos que la probabilidad de éxito de la investigación viene dada por la expresión

$$p(\kappa_j) = Z(\kappa_j) \cdot \phi(\kappa_j) \tag{7.20}$$

donde la función $\phi(\kappa_j)$ recoge el efecto de la posición actual de la tecnología, κ_j.

La ecuación (7.19) muestra la retribución esperada por la creación de la innovación κ_j-ésima. Observe que la incertidumbre que subyace en $E[V(\kappa_j)]$ refleja la duración de la posición de monopolio, es decir, la aleatoriedad del momento en el que se producirá la nueva innovación $(\kappa_j + 1)$. Aún queda por analizar otra fuente de incertidumbre a la que se enfrentan las empresas investigadoras, *a priori*, debido a la aleatoriedad del éxito de su propia investigación.

Determinación del esfuerzo en I+D: la condición de libre entrada En el sector j, el gasto total en I+D $Z(\kappa_j)$ se traduce en la probabilidad de éxito por unidad de tiempo $p(\kappa_j)$ de la ecuación (7.20). Si la empresa logra su objetivo, obtiene un derecho equivalente a una patente por un valor esperado que viene dado por la ecuación (7.19). Aceptamos el supuesto de que a los posibles innovadores sólo les preocupa este valor esperado y no la aleatoriedad del rendimiento. Este supuesto puede ser plausible aunque los individuos se caractericen por su aversión al riesgo, ya que los proyectos de I+D son pequeños y la incertidumbre es propia de su naturaleza.[7]

Las inversiones en I+D serán atractivas, es decir $Z(\kappa_j) > 0$, únicamente si el rendimiento esperado por unidad de tiempo, $p(\kappa_j) \cdot E[V(\kappa_j + 1)]$, es al menos igual al coste $Z(\kappa_j)$. Es más, si el sector de la investigación se caracteriza por la libre entrada, tal y como estamos suponiendo, el rendimiento esperado neto por unidad de tiempo tiene que ser igual a cero, es decir

$$p(\kappa_j) \cdot E[V(\kappa_j + 1)] - Z(\kappa_j) = 0 \tag{7.21}$$

6. La linealidad de $Z(\kappa_j)$ significa que la contribución marginal de la inversión en I+D a la probabilidad de éxito es igual a la contribución promedio. Es decir, el proceso de investigación *no* se modeliza como un recurso sujeto a congestión, semejante a un lago en el que se pesca, en el que la probabilidad individual de éxito disminuye al aumentar el nivel agregado de inversión. En consecuencia, el modelo no tendrá la propiedad de ciertos planteamientos de "carrera de patentes" en los que, debido a la congestión, el nivel general de investigación tiende a ser excesivo desde el punto de vista social (para un repaso de estos modelos, véase Reinganum, 1989).

7. Aceptamos el supuesto de que los proyectos de investigación son llevados a cabo por organizaciones lo suficientemente grandes como para diversificar el riesgo. No obstante, estas organizaciones no pueden alcanzar un tamaño tal que les permita internalizar las distorsiones que presenta el modelo.

Si sustituimos la expresión de $p(\kappa_j)$ de la ecuación (7.20), esta condición se transforma en

$$Z(\kappa_j) \cdot \{\phi(\kappa_j) \cdot E[V(\kappa_j + 1)] - 1\} = 0 \tag{7.22}$$

Puesto que estamos considerando un sector en el que los gastos de I+D son positivos, $Z(\kappa_j) > 0$, el término de la ecuación (7.20) que aparece entre llaves tiene que ser igual a cero:

$$\phi(\kappa_j) \cdot E[V(\kappa_j + 1)] - 1 = 0 \tag{7.23}$$

Así pues, si sustituimos $E[V(\kappa_j + 1)]$ por su expresión en la ecuación (7.19), la condición de libre entrada se transforma en

$$r + p(\kappa_j + 1) = \phi(\kappa_j) \cdot \bar{\pi} \cdot q^{(\kappa_j+1)\cdot\alpha/(1-\alpha)} \tag{7.24}$$

El resto del análisis depende de la forma de la función $\phi(\kappa_j)$, es decir, de la manera en la que varía la probabilidad de éxito de la ecuación (7.20) con respecto a la posición en la escala de calidad.

La formulación más sencilla de $\phi(\kappa_j)$ es aquella en la que los éxitos se vuelven cada vez más difíciles a medida que el producto es obtenido utilizando la posición de la escala de calidad recientemente alcanzada $\kappa_j + 1$. Es decir,

$$\phi(\kappa_j) = (1/\zeta) \cdot q^{-(\kappa_j+1)\cdot\alpha/(1-\alpha)} \tag{7.25}$$

donde $\zeta > 0$ es un parámetro que representa el coste de la investigación. La ecuación (7.25) implica que el coste de I+D aumenta proporcionalmente al nivel de producción previsto (y por lo tanto la probabilidad de éxito disminuye proporcionalmente), producción que es proporcional al término $q^{(\kappa_j+1)\cdot\alpha/(1-\alpha)}$. Si en la ecuación (7.24) sustituimos la expresión de $\phi(\kappa_j)$ de la ecuación (7.25) obtenemos

$$r + p(\kappa_j + 1) = \frac{\bar{\pi}}{\zeta} \tag{7.26}$$

La ecuación (7.26) implica que la probabilidad de éxito de la investigación por unidad de tiempo es idéntica entre sectores, independiente de la posición en la escala de calidad, e igual a

$$p = \frac{\bar{\pi}}{\zeta} - r \tag{7.27}$$

Si r es constante en el tiempo, p también lo es.

La cantidad de recursos dedicados a la I+D en el sector j se deduce a partir de las ecuaciones (7.20), (7.25) y (7.27), y es igual a

$$Z(\kappa_j) = q^{(\kappa_j+1)\cdot\alpha/(1-\alpha)} \cdot (\bar{\pi} - r\zeta) \tag{7.28}$$

Por lo tanto, los sectores más avanzados, donde κ_j es mayor, tienen que dedicar un mayor volumen de recursos a la I+D. No obstante, la probabilidad de éxito es idéntica en todos los sectores, porque las ecuaciones (7.20) y (7.25) implican que $p(\kappa_j)$ depende de $Z(\kappa_j)$ dividido entre $q^{(\kappa_j+1)\cdot\alpha/(1-\alpha)}$.

A partir de la ecuación (7.28) obtenemos la expresión del gasto agregado de I+D, denominado Z:

$$Z \equiv \sum_{j=1}^{N} Z(\kappa_j) = q^{\alpha/(1-\alpha)} Q \cdot (\bar{\pi} - r\zeta) \tag{7.29}$$

donde Q es el índice agregado de calidad, definido en la ecuación (7.15). Así pues, dado r, Z es proporcional a Q.

Si modificamos la ecuación (7.25) y establecemos un supuesto diferente en relación a la manera en la que $\phi(\kappa_j)$ se relaciona con κ_j, obtenemos resultados diferentes. Otra relación posible entre ambas sería que κ_j fuera menos sensible a las variaciones de κ_j, en lugar de disminuir al aumentar κ_j debido a $q^{-(\kappa_j+1)\cdot\alpha/(1-\alpha)}$. Este caso se ilustra mediante el supuesto $\phi(\kappa_j) = 1/\zeta$, constante. En ese caso, para todo sector en el que $Z[\kappa_j] > 0$, la condición de libre entrada de la ecuación (7.24) implica que $p(\kappa_j + 1)$ es una función creciente de κ_j. En ese caso, los sectores más avanzados tendrán tasas esperadas de crecimiento mayores que los sectores menos avanzados. En última instancia este resultado determinará una tasa de crecimiento creciente del conjunto de la economía.

También podríamos haber supuesto que $\phi(\kappa_j)$ estuviera más inversamente relacionada con κ_j que lo expresado por la función $q^{-(\kappa_j+1)\cdot\alpha/(1-\alpha)}$. En dicho caso, la condición de libre entrada de la ecuación (7.24) implica que $\phi(\kappa_j)$ es una función decreciente de κ_j, para todo sector en el que $Z[\kappa_j] > 0$. Este resultado conllevará una tasa de crecimiento decreciente del conjunto de la economía.

En consecuencia, el caso en el que nos hemos centrado, en el que $\phi(\kappa_j)$ viene dada por la ecuación (7.25), corresponde a la formulación del modelo AK que utilizamos tanto en el capítulo 6 y como en otros capítulos. Con este planteamiento, la tasa de crecimiento esperada de cada sector será la misma, y la tasa de crecimiento del conjunto de la economía acabará siendo constante. El análisis siguiente se centra en dicho caso.

7.2.3. Consumidores

A fin de completar el modelo, incluimos los hogares con pautas de consumo regular que hemos utilizado a lo largo de todo el texto (tal y como se describieron en el capítulo 2). La ecuación básica del crecimiento del consumo es:

$$\dot{C}/C = (1/\theta) \cdot (r - \rho) \tag{7.30}$$

donde C es el consumo agregado. (Esta ecuación se cumple porque L es constante.)

La restricción de recursos de la economía establece que la producción agregada es igual al consumo agregado C, más el total de los recursos dedicados a los bienes intermedios X, más Z, el total del gasto en I+D. Es decir,

$$Y = C + X + Z \tag{7.31}$$

Las ecuaciones (7.16), (7.17) y (7.29) implican que Y, X y Z son funciones lineales de Q. De ello se deduce que C también es función lineal de Q. Por lo tanto, las tasas de crecimiento de todas estas variables serán iguales a la tasa de crecimiento de Q:

$$\dot{C}/C = \dot{X}/X = \dot{Z}/Z = \dot{Y}/Y = \dot{Q}/Q = \gamma$$

Si sustituimos la expresión del tipo de interés de la ecuación (7.27) en la expresión de la tasa de crecimiento del consumo de la ecuación (7.30), hallamos que ésta viene dada por

$$\gamma = \dot{C}/C = (1/\theta) \cdot \left(\frac{\bar{\pi}}{\zeta} - p - \rho \right)$$

No obstante, esta expresión no es la solución final del modelo, porque p, la probabilidad de éxito de la I+D es una variable endógena. Para obtener la solución final del crecimiento, tenemos que explicar el comportamiento del índice de calidad Q.

7.2.4. Comportamiento del índice agregado de calidad y el crecimiento endógeno

Recuerde la definición de Q de la ecuación (7.15):

$$Q \equiv \sum_{j=1}^{N} q^{\kappa_j \alpha/(1-\alpha)}$$

En el sector j, el término $q^{\kappa_j \alpha/(1-\alpha)}$ no cambia si no se produce innovación, pero aumenta según $q^{(\kappa_j+1)\cdot\alpha/(1-\alpha)}$ si la investigación tiene éxito. La probabilidad de éxito por unidad de tiempo es igual al valor p de la ecuación (7.27). Puesto que p tiene el mismo valor para todos los sectores, la variación esperada de Q por unidad de tiempo viene dada por

$$\begin{aligned} E(\Delta Q) &= \sum_{j=1}^{N} p \cdot \left[q^{(\kappa_j+1)\cdot\alpha/(1-\alpha)} - q^{\kappa_j \alpha/(1-\alpha)} \right] \\ &= p \cdot \left[q^{\alpha/(1-\alpha)} - 1 \right] \cdot \sum_{j=1}^{N} q^{\kappa_j \alpha/(1-\alpha)} = p \cdot \left[q^{\alpha/(1-\alpha)} - 1 \right] \cdot Q \end{aligned} \tag{7.32}$$

Por lo tanto, la variación proporcional esperada por unidad de tiempo de Q es

$$E\left(\frac{\Delta Q}{Q} \right) = p \cdot \left[q^{\alpha/(1-\alpha)} - 1 \right] \tag{7.33}$$

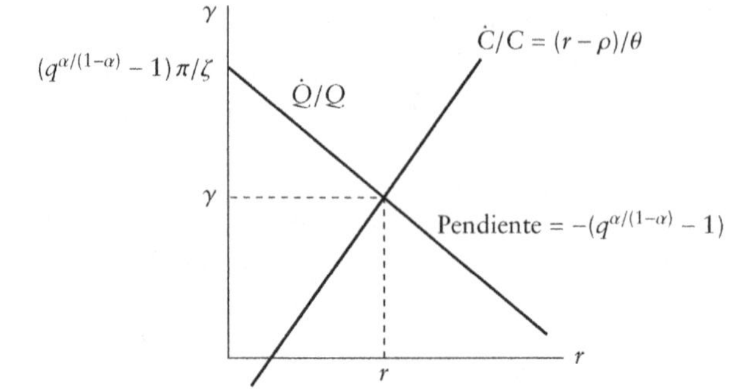

ILUSTRACIÓN 7.3 | Cálculo del tipo de interés y de la tasa de crecimiento. El tipo de interés y la tasa de crecimiento del modelo vienen dadas por la intersección de las rectas $\dot{Q}/Q$ y $\dot{C}/C$. La ecuación (7.34) establece que la tasa de crecimiento de Q es una función decreciente del tipo de interés r. La ordenada en el origen es $(\bar{\pi}/\zeta)\cdot[q^{\alpha/(1-\alpha)}-1]$ y la pendiente es $-[q^{\alpha/(1-\alpha)}-1]$. La expresión del crecimiento del consumo de la ecuación (7.30) establece una relación directa entre la tasa de crecimiento y r.

Si N, el número de sectores, es grande, la ley de los grandes números implica que la tasa promedio de crecimiento de Q, medida en cualquier intervalo de tiempo finito, será muy semejante a la expresión que aparece en el segundo miembro de la ecuación (7.33). En concreto, aceptamos el supuesto de que N es lo bastante grande como para que Q se pueda considerar derivable, con $\dot{Q}/Q$ no estocástico e igual al término del segundo miembro de la ecuación (7.33). Si en la ecuación anterior sustituimos p por su expresión en la ecuación (7.27) obtenemos la tasa de crecimiento de Q siguiente:

$$\dot{Q}/Q = \left(\frac{\bar{\pi}}{\zeta} - r\right)\cdot\left[q^{\alpha/(1-\alpha)} - 1\right] \tag{7.34}$$

La ecuación (7.34) establece que la tasa de crecimiento de Q es una función inversa con respecto al tipo de interés r. El término constante es $(\bar{\pi}/\zeta)\cdot[q^{\alpha/(1-\alpha)}-1]$ y la pendiente es igual a $-[q^{\alpha/(1-\alpha)}-1]$. Esta función aparece representada en la ilustración 7.3. Como se dijo anteriormente, C y Q crecen a la misma tasa constante, denominada γ. Por lo tanto, la expresión del crecimiento del consumo de la ecuación (7.30) establece otra relación entre la tasa de crecimiento y r. La intersección de ambas define el punto de equilibrio, donde $\dot{Q}/Q = \dot{C}/C$.

La ecuación (7.11) establece que el flujo básico de beneficios $\bar{\pi}$ aumenta si aumenta el parámetro A de la función de producción o si crece la población L. Estas variaciones desplazan en paralelo la recta $\dot{Q}/Q$ hacia arriba. Por lo tanto, aumenta la tasa de crecimiento de la economía. La disminución de ζ, que es el parámetro que determina el coste de I+D, tiene el mismo efecto. El aumento de q (la distancia entre innovaciones) tiene dos efectos: el término constante de la función $\dot{Q}/Q$ aumenta y la pendiente se vuelve más negativa. No obstante, a partir de la ecuación (7.34) se ve claramente que un aumento de q aumenta la tasa de crecimiento para un valor dado de r, siempre que $(\frac{\bar{\pi}}{\zeta} - r) > 0$, lo que debe cumplirse en un equilibrio con crecimiento positivo. Por lo tanto, un incremento de q tiene el efecto neto de aumentar la tasa de crecimiento.

Algebraicamente, si sustituimos la ecuación (7.30) en la ecuación (7.34) obtendremos

$$r = \frac{\rho + \theta \cdot \left[q^{\alpha/(1-\alpha)} - 1\right] \cdot (\bar{\pi}/\zeta)}{1 + \theta \cdot \left[q^{\alpha/(1-\alpha)} - 1\right]} \tag{7.35}$$

$$\gamma = \frac{\left[q^{\alpha/(1-\alpha)} - 1\right] \cdot [(\bar{\pi}/\zeta) - \rho]}{1 + \theta \cdot \left[q^{\alpha/(1-\alpha)} - 1\right]} \tag{7.36}$$

donde $\bar{\pi} = A^{1/(1-\alpha)} \cdot \left(\frac{1-\alpha}{\alpha}\right) \cdot \alpha^{2/(1-\alpha)} L$. Aceptamos el supuesto de que los valores de los parámetros son tales que γ es positiva (de manera que la condición de libre entrada de la ecuación [7.26] se cumple) y se cumple $r > \gamma$ (a fin de satisfacer la condición de transversalidad).[8] La ecuación (7.33) implica que en el equilibrio el valor de p es igual a la expresión de γ de la ecuación (7.36) dividida entre $[q^{\alpha/(1-\alpha)} - 1]$:

$$p = \frac{(\bar{\pi}/\zeta) - \rho}{1 + \theta \cdot \left[q^{\alpha/(1-\alpha)} - 1\right]} \tag{7.37}$$

La similitud con el modelo de variedades del capítulo 6 radica en el hecho de que los resultados no muestran dinámica de transición.[9] La única variable de estado es ahora el índice agregado de calidad Q. Dado un valor inicial $Q(0)$, todas las variables Q, Y, X, Z y C crecen a la misma tasa constante γ de la ecuación (7.36). El tipo de interés r es el valor constante de la ecuación (7.35).

El crecimiento que se produce en cada sector depende de los resultados aleatorios de la inversión en I+D. En concreto, las posiciones relativas de calidad de los sectores y, por lo tanto, las cantidades relativas gastadas en bienes intermedios e I+D varían de manera aleatoria. En consecuencia, en un momento dado, las posiciones de calidad alcanzadas en los sectores se caracterizarán por su patrón irregular, tal y como parece indicar la ilustración 7.2.

Observe que, tal y como se representa en el gráfico, de los cálculos algebraicos se deduce que la tasa de crecimiento es una función decreciente de los parámetros de la función de utilidad (ρ y θ) y de ζ, que representa el coste de la investigación. La tasa de crecimiento es una función creciente de $\bar{\pi}$ y de q.[10]

7.2.5. Los efectos de escala, una vez más

La tasa de crecimiento aumenta al aumentar la población L, ya que el flujo básico de beneficios $\bar{\pi}$ aumenta al aumentar L, como vimos en la ecuación (7.11). En el capítulo 6 aparecía un efecto de escala similar y entonces analizamos cómo se podía

---

8. Las ecuaciones (7.35) y (7.36) implican que la condición para que $r > \gamma$ es $\rho > (1-\theta) \cdot [1 - q^{-\alpha/(1-\alpha)}] \cdot (\bar{\pi}/\zeta)$. En la ecuación (7.36) la condición para que $\gamma > 0$ es $\rho < \bar{\pi}/\zeta$.

9. En este apartado y en el apéndice únicamente demostramos que existe un equilibrio sin dinámica de transición. La demostración de que no existen otros equilibrios se desarrolla a partir de la condición de transversalidad, siguiendo el razonamiento expuesto en el capítulo 4.

10. Si el coste de la investigación se define como una función creciente de q, podemos utilizar el modelo para calcular q.

eliminar si el tamaño de la economía también influía de una manera concreta en el coste de la I+D.

En el modelo que nos ocupa, la relación clave es la que establece la probabilidad de éxito de la investigación en la ecuación (7.20):

$$p(\kappa_j) = Z(\kappa_j) \cdot \phi(\kappa_j)$$

En la ecuación (7.25) aceptábamos el supuesto de que los éxitos se hacían más difíciles a medida que el producto era producido utilizando la más reciente posición de la escala de calidad $\kappa_j + 1$, es decir

$$\phi(\kappa_j) = (1/\zeta) \cdot q^{-(\kappa_j+1)\cdot\alpha/(1-\alpha)}$$

Esta formulación significa que los éxitos de la investigación son más difíciles en los sectores más avanzados, en los que las innovaciones contribuyen más a la producción. No obstante, supusimos que variaciones en el tamaño de la producción de la economía no influían sobre $\phi(\kappa_j)$ y, por lo tanto, tampoco sobre $p(\kappa_j)$.

Otro posible supuesto es establecer que $\phi(\kappa_j)$ varía en función inversa del nivel absoluto de producción imputable al bien intermedio j cuando se alcanza el siguiente nivel de calidad $\kappa_j + 1$. Este nivel de producción viene dado por la ecuación (7.14)

$$Y(\kappa_j + 1) = A^{1/(1-\alpha)}\alpha^{2\alpha/(1-\alpha)}L \cdot q^{(\kappa_j+1)\cdot\alpha/(1-\alpha)}$$

Así pues, en lugar de la ecuación (7.25) podemos aceptar el supuesto de que

$$\phi(\kappa_j) = \frac{1}{\zeta \cdot Y(\kappa_j + 1)} = \frac{1}{\zeta A^{1/(1-\alpha)}\alpha^{2\alpha/(1-\alpha)}L \cdot q^{(\kappa_j+1)\cdot\alpha/(1-\alpha)}} \tag{7.38}$$

donde $\zeta > 0$ es de nuevo el parámetro que mide el coste de la investigación. En relación a la ecuación (7.25), el nuevo elemento radica en la relación inversa entre $\phi(\kappa_j)$ y el término $A^{1/(1-\alpha)}\alpha^{2\alpha/(1-\alpha)}L$.

Si resolvemos el modelo siguiendo las mismas etapas que antes, obtendremos una nueva expresión de la tasa de crecimiento:

$$\gamma = \frac{\left[q^{\alpha/(1-\alpha)} - 1\right] \cdot \{[\alpha \cdot (1-\alpha)/\zeta] - \rho\}}{1 + \theta \cdot \left[q^{\alpha/(1-\alpha)} - 1\right]} \tag{7.39}$$

Esta expresión es independiente de la escala, representada por L. La variable L no influye sobre el crecimiento, ya que la probabilidad de éxito en la investigación $p(\kappa_j)$ depende a través de las ecuaciones (7.20) y (7.38) del gasto de I+D en el sector j, $Z(\kappa_j)$, expresado *en relación* al tamaño del sector, tal y como lo mide su contribución esperada a la producción, $Y(\kappa_j + 1)$. Puesto que L afecta a $Z(\kappa_j)$ y a $Y(\kappa_j + 1)$ en la misma proporción, al final, la probabilidad p es independiente de L. Puesto que en la ecuación (7.33) la tasa de crecimiento viene determinada por p, la solución de γ de la ecuación (7.39) no afecta a L. Siguiendo el mismo razonamiento,

γ es independiente del nivel de la tecnología de producción, representado por el parámetro A de la ecuación (7.1).

Estos resultados son semejantes a los de la sección 6.1.7 en la que el coste de invención de una nueva variedad de producto subía al aumentar Y/N, el ratio entre la producción y el número de bienes intermedios. Algunos modelos de la literatura, incluyendo los de Young (1998), Aghion y Howitt (1998, capítulo 12) y Dinopoulos y Thompson (1998), eliminan los efectos de escala de manera básicamente similar. De una u otra manera, estos modelos aceptan el supuesto de que el efecto del gasto de investigación $Z(\kappa_j)$ sobre la probabilidad de éxito, $p(\kappa_j)$ se diluye de manera efectiva a través de un aumento de la escala.

7.3. La innovación del líder

7.3.1. Interacciones entre el líder y los agentes externos

Hasta este momento hemos supuesto que todo el esfuerzo en I+D provenía de agentes externos. Supongamos ahora que también el líder del sector gasta en I+D. Llamemos $Z^o(\kappa_j)$ al gasto total en I+D de los agentes externos y $Z^\ell(\kappa_j)$ al gasto en I+D del líder, de manera que $Z(\kappa_j) = Z^o(\kappa_j) + Z^\ell(\kappa_j)$. Si los agentes externos y el líder son igual de capaces en la investigación (supuesto que aceptamos por el momento), la probabilidad de éxito de la I+D por unidad de tiempo de los agentes externos y del líder viene dada por

$$\begin{aligned} p^o(\kappa_j) &= Z^o(\kappa_j) \cdot \phi(\kappa_j) \\ p^\ell(\kappa_j) &= Z^\ell(\kappa_j) \cdot \phi(\kappa_j) \end{aligned} \tag{7.40}$$

La probabilidad total de éxito de la I+D por unidad de tiempo es igual a $p(\kappa_j) = p^o(\kappa_j) + p^\ell(\kappa_j)$.

El rendimiento neto de la I+D de los agentes externos es igual a

$$p^o(\kappa_j) \cdot E[V(\kappa_j + 1)] - Z^o(\kappa_j) = Z^o(\kappa_j) \cdot \{\phi(\kappa_j) \cdot E[V(\kappa_j + 1)] - 1\} \tag{7.41}$$

El rendimiento neto de la I+D del líder es igual a

$$\begin{aligned} &p^\ell(\kappa_j) \cdot E[V(\kappa_j + 1)] - Z^\ell(\kappa_j) - p(\kappa_j) \cdot E[V(\kappa_j)] \\ &\quad = Z^\ell(\kappa_j) \cdot \{\phi(\kappa_j) \cdot E[V(\kappa_j + 1)] - 1\} - Z(\kappa_j) \cdot \phi(\kappa_j) \cdot E[V(\kappa_j)] \end{aligned} \tag{7.42}$$

Observe que el éxito de la I+D de los agentes externos o del líder provoca la pérdida del valor actual de los beneficios del líder $EV(\kappa_j)$.

Si los agentes externos están dedicando recursos a la investigación, de manera que $Z^o(\kappa_j) > 0$, debe cumplirse la condición de libre entrada de la ecuación (7.23). De esta condición se deduce que el rendimiento neto de la I+D de los agentes externos, tal y como aparece en la ecuación (7.41), tiene que ser igual a cero. Pero esta condición implica que el primer término de la expresión del rendimiento neto del líder de la ecuación (7.42) también tiene que ser igual a cero. Así pues, si

$Z(\kappa_j) > 0$, el rendimiento neto del líder asociado a la I+D es negativo. Es más, si el líder considera dado el gasto en I+D de los agentes externos $Z^o(\kappa_j)$, un incremento de la inversión en I+D del líder $Z^\ell(\kappa_j)$ aumenta la inversión total en I+D, $Z(\kappa_j)$, y por lo tanto disminuye el rendimiento neto de la I+D del líder. Así pues, si los agentes externos están dedicando una cantidad positiva y dada a la I+D, la mejor respuesta del líder es fijar $Z^\ell(\kappa_j) = 0$. Este resultado demuestra que el equilibrio que se halló anteriormente, cuando aceptamos el supuesto de que el líder no realizaba investigación, era un equilibrio de tipo Cournot-Nash.[11]

Estos resultados predicen un cambio continuo de liderazgo dentro de la industria. El intruso desplaza al líder existente en el momento en el que se produce la siguiente mejora de calidad, intruso que a su vez se ve desplazado por otro, y así sucesivamente. Esta predicción no se ve corroborada por las tendencias del mundo real, en el que la mayoría de las mejoras de calidad de los productos en el mercado suelen ser realizadas por los líderes de la industria. Así pues, es importante analizar cuáles son las posibles modificaciones del modelo que pueden hacerlo más realista con respecto a esta cuestión.

En un equilibrio tipo Cournot-Nash, el líder considera dado el esfuerzo en investigación de los agentes externos $Z^o(\kappa_j)$, y cada uno de los agentes externos considera dado el esfuerzo en investigación de los otros agentes externos y del líder, $Z^\ell(\kappa_j)$ (que en el equilibrio resulta ser igual a cero). Puesto que la producción del líder está consolidada y puede realizar diversas inversiones visibles, puede que no sea lógico aceptar el supuesto de Cournot-Nash, en el que el líder considera dadas las acciones de los agentes externos. Resultaría más adecuado aceptar el supuesto de Stackelberg, en el que el líder sería el primero en reaccionar y llevar a cabo un nivel concreto de gasto de I+D $Z^\ell(\kappa_j)$. En este caso, los agentes externos elegirían $Z^o(\kappa_j)$ para un $Z^\ell(\kappa_j)$ dado, pero el líder elegiría $Z^\ell(\kappa_j)$ teniendo en cuenta la función de reacción implícita de $Z^o(\kappa_j)$.

La determinación de $Z^o(\kappa_j)$ para un $Z^\ell(\kappa_j)$ dado es equivalente al análisis ya expuesto. Se tiene que cumplir la condición de libre entrada (si $Z^o(\kappa_j) > 0$), de manera que el rendimiento neto de la I+D de los agentes externos de la ecuación (7.41) es igual a cero. Es más, la probabilidad total de éxito en la investigación $p(\kappa_j)$ y el correspondiente gasto total en I+D $Z(\kappa_j)$ se calculan como antes.[12] Por lo tanto, al elegir $Z^\ell(\kappa_j)$ de manera que maximice el rendimiento neto de la ecuación (7.42), el líder considera dado el segundo término del segundo miembro de la ecuación (ya que $Z[\kappa_j]$ viene dado). La condición de libre entrada de los agentes externos también implica que el primer término del segundo miembro de la ecuación (7.42) es igual a cero. Así pues, si $Z^o(\kappa_j) > 0$, ahora al líder le resulta indiferente su elección de $Z^\ell(\kappa_j)$. Es decir, hay una indeterminación en lo que respecta a la manera en la que el total de la inversión en investigación se reparte entre agentes externos y líder. No obstante, un valor lo suficientemente grande de $Z^\ell(\kappa_j)$ haría que $Z^o(\kappa_j)$ descendiera hasta el valor cero. A partir de dicho punto, si se produjeran más aumentos de $Z^\ell(\kappa_j)$ el rendimiento neto del líder disminuiría. Así pues, el líder no superaría

11. Para un mayor detalle sobre esta argumentación véase Aghion y Howitt.

12. Esta conclusión se deduce fácilmente a partir de las condiciones de primer orden de las elecciones de los agentes externos de $Z^o(\kappa_j)$ si $p(\kappa_j)$ es una función cóncava de $Z(\kappa_j)$, en vez de lineal.

este valor de $Z^{\ell}(\kappa_j)$. Observe que en esta solución, el líder desarrolla la totalidad de la investigación, pero los valores de equilibrio de $Z(\kappa_j)$ y $p(\kappa_j)$ se determinan exactamente igual que en el modelo anterior. Es decir, la posibilidad de agentes externos que invierten en I+D define el equilibrio.

Modificando el modelo de manera que el líder de la industria posea una ventaja de coste en la I+D, se elimina la indeterminación en lo que respecta al reparto de la investigación. Esta modificación no es inverosímil, ya que el líder normalmente poseerá la mejor información en lo que respecta a la tecnología actual y quizás también tenga otras ventajas que disminuyen su coste de I+D.[13] Es más, si los agentes tienen distintos costes de I+D, aquel cuyo coste sea menor tenderá a convertirse en el líder de la industria.

A fin de analizar esta situación, sustituyamos en las dos funciones de probabilidad de la ecuación (7.40) el término $\phi(\kappa_j)$ por $\phi^o(\kappa_j)$ y $\phi^{\ell}(\kappa_j)$ respectivamente, donde $\phi^o(\kappa_j) < \phi^{\ell}(\kappa_j)$. Si los agentes externos siguen dedicando recursos a la I+D, de manera que $Z^o(\kappa_j) > 0$, la condición de libre entrada se deduce de una modificación de la ecuación (7.41) y es igual a[14]

$$Z^o(\kappa_j) \cdot \{\phi^o(\kappa_j) \cdot E[V(\kappa_j + 1)] - 1\} = 0 \tag{7.43}$$

El rendimiento neto del líder viene dado en este caso por la modificación de la ecuación (7.42)

$$Z^{\ell}(\kappa_j) \cdot \{\phi^{\ell}(\kappa_j) \cdot E[V(\kappa_j + 1)] - 1\} - p(\kappa_j) \cdot E[V(\kappa_j)] \tag{7.44}$$

El comportamiento de los agentes externos seguirá fijando el valor de $p(\kappa_j)$ del término de la derecha. No obstante, la condición de libre entrada de la ecuación (7.43), junto con la condición $\phi^o(\kappa_j) < \phi^{\ell}(\kappa_j)$, implica que el término que multiplica a $Z^{\ell}(\kappa_j)$ es positivo, en lugar de cero. Así pues, ahora el líder tiene un motivo para aumentar $Z^{\ell}(\kappa_j)$ al menos hasta que expulse a los agentes externos del sector de la investigación. Es decir, ahora no queda ninguna duda de que será el líder quién desarrollará la totalidad de la investigación.[15]

Suponga ahora que el líder elige el nivel de $Z^{\ell}(\kappa_j)$ suficientemente alto para eliminar a los agentes externos de la investigación. En ese punto, un incremento de $Z^{\ell}(\kappa_j)$ aumentaría $Z(\kappa_j)$ en la misma cantidad y, por lo tanto, aumentaría $p(\kappa_j)$ del término de la derecha de la ecuación (7.44). Si la ventaja de coste del líder

---

13. Es menos probable que los líderes tecnológicos del momento, sean empresas o países, tengan ventajas de costes en la invención de productos completamente nuevos, como los analizados en el capítulo 6. Para un mayor detalle con relación a este planteamiento, véase Brezis, Krugman y Tsiddon (1993).

14. El supuesto en este caso radica en que, una vez que el intruso logra el éxito en la I+D, se convierte en una réplica exacta del anterior líder en lo que respecta a los costes de I+D. Por lo tanto, $E[V(\kappa_{j+1})]$ es idéntica para todos.

15. Descartando el supuesto de que la probabilidad de éxito en la investigación depende únicamente del gasto agregado en I+D $Z(\kappa_j)$, podríamos obtener un equilibrio en el que fueran varios los agentes que se dedicaran a la investigación. Si las probabilidades individuales de éxito $p_i(\kappa_j)$ dependieran del gasto individual en I+D, $Z_i(\kappa_j)$, mediante una función cóncava, los agentes externos y el líder tenderían a participar al mismo tiempo en el sector de la investigación.

es pequeña, el efecto neto sobre el rendimiento del líder seguirá siendo negativo. Así pues, el líder no tendría motivos para elegir un valor mayor de $Z^{\ell}(\kappa_j)$. Es decir, si bien el líder desarrolla la totalidad de la I+D, la probabilidad de éxito de la investigación $p(\kappa_j)$ sigue siendo determinada por la posible competencia externa.

Si la ventaja de coste de la investigación del líder es lo bastante grande, el líder aumentaría $Z^{\ell}(\kappa_j)$ por encima del valor en el que los agentes externos fueran expulsados del sector de la investigación. En este caso, el líder realmente actúa como un monopolista de la I+D y determina la probabilidad de éxito de la investigación sin tener en cuenta la posible competencia externa.[16] La siguiente sección considera dicho caso.

7.3.2. El líder como investigador monopolista

Suponemos en esta sección que la ventaja de coste de la investigación del líder le basta para no tener en cuenta la posible competencia externa. Suponga que nuevamente la probabilidad de éxito de la investigación viene determinada por las ecuaciones (7.20) y (7.25):

$$p(\kappa_j) = \frac{Z(\kappa_j)}{\zeta_{\ell} \cdot q^{(\kappa_j+1)\cdot\alpha/(1-\alpha)}} \tag{7.45}$$

donde ζ_{ℓ} es el parámetro del coste de I+D del líder. Por comodidad, eliminamos el subíndice ℓ de p y Z. Calculemos a continuación el valor actual esperado de los ingresos netos del líder $E[V(\kappa_j)]$.

Cuando la posición puntera es κ_j el flujo de beneficios del monopolio sigue siendo expresado por la ecuación (7.10):

$$\pi(\kappa_j) = \bar{\pi} \cdot q^{\kappa_j\alpha/(1-\alpha)} \tag{7.46}$$

donde $\bar{\pi}$ es igual a $A^{1/(1-\alpha)} \cdot (\frac{1-\alpha}{\alpha}) \cdot \alpha^{2/(1-\alpha)}L$. El cálculo de $E[V(\kappa_j)]$ puede hacerse en dos partes. La primera parte es el valor actual de los ingresos netos $\pi(\kappa_j) - Z(\kappa_j)$ hasta la fecha de la siguiente mejora de calidad. Al igual que antes, estos ingresos se acumulan durante un intervalo de duración aleatoria $T(\kappa_j)$. El valor actual esperado de este flujo es el expresado en la ecuación (7.18):

$$E[V(\kappa_j)] \text{ (primera parte)} = [\pi(\kappa_j) - Z(\kappa_j)]/[r + p(\kappa_j)]$$

---

16. Puede hallarse el valor crítico del diferencial en los parámetros de investigación si se iguala a cero la derivada con respecto a $Z^{\ell}(\kappa_j)$ de la ecuación (7.44). En este cálculo, se cumple $Z^{o}(\kappa_j) = 0$ y $dp(\kappa_j)/dZ^{\ell}(\kappa_j) = \phi^{\ell}(\kappa_j)$. Los valores de $E[V(\kappa_j + 1)]$ y $E[V(\kappa_j)]$ son los calculados a partir de la condición de libre entrada de agentes externos y vienen dados por $E[V(\kappa_j+1)] = 1/\phi^{o}(\kappa_j)$ y $E[V(\kappa_j)] = q^{-\alpha/(1-\alpha)}/\phi^{o}(\kappa_j)$. Uniendo todos estos elementos, hallamos que el valor crítico de $\phi^{\ell}(\kappa_j)$ viene dado por la expresión

$$\phi^{\ell}(\kappa_j) = \frac{\phi^{o}(\kappa_j)}{1 - q^{-\alpha/(1-\alpha)}}$$

Si $\phi^{\ell}(\kappa_j)$ es al menos igual a este valor, el líder hace caso omiso de la competencia y actúa como un monopolista en lo que respecta al cálculo de la inversión en I+D.

La segunda parte cubre el periodo que se inicia tras la siguiente mejora de calidad, $T(\kappa_j)$. El valor actual esperado que comienza en dicha fecha es igual a $E[V(\kappa_j + 1)]$, descontado por el factor $\exp[-r \cdot T(\kappa_j)]$. En el apéndice (sección 7.6.4) se demuestra que esta segunda parte es igual a

$$E[V(\kappa_j)] \text{ (segunda parte)} = p(\kappa_j) \cdot E[V(\kappa_j + 1)]/[r + p(\kappa_j)]$$

Si unimos ambas partes, obtenemos

$$E[V(\kappa_j)] = \frac{\pi(\kappa_j) - Z(\kappa_j) + p(\kappa_j) \cdot E[V(\kappa_j + 1)]}{r + p(\kappa_j)} \tag{7.47}$$

La expresión $E[V(\kappa_j)]$ será el valor de mercado de una empresa que se encuentra actualmente en el nivel de calidad κ_j y tiene poder de monopolio sobre la futura actividad de innovación del sector j.

Despejando r podemos entender mejor de manera intuitiva la expresión anterior:

$$r = \frac{\pi(\kappa_j) - Z(\kappa_j) + p(\kappa_j) \cdot \{E[V(\kappa_j + 1)] - E[V(\kappa_j)]\}}{E[V(\kappa_j)]} \tag{7.48}$$

La ecuación (7.48) es una conocida condición de arbitraje. Establece que la tasa de rendimiento de los bonos r es igual a la tasa de rendimiento de los fondos propios de la empresa líder del sector. La primera parte del rendimiento de los fondos propios de la empresa es el beneficio, neto del gasto en I+D, $\pi(\kappa_j) - Z(\kappa_j)$. La segunda parte es el producto de la probabilidad de éxito $p(\kappa_j)$ por la ganancia de capital provocada por dicho éxito $E[V(\kappa_j + 1)] - E[V(\kappa_j)]$. La tasa de rendimiento de los fondos propios de la empresa es la suma de estos dos elementos dividida por $E[V(\kappa_j)]$, el valor actual de la empresa.

Sustituyendo en la ecuación (7.47) la expresión de $Z(\kappa_j)$ de la ecuación (7.45) obtenemos

$$E[V(\kappa_j)] = \frac{\pi(\kappa_j) - p(\kappa_j) \cdot \zeta_\ell \cdot q^{(\kappa_j+1)\cdot\alpha/(1-\alpha)} + p(\kappa_j) \cdot E[V(\kappa_j + 1)]}{r + p(\kappa_j)}$$

Así pues, $E[V(\kappa_j)]$ depende de $p(\kappa_j)$ y de otros términos, incluido $E[V(\kappa_j + 1)]$, que son independientes de $p(\kappa_j)$. Puesto que en este modelo no hay "entrada", no podemos utilizar la condición de libre entrada que empleamos con anterioridad. No obstante, en cierta manera el monopolista decide óptimamente su propia "entrada" mediante la elección de $p(\kappa_j)$ (seleccionando la inversión en I+D $Z[\kappa_j]$) que maximiza $E[V(\kappa_j)]$. Si igualamos a cero la derivada con respecto a $p(\kappa_j)$ de $E[V(\kappa_j)]$ a fin de obtener la condición de primer orden, el resultado puede expresarse de la siguiente manera

$$\begin{aligned} E[V(\kappa_j + 1)] - E[V(\kappa_j)] &= \zeta_\ell \cdot q^{(\kappa_j+1)\cdot\alpha/(1-\alpha)} \\ &= Z(\kappa_j)/p(\kappa_j) \end{aligned} \tag{7.49}$$

donde la última igualdad procede de la ecuación (7.45).

El resultado de la ecuación (7.49) se diferencia del de la ecuación (7.21) en dos aspectos. En primer lugar, en la (7.49) $Z(\kappa_j)/p(\kappa_j)$ es igual al incremento del valor actual $E[V(\kappa_j+1)] - E[V(\kappa_j)]$, y no al valor actual total $E[V(\kappa_j+1)]$, ya que el líder no valora la pérdida de su propio beneficio de monopolio. En segundo lugar, el término $E[V(\kappa_j)]$ se calcula esta vez de forma distinta, ya que ahora la posición de liderazgo se considera permanente, y no temporal.

Para entender esta última propiedad, sustituya en la ecuación (7.47) la expresión $E[V(\kappa_j+1)] = E[V(\kappa_j)] + Z(\kappa_j)/p(\kappa_j)$ de la ecuación (7.49) y obtendrá

$$E[V(\kappa_j)] = \pi(\kappa_j)/r \tag{7.50}$$

El término del segundo miembro de la ecuación es el valor actual generado por un (hipotético) flujo permanente de beneficios de tamaño $\pi(\kappa_j)$. Puesto que el flujo es permanente, el tipo de descuento es r, y no $r + p(\kappa_j)$.

Si sustituimos la ecuación (7.50) en la ecuación (7.49) y también sustituimos $\pi(\kappa_j)$ por su expresión en la ecuación (7.46), obtenemos una expresión de r. El valor resultante, denominado r_ℓ, es la tasa de rendimiento de equilibrio en un entorno en el que la investigación de cada sector es realizada por el líder de la industria:[17]

$$r_\ell = \frac{\bar{\pi}}{\zeta_\ell} \cdot \left[1 - q^{-\alpha/(1-\alpha)}\right] \tag{7.51}$$

Como es habitual, la correspondiente tasa de crecimiento de Q y de las demás variables viene dadas por

$$\gamma_\ell = \frac{1}{\theta} \cdot (r_\ell - \rho) \tag{7.52}$$

Recuerde que la tasa de rendimiento del modelo anterior cumple la condición siguiente (a partir de la ecuación [7.27])

$$r = \frac{\bar{\pi}}{\zeta} - p \tag{7.53}$$

donde ζ es el parámetro del coste de I+D de los agentes externos. En el segundo miembro de la ecuación aparece p, aunque podríamos sustituirlo por el valor de equilibrio de p de la ecuación (7.37). El resultado de r_ℓ de la ecuación (7.51) se diferencia del valor de r de la ecuación (7.53) en tres aspectos. En primer lugar, $\zeta_\ell < \zeta$ tiende a hacer que $r_\ell > r$. En segundo lugar, en la ecuación (7.53) r disminuye al aumentar p, ya que el rendimiento privado de una innovación es temporal, y esto tiende a hacer que $r_\ell > r$. Por último, la ecuación (7.51) incluye el término $[1 - q^{-\alpha/(1-\alpha)}] < 1$, ya que el líder valora únicamente el incremento del valor actual provocado por el éxito de la innovación, y este término tiende a hacer que $r_\ell < r$.

17. Si $r < r_\ell$ donde r_ℓ viene dado por la ecuación (7.51), la derivada de $E[V(\kappa_j)]$ con respecto a $p(\kappa_j)$ es positiva, de manera que el líder querrá invertir en una cantidad de investigación infinita. Si $r > r_\ell$, la derivada es negativa, de manera que no se desarrollará investigación alguna y la economía no crecerá. Así pues, un equilibrio con crecimiento positivo requiere que $r = r_\ell$.

7.4. Óptimo de Pareto

Podemos evaluar si los equilibrios descentralizados son óptimos de Pareto comparándolos con la solución del problema del planificador social. El planificador social trata de maximizar la ya conocida expresión de la utilidad del hogar representativo,

$$U = \int_0^\infty \left(\frac{c^{1-\theta} - 1}{1-\theta}\right) \cdot e^{-\rho t}\, dt$$

sujeta a la restricción de recursos de la economía

$$Y = AL^{1-\alpha} \cdot \sum_{j=1}^{N} (q^{\kappa_j} X_j)^\alpha = C + \sum_{j=1}^{N} [X_j + Z(\kappa_j)] = C + X + Z \tag{7.54}$$

La primera parte de la ecuación establece que la producción total depende de los niveles de calidad, κ_j, y de las cantidades empleadas de los bienes intermedios más punteros X_j en cada sector. La segunda parte de la ecuación indica que la producción puede dedicarse al consumo C, a los bienes intermedios X y a la inversión en I+D Z.

El problema del planificador social también está sujeto a la tecnología de I+D. Suponemos de nuevo que la probabilidad $p(\kappa_j)$ viene dada por la ecuación (7.45):

$$p(\kappa_j) = \frac{Z(\kappa_j)}{\zeta_\ell \cdot q^{(\kappa_j+1)\alpha/(1-\alpha)}}$$

Introducimos el coste de investigación del líder, ζ_ℓ, que suponemos no es nunca superior al coste de los agentes externos, ya que el planificador social asignaría la actividad de investigación al investigador de menor coste.

Resulta adecuado calcular primero la elección de las cantidades intermedias del planificador (un problema estático) y después utilizar ese resultado para establecer una función de Hamilton simplificada. Resulta sencillo demostrar que para maximizar U con respecto a la elección de X_j la condición de primer orden implica que

$$X_j \text{ (planificador social)} = LA^{1/(1-\alpha)} \alpha^{1/(1-\alpha)} q^{\kappa_j \alpha/(1-\alpha)} \tag{7.55}$$

Recuerde que en la ecuación (7.9) la elección en una economía descentralizada es igual a

$$X_j = LA^{1/(1-\alpha)} \alpha^{2/(1-\alpha)} q^{\kappa_j \alpha/(1-\alpha)}$$

La elección de X_j del planificador social se relaciona de la manera ya habitual con la elección en la economía descentralizada: el precio de monopolio implica que la cantidad elegida de manera privada es menor que la cantidad elegida socialmente (en el factor $\alpha^{1/(1-\alpha)} < 1$).

Al sustituir la expresión de X_j de la ecuación (7.55) en la ecuación (7.54) obtenemos la expresión de la producción agregada

$$Y\text{ (planificador social)} = A^{1/(1-\alpha)}\alpha^{\alpha/(1-\alpha)}LQ \tag{7.56}$$

donde $Q = \sum_{j=1}^{N} q^{\kappa_j\alpha/(1-\alpha)}$ es el mismo índice agregado de calidad que definimos para la economía descentralizada en la ecuación (7.15). Por el contrario, el nivel de producción de una economía descentralizada viene dado por la expresión de la ecuación (7.16)

$$Y = A^{1/(1-\alpha)}\alpha^{2\alpha/(1-\alpha)}LQ$$

Por lo tanto, para un Q dado, el nivel de producción del planificador social es superior al valor de la producción descentralizada. Este resultado refleja la incapacidad de la economía descentralizada de alcanzar eficiencia estática a través de la elección de una cantidad suficientemente grande de bienes intermedios X_j en cada sector.

La ecuación (7.56) implica que la tasa de crecimiento de Y del planificador social es igual a la tasa de crecimiento de Q. La variación esperada de Q por unidad de tiempo es

$$E(\Delta Q) = \sum_{j=1}^{N} p(\kappa_j)\cdot\left[q^{(\kappa_j+1)\cdot\alpha/(1-\alpha)} - q^{\kappa_j\alpha/(1-\alpha)}\right]$$

Si sustituimos $p(\kappa_j)$ por su expresión de la ecuación (7.45), obtenemos

$$E(\Delta Q) = \frac{Z\cdot\left[1 - q^{-\alpha/(1-\alpha)}\right]}{\zeta_\ell} \tag{7.57}$$

Así pues, la variación esperada de Q, y por lo tanto de Y, depende únicamente de Z, el gasto agregado en I+D, y no de la manera en que dicho gasto se reparte entre los distintos sectores. (Este resultado refleja el supuesto de que los rendimientos sectoriales de I+D no disminuyen al aumentar el flujo actual de la inversión de I+D.) De nuevo suponemos que el número de sectores es lo suficientemente grande como para que Q pueda considerarse derivable. Así pues, utilizamos la ecuación (7.57) para representar la variación real del índice de calidad, $\dot{Q}$.

Podemos utilizar estos resultados para plantear la función de Hamilton del planificador social

$$J = \left(\frac{c^{1-\theta}-1}{1-\theta}\right)\cdot e^{-\rho t} + \nu\cdot\left[LA^{1/(1-\alpha)}\cdot\left(\frac{1-\alpha}{\alpha}\right)\cdot\alpha^{1/(1-\alpha)}Q - Z - cL\right] + \mu\cdot\frac{Z\cdot\left[1-q^{-\alpha/(1-\alpha)}\right]}{\zeta_\ell} \tag{7.58}$$

El multiplicador de Lagrange ν se aplica a la restricción de recursos $Y = C + X + Z$. Esta restricción proviene de la ecuación (7.54) después de sustituir Y por su expresión en la ecuación (7.56) y X por su expresión en la ecuación (7.55). El precio sombra μ se añade a la expresión $\dot{Q}$ de la ecuación (7.57).

Ahora podemos aplicar el método ya familiar a fin de obtener las condiciones dinámicas de optimización de las elecciones de c y Z de la ecuación (7.58). A partir de las condiciones de primer orden y la ecuación de transición de Q llegamos a la tasa de crecimiento del planificador social:

$$\gamma\ (\text{planificador social}) = (1/\theta) \cdot \left\{ \frac{1}{\zeta_\ell} \cdot LA^{1/(1-\alpha)} \cdot \left(\frac{1-\alpha}{\alpha} \right) \cdot \alpha^{1/(1-\alpha)} \cdot \left[1 - q^{-\alpha/(1-\alpha)} \right] - \rho \right\} \tag{7.59}$$

Por lo tanto, la tasa social implícita de rendimiento, que corresponde a la expresión entre corchetes que precede al término $-\rho$, es igual a

$$r\ (\text{planificador social}) = \frac{1}{\zeta_\ell} \cdot LA^{1/(1-\alpha)} \cdot \left(\frac{1-\alpha}{\alpha} \right) \cdot \alpha^{1/(1-\alpha)} \cdot \left[1 - q^{-\alpha/(1-\alpha)} \right] \tag{7.60}$$

Las tasas de crecimiento y rendimiento del planificador social de las ecuaciones (7.59) y (7.60) son superiores a los valores del monopolista, γ_ℓ y r_ℓ, de las ecuaciones (7.52) y (7.51). Como ya es habitual, esta distorsión es producto de la influencia del precio de monopolio sobre los bienes intermedios. Un subsidio adecuado a la compra de bienes intermedios podría eliminar esta distorsión, tal y como vimos en el capítulo 6.

Si los líderes de la industria poseen una suficiente ventaja de coste de investigación (véase nota 16), la tasa de rendimiento de la economía descentralizada será r_ℓ. En caso contrario, la amenaza de la posible competencia fijará la tasa de rendimiento en el valor r de la ecuación (7.35). La relación de r con la tasa de rendimiento social de la ecuación (7.60) es ambigua. Como ya hemos señalado, los precios de monopolio tienden a hacer que la tasa privada de rendimiento sea inferior a la del planificador social.[18] Las demás influencias reflejan que los derechos de propiedad sobre las investigaciones exitosas en situación de competencia no son completos. En primer lugar, r de la ecuación (7.35) es demasiado grande desde el punto de vista social, ya que incluye la expropiación del beneficio de monopolio del predecesor. Pero, en segundo lugar, r es demasiado baja desde el punto de vista social, porque considera que los beneficios de la innovación son temporales. El efecto neto de estas dos influencias es inequívoco, ya que básicamente son iguales, aunque de signo contrario y una interviene antes que la otra. La expropiación de los beneficios del monopolio es la cantidad que el nuevo monopolista le quita a su predecesor. Considerar temporal la innovación equivale a no tener en cuenta las rentas que los posteriores monopolistas arrebatarán al monopolista actual. Los dos términos tienen la misma magnitud, excepto por dos cosas: el segundo término es mayor debido al crecimiento de la economía a la tasa γ, pero su valor actual es menor porque se descuenta a la tasa r. La relación $r > \gamma$, la condición de transversalidad, implica

18. Un segundo efecto radica en que r depende del parámetro de coste de I+D de los agentes externos, ζ. Si $\zeta > \zeta_\ell$, r también es inferior a la tasa de rendimiento social por esa razón.

que predomina el primer término. Así pues, el efecto neto de derechos de propiedad incompletos es hacer que r sea demasiado grande. Así pues, es posible que, bajo la amenaza de la competencia, la tasa de rendimiento y la tasa de crecimiento de la economía descentralizada sean superiores a los valores socialmente óptimos. Es más, en este caso es evidente que la tasa de rendimiento y la tasa de crecimiento en situación de competencia serán superiores a los valores determinados por el líder monopolista (es decir, se tiene que cumplir que $r > r_\ell$, porque r_ℓ es siempre inferior a la tasa de rendimiento social). Así pues, la competencia puede fomentar la investigación y el crecimiento, incluso en exceso.[19]

Las distorsiones asociadas a la competencia en investigación podrían eliminarse con la implantación de un sistema, semejante al de Coase (1960), que de manera efectiva otorgara derechos de propiedad sobre los beneficios de monopolio a los líderes de la industria. Este sistema exigiría que los innovadores compensaran a un inmediato predecesor por la pérdida de ingresos. Así, el innovador del sector j aumenta el coste de la innovación incluyendo en él la necesaria compensación al líder del momento, pero al mismo tiempo también aumenta la retribución esperada, ya que ésta incluye la compensación esperada que recibirá del siguiente innovador. La primera parte del sistema hace que el innovador únicamente considere como retribución la variación neta del flujo de las rentas del monopolio; es decir, se elimina el incentivo de la apropiación de las rentas existentes. La segunda parte fomenta que el innovador considere que su innovación es de carácter permanente, y que no perece cuando surge la siguiente innovación. No obstante y como ya es habitual, en un modelo más complejo la implantación de una política semejante es problemática, por ejemplo, en entornos en los que las mejoras de calidad resultan difíciles de evaluar por los responsables de la política económica.

En el modelo en el que los líderes se encuentran en posición de monopolio en la investigación, la internalización que acabamos de describir se produce automáticamente. Por este motivo, si se aplica una política de subsidios que elimine la distorsión estática provocada por el precio de monopolio, el modelo del monopolio alcanza el óptimo social.

7.5. Observaciones recapitulativas a propósito del crecimiento

Las mejoras de calidad analizadas en este capítulo representan mejoras continuas de los productos y de las técnicas, mientras que el incremento de variedades que vimos en el capítulo anterior describía innovaciones completamente nuevas. Desde el punto de vista de la construcción del modelo, el rasgo que diferencia a ambos tipos de progreso tecnológico radica en que los bienes de mayor calidad son sustitutivos cercanos de los de menor calidad, de manera que las mejoras tienden a

19. Aghion et al. (2002) analizan la relación entre competencia y crecimiento dentro del marco establecido por Aghion, Harris, Howitt y Vickers (2001). En ese modelo, diversas empresas con distintos niveles de productividad producen simultáneamente en un momento del tiempo, ya que sus producciones son bienes sustitutivos imperfectos. Así, las inversiones en I+D suponen un esfuerzo en parte para escapar de la competencia y en parte para ponerse al nivel del resto. El resultado es una función en forma de U invertida, en la que al aumentar la competencia la I+D y el crecimiento crecen al principio y después disminuyen.

dejar obsoletos a éstos últimos. Por el contrario, aceptamos el supuesto de que las nuevas variedades no son bienes sustitutivos directos o complementarios de los ya existentes; por lo tanto, en el capítulo 6 la innovación no elimina las variantes más antiguas. En una economía descentralizada y a consecuencia de esta distinción, el esfuerzo en I+D dedicado a la mejora de la calidad puede ser excesivo, debido al interés en apropiarse de las rentas de monopolio de los predecesores.

Otra diferencia de planteamiento proviene de los costes de las mejoras de calidad, que tienden a ser menores para los líderes de la industria que para los agentes externos. Por lo tanto, afirmamos que en equilibrio los líderes tenderían a desarrollar la mayor parte o la totalidad de la investigación sobre la que se basan los procesos habituales de mejora de los productos. Por el contrario, es poco probable que los agentes presentes en el sector tengan ventajas de coste en lo relativo a la creación de productos totalmente nuevos, por el sencillo motivo de que no hay agentes ya presentes en dicha actividad. Por lo tanto, es menos probable que descubrimientos totalmente nuevos provengan de los líderes de la industria.

7.6. Apéndice

7.6.1. Bienes intermedios de diversos niveles de calidad

En el texto hemos supuesto que únicamente el nivel de calidad más puntero κ_j del bien intermedio j fuera producido y utilizado. También establecimos el supuesto de que este nivel de calidad se vendería al precio de monopolio. Volvamos a analizar ambos supuestos.

Suponga que los niveles de calidad del bien intermedio j se numeran de $k = 0, \ldots, \kappa_j$. Llamemos X_{ijk} a la cantidad que utiliza la empresa i del j-ésimo tipo de bien intermedio de nivel de calidad k. El nivel k corresponde a la calidad q^k, de manera que $k = 0$ corresponde a la calidad 1, $k = 1$ a la calidad q, y así sucesivamente. Así pues, la cantidad total ajustada a la calidad del factor de tipo j utilizado por la empresa i será igual a

$$\tilde{X}_{ij} = \sum_{k=0}^{\kappa_j} (q^k X_{ijk}) \tag{7.61}$$

El supuesto de la ecuación (7.61) radica en que los niveles de calidad dentro de un sector son sustitutivos perfectos en tanto que factores de producción. El factor de producción total de un sector, $\tilde{X}_{ij}$, es por lo tanto la suma ponderada por la calidad de las cantidades utilizadas de cada nivel, $q^k X_{ijk}$.

El investigador responsable de cada mejora de calidad del sector j obtiene un derecho de monopolio para producir el bien intermedio j-ésimo con dicho nivel de calidad. En concreto, si los niveles de calidad $k = 1, \ldots, \kappa_j$ ya han sido alcanzados, el innovador k-ésimo es la única fuente de suministro de los bienes intermedios del nivel de calidad q^k. En el texto hemos visto que, si sólo se produce la calidad más puntera y si se puede hacer caso omiso de los posibles proveedores de niveles de menor calidad, el bien intermedio se pagará al precio de monopolio, $P = 1/\alpha$.

Suponga que en el sector j también pueden producirse bienes de niveles de calidad inferiores a κ_j. En concreto, analicemos el nivel inmediatamente inferior $\kappa_j - 1$. Si el productor más puntero cobra el precio de monopolio $1/\alpha$ y si este precio es lo suficientemente alto, el productor del nivel de calidad inmediatamente inferior será capaz de obtener beneficios positivos de su producción.

Recuerde que en la ecuación (7.61) vimos que los diferentes niveles de calidad son sustitutivos perfectos, pero están ponderados en función de sus niveles respectivos. Así, cada unidad del bien más puntero equivale a $q > 1$ unidades del bien inmediatamente inferior. De esto se deduce que, si el nivel más puntero se valora al precio P, el nivel inmediatamente inferior podrá venderse, como máximo, al precio $(1/q) \cdot P$. Un bien que sea de un nivel inmediatamente inferior a éste podrá venderse, como máximo, al precio $(1/q^2) \cdot P$, y así sucesivamente. Si $(1/q) \cdot P$ es inferior al coste marginal unitario de producción, el nivel inmediatamente inferior no puede sobrevivir (y los niveles inferiores a éste menos aún). Así pues, si el productor más puntero vende al precio de monopolio $1/\alpha$ el productor del nivel inmediatamente inferior podrá vender cómo máximo a $1/(\alpha q)$, el productor del nivel inmediatamente inferior a éste al precio $1/(\alpha q^2)$, y así sucesivamente. Si $1/(\alpha q)$ es inferior a uno, el productor inmediatamente inferior (y todos aquellos con calidad inferior) no pueden competir con el precio de monopolio del líder. Por lo tanto, la condición $\alpha q > 1$ implica que el precio de monopolio prevalecerá. Esta inecuación se cumplirá si q, el plazo que transcurre entre una mejora de calidad y la siguiente, es suficientemente largo. Así pues, los niveles más bajos de calidad son inmediatamente eliminados del mercado aún en el caso de que el bien puntero se venda al precio de monopolio. En este caso, son válidos los resultados obtenidos en el texto.

Si $\alpha q \leq 1$, podemos seguir el criterio de Grossman y Helpman (1991, capítulo 4) y suponer que los proveedores de bienes intermedios de un tipo concreto desarrollan una competencia de precio de Bertrand. En este caso, el líder de calidad emplea una estrategia de precio límite, es decir, establece un precio lo suficientemente inferior al precio de monopolio como para que al productor inmediatamente inferior no le sea rentable producir.[20] Este precio límite viene dado por

$$\text{Precio límite} \Longrightarrow P = q \tag{7.62}$$

Si el líder vende a $q - \epsilon$, donde ϵ es una cantidad positiva y arbitrariamente pequeña, el productor del nivel de calidad inmediatamente inferior puede cobrar, como máximo, $1 - \epsilon/q$, precio que genera resultados negativos. Nuevamente, los bienes de calidad inferior son expulsados del mercado. Si $\alpha q \leq 1$, la condición exigida para que el precio límite sea el precio vigente, el precio límite q no será mayor que el precio de monopolio $1/\alpha$.

La cantidad total producida (de la calidad puntera) cuando rige el precio límite proviene de la ecuación (7.6) y es igual a

20. De hecho, Grossman y Helpman (1991, capítulo 4) suponen que $\alpha = 0$, de manera que la elasticidad de la demanda es 1, y el precio de monopolio $1/\alpha$ infinito. Puesto que en esta situación la inecuación $\alpha q \leq 1$ tiene que cumplirse, el precio de monopolio no puede aplicarse en su modelo.

$$\text{Precio límite} \Longrightarrow X_j = LA^{1/(1-\alpha)} \cdot (\alpha/q)^{1/(1-\alpha)} \cdot (q)^{\kappa_j \alpha/(1-\alpha)} \qquad (7.63)$$

Si comparamos con la ecuación (7.9) veremos que si $\alpha q \leq 1$, la cantidad producida al precio límite es al menos igual a la cantidad que se habría producido en situación de monopolio.

Si $\alpha q \geq 1$, se cumplen las expresiones de monopolio de las ecuaciones (7.8) y (7.9), y si $\alpha q \leq 1$, se cumplen las expresiones del precio límite de las ecuaciones (7.62) y (7.63). En cualquier caso, el precio resulta de aplicar un margen fijo al coste marginal de producción, y en cada sector únicamente se produce el nivel de calidad más puntero de cada tipo de bien intermedio, que es el utilizado por los productores de los bienes finales. En el análisis principal supusimos implícitamente que $\alpha q \geq 1$, de manera que se cumplen las expresiones del monopolio de las ecuaciones (7.8) y (7.9). No obstante, la naturaleza general de los resultados sería la misma si $\alpha q < 1$, de manera que el precio límite sería el precio vigente.[21]

7.6.2. La duración de la posición de monopolio

A fin de calcular el premio que el innovador recibe por el éxito de la investigación $E[V(\kappa_j)]$, necesitamos la función de densidad de la probabilidad de la duración de la posición de monopolio $T(\kappa_j)$. Definamos $G(\tau)$ como la función densidad de probabilidad acumulada de $T(\kappa_j)$, es decir, la probabilidad de que $T(\kappa_j) \leq \tau$. La variación de $G(\tau)$ con respecto a τ representa la probabilidad por unidad de tiempo de que la posición de monopolio desaparezca, debido a la aparición de una nueva innovación en el momento τ. Para que una nueva innovación surja en el momento τ, no tiene que haber surgido antes, resultado cuya probabilidad es $1 - G(\tau)$. Así pues, condicionada a que el descubrimiento no haya surgido ya, la probabilidad de que se produzca es $p(\kappa_j)$ por unidad de tiempo. Por lo tanto, la derivada de $G(\tau)$ con respecto a τ es igual a

$$G'(\tau) = [1 - G(\tau)] \cdot p(\kappa_j) \qquad (7.64)$$

Puesto que $p(\kappa_j)$ es constante en el tiempo, podemos resolver fácilmente la ecuación diferencial (7.64). Si utilizamos la condición de límite $G(0) = 0$, el resultado es

$$G(\tau) = 1 - \exp[-p(\kappa_j) \cdot \tau]$$

La función de densidad de la probabilidad puede hallarse derivando la densidad acumulada:

$$g(\tau) = G'(\tau) = p(\kappa_j) \cdot \exp[-p(\kappa_j) \cdot \tau] \qquad (7.65)$$

21. En cualquier caso, sólo si los innovadores sucesivos son personas distintas es de aplicación el precio límite. En el análisis en el que el líder de la industria desarrolla la totalidad de la innovación, los resultados con el precio límite no serían relevantes.

La ecuación (7.13) muestra el valor actual del beneficio $V(\kappa_j)$ como función de la duración $T(\kappa_j)$:

$$V(\kappa_j) = \pi(\kappa_j) \cdot \{1 - \exp[-r \cdot T(\kappa_j)]\}/r$$

donde $\pi(\kappa_j)$ es el flujo de beneficios del monopolio. La ecuación (7.65) expresa la densidad de probabilidad de $T(\kappa_j)$. Por lo tanto, el valor actual esperado del beneficio es:

$$E[V(\kappa_j)] = [\pi(\kappa_j)/r] \cdot p(\kappa_j) \cdot \int_0^{\infty} (1 - e^{-r\tau}) \cdot \exp[-p(\kappa_j) \cdot \tau] \cdot d\tau$$

La integral puede desarrollarse hasta obtener

$$E[V(\kappa_j)] = \pi(\kappa_j)/[r + p(\kappa_j)] \qquad (7.66)$$

que es la expresión de la ecuación (7.18).

7.6.3. El valor de mercado de las empresas

Al igual que en capítulo 6, en este modelo la riqueza equivale al valor de mercado de las empresas. Puesto que no se produce bien alguno de calidad inferior a la máxima, la única empresa con valor de mercado en cada sector es aquella que posee los derechos sobre la más reciente innovación κ_j-ésima. El valor de mercado de esta innovación $E[V(\kappa_j)]$ viene dado por la ecuación (7.19)

$$E[V(\kappa_j)] = \bar{\pi} \cdot q^{\kappa_j \alpha/(1-\alpha)}/[r + p(\kappa_j)]$$

Si sustituimos la expresión de $r + p$ de la ecuación (7.26), la ecuación anterior se transforma en

$$E[V(\kappa_j)] = \zeta \cdot q^{\kappa_j \alpha/(1-\alpha)} \qquad (7.67)$$

Observe que a mayor κ_j, es decir, cuánto más avanzado es el sector mayor es el valor de mercado de la empresa puntera.

El valor agregado de mercado de las empresas, llamado V, es el sumatorio de la ecuación (7.67) en N sectores:

$$V = \zeta \cdot \sum_{j=1}^{N} q^{\kappa_j \alpha/(1-\alpha)} = \zeta Q \qquad (7.68)$$

Por lo tanto, el valor de mercado total de las empresas es un múltiplo constante de Q.

7.6.4. Investigación desarrollada por el líder de mercado

Hasta la fecha $T(\kappa_j)$ el líder de la industria recibe los ingresos netos $\pi(\kappa_j) - Z(\kappa_j)$. La función de densidad de probabilidad de $T(\kappa_j)$ es de nuevo igual a la expresión de la ecuación (7.65). Por lo tanto, el valor actual esperado del flujo de ingresos netos hasta la fecha $T(\kappa_j)$ equivale a la ecuación (7.66), en la que $\pi(\kappa_j)$ es sustituido por $\pi(\kappa_j) - Z(\kappa_j)$. Por lo tanto, al igual que en el texto,

$$E[V(\kappa_j)] \text{ (primera parte)} = [\pi(\kappa_j) - Z(\kappa_j)]/[r + p(\kappa_j)] \quad (7.69)$$

El valor actual de los ingresos netos a partir de la fecha $T(\kappa_j)$ es igual a $\exp[-r \cdot T(\kappa_j)] \cdot E[V(\kappa_j + 1)]$. Utilizando la función de densidad de $T(\kappa_j)$ de la ecuación (7.65) obtenemos:

$$E[V(\kappa_j)] \text{ (segunda parte)} = E[V(\kappa_j + 1)] \cdot p(\kappa_j) \cdot \int_0^\infty \exp\{-[r + p(\kappa_j)] \cdot \tau\} \cdot d\tau$$

La resolución del cálculo de la integral nos lleva hasta la expresión del texto:

$$E[V(\kappa_j)] \text{ (segunda parte)} = p(\kappa_j) \cdot E[V(\kappa_j + 1)]/[r + p(\kappa_j)] \quad (7.70)$$

7.7. Problemas

7.1. El plazo entre las innovaciones. Suponga que el coste de la innovación es una función $Z(q)$ del plazo entre las innovaciones q. (Seguimos suponiendo que el valor de q se conoce con certeza.) Suponga que la función $Z(\cdot)$ cumple que $Z' > 0$ y $Z'' > 0$.

a. ¿Cuál será el valor de q en el equilibrio, en el modelo en el que la ventaja de coste de investigación del líder es lo suficientemente grande como para hacer caso omiso de la posible investigación de los agentes externos?

b. ¿Bajo qué circunstancias la respuesta anterior resulta congruente con el supuesto de que el líder puede hacer caso omiso de la posible investigación de los agentes externos?

7.2. Derechos de monopolio en la investigación. Suponga que el Estado apoya la posición de monopolio de los líderes de la industria no autorizando la investigación de los agentes externos. ¿Bajo qué circunstancias dicha política mejorará el bienestar? En la práctica, ¿qué problemas surgirían de la aplicación de una política semejante?

7.3. El líder de la industria como único investigador. Suponga que el parámetro de coste de investigación en mejoras de calidad ζ_ℓ del líder de la industria es inferior al parámetro de los agentes externos ζ.

a. ¿Bajo qué circunstancias, en el equilibrio, realizará el líder la totalidad de la investigación en mejoras de calidad? En el caso de una innovación completamente nueva, ¿serían distintos los resultados?

b. En el equilibrio, ¿bajo qué circunstancias será independiente la intensidad de la investigación en mejoras de calidad de la posibilidad de que los agentes externos se dediquen a la investigación? Describa la naturaleza de la interacción en el caso en el que la posible investigación de los agentes externos influya en el equilibrio. ¿Hay algún caso en el que una mayor competencia aumente la tasa de crecimiento de la economía?

7.4. Otras posibles relaciones entre la probabilidad de éxito en la investigación y la intensidad de la investigación. Suponga que la dependencia de la probabilidad de éxito en la investigación $p(\kappa_j)$ de la inversión total en I+D en el sector j, $Z(\kappa_j)$ ya no viene dada por la ecuación (7.20) sino por

$$p(\kappa_j) = [Z(\kappa_j) \cdot \phi(\kappa_j)]^{\epsilon}$$

donde $0 < \epsilon < 1$. La probabilidad de éxito por unidad de tiempo de cada uno de los investigadores es $p(\kappa_j)$ multiplicado por la participación del investigador en el esfuerzo total en I+D del sector j.

a. ¿Cuál es la condición de libre entrada de la I+D en el sector j? ¿En qué se diferencia esta condición de la hallada anteriormente con $\epsilon = 1$?

b. ¿Qué nuevo tipo de distorsión se produce si $\epsilon < 1$? (Pista: considere la analogía con un estanque de pesca con libre entrada y sujeto a congestión.)

c. ¿Qué ocurre si $\epsilon > 1$?

d. Explique cómo se determinan las intensidades de investigación en el equilibrio de cada sector en un modelo en el que $0 < \epsilon < 1$.

La difusión de la tecnología

Capítulo 8

En el modelo Solow-Swan del capítulo 1, la tendencia a la convergencia entre economías era producto de los rendimientos decrecientes del capital. La tasa de rendimiento del capital más elevada de las economías pobres, o al menos de aquellas que se encontraban muy por debajo de su propio estado estacionario, generaba una tasa de crecimiento per cápita superior. En el modelo Ramsey del capítulo 2 mostramos que el comportamiento de la tasa de ahorro tenía la capacidad de modificar esta tendencia. La tasa de convergencia era mayor o menor dependiendo de si las economías pobres ahorraban una fracción mayor o menor de sus rentas. En el capítulo 3 vimos que la movilidad internacional del capital entre economías abiertas aceleraba el proceso de convergencia.

En los modelos desarrollados en los capítulos 4 y 5 las economías podían mantener crecimiento per cápita positivo en el estado estacionario si los rendimientos del capital (definido de manera amplia, incluyendo el capital humano) eran constantes. Si los rendimientos del capital en sentido amplio disminuyen por un tiempo, pero son prácticamente constantes de manera asintótica, las economías se caracterizan por un comportamiento de convergencia, pero también por tener crecimiento endógeno a largo plazo. (En el capítulo 1 analizamos varias variantes de modelos con dicha característica.) En el capítulo 5 también examinábamos de qué manera se veía afectada la dinámica de transición por desequilibrios entre capital físico y capital humano. Aquellas economías que inicialmente contasen con un ratio alto entre capital humano y capital físico crecerían a un ritmo especialmente alto. Así pues, las teorías de crecimiento endógeno que se basan en rendimientos constantes a largo plazo del capital en sentido amplio son congruentes con una dinámica de transición compleja, que puede incluir comportamientos de convergencia.

En los modelos de los capítulos 6 y 7 existe crecimiento a largo plazo si las inversiones en I+D, que en estos modelos son el origen del progreso tecnológico, se caracterizan por rendimientos constantes. Todavía no hemos analizado si estas teorías se ven corroboradas por los datos empíricos de convergencia. En un planteamiento con múltiples economías, la cuestión clave radica en la rapidez con la que se difundan al resto de las economías las innovaciones surgidas en las más avanzadas. En este capítulo veremos que la difusión de la tecnología nos proporciona otro motivo para predecir un patrón de convergencia entre las economías.

En este capítulo analizamos la difusión tecnológica en el marco del modelo de variedades de bienes intermedios del capítulo 6.[1] No obstante, obtendríamos resultados similares si utilizáramos el modelo de mejora de calidad que presentamos en el capítulo 7.[2] La noción básica radica en que los países seguidores tienden a ponerse al nivel de los líderes, ya que la imitación y la implantación de inventos son menos onerosas que la propia innovación. Este mecanismo tiende a producir convergencia, aunque no haya rendimientos decrecientes del capital o de la I+D.

Empezamos por la difusión de la tecnología desde una economía líder, que llamaremos país 1, hacia una economía seguidora, que llamaremos país 2. Utilizamos el planteamiento del capítulo 6 en el que el nivel tecnológico equivale al número de variedades de productos intermedios que ya han sido inventados por el líder tecnológico. Los investigadores del país 1 invierten recursos en la invención de estos productos, que en un principio se utilizan para producir bienes finales en el país 1. El inventor de una nueva variedad de productos en el país 1 es el proveedor en monopolio de dicho bien para su uso en el país 1.

El país 2 no inventa bienes intermedios, pero en su lugar copia o adapta los productos inventados en el país 1. El uso de uno de estos productos en el país 2 requiere una cierto gasto, a fin de adaptarlo a un entorno diferente. Consideramos este gasto como un coste de imitación, que es similar al gasto en I+D analizado en el capítulo 6, con la diferencia de que el coste de imitación es por lo general inferior al coste de invención. Suponemos que el agente que asume este coste de imitación se convierte en el proveedor en monopolio del bien intermedio para su uso en el país 2. Suponemos que los imitadores no pagan honorario alguno a los inventores extranjeros. Así pues, los agentes del país 1 no reciben retribución alguna por el uso de sus innovaciones en el país 2. En una sección posterior se analiza un modelo diferente en el que la adaptación de una tecnología en el país 2 requiere la inversión directa de un agente del país 1.

Los bienes finales producidos en los dos países son idénticos y comercializables en ambos. No obstante, los productores de bienes finales del país 2 sólo pueden usar una variedad concreta de bien intermedio si previamente alguien ha utilizado recursos en adaptar el bien a dicho entorno. Suponemos que no existe un mercado de capital mundial. Por lo tanto, en todo momento el comercio entre los dos países se encuentra en equilibrio. De hecho ambas economías actúan como economías cerradas con la excepción de la transferencia de tecnología mediante imitación.

Algunas experiencias positivas de desarrollo económico son producto de la absorción de conocimientos tecnológicos exteriores en maneras que corresponden aproximadamente al planteamiento teórico expuesto. Young (1989, capítulo 6) afirma que muchos empresarios de Hong Kong adquirieron conocimientos de su sector cuando trabajaban en la producción y ejercían de aprendices de gerentes extranjeros. Los trabajadores nativos utilizaron posteriormente estos conocimientos para crear sus propias empresas. En Singapur, la entrada en varios sectores punteros, como la electrónica y los servicios financieros, dependía de importantes inversio-

1. La investigación teórica previa sobre la difusión tecnológica que desarrollamos incluye los trabajos de Nelson y Phelps (1966), Krugman (1979), Jovanovic y Lach (1991), Grossman y Helpman (1991, capítulos 11 y 12) y Segerstrom (1991).

2. Véase Connolly (1999) para un mayor desarrollo de este punto.

nes y tecnología extranjera. El gobierno de Singapur fomentó de forma activa esta participación extranjera (Young, 1992). Las inversiones extranjeras en China procedentes de Hong Kong y en México procedentes de Estados Unidos han tenido su importancia al facilitar el flujo de conocimientos relativos a técnicas avanzadas de manufactura (Romer, 1993). En Isla Mauricio el espectacular crecimiento de la industria textil fue producto de la entrada de empresarios extranjeros, que formaron y supervisaron a los trabajadores locales. Estos extranjeros, procedentes sobre todo de Hong Kong, fueron atraídos por la creación de una zona franca para la industria de la exportación que se beneficiaba de una serie de medidas favorables, como impuestos y salarios bajos garantizados (véase Gulhati y Nallari, 1990; Bowman, 1991; y Romer, 1992).

8.1. Comportamiento de los innovadores en el país líder

El análisis que exponemos en esta sección se basa en el trabajo de Barro y Sala-i-Martín (1997). El modelo del innovador del país 1 es idéntico al analizado en la primera parte del capítulo 6. En esta sección hacemos un repaso rápido del mismo. Si se han inventado N_1 bienes intermedios, la cantidad Y_1 de bienes finales producidos por las empresas del país 1 es igual a

$$Y_1 = A_1 L_1^{1-\alpha} \cdot \sum_{j=1}^{N_1} (X_{1j})^{\alpha} \tag{8.1}$$

donde $0 < \alpha < 1$, A_1 es un parámetro de productividad, L_1 es la cantidad de factor trabajo y X_{1j} es la cantidad de factor no duradero de tipo j. Aceptamos el supuesto de que la población y, por lo tanto, el factor trabajo agregado L_1 son constantes. El parámetro A_1 representa el nivel tecnológico del país 1, pero también puede representar varios aspectos de la política económica del Estado que influyen sobre la productividad del país 1, como la fiscalidad, el suministro de servicios públicos y la protección del derecho de propiedad.

El coste de producción de cada bien intermedio X_{1j} es la unidad y cada bien se vende, al igual que en capítulo 6, al precio de monopolio $P = 1/\alpha > 1$. La igualdad entre el producto marginal de X_{1j} y el precio determina la cantidad utilizada de cada tipo de bien en el país 1.

$$X_{1j} = X_1 = (A_1)^{1/(1-\alpha)} \alpha^{2/(1-\alpha)} L_1 \tag{8.2}$$

Sustituyendo la ecuación (8.2) en la ecuación (8.1), obtenemos que el nivel de producción por trabajador en el país 1 es igual a

$$y_1 \equiv Y_1/L_1 = (A_1)^{1/(1-\alpha)} \alpha^{2\alpha/(1-\alpha)} N_1 \tag{8.3}$$

Por lo tanto, la producción por trabajador y_1 aumenta al aumentar el parámetro de productividad A_1 y el número de productos N_1. El salario w_1 es igual al producto marginal del trabajo de la empresa y es el múltiplo $1 - \alpha$ de y_1.

La ecuación (8.2) implica que el flujo de beneficios del monopolio derivado de las ventas del bien intermedio j-ésimo en el país 1 es

$$\pi_{1j} = \pi_1 = \left(\frac{1-\alpha}{\alpha}\right) \cdot (A_1)^{1/(1-\alpha)} \alpha^{2/(1-\alpha)} L_1 \tag{8.4}$$

El valor actual descontado de todos los beneficios futuros es V_1, el valor de la empresa de I+D. La condición de no arbitraje requiere que la tasa de rendimiento de la compra de una empresa de I+D sea la misma que la tasa de rendimiento de los bonos. La tasa de rendimiento instantánea por la compra de la empresa es la tasa de beneficio más las ganancias de capital procedentes de las variaciones del valor de la empresa:

$$r_1 = \frac{\pi_1 + \dot{V}_1}{V_1} \tag{8.5}$$

La ecuación (8.5) equivale a la ecuación (6.18) del capítulo 6. El coste de inventar un nuevo producto en el país 1 es una cantidad fija de bienes, que denominamos η_1. Aceptamos el supuesto de que, en el equilibrio, se produce una cantidad positiva de innovación en el país 1 y, por lo tanto, la tasa de crecimiento de equilibrio es positiva. En ese caso, la condición de libre entrada hace que el valor de la empresa V_1 sea igual a η_1. Dado que η_1 es constante, el valor de la empresa también será constante en el tiempo. Así pues, $\dot{V}_1 = 0$ y $r_1 = \pi_1/\eta_1$, de manera que el tipo de interés del país 1 es constante en el equilibrio. La ecuación (8.4) implica que dicho tipo de interés viene dado por

$$r_1 = \pi_1/\eta_1 = (L_1/\eta_1) \cdot \left(\frac{1-\alpha}{\alpha}\right) \cdot (A_1)^{1/(1-\alpha)} \alpha^{2/(1-\alpha)} \tag{8.6}$$

De la habitual condición de optimización del consumidor se deduce que la tasa de crecimiento del consumo C_1 es igual a

$$\gamma_1 = \dot{C}_1/C_1 = (1/\theta) \cdot (r_1 - \rho) \tag{8.7}$$

Suponemos que los parámetros de preferencia ρ y θ son los mismos en todos los países. Sustituyendo r_1 por su expresión en la ecuación (8.6), la tasa de crecimiento se convierte en

$$\gamma_1 = (1/\theta) \cdot \left[(L_1/\eta_1) \cdot \left(\frac{1-\alpha}{\alpha}\right) \cdot (A_1)^{1/(1-\alpha)} \cdot \alpha^{2/(1-\alpha)} - \rho\right] \tag{8.8}$$

Al igual que en el capítulo 6, el país 1 siempre se encuentra en estado estacionario en el que las variables N_1, C_1 e Y_1 crecen a la tasa constante γ_1.

8.2. Comportamiento de los imitadores del país seguidor

8.2.1. Productores del bien final

La función de producción de la ecuación (8.1) es la misma en el país 2 que en el país 1:

$$Y_2 = A_2 L_2^{1-\alpha} \cdot \sum_{j=1}^{N_2} (X_{2j})^{\alpha} \tag{8.9}$$

donde N_2 es el número de productos intermedios de los que dispone el país 2. Puesto que consideramos al país 1 como el líder tecnológico y al país 2 como el seguidor, suponemos que $N_2(0) < N_1(0)$. Además suponemos que los N_2 productos del país 2 son un subconjunto de los N_1 bienes conocidos en el país 1.[3] En el planteamiento inicial, el país 2 no creará innovación alguna y simplemente copiará los bienes intermedios creados en el país 1.

El parámetro de productividad A_2 y el factor trabajo agregado L_2 pueden ser distintos de los valores correspondientes en el país 1. Como ya se ha dicho, las diferencias entre A_2 y A_1 pueden ser producto de distintas políticas económicas. El factor trabajo total representa la escala en la que el bien intermedio puede ser utilizado en la producción. Así pues, el diferencial entre L_2 y L_1 refleja la diferencia de tamaño entre las dos economías. Los productores del bien final del país 2 eligen el factor trabajo y los bienes intermedios a fin de maximizar los beneficios, y consideran los precios como dados. A partir de las condiciones de primer orden se llega a la habitual función de demanda del factor intermedio j, función que es decreciente con relación al precio P_{2j}:

$$X_{2j} = L_2 \cdot (A_2 \cdot \alpha)^{1/(1-\alpha)} \cdot (P_{2j})^{-\alpha/(1-\alpha)} \tag{8.10}$$

8.2.2. Empresas imitadoras

El coste de imitación Siguiendo el análisis del capítulo 6, suponemos que el coste de la innovación del país 2, η_2, es constante (y no necesariamente igual a η_1). Este supuesto significa que en ninguno de los dos países las invenciones de nuevos tipos de bienes se enfrentan a rendimientos decrecientes. Como ya se dijo en el capítulo 6, este supuesto puede justificarse a partir de la idea de que el número de inventos posibles es ilimitado.

Suponemos que la copia y la adaptación de uno de los bienes intermedios del país 1 para que pueda ser usado en el país 2 conlleva un gasto de cuantía fija, que denominaremos $\nu_2(t)$. La diferencia entre imitación e innovación radica en el hecho de que el número de bienes que pueden ser copiados en un momento del tiempo

3. No explicamos cómo se aprendió a producir el primer tipo de bien en el país 2. El problema radica en que la ecuación (8.9) implica que el país 2 no produce nada si no tiene acceso a algún tipo de bien intermedio. Surge el mismo problema en el caso de la innovación inicial del país 1 y en el caso de las invenciones de nuevos productos en el modelo del capítulo 6. Dada la forma de la función de producción, tenemos que suponer que los individuos sabían desde el principio cómo producir al menos un tipo de bien intermedio.

se ve limitado al número finito de bienes que han sido creados en algún otro sitio. En concreto, en el presente modelo, el país 2 puede elegir copiar únicamente los elementos del subconjunto de bienes no copiados de los N_1 productos ya inventados en el país 1. A medida que N_2 aumenta en relación a N_1, es probable que aumente el coste de imitación. Esta propiedad se cumpliría, por ejemplo, si los productos conocidos en el país 1 se diferenciasen en cuánto a su coste de adaptación al entorno del país 2. Así, los bienes más fáciles de imitar habrían sido los primeros en ser copiados y el coste marginal ν_2 aumentaría al aumentar el número de bienes ya copiados. En este modelo recogemos esta propiedad mediante el supuesto de que ν_2 es una función creciente de N_2/N_1:

$$\nu_2 = \nu_2(N_2/N_1) \tag{8.11}$$

donde $\nu_2' > 0$. También suponemos que $\nu_2[N_2(0)/N_1(0)] < \eta_2$, de manera que en el país 2 la imitación es inicialmente más barata que la innovación.

Si $N_2/N_1 < 1$, es decir, si no todos los bienes intermedios del país 1 han sido copiados por el país 2, el coste de imitación ν_2 tiende a ser inferior que η_2, ya que en general la copia es más barata que la invención. Ahora bien, ν_2 puede ser superior a η_2 cuando $N_2/N_1 < 1$ si los bienes que faltan de copiar son aquellos que resultan difíciles de adaptar al país 2. En otras palabras, en ciertas circunstancias inventar algo nuevo empezando desde cero le resultaría más barato al seguidor que adaptar uno de los bienes del líder. No obstante, la ilustración 8.1 muestra un caso sencillo en el que se cumple que $\nu_2(N_2/N_1) < \eta_2$ cuando $N_2/N_1 < 1$. Los resultados principales se cumplen si se cumple $\nu_2(N_2/N_1) > \eta_2$ para un intervalo de valores en los que $N_2/N_1 < 1$. La ilustración también muestra que cuando N_2/N_1 tiende a 1, $\nu_2(N_2/N_1)$ tiende a η_2. En una sección posterior modificamos este supuesto.

Un supuesto esencial de este modelo radica en que los costes de imitación son significativos, es decir, que el coste de transferir las innovaciones a otros lugares no es insignificante. Mansfield, Schwartz y Wagner (1981, págs. 908-909) estudiaron en los Estados Unidos el coste de imitación de cuarenta y ocho innovaciones de productos en el sector químico, farmacéutico, electrónico y de maquinaria. Hallaron que el coste medio de imitación era el 65 % del coste de innovación. No obstante, la

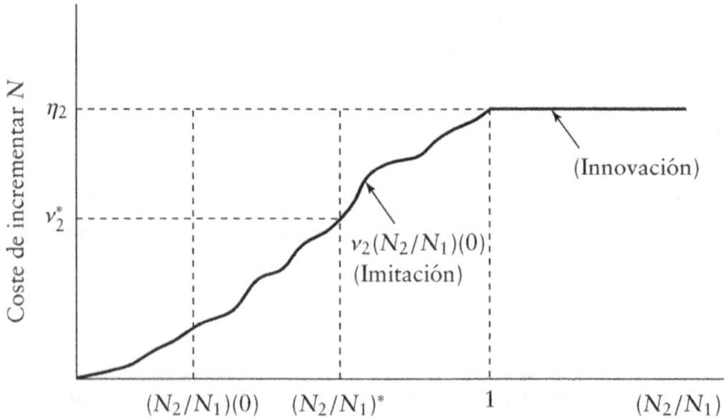

ILUSTRACIÓN 8.1 | Coste del cambio tecnológico en el país 2. El coste de imitación en el país 2 ν_2 es una función creciente de N_2/N_1 y suponemos que tiende al coste de la innovación η_2, a medida que N_2/N_1 tiende a 1. Suponemos que el valor de estado estacionario del coste de imitación ν_2^* es inferior a η_2.

proporción variaba considerablemente entre los productos, y únicamente la mitad de ellos se situaba entre el 40 % y el 90 %.

Griliches (1957) halló en los datos regionales estadounidenses que el momento en el que se introducía un tipo de maíz híbrido y la tasa a la que se difundía esta innovación dependía del coste de absorción y de la rentabilidad final de la nueva tecnología. La fecha de introducción tendía a ser más temprana cuanto más semejantes fueran los híbridos favoritos de la zona a los desarrollados inicialmente en el *corn belt* (la ubicación en la que se centraba la mayor parte de la investigación inicial en maíz híbrido). La tasa de absorción era más rápida cuánto mayor fuera el mercado y mayor fuera la mejora potencial de los rendimientos de la cosecha.

Teece (1977) analizó el coste de transferencia tecnológica entre países en el caso de las empresas multinacionales. Para veintiséis casos de químicas, refinerías de petróleo y maquinaria, halló que este coste alcanzaba de media el 19 % del gasto total del proyecto. También halló que el coste de transferencia disminuía al aumentar la experiencia con la tecnología transferida, pero que no dependía del nivel de desarrollo económico del país receptor. Por el contrario, Nelson y Phelps (1966) conjeturaron que el coste v_2 sería inferior cuánto más abundante fuera el capital humano en el país receptor. En cualquier caso, una conclusión clara de los resultados de Mansfield, Schwartz y Wagner (1981) y Teece (1977) es que normalmente el coste de transferencia v_2 será significativo.

Precio óptimo tras la copia del bien Si un agente del país 2 paga $v_2(t)$ en el momento t por copiar la variedad j-ésima del bien intermedio del país 1, suponemos que dicho agente obtiene un monopolio permanente sobre el uso del bien intermedio j en el país 2.[4] Así pues, el tratamiento de la imitación en el país 2 es similar al de la innovación en el país 1. El imitador del bien intermedio j elige el precio P_{2j} que maximice su beneficio sujeto a la función de demanda de la ecuación (8.10). Al igual que en el país 1, suponemos que el coste marginal de producir un bien intermedio es la unidad. El precio de monopolio de cada bien intermedio del país 2 se determina aplicando un margen constante sobre el coste marginal, $P_{2j} = P_2 = 1/\alpha > 1$, que es el mismo que en el país 1 y también es independiente de j. Si se sustituye el precio de monopolio en la función de demanda de la ecuación (8.10) obtenemos la cantidad de bienes intermedios vendidos:

$$X_{2j} = X_2 = (A_2)^{1/(1-\alpha)}\alpha^{2/(1-\alpha)}L_2 \tag{8.12}$$

Una vez que se conoce la cantidad de cada factor, podemos obtener las expresiones de la producción por trabajador y_2 y del flujo de beneficios π_{2j}:

$$y_2 \equiv Y_2/L_2 = (A_2)^{1/(1-\alpha)}\alpha^{2\alpha/(1-\alpha)}N_2 \tag{8.13}$$

$$\pi_{2j} = \pi_2 = \left(\frac{1-\alpha}{\alpha}\right)\cdot(A_2)^{1/(1-\alpha)}\alpha^{2/(1-\alpha)}L_2 \tag{8.14}$$

4. Se supone que los productores del país 2 no son capaces de burlar el monopolio local mediante la importación del bien intermedio j desde el país 1. Aunque dicho bien pudiera comprarse en el exterior a un precio inferior al de monopolio, la idea en este caso es que los productores no pueden evitar gastar la cuantía fija v_2 con el fin de aprender a utilizar adecuadamente el bien en el entorno del país 2.

Observe que estas expresiones equivalen a las expresiones de las ecuaciones (8.2) a (8.4) en el caso del país 1. El salario w_2 es igual al múltiplo $1-\alpha$ de y_2.

De las ecuaciones (8.13) y (8.3) se deduce que el ratio entre las producciones por trabajador de los dos países es igual a

$$y_2/y_1 = (A_2/A_1)^{1/(1-\alpha)} \cdot (N_2/N_1) \tag{8.15}$$

Por lo tanto, dicho ratio depende directamente de los valores relativos de los parámetros de productividad A_2/A_1 y del valor relativo del número de variedades conocidas de bienes intermedios N_2/N_1.

El ratio de los flujos de beneficios es igual a

$$\pi_2/\pi_1 = (A_2/A_1)^{1/(1-\alpha)} \cdot (L_2/L_1) \tag{8.16}$$

También este ratio aumenta al aumentar A_2/A_1. El efecto positivo de L_2/L_1 es un beneficio de escala. La variable de escala pertinente es el total de factores complementarios L_i, que utilizan los bienes intermedios en el país i.

La condición de libre entrada El valor actual de los beneficios generados por la imitación del bien intermedio j en el país 2 es igual a

$$V_2(t) = \pi_2 \cdot \int_t^{\infty} e^{-\int_t^s r_2(v)\cdot dv} \cdot ds \tag{8.17}$$

donde $r_2(v)$ es la tasa de rendimiento del país 2 en el momento t. Puede existir un diferencial entre las tasas de rendimiento de ambos países, es decir, $r_2(v) \neq r_1$, ya que se ha descartado la existencia de préstamos internacionales.[5] Si en el país 2 el sector de la imitación tiene libre entrada y la cantidad de equilibrio de los recursos dedicados a la imitación no es negativa en ningún momento del tiempo, en todo momento $V_2(t)$ tiene que ser igual al coste de la imitación $v(t)$.

$$V_2(t) = v_2(N_2/N_1) \tag{8.18}$$

Sustituyendo $V_2(t)$ por su expresión en la ecuación (8.17) y derivando con respecto a t ambos miembros de la ecuación (8.18), obtenemos la ya familiar condición de no arbitraje:

$$r_2 = \frac{\pi_2 + \dot{v}_2}{v_2} \tag{8.19}$$

Así pues, si v_2 fuera constante, r_2 sería también constante e igual a π_2/v_2, el ratio entre el flujo de beneficios y el coste de cuantía fija de la obtención de dicho beneficio.

5. Si se permitiera el crédito internacional, todas las inversiones actuales se dedicarían a la actividad de I+D que ofreciera las mejores tasas de rendimiento. Podrían coexistir inversiones en más de un tipo de I+D si se modificara el modelo de manera que incluyera una relación inversa entre la tasa de rendimiento y el volumen de cada tipo de inversión en I+D.

Este resultado equivaldría al de r_1 de la ecuación (8.6). No obstante, si v_2 varía en el tiempo, r_2 incluye el término que representa las ganancias de capital $\dot{v}_2/v_2$. Con libre entrada, el derecho de monopolio sobre el bien intermedio tiene que ser igual al coste de obtener dicho derecho v_2. Si v_2 es creciente (puesto que N_2/N_1 de la ecuación [8.18] es creciente), el valor creciente del derecho de monopolio implica una ganancia de capital a la tasa $\dot{v}_2/v_2$. Esta ganancia se añade al término que representa el "dividendo" π_2/v_2, y se obtiene así la tasa de rendimiento de la ecuación (8.19). Este resultado equivale al expuesto en la sección 6.8, en donde permitíamos que el coste de la I+D fuera función del número de bienes inventados con anterioridad.

8.2.3. Consumidores

El modelo se completa con los ya habituales consumidores de Ramsey. Su ecuación de Euler implica que la tasa de rendimiento r_2 determina la tasa de crecimiento del consumo del país 2 de la manera habitual:

$$\dot{C}_2/C_2 = (1/\theta) \cdot (r_2 - \rho) \tag{8.20}$$

Observe que se acepta el supuesto de que los parámetros de preferencia, θ y ρ, son los mismos en el país 2 que en el país 1.

8.2.4. El crecimiento en el estado estacionario

En el estado estacionario N_2 crece a γ_1, la misma tasa que N_1. En consecuencia, el ratio N_2/N_1 es constante, y se denomina $(N_2/N_1)^*$. Así pues, la expresión del coste de imitación de la ecuación (8.11) implica que v_2 también es constante en el estado estacionario. Por ahora supongamos que los parámetros son tales que el seguidor nunca se pone completamente al nivel del líder, de manera que $0 < (N_2/N_1)^* < 1$. El posterior análisis relaciona esta inecuación con los parámetros A_i, L_i y η_i.

En el estado estacionario, las tasas de crecimiento de Y_2 y C_2 son iguales a la tasa de crecimiento de N_2, que a su vez es igual a γ_1. Por lo tanto, la tasa de crecimiento de estado estacionario de todas las variables del país 2, γ_2^*, es igual a γ_1.

Puesto que a largo plazo C_2 y C_1 crecen a la misma tasa γ_1, y puesto que los parámetros de preferencia, ρ y θ, son los mismos en los dos países, de las ecuaciones (8.6), (8.7) y (8.20) se deduce que las tasas de rendimiento son las mismas en los dos países,

$$r_2^* = r_1 = \pi_1/\eta_1 \tag{8.21}$$

donde π_1 viene dado por la ecuación (8.4). El ajuste de N_2/N_1 al valor $(N_2/N_1)^*$, que garantiza que $\gamma_2^* = \gamma_1$, implica que $r_2^* = r_1$. Así pues, a largo plazo, el proceso de difusión tecnológica iguala las tasas de rendimiento, aunque ambos países no compartan un mercado de capital común.

Puesto que $r_2^* = r_1$, de las ecuaciones (8.19) y (8.5) se deduce que

$$\pi_2/v_2^* = \pi_1/\eta_1$$

donde v_2^* es el valor de estado estacionario de v_2. (Observe que en el estado estacionario el término que representa la ganancia de capital $\dot{v}_2/v_2$ es igual a cero, ya que v_2^* es constante.) Por lo tanto, de la expresión del ratio entre los flujos de beneficio de la ecuación (8.16) se deduce que

$$v_2^* = \eta_1 \cdot (\pi_2/\pi_1) = \eta_1 \cdot (A_2/A_1)^{1/(1-\alpha)} \cdot L_2/L_1 \tag{8.22}$$

Hasta ahora, hemos trabajado con el supuesto de que el país 2 nunca elige innovar por su cuenta. Para los agentes del país 2 este comportamiento es óptimo si se cumple $v_2(t) < \eta_2$ durante toda la trayectoria. Puesto que v_2 es función creciente de N_2/N_1, la condición necesaria (si N_2/N_1 es inicialmente inferior a su valor de estado estacionario) es que $v_2^* < \eta_2$, condición que a partir de la ecuación (8.22) implica

$$(A_2/A_1)^{1/(1-\alpha)} \cdot (L_2/L_1) \cdot (\eta_1/\eta_2) < 1 \tag{8.23}$$

En otras palabras, el país 2 tiene que ser intrínsicamente inferior al país 1 en lo relativo a la combinación indicada de parámetros de productividad A_2/A_1, dotación laboral L_2/L_1,[6] y costes de innovar η_1/η_2. Si se cumple la inecuación de la ecuación (8.23), el país 2 nunca tendrá incentivos para innovar (ya que en todo momento se cumple $v_2[t] < \eta_2$). Es más, el país 1 nunca puede ser imitador, ya que no existe jamás un conjunto de bienes extranjeros que puedan ser copiados. Así pues, el equilibrio es el ya descrito, en el que el país 1 es el líder permanente y el país 2 el permanente seguidor. En una sección posterior analizaremos los resultados en el caso de que no se cumpla dicha inecuación.

Puesto que $(N_2/N_1)^* < 1$, la ecuación (8.15) implica que el ratio entre las producciones por trabajador en el estado estacionario $(y_2/y_1)^*$ es inferior a 1 si $A_2 \leq A_1$. (Observe que $A_2 > A_1$ puede ser congruente con la inecuación [8.23] si $L_2 < L_1$ o $\eta_2 > \eta_1$.) Por lo tanto, es probable que incluso en el estado estacionario la producción por trabajador del país seguidor sea inferior al valor de la producción por trabajador del líder. Por norma general, la posibilidad de imitar no genera una influencia lo suficientemente grande como para igualar los niveles de producción por trabajador a largo plazo.

El consumo, C_2, crece en el estado estacionario a la tasa constante γ_1. El nivel que alcanza esta trayectoria de consumo puede determinarse a partir de la restricción presupuestaria del país 2: C_2 es igual a la producción Y_2 (a partir de la ecuación [8.13]), menos los bienes dedicados a la producción de bienes intermedios N_2X_2 (donde X_2 procede de la ecuación [8.12]), menos los recursos dedicados a

6. El tamaño, representado por L_i, es un elemento positivo ya que se acepta el supuesto de que los costes de innovar o imitar son costes de cuantía fija y no dependen del tamaño de la actividad económica en el país. Los resultados serían distintos si los costes dependieran del tamaño, como se establecía en varios de los modelos expuestos en el capítulo 6.

la imitación. Este último término es $v_2^*\dot{N}_2 = v_2^*\gamma_1 N_2$ durante la trayectoria de estado estacionario, donde v_2^* procede de la ecuación (8.22). La expresión de C_2 y la expresión equivalente de C_1 pueden ser desarrolladas a fin de comprobar que el ratio de estado estacionario entre los consumos per cápita $(c_2/c_1)^*$ es igual al ratio de estado estacionario entre las producciones per cápita $(y_2/y_1)^*$. Por lo tanto, si $A_2 \leq A_1$, $(c_2/c_1)^* < 1$: es decir, a largo plazo, el país seguidor también tiende a quedarse rezagado en términos del consumo per cápita.

8.2.5. La trayectoria dinámica y la convergencia

El comportamiento dinámico del país 2 no es tan sencillo como el del país 1. (Recuerde que la tasa de crecimiento del país 1 es constante en todo momento.) La razón de esta mayor complejidad radica en que la tasa de crecimiento del consumo de la ecuación (8.20) es una función lineal de la tasa de rendimiento r_2. La ecuación (8.19) implica que dicha tasa de rendimiento es igual a $(\pi_2 + \dot{v}_2)/v_2$, donde aparece la tasa de variación del coste de imitación v_2. Sabemos que el flujo de beneficios π_2 es constante, pero v_2 depende del ratio N_2/N_1. Si, a lo largo de la trayectoria de transición, la tasa de crecimiento de N_2 es distinta de la tasa de crecimiento de N_1, el ratio N_2/N_1 se caracterizará por tener dinámica de transición y, por lo tanto, también la tendrá la tasa de rendimiento r_2 y la tasa de crecimiento del consumo.

En esta sección estudiamos el comportamiento dinámico del país 2 fuera del estado estacionario. Este comportamiento puede analizarse a partir de las ecuaciones diferenciales de las variables C_2 y N_2. (Puesto que la ecuación [8.13] establecía que Y_2 es proporcional a N_2, la dinámica de Y_2 es la misma que la de N_2.) Sabemos que en el estado estacionario, N_2 y C_2 crecen a una tasa constante. Siguiendo nuestro análisis del capítulo 4, si queremos trazar un diagrama de fase que represente el comportamiento cualitativo de la economía, resultará apropiado trabajar con variables de control y variables de estado que permanezcan constantes en el estado estacionario. Puesto que N_2 y N_1 crecen a la misma tasa constante, N_2/N_1 permanecerá constante a largo plazo. Por lo tanto, utilizamos este ratio como variable de estado. Para simplificar la notación, llamemos $\widehat{N} \equiv N_2/N_1$. También sabemos que en el estado estacionario C_2 y N_2 crecen a la misma tasa. Por lo tanto, el ratio C_2/N_2 es constante. Este ratio será una buena variable de control. Utilizamos $\chi_2 \equiv C_2/N_2$ para describir este ratio. Puesto que Y_2 es proporcional a N_2 (de la ecuación [8.13]), χ_2 es proporcional al ratio consumo-producción C_2/Y_2.

A continuación describimos el análisis dinámico de las variables χ_2 y $\widehat{N}$. Por sencillez, suponemos que la función de coste de la ecuación (8.11) tiene elasticidad constante:

$$v_2 = \eta_2 \cdot \widehat{N}^{\sigma} \tag{8.24}$$

para $\widehat{N} < 1$, donde $\sigma > 0$. Observe que v_2 tiende a η_2 cuando $\widehat{N}$ tiende a 1, la propiedad que supusimos en la ilustración 8.1. Las ecuaciones (8.22) y (8.24) implican que el ratio de estado estacionario entre N_2 y N_1 viene dado por

$$\widehat{N}^* = \left[(A_2/A_1)^{1/(1-\alpha)} \cdot (L_2/L_1) \cdot (\eta_1/\eta_2)\right]^{1/\sigma} \tag{8.25}$$

Suponemos que los parámetros cumplen la inecuación (8.23), de manera que $\widehat{N}^* < 1$, tal y como se mostraba en la ilustración 8.1.

La tasa de crecimiento de χ_2 viene dada por

$$\frac{\dot{\chi}_2}{\chi_2} = \frac{\dot{C}_2}{C_2} - \frac{\dot{N}_2}{N_2}$$

A continuación calculamos las tasas de crecimiento de C_2 y N_2.

La tasa de crecimiento del consumo del país 2 viene dada por la ecuación (8.20). Si sustituimos r_2, la tasa de rendimiento de la ecuación (8.19), y ν_2, el coste de imitación de la ecuación (8.24), obtenemos

$$\frac{\dot{C}_2}{C_2} = (1/\theta) \cdot \left[\pi_2/\nu_2 + \sigma \cdot \frac{\dot{\widehat{N}}}{\widehat{N}} - \rho \right] \tag{8.26}$$

A fin de calcular la tasa de crecimiento de C_2, tenemos que conocer la tasa de crecimiento de $\widehat{N}$, que es igual a la diferencia entre las tasas de crecimiento de N_2 y N_1.

$$\frac{\dot{\widehat{N}}}{\widehat{N}} = \frac{\dot{N}_2}{N_2} - \frac{\dot{N}_1}{N_1}$$

La variación de N_2 viene fijada por la restricción presupuestaria: $Y_2 = C_2 + N_2X_2 + \nu_2\dot{N}_2$. En otras palabras, la producción total Y_2 (ecuación [8.13]) es igual al consumo total C_2, más los recursos dedicados a la producción de bienes intermedios N_2X_2 (donde X_2 procede de la ecuación [8.12] y donde el coste marginal de producir una unidad de bien intermedio es igual a uno), más los recursos dedicados a la imitación (que son iguales al coste por bien imitado ν_2 multiplicado por la cantidad de nuevos productos imitados durante el siguiente momento $\dot{N}_2$). Si despejamos $\dot{N}_2$ en la restricción de recursos y utilizamos las ecuaciones (8.13) y (8.12) obtenemos

$$\dot{N}_2 = (1/\nu_2) \cdot [\pi_2 \cdot (1+\alpha)/\alpha \cdot N_2 - C_2] \tag{8.27}$$

Si dividimos por N_2 ambos miembros de la ecuación para obtener la tasa de crecimiento de N_2 y utilizamos la ecuación (8.24) para el coste de imitación ν_2 obtenemos

$$\frac{\dot{N}_2}{N_2} = \frac{1}{\eta_2 \cdot \widehat{N}^\sigma} \cdot [\pi_2 \cdot (1+\alpha)/\alpha - \chi_2] \tag{8.28}$$

Ahora ya podemos calcular las tasas de crecimiento de $\widehat{N}$ y χ_2. En la ecuación (8.28) restamos γ_1 a fin de obtener la tasa de crecimiento de $\widehat{N}$:

$$\frac{\dot{\widehat{N}}}{\widehat{N}} = \frac{1}{\eta_2 \cdot \widehat{N}^\sigma} \cdot [\pi_2 \cdot (1+\alpha)/\alpha - \chi_2] - \gamma_1 \tag{8.29}$$

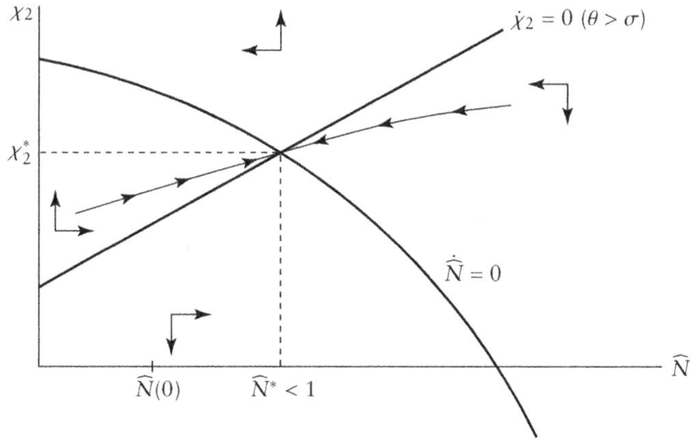

ILUSTRACIÓN 8.2 | Diagrama de fase del país 2 con $\theta > \sigma$. El lugar geométrico $\dot{\widehat{N}} = 0$ es estable y tiene pendiente negativa. Si $\theta > \sigma$, el lugar geométrico $\dot{\chi}_2 = 0$ es inestable y tiene pendiente positiva.

Sustituyendo la expresión de $\dot{\widehat{N}}/\widehat{N}$ de la ecuación (8.29) en la ecuación (8.26) se obtiene la expresión de la tasa de crecimiento de C_2. Restando $\dot{N}_2/N_2$ de la ecuación (8.28) obtenemos la tasa de crecimiento de χ_2.

$$\frac{\dot{\chi}_2}{\chi_2} = \frac{1}{\theta\eta_2 \cdot \widehat{N}^\sigma} \cdot \{\pi_2 + (\theta - \sigma) \cdot [\chi_2 - \pi_2 \cdot (1 + \alpha)/\alpha]\} - \frac{1}{\theta} \cdot (\sigma\gamma_1 + \rho) \qquad (8.30)$$

Las ecuaciones (8.29) y (8.30) forman un sistema de ecuaciones diferenciales autónomas en las variables $\widehat{N}$ y χ_2. El estado estacionario de este sistema ya ha sido analizado en la sección anterior. La dinámica puede describirse mediante un diagrama de fase de dos dimensiones en el espacio $(\widehat{N}, \chi_2)$.

La curva $\dot{\widehat{N}} = 0$ viene dada por

$$\chi_2 = [\pi_2 \cdot (1 + \alpha)/\alpha] - \eta_2 \cdot \gamma_1 \cdot \widehat{N}^\sigma$$

Como puede verse en las ilustraciones 8.2 y 8.3, esta curva tiene pendiente negativa en el espacio $(\widehat{N}, \chi_2)$. La ecuación (8.29) implica que la curva $\dot{\widehat{N}} = 0$ es estable; es decir, un incremento en $\widehat{N}$ hace disminuir $\dot{\widehat{N}}$ en el entorno de la curva.

La línea $\dot{\chi}_2 = 0$ viene dada por

$$\chi_2 = \pi_2 \cdot (1 + \alpha)/\alpha - \pi_2/(\theta - \sigma) + (\sigma\gamma_1 + \rho) \cdot \eta_2 \cdot \widehat{N}^\sigma/(\theta - \sigma)$$

Observe que su pendiente depende del signo de $\theta - \sigma$. Si $\theta > \sigma$, la pendiente será positiva, como se ve en la ilustración 8.2. Este lugar geométrico es inestable, es decir, un aumento de χ_2 aumenta $\dot{\chi}_2$.

En las cuatro regiones de la ilustración 8.2, el sentido del movimiento aparece señalado por flechas. La única trayectoria que descarta el comportamiento inestable de $\widehat{N}$ y χ_2 es la trayectoria estable de punto de silla, señalada por las flechas encadenadas. Las trayectorias inestables pueden descartarse como posibles equilibrios gracias a razonamientos semejantes a los utilizados en el modelo neoclásico de

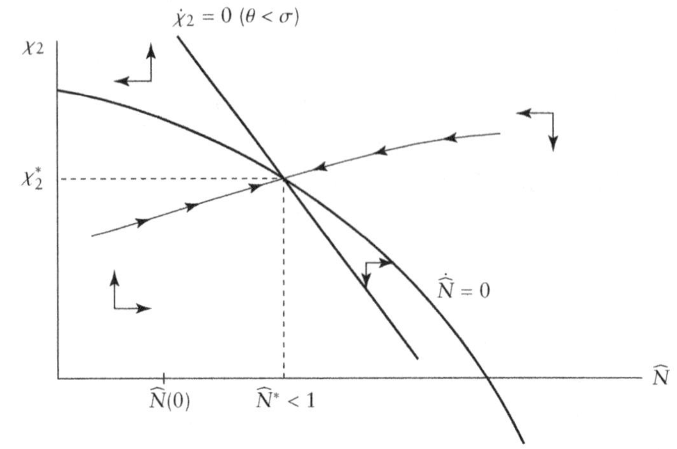

ILUSTRACIÓN 8.3 I Diagrama de fase del país 2 con $\theta < \sigma$. La curva $\dot{\widehat{N}} = 0$ sigue siendo estable y de pendiente negativa. Si $\theta < \sigma$, el lugar geométrico $\dot{\chi}_2 = 0$ es estable y tiene pendiente negativa.

crecimiento del capítulo 2. Si el país 2 tiene inicialmente $\widehat{N}(0) < \widehat{N}^*$, tanto $\widehat{N}$ como χ_2 aumentan monótonamente durante la transición tendiendo hacia sus valores de estado estacionario.

La ilustración 8.3 representa el caso en el que $\theta < \sigma$. La ecuación (8.30) implica ahora que $\dot{\chi}_2 = 0$ tiene pendiente negativa y es estable. (Se puede demostrar que la pendiente de este lugar geométrico es siempre más pronunciada que la pendiente de la curva $\dot{\widehat{N}} = 0$.) El punto esencial radica en que la trayectoria estable de punto de silla tiene de nuevo pendiente positiva; es decir, $\widehat{N}$ y χ_2 no dejan de aumentar monótonamente durante la transición de $\widehat{N}(0)$ to $\widehat{N}^*$.[7]

Puesto que χ_2 y $\widehat{N}$ siempre aumentan monótonamente hacia sus valores de estado estacionario, la ecuación (8.29) implica que la tasa de crecimiento de $\widehat{N}$ disminuye monótonamente tendiendo a cero, su valor de estado estacionario. (El incremento monótono de $\widehat{N}$ implica un incremento monótono de ν_2.) Por lo tanto, durante la transición, N_2 crece más deprisa que N_1 (la imitación es proporcionalmente mayor que la innovación), pero la tasa de crecimiento de N_2 disminuye gradualmente hacia la tasa N_1. En el estado estacionario, las tasas de imitación y de innovación se producen a la misma tasa γ_1, y $\widehat{N} \equiv N_2/N_1$ permanece constante.

La tasa de crecimiento del seguidor se ralentiza durante la transición debido a que el coste de imitación ν_2 aumenta con regularidad. Este incremento de ν_2 equivale a un tipo de rendimientos decrecientes, de la imitación en este caso. En el modelo neoclásico de crecimiento normal, los rendimientos decrecientes de la acumulación de capital desempeñan el mismo papel.

El incremento monótono de $\widehat{N}$ y la disminución monótona de $\dot{\widehat{N}}/\widehat{N}$ implican una disminución monótona de la tasa de crecimiento del consumo del país 2, $\dot{C}_2/C_2$, tal y como establece la ecuación (8.26). Por lo tanto, la ecuación (8.20) implica que

7. Si $\theta = \sigma$, el lugar geométrico $\dot{\chi}_2 = 0$ es vertical. En este caso, la trayectoria estable de punto de silla vuelve a tener pendiente positiva.

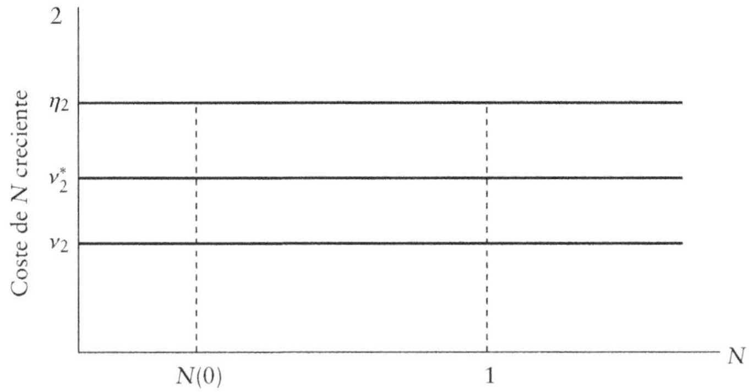

ILUSTRACIÓN 8.4 | Coste de imitación bajo y constante en el país 2. El coste de imitación del país 2 v_2 es constante e inferior al valor de estado estacionario v_2^*, que a su vez es inferior al coste de innovación η_2.

r_2 disminuye monótonamente: no deja de disminuir, tendiendo a su valor de estado estacionario r_1.

Puesto que la producción por trabajador del país 2, y_2, es proporcional a N_2 (de la ecuación [8.13]), la tasa de crecimiento de y_2 es superior a γ_1 durante la transición, pero disminuye gradualmente tendiendo a γ_1. Por lo tanto, el modelo se caracteriza por el patrón de convergencia ya familiar en el que la producción por trabajador del país seguidor crece más deprisa que la del país líder, pero la diferencia entre las tasas de crecimiento disminuye cuanto más se acerca el seguidor al líder.

Como ya se dijo anteriormente, en el estado estacionario es probable que la producción por trabajador del seguidor y_2 sea inferior a la producción del líder y_1; es decir, $(y_2/y_1)^* < 1$. Las ecuaciones (8.15) y (8.25) implican que $(y_2/y_1)^*$ es una función creciente de A_2/A_1y L_2/L_1 y una función decreciente de η_2/η_1

8.3. Costes de imitación constantes (o ligeramente crecientes)

El tipo de equilibrio analizado hasta el momento depende del supuesto de que el coste de imitación v_2 aumente en un nivel suficiente al aumentar $\widehat{N}$. En concreto, en la ilustración 8.1, la condición es que v_2 sea superior a v_2^* para $\widehat{N} \equiv N_2/N_1 < 1$. (La propiedad de que v_2 tienda a η_2 cuando N_2/N_1 tiende a 1 no es crítica.) La ilustración 8.4 representa un caso alternativo en el que v_2 es constante y bajo, de manera que $v_2 < v_2^*$. El análisis sería semejante si v_2 aumentara ligeramente, de manera que v_2 tendiera (desde la izquierda) a un valor inferior a v_2^* cuando N_2/N_1 tiende a 1.

De manera intuitiva vemos que, si v_2 es pequeño (a saber, inferior a v_2^*), el proceso de imitación se producirá a un ritmo suficiente como para que en un momento dado agote todos los productos inventados en el país 1. Es decir, se alcanzará $\widehat{N} = 1$ en una fecha finita T. En ese momento, habrá un exceso de oferta de individuos dispuestos a pagar v_2 por copiar uno de los inventos del país 1, que siguen surgiendo a la tasa γ_1. De alguna manera, este exceso de oferta tiene que corregirse en el equilibrio. Es más, para $t < T$, donde $\widehat{N} < 1$, los agentes del país 2 se darán cuenta de que más adelante se producirá un exceso de oferta y su elección previa de las tasas de imitación tiene que ser coherente con dicha expectativa.

8.3.1. El estado estacionario

Nos resultará más sencillo empezar por el final; es decir, cuando $t > T$, de manera que ya se haya alcanzado $\widehat{N} = 1$. En este caso, del análisis previo se concluye lógicamente que el país 2 se encontrará en el estado estacionario, en el que N_2 crece a la tasa γ_1, la tasa de crecimiento de N_1, de manera que se cumplirá $\widehat{N} = 1$ indefinidamente. En dicha situación, los bienes inventados en el país 1 se copian de inmediato para su uso en el país 2.[8] Además, C_2 crece a la tasa γ_1, de manera que $\chi_2 \equiv C_2/N_2$ permanece constante en el tiempo.

Ahora bien, suponga que r_2 es igual a π_2/ν_2, el valor que establece la ecuación (8.19) cuando ν_2 es constante. En dicho caso se cumpliría $r_2 > r_1$. Este resultado se deduce de la expresión de ν_2^* de la ecuación (8.22), utilizando también la expresión de r_1 de la ecuación (8.6) y la condición $\nu_2 < \nu_2^*$ de la ilustración 8.4. No obstante $r_2 > r_1$ implica que C_2 crecería más deprisa que γ_1, la tasa de crecimiento de C_1, con lo que el país 2 no se encontraría en el estado estacionario. El problema radica en que hacer copias al coste bajo ν_2 es un negocio demasiado rentable como para que resulte coherente con el crecimiento de C_2 y N_2 a la tasa de estado estacionario γ_1. Si la tasa de rendimiento fuera π_2/ν_2, los agentes del país 2 querrían dedicar tantos recursos a la copia que N_2 crecería a una tasa superior a γ_1. Ahora bien, como los nuevos bienes se inventan sólo a la tasa γ_1, no hay suficiente material imitable que alimente la imitación a una tasa tan rápida. De alguna manera la tasa de rendimiento del país 2 tiene que limitarse a r_1 para que sean posibles las asignaciones que se producen en el estado estacionario.

Si $N_2 = N_1$ y si los imitadores del país 2 gastan un flujo de recursos $\nu_2\gamma_1 N_1$, N_2 crecerá como N_1 a la tasa constante γ_1. Sin embargo, si todos los individuos del país 2 piensan que pueden copiar un bien pagando únicamente ν_2, la cantidad dedicada a las copias será superior a $\nu_2\gamma_1 N_1$; es decir, se producirá un exceso de demanda de bienes susceptibles de ser copiados. Suponemos que en esta situación de exceso de demanda, los derechos de monopolio de los bienes a copiar se asignan en el país 2 de manera aleatoria. En concreto, suponemos que la probabilidad de que una persona obtenga los derechos es proporcional a la cantidad que ha dedicado a la inversión en la copia. En el equilibrio, el flujo total de recursos gastados por los posibles imitadores será igual a $\nu_2^*\gamma_1 N_1$, donde $\nu_2^* > \nu_2$ es el coste por bien que hace que la tasa de rendimiento esperada descienda a r_1 (véase ecuaciones [8.21] y [8.22] e ilustración 8.4)[9]. Este límite impuesto al coste efectivo de la copia, igual a

8. Si aceptamos el supuesto de que la imitación requiere tiempo además de bienes, la copia se produciría algo más tarde y el desfase entre el país 1 y el país 2 podría persistir indefinidamente. Jovanovic y Lach (1991) construyen un modelo que incluye un retardo temporal en la imitación. En su muestra de cuarenta y ocho innovaciones, Mansfield, Schwartz y Wagner (1981, pág. 909) hallaron que el ratio del tiempo necesario para imitar en relación al tiempo necesario para inventar alcanzaba, de media, el 70 %. El retardo con que se difunden las innovaciones dentro de un sector es al parecer corto. Por ejemplo, Mansfield (1985) señala que en menos de un año las empresas competidoras están al corriente del 70 % de las innovaciones de producto. Caballero y Jaffe (1993) llegan a conclusiones similares a partir del uso de datos de citación de patentes (referencias en los documentos de patentes a patentes previas sobre los que se basa la innovación patentada) para cuantificar el tiempo necesario para que las ideas de unos investigadores influyan en otros. Su conclusión es que la difusión es rápida, con un retardo medio de uno a dos años.

9. Este resultado se cumple si el riesgo derivado de la imitación se puede diversificar, de manera que los posibles imitadores tengan sólo en cuenta el rendimiento esperado.

v_2^*, disuade cualquier otra posible entrada de imitadores. Surgiría el mismo tipo de resultados de un modelo más complejo en el que los posibles imitadores compitieran entre sí para obtener los derechos sobre el uso de un bien intermedio en el país 2.

En el país 2, en el estado estacionario el coste efectivo de copiar es $v_2^* > v_2$, y la tasa de rendimiento esperada de la imitación es r_1. Esta tasa de rendimiento es coherente con el crecimiento de C_2 y N_2 a la tasa de estado estacionario γ_1. Por lo tanto, la solución de estado estacionario es la misma que la representada en la ilustración 8.1, excepto que se cumple $(N_2/N_1)^* = 1$. (Seguimos aceptando el supuesto de que $\eta_2 > v_2^*$, como se veía en la ilustración 8.4; es decir, se cumple la inecuación [8.23] y los agentes del país 2 no tienen incentivos para innovar.)

8.3.2. La dinámica de transición

Ahora considere la situación en la que $t < T$, de manera que $N_2 < N_1$, y la oferta de productos susceptibles de ser copiados es abundante. En dicho caso, la tasa de rendimiento del país 2 tiene que ser igual a

$$r_2 = \pi_2/v_2 \tag{8.31}$$

que es constante. Por lo tanto, la tasa de crecimiento del consumo también es constante y viene dada por

$$\dot{C}_2/C_2 = (1/\theta) \cdot (\pi_2/v_2 - \rho) \tag{8.32}$$

Este resultado equivale a la ecuación (8.26) en la que σ fuera igual a cero.[10]

La expresión de $\dot{\hat{N}}/\hat{N}$ es la misma que en la ecuación (8.29) y la expresión de $\dot{\chi}_2/\chi_2$ es la misma que la de la ecuación (8.30) con σ igual a cero:

$$\dot{\hat{N}}/\hat{N} = (1/v_2) \cdot [\pi_2 \cdot (1+\alpha)/\alpha - \chi_2] - \gamma_1 \tag{8.33}$$

$$\dot{\chi}_2/\chi_2 = (1/\theta) \cdot (\pi_2/v_2) \cdot [1 - \theta \cdot (1+\alpha)/\alpha] - \rho/\theta + \chi_2/v_2 \tag{8.34}$$

donde, de nuevo, $\chi_2 \equiv C_2/N_2$.

Al igual que antes, las ecuaciones (8.33) y (8.34) pueden usarse para construir el diagrama de fase en la región $(\hat{N}, \chi_2)$. La ilustración (8.5) muestra dicho diagrama. Observe que en este caso los lugares geométricos son rectas horizontales. Si $r_2 = \pi_2/v_2 > r_1$ podemos demostrar fácilmente que la recta $\dot{\hat{N}} = 0$ se sitúa por encima de la recta $\dot{\chi}_2 = 0$, tal y como se ve en la ilustración. También vemos que $\hat{N}$ es decreciente para valores por encima de la recta $\dot{\hat{N}} = 0$ y creciente para valores por debajo de la misma, mientras que χ_2 es creciente para valores por encima de la recta $\dot{\chi}_2 = 0$ y decreciente para valores por debajo de la misma. Estos patrones implican que la trayectoria estable de punto de silla comienza entre las dos rectas horizontales y a

10. En la ecuación (8.24) $\sigma = 0$ implica que v_2 es independiente de N_2/N_1. No obstante, en el presente caso, también se cumple $v_2 < \eta_2$.

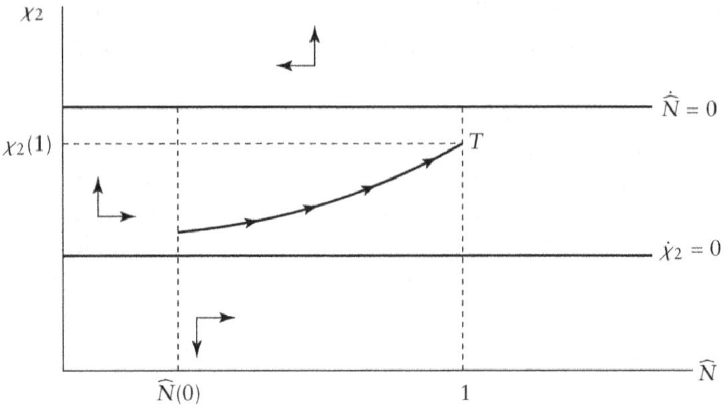

ILUSTRACIÓN 8.5 | Diagrama de fase del país 2 cuando ν_2 es constante. El lugar geométrico $\dot{\widehat{N}} = 0$ es una recta horizontal que se sitúa por encima del lugar geométrico $\dot{\chi}_2 = 0$, que es también una recta horizontal. La trayectoria estable de punto de silla se sitúa entre estas dos rectas y tiene pendiente positiva.

partir de ese punto tiene pendiente positiva. Hemos trazado dicha trayectoria de manera que permanezca por debajo de la recta $\dot{\widehat{N}} = 0$ cuando $\widehat{N}$ alcanza el valor 1, una formulación que viene implicada por el análisis posterior.

La ilustración 8.5 implica una transición en la que $\widehat{N}$ y χ_2 aumentan monótonamente. El incremento de $\widehat{N}$ significa que $\dot{N}_2/N_2$ es superior a γ_1 durante toda la trayectoria. A partir de la ecuación (8.29) el crecimiento de χ_2 implica que $\dot{N}_2/N_2$ disminuye regularmente. Así pues, la solución está de acuerdo con la solución expuesta en la sección 8.2.5 en lo referente al pronóstico de que el seguidor crecerá más deprisa que el líder (en lo que respecta al número de productos conocidos y a la producción), aunque la diferencia entre las tasas de crecimiento disminuye a medida que el seguidor se acerca al líder. A diferencia del análisis anterior, ahora $\dot{C}_2/C_2$ es constante y su valor es superior a γ_1 (véase la ecuación [8.32]).

La parte más complicada de la solución atañe al comportamiento justo en el momento T en el que $\widehat{N}$ alcanza el valor 1. Inmediatamente después de este momento, las imitaciones cuestan $\nu_2^* > \nu_2$ y la tasa de rendimiento es r_1. Inmediatamente antes de dicho momento, las imitaciones cuestan ν_2 y la tasa de rendimiento (de la ecuación [8.31]) es $\pi_2/\nu_2 > r_1$. Cualquiera que pague ν_2 por imitar un bien inmediatamente antes del momento T sufrirá, en el instante posterior, una brusca ganancia de capital que corresponde al aumento del precio sombra del bien imitado de ν_2 a ν_2^*. De hecho, en este modelo, la tasa de rendimiento de copiar un bien es infinita en un instante, en la fecha T. Este curioso comportamiento de la tasa de rendimiento es la base del equilibrio de las magnitudes cuando el coste de copiar es pequeño y constante.[11]

La ilustración 8.6 muestra la trayectoria total de equilibrio de la tasa de rendimiento del país 2, r_2, y del logaritmo del consumo, $\log(C_2)$. A la izquierda del momento T, la tasa de rendimiento es constante e igual al valor π_2/ν_2 y la pendiente de $\log(C_2)$ es la constante asociada $(1/\theta)\cdot(\pi_2/\nu_2-\rho)$. A la derecha del momento T, la

11. Si hubiéramos introducido en el modelo bienes de capital duraderos, la trayectoria de $r(t)$ correspondería en cada momento al producto marginal neto del capital y en ningún momento sería igual a infinito. Así pues, el que $r(t)$ pueda ser igual a infinito en un instante del tiempo depende de la condición de que todos los factores sean no duraderos.

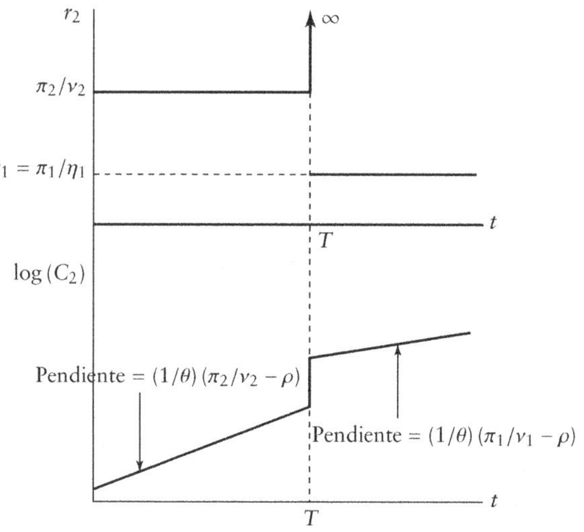

ILUSTRACIÓN 8.6 | Trayectorias temporales de r_2 y $\log(C_2)$ cuando v_2 es pequeña y constante. La tasa de rendimiento, r_2, es constante hasta el momento T y también constante después de T, pero su valor es menor. En el momento T la tasa de rendimiento es infinita. En consecuencia, $\log(C_2)$ tiene pendiente constante hasta T, pendiente constante, pero menor, después de T y salta hacia arriba en el momento T.

tasa de rendimiento es constante e igual a un valor inferior $r_1 = \pi_1/\eta_1$ y la pendiente de $\log(C_2)$ es la constante, de menor valor, $(1/\theta)\cdot(\pi_1/\eta_1 - \rho)$. En el momento T, la tasa de rendimiento infinita (durante un instante de tiempo) es la responsable del salto de nivel de $\log(C_2)$. Este salto es coherente con la restricción de recursos del país 2, ya que la cantidad gastada en la imitación desciende bruscamente y por el mismo valor en el mismo momento.[12] Observe que no se produce salto alguno en el momento T (ni en ningún otro momento) en la producción total.

A continuación suponga que, en vez de ser constante, v_2 aumentara ligeramente, pero que el valor de v_2 en $\widehat{N}=1$ fuera siempre inferior a v_2^*. En dicho caso, el comportamiento en el momento T seguiría conllevando una tasa de rendimiento infinita y un salto en el nivel de consumo. La novedad más importante en los resultados radica en que r_2 no dejará de disminuir para $t<T$ y que, por lo tanto, la tasa de crecimiento de C_2 disminuirá en dicho intervalo. Así pues, $\dot{C}_2/C_2$ es constante en el periodo anterior al momento T sólo si el coste de imitación, v_2, no aumenta en absoluto.

En resumen, los casos en los que el coste de imitación es constante o ligeramente creciente cumplen cualitativamente el modelo expuesto en la sección anterior en lo

12. El cambio en los recursos dedicados a la imitación conlleva dos efectos que se contrarrestan. En primer lugar, el uso de recursos disminuye porque la tasa de crecimiento de N_2 disminuye en una cantidad discreta. En segundo lugar, el uso de recursos aumenta porque ahora cada unidad cuesta $v_2^* > v_2$. En el equilibrio (que conlleva una tasa de rendimiento infinita en el momento T y, por lo tanto, un aumento brusco del consumo), el efecto neto tiene que ser la disminución del uso de recursos en la imitación. Además, en el momento T la trayectoria estable de la ilustración 8.5 tiene que permanecer por debajo de la recta $\dot{\widehat{N}} = 0$ para que sea coherente con el descenso brusco de $\widehat{N}$ y con el aumento brusco de χ_2 en el momento T. (Después del momento T las rectas $\dot{\widehat{N}} = 0$ y $\dot{\chi}_2 = 0$ se desplazan, hacia abajo y hacia arriba, respectivamente, debido a que v_2 es sustituido en las ecuaciones por el valor superior v_2^*.)

que a la predicción relativa a las tasas de crecimiento del seguidor se refiere. En cada caso, el valor de N_2/N_1 menor implica una tasa de crecimiento de N_2 mayor y, en consecuencia, de Y_2. Esta propiedad también afecta a la tasa de crecimiento de C_2, excepto en el caso en el que el coste de imitación v_2 no crece en absoluto hasta que N_2 alcanza el valor de N_1 en la fecha T.

8.4. Inversión extranjera y derechos de propiedad intelectual

En esta sección analizaremos algunos aspectos de la inversión extranjera y los derechos de propiedad intelectual en el proceso de difusión tecnológica. En el análisis anterior, un innovador del país 1 pagaba el coste η_1 por obtener el derecho de monopolio sobre el uso de un bien intermedio en el país 1. Dicho innovador no obtenía derecho alguno sobre el uso del bien intermedio en el país 2. Ahora aceptamos el supuesto de que los innovadores del país 1 tienen derechos de monopolio permanentes sobre el uso de sus bienes intermedios en ambos países. Se trataría de un caso en el que los países respetaran totalmente los derechos de propiedad intelectual de los extranjeros, un punto de gran importancia en las negociaciones internacionales en curso en el ámbito del comercio internacional. Estos derechos de propiedad intelectual obligan a los agentes del país 2 al pago de unos honorarios al inventor para poder copiar sus productos.

Suponemos que el coste de adaptar una variedad de bien intermedio del país 1 al país 2 es el valor constante v_2. Ahora interpretamos este coste como el gasto asumido por el inventor de la variedad del bien intermedio en el país 1.[13] Suponemos que $v_2 < v_2^*$, tal y como establecía la ecuación (8.22), de manera que en el modelo anterior se cumplirá $\gamma_2 > \gamma_1$ y $r_2 > r_1$ cuando $N_2/N_1 < 1$. Es decir, el coste de adaptación al país 2 es lo suficientemente bajo como para que el país 2 tienda a crecer más deprisa que el país 1. También aceptamos el supuesto de que a los empresarios del país 2 no les merece la pena innovar. Así pues, todas las innovaciones y adaptaciones surgen de las inversiones de los empresarios del país 1.

Suponga que anteriormente el país 2 estaba cerrado a la inversión extranjera y sólo se habían copiado las invenciones del país 1 en unas pocas ocasiones. También suponemos que el país 2 ha inventado poco por su cuenta, quizás debido a valores relativamente bajos de los parámetros A_2 y L_2 o a valores relativamente altos del coste de innovación η_2. Si el país 2 se abriera de repente a la inversión extranjera, el número N_1 de productos conocidos procedentes del país 1 superaría con creces el número N_2 de que se dispone en el país 2. La tasa de rendimiento de la inversión extranjera del país 1 en el país 2, es decir, la adaptación de los productos para su uso en el país 2, viene dada por $r_2 = \pi_2/v_2$, tal y como establece la ecuación (8.31). La tasa r_2 es superior a la tasa $r_1 = \pi_1/\eta_1$ de la innovación de la ecuación (8.6). (Este resultado se deduce del supuesto $v_2 < v_2^*$ de la ecuación [8.22].) Dado que el modelo acepta el supuesto de que no hay rendimientos decrecientes de adaptación o innovación, inicialmente los investigadores del país 1 dedicarán todo el gasto de I+D a la inversión extranjera en el país 2. (Aunque $r_2 > r_1$, esta asignación de la

13. Las estimaciones de costes realizadas por Teece (1977), de las que hablamos con anterioridad, corresponden exactamente a esta situación.

inversión en I+D no se produjo con anterioridad debido a la falta de un mercado mundial de capital.)

En un momento dado desaparece el stock de productos no adaptados, es decir, N_2 alcanza el valor de N_1, y ya no se puede lograr la tasa de rendimiento r_2 de la simple adaptación. A partir de entonces los investigadores del país 1 tienen incentivos para concentrar todo el gasto en I+D en la invención de nuevos productos, es decir, en el crecimiento de N_1. No obstante, la tasa de rendimiento de la innovación es ahora superior al valor de r_1 que aparece en la ecuación (8.6), porque el empresario sabe que el producto exitoso puede ser adaptado para su uso en el país 2 en condiciones de monopolio a un coste ν_2. Si como hemos supuesto se cumple la desigualdad $\nu_2 < \nu_2^*$, esta adaptación vale la pena de inmediato.

El flujo total de beneficios del monopolio generado por la invención de un nuevo producto en el país 1 y la adaptación simultánea de dicho producto al país 2 es ahora la suma de los flujos de las ecuaciones (8.4) y (8.14):

$$\tilde{\pi} = \pi_1 + \pi_2 = \left(\frac{1-\alpha}{\alpha}\right) \cdot \alpha^{2/(1-\alpha)} \cdot \left[(A_1)^{1/(1-\alpha)} \cdot L_1 + (A_2)^{1/(1-\alpha)} \cdot L_2\right] \qquad (8.35)$$

La ecuación (8.35) se basa en el supuesto de que los factores intermedios utilizados para producir bienes en el país 1 utilizan la tecnología de la ecuación (8.1), con un parámetro de productividad A_1, mientras que los utilizados para producir bienes en el país 2 utilizan la tecnología de la ecuación (8.9), con un parámetro de productividad A_2. En otras palabras, la inversión extranjera hace que los factores intermedios del país 1 estén más rápidamente disponibles en el país 2, pero se supone que no afectan al parámetro de productividad que rige el proceso de producción en el país 2. Por ejemplo, este supuesto es adecuado si el parámetro A_2 representa políticas públicas locales, como el sistema impositivo, la oferta de servicios públicos y la protección de los derechos de propiedad, que afectan a todos los productores que operan en el país 2.

Ahora, un innovador del país 1 paga el coste total $\eta_1 + \nu_2$ por asegurarse el flujo de beneficios de monopolio $\tilde{\pi}$ de la ecuación (8.35). Por lo tanto, la condición de libre entrada implica que la tasa de rendimiento del país 1 viene dada por

$$\tilde{r}_1 = \tilde{\pi}/(\eta_1 + \nu_2) = \left(\frac{1-\alpha}{\alpha}\right) \cdot \alpha^{2/(1-\alpha)} \cdot \left[\frac{(A_1)^{1/(1-\alpha)} \cdot L_1 + (A_2)^{1/(1-\alpha)} \cdot L_2}{\eta_1 + \nu_2}\right] \qquad (8.36)$$

La desigualdad $\nu_2 < \nu_2^*$ de la ecuación (8.22) implica que $\tilde{r}_1$ es superior al valor de r_1 de la ecuación (8.6).[14]

La tasa de rendimiento constante de la ecuación (8.36) corresponde a un estado estacionario en el que las diversas variables, N_1, Y_1, C_1, N_2, Y_2, y C_2, crecen todas a la misma tasa constante, la expresión $\tilde{\gamma}_1 = (1/\theta) \cdot (\tilde{r}_1 - \rho)$. Este estado estacionario se caracteriza por un flujo simultáneo de nuevos productos N_1, y

14. La condición $\nu_2 < \nu_2^*$ también implica que $\tilde{r}_1 < r_2 = \pi_2/\nu_2$. Por lo tanto, como implícitamente supusimos antes, los empresarios del país 1 adaptarán primero al país 2 la totalidad de los productos existentes y después se centrarán en la invención de nuevos productos.

versiones adaptadas de dichos productos $N_2 = N_1$. Puesto que $\tilde{r}_1$ es mayor que antes, $\tilde{\gamma}_1$ es superior al valor de γ_1 de la ecuación (8.8) para el caso de un modelo sin inversión extranjera. Más adelante en este mismo capítulo analizamos algunas implicaciones de la inversión extranjera y de los derechos de propiedad intelectual con relación al bienestar.

8.5. Implicaciones generales con respecto a las tasas de crecimiento de los países seguidores

Los diversos modelos analizados hasta ahora implican que la tasa de crecimiento de la producción por trabajador del país 2 se expresa de la siguiente manera

$$\dot{y}_2/y_2 = \gamma_1 + G[y_2/y_1, (y_2/y_1)^*] \tag{8.37}$$

donde las derivadas parciales de la función G cumplen $G_1 < 0$ y $G_2 > 0$. La función también cumple la condición $G(\cdot,\cdot) = 0$, cuando $y_2/y_1 = (y_2/y_1)^*$. Las tasas de crecimiento no se caracterizan necesariamente por la presencia de convergencia absoluta en el sentido descrito en el capítulo 1, ya que la tasa de crecimiento del país líder rico no es necesariamente inferior a la tasa de crecimiento del seguidor más pobre, es decir, puede ser que $\dot{y}_2/y_2 < \gamma_1$ cuando $y_2/y_1 < 1$. Si el nivel de renta de estado estacionario del país pobre con relación al país rico $(y_2/y_1)^*$ es pequeño, porque A_2/A_1 es bajo por ejemplo, la tasa de crecimiento del seguidor $\dot{y}_2/y_2$ puede ser inferior a la tasa de crecimiento del líder γ_1, incluso aunque el seguidor sea más pobre que el líder $(y_2 < y_1)$. La tasa de crecimiento del país 2 $\dot{y}_2/y_2$ es superior a γ_1 si $y_2/y_1 < (y_2/y_1)^*$.

Los resultados se caracterizan por la presencia de convergencia condicional, en el sentido de que la tasa de crecimiento del seguidor $\dot{y}_2/y_2$ disminuye a medida que y_2/y_1 aumenta para un valor dado de $(y_2/y_1)^*$. Además, para un valor dado de y_2/y_1, $\dot{y}_2/y_2$ aumenta al aumentar $(y_2/y_1)^*$. En otras palabras, la tasa de crecimiento del seguidor es una función creciente de la distancia que lo separa de su estado estacionario. Por ejemplo, si el gobierno del país 2 adopta políticas que favorezcan la producción y la inversión, quizás a través de tipos impositivos más bajos sobre la renta del capital o una protección más eficaz del derecho de propiedad, el cambio de política equivale a un incremento de A_2. En dicho caso, $(y_2/y_1)^*$ aumenta, y la tasa de crecimiento $\dot{y}_2/y_2$ aumenta en consecuencia.

En el modelo neoclásico de crecimiento con progreso tecnológico del tipo que aumenta la eficiencia del trabajo, descrito en el capítulo 2, la expresión de la tasa de crecimiento de la producción per cápita de una economía cerrada se asemejaba a la ecuación (8.37). Las principales diferencias radican en que γ_1 es sustituida por la tasa exógena de cambio tecnológico x; y_2/y_1 es sustituida por $\hat{y}$, la producción por trabajador *efectivo* del país (un concepto que tiene en cuenta el crecimiento a la tasa x generado por el progreso tecnológico); por último, $(y_2/y_1)^*$ es sustituido por $(\hat{y})^*$, el nivel de producción por trabajador efectivo de estado estacionario. Así pues, la expresión de crecimiento en el modelo estándar sería la siguiente

$$\dot{y}/y = x + H[\hat{y}, (\hat{y})^*] \tag{8.38}$$

donde las derivadas parciales de la función H cumplen $H_1 < 0$, $H_2 > 0$, y $H(\cdot,\cdot) = 0$ cuando $\hat{y} = (\hat{y})^*$. El valor $(\hat{y})^*$ depende de elementos recogidos dentro del parámetro A, como las políticas públicas y la disposición al ahorro. Cuanto mayor es el valor de A, mayor es el valor de $(\hat{y})^*$, mientras que cuanto mayores son los valores de los parámetros de preferencia ρ y θ, menor es el valor de $(\hat{y})^*$.

Una diferencia entre los dos tipos de modelos radica en que el término constante de la ecuación (8.37) es γ_1, la tasa de crecimiento de la economía (o economías) líder, mientras que en la ecuación (8.38) es x, la tasa exógena de progreso tecnológico, que es constante. Desde un enfoque operativo, γ_1 podría identificarse con la tasa de crecimiento promedio de la producción por trabajador de un conjunto de países avanzados.[15] El parámetro x no sería observable directamente y podría variar en el tiempo o entre diferentes países.

Si todos los países seguidores siguen a los mismos líderes (ya que los costes de imitación ν_i son idénticos en todos los casos) y si las tasas exógenas de cambio tecnológico son idénticas para todos los países en un determinado momento del tiempo, ambos modelos implican que el término constante es idéntico para todos los países. En una muestra de corte transversal, la ecuación (8.37) haría que el término constante fuera igual al valor observable γ_1, mientras que la ecuación (8.38) no impondría tal restricción. Así pues, el modelo de difusión equivaldría a una versión restringida del modelo neoclásico de crecimiento, y dicha versión restringida podría ser contrastada empíricamente.

En un análisis de panel, la ecuación (8.37) permitiría que el término constante variara a lo largo del tiempo, pero solamente en correspondencia con cambios en γ_1. La ecuación (8.38) fijaría el término constante, pero únicamente si mantenemos la versión del modelo de crecimiento neoclásico en la que la tasa de progreso tecnológico x es constante (e idéntica para todos los países). Si la tasa de cambio tecnológico es exógena, aunque no necesariamente constante, la ecuación (8.38) permitiría que el término constante variase a lo largo del tiempo de forma no restringida. En este caso, el modelo de difusión sería una versión restringida del modelo de crecimiento neoclásico y la restricción sería contrastable de forma empírica.

En relación a los términos $G(\cdot)$ y $H(\cdot)$, el aspecto esencial de la ecuación (8.37) radica en que la tasa de crecimiento depende de las características *relativas* del país con respecto a las de la economía (o economías) líder, mientras que la ecuación (8.38) implica niveles absolutos de dichas características. Suponga, por ejemplo, que la tasa de crecimiento γ_1 de los Estados Unidos, país que representa a un líder tecnológico, es 2 % al año. La ecuación (8.37) establece que, para un γ_1 dado, la tasa de crecimiento de un seguidor típico, digamos México, depende de la calidad de sus instituciones políticas y económicas (que determinan el parámetro A_2), expresadas de manera relativa a las de los Estados Unidos. La ecuación (8.38) establece que las características de las instituciones mexicanas tienen importancia en el crecimiento de México, pero que no es necesario condicionar dichas características a los rasgos comparables de Estados Unidos.

15. Los seguidores se ven influidos por el crecimiento de N_1, no por el crecimiento de la producción por trabajador del líder y_1, aunque ambas tasas de crecimiento coinciden en el presente modelo. En general, no será posible la medición directa de N_1 y N_2, si bien el número de patentes o el gasto acumulado en I+D podrían ser aproximaciones posibles.

Si todos los países tienen el mismo líder, en una muestra de corte transversal las características del líder confluyen en el término constante general. No obstante, si se tratara de un análisis de panel, las variaciones de las características del líder, en concreto, los cambios que afectaran a γ_1, desplazarían el término constante en el tiempo, desplazamiento que sería observable. Si los costes de imitación varían de manera observable entre pares de países o en el tiempo la identificación empírica resulta más fácil. En Jaumotte (1999) esta idea se incorpora mediante el argumento de que los costes de imitación serán menores cuanto mayor sea el volumen de intercambios comerciales entre el país seguidor y el conjunto relevante de líderes.[16] La idea radica en que las importaciones del país seguidor procedentes de los países líderes facilitan la absorción de las tecnologías de calidad superior de éstos.

Jaumotte (1999) utilizó una muestra de 63 países en desarrollo en el periodo 1960-1994 para representar al grupo de seguidores, lo que equivaldría a nuestro país 2. Los líderes, el equivalente a nuestro país 1, eran los países de la OCDE e Israel. Para estimar las trayectorias temporales de N_i de cada país de cada grupo, Jaumotte empleó un enfoque de contabilidad del crecimiento, tema que analizamos en el capítulo 10. Básicamente, eliminó la contribución del crecimiento observado de los factores de un país (capital físico, capital humano, medido por la educación, y trabajo no cualificado) al crecimiento observado de la producción, e identificó el residuo con N_i. Aceptó el supuesto de que el coste de adaptación ν_2 depende directamente de N_2/N_1, como en la ecuación (8.24), pero también que el coste depende inversamente del ratio entre las importaciones del país seguidor procedentes del grupo líder y el PIB del país.

Jaumotte (1999, tabla 2) llegó a la conclusión de que la tasa de crecimiento de la tecnología de un país seguidor, medida a través de $\dot{N}_2/N_2$, dependía inversamente de N_2 y directamente de N_1. Es más, los resultados eran coherentes con la hipótesis de que únicamente el ratio entre N_2 y N_1 debía tenerse en cuenta con relación a $\dot{N}_2/N_2$. También llegó a la conclusión de que una mayor participación del comercio hacía que $\dot{N}_2/N_2$ fuera más sensible a N_2/N_1. En el modelo aparecería este efecto si un incremento del comercio provocara la disminución del coste de imitación de la tecnología. Así pues, estos resultados empíricos aportan verosimilitud al análisis de la difusión tecnológica expuesto en este capítulo.

Caselli y Coleman (2001) obtuvieron una medida directa de la difusión tecnológica a través de los datos de las importaciones de equipamiento de alta tecnología de los países, principalmente computadoras. Especialmente para los muchos países que no tienen exportaciones apreciables de este bien, esta cifra es una buena aproximación a la inversión en computadoras. Así, la idea consiste en que la acumulación de computadoras tiende a ir unida a un incremento del uso de tecnologías avanzadas.

Caselli y Coleman (2001, tabla 2), en línea con Jaumotte (1999), llegaron a la conclusión de que su medición de la difusión tecnológica era provocada por importaciones crecientes de productos manufacturados procedentes de los países de la OCDE. Otro resultado, en línea con la teoría de Nelson y Phelps (1966) mencionada con anterioridad, revelaba que una mayor cantidad de capital humano en un

16. Chua (1993) y Easterly y Levine (1997) profundizaron en la noción de que el crecimiento de un país depende del desarrollo de otros países. No obstante, estos estudios se centran en la influencia de territorios físicamente colindantes, y no territorios vinculados mediante el comercio internacional.

país aumentaba la tasa de difusión tecnológica. Una interpretación de este resultado es que la mayor disponibilidad de capital humano disminuye el coste de adopción de técnicas complejas del país o, lo que es lo mismo, aumenta el rendimiento de dicha adaptación. En su modelo, las mediciones de capital humano que más poder explicativo contenían eran el promedio de años de educación secundaria y superior. Este patrón resulta lógico ya que es más que probable que esos niveles avanzados de educación sean especialmente importantes para el uso de tecnologías nuevas y complejas. Caselli y Coleman también hallaron que la difusión tecnológica se veía estimulada por una mejor protección de los derechos de propiedad y por un nivel bajo de producción de origen agrícola.

8.6. Intercambio de papeles en el liderazgo tecnológico y adelantamientos

Considere nuevamente la situación en la que los innovadores poseen los derechos de propiedad intelectual únicamente en sus países de origen. Hasta ahora hemos analizado el caso en el que $(A_2/A_1)^{1/(1-\alpha)} \cdot (L_2/L_1) \cdot (\eta_1/\eta_2) < 1$, como vimos en la ecuación (8.23), de manera que el país 2 es intrínsicamente inferior al país 1 en lo que respecta a los parámetros subyacentes. En las ilustraciones 8.1 y 8.4, esta inecuación garantiza que ν_2^* se sitúa por debajo de η_2 en el eje de ordenadas. Por este motivo, los agentes del país 2 no desean nunca innovar.

Suponga ahora que se invierte la inecuación

$$(A_2/A_1)^{1/(1-\alpha)} \cdot (L_2/L_1) \cdot (\eta_1/\eta_2) > 1 \tag{8.39}$$

de manera que el país 2 es intrínsicamente superior al país 1. Puesto que se sigue cumpliendo $N_2(0) < N_1(0)$, el país 2 de nuevo se sitúa inicialmente en una situación tecnológica inferior. Esta situación podría producirse, por ejemplo, si el país 2 hubiera sido inferior al país 1 durante mucho tiempo, pero que una reciente mejora

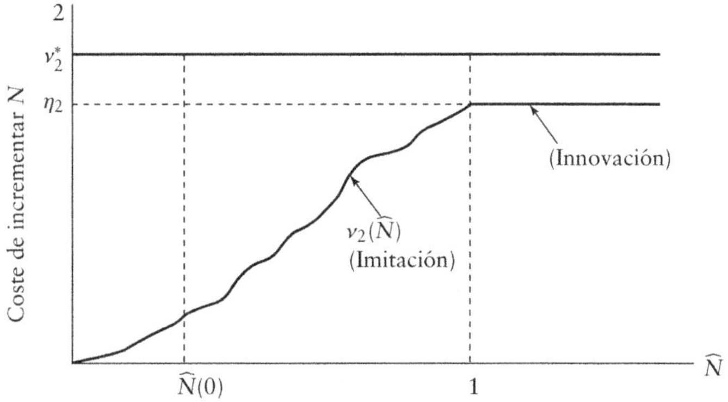

ILUSTRACIÓN 8.7 | Coste del cambio tecnológico en el país 2 cuando $\nu_2^* > \eta_2$. El coste de imitación en el país 2, ν_2, es nuevamente una función creciente de N_2/N_1 y tiende al coste de innovación η_2 cuando N_2/N_1 tiende a 1. En este caso se acepta el supuesto de que el valor de estado estacionario del coste de imitación ν_2^* es superior a η_2.

de las políticas públicas, representada por un incremento de A_2, convirtiera al país 2 en intrínsicamente superior.

Volvamos ahora al caso de la ilustración 8.1 en el que ν_2 aumenta al aumentar N_2/N_1 y tiende a η_2 cuando N_2/N_1 tiende a 1. No obstante, la inecuación (8.39) implica que ahora el valor ν_2^* de la ecuación (8.22) es superior al valor de η_2. Así pues, la ilustración 8.7 muestra que N_2/N_1 alcanza la unidad y, en consecuencia, ν_2 alcanza η_2 en un punto en el que el coste de incrementar N_2 es todavía inferior a ν_2^*. Este resultado significa que a los agentes del país 2 les resulta beneficioso aumentar N_2/N_1 por encima de la unidad mediante la innovación, al coste η_2. Así pues, una vez que ya se han copiado todas las invenciones del país 1, el país 2 opta por la innovación.

Las invenciones del país 2 crean un conjunto de productos que pueden ser copiados por el país 1. Puesto que el coste de copiar es inferior a η_1, los agentes del país 1 ahora prefieren la imitación a la innovación. Los papeles se intercambian, y el país 1 pasa de ser líder a ser seguidor.[17] Observe que el bienestar del país 1 mejorará gracias a la presencia del país 2, tecnológicamente superior.[18]

Tras el intercambio de papeles se cumple el modelo inicial, con la única diferencia de la inversión de roles. El país 2 es ahora el líder tecnológico permanente y el país 1 el perpetuo seguidor. La tasa de rendimiento del país 2, r_2, y la tasa de crecimiento γ_2 (de N_2, Y_2 y C_2) son constantes tras el intercambio de papeles. Los valores de r_2 y γ_2 vienen dados por las ecuaciones (8.6) y (8.8) respectivamente, cambiando los subíndices de 1 a 2. El ratio del número de productos de estado estacionario $(N_2/N_1)^*$ viene dado, como antes, por la ecuación (8.25), pero es superior a la unidad en este caso.

Las ilustraciones 8.2 y 8.3 describen la dinámica del país 1 tras el intercambio de papeles si $\widehat{N}$ es ahora igual a N_1/N_2 y χ_1 sustituye a χ_2. La única diferencia con relación a la situación anterior radica en que $\widehat{N}$ comienza con el valor 1, un valor situado a la derecha de $\widehat{N}^*$. Por lo tanto, la trayectoria dinámica se caracteriza por valores de $\widehat{N}$ y $\chi_1 \equiv C_1/N_1$ que disminuyen de manera regular. La disminución regular de $\widehat{N}$ significa que el país 2 sigue creciendo más deprisa que el país 1 durante la transición que sucede al intercambio de papeles. A medida que disminuye $\widehat{N}$, el coste ν_1 de imitación en el país 1 también disminuye, y tanto la tasa de rendimiento como las tasas de crecimiento del país 1 *aumentan*. En el estado estacionario, la tasa de rendimiento del país 1 alcanza el valor r_2, constante, y sus tasas de crecimiento (de N_1, Y_1 y C_1) alcanzan el valor γ_2, también constante.[19]

---

17. En la formulación en la que $\nu_2(N_2/N_1)$ tiende a η_2 cuando (N_2/N_1) tiende a 1 (como en las ilustraciones 8.1 y 8.7), el país 1 intercambia de golpe su posición de líder a seguidor y el país 2 pasa de seguidor a líder. El intercambio de papeles conlleva una transición en la que se combinan innovación e imitación dentro del mismo país si el valor de $\nu_2(N_2/N_1)$ supera a η_2 antes de que N_2/N_1 alcance el valor 1, y si el país 1 se caracteriza por una función análoga de coste de imitación. En esta formulación revisada, el país 2, en algún momento, cambiaría de la simple imitación a una combinación de imitación e innovación. Después de que se haya creado el conjunto finito de inventos del país 2, el coste de imitación del país 1 se volvería lo suficientemente bajo como para que el país 1 cambiara a una combinación de imitación e innovación. En su momento, el país 2 dejaría por completo de copiar y el país 1 dejaría de inventar.

18. Puesto que el producto final es físicamente homogéneo, el aumento de productividad en el país 2 no provoca un efecto precio relativo de carácter adverso en el país 1.

19. La última posibilidad es que $(A_2/A_1)^{1/(1-\alpha)} \cdot (L_2/L_1) \cdot (\eta_1/\eta_2) = 1$. En dicho caso, el equilibrio

En el modelo, si los parámetros subyacentes, A_i, L_i y η_1 permanecen constantes, el intercambio de la posición de liderazgo tecnológico puede producirse una sola vez. Si el país que inicialmente tiene un número pequeño de productos conocidos N_i es intrínsicamente superior en lo relativo a la inecuación (8.39), en algún momento se producirá el intercambio. Así pues, el presente modelo se diferencia de los modelos de salto tecnológico analizados por Brezis, Krugman y Tsiddon (1993), Jovanovic y Nyarko (1996) y Ohyama y Jones (1995). En dichos modelos, los cambios de liderazgo tecnológico eran producto de la situación de retraso en la disposición a explorar y adoptar ideas radicalmente nuevas. En el presente modelo, los países que inicialmente van a la zaga se benefician de bajos costes de imitación, pero no tienen ventaja en lo que respecta a la invención o a la implementación de tecnologías punteras.

En la práctica, los parámetros A_i, L_i y η_1 variarán con el tiempo, por ejemplo, debido a cambios en las políticas públicas. Estas variaciones ocasionalmente provocarán cambios en la posición de liderazgo tecnológico. (Estos cambios se producirán con un considerable retraso en relación a los cambios en los parámetros subyacentes.) No obstante, puesto que la situación de retraso no mejora la invención o implementación de nuevas tecnologías, y puesto que los líderes son elegidos por los valores favorables de sus parámetros subyacentes, no habrá tendencia al salto tecnológico en el sentido de que sea probable que en un momento dado un seguidor concreto se ponga por delante de un líder concreto.[20] Por el contrario, es alta la probabilidad de que el líder sea rebasado en su momento por un seguidor cualquiera.

Estos resultados parecen congruentes con los patrones amplios de cambio del liderazgo tecnológico mundial señalados por Brezis, Krugman y Tsiddon (1993). Éstos afirman que en el siglo XVIII Gran Bretaña ocupó el puesto de líder que ostentaban los Países Bajos, Estados Unidos (y en algunos aspectos, Alemania) desplazaron a Gran Bretaña a finales del XIX, y en ciertos sectores Japón desplazó a los Estados Unidos a finales de los años setenta del siglo XX.[21] Recientemente, los Estados Unidos quizás hayan retomado la posición de líder tecnológico en muchos ámbitos de alta tecnología. El aspecto más sorprendente de este patrón no radica en la existencia de cambios de liderazgo, sino en que la posición de liderazgo se mantenga durante tanto tiempo. En concreto, son muchos los países que nunca han ocupado la posición de líderes. Por lo tanto, las pruebas empíricas no parecen indicar la existencia de ningún beneficio importante que tenga su origen en el retraso *per se* en la innovación y el uso de las tecnologías más modernas.

puede ser del primer tipo (en el que el país 1 es el líder permanente y el país 2 el perpetuo seguidor) o del segundo tipo (en el que se intercambia la posición de liderazgo). También podría darse una combinación de invención e imitación en ambos países. En el estado estacionario, a los agentes de ambos países les resulta indiferente la innovación o la imitación.

20. Una interesante cuestión empírica aún no resuelta, radica en si el el salto tecnológico puede aplicarse en este sentido a los equipos deportivos profesionales. Un punto a favor de esta posibilidad es el sistema de contratación de nuevos jugadores, según el cual los equipos con peores resultados eligen primero, es decir, se establece una relación inversa con respecto a su actuación del año anterior.

21. En las épocas anteriores a la Edad moderna el líder tecnológico dominante era China. Véase Temple (1986). Para un análisis en el marco de las recientes teorías de crecimiento endógeno véase Young (1993).

8.7. Consideraciones relacionadas con el bienestar

Considere el modelo descrito en la ilustración 8.1 en el que el país 1 es siempre el líder tecnológico, el país 2 el perpetuo seguidor y el coste de imitación es creciente cuando aumenta N_2/N_1. Una fuente de distorsión de este modelo está relacionada con el precio de monopolio de los bienes intermedios que ya han sido inventados en el país 1 o copiados en el país 2. Este elemento nos resulta familiar pues ya se trató en el capítulo 6. Desde una perspectiva estática, la distorsión es producto del margen pagado por el bien intermedio $1/\alpha$ por encima del coste marginal de producción 1. Este diferencial puede eliminarse mediante el uso de un impuesto de cuantía fija que en cada país subvencione las compras de bienes intermedios a la tasa $(1 - \alpha)/\alpha$. Así, todo usuario del bien intermedio se enfrenta a un precio neto igual a 1, el coste marginal de producción.

Otra distorsión del modelo radica en que los agentes del país 1 no tienen suficientes incentivos para innovar ya que no tienen en cuenta el beneficio del país 2 procedente de un aumento del conjunto de ideas susceptibles de ser copiadas. Este efecto podría internalizarse si todos los innovadores del país 1 obtuvieran derechos de propiedad intelectual a nivel internacional sobre el uso de sus ideas. El modelo con derechos de propiedad intelectual e inversión extranjera que hemos analizado con anterioridad aporta una manera de alcanzar dicha internalización. La garantía de los derechos de propiedad a nivel mundial fomenta que los investigadores tengan en cuenta los beneficios mundiales de su I+D.[22]

Surge una tercera distorsión debido a que los agentes del país 2 no consideran que la imitación de una de las ideas del país 1 aumente el coste de futuras imitaciones. Para aislar este efecto, suponga que N_1 aumenta a la tasa dada γ_1 y que el efecto del precio de monopolio en el país 2 ha sido neutralizado gracias a un subsidio al uso de los bienes intermedios a la tasa $(1 - \alpha)/\alpha$. Este subsidio, financiado por un impuesto de cuantía fija, implica que el precio neto para los usuarios de los bienes intermedios es 1, el coste marginal de producción. Así pues, podemos comparar los resultados de la solución descentralizada con los resultados que surgirían de la intervención de un planificador social en el país 2. (Un planificador social en el país 1 no sería relevante en este caso, ya que estamos suponiendo que la tasa de crecimiento γ_1 viene dada y que la distorsión provocada en el país 1 por el precio de monopolio ya ha sido neutralizada por el subsidio y el impuesto de cuantía fija.)

El planificador social trata de maximizar la utilidad del consumidor representativo del país 2, sujeto a la función de producción de la ecuación (8.9), a la especificación del coste de la copia ν_2 que suponemos responde a la expresión de la ecuación (8.24), y a la tasa de crecimiento de N_1 a la tasa dada γ_1. La cantidad óptima de cada bien intermedio, X_2, maximiza la producción, Y_2, neta de los gastos

22. En el modelo, la inversión extranjera también evita la imperfección del mercado de capitales que tenía en cuenta la divergencia entre las tasas de rendimiento r_1 y r_2 que se daban en cada país. En efecto, los derechos de propiedad sobre el uso de diseños en otro país proporciona la garantía necesaria para la inversión extranjera. El supuesto implícito en el modelo original consistía en que los hogares del país 1 no estaban dispuestos a prestar fondos a los inversores del país 2, ni aún cuando la tasa de rendimiento r_2 que estos inversores estuvieran dispuestos a pagar fuera superior a r_1, la tasa de rendimiento al alcance de los ahorradores del país 1.

en bienes intermedios, y responde a la expresión siguiente:

$$X_2 = L_2 A_2^{1/(1-\alpha)} \alpha^{1/(1-\alpha)} \tag{8.40}$$

Las ya conocidas condiciones de optimización dinámica llevan hasta las siguientes expresiones de las tasas de crecimiento de N_2 y C_2:

$$\dot{N}_2/N_2 = (1/\nu_2) \cdot (\Psi - \chi_2) \tag{8.41}$$

$$\dot{C}_2/C_2 = (1/\theta) \cdot (\Psi/\nu_2 - \rho - \sigma\gamma_1) \tag{8.42}$$

donde $\chi_2 \equiv C_2/N_2$ y el nuevo parámetro Ψ se define como

$$\Psi \equiv (1-\alpha) \cdot L_2 A_2^{1/(1-\alpha)} \alpha^{\alpha/(1-\alpha)} \tag{8.43}$$

En una economía descentralizada en la que las compras de bienes intermedios reciben un subsidio a la tasa $(1-\alpha)/\alpha$, Ψ resulta ser igual al flujo de beneficio π_2. (Este valor es superior al valor de π_2 de la ecuación [8.14].)

En el marco descentralizado, el subsidio a las compras de bienes intermedios implica que X_2 es igual a la elección del planificador social de la ecuación (8.40). Puesto que los valores de X_2 son iguales, la trayectoria descentralizada de N_2 tendrá que coincidir con la trayectoria del planificador si los valores de χ_2 son los mismos. Es decir, la expresión que determina $\dot{N}_2/N_2$ en el caso descentralizado será igual a la expresión de la ecuación (8.41). Por lo tanto, las diferencias de resultado proceden únicamente de diferencias en la elección del consumo.

La tasa de crecimiento del consumo en la solución descentralizada es

$$\dot{C}_2/C_2 = (1/\theta) \cdot [\Psi/\nu_2 - \rho - \sigma\gamma_1 + (\sigma/\nu_2) \cdot (\Psi - \chi_2)] \tag{8.44}$$

Esta expresión únicamente se diferencia del resultado del planificador social de la ecuación (8.42) en el término que contiene $\Psi - \chi_2$. Es posible demostrar que en el estado estacionario se cumple $\Psi > \chi_2$. Es más, puesto que puede demostrarse que χ_2 aumenta monótonamente durante la transición (a partir del tipo de análisis del diagrama de fase utilizado con anterioridad), $\Psi - \chi_2$ tiene que ser positivo durante toda la transición. A partir de ahí se deduce que la elección descentralizada de $\dot{C}_2/C_2$ es mayor que la elección del planificador social para todo valor dado de N_2/N_1 (y por tanto ν_2). En otras palabras, la solución descentralizada implica menores niveles de χ_2 y mayores tasas de crecimiento de C_2. La ecuación (8.41) implica que la elección descentralizada de $\dot{N}_2/N_2$ es mayor que la elección del planificador social para cada valor de N_2/N_1. Este resultado implica que el valor de estado estacionario de N_2/N_1 en la solución descentralizada es superior al valor de estado estacionario elegido por el planificador social.[23]

23. Se acepta el supuesto de que el valor de los parámetros es tal que en el estado estacionario N_2/N_1

En la solución descentralizada la tasa de crecimiento de N_2 es demasiado alta, ya que la asignación de recursos a la imitación (y por lo tanto al crecimiento) equivale al incremento de la pesca en un lago susceptible de agotamiento. En concreto, un agente que gasta $\nu_2(N_2/N_1)$ a fin de incrementar N_2, no tiene en consideración que esta acción aumentará el coste al que se enfrentarán los futuros imitadores de productos. Bajo otro enfoque, los agentes privados consideran la ganancia de capital $\dot{\nu}_2/\nu_2$ como parte de su rendimiento de la imitación, mientras que este término no forma parte del rendimiento social. Este tipo de distorsión no surgiría si de alguna manera a los posibles imitadores del país 2 se les asignara de entrada unos derechos de propiedad bien definidos sobre los bienes del país 1 que cada uno de ellos pudiera copiar. Tampoco aparecería la distorsión si los inventores del país 1 poseyeran los derechos de adaptación al país 2.

Podemos hacer comparaciones similares en lo que respecta al bienestar en el caso del análisis de la sección 8.3, en el que el valor ν_2 era bajo y constante. En el estado estacionario, tanto la solución del planificador social como la descentralizada se caracterizan por $N_2/N_1 = 1$ con N_2 y C_2 creciendo a la tasa γ_1. No obstante, en el caso descentralizado, la competencia entre posibles imitadores hace que el coste efectivo de la imitación alcance $\nu_2^* > \nu_2$. Este despilfarro de recursos implica que el nivel de estado estacionario de $\chi_2 \equiv C_2/N_2$ es inferior al alcanzado en el marco de la acción del planificador social. (Este resultado se cumple aún si la solución descentralizada comporta la subvención por el uso de los bienes intermedios en el país 2 adecuada.)

Recuerde que, cuando en el caso descentralizado se alcanzaba $N_2 = N_1$ en el momento T, C_2 aumentaba bruscamente y, en consecuencia, los recursos dedicados a la copia descendían con la misma brusquedad. Podemos demostrar que la solución del planificador social en el país 2 no comporta tales saltos. La tasa de crecimiento de C_2 disminuye de forma discreta en el momento T, pero el nivel de C_2 y, por lo tanto, la cantidad de recursos dedicados a la copia no varía bruscamente.

Para $t < T$, podemos demostrar que la elección descentralizada de $\dot{N}_2/N_2$ es superior al valor del planificador social. (Este resultado se cumple aún si la solución descentralizada comporta la subvención apropiada por el uso de los bienes intermedios en el país 2.) Los valores de $\dot{C}_2/C_2$ son los mismos (y constantes) en ambos casos, aunque la trayectoria descentralizada se caracteriza por niveles inferiores de $\chi_2 \equiv C_2/N_2$ y, por lo tanto, niveles superiores de recursos dedicados a la copia $\nu_2\dot{N}_2$.

Nuevamente, el problema radica en el incentivo excesivo de garantizar los derechos de propiedad en el país 2. En el modelo con costes de copia $\nu_2(N_2/N_1)$ ligeramente crecientes, este incentivo se pone de manifiesto mediante el flujo de ganancias de capital de los propietarios de los derechos de monopolio del país 2. En el modelo con ν_2 constante, el incentivo proviene de la predicción de una tasa infinita de ganancia de capital durante un instante en la fecha T. De cualquier manera, las ganancias de capital motivan que la imitación se haga a una tasa excesivamente elevada.[24]

---

es siempre inferior a la unidad.

24. En un marco alternativo, el coste ν_2 es independiente de N_2/N_1 aunque está inversamente re-

8.8. Observaciones recapitulativas a propósito de la difusión y el crecimiento

La difusión de tecnología a los países seguidores procedente de las economías líderes acarrea costes de imitación y adaptación. Aceptábamos el supuesto de que dichos costes eran inferiores a los costes de innovación cuando se había copiado poco, pero que aumentaban a medida que el conjunto de ideas sin copiar disminuía. Esta estructura de costes implica una forma de rendimientos decrecientes de la imitación y, por lo tanto, tiende a generar un patrón de convergencia. Los países seguidores tienden a crecer más deprisa cuanto mayor es la distancia que los separa de los líderes. Sin embargo, este proceso es condicional, en el sentido de que la tasa de crecimiento depende, para un diferencial tecnológico dado, de las políticas públicas y de otras variables que influyen sobre la tasa de rendimiento de la imitación del país seguidor.

En el estado estacionario, los países líderes y seguidores crecen a la misma tasa. Así pues, a largo plazo se produce la igualdad de las tasas de crecimiento, aún cuando los países tengan distintos costes de I+D, distintos niveles de productividad y diferente disposición a ahorrar. Si los países tuvieran las mismas preferencias en lo que respecta al ahorro (es decir, idénticos parámetros θ_i y ρ_i), la igualdad de tasas de crecimiento implica que en el estado estacionario las tasas de rendimiento también son iguales. Así pues, aún a falta de un mercado mundial de capitales, a largo plazo la difusión de la tecnología es capaz de igualar las tasas de rendimiento entre países.

En ciertos casos, la difusión tecnológica conlleva la imitación de productos o ideas desarrollados en el exterior por parte de los empresarios locales. Este proceso es caro, pero a menudo evade el pago de honorarios al inventor del bien o del método de producción. En otros casos, la difusión se produce a través de la inversión extranjera. La protección de los derechos de propiedad intelectual a nivel internacional fomenta el incentivo apropiado a la invención de nuevos bienes y técnicas en las economías líderes. Por este motivo, el respeto de dichos derechos tiende a aumentar la tasa de crecimiento a largo plazo tanto en los países líderes como en las economías seguidoras.

8.9. Problemas

8.1. Óptimo de Pareto en el modelo líder-seguidor. Considere el modelo líder-seguidor descrito en las secciones 8.1 y 8.2.

a. Analice las distorsiones que conducen a soluciones que no son óptimos de Pareto. ¿Cuáles son las diferencias entre dichas distorsiones y las del modelo de variedades de un único país analizado en el capítulo 6?

b. ¿Qué políticas podrían adoptarse para lograr óptimos de Pareto?

---

lacionado con el tiempo transcurrido desde que surgió la invención en el país 1. La idea es que las adaptaciones más rápidas son más caras. En este marco, la distorsión supondría que los agentes del país 2 imitan con demasiada rapidez y por lo tanto soportan costes de imitación excesivos desde el punto de vista social. Nuevamente, el problema surge del incentivo de garantizar los derechos de propiedad en el país 2.

c. Suponga que el país líder ha alcanzado un equilibrio descentralizado sin intervención estatal. ¿Sería óptimo en algún caso que el Estado del país seguidor subvencionara la innovación del país líder?

8.2. Tasas de rendimiento en el modelo líder-seguidor. Considere de nuevo el modelo líder-seguidor descrito en las secciones 8.1 y 8.2.

a. ¿Son constantes las tasas de rendimiento en los dos países? ¿Cuál de las dos tasas de rendimiento es mayor?

b. ¿Qué ocurre si el líder y el seguidor comparten un mercado de crédito perfecto?

8.3. Convergencia en el modelo del líder y del seguidor

a. En el modelo líder-seguidor descrito en las secciones 8.1 y 8.2, analice si los dos países convergen a los mismos niveles de producción per cápita y salario. Analice si convergen a una tasa común de crecimiento de la producción per cápita.

b. ¿Es posible que el país que inicialmente posee el nivel de producción per cápita más bajo se convierta en el país con el nivel de producción per cápita mayor? ¿Es posible que más adelante se produzca un nuevo intercambio en los niveles relativos de producción per cápita?

c. ¿Pueden los países intercambiar sus papeles en lo que respecta a la innovación y la imitación en algún momento?

d. ¿Cuáles son las implicaciones del modelo en lo que respecta a la convergencia absoluta y condicional?

8.4. Diferentes teorías de convergencia. Compare los resultados de las teorías de la difusión con los obtenidos en el modelo de Ramsey en lo que respecta a la convergencia. ¿Es posible distinguir las teorías empíricamente? Si es así, ¿cómo?

8.5. Inversión extranjera

a. Analice el papel de la inversión extranjera en el marco de los modelos de difusión.

b. ¿La posible inversión extranjera en el país 2, la economía imitadora, beneficia a los agentes del país 1, la economía innovadora?

c. ¿La posible inversión extranjera beneficia a los agentes del país 2, la economía imitadora? ¿Querrá siempre el país 2 respetar los derechos de propiedad intelectual de los empresarios del país 1?

8.6. Salto tecnológico

a. Analice el concepto de adelantamiento y demuestre en qué se diferencia de la convergencia absoluta.

b. El modelo de Ramsey del capítulo 2 (ampliado de manera que tenga en cuenta perturbaciones aleatorias de la tecnología) ¿excluye la posibilidad de adelantamientos? ¿Se ve refutado este modelo por la observación de que una economía que inicialmente se encuentra a la zaga en complejidad tecnológica se convierta en líder en una fecha posterior?

8.7. Innovación y transferencia de tecnología (basado en Krugman, 1979). Considere un mundo formado por dos países (Norte y Sur) donde hay M tipos de bienes de consumo. Estos bienes pueden intercambiarse entre países, aunque no almacenarse. Cada país tiene L consumidores trabajadores con funciones instantáneas de utilidad que se expresan de la manera siguiente

$$U = \left(\sum_{i=1}^{M} (c_i)^{\theta} \right)^{1/\theta}$$

donde $0 < \theta < 1$ y c_i es la cantidad consumida de bien i. Hay dos tipos de bienes, los antiguos y los nuevos. En un momento cualquiera del tiempo, de los M bienes M_0 son antiguos y $M_n = M - M_o$ son nuevos. La tecnología de producción de los bienes antiguos es libre, de manera que pueden producirse tanto en el Norte como en el Sur. La tecnología de producción de los bienes nuevos es libre en el Norte, pero en el Sur no tienen acceso a la misma. Se necesita una unidad de trabajo para producir una unidad de cualquier bien, y todos los bienes se producen en condiciones de competencia perfecta.

Normalice el precio de todos los bienes antiguos a 1, y llame P_n al precio de los bienes nuevos. (Observe que los precios de todos los bienes antiguos son idénticos entre sí y que los precios de todos los bienes nuevos también son idénticos entre sí.) Llame w_N y w_S a los salarios del Norte y del Sur, respectivamente. Defina τ como la relación de intercambio del Norte, es decir, el ratio entre los precios de los bienes producidos en el Norte y los precios de los producidos en el Sur.

a. ¿De qué manera depende τ de w_N y w_S? ¿Cómo depende y, el ratio entre la renta per cápita del Norte y la renta per cápita del Sur, de w_N y w_S?

b. Llamemos $\sigma \equiv M_n/M_o$. Calcule el patrón de especialización de la economía mundial en función de σ. Utilice este resultado para relacionar w_N, w_S, τ, e y con σ.

c. Llamemos $\dot{M} = iM$ a la tasa de innovación del Norte, donde i es un valor exógeno. Llamemos $\dot{M}_o = tM_n$ a la tasa de transferencia tecnológica, donde t es un valor exógeno. Halle el valor de estado estacionario de σ y su ley de movimiento. ¿Cómo varía en el tiempo el patrón mundial de especialización? ¿Qué le ocurre a y con el paso del tiempo?

d. Defina el conjunto de condiciones iniciales en las que se cumple la convergencia, es decir, $\dot{y} < 0$. En este modelo, ¿es equivalente la convergencia a la equiparación a largo plazo de las rentas, es decir, $y^* = 1$?

8.8. Elección de la tecnología y el adelantamiento tecnológico (basado en Ohyama y Jones, 1993). Considere un mundo formado por dos países, con un único bien no almacenable. Cada país tiene L consumidores trabajadores con preferencias lineales y una tasa de preferencia temporal $\rho > 0$. Existe una tecnología tradicional que se expresa de la siguiente manera

$$q_i^T = A_i \cdot (1 - \theta_i)$$

para $i = 1, 2$, donde $1 - \theta_i$ es la participación de la población activa utilizada en la tecnología tradicional del país i. El país 1 es el líder tecnológico actual, es decir, $A_1 > A_2$.

En el momento cero, aparece una nueva tecnología con las siguientes características:

$$q_i^N = B_i\theta_i$$

$$B_i = B + \lambda \cdot \int_0^t q_i^N \cdot d\tau$$

donde B es una constante con $0 < B < A_i$, y λ es otra constante con $0 < \lambda < \rho$. La nueva tecnología es menos productiva al principio ($B < A_i$), pero se caracteriza por la existencia de aprendizaje mediante la experiencia ($\lambda > 0$).

a. Suponga que las tecnologías son mutuamente excluyentes dentro de un país, de manera que θ_i tiene que ser igual a 0 o a 1. ¿En qué condiciones la nueva tecnología será adoptada y por cuál de los países? ¿Es posible que se observe adelantamiento? Si es así, calcule el periodo T necesario para que el país 2 sobrepase al país 1.

b. Suponga ahora que las tecnologías pueden operar simultáneamente dentro del país, de manera que $0 \leq \theta_i \leq 1$. En el momento cero, cada país elige el valor de θ_i y se ve obligado a mantenerlo para siempre. ¿Se observará adopción parcial en algún momento? Analice si el adelantamiento tecnológico es posible y, si lo es, calcule T.

c. Suponga ahora que existen unos costes únicos al cambiar de la tecnología tradicional a la nueva tecnología, y que estos costes vienen dados por la expresión $c(\theta_i) = c\theta_i/(1 - \theta_i)$ donde $c > 0$ es una constante. ¿En qué condiciones observaremos adopción parcial? Analice si es posible el adelantamiento tecnológico y, si lo es, calcule T.

d. (Difícil) Por último, suponga que θ_i puede tomar diferentes valores en cada momento del tiempo. Suponga nuevamente que no hay costes de cambiar de la antigua tecnología a la nueva. Describa la dinámica de θ_i y de la producción. Analice si el adelantamiento tecnológico es posible y, si lo es, calcule T. Repita el análisis para el caso en el que haya un coste único de cambio de tecnología igual a $c(\theta_i)$.

Oferta de trabajo y población

Capítulo 9

En los capítulos precedentes, aceptábamos el supuesto de que la población y la población activa crecían en la misma medida a la tasa exógena n. En este capítulo endogeneizamos la participación de ambas de tres formas diferentes. En primer lugar, introducimos la presencia de movimientos migratorios en respuesta a la aparición de oportunidades económicas. Este proceso modifica la población y la población activa para unos niveles de fertilidad y mortalidad dados. En segundo lugar, introducimos decisiones sobre fertilidad, otra vía que permite la determinación endógena de la población y de la población activa. Por último, tenemos en cuenta variaciones del esfuerzo laboral. Es decir, eliminamos la identidad entre población activa y población.

9.1. La migración en los modelos de crecimiento económico

La migración de individuos es un mecanismo que permite la modificación de la población de una economía y de su oferta de trabajo. Esta migración o movilidad laboral es equivalente a la movilidad del capital que analizábamos en el capítulo 3. A diferencia de éste, en el que el capital tiende a desplazarse desde lugares con tasas de rendimiento bajas hacia lugares con tasas de rendimiento altas, el trabajo tiende a desplazarse desde economías con salarios bajos u otras condiciones laborales desfavorables hacia economías con salarios altos y condiciones favorables. En el análisis anterior hallamos que la movilidad de capital tiende a acelerar la convergencia de la economía hacia su posición de estado estacionario, y ahora hallaremos que la movilidad laboral generalmente también tiene el mismo efecto.

La migración se diferencia de varias maneras del crecimiento natural, es decir, la diferencia entre nacimientos y defunciones. En primer lugar, en el caso de los movimientos migratorios, los aumentos de población de la economía de destino representan pérdidas equivalentes en la economía de origen. Así pues, debemos considerar la emigración y la inmigración como dos caras del mismo proceso.

En segundo lugar, a diferencia de los recién nacidos, los emigrantes cuentan con un capital humano acumulado. Puesto que el desplazamiento de los individuos conlleva el desplazamiento de su capital humano, la movilidad laboral o migración implica un cierto grado de movimiento de capital. Los recién nacidos también se diferencian de los emigrantes en que los residentes de la economía tienden a ocuparse de los primeros, es decir, de su descendencia, pero no de los segundos. Estos distintos vínculos entre la población implican diferencias en la manera en la que el crecimiento de la población se relaciona con el comportamiento del ahorro y, por lo tanto, con las tasas de crecimiento económico.

El modelo Solow-Swan, con una economía cerrada y una tasa de ahorro constante y exógena, es un buen punto de partida para el estudio de los flujos migratorios y el crecimiento. La ampliación para incluir la emigración significa que las economías están abiertas en cierta medida. Es decir, los procesos migratorios implican un cierto grado de movilidad del trabajo no cualificado y del capital humano. Si bien el análisis tiene en cuenta una retroalimentación desde el crecimiento económico a los salarios y a la tasa de migración, el problema subyacente de optimización de los emigrantes no se analiza en este momento. Es decir, el primer modelo postula simplemente una forma funcional de la función de migración.

Posteriormente, se amplia el análisis al modelo de Ramsey en el que el comportamiento del ahorro refleja la optimización decidida por los hogares. Esta ampliación acepta el supuesto de que la familia representativa determina la trayectoria del consumo sin tener en cuenta el bienestar de los emigrantes. Este modelo sigue utilizando la forma adoptada de la función de migración.

Por último, presentamos un modelo que permite la movilidad del capital y establece el supuesto de que las tasas de migración vienen determinadas por la optimización de los hogares. En este modelo, podemos analizar de qué manera los cambios en los costes o beneficios asociados al flujo migratorio afectan a las trayectorias dinámicas de la migración y el crecimiento.

9.1.1. Migración en el modelo Solow-Swan

El modelo con migración Esta sección incluye la migración en el modelo Solow-Swan de una economía cerrada. Así pues, se permite la movilidad de personas, pero se establece el supuesto de que la economía no admite ni bienes ni activos del exterior. Es decir, aceptamos el supuesto poco verosímil de que las personas son más móviles que el capital físico. A pesar de que este supuesto es un caso extremo, el análisis pone de manifiesto ciertos efectos de los movimientos migratorios sobre el proceso de crecimiento. Una sección posterior tendrá en cuenta la movilidad del capital.

Denominemos $M(t)$, que puede ser positivo o negativo, al flujo de migrantes dentro de la economía nacional y $\kappa(t)$ a la cantidad de capital que cada emigrante trae consigo. Puesto que aceptamos el supuesto de que el capital no puede venir solo, la cantidad de capital que cada emigrante trae consigo aporta un cierto grado de movilidad de capital.

Normalmente los emigrantes no traen gran cantidad de capital físico (maquinaria y edificios), pero poseen cantidades importantes de capital humano. En este momento resulta conveniente no distinguir entre distintos tipos de capital (al contrario que en los capítulos 4 y 5) y en su lugar trabajar con un único concepto de capital en sentido amplio, que incluye tanto el componente físico como el humano. Por lo tanto κ es la cantidad de capital en sentido amplio que acompaña a cada emigrante.[1]

1. En este modelo los emigrantes no mantienen derecho alguno sobre rentas exteriores. Los emigrantes ceden o consumen todo el capital que no pueden llevarse consigo. Tampoco tenemos en cuenta las remesas que los emigrantes envían a los miembros de su familia que permanecen en el país de origen.

La población y la población activa $L(t)$ nacionales crecen debido a la fertilidad neta (deducida la mortalidad) a una tasa constante y exógena igual a n. Por lo tanto, la tasa de crecimiento total de la población es igual a

$$\dot{L}/L = n + M/L = n + m \tag{9.1}$$

donde $m \equiv M/L$ es la tasa neta de migración. Por simple comodidad hemos eliminado los índices de tiempo.

La variación en el stock de capital nacional es igual a

$$\dot{K} = s \cdot F(K, \hat{L}) - \delta K + \kappa M \tag{9.2}$$

donde s es la tasa de ahorro bruto, una constante. La novedad radica en que κM, el capital aportado por los inmigrantes o sacado del país por los emigrantes, contribuye a $\dot{K}$. La tasa de crecimiento del capital por trabajador efectivo $\hat{k}$ puede calcularse a partir de las ecuaciones 9.1 y 9.2 de la siguiente manera

$$\dot{\hat{k}}/\hat{k} = s \cdot f(\hat{k})/\hat{k} - (x + n + \delta) - m \cdot [1 - (\hat{\kappa}/\hat{k})] \tag{9.3}$$

donde $\hat{\kappa} \equiv \kappa e^{-xt}$ es el capital por "inmigrante efectivo", es decir, los inmigrantes multiplicados por el factor tecnológico e^{-xt}. (Suponemos que la tasa de progreso tecnológico exógeno x es idéntica para las economías extranjeras y la nacional.) Recuerde que $x + n + \delta$ es la tasa efectiva de depreciación del capital de los modelos sin migración, es decir, la tasa de disminución de $\hat{k}$ debida al crecimiento del trabajo efectivo a la tasa $x + n$ y a la depreciación del stock de capital a la tasa δ. (Véase, por ejemplo, la ecuación [1.30] del modelo Solow-Swan.) Esta tasa de depreciación efectiva se ve ahora incrementada por un término migratorio, $m \cdot [1 - (\hat{\kappa}/\hat{k})]$. El término general será pues idéntico al de modelos anteriores si $m = 0$ o si $\hat{\kappa} = \hat{k}$ en todo momento.

Puesto que los inmigrantes aportan poco capital físico se cumplirá $\hat{\kappa} < \hat{k}$ excepto en el caso de que el capital humano por inmigrante sea considerablemente mayor que el del trabajador de la economía nacional.[2] Si $\hat{\kappa} < \hat{k}$, el término migratorio $m \cdot [1 - (\hat{\kappa}/\hat{k})]$ aumenta la tasa de depreciación efectiva si $m > 0$, y la disminuye si $m < 0$. Si los inmigrantes no aportan capital, $\hat{\kappa} = 0$, la tasa de migración m se añade íntegramente a la tasa de crecimiento natural de la población n de la ecuación (9.3). Si identificamos n con el nacimiento de niños, este resultado parece lógico, ya que consideramos que los niños son inicialmente individuos sin capital humano.[3]

Si $m > 0$, la cantidad $\hat{\kappa}$ es el capital por trabajador efectivo que aporta cada inmigrante. Esta cantidad estará relacionada con el capital total por trabajador

2. Si $m > 0$, tenemos que comparar el capital de los inmigrantes con el de los individuos de la economía receptora. Si $m < 0$, la comparación se establece entre los emigrantes y los individuos de la economía emisora.

3. A diferencia de este caso, la muerte implica la pérdida del capital humano de un individuo. No obstante, hemos simplificado nuestro análisis considerando la depreciación de capital físico y capital humano como el múltiplo constante δ de los stocks de capitales existentes.

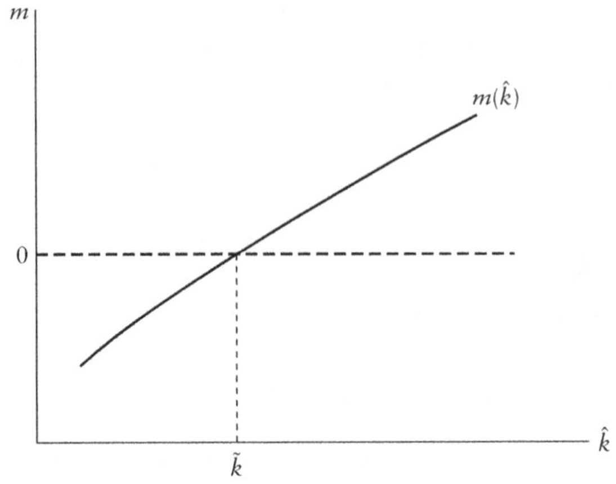

ILUSTRACIÓN 9.1 | La tasa de migración. Para unas condiciones dadas de otras economías, un valor de $\hat{k}$ mayor aumenta el salario nacional y por lo tanto tiende a incrementar la tasa de migración m. El valor $\tilde{k}$ es la cantidad de capital por trabajador efectivo tal que la tasa de migración neta es igual a cero.

efectivo que predomine en el lugar de origen del inmigrante. Dadas las condiciones del país de origen, que determinan $\hat{\kappa}$, la cantidad $\hat{\kappa}/\hat{k}$ disminuirá a medida que $\hat{k}$ aumente en el país de destino.[4] Es más, si aceptamos el supuesto de que el país extranjero típico se sitúa cerca de su posición de estado estacionario, podemos considerar que $\hat{\kappa}$ es prácticamente constante en el tiempo.

Si $m<0$, la cantidad $\hat{\kappa}$ representa el capital por trabajador efectivo de cada emigrante.[5] En este caso, es muy probable que $\hat{\kappa}/\hat{k}$ sea prácticamente constante; es decir, $\hat{\kappa}/\hat{k}$ no variará al aumentar $\hat{k}$.

La función de migración En una sección posterior construimos un modelo en el que la tasa de migración depende directamente del valor actual de los salarios nacionales, en comparación con el valor actual de los salarios en otras economías. Para unas condiciones dadas en otras economías, un valor de $\hat{k}$ mayor aumenta el salario nacional y por lo tanto tiende a incrementar la tasa de migración, m.[6]

En el modelo presente, aceptamos la premisa de que existe una relación directa entre m y $\hat{k}$, como la reflejada en la ilustración 9.1. El supuesto es que las condiciones que afectan a los salarios por unidad de trabajo efectivo de otras economías no varían al variar $\hat{k}$. También mantenemos constante los servicios públicos percibidos en la economía nacional o en el exterior que forman parte de las funciones de utilidad de los hogares. Observe que el valor denominado $\tilde{k}$ en la ilustración corresponde a un flujo migratorio neto igual a cero.

4. Obviamos la posibilidad de que un cambio en $\hat{k}$ haga variar la selección de los inmigrantes en lo que respecta a su capital $\hat{\kappa}$.

5. Aceptamos el supuesto de que la emigración y la inmigración no se producen al mismo tiempo, de manera que la migración bruta y neta son iguales. De forma más general, la heterogeneidad del capital humano u otras variables harían que los flujos brutos fueran superiores a los flujos netos.

6. No obstante, sin movilidad de capital un mayor $\hat{k}$ también disminuye la tasa de rendimiento nacional del capital, incluido el capital humano que los emigrantes aportan. Aceptamos el supuesto de que predomina el efecto del salario superior.

Un experimento que nos gustaría analizar es el desplazamiento de la función de migración $m(\hat{k})$. La teoría de la migración que utilizamos más adelante relaciona estos desplazamientos con los cambios en los costes o beneficios asociados a la migración. Por ejemplo, una disminución de los salarios o un deterioro de los servicios públicos en los países extranjeros aumenta el atractivo de la emigración hacia el país receptor y, por lo tanto, desplaza hacia arriba la función $m(\hat{k})$. Entre otras cosas, la pendiente de la función depende de la relación entre el coste de emigrar (del emigrante marginal) y el volumen de la migración. Si este coste aumenta rápidamente al aumentar el número de los migrantes, una variación de $\hat{k}$ tiene sólo una pequeña influencia sobre la migración. Es decir, la curva $m(\hat{k})$ es relativamente plana.

Definamos el término general de la migración que aparece en el segundo miembro de la ecuación (9.3) como

$$\xi(\hat{k}) \equiv m(\hat{k}) \cdot [1 - (\hat{\kappa}/\hat{k})] \tag{9.4}$$

de manera que la tasa de crecimiento de $\hat{k}$ corresponde a la expresión

$$(1/\hat{k}) \cdot \dot{\hat{k}} = s \cdot f(\hat{k})/\hat{k} - [x + n + \delta + \xi(\hat{k})] \tag{9.5}$$

La tasa de depreciación efectiva $x+n+\delta+\xi(\hat{k})$ incluye el término $\xi(\hat{k})$ en su totalidad. La fracción $m(\hat{k})$ de $\xi(\hat{k})$ de la ecuación (9.4) aumenta la tasa de crecimiento del trabajo efectivo y por lo tanto $x+n$. La fracción $-m(\hat{k}) \cdot (\hat{\kappa}/\hat{k})$ es la parte negativa del efecto del capital humano de los migrantes sobre la tasa de crecimiento del stock de capital nacional. Esta entrada de capital humano disminuye la tasa de depreciación efectiva.

Si $m(\hat{k}) > 0$, dijimos que podíamos considerar que $\hat{\kappa}$ era independiente de $\hat{k}$. En este caso, el efecto de $\hat{k}$ sobre $\xi(\hat{k})$ viene dado a partir de la ecuación (9.4) por

$$\xi'(\hat{k}) = m'(\hat{k}) \cdot [1 - (\hat{\kappa}/\hat{k})] + m(\hat{k}) \cdot \hat{\kappa}/(\hat{k})^2$$

Así pues, se deduce que $\xi'(\hat{k}) > 0$ a partir de $m'(\hat{k}) > 0$, $\hat{\kappa} < \hat{k}$ y $m(\hat{k}) > 0$.

Si $m(\hat{k}) < 0$, dijimos que podíamos considerar que $\hat{\kappa}/\hat{k}$ era constante. En ese caso, se deduce que $\xi'(\hat{k}) > 0$ a partir de la ecuación (9.4), porque $m'(\hat{k}) > 0$ y $\hat{\kappa} < \hat{k}$. Así pues, aceptamos el supuesto de que $\xi'(\hat{k}) > 0$ tanto si la tasa de migración es positiva como negativa. Esto implica que un valor mayor de $\hat{k}$ aumenta la depreciación efectiva $x + n + \delta + \xi(\hat{k})$ de la ecuación (9.5), a diferencia de modelos anteriores, en los que este término era independiente de $\hat{k}$.

El estado estacionario La ilustración 9.2 adopta la forma estándar de un diagrama de crecimiento. Como habitualmente, la curva $s \cdot f(\hat{k})/\hat{k}$ tiene pendiente negativa, debido al producto medio del capital decreciente. La recta horizontal al nivel $x+n+\delta$ ha sido sustituida por una curva de pendiente positiva, $x + n + \delta + \xi(\hat{k})$. Si $\hat{k} = \tilde{k}$, entonces $m(\hat{k}) = 0$ (véase la ilustración 9.1) y $\xi(\hat{k}) = 0$ (véase la ecuación [9.4]). Por lo tanto, la altura de la curva de depreciación efectiva en $\tilde{k}$ es $x + n + \delta$. Si

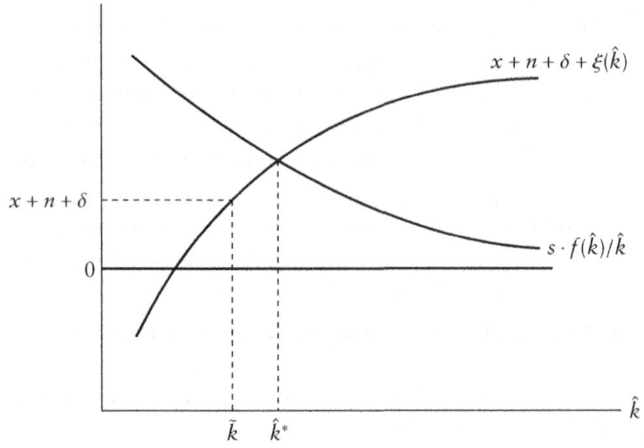

ILUSTRACIÓN 9.2 I El modelo Solow-Swan con migración. La respuesta positiva de la migración neta al salario implica que la tasa de crecimiento de la población es una función directa de $\hat{k}$. Por tanto, la expresión que recoge la depreciación efectiva en el modelo Solow-Swan tiene pendiente positiva. El estado estacionario viene determinado por la intersección de la curva de ahorro, $s\cdot f(\hat{k})/\hat{k}$, con la curva de depreciación efectiva, $x+n+\delta+\xi(\hat{k})$. Para cualquier valor de $\hat{k}$, la tasa de crecimiento de $\hat{k}$ viene dada por la distancia vertical entre las dos curvas.

$\hat{k}>\tilde{k}$, entonces $m(\hat{k})>0$ y la curva de depreciación efectiva se sitúa por encima de $x+n+\delta$. Por el contrario, si $\hat{k}<\tilde{k}$, la curva de depreciación efectiva se sitúa por debajo de $x+n+\delta$. En la ilustración 9.2 hemos trazado las curvas de manera que la intersección se produce en el punto $\hat{k}^*$, superior a $\tilde{k}$.

El estado estacionario corresponde a la intersección de las curvas $s\cdot f(\hat{k})/\hat{k}$ y $x+n+\delta+\xi(\hat{k})$ en el punto $\hat{k}^*$. Dada la forma en la que hemos trazado las curvas, de manera que $\hat{k}^*>\tilde{k}$, $m^*>0$ y la economía nacional recibe inmigrantes en el estado estacionario. Es decir, la economía se convierte en el estado estacionario en receptora permanente de inmigrantes (o se convertiría en un remitente perpetuo de emigrantes si $\hat{k}^*<\tilde{k}$).[7]

Podemos utilizar la ilustración 9.2 para evaluar los efectos de las variaciones de diversos parámetros sobre los valores de estado estacionario. Por ejemplo, un aumento de s o una mejora permanente en la función de producción desplaza hacia arriba la curva $s\cdot f(\hat{k})/\hat{k}$ y por lo tanto provoca incrementos de $\hat{k}^*$ y m^*. El incremento de m^* se produce porque el desplazamiento aumenta el salario por unidad de trabajo efectivo en el estado estacionario y, por lo tanto, hace que a ojos de los extranjeros aumente el atractivo de la economía.

Si las condiciones empeoran en otras economías, en la ilustración 9.1 la función de migración $m(\hat{k})$ se desplazaría hacia arriba. Este cambio desplaza la curva de depreciación efectiva $x+n+\delta+\xi(\hat{k})$ de la ilustración 9.2 de manera similar (véase la expresión de $\xi[\hat{k}]$ de la ecuación [9.4]). Por lo tanto, $\hat{k}^*$ disminuye y m^* aumenta.

7. La teoría de la migración que analizamos en una sección posterior acepta el supuesto de que un nivel de población mayor congestiona ciertos factores fijos, como la tierra. Esta congestión implica que la tasa de migración de estado estacionario es cero en cada economía (si en cada economía en el estado estacionario la tasa de crecimiento natural de la población n también es cero).

Así pues, un aumento de la oferta de inmigrantes disminuye la intensidad de capital en el estado estacionario de la economía nacional. Este resultado proviene del hecho de que los inmigrantes aportan relativamente poco capital.

Dinámica de transición y convergencia A fin de evaluar la velocidad de convergencia de la ecuación (9.5), aplicamos el procedimiento habitual y trabajamos con una función de producción tipo Cobb-Douglas $f(\hat{k}) = A\hat{k}^{\alpha}$. A partir de la ecuación (9.4) hacemos una aproximación lineal logarítmica de la función $\xi(\hat{k})$:

$$\xi(\hat{k}) \equiv m(\hat{k}) \cdot [1 - (\hat{\kappa}/\hat{k})] \approx b \cdot [\log(\hat{k}/\hat{k}_{\text{mundo}})] \tag{9.6}$$

donde $b \geq 0$ y $\hat{k}_{\text{mundo}}$ representa la intensidad de capital de otras economías. La ecuación (9.6) implica que $\xi(\hat{k}) = 0$ si la economía nacional tiene la misma intensidad de capital que el resto del mundo, porque en dicho caso el incentivo para emigrar sería nulo (si hacemos caso omiso de las diferencias en servicios públicos o de funciones de producción). Consideramos $\hat{k}_{\text{mundo}}$ como si fuera una constante; es decir, suponemos que el mundo se encuentra (en promedio) en el estado estacionario.

El elemento clave en el análisis de la convergencia será el valor del parámetro b. Para ver qué representa exactamente este parámetro, derivemos la ecuación (9.6) con respecto a $\log(\hat{k})$ y obtenemos[8]

$$b = \partial\xi(\hat{k})/\partial[\log(\hat{k})] = [1 - (\hat{\kappa}/\hat{k})] \cdot \partial m(\hat{k})/\partial[\log(\hat{k})] \tag{9.7}$$

Esta ecuación demuestra que, si $\hat{\kappa} < \hat{k}$, b depende directamente de la sensibilidad de la migración con respecto al $\log(\hat{k})$. Ya dijimos anteriormente que, si el coste de emigrar (del emigrante marginal) aumenta rápidamente en relación al número de emigrantes, la función $m(\hat{k})$ de la ecuación 9.1 será relativamente plana. En ese caso, el coeficiente b será pequeño. Para el caso extremo en el que el coste de emigrar aumenta con extraordinaria rapidez al aumentar m, b es cercano a 0, y por lo tanto $\xi(\hat{k})$ también es cercano a 0, y el término de depreciación efectiva de la ecuación (9.5) es aproximadamente $x + n + \delta$ como en los modelos iniciales.

Para una sensibilidad de la migración a $\log(\hat{k})$ dada, el coeficiente b disminuye al aumentar $\hat{\kappa}/\hat{k}$. En concreto, si $\hat{\kappa} = \hat{k}$, entonces $b = 0$ y el término de depreciación efectiva nuevamente es igual a $x + n + \delta$.

Si hacemos una linealización logarítmica de la ecuación diferencial (9.5) en las proximidades de su estado estacionario, podemos hallar la expresión de la velocidad de convergencia al estado estacionario:

$$\beta = (1 - \alpha) \cdot (x + n + \delta) + b + b \cdot (1 - \alpha) \cdot \log(\hat{k}^{*}/\hat{k}_{\text{mundo}}) \tag{9.8}$$

Si $b = 0$, esta expresión es igual al valor del modelo Solow-Swan (ecuación [1.45]).

---

8. Para $m < 0$, a fin de calcular la ecuación (9.7) mantenemos fijo $\hat{\kappa}/\hat{k}$. Para $m > 0$, si mantenemos fijo $\hat{\kappa}$, la ecuación tendría el término adicional, $m(\hat{k}) \cdot (\hat{\kappa}/\hat{k})$ en el segundo miembro de la ecuación. Por lo tanto, la ecuación (9.7) es una aproximación satisfactoria cuando $m(\hat{k})$ es relativamente pequeño.

Si consideramos el caso de una economía típica, en la que $\hat{k}^* = \hat{k}_{\text{mundo}}$, y suponemos que $b > 0$, la ecuación (9.8) establece que el potencial de migración hace que el coeficiente de convergencia, β, sea superior al del modelo Solow-Swan en una cantidad igual al valor b. Para calcular el tamaño de b utilizamos algunos resultados empíricos de los factores determinantes de los flujos migratorios.

Barro y Sala-i-Martín (1991) y Braun (1993) utilizaron datos de los estados de EE.UU., las regiones japonesas y cinco países europeos (Alemania, España, Francia, Italia y Reino Unido) a fin de estimar la sensibilidad de la migración dentro del país ante diferencias de renta per cápita. El coeficiente de regresión de la tasa neta de migración respecto del logaritmo de la renta o el producto per cápita inicial alcanzaba un promedio anual de 0,012.

La sensibilidad de la migración entre naciones respecto de las diferencias de renta tiende a ser menor que la sensibilidad entre regiones de un mismo país. Por ejemplo, Hatton y Williamson (1994) analizan la emigración hacia los EE.UU. de once países europeos entre 1850 y 1913. El promedio de sus coeficientes de regresión, basados en la reacción de la inmigración ante diferencias proporcionales de los salarios, alcanzó un valor de 0,008 anual.

Para relacionar estos resultados con el coeficiente b, utilizaremos la relación Cobb-Douglas $\log(\hat{y}) = \log(A) + \alpha \cdot \log(\hat{k})$. Junto con la ecuación (9.7) obtenemos

$$b = \alpha \cdot [1 - (\hat{\kappa}/\hat{k})] \cdot \partial m / \partial[\log(\hat{y})] \tag{9.9}$$

Las estimaciones empíricas mencionadas anteriormente parecen indicar que $\partial m/\partial[\log(\hat{y})]$ es aproximadamente 0,012 anual entre regiones de un mismo país y alrededor de 0,008 anual entre países. En los capítulos 1 y 2 dijimos que en el caso de una definición amplia de capital era razonable considerar un valor del coeficiente α cercano a 0,75. Por lo tanto, tenemos que calcular el ratio $\hat{\kappa}/\hat{k}$ para hallar el valor del coeficiente b de la ecuación (9.9).

Dolado, Goria e Ichino (1994, tabla 2) examinan la composición de la inmigración de nueve países desarrollados (Alemania, Australia, Bélgica, Canadá, EE.UU., Países Bajos, Suecia, Suiza y Reino Unido) en el periodo 1960-87. Observan que el nivel educativo de los inmigrantes era, en promedio, un 80 % del de los nativos, bajo el supuesto de que la escolarización de los inmigrantes no era sistemáticamente distinta de la escolarización media en sus países de origen. Chiswick (1978, tabla 1), a partir de los datos del censo de EE.UU. de 1970, halló que el nivel educativo de los varones nacidos en el extranjero alcanzaban el 91 % del de los nativos. Borjas (1992, tabla 4), a partir de los datos del censo de EE.UU., halló que la escolarización de los varones nacidos en el extranjero aumentó desde el 79 % de la escolarización de los nativos en 1940 hasta el 83 % en 1950, el 87 % en 1960, el 94 % en 1970 y el 93 % en 1980.

En cuanto a la inmigración internacional, consideramos que 80 % es un valor normal del ratio del capital humano de los inmigrantes con respecto al de los nativos. Si los inmigrantes no aportan capital físico y si el ratio entre capital humano y capital total de la economía nacional es igual a 5/8, el valor que hallamos en el capítulo 5, entonces $\hat{\kappa}/\hat{k}$ es 0,5 (0,8 multiplicado por 5/8).

Para la migración dentro de un mismo país, es muy probable que el ratio del capital humano de los inmigrantes con relación al de los "nativos" sea superior al ratio internacional. Por ejemplo, Borjas, Bronars y Trejo (1992) hallan, con datos de 1986 de varones jóvenes, que los inmigrantes de un estado tenían de promedio un 3 % superior de años de estudios que el promedio de años de estudio de los nativos del estado.[9] Si suponemos que este ratio es el 100 %, $\hat{\kappa}/\hat{k}$ es igual a 0,62.

En el ámbito de regiones de un mismo país, usamos $\hat{\kappa}/\hat{k} = 0{,}62$ y $\partial m/\partial[\log(\hat{y})] = 0{,}012$ anual. Si suponemos que $\alpha = 0{,}75$, b es aproximadamente el 0,003 anual. En el ámbito internacional, con $\hat{\kappa}/\hat{k} = 0{,}5$ y $\partial m/\partial[\log(\hat{y})] = 0{,}008$ anual, si suponemos que $\alpha = 0{,}75$, b alcanza nuevamente un valor anual cercano a 0,003. Los resultados son semejantes en ambos casos porque el mayor valor de $\partial m/\partial[\log(\hat{y})]$ en el caso regional es contrarrestado por el mayor valor de $\hat{\kappa}/\hat{k}$.

Para el caso de los otros valores de los parámetros tratados previamente ($x = 0{,}02$, $n = 0{,}01$, $\delta = 0{,}05$), cuando $\alpha = 0{,}75$ el valor de β del modelo Solow-Swan es 0,020. El valor de β de la ecuación (9.8) es superior al valor del modelo Solow-Swan en una cantidad igual a b, es decir, β tendría un valor cercano a 0,023 en el caso regional e internacional. Por lo tanto, la introducción de la migración parece indicar, en primer lugar, que se produce un pequeño incremento, de aproximadamente un 10 %, de la velocidad de convergencia, y en segundo lugar, que los coeficientes de convergencia estimados entre regiones de un mismo país no se diferencian mucho de los coeficientes estimados entre naciones. Esta predicción es coherente con las investigaciones de Barro y Sala-i-Martín (1992a), cuyas estimaciones de las tasas de convergencia (condicional) entre regiones de un mismo país son sólo ligeramente superiores a las tasas entre naciones.

En la ecuación (9.9) un valor menor de $\hat{\kappa}/\hat{k}$ hace aumentar b y por lo tanto aumenta el coeficiente de convergencia β. Por lo tanto, las predicciones en lo que respecta a la convergencia serán distintas en el caso de una economía que reciba inmigrantes, $m > 0$, que en el caso de otra que envíe emigrantes, $m < 0$. Puesto que las economías receptoras tienden a tener intensidades de capital superiores a las remitentes, el valor de $\hat{\kappa}/\hat{k}$ tiende a ser menor en el caso de las receptoras. Por lo tanto, la propensión a emigrar aumenta la velocidad a la que las economías receptoras se aproximan a su estado estacionario. Como veremos más adelante, es incluso posible, que la emigración disminuya la velocidad de convergencia de las economías con emigración.

El potencial migratorio aumenta la velocidad de convergencia porque hemos supuesto que $b > 0$. Si la tasa de migración guardara relación directa con la renta, es decir, si $\partial m/\partial[\log(\hat{y})] > 0$, y si $\hat{\kappa}/\hat{k} > 1$, el coeficiente b de la ecuación (9.9) sería negativo. Se daría este caso si los inmigrantes contaran con un capital humano considerablemente superior a la media de sus economías de origen.

Para economías receptoras en las que $m > 0$, la condición $\hat{\kappa}/\hat{k} \geq 1$ no es verosímil. Los inmigrantes, no sólo contarían con más capital humano que el promedio del país receptor, sino que además esta diferencia en capital humano tendría que sobrepasar la desventaja de los inmigrantes al no aportar cantidades importantes de capital físico. Es poco probable que esta condición se cumpla porque, como ya se ha dicho, los inmigrantes tienden a contar con menos capital humano que los residentes de la economía receptora.

9. Esta información proviene de una tabla adicional que nos facilitó Steve Trejo.

Para economías con emigración en las que $m < 0$, la condición $\hat{\kappa}/\hat{k} \geq 1$ es posible aunque poco probable. En el caso de migración entre regiones de un mismo país, el enfoque habitual, expuesto por ejemplo por Greenwood (1975), es que tienen más probabilidades de emigrar aquellos con más estudios. Borjas, Bronars y Trejo (1992, tablas 2 y 4) calculan este efecto en el caso de varones jóvenes estadounidenses en el año 1986. Sus cálculos implican que los emigrantes tenían, de promedio, un 2 % más de años de estudio que la media de los nativos de su estado de origen. No obstante, este pequeño exceso de capital humano sería contrarrestado por la insuficiente aportación de capital físico (si seguimos aceptando el supuesto de que el capital físico no es perfectamente móvil dentro de los EE.UU.).

Hatton y Williamson (1994) observan que habitualmente los emigrantes europeos entre 1850 y 1913 eran personas no cualificadas, de manera que en este caso, se cumpliría $\hat{\kappa}/\hat{k} < 1$ incluso para el capital humano de las economías emisoras. En el caso de países pobres, es posible que sean los individuos con relativamente más capital humano los más dispuestos a emigrar, un fenómeno conocido como "fuga de cerebros". Esta situación es especialmente probable en el caso de los que retornan a la metrópolis tras la independencia de las colonias, como es el caso de los británicos desde India, los franceses desde Argelia y los portugueses desde Mozambique. En ciertos casos, esta influencia puede ser lo suficientemente grande como para compensar la incapacidad de los emigrantes de aportar cantidades importantes de capital que no sea el humano. Así pues, la posibilidad de emigrar, en estos casos, disminuiría la velocidad de convergencia de economías con emigración.

Un nuevo resultado cuando $b > 0$ radica en que β de la ecuación (9.8) aumenta al aumentar $\hat{k}^*$ manteniendo fijos los valores de los restantes parámetros. El motivo radica en que un $\hat{k}^*$ mayor implica una tasa de migración de estado estacionario m^* más elevada y, por lo tanto, una velocidad de convergencia mayor en las proximidades del estado estacionario. Por ejemplo, recuerde que una mejora permanente de la función de producción o un incremento de la tasa de ahorro de la economía nacional s hacen aumentar $\hat{k}^*$. Descubrimos ahora que dichos cambios también aumentan la velocidad de convergencia β. En el modelo Solow-Swan, por el contrario, β no variaba al variar el nivel de la función de producción o la tasa de ahorro.

Si aceptamos el supuesto de movilidad perfecta del trabajo, es decir, que el coste de migración sea cercano a cero, entonces $\partial m/\partial[\log(\hat{y})]$ se convierte en infinito. Por lo tanto, si $\hat{\kappa} < \hat{k}$, en la ecuación (9.9) el coeficiente b también alcanzaría el valor infinito. En consecuencia, la ecuación (9.8) implica que β alcanza el valor infinito, es decir, la movilidad perfecta del trabajo provoca una velocidad de convergencia infinita. Este resultado equivale al efecto de la movilidad perfecta del capital, analizado en el capítulo 3.

Por último, considere el efecto del coeficiente de participación del capital α sobre la velocidad de convergencia. El resultado habitual es que un aumento de α implica una menor tendencia del capital a sufrir rendimientos decrecientes. Por lo tanto, cuando α tiende a 1 la velocidad de convergencia disminuye y tiende a 0: es decir, la propiedad de convergencia no caracteriza al modelo AK, estudiado en el capítulo 4.

El coeficiente de convergencia β de la ecuación (9.8) muestra la habitual relación inversa entre β y α para un coeficiente b dado. (Estamos suponiendo que $\hat{k}^* = \hat{k}_{mundo}$, de manera que el último término del segundo miembro de la ecuación [9.8] es igual a cero.) La ecuación (9.9) muestra cómo se determina el coeficiente b. Para un valor dado de $\partial m/\partial[\log(\hat{y})]$, b aumenta al aumentar α, efecto que tendría que compensar la relación inversa entre β y α. No obstante, también tenemos que analizar el efecto de α sobre $\partial m/\partial[\log(\hat{y})]$.

En el caso de una función tipo Cobb-Douglas, el salario por unidad de trabajo efectivo es $\hat{w} = (1-\alpha)\cdot A\hat{k}^{\alpha}$, que es proporcional a $\hat{y}$. A medida que α aumenta, la participación en la renta de los salarios del trabajo no cualificado disminuye. Por lo tanto, podemos anticipar que $\partial m/\partial[\log(\hat{y})]$ también disminuye, dado que disminuye el beneficio del movimiento del trabajo no cualificado de un sitio a otro. Así, pues, no está claro, en términos netos, si b aumenta o disminuye al aumentar α. No obstante, a medida que α tiende a 1, $\hat{w}$ tiende a 0 y $\partial m/\partial[\log(\hat{y})]$ tenderá a 0 (puesto que el beneficio del movimiento del trabajo no cualificado se vuelve nulo). Este resultado significa que b tiende a 0 cuando α tiende a 1 y, por lo tanto, que el coeficiente β de la ecuación (9.8) también tiende a 0 cuando α tiende a 1. Así pues, aún con movimientos migratorios, si no existen rendimientos decrecientes del capital el modelo no se caracteriza por la propiedad de convergencia.

9.1.2. Migración en el modelo de Ramsey

En el capítulo 2 utilizábamos el modelo de Ramsey de optimización de los hogares para ampliar el modelo de Solow-Swan con una tasa de ahorro variable. A continuación aplicamos el modelo de Ramsey a la versión del modelo de Solow-Swan que incluye la migración. Los nuevos resultados conciernen a la interacción entre la migración y la elección de las tasas de ahorro. Estos resultados afectan al comportamiento de transición del ahorro y, por lo tanto, a la velocidad de convergencia, y también atañen al nivel de la tasa de ahorro y, por lo tanto, a algunas características del estado estacionario.

Planteamiento del modelo de Ramsey con migración El modelo que utilizamos es una modificación de la ampliación de Weil (1989) del modelo de Blanchard (1985) y es formalmente equivalente al estudio de los hogares con horizonte finito expuesto en el capítulo 3. Sin embargo, ahora aceptamos el supuesto de que los residentes nacionales son familias con horizonte infinito, como en el modelo de Ramsey, es decir, $p = 0$ en el modelo de Blanchard. El tamaño de cada familia crece a la tasa exógena y constante n.

Nuevamente, los inmigrantes entran en la economía a la tasa $m(t)$ y cada inmigrante aporta la cantidad de capital $\kappa(t)$, probablemente formada sobre todo por capital humano[10] Un supuesto clave radica en que, a diferencia de los hijos de los residentes actuales, nadie se preocupa de los emigrantes. Es decir, su consumo no aparece recogido en las funciones de utilidad de los residentes.[11]

10. Al igual que antes, los inmigrantes no poseen derecho financiero alguno sobre rentas exteriores.

11. El análisis también se adecua a la emigración, $m(t) < 0$, si a los residentes nacionales no les preocupan aquellos que emigran. Por ejemplo, si la migración tiene la forma de la marcha de familias enteras en el sentido más amplio, es natural suponer que a las familias restantes no les preocupan los que se marcharon. El problema se complica si los miembros de la familia que emigraron envían remesas

Llamemos $L(t)$ a la población nacional total en el momento t:

$$L(t) = L(0) \cdot e^{nt} \cdot \exp\left[\int_0^t m(v)\, dv\right] \tag{9.10}$$

Los habitantes $L(0)$ del momento 0 representan "nativos" idénticos, que se instalaron todos a la vez, en un proceso semejante a la colonización del estado de Oklahoma en la década de 1890.[12] Por lo tanto, la población en fechas posteriores está compuesta en parte por descendientes de nativos y en parte por inmigrantes y sus descendientes. En lo sucesivo normalizamos $L(0) = 1$.

Los hogares inmigrantes se ordenan según el año $j \geq 0$ de llegada al país. Para las familias nativas, fijamos $j = 0-$; es decir, estas familias llegaron al país en algún momento anterior al momento 0.

Condiciones de optimización y agregación de los resultados Los hogares de cada año j maximizan su utilidad dada en el momento t, que es

$$U(j, t) = \int_t^{\infty} \left\{\log[c(j, v)] \cdot e^{-(\rho-n)\cdot(v-t)}\right\} dv \tag{9.11}$$

donde $c(j, v)$ es el consumo por persona de los hogares del año j en el momento v. Al igual que en capítulo 3, suponemos que la función de utilidad es logarítmica, para simplificar la agregación de los emigrantes de distintos años.

El análisis del capítulo 2 implica que la maximización de la utilidad del hogar, sujeta a su restricción presupuestaria, se rige por las siguientes condiciones:

$$[1/c(j, t)] \cdot \dot{c}(j, t) = r(t) - \rho \tag{9.12}$$

$$\dot{a}(j, t) = [r(t) - n] \cdot a(j, t) + w(t) - c(j, t) \tag{9.13}$$

$$c(j, t) = (\rho - n) \cdot [a(j, t) + \tilde{w}(t)] \tag{9.14}$$

donde $a(j, t)$ son los activos por persona, $w(t)$ representa el salario (idéntico para todos los individuos) y $\tilde{w}(t)$ es el valor actual per cápita de los salarios futuros, que se expresa así:

$$\tilde{w}(t) = \int_t^{\infty} w(v) \cdot e^{n(v-t)} \cdot e^{-\bar{r}(v,t)\cdot(v-t)} \cdot dv \tag{9.15}$$

donde $\bar{r}(v, t) \equiv [1/(v-t)] \cdot \int_t^v r(v)\, dv$ es el tipo de interés promedio entre los momentos t y v. También contamos con la habitual condición de transversalidad, que requiere que el valor actual de los activos tienda asintóticamente a 0.

---

o reciben fondos de familiares que permanecen en la economía nacional.

12. De alguna manera tenemos que "poner fecha de inicio" a la población nacional. Para fechas $t > 0$ de un futuro lejano, la manera exacta en que las cosas empezaron no tiene mayor importancia. Véase Braun (1993) para un análisis más detallado.

El método de estudio del consumo agregado y de los activos agregados es básicamente el mismo que aplicamos al estudio de la economía con horizonte finito en el capítulo 3; por lo tanto, en este momento sólo exponemos un esquema del análisis. El consumo agregado en el momento t se calcula mediante el sumatorio (integración) de las j generaciones de emigrantes para $0 \leq j \leq t$:

$$\begin{aligned} C(t) &= \int_0^t \left[c(j,\, t)\cdot m(j)\cdot L(j)\cdot e^{n(t-j)}\right]dj + e^{nt}\cdot c(0-,t) \\ &= e^{nt}\cdot \int_0^t \left\{c(j,\, t)\cdot m(j)\cdot \exp\left[\int_0^j m(v)\,dv\right]\right\}dj + e^{nt}\cdot c(0-,t) \end{aligned} \tag{9.16}$$

donde $m(j)\cdot L(j)$ es el tamaño inicial de la generación j de inmigrantes, utilizamos la expresión de $L(j)$ de la ecuación (9.10) y el término final representa el consumo de las familias nativas. El resultado de los activos agregados es similar:

$$A(t) = e^{nt}\cdot \int_0^t \left\{a(j,\, t)\cdot m(j)\cdot \exp\left[\int_0^j m(v)\,dv\right]\right\}dj + e^{nt}\cdot a(0-,t) \tag{9.17}$$

A partir de la ecuación (9.15), el sumatorio del valor actual de la renta salarial toma la expresión siguiente:

$$\tilde{W}(t) = L(t)\cdot \tilde{w}(t) = e^{nt}\cdot \exp\left[\int_0^t m(v)\,dv\right]\cdot \int_t^{\infty} w(v)e^{n(v-t)}\cdot e^{-\bar{r}(v,t)\cdot(v-t)}\cdot dv \tag{9.18}$$

Las variaciones en el tiempo de $A(t)$ y $\tilde{W}(t)$ provienen de las derivadas de las ecuaciones (9.17) y (9.18):

$$\begin{aligned} \dot{A}(t) &= \kappa(t)\cdot m(t)\cdot L(t) + r(t)\cdot A(t) - C(t) \\ &\quad + w(t)\cdot e^{nt}\cdot\left\{1 + \int_0^t m(j)\cdot \exp\left[\int_0^j m(v)\,dv\right]\right\} \end{aligned} \tag{9.19}$$

$$\dot{\tilde{W}} = [r(t) + m(t)]\cdot \tilde{W}(t) - w(t)\cdot L(t) \tag{9.20}$$

Para obtener la ecuación (9.19) utilizamos la restricción presupuestaria de la familia individual de la ecuación (9.13) y la condición $a(t,t) = \kappa(t)$; es decir, las familias inmigrantes aportan $\kappa(t)$ activos per cápita.

La ecuación (9.14) implica que $\dot{C}(t) = (\rho - n)\cdot[\dot{A}(t) + d\tilde{W}/dt]$. Si utilizamos la ecuación (9.19) y (9.20) y la condición $A(t) = K(t)$, finalmente obtenemos la expresión de la tasa de crecimiento del consumo per cápita:

$$\dot{c}/c = r(t) - \rho - m(t)\cdot(\rho - n)\cdot[k(t) - \kappa(t)]/c(t) \tag{9.21}$$

donde $c(t) \equiv C(t)/L(t)$. Si $m(t) = 0$ o si $\kappa(t) = k(t)$, esta relación se simplifica al resultado habitual de Ramsey con función de utilidad logarítmica. Si $m(t) > 0$ y $\kappa(t) < k(t)$, el flujo de entrada de inmigrantes disminuye el consumo per cápita según indica el último término del segundo miembro de la ecuación (9.21). En este sentido, un mayor flujo de migrantes $m(t)$ equivale a un incremento de ρ. Este efecto es análogo al nacimiento de niños en el modelo de Blanchard (1985) (el término $p + n$ de la ecuación [3.32]), porque, como señaló Weil (1989), los inmigrantes equivalen a hijos no deseados del modelo de Blanchard.

Estado estacionario y dinámica del modelo Al igual que en el modelo de Ramsey, la dinámica puede expresarse mediante un sistema de ecuaciones diferenciales en $\hat{k}$ y $\hat{c}$. La ecuación de la tasa de crecimiento de $\hat{k}$, equivalente a la ecuación (9.3) del modelo de Solow-Swan, toma la expresión:

$$\dot{\hat{k}}/\hat{k} = f(\hat{k})/\hat{k} - \hat{c}/\hat{k} - (x + n + \delta) - m \cdot [1 - (\hat{\kappa}/\hat{k})] \tag{9.22}$$

La ecuación de la tasa de crecimiento de $\hat{c}$ se deduce a partir de la ecuación (9.21)

$$\dot{\hat{c}}/\hat{c} = f'(\hat{k}) - (x + \rho + \delta) - m \cdot (\rho - n) \cdot (\hat{k} - \hat{\kappa})/\hat{c} \tag{9.23}$$

Nuevamente utilizamos la especificación de la migración que aceptamos en la ecuación (9.6) para el modelo de Solow-Swan.

$$m \cdot [1 - (\hat{\kappa}/\hat{k})] = b \cdot [\log(\hat{k}/\hat{k}_{\text{mundo}})]$$

donde $\hat{k}_{\text{mundo}}$ es constante. Si sustituimos esta expresión de la migración en las ecuaciones (9.22) y (9.23), podemos aplicar los procedimientos habituales para trazar un diagrama de fase en el espacio $(\hat{k}, \hat{c})$ y utilizar dicho diagrama para analizar el estado estacionario y la dinámica de transición.

Las ecuaciones (9.23) y (9.6) implican que, si $\hat{c} \neq 0$, entonces la curva $\dot{\hat{c}} = 0$ viene dada por la expresión

$$f'(\hat{k}) = \delta + \rho + x + \frac{(\rho - n) \cdot b \cdot \log(\hat{k}/\hat{k}_{\text{mundo}})}{\hat{c}/\hat{k}} \tag{9.24}$$

Esta condición se diferencia de la estándar del capítulo 2 en la inclusión de un último término en el segundo miembro de la ecuación. Llamemos $\hat{k}^*$ al valor de estado estacionario del modelo que excluye la migración, es decir, al valor que cumple $f'(\hat{k}^*) = \delta + \rho + x$. Así pues, la forma de la curva $\dot{\hat{c}} = 0$ depende de la relación entre $\hat{k}^*$ y $\hat{k}_{\text{mundo}}$. Si $\hat{k}^* = \hat{k}_{\text{mundo}}$, como sería el caso de la economía típica, la curva es una recta vertical en $\hat{k}^*$, como puede verse en el gráfico *a* de la ilustración 9.3. La curva coincide en este caso con la curva estándar del modelo sin migración (véase la ilustración 2.1).

Si la economía fuera atractiva para los inmigrantes en el estado estacionario de no migración, es decir, si $\hat{k}^* > \hat{k}_{\text{mundo}}$, la curva toma la forma mostrada en el gráfico *b* de la ilustración 9.3. En concreto, si $\hat{k}_{\text{mundo}} < \hat{k} < \hat{k}^*$, $\hat{c}$ tiende a 0

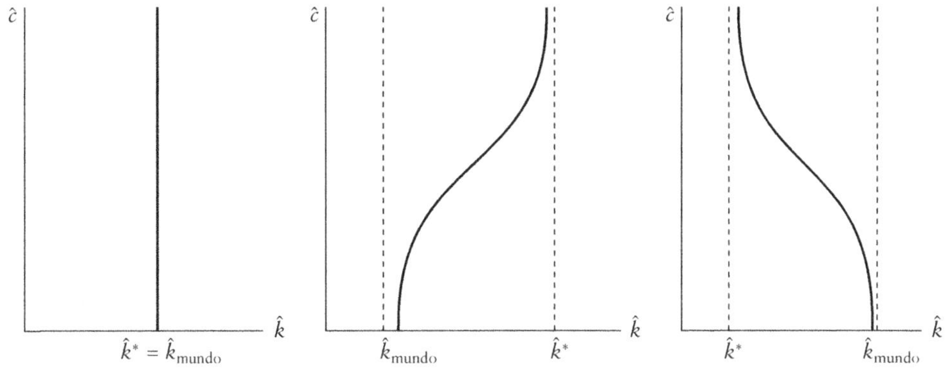

$\hat{k}^* = \hat{k}_{\text{mundo}}$ (*a*) $\quad$ $\hat{k}^* > \hat{k}_{\text{mundo}}$ (*b*) $\quad$ $\hat{k}^* < \hat{k}_{\text{mundo}}$ (*c*)

ILUSTRACIÓN 9.3 | La forma de la curva $\dot{\hat{c}} = 0$ en el modelo de Ramsey con migración. La forma de la curva $\dot{\hat{c}} = 0$ depende de la relación entre $\hat{k}^*$ y $\hat{k}_{\text{mundo}}$. Si $\hat{k}^* = \hat{k}_{\text{mundo}}$, la curva es una recta vertical, como puede verse en la gráfica (*a*). Si $\hat{k}^* > \hat{k}_{\text{mundo}}$, la curva tiene pendiente positiva (*b*); y si $\hat{k}^* < \hat{k}_{\text{mundo}}$, la curva tiene pendiente negativa (*c*).

cuando $\hat{k}$ tiende a $\hat{k}_{\text{mundo}}$ y $\hat{c}$ tiende a infinito cuando $\hat{k}$ tiende a $\hat{k}^*$. Por último, si $\hat{k}^* < \hat{k}_{\text{mundo}}$, la curva toma la forma mostrada en el gráfico *c* de la ilustración, donde $\hat{k}^* < \hat{k} < \hat{k}_{\text{mundo}}$.

Las ecuaciones (9.22) y (9.6) implican que la curva $\dot{\hat{k}} = 0$ viene determinada por

$$\hat{c} = f(\hat{k}) - (x + n + \delta) \cdot \hat{k} - b \cdot \log(\hat{k}/\hat{k}_{\text{mundo}}) \cdot \hat{k} \tag{9.25}$$

Esta condición también es distinta de la estándar del capítulo 2 debido a la inclusión de un último término en el segundo miembro de la ecuación. Si $\hat{k} < \hat{k}_{\text{mundo}}$, $\hat{c}$ es mayor que antes para un valor dado de $\hat{k}$, mientras que si $\hat{k} > \hat{k}_{\text{mundo}}$, $\hat{c}$ es menor que antes. Por lo demás, la forma de la curva, representada en la ilustración 9.4 es similar a la estándar de la ilustración 2.1.

La ilustración 9.4 utiliza la recta vertical $\dot{\hat{c}} = 0$ de la gráfica *a* de la ilustración 9.3, el caso que corresponde a $\hat{k}^* = \hat{k}_{\text{mundo}}$. En ese caso, el valor de estado estacionario de $\hat{k}$, que denominamos $(\hat{k}^*)_{\text{mig}}$, es igual a $\hat{k}^*$. Se llega a este resultado porque $(\hat{k}^*)_{\text{mig}} = \hat{k}_{\text{mundo}}$ implica que $m^* = 0$ (a partir de la ecuación [9.6]). Así pues, en la economía típica, la intensidad de capital en el estado estacionario no se ve afectada por la posible migración y la tasa de migración en el estado estacionario es igual a 0.

Si $\hat{k}^* > \hat{k}_{\text{mundo}}$, como muestra la gráfica *b* de la ilustración 9.3, la curva $\dot{\hat{k}} = 0$ corta a la curva $\dot{\hat{c}} = 0$ en un punto en el que $\hat{k}_{\text{mundo}} < (\hat{k}^*)_{\text{mig}} < \hat{k}^*$ y $m^* > 0$. Así pues, si la economía fuera atractiva para los inmigrantes en su estado estacionario de no migración, la apertura a la migración conduce a un estado estacionario con inmigración positiva y, por lo tanto, con una intensidad de capital menor (ya que los inmigrantes aportan relativamente poco capital). Estas conclusiones se invierten si $\hat{k}^* < \hat{k}_{\text{mundo}}$, como se ve en la gráfica *c* de la ilustración 9.3. En ese caso, $\hat{k}^* < (\hat{k}^*)_{\text{mig}} < \hat{k}_{\text{mundo}}$ y $m^* < 0$.

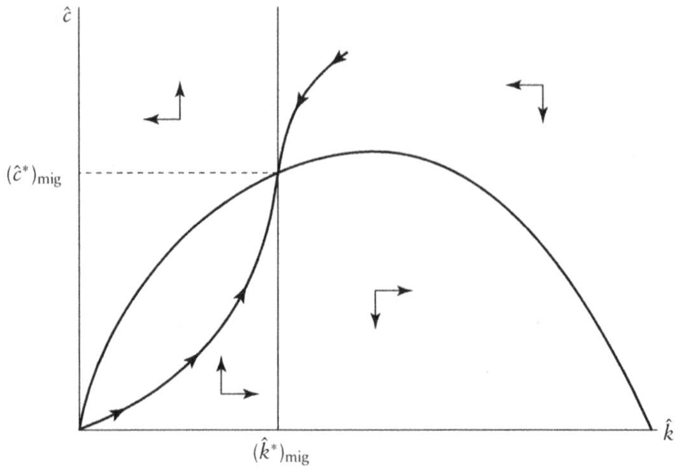

ILUSTRACIÓN 9.4 I El diagrama de fase del modelo de Ramsey con migración. El diagrama representa el caso en el que $\hat{k}^* = \hat{k}_{mundo}$, de manera que la curva $\dot{\hat{c}} = 0$ es una recta vertical, como aparece en la gráfica *a* de la ilustración 9.3. La curva $\dot{\hat{k}} = 0$ tiene su forma habitual de U invertida. Al aceptar la condición $\hat{k}^* = \hat{k}_{mundo}$, el estado estacionario $\hat{k}^*$ se caracteriza por una migración neta igual a cero. El modelo se caracteriza por su habitual estabilidad de punto de silla. Si la economía se sitúa inicialmente en un valor bajo de $\hat{k}$, $\hat{k}$ y $\hat{c}$ aumentan monótonamente durante la transición. La migración neta es negativa durante la transición, pero tiende asintóticamente al valor de estado estacionario igual a cero.

Como es habitual, el modelo tiene estabilidad de punto de silla, y el diagrama de fase de la ilustración 9.4 puede utilizarse para mostrar los sentidos del movimiento. Para evaluar las implicaciones sobre la velocidad de convergencia, seguimos el procedimiento habitual y usamos una función de producción tipo Cobb-Douglas, $f(\hat{k}) = A\hat{k}^{\alpha}$. Podemos sustituir la función en las ecuaciones (9.22) y (9.23) y después hacer una linealización logarítmica del sistema en el entorno de su estado estacionario. Puesto que este proceso ya nos es familiar, los detalles quedan como ejercicio y simplemente señalamos que el coeficiente de convergencia responde a la siguiente expresión:

$$2\beta = \left\{\zeta^2 + 4b \cdot (\rho - n) + 4(1-\alpha)(\rho + \delta + x) \cdot \left[\frac{\rho + \delta + x}{\alpha} - (n + x + \delta)\right]\right\}^{1/2} - \zeta \tag{9.26}$$

donde $\zeta = \rho - n - b$. El resultado del modelo estándar de Ramsey del capítulo 2 (ecuación [2.34]) es igual a la ecuación (9.26) si $b = 0$ (y si $\theta = 1$).

A partir de la ecuación (9.26) podemos ver fácilmente que β aumenta al aumentar b. Es decir, al igual que en modelo Solow-Swan, una mayor propensión a emigrar aumenta la velocidad de convergencia (si $\hat{k} < \hat{\hat{k}}$). Para calcular este efecto, utilizamos los valores ya habituales de los parámetros, $\alpha = 0{,}75$, $x = 0{,}02$, $n = 0{,}01$, $\delta = 0{,}05$ y $\rho = 0{,}02$. Para estos valores, el coeficiente de convergencia β de la ecuación (9.26) sería 0,025 si $b = 0$. (Surge este valor relativamente alto de β porque la utilidad logarítmica, $\theta = 1$, implica una elasticidad de sustitución intertemporal mayor que la que utilizamos habitualmente.) Anteriormente dijimos que las estimaciones de las propensiones a la migración y del ratio $\hat{k}/\hat{\hat{k}}$ parecen indicar que b toma un valor cercano a 0,003 tanto en el ámbito regional como en el internacional. La ecuación (9.26) implica que estos valores de b hacen aumentar el valor de β en un modelo sin migración de 0,025 a 0,027. Este efecto menor de la migración sobre la velocidad de convergencia es similar al obtenido en el modelo de Solow-Swan.

9.1.3. El modelo de migración y crecimiento de Braun

Las teorías sobre la migración y el crecimiento analizadas hasta ahora tienen principalmente dos puntos débiles. En primer lugar, los flujos migratorios vienen determinados por una función de migración que se da por supuesta, en lugar de proceder de decisiones de optimización de las familias en relación a si emigrar o no. En segundo lugar, la única movilidad del capital del modelo procede de la aportación de capital humano de los migrantes.

Braun (1993) ha creado varios modelos en los que la migración es un reflejo de decisiones de optimización y en los que se aceptan varios grados de movilidad de capital. Un supuesto simplificador clave en su análisis radica en la existencia de un mercado de crédito mundial perfecto, que proporciona el mismo tipo de interés real a los residentes de todas las economías. En ese caso, la elección de emigrar depende únicamente de la comparación de las trayectorias de los salarios (y servicios públicos) entre economías.

Braun establece varios posibles supuestos en lo que respecta a la movilidad del capital físico. En uno de sus modelos, el capital físico es perfectamente móvil entre economías, y en otro de sus modelos, los cambios en el stock de capital de la economía acarrean costes de ajuste similares a los analizados en el capítulo 3. Para explicar las ideas principales en un modelo manejable, desarrollamos el caso en el que el capital físico es perfectamente móvil y consideramos la situación de una economía pequeña que se enfrenta a un tipo de interés real mundial constante.

Si utilizamos nuestras habituales funciones de producción con rendimientos constantes a escala y aceptamos el supuesto de que los niveles de tecnología son idénticos en todos los países, si la migración de los individuos es costosa y los movimientos de capital gratuitos, el trabajo nunca se desplazará. Por el contrario, si los niveles de tecnología son distintos, los individuos (y el capital) tienden a desplazarse a los mejores lugares. De hecho, si las tasas de crecimiento natural son iguales a cero, la función de coste de la migración, que calculamos más adelante, implica que a largo plazo sólo la economía que posea la mejor tecnología tendrá población. La introducción de costes de ajuste de la inversión no invalida esta conclusión, porque los trabajadores y el capital siguen desplazándose al mejor lugar.

Para evitar este resultado, introducimos rendimientos decrecientes a escala en cada economía. En concreto, aceptamos el supuesto de Braun (1993) de que el aumento de la población de una economía congestiona el recurso natural, como por ejemplo la tierra.[13] Ello conduce a una distribución de la población mundial de estado estacionario e implica que ninguna región llega a despoblarse.

13. Alternativamente, también se puede suponer que el lugar se caracteriza inicialmente por rendimientos crecientes a escala, medida por L, y sólo al final se caracteriza por rendimientos decrecientes debido a la congestión.

Planteamiento del modelo La economía nacional y todas las demás tienen acceso a una función de producción tipo Cobb-Douglas

$$Y = AK^{\alpha}\hat{L}^{1-\alpha} \cdot (R/L)^{\lambda} \tag{9.27}$$

donde $\hat{L} \equiv Le^{xt}$ es el factor trabajo efectivo y $x \geq 0$ es la tasa exógena de progreso tecnológico del tipo que aumenta la eficiencia del trabajo de todas las economías. La novedad de la ecuación (9.27) es el factor R, una constante que representa el recurso natural al que tienen libre acceso los residentes de la economía nacional. No obstante, este bien es susceptible de congestión, ya que en la función de producción aparece la variable per cápita R/L. Aceptamos el supuesto de que $0 < \lambda < 1 - \alpha$, de manera que los rendimientos totales de K y L son decrecientes para un R fijo, mientras que el producto marginal social de L es positivo.

El R de la ecuación (9.27) podría interpretarse como tierra de propiedad privada, si bien en ese caso los inmigrantes podrían utilizar la tierra únicamente pagando rentas de alquiler. También podríamos identificar R con un servicio que suministra el Estado a los residentes, con una oferta agregada fija y sin pago por uso. Los incentivos a emigrar también se verían afectados por los impuestos. Por ejemplo, un impuesto por persona o el pago de una tasa por la inmigración reduciría el incentivo de los extranjeros a inmigrar. En este modelo estudiamos un entorno en el que los inmigrantes comparten de manera automática el uso de R y en el que no se aplican impuestos o tasas.

Un productor individual competitivo considera R/L como dado (ya que L representa la población total de la economía) y elige los factores K y L sujetos a la habitual función de producción de rendimientos constantes. Por lo tanto, los precios de los factores serán iguales a sus respectivos productos marginales privados, y los pagos de los factores absorberán la totalidad del producto nacional. El salario es igual al producto marginal privado del trabajo. A partir de la ecuación (9.27) toma la siguiente expresión

$$w = (1 - \alpha) \cdot A\hat{k}^{\alpha} \cdot (R/L)^{\lambda} \cdot e^{xt} \tag{9.28}$$

donde $\hat{k} \equiv K/\hat{L}$.

El rendimiento del capital es $r + \delta$, donde r es el tipo de interés real mundial. Consideramos r constante, con $r > x$, es decir, la economía mundial se encuentra en el estado estacionario en el que se cumple la condición de transversalidad.[14] Los productores de la economía nacional igualan el producto marginal privado del capital, expresado por la ecuación (9.27), al rendimiento del capital

$$\alpha A\hat{k}^{\alpha-1} \cdot (R/L)^{\lambda} = r + \delta$$

Esta condición determina que la intensidad de capital de la economía nacional es igual a

14. Aceptamos el supuesto simplificador de que la tasa de crecimiento natural mundial es igual a cero.

$$\hat{k} = \left[\frac{\alpha A \cdot (R/L)^{\lambda}}{r+\delta}\right]^{1/(1-\alpha)} \tag{9.29}$$

Si sustituimos la expresión de $\hat{k}$ de la ecuación (9.29) en la ecuación (9.28), la expresión del salario nacional se convierte en

$$w = \left[\frac{(1-\alpha)\cdot A^{1/(1-\alpha)}\alpha^{\alpha/(1-\alpha)}\cdot (R/L)^{\lambda/(1-\alpha)}}{(r+\delta)^{\alpha/(1-\alpha)}}\right]\cdot e^{xt} \tag{9.30}$$

Así pues, si la economía nacional cuenta con recursos naturales per cápita R/L en cantidad relativamente alta y un nivel de tecnología relativamente alto A, el salario nacional es relativamente alto en comparación al ofrecido en otros lugares. Recuerde también que ciertos tipos de políticas públicas pueden estar representados por el parámetro A.

La decisión de emigrar Puesto que suponemos movilidad perfecta del capital y hacemos caso omiso de las diferencias entre los servicios públicos que forman parte de las funciones de utilidad, los individuos evaluarán los lugares únicamente en función de los salarios. Suponga que nos planteamos que la economía mundial ofrece un único salario, w_{mundo}. El beneficio de un traslado permanente en el momento t desde el mundo a la economía nacional es el valor actual del diferencial entre los salarios.

$$B(t) \equiv \int_{t}^{\infty} [w(v) - w_{\text{mundo}}]\cdot e^{-r\cdot(v-t)}\,dv \tag{9.31}$$

Si definimos $\hat{B}(t) \equiv B(t)\cdot e^{-xt}$ la derivada de $\hat{B}(t)$ con respecto al tiempo viene dada a partir de la ecuación (9.31) por la expresión siguiente

$$\dot{\hat{B}} = -[\hat{w}(t) - \hat{w}_{\text{mundo}}] + (r-x)\cdot \hat{B}(t) \tag{9.32}$$

donde $\hat{w}(t) \equiv w(t)\cdot e^{-xt}$ y $\hat{w}_{\text{mundo}} \equiv w_{\text{mundo}}\cdot e^{-xt}$. Puesto que estamos aceptando que la economía mundial se encuentra en el estado estacionario, $\hat{w}_{\text{mundo}}$ es constante.

Suponemos, sin pérdida de generalidad, que $\hat{w}(t) \geq \hat{w}_{\text{mundo}}$. Esta condición implica que $\hat{w}(v) \geq \hat{w}_{\text{mundo}}$ y, por lo tanto, $\hat{B}(v) \geq 0$ para todo $v \geq t$. Cualquier movimiento migratorio que llegue a producirse será siempre de entrada en la economía nacional. Se produce la situación contraria si $\hat{w}(t) \leq \hat{w}_{\text{mundo}}$.

Asumimos el supuesto simplificador de que la tasa natural de crecimiento de la población de la economía nacional es igual a cero. Por lo tanto, si $M(t) \geq 0$ expresa el flujo de emigrantes desde el mundo hacia la economía nacional en el momento t, la tasa de crecimiento de la población nacional es igual a

$$\dot{L}/L = M(t)/L(t) \tag{9.33}$$

La cuestión clave en este momento radica en especificar los costes de la emigración. Suponemos que el coste en que incurre cada emigrante es una función creciente de $M(t)/L(t)$. Esta especificación resulta razonable si, por ejemplo, los gastos de lograr empleo o alojamiento aumentan al aumentar el número de nuevos individuos en relación a la población del lugar receptor[15]. Suponemos que este coste toma la forma de una cierta cantidad de tiempo de trabajo perdido, de manera que, para un valor dado de $M(t)/L(t)$, el coste en unidades de producción es proporcional al salario mundial w_{mundo} que los emigrantes habrían recibido en su lugar de origen. Por lo tanto, la cantidad pagada por cada emigrante toma la expresión

$$\text{Coste de emigrar} = \eta[M(t)/L(t)] \cdot w_{\text{mundo}} \tag{9.34}$$

donde suponemos que $\eta' > 0$ y $\eta'' \geq 0$. También simplificamos el análisis aceptando el supuesto de que $\eta(0) = 0$; es decir, hacemos caso omiso de cualquier gasto fijo relacionado con el transporte y gastos asociados, y suponemos por lo tanto que el coste de emigrar tiende a 0 cuando el flujo de emigrantes tiende a 0 (véase Braun, 1993, para un análisis más detallado).

A medida que los individuos emigran a la economía nacional, R/L disminuye y por lo tanto w de la ecuación (9.30) también disminuye. Si el flujo migratorio es lo suficientemente importante para que w sea igual a w_{mundo}, el incentivo de emigrar desaparecerá. (Si el parámetro tecnológico nacional A es idéntico al parámetro mundial, entonces la igualdad de salarios se produce cuando el valor nacional de R/L iguala al valor mundial de R/L.) En el punto de igualdad de salarios, la economía nacional se encuentra en un estado estacionario en el que la migración es cero, la población L es constante y la intensidad de capital $\hat{k}$ también es constante. La condición $\eta(0)=0$ implica que en realidad el sistema tiende a este estado estacionario, ya que si $w > w_{\text{mundo}}$, $B > 0$ y los individuos tendrán interés en trasladarse a coste cero. Por lo tanto, más individuos emigran y la población nacional cambia mientras $w > w_{\text{mundo}}$. (Si hubiéramos supuesto que $\eta(0) > 0$, entonces en el estado estacionario podría mantenerse una diferencia positiva entre los salarios nacional y mundial.)

Puesto que la economía mundial no se encuentra despoblada en el estado estacionario,[16] sabemos que ciertos residentes del resto del mundo nunca saldrán de su economía nacional, es decir, algunos individuos no ejercen la opción de emigrar. Si todos los individuos son iguales y si todos optimizan, algunos individuos se encontrarán en equilibrio con un beneficio neto de la migración igual a cero únicamente si todos los individuos tienen un beneficio neto igual a cero. Por lo tanto, el equili-

15. La propiedad crucial radica en que el coste de emigrar del emigrante marginal aumenta al aumentar el número de emigrantes. Esta relación también se cumpliría si hubiera heterogeneidad en los costes de emigrar. Los individuos con bajos costes se trasladarían antes y, por lo tanto, el coste de emigrar aumentaría en el margen al aumentar el número de emigrantes (en este caso, al aumentar el número acumulado, no el flujo actual).

16. Esta condición se cumple porque una disminución importante de la población mundial aumentaría de manera significativa el valor mundial de R/L y por lo tanto aumentaría w_{mundo}. La expresión del salario de la ecuación (9.28), que también se aplica en el caso mundial, implica que la identidad entre w y w_{mundo} debe producirse antes de que la población llegue a cero en la economía nacional o en la mundial.

brio implica en cada momento una migración tal que los beneficios y los costes de emigrar se igualan:

$$B(t) = \eta[M(t)/L(t)] \cdot w_{\text{mundo}} \tag{9.35}$$

para todo t. Esta ecuación se sigue cumpliendo aunque sustituyamos $B(t)$ por $\hat{B}(t)$ en el primer miembro de la ecuación y w_{mundo} por la constante $\hat{w}_{\text{mundo}}$ en el segundo miembro de la ecuación.

Invirtiendo la ecuación (9.35), podemos calcular el flujo migratorio en cada momento y, en consecuencia, la tasa de crecimiento de la población nacional:

$$\dot{L}/L = M(t)/L(t) = \psi(\hat{B}/\hat{w}_{\text{mundo}}) \tag{9.36}$$

donde la función ψ es la inversa de la función η de la ecuación (9.34). Puesto que $\eta' > 0$ y $\eta'' \geq 0$, la función η es inyectiva y la función inversa ψ está definida y es inyectiva. La función ψ cumple las condiciones $\psi' > 0$ y $\psi'' \leq 0$. El supuesto $\eta(0) = 0$ implica que $\psi(0) = 0$.

En nuestro análisis de los modelos de Solow-Swan y Ramsey, establecíamos una función de migración en la ilustración 9.1, en la que la tasa de migración, $m = M/L$, era función directa de $\hat{w}$ y por lo tanto de $\hat{k}$. Dijimos que dicha función suponía que las condiciones en otros lugares, representadas por $\hat{w}_{\text{mundo}}$, permanecían constantes. La principal diferencia entre la función que establecimos entonces y la presente radica en que la primera concernía únicamente al salario actual por unidad de trabajo efectivo $\hat{w}$, mientras que la segunda atañe a la trayectoria completa de los salarios efectivos en la medida en que se integran en la expresión del beneficio, $\hat{B}$.

El sistema dinámico, el estado estacionario y la dinámica de transición El sistema dinámico de L y $\hat{B}$ viene dado por las ecuaciones (9.32) y (9.36), donde $\hat{w}$ varía en función inversa de L, como quedaba establecido en la ecuación (9.30).

$$\hat{w} = \left[\frac{(1-\alpha) \cdot A^{1/(1-\alpha)} \alpha^{\alpha/(1-\alpha)} \cdot (R/L)^{\lambda/(1-\alpha)}}{(r+\delta)^{\alpha/(1-\alpha)}}\right] \tag{9.37}$$

La ilustración 9.5 parte de las ecuaciones (9.32) y (9.36) para construir el diagrama de fase en la región $(L, \hat{B})$. La ecuación (9.36) y las propiedades de la función ψ, incluyendo $\psi(0) = 0$, implican que $\dot{L} = 0$ (si $L \neq 0$) se corresponde con $\hat{B} = 0$. La ecuación también implica (dado que $\psi' > 0$) que $\dot{L} > 0$ si $\hat{B} > 0$ y $\dot{L} < 0$ si $\hat{B} < 0$.

La ecuación (9.32) implica que $\dot{\hat{B}} = 0$ corresponde a una relación lineal positiva entre $\hat{B}$ y $\hat{w}$. Puesto que $\hat{w}$ está inversamente relacionado con L en la ecuación (9.37), la relación entre L y $\hat{B}$ es también inversa, como queda reflejado en la ilustración 9.5. Puesto que $r > x$, los valores de $\hat{B}$ situados por encima de la curva implican $\dot{\hat{B}} > 0$, y los valores situados por debajo de la curva implican $\dot{\hat{B}} < 0$.

La ilustración muestra que en el estado estacionario $L = L^*$ (una constante) y $\hat{B}^* = 0$. Por lo tanto, la ecuación (9.32) implica $\hat{w}^* = \hat{w}_{\text{mundo}}$, y la ecuación (9. 37) determina el valor de L^* que cumple dicha igualdad. En concreto, L^* aumenta al aumentar A (de la economía nacional) y aumenta en la misma proporción que el aumento de R (de la economía nacional).

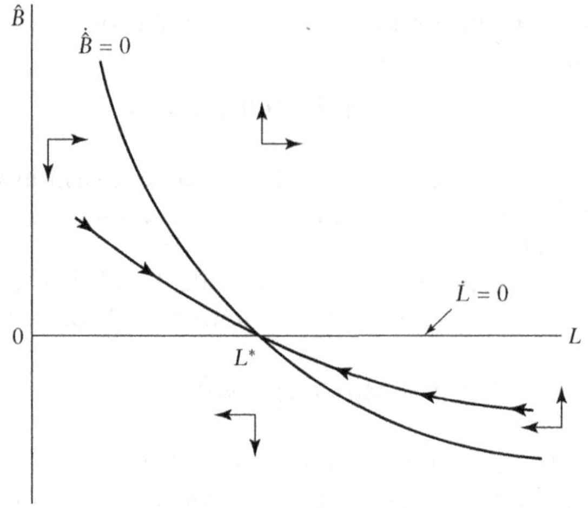

ILUSTRACIÓN 9.5 | El diagrama de fase cuando la migración es una variable de elección. La dinámica del modelo puede expresarse mediante el valor actual de los beneficios de emigrar, $\hat{B}$, y la población nacional, L. El sistema tiene estabilidad de punto de silla y el tramo estable tiene pendiente negativa. Así pues, una población inicial baja se asocia a grandes beneficios procedentes de migración neta hacia la economía nacional y, por lo tanto, a una alta tasa neta de migración m. A medida que la población crece, el beneficio neto de la migración disminuye. En el estado estacionario, el beneficio neto $\hat{B}$ es cero y la población L es constante.

El sistema tiene estabilidad de punto de silla, y la ilustración 9.5 muestra el sentido de los movimientos. Si la economía nacional se encuentra inicialmente en $L < L^*$, entonces $\hat{B} > 0$, y L aumenta con el transcurso del tiempo. La subsiguiente disminución de $\hat{w}$ provoca la caída de $\hat{B}$ y, por lo tanto, la disminución de la tasa de migración. En el tiempo, la tasa de migración no cesa de disminuir y tiende a cero a medida que L tiende a L^*.

Si como habitualmente, linealizamos en el entorno del estado estacionario, podemos determinar la velocidad de convergencia al estado estacionario. En este caso, el sistema está descrito por las ecuaciones (9.32) y (9.36), y linealizamos con respecto a $\hat{B}$ y $\log(L/L^*)$. La tasa de migración, que es igual a la tasa de crecimiento de L, viene dada por la expresión siguiente:

$$M/L = \dot{L}/L \approx \beta \cdot \log(L^*/L) \tag{9.38}$$

donde el coeficiente de convergencia β viene dado por la expresión

$$2\beta = \left[(r-x)^2 + \frac{4\lambda \cdot \psi'(0)}{1-\alpha}\right]^{1/2} - (r-x) \tag{9.39}$$

La ecuación (9.39) establece que el factor determinante de la velocidad de convergencia es $\psi'(0)$, es decir, la sensibilidad de la tasa de migración en el entorno del estado estacionario ante el beneficio relativo de emigrar, $\hat{B}/\hat{w}_{\text{mundo}}$ (véase la ecuación [9.36]). A mayor sensibilidad, mayor velocidad de convergencia. Recuerde que la función ψ es la inversa de la función η, que en la ecuación (9.34) relaciona el coste de emigrar con la tasa de migración. La pendiente de $\psi'(0)$ es la inversa de la pendiente de $\eta'(0)$. Por lo tanto, cuánto más deprisa aumentan los costes de migración en función del volumen migratorio, menor será la sensibilidad de la tasa de migración al beneficio relativo $\hat{B}/\hat{w}$ y, por lo tanto, menor será la velocidad de convergencia.

La velocidad de convergencia de L es también la velocidad de convergencia de $\hat{y}$. Para entender el porqué, utilicemos la función de producción de la ecuación (9.27) y la expresión de $\hat{k}$ de la ecuación (9.29) a fin de obtener la expresión de $\hat{y}$:

$$\hat{y} = \left[\frac{A^{1/(1-\alpha)} \alpha^{\alpha/(1-\alpha)} \cdot (R/L)^{\lambda/(1-\alpha)}}{(r+\delta)^{\alpha/(1-\alpha)}} \right] \tag{9.40}$$

Esta expresión es la misma que la de $\hat{w}$ de la ecuación (9.37), con la excepción del factor $1-\alpha$ que aparece multiplicando en la expresión de $\hat{w}$. El resultado de $\hat{y}$ implica:

$$\log(\hat{y}/\hat{y}^*) = [\lambda/(1-\alpha)] \cdot \log(L^*/L) \tag{9.41}$$

es decir, cuando L es inferior a su valor de estado estacionario, $\hat{y}$ es superior a su valor de estado estacionario, y viceversa. La ecuación (9.40) también implica que la tasa de crecimiento de $\hat{y}$ viene dada por

$$\dot{\hat{y}}/\hat{y} = -[\lambda/(1-\alpha)] \cdot (\dot{L}/L) \tag{9.42}$$

Si utilizamos la ecuación (9.42) junto con las ecuaciones (9.38) y (9.41) obtendremos la ecuación de convergencia de $\hat{y}$, que resulta familiar:

$$\dot{\hat{y}}/\hat{y} = -\beta \cdot \log(\hat{y}/\hat{y}^*) \tag{9.43}$$

Así pues, la tasa de crecimiento de $\hat{y}$ está inversamente relacionada con el nivel de $\hat{y}$, y la velocidad de convergencia, β, viene dada por la ecuación (9.39).

Recuerde que con anterioridad tratamos de algunos resultados empíricos relacionados con las tasas de migración. Estos resultados relacionan la tasa de migración con diferencias en la renta o producción per cápita. Podemos expresar la ecuación (9.38) de esta forma utilizando la ecuación (9.41) para pasar de $\log(L^*/L)$ a $\log(\hat{y}/\hat{y}^*)$:

$$M/L = \dot{L}/L \approx \left[\frac{\beta \cdot (1-\alpha)}{\lambda} \right] \cdot \log(\hat{y}/\hat{y}^*) \tag{9.44}$$

Podemos considerar que las ecuaciones (9.43) y (9.44) forman un sistema de dos ecuaciones que conciernen a la tasa de crecimiento de la producción y a la tasa de migración. Suponga que consideramos un grupo de economías para las que aceptamos el supuesto de que los parámetros α y λ son los mismos. Así pues, aquellos lugares que tengan mayor $\psi'(0)$ tendrán un valor de β también mayor. Por lo tanto, en estos lugares la sensibilidad de la tasa de migración ante los diferenciales en el producto per cápita de la ecuación (9.44) es mayor, y también es mayor la velocidad de convergencia de la producción per cápita de la ecuación (9.43).

Braun (1993) puso a prueba la hipótesis de que una mayor sensibilidad de la tasa de migración tendía a estar vinculada a una mayor velocidad de convergencia en el producto o renta per cápita. Para ello, utilizó datos de migración regional y convergencia de los estados de EE.UU., de las regiones de cinco países europeos (Alemania, España, Francia, Italia y Reino Unido) y Japón. Es decir, comparó siete estimaciones de sensibilidad de tasas de migración con las siete estimaciones correspondientes de los coeficientes de convergencia de la producción o renta per cápita. Si bien el número de datos es pequeño, los resultados proporcionaron una cierta base a la teoría en cuestión, ya que los lugares con mayor sensibilidad de la tasa de migración tendían también a tener las mayores tasas de convergencia. En el capítulo 11 se analizan estos datos.

Dinámica de la economía mundial En el análisis anterior suponíamos que la economía mundial se encontraba en el estado estacionario con un salario por unidad de trabajo efectivo $\hat{w}_{\text{mundo}}$ constante y una intensidad de capital asociada también constante, que podemos denominar $\hat{k}_{\text{mundo}}$. Describíamos un proceso dinámico de migración en el que el salario de la economía nacional $\hat{w}$ tendía al valor mundial constante $\hat{w}_{\text{mundo}}$. Si la economía nacional y el mundo tienen idéntico nivel de tecnología A, entonces $\hat{k}$ tiende a la constante $\hat{k}_{\text{mundo}}$.

De manera más general, podríamos tener en cuenta una dinámica de transición en la que $\hat{k}_{\text{mundo}}$ tendiera hacia su valor de estado estacionario $(\hat{k}_{\text{mundo}})^*$. Así, para una economía i, las variaciones en el tiempo de $\hat{k}_i$ pueden dividirse en dos partes: en primer lugar, el ajuste de $\hat{k}_i$ hacia $\hat{k}_{\text{mundo}}$, y en segundo lugar, el ajuste de $\hat{k}_{\text{mundo}}$ hacia $(\hat{k}_{\text{mundo}})^*$.

Braun (1993) construye un análisis de este tipo en el que el mundo está formado únicamente por dos regiones, $i = 1, 2$. Se permite la migración entre estas regiones con el coste establecido en la ecuación (9.34). Para la economía mundial (es decir, para el sumatorio de estas dos regiones), la evolución del stock de capital y el consumo por trabajador efectivo, $\hat{k}_{\text{mundo}}$ y $\hat{c}_{\text{mundo}}$, es idéntica a la del modelo de Ramsey del capítulo 2. Este proceso implica un ajuste gradual de $\hat{k}_{\text{mundo}}$ a su valor de estado estacionario $(\hat{k}_{\text{mundo}})^*$, y que la velocidad de convergencia depende de los mismos parámetros que en el modelo de Ramsey.

Al mismo tiempo, los individuos emigran hacia la región con el salario más alto, y este movimiento tiende a disminuir la producción per cápita de la región con altos salarios y a aumentar la producción per cápita de la región con bajos salarios. La velocidad de este proceso atañe al coeficiente de convergencia de la ecuación (9.39).

La tasa de crecimiento de la producción por trabajador efectivo de cada región puede aproximarse mediante la expresión siguiente:

$$\frac{\dot{\hat{y}}_i}{\hat{y}_i} = -\beta \cdot \log(\hat{y}_i/\hat{y}_{\text{mundo}}) - \mu \cdot \log[\hat{y}_{\text{mundo}}/(\hat{y}_{\text{mundo}})^*] \qquad (9.45)$$

donde β viene dado por la ecuación (9.39) y μ se determina a partir de un modelo de Ramsey de la economía mundial. La ecuación (9.45) combina un efecto transversal, que conlleva la eliminación de las diferencias entre economías, con un efecto de serie temporal, que implica el ajuste de la economía mundial a su posición de estado estacionario. Si consideramos una sección transversal de los datos en un único periodo temporal, las tasas de crecimiento relativas dependerían inversamente de las posiciones relativas iniciales, $\hat{y}_i/\hat{y}_{\text{mundo}}$, y atañerían al coeficiente β. Por el contrario, si examinamos datos de series temporales de la variable mundial $\hat{y}_{\text{mundo}}$, la tasa de crecimiento variaría inversamente respecto de $\hat{y}_{\text{mundo}}/(\hat{y}_{\text{mundo}})^*$ y atañería al coeficiente μ. En un análisis de panel, la tasa de crecimiento de cada economía depende de $\hat{y}_i/\hat{y}_{\text{mundo}}$ y $\hat{y}_{\text{mundo}}/(\hat{y}_{\text{mundo}})^*$ y atañe a ambos coeficientes, β y μ.

Movilidad imperfecta del capital En el presente modelo, la velocidad de convergencia de una economía hacia la economía mundial atañe al coeficiente β de la ecuación (9.39), que únicamente refleja la migración gradual de los individuos. Si aceptamos el supuesto de una movilidad imperfecta del capital, las influencias que afectaban a la convergencia en algunos de los modelos anteriores también influirían sobre β. Por ejemplo, obtendríamos estos efectos adicionales sobre la convergencia si la inversión conllevara costes de ajuste o si los mercados de capital fueran imperfectos.

Si mantenemos el modelo con mercados de capital perfectos (véase Braun, 1993), resulta sencillo tener en cuenta costes de ajuste de la inversión. Estos costes pueden incluirse de la forma expuesta en el capítulo 3. La conclusión novedosa más importante radica en que el coeficiente de convergencia β es mayor cuanto menor es la sensibilidad del coste de ajuste al volumen de inversión.

El análisis se complica si los mercados de crédito son imperfectos. En ese caso, la tasa de rendimiento no es la misma en todas las economías, y la decisión de emigrar se basaría en esta diferencia así como en la diferencia de salarios. También habrá que no perder de vista la propiedad de activos en distintos lugares, por lo que el comportamiento del consumo será más complejo. Los resultados a los que se llegó anteriormente en los modelos de Solow-Swan y Ramsey se cumplen cuando no existen en absoluto flujos de capital, exceptuando el capital humano que aportan los emigrantes.

9.2. La elección de la de fertilidad

Para Malthus (1798) los efectos de los factores económicos sobre la fertilidad y la mortalidad eran un elemento central de la teoría del desarrollo económico. Pocos estudiosos han provocado tanta polémica como Malthus, cuya principal teoría establece que la población está controlada por la disponibilidad de alimentos. La visión de Malthus se basaba en los supuestos de que la alimentación es necesaria para la subsistencia de los seres humanos y que la capacidad de crecimiento de la población es mucho mayor que la capacidad de la tierra para producir alimentos. La teoría de Malthus se basaba en la noción de que, desde la revolución agrícola del Neolítico en 8000 a. C. la economía era abrumadoramente agrícola. La ley de los rendimientos decrecientes de la tierra llevó a Malthus a la conclusión de que un incremento del número de individuos obligaría a la sociedad a utilizar terrenos menos productivos, que no producirían los alimentos necesarios para mantener a una población mayor. En consecuencia, la escasez de alimentos forzaría a las familias a retrasar el matrimonio y el nacimiento de los hijos , y la tasa de crecimiento de la población se autorregularía. En palabras del propio Malthus:

Vamos a suponer que en cualquier país los medios de subsistencia bastan exactamente para sostener con holgura a sus habitantes. El esfuerzo constante de aumentar la población, que se manifiesta hasta en las sociedades más violentas, hace que aumente el número de habitantes antes de que aumenten los medios de subsistencia. Por consiguiente, los alimentos que antes sostenían a once millones de personas, tienen que dividirse ahora entre once millones y medio. Los pobres, por tanto, viven mucho peor, y muchos de ellos padecen severas privaciones... Durante estas épocas de penuria, son tan grandes los obstáculos para contraer matrimonio y las dificultades para sostener una familia, que se detiene el crecimiento de la población.[17]

El problema de Malthus radicó en que, en el mismo momento en el que redactaba su obra, en Inglaterra se estaba produciendo una nueva revolución. Quizás por primera vez en la historia aumentó de forma significativa el nivel de vida de un número considerable de ciudadanos. Ahora bien, y en contra del razonamiento de Malthus, el aumento de la prosperidad no condujo necesariamente a un mayor crecimiento de la población. De hecho, los datos empíricos de los últimos años indican que, excepto en el caso de países o familias extremadamente pobres, el incremento de la renta per cápita tiende a disminuir la fertilidad. Aunque las investigaciones empíricas no han corroborado las predicciones concretas de Malthus, estos estudios generalmente han hallado fuertes vínculos entre variables económicas (como la renta per cápita, los salarios, los niveles de educación femenina y masculina y la urbanización) y la fertilidad y la mortalidad (véase Wahl, 1985; Behrman, 1990; Schultz, 1989; y Barro y Lee, 1994). Así pues, las conclusiones empíricas refutan con firmeza la noción de que la tasa de crecimiento natural de la población es exógena en relación al crecimiento económico.

A pesar de estos datos empíricos, la mayoría de las teorías modernas del crecimiento económico han aceptado el supuesto de que la tasa de crecimiento de la población es una constante exógena. Por ejemplo, al exponer los modelos de Solow-Swan y Ramsey en los capítulos 1 y 2, los diferentes planteamientos en lo referente a la tasa de crecimiento de la población n influían en el proceso de crecimiento, pero no considerábamos la influencia recíproca del proceso de crecimiento sobre la tasa de crecimiento natural. En este capítulo hemos permitido la existencia de respuestas endógenas de la población mediante la migración, pero todavía no hemos analizado las variaciones de la tasa de crecimiento natural de la población.

En esta sección, vamos a construir un modelo de crecimiento en el que el desarrollo económico influye sobre las decisiones de las familias en lo que respecta al número de hijos y, por lo tanto, sobre la tasa de fertilidad.[18] En concreto, queremos construir un modelo que reproduzca algunos de los principales datos empíricos, muy especialmente la relación inversa entre fertilidad y renta per cápita, excepto en los casos de niveles muy bajos de renta per cápita.

---

17. Para el original, véase Malthus (1798, p. 161, línea 19). Para la traducción, véase Malthus, *Ensayo sobre el Principio de la Población, Fondo de Cultura Económica. México, 1951.*

18. No intentamos explicar por qué se produjo la revolución industrial. Lucas (2002), Galor y Weil (2000), Hansen y Prescott (2002) y Jones (2001) crean modelos en los que la transición demográfica y la revolución industrial ocurren como respuestas endógenas a entornos económicos cambiantes.

9.2.1. Un planteamiento de generaciones solapadas

Comenzamos con el enfoque de Becker y Barro (1988) y Barro y Becker (1989), en el que padres e hijos están vinculados por lazos altruistas. Las decisiones de los padres en lo relativo al número de hijos se toman conjuntamente con las decisiones de consumo y transferencias intergeneracionales. Aunque tener hijos y criarlos es caro, el incremento de utilidad, desde el punto de vista de los padres, puede ser suficiente para justificar su coste. Si la utilidad marginal asociada a los hijos disminuye cuando aumenta su número, o si el coste de mantener a un hijo adicional aumenta en función de su número, el modelo determina la tasa de fertilidad a partir de la habitual condición de primer orden. La elección del número de hijos también se vincula a la determinación de su calidad, como queda representado en el modelo mediante las cantidades de consumo y stock de capital asignadas a cada persona.

Becker y Barro (1988) utilizan un modelo de generaciones solapadas (GS) en el que los individuos viven durante dos periodos, la niñez y la edad adulta. (Véase en el apéndice del capítulo 3 un análisis de los modelos GS.) No se considera el matrimonio y cada adulto de la generación i tiene n_i hijos. La función de utilidad se expresa así:

$$U_i = u(c_i, n_i) + \Upsilon(n_i) \cdot n_i U_{i+1} \qquad (9.46)$$

donde el subíndice i es el periodo de edad adulta de un individuo, U_i es la utilidad del adulto, c_i es el consumo por individuo adulto durante la edad adulta, y n_i es el número de hijos por adulto. El término $u(c_i, n_i)$ representa las unidades de utilidad obtenidas del consumo y del hecho de tener hijos durante la edad adulta. (Esta formulación no hace distinciones entre el consumo de los hijos durante su niñez y el consumo de sus padres.)

El último término del segundo miembro de la ecuación (9.46) representa las unidades de utilidad que obtienen los adultos al valorar la felicidad futura de sus hijos cuando se hagan adultos. El término U_{i+1} es la utilidad que cada niño obtendrá en la edad adulta. Esta utilidad también se determina a partir de la ecuación (9.46), actualizando todas las variables en un periodo. Aceptamos el supuesto de que todos los hijos son iguales y que son tratados de igual manera por sus padres, de manera que todos alcanzan la misma utilidad, U_{i+1}. (Este trato igualitario se cumplirá si todo el mundo tiene la misma función de utilidad $u[\cdot]$, y si esta utilidad es una función cóncava respecto de los recursos proporcionados a cada hijo.)

La función $\Upsilon(n_i)$ de la ecuación (9.46) representa el grado de altruismo que los progenitores asocian a la utilidad de cada hijo; por lo tanto, $\Upsilon(n_i)$ aparece multiplicando la utilidad "agregada" obtenida por la siguiente generación $n_i U_{i+1}$. Las propiedades que suponemos a esta función son $\Upsilon(n_i) > 0$ (los padres valoran la felicidad de sus hijos), $\Upsilon'(n_i) < 0$ (un tipo de utilidad marginal decreciente de los hijos) y $\Upsilon(1) < 1$. La última propiedad implica que, si el número de hijos por adulto es igual a uno, los padres son egoístas en el sentido de que valoran más una unidad de $u(c_i, 1)$ que una unidad de $u(c_{i+1}, 1)$.[19]

19. En los términos empleados en el análisis del altruismo del apéndice del capítulo 3, el término Υ combina preferencia temporal pura (el término que incluye ρ) con la actitud ante los hijos. Podemos

Becker y Barro (1988) establecen el supuesto de que la función altruista tiene elasticidad constante

$$\Upsilon(n_i) = \Upsilon n_i^{-\epsilon} \tag{9.47}$$

donde $\epsilon > 0$ y $0 < \Upsilon < 1$. El parámetro Υ representa el grado de altruismo entre padres e hijos cuando $n_i = 1$. La noción de que los padres aman a sus hijos queda recogida por $\Upsilon > 0$ y el egoísmo parental queda reflejado en $\Upsilon < 1$. La condición $\epsilon > 0$ genera utilidad marginal decreciente con respecto al número de hijos, pues $\Upsilon(n_i)$ disminuye al aumentar n_i.

A partir de las ecuaciones (9.46) y (9.47), podemos expresar U_i como la suma ponderada y anticipada de los $u(c_j, n_j)$ de cada generación, comenzando por la i-ésima.

$$U_i = \sum_{j=i}^{\infty} \Upsilon^{j-i} \cdot \mathrm{N}_j^{1-\epsilon} \cdot u(c_j, n_j) \tag{9.48}$$

donde N_j es el número de descendientes adultos de la generación j. Esta cifra es igual a 1 cuando $j = i$ (es decir, cuando comenzamos desde la perspectiva de un único adulto) y es igual al producto de los diversos n_j para $j > i$.

$$\mathrm{N}_i = 1; \quad \mathrm{N}_j = \prod_{k=i}^{j-1} n_k, \quad \text{para } j = i+1, i+2, \ldots \tag{9.49}$$

En los planteamientos anteriores, suponíamos una forma funcional de $u(c)$ que implicaba una elasticidad de la utilidad marginal $u'(c)$ constante con respecto a c. Ahora aceptamos el supuesto equivalente de que la forma funcional de $u(c_j, n_j)$ implica elasticidades de la utilidad marginal constantes con respecto a c_j y n_j:

$$u(c_j, n_j) = [c_j \cdot (n_j)^{\phi}]^{1-\theta}/(1-\theta) \tag{9.50}$$

donde $\phi > 0$ y $\theta > 0$. También suponemos que $\phi \cdot (1-\theta) < 1$, de manera que la utilidad marginal sea decreciente con respecto a n_j. Si definimos

$$\psi \equiv (1-\epsilon)/(1-\theta)$$

donde aceptamos el supuesto de que $\psi > 0$,[20], y sustituimos la expresión de $u(c_j, n_j)$ de la ecuación (9.50) en la ecuación (9.48) obtenemos

---

interpretar que en el presente contexto la tasa pura de preferencia temporal ρ es cero.

20. La condición $\psi > 0$ implica que $\epsilon < 1$ si $\theta < 1$, como en el caso analizado por Becker y Barro (1988). La formulación presente también permite que $\epsilon > 1$ si $\theta > 1$. Si $\theta = 1$, tiene que cumplirse $\epsilon = 1$ para que ψ sea finita.

$$U_i = \sum_{j=i}^{\infty} \Upsilon^{j-i} \cdot \{[(N_j)^{\psi} \cdot c_j \cdot (n_j)^{\phi}]^{1-\theta} - 1\}/(1-\theta) \tag{9.51}$$

Observe que la condición $\epsilon > 0$ implica que $\psi \cdot (1-\theta) < 1$. Añadimos el término -1 dentro de las llaves, de manera que cuando θ tiende a 1 la expresión dentro del sumatorio tiende a la forma funcional de utilidad logarítmica:

$$U_i = \sum_{j=i}^{\infty} \Upsilon^{j-i} \cdot [\psi \cdot \log(N_j) + \log(c_j) + \phi \cdot \log(n_j)] \tag{9.52}$$

Si permitimos que θ tienda a 1, a partir de la ecuación (9.51) y mediante el regla de l'Hôpital se puede calcular la ecuación (9.52).

Al igual que Becker y Barro (1988), podemos completar el modelo especificando el coste de tener hijos y criarlos, añadiendo una restricción presupuestaria intergeneracional. Esta restricción relaciona la transferencia intergeneracional del padre a cada hijo con los activos iniciales del padre, los niveles de renta salarial y renta de activos, y los gastos de crianza y consumo de los hijos. En consecuencia, los adultos de cada generación eligen el consumo y la fertilidad de manera que maximizan U_i de la ecuación (9.51), sujeta a la restricción presupuestaria intertemporal. El análisis es sencillo si las soluciones de las transferencias intergeneracionales son interiores, es decir, si los padres optan siempre por transferencias positivas a los hijos. De esta manera, no tenemos que tener en cuenta la posibilidad de transferencias negativas, es decir, que los padres dejen deudas a los hijos. No exponemos aquí los detalles de este análisis, pues preferimos trabajar con la versión del modelo temporal continuo.

9.2.2. El modelo con tiempo continuo

En el estudio de la elección de la fertilidad, la versión de generaciones solapadas resulta útil, ya que la duración del periodo tiene un significado importante. Representa la diferencia promedio de edad entre padres e hijos, es decir, la duración de una generación. No obstante, con propósito de agregación, tendremos que sumar familias que en un momento dado tienen hijos de distintas edades. En este modelo, la restricción a un número entero de hijos tendrá importancia a nivel de la familia, pero esta restricción se suavizará en la agregación de familias heterogéneas.

Estos motivos parecen indicar que no resultaría útil resolver el problema de elección de una familia individual en un modelo temporal discreto y después aplicar los resultados al comportamiento de las variables del conjunto de la economía. Los resultados que obtendríamos a partir del carácter discreto del tiempo, un rasgo implícito del modelo, que puede incluir posibles ciclos en torno al valor del estado estacionario, reflejaría la imposibilidad de realizar la agregación entre hogares de manera apropiada. Así pues, podemos o bien realizar la agregación de manera explícita o en caso contrario utilizar como aproximación la representación en tiempo continuo del comportamiento de un hogar típico. El enfoque de tiempo continuo carece de realismo a nivel de una única familia, ya que por ejemplo prescinde de la restricción de que el número de hijos sea un número entero, pero será adecuada en el estudio de las variables del conjunto de la economía.

Vamos a utilizar los resultados de la sección anterior a fin de modificar el modelo de tiempo continuo de los hogares con horizonte infinito que presentamos en el modelo de Ramsey del capítulo 2. En esta situación, el horizonte infinito resulta natural ya que representa el vínculo altruista entre padres e hijos, y entre éstos y sus hijos, y así sucesivamente. La tasa de preferencia temporal $\rho > 0$ del modelo de Ramsey equivale al grado de altruismo intergeneracional $\Upsilon < 1$ en el modelo de las generaciones solapadas. Los dos elementos novedosos son que la preferencia temporal también depende del número de hijos y que la crianza de los hijos consume recursos.

Nacimientos y defunciones En el modelo con tiempo discreto, en cada periodo nace una nueva generación de tamaño finito y cada individuo vive dos periodos, infancia y edad adulta. Por el contrario, en el modelo con tiempo continuo, tratamos los nacimientos y las defunciones como flujos continuos.

Sea $n \geq 0$ la tasa de natalidad familiar, considerada como una variable a elegir en cada momento del tiempo, y $d > 0$ la tasa de mortalidad. Para simplificar, no permitimos que d dependa de la estructura de edad de la familia, ni tampoco del gasto familiar o público en atención médica, salud, etc., aunque tener en cuenta la influencia de estos factores sobre la tasa de mortalidad sería una importante ampliación del modelo. El tamaño de la familia N varía de forma continua de acuerdo con la expresión siguiente

$$\dot{N} = (n - d) \cdot N \tag{9.53}$$

La variable N será a partir de ahora una variable de estado adicional de los hogares.

La función de utilidad Utilizamos la expresión de la utilidad del hogar del modelo con tiempo discreto de la ecuación (9.51) con el fin de modificar la representación habitual con tiempo continuo de la ecuación (2.1), de manera que:

$$U = \int_0^{\infty} \frac{e^{-\rho t}}{1-\theta} \cdot \{[N^{\psi} c \cdot (n-d)^{\phi}]^{1-\theta} - 1\} \cdot dt \tag{9.54}$$

El término $e^{-\rho t}$ equivale al factor de altruismo Υ^{j-i} de la ecuación (9.51). La ecuación (9.54) incluye la tasa neta de crecimiento de la población $n - d$, en vez de la tasa de fertilidad bruta n. Si suponemos que d representa la mortalidad infantil, entonces $n - d$ representa a los hijos supervivientes, la variable que con toda probabilidad aparecerá en la función de utilidad.[21] Observe que el stock de individuos N aparece en la función de utilidad. Este hecho dificulta enormemente la tarea a la hora de resolver el modelo. Jones (2001) utiliza una especificación de la utilidad más sencilla,

21. El modelo no es lo suficientemente complejo para que la tasa de mortalidad dependa de la edad. No obstante, las elecciones del hogar no se verían afectadas si introdujéramos un término como $d^{-\iota}$, donde $\iota > 0$, que multiplicara a $N^{\psi} \cdot c \cdot (n-d)^{\phi}$ de la ecuación (9.54). Tal vez este término pudiera recoger la desutilidad asociada a la mortalidad en la edad adulta.

independiente del stock de población, que proporciona una solución matemática más manejable.

Coste de crianza de los hijos El nacimiento y la crianza de cada hijo cuesta la suma η. Suponemos que η se gasta en su totalidad en el momento del nacimiento, aunque un modelo más realista reconocería que estos gastos surgen durante el largo periodo del crecimiento del hijo. Tratamos de corregir este fallo mediante el supuesto de que η es un único gasto de importancia que de hecho representa el valor actual del gasto en cada hijo. Puesto que nN es el número de nacimientos por unidad de tiempo, ηnN es el gasto total en la crianza de los hijos, y ηn es la cantidad gastada per cápita.

Un punto clave radica en la relación del coste η con otras variables, tales como el valor del tiempo de los padres y las mediciones de la calidad de los hijos, que en el modelo corresponden al consumo y al stock de capital per cápita c y k.[22] Si η representa únicamente las compras de bienes y servicios de mercado, el coste de crianza de un hijo disminuye en relación a la renta per cápita a medida que la economía crece. En dicho caso, la tasa de fertilidad, n, tiende a aumentar a medida que la economía se desarrolla, hecho que no se cumple en la realidad.

Becker (1991) y otros autores afirman que la crianza de un hijo es intensiva en tiempo de los padres, especialmente en el tiempo de la madre en sociedades en las que las mujeres son las que se encargan de la crianza de los hijos.[23] En otras palabras, las mejoras de productividad que afectan a los bienes y servicios de mercado, debidas a la acumulación de capital y al progreso tecnológico, no se producen en la crianza de los hijos. En ese caso, el coste η tiende a aumentar en relación al salario de los padres o en relación a otras medidas del coste de oportunidad del tiempo de los padres. En ese caso, un mayor nivel de formación de los adultos (especialmente de las mujeres) tiende a aumentar η. En general, η aumenta al aumentar las cantidades per cápita de capital físico y humano, representadas en el modelo por la variable k.

A fin de establecer un vínculo entre η y los salarios de los padres, tendríamos que tener en cuenta otros usos posibles del tiempo de los padres, por ejemplo, la elección entre el tiempo dedicado a producir bienes y el tiempo dedicado a criar hijos. Esta ampliación acarrea una gran complejidad técnica en forma de no linealidades. Ahora bien, puesto que la idea principal conlleva una relación directa entre η y k, postulamos una simple relación lineal

$$\eta = b_0 + bk \tag{9.55}$$

donde $b_0 \geq 0$ y $b \geq 0$. El término b_0 representa el coste en bienes de la crianza del hijo, y el término bk representa el coste que aumenta con la intensidad de capital.

22. El coste de crianza de los hijos se considera proporcional al número de hijos. El coste de establecimiento de una familia que tenga su primer hijo parece indicar que pudiera haber un intervalo en el que el coste por hijo disminuye con el número de hijos. No obstante, en algún momento los costes aumentarían más que proporcionalmente en relación al número de hijos, ya que la gestación de más descendientes implicaría que el periodo entre nacimientos sería excesivamente corto o que los padres serían ya muy mayores cuando tuvieran hijos.

23. Véase Galor y Weil (1996) para un análisis más detallado de este elemento en el contexto de los modelos de crecimiento. Becker, Murphy y Tamura (1990) también hacen hincapié en el vínculo entre capital humano y los costes de crianza de los hijos.

La especificación de la ecuación (9.55) resulta ser especialmente sencilla si aceptamos el supuesto de que $b_0 = 0$, ya que el coste de crianza per cápita, $\eta n = bnk$, se puede relacionar con el término nk que ha aparecido con signo negativo en la restricción presupuestaria del hogar (véase la ecuación [2.23]). Más adelante analizamos algunos resultados de especificaciones que incluyen el coste en bienes, b_0.

La restricción presupuestaria familiar Suponemos que todos los miembros de la familia reciben el mismo salario, w. (Un supuesto más realista sería permitir que w dependiera de la edad, de manera que los hijos no comenzaran inmediatamente a ganar un salario.) Los activos de la familia se remuneran a la tasa de rendimiento r.

Sean c y k respectivamente, el consumo y los activos per cápita de la familia. (En aras de una mayor sencillez, hemos aceptado que la economía es cerrada, de manera que los activos per cápita, a, son iguales a k.) Así, la restricción presupuestaria puede representarse de la siguiente manera

$$\dot{k} = w + (r - n + d) \cdot k - bnk - c \tag{9.56}$$

donde utilizamos el coste de crianza de un hijo η de la ecuación (9.55) con $b_0 = 0$. Suponemos, como es habitual, que cada hogar toma como dada la trayectoria del salario w y la tasa de rendimiento r.[24] La diferencia con relación a la formulación habitual radica en la inclusión del gasto per cápita de la crianza de un hijo, bnk.

Condiciones de optimización El problema de optimización del hogar radica en elegir la trayectoria de las variables de control c y n, de manera que se maximice U de la ecuación (9.54). Este problema de maximización está sujeto a la restricción de los activos iniciales $k(0)$; las ecuaciones de transición de las dos variables de estado N y k de las ecuaciones (9.53) y (9.56); las inecuaciones $c \geq 0$ y $n \geq 0$ (que nunca se aplicarán, dada la forma de la función de utilidad de la ecuación [9.54]); y la restricción habitual que rige el comportamiento piramidal encadenado de la deuda (si permitimos que $k < 0$).

Podemos plantear la expresión de la función de Hamilton

$$\begin{aligned} J = {} & \frac{e^{-\rho t}}{1-\theta} \cdot \{[N^{\psi} c \cdot (n-d)^{\phi}]^{1-\theta} - 1\} \\ & + \nu \cdot [w + (r+d) \cdot k - (1+b) \cdot nk - c] + \mu \cdot (n-d) \cdot N \end{aligned} \tag{9.57}$$

donde ν y μ son los precios sombra asociados a las dos variables de estado k y N. Puesto que las restricciones $c \geq 0$ y $n \geq 0$ nunca se aplicarán (ya que las utilidades marginales tienden a infinito cuando c y n tienden a cero y $d \geq 0$), el hogar cumple las condiciones habituales de primer orden que se obtienen al plantear $\partial J/\partial c = \partial J/\partial n = 0$, $\dot{\nu} = -\partial J/\partial k$, y $\dot{\mu} = -\partial J/\partial N$.[25] Los resultados se simplifican

24. No obstante suponemos que el coste de crianza de un hijo η depende de los activos del hogar k y no del capital per cápita del conjunto de la economía. El análisis es algo diferente si η depende de variables del conjunto de la economía, quizás a través de una relación entre η y el salario.

25. Un posible problema radicaría en que los hijos fueran tan baratos de producir que resultara atrac-

considerablemente bajo la función de utilidad logarítmica, $\theta = 1$. Nos centramos en dicho caso.

Las condiciones $\partial J/\partial c = 0$ y $\dot{v} = -\partial J/\partial k$ pueden desarrollarse de la forma habitual hasta obtener la expresión de la tasa de crecimiento de c.[26]

$$\dot{c}/c = (1/\theta)\cdot\{r - \rho - (n-d)\cdot[1 - \psi\cdot(1-\theta)] - nb + \phi\cdot(1-\theta)\cdot\dot{n}/(n-d)\}$$

Si la utilidad es logarítmica, $\theta = 1$, este resultado se simplifica:

$$\dot{c}/c = r - \rho - (n-d) - bn \tag{9.58}$$

Cuando $\theta = 1$, la tasa de crecimiento de la población $n - d$ se añade a la tasa de preferencia temporal ρ (véase la nota 26 para una comparación con el modelo estándar de Ramsey). Además, el término bn aparece restando al término r, ya que un k mayor aumenta los costes de crianza del hijo, dados por bnk.

Nos va a resultar útil definir una nueva variable, Ω:

$$\Omega \equiv (1+b)\cdot k/c - \phi/(n-d)$$

Acto seguido, podemos utilizar las condiciones $\partial J/\partial c = \partial J/\partial n = 0$ y obtener:

$$\mu = e^{-\rho t}\cdot N^{\psi(1-\theta)-1}\cdot c^{1-\theta}\cdot(n-d)^{\phi(1-\theta)}\cdot\Omega$$

Si derivamos la expresión de μ con respecto al tiempo y sustituimos $\dot{\mu}$ por la condición $\dot{\mu} = -\partial J/\partial N$, obtenemos:

$$\dot{\Omega} = -\psi + (\Omega/\theta)\cdot\{\rho - (1-\theta)\cdot[r - (1-\psi)\cdot(n-d) - nb + \phi\cdot\dot{n}/(n-d)]\}$$

Si $\theta = 1$, esta ecuación diferencial se simplifica de la siguiente manera:

$$\dot{\Omega} = -\psi + \Omega\rho$$

---

tivo tomar prestado el suficiente dinero como para que η fuera arbitrariamente grande. Este problema se elimina si el parámetro de coste b es lo suficientemente grande, de manera que garantice que la variable Ω, que se definirá más adelante como $(1+b)\cdot k/c - \phi/(n-d)$, sea siempre positiva.

26. En el análisis del modelo de Ramsey del capítulo 2, n es una constante exógena y $b = 0$, de manera que la tasa de crecimiento de c viene dada por

$$\dot{c}/c = (1/\theta)\cdot\{r - \rho - (n-d)\cdot[1 - \psi\cdot(1-\theta)]\}$$

El análisis estándar también acepta que $\psi\cdot(1-\theta)$, que es igual a $1-\epsilon$, es igual a la unidad, de manera que la expresión se convierte en

$$\dot{c}/c = (1/\theta)\cdot(r-\rho)$$

No obstante, la especificación $\psi\cdot(1-\theta) = 1$ (o, lo que es lo mismo, $\epsilon = 0$) implica que si $\theta > 1$ la contribución marginal de N al flujo de utilidad (para c y n dados) es negativa y se transforma en una magnitud sin límite cuando θ tiende a 1. Por este motivo, Becker y Barro (1988) y Barro y Becker (1989) tratan únicamente el caso en el que $\theta < 1$. En el caso que nos ocupa aceptamos el supuesto de que ψ es positiva y finita, en cuyo caso la contribución marginal de N al flujo de utilidad también es positiva y finita.

que es inestable. Por lo tanto, si $\Omega(0)$ se aleja de su valor de estado estacionario ψ/ρ, Ω tiende en el tiempo hacia $\pm\infty$. Puesto que estas trayectorias inestables incumplen la condición de transversalidad asociada a N,[27] un comportamiento de optimización requiere en todo momento que Ω sea igual a ψ/ρ. Así, la definición de Ω implica que la tasa de fertilidad siempre cumple la condición

$$n = d + \frac{\phi\rho \cdot (c/k)}{\rho \cdot (1+b) - \psi \cdot (c/k)} \tag{9.59}$$

La ecuación (9.59) indica que la tasa de fertilidad n varía en la proporción uno a uno con la tasa de mortalidad d para unos valores dados de los parámetros ϕ, ψ, b y ρ y para un valor dado de la variable c/k. Cuanto mayores son los valores de ϕ y ψ mayor es la utilidad marginal asociada a n y a N, respectivamente (véase la ecuación [9.54]), y por lo tanto aumenta n. Un mayor valor de b aumenta el coste de la crianza del hijo y por consiguiente tiende a disminuir n. Un mayor valor de ρ frena la inversión (en N) y por lo tanto tiende a disminuir n.

La variable c/k expresa el ratio del efecto renta sobre la demanda de hijos, representada mediante c, con respecto al coste de los hijos, que depende linealmente de k a través del término $(1+b) \cdot nk$ de la restricción presupuestaria expuesta en la ecuación (9.56). Así pues, un incremento de c/k va acompañado de un incremento de n. Este resultado significa que durante la transición al estado estacionario, n se mueve en el mismo sentido que c/k.

Dinámica de transición y el estado estacionario El modelo dinámico está formado por las expresiones de $\dot{k}$ y $\dot{c}/c$ de las ecuaciones (9.56) y (9.58) y por la expresión de n de la ecuación (9.59). En las ecuaciones de $\dot{k}$ y $\dot{c}/c$ aparecen w y r, que vienen determinados como es habitual por la función de producción. También como hasta ahora aceptamos el supuesto de que el factor trabajo L y la población N son idénticos; el progreso tecnológico del tipo que aumenta la eficiencia del trabajo se produce a la tasa constante $x \geq 0$; y la función de producción es de tipo Cobb-Douglas,

$$\hat{y} = A\hat{k}^{\alpha}$$

donde $0 < \alpha < 1$, $\hat{k} \equiv K/\hat{L}$ e $\hat{y} \equiv Y/\hat{L}$. Si el capital se deprecia a la tasa constante δ, el comportamiento que maximiza el beneficio de las empresas competitivas implica las expresiones habituales,

$$r = \alpha A\hat{k}^{\alpha-1} - \delta, w = (1-\alpha) \cdot A\hat{k}^{\alpha} \cdot e^{xt} \tag{9.60}$$

---

27. La ecuación diferencial de Ω tiene la siguiente solución general,

$$\Omega = \psi/\rho + [\Omega(0) - \psi/\rho] \cdot e^{\rho t}$$

Cuando $\theta = 1$, la condición de μ se simplifica a $\mu N = \Omega e^{-\rho t}$. Si en la ecuación anterior se sustituye Ω por su valor en esta expresión de μN, obtenemos

$$\mu N = e^{-\rho t} \cdot (\psi/\rho) + \Omega(0) - \psi/\rho$$

Por lo tanto, la condición de transversalidad asociada a N ($\lim_{t\to\infty} (\mu N) = 0$) únicamente se cumple si $\Omega(0) = \psi/\rho$. En ese caso, $\dot{\Omega} = 0$ para todo t, y Ω siempre es igual a su valor de estado estacionario ψ/ρ.

Resulta conveniente expresar el sistema a través de las variables transformadas

$$\chi \equiv c/k \text{ y } z \equiv A\hat{k}^{\alpha-1}$$

donde z es el producto medio bruto del capital. Así, las ecuaciones (9.56) y (9.58) pueden utilizarse junto con la ecuación (9.60) a fin de obtener la ecuación de transición de χ.

$$\dot{\chi}/\chi = -\rho - (1-\alpha)\cdot z + \chi \tag{9.61}$$

Si sustituimos n de la ecuación (9.59) y utilizamos las ecuaciones (9.56) y (9.60), obtenemos la ecuación de transición de z:

$$\dot{z}/z = -(1-\alpha)\cdot\left[z - \delta - bd - x - \chi - \frac{\phi\rho\chi\cdot(1+b)}{\rho\cdot(1+b) - \psi\chi}\right] \tag{9.62}$$

En la ilustración 9.6 se construye el diagrama de fase en la región (z,χ) a partir de las ecuaciones (9.61) y (9.62). Las curvas representadas corresponden a los siguientes valores de los parámetros subyacentes:

$$\alpha = 0{,}75, \delta = 0{,}05, \rho = 0{,}02, x = 0{,}02$$
$$d = 0{,}01, b = 1, \psi = 0{,}2, \phi = 0{,}2$$

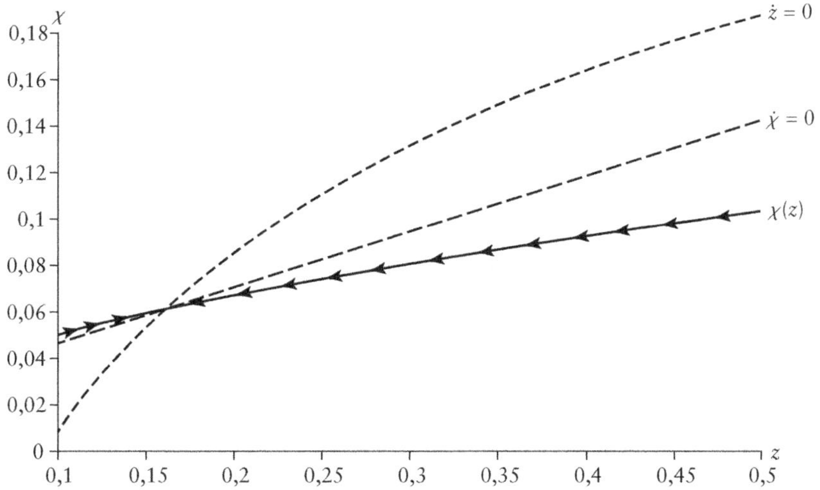

ILUSTRACIÓN 9.6 | Diagrama de fase del modelo de fertilidad en la región (z, χ). El modelo de fertilidad se caracteriza por tener estabilidad de punto de silla. En la región (z, χ), el tramo estable tiene pendiente positiva. Por lo tanto, si inicialmente la economía tiene un producto medio bruto del capital z alto, entonces z y $\chi \equiv c/k$ disminuyen monótonamente durante la transición.

En la primera fila aparecen valores que ya nos resultan familiares por análisis previos. En la segunda línea aceptamos que la tasa de mortalidad d tiene un valor de 0,01 anual. Los valores de b, ψ y ϕ son más arbitrarios, y analizaremos cómo dependen los resultados de las variaciones de estos parámetros. En cualquier caso, el aspecto general del diagrama de fase es poco sensible a estas opciones.

$\dot{\chi}=0$ de la ecuación (9.61) es una recta de pendiente positiva cuya ordenada en el origen es ρ. Esta recta es inestable, es decir, para un z dado $\dot{\chi}/\chi$ aumenta al aumentar χ.

La ecuación (9.62) implica que la curva $\dot{z} = 0$ tiene pendiente positiva y es estable, es decir, para un χ dado $\dot{z}/z$ disminuye al aumentar z. La relación entre χ y z a lo largo de esta curva es la solución a una ecuación cuadrática, que tiene dos raíces reales y positivas para un conjunto de parámetros "razonables". La raíz mayor se sitúa siempre por encima de la recta $\dot{\chi}=0$. La curva $\dot{z} = 0$ que aparece en la ilustración 9.6 corresponde a la raíz de menor valor.

El punto de corte de ambas curvas determina los valores de estado estacionario, z^* e χ^*. Una vez que se conocen estos valores podemos calcular n^* a partir de la ecuación (9.59). El tipo de interés de estado estacionario se calcula a partir de la expresión

$$r^* = \alpha z^* - \delta$$

En la ilustración 9.6 se ve que la trayectoria estable de punto de silla tiene pendiente positiva en la región (z,χ). Por lo tanto, si inicialmente en la economía $z(0)>z^*$ (es decir, $\hat{k}[0]<\hat{k}^*$), z y χ disminuyen monótonamente, tendiendo a sus valores de estado estacionario.

La ecuación (9.59) implica que n está relacionada directamente con $\chi\equiv c/k$ durante la trayectoria de transición. Por lo tanto, la trayectoria decreciente de χ de la ilustración (9.6) corresponde a una trayectoria decreciente de n. La ilustración 9.7 muestra la relación entre n y z durante la transición. (Una vez que conocemos la relación entre χ y z a partir de la ilustración 9.6, podemos utilizar la relación entre n y χ de la ecuación [9.59] para determinar n en función de z.) A medida que z disminuye, n decrece monótonamente, tendiendo a su valor de estado estacionario. Es decir, con una tasa de mortalidad d dada, a medida que la economía se desarrolla, la tasa de fertilidad disminuye de forma regular.

Esta disminución de la fertilidad al aumentar el producto per cápita es un resultado que se ve corroborado por los datos empíricos de los países. La única excepción empírica radica en que la fertilidad y el PIB per cápita parecen estar directamente relacionados a niveles muy bajos de PIB per cápita. Es decir, en el caso de países extremadamente pobres, esta relación es congruente con la teoría de Malthus. Este tramo inicialmente creciente de la relación entre fertilidad y PIB per cápita tiende a aparecer también en la teoría si al coste de la crianza de los hijos que aumenta linealmente en relación a k le añadimos un coste en bienes por la crianza de los hijos. El coste en bienes introduce una influencia, un efecto renta, que genera una relación directa entre fertilidad y producto per cápita. Además, puesto que en los países pobres el coste en bienes es relativamente más importante, la relación directa neta entre fertilidad y producto per cápita tiende a aparecer únicamente en niveles bajos de producto per cápita.

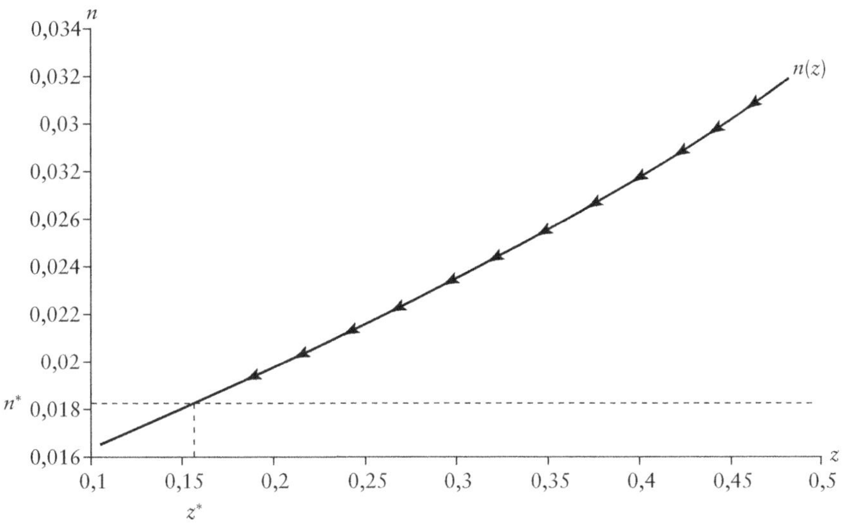

ILUSTRACIÓN 9.7 | Comportamiento de transición de la tasa de fertilidad. Si inicialmente la economía cuenta con un producto medio bruto del capital z alto, a medida que z disminuye a lo largo de la trayectoria estable mostrada en la ilustración 9.6 la tasa de fertilidad n disminuye, tendiendo a su valor de estado estacionario. Cuantitativamente, para los valores de los parámetros que hemos supuesto, si el valor inicial de z es 0,3 (que corresponde a una tasa de rendimiento de 0,25), el valor inicial de n es 0,023 y disminuye gradualmente tendiendo a 0,018, su valor de estado estacionario.

Podemos tener en cuenta un coste de crianza en términos de bienes si permitimos que la ordenada en el origen b_0 de la ecuación (9.55) tenga un valor distinto de cero. Aunque nuestro procedimiento analítico no permite avanzar cuando la expresión del coste de crianza contiene una ordenada en el origen positiva, podemos utilizar métodos numéricos para resolver la dinámica de este modelo revisado. Más concretamente, aportamos resultados en detalle para el caso $b_0 = 50$. Si mantenemos los valores de los parámetros que hemos utilizado en las ilustraciones 9.6 y 9.7, incluido $b = 1$, un valor de $b_0 = 50$ significa que cuando $n = 0{,}02$ y $\hat{k}$ es un décimo de $\hat{k}^*$, el coste en bienes de criar a un hijo es cercano a un dieciseisavo de la producción total (si el parámetro A de la función de producción igual a 1).

Numéricamente, hallamos que la especificación $\eta = 50 + bk$ entraña un diagrama de fase en la región (z, χ) como el representado en la ilustración 9.8.[28] En la ilustración 9.9 se representa la relación asociada entre n y z. El aspecto interesante de esta ilustración, con respecto a la ilustración 9.7, radica en que ahora, para valores muy altos de z (es decir, para valores muy bajos de $\hat{k}$) n aumenta al disminuir z. Así pues, el modelo ampliado puede ser coherente con la observación empírica de que en países muy pobres la fertilidad aumenta al aumentar el producto per cápita, pero disminuye al aumentar el producto per cápita en la mayoría de los países.

28. Estos resultados suponen que el coste en bienes, establecido inicialmente en 50, aumenta a la tasa $x = 0{,}02$ anual junto con el progreso tecnológico exógeno.

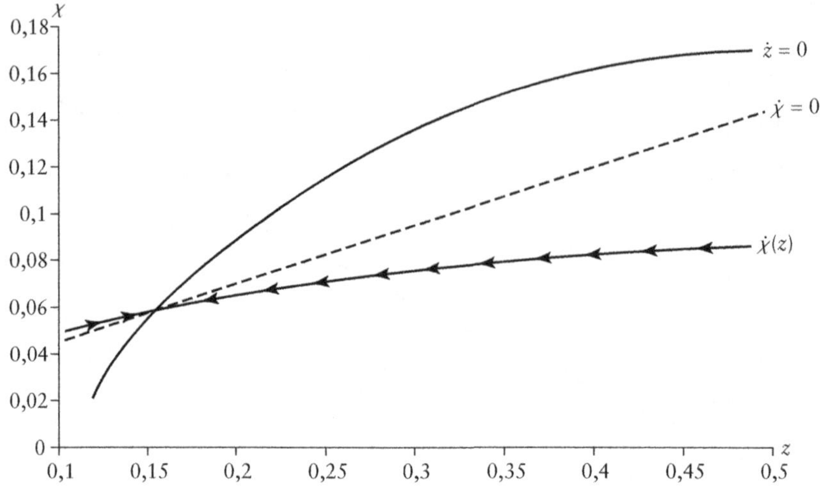

ILUSTRACIÓN 9.8 I Diagrama de fase en la región (z, χ) con un coste de crianza en bienes. Esta ilustración modifica la ilustración 9.6 de manera que incluye un coste en bienes por la crianza de los hijos. Si inicialmente la economía cuenta con un producto medio bruto del capital z alto, entonces z y $\chi \equiv c/k$ siguen disminuyendo monótonamente durante la transición.

La tabla 9.1 recoge la especificación inicial con $b_0 = 0$, y muestra de qué manera los valores n^* y r^* de estado estacionario dependen de los valores de los parámetros ϕ, ψ, d y b. Para los parámetros básicos de partida, los resultados son $n^* = 0{,}018$ y $r^* = 0{,}067$. Los incrementos de ϕ o ψ aumentan el beneficio procedente de los hijos y por lo tanto incrementan n^*. Por ejemplo, si ϕ o ψ aumentan a 0,4, n^* aumenta a 0,030. El valor n^* disminuye a 0,014 si ϕ disminuye a 0,1, y a 0,017 si ψ disminuye a 0,1. Puesto que $\dot{c}/c = x$ en el estado estacionario, podemos utilizar la ecuación (9.58) para reflexionar sobre la relación entre n^* y r^*. Para valores dados de ρ, b y d, r^* se mueve en la misma dirección que n^* por valor del múltiplo $1 + b$. Por lo tanto, la tabla 9.1 muestra que un aumento de ϕ o ψ provoca un incremento de r^*.

Para un valor dado de c/k, la ecuación (9.59) muestra que n varía en la proporción uno a uno con la tasa de mortalidad d. Dado que un aumento de d provoca un incremento de $(c/k)^*$, el efecto total de d sobre n^* es ligeramente mayor que la proporción uno a uno. Por ejemplo, si d aumenta de 0,01 a 0,02, en la tabla 9.1 se ve que n^* aumenta de 0,0183 a 0,0291. Puesto que la variación en la tasa de crecimiento natural $n^* - d$ es pequeña, la ecuación (9.58) implica que r^* sigue variando en el mismo sentido que n^*, aproximadamente en la proporción b. Por consiguiente, la tabla muestra que un aumento de d provoca un incremento de r^*.

Un incremento en el parámetro de coste b provoca una disminución de n^*. Por ejemplo, en la tabla 9.1 vemos que si b aumenta a 2, n^* disminuye a 0,015, mientras que si b disminuye a 0,5, n^* aumenta a 0,023. Puesto que un aumento de b viene acompañado de una disminución de n^*, la ecuación (9.58) parece indicar que el efecto sobre r^* será incierto. En el intervalo considerado en la tabla, el efecto neto de b sobre r^* resulta ser positivo.

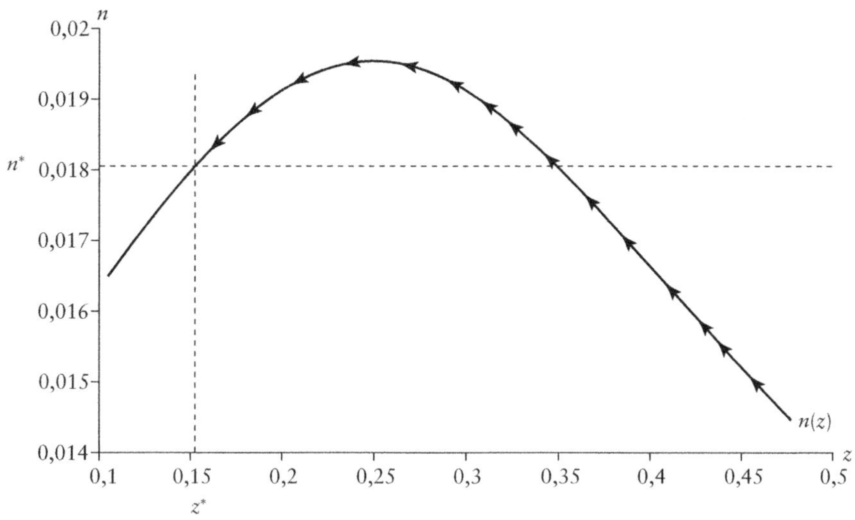

ILUSTRACIÓN 9.9 | Comportamiento de transición de la tasa de fertilidad con un coste de crianza en bienes. Esta ilustración modifica la ilustración 9.7 de manera que introduce el coste en bienes de la crianza de los hijos. Si inicialmente la economía cuenta con un alto producto medio bruto del capital z, entonces a medida que z disminuye a lo largo de la trayectoria de punto de silla de la ilustración 9.8, la tasa de fertilidad se ajusta de manera no monótona. A diferencia de la ilustración 9.7, la tasa de fertilidad puede aumentar durante un intervalo y más tarde disminuir, tendiendo a su valor de estado estacionario. Este comportamiento corresponde a la tendencia de las tasas de fertilidad a aumentar con relación a la renta per cápita en los países más pobres, pero disminuir en relación a la renta per cápita de la mayoría de los países.

TABLA 9.1 | Efectos de las variaciones de los parámetros sobre n^* y r^*

Valores de los parámetros	n^*	r^*
Valores básicos	0,0183	0,067
$\phi = 0,4$	0,0300	0,090
$\phi = 0,1$	0,0139	0,058
$\psi = 0,4$	0,0300	0,090
$\psi = 0,1$	0,0168	0,064
$d = 0,02$	0,0291	0,078
$d = 0$	0,0076	0,055
$b = 0,5$	0,0226	0,064
$b = 2$	0,0152	0,076

Nota: La especificación básica es $\alpha = 0,75$, $\delta = 0,05$, $\rho = 0,02$, $x = 0,02$, $d = 0,01$, $b = 1$, $\psi = 0,2$ y $\phi = 0,2$. La tabla muestra el efecto sobre los valores n^* y r^* de estado estacionario cuando los parámetros designados cambian al valor indicado en la tabla mientras que el resto de los parámetros permanece constante en sus valores básicos de partida.

9.3. Elección trabajo-ocio

Hasta el momento hemos supuesto que la relación entre la oferta de trabajo y la población es fija; es decir, hemos obviado cambios en la participación de la población activa o en las horas trabajadas y el esfuerzo laboral. En esta sección vamos a permitir la variación de la oferta de trabajo para una población dada teniendo en cuenta la elección trabajo-ocio. En este modelo las variaciones de la oferta de trabajo representan una cierta combinación de variaciones de la población activa, de las horas trabajadas y del esfuerzo laboral, aunque el análisis no distingue entre estos distintos componentes de la oferta de trabajo.

Desarrollamos el análisis a partir del modelo de Ramsey en el que introducimos el ocio como un variable adicional de la función de utilidad. Utilizamos una especificación de las preferencias que permite variaciones de transición de la oferta de trabajo, al tiempo que garantiza que la fracción de tiempo dedicado al trabajo tiende a un valor constante en el estado estacionario. Por lo tanto, el modelo nos permite estudiar el comportamiento de transición del trabajo y también analizar cómo afectan las variaciones de los distintos parámetros a la cantidad de trabajo de estado estacionario.

La población, que llamamos $N(t)$, será ahora distinta del factor trabajo $L(t)$. Volvemos al planteamiento en el que $N(t)$ crece de manera exógena a la tasa constante n, pero ahora $L(t)$ puede variar para una $N(t)$ dada. Definamos $\ell(t)$ como la intensidad de trabajo de la persona media en el momento t, de manera que,

$$L(t) \equiv \ell(t) \cdot N(t) \tag{9.63}$$

Si $\ell(t)$ es la fracción de tiempo dedicado al trabajo, podría medirse con los datos existentes y tendría un límite superior natural en el 100 %. Por el contrario, si $\ell(t)$ permite variaciones en el trabajo, no podría medirse fácilmente y no tendría un límite superior evidente.

Si modificamos la expresión de la utilidad de una familia de la ecuación (2.1) de manera que incluya la desutilidad del esfuerzo laboral:

$$U = \int_0^{\infty} u[c(t), \ell(t)]e^{-(\rho-n)t}\, dt \tag{9.64}$$

donde las derivadas parciales cumplen las habituales condiciones de concavidad, incluidas $u_c > 0$, $u_\ell < 0$, $u_{cc} < 0$ y $u_{\ell\ell} \leq 0$.[29] Si el salario w es la cantidad pagada por unidad de factor trabajo, a partir de la ecuación (2.2) la restricción presupuestaria del hogar se ve modificada, convirtiéndose en

$$\dot{a} = w\ell + (r - n) \cdot a - c \tag{9.65}$$

Podemos continuar como habitualmente, planteando la función de Hamilton

$$J = u(c, \ell) \cdot e^{-(\rho-n)t} + \nu \cdot [w\ell + (r - n) \cdot a - c]$$

29. Esta formulación supone que el esfuerzo laboral ℓ aparece negativamente en la función de utilidad. Otro enfoque, que debemos a Becker (1965), supone que el tiempo que no se dedica al trabajo de mercado se utiliza en la producción doméstica. El rasgo distintivo más importante de este enfoque alternativo radica en que la productividad del trabajo doméstico se ve influenciada por la acumulación de capital y el progreso tecnológico. La asignación de tiempo entre el trabajo de mercado y el doméstico depende así de las tendencias de la productividad relativa y de la evolución de las demandas relativas de los bienes producidos con trabajo de mercado y doméstico. Véase Greenwood y Hercowitz (1991) y Benhabib, Rogerson y Wright (1991) para un análisis del uso de este enfoque en contextos dinámicos.

El problema de maximización es idéntico al del capítulo 2, excepto en que u_c, la utilidad marginal del consumo, puede depender de ℓ, y que tenemos que añadir una nueva condición de primer orden, $\partial J/\partial\ell = 0$.

La condición de primer orden que corresponde a la ecuación (2.7) del modelo de Ramsey es

$$r = \rho - \left[\frac{u_{cc} \cdot c}{u_c}\right] \cdot (\dot{c}/c) - \left[\frac{u_{c\ell} \cdot \ell}{u_c}\right] \cdot (\dot{\ell}/\ell) \tag{9.66}$$

Observe que si $u_{c\ell} = 0$, obtenemos la expresión original del capítulo 2. Si $u_{c\ell} > 0$, un mayor valor de $\dot{\ell}/\ell$ resta de la tasa de preferencia temporal, ρ, ya que los hogares preferirán consumir mucho en el futuro cuando ℓ sea alta, es decir, cuando tengan poco ocio. Este efecto se invierte en el caso, más factible, de que el consumo y el ocio sean complementarios, en el sentido de que $u_{c\ell} < 0$.

La nueva condición de primer orden, que representa la sustitución entre consumo y ocio en un momento del tiempo, toma la forma

$$-u_\ell/u_c = w \tag{9.67}$$

Nos gustaría que la ecuación (9.67) fuera congruente con la regularidad empírica de que las horas trabajadas por trabajador (que consideramos una aproximación de ℓ) disminuyen normalmente en las primeras etapas del desarrollo económico, pero tienden finalmente a estabilizarse (véase en análisis en Barro, 1997, capítulo 2). En concreto, nos gustaría que el modelo tuviera un estado estacionario en el que ℓ fuera constante.

En el estado estacionario del modelo de Ramsey, w y c crecen a la misma tasa x. Por lo tanto, queremos utilizar una forma de función de utilidad en la que la ecuación (9.67) implique que ℓ es constante, al menos asintóticamente, cuando w y c crecen a la misma tasa. También queremos conservar la propiedad de que el modelo cuenta con un estado estacionario en el que c crece a una tasa constante. En el apéndice 9A (sección 9.4) se demuestra que estas condiciones exigen que la función de utilidad tenga asintóticamente la siguiente forma

$$u(c, \ell) = \frac{c^{1-\theta} \cdot \exp[(1-\theta) \cdot \omega(\ell)] - 1}{1-\theta} \tag{9.68}$$

donde $\theta > 0$, $\omega'(\ell) < 0$ y $\omega''(\ell) \leq 0$.[30] Esta expresión corresponde a la utilizada por King, Plosser y Rebelo (1988a) y Rebelo (1991).[31] El signo de $u_{c\ell}$ depende del valor de θ: si $\theta \lesseqgtr 1$, $u_{c\ell} \lesseqgtr 0$. La función isoelástica estándar utilizada en la ecuación (2.8)

30. Estas propiedades implican que $u_c > 0$, $u_\ell < 0$ y $u_{cc} < 0$. La condición $u_{\ell\ell} \leq 0$ requiere que $\omega''(\ell) + (1-\theta) \cdot [\omega'(\ell)]^2 \leq 0$, inecuación que debe cumplirse si $\theta \geq 1$.

31. Rebelo (1991, p. 513) muestra que otra posible alternativa radica en especificar la utilidad como $u(c, \ell k)$, donde $u(\cdot)$ es homogénea de algún grado positivo, y k no debe interpretarse como el capital humano por persona. El término ℓk puede identificarse con el tiempo de ocio al que se renuncia, ajustado a la calidad del individuo, como en la formulación utilizada por Becker (1965) y Heckman (1976).

corresponde al caso particular en el que $\omega(\ell)=0$. Sin embargo, esta especificación no es coherente con la elección de una cantidad finita de esfuerzo laboral.

Si para calcular u_ℓ y u_c partimos de la ecuación (9.68), la condición de primer orden de la ecuación (9.67) implica:

$$-\omega'(\ell) = w/c \tag{9.69}$$

Para un valor general de θ el desarrollo algebraico del resto del modelo resulta demasiado complejo, pero podemos obtener los principales resultados a partir del caso particular de $\theta=1$. Si se aplica la regla de l'Hôpital a la ecuación (9.68), el límite de $u(c, \ell)$ cuando θ tiende a 1 es:

$$u(c, \ell) = \log(c) + \omega(\ell) \tag{9.70}$$

Es decir, si la utilidad es logarítmica en c, la función es separable entre c y ℓ, de manera que $u_{c\ell}=0$. Si la función de utilidad tiene la forma de la ecuación (9.70), la condición de primer orden de la ecuación (9.66) se reduce a la expresión ya conocida de la tasa de crecimiento de c:

$$\dot{c}/c = r - \rho \tag{9.71}$$

Definamos las variables por unidad de trabajo efectivo de manera que incluyan el efecto del esfuerzo laboral variable, ℓ; es decir:

$$\hat{k} \equiv K/(\ell N e^{xt})$$

$$\hat{c} \equiv C/(\ell N e^{xt})$$

Si aceptamos el supuesto de una economía cerrada e incluimos las empresas de la manera habitual, la ecuación (9.71) y las condiciones $r = f'(\hat{k}) - \delta$ y $a = k$ implican

$$\dot{\hat{c}}/\hat{c} = f'(\hat{k}) - (\delta + \rho + x) - \dot{\ell}/\ell \tag{9.72}$$

$$\dot{\hat{k}}/\hat{k} = f(\hat{k})/\hat{k} - (x + n + \delta) - \hat{c}/\hat{k} - \dot{\ell}/\ell \tag{9.73}$$

Estos resultados se diferencian de los habituales (ecuaciones [2.23] y [2.24]) únicamente en que $\dot{\ell}/\ell$ contribuye a la tasa de crecimiento del factor trabajo efectivo. Puesto que $\dot{\ell}/\ell=0$ en el estado estacionario, las expresiones de $\hat{k}^*$ y $\hat{c}^*$ son idénticas a las del modelo de Ramsey.

Supongamos ahora que la función de producción es de tipo Cobb-Doublas $f(\hat{k})=A\hat{k}^\alpha$ y que la desutilidad del trabajo es de elasticidad constante:

$$\omega(\ell) = -\zeta \cdot \ell^{1+\sigma}$$

donde $\zeta > 0$ y $\sigma \geq 0$. Puesto que en el caso Cobb-Douglas el salario viene dado por $w=(1-\alpha)\cdot A\hat{k}^\alpha \cdot e^{xt}$, la ecuación (9.69) se convierte en

$$\zeta \cdot (1+\sigma) \cdot \ell^{1+\sigma} = (1-\alpha) \cdot A\hat{k}^{\alpha}/\hat{c} \tag{9.74}$$

(Observe que la sustitución de c por $\hat{c}$ en el segundo miembro de la ecuación, provoca la aparición del factor adicional ℓ en el primer miembro.) Puesto que $\hat{y}$ es proporcional a $\hat{k}^{\alpha}$, la ecuación (9.74) implica que un valor alto de ℓ (poco ocio) va acompañado de un valor bajo de c/y. [Esta relación se cumple para una forma general de $\omega(\ell)$ si $\omega'(\ell) > 0$ y $\omega''(\ell) \geq 0$.] La ecuación (9.74) implica que la tasa de crecimiento de ℓ viene dada por

$$\dot{\ell}/\ell = \left(\frac{\alpha}{1+\sigma}\right) \cdot (\dot{\hat{k}}/\hat{k}) - \left(\frac{1}{1+\sigma}\right) \cdot (\dot{\hat{c}}/\hat{c}) \tag{9.75}$$

Si utilizamos las formas Cobb-Doublas de $f'(\hat{k})$ y $f(\hat{k})$ y la expresión de $\dot{\ell}/\ell$ de la ecuación (9.75), entonces tras un desarrollo algebraico las ecuaciones (9.72) y (9.73) desembocan en el sistema dinámico de $\hat{k}$ y $\hat{c}$:

$$\dot{\hat{k}}/\hat{k} = A\hat{k}^{\alpha-1} - \left(\frac{1}{\alpha+\sigma}\right) \cdot [\sigma \cdot (\hat{c}/\hat{k}) + (1+\sigma) \cdot (x+\delta) + \rho + \sigma n] \tag{9.76}$$

$$\dot{\hat{c}}/\hat{c} = \alpha A\hat{k}^{\alpha-1} + \left(\frac{1}{\alpha+\sigma}\right) \cdot [\alpha \cdot (\hat{c}/\hat{k}) - (1+\sigma) \cdot (x+\delta) - (1+\alpha+\sigma) \cdot \rho + \alpha n] \tag{9.77}$$

Estos resultados se reducen a las expresiones habituales de las ecuaciones (2.36) y (2.37) si $\theta = 1$ (para obtener la especificación de utilidad logarítmica que hemos supuesto) y σ tiende a infinito. Un σ infinito impide cualquier variación de ℓ en el tiempo y por lo tanto reproduce los resultados del modelo con oferta de trabajo constante.

Ya hemos mencionado que los valores de estado estacionario de $\hat{k}$ y $\hat{c}$ son idénticos a los del modelo de Ramsey, un resultado que puede comprobarse igualando las ecuaciones (9.76) y (9.77) a cero. Estos valores de estado estacionario pueden expresarse así:

$$r^* = \alpha A \cdot (\hat{k}^*)^{\alpha-1} - \delta = \rho + x$$

$$\hat{c}^*/\hat{k}^* = (\rho + \delta + x)/\alpha - (n + x + \delta)$$

Sustituyendo estos valores en la ecuación (9.74) calculamos el nivel de estado estacionario del esfuerzo laboral ℓ^*:

$$\ell^* = \left\{\left[\frac{1-\alpha}{\zeta \cdot (1+\sigma)}\right] \cdot \left[\frac{\rho+\delta+x}{\rho+\delta+x-\alpha \cdot (n+x+\delta)}\right]\right\}^{1/(1+\sigma)} \tag{9.78}$$

La dinámica de transición de $\hat{k}$ y $\hat{c}$ que implican las ecuaciones (9.76) y (9.77) pueden analizarse como es habitual a través de un diagrama de fase en la región

$(\hat{k},\hat{c})$. El sistema de nuevo tiene estabilidad de punto de silla. Dejamos la construcción de este diagrama como ejercicio práctico.

Si como es habitual, calculamos la linealización logarítmica de las ecuaciones (9.76) y (9.77) en el entorno del estado estacionario, la expresión de la velocidad de convergencia al estado estacionario resulta ser:

$$2\beta = \rho - n - \left\{(\rho - n)^2 + \left[\frac{4\cdot(1-\alpha)\cdot(1+\sigma)}{\alpha+\sigma}\right]\cdot(\rho+\delta+\theta x)\right.$$
$$\left.\cdot\left[\frac{\rho+\delta+x}{\alpha} - (n+x+\delta)\right]\right\}^{1/2} \qquad (9.79)$$

Esta expresión se reduce al resultado estándar de Ramsey (la ecuación [2.34] con $\theta = 1$) si permitimos que σ tienda a infinito.

Si utilizamos los valores ya conocidos de los parámetros ($\alpha = 0{,}75$, $x = 0{,}02$, $n = 0{,}01$, $\delta = 0{,}05$, $\rho = 0{,}02$), entonces el valor de β que resulta de la ecuación (9.79) es 0,030 con $\sigma = 0$. Cuando σ es superior a cero, β disminuye y tiende al valor de Ramsey, que es 0,025 con los valores expuestos de los parámetros, cuando σ tiende a infinito. Así pues, la inclusión de la elección trabajo-ocio aumenta la velocidad de convergencia, pero sólo moderadamente.

El motivo por el que el coeficiente de convergencia es ligeramente mayor con oferta de trabajo variable radica en que ℓ disminuye monótonamente durante la transición hacia el estado estacionario. Es decir, en este modelo los pobres (que esperan ser ricos más tarde) trabajan más que los ricos. Podemos demostrar este resultado sustituyendo $\dot{\hat{k}}/\hat{k}$ y $\dot{\hat{c}}/\hat{c}$ de las ecuaciones (9.76) y (9.77) en la expresión de $\dot{\ell}/\ell$ de la ecuación (9.75) y obtener así (después de simplificar):

$$\dot{\ell}/\ell = \left(\frac{\alpha}{\alpha+\sigma}\right)\cdot(\chi^* - \chi)$$

donde $\chi \equiv \hat{c}/\hat{k}$. Es posible utilizar el método expuesto en el apéndice 2B para demostrar que, si $\hat{k}(0) < \hat{k}^*$, χ disminuye monótonamente durante la transición y, por lo tanto, $\chi > \chi^*$ se cumple durante toda la transición. (La demostración queda como ejercicio práctico.) Este resultado implica que $\dot{\ell}/\ell < 0$, es decir, ℓ disminuye monótonamente a partir de su valor inicial $\ell(0)$, tendiendo a su valor de estado estacionario, ℓ^*. Por lo tanto, el modelo es acorde con la observación empírica de que el esfuerzo laboral disminuye durante las primeras etapas del desarrollo económico.

9.4. Apéndice: la forma de la función de utilidad con consumo y trabajo

En esta sección analizamos la forma requerida de la función de utilidad $u(c, \ell)$ en el modelo con elección trabajo-ocio. Queremos que la economía tenga un estado estacionario en el que $\dot{c}/c$ y ℓ sean constantes. Por consiguiente, la ecuación (9.66) implica que la elasticidad de la utilidad marginal del consumo tiene que ser constante (al igual que en el modelo de Ramsey):

$$\frac{u_{cc} \cdot c}{u_c} = -\theta, \quad \text{una constante} \tag{9.80}$$

La condición de primer orden de la ecuación (9.67) puede expresarse de la siguiente manera:

$$\frac{w}{c} = \frac{-u_\ell}{c \cdot u_c}$$

Queremos hallar un estado estacionario en el que w y c crezcan a la misma tasa, de manera que w/c sea constante. Por lo tanto, si tomamos logaritmos en el segundo miembro de la ecuación y derivamos con respecto al tiempo, en el estado estacionario:

$$(u_{\ell c} \cdot \dot{c} + u_{\ell\ell} \cdot \dot{\ell})/u_\ell - (u_{cc} \cdot \dot{c} + u_{c\ell} \cdot \dot{\ell})/u_c - \dot{c}/c = 0$$

Dado que $\dot{\ell} = 0$ y $\dot{c}/c$ generalmente es distinto de cero, esta condición también puede expresarse de la siguiente manera:

$$\frac{c \cdot u_{\ell c}}{u_\ell} = 1 + \frac{c \cdot u_{cc}}{u_c} = 1 - \theta \tag{9.81}$$

Si reordenamos los términos de la ecuación (9.81):

$$\frac{1}{u_\ell} \cdot \frac{\partial(u_\ell)}{\partial c} = \frac{1-\theta}{c}$$

e integramos con respecto a c, obtenemos:

$$\log(u_\ell) = (1-\theta) \cdot \log(c) + (\text{función de } \ell)$$

La integración de este resultado con respecto a ℓ, nos lleva a

$$u(c, \ell) = c^{1-\theta} \cdot \varphi(\ell) + \psi(c) \tag{9.82}$$

donde φ y ψ son todavía funciones arbitrarias.

Las ecuaciones (9.80) y (9.81) implican

$$\frac{u_{cc} \cdot c}{u_c} = \frac{-\theta \cdot (1-\theta) \cdot c^{-\theta} \cdot \varphi(\ell) + c \cdot \psi''(c)}{(1-\theta) \cdot c^{-\theta} \cdot \varphi(\ell) + \psi'(c)} = -\theta$$

y la función $\psi(c)$ tiene que ser coherente con esta ecuación. Por lo tanto, $\psi(c)$ tiene que cumplir:

$$c \cdot \psi''(c) = -\theta \cdot \psi'(c)$$

Si integramos esta condición dos veces, obtenemos, aparte de las constantes multiplicativas y aditivas:

$$\psi(c) = c^{1-\theta} \quad \text{si } \theta \neq 1$$

$$\psi(c) = \log(c) \quad \text{si } \theta = 1$$

Podemos sustituir la expresión de $\psi(c)$ en la ecuación (9.82) y obtenemos la forma requerida de $u(c, \ell)$. Una manera de expresar el resultado es, como en la ecuación (9.68):

$$u(c, \ell) = \frac{c^{1-\theta} \cdot \exp[(1-\theta) \cdot \omega(\ell)] - 1}{1-\theta} \tag{9.83}$$

En esta forma, $\theta > 0$ y $\omega'(\ell) < 0$ garantizan que $u_c > 0$, $u_\ell < 0$ y $u_{cc} < 0$. La condición $u_{\ell\ell} \leq 0$ exige que $\omega''(\ell) + (1-\theta) \cdot [\omega'(\ell)]^2 \leq 0$, que debe cumplirse si $\omega''(\ell) \leq 0$ y $\theta \geq 1$. Aplicando la regla de l'Hôpital se demuestra que la función de la ecuación (9.83) tiende a $\log(c) + \omega(\ell)$ cuando θ tiende a 1.

9.5. Problemas

9.1. Migración en los modelos neoclásicos de crecimiento

a. ¿En qué circunstancias la posible emigración aumenta la velocidad de convergencia en el modelo Solow-Swan? ¿Y en el modelo de Ramsey? ¿Cuáles son los factores determinantes de los efectos sobre la convergencia?

b. ¿Pudiera ser que el gobierno de un país que recibe inmigración considerara deseable restringir su número? ¿Pudiera ser que deseara imponer un impuesto a la inmigración? ¿Tendería este impuesto a variar con la cantidad de capital humano que aportara el inmigrante?

c. Responda de nuevo al punto b en el caso de un país emisor de emigración.

9.2. Modelo de migración rural-urbana (basado en Mas-Colell y Razin, 1973). Considere una economía con dos sectores productivos. El sector agrícola o rural, que llamaremos A, produce output únicamente para el consumo. El sector urbano o industrial, que llamaremos I, produce output para el consumo y la inversión. Las funciones de producción son de tipo Cobb-Douglas:

$$Y_A = (K_A)^{\alpha} \cdot (L_A)^{1-\alpha}; \; Y_I = (K_I)^{\lambda} \cdot (L_I)^{1-\lambda}$$

donde $0 < \alpha < 1$, $0 < \lambda < 1$. No hay progreso tecnológico.

Cada individuo oferta inelásticamente 1 unidad de trabajo y la población total $L = L_A + L_I$ crece a la tasa constante $n \geq 0$. En las áreas urbana y rural la tasa natural de crecimiento de la población es idéntica. El capital, $K = K_A + K_I$, puede cambiar entre sectores sin incurrir en costes. Los individuos pueden cambiarse de sector con un cierto coste. La tasa de migración hacia el sector urbano se supone directamente relacionada con la diferencia de salario.

$$\dot{\mu}/\mu = b \cdot (w_I - w_A)/w_A$$

donde $b > 0$ y μ es la fracción de la población empleada en el sector urbano.

Los individuos ahorran una fracción constante s de su renta y gastan la fracción η de su renta en productos industriales para su consumo. El capital no se deprecia. El precio del producto industrial expresado en unidades de producto agrícola se denomina p.

a. Calcule las expresiones en cada momento del tiempo de la renta del capital R, los salarios w_A y w_I y el precio relativo de la producción industrial p. ¿Cuál es la fracción del capital total empleada en el sector urbano?

b. Trace el diagrama de fase en la región (k,μ), donde $k \equiv K/L$. ¿Cuáles son los niveles de estado estacionario k^* y μ^*? ¿Es estable el estado estacionario?

c. Suponga que en la economía, inicialmente $\mu < \mu^*$. Demuestre que la tasa de migración al sector urbano disminuye a medida que la economía tiende a su valor de estado estacionario. Describa el comportamiento del precio relativo p y la tasa de crecimiento del capital durante la trayectoria de transición. ¿El modelo se caracteriza por la propiedad de convergencia?

9.3. Crecimiento en un modelo de migración con optimización (basado en Braun, 1993). Considere el modelo de migración de Braun que expusimos en la sección 9.1.3. Al final de dicha sección, mencionamos una ampliación que tiene en cuenta la dinámica de la economía mundial. Suponga que se cumple el modelo de la sección 9.1.3, incluida la función de producción de la ecuación (9.27), con la excepción de que ahora el mundo está compuesto únicamente por dos economías, el país 1 y el país 2. Los recursos naturales de cada país, R_1 y R_2, son fijos. Las poblaciones de cada país se denominan L_1 y L_2, donde $L = L_1 + L_2$ es la población mundial. La tasa de crecimiento natural de la población de cada país es igual a cero, y las condiciones iniciales son tales que el flujo migratorio se dirige desde el país 2 hacia el país 1. El coste de desplazarse desde el país 2 al país 1 viene dado por la ecuación (9.34), con la diferencia de que w_{mundo} es ahora w_2. El coste de desplazamiento de cada inmigrante tiende a cero a medida que el número de inmigrantes tiende a cero. Hay perfecta movilidad del capital entre ambas economías. El stock total de capital, $K = K_1 + K_2$, se asigna entre las economías de manera que se igualan los productos marginales netos del capital en cada momento del tiempo. La tasa mundial de rendimiento r, que ahora puede variar en el tiempo, es igual al producto marginal neto del capital. Por sencillez, suponga que no hay progreso tecnológico ni depreciación. Los consumidores de cada país tienen preferencias tipo Ramsey con horizonte infinito, como supusimos en el capítulo 2.

a. Calcule el sistema dinámico en términos de las variables k, L_2, B y c, donde B es el valor actual del beneficio de mudarse permanentemente desde el país 2 al país 1 (una ecuación análoga a la [9.31]) y $c \equiv C/L$ es el consumo promedio mundial por persona. Observe que las variables de estado del sistema son k y L_2; para un L dado, la variable L_2 determina la asignación de la población entre ambos países. (Pista: los habitantes iniciales del país 1 nunca se mudan y la trayectoria de consumo, c_1, es idéntica para todos sus habitantes.) Para quienes residen inicialmente en el país 2, la trayectoria de consumo c_2 tiene que ser idéntica independientemente de cuándo se trasladen al país 2 o de que nunca se desplacen. Estas consideraciones, junto con la expresión estándar del crecimiento del consumo del modelo de Ramsey, determinan el comportamiento de c en relación a la tasa de rendimiento r.

b. ¿Cuáles son los valores de estado estacionario de k, L_2 y B?

c. Considere una aproximación lineal logarítmica del sistema dinámico en el entorno del estado estacionario.

(i) Observe que, en el entorno del estado estacionario, un pequeño cambio de L_2 tiene un efecto despreciable sobre los salarios de ambos países, la producción mundial y la tasa de rendimiento. Utilice estos hechos para dividir en dos partes el sistema de cuatro dimensiones: una que se aplique a las variables mundiales, k y c, y otra que se aplique a las variables de la migración, L_2 y B.

(ii) Halle la velocidad de convergencia β de las variables mundiales y relacione este resultado con la solución del modelo de Ramsey del capítulo 2.

(iii) Halle la velocidad de convergencia μ de L_2. Demuestre la manera en que la velocidad de convergencia de la producción per cápita de un país, y_1, depende de β y μ (véase la ecuación [9.45]).

9.4. Mortalidad endógena. Considere el modelo con elección de la fertilidad de la sección 9.2.2. Suponga que la tasa de mortalidad d puede verse influida por el gasto público en salud.

a. Suponga que d depende del flujo actual del gasto en salud del hogar. Calcule la trayectoria óptima de dichos gastos. ¿Cómo evoluciona d a medida que se desarrolla la economía? ¿Cuáles son las repercusiones sobre el comportamiento de la tasa de fertilidad n y de la intensidad de capital k?

b. Suponga ahora que d depende del gasto per cápita en salud pública. Suponga que el ratio de este gasto con respecto a la producción total es la constante g y que este gasto se financia mediante un impuesto de cuantía fija. ¿De qué manera dependen las trayectorias de la tasa de fertilidad n y la intensidad de capital k de la g que se elija? ¿Cuál es la elección óptima de g por parte del Estado? ¿Sería preferible permitir que g variara en el tiempo?

9.5. Dinámica de transición con elección ocio-trabajo. En la sección 9.3 calculamos las condiciones dinámicas del modelo con elección ocio trabajo. En el caso con función de utilidad logarítmica y función de producción tipo Cobb-Douglas, las ecuaciones (9.76) y (9.77) expresaban las tasas de crecimiento de $\hat{k}$ y $\hat{c}$. La ecuación (9.74) vincula la elección del esfuerzo laboral, ℓ, a las variables $\hat{k}$ y $\hat{c}$.

a. Trace el diagrama de fase en la región $(\hat{k}, \hat{c})$.

b. Si $\hat{k}(0) < \hat{k}^*$, describa las trayectorias de transición de $\hat{k}$, $\hat{c}$ y ℓ.

c. Compruebe que la velocidad de convergencia, β, en el entorno del estado estacionario viene dada por la ecuación (9.79). ¿Por qué la velocidad de convergencia es superior a la del modelo de Ramsey (ecuación [2.34])?

Contabilidad del crecimiento

Capítulo 10

La contabilidad del crecimiento es una metodología empírica que tiene en cuenta el reparto del crecimiento observado del PIB en componentes asociadas a las variaciones de la cantidad de factores y la tecnología de producción. Puesto que es imposible medir el progreso tecnológico directamente, la tasa de crecimiento de la tecnología se mide de manera "indirecta" como aquella parte de la tasa de crecimiento del PIB que no se puede explicar a través del crecimiento de la cantidad observada de factores; es decir, corresponde al "crecimiento residual". Normalmente, esta medición se considera una primera etapa en el análisis de los elementos determinantes del crecimiento económico porque no trata de explicar las fuerzas que rigen las tasas de crecimiento de cada uno de los factores o las participaciones de los factores. La etapa final comprende las relaciones de las tasas de crecimiento de los factores, las participaciones de los factores y el cambio tecnológico (o residual) con elementos como las medidas de política económica, las preferencias de los hogares, los recursos naturales, los niveles iniciales de capital físico y humano, y otros. La medición de la contabilidad del crecimiento puede ser especialmente útil si los determinantes fundamentales que rigen las tasas de crecimiento de los factores son significativamente independientes de los que rigen el cambio tecnológico.

Los principios básicos de la contabilidad del crecimiento se presentan en Solow (1957), Kendrick (1961), Denison (1962) y Jorgenson y Griliches (1967). Griliches (1967, parte 1) aporta una visión general de esta corriente intelectual, con especial hincapié en el desarrollo del residuo de Solow.

10.1. Primera contabilidad estándar del crecimiento

10.1.1. Planteamiento básico

El análisis arranca a partir de una función de producción estándar, que puede expresarse así:

$$Y = F(T, K, L) \tag{10.1}$$

donde T es el nivel de la tecnología, K es el stock de capital y L es la cantidad de trabajo. El capital y el trabajo pueden dividirse en tipos o calidades como lo hacen Jorgenson y Griliches (1967). La función de producción expresa que el PIB únicamente puede crecer si hay crecimiento de los factores productivos, incluido el nivel de la tecnología.

La tasa de crecimiento de la producción puede dividirse en componentes asociados a la acumulación de factores y al progreso tecnológico. Tomando logaritmos en la ecuación (10.1) y derivando con respecto al tiempo obtenemos:

$$\dot{Y}/Y = g + \left(\frac{F_K K}{Y}\right) \cdot (\dot{K}/K) + \left(\frac{F_L L}{Y}\right) \cdot (\dot{L}/L) \tag{10.2}$$

donde F_K, F_L son los productos marginales (sociales) de los factores y g, el crecimiento debido al cambio tecnológico, viene dado por

$$g \equiv \left(\frac{F_T T}{Y}\right) \cdot (\dot{T}/T) \tag{10.3}$$

La ecuación (10.2) establece que la tasa de crecimiento del PIB puede dividirse en las tasas de crecimiento de tres factores: capital, trabajo y tecnología. En concreto, establece que la división es un promedio ponderado de las tasas de crecimiento de los tres factores, donde las ponderaciones vienen dadas por las contribuciones relativas de cada uno de los factores al PIB. (A su vez, estas contribuciones son los productos marginales sociales multiplicados por la cantidad de factor dividida por el PIB.) Esta formulación incluye como casos especiales el progreso tecnológico neutro según Hicks y del tipo que aumenta la eficiencia del trabajo. Si el factor tecnológico es neutro según Hicks, de manera que $F(T, K, L) = T \cdot \tilde{F}(K, L)$, entonces $F_T T = Y$ y $g = \dot{T}/T$. Si el factor tecnológico es del tipo que aumenta la eficiencia del trabajo, de manera que $F(T, K, L) = \tilde{F}(K, TL)$, entonces $F_T T = F_L L$ y $g = (\frac{F_L L}{Y}) \cdot (\dot{T}/T)$.

En la siguiente sección afirmamos que las tasas de crecimiento de Y, K y L se pueden calcular empíricamente (¡aunque no sin dificultad!). De momento, acepte que somos capaces de calcular los productos marginales sociales, F_K y F_L (y después afirmamos que, en ciertas circunstancias, los precios de los factores pueden ser buenas aproximaciones de aquellos). La parte de la ecuación (10.2) que no puede ser medida directamente es g. No obstante, si los restantes componentes de la ecuación (10.2) pueden estimarse empíricamente, g se puede calcular a partir de ellos. En concreto, la contribución del progreso tecnológico al crecimiento g puede calcularse a partir de la ecuación (10.2) como un "residuo" o diferencia entre la tasa de crecimiento real del PIB y la parte de dicha tasa de crecimiento que puede explicarse a través de la tasa de crecimiento del capital y el trabajo:

$$g = \dot{Y}/Y - \left(\frac{F_K K}{Y}\right) \cdot (\dot{K}/K) - \left(\frac{F_L L}{Y}\right) \cdot (\dot{L}/L) \tag{10.4}$$

Observe que, para calcular g empíricamente, necesitamos conocer el valor de los productos marginales sociales F_K y F_L, pero que sus valores normalmente no pueden medirse directamente. En la práctica, los investigadores normalmente aceptan el supuesto de que los precios observados de los factores son una medida de los productos marginales sociales. Si por los factores se paga su producto marginal social, de manera que $F_K = R$, (la renta del capital) y $F_L = w$ (el salario), entonces $F_L L = wL$, que representa el total de los salarios pagados en la economía (la masa salarial). Así pues, $\frac{F_L L}{Y} = \frac{wL}{Y}$ es la fracción del PIB que se dedica al pago de los salarios, una fracción que se conoce por el nombre de *participación del trabajo* y que denominamos s_L. De igual manera, el ratio $\frac{F_K K}{Y} = \frac{RK}{Y}$ es la fracción del PIB que se dedica a remunerar el capital, una fracción que se conoce como *participación del capital* y que denominamos s_K. Con esta notación, la estimación de la tasa de progreso tecnológico puede expresarse así:

$$\hat{g} = \dot{Y}/Y - s_K \cdot (\dot{K}/K) - s_L \cdot (\dot{L}/L) \tag{10.5}$$

En el caso de una función Cobb-Douglas, las participaciones de los factores serían constantes en el tiempo (y corresponderían a los exponentes de la función de producción). Sin embargo, el presente análisis en más general, ya que se permite que las participaciones varíen en el tiempo.

A menudo se describe el valor $\hat{g}$ como una estimación del crecimiento de la productividad total de los factores (PTF). Esta formulación fue presentada por primera vez por Solow (1957), con lo que el valor $\hat{g}$ en ocasiones se denomina *residuo de Solow*. Puesto que el método que acabamos de describir se basa en las tasas de crecimiento de las cantidades de los factores, en ocasiones la denominación *primaria* acompaña al crecimiento de PTF o residuo de Solow. Esta denominación distingue este enfoque de otra perspectiva posible, el método basado en el precio (del que hablaremos en la siguiente sección), que se suele calificar como dual.

Si toda la renta asociada al producto interior bruto Y se atribuye al capital y al trabajo, entonces debe cumplirse la condición $s_K + s_L = 1$ o $Y = RK + wL$[1]. En dicho caso, el cálculo del residuo se simplifica, siendo:

$$\hat{g} = \dot{Y}/Y - s_K \cdot (\dot{K}/K) - (1 - s_K) \cdot (\dot{L}/L) \tag{10.6}$$

La ecuación (10.6) puede expresarse así en términos per cápita:

$$\hat{g} = \dot{y}/y - s_K \cdot (\dot{k}/k) \tag{10.7}$$

donde $y \equiv Y/L$ y $k \equiv K/L$ son cantidades por unidad de trabajo.

Si bien la formulación temporalmente continua de la ecuación (10.6) es útil conceptualmente, tiene que ser modificada empíricamente para poder utilizar datos discretos. Thörnqvist (1936) trató este problema midiendo la tasa de crecimiento entre dos momentos, t y t+1, mediante diferencias logarítmicas y utilizando como ponderaciones las medias aritméticas de las participaciones de los factores en los

1. La ecuación de producción Y con respecto a los ingresos totales de los factores es congruente con la igualdad entre los precios de los factores y los productos marginales si la función de producción $F(\cdot)$ presenta rendimientos constantes a escala en K y L, como ocurre en el caso de la función neoclásica de producción, de manera que se cumple $Y = F_K K + F_L L$. En un contexto internacional, parte de los ingresos netos de los factores pueden corresponder a factores propiedad de extranjeros, de modo que $RK + wL$ incluiría estos ingresos netos de factores.

momentos t y $t+1$. Con este enfoque, en el caso de neutralidad según Hicks la tasa de crecimiento de PTF se aproxima de la siguiente manera:

$$\log[T(t+1)/T(t)] \approx \log[Y(t+1)/Y(t)] - \bar{s}_K(t)\cdot\log[K(t+1)/K(t)] - [1-\bar{s}_K(t)]\cdot\log[L(t+1)/L(t)] \tag{10.8}$$

donde $\bar{s}_K(t) \equiv [s_K(t) + s_K(t+1)]/2$ es la participación promedio del capital en los periodos t y $t+1$.[2] Aunque no se cumpla la neutralidad de Hicks, la ecuación (10.8) puede seguir utilizándose para aproximar la contribución del progreso tecnológico al crecimiento.

10.1.2. La medición de los factores

Capital La puesta en práctica de las ideas esbozadas en la sección anterior requiere la medición de la tasa de crecimiento de los factores así como las participaciones del capital y el trabajo. Lo ideal sería utilizar el flujo de servicios del capital físico como medida del factor capital. Por ejemplo, calcularíamos la cantidad de "horas máquina" utilizadas en el proceso de producción durante el periodo t. Puesto que los datos de los que normalmente se dispone no permiten esto, el procedimiento típico calcula la cantidad de capital físico de un tipo concreto y después supone que el flujo de servicios es proporcional al stock. En ocasiones se intenta distinguir el stock de capital de la fracción que se está utilizando en la producción.

Las medidas del stock de capital físico provienen de la agregación de datos de inversión en capital físico junto con las estimaciones de la depreciación de los stocks existentes. Este enfoque, denominado el método del inventario permanente, considera que el stock de capital del que se dispone en el periodo $t+1$, $K(t+1)$ es la suma del stock de capital proveniente del periodo t, que es el capital del periodo precedente menos la depreciación $K(t) - \delta\cdot K(t)$, más el capital adquirido durante el periodo, es decir, la inversión $I(t)$:

$$K(t+1) = K(t) + I(t) - \delta\cdot K(t) \tag{10.9}$$

2. La ecuación (10.8) sólo es una aproximación si la función de producción tiene la forma neoclásica general. No obstante, Diewert (1976) demostró que la ecuación se cumple si la función de producción e adopta la especificación siguiente:

$$\log(Y) = \alpha_0 + \alpha_L\cdot\log(L) + \alpha_K\cdot\log(K) + \alpha_t t + (\beta_{KK}/2)\cdot(\log[K])^2 + (\beta_{LL}/2)\cdot(\log[L])^2 + (\beta_{tt}/2)\cdot t^2 + \beta_{KL}\cdot\log(K)\cdot\log(L) + \beta_{Kt}\cdot\log(K)\cdot t + \beta_{Lt}\cdot\log(L)\cdot t$$

donde α y β son constantes. Para garantizar rendimientos constantes a escala, los parámetros tienen que cumplir la restricción siguiente

$$\beta_{KK} + \beta_{KL} = \beta_{LL} + \beta_{KL} = \beta_{Kt} + \beta_{Lt} = 0$$

Dejamos la comprobación de la proposición de Diewert como ejercicio práctico.

donde δ es la tasa de depreciación constante.[3] Si se dispone de datos relativos a $I(t)$ y se conoce δ (lo que a menudo es un supuesto poco realista), el único elemento necesario para poner en práctica la ecuación (10.9) es el stock inicial de capital, $K(0)$. Una manera de medir $K(0)$ radica en obtener una estimación directa del stock de capital en un año de referencia. Otra manera es conjeturar aproximadamente el valor de $K(0)$ y utilizar la ecuación (10.9) para calcular $K(t)$ en los años posteriores. Los stocks de capital estimados durante los primeros años son sensibles a la conjetura inicial de $K(0)$ y por lo tanto, no son fiables. Sin embargo, a medida que $K(0)$ se deprecia, los stocks estimados ganan en fiabilidad. Con este método, se requiere de datos de $I(t)$ que sean significativamente anteriores al intervalo de la serie elaborada de $K(t)$ que se va a utilizar.

Trabajo El factor trabajo puede aumentar si el número de horas trabajadas en un periodo dado aumenta o si la calidad de los trabajadores aumenta. Al medir variaciones en horas, es importante tener en cuenta cambios en las tasas de participación de la mano de obra, así como en las tasas de desempleo y en las horas trabajadas por trabajador.

Calidad de los factores Las primeras aplicaciones de la metodología de la contabilidad del crecimiento utilizaban una suma ponderada de la tasa de crecimiento del capital y la tasa de crecimiento de las horas trabajadas. Las ponderaciones eran iguales a las participaciones de cada factor en la renta total y a menudo se aceptaba el supuesto de que eran constantes en el tiempo. Restando de la tasa de crecimiento de la producción agregada la suma ponderada de las tasas de crecimiento de los factores se obtenía una estimación de la tasa de crecimiento de PTF. Estos estudios, como los emprendidos por Solow (1957) y Denison (1962, 1967) daban como resultado residuos grandes. En otras palabras, una fracción considerable de la tasa de crecimiento de la producción agregada no era explicada por las tasas de crecimiento de la cantidad de factores y, por lo tanto, se atribuía un papel considerable al progreso tecnológico.

Jorgenson y Griliches (1967) demostraron que una fracción considerable del residuo de Solow podía explicarse a través de los cambios en la calidad de los factores. Por ejemplo, las mejoras en la calidad de la población activa son el reflejo de aumentos de la duración promedio de la escolaridad y de una mejor atención sanitaria. Para cantidades dadas de capital y horas por trabajador, las mejoras en la calidad del trabajo aumentan la producción. Sin embargo, si el factor trabajo se mide únicamente en horas por trabajador, las mejoras de calidad no cuantificadas aparecen como crecimiento de PTF. Las mejoras no cuantificadas del capital tienen efectos similares.

Para tener en cuenta las mejoras de la calidad del trabajo, las horas por trabajador pueden dividirse en diferentes categorías basadas en la escolarización, la experiencia, el sexo, etc. (Para un análisis y aplicación detallados de este enfoque, véase Jorgenson, Gollop y Fraumeni, 1987.) Cada categoría se pondera de acuerdo

---

3. Este enfoque supone que la contribución de cada máquina al valor total del stock de capital es igual al coste de sustitución de la máquina. En relación a lo expuesto en la sección 3.6, esta formulación obvia los costes de ajuste de la inversión y por lo tanto, acepta el supuesto de que $q = 1$.

a su salario promedio observado, es decir, la aproximación habitual del producto marginal del trabajo. Por ejemplo, si los individuos con formación universitaria tienen mayores salarios (y presumiblemente son más productivos) que las personas con educación secundaria, entonces un trabajador adicional con formación universitaria explica un mayor incremento de la producción que un trabajador adicional con educación secundaria.

En este enfoque, el factor trabajo total es la suma ponderada de todas las categorías, donde las ponderaciones corresponden a los salarios relativos. Para una cifra total dada de horas por trabajador, si los trabajadores se desplazan hacia categorías que pagan salarios mayores, mejora la calidad de la mano de obra, y por lo tanto aumenta la cantidad de factor trabajo. Por ejemplo, si la fracción de la mano de obra que tiene estudios superiores aumenta mientras que desciende la fracción sin estudios primarios, entonces el factor trabajo total aumenta, aunque la cantidad agregada de horas por trabajador no haya variado.

La consideración de la variación de la calidad del stock de capital también requiere la división del mismo en numerosos componentes. La medida agregada del factor capital es la suma ponderada de todos sus tipos, donde las ponderaciones corresponden a las rentas relativas del capital.[4] Para calcular estas rentas relativas, el supuesto habitual es aceptar que todas las inversiones proporcionan la misma tasa de rendimiento. Sin incertidumbre, las rentas del capital vienen dadas por la condición de arbitraje:

$$R_i(t) = [1 + r(t)] \cdot P_i(t) - (1 - \delta_i) \cdot P_i(t + 1) \qquad (10.10)$$

donde $R_i(t)$ es la renta del bien de capital, $P_i(t)$ es el precio del bien de capital, δ_i es la tasa de depreciación y $r(t)$ es el tipo de interés real del conjunto de la economía. Se espera definir categorías de bienes de capital que sean homogéneas en lo que respecta a $P_i(t)$ y a δ_i. No obstante, en la práctica, las nuevas variedades de una categoría dada de bienes tienden a ser de mayor calidad que las anteriores. La habitual no consideración de esta variación de calidad provoca que el crecimiento del stock de capital sea subestimado (y también que minusvalore el flujo de producción actual).

La ecuación (10.10) demuestra que, para un $P_i(t)$ dado, una causa de la variación de las rentas del capital procede de la tasa de depreciación δ_i. Si el resto de las variables permanece constante, el capital de corta vida útil tiene una renta superior que el capital de larga vida útil. En este sentido, un desplazamiento desde un capital con larga vida útil a otro con menor vida útil aparece como una mejora en la "calidad" del capital.

10.1.3. Resultados de la contabilidad del crecimiento

La tabla 10.1 contiene relaciones de contabilidad del crecimiento de cierto número de países en distintos periodos. Los resultados están tomados de cuatro estudios

4. Feenstra y Markusen (1995) amplían este procedimiento para tener en cuenta la inclusión de nuevos tipos de bienes de capital. En el capítulo 6, recuerde que el progreso tecnológico tomaba la forma de aumento del número de variedades de productos.

TABLA 10.1 | Contabilidad del crecimiento de una muestra de países

País	(1) Tasa de crecimiento del PIB	(2) Contribución del capital	(3) Contribución del trabajo	(4) Tasa de crecimiento de PTF
	Recuadro A: Países de la OCDE, 1947-1973			
Canadá	0,0517	0,0254	0,0088	0,0175
(α = 0,44)		(49 %)	(17 %)	(34 %)
Francia[a]	0,0542	0,0225	0,0021	0,0296
(α = 0,40)		(42 %)	(4 %)	(54 %)
Alemania[b]	0,0661	0,0269	0,0018	0,0374
(α = 0,39)		(41 %)	(3 %)	(56 %)
Italia[b]	0,0527	0,0180	0,0011	0,0337
(α = 0,39)		(34 %)	(2 %)	(64 %)
Japón[b]	0,0951	0,0328	0,0221	0,0402
(α = 0,39)		(35 %)	(23 %)	(42 %)
Países Bajos[c]	0,0536	0,0247	0,0042	0,0248
(α = 0,45)		(46 %)	(8 %)	(46 %)
Reino Unido[d]	0,0373	0,0176	0,0003	0,0193
(α = 0,38)		(47 %)	(1 %)	(52 %)
Estados Unidos	0,0402	0,0171	0,0095	0,0135
(α = 0,40)		(43 %)	(24 %)	(34 %)
	Recuadro B: Países de la OCDE, 1960-1995			
Canadá	0,0369	0,0186	0,0123	0,0057
(α = 0,42)		(51 %)	(33 %)	(16 %)
Francia	0,0358	0,0180	0,0033	0,0130
(α = 0,41)		(53 %)	(10 %)	(38 %)
Alemania	0,0312	0,0177	0,0014	0,0132
(α = 0,39)		(56 %)	(4 %)	(42 %)
Italia	0,0357	0,0182	0,0035	0,0153
(α = 0,34)		(51 %)	(9 %)	(42 %)
Japón	0,0566	0,0178	0,0125	0,0265
(α = 0,43)		(31 %)	(22 %)	(47 %)
Reino Unido	0,0221	0,0124	0,0017	0,0080
(α = 0,37)		(56 %)	(8 %)	(36 %)
Estados Unidos	0,0318	0,0117	0,0127	0,0076
(α = 0,39)		(37 %)	(40 %)	(24 %)

(Continúa en la página siguiente)

TABLA 10.1 I (Continuación)

País	(1) Tasa de crecimiento del PIB	(2) Contribución del capital	(3) Contribución del trabajo	(4) Tasa de crecimiento de PTF
	Recuadro C: Países de América Latina, 1940-1990			
Argentina	0,0279	0,0128	0,0097	0,0054
(α = 0,54)		(46 %)	(35 %)	(19 %)
Brasil	0,0558	0,0294	0,0150	0,0114
(α = 0,45)		(53 %)	(27 %)	(20 %)
Chile	0,0362	0,0120	0,0103	0,0138
(α = 0,52)		(33 %)	(28 %)	(38 %)
Colombia	0,0454	0,0219	0,0152	0,0084
(α = 0,63)		(48 %)	(33 %)	(19 %)
México	0,0522	0,0259	0,0150	0,0113
(α = 0,69)		(50 %)	(29 %)	(22 %)
Perú	0,0323	0,0252	0,0134	−0,0062
(α = 0,66)		(78 %)	(41 %)	(−19 %)
Venezuela	0,0443	0,0254	0,0179	0,0011
(α = 0,55)		(57 %)	(40 %)	(2 %)
	Recuadro D: Países de Asia Oriental, 1966-1990			
Hong Kong[e]	0,073	0,030	0,020	0,023
(α = 0,37)		(41 %)	(28 %)	(32 %)
Singapur	0,087	0,056	0,029	0,002
(α = 0,49)		(65 %)	(33 %)	(2 %)
Corea del Sur	0,103	0,041	0,045	0,017
(α = 0,30)		(40 %)	(44 %)	(16 %)
Taiwán	0,094	0,032	0,036	0,026
(α = 0,26)		(34 %)	(39 %)	(28 %)

Fuentes: Las estimaciones de los países de la OCDE del recuadro A proceden de Christensen, Cummings y Jorgenson (1980). Las estimaciones de los países de la OCDE del recuadro B proceden de Jorgenson e Yip (2001, tablas 3,5,7 y 10). Las estimaciones de los países de América Latina del recuadro C proceden de Elías (1990), actualizadas gracias a datos no publicados de Victor Elías. (Únicamente en este caso se supone en los cálculos que la participación del capital α es constante en el tiempo.) Las estimaciones de los países del Sudeste asiático del recuadro D proceden de Young (1995, tablas V-VIII).

El valor promedio de la participación del capital α aparece entre paréntesis bajo el nombre de cada país. La primera columna muestra la tasa de crecimiento anualizada del PIB real. En la segunda columna aparece el producto de la participación del capital α por la tasa de crecimiento del factor capital ajustado a las variaciones de calidad. La cifra entre paréntesis es el porcentaje de la tasa de crecimiento del PIB explicada por el crecimiento del factor capital. En la tercera columna aparece el producto de la participación del trabajo, $1 - \alpha$, por la tasa de crecimiento del factor trabajo ajustado a las variaciones de calidad. La cifra entre paréntesis es el porcentaje de la tasa de crecimiento del PIB explicada por el crecimiento del factor trabajo. En la cuarta columna aparece la tasa de crecimiento de la productividad total de los factores (PTF). La cifra entre paréntesis es el porcentaje de la tasa de crecimiento del PIB explicada por el crecimiento de PTF.

a 1950-1973

b 1952-1973

c 1951-1973

d 1955-1973

e 1966-1991

diferentes, todos ellos teniendo en cuenta las variaciones de la calidad de los factores siguiendo la metodología de Jorgenson y Griliches (1967). En la tabla, la tasa de crecimiento del PIB real aparece dividida en las contribuciones de las tasas de crecimiento del capital y el trabajo y un residuo para el crecimiento de PTF.

Los datos de Christensen, Cummings y Jorgenson (1980) para Alemania, Canadá, Estados Unidos, Francia, Italia, Japón, Países Bajos y Reino Unido en el periodo 1947-1973 aparecen recogidos en el recuadro A de la tabla 10.1. Las tasas anuales de crecimiento de PTF de estos países fueron considerables, desde el 1,4 % de Estados Unidos al 4 % de Japón. El crecimiento de PTF explica más de un tercio de la tasa de crecimiento total del PIB real de todos estos países.

Los datos de Jorgenson e Yip (2001) aparecen en el recuadro B de la tabla, que recoge la descomposición del crecimiento en los tres componentes y en los mismos países de la OCDE (con la excepción de los Países Bajos), para un periodo más reciente, 1960-1995. La primera observación radica en que las tasas de crecimiento de PTF son mucho menores que las halladas en el periodo 1947-1973. Las tasas de crecimiento de PTF del periodo 1960-1995 van desde el 0,6 % de Canadá, al 2,6 % de Japón, pasando por el 0,8 % de Estados Unidos y el 1,5 % de Italia. Esta disminución de la tasa de crecimiento de la productividad mundial se denomina *ralentización de la productividad.* Si bien en todos estos países y en este periodo la tasa de crecimiento de PTF es menor, en algunos países la parte del crecimiento total explicada por el cambio de PTF sigue siendo alta debido a que el crecimiento explicado por cambios en la cantidad de los factores también ha disminuido. Por ejemplo, en Alemania, Italia y Japón, el crecimiento de PTF explica más del 40 % del crecimiento total del periodo 1960-1995. La tercera columna de los recuadros A y B muestra que la tasa de crecimiento del factor trabajo es prácticamente cero en Francia, Alemania, Italia y Reino Unido en el periodo 1947-1995.

En el recuadro C de la tabla 10.1 aparece una descomposición equivalente del PIB real para siete países latinoamericanos. Los resultados básicos provienen de Elías (1990) y han sido actualizados con datos provenientes de trabajos no publicados del propio Victor Elías. Las estimaciones del crecimiento de PTF de estos países entre 1940 y 1990 van desde el 0,6 % anual de Perú al 1,4 % anual de Chile.[5]

Por último, en el recuadro D de la tabla aparece la descomposición de la tasa de crecimiento agregada de los cuatro países con mayor crecimiento de Asia Oriental. Los resultados, de Young (1995), para Hong Kong, Singapur, Corea del Sur y Taiwán corresponden al periodo 1966-1990. A pesar de las altísimas tasas de crecimiento del PIB, las estimaciones del crecimiento de PTF de estos países iban del 0,2 % en Singapur al 2,6 % en Taiwán. El motivo radica en que, en estos países, las tasas de crecimiento del capital físico y el trabajo también eran muy elevadas y, por lo tanto, explican una fracción considerable de la tasa de crecimiento total.

Las bajas estimaciones del crecimiento de PTF en estos países asiáticos sorprendieron a muchos economistas. Tras conocer estos resultados, algunos llegaron a la conclusión de que el milagroso crecimiento asiático nada tenía de milagroso,

5. Las tasas estimadas de crecimiento de PTF en América Latina son especialmente bajas, normalmente negativas, entre 1980 y 1990. Los valores negativos pueden difícilmente identificarse con retrocesos tecnológicos en el sentido literal de olvido tecnológico, pero pueden representar un declive en la eficiencia de la organización del mercado por motivos políticos y otros cambios.

ya que los milagros, por definición, carecen de explicación lógica, mientras que el crecimiento de estos países podía explicarse fácilmente dentro del modelo simple de acumulación de factores. No obstante, en secciones posteriores, volvemos a analizar los datos empíricos y las conclusiones con respecto al crecimiento de los países de Asia Oriental.

10.1.4. Una nota a propósito de las estimaciones del crecimiento de PTF basadas en regresiones

Un punto importante en relación a las estimaciones del crecimiento de PTF expuestas en la tabla 10.1 radica en que éstas representan la aplicación directa de ecuaciones como las ecuaciones (10.6) y (10.8), ampliadas de manera que incluyan múltiples tipos de capital y trabajo, sin implicar estimaciones econométricas. El residuo de Solow estimado $\hat{g}$ se calcula en cada fecha utilizando datos de series temporales de Y, K, L, s_K y s_L. En la práctica, los investigadores presentan un promedio de los valores calculados de $\hat{g}$ de los periodos elegidos.

Otro enfoque alternativo radicaría en calcular la regresión de la tasa de crecimiento de la producción $\dot{Y}/Y$ a partir de las tasas de crecimiento de los factores $\dot{K}/K$ y $\dot{L}/L$, como aparece en la ecuación (10.2). (La aplicación de este enfoque requeriría ajustes para poder utilizar datos discretos.) En dicho caso, el término independiente mide g, y los coeficientes de las tasas de crecimiento de los factores miden respectivamente $(\frac{F_K K}{Y})$ y $(\frac{F_L L}{Y})$. La principal ventaja de este enfoque radica en que prescinde del supuesto de que los productos marginales sociales de los factores coinciden con los precios observados de los factores, es decir: $F_K = R$ y $F_L = w$.

Las desventajas del método de regresión son varias:

- Generalmente las variables $\dot{K}/K$ y $\dot{L}/L$ no pueden ser consideradas exógenas con relación a las variaciones de g, en concreto, las tasas de crecimiento de los factores serían responsables de las variaciones correlacionadas en el cambio tecnológico no observable.
- Si $\dot{K}/K$ y $\dot{L}/L$ (calculadas como promedios de periodos discretos) se miden con error, entonces las estimaciones estándar de los coeficientes de dichas variables proporcionarían, respectivamente, estimaciones incoherentes de $(\frac{F_K K}{Y})$ y $(\frac{F_L L}{Y})$. Es probable que este problema sea especialmente grave en el caso de la tasa de crecimiento del factor capital, en el que es poco probable que el stock de capital medido se corresponda correctamente con el stock utilizado realmente en la producción. Cuando se utilizan datos de alta frecuencia, este problema a menudo conduce a estimaciones bajas de la contribución de la acumulación de capital al crecimiento económico.
- El marco de la regresión debe ampliarse a partir de su forma habitual para tener en cuenta variaciones temporales de las participaciones de los factores y de la tasa de crecimiento de PTF.

Dados los inconvenientes de utilizar regresiones, el enfoque que más se utiliza en las estimaciones de PTF es el método no econométrico empleado en los estudios mostrados en la tabla 10.1.

10.2. El enfoque dual de la contabilidad del crecimiento

Hsieh (2002) utilizó un enfoque dual en la contabilidad del crecimiento, en el que en vez de calcular el residuo de Solow a partir de las de las cantidades de los factores, éste se calcula a partir de las tasas de crecimiento de los precios de los factores. Esta idea se remonta al menos hasta Jorgenson y Griliches (1967).

El enfoque dual puede calcularse fácilmente a partir de la identidad entre producción y renta de los factores:

$$Y = RK + wL \tag{10.11}$$

Tomando logaritmos y derivando con respecto al tiempo ambos miembros de la ecuación (10.11) se llega a

$$\dot{Y}/Y = s_K \cdot (\dot{R}/R + \dot{K}/K) + s_L \cdot (\dot{w}/w + \dot{L}/L)$$

donde s_K y s_L vuelven a ser las participaciones de los factores en la renta. Si agrupamos en el primer miembro de la ecuación los términos en los que aparecen las tasas de crecimiento de las cantidades de los factores, entonces la tasa de crecimiento de PTF estimada es igual a

$$\hat{g} = \dot{Y}/Y - s_K \cdot (\dot{K}/K) - s_L \cdot (\dot{L}/L) = s_K \cdot \dot{R}/R + s_L \cdot \dot{w}/w \tag{10.12}$$

Así pues, la estimación primaria de la tasa de crecimiento de PTF, que aparece en el medio de la ecuación (basada en sustraer de $\dot{Y}/Y$ el crecimiento de las cantidades de los factores ponderado por las participaciones) es igual al crecimiento de los precios de los factores ponderado por las participaciones, expresión que aparece en el segundo miembro de la ecuación. Observe que esta estimación del crecimiento de PTF utiliza las mismas participaciones de los factores en la renta s_K y s_K que la estimación primaria, pero considera las variaciones de los precios de los factores y no de las cantidades de los factores. Por esta razón, se denomina a este método estimación del crecimiento de PTF "dual" o "basado en el precio".[6]

La interpretación de la estimación dual del segundo miembro de la ecuación (10.12) es que las alzas en los precios de los factores (para factores de una calidad dada) pueden mantenerse únicamente si la producción aumenta para unos inputs dados. Por lo tanto, el promedio correctamente ponderado del crecimiento de los precios de los factores mide el tamaño del crecimiento de PTF.

Es importante no olvidar que la expresión de la ecuación (10.12) parte únicamente de la condición $Y = RK + wL$. No se ha establecido ningún supuesto en lo que respecta a la relación de los precios de los factores con los productos marginales

6. Este cálculo fue propuesto por Susanto Basu. El enfoque fue utilizado con anterioridad por Jorgenson y Griliches (1967, pp. 251-253) que también ampliaron la ecuación (10.12) para tener en cuenta variaciones temporales de los precios relativos de múltiples productos. En este caso, $\dot{Y}/Y$ se convierte en un promedio ponderado de las tasas de crecimiento de la producción, y en el segundo miembro de la expresión de la contabilidad dual se le resta el promedio ponderado de las tasas de crecimiento de los precios de los productos. Este último término es igual a cero en el contexto presente, que se caracteriza por un precio relativo fijo de un única forma de producción.

TABLA 10.2 I Estimaciones primarias y duales de las tasas de crecimiento de PTF

País	Estimación primaria	Estimación dual
Hong Kong, 1966–91	0,023	0,027
Singapur, 1972–90	−0,007	0,022
Corea del Sur, 1966–90	0,017	0,015
Taiwán, 1966–90	0,021	0,037

Nota: Estas estimaciones proceden de Hsieh (2002, tabla 1). Las estimaciones primarias se calculan a partir de datos sobre tasas de crecimiento de las cantidades de los factores de producción, utilizando como ponderaciones las participaciones de los factores en la renta. Las estimaciones duales se calculan a partir de los datos de tasas de crecimiento de los precios de los factores de producción, utilizando igualmente como ponderaciones las participaciones de los factores en la renta. La discrepancia entre las estimaciones de las tasas de crecimiento de PTF duales y primarias se debe al uso de datos diferentes, tal y como se describe en el texto.

sociales o en lo que respecta a la forma de la función de producción. Si $Y = RK + wL$ se cumple, entonces las estimaciones primaria y dual del crecimiento de PTF inevitablemente coinciden. En algunos casos, especialmente cuando los precios de los factores se alejan de los productos marginales sociales, el valor estimado de $\hat{g}$ de la ecuación (10.12) se desviará de su verdadero valor g. No obstante, el error $g - \hat{g}$ del enfoque dual será idéntico al del enfoque primario.[7]

Hsieh (2002) utiliza el enfoque dual (el segundo miembro de la ecuación [10.12]) para calcular de nuevo las estimaciones de Young (1995) del crecimiento de PTF de los cuatro países de Asia Oriental que aparecen en la tabla 10.1. El procedimiento de Hsieh considera diversas calidades de L y K. Los resultados, mostrados junto con estimaciones primarias similares a las de Young, se encuentran en la tabla 10.2. La conclusión más sorprendente radica en que la estimación para Singapur varía de una estimación primaria cercana a cero a una estimación dual del 2,2 % anual. La estimación para Taiwán también se ve corregida sustancialmente al alza, pero las realizadas para Hong Kong y Corea del Sur varían ligeramente. Hsieh también observa que las estimaciones duales para Estados Unidos son similares a las estimaciones primarias.

Si se cumple la condición $Y = RK + wL$, entonces la discrepancia entre las estimaciones dual y primaria del crecimiento de PTF tiene que deberse al uso de datos distintos en ambos cálculos. El enfoque de Hsieh analiza la naturaleza general de esta discrepancia de los datos en el caso de Singapur. La contabilidad nacional de Singapur muestra un crecimiento considerable de K en el tiempo. Dado el comportamiento de Y y wL, la renta del capital R tendría que haber padecido un importante

7. Generalmente esta equivalencia no suele cumplirse si las participaciones de los factores en la renta s_K y s_L son sustituidas por las ponderaciones de los productos marginales $(\frac{F_K K}{Y})$ y $(\frac{F_L L}{Y})$. Si se utilizan estas ponderaciones del producto marginal, entonces la estimación primaria $\hat{g}$ calculada a partir de la ecuación (10.4) mide correctamente g, la tasa de crecimiento de PTF. La estimación dual correspondiente es:

$$\left(\frac{F_K K}{Y}\right) \cdot (\dot{R}/R) + \left(\frac{F_L L}{Y}\right) \cdot (\dot{w}/w)$$

Es posible demostrar que esta estimación es igual a la primaria si los ratios de los precios de los factores con respecto a los productos marginales sociales R/F_K y w/F_L no varían en el tiempo. (No se requiere que estos ratios sean iguales a la unidad.) No obstante, la interpretación práctica de estos resultados es incierta, ya que F_K y F_L generalmente no son observables.

descenso. Sin embargo, las estimaciones directas del rendimiento del capital en Singapur, basadas en los rendimientos observados en los mercados financieros, son relativamente estables en el tiempo. Dicho de otra forma, si la trayectoria de R que señalan las tasas de rendimiento observadas es correcta, y si la información sobre Y y wL también se considera razonable, entonces la trayectoria implicada de K se caracteriza por un crecimiento mucho más moderado que el que señalan los datos de la contabilidad nacional. Hsieh argumenta que las estadísticas oficiales de hecho han sobrevalorado considerablemente el crecimiento del stock de capital y que, en consecuencia, las menores estimaciones de crecimiento del capital que señalan los valores de R observados son razonables.

La estimación dual de Hsieh del crecimiento de PTF de Singapur, el 2,2 % anual, es un promedio ponderado del importante crecimiento del salario (de una calidad laboral dada) y un pequeño crecimiento de la renta del capital. No obstante, debemos observar que Hsieh también podría haber calculado una estimación primaria del crecimiento de PTF basándose en la serie temporal de K implicada en la serie temporal observada de R, presumiblemente correcta. (Con diversos tipos de capital K_j, este cálculo se habría aplicado a cada tipo, dados los valores estimados de las rentas del capital, R_j.) Puesto que en el caso que nos ocupa y por construcción del modelo se cumple $Y = RK + wL$, la estimación primaria coincidiría con la estimación dual. Con lo que, en realidad, no resulta necesario hacer siquiera la estimación dual.

10.3. Problemas de la contabilidad del crecimiento

Un supuesto clave de la contabilidad del crecimiento radica en que los precios de los factores equivalen a los productos marginales sociales. Si se incumple este supuesto, el valor estimado de $\hat{g}$ calculado a partir de la ecuación (10.6) se desvía de g, la verdadera contribución del cambio tecnológico al crecimiento económico. Las siguientes secciones ilustran estos problemas en modelos con rendimientos crecientes y *spillovers* (efectos desbordamiento), para entornos con diferentes tipos de impuestos y para modelos con diferentes tipos de factores.

10.3.1. Un modelo de rendimientos crecientes con *spillovers*

En el capítulo 3 vimos que un cierto número de autores, incluidos Griliches (1979), Romer (1986) y Lucas (1988), han construido modelos de crecimiento económico con rendimientos crecientes y *spillovers*. El análisis de Romer es una generalización del modelo del aprendizaje a través de la experiencia de Arrow (1962), en el que la eficiencia de la producción aumenta al aumentar la experiencia. En la versión del modelo de Romer expuesta en el capítulo 4, la producción Y_i de la empresa i dependía no sólo de los factores privados habituales K_i y L_i sino también del stock de capital del conjunto de la economía K. La idea en este caso era que los productores aprendían al invertir (una forma específica de experiencia) con el objetivo de producir más eficientemente. Es más, este conocimiento se transmitía inmediatamente de una empresa a las demás, de manera que la productividad de cada empresa dependía del sumatorio del aprendizaje, reflejado en el stock de capital total.

Estas ideas pueden representarse mediante una función de tipo Cobb-Douglas como la siguiente:

$$Y_i = AK_i^{\alpha} K^{\beta} L_i^{1-\alpha} \tag{10.13}$$

donde $0 < \alpha < 1$ y $\beta \geq 0$. Para un K dado, esta función de producción se caracteriza por rendimientos constantes a escala de los factores privados K_i y L_i. Si $\beta > 0$, existe efecto difusión y es positivo.

En la versión de Griliches (1979) de la función de producción de la ecuación (10.13), K_i representa el capital en conocimiento de la empresa i, mientras que K (que en el modelo es el sumatorio de K_i) es el nivel agregado de conocimiento de una industria. Por lo tanto, los *spillovers* nuevamente representan la difusión de conocimiento entre empresas. En la versión de Lucas (1988), K_i equivale al empleo que la empresa hace de capital humano y K es el nivel de capital humano agregado (o posiblemente su nivel promedio) de una industria o país. En ese caso, los *spillovers* conllevan beneficios procedentes de la interacción entre personas inteligentes.

Volviendo a la interpretación de Romer de la ecuación (10.13), cada empresa se comporta competitivamente, y considera como dados los precios de los factores del conjunto de la economía, R y w, y el stock de capital agregado, K. Por lo tanto, los productos marginales privados se igualan a los precios de los factores, de manera que

$$R = \alpha Y_i/K_i \quad \text{y} \quad w = (1-\alpha) \cdot Y_i/L_i \tag{10.14}$$

Por lo tanto, las participaciones de los factores en la renta corresponden, como habitualmente, a

$$s_k = \alpha \quad \text{y} \quad s_L = 1 - \alpha \tag{10.15}$$

En el equilibrio, cada empresa adopta el mismo ratio capital-trabajo k_i, pero el tamaño de cada empresa es indeterminado. La función de producción de la ecuación (10.13) puede expresarse de la siguiente manera:

$$Y_i = Ak_i^{\alpha} k^{\beta} L_i L^{\beta}$$

donde $k \equiv K/L$. Por lo tanto, la condición de equilibrio $k_i = k$ implica

$$Y_i = Ak^{\alpha+\beta} L_i L^{\beta}$$

que puede sumarse para todas las empresas y se obtiene:

$$Y = Ak^{\alpha+\beta} L^{1+\beta}$$

Por último, la condición $k \equiv K/L$ nos lleva hasta la función de producción del conjunto de la economía

$$Y = AK^{\alpha+\beta}L^{1-\alpha} \tag{10.16}$$

Esta expresión relaciona la producción agregada, Y, con los factores agregados, K y L. Si $\beta > 0$, la economía en su conjunto presenta rendimientos crecientes.

El segundo miembro de la ecuación (10.16) establece que la forma correcta de expresar la contabilidad del crecimiento cuando se trata de datos agregados es calcular:

$$\hat{g} = \dot{T}/T = \dot{Y}/Y - (\alpha + \beta) \cdot (\dot{K}/K) - (1 - \alpha) \cdot (\dot{L}/L) \tag{10.17}$$

Por lo tanto, $s_L = 1 - \alpha$ es la ponderación correcta de $\dot{L}/L$, pero el coeficiente $s_K = \alpha$ minusvalora en $\beta \geq 0$ la contribución de $\dot{K}/K$. Esta infravaloración surge porque, con los *spillovers* de conocimiento basados en la inversión, el producto marginal social del capital $(\alpha + \beta) \cdot Y/K$ es superior al producto marginal privado $\alpha Y/K$. (Este producto marginal privado es igual a la renta del capital R.) Observe también que las ponderaciones de las tasas de crecimiento de los factores de la ecuación (10.17) suman $1 + \beta$, que es mayor que 1 si $\beta > 0$, debido a los subyacentes rendimientos crecientes a escala. La aparición de rendimientos crecientes a escala se debe a que las ideas sobre cómo producir más eficientemente son fundamentalmente no rivales y se transmiten gratuita e instantáneamente de empresa a empresa.

El factor K, que en la contabilidad del crecimiento de la ecuación (10.17) recibe una ponderación superior a su participación en la renta, se interpreta según el modelo de que se trate. Griliches (1979) identifica K con actividades creadoras de conocimiento, como I+D. Romer (1986) hace hincapié en el propio capital físico. Lucas (1988) resalta el capital humano en forma de educación. Naturalmente, también son posibles *spillovers* negativos, como la congestión del tráfico y el deterioro medioambiental.

La puesta en práctica de los resultados de la ecuación (10.17) resulta problemática, ya que las ponderaciones correctas de las tasas de crecimiento de los factores no pueden deducirse a partir de las participaciones de los factores en la renta; en concreto, no hay estimaciones directas del coeficiente β. Si por el contrario, se calcula el residuo estándar de Solow en este modelo, se obtiene:

$$g(\text{Solow}) = \dot{T}/T + \beta \cdot (\dot{K}/K) = \dot{Y}/Y - \alpha \cdot (\dot{K}/K) - (1 - \alpha) \cdot (\dot{L}/L) \tag{10.18}$$

Así pues, el cálculo estándar incluye dentro del residuo de Solow el efecto sobre el crecimiento de *spillovers* y rendimientos crecientes $\beta \cdot (\dot{K}/K)$, junto con la tasa del progreso tecnológico exógeno $\dot{T}/T$.

Parece ser que para separar el efecto *spillovers*/rendimientos crecientes del progreso tecnológico exógeno se requiere un enfoque de regresión. Bajo este enfoque, puede hacerse la regresión del residuo de Solow, g(Solow), calculado a partir de la ecuación (10.18), respecto de la tasa de crecimiento del factor $\dot{K}/K$ que se supone transmite los *spillovers*. No obstante, este método se enfrenta a los habituales problemas econométricos con relación a la simultaneidad.

10.3.2. Impuestos

En la mayoría de los casos, los impuestos no afectan a los cálculos del crecimiento de PTF. Suponga, por ejemplo, que los ingresos netos de las empresas están sujetos a impuestos, los salarios y las rentas del capital son gastos deducibles para las empresas y los salarios y las rentas del capital están sujetos a imposición a nivel de los hogares. En ese caso, las empresas en competencia perfecta igualan el producto marginal del trabajo F_L al salario w, y el producto marginal del capital F_K a la renta del capital R. También se cumple la condición $Y = RK + wL$ (con ingresos e impuestos netos de las empresas iguales a cero en el equilibrio). Por lo tanto, la expresión de $\hat{g}$ de la ecuación (10.6) sigue siendo válida.

Por el contrario, suponga, que las empresas adquieren capital financiándose mediante acciones, que los salarios y la depreciación δK son fiscalmente deducibles y que r es la tasa requerida de rendimiento sobre las acciones (antes de impuestos personales). Una empresa competitiva sigue igualando el producto marginal del trabajo al salario w. La empresa también iguala el producto marginal del capital neto después de impuestos $(1-\tau)\cdot(F_K-\delta)$ a r, donde t es el tipo impositivo marginal sobre los beneficios de la empresa. Por lo tanto, el producto marginal del capital viene dado por

$$F_K = \frac{r}{1-\tau} + \delta$$

Tras sustituir F_K y F_L, la expresión de la contabilidad del crecimiento de la ecuación (10.4) implica

$$g = \dot{Y}/Y - \left[\frac{r}{(1-\tau)}\cdot\frac{K}{Y} + \frac{\delta K}{Y}\right]\cdot(\dot{K}/K) - s_L\cdot(\dot{L}/L) \tag{10.19}$$

Si los impuestos sobre los beneficios de las empresas son proporcionales, de manera que τ es tanto la tasa impositiva promedio como la tasa impositiva marginal, entonces en el equilibrio $rK/(1-\tau)$ es igual a los beneficios de las empresas (netos de depreciación, pero brutos de impuestos sobre beneficios). Por lo tanto, el término entre corchetes de la ecuación (10.19) es igual a s_K, la participación del capital en la renta, si la renta de capital se mide por los beneficios de las empresas (brutos de impuestos sobre los beneficios) más la depreciación. La expresión habitual de la tasa de crecimiento de PTF de la ecuación (10.6) sigue siendo válida.

Para un impuesto sobre la producción o las ventas, las empresas competitivas cumplirán $F_L = w/(1-\tau)$ y $F_K = R/(1-\tau)$, donde R vuelve a ser la renta del capital y τ el tipo impositivo marginal sobre la producción. Por lo tanto, y tras sustituir F_K y F_L en la expresión de la contabilidad del crecimiento de la ecuación (10.4) se deduce que:

$$g = \dot{Y}/Y - \left[\frac{R}{(1-\tau)}\cdot\frac{K}{Y}\right]\cdot(\dot{K}/K) - \left[\frac{w}{(1-\tau)}\cdot\frac{L}{Y}\right]\cdot(\dot{L}/L) \tag{10.20}$$

Si el impuesto sobre la producción es proporcional, de manera que los tipos impositivos promedio y marginal son idénticos, la recaudación tributaria es igual a τY. La producción Y es igual a la renta de los factores más lo recaudado por el impuesto indirecto:

$$Y = RK + wL + \tau Y$$

de manera que la renta total de los factores $RK + wL$ es igual a $(1 - \tau) \cdot Y$. Por lo tanto, los términos dentro de los corchetes del segundo miembro de la ecuación (10.20) son iguales a s_K y s_L, respectivamente. (Observe que estas participaciones se expresan en relación a la renta de los factores y no en relación al producto interior bruto.) Se deduce que la expresión habitual de la tasa de crecimiento de PTF de la ecuación (10.6) se sigue cumpliendo.[8]

Por ejemplo, la expresión habitual de la contabilidad del crecimiento funciona con un impuesto sobre el valor añadido proporcional que aplica el mismo tipo impositivo al valor añadido por el factor capital y por el factor trabajo. No obstante, la expresión habitual no sería correcta si se aplicaran distintos tipos impositivos al valor añadido de cada factor. Si las empresas pagan el tipo impositivo τ_K sobre RK y el tipo τ_L sobre wL, entonces la ecuación (10.4) se convierte en

$$g = \dot{Y}/Y - \left(\frac{1 + \tau_K}{1 + \tau}\right) \cdot s_K \cdot (\dot{K}/K) - \left(\frac{1 + \tau_L}{1 + \tau}\right) \cdot s_L \cdot (\dot{L}/L) \qquad (10.21)$$

donde τ es el promedio de los tipos impositivos, que se calcula así:

$$\tau = s_K \tau_K + s_L \tau_L$$

Si, por ejemplo, $\tau_K > \tau_L$, la ecuación (10.21) indica que, para que g sea calculado correctamente, la ponderación de $\dot{K}/K$ debería aumentarse en relación a la de $\dot{L}/L$.

10.3.3. Diversos tipos de factores

Suponga que la función de producción es

$$Y = F(A, K_1, K_2, L_1, L_2) \qquad (10.22)$$

Una interpretación posible de la ecuación (10.22) es que K_1 y K_2 representan diferentes tipos o calidades de bienes de capital, mientras que L_1 y L_2 representan diferentes tipos o calidades de trabajo. En ese caso, el procedimiento habitual de la contabilidad del crecimiento se desarrolla por el método de Jorgenson y Griliches (1967) si cada tipo de factor está ponderado por su participación en la renta. Es decir, $\dot{K}_1/K_1$ es ponderado por $R_1 K_1/Y$, y así sucesivamente. El residuo de Solow

8. El análisis es más complicado si las empresas están sujetas a impuestos no proporcionales (sobre la producción o los beneficios). Si los tipos impositivos marginales son crecientes,, existe efectivamente una penalización sobre las grandes empresas. Por lo tanto, en el presente modelo con rendimientos constantes a escala, en el equilibrio las empresas tendrían un tamaño infinitesimal. Impuestos no proporcionales pueden admitirse en modelos en los que la creación de una empresa requiere un coste fijo o en los que consideraciones de control de la gestión y otras finalmente provocan rendimientos decrecientes al aumentar el tamaño de la empresa.

que surge de este procedimiento mide correctamente g, la contribución del progreso tecnológico al crecimiento, siempre que todos los factores sean retribuidos según sus productos marginales sociales.

Surgen dificultades cuando en los datos no se pueden distinguir las categorías de factores; por ejemplo, si $\dot{K}_1/K_1$ y $\dot{K}_2/K_2$ están cada una de ellas asociada con la participación del capital total, $(R_1K_1+R_2K_2)/Y$. Una fuente de este tipo de dificultad radica en que puedan añadirse a los antiguos bienes de capital otros más nuevos y generalmente mejores. De igual manera, las diferentes categorías de trabajo pueden aparecer sumadas en los datos.

Otra posible interpretación de la ecuación (10.22) es que K_1 y L_1 representan empleos de factores en el sector 1, por ejemplo, la industria, mientras que K_2 y L_2 representan el empleo de factores en el sector 2, por ejemplo la agricultura. En el tiempo, pueden producirse variaciones en la composición sectorial, como por ejemplo, un desplazamiento desde la agricultura a la industria. Dichos desplazamientos no crean problemas en la contabilidad del crecimiento si las diversas tasas de crecimiento de las cantidades de los factores, identificadas por su sector, están ponderadas por sus participaciones en la renta. No obstante, se producen errores si el capital o el trabajo se suman entre sectores y si el crecimiento de estos agregados se pondera respectivamente por la participación en la renta del capital total o el trabajo total.

A modo ilustrativo, suponga que la tasa de crecimiento de PTF se estima incorrectamente como.

$$\tilde{g} = \dot{Y}/Y - \left(\frac{R_1K_1 + R_2K_2}{Y}\right) \cdot (\dot{K}/K) - \left(\frac{w_1L_1 + w_2L_2}{Y}\right) \cdot (\dot{L}/L) \tag{10.23}$$

donde $K = K_1 + K_2$ y $L = L_1 + L_2$. Comparamos esta estimación con la expresión correcta:

$$\begin{aligned} \hat{g} = {} & \dot{Y}/Y - \left(\frac{R_1K_1}{Y}\right) \cdot (\dot{K}_1/K_1) - \left(\frac{R_2K_2}{Y}\right) \cdot (\dot{K}_2/K_2) \\ & - \left(\frac{w_1L_1}{Y}\right) \cdot (\dot{L}_1/L_1) - \left(\frac{w_2L_2}{Y}\right) \cdot (\dot{L}_2/L_2) \end{aligned} \tag{10.24}$$

La ecuación (10.24) estima correctamente la contribución al crecimiento del progreso tecnológico exógeno, es decir, $\hat{g} = g$, si todos los factores son retribuidos según su producto marginal social.

Se puede demostrar, mediante un desarrollo algebraico, la relación entre la expresión de $\hat{g}$ de la ecuación (10.23) y el verdadero crecimiento de PTF, calculado en la ecuación (10.24), de acuerdo con:

$$\begin{aligned} \tilde{g} - \hat{g} = {} & \left(\frac{K_1}{K}\right) \cdot \left(\frac{K_2}{K}\right) \cdot \frac{K}{Y} \cdot (R_1 - R_2) \cdot \left(\frac{\dot{K}_1}{K_1} - \frac{\dot{K}_2}{K_2}\right) \\ & + \left(\frac{L_1}{L}\right) \cdot \left(\frac{L_2}{L}\right) \cdot \frac{L}{Y} \cdot (w_1 - w_2) \cdot \left(\frac{\dot{L}_1}{L_1} - \frac{\dot{L}_2}{L_2}\right) \end{aligned} \tag{10.25}$$

Por lo tanto, si $R_1 \neq R_2$ y $\dot{K}_1/K_1 \neq \dot{K}_2/K_2$ o si $w_1 \neq w_2$ y $\dot{L}_1/L_1 \neq \dot{L}_2/L_2$, entonces $\tilde{g} \neq \hat{g}$. En concreto, si $R_1 > R_2$, entonces $\dot{K}_1/K_1 > \dot{K}_2/K_2$ hace que $\tilde{g} > \hat{g}$; de igual manera para el trabajo.

Con la interpretación de los tipos de factores como clases de calidad y si la composición de los factores cambia en el tiempo hacia tipos de mayor calidad (dichos desplazamientos no se recogen en la estimación), se obtiene que el crecimiento calculado de PTF sobrevalora el verdadero crecimiento de PTF. Jorgenson y Griliches (1967) hacen hincapié y resuelven este problema, sujeto a las limitaciones de los datos.

Una de las interpretaciones sectoriales de los resultados se refiere a la migración del trabajo desde el medio rural al urbano. El salario urbano w_1 puede ser superior al rural w_2 por diversos motivos, incluida la existencia de un salario mínimo y el requisito de pertenecer a un sindicato en el caso del trabajo urbano. En ese caso, un desplazamiento del trabajo desde el sector rural al urbano representa una ganancia de productividad para el conjunto de la economía. El término de la ecuación (10.25) en el que aparece el trabajo representa el crecimiento económico que genera este cambio en la composición sectorial del trabajo, para una tasa de crecimiento dada de trabajo agregado $\dot{L}/L$. Este tipo de efecto sobre el crecimiento, aplicado a desplazamientos del trabajo desde una agricultura de baja productividad a una industria de alta productividad, fue analizado por Kuznets (1961, p. 61), que obtuvo una expresión análoga a la ecuación (10.25).

Desde el punto de vista de la contabilidad del crecimiento, los términos que recogen los desplazamientos sectoriales deberían aparecer en los cálculos en alguna parte. Si las variaciones de cantidades de trabajo en cada sector están ponderadas por las participaciones en la renta de cada tipo de trabajo, entonces la contribución al crecimiento de los cambios sectoriales aparece en la parte que explica los cambios de las cantidades de los factores de la ecuación (10.24). Si por el contrario la ponderación se realiza como se muestra en la ecuación (10.23), la contribución aparecerá entonces en la tasa de crecimiento de PTF estimada.

10.4. Crecimiento de PTF e I+D

La contabilidad del crecimiento se considera a menudo una primera etapa en la explicación de la tasa de crecimiento de PTF, g, de la ecuación (10.6). Por ejemplo, el plan de investigación resumido por Griliches (1973) se centraba en el gasto en I+D como factor determinante de la tasa de crecimiento de PTF.[9] Las teorías del crecimiento endógeno expuestas en los capítulos 6 y 7 tienen repercusiones en la modelización de la relación entre progreso tecnológico y gasto en I+D. Las siguientes secciones exploran estas relaciones en modelos caracterizados por un incremento del número de tipos de productos y por mejoras de la calidad de los productos existentes.

9. Entre los primeros autores que contribuyeron a esta literatura aparecen Terleckyj (1958), Minasian (1962), Griliches (1964) y Mansfield (1965).

10.4.1. Modelos con variedades de productos

En el modelo con variedades de productos del capítulo 6, la función de producción agregada viene dada por la ecuación (6.13):

$$Y = TL^{1-\alpha}N^{1-\alpha}X^{\alpha} \tag{10.26}$$

donde T es el factor tecnológico exógeno, L el factor trabajo agregado, N el número de variedades de productos intermedios que se conocen y utilizan en la actualidad, X la cantidad agregada empleada de factores intermedios y $0 < \alpha < 1$. El progreso tecnológico se logra mediante gastos en I+D que van incrementando N con el tiempo. Por lo tanto, la variable N representa el estado actual de la tecnología, determinada de forma endógena. En este modelo, la tecnología puntera, es decir, aquella que emplea las N variedades ya inventadas, es utilizada por todos los productores. Así pues, esta especificación se ajusta especialmente bien a aquellas tecnologías más generales (David, 1991; Bresnahan y Trajtenberg, 1995), que pueden aplicarse a lo largo y ancho de la economía.

Los productores del output Y en competencia perfecta igualan el producto marginal del trabajo al salario, de manera que:

$$w = (1 - \alpha) \cdot (Y/L)$$

Por lo tanto, la participación de la renta del trabajo es la habitual

$$s_L = wL/Y = 1 - \alpha \tag{10.27}$$

Los productores de bienes finales en competencia perfecta igualan el producto marginal de cada tipo de factor intermedio al precio del factor intermedio, que es igual al valor de monopolio $1/\alpha$. Esta condición puede formularse de la siguiente manera:

$$1/\alpha = \alpha \cdot (Y/X)$$

Por lo tanto, la participación de la renta gastada en los N factores intermedios es

$$s_X = (1/\alpha) \cdot (X/Y) = \alpha \tag{10.28}$$

La tasa de crecimiento de la producción se puede calcular a partir de la ecuación (10.26):

$$\dot{Y}/Y = \dot{T}/T + (1 - \alpha) \cdot (\dot{N}/N) + s_L \cdot (\dot{L}/L) + s_X \cdot (\dot{X}/X) \tag{10.29}$$

donde se emplean las expresiones de s_L y s_X de las ecuaciones (10.27) y (10.28). El modelo básico del capítulo 6 aceptaba el supuesto de que $\dot{T}/T = \dot{L}/L = 0$. Sin embargo, la ecuación (10.29) es válida cuando T y L varían, siempre que los productos marginales del trabajo y de cada factor intermedio sean iguales a los respectivos precios. Por lo tanto, en este modelo, el enfoque habitual para calcular la tasa de crecimiento de PTF conduce a

$$\hat{g} = \dot{Y}/Y - s_L \cdot (\dot{L}/L) - s_X \cdot (\dot{X}/X) = \dot{T}/T + (1 - \alpha) \cdot (\dot{N}/N) \tag{10.30}$$

Por lo tanto, a pesar del precio de monopolio de los factores intermedios, el residuo de Solow mide correctamente la suma de las contribuciones al crecimiento de la productividad originadas por el cambio tecnológico exógeno $\dot{T}/T$ y el incremento endógeno de las variedades $\dot{N}/N$.

Observe que en la ecuación (10.30) la parte del crecimiento endógeno del residuo de Solow recoge únicamente la fracción $1 - \alpha$ de $\dot{N}/N$, la tasa de crecimiento del número de variedades. La parte restante $\alpha \cdot (\dot{N}/N)$ forma parte del término $s_X \cdot (\dot{X}/X) = \alpha \cdot (\dot{X}/X)$ del primer miembro de la ecuación (10.30). Para una cantidad constante de factores intermedios de cada tipo, el descubrimiento de nuevos tipos de productos a la tasa $\dot{N}/N$ provoca un incremento del agregado de factores intermedios a la misma tasa. La contribución de este incremento de los factores intermedios al crecimiento, que implica al coeficiente α, que representa la participación en la renta de los pagos de los factores intermedios, se atribuye al crecimiento de los factores de producción, y no al progreso tecnológico subyacente. En efecto, parte del progreso tecnológicos procedente de la invención de nuevos tipos de bienes intermedios queda incorporada en los factores intermedios que usan la nueva tecnología.

En el modelo básico del capítulo 6, $\dot{N}$ era proporcional a la cantidad de producción que se dedicaba a la I+D, es decir $\dot{N} = (1/\eta) \cdot$ (I+D), donde η era la cantidad de I+D necesaria para lograr que N aumentara en una unidad. Por lo tanto, la tasa de crecimiento de N era:

$$\dot{N}/N = (\text{I+D})/\eta N = (\text{I+D})/\text{valor de mercado de la I+D anterior} \tag{10.31}$$

Observe que ηN es el producto del número de inventos N por η, el coste de copiar cada invento. Por lo tanto, ηN es el valor de mercado de las empresas, que equivale al valor de mercado de su gasto realizado en el pasado en I+D. En consecuencia, la tasa de crecimiento de PTF medida por la ecuación (10.30) cumple que:

$$\hat{g} = \dot{T}/T + (1 - \alpha) \cdot (\text{I+D})/\text{valor de mercado de la I+D anterior} \tag{10.32}$$

En el modelo de variedades, la cantidad elegida de X es proporcional a L, de manera que el valor Y/L de la ecuación (10.26) es proporcional a N. Dado que el denominador del último término del segundo miembro de la ecuación (10.32) es igual a ηN, este último término resulta ser proporcional al ratio de la I+D con respecto la producción por trabajador Y/L. Así pues, $\hat{g}$ de la ecuación (10.32) puede expresarse como una función lineal del ratio (I+D)/(Y/L). Este resultado es similar a las especificaciones empleadas por Griliches (1973) y Coe y Helpman (1995), entre otros, con la diferencia de que los gastos de I+D aparecen en el modelo básico de variedades en relación a la producción por trabajador Y/L, en vez de en relación al nivel de producción Y. El origen de esta diferencia radica en que el modelo se caracteriza por un beneficio de escala de incrementos de L. En la especificación alternativa del capítulo 6, donde se eliminaba el efecto de escala de L, $\hat{g}$ dependería del ratio de la I+D con respecto a la producción, al igual que en las especificaciones empíricas habituales.

La metodología empírica descrita por Griliches (1973) concuerda con el planteamiento general del modelo de variedades. La especificación de Griliches comienza aplicando el análisis habitual de la contabilidad del crecimiento con el fin de calcular un residuo. Este método equivale al cálculo de $\hat{g}$ según la ecuación (10.30). La principal diferencia con el modelo teórico radica en que los insumos intermedios X incluyen flujos de servicios de una amplia gama de bienes de capital; es decir, los insumos intermedios no son considerados exclusivamente como bienes no duraderos. Griliches utiliza entonces un enfoque de regresión con el objetivo de evaluar el efecto de una variable I+D sobre la tasa de crecimiento de PTF calculada. Por ejemplo, la tasa de crecimiento de PTF podría calcularse mediante regresión de los gastos de I+D (generalmente expresados como un ratio respecto de producción o ventas), un término de tendencia (que recoge el progreso técnico exógeno) y las influencias aleatorias. El coeficiente de regresión de la variable I+D podría interpretarse como una estimación de la tasa de rendimiento social de la I+D.

La metodología de Griliches ha sido utilizada en una serie de estudios de empresas y sectores de los Estados Unidos, incluido Griliches y Lichtenberg (1984) y Griliches (1988). Una importante dificultad de esta investigación radica en la baja calidad de los datos de I+D. Aun así, los estudios tienden a mostrar altas tasas de rendimiento social de la I+D, generalmente en un intervalo entre el 20 y el 40 % anual.

Coe y Helpman (1995) aplican este enfoque a los datos agregados de veintidós países de la OCDE. Hallan tasas de rendimiento de la I+D de un país sorprendentemente elevadas, cercanas al 100 % anual. Sus estimaciones son incluso mayores, cercanas al 130 % anual, si se incluyen los beneficios de *spillovers* entre países.

Una debilidad del enfoque de Griliches, que ya hemos mencionado de manera general para los enfoques de regresión en la contabilidad del crecimiento, radica en que la estimación puede ser errónea debido a problemas de causalidad invertida. En dicho caso, la dificultad radica en que el gasto de I+D respondería a cambios exógenos del crecimiento de la productividad, la variable $\dot{T}/T$ de la ecuación (10.32), de manera que el coeficiente estimado de la variable I+D representaría en parte el progreso tecnológico exógeno. Este problema tal vez explique las elevadas estimaciones de las tasas de rendimiento de la I+D de los estudios mencionados. Por ejemplo, en el análisis de Coe y Helpman (1995), el gran coeficiente de regresión de la variable de I+D de un país pudiera representar la respuesta positiva del gasto de I+D a las oportunidades de crecimiento, y no tanto el efecto de la I+D sobre el crecimiento de la productividad. Esta posible causalidad invertida también se observa en los estudios de empresas y sectores de los Estados Unidos.

En principio, el problema de simultaneidad podría resolverse utilizando variables instrumentales. Sin embargo, quizás no se disponga de variables satisfactorias. Entre las posibles variables instrumentales se encuentran medidas de política económica en relación a la I+D, incluidos subsidios a la investigación y normas, como el sistema de patentes y el tratamiento fiscal de los gastos de I+D.

El modelo de variedades indica una posible manera de aplicar el procedimiento habitual de la contabilidad del crecimiento a fin de evaluar la contribución de la I+D. Se podría calcular un residuo de Solow ampliado que restara de la tasa de crecimiento de la producción $\dot{Y}/Y$ no sólo las contribuciones del crecimiento de los factores $s_L \cdot (\dot{L}/L) + s_X \cdot (\dot{X}/X)$, como se ve en la ecuación (10.30), sino también el término

$$(1 - \alpha) \cdot (\text{I+D})/(\text{valor de mercado de la I+D anterior})$$

que aparece en la ecuación (10.32). Sin embargo, este cálculo implica que se conoce, no sólo la participación del trabajo $1 - \alpha$ y el actual flujo de gasto en I+D, sino también el stock acumulado o el valor capitalizado del gasto en I+D anterior.

10.4.2. Modelos de escalas de calidad

Otro destacado modelo de cambio tecnológico en la literatura del crecimiento endógeno es el modelo de escalas de calidad que expusimos en el capítulo 7. En este modelo, el progreso tecnológico consiste en mejoras de calidad de los factores intermedios (o, de manera equivalente, reducciones del coste de suministro de factores de una calidad dada). Generalmente, en este modelo se acepta que el número de variedades de productos es constante, si bien se pueden incluir variaciones de dicha cifra.

Del modelo desarrollado en el capítulo 7 (ecuaciones [7.15] y [7.16]) se deduce que la función de producción agregada puede tomar la siguiente expresión:

$$Y = TL^{1-\alpha}X^{\alpha}Q^{1-\alpha} \tag{10.33}$$

donde T es el nivel exógeno de tecnología, L es el factor trabajo agregado, $0 < \alpha < 1$, y X es la cantidad agregada empleada de factores intermedios. La variable $Q \equiv \sum_{j=1}^{N} q^{\kappa_j \alpha/(1-\alpha)}$ es el índice agregado de calidad, donde N representa al número constante de variedades de factores intermedios, $q > 1$ es el intervalo proporcional entre las escalas de calidad de cada sector y κ_j es la escala más elevada de calidad alcanzado en el momento actual en el sector j. El precio de cada tipo de bien intermedio es el nivel de monopolio $1/\alpha > 1$. El progreso tecnológico se logra a través del gasto en I+D que permite ascender escalas de calidad en cada sector, de una en una.

El elemento clave del modelo de escalas de calidad radicaba en que diferentes niveles de calidad de los factores intermedios de un mismo sector se definen como sustitutivos perfectos. Los factores situados más arriba en la escala eran simplemente mejores que los situados más abajo. Por este motivo, los bienes intermedios de menor calidad de tipo j (los de los niveles $\kappa_j - 1, \kappa_j - 2, \ldots$) desaparecían del mercado en el equilibrio. Esta obsolescencia técnica (o destrucción creativa) diferencia el modelo de escalas de calidad del modelo de variedades. En este último, analizado en la sección anterior, no se produce obsolescencia técnica, y las nuevas variedades de los productos se añaden a las antiguas a la hora de producir bienes.

La ecuación (10.33) implica que, en el modelo de escalas de calidad, el enfoque habitual de la contabilidad del crecimiento conduciría a

$$\hat{g} = \dot{Y}/Y - s_L \cdot (\dot{L}/L) - s_X \cdot (\dot{X}/X) = \dot{T}/T + (1 - \alpha) \cdot (\dot{Q}/Q) \tag{10.34}$$

donde, al igual que en el modelo de variedades, $s_L = wL/Y$ y $s_X = (1/\alpha)\cdot(X/Y)$.[10] Por lo tanto, en este modelo, el residuo de Solow mide la suma del progreso tecnológico exógeno $\dot{T}/T$ más la tasa de crecimiento de la calidad total $\dot{Q}/Q$, ponderada esta última por la participación del trabajo $1-\alpha$. Este resultado es semejante a la ecuación (10.30) del modelo de variedades, con la diferencia de que la medida del cambio tecnológico es $\dot{Q}/Q$ y no $\dot{N}/N$. Nuevamente, una parte de la contribución del cambio tecnológico (la fracción $\alpha\cdot\dot{Q}/Q$) queda incorporada en el crecimiento de los factores $\dot{X}/X$, y únicamente la fracción restante aparece en el residuo de Solow.

Surgen algunos resultados nuevos de la relación entre $\dot{Q}/Q$ y el gasto en I+D. En la versión del modelo de escalas de calidad expuesta en el capítulo 7, la tasa de crecimiento de Q se expresaba así:[11]

$$\dot{Q}/Q = \left[1 - q^{-\alpha/(1-\alpha)}\right]\cdot(\text{I+D})/(\text{valor de mercado de la I+D anterior}) \qquad (10.35)$$

La principal diferencia con la expresión de $\dot{N}/N$ de la ecuación (10.31) es la presencia de la constante $[1 - q^{-\alpha/(1-\alpha)}]$, cuyo valor se sitúa entre cero y uno. Es inferior a uno debido a la obsolescencia de los antiguos bienes intermedios en los sectores que experimentan mejoras de calidad. La constante es mayor cuanto mayor es q, que representa el ratio de la productividad de un tipo de bien intermedio recién inventado con respecto a la productividad del tipo inmediatamente inferior. Si q es elevado, entonces la destrucción creativa crea más que destruye y, por lo tanto, la contribución del flujo actual de I+D al índice de calidad total Q se ve atenuada hasta cierto punto.

El índice de calidad Q puede interpretarse como una medida del stock de capital de I+D. Sin embargo, en este modelo no es correcto seguir la manera común de construcción del stock. En el enfoque habitual de inventario permanente, la variación en el stock de capital de I+D es igual al gasto actual en I+D, el equivalente a la inversión bruta, menos la depreciación del stock de capital de I+D existente. El último término, a menudo considerado como una fracción constante del stock existente, se interpreta como la obsolescencia de las tecnologías más antiguas. En el modelo de escalas de calidad, el procedimiento correcto consiste en descontar el

---

10. Para obtener la ecuación (10.34) hemos aceptado el supuesto de que $\dot{N}=0$. El modelo subyacente también aceptaba el supuesto de que L y T son constantes en el tiempo. Sin embargo, la ecuación (10.34) sigue siendo válida aunque L y T varíen.

11. La ecuación (7.33) implica que:

$$\dot{Q}/Q = p\cdot\left[q^{\alpha/(1-\alpha)} - 1\right]$$

donde p es la probabilidad de éxito de la investigación por unidad de tiempo en cada sector. (En el equilibrio analizado en el capítulo 7, la probabilidad de éxito de la investigación, p, es idéntica en todos los sectores.) La probabilidad se obtiene a partir de las ecuaciones (7.19) y (7.21) y es igual a

$$p = \frac{Z(\kappa_j)}{q^{\alpha/(1-\alpha)}\cdot E[V(\kappa_j)]}$$

donde $Z(\kappa_j)$ es el flujo actual del gasto en I+D del sector j y $E[V(\kappa_j)]$ es el valor de mercado de la empresa líder del sector j. Puesto que únicamente la empresa líder del sector tiene un valor de mercado positivo, el término $E[V(\kappa_j)]$ equivale al valor de mercado de la I+D realizada en el pasado en el sector. Se deduce que la constante proporcional de la ecuación (10.35) es $1 - q^{-\alpha/(1-\alpha)}$, cuyo valor se sitúa entre cero y uno.

gasto actual de I+D por el factor $[1 - q^{-\alpha/(1-\alpha)}] < 1$ para tener en cuenta la obsolescencia actual de los bienes intermedios de menor calidad. Después, ese gasto de I+D descontado integra el flujo de inversión neta que cambia el stock de capital en I+D (es decir, el índice de calidad Q). La tasa de depreciación de este stock es cero, porque en el modelo no es posible olvidar las tecnologías.

A partir de las ecuaciones (10.34) y (10.35) la expresión de la contabilidad del crecimiento puede formularse así:

$$\hat{g} = \dot{T}/T + (1-\alpha) \cdot \left[1 - q^{-\alpha/(1-\alpha)}\right] \cdot \text{ (I+D)/(valor de mercado de la I+D anterior)} \tag{10.36}$$

Este resultado es equivalente al de la ecuación (10.32), con la diferencia de que ahora aparece el coeficiente $[1 - q^{-\alpha/(1-\alpha)}] < 1$. Así pues, en el modelo de escalas de calidad, la contribución de la variable I+D al crecimiento de PTF es menor que el propio valor de la I+D, en parte debido a que aparece multiplicada por la participación del trabajo, $1 - \alpha$, y en parte debido a que aparece multiplicada por el coeficiente de obsolescencia $[1 - q^{-\alpha/(1-\alpha)}]$. En el modelo de escalas de calidad, dado que el parámetro q no será observable directamente, no parece posible la aplicación de un enfoque no regresivo a fin de evaluar los efectos de la I+D sobre el crecimiento.

En el modelo básico de escalas de calidad, el valor de mercado de la I+D realizada en el pasado es proporcional a la producción por trabajador Y/L.[12] Así pues, a partir de la ecuación (10.36), la tasa de crecimiento de PTF puede expresarse como una función lineal del ratio (I+D)/(Y/L), que es la variable I+D que también apareció en la versión básica del modelo de variedades. Al igual que antes, esta variable se convierte en la utilizada preferentemente en los estudios empíricos, (I+D)/Y, si se cambia la especificación de los costes en I+D de manera que se eliminen los efectos de escala del modelo.

La influencia de la I+D sobre la tasa de crecimiento de PTF de la ecuación (10.36) puede medirse empíricamente mediante un enfoque de regresión. En principio, los resultados podrían utilizarse para estimar el coeficiente de obsolescencia $[1 - q^{-\alpha/(1-\alpha)}]$. Ahora bien, este enfoque presenta nuevamente problemas de simultaneidad y requeriría aproximaciones satisfactorias a la variable I+D.

10.5. Contabilidad del crecimiento y fuentes del crecimiento

A menudo se utiliza incorrectamente la contabilidad del crecimiento a fin de establecer cuáles son en última instancia las fuentes últimas del crecimiento, cuando en realidad, se trata únicamente de una descomposición contable. Para entender esta idea, partamos de una economía neoclásica en situación de estado estacionario. Suponga que la función de producción es de tipo Cobb-Douglas, con progreso tecnológico del tipo que aumenta la eficiencia del trabajo a la tasa x.

$$Y = AK^{\alpha} \cdot (Le^{xt})^{1-\alpha}$$

12. Véase las ecuaciones (7.68) y (7.16).

Por conveniencia, suponga que la mano de obra agregada L es constante.

En los capítulos 1 y 2 vimos que la tasa de crecimiento de la producción y del stock de capital en el estado estacionario era igual a x. Así pues, aplicando el reparto de la contabilidad del crecimiento expuesto en este capítulo, obtenemos:

$$\dot{Y}/Y = \alpha \cdot (\dot{K}/K) + (1 - \alpha) \cdot x$$

donde $\dot{Y}/Y = \dot{K}/K = x$. Puesto que atribuimos αx de la tasa de crecimiento de la producción de estado estacionario x al crecimiento del capital, calculamos una tasa de crecimiento de PTF de $(1-\alpha)\cdot x$. Por lo tanto, asignamos únicamente una fracción $1 - \alpha$ de la tasa de crecimiento de la producción al progreso tecnológico, cuando en realidad no se habría producido crecimiento alguno sin dicho progreso.

Una interpretación razonable de este modelo es que la fuente última del crecimiento es únicamente el factor tecnológico, ya que sin dicho progreso no se habría producido crecimiento alguno del PIB. No obstante, la descomposición que realiza la contabilidad del crecimiento es correcta desde el punto de vista contable, ya que el progreso tecnológico desencadena una acumulación adicional de capital que, a su vez, genera un crecimiento del PIB mayor que el que se habría producido si el stock de capital no hubiera variado. En la medida en que el capital es endógeno y reacciona ante el progreso tecnológico, la totalidad del crecimiento del PIB puede atribuirse a la tecnología. En este sentido, la asignación de únicamente la fracción $(1 - \alpha) \cdot x$ de la tasa de crecimiento del PIB al progreso tecnológico es engañosa. Sin embargo, también es cierto que si el stock de capital no hubiera crecido en respuesta al progreso tecnológico, el PIB habría aumentado a la tasa $(1-\alpha)\cdot x$, y no a la tasa x.

Resulta sencillo ilustrar esta idea mediante un gráfico. En la ilustración 10.1 aparece una función de producción en términos per cápita. Suponga que la economía se encuentra inicialmente en su posición de estado estacionario, en la que el stock de capital k^* es constante y el PIB por persona y^* también es constante. Suponga que se produce una mejora tecnológica por la que la función de producción se desplaza hacia arriba proporcionalmente. Si el stock de capital no aumentara, el PIB crecería de y^* a $y^{*\prime}$. Así pues, $y^{*\prime} - y^*$ es el incremento del PIB que puede atribuirse directamente a la mejora tecnológica. Sin embargo, el stock de capital aumenta en respuesta a la mejora tecnológica (como se vio en los capítulos 1 y 2). Llamemos k^{**} al nuevo stock de capital de estado estacionario e $y^{**} > y^{*\prime}$ al nuevo nivel de PIB de estado estacionario. Observe que $y^{**} - y^{*\prime}$ es el aumento del PIB que puede atribuirse al incremento endógeno del capital. El procedimiento de la contabilidad del crecimiento indica correctamente que el incremento de la producción de y^* a $y^{*\prime}$ puede atribuirse al progreso tecnológico, mientras que el incremento de $y^{*\prime}$ a y^{**} puede atribuirse a la reacción subsiguiente del stock de capital. Sin embargo, el ejemplo deja claro que la única fuente última del crecimiento es el progreso tecnológico, en el sentido de que, sin él, el PIB no habría aumentado.

La tasa de crecimiento de PTF $(1 - \alpha) \cdot x$ es la respuesta a la pregunta: ¿cuál habría sido la tasa de crecimiento de la producción si el progreso tecnológico se hubiera producido a la tasa x y el stock de capital (y el factor trabajo) hubieran permanecido constantes? De igual manera, la tasa de crecimiento αx es la respuesta a la pregunta: ¿cuál habría sido la tasa de crecimiento de la producción si el stock de capital hubiera crecido a la tasa a la que lo ha hecho (la tasa x) y progreso tecnológico

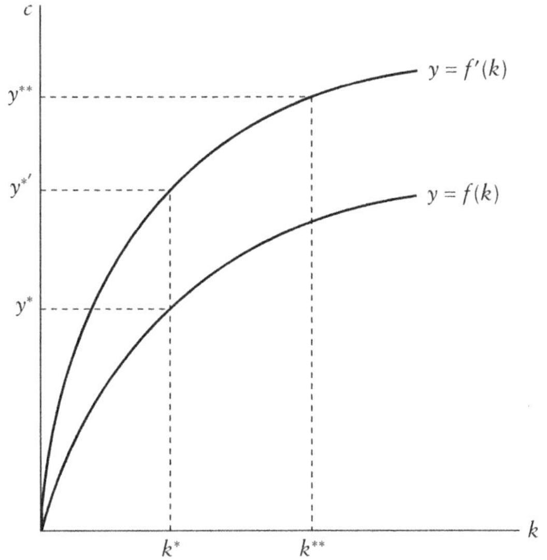

ILUSTRACIÓN 10.1 | La respuesta de la economía ante el progreso tecnológico. Esta ilustración muestra dos funciones de producción en términos per cápita. Suponga que la economía se encuentra inicialmente en su posición de estado estacionario, en la que el stock de capital k^* es constante y el PIB por persona y^* también es constante. Suponga que se produce una mejora tecnológica por la que la función de producción se desplaza hacia arriba proporcionalmente. Si el stock de capital no aumentara, el PIB crecería de y^* a $y^{*\prime}$. Así pues, $y^{*\prime} - y^*$ es el incremento del PIB que puede atribuirse directamente a la mejora tecnológica. Sin embargo, el stock de capital aumenta en respuesta a la mejora tecnológica. k^{**} es el nuevo stock de capital de estado estacionario e y^{**} es el nuevo nivel de PIB de estado estacionario. La diferencia $y^{**} - y^*$ es el aumento del PIB que puede atribuirse al incremento endógeno del capital. El procedimiento de la contabilidad del crecimiento indica correctamente que el incremento de la producción de y^* a $y^{*\prime}$ puede atribuirse al progreso tecnológico, mientras que el incremento de $y^{*\prime}$ a y^{**} puede atribuirse a la reacción subsiguiente del stock de capital. Sin embargo, el ejemplo debería aclarar que la única fuente última del crecimiento es el progreso tecnológico, en el sentido de que, sin él, el PIB no habría aumentado.

hubiera sido inexistente? Dadas las premisas las respuestas se deducen lógicamente, pero no corresponden bien a la causalidad económica. Si el progreso tecnológico es realmente exógeno, la afirmación económicamente razonable en relación al estado estacionario del modelo neoclásico de crecimiento es que a largo plazo diferentes tasas de cambio tecnológico se traducen íntegramente a largo plazo en diferencias en las tasas de crecimiento de la producción.

Si queremos atribuir a la tecnología tanto el incremento directo del PIB como el aumento del PIB que resulta de la respuesta endógena del capital, tendremos que dividir la $\hat{g}$ calculada entre $(1 - \alpha)$. En otras palabras, tenemos que[13]

$$x = \frac{\hat{g}}{1 - \alpha} \tag{10.37}$$

A título ilustrativo, la tabla 10.3 presenta las correcciones de los cálculos de los cuatro países de Asia Oriental de la tabla 10.2. En la primera columna aparece la tasa de crecimiento agregado del PIB. En la segunda columna, la tasa de crecimiento

13. Este cálculo acepta el supuesto de que la totalidad de la respuesta del capital se produce dentro del periodo de observación.

TABLA 10.3 | Crecimiento de PTF ajustado a la respuesta endógena del capital

País	(1) Tasa de crecimiento del PIB	(2) Tasa de crecimiento de PTF	(3) Crecimiento de PTF ajustado al capital físico	(4) Crecimiento de PTF ajustado al capital en sentido amplio
Hong Kong	0,073	0,027	0,043	0,090
		(37 %)	(59 %)	(123 %)
Singapur	0,087	0,022	0,043	0,073
		(25 %)	(49 %)	(84 %)
Corea del Sur	0,103	0,015	0,021	0,050
		(14 %)	(20 %)	(49 %)
Taiwán	0,094	0,037	0,050	0,123
		(39 %)	(53 %)	(131 %)

Nota: En la primera columna aparece la tasa de crecimiento agregado del PIB, tal y como aparecía en el panel D de la tabla 10.1. En la segunda columna, la tasa de crecimiento de PTF indicada en la columna del método dual de la tabla 10.2. En la tercera columna se ajusta el resultado a la respuesta del capital físico, multiplicando la tasa de crecimiento de PTF por $1/(1-\alpha)$, donde α es la participación del capital del panel D de la tabla 10.1. En la cuarta columna se ajusta el resultado a la respuesta del capital físico y el capital humano, multiplicando la tasa de crecimiento de PTF por 1/0,3 es decir, aceptando el supuesto de que la participación del capital en sentido amplio es $\alpha = 0{,}7$. Las cifras entre paréntesis corresponden a los porcentajes de la tasa de crecimiento del PIB responsabilidad de cada cálculo del crecimiento de PTF.

de PTF estimada en la última columna de la tabla 10.2. Entre paréntesis, mostramos la fracción del crecimiento agregado que puede ser explicada por la tecnología. En la tercera columna se calcula la tasa de crecimiento del PIB que puede atribuirse al progreso tecnológico (directa e indirectamente), utilizando la corrección propuesta en la ecuación (10.37). Observe que la fracción del crecimiento del PIB total que puede atribuirse al progreso tecnológico alcanza el 59 % en el caso de Hong Kong, el 49 % en el de Singapur y el 53 % en el de Taiwán (que representa un incremento en relación al 37 %, 25 % y 29 % anteriores, respectivamente). Únicamente la tasa de crecimiento de Corea del Sur sigue siendo explicada en buena parte por la acumulación de factores exógenos (el crecimiento de PTF es responsable de tan sólo el 20 % del crecimiento del PIB). Así pues, aún en el caso de que las estimaciones del crecimiento de PTF sean pequeñas, es posible que el progreso tecnológico sea responsable de más de la mitad del crecimiento del PIB.

El problema se ve amplificado cuando reconocemos que el capital humano también reacciona endógenamente a mejoras exógenas de la tecnología. Al corregir este elemento adicional obtendremos una expresión similar a la ecuación (10.37), con la diferencia de que la participación de capital pertinente será la suma de las participaciones del capital físico y el capital humano. Como se dijo en otra sección de este libro, esta participación no se conoce, pero su influencia empírica sobre la velocidad de convergencia parece indicar que sería cercana a 0,7. La cuarta columna de la tabla 10.3 utiliza esta cifra como participación del capital en sentido amplio a fin de mostrar el crecimiento del PIB que puede atribuirse al progreso tecnológico, cuando tanto el capital físico como el capital humano reaccionan. En ese caso, el progreso tecnológico es responsable de toda la tasa de crecimiento del PIB de Hong Kong y Taiwán. (El cambio tecnológico es responsable de más del 100 % de la tasa de crecimiento, debido a que las respuestas del capital físico y el capital humano a las mejoras exógenas de la tecnología tendrían que haber sido mayores de lo que fueron en realidad.) La tecnología explica también el 84 % de la tasa de crecimiento de Singapur y el 49 % de la de Corea del Sur.

Seguramente las correcciones realizadas en esta sección sobrevaloran la importancia del progreso tecnológico, ya que suponen que la totalidad de la respuesta endógena del capital se produce durante el periodo de observación. Estos cálculos no pretenden ofrecer una manera realista de ajustar las estimaciones de PTF con el fin de hacer afirmaciones de causalidad a propósito de las fuentes últimas del crecimiento, sino más bien advertir al lector de que deben evitarse tales afirmaciones. En principio, un valor de $\hat{g}$ pequeño y positivo es congruente con una situación en la que el progreso tecnológico es responsable en última instancia de una pequeña fracción del crecimiento del PIB, pero también es congruente con una situación en la que es responsable de la totalidad del crecimiento del PIB. Es decir, la misma descomposición contable es congruente con dos visiones totalmente distintas del crecimiento.

La contabilidad del crecimiento es capaz de aportar una descomposición mecánica del crecimiento de la producción entre la suma del crecimiento de un conjunto de factores por un lado y el crecimiento de la productividad total de los factores por otro. Es probable que este tipo de contabilidad, bien hecha, sea fructífera y estimule el desarrollo de teorías del crecimiento útiles. No obstante, la contabilidad del crecimiento no constituye en sí misma una teoría del crecimiento, ya que no trata de explicar la manera en la que se vinculan las variaciones de los factores y las mejoras de la productividad total de los factores con elementos tales como las preferencias, la tecnología o la políticas económica, que razonablemente, pueden considerarse como factores fundamentales.

Análisis empírico de conjuntos de datos regionales

Capítulo 11

Una propiedad destacada del modelo neoclásico de crecimiento radica en que predice la existencia de convergencia condicional, un concepto que se aplica cuando la tasa de crecimiento de una economía está directamente relacionada con la distancia existente entre el nivel de renta de dicha economía y su propio estado estacionario. La convergencia condicional no debe confundirse con la convergencia absoluta, un concepto que se aplica cuando las economías pobres tienden a crecer más deprisa que las ricas (y por lo tanto las economías pobres tienden a "alcanzar" a las ricas). Es posible que dos economías converjan en sentido condicional (la tasa de crecimiento de cada una de ellas disminuye cuando se aproximan a su propio estado estacionario), pero que no lo hagan en sentido absoluto (la economía rica puede crecer a una tasa superior a la economía pobre si la primera está mucho más alejada de su propio estado estacionario). Los dos conceptos son idénticos si un grupo de economías tienden a convergir hacia el mismo estado estacionario. En los capítulos 1 y 2 vimos que economías neoclásicas con preferencias y tecnologías similares convergen hacia el mismo estado estacionario. Por lo tanto, en ese caso, el modelo neoclásico de crecimiento predice convergencia absoluta; es decir, las economías pobres tienden a crecer más deprisa que las ricas. Así pues, una manera de evaluar la hipótesis de la convergencia es analizar si las economías con preferencias y tecnologías similares, es decir, aquellas que probablemente converjan hacia el mismo estado estacionario, convergen en sentido absoluto.

En este capítulo, examinamos las predicciones de convergencia del modelo neoclásico de crecimiento a través de la observación del comportamiento de regiones ubicadas dentro de un mismo país. Si bien existen diferencias en tecnología, preferencias e instituciones entre regiones, es probable que estas diferencias sean menores que las existentes entre países. Las empresas y los hogares de distintas regiones de un mismo país tienden a tener acceso a tecnologías similares y sus gustos y culturas son similares. Es más, estas regiones comparten un gobierno central común y por lo tanto tienen sistemas legales e institucionales semejantes. Esta homogeneidad relativa significa que es más probable que las regiones converjan hacia un mismo estado estacionario. Así pues, es más probable que la convergencia absoluta se produzca entre regiones de un mismo país que entre países.

Se podría argüir que es incorrecto usar las regiones para evaluar la hipótesis de convergencia ya que los factores tienden a tener mayor movilidad entre regiones que entre países. Las barreras legales, culturales, lingüísticas e institucionales, que frenan la circulación de factores, tienden a ser menores entre regiones de un país que entre países. Así pues, es probable que el supuesto de que la economía es cerrada, una condición habitual del modelo neoclásico de crecimiento, se incumpla en el caso de conjuntos de datos regionales. No obstante, en el capítulo 3 vimos que las propiedades dinámicas de las economías abiertas a la circulación de capitales pueden ser similares a las propiedades dinámicas de las economías cerradas si una fracción del stock de capital, que incluye el capital humano, no es móvil o no puede utilizarse como garantía en las transacciones financieras interregionales o internacionales. La velocidad de convergencia aumenta con la existencia de movilidad del capital, pero no varía mucho para valores razonables de la fracción del capital que es móvil. Otro resultado es que una tecnología sin rendimientos decrecientes del capital, es decir, una versión de la tecnología AK, implica que la velocidad de convergencia es cero independientemente de que la economía sea cerrada o abierta.

También vimos en el capítulo 9 que la consideración de migración dentro del modelo neoclásico de crecimiento tiende a acelerar el proceso de convergencia. De nuevo, el cambio supone una modificación cuantitativa de la velocidad de convergencia. Por lo tanto, la idea principal radica en que, aunque las regiones de un mismo país están relativamente abiertas a los flujos de capital y personas, el modelo neoclásico de crecimiento sigue aportando un marco útil para el análisis empírico.

11.1. Dos conceptos de convergencia

En los análisis del crecimiento económico entre países o regiones aparecen dos conceptos distintos de convergencia. En un enfoque (véase Barro, 1984, capítulo 12; Baumol, 1986; DeLong, 1988; Barro, 1991a; Barro y Sala-i-Martín, 1991, 1992a, 1992b), la convergencia existe si una economía pobre tiende a crecer más deprisa que una rica, de manera que el país pobre tiende a alcanzar al rico en cuanto a niveles de renta y producción per cápita se refiere. Esta propiedad equivale a lo que nosotros hemos denominado *convergencia* β.[1] El segundo concepto (Easterlin, 1960a; Borts y Stein, 1964, capítulo 2; Streissler, 1979; Barro, 1984, capítulo 12; Baumol, 1986; Dowrick y Nguyen, 1989; Barro y Sala-i-Martín, 1991, 1992a, 1992b) concierne a la dispersión de corte transversal. En este contexto, hay convergencia cuando la dispersión disminuye con el tiempo, dispersión que se mide, por ejemplo, mediante la desviación típica del logaritmo de la renta o la producción per cápita de un grupo de países o regiones. Denominamos a este proceso *convergencia* σ. La convergencia del primer tipo (países pobres que tienden a crecer más deprisa que los ricos) tiende a generar convergencia del segundo tipo (se reduce la dispersión de la renta o la producción per cápita), aunque este proceso se ve contrarrestado por nuevas perturbaciones que tienden a aumentar la dispersión.

Para precisar la relación entre ambos conceptos, consideramos una versión de la ecuación de crecimiento que predice el modelo neoclásico de crecimiento del capítulo 2. La ecuación (2.35) relaciona la tasa de crecimiento de la renta per cápita de la economía i entre dos puntos del tiempo con el nivel inicial de renta. Aplicamos la ecuación (2.35) a periodos discretos de duración unitaria (por ejemplo, años) e

1. Este fenómeno en ocasiones se denomina "regresión hacia la media".

incluimos también una variable aleatoria:

$$\log(y_{it}/y_{i,t-1}) = a_{it} - (1 - e^{-\beta}) \cdot \log(y_{i,t-1}) + u_{it} \tag{11.1}$$

donde el subíndice t representa el año y el subíndice i representa el país o región. La teoría implica que el término independiente a_{it} es igual a $x_i + (1 - e^{-\beta}) \cdot [\log(\hat{y}_i^*) + x_i \cdot (t-1)]$, donde $\hat{y}_i^*$ representa el nivel de estado estacionario de $\hat{y}_i$ y x_i es la tasa de progreso tecnológico. Suponemos que la variable aleatoria u_{it} tiene promedio cero, varianza σ_{ut}^2, y su distribución es independiente de $\log(y_{i,t-1})$, u_{jt} para $j \neq i$, y perturbaciones retardadas.

Podemos interpretar la perturbación aleatoria como un producto de cambios inesperados en las condiciones de producción o en las preferencias. Inicialmente consideramos que todas las economías tienen el mismo coeficiente a_{it}, de manera que $a_{it} = a_t$. Esta especificación significa que el valor de estado estacionario $\hat{y}_i^*$ y la tasa exógena de progreso tecnológico x_i son idénticas en todas las economías. Este supuesto es más factible en el caso de conjuntos de datos regionales que en el caso de datos internacionales. Resulta razonable pensar que distintas regiones de un mismo país se parecen más entre sí en tecnología y preferencias que distintos países.

Si el término independiente a_{it} es idéntico en todos los lugares y $\beta > 0$, la ecuación (11.1) implica que las economías pobres tienden a crecer más deprisa que las ricas. Los modelos neoclásicos de crecimiento de los capítulos 1 y 2 así lo predicen. Por el contrario, el modelo *AK* analizado en el capítulo 4 predice que β tiene valor cero y por lo tanto no se produce este tipo de convergencia. Varios modelos de crecimiento endógeno que incluyen linealidad en la función de producción[2] (capítulos 6 y 7) llegan a esta misma conclusión.

Puesto que el coeficiente de $\log(y_{i,t-1})$ de la ecuación (11.1) es inferior a 1, la convergencia no es lo suficientemente fuerte como para eliminar la correlación serial en $\log(y_{it})$. Dicho de otra forma, en ausencia de perturbaciones aleatorias, la convergencia al estado estacionario es directa y no se producen oscilaciones ni adelantamientos. Por lo tanto, para un par de economías, se predice que aquella que comenzó rezagada seguirá estándolo en cualquier fecha futura.

Sea σ_t^2 la varianza entre economías de $\log(y_{it})$ en el momento t. La ecuación (11.1) y las propiedades que suponemos tiene u_{it} implican que σ_t^2 evoluciona en el tiempo de acuerdo a la ecuación diferencial de primer orden[3]

$$\sigma_t^2 = e^{-2\beta} \cdot \sigma_{t-1}^2 + \sigma_{ut}^2 \tag{11.2}$$

donde hemos supuesto que la muestra de países es lo suficientemente grande como para que la varianza de $\log(y_{it})$ de la muestra equivalga a la varianza de la población.

Si la varianza de la perturbación σ_{ut}^2 es constante en el tiempo ($\sigma_{ut}^2 = \sigma_u^2$ para todo t), la solución de la ecuación diferencial de primer orden (11.2) es

2. Sin embargo, en el capítulo 4 demostrábamos que existiría convergencia β si la tecnología asintóticamente fuera *AK*, pero presentara rendimientos decrecientes del capital para un K finito.

3. Para obtener la ecuación (11.2), sume $\log(y_{i,t-1})$ a ambos miembros de la ecuación (11.1), calcule la varianza, y utilice la condición de que la covarianza entre u_{it} y $\log(y_{i,t-1})$ es cero.

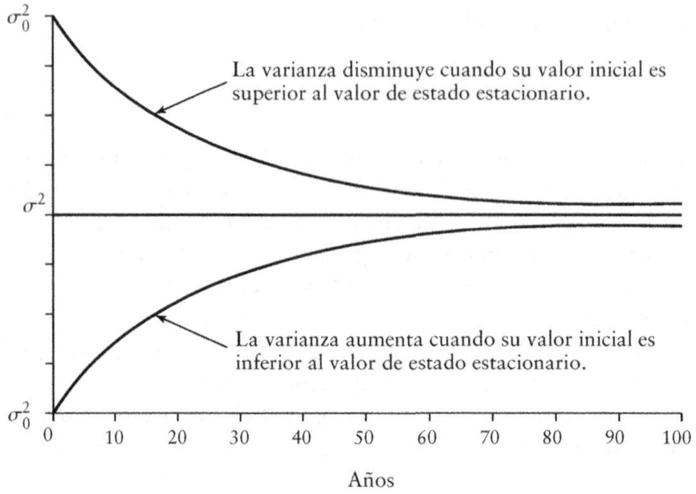

ILUSTRACIÓN 11.1 | Comportamiento teórico de la dispersión. La ilustración muestra la dispersión del producto per cápita, medida como la varianza del logaritmo del producto per cápita entre economías. Aunque se acepta el supuesto de que existe convergencia β, la dispersión puede disminuir, aumentar o permanecer constante, dependiendo de si inicialmente es superior, inferior o igual a su valor de estado estacionario σ^2. En la ilustración se supone un $\beta = 0{,}02$ anual.

$$\sigma_t^2 = \frac{\sigma_u^2}{1 - e^{-2\beta}} + \left(\sigma_0^2 - \frac{\sigma_u^2}{1 - e^{-2\beta}}\right) \cdot e^{-2\beta t} \tag{11.3}$$

donde σ_0^2 es la varianza de $\log(y_{i0})$. (Se puede comprobar fácilmente que la solución de la ecuación [11.3] cumple la ecuación [11.2].) La ecuación (11.3) implica que σ_t^2 tiende monótonamente hacia su valor de estado estacionario $\sigma^2 = \sigma_u^2/(1-e^{-2\beta})$, que aumenta al aumentar σ_u^2 pero disminuye al aumentar el coeficiente de convergencia β. Con el tiempo, σ_t^2 disminuye (o aumenta) si el valor inicial σ_0^2 es superior (o inferior) al valor de estado estacionario σ^2. Así pues, un coeficiente β positivo (convergencia β) no implica que σ_t^2 sea decreciente (convergencia σ). Dicho de otra manera, la convergencia β es condición necesaria pero no suficiente para que haya convergencia σ.

La ilustración 11.1 muestra el patrón temporal de σ_t^2 cuando σ_0^2 es superior o inferior a σ^2. El coeficiente de convergencia utilizado, $\beta = 0{,}02$ anual, corresponde a las estimaciones que exponemos en una sección posterior. Con este valor de β, se predice que la varianza de la muestra disminuirá o aumentará en el tiempo a un ritmo lento. En concreto, si σ_0^2 se aleja considerablemente del valor de estado estacionario σ^2, harán falta unos 100 años para que σ_t^2 se sitúe cerca de σ^2.

La dispersión de $\log(y_{it})$ de la muestra es sensible a las perturbaciones que influyen conjuntamente sobre subgrupos de países o regiones. Este tipo de perturbaciones incumplen la condición de que u_{it} de la ecuación (11.1) es independiente de u_{jt} para $i \neq j$. En la medida en que este tipo de perturbaciones tiendan a beneficiar o a dañar a regiones con rentas altas o bajas (es decir, en la medida en que las perturbaciones estén correlacionadas con la variable explicativa) el omitir estas perturbaciones de la regresión tenderá a sesgar las estimaciones de β.

Un ejemplo de este tipo de perturbaciones son aquellas que generan cambios en las condiciones del comercio de las materias primas. En el caso estadounidense, podría ponerse por ejemplo la fuerte caída de los precios relativos de los productos agrícolas durante los años veinte. Esta perturbación tuvo un efecto adverso sobre las rentas de las regiones agrícolas con respecto a las rentas de las regiones industriales. También se podría hablar de las dos alzas de los precios del petróleo durante los años setenta y la caída del precio en los ochenta. Estas perturbaciones tuvieron efectos del mismo signo sobre las rentas de las regiones productoras de petróleo en relación a las restantes regiones. Otro ejemplo en el caso estadounidense es la Guerra de Secesión. Esta perturbación tuvo un fuerte impacto negativo sobre las rentas de los estados del Sur en relación a los estados del Norte.

Formalmente, sea S_t la variable aleatoria que representa la perturbación del periodo t del conjunto de la economía. Por ejemplo, S_t podría reflejar el precio relativo del petróleo fijado por los mercados mundiales Así, la ecuación (11.1) podría modificarse de la siguiente manera

$$\log(y_{it}/y_{i,t-1}) = a_{it} - (1 - e^{-\beta}) \cdot \log(y_{i,t-1}) + \varphi_i S_t + u_{it} \tag{11.4}$$

donde φ_i mide el efecto de la perturbación agregada sobre la tasa de crecimiento de la región i. Si un valor positivo de S_t representa un incremento en el precio relativo del petróleo, entonces φ_i sería positivo en países o regiones que produzcan una gran cantidad de crudo.[4] El coeficiente φ_i tendería a ser negativo en economías que produzcan bienes, como por ejemplo automóviles, que utilicen el petróleo como factor de producción. Consideramos el coeficiente φ_i distribuido muestralmente con promedio $\bar{\varphi}$ y varianza σ_φ^2.

Si $\log(y_{i,t-1})$ y φ_i no están correlacionados, las estimaciones de β de la ecuación (11.4) no variarían aunque se eliminara la perturbación de la regresión. Si $\log(y_{i,t-1})$ y φ_i están correlacionados positivamente, el coeficiente estimado por mínimos cuadrados ordinarios (MCO) de $\log(y_{i,t-1})$ de la ecuación (11.4) estaría sesgado positiva o negativamente dependiendo de si S_t es positivo o negativo. A título de ejemplo, si los productores de petróleo tienen una renta per cápita relativamente alta, un incremento de los precios del petróleo beneficiaría a los estados relativamente ricos. Por lo tanto, una regresión por MCO del crecimiento sobre la renta inicial minusvalorará el verdadero valor del coeficiente de convergencia. En el análisis empírico de las siguientes secciones mantenemos constantes las variables que son aproximaciones a S_t en un esfuerzo por obtener estimaciones consistentes de los coeficientes de convergencia.

La ecuación (11.4) implica que la varianza del logaritmo de la renta per cápita es

4. Más concretamente, esta perturbación tendría un efecto positivo sobre la renta real obtenida en países o regiones que producen gran cantidad de petróleo. Esta renta puede ser propiedad de "extranjeros" y aparecer como parte de los pagos de rentas "exteriores" netas, el término que diferencia el PNB del PIB. Por ejemplo, una parte importante del factor capital de Wyoming es propiedad de residentes de otros estados. Una perturbación del petróleo positiva aumentará el PIB nominal de Wyoming (y aumentará el valor real de este PIB cuando sea deflactado por el índice de precios nacional), pero no aumenta necesariamente su PNB o la renta personal. En el caso de los estados de EE.UU., esta distinción es importante en algunos casos, especialmente en el de los estados productores de petróleo.

$$\sigma_t^2 = e^{-2\beta} \cdot \sigma_{t-1}^2 + \sigma_{ut}^2 + S_t^2 \cdot \sigma_\varphi^2 + 2S_t \cdot e^{-\beta} \cdot \text{cov}[\log(y_{i,t-1}), \varphi_i] \tag{11.5}$$

donde las varianzas y las covarianzas están condicionadas por ocurrencias pasadas y presentes de las perturbaciones agregadas $S_t, S_{t-1}, \ldots$ Si $\text{cov}[\log(y_{i,t-1}), \varphi_i] = 0$, es decir, si las perturbaciones no están correlacionadas con la renta inicial, la ecuación (11.5) equivale a la ecuación (11.2) con la diferencia de que las ocurrencias de S_t realmente hacen variar σ_{ut}^2 en el tiempo. Un valor temporalmente alto de S_t incrementa σ_t^2 por encima del valor de largo plazo σ^2 que corresponde a un valor típico de S_t. Por lo tanto, si no se produce una nueva perturbación, σ_t^2 tiende gradualmente hacia el valor σ^2, como se ve en la ilustración 11.1.

11.2. Convergencia en los Estados Unidos

11.2.1. Convergencia β

En esta sección utilizaremos los datos de renta per cápita de los estados de EE.UU. con el objeto de estimar la velocidad de convergencia β.[5] (Las definiciones y las fuentes de los datos se encuentran en el apéndice, sección 11.12.) Por ahora suponga que tenemos observaciones de sólo dos momentos del tiempo, el momento 0 y el T. En ese caso, de la ecuación (2.35) se deduce que la tasa de crecimiento promedio de la renta per cápita de la economía i en el intervalo entre 0 y T viene expresada por

$$(1/T)\cdot\log(y_{iT}/y_{i0}) = x-[(1-e^{-\beta T})/T]\cdot\log(y_{i0})+[(1-e^{-\beta T})/T]\cdot\log(\hat{y}_i^*)+u_{i0,T} \tag{11.6}$$

donde $u_{i0,T}$ representa el efecto de los términos de error u_{it} entre los momentos 0 y T; $\hat{y}_i^*$ es el nivel de estado estacionario de la renta; y x es la tasa de progreso tecnológico, que hemos supuesto idéntica para todas las economías.

El coeficiente de la renta inicial de la ecuación (11.6) es $(1 - e^{-\beta T})/T$, una expresión que disminuye al aumentar la duración del intervalo T para un β dado. Es decir, si estimamos una relación lineal entre la tasa de crecimiento de la renta y el logaritmo de la renta inicial, se predice que el coeficiente será menor cuanto mayor sea el intervalo temporal para el que se calcula el promedio de la tasa de crecimiento. El motivo radica en que la tasa de crecimiento disminuye al aumentar la renta (si $y_{i0} < \hat{y}_i^*$). Así pues, si calculamos la tasa de crecimiento para un intervalo mayor, en dicho promedio aparecen junto a las tasas de crecimiento iniciales mayores, un mayor número de tasas de crecimiento futuras, más pequeñas. Por lo tanto, a medida que aumenta el intervalo, el efecto de la posición inicial sobre la tasa de

5. Barro y Sala-i-Martín (1992a) también utilizan las cifras de producto bruto del estado (PBE) del *Bureau of Economic Analysis*. Este PBE es análogo al PIB en el sentido que asigna el producto al estado en el que ha sido producido. Por el contrario (y al igual que el PNB), la renta asigna el producto al estado en el que residen los propietarios de los factores. Esta distinción puede ser importante si las economías son abiertas y los individuos tienden a poseer capital en otros estados, o si existe una gran circulación de trabajadores transfronterizos (que residen en un estado y trabajan en otro). Barro y Sala-i-Martín (1992a) demuestran que en la práctica esta distinción resulta ser poco importante: las estimaciones de la velocidad de convergencia del PBE son semejantes a las de la renta personal. Puesto que los datos sobre PBE sólo existen a partir de 1963, en este capítulo nos centramos en los resultados que usan cifras de renta.

crecimiento medio disminuye. El coeficiente $(1 - e^{-\beta T}/T)$ tiende a cero cuando T tiende a infinito, y tiende a β cuando T tiende a cero.

Observe que la ecuación (11.6) incluye el término $[(1 - e^{-\beta T})/T] \cdot \log(\hat{y}_i^*)$ como variable explicativa. Es decir, la tasa de crecimiento de la economía i depende de su nivel inicial de renta y_{i0}, pero también depende de su nivel de renta de estado estacionario. Por esta razón utilizamos el concepto de convergencia condicional y no el de convergencia absoluta: la tasa de crecimiento de una economía depende inversamente de su nivel inicial de estado estacionario, tras aceptar la condición del estado estacionario.

La utilidad de usar datos regionales puede percibirse de la siguiente manera: imagine que, en lugar de estimar la ecuación multivariante (11.6), estimamos la regresión univariante

$$(1/T) \cdot \log(y_{iT}/y_{i0}) = a - [(1 - e^{-\beta T})/T] \cdot \log(y_{i0}) + w_{i0,T} \tag{11.7}$$

Observe que en la ecuación (11.7) el término $[(1 - e^{-\beta T})/T] \cdot \log(\hat{y}_i^*)$ ya no aparece como variable explicativa. Si el término que multiplica a la renta inicial en la ecuación (11.7) resulta ser negativo, llegaríamos a la conclusión de que las economías pobres tienden a crecer más deprisa que las ricas, de manera que existe "convergencia absoluta". Por este motivo regresiones como la ecuación (11.7) se han utilizado en la literatura para evaluar la hipótesis de convergencia absoluta. La cuestión radica en si el hecho de no encontrar un coeficiente negativo es razón suficiente para descartar el modelo neoclásico de crecimiento. Recuerde que el modelo neoclásico predice una relación multivariante similar a la ecuación (11.6). Suponga que, en lugar de la ecuación (11.6), estimamos la ecuación (11.7). Si analizamos conjuntos de datos en los que diversas economías convergen hacia distintos estados estacionarios, es decir $\hat{y}_i^* \neq \hat{y}_j^*$ para todo i y j, entonces la ecuación de regresión univariante (11.7) está mal especificada y el término excluido se integra dentro del término de error: $w_{i0,T} = u_{i0,T} + [(1 - e^{-\beta T})/T] \cdot \log(\hat{y}_i^*)$. Si el nivel de renta de estado estacionario $\hat{y}_i^*$ está correlacionado con la variable explicativa y_{i0}, el término de error está correlacionado con la variable del segundo miembro, y la ecuación de regresión univariante (11.7) proporcionará estimaciones sesgadas de β. En concreto, si actualmente las economías más ricas tienden a converger a un mayor nivel de renta de estado estacionario (es decir, si $\hat{y}_i^*$ e y_{i0} están correlacionadas positivamente), la estimación de β de la ecuación (11.7) está sesgada hacia cero. En otras palabras, los investigadores podrían no encontrar relación alguna entre crecimiento y nivel inicial de renta, aunque existiera convergencia condicional. En estas circunstancias, la única manera de obtener estimaciones correctas de β es obtener mediciones de $\hat{y}_i^*$ e incluirlas en la regresión.

Ahora suponga que tenemos un conjunto de datos en el que diversas economías convergen hacia diferentes estados estacionarios, pero no existe correlación entre el nivel inicial de renta y el nivel de estado estacionario. Si bien la regresión univariante sigue estando mal especificada, el término de error (que nuevamente incluye la variable omitida $\hat{y}_i^*$) no está correlacionado con la variable explicativa. Por lo tanto, la estimación habitual de la ecuación (11.7) puede proporcionar una estimación consistente de β. Por último, si analizamos un conjunto de datos en el que todas las economías tienen el mismo estado estacionario, es decir, si $\hat{y}_i^* = \hat{y}_j^*$ para todo i y j, el término $[(1 - e^{-\beta T})/T] \cdot \log(\hat{y}_i^*)$ se integra en el término constante y la estimación habitual de la ecuación (11.7) proporcionará una estimación consistente de β.

En resumen, hay dos maneras de estimar la velocidad de convergencia β. La primera es utilizar conjuntos de datos generales (es decir, conjuntos de datos para los que no se tienen garantías de que el nivel inicial de renta no esté correlacionado con el nivel de renta de estado estacionario) y encontrar variables que aproximan el nivel de renta de estado estacionario. La segunda es utilizar conjuntos de datos en el que diversas economías converjan hacia estados estacionarios semejantes, o al menos hacia estados estacionarios no relacionados con el nivel inicial de renta. En este segundo procedimiento los conjuntos de datos regionales desempeñan un papel importante. A pesar de que existen diferencias entre regiones en tecnología, preferencias e instituciones, es probable que estas diferencias sean menores que las existentes entre países. Las empresas y los hogares de diferentes regiones de un mismo país tienden a tener acceso a tecnologías similares y tienen aproximadamente gustos y culturas similares. Es más, las regiones comparten un gobierno central común y por lo tanto cuentan con estructuras legales e institucionales semejantes. Esta relativa homogeneidad significa que es más probable que exista convergencia absoluta entre regiones de un mismo país que entre países.

La tabla 11.1 muestra estimaciones no lineales por mínimos cuadrados de la forma de la ecuación (11.7) para 47 ó 48 de los estados o territorios de EE.UU. en diversos periodos. Las filas de la tabla 11.1 corresponden a los distintos periodos. Por ejemplo, la primera fila contiene datos del periodo de 120 años entre el año 1880 y el 2000. La primera columna de la tabla se refiere a la ecuación con una única variable explicativa, el logaritmo de la renta per cápita al principio del periodo. La segunda columna añade cuatro variables ficticias regionales, que corresponden a las cuatro principales regiones censales de EE.UU.: Noreste, Sur, Medio Oeste y Oeste. Por último, la tercera columna incluye variables sectoriales diseñadas para integrar las perturbaciones agregadas analizadas en la sección anterior. Ya explicamos que la inclusión de estas variables auxiliares ayudaría a obtener estimaciones precisas de β.

Cada una de las casillas contiene la estimación de β, el error típico de esta estimación (entre paréntesis), el R^2, y el error típico de la regresión (entre corchetes). Todas las ecuaciones se han estimado con términos constantes, que no aparecen en la tabla 11.1.

La estimación puntual de β de la muestra mayor, 1880-2000, es 0,0172 (e.t. = 0,0024).[6] El alto R^2, 0,92, puede observarse en la ilustración 11.2, que presenta un diagrama de dispersión de la tasa de crecimiento medio de la renta per cápita entre 1800 y 2000 con relación al logaritmo de la renta per cápita en 1880.

La segunda columna de la primera fila presenta la velocidad de convergencia estimada cuando se añaden las cuatro variables ficticias regionales (que agrupan estados). El coeficiente β estimado es 0,0160 (0,0034). La semejanza entre esta estimación y la anterior parece indicar que la velocidad a la que las rentas promedio convergen entre regiones censales no es sustancialmente distinta de la velocidad a

6. Esta regresión tiene en cuenta 47 estados o territorios. No hay datos de 1880 para el territorio de Oklahoma.

TABLA 11.1 | Regresión de la renta personal entre los estados de EE.UU.

	(1) Ecuación básica		(2) Ecuación con variables ficticias regionales		(3) Ecuaciones con variables estructurales y variables ficticias regionales	
Periodo	$\hat{\beta}$	$R^2[\hat{\sigma}]$	$\hat{\beta}$	$R^2[\hat{\sigma}]$	$\hat{\beta}$	$R^2[\hat{\sigma}]$
1880–2000	0,0172	0,92	0,0160	0,95	—	—
	(0,0024)	[0,0012]	(0,0034)	[0,0010]		
1880–1900	0,0101	0,36	0,0224	0,62	0,0268	0,65
	(0,0022)	[0,0068]	(0,0043)	[0,0054]	(0,0051)	[0,0053]
1900–20	0,0218	0,62	0,0209	0,67	0,0270	0,71
	(0,0031)	[0,0065]	(0,0065)	[0,0062]	(0,0077)	[0,0060]
1920–30	−0,0149	0,14	−0,0128	0,43	0,0209	0,64
	(0,0051)	[0,0132]	(0,0078)	[0,0111]	(0,0119)	[0,0089]
1930–40	0,0129	0,28	0,0072	0,34	0,0147	0,37
	(0,0033)	[0,0079]	(0,0052)	[0,0078]	(0,0083)	[0,0078]
1940–50	0,0502	0,73	0,0512	0,88	0,0304	0,91
	(0,0058)	[0,0087]	(0,0062)	[0,0059]	(0,0065)	[0,0052]
1950–60	0,0193	0,40	0,0191	0,52	0,0305	0,74
	(0,0039)	[0,0051]	(0,0056)	[0,0047]	(0,0053)	[0,0035]
1960–70	0,0286	0,61	0,0181	0,73	0,0196	0,74
	(0,0039)	[0,0040]	(0,0046)	[0,0034]	(0,0061)	[0,0035]
1970–80	0,0186	0,27	0,0079	0,44	0,0057	0,46
	(0,0049)	[0,0044]	(0,0055)	[0,0040]	(0,0068)	[0,0040]
1980–90	0,0036	0,01	0,0095	0,57	0,0029	0,69
	(0,0085)	[0,0077]	(0,0074)	[0,0052]	(0,0070)	[0,0045]
1990–2000	0,0016	0,01	−0,0005	0,07	0,0029	0,14
	(0,0035)	[0,0035]	(0,0045)	[0,0035]	(0,0050)	[0,0034]
Conjuntamente,	0,0150	—	0,0164	—	0,0212	—
los 9 subperiodos	(0,0015)	—	(0,0021)	—	(0,0023)	—

Nota: Las regresiones utilizan mínimos cuadrados no lineales para estimar ecuaciones de la forma

$$(1/T) \cdot \log(y_{it}/y_{i,t-T}) = a - [\log(y_{i,t-T})] \cdot [(1 - e^{-\beta T})/T] + \text{otras variables}$$

donde $y_{i,t-T}$ es la renta per cápita del estado i al inicio del periodo dividida entre el IPC general, T es la duración del intervalo, y las otras variables son las variables ficticias regionales y magnitudes estructurales (véase la descripción en el texto). Para un análisis de los datos de los estados de EE.UU., véase el apéndice (sección 11.12). Las muestras que comienzan en 1880 contienen 47 observaciones. El resto contiene 48 observaciones. Cada columna contiene la estimación de β, el error típico de esta estimación (entre paréntesis), el R^2 de la regresión, y el error típico de la ecuación (entre corchetes). No aparecen en la tabla los coeficientes estimados de las constantes, las variables ficticias regionales y las variables estructurales. El estadístico del ratio de probabilidad se refiere a un test de la igualdad de los coeficientes del logaritmo de la renta inicial durante los nueve subperiodos. El valor p proviene de una distribución χ^2 con ocho grados de libertad.

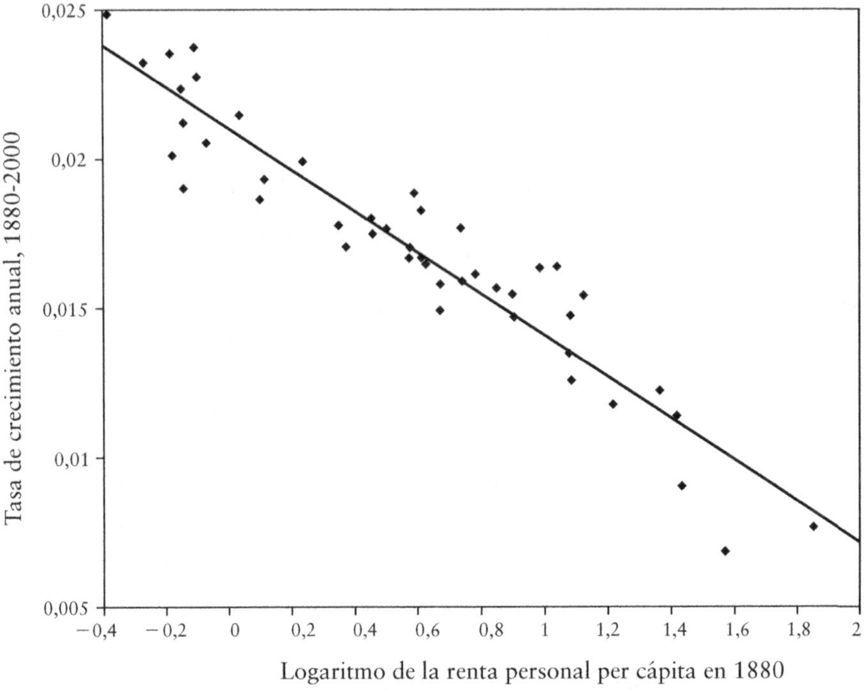

ILUSTRACIÓN 11.2 | Convergencia de la renta personal en los estados de EE.UU.: renta personal en 1880 y crecimiento de la renta entre 1880 y 2000. La tasa promedio de crecimiento de la renta per cápita entre 1880 y 2000, representada en el eje de ordenadas, está inversamente relacionada con el logaritmo de la renta per cápita en 1880, representado en el eje de abscisas. Así pues, existe convergencia β absoluta entre los estados de EE.UU.

la que las rentas promedio convergen entre los estados situados dentro de cada una de las cuatro regiones. Podemos comprobar este resultado calculando la renta promedio de cada una de las cuatro regiones. En la ilustración 11.3 se representa la tasa de crecimiento de la renta promedio de una región entre 1880 y 2000 en relación al logaritmo de su renta promedio en 1880. La relación inversa salta a la vista (el coeficiente de correlación es −0,97). Esta relación implica una velocidad de convergencia estimada de 2,1 % anual, muy semejante a la tasa intrarregional mostrada en la segunda columna.

Las diez filas siguientes de la tabla 11.1 dividen la muestra en subperiodos. Los dos primeros duran veinte años (de 1880 a 1900 y de 1900 a 1920, ya que no se dispone de datos de renta de 1890 y 1910. Los ocho periodos restantes tienen una duración de diez años.

El coeficiente β estimado es significativamente positivo (indica la existencia de convergencia β) en siete de los diez subperiodos. El coeficiente tiene el signo incorrecto ($\beta < 0$) en sólo uno de los subperiodos, 1920-1930, una época de grandes descensos de los precios relativos de los productos agrícolas. Una posible explicación de este resultado es que los estados agrícolas tendían a ser estados pobres, y dichos estados fueron los más afectados por el descenso de los precios agrícolas. El coeficiente estimado no es significativo en los dos periodos más recientes, los años ochenta y noventa. Si imponemos a los coeficientes β la restricción de que sean idénticos en todos los subperiodos, la estimación conjunta de la ecuación básica es 0,0150 (0,0015).

La segunda columna de la tabla 1.1 añade variables ficticias regionales, y se permite que los coeficientes de estas variables ficticias sean distintos en cada periodo. Estas variables regionales recogen efectos que son comunes a todos los estados dentro de una región en un periodo dado. El coeficiente β estimado de los años veinte vuelve a tener el signo incorrecto, al igual que el coeficiente de los años noventa, a pesar de que ambos se han estimado con un error considerable. Por lo tanto, en los años veinte, incluso dentro de una misma región, los estados pobres tienden a crecer más despacio que los estados ricos. La estimación conjunta de los nueve subperiodos es 0,0164 (0,0021), similar a la de la regresión básica.

Las perturbaciones agregadas que afectan de manera distinta a los grupos de estados, como cambios de los precios relativos de los productos agrícolas o el petróleo, podrían explicar la inestabilidad de los coeficientes estimados. Siguiendo el ejemplo de Barro y Sala-i-Martín (1991, 1992a, 1992b), la tercera columna de la tabla 11.1 añade una variable adicional a la regresión, en un intento de mantener constantes estas perturbaciones agregadas. La variable, que llamamos S_{it}, se calcula de la siguiente manera

$$S_{it} = \sum_{j=1}^{9} \omega_{ij,\,t-T} \cdot [\log (y_{jt}/y_{j,\,t-T})/T] \tag{11.8}$$

donde $\omega_{ij,\,t-T}$ es la ponderación del sector j en la renta personal del estado i en el momento $t - T$ e y_{jt} es el promedio nacional de la renta personal por trabajador del sector j en el momento t. Los nueve sectores utilizados son agricultura, minería,

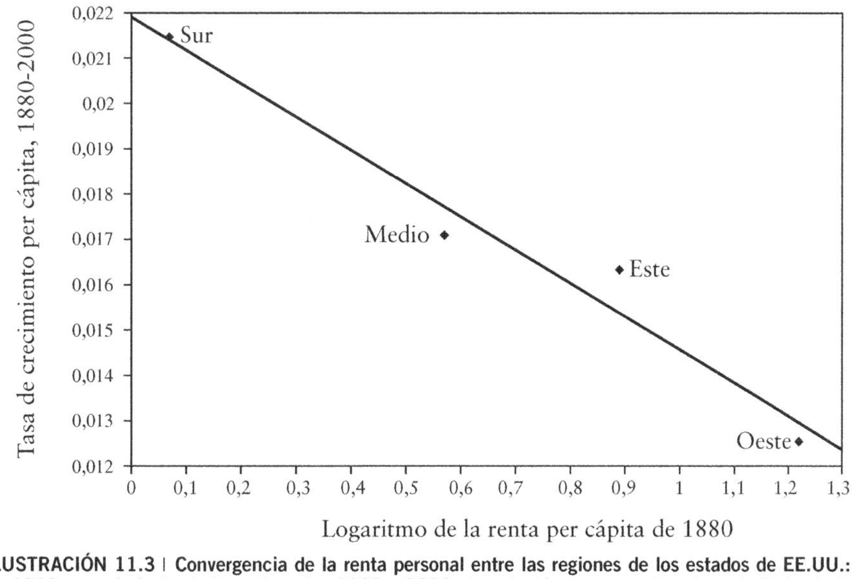

ILUSTRACIÓN 11.3 | Convergencia de la renta personal entre las regiones de los estados de EE.UU.: renta de 1880 y crecimiento de la renta entre 1880 y 2000. La relación inversa entre el crecimiento de la renta y la renta inicial, representada para los estados en la ilustración 11.2, también se cumple en la ilustración 11.3 para los promedios de las cuatro principales regiones censales.

construcción, manufacturas, comercio, financiero e inmobiliario, transportes, servicios y sector público. Interpretamos S_{it} como una variable que aproxima los efectos recogidos en el término $\varphi_i S_t$ de la ecuación (11.4).

La variable estructural indica cuánto crecería un estado si cada uno de sus sectores creciera a la tasa promedio nacional. Por ejemplo, suponga que la economía i se especializa en la producción de automóviles y que el sector agregado de la automoción no crece en el periodo entre $t - T$ y t. El bajo valor de S_{it} de esta región indica que no debería crecer muy deprisa debido a que la industria del automóvil ha sufrido la perturbación.

Observe que en la ecuación (11.8) S_{it} depende de las tasas de crecimiento actuales de los promedios nacionales y de los valores retardados de las participaciones de los sectores del estado i. Por este motivo, la variable puede razonablemente considerarse exógena para la experiencia actual de crecimiento del estado i.

Debido a la escasez de datos, sólo podemos incluir la variable estructural en los periodos posteriores a 1929. Para los periodos anteriores a dicha fecha, calculamos una medida aproximada de S_{it} utilizando la participación de la agricultura en la renta total del estado.

La tercera columna incluye en las regresiones del crecimiento variables estructurales así como variables ficticias regionales. (Se permite que los coeficientes de las variables regionales y estructurales sean distintos en cada periodo.) Una diferencia con relación a los resultados anteriores radica en que el coeficiente β estimado de los años veinte es ahora positivo y cercano a 0,02. Los coeficientes de los años ochenta y noventa también son positivos, pero su valor sigue siendo pequeño. La estimación conjunta de β de los nueve subperiodos es 0,0212 (0,0023).

La conclusión principal es que los estados de EE.UU. tienden a converger a una velocidad cercana al 2 % anual. Los promedios de las cuatro regiones censales convergen a una tasa semejante a la de los estados dentro de las regiones. Si mantenemos constantes las magnitudes que miden las perturbaciones estructurales, no podemos refutar la hipótesis de que la velocidad de convergencia es estable en el tiempo, aunque las estimaciones de las dos últimas décadas no son significativamente distintas de cero.

11.2.2. Error en las mediciones

La existencia de errores temporales en las mediciones de la renta tiende a sesgar hacia arriba la estimación de β; es decir, la eliminación del error de medición en el tiempo puede generar una apariencia de convergencia.[7] Un motivo de errores de medición radica en que la renta nominal de cada estado es deflactada por un índice de precios nacional, ya que no existen índices de precios a nivel de estado.

Una manera de manejar este error de medición es utilizar como variables en la regresión un cierto número de retardos anteriores del logaritmo de la renta. Si el error de medición es temporal (y el término de error no está serialmente correlacionado),

7. Se cumple la misma propiedad en el caso de las fluctuaciones del ciclo económico a corto plazo. Sería deseable diseñar un modelo en el que estas fluctuaciones temporales de la producción se diferenciaran de la dinámica de transición que aparece en los modelos de crecimiento.

los retardos anteriores del logaritmo de la renta serían variables instrumentales satisfactorias del logaritmo de la renta al principio de cada periodo. Si volvemos a estimar la primera columna de la tabla 11.1 utilizando el retardo anterior del logaritmo de la renta como variable instrumental, obtenemos una estimación conjunta de β igual a 0,0176 (0,0019). Esta columna utiliza nueve subperiodos, comenzando en 1900, porque el dato de 1880-1900 se ha perdido. La estimación mediante MCO de β para los mismos nueve subperiodos es igual a 0,0165 (0,0018). Por lo tanto, el uso de variables instrumentales provoca un cambio menor en la estimación de β, lo que parece indicar que el error de medición no explica la relación significativamente inversa entre el crecimiento y el nivel inicial de renta.

Cuando estimamos por separado los subperiodos, de nuevo encontramos sólo una pequeña diferencia entre las estimaciones con la variable instrumental (VI) y las estimaciones por MCO. La mayor diferencia tiene lugar en el subperiodo 1950-60, para el que la estimación con VI es 0,0139 (0,0040), mientras que la estimación por MCO da 0,0193 (0,0039).

Los resultados de la segunda y tercera columna de la tabla 11.1 son similares. Llegamos a la conclusión de que es poco probable que el error de medición sea un elemento esencial de los resultados.

11.2.3. Convergencia σ

La ilustración 11.4 representa la desviación típica del logaritmo de la renta personal per cápita, neta de transferencias, de la muestra formada por 47 ó 48 estados o territorios de EE.UU. entre 1880 y 2000. La dispersión disminuye de 0,54 en

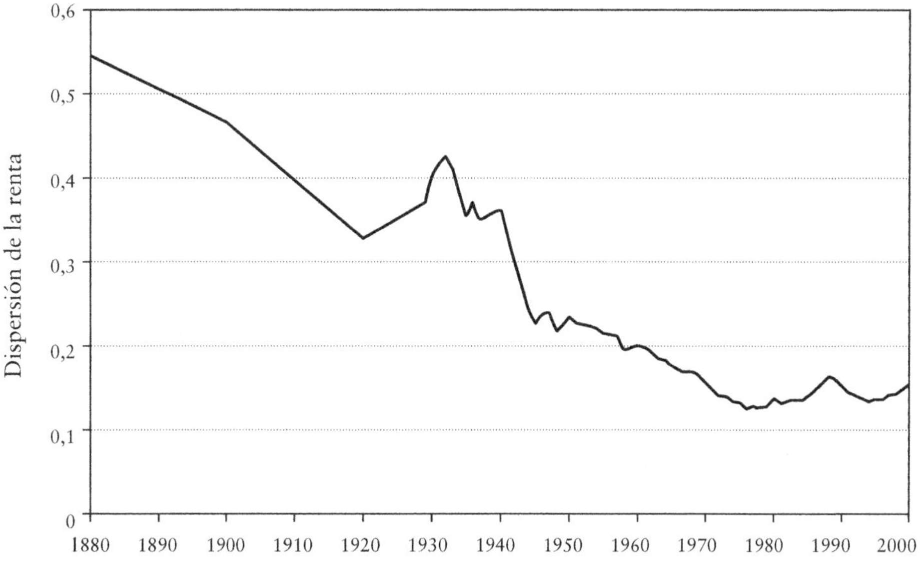

ILUSTRACIÓN 11.4 | Dispersión de la renta personal entre estados de EE.UU., 1880-2000. La ilustración representa la desviación típica del logaritmo de la renta personal per cápita de la muestra formada por 47 ó 48 estados o territorios de EE.UU. entre 1880 y 2000. Esta medida de dispersión descendió entre 1880 y 1920, aumentó en los años veinte, cayó entre 1930 y mediados de los setenta, aumentó hasta 1988, disminuyó de nuevo hasta 1992 y a partir de entonces varió poco.

1880 a 0,33 en 1920, pero luego aumenta hasta 0,40 en 1930. Este aumento refleja la perturbación negativa sobre la agricultura durante los años veinte: los estados agrícolas eran relativamente pobres en esta época y padecieron una grave disminución de sus rentas debido a la caída de los precios agrícolas.

Tras alcanzar un máximo en 1932, la dispersión descendió a 0,36 en 1940, 0,24 en 1950, 0,20 en 1960 y 0,16 en 1970. Este declive secular se detiene a mediados de los setenta, con un mínimo del 0,14 en 1976. Tras él, σ_t aumentó hasta un máximo de 0,16 en 1988. La dispersión cayó a 0,14 a principios de los noventa, permaneciendo desde entonces relativamente constante.

11.3. Convergencia entre las prefecturas de Japón

11.3.1. Convergencia β

Barro y Sala-i-Martín (1992b) analizan el patrón de convergencia β de la renta per cápita entre las 47 prefecturas de Japón (véase el apéndice, sección 11.12, en el que aparecen las fuentes y las definiciones). La tabla 11.2 recoge estimaciones no lineales del coeficiente de convergencia β para el periodo 1930-1990. La organización de la tabla es idéntica a la de la tabla 11.1.

En la primera fila de la tabla 11.2 aparecen las regresiones del periodo completo, 1930-1990. La ecuación básica de la primera columna incluye únicamente el logaritmo de la renta inicial como regresor. El coeficiente es 0,0279 (0,0033), con un R^2 de 0,92. El buen ajuste se puede observar en la ilustración 11.5. La fuerte correlación negativa entre la tasa de crecimiento entre 1930 y 1990 y el logaritmo de la renta per cápita de 1930 confirma la existencia de convergencia β entre las prefecturas de Japón.

En la segunda columna, el coeficiente β estimado es sustancialmente el mismo, incorporando variables ficticias para los siete distritos japoneses como variables explicativas. Este resultado parece indicar que la velocidad de convergencia de las prefecturas situadas dentro de un distrito es similar a la velocidad de convergencia entre distritos. Esta idea puede comprobarse haciendo una regresión que utilice los siete puntos de datos de crecimiento y nivel de renta per cápita promedio de los distritos. En la ilustración 11.6 aparece representada la relación inversa entre la tasa de crecimiento entre 1930 y 1990 y el logaritmo de la renta per cápita en 1930. El coeficiente β estimado a partir de estas observaciones (que no aparece en la tabla) es 0,0261 (0,0079). Por lo tanto, podemos confirmar que la velocidad de convergencia entre distritos es más o menos la misma que la velocidad de convergencia dentro de los distritos.

En la segunda y tercera fila de la tabla 11.2 se divide la muestra total en dos largos subperiodos, 1930-1955 y 1955-1990. En el caso de la ecuación básica, la velocidad de convergencia en el primer subperiodo es superior a la del segundo subperiodo, 0,0358 (0,0035) frente a 0,0191 (0,0035). Se da la misma relación en la segunda columna, que añade las variables ficticias de los distritos como variables explicativas. (En ambos subperiodos se estiman distintos coeficientes de las variables ficticias.) Así pues, llegamos a la conclusión de que la velocidad de convergencia a partir de 1955 fue considerablemente inferior a la velocidad entre 1930 y 1955. Sin

TABLA 11.2 | Regresiones de la renta personal entre prefecturas de Japón

	(1) Ecuación básica		(2) Ecuación con variables ficticias de distrito		(3) Ecuaciones con variables estructurales y variables ficticias de distrito	
Periodo	$\hat{\beta}$	$R^2[\hat{\sigma}]$	$\hat{\beta}$	$R^2[\hat{\sigma}]$	$\hat{\beta}$	$R^2[\hat{\sigma}]$
1930–90	0,0279	0,92	0,0276	0,97	—	—
	(0,0033)	[0,0019]	(0,0024)	[0,0012]		
1930–55	0,0358	0,86	0,0380	0,90	—	—
	(0,0035)	[0,0045]	(0,0037)	[0,0038]		
1955–90	0,0191	0,59	0,0222	0,81	—	—
	(0,0035)	[0,0027]	(0,0035)	[0,0020]		
1955–60	−0,0152	0,07	−0,0023	0,44	0,0047	0,46
	(0,0079)	[0,0133]	(0,0082)	[0,0111]	(0,0118)	[0,0112]
1960–65	0,0296	0,30	0,0360	0,55	0,0414	0,56
	(0,0072)	[0,0108]	(0,0079)	[0,0093]	(0,0096)	[0,0093]
1965–70	−0,0010	0,00	0,0127	0,47	0,0382	0,62
	(0,0062)	[0,0097]	(0,0067)	[0,0076]	(0,0091)	[0,0065]
1970–75	0,0967	0,78	0,0625	0,87	0,0661	0,87
	(0,0100)	[0,0095]	(0,0092)	[0,0078]	(0,0118)	[0,0079]
1975–80	0,0338	0,23	0,0455	0,37	0,0469	0,37
	(0,0100)	[0,0087]	(0,0119)	[0,0085]	(0,0145)	[0,0086]
1980–85	−0,0115	0,04	0,0076	0,37	0,0102	0,37
	(0,0077)	[0,0075]	(0,0089)	[0,0066]	(0,0094)	[0,0067]
1985–90	0,0007	0,00	0,0086	0,28	0,0085	0,28
	(0,0067)	[0,0067]	(0,0082)	[0,0061]	(0,0085)	[0,0062]
Conjuntamente, los 7 subperiodos	0,0125	—	0,0232	—	0,0312	—
Ratio de	(0,0032)	—	(0,0034)	—	(0,0040)	—
probabilidad	94,6		40,6		26,4	
(valor p)	(0,000)		(0,000)		(0,002)	

Nota: Para un análisis de los datos de las prefecturas de Japón véase el apéndice (sección 11.12), y para las formas de las regresiones véase la nota de la tabla 11.1. La variable $y_{j,t-T}$ representa la renta per cápita de la prefectura i al inicio del periodo dividida entre el IPC general. Todas las muestras están formadas por 47 observaciones. El ratio de probabilidad se refiere al test de igualdad de los coeficientes del logaritmo de la renta inicial en los siete subperiodos. El valor p proviene de una distribución χ^2 con seis grados de libertad.

embargo, la falta de datos sectoriales para el primer periodo nos impide investigar las razones de esta diferencia. Por lo tanto, restringimos el resto del análisis al periodo posterior a 1955.

En las siguientes siete filas de la tabla 11.2 se divide la muestra en subperiodos de cinco años, comenzando el primero de ellos en 1955. En tres de estos subperiodos, el

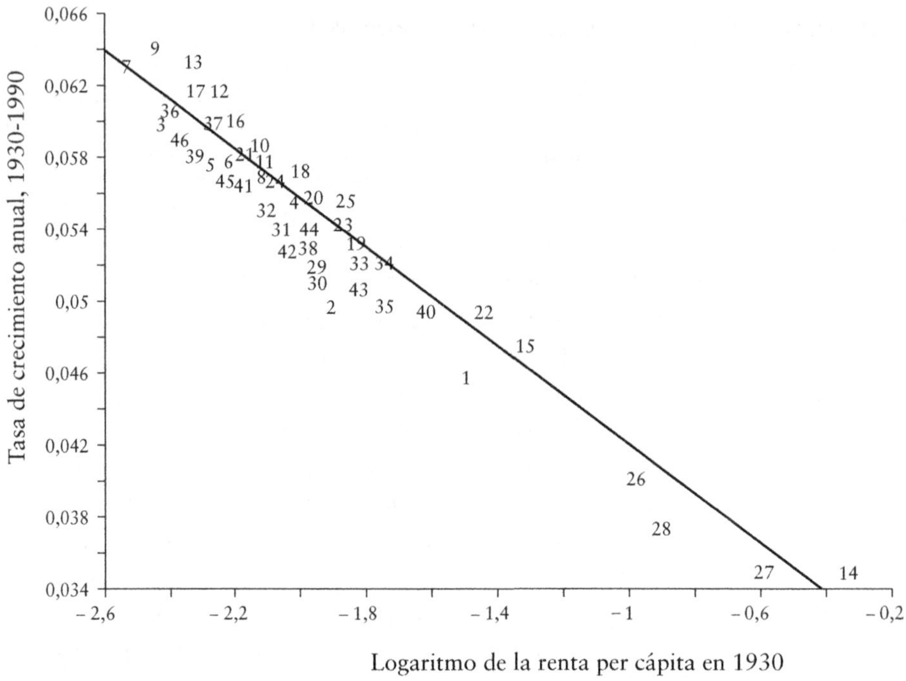

ILUSTRACIÓN 11.5 | Convergencia de la renta personal entre prefecturas de Japón: renta de 1930 y crecimiento de la renta entre 1930 y 1990. La tasa de crecimiento de la renta per cápita de las prefecturas entre 1930 y 1990, representada en el eje de ordenadas, está inversamente relacionada con el logaritmo de la renta per cápita en 1930, representado en el eje de abscisas. Así pues, existe convergencia absoluta β entre las prefecturas de Japón. Las cifras del gráfico identifican cada una de las prefecturas; véase la tabla 11.10.

signo del coeficiente β estimado en la ecuación básica no es el esperado. La velocidad de convergencia es positiva y significativa en los periodos 1960-1965, 1970-1975 y 1975-1980. La estimación conjunta de los siete subperiodos es 0,0125 (0,0032). El test de igualdad de los coeficientes en el tiempo se ve claramente refutado; el valor p es 0,000.

En la segunda columna los resultados con variables ficticias de distrito permiten que los coeficientes de los distritos sean distintos en cada subperiodo. En ese caso, únicamente el coeficiente β estimado del periodo 1955-1960 tiene el signo equivocado, y no es significativo. La estimación conjunta es 0,0232 (0,0034). Sin embargo, de nuevo se refuta el test de igualdad de los coeficientes; el valor p es nuevamente 0,000.

En la tercera columna se añade una medida de la variable estructural S_{it} definida en la ecuación (11.8). Esta variable es equivalente a la construida en el caso de los estados de EE.UU. Se permite que los coeficientes de la variable estructural sean distintos en cada subperiodo. A diferencia de las dos columnas anteriores, ninguno de los subperiodos tiene el signo equivocado al incluir la variable sectorial. La estimación conjunta de los siete subperiodos es 0,0312 (0,0040). Volvemos a refutar la hipótesis de estabilidad del coeficiente en el tiempo: el valor p es en este caso 0,002.

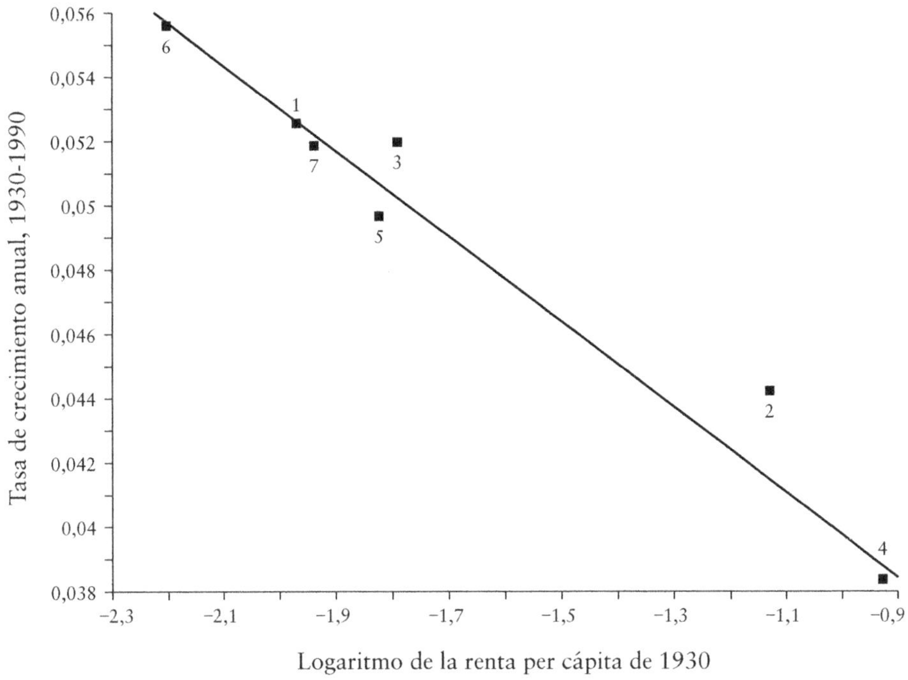

ILUSTRACIÓN 11.6 | Convergencia de la renta personal entre distritos de Japón: renta de 1930 y crecimiento de la renta entre 1930 y 1990. La relación inversa entre el crecimiento de la renta y la renta inicial, representada para las prefecturas de Japón en la ilustración 11.5, también se cumple en la ilustración 11.6 para los promedios de los siete principales distritos.

Una fuente de inestabilidad de los coeficientes β estimados radica en que en los años ochenta Tokio era un caso extremo: en 1980 era con diferencia la prefectura más rica de su distrito y tuvo la mayor tasa de crecimiento entre 1980 y 1990, un resultado que no queda recogido en la variable estructural incluida. Si añadimos la variable ficticia de Tokio en los años ochenta, obtenemos coeficientes β estimados de 0,0218 (0,0112) en 1980-1985 y 0,0203 (0,0096) en 1985-1990. Incluida esta variable ficticia, el test de igualdad de los coeficientes se ve refutado con un valor p del 0,010.

Otra fuente de inestabilidad es el periodo 1970-1975, para el que el coeficiente β estimado es 0,0661 (0,0118), considerablemente superior al de los restantes periodos. Una posible explicación a esta alta estimación del valor de β es que la crisis del petróleo de 1973 tuvo un efecto particularmente negativo sobre las zonas industriales más ricas. Se supone que la variable estructural mantiene constante este tipo de perturbación, pero la variable que hemos podido medir no parece integrar dicho efecto.

Al igual que en el caso de los estados de EE.UU., volvemos a estimar las ecuaciones de las prefecturas japonesas utilizando retardos anteriores de renta como variables instrumentales. Nuevamente, llegamos a la conclusión de que las estimaciones no se ven afectadas sustancialmente. Por ejemplo, con la utilización de variables instrumentales, en la tercera columna de la tabla 11.2 la estimación conjunta de β disminuye de 0,0312 (0,0040) a 0,0282 (0,0042).

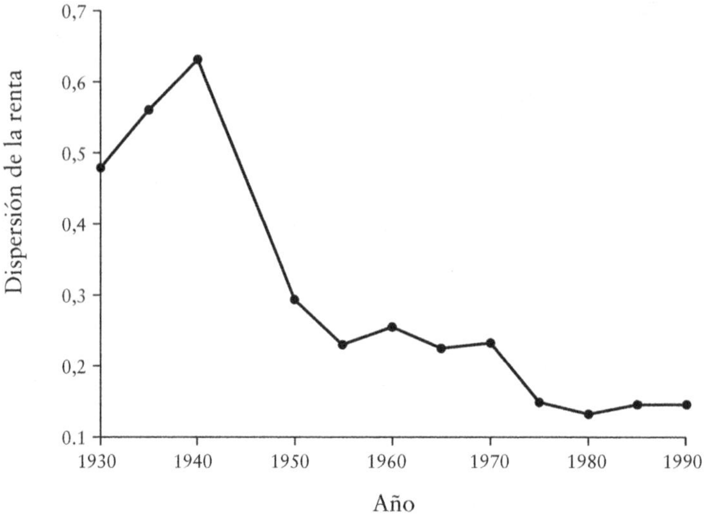

ILUSTRACIÓN 11.7 I Dispersión de la renta personal entre prefecturas de Japón 1930-1990. La ilustración muestra la desviación típica del logaritmo de la renta personal per cápita de la muestra formada por 47 prefecturas de Japón entre 1930 y 1990. Esta medida de dispersión disminuyó a partir de la II Guerra Mundial hasta 1980.

11.3.2. Convergencia σ entre prefecturas

En esta sección vamos a evaluar en qué medida se ha dado convergencia σ entre las prefecturas de Japón. Calculamos la desviación típica no ponderada del logaritmo de la renta per cápita, σ_t, de la muestra de 47 prefecturas entre 1930 y 1990. En la ilustración 11.7 vemos que la dispersión de la renta personal aumentó de 0,47 en 1930 a 0,63 en 1940. La explosión del gasto militar durante dicho periodo es una posible explicación a este fenómeno. Las tasas promedio de crecimiento de los distritos 1 (Hokkaido-Tohoku) y 7 (Kyushu), que son principalmente agrícolas, fueron respectivamente –2,4 % y –1,7 % anual. Por el contrario, las regiones industriales de Tokio, Osaka y Aichi crecieron al 3,7 %, 3,1 % y 1,7 % anual, respectivamente.

Tras la II Guerra Mundial la dispersión entre prefecturas disminuyó espectacularmente: cayó a 0,29 en 1950, 0,25 en 1960, 0,23 en 1970, y alcanzó un mínimo de 0,12 en 1978. A partir de entonces la dispersión aumentó ligeramente: σ_t pasó a ser 0,13 en 1980, 0,14 en 1985 y 0,15 en 1987, pero se ha mantenido relativamente estable desde 1987. Así pues, su patrón de comportamiento es similar al de los estados de EE.UU.

11.4. Convergencia entre regiones europeas

11.4.1. Convergencia β

Barro y Sala-i-Martín (1991) analizaron la convergencia de 90 regiones de ocho países europeos: 11 regiones alemanas, 11 británicas, 20 italianas, 21 francesas, 4 holandesas, 3 belgas, 3 danesas y 17 españolas. Los datos, que aparecen en el

TABLA 11.3 | Convergencia entre regiones europeas

	(1) Ecuación con variables ficticias de países		(2) Ecuaciones con participaciones sectoriales y variables ficticias de países	
Periodo	$\hat{\beta}$	$R^2[\hat{\sigma}]$	$\hat{\beta}$	$R^2[\hat{\sigma}]$
1950–60	0,018	0,83	0,034	0,84
	(0,006)	[0,0099]	(0,009)	[0,0094]
1960–70	0,023	0,97	0,020	0,97
	(0,009)	[0,0065]	(0,006)	[0,0064]
1970–80	0,020	0,99	0,022	0,99
	(0,009)	[0,0079]	(0,007)	[0,0077]
1980–90	0,010	0,97	0,007	0,97
	(0,004)	[0,0066]	(0,005)	[0,0064]
Conjuntamente,	0,019	—	0,018	—
los 4 subperiodos	(0,002)	—	(0,003)	—
Ratio de probabilidad	4,9		8,6	
(valor p)	(0,179)		(0,034)	

Nota: Para un análisis de los datos de las regiones europeas véase el apéndice (sección 11.12), y para las formas de las regresiones véase la nota de la tabla 11.1. La variable $y_{i,t-T}$ es un indicador del PIB per cápita (renta en el caso español) de la región i al principio del intervalo. Todas las muestras están formadas por 90 observaciones. El ratio de probabilidad se refiere a un test de igualdad de los coeficientes del logaritmo del PIB o renta per cápita inicial en los cuatro subperiodos. El valor p proviene de una distribución χ^2 con tres grados de libertad.

apéndice (sección 11.12), corresponden al PIB per cápita de los siete primeros países y a la renta per cápita en el caso español.

La tabla 11.3 muestra las estimaciones de β a partir de la ecuación (11.6) en el periodo 1950-1990. Las regresiones incluyen variables ficticias de país en cada periodo de manera que aproximen las diferencias en los valores de estado estacionario de x_i y $\hat{y}_i^*$ de la ecuación (11.6) y los efectos fijos para el conjunto del país de los términos de error. Las variables ficticias de país, que no aparecen en la tabla 11.3, tienen un poder explicativo considerable. Las primeras cuatro filas de la primera columna muestran el resultado de cuatro décadas. Las estimaciones de β son razonablemente estables en el tiempo y se sitúan entre 0,010 (0,004) en los años ochenta y 0,023 (0,009) en los sesenta. La estimación conjunta de las cuatro décadas es 0,019 (0,002). La hipótesis de un coeficiente β constante en el tiempo no puede ser refutada para los niveles de significación habituales; el valor p es 0,18.

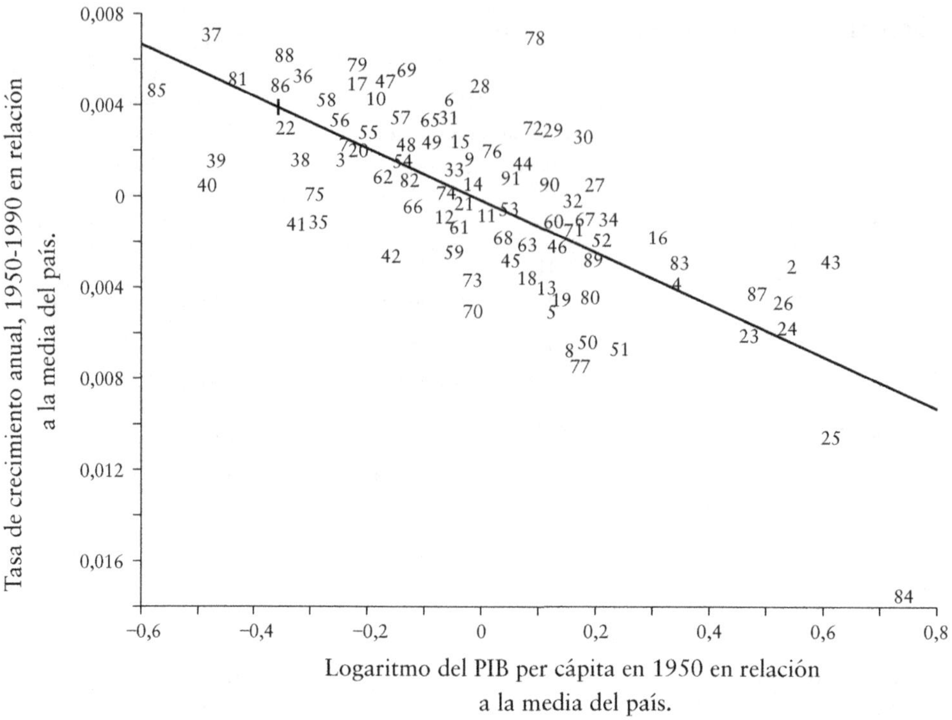

ILUSTRACIÓN 11.8 | Tasa de crecimiento entre 1950 y 1990 con relación al PIB per cápita de 90 regiones europeas en 1950. La tasa de crecimiento del PIB per cápita de las regiones entre 1950 y 1990, representada en el eje de ordenadas, está inversamente relacionada con el logaritmo del PIB per cápita en 1950, representado en el eje de abscisas. La tasa de crecimiento y el nivel de PIB per cápita se miden en relación a las medias del país. Así pues, esta ilustración demuestra que existe convergencia absoluta β dentro de las regiones alemanas, británicas, italianas, francesas, neerlandesas, belgas, danesas y españolas. Las cifras del gráfico representan cada una de las regiones: véase tabla 11.9.

La ilustración 11.8 muestra la relación entre la tasa de crecimiento del PIB per cápita (renta en el caso español) entre 1950 y 1990 (entre 1955 y 1987 en el caso español) y el logaritmo del PIB o renta per cápita al principio del periodo para 90 regiones europeas. Las variables se miden en relación a los promedios de sus respectivos países. La ilustración muestra la relación inversa ya familiar a partir de los ejemplos estadounidense y japonés. La correlación entre la tasa de crecimiento y el logaritmo del PIB o renta per cápita inicial de la ilustración 11.8 es –0,72. Dado que las cifras sobre las que se basa se expresan en relación a los promedios de su propio país, la relación de la ilustración 11.8 indica convergencia β dentro de los países y no entre los países. Por lo tanto, el gráfico corresponde a las estimaciones que incluían variables ficticias de país en la primera columna de la tabla 11.3.

En la segunda columna se añade la participación de la agricultura y la industria en el empleo total o el PIB al principio de cada subperiodo.[8] Con los presentes datos

8. Los datos de participación de los primeros tres subperiodos se basan en el empleo. Los valores de 1980-1990 están basados en el PIB.

de regiones europeas, estas variables de participación son las aproximaciones más cercanas que podemos alcanzar de la variable estructural S_{it} de la ecuación (11.8). Los resultados permiten que las participaciones sectoriales tengan coeficientes específicos por periodo.

La estimación conjunta de β de los cuatro subperiodos es 0,018 (0,003). El test de la hipótesis de estabilidad de β entre periodos produce un valor p de 0,034. Así pues, a diferencia de los casos estadounidense y japonés, la inclusión de variables de participación disminuye la estabilidad de los coeficientes β en el tiempo. Probablemente, una medida mejor de la composición estructural aportaría resultados más satisfactorios.

También hemos estimado el sistema conjunto en el caso europeo, con coeficientes β individuales para cinco países grandes (Alemania, Reino Unido, Italia, Francia y España). Este sistema equivale a la regresión de los cuatro periodos, que en la tabla 11.3 aparece en la segunda columna, con la diferencia de que el coeficiente β puede variar entre estos países (pero no entre los subperiodos). Este sistema contiene variables ficticias de país (con distintos coeficientes para cada subperiodo) y variables de participación (con coeficientes que varían entre subperiodos pero no entre países). Las estimaciones de β resultantes son las siguientes: Alemania (11 regiones), 0,0224 (0,0067); Reino Unido (11 regiones), 0,0277 (0,0104); Italia (20 regiones), 0,0155 (0,0037); Francia (21 regiones), 0,0121 (0,0061); y España (17 regiones), 0,0182 (0,0048). Observe que todas las estimaciones puntuales individuales son cercanas al 2 % anual: se sitúan entre el 1,2 % anual de Francia y el 2,8 % anual del Reino Unido.

El test de igualdad de los coeficientes β entre los cinco países produce un valor p igual a 0,55. Así pues, no podemos refutar la hipótesis de que la velocidad de convergencia sea la misma dentro de los cinco países europeos.

Estimamos de nuevo las ecuaciones para las regiones europeas utilizando como variables instrumentales los retardos anteriores del PIB o la renta per cápita. Este procedimiento requiere la eliminación del primer subperiodo; por lo tanto sólo incluimos tres décadas, de 1960 a 1990. El uso de variables instrumentales tiene escasos efectos sobre los resultados que incluyen sólo variables ficticias de país, correspondientes a la primera columna de la tabla 11.3. La estimación conjunta de β varía de 0,0187 (0,0022) en el caso de MCO (en el que sólo se incluyen tres periodos) a 0,0165 (0,0023). Sin embargo, añadiendo las variables de participación de la agricultura y la industria, la estimación conjunta de β varía de 0,0153 (0,0034) a 0,0073 (0,0038). En nuestra opinión, la importante disminución de la estimación del coeficiente β en este caso se debe a la escasa idoneidad de las variables de participación como medida de cambios estructurales.

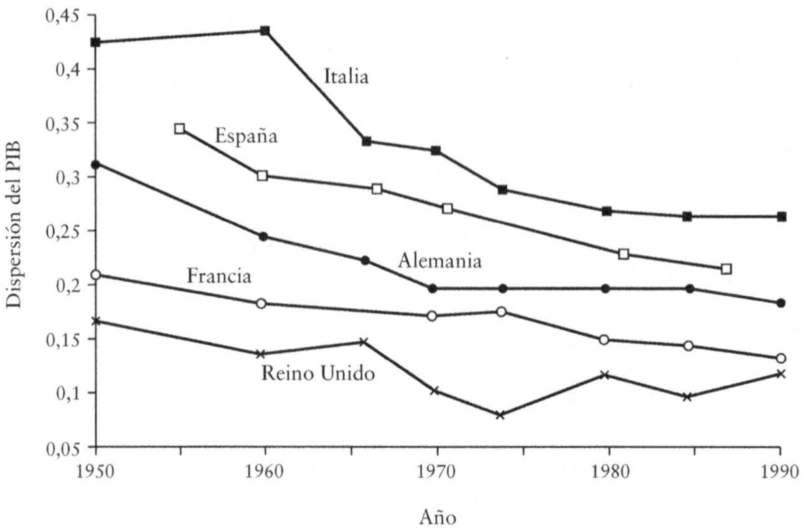

ILUSTRACIÓN 11.9 | Dispersión del PIB per cápita de cinco países europeos. La ilustración muestra la desviación típica del logaritmo del PIB per cápita de la muestra formada por 11 regiones alemanas, 11 británicas, 20 italianas, 21 francesas y 17 españolas entre 1950 y 1990. A partir de 1950 esta medida de dispersión disminuye en la mayoría de los casos, pero se ha mantenido prácticamente estable en Alemania y en Reino Unido desde 1970.

11.4.2. Convergencia σ

La ilustración 11.9 muestra el comportamiento de σ_t en las regiones de los cinco países de mayor tamaño: Alemania, Reino Unido, Italia, Francia y España. Los países aparecen siempre ordenados de mayor a menor dispersión: Italia, España, Alemania, Francia y Reino Unido. El patrón general muestra disminuciones de σ_t en el tiempo en todos los países, si bien los cambios netos son poco importantes en el caso alemán y británico a partir de 1970. En el caso británico, el único productor de petróleo de la muestra europea, es probable que el incremento de σ_t entre 1974 y 1980 que refleje el efecto de las perturbaciones del petróleo. En 1990 los valores de σ_t eran 0,27 para Italia, 0,22 para España (en 1987), 0,19 para Alemania, 0,14 para Francia y 0,12 para el Reino Unido.

11.5. Convergencia entre regiones de diversos países del mundo

Son numerosos los investigadores que han estudiado recientemente los patrones de convergencia entre regiones de diversos países del mundo. Coulombe y Lee (1993) llegan a la conclusión de que la velocidad de convergencia entre regiones canadienses no es muy distinta del 2 % anual hallado para el caso estadounidense, japonés y europeo. Persson (1997) halla resultados semejantes para 24 condados suecos en el periodo 1911-1993. Cashin y Sahay (1995) hallan pruebas sólidas de convergencia absoluta entre los estados de India entre 1961 y 1991. Otros estudios regionales de la literatura reciente incluyen O'Leary (2000) para Irlanda; Petrakos y Saratsis

(2000) para Grecia; Hossain (2000) para Bangladesh; Utrera y Koroch (1998) para Argentina; Magalhaes, Hewings y Azzoni (2000) para Brasil; Cashin (1995) para Australasia; Yao y Weeks (2000) para China; Cashin y Loayza (1995) para países del Pacífico Sur; Gezici y Hewings (2001) para Turquía; y Sánchez-Robles y Villaverde (2001) para España.

11.6. Migración entre estados de EE.UU.

Esta sección considera los factores determinantes empíricos de la migración neta en los estados de EE.UU. El análisis de la sección 9.1.3 parece indicar que m_{it}, la tasa anual de migración neta en la región i entre los años $t - T$ y t, puede describirse mediante una función de la siguiente forma

$$m_{it} = f(y_{i,t-T}, \theta_i, \pi_{i,t-T}; \text{ variables que dependen de } t \text{ pero no de } i) \qquad (11.9)$$

donde $y_{i,t-T}$ es la renta per cápita al principio del periodo, θ_i es un vector de condiciones fijas (como el clima y la geografía) y $\pi_{i,t-T}$ es la densidad de población en la región i al principio del periodo.[9] El conjunto de variables que depende de t pero no de i incluye todos aquellos elementos que influyen sobre las rentas per cápita y las densidades de población de otras economías. También se incluyen otros efectos, como el progreso tecnológico de la calefacción y el aire acondicionado, efectos que modifican las actitudes de los individuos con relación al clima y a la densidad de población.

La renta per cápita, que se emplea como aproximación a los salarios, tendrá un efecto positivo sobre la migración, mientras que la densidad de población tendrá un efecto negativo. La forma de la función que hemos implementado empíricamente es

$$m_{it} = a + b \cdot \log(y_{i,t-T}) + c_1\,\theta_i + c_2\,\pi_{i,t-T} + c_3 \cdot (\pi_{i,t-T})^2 + v_{it} \qquad (11.10)$$

donde v_{it} es el término de error, $b > 0$ y la forma de la función permite elevar al cuadrado la densidad de población $\pi_{i,t-T}$. Si $c_2 + 2c_3 < 0$, el efecto marginal de $\pi_{i,t-T}$ sobre m_{it} es negativo.

Aunque existe una extensa literatura a propósito de las variables a incluir como condiciones, θ_i, el presente análisis incluye únicamente el logaritmo del promedio de días que se utiliza calefacción, denominado $\log(\text{calor}_i)$, que es una condición negativa de manera que $c_1 < 0$. La variable $\log(\text{calor}_i)$ tiene un gran poder explicativo en la migración neta entre los estados de EE.UU. Hemos considerado otras posibles medidas del clima, pero su ajuste no era tan bueno. Resultaría útil incluir la migración por jubilación, un comportamiento que probablemente explica casos extremos como el de Florida. Sin embargo, no es probable que este tipo de modificaciones cambie los resultados básicos a propósito de la relación entre migración neta y renta per cápita del estado que presentamos a continuación.

9. Ciertas condiciones, como las políticas económicas con respecto a los tipos impositivos y otras normas, variarán con el tiempo. En el presente análisis no tratamos ese tipo de variables.

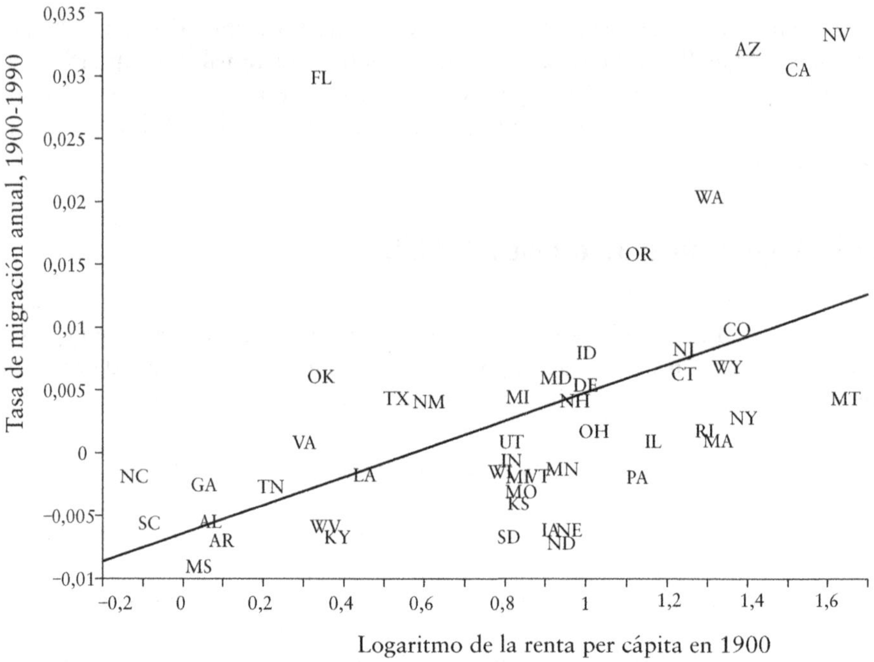

ILUSTRACIÓN 11.10 | Migración y renta inicial del estado, 1900-1990. La tasa promedio de migración neta de los 48 estados o territorios de EE.UU. entre 1900 y 1990, representada en el eje de ordenadas, está directamente relacionada con el logaritmo de la renta per cápita inicial, representada en el eje de abscisas. Florida, Arizona, California y Nevada tienen tasas de migración netas considerablemente más altas que los valores que se predicen a partir de sus niveles iniciales de renta.

Los datos de migración neta de los estados de EE.UU. comienzan en 1900 y están disponibles en todos los años censales excepto 1910 y 1930 (véase Barro y Sala-i-Martín [1991]). Calculamos las tasas de migración anual de cada década de un estado dividiendo el número de inmigrantes netos entre las fechas $t-T$ y t entre la población del estado a fecha $t-T$.

La ilustración 11.10 muestra la relación simple a largo plazo entre la tasa de migración y el logaritmo de la renta per cápita inicial.[10] En el eje de abscisas se representa el logaritmo de la renta per cápita del estado en 1990. La relación directa es evidente (correlación = 0,51). Florida es el principal caso extremo, con una renta per cápita inicial inferior al promedio y una tasa neta de migración muy alta, el 3 %.

La tabla 11.4 muestra los resultados de la regresión a partir de la fórmula de la ecuación (11.10) para la inmigración neta de los estados de EE.UU. Los resultados presentados corresponden a ocho subperiodos, siendo el primero 1900-1920. Las regresiones incluyen coeficientes específicos por periodos del $\log(y_{i,t-T})$ y del logaritmo de los días promedio de calefacción. (La hipótesis de estabilidad en

10. La variable del eje de ordenadas es la tasa promedio anual de inmigración de cada estado entre 1900 y 1987. La variable es el promedio de cada subperiodo ponderado por la duración del intervalo.

TABLA 11.4 | Regresiones de la migración neta en los estados de EE.UU., 1900-1989

Periodo	Logaritmo de la renta per cápita	Días promedio de calefacción	Densidad de población	Cuadrado de la densidad de población	$R^2[\hat{\sigma}]$
1900–20	0,0335	−0,0066	−0,0433	0,0307	0,70
	(0,0075)	(0,0037)	(0,0079)	(0,0095)	[0,0111]
1920–30	0,0363	−0,0124	−0,0433	0,0307	0,61
	(0,0078)	(0,0027)	(0,0079)	(0,0095)	[0,0079]
1930–40	0,0191	−0,0048	−0,0433	0,0307	0,71
	(0,0037)	(0,0014)	(0,0079)	(0,0095)	[0,0041]
1940–50	0,0261	−0,0135	−0,0433	0,0307	0,82
	(0,0055)	(0,0022)	(0,0079)	(0,0095)	[0,0065]
1950–60	0,0438	−0,0205	−0,0433	0,0307	0,70
	(0,0086)	(0,0031)	(0,0079)	(0,0095)	[0,0091]
1960–70	0,0435	−0,0056	−0,0433	0,0307	0,70
	(0,0083)	(0,0025)	(0,0079)	(0,0095)	[0,0069]
1970–80	0,0240	−0,0077	−0,0433	0,0307	0,73
	(0,0091)	(0,0024)	(0,0079)	(0,0095)	[0,0072]
1980–89	0,0163	−0,0066	−0,0433	0,0307	0,72
	(0,0061)	(0,0019)	(0,0079)	(0,0095)	[0,0053]
Conjuntamente	0,0260	coeficientes	−0,0427	0,0300	—
8 subperiodos	(0,0023)	individuales	(0,0079)	(0,0097)	—

Nota: El ratio de probabilidad del test de igualdad de los coeficientes de la renta en los ocho subperiodos es 17,1, con un valor p de 0,017 (procedente de una distribución χ^2 con siete grados de libertad). Las regresiones utilizan mínimos cuadrados ponderados iterativos y toma la siguiente forma

$$m_{it} = a_t + b_t \cdot \log(y_{i,t-T}) + c_{1t} \cdot \text{Calor}_i + c_2 \cdot \pi_{i,t-T} + c_3 \cdot \pi^2_{i,t-T} + c_{4t} \cdot \text{Región}_i + c_{5t} \cdot S_{it}$$

donde m_{it} es el flujo neto de inmigrantes en el estado i entre los años $t-T$ y t, expresado como ratio respecto de la población en la fecha $t-T$; $Calor_i$ representa los días promedio de calefacción; $\pi_{i,t-T}$ es la densidad de población (miles de personas por milla cuadrada); Región$_i$ es un conjunto de variables ficticias para la cuatro principales regiones censales; y S_{it} es la variable estructural descrita en el texto. Las estimaciones de a_t, c_{4t} y c_5 no se muestran en la tabla. Los datos se analizan en el apéndice (sección 11.12). Todas las muestras comportan 48 observaciones. Los errores típicos aparecen entre paréntesis.

los subperiodos de los coeficientes de log [calor$_i$] se ve refutada al nivel del 5 %, si bien los coeficientes estimados de log [$y_{i,t-T}$] varían muy poco si sólo se estima un único coeficiente en el caso de la variable calor.) Puesto que la hipótesis de que los coeficientes de las variables de densidad de población son estables en el tiempo se acepta al nivel del 5 %, estimamos la ecuación (11.10) con un coeficiente para la densidad y otro para el cuadrado de la densidad. Las regresiones también incluyen coeficientes específicos para cada periodo de las variables ficticias de las regiones y de las variables de participación estructural. (Los coeficientes estimados de las variables regionales y estructurales en ocasiones son significativos, pero desempeñan en general un papel menor.)

Los coeficientes estimados de $\log(\text{calor}_i)$ de la tabla 11.4 son todos ellos negativos y la mayoría son significativamente distintos de cero; *cœteris paribus*, los individuos prefieren estados con mejor clima. Las estimaciones conjuntas de los coeficientes de la densidad son −0,043 (0,008) para el término lineal y 0,030 (0,010) para el término elevado al cuadrado. Estas estimaciones puntuales implican que el efecto marginal de la densidad de la población sobre la migración es negativo en todos los estados, excepto en los tres con mayor densidad: New Jersey, Rhode Island a partir de 1960 y Massachusetts desde 1970.

El coeficiente del logaritmo de la renta per cápita inicial es significativamente positivo en todos los subperiodos. La estimación conjunta es 0,0260 (0,0023). Sin embargo, la respuesta estimada de la migración respecto al logaritmo del nivel inicial no es estable en el tiempo: el valor p a favor de la refutación de esta hipótesis es 0,017. Las principales fuentes de inestabilidad son debidas a coeficientes de la renta inusualmente altos en los años cincuenta y sesenta: los coeficientes de estos dos subperiodos son, respectivamente, 0,0438 (0,0086) y 0,0435 (0,0083).

A pesar de que es altamente significativa, la estimación conjunta del coeficiente de la renta inicial, 0,026, es pequeña desde un punto de vista económico. El coeficiente significa que, si el resto de los factores permanece constante, un incremento del 10 % de la renta per cápita aumenta la inmigración neta sólo lo suficiente como para aumentar la tasa de crecimiento de la población del área en un 0,26 % al año. Los resultados precedentes parecen indicar que las diferencias en la renta per cápita tienden a desaparecer a un ritmo lento, del 2 % anual aproximadamente. La combinación de los resultados de la migración con los de la convergencia de la renta parecen indicar que las tasas netas de migración serían muy estables en el tiempo. Los datos empíricos corroboran esta idea: la correlación entre la tasa promedio de migración entre 1900 y 1940 y la tasa entre 1940 y 1989 es el 0,70.

11.7. Migración entre prefecturas de Japón

Antes de analizar la migración entre prefecturas y aplicar la ecuación (11.10) al caso japonés, tenemos que mencionar que existe una diferencia importante entre la prefectura típica y el estado estadounidense típico en lo que respecta a su superficie. El tamaño promedio de una prefectura japonesa es 6.394 kilómetros cuadrados,[11] aproximadamente la mitad del tamaño del estado de Connectitut. La prefectura más grande, Hokkaido, tiene 83.520 km^2, más o menos el área de Carolina del Sur. La segunda mayor prefectura, Iwate, tiene una superficie de 15.277 km^2, algo mayor que Connectitut y algo menor que Nueva Jersey. En comparación, el estado estadounidense promedio tiene una superficie de 163.031 km^2, y la superficie de Texas, el mayor de los estados, es 691.030 km^2. California, con una superficie de 411.049 km^2 es algo mayor que todo Japón (377.682 km^2).

11. En este promedio no está incluida Hokkaido, que es unas cinco veces mayor que cualquiera de las restantes prefecturas. Incluyéndola, el tamaño promedio es de 8.036 km^2, dos terceras partes de la superficie de Connecticut.

Esta diferencia de tamaño significa que las prefecturas japonesas se asemejan más a áreas metropolitanas que a estados, de manera que los traslados diarios entre prefecturas por motivos de trabajo pueden ser significativos. Economistas urbanos, como Henderson (1988), opinan que a los individuos les gusta vivir en las ciudades por dos razones. En primer lugar, existen externalidades de demanda o consumo. Es decir, las ciudades suministran servicios, como pueden ser los teatros y los museos, que sólo pueden ofrecerse si existe un cierto volumen de demanda. En segundo lugar, existen externalidades de producción, por lo que los salarios urbanos tienden a ser mayores. Una influencia opuesta radica en que los individuos prefieren vivir lejos de grandes metrópolis, debido a su mayor carácter delictivo, sus barrios menos atractivos y (en equilibrio) a los altos precios del alojamiento (véase Roback, 1982). Así pues, la decisión de emigrar a una ciudad tiene sus pros y sus contras, que se pueden evitar viviendo en la periferia y trasladándose a diario al centro para trabajar. Los individuos están particularmente dispuestos a pagar altos costes de desplazamiento cuando la densidad de la gran ciudad es especialmente alta.

Para tratar empíricamente estos problemas, desearíamos tener una medida de la densidad de las prefecturas vecinas. Teóricamente, podríamos construir dicha medida ponderando de alguna manera las densidades de las prefecturas vecinas por su distancia. No obstante, en la práctica, observamos que en Japón existen dos áreas principales con una densidad de población anormalmente alta: Tokio y Osaka. En 1990, la densidad de Tokio era de 5.470 personas/km^2 y la de Osaka era de 4.674 personas/km^2, mientras que la densidad promedio de las restantes prefecturas era 624 personas/km^2.[12] Así pues, es muy probable que los problemas mencionados sólo se den en estas dos regiones. Podemos confirmarlo a través del ratio de población diurna respecto a la nocturna, que mide la intensidad de los desplazamientos por motivos de trabajo.[13] Un ratio inferior a 1 indica que hay individuos que residen en dicha prefectura pero trabajan en otra, y un ratio superior a 1 indica lo contrario. El ratio es muy próximo a 1 en todas las prefecturas excepto en las que rodean Tokyo y Osaka: el ratio de Tokio es 1,184 y el de Osaka es 1,053. Los datos de la región de Tokio son 0,872 en Saitama, 0,876 en Chiba y 0,910 en Kanagawa. En la región de Osaka, los ratios son 0,955 en Hyogo, 0,871 en Nara y 0,986 en Wakayama.[14]

Construimos una variable denominada *densidad de vecindad* asignando a las prefecturas del área de Tokio (Tokio y sus vecinas colindantes, Saitama, Chiba y Kanagawa) y a las del área de Osaka (Osaka y sus vecinas colindantes, Hyogo, Nara y Wakayama) la densidad promedio de sus vecinas colindantes. Para las restantes prefecturas, esta variable es igual a su propia densidad de población. Esperamos hallar una relación directa entre inmigración y esta variable de vecindad y una relación inversa entre la inmigración y la propia densidad. Esta relación indicaría

12. En comparación, el estado estadounidense más poblado en 1990 era New Jersey, con 390 personas/km^2.

13. Estos datos proceden de *Statistics Bureau, Management and Coordination Agency* (Instituto Nacional de Estadística estadounidense).

14. Al parecer, existe un cierto grado de desplazamiento diario entre prefecturas en los alrededores de Kioto y Aichi, pero en mucha menor medida: el ratio de Aichi es 1,016 (y el de su prefectura vecina, Gifu, es 0,977) y el ratio de Kioto es 1,011.

que a los individuos no les gusta vivir en áreas de gran densidad (pues tienen que pagar los costes de congestión), pero les gusta estar lo suficientemente cerca de estas áreas (a fin de obtener los beneficios de la gran ciudad).

Hemos calculado la siguiente expresión de la función:

$$m_{it} = a + b \cdot \log(y_{i,t-T}) + c_1 \theta_i + c_2 \pi_{i,t-T} + c_3 \pi^{ne}_{i,t-T} + v_{it} \tag{11.11}$$

donde v_{it} es la variable de error y $\pi^{ne}_{i,t-T}$ es la densidad de población de las prefecturas de los alrededores. Para calcular la variable de condición (el clima), elevamos al cuadrado la diferencia entre la temperatura máxima y la temperatura promedio, sumamos el cuadrado de la diferencia entre la temperatura promedio y la temperatura mínima, y calculamos después la raíz cuadrada. Así pues, esta variable mide la temperatura extrema. No se disponía de una variable similar a la usada en el caso estadounidense (días promedio de calefacción). Hemos probado con otras variables de clima, como las temperaturas máximas y mínimas y el volumen promedio de nieve caída durante el año, pero estas variables alternativas se ajustaban peor.

La ilustración 11.11 muestra la relación entre la tasa promedio de migración anual entre 1955-1987 y el logaritmo de la renta per cápita en 1955. La evidente relación directa (correlación simple de 0,58) indica que la migración neta (inmigración) reacciona directamente a las diferencias de renta. Un dato interesante radica en que en la parte superior del gráfico los tres casos extremos son Chiba, Saitama y Kanagawa, las prefecturas vecinas a Tokio.

La tabla 11.5 recoge los resultados de las ecuaciones de migración estimadas según la forma de la ecuación (11.10). La primera fila concierne a la tasa promedio de migración de todo el periodo, 1955-1990. El coeficiente del logaritmo de la renta per cápita inicial es 0,0126 (0,0061). Tal y como se esperaba, la migración neta está inversamente relacionada con su propia densidad (−0,0049 [0,0022]) y directamente relacionada con la densidad de vecindad (0,0190 [0,0034]). La variable de temperatura extrema no es significativa.

Las siguientes siete filas de la tabla 11.5 muestran los resultados de los subperiodos de cinco años, comenzando por 1955-1960. El coeficiente estimado de la renta inicial es significativamente positivo en todos los subperiodos, excepto en el de 1970-1980, en el que es positivo aunque no significativo. La estimación conjunta es 0,0188 (0,0019), lo que implica que, si el resto de las variables permanece constante, un incremento del 10 % de la renta per cápita de la prefectura aumenta la inmigración neta lo suficiente como para que la tasa de crecimiento de la población de la prefectura aumente en 0,19 puntos porcentuales al año. Este resultado es semejante al hallado en los estados de EE.UU. El test de estabilidad de los coeficientes de la renta en el tiempo es refutado con un valor p de 0,006.

La variable densidad propia es significativamente negativa, excepto en el primer subperiodo, y la variable densidad de vecindad es positiva para todos los subperiodos (y significativa para cuatro de los siete subperiodos). La variable temperatura extrema es negativa, pero significativa sólo de forma marginal. Así pues, el clima no parece desempeñar un papel importante en el proceso de migración interna japonés.

En resumen, entre los resultados principales aparece que la tasa de inmigración neta de una prefectura está inversamente relacionada con su propia densidad y

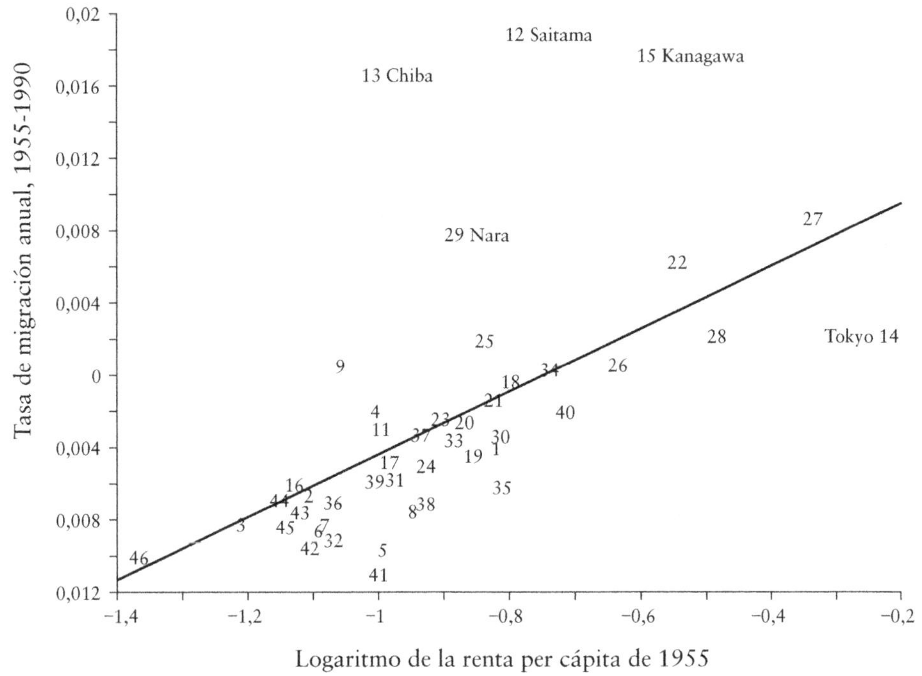

ILUSTRACIÓN 11.11 | Migración y renta inicial de las prefecturas, 1955-1990. La tasa promedio de migración neta de las 47 prefecturas de Japón entre 1955 y 1990, representada en el eje de ordenadas, está directamente relacionada con el logaritmo de la renta per cápita de 1955, representado en el eje de abscisas. Las tres prefecturas vecinas a Tokio, Chiba, Saitama y Kanagawa, tienen tasas de migración neta considerablemente más altas que los valores que predecirían sus niveles de renta iniciales.

directamente relacionada con la densidad de las prefecturas vecinas. Si el resto de las variables permanece constante, la migración está directamente relacionada con la renta per cápita inicial. Un resultado destacable es la semejanza de los coeficientes de la renta en el caso estadounidense y japonés, 0,026 el de la estimación conjunta de los estados de EE.UU. y 0,019 el de la estimación conjunta de las prefecturas de Japón.

Recuerde que las diferencias en la renta per cápita tienden a desaparecer a un ritmo lento, aproximadamente entre el 2,5 y el 3 % anual en el caso de las prefecturas japonesas. Si relacionamos este resultado con el de las migraciones, la implicación es que las tasas de migración neta serían muy constantes en el tiempo. Los datos empíricos corroboran esta idea: la correlación entre la tasa promedio de migración de 1955-1970 y la de 1970-1990 es 0,60.

TABLA 11.5 | Regresiones de la migración neta en las prefecturas japonesas, 1955-1990

Periodo	Logaritmo de la renta per cápita	Temperatura extrema	Densidad de la propia población	Densidad de población de vecindad	$R^2[\hat{\sigma}]$
1955–90	0,0126	0,00014	–0,0049	0,0190	0,62
	(0,0061)	(0,00062)	(0,0022)	(0,0034)	[0,0061]
1955–60	0,0216	–0,00014	0,0060	0,0025	0,85
	(0,0036)	(0,00012)	(0,0013)	(0,0019)	[0,0038]
1960–65	0,0317	–0,00014	–0,0019	0,0147	0,74
	(0,0058)	(0,00012)	(0,0020)	(0,0031)	[0,0071]
1965–70	0,0344	–0,00014	–0,0065	0,0142	0,71
	(0,0070)	(0,00012)	(0,0017)	(0,0025)	[0,0066]
1970–75	0,0194	–0,00014	–0,0064	0,0114	0,53
	(0,0060)	(0,00012)	(0,0015)	(0,0023)	[0,0070]
1975–80	0,0060	–0,00014	–0,0037	0,0052	0,32
	(0,0067)	(0,00012)	(0,0011)	(0,0014)	[0,0043]
1980–85	0,0101	–0,00014	–0,0023	0,0037	0,39
	(0,0044)	(0,00012)	(0,0006)	(0,0086)	[0,0030]
1985–90	0,0148	–0,00014	–0,0026	0,0046	0,56
	(0,0040)	(0,00012)	(0,0006)	(0,0084)	[0,0029]
Conjunta, 7	0,0188	–0,00040	coeficientes	coeficientes	—
subperiodos	(0,0019)	(0,00015)	individuales	individuales	—

Nota: El ratio de probabilidad de la hipótesis que establece que los coeficientes de la renta son iguales es 18,0 con un valor p de 0,006. Las regresiones utilizan mínimos cuadrados ponderados iterativos a fin de estimar ecuaciones con la siguiente forma

$$m_{it} = a_t + b \cdot \log(y_{i,t-T}) + c_1 \cdot \text{Temp}_i + c_{2t} \cdot \pi_{i,t-T} + c_{3t} \cdot \pi^{ne}_{i,t-T} + c_{4t} \cdot \text{Distrito}_i + c_{5t} \cdot S_{it}$$

donde m_{it} es el flujo neto de inmigrantes en la prefectura i entre los años $t-T$ y t, expresado como ratio con respecto a la población en el momento $t-T$; $Temp_i$ es una medida de temperatura extrema, calculada a partir de las desviaciones de las temperaturas máximas y mínimas con relación a la temperatura promedio; $\pi_{i,t-T}$ es la densidad de población (en miles de personas por kilómetro cuadrado). $\pi^{ne}_{i,t-T}$ es la densidad de población de las prefecturas colindantes (véase el texto); $Distrito_i$ es un conjunto de variables ficticias del distrito; y S_{it} es la variable estructural descrita en el texto. Todas las muestras están formadas por 47 observaciones. (Véase la nota de la tabla 11.4 para más información.)

11.8. Migración entre regiones europeas

En esta sección vamos a estimar la sensibilidad de la tasa de migración neta con respecto a la renta entre las regiones de los cinco países europeos de mayor tamaño: Alemania, Reino Unido, Italia, Francia y España. La variable dependiente es la tasa promedio de migración neta de cada una de las cuatro décadas que van de 1950 a 1990. Faltan observaciones del Reino Unido en los años cincuenta y ochenta y de Francia en los ochenta.

Estimamos un sistema de regresiones semejante a los de los casos estadounidense y japonés. Las variables explicativas son el logaritmo del PIB o renta per cápita al inicio de la década, la densidad de población al inicio de la década, las variables sectoriales (participaciones en el empleo o PIB de agricultura e industria al inicio de la década), una variable de temperatura y variables ficticias de país. Estimamos un sistema de ecuaciones para los cinco países, en el que se impone a las variables densidad y temperatura la restricción de tener los mismos coeficientes en el tiempo y entre países, aunque se permite que los coeficientes de las otras variables varíen en el tiempo y entre países.

La tabla 11.6 recoge los coeficientes estimados del logaritmo del PIB o renta per cápita inicial. La primera columna recoge las estimaciones de los años cincuenta, la segunda columna las de los sesenta y así sucesivamente. La última columna impone la restricción de que los coeficientes sean iguales en todas las décadas. La primera fila presenta los datos de Alemania, la segunda los del Reino Unido, la tercera los de Italia, la cuarta los de Francia y la quinta los de España. La última fila impone la restricción de que los coeficientes sean iguales en los cinco países.

TABLA 11.6 | Regresiones de la migración neta en las regiones europeas, 1950-1990, coeficientes del logaritmo del PIB per cápita

	Décadas				
	Cincuenta	Sesenta	Setenta	Ochenta	Total
Alemania	0,0311	0,0074	0,0040	0,0024	0,0076
	(0,0121)	(0,0088)	(0,0038)	(0,0086)	(0,0014)
Reino Unido	—	0,0049	−0,0069	—	−0,0041
		(0,0011)	(0,0013)		(0,0023)
Italia	0,0182	0,0208	0,0089	0,0309	0,0117
	(0,0041)	(0,0027)	(0,0020)	(0,0106)	(0,0018)
Francia	0,0090	−0,0008	0,0097	—	0,0100
	(0,0056)	(0,0095)	(0,0041)		(0,0036)
España	0,0126	0,0135	0,0117	0,0031	0,0034
	(0,0068)	(0,0112)	(0,0063)	(0,0070)	(0,0021)
General	0,0107	0,0072	0,0046	0,0141	0,0064
	(0,0038)	(0,0040)	(0,0024)	(0,0070)	(0,0021)

Nota: Las regresiones tienen la siguiente forma

$$m_{ijt} = a_{jt} + b_{jt} \cdot \log(y_{ij,t-T}) + c_1 \cdot \mathrm{Temp}_{ij} + c_2 \cdot \pi_{ij,t-T}$$
$$+ c_3 \cdot (\text{variable ficticia de país}) + c_{4jt} \cdot \mathrm{AG}_{ij,t-T} + c_{5jt} \cdot \mathrm{IN}_{ij,t-T}$$

donde m_{it} es el flujo neto de inmigrantes en la región i entre los años $t - T$ y t, expresado como ratio con respecto a la población en el momento $t - T$; $Temp_{ij}$ es una medida de la temperatura promedio máxima; $\pi_{ij,t-T}$ es la densidad de población (miles de personas por kilómetro cuadrado); $\mathrm{AG}_{ij,t-T}$ es la participación en el empleo o en el PIB de la agricultura en los años ochenta); y $\mathrm{IN}_{ij,t-T}$ es la participación correspondiente de la industria. Todas las estimaciones se han realizado con el método iterativo y aparentemente no relacionado. La tabla recoge únicamente las estimaciones de los coeficientes b_{jt}. Las cifras de las primeras cinco filas y en las primeras cuatro columnas se aplican cuando cada país tiene un coeficiente distinto en cada periodo. La última columna impone la restricción de que los coeficientes sean iguales en todas las décadas en cada país. La última fila impone la restricción de que los coeficientes sean iguales en todos los países en cada una de las décadas. La cifra de la intersección entre la última fila y la última columna se aplica cuando todos los países y todas las décadas tienen un único coeficiente.

A diferencia de los resultados de los casos estadounidenses y japonés, las estimaciones de los coeficientes del logaritmo del PIB o renta per cápita no son precisas. En el caso de Alemania, el coeficiente estimado en los años cincuenta es positivo y significativo, 0,031 (0,012), mientras que los de las tres décadas restantes son no significativos. Las estimaciones de los coeficientes de la renta en el caso italiano son positivas y significativas, pero buena parte de las estimaciones de Reino Unido, Francia y España son no significativas.

Si establecemos la restricción de que los coeficientes sean iguales en el tiempo, pero permitimos que varíen entre países, los valores estimados son 0,0076 (0,0014) en el caso de Alemania; −0,0041 (0,0023) en el caso del Reino Unido; 0,0117 (0,0018) en el caso de Italia; 0,0100 (0,0036) en el caso de Francia; y 0,0034 (0,0021) en el caso de España. Si establecemos la restricción de que los coeficientes sean iguales entre países, pero permitimos que varíen en el tiempo, los valores estimados son 0,0107 (0,0038) en los cincuenta, 0,0072 (0,0040) en los sesenta, 0,0046 (0,0024) en los setenta y 0,0141 (0,0070) en los ochenta. Por último, si establecemos la restricción de que los coeficientes sean iguales entre países y en el tiempo, el valor estimado del mismo es 0,0064 (0,0021). Si bien esta estimación es positiva y significativa, el tamaño del coeficiente es muy inferior al del caso estadounidense (0,026) y japonés (0,019). Por lo tanto, el principal resultado es que la tasa de migración de las regiones europeas está directamente relacionada con el PIB o la renta per cápita, aunque esta relación es débil y los coeficientes no se pueden estimar con gran precisión.

11.9. Migración y convergencia

En el capítulo 9 hallamos que la migración de trabajadores con poco capital humano desde economías pobres hacia economías ricas tendía a acelerar la convergencia de la renta y la producción per cápita. Los coeficientes de convergencia estimados en las regresiones del crecimiento incluirían este efecto migratorio. En esta sección tratamos de estimar el efecto migratorio sobre la convergencia, mediante la inclusión de la tasa neta de migración como variable explicativa en las regresiones del crecimiento. Si la migración es una fuente importante de convergencia, y si podemos tratar la tasa de migración como variable exógena respecto del término de error de la ecuación del crecimiento, cuando la migración se mantiene constante el coeficiente de convergencia estimado β debería disminuir.

En la tabla 11.7 introducimos en las regresiones de crecimiento la tasa de migración neta contemporánea. La primera fila recoge la velocidad de convergencia estimada β de los estados de EE.UU. El periodo muestral, 1920-1990, se divide en siete subperiodos de diez años. La regresión incluye coeficientes de los términos constantes diferentes para cada periodo, variables ficticias para las cuatro principales regiones censales y la variable estructural analizada con anterioridad. Se impone la restricción de que el coeficiente del logaritmo de la renta per cápita inicial sea el mismo en cada subperiodo. Este planteamiento es equivalente a la estimación conjunta mostrada en tercera columna de la tabla 11.1, con la diferencia de que se han eliminado dos de los subperiodos más antiguos.

TABLA 11.7 | Migración y convergencia

	(1) Sin migración	(2) Con migración (MCO)		(3) Con migración (variables instrumentales)	
	β	β	Migración	β	Migración
Estados Unidos, 1920–90	0,0196 (0,0025)	0,0231 (0,0028)	0,0931 (0,0305)	0,0174 (0,0033)	−0,006 (0,048)
Japón, 1955–90	0,0312 (0,0040)	0,0340 (0,0044)	0,0907 (0,0041)	0,0311 (0,0042)	−0,108 (0,112)
Alemania, 1950–90	0,0243 (0,0088)	0,0240 (0,0091)	−0,014 (0,235)	0,0181 (0,0093)	−0,542 (0,429)
Reino Unido, 1960–80[a]	0,0176 (0,0132)	0,0220 (0,0203)	0,116 (0,395)	0,0261 (0,0267)	0,222 (0,570)
Italia, 1950–90	0,0206 (0,0058)	0,0244 (0,0070)	0,166 (0,156)	0,0180 (0,0098)	−0,121 (0,370)
Francia, 1950–80[b]	0,0224 (0,0265)	0,0172 (0,0063)	−0,038 (0,126)	0,0177 (0,0065)	−0,084 (0,178)
España, 1950–90	0,0245 (0,0102)	0,0295 (0,0096)	−0,124 (0,102)	0,0268 (0,0119)	−0,068 (0,203)

Nota: Las regresiones de las tasas de crecimiento de la renta o PIB per cápita son equivalentes a las estimaciones conjuntas de la tercera columna de la tabla 11.1 en el caso estadounidense, de la tercera columna de la tabla 11.2 en el caso de las prefecturas japonesas; y de la segunda columna de la tabla 11.3 en el caso de las regiones europeas (con la diferencia de que en la tabla 11.3 los cinco mayores países europeos se trataban por separado). Los coeficientes β atañen al logaritmo de la renta o PIB per cápita inicial y los coeficientes de migración atañen a la tasa neta de migración. En la primera columna no se incluye como regresor la tasa de migración. En la segunda columna se añade la tasa de migración y se realiza una estimación por MCO. En la tercera columna se utiliza una estimación instrumental. Las variables instrumentales son los regresores incluidos en las ecuaciones de migración, tal y como aparecían en la tabla 11.4 en el caso estadounidense, la tabla 11.5 en el caso japonés y la tabla 11.6 en el caso europeo.
[a] Dos subperiodos.
[b] Tres subperiodos.

La primera columna de la tabla recoge la estimación de β en el caso de que no se incluya la tasa de migración en las regresiones. La velocidad de convergencia es 0,0196 (0,0025), cercana al familiar 2 % anual. La segunda columna incluye como regresor la tasa neta de migración. (Se impone la restricción de que coeficiente de esta variable sea igual en cada subperiodo.) El coeficiente estimado de la tasa de migración es positivo y significativo, 0,093 (0,030), y la estimación de β, 0,0231 (0,0028), es en realidad algo mayor que la mostrada en la primera columna. Así pues, y en contra de lo esperado, la estimación de β no disminuye cuando la tasa neta de migración se mantiene constante.

Es probable que los resultados se vean influidos por la endogeneidad de la tasa neta de migración. En concreto, es probable que los estados que cuentan con perspectivas de crecimiento más favorables (debidas a factores que las variables explicativas incluidas no mantienen constantes) tengan tasas de crecimiento per cápita mayores *y* tasas netas de migración mayores. Tratamos de aislar los cambios exógenos de la migración utilizando como variables instrumentales las mismas variables explicativas utilizadas para explicar la tasa neta de migración de la tabla 11.4. Estas variables incluyen la densidad de población y el logaritmo de los días promedio de calefacción. (Aceptando el supuesto de que estos factores determinantes de la migración no entran directamente en la ecuación del crecimiento.) Los resultados, recogidos en la tercera columna de la tabla 11.7, muestran un coeficiente de tasa de migración no significativo, –0,006 (0,048), y un coeficiente β estimado, 0,0174 (0,0033), que es ligeramente inferior al mostrado en la primera columna. Estos resultados parecen indicar que la migración no es responsable de gran parte de la convergencia β de los estados de EE.UU.

La segunda fila de la tabla 11.7 utiliza el mismo método en el caso japonés. La primera columna recoge la estimación conjunta de β en siete periodos de cinco años sin incluir la tasa de migración como regresor. La estimación de β, 0,0312 (0,0040), es la misma que la de la tercera columna de la tabla 11.2. Cuando se incluye la tasa de migración, como se hace en la segunda columna de la tabla 11.7, el coeficiente estimado de la migración es positivo y similar al hallado en el caso estadounidense, 0,0907 (0,0041), y la estimación de β aumenta a 0,0340 (0,0044). En la tercera columna, que incluye variables instrumentales para la migración, el coeficiente estimado de la migración es no significativo, –0,11 (0,11), y la estimación de β, 0,0311 (0,0042), es básicamente la misma que la de la primera columna. Así pues, al igual que el caso estadounidense, la migración no parece ser un elemento importante de la convergencia β de las prefecturas de Japón.

Las cinco últimas filas de la tabla 11.7 utilizan un procedimiento similar para el caso de los cinco países europeos de mayor tamaño. Los principales resultados son similares a los de los casos estadounidense y japonés, ya que cuando se mantienen constantes las tasas de migración los coeficientes β estimados no varían gran cosa. Un resultado sorprendente radica en que las tasas netas de migración no son significativas en las regresiones por MCO de las regiones europeas, aún cuando el enfoque usual de la endogeneidad sugiere coeficientes positivos. Podría ser que las tasas netas regionales de migración no estén bien medidas en el caso de los países europeos, posibilidad que también explicaría las dificultades halladas al estimar las ecuaciones de migración.

Una segunda predicción de la teoría de la migración del capítulo 9 establece que las economías con mayor sensibilidad de la migración neta respecto de la renta per cápita tendrán mayores coeficientes de convergencia β. Para evaluar esta posibilidad, en la ilustración 11.12 representamos los coeficientes β estimados frente a los coeficientes estimados del logaritmo del PIB o renta per cápita de las ecuaciones de migración. La ilustración recoge siete puntos, que corresponden a los Estados Unidos, Japón, Alemania, Reino Unido, Italia, Francia y España. El gráfico muestra una relación directa débil entre los dos coeficientes: la correlación es 0,27.[15] La imprecisión en la estimación de los coeficientes de las ecuaciones de migración en el

15. Los coeficientes β de Francia y Reino Unido se estiman en los mismos subperiodos de los que existen datos de migración. El coeficiente β estimado sobre la muestra completa es inferior en el caso francés y superior en el caso británico. Si utilizamos estas estimaciones alternativas de β, la correlación con el coeficiente de las ecuaciones de migración es ligeramente superior, 0,32.

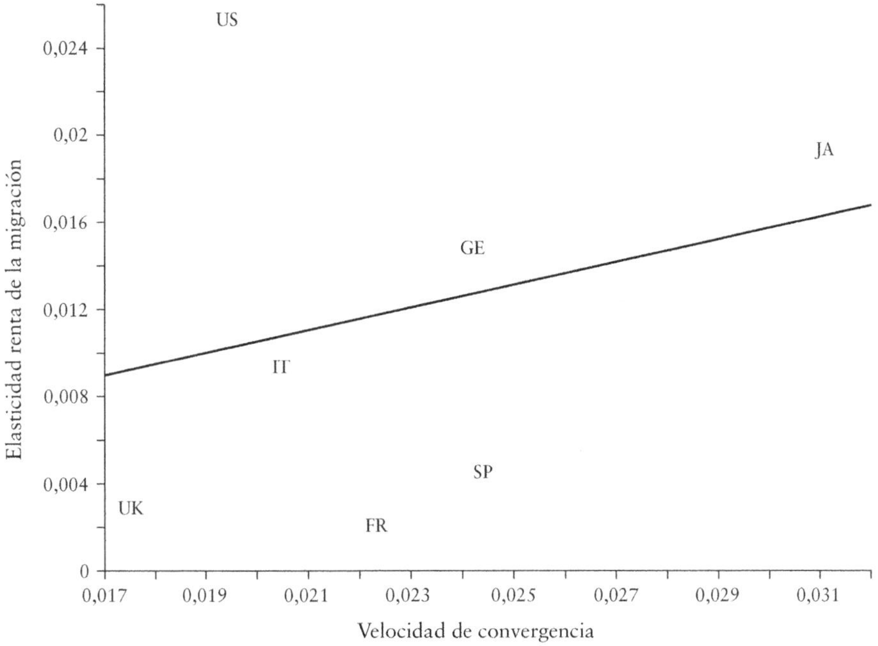

ILUSTRACIÓN 11.12 | Coeficiente renta de la migración y velocidad de convergencia. En el eje de ordenadas se representa la estimación del coeficiente del logaritmo de la renta o PIB per cápita de las regresiones de migración. En el eje de abscisas aparece la estimación del coeficiente de convergencia β de las regresiones de crecimiento. Los siete puntos (Estados Unidos, Japón, Alemania, Reino Unido, Italia, Francia y España) muestran una relación directa, tal y como predice la teoría de la migración y el crecimiento.

caso europeo indica que esta relación debe interpretarse con cautela. Para un análisis más detallado de este enfoque, véase Braun (1993).

11.10. Convergencia β con datos de panel con efectos fijos

Siguiendo a Islam (1995) varios investigadores han tratado de estimar la velocidad de convergencia a partir de conjuntos de datos de panel y distintas estimaciones de efectos fijos. Por ejemplo, Caselli, Esquivel y Laffort (1996) usan datos de panel de una muestra de países, mientras que Canova y Marcel (1995) usan datos regionales. Una ventaja de los datos de panel frente a los de corte transversal es que no se necesita mantener constante el estado estacionario, ya que éste puede estimarse implícitamente utilizando efectos fijos. El principal resultado es que las estimaciones de la velocidad de convergencia de datos de panel con efectos fijos tienden a ser muy superiores al 2 % anual estimado con datos de corte transversal o paneles sin efectos fijos. Velocidades de convergencia entre el 12 y el 20 % anual no son infrecuentes en esta literatura.

Un posible problema del enfoque con efectos fijos radica en que hay que incluir muchas observaciones de series temporales para que funcione. Este procedimiento únicamente puede realizarse acortando los periodos en los que se calcula la tasa de crecimiento. En otras palabras, la variable dependiente tiende a ser la tasa de crecimiento anual o la tasa de crecimiento de dos a cinco años. El problema que plantean periodos tan cortos radica en que las tasas de crecimiento tienden a capturar ajustes a corto plazo en torno a la tendencia, más que la convergencia a largo plazo. En concreto, la existencia de ciclos económicos tiende a sesgar hacia arriba las estimaciones de las velocidades de convergencia. En este contexto, Shioji (1997) prueba que, una vez que se ha corregido el error de medición que introducen los ciclos económicos, la velocidad de convergencia estimada de los paneles con efectos fijos sigue siendo cercana al 2 % anual.

11.11. Conclusiones

Hemos estudiado el comportamiento de los estados de EE.UU. desde 1880, las prefecturas de Japón desde 1930 y las regiones de ocho países europeos desde 1950. Los resultados indican que la convergencia absoluta β es la regla en estas economías regionales. Es decir, las regiones pobres de estos países tienden a crecer per cápita más deprisa que las regiones ricas. La convergencia es absoluta ya que se cumple cuando la única variable explicativa que se mantiene constante es el nivel inicial de producción o renta per cápita.

La interpretación es que estos resultados son congruentes con el modelo neoclásico del crecimiento descrito en los capítulos 1 y 2 si las regiones del país tienen básicamente los mismos gustos, tecnologías e instituciones. Esta relativa homogeneidad conlleva posiciones de estado estacionario semejantes. No obstante, el efecto de convergencia observado también es congruente con el modelo de difusión tecnológica descrito en el capítulo 8.

Un resultado sorprendente radica en la similitud de la velocidad de convergencia β entre los distintos conjuntos de datos. En los distintos casos, las estimaciones de β se sitúan entre el 2 y el 3 % anual. Esta lenta velocidad de convergencia implica que se necesitan entre 25 y 35 años para eliminar la mitad de la diferencia inicial entre las rentas per cápita. Este comportamiento se aleja de las predicciones cuantitativas del modelo neoclásico de crecimiento si la participación del capital tiene un valor cercano a un tercio. Sin embargo, los datos empíricos son congruentes con la teoría si el valor de la participación del capital es cercano a tres cuartos.

El análisis de la migración indica que la tasa de migración neta tiende a tener una relación directa con el nivel inicial de la producción o la renta per cápita, manteniendo constante un conjunto de variables explicativas. Esta relación es clara en el caso de los estados de EE.UU. y las prefecturas de Japón, pero es débil en el caso de las regiones de los cinco países europeos de mayor tamaño. También hemos evaluamos si el comportamiento de la migración neta explica la presencia de convergencia β en los datos regionales. En este caso las pruebas empíricas no son concluyentes, aunque parecen indicar que la migración desempeña sólo un papel menor en la convergencia.

11.12. Apéndice de los conjuntos de datos regionales

Se presenta una descripción de los datos de los estados de EE.UU., las regiones de ocho países europeos (Alemania, Reino Unido, Italia, Francia, Países Bajos, Bélgica, Dinamarca y España) y las prefecturas de Japón. También aparecen datos de regiones de otros países, como Argentina, Brasil, China, India, México y URSS. Existe información complementaria por ciudad y condado; véase, por ejemplo, Ades y Glaeser (1995).

11.12.1. Datos de los estados de EE.UU.

La tabla 11.8 recoge una muestra de los datos de los estados de EE.UU. (representados en el mapa de los EE.UU. de la ilustración 11.13). Existen cifras de renta personal nominal y renta personal nominal per cápita por estado desde 1929, procedentes del U.S. Commerce Department (Bureau of Economic Analysis, 2002; las actualizaciones se publican en *U.S Survey of Current Business*). El concepto de renta personal utilizado en esta contabilidad regional equivalc al utilizado en la contabilidad nacional. Las cifras se publican anualmente, si bien los valores anteriores a 1965 se basan en interpolaciones de estimaciones realizadas en intervalos de aproximadamente cinco años. Los datos se presentan con y sin pagos de transferencias. Existen cifras de producción bruta del estado desde 1963 (procedentes de las publicaciones de *U.S. Survey of Current Business*).

No existen datos fiables sobre niveles de precios por estados, si bien existe cierta información por ciudades. Hemos calculado la renta real dividiendo las cifras nominales de renta personal entre los valores nacionales del índice de precios al consumo (1982-1984 = 1,0). (Utilizamos las cifras de *Citibase* desde 1947 para todas las partidas excepto el alojamiento. Para antes de 1947, utilizamos el índice general del U.S. Department of Commerce, 1975, serie E135.) Siempre que se utilice el mismo índice para cada fecha y cada estado, el índice particular que se haya elegido no afecta a los niveles relativos y a las tasas de crecimiento entre estados.

Las cifras de renta anteriores fueron publicadas por Easterlin (1960a, 1960b) para 1920 (48 estados), 1900 (48 estados o territorios), 1880 (47 estados o territorios, no está Oklahoma) y 1840 (29 estados o territorios). Estos datos no incluyen pagos de transferencias y las cifras de 1840 no recogen todos los componentes de la renta personal. Se utilizan las estimaciones del índice de precios de todos los componentes del consumo (*U.S. Department of Commerce*, 1975, serie E135) a fin de deflactar las cifras de renta.

Para los años censales a partir de 1930, las rentas laborales (incluidas las procedentes del autoempleo) pueden dividirse en nueve subsectores: agricultura, minería, construcción, manufacturas, transportes y servicios públicos, comercio mayorista y minorista, finanzas, seguros y servicios inmobiliarios, servicios, administraciones públicas y empresas públicas. Para los periodos anteriores a 1930, existe información en lo referente a la fracción de renta generada por la agricultura.

TABLA 11.8 | Datos de los estados de EE.UU.

Estado		Renta per cápita real, 1900 (miles de dólares, base 1982-1984)	Renta per cápita real, 2000 (miles de dólares, base 1982-1984)	Tasa de crecimiento de la renta per cápita real	Población, 1900 (millones)	Población, 1990 (millones)	Tasa de crecimiento de la población 1900-1990	Inmigración neta 1900-1989 (millones)
AL	Alabama	1,00	12,95	0,0256	1,829	4,046	0,0088	−1,32
AZ	Arizona	3,69	13,79	0,0132	0,093	3,681	0,0409	2,03
AR	Arkansas	1,03	12,11	0,0246	1,312	2,353	0,0065	−1,14
CA	California	4,20	17,78	0,0144	1,403	29,956	0,0340	16,59
CO	Colorado	3,66	17,90	0,0159	0,529	3,302	0,0203	1,11
CT	Connecticut	3,19	22,55	0,0196	0,908	3,290	0,0143	0,76
DE	Delaware	2,52	17,15	0,0192	0,185	0,669	0,0143	0,18
FL	Florida	1,29	15,36	0,0248	0,529	13,044	0,0356	9,37
GA	Georgia	0,98	15,33	0,0275	2,222	6,504	0,0120	−0,28
ID	Idaho	2,54	13,04	0,0164	0,154	1,011	0,0209	0,04
IL	Illinois	2,99	17,57	0,0177	4,822	11,443	0,0096	−0,17
IN	Indiana	2,09	14,81	0,0196	2,516	5,554	0,0088	−0,30
IA	Iowa	2,33	14,55	0,0183	2,232	2,780	0,0024	−1,41
KS	Kansas	2,15	15,12	0,0195	1,470	2,480	0,0058	−0,65
KY	Kentucky	1,38	13,27	0,0226	2,147	3,690	0,0060	−1,54
LA	Louisiana	1,47	12,71	0,0216	1,382	4,211	0,0124	−0,52
ME	Maine	2,16	14,02	0,0187	0,694	1,231	0,0064	−0,11
MD	Maryland	2,34	18,55	0,0207	1,188	4,802	0,0155	1,26
MA	Massachusetts	3,49	20,81	0,0179	2,850	6,020	0,0083	0,14
MI	Michigan	2,13	16,04	0,0202	2,421	9,314	0,0150	0,62
MN	Minnesota	2,38	17,61	0,0200	1,737	4,390	0,0103	−0,34
MS	Mississippi	0,97	11,51	0,0247	1,551	2,574	0,0056	−1,62
MO	Missouri	2,16	15,00	0,0194	3,107	5,127	0,0056	−0,83
MT	Montana	4,77	12,44	0,0096	0,226	0,799	0,0140	−0,07
NE	Nebraska	2,43	15,26	0,0184	1,066	1,580	0,0044	−0,71
NV	Nevada	4,54	16,31	0,0128	0,035	1,224	0,0395	0,79

NH	New Hampshire	2,46	18,23	0,0200	0,412	1,111	0,0110	0,31
NJ	New Jersey	3,19	20,48	0,0186	1,884	7,735	0,0157	2,20
NM	New Mexico	1,70	12,08	0,0196	0,180	1,520	0,0237	0,16
NY	New York	3,71	19,04	0,0164	7,269	18,002	0,0101	1,13
NC	North Carolina	0,82	14,81	0,0289	1,894	6,653	0,0140	−0,30
ND	North Dakota	2,40	13,67	0,0174	0,312	0,637	0,0079	−0,49
OH	Ohio	2,55	15,40	0,0180	4,158	10,859	0,0107	0,14
OK	Oklahoma	1,31	13,01	0,0230	0,670	3,146	0,0172	−0,19
OR	Oregon	2,85	15,26	0,0168	0,395	2,861	0,0220	1,27
PA	Pennsylvania	2,88	16,30	0,0173	6,302	11,893	0,0071	−1,99
RI	Rhode Island	3,36	16,09	0,0157	0,429	1,005	0,0095	0,05
SC	South Carolina	0,86	13,22	0,0273	1,340	3,498	0,0107	−0,75
SD	South Dakota	2,11	14,34	0,0192	0,381	0,696	0,0067	−0,43
TN	Tennessee	1,16	14,28	0,0251	2,021	4,887	0,0098	−0,46
TX	Texas	1,58	15,30	0,0227	3,049	17,055	0,0191	3,33
UT	Utah	2,11	12,89	0,0181	0,272	1,729	0,0206	0,06
VT	Vermont	2,19	14,85	0,0191	0,344	0,565	0,0055	−0,05
VA	Virginia	1,27	17,14	0,0260	1,854	6,213	0,0134	0,61
WA	Washington	3,40	17,18	0,0162	0,496	4,909	0,0255	2,16
WV	West Virginia	1,35	12,01	0,0219	0,959	1,790	0,0069	−1,10
WI	Wisconsin	2,05	15,49	0,0202	2,058	4,906	0,0097	−0,33
WY	Wyoming	3,57	15,14	0,0144	0,089	0,452	0,0181	0,03

Notas: La abreviatura de dos letras que aparece ante el nombre del estado corresponde al código postal del estado.

La clasificación censal de los Estados Unidos es la siguiente:

Región Noreste: ME, NH,VT, MA, RI, CT, NY, NJ, PA.

Región Sur: DE, MD, VA, WV, NC, SC, GA, FL, KY, TN, AL, MS, AR, LA, OK, TX.

Región Medio Oeste: MN, IA, MO, ND, SD, NE, KS, OH, IN, IL, MI, WI.

Región Oeste: MT, ID, SY, CO, NM, AZ, UT, NV, WA, OR, CA.

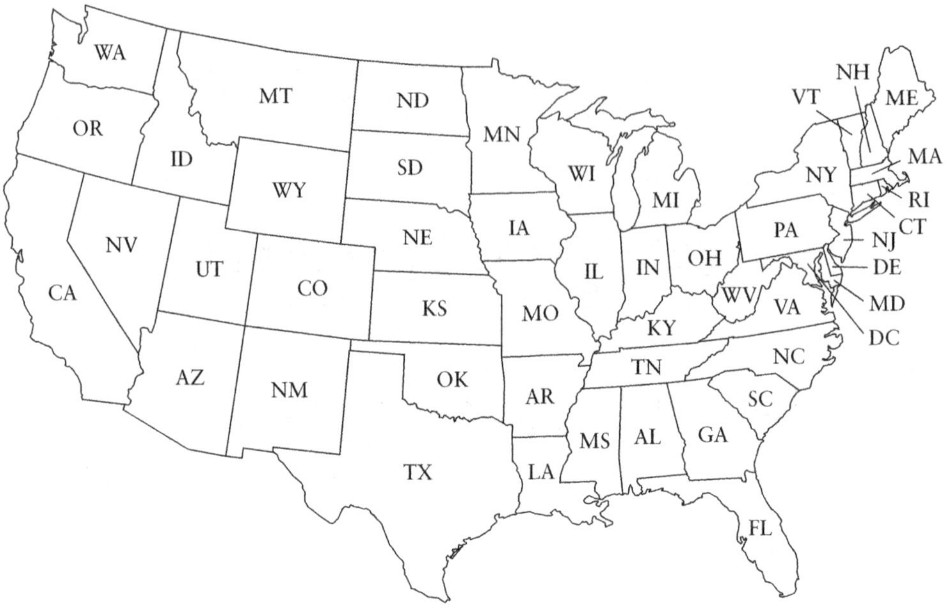

ILUSTRACIÓN 11.13 I Mapa de los estados de EE.UU.

La densidad de población es el ratio entre la población y la superficie total (incluida la ocupada por agua); los datos de superficie proceden del Departamento de Comercio estadounidense (*U.S. Department of Commerce, Bureau of the Census*, [1990]). Los flujos netos de migración se calculan a partir de las cifras del censo, tomando la variación de la población en un periodo, restando los nacimientos y sumando las defunciones.

11.12.2. Datos de las regiones europeas

La tabla 11.9 recoge una muestra de los datos de las regiones de los países europeos (representadas en el mapa de la ilustración 11.14). Se presentan datos de PIB, población y variables relacionadas de las regiones de ocho países europeos: Alemania (11 regiones), Reino Unido (11), Italia (20), Francia (21), Países Bajos (4), Bélgica (3), Dinamarca (3) y España (17).

Para todos ellos excepto España, los datos de PIB y población de 1950, 1960 y 1970 están tomados de Molle, Van Holst y Smits (1980). Las cifras de 1966 (salvo Francia y Dinamarca), 1970 (sin Dinamarca), 1974, 1980, 1985 y 1990 (excluida Dinamarca) están tomadas de *Eurostat*. En el caso español y para diversos años entre 1955 y 1987, los datos de la renta regional y el PIB proceden del Banco de Bilbao (diversas publicaciones). Las cifras sobre población están tomadas del INE, Anuario Estadístico de España (varios números). Inicialmente los datos estaban clasificados en 50 provincias que han sido agrupadas en 17 regiones.

TABLA 11.9 | Datos de las regiones europeas

Región	PIB per cápita real, desviación proporcional del promedio del país, 1950	PIB per cápita real, desviación proporcional del promedio[b] del país, 1990	Tasa de crecimiento del PIB per cápita real desviación proporcional del promedio[c] del país	Población, 1950[d] (millones)	Población, 1990[e] (millones)	Tasa de crecimiento de la población[f]	Inmigración neta, diversos periodos[g] (millones)
Alemania							
1. Schleswig-Holstein	−0,36	−0,20	0,0039	2,595	2,615	0,0002	0,31
2. Hamburg	0,54	0,42	−0,0029	1,606	1,641	0,0005	0,13
3. Niedersachsen	−0,25	−0,18	0,0019	6,797	7,342	0,0019	0,21
4. Bremen	0,34	0,20	−0,0034	0,559	0,679	0,0049	0,10
5. Nordrhein Westfalia	0,12	−0,08	−0,0049	13,207	17,248	0,0067	2,05
6. Hessen	−0,06	0,12	0,0044	4,324	5,718	0,0070	1,19
7. Rheinland-Pfalz	−0,25	−0,15	0,0023	3,005	3,735	0,0054	0,25
8. Saarland	0,17	−0,10	−0,0067	0,955	1,071	0,0029	0,00
9. Baden-Württemberg	−0,03	0,02	0,0014	6,430	9,729	0,0104	1,78
10 Bayern	−0,19	−0,01	0,0045	9,185	11,337	0,0053	1,52
11. Berlin (West)	−0,02	−0,04	−0,0005	2,147	2,118	−0,0003	0,26
Reino Unido							
12. North	−0,07	−0,07	−0,0008	3,133	3,075	−0,0005	−0,24
13. Yorkshire-Humberside	0,11	−0,01	−0,0039	4,494	4,952	0,0024	−0,16
14. East Midlands	−0,02	0,04	0,0005	2,909	4,019	0,0081	0,21
15. East Anglia	−0,04	0,10	0,0027	1,381	2,059	0,0100	0,34
16. South-East	0,30	0,27	−0,0016	15,174	17,458	0,0035	−0,45
17. South-West	−0,22	0,03	0,0056	3.238	4.667	0,0091	0,66
18. North-West	0,08	−0,02	−0,0034	6,424	6,389	−0,0001	−0,48
19. West Midlands	0,14	−0,01	−0,0045	4.422	5,219	0,0041	−0,20
20 Wales	−0,24	−0,10	0,0025	2,584	2,881	0,0027	0,08
21. Scotland	−0,03	0,00	−0,0002	5,096	5,102	0,0000	−0,45
22. Northern Ireland	−0,35	−0,22	0,0031	1,371	1,589	0,0037	−0,20
Italia							
23. Piemonte	0,47	0,23	−0,0066	3.504	4.357	0,0054	0,87
24. Valle d'Aosta	0,53	0,31	−0,0057	0,095	0,116	0,0050	0,02
25. Liguria	0,61	0,18	−0,0106	1,555	1,723	0,0026	0,30
26. Lombardia	0,52	0,34	−0,0045	6,433	8,928	0,0082	1,25

Continuación

TABLA 11.9 | Datos de las regiones europeas (continuación)

Región	PIB per cápita real, desviación proporcional del promedio del país, 1950	PIB per cápita real, desviación proporcional del promedio[b] del país, 1990	Tasa de crecimiento del PIB per cápita real desviación proporcional del promedio[c] del país	Población, 1950[d] (millones)	Población, 1990[e] (millones)	Tasa de crecimiento de la población[f]	Inmigración neta, diversos periodos[g] (millones)
27. Trentino–Alto Adige	0,19	0,22	0,0007	0,735	0,889	0,0048	−0,03
28. Veneto	−0,01	0,19	0,0050	3,841	4,392	0,0034	−0,35
29. Fruili-Venezia-Giulia	0,12	0,24	0,0030	1,200	1,202	0,0000	−0,58
30 Emilia-Romagna	0,17	0,28	0,0027	3,509	3,925	0,0028	0,19
31. Marche	−0,06	0,08	0,0036	1,352	1,433	0,0015	−0,13
32. Toscana	0,16	0,13	−0,0006	3,152	3,562	0,0031	0,29
33. Umbria	−0,04	0,03	0,0016	0,806	0,822	0,0005	−0,07
34. Lazio	0,21	0,17	−0,0008	3,322	5,181	0,0111	0,62
35. Campania	−0,29	−0,33	−0,0011	4,276	5,831	0,0078	−0,88
36. Abruzzi	−0,32	−0,10	0,0054	1,238	1,269	0,0006	−0,27
37. Molise	−0,49	−0,20	0,0071	0,398	0,336	−0,0042	−0,14
38. Puglia	−0,33	−0,26	0,0017	3,181	4,076	0,0062	−0,77
39. Basilicata	−0,47	−0,41	0,0016	0,617	0,624	0,0003	−0,25
40 Calabria	−0,48	−0,46	0,0005	1,987	2,153	0,0020	−0,79
41. Sicilia	−0,32	−0,37	−0,0012	4,422	5,185	0,0040	−1,08
42. Sardegna	−0,16	−0,27	−0,0027	1,259	1,661	0,0069	−0,23
Francia							
43. Region Parisienne	0,61	0,50	−0,0026	7,009	10,227	0,0094	1,02
44. Champagne-Ardenne	0,05	0,11	0,0015	1,110	1,341	0,0047	−0,06
45. Picarde	0,05	−0,05	−0,0026	1,355	1,804	0,0072	0,04
46. Haute Normandie	0,13	0,05	−0,0020	1,232	1,731	0,0085	0,03
47. Centre	−0,18	0,02	0,0049	1,758	2,363	0,0074	0,30
48. Basse Normandie	−0,14	−0,04	0,0024	1,145	1,385	0,0048	−0,10
49. Bourgogne	−0,11	−0,01	0,0025	1,376	1,602	0,0038	0,10
50 Nord–Pas de Calais	0,17	−0,09	−0,0067	3,309	3,945	0,0044	−0,39
51. Lorraine	0,24	−0,03	−0,0067	1,874	2,293	0,0050	−0,22
52. Alsace	0,19	0,14	−0,0014	1,196	1,619	0,0075	0,15
53. Franche-Comte	0,05	0,03	−0,0005	0,841	1,092	0,0065	0,02
54. Pays de la Loire	−0,11	−0,03	0,0020	2,293	3,048	0,0071	0,03

55. Bretagne	−0,20	−0,08	0,0030	2,358	2,784	0,0042	0,03
56. Poitou-Charente	−0,25	−0,11	0,0035	1,379	1,588	0,0035	−0,03
57. Aquitaine	−0,15	0,00	0,0036	2,206	2,787	0,0058	0,35
58. Midi-Pyrénées	−0,27	−0,10	0,0043	1,982	2,423	0,0050	0,29
59. Limousin	−0,05	−0,14	−0,0023	0,760	0,719	−0,0014	0,04
60 Rhône-Alpes	0,12	0,09	−0,0009	3,580	5,338	0,0100	0,77
61. Auvergne	−0,06	−0,09	−0,0009	1,261	1,314	0,0010	0,03
62. Languedoc-Roussillon	−0,18	−0,14	0,0008	1,453	2,119	0,0094	0,48
63/64. Provence–Alpes–Côtes d'Azur–Corse	0,08	−0,01	−0,0021	2,533	4,499	0,0144	1,52
Países Bajos							
65. Noord	−0,10	0,04	0,0035	1,215	1,596	0,0068	—
66. Oost	−0,12	−0,13	−0,0003	1,788	3,050	0,0134	—
67. West	0,18	0,12	−0,0015	5,155	6,996	0,0076	—
68. Zuid	0,04	−0,03	−0,0016	2,007	3,306	0,0125	—
Bélgica							
69. Vlaanderen	−0,14	0,09	0,0057	3,963	4,486	0,0030	—
70 Wallonie	−0,01	−0,21	−0,0049	2,841	3,251	0,0034	—
71. Brabant	0,15	0,12	−0,0008	1,849	2,248	0,0049	—
Dinamarca							
72. Sjalland-Lolland-Falster-Bornholm	0,08	0,19	0,0031	1,984	1,718	−0,0040	—
73. Fyn	−0,02	−0,14	−0,0034	0,396	0,586	0,0109	—
74. Jylland	−0,06	−0,05	0,0003	1,902	2,817	0,0109	—

Continuación

TABLA 11.9 | Datos de las regiones europeas (continuación)

Región	PIB per cápita real, desviación proporcional del promedio del país, 1950	PIB per cápita real, desviación proporcional del promedio[b] del país, 1990	Tasa de crecimiento del PIB per cápita real desviación proporcional del promedio[c] del país	Población, 1950[d] (millones)	Población, 1990[e] (millones)	Tasa de crecimiento de la población[f]	Inmigración neta, diversos periodos[g] (millones)
España							
75. Andalucia	−0,29	−0,29	0,0002	5,621	6,920	0,0053	−1,67
76. Aragón	0,01	0,08	0,0022	1,095	1,213	0,0026	−0,12
77. Asturias	0,17	−0,06	−0,0074	0,893	1,126	0,0059	−0,02
78. Balears	0,08	0,34	0,0080	0,423	0,682	0,0122	0,12
79. Canarias	−0,22	−0,03	0,0059	0,800	1,485	0,0158	0,02
80 Cantabria	0,18	0,05	−0,0043	0,406	0,527	0,0067	−0,04
81. Castilla–La Mancha	−0,43	−0,26	0,0052	2,028	1,714	−0,0043	−0,91
82. Castilla-León	−0,13	−0,11	0,0007	2,864	2,626	−0,0022	−0,97
83, Catalunya	0,34	0,25	−0,0029	3,271	6,008	0,0156	1,42
84. Euskadi (País Vasco)	0,74	0,11	−0,0197	1,075	2,129	0,0175	0,43
85. Extremadura	−0,58	−0,43	0,0047	1,366	1,129	−0,0049	−0,70
86. Galicia	−0,36	−0,20	0,0050	2,604	2,804	0,0019	−0,41
87. Madrid	0,48	0,34	−0,0042	1,956	4,876	0,0234	1,40
88. Murcia	−0,35	−0,15	0,0062	0,759	1,027	0,0078	−0,16
89. Navarra	0,19	0,13	−0,0019	0,384	0,521	0,0078	0,00
90 La Rioja	0,11	0,14	0,0008	0,230	0,260	0,0032	−0,03
91. Valencia	0,05	0,10	0,0014	2,316	3,787	0,0126	0,54

[a] Diferencia entre el logaritmo del PIB per cápita de 1950 y la media del país de 1950. Los valores de España son de 1955.
[b] Diferencia entre el logaritmo del PIB per cápita de 1990 y la media del país de 1990. Los valores de Dinamarca son de 1985 y los de España son de 1987.
[c] Diferencia de la tasa de crecimiento anual del PIB per cápita entre 1950 y 1990 y la tasa media de crecimiento del país. Los valores de Dinamarca van de 1950 a 1985 y los de España van de 1955 a 1987.
[d] Los valores de España son de 1951.
[e] Los valores de Dinamarca son de 1986.
[f] Tasa de crecimiento anual de la población entre 1950 y 1990. Los valores de Dinamarca van de 1950 a 1986 y los de España van de 1951 a 1990.
[g] Los periodos son: 1954-1988 para Alemania, 1961-1985 para Reino Unido 1951-1987 para Italia, 1954-1982 para Francia y 1951-1987 para España.
Nota: Los números de la regiones corresponden a los utilizados en el mapa de la ilustración 11.14.

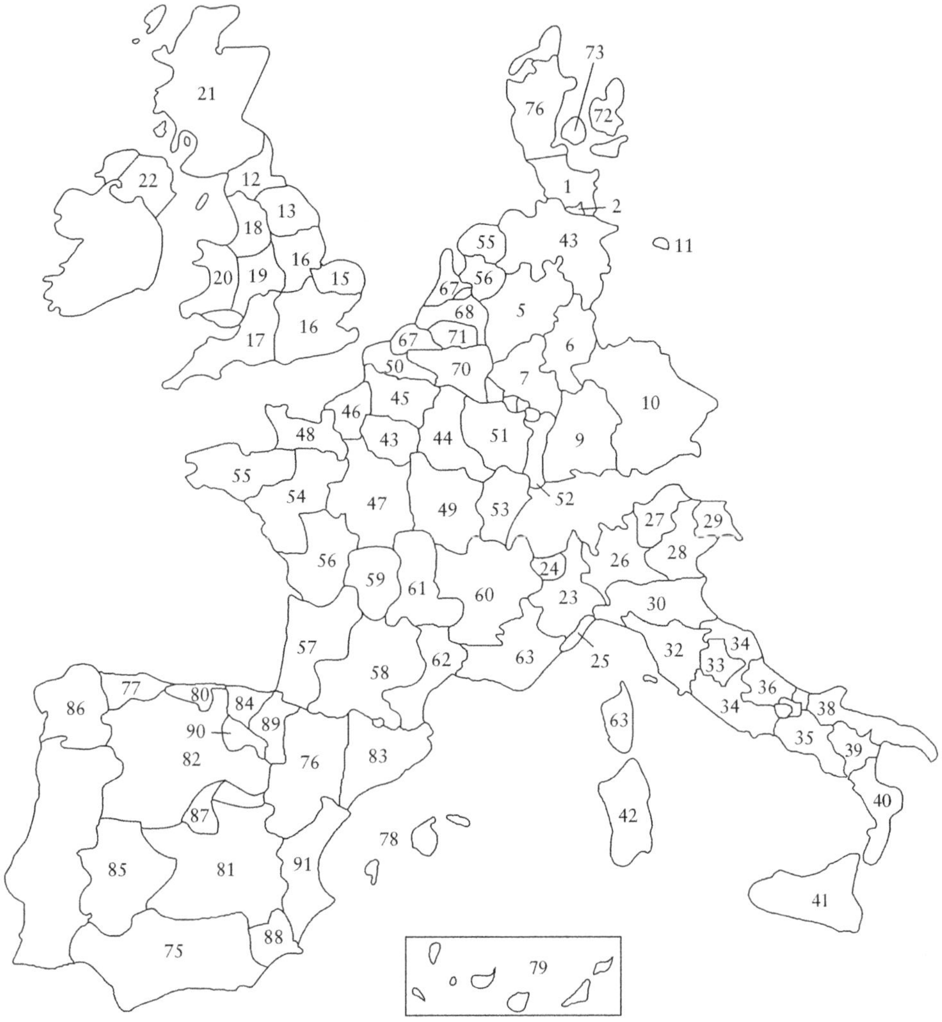

ILUSTRACIÓN 11.14 | Mapa de las regiones europeas.

No contamos con datos de precios regionales. Además, las cifras de PIB en ocasiones se ofrecen en forma de índices que no son comparables entre países. Por lo tanto, nos hemos centrado en cifras regionales de PIB expresadas como desviaciones con respecto al promedio de sus respectivos países.

Para todos los países excepto España, Molle, Van Holst y Smits (1980) proporcionan una desagregación del empleo en tres sectores, agricultura, industria y servicios en 1950,1960 y 1970. Para los años restantes, *Eurostat* ofrece una desagregación del PIB en estos mismos tres sectores. En el caso español, la desagregación del PIB en estos tres componentes en diversos años la proporciona el Banco de Bilbao (varias publicaciones).

Para los cinco países de mayor tamaño, los flujos netos de migración se calculan a partir de la información sobre población, nacimientos y defunciones. Las fuentes nacionales son las siguientes: Alemania: Statistischen Bundesamtes, *Statistisches Jahrbuch für die Bundesrepublik Deutschland*, diversos años. Reino Unido: *Population Trends 51*, Spring 1988. France: INSEE, *Statistiques et Indicateurs des Regions Francaises*, 1978; INSEE, *Données de Demographie Regionale* 1982, 1986. Italia: ISTAT, *Sommario Storice di Statistiche Sulla Populazzione: Anni 1951-1987*, 1990. España: INE, *Anuario Estadístico de España*, diversos números.

11.12.3. Datos de las prefecturas de Japón

Los datos de las prefecturas de Japón se presentan en la tabla 11.10. (En la ilustración 11.15 aparece un mapa de las prefecturas.) Desde 1955 las cifras de renta son recogidas por la Agencia de Planificación Económica de Japón. Las cuentas se han creado siguiendo el "sistema estandarizado de contabilidad de las prefecturas de 1983", de manera que todas las cifras son comparables. En teoría, la suma de las cifras de renta de las cuarenta y siete prefecturas coincide con la renta nacional de Japón. Los datos se recogen anualmente y se publican en el *Annual Report of Prefectural Accounts*. Para 1930, obtuvimos datos de renta por prefectura de la *National Economy Studies Association*. No disponemos de datos de precios por prefectura y por lo tanto utilizamos los índices nacionales de precios para deflactar la renta de cada región.

Los datos sobre población proceden del *Statistics Bureau* y de *Management and Coordination Agency*. La principal fuente de estas cifras es el censo quinquenal de población realizado por el instituto de estadística japonés.

Este mismo instituto recoge los datos de migración. Estas cifras se calculan a partir de *Basic Resident Registers* y *Statistical Survey on Legal Migrants*. Estos datos no incluyen individuos sin nacionalidad japonesa.

TABLA 11.10 | Datos de las prefecturas de Japón

Prefectura		Renta per cápita real, 1955[a] (millones de yenes, base 1985)	Renta per cápita real, 1990 (millones de yenes, base 1985)	Tasa de crecimiento de la renta per cápita real[b]	Población, 1955 (millones)	Población, 1990 (millones)	Tasa de crecimiento de la población	Inmigración neta 1955-1990[c] (millones)
1.	Hokkaido	0,441	2,396	0,0484	4,784	5,644	0,0030	−0,76
2.	Aomori	0,326	2,045	0,0525	1,391	1,483	0,0012	−0,36
3.	Iwate	0,298	2,093	0,0557	1,437	1,417	−0,0003	−0,41
4.	Miyagi	0,367	2,453	0,0543	1,748	2,249	0,0046	−0,11
5.	Akita	0,371	2,137	0,0500	1,362	1,227	−0,0019	−0,44
6.	Yamagata	0,337	2,206	0,0537	1,370	1,258	−0,0016	−0,38
7.	Fukushima	0,339	2,413	0,0561	2,120	2,104	−0,0001	−0,57
8.	Niigata	0,388	2,398	0,0520	2,501	2,475	−0,0002	−0,63
9.	Ibaraki	0,348	2,648	0,0580	2,099	2,845	0,0055	0,09
10.	Tochigi	0,518	2,788	0,0561	1,571	1,935	0,0038	−0,13
11.	Gumma	0,369	2,640	0,0562	1,624	1,966	0,0035	−0,15
12.	Saitama	0,460	2,825	0,0519	2,279	6,405	0,0188	2,41
13.	Chiba	0,368	2,880	0,0588	2,225	5,555	0,0166	1,93
14.	Tokyo	0,811	4,238	0,0472	8,016	11,855	0,0071	0,10
15.	Kanagawa	0,564	2,960	0,0474	2,901	7,980	0,0184	2,58
16.	Yamanashi	0,321	2,557	0,0593	0,819	0,853	0,0007	−0,16
17.	Nagano	0,374	2,633	0,0558	2,050	2,157	0,0009	−0,33
18.	Shizuoka	0,452	2,883	0,0530	2,638	3,671	0,0060	−0,02
19.	Toyama	0,426	2,616	0,0518	1,028	1,120	0,0016	−0,16
20.	Ishikawa	0,412	2,608	0,0527	0,964	1,165	0,0034	−0,09
21.	Gifu	0,441	2,551	0,0502	1,599	2,067	0,0047	−0,07
22.	Aichi	0,579	2,971	0,0467	3,779	6,690	0,0104	0,86
23.	Mie	0,406	2,621	0,0533	1,505	1,793	0,0032	−0,11
24.	Fukui	0,395	2,429	0,0519	0,758	0,824	0,0015	−0,13
25.	Shiga	0,434	2,794	0,0532	0,857	1,222	0,0065	0,09
26.	Kyoto	0,531	2,664	0,0461	1,928	2,603	0,0054	0,02
27.	Osaka	0,709	3,190	0,0430	4,586	8,735	0,0117	1,27

Continuación

TABLA 11.10 | Datos de las prefecturas de Japón (continuación)

Prefectura		Renta per cápita real, 1955[a] (millones de yenes, base 1985)	Renta per cápita real, 1990 (millones de yenes, base 1985)	Tasa de crecimiento de la renta per cápita real[b]	Población, 1955 (millones)	Población, 1990 (millones)	Tasa de crecimiento de la población	Inmigración neta 1955-1990[c] (millones)
28.	Hyogo	0,618	2,668	0,0418	3,660	5,405	0,0071	0,29
29.	Nara	0,418	2,190	0,0473	0,777	1,375	0,0104	0,30
30.	Wakayama	0,438	2,109	0,0449	1,012	1,074	0,0011	−0,15
31.	Tottori	0,373	2,193	0,0506	0,615	0,616	0,0000	−0,12
32.	Shimane	0,336	2,121	0,0527	0,931	0,781	−0,0032	−0,26
33.	Okayama	0,413	2,555	0,0521	1,716	1,926	0,0021	−0,16
34.	Hiroshima	0,478	2,678	0,0492	2,180	2,850	0,0049	0,00
35.	Yamaguchi	0,445	2,299	0,0469	1,619	1,573	−0,0005	−0,34
36.	Tokushima	0,344	2,297	0,0542	0,898	0,832	−0,0014	−0,20
37.	Kagawa	0,394	2,524	0,0531	0,951	1,023	0,0013	−0,11
38.	Ehime	0,397	2,157	0,0483	1,563	1,515	−0,0006	−0,37
39.	Kochi	0,367	2,025	0,0484	0,917	0,825	−0,0019	−0,18
40.	Fukuoka	0,490	2,502	0,0466	3,867	4,811	0,0040	−0,28
41.	Saga	0,368	2,131	0,0502	0,982	0,878	−0,0020	−0,34
42.	Nagasaki	0,369	2,027	0,0487	1,795	1,563	−0,0025	−0,65
43.	Kumamoto	0,326	2,294	0,0558	1,898	1,840	−0,0006	−0,47
44.	Oita	0,316	2,218	0,0556	1,298	1,237	−0,0009	−0,30
45.	Miyazaki	0,317	2,078	0,0537	1,155	1,169	0,0002	−0,28
46.	Kagoshima	0,255	2,019	0,0591	2,084	1,798	−0,0027	−0,68
47.	Okinawa	0,282	1,880	0,0542	0,801	1,222	0,0077	−0,01

[a] El valor de la prefectura de Tochigi es de 1960.
[b] El periodo de la prefectura de Tochigi es 1960-1990.
[c] El periodo de la prefectura de Okinawa es 1965-1990.
Notas: Los números de las prefecturas son los mismos que los utilizados en la ilustración 11,15. La clasificación por distritos es la siguiente: Distrito 1 (Hokkaido-Tohoku), prefecturas 1 a 8. Distrito 2 (Kanto-Koshin), prefecturas 9 a 17. Distrito 3 (Chubu), prefecturas 18 a 24. Distrito 4 (Kinki), prefecturas 25 a 30. Distrito 5 (Chugoku), prefecturas 31 a 35. Distrito 6, (Shikoku), prefecturas 36 a 39. Distrito 7 (Kyushu), prefecturas 40 a 47.

ILUSTRACIÓN 11.15 | Mapa de las prefecturas de Japón.

Análisis empírico de corte transversal de una muestra de países

CAPÍTULO 12

Las tasas de crecimiento varían enormemente entre países en largos periodos de tiempo. La ilustración 12.1 (que es idéntica a la ilustración I.3 de la introducción) representa estas diferencias bajo la forma de un histograma de la tasa de crecimiento del PIB per cápita real de 112 países para los que se dispone de datos entre 1960 y 2000.[1] El valor promedio de la tasa de crecimiento es el 1,8 % anual con una desviación típica de 1,7. La decila inferior comprende once países con tasas de crecimiento inferiores al –0,5 % anual y la decila superior agrupa a los once cuyas tasas de crecimiento son superiores al 3,9 % anual. En cuanto a las quintilas, los 22 países peor situados tienen tasas de crecimiento inferiores al 0,4 % anual, mientras que los 22 mejores tienen tasas de crecimiento superiores al 3 % anual.

La diferencia entre el crecimiento per cápita al –1,3 % anual, el promedio de la decila inferior, y el crecimiento al 5 % anual, el promedio de la decila superior, significa que en el primer caso el PIB per cápita real disminuye en un 41 % en el plazo de 40 años y que en el segundo se multiplica por más de siete. Más aún, si analizamos los dos países con menor crecimiento, la República Democrática de Congo (antiguo Zaire) y la República Centroafricana, sus niveles de PIB per cápita real disminuyen desde 980 dólares y 2 180 dólares americanos en 1960 (dólares de 1996) respectivamente, hasta 320 dólares y 1120 dólares americanos en 2000 (1995 para el antiguo Zaire). Entre 1960 y 2000, los dos países con mayor crecimiento, Taiwán y Singapur, crecieron desde 1 430 y 2 160 dólares, respectivamente, hasta 18 700 y 26 100 dólares respectivamente. Así pues, aunque la República Centroafricana era un 50 % más rica que Taiwán en 1960, en 2000 Taiwán era diecisiete veces más rico que aquélla. En cuarenta años, las variaciones observadas de las tasas de crecimiento han provocado diferencias espectaculares en los niveles de vida promedio de los residentes de los países.

1. Los datos de PIB son los valores ajustados en paridades de poder adquisitivo de la versión 6.1 de las Penn-World Tables, tal y como se recogen en Summers y Heston (1991) y en Heston, Summer y Aten (2002). Para once países de los que no se disponían de datos de 2000, las tasas de crecimiento del periodo 1995-2000 se calcularon a partir de cifras del Banco Mundial. En el caso de Taiwán, la tasa de crecimiento del periodo 1995-2000 proviene de fuentes nacionales. En el caso de la República Democrática de Congo (antiguo Zaire) la tasa de crecimiento corresponde al periodo 1960-1995.

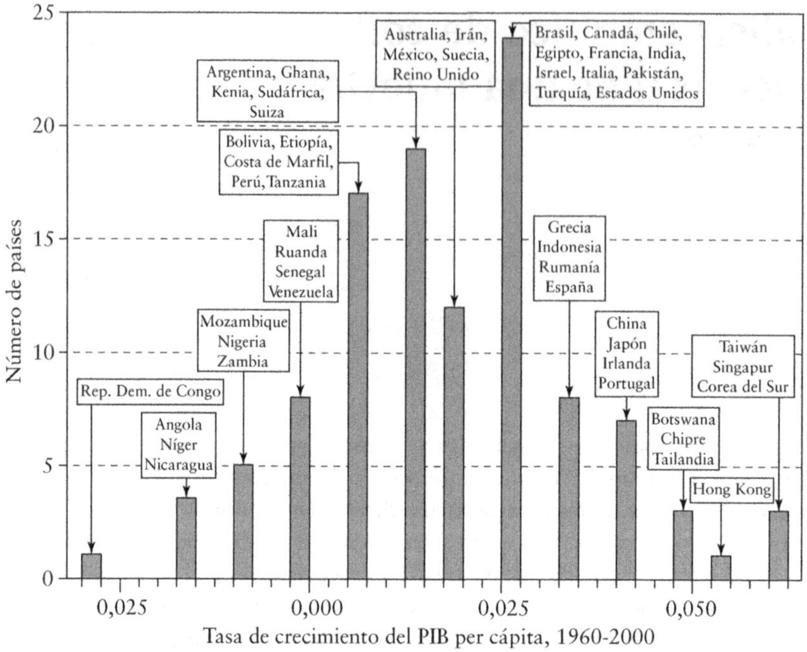

ILUSTRACIÓN 12.1 | Histograma de la tasa de crecimiento del PIB per cápita entre 1960 y 2000. Para los 112 países las tasas de crecimiento se calculan a partir de las cifras de PIB per cápita entre 1960 y 2000 de las ilustraciones I.1 e I.2. En el caso de la República Democrática de Congo (antiguo Zaire), la tasa de crecimiento abarca el periodo 1960-1995. Los datos proceden de las Penn-World Tables version 6.1, tal y como se recogen en Summers y Heston (1991) y Heston, Summers y Aten (2002). Los valores de PIB están ponderados "en cadena" y en dólares americanos de 1996. Para la muestra de 112 países, la tasa promedio de crecimiento anual es 0,018 y la desviación típica es 0,017. La tasa de crecimiento mayor es 0,064 y la menor es –0,032. Dentro de cada grupo se indican los países más representativos.

12.1. Ganadores y perdedores desde 1960 a 2000

En la tabla 12.1 aparecen los países perdedores, los veinte con las menores tasas de crecimiento per cápita entre 1960 y 2000. Los países están ordenados de menor a mayor tasa de crecimiento, como puede verse en la segunda columna. Este grupo está formado por la cifra sorprendente de dieciocho países del África subsahariana y dos latinoamericanos (Nicaragua y Venezuela). En la tabla también aparecen las tasas de crecimiento per cápita de tres décadas, 1965-1975, 1975-1985 y 1985-1995. Los valores ajustados de dichos periodos se analizarán más tarde.

En tabla 12.2 aparecen los países ganadores, es decir, los veinte con las mayores tasas de crecimiento per cápita. Estos países están ordenados de mayor a menor tasa de crecimiento, como puede verse en la segunda columna. Entre los ganadores aparecen nueve economías de Asia Oriental (Taiwán, Singapur, Corea del Sur, Hong Kong, Tailandia, China, Japón, Malasia e Indonesia), cuatro de Europa Occidental (Irlanda, Portugal, España y Luxemburgo) y dos de África subsahariana (Bostwana y Congo-Brazzaville), incluyendo también Chipre, Barbados, Rumanía y dos islas de la costa africana: Cabo Verde y Mauricio.

Las principales regresiones de las tasas de crecimiento per cápita que analizaremos atañen a las tres décadas siguientes: 1965-1975, 1975-1985 y 1985-1995. Este

TABLA 12.1 | Datos de los veinte países con menor crecimiento

País	Crecimiento 1960-2000[a]	Crecimiento 1965-1975	Ajustado 1965-1975	Crecimiento 1975-1985	Ajustado 1975-1985	Crecimiento 1985-1995	Ajustado 1985-1995	Crecimiento 1995-2000[b]
Congo (Kinshasa)	−0,032	0,001	0,005	−0,040	−0,003	−0,069	−0,026	—
República Centroafricana	−0,017	−0,012	—	−0,019	—	−0,035	—	0,004
Níger	−0,015	−0,041	−0,015	−0,026	−0,067	−0,008	−0,004	0,012
Angola	−0,014	−0,032	—	−0,011	—	−0,040	—	0,021
Nicaragua	−0,012	0,012	0,003	−0,037	−0,009	−0,050	−0,024	−0,006
Mozambique	−0,011	0,004	—	−0,081	—	0,003	−0,001	0,051
Madagascar	−0,010	0,004	—	−0,021	—	−0,015	—	0,004
Nigeria	−0,009	0,000	—	−0,004	—	−0,010	—	−0,054
Zambia	−0,008	−0,008	0,021	−0,021	0,007	−0,029	−0,003	0,018
Chad	−0,007	−0,012	—	−0,004	—	−0,014	—	0,003
Comoros	−0,005	0,007	—	−0,005	—	−0,031	—	−0,011
Venezuela	−0,005	−0,019	0,014	−0,019	0,006	0,004	0,004	−0,020
Senegal	−0,003	−0,008	−0,005	−0,006	−0,003	−0,002	0,005	0,021
Rwanda	−0,001	0,015	—	0,023	—	−0,037	—	0,038
Togo	−0,001	0,004	−0,005	0,011	0,000	−0,039	0,004	−0,002
Burundi	−0,001	0,024	—	−0,004	—	−0,007	—	−0,056
Mali	0,000	0,008	0,014	0,002	0,000	−0,006	0,011	0,036
Guinea	0,001	−0,016	—	−0,006	—	0,015	—	0,015
Guinea Ecuatorial	0,002	0,015	—	−0,084	—	−0,041	—	0,229
Benin	0,003	−0,013	—	0,018	—	−0,009	—	0,026

Nota: Los datos proceden de las Penn-World Tables version 6.1, tal y como se recogen en Summers y Heston (1991) y Heston, Summer y Aten (2002). Los valores ajustados provienen del sistema de regresión de la segunda columna de la tabla 12.3.

[a] Para el caso de Congo (Kinshasa), la tasa de crecimiento corresponde al periodo 1960-1995.

[b] Para aquellos países de los que no se dispone de datos en las Penn-World Tables version 6.1 del periodo 1995-2000, los datos provienen del Banco Mundial (República Centroafricana y Angola).

TABLA 12.2 | Datos de los veinte países con mayor crecimiento

País	Crecimiento 1960-2000[a]	Crecimiento 1965-1975	Ajustado 1965-1975	Crecimiento 1975-1985	Ajustado 1975-1985	Crecimiento 1985-1995	Ajustado 1985-1995	Crecimiento 1995-2000[b]
Taiwán	0,064	0,069	0,056	0,065	0,050	0,068	0,041	0,047
Singapur	0,062	0,094	—	0,054	0,074	0,052	0,062	0,028
Corea del Sur	0,059	0,071	0,052	0,059	0,048	0,072	0,052	0,032
Hong Kong	0,054	0,048	0,062	0,062	0,052	0,053	0,041	0,008
Botswana	0,051	0,082	—	0,062	0,027	0,036	0,007	0,043
Tailandia	0,046	0,043	0,046	0,045	0,042	0,073	0,051	0,003
Chipre	0,046	0,012	0,043	0,075	0,036	0,052	0,015	0,029
China	0,043	0,017	—	0,049	0,055	0,065	0,044	0,057
Japón	0,042	0,065	0,055	0,030	0,033	0,027	0,030	0,012
Irlanda	0,041	0,035	0,027	0,025	0,012	0,046	0,012	0,085
Barbados	0,039	0,064	—	0,023	—	0,028	—	0,036
Malasia	0,039	0,036	0,031	0,042	0,041	0,047	0,037	0,026
Portugal	0,038	0,049	0,054	0,021	0,026	0,035	0,015	0,040
Mauricio	0,037	0,010	—	0,038	—	0,050	—	0,041
Rumanía	0,035	0,072	—	0,063	—	−0,020	—	−0,020
Cabo Verde	0,035	0,022	—	0,076	—	0,023	—	0,048
España	0,034	0,047	0,047	0,005	0,024	0,033	0,021	0,020
Indonesia	0,034	0,046	0,018	0,047	0,025	0,047	0,014	0,000
Luxemburgo	0,033	0,022	—	0,021	—	0,054	—	0,049
Congo (Brazzaville)	0,032	0,041	0,029	0,059	0,018	−0,021	−0,017	0,005

Nota: Los datos proceden de las Penn-World Tables version 6.1, tal y como se recogen en Summers y Heston (1991) y Heston, Summer y Aten (2002). Los valores ajustados provienen del sistema de regresión de la segunda columna de la tabla 12.3.

[a] Para aquellos países de los que no se dispone de datos en las Penn-World Tables version 6.1 del periodo 1995-2000, los datos provienen del Banco Mundial (Singapur, Botswana y Chipre) o de fuentes nacionales (Taiwán).

análisis econométrico puede interpretarse, en parte, como una forma de determinar cuáles son las características que hacen probable que un país acabe en el grupo de los perdedores o en el de los ganadores de las tablas 12.1 y 12.2. Los valores ajustados de las tres décadas (para países que cuentan con los datos necesarios para ser incluidos en el análisis estadístico) indican qué parte de las tasas de crecimiento puede explicarse a través de regresiones.

Las correlaciones de las tasas de crecimiento entre las décadas son positivas pero no muy altas, 0,43 entre el crecimiento de 1975-1985 y el de 1965-1975 y 0,42 en el crecimiento entre 1985-1995 y 1975-1985. Por lo tanto, aunque hay una persistencia temporal en lo que respecta a qué países crecen con lentitud o con rapidez, también se producen cambios considerables a lo largo del tiempo. Si se examinan intervalos de cinco años, las correlaciones son más débiles. Por ejemplo, para los siete intervalos entre 1960-1965 a 1995-2000, la correlación promedio de la tasa de crecimiento de un periodo respecto del periodo precedente es tan sólo 0,17. La correlación es menor porque los intervalos de cinco años tienden a ser sensibles a factores temporales asociados a los ciclos económicos. El último periodo de cinco años es de interés porque prácticamente no tiene relación con el período anterior: la correlación de las tasas de crecimiento del periodo 1995-2000 con las del periodo 1990-1995 es de tan sólo 0,05.

12.2. Análisis empírico de las tasas de crecimiento

En esta sección se analizan los factores empíricos determinantes del crecimiento; es decir, los resultados de la regresión sobre los que se basan los valores ajustados expuestos en las tablas 12.1 y 12.2. La muestra de 87 países (formada por 241 observaciones de países en intervalos de diez años), recogida en la tabla 12.8 del apéndice, cubre una amplia gama de experiencias de crecimiento de países en desarrollo y desarrollados. La elección de los países se basó en la disponibilidad de datos.

Una cuestión empírica de interés radica en si las economías pobres tienden a "alcanzar" a las ricas, es decir, si tienden a crecer más deprisa que éstas. Éste es el concepto de convergencia absoluta que se trató en los capítulos 1 y 2. En la ilustración 12.2 vemos que esta proposición no se ve corroborada por los datos de la muestra de países: de los 112 países para los que se dispone de datos, la tasa de crecimiento entre 1960 y 2000 no guarda prácticamente relación alguna con el logaritmo del PIB per cápita de 1960. (De hecho la correlación es ligeramente positiva, 0,19.) Algunos investigadores han utilizado esta ausencia de correlación entre el crecimiento y el nivel inicial de renta como prueba en contra de los modelos neoclásicos de crecimiento de Solow-Swan y Ramsey. Sin embargo, en los capítulos 1, 2 y 11 demostrábamos que si las distintas economías de la muestra tienden hacia distintos estados estacionarios la ausencia de convergencia absoluta entre economías es perfectamente congruente con la teoría neoclásica. En otras palabras, el modelo neoclásico predice convergencia condicional y no absoluta: manteniendo constantes las variables que aproximan el estado estacionario, la teoría predice una correlación *parcial* negativa entre crecimiento y el nivel inicial de renta. Hay que examinar la relación entre la tasa de crecimiento y la posición inicial después de haber fijado ciertas variables que distinguen a los países.

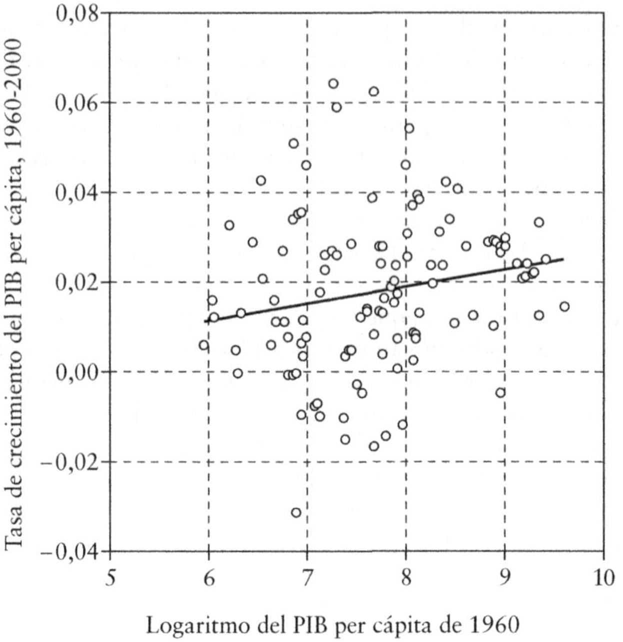

ILUSTRACIÓN 12.2 I Tasa de crecimiento y PIB (relación simple). Estos datos corresponden a los 112 países que aparecen en la ilustración 12.1. En el eje de abscisas se representa el logaritmo del PIB per cápita de 1960 y en el eje de ordenadas la tasa de crecimiento del PIB per cápita entre 1960 y 2000. La correlación entre ambas variables es positiva aunque débil: 0,19. Así pues, en la muestra amplia de países no hay pruebas de la presencia de convergencia absoluta.

Utilizamos un modelo empírico que relaciona la tasa de crecimiento per cápita real con dos tipos de variables: en primer lugar, niveles iniciales de variables de estado, como el stock de capital físico y el stock de capital humano en forma de nivel educativo y de salud; y en segundo lugar, variables de control o ambientales (algunas de las cuales son elegidas por el Estado y otras por agentes privados), como el ratio entre consumo público y PIB, el ratio entre inversión nacional y PIB, el grado de apertura exterior, cambios en la relación real de intercambio, tasa de fertilidad, indicadores de estabilidad macroeconómica, medidas del grado de respeto a la ley y a la democracia, etc.

El nivel educativo alcanzado, tal y como fue modelizado por Barro y Lee (2001), es una de las variables de estado utilizadas. A fin de representar el nivel de salud, utilizamos cifras de la ONU de esperanza de vida en diferentes edades. La esperanza de vida a la edad de un año resulta tener alto poder explicativo. Los datos de los que se dispone en lo que respecta al capital físico no parecen fiables, especialmente para países en desarrollo, incluso los relativos a indicadores de capital humano, ya que dependen de supuestos arbitrarios en lo que a depreciación se refiere y además se apoyan en mediciones inexactas de los stocks de referencia y de los flujos de inversión. En lugar de utilizar los datos incompletos que existen sobre el capital físico, optamos por el supuesto de que, para valores dados de niveles educativos y de salud, un mayor nivel de PIB per cápita real inicial refleja un mayor stock de capital físico per cápita (o una cantidad mayor de recursos naturales).

Podemos expresar la función de la tasa de crecimiento per cápita de un país en el periodo t, Dy_t, como

$$Dy_t = F(y_{t-1}, h_{t-1}, \ldots) \tag{12.1}$$

donde y_{t-1} es el PIB per cápita inicial y h_{t-1} es el capital humano inicial per cápita (basado en indicadores de niveles educativos y de salud). Las variables omitidas, que denominamos..., incluyen una gama de variables de control y ambientales. Entre estas variables se incluirían preferencias en cuanto al ahorro y la fertilidad, medidas de política económica con respecto al gasto y distorsiones de mercado, entre otras.

12.2.1. Efectos provocados por las variables de estado

Los modelos de Solow-Swan y Ramsey predicen que, para valores dados de las variables de control y ambientales, un aumento de igual proporción en y_{t-1} y h_{t-1} disminuirá Dy_t de la ecuación (12.1). Es decir, debido a los rendimientos decrecientes al aumentar los factores una economía más rica (con niveles de h e y más altos) tiende a crecer a una tasa inferior. En estos modelos, las variables de control y ambientales determinan el nivel de producción por trabajador "efectivo" en el estado estacionario. Un cambio en cualquiera de estas variables, como la tasa de ahorro, un instrumento de política económica o la tasa de crecimiento de la población, afecta a la tasa de crecimiento para valores dados de las variables de estado. Por ejemplo, una mayor tasa de ahorro tiende a incrementar Dy_t de la ecuación (12.1) para valores dados de y_{t-1} y h_{t-1}.

El modelo con capital humano y capital físico del capítulo 5 predice ciertas influencias sobre el crecimiento procedentes de desequilibrios entre capital físico y capital humano. En concreto, para un y_{t-1} dado, un valor mayor de h_{t-1} de la ecuación (12.1) tiende a aumentar la tasa de crecimiento. Se produce esta situación, por ejemplo, tras una guerra que destruye principalmente el capital físico. Así pues, si bien la influencia de y_{t-1} sobre Dy_t de la ecuación (12.1) será negativa, el efecto sobre h_{t-1} tiende a ser positivo.

Empíricamente, incluimos el nivel inicial del PIB per cápita dentro de la ecuación de crecimiento con la variable $\log(y_{t-1})$, de manera que el coeficiente de esta variable representa la tasa de convergencia, es decir, el grado de respuesta de la tasa de crecimiento Dy_t a un cambio proporcional de y_{t-1}.[2] En las regresiones, la variable h_{t-1} está representada por el promedio de años de estudio y la esperanza de vida.

---

2. Esta identificación sería exacta si la duración del intervalo de observación de los datos fuera desdeñable. Suponga que los datos se observan en el intervalo T, que se da convergencia de forma continua a la tasa β y que todas las demás variables del segundo miembro de la ecuación, con la excepción del $\log(y)$, no varían en el tiempo. En ese caso, la ecuación (2.42) del capítulo 2 implica que el coeficiente de $\log(y_{t-T})$ de una regresión de la tasa promedio de crecimiento, $(1/T) \cdot \log(y_t/y_{t-T})$, es igual a $-(1 - e^{-\beta T})/T$. Esta expresión tiende a β cuando T tiende a cero, y tiende a cero cuando T tiende a infinito.

12.2.2. Variables de control y ambientales

En la regresión básica que vamos a analizar, las variables de control y ambientales son las siguientes: una medida de la apertura internacional,[3] el ratio entre gasto público y PIB, [4] un indicador subjetivo del grado de respeto a la ley, un indicador subjetivo del grado de democracia (derechos electorales), el logaritmo de la tasa total de fertilidad, el ratio entre inversión nacional bruta real y PIB real y la tasa de inflación. El sistema también incluye la tasa de crecimiento de la relación real de intercambio, vinculada al grado de apertura internacional (el ratio entre la suma de exportaciones e importaciones y el PIB). Tratamos la posible endogeneidad de las variables explicativas mediante el uso de valores retardados como variables instrumentales. Estas variables retardadas pueden resultar satisfactorias ya que la variable de error de la ecuación de la tasa de crecimiento per cápita presenta muy poca correlación serial.[5]

En los modelos neoclásicos del crecimiento de Solow-Swan y Ramsey, los efectos de las variables de control y medioambientales sobre la tasa de crecimiento provienen de su influencia sobre la posición de estado estacionario. Por ejemplo, un mayor valor exógeno del grado de respeto a la ley aumenta el nivel de estado estacionario de la producción por trabajador efectivo. La tasa de crecimiento Dy_t tiende a su vez a aumentar para valores dados de las variables de estado. De igual manera, un mayor ratio entre consumo público (no productivo) y el PIB tiende a disminuir el nivel de estado estacionario de la producción por trabajador efectivo y, en consecuencia, reduce la tasa de crecimiento para valores dados de las variables de estado.

En los modelos neoclásicos de crecimiento, la modificación de una variable de control o ambiental afecta al nivel de estado estacionario de producción por trabajador efectivo, pero no influye sobre la tasa de crecimiento per cápita a largo plazo. La tasa de crecimiento a largo plazo o de estado estacionario viene dada por la tasa de progreso tecnológico exógeno. Por el contrario, en los modelos de crecimiento endógeno de los capítulos 6 y 7, las variables que afectan a la intensidad de la I+D también influyen sobre las tasas de crecimiento a largo plazo. No obstante, también en los modelos de Solow-Swan y Ramsey, si el ajuste a la nueva posición de estado estacionario requiere mucho tiempo, tal y como indican los datos empíricos, el efecto sobre el crecimiento de una variable como el indicador del grado de respeto a la ley o el ratio consumo público perdura durante mucho tiempo.

Las medidas del nivel educativo que hemos utilizado en el análisis principal se basan en los años de estudio y no se ajustan para tener en cuenta los cambios en la calidad de la enseñanza. Una medida de la calidad basada en las puntuaciones de

---

3. Esta variable es el ratio entre la suma de exportaciones e importaciones y el PIB, filtrada de la relación habitual de este ratio con el tamaño del país, representado mediante los logaritmos de la población y la superficie.

4. La variable utilizada en el análisis principal sustrae de la medida habitual de consumo público los gastos en defensa y educación.

5. En lugar de incluir inflación retardada, el sistema incluye variables ficticias relativas a si el país es una antigua colonia española o portuguesa o una antigua colonia de otro país que no sea Reino Unido o Francia. Estas variables ficticias coloniales resultan tener un poder explicativo considerable en lo que respecta a la inflación.

test comparables a nivel internacional, resulta tener mucho más poder explicativo del crecimiento. Sin embargo, no se dispone de esta medida de calidad para la mayor parte de los países de la muestra y por este motivo queda excluida del sistema básico.

En el sistema básico el capital en salud se aproxima por el inverso de la esperanza de vida a la edad de un año. Si la probabilidad de fallecer fuera independiente de la edad, este inverso proporcionaría la probabilidad anual de morir. También consideramos indicadores de mortalidad en el primer año de vida y de mortalidad infantil (de uno a cinco años), así como la incidencia de un enfermedad concreta, la malaria.

Aceptamos el supuesto de que la variable consumo público mide gastos que no afectan directamente a la productividad, pero distorsionan las decisiones privadas. Estas distorsiones pueden ser producto de las propias acciones del Estado y también pueden incluir los efectos negativos de la financiación pública asociada.[6] Un mayor valor del ratio consumo público provoca un menor nivel de estado estacionario de la producción por trabajador efectivo y, por lo tanto, una tasa de crecimiento menor para valores dados de las variables de estado.

La tasa de fertilidad tiene una influencia importante sobre el crecimiento de la población, que tiene un efecto negativo sobre el ratio de estado estacionario del capital por trabajador efectivo en el modelo neoclásico de crecimiento. Por lo tanto, anticipamos una influencia negativa de la tasa de fertilidad sobre el crecimiento económico. Una mayor fertilidad implica también mayores recursos dedicados a la crianza de los hijos, como en el modelo desarrollado en el capítulo 9. Esto proporciona otra razón por la que cabría esperar que una mayor fertilidad reduzca el crecimiento.

En el modelo neoclásico del crecimiento el efecto de la tasa de ahorro es medido empíricamente mediante el ratio entre inversión real y PIB real. Recuerde que tratamos de aislar el efecto de la tasa de ahorro sobre el crecimiento, y no lo contrario, utilizando valores retardados como variables instrumentales, en este caso, el ratio retardado de inversión.

Aceptamos el supuesto de que una mejora en el grado de respeto a la ley, evaluado mediante un indicador subjetivo proporcionado por una empresa internacional de asesoría (Political Risk Services), implica una mayor protección del derecho a la propiedad y, por lo tanto, un incentivo a una mayor inversión y a un mayor crecimiento. De manera más general, la idea consiste en que el buen funcionamiento de las instituciones legales y políticas contribuye a mantener el crecimiento. Ciertos análisis históricos tratan de relacionar características de las instituciones actuales, como el grado de respeto a la ley, con las prácticas de poderes coloniales del pasado. Acemoglu, Johnson y Robinson (2002) afirman que es más probable que los colonizadores europeos invirtieran en instituciones en regiones que en principio eran pobres y poco pobladas, especialmente los actuales Canadá y Estados Unidos, porque carecían de lo necesario para la explotación de minerales y de población indígena. Acemoglu, Johnson y Robinson (2001) hacen hincapié en que la alta mortalidad de los colonos en partes de América Latina y África pudo haber restringido la inversión en instituciones en estas colonias. Woodberry (2002) afirma que la crea-

6. Directamente, mantendríamos constantes los efectos de los impuestos, pero los datos de finanzas públicas de los que disponemos no son adecuados para este propósito. Véase Easterly y Rebelo (1993) para ver intentos de medir los tipos impositivos marginales pertinentes.

ción de instituciones escolares de calidad por misioneros en algunas colonias puede haber tenido una influencia duradera sobre las instituciones políticas. Estos análisis señalan variables instrumentales, que recogen tendencias de largo plazo, y que se pueden utilizar para obtener estimaciones más fiables de los efectos de variables actuales, como el indicador del grado de respeto a la ley.

También incluimos otro indicador subjetivo (creado por la organización Freedom House) del grado de democracia medido a través de los derechos electorales. En teoría, el efecto de la democracia sobre el crecimiento es incierto. Surgen efectos negativos en modelos políticos que resaltan el incentivo de las mayorías electorales a utilizar su poder político para transferir recursos desde los grupos ricos y minoritarios. La democracia también puede ser un mecanismo por el que el Estado se compromete a no confiscar el capital acumulado por el sector privado. El análisis empírico considera un término lineal y un término al cuadrado de la variable democracia y, por lo tanto, permite la posibilidad de que el signo del efecto neto dependa del grado de democracia.

Las variables explicativas también incluyen una medición del grado de apertura internacional, el ratio entre la suma de exportaciones e importaciones y el PIB. Se sabe que el grado de apertura depende del tamaño del país. Los países más grandes suelen tener un grado de apertura menor, ya que el comercio interno constituye un gran mercado que puede sustituir de manera efectiva al comercio internacional. La variable explicativa utilizada en el análisis filtra la relación habitual (estimada en otros sistemas de regresión) de la apertura internacional a través de los logaritmos de la población y la superficie. Esta variable filtrada recoge principalmente las influencias de la política económica, como los aranceles y las restricciones al comercio internacional.

También incluimos la tasa de crecimiento de la relación real de intercambio en cada década, medida a través del ratio entre los precios de las exportaciones y los precios de las importaciones. Este ratio aparece como un resultado del grado de apertura, medido por la suma de importaciones y exportaciones en relación al PIB. La relación real de intercambio mide el efecto de las variaciones de los precios internacionales sobre la posición de renta de los residentes nacionales. Esta posición de renta real aumentará si los precios de las exportaciones aumentan y disminuirá si los precios de las importaciones aumentan. Consideramos que la relación real de intercambio viene determinada por los mercados internacionales y es, por lo tanto, exógena al comportamiento de un país individual. Puesto que una mejora de la relación real de intercambio aumenta la renta real del país, predeciríamos un aumento del consumo nacional. No obstante, un efecto sobre la producción, el PIB, depende de la respuesta de la demanda y la oferta ante las variaciones de los precios relativos. Si un aumento de los precios relativos de los bienes producidos en ese país tiende a aumentar la producción, es decir, se produce una respuesta positiva de la oferta, el efecto de esta variable sobre la tasa de crecimiento será positivo. Otro ejemplo de este tipo se produce cuando un aumento del precio relativo del petróleo, que para la mayoría de los países es un producto importado, disminuye la producción de aquellos bienes que utilizan el petróleo como factor de producción.

Por último, el sistema básico incluye la tasa promedio de inflación como medida de estabilidad macroeconómica. Podrían considerarse otros indicadores, incluidas variables fiscales.

12.3. Resultados de la regresión de las tasas de crecimiento

12.3.1. Regresión básica

En la tabla 12.3 aparecen los resultados de la regresión de la tasa de crecimiento del PIB per cápita real. En el sistema básico mostrado en la segunda columna, aparecen 72 países en el periodo 1965-1975, 86 en el periodo 1975-1985 y 83 en el periodo 1985-1995. En la tabla 12-9 del apéndice aparecen los promedios y las desviaciones típicas de las variables que se incluyen en las diversas regresiones.

Como ya se ha dicho, la estimación emplea variables instrumentales y permite que los términos de error estén correlacionados entre periodos y tengan varianzas distintas en cada periodo. Se supone que los términos de error son independientes entre países, y que las varianzas de los términos de error no varían entre países. El sistema incluye variables ficticias en los diferentes periodos. Por tanto, el análisis no explica por qué varía en el tiempo la tasa promedio de crecimiento mundial. A continuación, analizamos los resultados del sistema mostrado en la segunda columna de la tabla 12.3.

PIB per cápita inicial En la regresión de 1965-1975, la variable log(PIB) es una observación del logaritmo del PIB per cápita real de 1965. En la regresión de 1975-1985 es una observación de 1975 y en la regresión de 1985-1995 una observación de 1985. Los valores anteriores (de 1960, 1970 y 1980, respectivamente) se incluyen en la lista de variables instrumentales. Este procedimiento instrumental disminuye la tendencia a sobreestimar la tasa de convergencia provocada por un error temporal de la medición del PIB. (Por ejemplo, si el log[PIB] de 1965 fuera bajo debido a un error temporal de medición, entonces la tasa de crecimiento entre 1965 y 1975 tendería a ser alta porque la observación de 1975 probablemente no sufriría del mismo error de medición.)

El coeficiente estimado de log(PIB), −0,025 (error estándar = 0,003), demuestra la convergencia condicional que ya se ha revelado en varios estudios, como los de Barro (1991) y Mankiw, Romer y Weil (1992). La convergencia es condicional ya que predice un mayor crecimiento en respuesta a un menor punto de partida del PIB per cápita únicamente si permanecen constantes las otras variables explicativas (algunas de las cuales están altamente correlacionadas con el PIB per cápita). El valor del coeficiente estimado implica que la convergencia se produce a una tasa de aproximadamente el 2,5 % anual.[7] Según dicho coeficiente, una disminución de una desviación típica del logaritmo del PIB per cápita (1,03 en 1985) aumentaría la tasa de crecimiento en 0,026. Este efecto es muy grande en comparación con otros efectos que vamos a describir a continuación, es decir, la convergencia condicional puede tener una influencia importante sobre las tasas de crecimiento.

---

7. Este resultado emplea la expresión de la nota 2. No obstante, el resultado es correcto únicamente si al variar el PIB per cápita las restantes variables del segundo miembro de la ecuación permanecen constantes.

TABLA 12.3 | Regresiones del crecimiento básicas entre países

(1) Variable explicativa	(2) Coeficiente	(3) Coeficiente de la muestra de renta baja	(4) Coeficiente de la muestra de renta alta	(5) Valor p^a	(6) Coeficiente con datos a intervalos quinquenales
Logaritmo del PIB per cápita	−0,0248 (0,0029)	−0,0207 (0,0052)	−0,0318 (0,0049)	0,12	−0,0237 (0,0029)
Nivel educativo universitario masculino	0,0036 (0,0016)	0,0056 (0,0045)	0,0020 (0,0016)	0,44	0,0023 (0,0015)
1/(esperanza de vida con un año)	−5,04 (0,86)	−5,13 (1,18)	−1,28 (1,44)	0,040	−4,91 (0,90)
Logaritmo de la tasa de fertilidad total	−0,0118 (0,0050)	−0,0209 (0,0120)	−0,0211 (0,0054)	0,99	−0,0160 (0,0048)
Ratio de consumo público	−0,062 (0,023)	−0,102 (0,031)	−0,000 (0,031)	0,021	−0,066 (0,021)
Grado de respeto a la ley	0,0185 (0,0059)	0,0237 (0,0099)	0,0223 (0,0063)	0,90	0,0174 (0,0062)
Variable democracia	0,079 (0,028)	0,044 (0,049)	0,105 (0,038)	0,32[b]	0,032 (0,017)
Variable democracia al cuadrado	−0,074 (0,025)	−0,054 (0,052)	−0,080 (0,031)	0,67	−0,028 (0,016)
Ratio de apertura	0,0054 (0,0048)	0,0169 (0,0113)	0,0061 (0,0046)	0,38	0,0094 (0,0043)
Variación en la relación real de intercambio	0,130 (0,053)	0,181 (0,076)	0,036 (0,070)	0,16	0,029 (0,021)
Ratio de inversión	0,083 (0,024)	0,109 (0,035)	0,077 (0,027)	0,46	0,058 (0,022)
Tasa de inflación	−0,019 (0,010)	−0,019 (0,012)	−0,019 (0,009)	0,99	−0,031 (0,007)
Constante	0,296 (0,034)	0,294 (0,052)	0,295 (0,052)	0,99[c]	0,306 (0,035)
Variable ficticia, 1975-1985	−0,0078 (0,0026)	−0,0078 (0,0038)	−0,0066 (0,0032)	0,81	[d]
Variable ficticia, 1985-1995	−0,0128 (0,0034)	−0,0194 (0,0051)	−0,0052 (0,0040)	0,031	
Número de observaciones	72, 86, 83	26, 38, 33	46, 48, 50		72, 79, 86, 84 79, 80, 60
R cuadrado	0,60, 0,49, 0,51	0,78, 0,53, 0,65	0,56, 0,56, 0,40		0,40, 0,26, 0,27, 0,31, 0,46, 0,19, 0,04

Nota: La estimación se realiza por mínimos cuadrados en tres etapas. En la segunda columna las variables dependientes son las tasas de crecimiento del PIB per cápita de 1965-1975, 1975-1985 y 1985-1995. Las variables instrumentales son los valores de 1960, 1970 y 1980 del logaritmo del PIB per cápita, la variable esperanza de vida y la variable fertilidad; los promedios de 1960-1964, 1970-1974 y 1980-1984 de la variable consumo público y del ratio inversión; los valores de 1965, 1975 y 1985 de la variable nivel educativo y de las variables referentes a la democracia; las variables grado de apertura y relación real de intercambio (tasas de crecimiento en 1965-1975, 1975-1985 y 1985-1995, que interactúan con los correspondientes promedios del ratio de la suma de exportaciones e importaciones y el PIB); y variables ficticias para las colonias españolas y portuguesas y para otras colonias (excepto las británicas y francesas). Se permite que las varianzas del término de error estén correlacionadas en los periodos y que las varianzas sean diferentes en cada periodo. La tercera y cuarta columna dividen la muestra entre países con niveles de PIB per cápita inferiores o superiores al promedio (en 1960, 1970 y 1980). La sexta columna aplica las ecuaciones de crecimiento económico a siete periodos quinquenales, 1965-1970,..., 1995-2000.

[a] Los valores p se refieren a la hipótesis de que los coeficientes sean iguales en los dos grupos de renta.

[b] El valor p conjunto de las variables democracia y democracia al cuadrado es 0,022.

[c] El valor p conjunto de la constante y las dos variables ficticias temporales es 0,10.

[d] Las variables ficticias temporales de los periodos quinquenales son: −0,0014 (0,0040) en el periodo 1970-1975; −0,0000 (0,0040) en el periodo 1975-1980; −0,0180 (0,0040) en el periodo 1980-1985; −0,0112 (0,0037) en el periodo 1985-1990; −0,0184 (0,0045) en el periodo 1990-1995; y −0,0165 (0,0042) en el periodo 1995-2000.

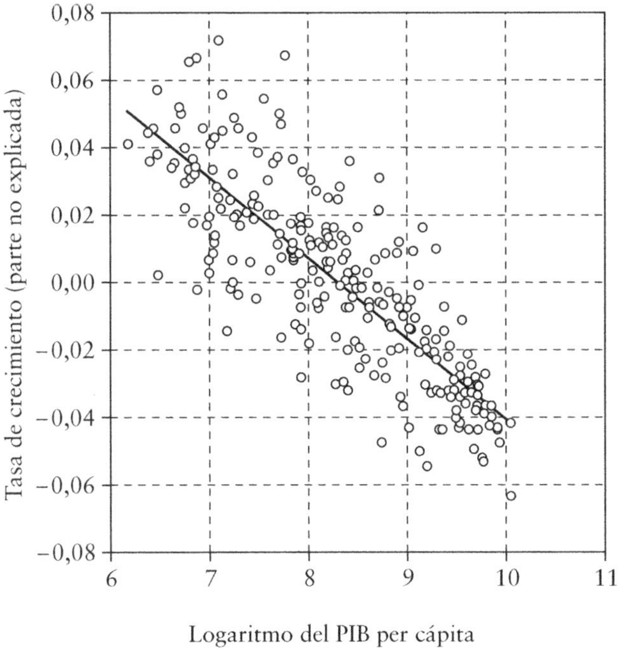

ILUSTRACIÓN 12.3 | Tasa de crecimiento y PIB (relación parcial). En el eje de abscisas aparece representado el logaritmo del PIB per cápita de 1965, 1975 y 1985. En el eje de ordenadas se sitúan la tasa de crecimiento correspondiente del PIB per cápita real entre 1965 y 1975, 1975 y 1985, y 1985 y 1995. Estas tasas de crecimiento han sido filtradas del efecto estimado de otras variables explicativas distintas del logaritmo del PIB per cápita mostradas en la segunda columna de la tabla 12.3. Los valores filtrados fueron normalizados de manera que su valor promedio fuera cero. Así pues, el diagrama muestra la relación parcial existente entre la tasa de crecimiento del PIB per cápita y el logaritmo del PIB per cápita.

La ilustración 12.3 proporciona una descripción gráfica de la relación parcial existente entre la tasa de crecimiento y el nivel de PIB per cápita. En el eje de abscisas aparecen representados los valores del logaritmo del PIB per cápita al inicio de cada uno de los tres decenios: 1965, 1975 y 1985. En el eje de ordenadas aparecen representadas las tasas de crecimiento decenales del PIB per cápita de 1965-1975, 1975-1985 y 1985-1995. Estas tasas de crecimiento han sido filtradas del efecto estimado de las variables explicativas distintas del logaritmo del PIB per cápita, recogidas en el sistema en la segunda columna de la tabla 12.3. (El valor promedio ha sido normalizado para que sea igual a cero.) Así pues, teóricamente la ilustración representa el efecto estimado del logaritmo del PIB per cápita sobre el crecimiento posterior cuando todas las demás variables explicativas permanecen constantes. El gráfico parece indicar que la relación estimada no se ve determinada por ninguna observación extrema y que no hay ninguna desviación clara de la linealidad. Se utilizará una construcción semejante para cada una de las variables explicativas.

Nivel educativo La variable nivel educativo, que tiende a mantener una relación significativa con el crecimiento posterior, es el promedio del número de años de educación secundaria y universitaria masculina (que denominaremos educación superior) observada al inicio de cada periodo, 1965, 1975 y 1985. Puesto que estas variables están predeterminadas, en las regresiones aparecen como variables instrumentales. Como veremos más adelante, los niveles educativos femeninos o de ambos sexos a nivel primario no están relacionados significativamente con las tasas de crecimiento. El coeficiente estimado, 0,0036 (0,0016), significa que un aumento de una desviación típica del nivel de educación superior masculina (1,3 años, el valor de 1985 de la tabla 12.9) aumenta la tasa de crecimiento en 0,005. La ilustración 12.4 representa la relación parcial existente entre el crecimiento económico y la variable nivel educativo.

Esperanza de vida La variable esperanza de vida (el inverso de la esperanza de vida a la edad de un año) corresponde respectivamente a 1960, 1970 y 1980 en cada una de las tres ecuaciones de crecimiento. Estos valores corresponderían a la tasa de mortalidad anual si, en contra de los hechos, la mortalidad fuera independiente de la edad. El inverso de la esperanza de vida a un año tiene un poder explicativo ligeramente superior que las variables basadas en la esperanza de vida al nacer o a los cinco años. (Los inversos de la esperanza de vida a un año también están recogidos en las listas de variables instrumentales.) El coeficiente estimado de −5,0 (error estándar = 0,9) es altamente significativo e indica que una mejor salud predice un mayor crecimiento económico. Se estima que una disminución de un error estándar del inverso de la esperanza de vida a un año (0,0022 en 1980) aumenta la tasa de crecimiento en 0,011. La ilustración 12.5 representa gráficamente la relación parcial entre el crecimiento y este indicador de salud.

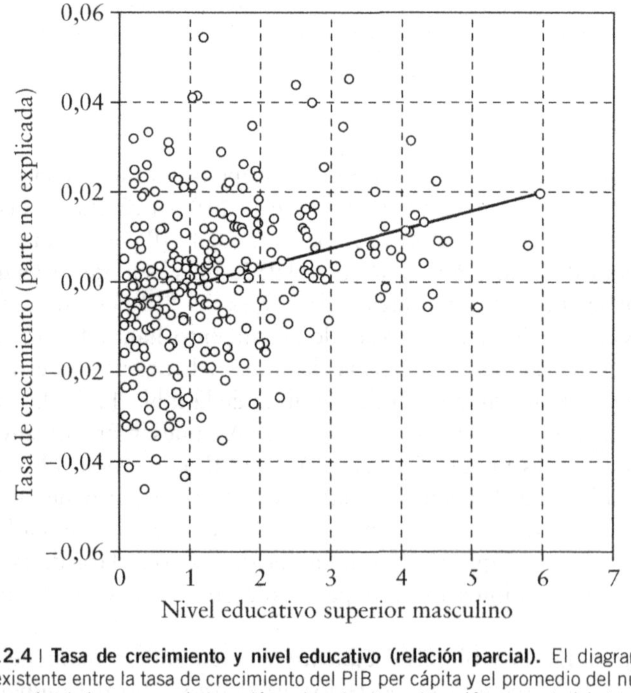

ILUSTRACIÓN 12.4 I Tasa de crecimiento y nivel educativo (relación parcial). El diagrama representa la relación parcial existente entre la tasa de crecimiento del PIB per cápita y el promedio del número de años de nivel educativo superior de los varones (educación universitaria y educación secundaria). La observación de la variable representada en el eje de abscisas corresponde a los años 1965, 1975 y 1985. Véase la descripción de la ilustración 12.3 para el procedimiento general.

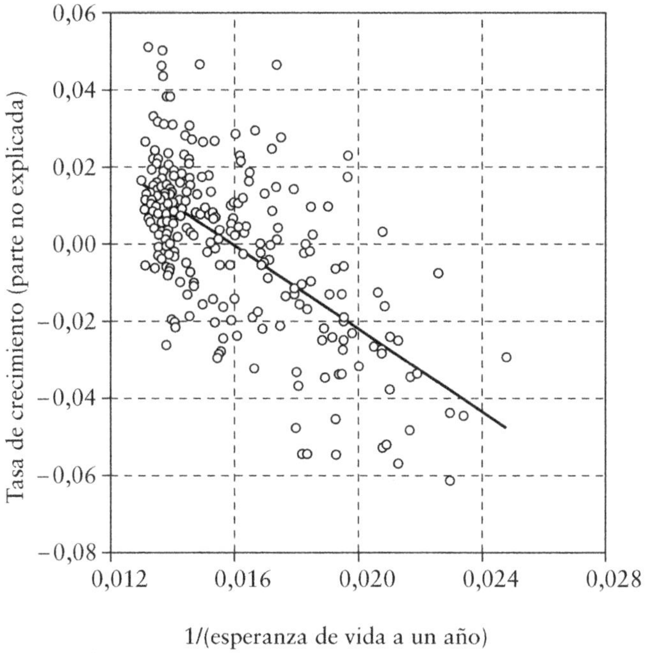

ILUSTRACIÓN 12.5 | Tasa de crecimiento y esperanza de vida (relación parcial). El diagrama representa la relación parcial existente entre la tasa de crecimiento del PIB per cápita y el inverso de la esperanza de vida a un año. La observación de la variable representada en el eje de abscisas corresponde a los años 1960, 1970 y 1980. Véase la descripción de la ilustración 12.3 para el procedimiento general.

Tasa de fertilidad La tasa de fertilidad (nacimientos con vida totales por mujer durante toda su vida) aparece representada en valores logarítmicos en las fechas 1960, 1970 y 1980. Estas variables también están recogidas en las listas de variables instrumentales. El coeficiente estimado es negativo y significativo: −0,012 (error estándar = 0,005). Se estima que la disminución de una desviación típica del logaritmo de la tasa de fertilidad (de 0,53 en 1980) aumenta la tasa de crecimiento en 0,006. La relación parcial aparece representada en la ilustración 12.6.

Ratio consumo público El ratio entre consumo público real y PIB real[8] ha sido ajustado sustrayendo el gasto real en defensa y educación no dedicado a capital. Se elimina el gasto en defensa y educación, categorías de gasto que aparecen incluidas habitualmente en el consumo público, porque en propiedad estos gastos no se consideran consumo. En concreto, es muy probable que tengan influencia directa sobre la productividad o la garantía de los derechos de propiedad. La ecuación de crecimiento de 1965-1975 incluye como regresor el promedio del ratio consumo público ajustado del periodo 1965-1974 e incluye el ratio ajustado de 1960-1964 en la lista de variables instrumentales. El mismo periodo de tiempo se aplica a las ecuaciones de crecimiento de los otros dos decenios.

8. Estos datos han sido sacados de las Penn-World Tables versión 6.1, tal y como los recogen Summers y Heston (1991).

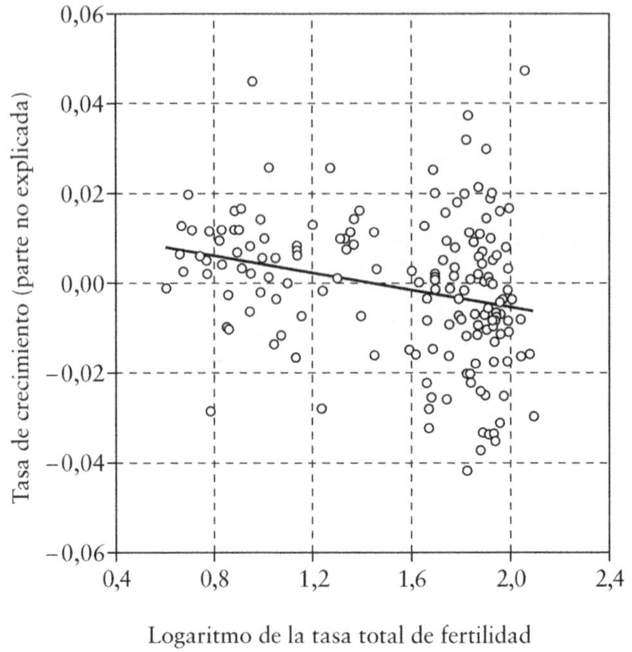

ILUSTRACIÓN 12.6 | Tasa de crecimiento y tasa de fertilidad (relación parcial). El diagrama representa la relación parcial existente entre la tasa de crecimiento del PIB per cápita y el logaritmo de la tasa total de fertilidad. La observación de la variable representada en el eje de abscisas corresponde a los años 1960, 1970 y 1980. Véase la descripción de la ilustración 12.3 para el procedimiento general.

El coeficiente estimado del ratio consumo público es negativo y significativo: –0,062 (0,023). Esta estimación implica que una disminución del ratio en 0,059 (el valor de su desviación típica en 1985-1994) aumentaría la tasa de crecimiento en 0,004. La relación parcial aparece representada en la ilustración 12.7.

Grado de respeto a la ley La variable grado de respeto a la ley procede de una medida subjetiva procedente de la *Guía internacional de riesgo país* (Internacional Country Risk Guide) publicada por la consultora internacional Political Risk Services. Esta variable fue propuesta por primera vez por Knack y Keefer (1995). Los datos utilizados se tabulan en siete categorías, que se han ajustado a una escala de cero a uno, en la que uno representa el entorno más favorable de respeto a la ley. Estos datos comienzan en 1982. La estimación de la tabla 12.3 emplea el valor más antiguo del que se dispone (generalmente el de 1982 y en ocasiones el de 1985) en las ecuaciones del crecimiento de los decenios 1965-1975 y 1975-1985. (Este procedimiento puede ser satisfactorio porque la variable grado de respeto a la ley se caracteriza por su carácter considerablemente constante en el tiempo.) La tercera ecuación emplea como regresor el promedio del grado de respeto a la ley del periodo 1985-1994 e introduce el valor de 1985 en la lista de variables instrumentales. El coeficiente estimado es positivo y significativo: 0,0185 (0,0059). Esta estimación significa que un aumento del grado de respeto a la ley en una desviación típica (0,26 para el periodo 1985-1994) aumentaría la tasa de crecimiento en 0,005. La relación

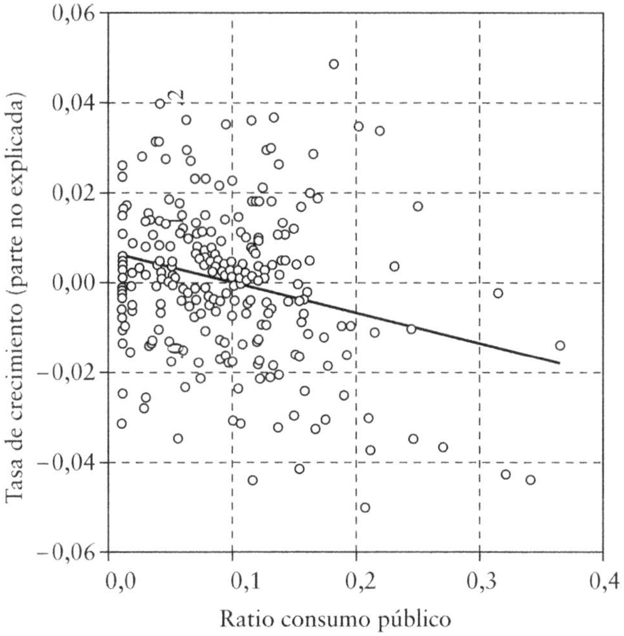

ILUSTRACIÓN 12.7 | Tasa de crecimiento y consumo público (relación parcial). El diagrama representa la relación parcial existente entre la tasa de crecimiento del PIB per cápita y el ratio entre consumo público y PIB. En este ratio, a la magnitud habitual consumo público se le resta la estimación del gasto real en defensa y educación. La observación de la variable representada en el eje de abscisas es el promedio de los periodos 1965-1974, 1975-1984 y 1985-1994. Véase la descripción de la ilustración 12.3 para el procedimiento general.

parcial con el crecimiento aparece representada en la ilustración 12.8. (Observe que muchas de las observaciones del grado de respeto a la ley se aplican a una de las siete categorías. El promedio de 1985-1994 genera los valores intermedios.)

Democracia La variable democracia procede de una medida subjetiva proporcionada por la organización Freedom House.[9] La variable utilizada se refiere a los derechos electorales (se analizará más tarde otra alternativa que se basa en libertades civiles). Los datos utilizados se tabulan en siete categorías, que se han ajustado a una escala de cero a uno, en la que uno representa una democracia completamente participativa y cero un sistema completamente totalitario. Estos datos comienzan en 1972, aunque se utilizó información procedente de otra fuente para producir los datos de 1960 y 1965 (Bollen, 1990). El sistema también incluye el cuadrado de la variable democracia, que considera la existencia de un efecto no lineal sobre el crecimiento económico. La primera ecuación de crecimiento incluye como regresores el promedio de la variable democracia y el promedio de su cuadrado en el periodo 1965-1974. La lista de variables instrumentales incluye el nivel y el valor cuadrado de 1965 (en ocasiones 1960). Las otras dos ecuaciones del crecimiento emplean como regresores los valores promedio de 1975-1984 y 1985-1994 respectivamente, e incluyen los valores del inicio del periodo en la lista de variables instrumentales.

9. Véase Gastil (1987) para un análisis anterior.

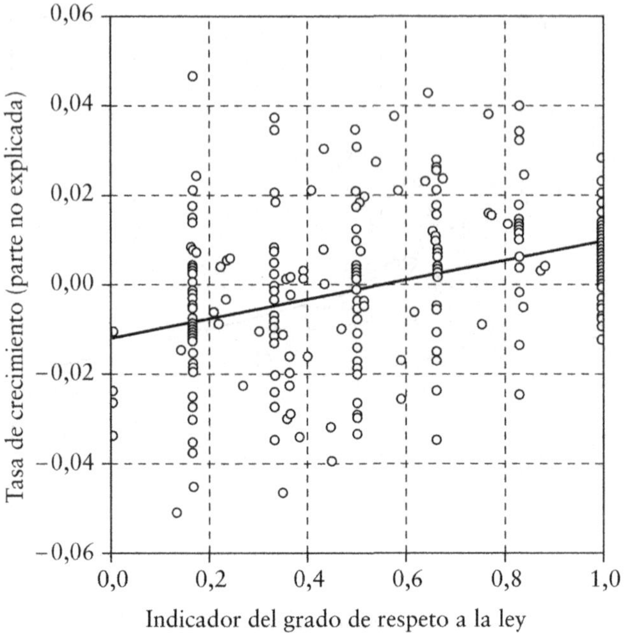

ILUSTRACIÓN 12.8 | Tasa de crecimiento y grado de respeto a la ley (relación parcial). El diagrama representa la relación parcial existente entre la tasa de crecimiento del PIB per cápita y el indicador del grado de respeto a la ley del la consultora Political Risk Services. La variable representada en el eje de abscisas asociada al crecimiento de los periodos 1965-1975 y 1975-1985 corresponde a 1982 o a 1985. El valor asociado al crecimiento en el periodo 1985-1995 es el promedio del periodo 1985-1994. Véase la descripción de la ilustración 12.3 para el procedimiento general.

Los resultados indican que los términos lineal y al cuadrado de la variable democracia son estadísticamente significativos: 0,079 (0,028) y –0,074 (0,025), respectivamente. El valor *p* de significación conjunta es 0,011. Estas estimaciones implican que, partiendo de un sistema completamente totalitario (en el que la variable democracia toma el valor cero), el incremento de la variable democracia tiende a estimular el crecimiento. No obstante, la influencia positiva se atenúa a medida que se desarrolla la democracia y alcanza cero cuando el indicador alcanza el valor de 0,53. (Observe que el promedio de la variable democracia en 1985-1994 es 0,64). Por lo tanto, la democratización parece aumentar el crecimiento de países poco democráticos, pero retrasa el crecimiento de países que ya han alcanzado un grado considerable de democracia. La relación no lineal aparece representada en la ilustración 12.9. La curva de trazo grueso representa los valores ajustados implicados por los términos lineal y al cuadrado de la variable democracia.

Apertura internacional El grado de apertura internacional se mide mediante el ratio entre la suma de exportaciones e importaciones y el PIB. Este ratio es altamente sensible al tamaño del país, ya que los países más grandes tienden a depender más de su comercio interno. A fin de tener esto en cuenta, se filtró mediante regresión la relación entre el mencionado ratio y los logaritmos de la población y la superficie. Analizaremos más adelante si el propio tamaño de un país guarda relación con el crecimiento económico.

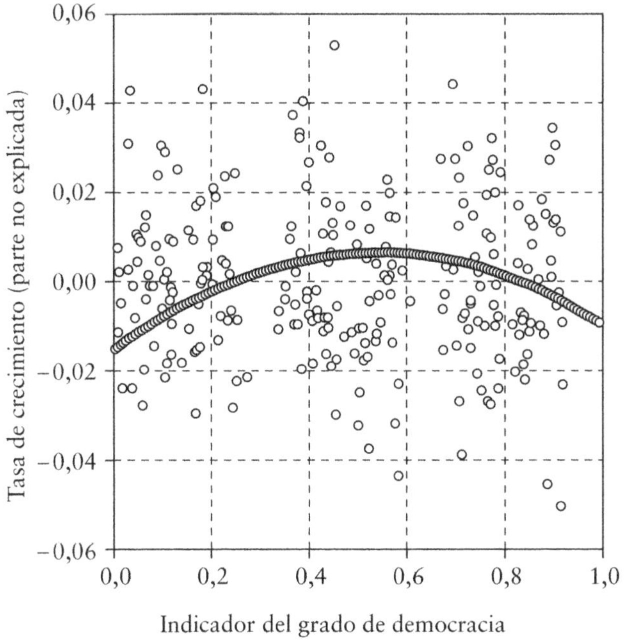

ILUSTRACIÓN 12.9 | Tasa de crecimiento y democracia (relación parcial). El diagrama representa la relación parcial existente entre la tasa de crecimiento del PIB per cápita y el indicador del grado de democracia (derechos electorales) de la organización Freedom House. La variable representada en el eje de abscisas es el promedio de los periodos 1965-1974, 1975-1984 y 1985-1994. La curva gruesa representa la relación ajustada que se deduce a partir de los coeficientes estimados de los términos lineal y al cuadrado de la variable democracia. Véase la descripción de la ilustración 12.3 para el procedimiento general.

En cada ecuación de crecimiento la variable grado de apertura corresponde al promedio del decenio correspondiente (1965-1974, etc.). En el sistema básico, estas variables aparecen también en las respectivas listas de variables instrumentales. Esta especificación es correcta si el ratio de comercio es (mayoritariamente) exógeno al crecimiento económico. El coeficiente estimado de la variable grado de apertura es positivo, pero no estadísticamente significativo, 0,0054 (0,0048). Así pues, los datos empíricos aportan sólo débiles pruebas estadísticas de que la apertura internacional estimula el crecimiento económico. La estimación implica que un aumento del ratio de apertura en una desviación típica (0,39 en el periodo 1985-1994) aumentaría la tasa de crecimiento en 0,002. La relación parcial entre el crecimiento y la variable grado de apertura aparece representada gráficamente en la ilustración 12.10,

Relación real de intercambio Esta variable se mide mediante la tasa de crecimiento de la relación real de intercambio (cociente entre el precio de las exportaciones y el precio de las importaciones) en cada decenio (1965-1975, etc.), multiplicada por el ratio promedio de la suma de exportaciones e importaciones y el PIB del periodo (1965-1974, etc.). Estas variables aparecen también en la lista de variables instrumentales. La idea que aquí subyace es que cambios de la relación real de intercambio dependen principalmente de condiciones mundiales y por lo tanto serían principalmente exógenos en relación al crecimiento económico de un país

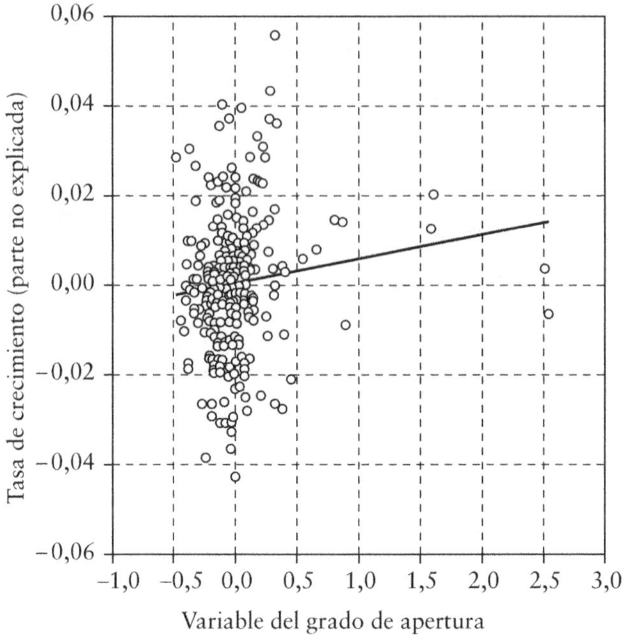

ILUSTRACIÓN 12.10 | Tasa de crecimiento y grado de apertura (relación parcial). El diagrama representa la relación parcial existente entre la tasa de crecimiento del PIB per cápita y el ratio del grado de apertura. Esta variable es el ratio entre la suma de exportaciones e importaciones y el PIB, del que se ha eliminado la relación entre dicho ratio y los logaritmos de la población y la superficie. La variable representada en el eje de abscisas es el promedio de los periodos 1965-1974, 1975-1984 y 1985-1994. Véase la descripción de la ilustración 12.3 para el procedimiento general.

individual.[10] El coeficiente estimado es positivo y significativo: 0,130 (0,053). Por lo tanto, las variaciones de la relación real de intercambio influyen en el crecimiento en periodos de diez años. El resultado implica que el aumento de una desviación típica de la variable (0,017 en 1985-1995) aumentaría la tasa de crecimiento en 0,002. La ilustración 12.11 muestra la relación parcial entre el crecimiento y la relación real de intercambio.

Ratio de inversión En las regresiones el ratio entre la inversión nacional bruta real (privada más pública) y el PIB real corresponde al promedio de cada decenio (1965-1974, etc.)[11] La variable instrumental correspondiente es el valor promedio del ratio de los cinco años precedentes (1960-1964, 1970-1974 y 1980-1984). El coeficiente estimado es positivo y estadísticamente significativo, 0,083 (0,024). Esta estimación implica que un aumento de una desviación típica del ratio de inversión (0,081 en el periodo 1985-1994) aumentaría la tasa de crecimiento en 0,007. La relación parcial con el crecimiento aparece representada gráficamente en la ilustración 12.12.

---

10. Estos resultados son prácticamente los mismos si la lista de variables instrumentales incluye la tasa de crecimiento de la relación real de intercambio vinculada no al ratio actual sino al ratio retardado que relaciona la suma de exportaciones e importaciones con el PIB.

11. Estos datos han sido sacados de las Penn-World Tables versión 6.1, tal y como los recogen Summers y Heston (1991).

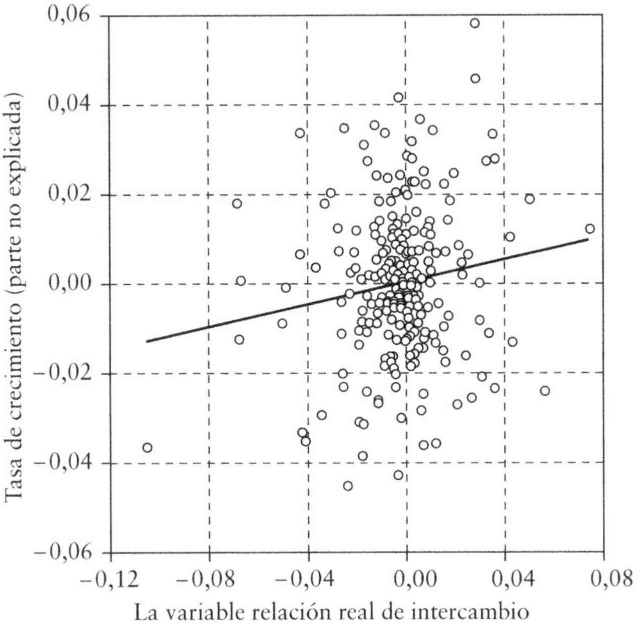

ILUSTRACIÓN 12.11 | Tasa de crecimiento y relación real de intercambio (relación parcial). El diagrama representa la relación parcial existente entre la tasa de crecimiento del PIB per cápita y la relación real de intercambio. Esta variable es la tasa de crecimiento de la relación real de intercambio (cociente entre el precio de las exportaciones y el precio de las importaciones) multiplicada por el ratio promedio de la suma de exportaciones e importaciones y el PIB. La tasa de crecimiento de la relación real de intercambio corresponde a los periodos 1965-1975, 1975-1985 y 1985-1995. Los ratios de la suma de exportaciones e importaciones respecto del PIB son los promedios de los periodos 1965-1974, 1975-1984 y 1985-1994. Véase la descripción de la ilustración 12.3 para el procedimiento general.

Tasa de inflación La variable inflación corresponde a la tasa promedio de inflación de los precios al por menor en cada uno de los decenios (1965-1975, etc.). Un análisis de corte transversal de la inflación indicaba la conveniencia de variables instrumentales ficticias que representaran las características históricas coloniales. En concreto, las antiguas colonias de España y Portugal por un lado y las de otras naciones, con la excepción de Gran Bretaña y Francia, tienen un considerable poder explicativo en lo que respecta a la inflación. Los resultados de la tabla 12.3 se cumplen cuando la lista de variables instrumentales incluye estas dos variables ficticias coloniales (antigua colonia española o portuguesa y antigua colonia de otro país distinto de Gran Bretaña y Francia), pero no la inflación contemporánea ni la inflación retardada. El coeficiente estimado −0,019 (0,010) es negativo y estadísticamente significativo en el margen. Este coeficiente implica que un aumento de una desviación típica de la tasa de inflación (0,38 en el periodo 1985-1995) disminuye la tasa de crecimiento en 0,007. No obstante, el coeficiente implica también que las variaciones moderadas de inflación experimentadas por la mayoría de los países (cambios del orden de 0,05 anual) provocan un efecto sobre las tasas de crecimiento inferior al 0,001. En la ilustración 12.13 aparece representada gráficamente la relación parcial entre crecimiento e inflación. En este diagrama se observa claramente que la principal influencia en la relación estimada es el comportamiento de tasas de inflación altas, especialmente tasas superiores al 20-30 % anual.

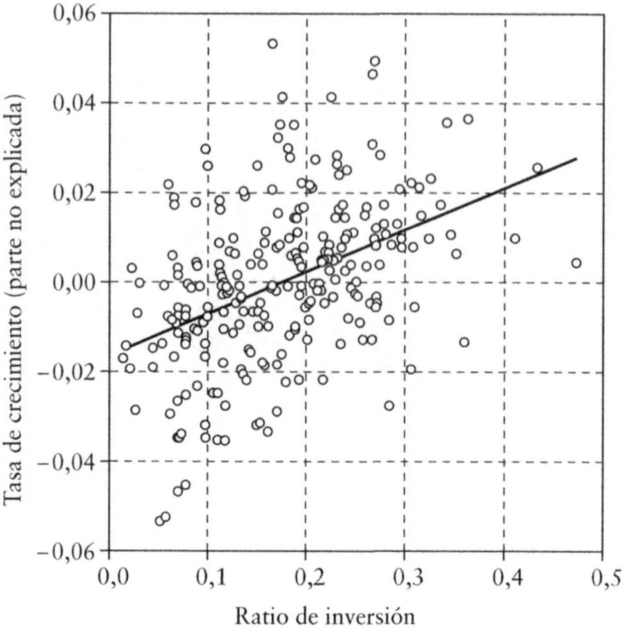

ILUSTRACIÓN 12.12 I Tasa de crecimiento e inversión (relación parcial). El diagrama representa la relación parcial existente entre la tasa de crecimiento del PIB per cápita y el ratio entre inversión y PIB. La variable representada en el eje de abscisas es el promedio de los periodos 1965-1974, 1975-1984 y 1985-1994. Véase la descripción de la ilustración 12.3 para el procedimiento general.

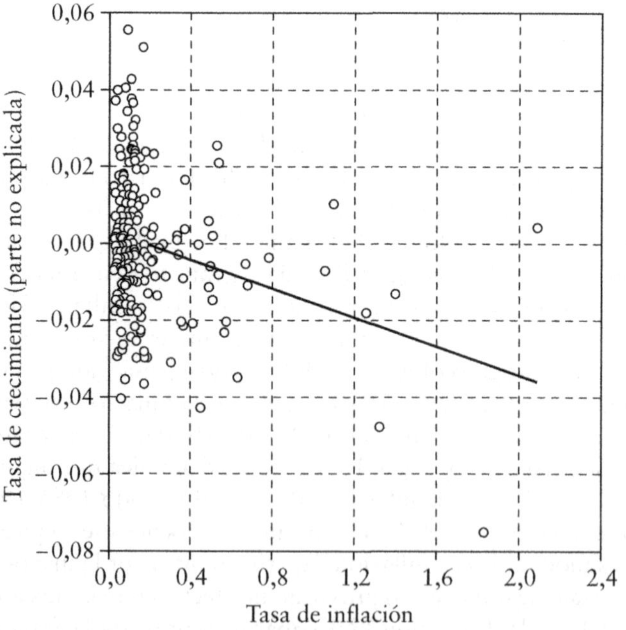

ILUSTRACIÓN 12.13 I Tasa de crecimiento e inflación (relación parcial). El diagrama representa la relación parcial existente entre la tasa de crecimiento del PIB per cápita y la tasa promedio de inflación de los precios al por menor. La variable representada en el eje de abscisas corresponde a los periodos 1965-1975, 1975-1985 y 1985-1995. Véase la descripción de la ilustración 12.3 para el procedimiento general.

La estimación del coeficiente de la tasa de inflación es similar, –0,018 (0,005), si en la lista de variables instrumentales en vez de las variables ficticias coloniales aparece la inflación contemporánea. No obstante, el coeficiente estimado es cercano a cero, 0,003 (0,009), si la lista de variables instrumentales contiene la inflación retardada (de los periodos 1960-1965, 1970-1975 y 1980-1985) en vez de la inflación contemporánea. Este resultado sorprende porque la inflación retardada cuenta con poco poder explicativo en relación a la inflación.

Términos constantes Las regresiones contemplan un término constante general y variables ficticias temporales separadas para los dos últimos periodos, 1975-1985 y 1985-1995. Estas dos variables ficticias temporales son significativamente negativas: –0,0078 (0,0026) y –0,0128 (0,0034), respectivamente. Así pues, al parecer la tasa de crecimiento económico mundial ha disminuido entre 1965 y 1995.[12]

12.3.2. Test de estabilidad de los coeficientes

En la tercera y cuarta columna de la tabla 12.3 aparecen los resultados tras dividir la muestra en dos, los países con un PIB per cápita inferior a la mediana en cada periodo por un lado y los países con un PIB per cápita superior por otro. La división se basa en los valores del PIB per cápita de 1960, 1970 y 1980. Puesto que la mediana se calcula para todos los países de los que se tienen datos de PIB, bastante más de la mitad de los países de la muestra se sitúan en el grupo con PIB per cápita superior a la mediana. (Es más probable que países con ingresos más altos cuenten con datos de las variables que se requieren para formar parte de la muestra.)

Se refuta el test conjunto de igualdad de todos los coeficientes entre los dos grupos de renta con un valor *p* muy bajo. No obstante, al considerar las variables individualmente, los resultados muestran una considerable estabilidad entre los grupos de renta baja y alta. En concreto, para los valores *p* de la quinta columna de la tabla 12.3, los únicos valores que son inferiores a 0,05 están asociados a la variable esperanza de vida, al ratio consumo público y a la variable ficticia del periodo 1985-1995. En particular, en los países con baja renta el crecimiento presenta una mayor sensibilidad ante la esperanza de vida y el consumo público que la mostrada en los países de renta alta. Además, la disminución de la tasa de crecimiento de 1965-1975 a 1975-1985 afecta principalmente al grupo de renta baja. A pesar de estas excepciones, el hecho más sorprendente en relación a los resultados de las columnas tercera, cuarta y quinta de la tabla radica en la alta frecuencia con la que se hallan coeficientes similares en los países ricos y pobres.

En la sexta columna de la tabla 12.3 aparecen las estimaciones de los coeficientes cuando los datos se aplican no a decenios como hasta el momento sino a periodos quinquenales. Para el caso de los quinquenios, hay siete ecuaciones en las que las variables dependientes son las tasas de crecimiento del PIB per cápita del periodo

---

12. La tasa promedio de crecimiento de cada década también depende de los valores promedio de los regresores. Para los setenta países incluidos en las regresiones de los tres decenios, las tasas promedio de crecimiento fueron de 0,0255 en el periodo 1965-1975, 0,0162 en el periodo 1975-1985 y de 0,0138 en el periodo 1985-1995.

TABLA 12.4 | Estabilidad en el tiempo de los coeficientes de las regresiones del crecimiento de la muestra de países

	Coeficientes por decenio			
(1) Variable explicativa	(2) 1965-1975	(3) 1975-1985	(4) 1985-1995	(5) Valor p^a
Logaritmo del PIB per cápita	−0,0222 (0,0041)	−0,0231 (0,0064)	−0,0338 (0,0061)	0,25
Nivel educativo universitario masculino	0,0038 (0,0026)	0,0070 (0,0028)	0,0022 (0,0029)	0,13
1/(esperanza de vida a un año)	−5,48 (1,48)	−3,74 (1,59)	−7,94 (1,86)	0,13
Logaritmo de la tasa de fertilidad total	0,0008 (0,0079)	−0,0143 (0,0104)	−0,0307 (0,0101)	0,052
Ratio consumo público	−0,060 (0,035)	−0,017 (0,035)	−0,099 (0,059)	0,35
Grado de respeto a la ley	0,0262 (0,0087)	0,0191 (0,0117)	0,0079 (0,0173)	0,64
Variable democracia	0,129 (0,070)	0,111 (0,055)	0,120 (0,053)	0,98
Variable democracia al cuadrado	−0,127 (0,058)	−0,109 (0,051)	−0,097 (0,048)	0,93
Ratio de apertura	−0,0005 (0,0123)	0,0043 (0,0095)	0,0028 (0,0079)	0,95
Variación en la relación real de intercambio	0,063 (0,094)	0,225 (0,110)	−0,120 (0,133)	0,16
Ratio de inversión	0,117 (0,037)	0,068 (0,050)	0,095 (0,056)	0,73
Tasa de inflación	0,061 (0,031)	−0,046 (0,032)	−0,018 (0,014)	0,033
Constante	0,239 (0,056)	0,252 (0,062)	0,428 (0,068)	0,046
Número de observaciones	72	86	83	
R cuadrado	0,55	0,48	0,57	

Nota: En las columnas segunda, tercera y cuarta aparecen las estimaciones del sistema de regresión de la segunda columna de la tabla 12.3 cuando se permite que los coeficientes sean diferentes en los tres decenios, 1965-1975, 1975-1985 y 1985-1995.

[a] Los valores p se refieren a la hipótesis de que los coeficientes sean iguales en los tres decenios.

1965-1970 al periodo 1995-2000. En la mayor parte de los casos, los coeficientes de la especificación quinquenal de la sexta columna son similares a los de la estimación a diez años de la segunda columna. Las principales excepciones se dan en la variable relación real de intercambio (cuyo coeficiente es menor en la muestra quinquenal), la variable apertura (que en la muestra quinquenal es mayor y estadísticamente significativa) y la variable democracia (cuyos coeficientes son menores en la muestra quinquenal). Los ajustes de las ecuaciones en el análisis quinquenal, evaluados mediante valores R cuadrado, son considerablemente peores que en el caso del análisis por decenios. Este peor ajuste parece indicar que los resultados del crecimiento para periodos cortos, como pueden ser los quinquenios, se ven considerablemente afectados por influencias temporales a corto plazo (los "ciclos económicos"), que no se tenían en cuenta en las teorías del crecimiento a largo plazo. Un resultado notable es el mal ajuste del último quinquenio 1995-2000. En este caso, el valor R cuadrado es tan sólo 0,04. Podría explicar este resultado el hecho de que un cierto

TABLA 12.5 | Variables explicativas adicionales en la regresión del crecimiento de la muestra de países

	Coeficientes por decenio			
(1) Nueva variable explicativa	(2) Coeficiente	(3) Nueva variable explicativa adicional	(4) Coeficiente	(5) Valor p^a
Logaritmo de la población	0,0004 (0,0009)			
Logaritmo del PIB per cápita al cuadrado	−0,0035 (0,0020)			
Nivel educativo universitario femenino	−0,0034 (0,0041)			
Nivel educativo primario masculino	−0,0011 (0,0025)	Nivel educativo primario femenino	0,0007 (0,0024)	0,90
Nivel educativo universitario masculino[b]	0,0105 (0,0093)	Nivel educativo secundario masculino	0,0024 (0,0020)	0,075
Puntuación de los test de calidad de la formación[c]	0,121 (0,024)			
Tasa de mortalidad infantil	−0,001 (0,057)			
1/(esperanza de vida al nacer)	−0,97 (2,52)			
1/(esperanza de vida a los cinco años)	0,90 (2,00)			
Incidencia de la malaria	0,0019 (0,0045)			
Corrupción oficial	0,0093 (0,0068)			
Calidad de la burocracia	0,0076 (0,0088)			
Libertades civiles[d]	−0,045 (0,081)	Variable libertades civiles al cuadrado	0,003 (0,070)	0,36
Variable ficticia de África subsahariana[e]	−0,0080 (0,0051)	Variable ficticia de Latinoamérica	0,0031 (0,0039)	0,011
Variable ficticia de Asia Oriental	0,0100 (0,0047)	Variable ficticia de la OCDE	0,0004 (0,0054)	
Porcentaje de población < 15 años	−0,070 (0,070)	Porcentaje de población > 64 años	−0,080 (0,110)	0,61
Gasto público en educación	−0,057 (0,068)	Gasto público en defensa	0,064 (0,028)	0,069
Logaritmo de la prima de mercado negro	−0,0122 (0,0058)			
Crédito del sistema financiero privado	−0,0041 (0,0065)			
Depósitos del sistema financiero	−0,002 (0,011)			
Variable ficticia de la estructura legal británica	−0,0018 (0,0044)	Variable ficticia de estructura legal francesa	0,0047 (0,0045)	0,10
Latitud absoluta (grados ÷ 100)	0,066 (0,027)	Latitud al cuadrado	−0,085 (0,044)	0,036
Variable ficticia sin salida al mar	−0,0088 (0,0032)			
Pluralidad étnica	−0,0080 (0,0059)			
Pluralidad lingüística	−0,0084 (0,0050)			
Pluralidad religiosa	−0,0088 (0,0058)			
Variable ficticia de colonia británica[f]	−0,0064 (0,0043)	Variable ficticia de colonia francesa	0,0003 (0,0053)	0,39
Variable ficticia de colonia española o portuguesa	−0,0019 (0,0053)	Variable ficticia de colonia de otro poder colonial	−0,0055 (0,0075)	

Nota: Se introduce cada una de las nuevas variables explicativas o grupo de nuevas variables en el sistema de la segunda columna de la tabla 12.3.
[a] El valor p evalúa la hipótesis de que los coeficientes de las nuevas variables explicativas sean cero de manera conjunta.
[b] Se omite el nivel educativo superior masculino. El valor p de igualdad entre las variables universitaria y secundaria es 0,44.
[c] El número de observaciones de esta muestra es 39, 45 y 44.
[d] Este sistema se aplica únicamente a los periodos 1975-1985 y 1985-1995.
[e] Las cuatro variables ficticias regionales se introducen conjuntamente.
[f] Las cuatro variables ficticias coloniales se introducen conjuntamente.

número de anteriores campeones asiáticos en crecimiento tuvieran una actuación peor en el periodo 1995-2000, debido a la crisis financiera asiática.

La tabla 12.4 recoge un conjunto de diferentes coeficientes en los tres decenios. (En la estimación inicial, entre los periodos únicamente variaban los términos constantes.) Se rechaza con un valor *p* bajo el test conjunto de igualdad de todos los coeficientes entre los decenios. No obstante, cuando las variables se consideran individualmente, los únicos valores *p* iguales o inferiores a 0,05 son los que corresponden a la tasa de inflación y a la tasa de fertilidad (véase la quinta columna de la tabla 12.4). En general, el resultado más sorprendente de esta tabla radica en el grado de estabilidad en el tiempo de los coeficientes estimados.

12.3.3. Otras variables explicativas

La literatura empírica de los factores determinantes del crecimiento económico ha crecido considerablemente y se han propuesto otras muchas variables explicativas. En la tabla 12.5 se muestran los coeficientes estimados de algunas de estas variables cuando se introduce cada una de ellas en el modelo básico de regresión de la segunda columna de la tabla 12.3.

La primera variable, el logaritmo de la población, pretende evaluar si el tamaño del país influye sobre sus resultados de crecimiento. Esta variable se introduce en 1960, 1970 y 1980 y también aparece en la lista de variables instrumentales. El coeficiente estimado es no significativo, 0,0004 (0,0009). Así pues, parece ser que el tamaño del país no influye sobre su crecimiento económico.

Se añade el cuadrado del logaritmo del PIB per cápita a fin de evaluar si la tasa de convergencia depende del nivel del PIB per cápita. Esta nueva variable entra en las mismas fechas que el término lineal del logaritmo del PIB per cápita. Si el coeficiente de la variable al cuadrado fuera negativo, la tasa de convergencia aumentaría al aumentar el PIB per cápita. El resultado es un coeficiente negativo y estadísticamente significativo, –0,0035 (0,0020). Este resultado entra en conflicto con la teoría, en la que se predice que un aumento del PIB per cápita (moviéndose hacia el estado estacionario) disminuye la tasa de convergencia.

Hemos tenido en cuenta varias posibles maneras de medir los años de educación. Todas ellas se introducen en las mismas fechas que la variable nivel educativo superior masculino. El nivel educativo superior femenino tiene un coeficiente negativo, aunque estadísticamente no significativo, –00034 (0,0041). La escolarización primaria masculina o femenina tiene coeficientes estadísticamente no significativos: –0,0011 (0,0025) y 0,0007 (0,0024), respectivamente. Así pues, la principal relación entre el crecimiento y los años de estudio atañe al componente educación superior masculino, la variable incluida en la segunda columna de la tabla 12.3. Si se divide esta variable masculina en otras dos variables, universidad y educación secundaria, surgen dos nuevos coeficientes positivos, 0,0105 (0,0093) y 0,0024 (0,0020), pero no son significativamente distintos el uno del otro (el valor *p* de la hipótesis de igualdad es 0,46).

Todas estas variables educativas se refieren no tanto a la calidad de la educación cuanto a la cantidad de la misma, medida a través de los años de formación. Una posible medida de la calidad es la puntuación obtenida en exámenes internacionalmente comparables. Naturalmente, estas puntuaciones pueden estar influenciadas por otros factores aparte de la educación reglada, como por ejemplo, la influencia del ambiente familiar. En cualquier caso, el principal problema con relación a esta medida es que sólo se dispone de datos de un subgrupo de países y periodos temporales con respecto a la totalidad de la muestra inicial de la regresión. Debido a esta escasez de datos, construimos una muestra de corte transversal de puntuaciones en los tests y utilizamos el mismo valor para cada país en los tres decenios de crecimiento considerados. (Por lo tanto, las puntuaciones subyacentes se aplican a diferentes momentos temporales en cada ecuación, y en algunos casos las puntuaciones son posteriores a las tasas medidas de crecimiento económico.) El coeficiente estimado de la variable de las puntuaciones es positivo y altamente significativo, 0,121 (0,024). Un segundo resultado de esta formulación radica en que el coeficiente estimado del nivel educativo superior masculino se vuelve no significativo, 0,0013 (0,0015). Así pues, la idea general es que la calidad de la educación influye bastante más sobre en el crecimiento económico que el número de años de estudio. Desgraciadamente, la cifra limitada de datos de puntuaciones internacionales dificulta el avance en esta línea de análisis.

Otro conjunto de resultados se refiere a otras medidas posibles de salud. Recuerde que previamente incluíamos el inverso de la esperanza de vida a un año. (Esta variable posee un mayor poder explicativo que la esperanza de vida a un año o el logaritmo de esta esperanza de vida.) Si esta variable permanece constante, la tasa de mortalidad infantil (de 1960, 1970 y 1980) no es significativa, −0,001 (0,057). Tampoco es significativo el inverso de la esperanza de vida al nacer (−0,97, error estándar = 2,52) o a los cinco años (0,90, error estándar = 2,00). (Estas variables se refieren también a 1960, 1970 y 1980). Gallup y Sachs (1998) han realizado numerosos cálculos de los efectos de enfermedades concretas. No hemos hallado relaciones importantes entre éstas y el crecimiento, una vez que se tiene en cuenta la variable básica esperanza de vida. A modo de ejemplo, la variable incidencia de la malaria en 1966 no era significativa, 0,0019 (0,0045).

En la literatura también se han propuesto indicadores alternativos del grado de respeto a la ley. Manteniendo constante la variable grado de democracia y otras como la variable democracia, un indicador del grado de corrupción oficial ideado por Political Risk Services tenía un coeficiente positivo, pero no significativo, 0,0067 (0,0071).[13] (Observe que en este indicador un valor mayor significa un sistema mejor con menor grado de corrupción.) Tampoco era significativo el coeficiente del indicador calidad de la burocracia ideado también por Political Risk Services, 0,0054 (0,0091). Los indicadores corrupción y calidad de la burocracia fueron introducidos con las mismas fechas que la variable grado de respeto a la ley analizada anteriormente.

La variable democracia de la segunda columna de la tabla 12.3 corresponde al indicador de derechos electorales de la organización Freedom House. Debido al alto grado de correlación resulta imposible distinguir empíricamente esta medida del otro indicador propuesto por *Freedom House*, referido a las libertades civiles. Si se introducen en el sistema los términos lineal y al cuadrado de la variable liber-

13. Véase Maura (1995) para un análisis de la corrupción.

tades civiles éstos resultan ser no significativos (valor $p = 0,53$).[14] No obstante, los términos lineal y al cuadrado de la variable derechos electorales tampoco son significativos de manera conjunta cuando se incluyen también las variables libertades civiles (valor $p = 0,12$).

El análisis expuesto anteriormente en este capítulo señalaba que en el grupo de países con menor crecimiento predominaban los países de África subsahariana, mientras que entre los países de mayor crecimiento predominaban los países de Asia Oriental. Una pregunta que surge naturalmente es si los resultados de bajo y alto crecimiento por región se siguen produciendo si se mantienen constantes las variables explicativas incluidas en el sistema de regresión básico de la segunda columna de la tabla 12.3. Es decir, la pregunta es si las variables explicativas incluidas en el análisis ya están midiendo las consecuencias sobre el crecimiento por estar localizadas en una región concreta. Las variables ficticias regionales de la tabla 12.5 tienen coeficientes estimados de −0,007 (0,005) para África subsahariana, 0,006 (0,004) para Latinoamérica, 0,009 (0,005) para Asia Oriental y −0,001 (0,006) para la OCDE.[15] Así pues, únicamente la variable ficticia de Asia Oriental es significativa a los niveles críticos habituales. La principal observación radica pues en que las variables explicativas incluidas en el modelo básico de regresión ya mantienen constantes la mayoría de las consecuencias del hecho de que la economía esté ubicada en una de estas regiones.

Pensar que la productividad depende de la estructura por edades es razonable. En concreto, cabe esperar que la producción por persona sea superior si un porcentaje mayor de la población se encuentra en el intervalo de edad entre 15 y 65 años y un porcentaje menor en los intervalos de menos de 15 años y más de 65. Ahora bien, si se añaden al sistema de regresión las dos variables porcentaje de población (menor de 15 y mayor de 65), éstas son conjuntamente no significativas (el valor p de ambas conjuntamente es 0,78). (Las variables observadas de estructura de edad corresponden a 1960, 1970 y 1980.)

El sistema básico incluye como indicador de gasto público la definición habitual de consumo público menos el gasto en defensa y educación. Si estos dos componentes del gasto público se introducen en el modelo por separado (cada uno de ellos como ratio de su gasto real respecto del PIB real), sus coeficientes estimados son 0,009 (0,074) en el caso de la educación y 0,033 (0,028) en el de defensa. Las fechas de entrada de estas variables son las mismas que expusimos anteriormente en el caso del ratio consumo público. Ambas variables son conjuntamente no significativas (el valor p es 0,4).[16]

---

14. Este sistema cubre únicamente dos decenios de crecimiento, 1975-1985 y 1985-1995, ya que antes de 1972 no existían indicadores independientes de derechos electorales ni de libertades civiles. Las fechas de la variable libertades civiles son las mismas que las expuestas con anterioridad en el caso del indicador de derechos electorales.

15. Los países de la OCDE considerados son los que han sido miembros desde los años sesenta exceptuando Turquía.

16. Puesto que la variable incluida en la tabla 12.3 se basa en la medida habitual de consumo público menos el gasto en educación y defensa, también podemos evaluar si la medida habitual de consumo público es la que debe incorporarse en los sistemas de crecimiento. Esta hipótesis es rechazada con un valor p de 0,022.

En ocasiones se añade a las ecuaciones del crecimiento una prima de mercado negro en el cambio exterior como aproximación a las distorsiones del mercado. No obstante, este indicador también puede ser una aproximación a la inestabilidad macroeconómica en general, y en particular a la inestabilidad vinculada a la balanza de pagos. El coeficiente estimado del logaritmo de 1 más la prima de mercado negro es negativo y significativo en el margen: –0,010 (0,006). (Se introduce esta variable como promedio de los periodos 1965-1974, 1975-1984 y 1985-1992. La lista de variables instrumentales incluye los valores en 1960-1964, 1970-1974 y 1980-1984.) Por tanto, hay indicios de que este indicador de distorsión tiene poder predictivo y relación inversa con el crecimiento económico.

Otros análisis, como los de King y Levine (1993) y Greenwood y Jovanovic (1990), han hecho hincapié en el especial papel del sistema financiero nacional como motor de crecimiento. Tomemos dos variables como aproximaciones al desarrollo financiero. La primera es el ratio entre el crédito del sistema financiero privado y el PIB y la segunda es un indicador de los depósitos del sistema financiero (el ratio entre el agregado M3 menos el agregado vinculado a las transacciones M1 y el PIB). Las observaciones de estas variables se realizan al principio de cada decenio: 1965, 1975 y 1985. Evidentemente, el desarrollo del sistema financiero es endógeno al desarrollo económico general. Así pues, cabe esperar que estas variables representativas del sistema financiero sólo tengan importancia en la medida en que tomen valores inusuales para el nivel de desarrollo de la economía, medido éste de manera empírica a través del PIB per cápita y otras variables explicativas. En cualquier caso, los coeficientes estimados de las variables financieras no son significativamente distintos de cero: –0,005 (0,007) en el caso del indicador de crédito y 0,000 (0,011) en el caso del indicador de los depósitos.

La línea de investigación de la que es ejemplo La Porta et al. (1998) hace hincapié en el papel de las estructuras legales. En concreto, esta corriente afirma que en lo que respecta al desarrollo económico la tradición jurídica británica (basada en la jurisprudencia) es superior a la tradición jurídica francesa (basada en los códigos). Los datos están representados por variables ficticias que corresponden a cinco tipos de tradiciones legales: británica, francesa, escandinava, alemana y comunista. Las variables ficticias de las estructuras legales británica y francesa resultan tener escaso poder explicativo sobre el crecimiento: el coeficiente de la variable británica es 0,0027 (0,0045) y el de la variable francesa es 0,0095 (0,0046). Ambas variables son conjuntamente significativas, con un valor p de 0,04, pero contrariamente a lo propuesto por la hipótesis inicial, el sistema francés parece ser algo más favorable al crecimiento que el británico (o que cualquiera de los demás). Ahora bien, observe que las variables de estructura legal se incluyen en el sistema básico de la segunda columna de la tabla 12.3, que ya mantiene constantes las variables respeto a la ley y democracia.

En la investigación de Gallup y Sachs (1998) se ha resaltado el papel de factores geográficos. Un indicador usado habitualmente es el valor absoluto de los grados de latitud. La idea es que lugares demasiado próximos al ecuador tienen mal clima por exceso de calor y humedad. Puesto que alejarse demasiado del ecuador se traduce en un frío excesivo, también incluimos en el sistema el cuadrado de la latitud. El resultado es que el término lineal (0,065, error estándar = 0,028) y el término al cuadrado (–0,101, error estándar = 0,047) son conjuntamente significativos en el margen, con un valor p de 0,07. Las estimaciones implican que desde el punto de vista del crecimiento la latitud (absoluta) óptima es 32 grados.

Es probable que otro factor geográfico, la ausencia de salida al mar, tenga importancia en relación al fomento del comercio y la comunicación con el resto del mundo. (No obstante, observe que el grado de apertura internacional es una variable que ya se mantiene constante en el sistema de regresión básico.) La variable ficticia ausencia de salida al mar es significativamente negativa: –0,0110 (0,0033).

Se han propuesto varios indicadores de pluralidad étnica, lingüística y religiosa que pudieran tener importancia en la toma de decisiones políticas y en la aparición de conflictos y, a su vez, en el crecimiento económico. Un indicador estándar de pluralidad es 1 menos el índice Herfindahl de porcentajes de miembros (de grupos étnicos, lingüísticos o religiosos). Este indicador calcula la probabilidad de que dos personas elegidas al azar en un país pertenezcan a dos grupos distintos. Los tres indicadores de pluralidad de la tabla 12.5 presentan en las ecuaciones de crecimiento coeficientes negativos, aunque estadísticamente no significativos.[17]

Por último, también se ha propuesto que la herencia colonial podría influir en el crecimiento. En ocasiones se argumenta que esta influencia puede provenir de las instituciones legales o monetarias heredadas; por eso, es importante destacar las variables explicativas que ya se incluyen en la segunda columna de la tabla 12.3. En cualquier caso, las variables ficticias de la herencia colonial (británica, francesa, española, portuguesa u otra) son conjuntamente no significativas, con un valor p igual a 0,39.[18]

12.4. Resumen y conclusiones en cuanto al crecimiento

Las diferencias entre las tasas de crecimiento per cápita entre países son importantes y están relacionadas sistemáticamente con un conjunto de variables explicativas cuantificables. Un elemento de este conjunto es el término de convergencia neta, es decir, el efecto positivo sobre el crecimiento cuando el nivel inicial del PIB per cápita real es bajo en relación con la cantidad inicial de capital humano, medido por el nivel educativo y la esperanza de vida, y en relación a variables explicativas que recogen los rasgos nacionales y las medidas políticas. También existen pruebas empíricas de que los países con un mayor capital humano inicial convergen con más rapidez hacia sus posiciones de estado estacionario.

Los resultados empíricos referentes a la convergencia condicional son congruentes con el modelo neoclásico de crecimiento de los capítulos 1 y 2 y con el efecto desequilibrio entre capital físico y capital humano descrito en el capítulo 5. Este efecto convergencia también aparece en los modelos de difusión tecnológica, descritos en el capítulo 8.

---

17. Los indicadores de pertenencia étnica y lingüística son tomados de Alesina et al. (2002) y corresponden a finales de los años noventa. El valor de la pertenencia religiosa se calcula a partir de los datos de Barrett's (1982) sobre pertenencia religiosa a diez grupos mayoritarios en 1970.

18. El sistema de la segunda columna de la tabla 12.3 incluía en la lista de variables instrumentales las variables ficticias de herencia colonial española o portuguesa u otra y excluía el indicador o indicadores de inflación. El presente sistema introduce otras dos variables ficticias de herencia colonial y también incluye la tasa de inflación retardada.

Para valores dados de PIB per cápita y capital humano, el crecimiento depende directamente del grado de respeto a la ley y del grado de apertura internacional, e inversamente del ratio entre consumo público y PIB y la tasa de inflación. El crecimiento aumenta cuando tienen lugar variaciones favorables de la relación real de intercambio y disminuye al aumentar las tasas de fertilidad. La relación entre el crecimiento y el ratio de inversión es directa pero débil cuando las variables ya mencionadas se mantienen constantes y si se utiliza como variable instrumental el ratio de inversión retardada.

12.5. Robustez

Una cuestión central de la economía aplicada en general y del crecimiento económico en particular radica en cuáles deben ser las variables explicativas incluidas en el modelo y cuáles no. La dificultad estriba en que las variables están correlacionadas significativamente con el crecimiento dependiendo de qué otras variables se mantengan constantes. En concreto, ¿qué variables habría que incluir en las regresiones del crecimiento? Aunque hasta ahora hemos trabajado con datos de tres decenios o siete quinquenios, describimos el problema y algunas posibles soluciones en el marco de una única regresión de corte transversal. Lo hacemos así siguiendo el análisis de Sala-i-Martín (1997a, 1997b) y Sala-i-Martín, Doppelhoffer y Miller (2003).

El punto de partida es una regresión de corte transversal del tipo

$$\gamma = \alpha + \beta_1 x_1 + \beta_2 x_2 + \cdots + \beta_n x_n + \epsilon \qquad (12.2)$$

donde γ es el vector de las tasas de crecimiento económico, y $x_1, \ldots, x_n$ son los vectores de las posibles variables explicativas. La cuestión a considerar es qué variables x_j deben incluirse en la regresión. Un problema estriba en que las teorías económicas no son lo suficientemente precisas al identificar los factores determinantes exactos del crecimiento. Por ejemplo, a lo largo del texto hemos analizado una serie de teorías del crecimiento, cada una de las cuales propone un conjunto diferente de regresores posibles. Una segunda dificultad, quizás de mayor importancia, estriba en que las teorías no son mutuamente excluyentes: resulta razonable pensar que la acumulación de capital físico influye en el crecimiento y, al mismo tiempo, que el capital humano, el progreso tecnológico y las políticas económicas también lo hacen.

Observe que no podemos incluir todas las posibles variables en una única regresión y dejar que "los datos hablen por sí mismos", ya que el número de variables posibles es mayor que el número de países, de manera que una regresión que incluyera todas las variables sería imposible de calcular. La metodología utilizada habitualmente por los investigadores del crecimiento consiste básicamente en "probar" las variables que en su opinión podrían ser factores determinantes del crecimiento importantes.[19] No obstante, en cuanto se empieza a realizar regresiones combinan-

19. El típico artículo de crecimiento económico presenta en primer lugar una teoría, seguida de una sección de análisis empírico en el que se muestra que la variable que recoge el fenómeno resaltado por la teoría está correlacionada con el crecimiento cuando se mantiene constante un cierto número de otras

do diversas variables se observa que es x_1 significativa cuando la regresión incluye x_2 y x_3, pero no es significativa al añadir x_4. Puesto que se desconoce a priori cuáles son las verdaderas variables que deben incluirse, la pregunta de cuáles son las variables que están verdaderamente correlacionadas con el crecimiento sigue abierta.

12.5.1. Levine y Renelt (1992)

Levine y Renelt (1992) aportaron una primera respuesta a esta cuestión. Aplicaron una versión modificada del análisis de límites extremos de Leamer (1983, 1985) con el objeto de identificar relaciones empíricas "robustas" para el crecimiento económico. Brevemente, el test de límites extremos funciona así: suponga que tenemos un conjunto de posibles variables K y deseamos saber si la variable z es "robusta". En dicho caso estimaríamos la regresión siguiente:

$$\gamma = \alpha_j + \beta_{zj} z + \beta_{zj} x_j + \epsilon \tag{12.3}$$

donde x_j es un vector de variables elegidas entre las K posibles variables.[20] Hay que estimar esta regresión para todas las combinaciones x_j posibles. Para cada modelo j se halla una estimación $\hat{\beta}_{zj}$ y su correspondiente desviación típica $\hat{\sigma}_{zj}$. El límite extremo inferior se define como el valor inferior de $\hat{\beta}_{zj} - 2\hat{\sigma}_{zj}$ de todos los posibles modelos j, y el límite extremo superior se define como el valor mayor de $\hat{\beta}_{zj} + 2\hat{\sigma}_{zj}$. El test de límites extremos de la variable z establece que si el límite extremo inferior es negativo y el límite extremo superior es positivo, entonces la variable z es frágil. Se repite el análisis para todas las variables del conjunto.

Observe que si $\hat{\beta}_{zj}$ no es significativamente distinto de cero para ninguna de las millones de regresiones posibles, el análisis de límites extremos establece que esta variable no es robusta. El motivo es que decimos que $\hat{\beta}_{zj}$ no es significativo cuando el intervalo $[\hat{\beta}_{zj} - 2\hat{\sigma}_{zj}, \hat{\beta}_{zj} + 2\hat{\sigma}_{zj}]$ incluye el cero. Así pues, toda regresión posee un "derecho de veto" (independientemente de lo mal que se ajuste la regresión) en el sentido de que, si el coeficiente β_{zj} de esa particular regresión resulta ser no significativo, entonces la variable z será calificada de no robusta, independientemente de lo que digan los otros millones de regresiones que incluyen z como variable explicativa. No resulta sorprendente que el principal resultado del análisis de Levine y Renelt (1992) radique en que todas las variables son "frágiles".

---

variables. A continuación, el artículo muestra que la variable central sigue siendo significativa aunque se produzcan cambios en el conjunto de variables explicativas.

20. De acuerdo con Leamer (1983, 1985), Levine y Renelt también incluyen algunas variables "fijas" que aparecen en todas las regresiones y que no son evaluadas. Se supone que el investigador está seguro de que estas variables deben aparecer en la regresión. Puesto que no sabemos si existen variables que sin lugar a dudas pertenecen al verdadero modelo, en nuestra descripción de Levine y Renelt obviamos dichas variables fijas.

12.5.2. Promedio bayesiano de estimaciones clásicas (PBEC)

El hecho de que cualquier regresión posea un derecho de veto que hace que cualquier variable pueda ser calificada como no robusta llevó a Sala-i-Martín (1997a, 1997b) a argumentar que este test era demasiado restrictivo como para tener sentido.[21] Su propuesta era alejarse de este test "extremo" y en lugar de asignar a una variable concreta el calificativo "frágil" o "no frágil" le asigna un "nivel de confianza". Para hacerlo, calcula promedios ponderados de todas las estimaciones de $\hat{\beta}_{zj}$ y sus correspondientes desviaciones típicas $\hat{\sigma}_{zj}$, utilizando ponderaciones proporcionales a la probabilidad de cada modelo. En otras palabras, las $\hat{\beta}_{zj}$ que corresponden a modelos con buen ajuste tienden a tener ponderaciones mayores en el promedio ponderado de los coeficientes MCO. Para medir el grado de significación, Sala-i-Martín calculó una suma ponderada de la probabilidad de las funciones de distribución acumulada normales. Halla que la conclusión pesimista de Levine y Renelt no está garantizada y que cierto número de variables están correlacionadas significativamente con el crecimiento. A fin de mantener la posibilidad de comparación, Sala-i-Martín (1997a, 1997b) siguiendo a Levine y Renelt aceptó el supuesto de que existe un conjunto de "regresores fijos" incluidos en todos los modelos y estableció la condición de que todas las regresiones tuvieran siete variables explicativas. Una de las debilidades de este enfoque radica en que las propiedades estadísticas de estos promedios ponderados no se entienden bien, ya que no se derivan de una teoría estadística.

Sala-i-Martín, Doppelhoffer y Miller (2003) (de ahora en adelante SDM) demuestran que el enfoque de Sala-i-Martín es un caso particular de la promediación del modelo bayesiano, un método que analizamos más adelante. En lo que respecta a la incertidumbre de los modelos resulta razonable admitir que no sabemos cuál de ellos es el "verdadero" y asignar probabilidades a los diferentes modelos posibles. Aunque este enfoque es atractivo desde un punto de vista intuitivo, requiere alejarse del marco clásico en el que resulta esencial restringirse a un modelo. En fechas recientes este enfoque ha recibido el nombre de promediación del modelo bayesiano. El procedimiento está en la línea del razonamiento bayesiano habitual: la idea se remonta al menos hasta Jeffreys (1961) y fue ampliada por Leamer (1978).

El enfoque bayesiano completo ha sido aplicado a diversos problemas por algunos autores, entre los que se encuentran Raftery, Madigan y Hoeting (1997) y York et al. (1995). Un enfoque bayesiano puro requiere la especificación de las distribuciones previas de todos los parámetros pertinentes de cada posible modelo. En condiciones ideales, la obtención de los parámetros previos resulta difícil y es sin lugar a dudas una de las principales razones por las que los enfoques bayesianos siguen siendo poco utilizados. Cuando el número de regresores posibles es K, el número de posibles modelos lineales es 2^K, así que si K es una cifra elevada, la especificación total de los parámetros previos es inviable. Así pues, los autores que han aplicado el enfoque bayesiano completo han utilizado parámetros previos que de por sí son arbitrarios. La técnica hace que las estimaciones últimas dependan de

---

21. Para conocer otras críticas al test de límites extremos, véase Durlauf y Quah (1999) y Temple (1999). Granger y Uhlig (1990) han propuesto lo que ellos llaman los límites extremos razonables, y Doppelhoffer (2000) utiliza este concepto de límite en las regresiones de crecimiento económico.

unos parámetros previos elegidos arbitrariamente de una manera difícil de interpretar. En las aplicaciones existentes de este enfoque, la influencia de estos parámetros previos no ha sido ni examinada ni explicada.

SDM (2003) utilizan el enfoque bayesiano para promediar entre modelos, al tiempo que respetan el espíritu clásico. Proponen una técnica de promediación de modelos, que denominan el promedio bayesiano de estimaciones clásicas (PBEC) para determinar la "importancia" de las variables en las regresiones del crecimiento en muestras de corte transversal. Demuestran que el método de ponderación puede obtenerse como un caso límite del análisis bayesiano habitual cuando la información previa se ve "dominada" por los datos. Este PBEC combina el promedio de las estimaciones de los modelos, que es un concepto bayesiano, con la estimación MCO clásica, que se deriva del supuesto de información previa dispersa.

Puede encontrar el desarrollo completo de la metodología del PBEC en SDM (2003). A continuación exponemos los principales resultados. Llamemos M_j a un modelo estadístico de crecimiento con un conjunto concreto de variables explicativas. El teorema de Bayes y la teoría básica de la probabilidad indican que la distribución posterior de los parámetros es el promedio ponderado de todas las posibles densidades condicionadas posteriores, donde las ponderaciones proceden de las probabilidades posteriores de cada uno de los modelos posibles:

$$g(\beta \mid y) = \sum_{j=1}^{2^K} P(M_j \mid y) \cdot g(\beta \mid y, M_j) \tag{12.4}$$

donde $g(\beta \mid y)$ es la distribución posterior de β (condicionada al conjunto de datos), $g(\beta | y, M_j)$ es la distribución de β condicionada al conjunto de datos y al modelo M_j, y $P(M_j | y)$ es la probabilidad posterior del modelo j condicionada a los datos. Si tenemos K posibles variables explicativas, hay 2^K modelos posibles. Si el investigador cuenta con parámetros previos difusos (es decir, si no es capaz o no desea especificar los parámetros previos) y aceptamos el supuesto de que los parámetros previos se ven dominados por los datos,[22] entonces la probabilidad posterior del modelo j-ésimo puede expresarse de la siguiente manera:

$$P(M_j \mid y) = P(M_j) \cdot \omega(j) \tag{12.5}$$

donde

$$\omega(j) = \frac{T^{-k_j/2} \cdot SSE_j^{-T/2}}{\sum_{i=1}^{2^K} P(M_i) T^{-k_i/2} \cdot SSE_i^{-T/2}}$$

SSE_j es la suma de los cuadrados de los residuos del modelo j, T es el número de observaciones y k_j es el tamaño (es decir, el número de regresores) del modelo j. En otras palabras, las ponderaciones asignadas a cada modelo en la ecuación (12.4)

22. Véase SDM (2003).

son el producto de los parámetros previos del modelo j, $P(M_j)$, multiplicados por un cociente, la medida de la bondad del ajuste del modelo j dividida entre la bondad del ajuste de todos los posibles modelos. Observe que las ponderaciones de la ecuación (12.5) están corregidas por los grados de libertad (lo que penaliza a los modelos más grandes) siguiendo el espíritu de los criterios de selección del modelo de Schwarz (1978)

El único problema pendiente radica en decidir qué probabilidad previa asignamos al modelo j. Dicho de otra forma, antes de ver los datos, qué probabilidad asignamos a cada uno de los posibles 2^K modelos.

Una manera habitual de enfocar este problema en la literatura estadística es considerar que todos los modelos tienen la misma probabilidad. Es una manera de confesar la propia ignorancia: antes de analizar los datos, no sabemos qué modelo tiene mayor probabilidad, así que aceptamos el supuesto de que todos son igualmente probables. Si bien este enfoque es lógico en ciertas circunstancias, en nuestro caso no lo es al menos por dos razones. En primer lugar, puesto que tenemos un gran número de posibles regresores, esta equiprobabilidad previa conlleva la implicación extraña y problemática de que el tamaño esperado (el número esperado de regresores) es grande. En concreto, puesto que vamos a usar un conjunto de datos de 67 variables, aceptar el supuesto de que todos los modelos son igualmente probables significa que esperamos que la cifra promedio de variables explicativas de la regresión de corte transversal sea 33,5. La segunda implicación no deseable radica en que el tamaño esperado del modelo depende del conjunto de datos utilizado. Si empleamos un conjunto de datos con 32 variables y aceptamos el supuesto de que todos los modelos son igualmente probables, implícitamente aceptamos que el tamaño esperado del modelo es 16. Si tuviéramos por el contrario un conjunto de datos de 100 regresores posibles, estaríamos aceptando que el tamaño esperado sería 50. Puesto que no creemos que el tamaño de la regresión que "explica" el crecimiento tenga que depender del conjunto de datos que estemos utilizando, tenemos que modificar las probabilidades previas de los modelos.

SDM (2003) especifican las probabilidades previas del modelo aceptando el supuesto de que cada variable tiene la probabilidad previa $\bar{k}/K$ de aparecer en una regresión concreta, donde $\bar{k}$ es el promedio previo del tamaño del modelo y K el número total de posibles regresores.[23] Esto implica que por lo tanto, la probabilidad previa $P(M_j)$ de un modelo de tamaño k_j es:

$$P(M_j) = \left(\frac{\bar{k}}{K}\right)^{k_j} \left(1 - \frac{\bar{k}}{K}\right)^{K-k_j} \tag{12.6}$$

Observe que la "equiprobabilidad de cada posible modelo" es un caso concreto del anterior, en el que $\bar{k} = K/2$. Una de las ventajas de este enfoque radica en que

23. Para la mayoría de los investigadores, en la mayoría de las aplicaciones la probabilidad previa de incluir una variable concreta no es independiente de la probabilidad de incluir cualquier otra variable. Por ejemplo, en una regresión de crecimiento, si se incluye una variable que representa la inestabilidad política, como por ejemplo el número de revoluciones, muchos investigadores pensarían que es menos probable que otra variable, como la cifra de homicidios, aparezca también. Si bien este tipo de interdependencia puede incorporarse con facilidad al modelo PBEC, SDM (2003) no siguen esta línea.

el único parámetro que el investigador tiene que especificar a priori es el "tamaño esperado del modelo", k. Y puesto que sólo necesitamos especificar un parámetro, resulta muy sencillo realizar los análisis de robustez variando simplemente este único parámetro previo.

Las ecuaciones (12.4), (12.5) y (12.6) describen la distribución posterior de β. Una vez determinada esta distribución, podemos calcular su promedio, su varianza y otros momentos. Por ejemplo, calculando los valores esperados de β de la ecuación (12.4) obtenemos

$$E(\beta \mid y) = \sum_{j=1}^{2^K} P(M_i \mid y) \cdot \hat{\beta}_j \tag{12.7}$$

donde $\hat{\beta}_j = E(\beta \mid y, M_j)$ es la estimación MCO de β con los regresores del modelo j. En términos bayesianos, $\hat{\beta}_j$ es el promedio condicional posterior del modelo j. Observe que cualquier variable excluida de un modelo concreto tiene un coeficiente de pendiente con una distribución posterior degenerada en cero. Es decir, el valor esperado de β es el promedio ponderado de las estimaciones MCO, donde las ponderaciones son proporcionales a la medida de bondad del ajuste y al tamaño previo del modelo.[24]

La varianza posterior de β viene dada por

$$\text{var}(\beta \mid y) = \sum_{j=1}^{2^K} P(M_i \mid y) \cdot \text{var}(\beta \mid y, M_j) + \sum_{j=1}^{2^K} P(M_i \mid y) \cdot \left(\hat{\beta}_j - \sum_{j=1}^{2^K} P(M_i \mid y) \cdot \hat{\beta}_j \right)^2 \tag{12.8}$$

El examen de la ecuación (12.8) demuestra que la varianza posterior incorpora tanto las varianzas estimadas de los modelos individuales como la varianza de las estimaciones de β en los diferentes modelos.

Aunque los promedios y las varianzas posteriores tienen su interés, existen otras maneras de resumir la gran cantidad de información que aporta la distribución posterior completa. En concreto, un estadístico interesante es la probabilidad posterior de que aparezca en la regresión una variable en concreto (es decir, que tenga un coeficiente distinto de cero). SDM (2003) la denominan *probabilidad de inclusión posterior* de la variable y se calcula como la suma de las probabilidades posteriores de todos los modelos que incluyen la variable. También se pueden estimar el promedio y la varianza posteriores *condicionados* a la inclusión de la variable. El verdadero (no condicionado) promedio posterior se calcula a partir de la ecuación (12.7), mientras que la desviación típica posterior es la raíz cuadrada de la varianza de la ecuación (12.8). El promedio posterior verdadero es el promedio ponderado de las estimaciones MCO de todas las regresiones, incluidas las regresiones en las

24. Observe que el promedio ponderado de los coeficientes MCO, cuando las ponderaciones son proporcionales a una medida de bondad del ajuste, es similar al postulado por Sala-i-Martín (1997a, 1997b). Esto es exactamente cierto cuando todas las regresiones tienen el mismo tamaño.

que la variable no aparece y por lo tanto tiene un coeficiente igual a cero. Así pues, el promedio posterior condicionado puede calcularse dividiendo el promedio no condicionado entre la probabilidad posterior de inclusión.[25]

12.5.3. Principales resultados de Sala-i-Martín, Doppelhofer y Miller (2003)

SDM (2003) aplican el PBEC a un conjunto de 67 variables. Dichas variables se seleccionaron siguiendo los siguientes criterios. (1) Se eligieron variables para las que se disponía de datos lo más cercanos posibles al inicio de la muestra, 1960. Esta condición significa que algunas variables interesantes de la literatura (como los indicadores grado de respeto a la ley y nivel de corrupción expuestos anteriormente) se excluyen del análisis. (2) Se eligieron variables que hacían que el conjunto de datos fuera "equilibrado". Con equilibrado queremos decir que había el mismo número de observaciones en todas las regresiones. Con estas condiciones, el número total de variables en el conjunto es 68 (incluida la variable dependiente, la tasa de crecimiento del PIB per cápita entre 1960 y 1996) y la muestra cuenta con 88 países.

En la primera columna de la tabla 12.6 aparecen aquellas regresiones que son significativas al 95 % para cada variable explicativa, cuando combinamos cada variable con todas las posibles combinaciones de las restantes 67 variables. Observe que todas las variables son no significativas para un subconjunto de modelos. Por lo tanto, el análisis de límites extremos de Levine y Renelt (1992) calificaría a todas ellas de no robustas.

En la ilustración 12.14 aparece una aproximación mediante histogramas de las densidades posteriores de los coeficientes estimados de cuatro variables (el precio de inversión, el nivel inicial del PIB per cápita, el nivel de educación primaria y el número de años de "apertura" de la economía).[26] Observe que en la ilustración 12.14 cada distribución está formada por dos partes: la primera es una parte continua, que es la densidad posterior condicionada a la inclusión en el modelo, y la segunda es una masa discreta en cero, que representa la probabilidad de que la variable pertenezca al modelo (uno menos la probabilidad posterior de inclusión).

Estimación básica En esta sección se presentan los resultados de la estimación básica con un tamaño previo esperado del modelo de $k = 7$. La elección del tamaño del modelo básico está motivada por el hecho de que la mayoría de los estudios empíricos del crecimiento incluyen una cifra moderada de variables explicativas. El tamaño posterior del modelo para la estimación básica es 7,46, una cifra muy semejante al tamaño previo del modelo. En la siguiente sección evaluamos la robustez de nuestros resultados en relación a variaciones del tamaño previo promedio del

---

25. De igual manera, la varianza no condicionada puede calcularse a partir de la varianza condicionada de la siguiente manera:

$$\sigma^2_{\text{no cond}} = [\sigma^2_{\text{cond}} + \beta^2_{\text{cond}}] \cdot (\text{Probabilidad posterior de inclusión}) - \beta^2_{\text{no cond}}$$

26. Véase SDM (2003) si desea consultar los resultados de las variables restantes.

TABLA 12.6 | Estimación básica de las 67 variables

Posición	Variable	Porcentaje de las regresiones con est. $t > 2$ (1)	Probabilidad posterior de inclusión (2)	Promedio posterior condicionado a la inclusión (3)	D.t. posterior condicionada a la inclusión (4)	Promedio posterior no condicionado (3)′	D.t. posterior no condicionada (4)′	Probabilidad de certeza de signo (5)
1	Asia Oriental	0,99	0,823	0,021805	0,006118	0,017935	0,010010	0,999
2	Escolarización en primaria en 1960	0,96	0,796	0,026852	0,007977	0,021386	0,012945	0,999
3	Precio de inversión	0,99	0,774	−0,000084	0,000025	−0,000065	0,000041	0,999
4	PIB 1960 (log)	0,30	0,685	−0,008538	0,002888	−0,005845	0,004631	0,999
5	Porcentaje de superficie (o población) tropical	0,59	0,563	−0,014757	0,004227	−0,008312	0,007977	0,997
6	Densidad de población en áreas costeras (en los sesenta)	0,85	0,428	0,000009	0,000003	0,000004	0,000005	0,996
7	Prevalencia de la malaria en los sesenta	0,84	0,252	−0,015702	0,006177	−0,003956	0,007489	0,990
8	Esperanza de vida en 1960	0,79	0,209	0,000808	0,000354	0,000168	0,000366	0,986
9	Porcentaje de confucianos	0,97	0,206	0,054429	0,022426	0,011239	0,024275	0,988
10	Variable ficticia africana	0,90	0,154	−0,014706	0,006866	−0,002260	0,005948	0,980
11	Variable ficticia latinoamericana	0,30	0,149	−0,012758	0,005834	−0,001905	0,005075	0,969
12	Porcentaje del PIB de la minería	0,07	0,124	0,038823	0,019255	0,004818	0,014487	0,978
13	Colonia española	0,24	0,123	−0,010720	0,005041	−0,001320	0,003942	0,972
14	Años de apertura	0,98	0,119	0,012209	0,006287	0,001457	0,004514	0,977
15	Porcentaje de musulmanes	0,11	0,114	0,012629	0,006257	0,001446	0,004545	0,973
16	Porcentaje de budistas	0,90	0,108	0,021667	0,010722	0,002348	0,007604	0,974
17	Pluralidad etnolingüística	0,52	0,105	−0,011281	0,005835	−0,001181	0,003936	0,974
18	Porcentaje de gasto público en los sesenta	0,77	0,104	−0,044171	0,025383	−0,004586	0,015761	0,975
19	Densidad de población en los sesenta	0,01	0,086	0,000013	0,000007	0,000001	0,000004	0,965
20	Distorsiones del tipo de cambio real	0,92	0,082	−0,000079	0,000043	−0,000006	0,000025	0,966
21	Porcentaje de la población que habla una lengua extranjera	0,43	0,080	0,007006	0,003960	0,000559	0,002204	0,962

22	(Importaciones + exportaciones)/PIB	0,67	0,076	0,008858	0,005210	0,000674	0,002754	0,949
23	Derechos políticos	0,35	0,066	−0,001847	0,001202	−0,000121	0,000551	0,939
24	Porcentaje del sector público en el PIB	0,58	0,063	−0,034874	0,029379	−0,002205	0,011253	0,935
25	Educación superior en 1960	0,10	0,061	−0,069693	0,041833	−0,004282	0,019688	0,946
26	Porcentaje de población tropical	0,85	0,058	−0,010741	0,006754	−0,000622	0,002990	0,940
27	Exportaciones primarias en 1960	0,75	0,053	−0,011343	0,007520	−0,000604	0,003082	0,926
28	Porcentaje público de inversión	0,00	0,048	−0,061540	0,042950	−0,002964	0,016201	0,922
29	Porcentaje de protestantes	0,29	0,046	−0,011872	0,009288	−0,000544	0,003180	0,909
30	Porcentaje de hindúes	0,07	0,045	0,017558	0,012575	0,000790	0,004512	0,915
31	Porcentaje de la población menor de 15	0,24	0,041	0,044962	0,041100	0,001850	0,012216	0,871
32	Distancia en línea recta a las grandes ciudades	0,18	0,039	−0,000001	0,000001	0,000000	0,000000	0,888
33	Porcentaje de consumo público deflactado por el deflactor del PIB	0,05	0,036	−0,033647	0,027365	−0,001195	0,008087	0,893
34	Latitud absoluta	0,37	0,033	0,000136	0,000233	0,000004	0,000049	0,737
35	Porcentaje de católicos	0,16	0,033	−0,008415	0,008478	−0,000278	0,002155	0,837
36	Tasas de fertilidad en los sesenta	0,46	0,031	−0,007525	0,010113	−0,000232	0,002199	0,767
37	Variable ficticia europea	0,19	0,030	−0,002278	0,010487	−0,000068	0,001858	0,544
38	Orientación al exterior	0,01	0,030	−0,003296	0,002727	−0,000098	0,000730	0,886
39	Variable ficticia colonial	0,44	0,029	−0,005010	0,004721	−0,000147	0,001169	0,858
40	Libertades civiles	0,15	0,029	−0,007192	0,007122	−0,000207	0,001705	0,846
41	Revoluciones y golpes de Estado	0,07	0,029	−0,007065	0,006089	−0,000202	0,001565	0,877
42	Variable ficticia colonia británica	0,09	0,027	0,003654	0,003626	0,000097	0,000835	0,844
43	Yacimientos de hidrocarburos en 1993	0,01	0,025	0,000307	0,000418	0,000008	0,000081	0,773
44	Porcentaje de la población mayor de 65	0,20	0,022	0,019382	0,119469	0,000435	0,018127	0,566
45	Porcentaje de gasto en defensa	0,26	0,021	0,045336	0,076813	0,000967	0,012992	0,737
46	Población en 1960	0,07	0,021	0,000000	0,000000	0,000000	0,000000	0,806

Continuación

TABLA 12.6 | Estimación básica de las 67 variables

Posición	Variable	Porcentaje de las regresiones con est. $t > 2$ (1)	Probabilidad posterior de inclusión (2)	Promedio posterior condicionado a la inclusión (3)	D.t. posterior condicionada a la inclusión (4)	Promedio posterior no condicionado (3)′	D.t. posterior no condicionada (4)′	Probabilidad de certeza de signo (5)
47	Crecimiento de la relación real de intercambio en los sesenta	0,00	0,021	0,032627	0,046650	0,000693	0,008265	0,752
48	Gasto público en educación entre el PIB, en los sesenta	0,11	0,021	0,129517	0,172847	0,002698	0,031056	0,777
49	Variable ficticia sin salida al mar	0,04	0,021	−0,002080	0,004206	−0,000043	0,000671	0,701
50	Indicador de religión	0,18	0,020	−0,004737	0,007232	−0,000097	0,001233	0,751
51	Tamaño de la economía	0,18	0,020	−0,000520	0,001443	−0,000011	0,000218	0,661
52	Variable ficticia de comunismo	0,00	0,020	0,003983	0,004966	0,000081	0,000903	0,788
53	Población angloparlante	0,07	0,020	−0,003669	0,007137	−0,000073	0,001132	0,686
54	Inflación promedio 1960-1990	0,01	0,020	−0,000073	0,000097	−0,000001	0,000017	0,784
55	Variable ficticia productor de petróleo	0,00	0,019	0,004845	0,007088	0,000094	0,001193	0,751
56	Tasa de crecimiento de la población 1960-1990	0,21	0,019	0,020837	0,307794	0,000401	0,042787	0,533
57	Fecha de independencia	0,11	0,019	0,001143	0,002051	0,000022	0,000324	0,716
58	Porcentaje de superficie cercana a cursos navegables	0,35	0,019	−0,002598	0,005864	−0,000048	0,000875	0,657
59	Cuadrado de la inflación 1960-1990	0,00	0,018	−0,000001	0,000001	0,000000	0,000000	0,736
60	Porcentaje pasado en guerra 1960-1990	0,00	0,016	−0,001415	0,009226	−0,000022	0,001176	0,555
61	Superficie terrestre	0,01	0,016	0,000000	0,000000	0,000000	0,000000	0,577
62	Superficie con clima tropical	0,16	0,016	−0,002069	0,006593	−0,000032	0,000864	0,616
63	Posición de la relación real de intercambio	0,23	0,016	−0,003730	0,009625	−0,000058	0,001288	0,647
64	Capitalismo	0,06	0,015	−0,000231	0,001080	−0,000003	0,000136	0,589
65	Porcentaje de ortodoxos	0,00	0,015	0,005689	0,013576	0,000086	0,001804	0,660
66	Participación en guerras 1960-1990	0,02	0,015	−0,000734	0,002983	−0,000011	0,000377	0,593
67	Densidad interior	0,00	0,015	−0,000001	0,000016	0,000000	0,000002	0,532

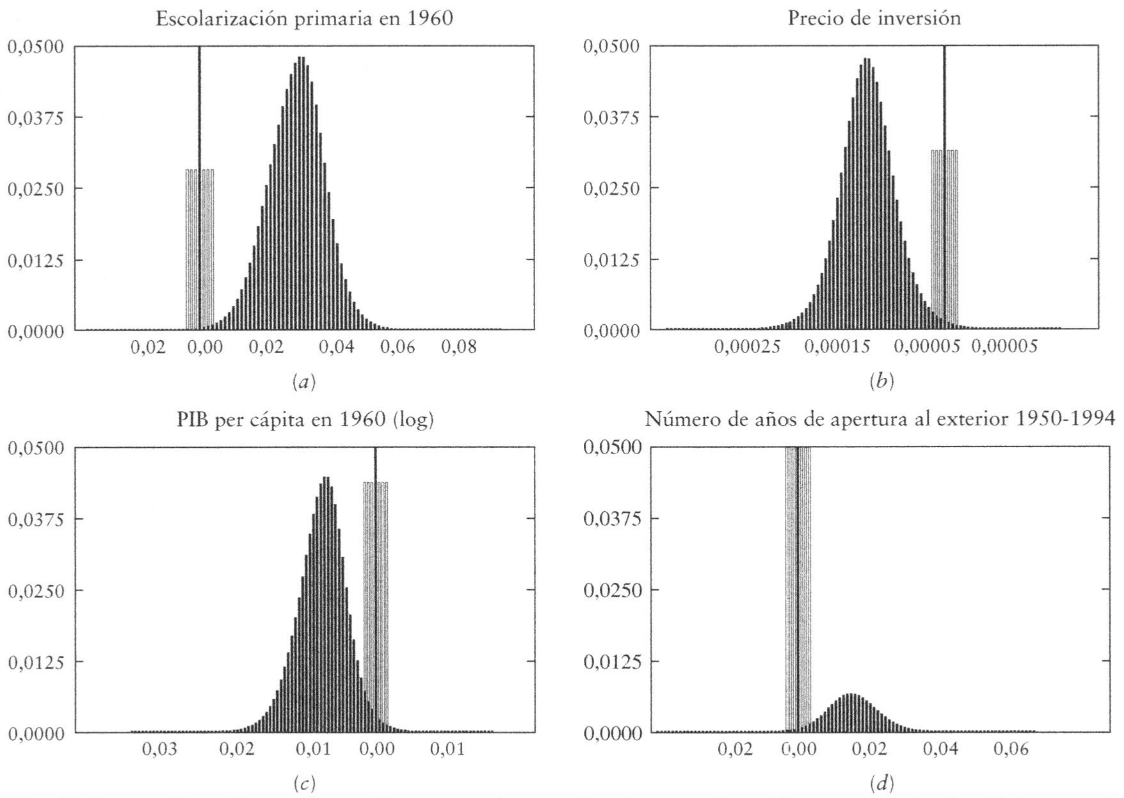

ILUSTRACIÓN 12.14 | Densidades posteriores. En esta ilustración aparecen las aproximaciones mediante histogramas de las densidades posteriores de los coeficientes estimados de cuatro variables. Los paneles a, b, c y d representan la escolarización primaria, el precio de inversión, el nivel inicial de PIB per cápita y el número de años de apertura al exterior de la economía. Cada distribución está formada por dos partes: la primera es una parte continua, la densidad posterior condicionada a la inclusión de la variable en el modelo, y la segunda es una masa discreta en cero que representa la probabilidad de que la variable no aparezca en el modelo (uno menos la probabilidad posterior de inclusión). (a) Escolarización primaria en 1960 (b) Precio de inversión (c) PIB per cápita en 1960 (log) (d) Número de años de apertura al exterior 1950-1994

modelo. Los resultados se basan en aproximadamente 89 millones de regresiones establecidas al azar.[27]

Los resultados aparecen en la tabla 12.6: en la segunda columna aparece la probabilidad posterior de inclusión de una variable en la regresión del crecimiento. Las variables aparecen ordenadas de mayor a menor probabilidad posterior. La probabilidad posterior de inclusión es la suma de las probabilidades posteriores de todas las regresiones que incluyen dicha variable. Siguiendo los criterios de selección del modelo de Schwartz, se ajusta la medida de la bondad del ajuste de manera que penaliza los modelos con muchos parámetros. Así pues, las variables con probabilidades de inclusión altas son aquellas que tienen contribuciones marginales altas a la bondad del ajuste del modelo de regresión.

Para dividir las variables podemos utilizar el criterio de si la probabilidad de inclusión, al ver los datos, es superior o inferior a la probabilidad previa. Puesto que el tamaño esperado de nuestro modelo es 7, la probabilidad previa de inclusión de cada variable es 7/67 = 0,104. Hay 18 variables para las que, después de haber estimado todas las regresiones, la probabilidad posterior de inclusión es superior a la probabilidad previa (son las primeras 18 variables de la tabla 12.6). Para estas variables, la idea de que pertenecen a la regresión se ve reforzada una vez vistos los datos. Podríamos calificarlas estas variables de "fuertes" o "robustas". Hay pocas pruebas que apoyen la inclusión de las 49 variables restantes: a la vista de los datos, disminuye aún más la modesta valoración de partida de su probabilidad de inclusión en el modelo.

En la tercera y cuarta columna aparecen el promedio y la desviación típica posterior de las distribuciones, condicionadas a que la variable sea incluida en el modelo. Es decir, son los promedios y las desviaciones típicas de la parte en forma de campana de la distribución de la ilustración 12.14. En las columnas 3′ y 4′ aparecen los correspondientes promedios y varianzas no condicionadas.[28]

A partir de la densidad posterior, podemos estimar también la probabilidad posterior, condicionada a la inclusión, de que un coeficiente tenga el mismo signo que su promedio posterior. Esta "probabilidad de certeza del signo" aparece en la quinta columna y es otro indicador de la significación de las variables. Es la probabilidad posterior de encontrarse en el mismo lado respecto de cero que el promedio posterior del coeficiente, condicionado a la inclusión de la variable. Como dijimos anteriormente, en cada regresión individual, la densidad posterior es igual a la distribución clásica del coeficiente. En términos clásicos, el coeficiente sería significativo al 5 % en un test de doble cola si el 97,5 % de la probabilidad de distribución de la muestra se encontrara en el mismo lado respecto de cero que el coeficiente estimado. Así pues, si por ejemplo resultara que un coeficiente fuera

27. La cifra total de posibles modelos de regresión es 2^{67}, que es aproximadamente igual a $1,48 \times 10^{20}$ modelos. Sin embargo, la convergencia de las estimaciones se alcanza con relativa rapidez; tras 33 millones de combinaciones la variación máxima de los coeficientes estimados normalizados por la desviación típica de los regresores en relación a la variable dependiente es menor que 10^{-3} por cada 10 000 y tras 89 millones de combinaciones la variación máxima es menor que 10^{-6}. Véase SDM (2003) si desea conocer los detalles de la muestra y otros pormenores técnicos.

28. Recuerde que el promedio no condicionado es igual al promedio condicionado multiplicado por la probabilidad posterior de inclusión y que la relación entre las varianzas no condicionada y condicionada viene dada por la expresión de la nota 25.

significativo en exactamente el 5 % en cada una de las regresiones, su probabilidad de certera de signo sería del 97,5 %. Si utilizamos esta cifra del 97,5 % como punto de corte, identificamos trece variables, y todas ellas pertenecen al grupo de dieciocho variables "fuertes" para las que la probabilidad posterior de inclusión es mayor que la probabilidad previa de inclusión. Las cinco restantes tienen probabilidades de certeza de signo muy elevadas (entre 0,970 y 0,975). Nótese que en principio no hay razón alguna por la que una variable no pueda tener una probabilidad posterior de inclusión muy alta y una probabilidad de certeza de signo baja. Simplemente sucede que en el conjunto de datos con que trabajamos no aparece ese tipo de variables.[29]

Otro valor estadístico interesante es el promedio posterior del tamaño del modelo. En la estimación básica, el tamaño previo del modelo era siete y el promedio posterior del tamaño del modelo es 7,46. Naturalmente, esta cifra es sensible a la especificación del promedio previo del tamaño del modelo, como veremos más adelante.

Estamos ahora en condiciones de analizar las variables intensamente relacionadas con el crecimiento.

Variables intensa o robustamente relacionadas con el crecimiento No resulta sorprendente que la primera variable sea la variable ficticia países de Asia Oriental, que está directamente relacionada con el crecimiento económico. Naturalmente, su presencia refleja el extraordinario crecimiento de dichos países entre 1960 y mediados de los noventa.[30] La probabilidad de certeza del signo de la quinta columna muestra que la masa de probabilidad de la densidad a la izquierda del valor cero es igual a 0,9992. Observe que el porcentaje de regresiones para las que la variable ficticia Asia Oriental tiene un estadístico t mayor que 2 en valor absoluto es el 99 %.

La segunda variable es un indicador de capital humano, la tasa de escolarización primaria en 1960. Esta variable está relacionada directamente con el crecimiento y su probabilidad de inclusión es 0,80. La distribución posterior de los coeficientes estimados aparece en el primer panel de la ilustración 12.14. Puesto que la probabilidad de inclusión es relativamente alta, la masa en cero (que es igual a uno menos la probabilidad de inclusión) es relativamente pequeña. Condicionado al hecho de formar parte del modelo, un aumento de 10 puntos porcentuales de la tasa de escolarización primaria se asocia a un aumento de la tasa de crecimiento de 0,27 puntos porcentuales. Este resultado puede ser contrastado con la tasa promedio de crecimiento de la muestra de 1,82 % entre 1960 y 1996. La probabilidad de certeza del signo de esta variable es también 0,999, y el porcentaje de regresiones con estadístico t mayor que 2 es el 96 %.

La tercera variable es el precio medio de los bienes de inversión entre 1960 y 1964. Su probabilidad de inclusión es 0,77. Esta variable aparece representada

29. Se produciría este resultado si, por ejemplo, una variable contribuyera mucho al ajuste del modelo, pero cambiara de signo en presencia de otra variable importante. Observe que las ponderaciones del PBEC de la ecuación (12.5) penalizan la inclusión de variables adicionales que estén fuertemente correlacionadas con otros regresores ya incluidos y que no añaden más poder explicativo en lo referente a la variación de la variable dependiente.

30. Observe que la variable ficticia forma parte de la regresión a pesar de la estrecha relación directa existente con el porcentaje de la población confuciana (que aparece en noveno lugar de la tabla).

en el segundo panel de la ilustración 12.14. Se estima de forma muy precisa que el coeficiente promedio posterior es negativo, lo que indica que un precio relativamente alto de los bienes de inversión al principio de la muestra está intensa e inversamente relacionado con el crecimiento de la renta.[31] La probabilidad de certeza del signo de la quinta columna muestra que la masa de la probabilidad de la densidad a la izquierda de cero es igual a 0,99. También este resultado aparece representado en la ilustración 12.14, en la que casi toda la densidad continua se sitúa por debajo de cero.

La siguiente variable es el nivel inicial de PIB per cápita, un indicador de convergencia condicional. Su probabilidad de inclusión es 0,69. En el tercer gráfico de la ilustración 12.14 se muestra la distribución posterior de los coeficientes estimados de la renta inicial. Condicionada al hecho de formar parte de la regresión, el coeficiente promedio posterior es −0,009 (con una desviación típica de 0,003). En otras palabras, el coeficiente asociado a la convergencia condicional se estima con gran precisión, si bien el coeficiente promedio es algo más pequeño que el coeficiente de convergencia que predicen los modelos neoclásicos expuestos en los capítulos 1 y 2 o los modelos de difusión tecnológica del capítulo 8. La probabilidad de certeza del signo de la quinta columna es 0,999. El porcentaje de regresiones en las que el coeficiente de la renta inicial tiene estadístico t mayor que 2 en valor absoluto es sólo el 30 %, de manera que un test de límites extremos calificaría con facilidad esta variable de no robusta.

Las siguientes variables reflejan el pobre comportamiento económico de los países tropicales: tanto el porcentaje tropical de la superficie del país como el índice de prevalencia de la malaria están inversamente relacionados con el crecimiento. Otra variable geográfica que se comporta bien es la densidad de población de las áreas costeras, que tiene una relación directa con el crecimiento, lo que parece indicar que las regiones densamente pobladas y cercanas al mar han experimentado tasas de crecimiento mayores.

La esperanza de vida en 1960, consecuencia de niveles de nutrición, atención sanitaria y alfabetización, está relacionada directamente con el crecimiento: países con alta esperanza de vida en 1960 tienden a crecer más deprisa en las cuatro décadas siguientes. La probabilidad de inclusión de esta variable es 0,21.

Las variables ficticias África subsahariana y Latinoamérica están inversamente relacionadas con el crecimiento de la renta. Ambos promedios posteriores condicionados a su presencia en la regresión son negativos, lo que implica que entre 1960 y 1996 los países latinoamericanos y subsaharianos tuvieron tasas de crecimiento per cápita 1,47 y 1,28 puntos porcentuales respectivamente por debajo del nivel que se habría predicho sin esta variable geográfica. A título comparativo, la tasa promedio de crecimiento de la muestra es 1,82. La variable ficticia africana es significativa en un 90 % de las regresiones y la probabilidad de certeza de signo es el 98 %. Si bien la variable ficticia latinoamericana sólo es significativa en un 33 % de las regresiones, su certeza de signo es casi tan alta como la africana, un 97 %.

31. Tras incluir el precio relativo de los bienes de inversión en el grupo de variables explicativas, el porcentaje de inversión en 1961 se vuelve no significativo y además no tiene el signo "correcto", mientras que el resto de resultados no se ven afectados. Los resultados de la estimación incluyendo el porcentaje de inversión pueden ser solicitados a los autores.

El porcentaje de PIB que se obtiene de la minería está relacionado directamente con el crecimiento y su probabilidad de inclusión es 0,12. Esta variable representa el éxito de países con una gran dotación de recursos naturales. Son muchos los economistas que prevén que las altas rentas asociadas a la inestabilidad política o comportamientos depredadores hacen disminuir el crecimiento económico. No obstante, nuestro estudio muestra que economías con un gran sector minero suelen obtener mejores resultados.

Las antiguas colonias españolas tienden a crecer menos, mientras que el número de años de apertura al exterior de una economía tiene un efecto positivo. Los porcentajes de población musulmana y budista están directamente relacionados con el crecimiento. El índice de pluralidad etnolingüística está inversamente relacionado con el crecimiento y parece ser que es una variable robusta.

Por último, la estimación del porcentaje de consumo público con respecto al PIB es robusta y su signo es negativo. Quizás la verdadera sorpresa sea el coeficiente negativo del porcentaje de inversión pública. En la tabla 12.6 se muestra que esta variable no es robusta cuando el tamaño previo del modelo es $\bar{k} = 7$. No obstante, más adelante veremos que ésta es una de las variables que adquiere importancia en modelos mayores y que en ellos su signo es negativo.

Variables relacionadas con el crecimiento de manera marginal Son tres las variables cuyas probabilidades posteriores son algo menores que las probabilidades previas, si bien sus estimaciones son bastante precisas si dichas variables se incluyen en la regresión del crecimiento (es decir, su probabilidad de certeza del signo es superior al 95 %). Estas variables son la densidad total en 1960 (que está relacionada de forma directa con el crecimiento), las distorsiones del tipo de cambio real (relación inversa) y el porcentaje de la población que habla una lengua extranjera (relación directa).

Variables relacionadas con el crecimiento de manera no robusta Existen pocas pruebas empíricas de que las cuarenta y seis variables restantes mantengan una correlación parcial robusta con el crecimiento. Ni tienen una contribución importante a la bondad del ajuste de las regresiones de crecimiento, medida a través de su probabilidad posterior de inclusión, ni tampoco sus coeficientes estimados son robustos en diversos conjuntos de variables condicionantes. Es de interés resaltar que algunas variables políticas, como el número de revoluciones o de golpes de Estado o el índice de derechos políticos no están relacionados de forma robusta con el crecimiento económico. De igual manera, el indicador grado de capitalismo o la variable ficticia comunismo no presentan una relación intensa con el crecimiento.[32]

Algunas variables macroeconómicas, como la tasa de inflación, tampoco parecen estar intensamente relacionadas con el crecimiento. Sorprendentemente, otras variables con débil relación son el gasto público en educación, los indicadores de nivel de educación superior, indicadores geográficos como la latitud y diversas variables que representan "efectos de escala", como la población total, el PIB agregado o la superficie total del país.

32. Tenemos que recalcar que ni la antigua URSS ni la mayoría de países del Este de Europa pertenecientes al antiguo bloque comunista están incluidos en la muestra, debido principalmente a la falta de datos.

12.5.4. Análisis de robustez

Hasta ahora nos hemos centrado en los resultados surgidos a partir de un tamaño previo de modelo, $\bar{k} = 7$. Como dijimos con anterioridad, si bien creemos que este tamaño esperado del modelo es razonable, no deja de ser arbitrario en cierto sentido. Debemos pues analizar los efectos del tamaño previo del modelo en nuestras conclusiones. En la tabla 12.7 se realiza dicho análisis, pues recoge las probabilidades posteriores de inclusión y los promedios posteriores condicionados, respectivamente, para $\bar{k}$ igual a 5, 9, 11, 16 y 22 y 28. Observe que cada $\bar{k}$ tiene su correspondiente valor de probabilidad previa de inclusión, que aparece representado en la primera fila de la tabla. Así pues, para ver si mejora la probabilidad de inclusión de una variable con relación al tamaño previo tenemos que comparar la probabilidad posterior con la correspondiente probabilidad previa. Las variables que son importantes en el caso básico de $\bar{k} = 7$ y que no lo son con otros tamaños previos aparecen señaladas en la tabla 12.7. Las variables que no son importantes en el caso básico de $\bar{k} = 7$ y que lo son con otros tamaños previos aparecen dentro de un recuadro.

Variables "fuertes" que se vuelven "débiles" Observe que la mayoría de las variables más fuertes muestran poca sensibilidad a la elección del tamaño previo del modelo, tanto en lo que respecta a sus probabilidades de inclusión como a sus coeficientes estimados. Algunas variables importantes parecen mejorar considerablemente al aumentar el tamaño previo del modelo. Por ejemplo, en el caso del porcentaje del PIB procedente de la minería, la probabilidad posterior de inclusión aumenta del 7 % con $\bar{k} = 5$ al 66 % con $\bar{k} = 22$. Este resultado parece indicar que la minería es una variable que requiere la presencia de otras variables para desplegar toda su importancia. El porcentaje de confucianos y la variable ficticia subsahariana también mejoran en presencia de más variables y tienen coeficientes estimados estables.

Si bien la mayoría de las variables fuertes siguen siéndolo, hay cinco que tienden a perder poder explicativo a medida que aumenta el tamaño previo del modelo. Es decir, en modelos mayores, la probabilidad posterior disminuye, alcanzando niveles inferiores al tamaño previo. Estas variables son el índice de prevalencia de la malaria (7), la variable ficticia herencia colonial española (13), el número de años de apertura al exterior de la economía (14), el índice de pluralidad etnolingüística (17) y el porcentaje de consumo público (18). Estos resultados parecen indicar que estas variables podrían actuar como un cajón de sastre con varios efectos distintos. Por ejemplo, el índice de apertura al exterior recoge varios aspectos de la apertura de un país al comercio internacional (barreras arancelarias y no arancelarias, prima de mercado negro, grado de comunismo y monopolio estatal de las exportaciones). Las trece variables restantes que eran robustas en el modelo básico también lo son con distintas especificaciones previas.

Variables "débiles" que se vuelven "fuertes" En el otro extremo de la lista, la mayoría de las cuarenta y seis variables que en la estimación básica mostraban una escasa correlación parcial no mejoran con las variaciones del tamaño previo del modelo. Sus probabilidades posteriores de inclusión aumentan al aumentar $\bar{k}$, un resultado que no debería sorprendernos pues sus probabilidades previas

TABLA 12.7 | Probabilidades posteriores de inclusión con distintos tamaños previos de modelos

Posición	Variable	$\bar{k} = 5$	$\bar{k} = 7$	$\bar{k} = 9$	$\bar{k} = 11$	$\bar{k} = 16$	$\bar{k} = 22$	$\bar{k} = 28$
	Probabilidad previa de inclusión	0,075	0,104	0,134	0,164	0,239	0,328	0,418
1	Asia Oriental	0,891	0,823	0,757	0,711	0,585	0,481	0,455
2	Escolarización primaria en 1960	0,709	0,796	0,826	0,862	0,890	0,924	0,950
3	Precio de inversión	0,635	0,774	0,840	0,891	0,936	0,968	0,985
4	PIB 1960 (log)	0,526	0,685	0,788	0,843	0,920	0,960	0,978
5	Porcentaje de superficie tropical (o población)	0,536	0,563	0,548	0,542	0,462	0,399	0,388
6	Densidad de población en áreas costeras (en los sesenta)	0,350	0,428	0,463	0,473	0,433	0,389	0,352
7	Incidencia de la malaria en los sesenta	0,339	0,252	0,203	0,176	0,145	0,131	0,138
8	Esperanza de vida en 1960	0,176	0,209	0,262	0,278	0,368	0,440	0,467
9	Porcentaje de confucianos	0,140	0,206	0,272	0,333	0,501	0,671	0,777
10	Variable ficticia africana	0,095	0,154	0,223	0,272	0,406	0,519	0,565
11	Variable ficticia latinoamericana	0,101	0,149	0,205	0,240	0,340	0,413	0,429
12	Porcentaje del PIB de la minería	0,072	0,124	0,209	0,275	0,478	0,659	0,761
13	Colonia española	0,130	0,123	0,119	0,116	0,124	0,148	0,182
14	Años de apertura	0,090	0,119	0,124	0,132	0,145	0,155	0,177
15	Porcentaje de musulmanes	0,078	0,114	0,150	0,178	0,267	0,366	0,450
16	Porcentaje de budistas	0,073	0,108	0,152	0,190	0,320	0,465	0,563
17	Pluralidad etnolingüística	0,080	0,105	0,131	0,140	0,155	0,160	0,184
18	Porcentaje de consumo público en los sesenta	0,090	0,104	0,135	0,147	0,213	0,262	0,297
19	Densidad de población en los sesenta	0,043	0,086	0,137	0,175	0,257	0,295	0,316
20	Distorsiones del tipo de cambio real	0,059	0,082	0,117	0,134	0,205	0,263	0,319
21	Porcentaje de la población que habla una lengua extranjera	0,052	0,080	0,110	0,149	0,247	0,374	0,478
22	(Importaciones + exportaciones)/PIB	0,063	0,076	0,085	0,099	0,131	0,181	0,240
23	Derechos políticos	0,042	0,066	0,082	0,095	0,114	0,130	0,154
24	Porcentaje del sector público en el PIB	0,044	0,063	0,087	0,112	0,186	0,252	0,291
25	Educación superior en 1960	0,059	0,061	0,066	0,070	0,079	0,103	0,131
26	Porcentaje de población tropical	0,047	0,058	0,061	0,074	0,099	0,132	0,157
27	Exportaciones primarias en 1970	0,047	0,053	0,065	0,072	0,104	0,137	0,162
28	Porcentaje de inversión pública	0,023	0,048	0,096	0,151	0,321	0,525	0,669
29	Porcentaje de protestantes	0,035	0,046	0,055	0,061	0,083	0,120	0,156
30	Porcentaje de hindúes	0,028	0,045	0,059	0,077	0,126	0,179	0,227
31	Porcentaje de la población menor de 15	0,035	0,041	0,045	0,050	0,067	0,093	0,123
32	Distancia en línea recta a las grandes ciudades	0,024	0,039	0,054	0,072	0,097	0,115	0,141

Continuación

TABLA 12.7 | *Continuación*

Posición	Variable	$\bar{k}=5$	$\bar{k}=7$	$\bar{k}=9$	$\bar{k}=11$	$\bar{k}=16$	$\bar{k}=22$	$\bar{k}=28$
33	Porcentaje de consumo público deflactado por el deflactor del PIB	0,021	0,036	0,056	0,075	0,137	0,225	0,310
34	Latitud absoluta	0,029	0,033	0,040	0,042	0,059	0,086	0,115
35	Porcentaje de católicos	0,019	0,033	0,042	0,056	0,104	0,163	0,223
36	Tasas de fertilidad en los sesenta	0,020	0,031	0,043	0,063	0,108	0,170	0,232
37	Variable ficticia europea	0,020	0,030	0,043	0,049	0,094	0,148	0,201
38	Orientación al exterior	0,019	0,030	0,043	0,054	0,085	0,134	0,178
39	Variable ficticia colonial	0,022	0,029	0,039	0,049	0,075	0,105	0,146
40	Libertades civiles	0,021	0,029	0,037	0,044	0,069	0,106	0,155
41	Revoluciones y golpes de Estado	0,019	0,029	0,038	0,056	0,106	0,188	0,282
42	Variable ficticia colonia británica	0,022	0,027	0,034	0,041	0,057	0,085	0,119
43	Yacimientos de hidrocarburos en 1993	0,015	0,025	0,035	0,048	0,089	0,143	0,196
44	Porcentaje de la población mayor de 65	0,020	0,022	0,029	0,038	0,069	0,119	0,169
45	Porcentaje de gasto en defensa	0,016	0,021	0,027	0,033	0,049	0,073	0,102
46	Población en 1960	0,016	0,021	0,040	0,041	0,063	0,092	0,118
47	Crecimiento de la relación real de intercambio en los sesenta	0,015	0,021	0,026	0,033	0,051	0,068	0,104
48	Gasto público en educación/PIB, en los sesenta	0,014	0,021	0,027	0,037	0,063	0,102	0,141
49	Variable ficticia sin salida al mar	0,012	0,021	0,029	0,033	0,055	0,080	0,109
50	Indicador de religión	0,012	0,020	0,025	0,037	0,048	0,068	0,092
51	Tamaño de la economía	0,016	0,020	0,026	0,033	0,051	0,076	0,104
52	Variable ficticia de comunismo	0,012	0,020	0,024	0,032	0,054	0,091	0,144
53	Población angloparlante	0,015	0,020	0,025	0,028	0,043	0,063	0,087
54	Inflación promedio 1960-1990	0,015	0,020	0,024	0,030	0,043	0,064	0,100
55	Variable ficticia productor de petróleo	0,012	0,019	0,025	0,033	0,050	0,071	0,095
56	Tasa de crecimiento de la población 1960-1990	0,014	0,019	0,023	0,029	0,046	0,074	0,098
57	Fecha de independencia	0,014	0,019	0,024	0,031	0,048	0,076	0,099
58	Porcentaje de superficie cercano a cursos navegables	0,013	0,019	0,024	0,031	0,055	0,092	0,142
59	Cuadrado de la inflación 1960-1990	0,013	0,018	0,022	0,027	0,041	0,063	0,105
60	Porcentaje pasado en guerra 1960-1990	0,010	0,016	0,019	0,024	0,039	0,060	0,087
61	Superficie terrestre	0,010	0,016	0,022	0,026	0,043	0,071	0,103
62	Superficie clima tropical	0,012	0,016	0,020	0,028	0,042	0,067	0,100
63	Posición de relación real de intercambio	0,011	0,016	0,019	0,026	0,039	0,063	0,086
64	Capitalismo	0,010	0,015	0,020	0,026	0,047	0,084	0,128
65	Porcentaje de ortodoxos	0,011	0,015	0,020	0,025	0,036	0,059	0,083
66	Participación en guerras 1960-1990	0,010	0,015	0,019	0,025	0,040	0,060	0,089
67	Densidad interior	0,010	0,015	0,019	0,023	0,039	0,062	0,085

de inclusión también han aumentado. Sin embargo, sus probabilidades posteriores de inclusión siguen siendo inferiores a las previas, de manera que debemos seguir considerándolas "débiles".

Tres de las variables que son débiles en el modelo básico se vuelven fuertes con algunos tamaños previos del modelo. Son la densidad de población, el porcentaje de la población que habla una lengua extranjera (un indicador de capital social internacional y de apertura al exterior) y el porcentaje de inversión pública. Como se dijo con anterioridad, el porcentaje de inversión pública es especialmente interesante pues se vuelve fuerte al aumentar el tamaño previo del modelo, pero el signo de la correlación es negativo. Es decir, un porcentaje de inversión pública alto tiende a asociarse a menores tasas de crecimiento.

Nuestra interpretación de estos resultados es que los resultados del modelo básico también son robustos con otros tamaños previos del modelo. Esta robustez también se cumple en el caso de las probabilidades de certeza de signo, que no aparecen en la tabla.

No linealidad La literatura ha identificado una serie de variables que pueden influir en el crecimiento de manera altamente no lineal: por ejemplo, se ha dicho que la inflación tiene importantes efectos negativos en el crecimiento, pero únicamente a niveles de inflación muy altos. A fin de evaluar esta hipótesis, incluimos como regresores distintos la tasa promedio de inflación de los años sesenta, setenta y ochenta y el cuadrado de las mismas. El procedimiento de PBEC permite que estas variables aparezcan de forma separada, y los datos asignarán una mayor ponderación a los modelos que se ajusten bien si hubiera una relación no lineal. Las probabilidades posteriores de inclusión de la inflación y su cuadrado son muy bajas, y los coeficientes estimados condicionados no son distintos de cero.

12.6. Apéndice: datos históricos de PIB

En Maddison (1991) y actualizaciones posteriores no publicadas, se recogen los datos históricos de PIB real y población de dieciséis países desarrollados. Sus estimaciones tratan de ajustarse a los cambios de las fronteras nacionales. Se dispone de datos anuales en los años noventa con fechas iniciales situadas entre 1870 y 1900. Las cifras de PIB real se expresan en dólares americanos de 1985. La conversión de los valores nacionales de PIB real se basa en los estudios de referencia de Eurostat/OCDE de 1985. Estos estudios siguen la metodología del Proyecto de Comparación Internacional de la ONU (PCI), que es análogo al procedimiento empleado por Summers y Heston (1991) y Heston, Summers y Aten (2002) para datos más recientes.

Para trece países (Alemania, Australia, Austria, Bélgica, Canadá, Dinamarca, Estados Unidos, Finlandia, Francia, Italia, Noruega, Suecia y Reino Unido) los datos de PIB per cápita real comienzan en 1870; en 1885 para Japón, en 1889 para Suiza y en 1900 para Países Bajos. En Maddison (1991, tabla A.5) aparecen los datos de los dieciséis países en los años seleccionados con inicio en 1820, excepto Canadá, cuyos datos comienzan en 1850. Esta fuente también aporta datos de Reino Unido con inicio en 1700 y 1780 y para Países Bajos en 1700.

TABLA 12.8 | Países que aparecen en la muestra de crecimiento (Tabla 12.3, segunda columna)

Algeria	El Salvador	Kenia	
Argentina	Finlandia	Malawi	Sudáfrica
Australia	Francia	Malasia	Corea del Sur
Austria	Gambia	Mali	España
Bangladesh	Ghana	México	Sri Lanka
Bélgica	Grecia	Mozambique	Suecia
Bolivia	Guatemala	Países Bajos	Suiza
Botswana	Guayana	Nueva Zelanda	Siria
Brasil	Haití	Nicaragua	Taiwán
Camerún	Hong Kong	Níger	Tailandia
Canadá	Honduras	Noruega	Togo
Chile	Hungría	Pakistán	Trinidad
China	Islandia	Panamá	Túnez
Colombia	India	Papua Nueva Guinea	Turquía
Congo (Brazzaville)	Indonesia	Paraguay	Uganda
Congo (Kinshasa)	Irán	Perú	Uruguay
Costa Rica	Irlanda	Filipinas	Reino Unido
Chipre	Israel	Polonia	Estados Unidos
Dinamarca	Italia	Portugal	Venezuela
República Dominicana	Jamaica	Senegal	RFA
Ecuador	Japón	Sierra Leona	Zambia
Egipto	Jordania	Singapur	Zimbabue

TABLA 12.9 | Promedios y desviaciones típicas de las variables del sistema básico de crecimiento

	Regresión 1965-1975	Regresión 1975-1985	Regresión 1985-1995
Tasa de crecimiento	0,026 (0,020)	0,016 (0,024)	0,014 (0,026)
Logaritmo del PIB per cápita	8,15 (0,94)	8,32 (0,97)	8,45 (1,03)
Nivel educativo superior masculino	1,04 (0,96)	1,39 (1.15)	1,91 (1,34)
1/esperanza de vida a un año	0,0165 (0,0027)	0,0159 (0,0024)	0,0152 (0,0022)
Logaritmo de la tasa total de fertilidad	1,58 (0,41)	1,50 (0,46)	1,31 (0,53)
Ratio de consumo público	0,093 (0,061)	0,104 (0,070)	0,091 (0,059)
Indicador del grado de respeto a la ley	0,56 (0,33)	0,55 (0,33)	0,58 (0,26)
Indicador del grado de democracia	0,60 (0,32)	0,56 (0,33)	0,64 (0,32)
Cuadrado del grado de democracia	0,49 (0,37)	0,44 (0,38)	0,52 (0,37)
Ratio de apertura al exterior	−0,02 (0,18)	−0,01 (0,35)	0,00 (0,39)
Variable relación real de intercambio	−0,004 (0,020)	0,000 (0,021)	−0,003 (0,017)
Ratio de inversión	0,185 (0,092)	0,179 (0,078)	0,178 (0,081)
Tasa de inflación	0,100 (0,110)	0,180 (0,209)	0,231 (0,375)
Número de observaciones	72	86	83

Nota: Los datos representan los promedios y las desviaciones típicas (entre paréntesis) de las variables que componen la regresión de la segunda columna de la tabla 12.3. Los estadísticos se refieren únicamente a las muestras utilizadas en cada periodo.

TABLA 12.10 | Datos históricos de dieciséis países actualmente desarrollados

	PIB per cápita (USD 1985)	Ratio PIB per cápita respecto el de EE.UU.	Tasa de crecimiento PIB per cápita	Población (en miles)	Tasa de crecimiento de la población
Australia					
1870	3 143	1,40	—	1 620	—
1890	3 949	1,27	0,0114	3 107	0,0326
1910	4 615	1,02	0,0078	4 375	0,0171
1930	3 963	0,70	-0,0076	6 469	0,0196
1950	5 970	0,69	0,0205	8 177	0,0117
1970	9 747	0,76	0,0245	12 507	0,0212
1990	13 514	0,74	0,0163	17 806	0,0177
Austria					
1870	1 442	0,64	—	4 520	—
1890	1 892	0,61	0,0136	5 394	0,0088
1910	2 547	0,56	0,0149	6 614	0,0102
1930	2 776	0,49	0,0043	6 684	0,0005
1950	2 869	0,33	0,0016	6 935	0,0018
1970	7 547	0,59	0,0484	7 467	0,0037
1990	12 976	0,71	0,0271	7 718	0,0017
Bélgica					
1870	2 009	0,90	—	5 096	—
1890	2 654	0,86	0,0139	6 096	0,0090
1910	3 146	0,69	0,0085	7 498	0,0104
1930	3 855	0,68	0,0102	8 076	0,0037
1950	4 229	0,49	0,0046	8 640	0,0034
1970	8 235	0,64	0,0333	9 638	0,0055
1990	13 320	0,73	0,0240	9 967	0,0017
Canadá					
1870	1 330	0,59	—	3 736	—
1890	1 846	0,60	0,0164	4 918	0,0137
1910	3 179	0,70	0,0272	7 188	0,0190
1930	3 955	0,70	0,0109	10 488	0,0189
1950	6 112	0,71	0,0218	13 737	0,0135
1970	10 200	0,80	0,0256	21 324	0,0220
1990	17 070	0,93	0,0257	26 620	0,0111
Dinamarca					
1870	1 543	0,69	—	1888	—
1890	1 944	0,63	0,0116	2 294	0,0097
1910	2 856	0,63	0,0192	2 882	0,0114
1930	4 114	0,73	0,0182	3 542	0,0103
1950	5 227	0,61	0,0120	4 269	0,0093
1970	9 575	0,75	0,0303	4 929	0,0072
1990	14 086	0,77	0,0193	5 140	0,0021
Finlandia					
1870	933	0,42	—	1 754	—
1890	1 130	0,36	0,0096	2 364	0,0149
1910	1 560	0,34	0,0161	2 929	0,0107
1930	2 181	0,39	0,0168	3 449	0,0082
1950	3 481	0,40	0,0234	4 009	0,0075
1970	7 838	0,61	0,0406	4 606	0,0069
1990	14 012	0,77	0,0290	4 986	0,0040

Continuación

TABLA 12.10 | *Continuación*

	PIB per cápita (USD 1985)	Ratio PIB per cápita respecto el de EE.UU.	Tasa de crecimiento PIB per cápita	Población (en miles)	Tasa de crecimiento de la población
Francia					
1870	1 582	0,70	—	38 440	—
1890	1 955	0,63	0,0106	40 107	0,0021
1910	2 406	0,53	0,0104	41 398	0,0016
1930	3 591	0,64	0,0200	41 610	0,0003
1950	4 176	0,49	0,0075	41 836	0,0003
1970	9 245	0,72	0,0397	50 772	0,0097
1990	14 245	0,78	0,0216	56 420	0,0053
RFA					
1870	1 223	0,55	—	24 870	—
1890	1 624	0,52	0,0142	30 014	0,0094
1910	2 256	0,50	0,0164	39 356	0,0135
1930	2 714	0,48	0,0092	44 026	0,0056
1950	3 542	0,41	0,0133	49 983	0,0063
1970	9 257	0,72	0,0480	60 651	0,0097
1990	14 288	0,78	0,0217	63 232	0,0021
Italia					
1870	1 216	0,54	—	27 888	—
1890	1 352	0,44	0,0053	31 702	0,0064
1910	1 891	0,42	0,0168	36 572	0,0071
1930	2 366	0,42	0,0112	40 791	0,0055
1950	2 840	0,33	0,0091	47 105	0,0072
1970	7 884	0,62	0,0511	53 661	0,0065
1990	13 215	0,72	0,0258	57 647	0,0036
Japón					
1890	842	0,27	—	40 077	—
1910	1 084	0,24	0,0126	49 518	0,0106
1930	1 539	0,27	0,0175	64 203	0,0130
1950	1 620	0,19	0,0026	83 563	0,0132
1970	8 168	0,64	0,0809	104 334	0,0111
1990	16 144	0,88	0,0341	123 540	0,0084
Países Bajos					
1910	2 965	0,65	—	5 902	—
1930	4 400	0,78	0,0197	7 884	0,0145
1950	4 708	0,55	0,0034	10 114	0,0125
1970	9 392	0,73	0,0345	13 194	0,0133
1990	13 078	0,72	0,0166	14 947	0,0062
Noruega					
1870	1 190	0,53	—	1 735	—
1890	1 477	0,48	0,0108	1 997	0,0070
1910	1 875	0,41	0,0119	2 384	0,0089
1930	3 086	0,55	0,0249	2 807	0,0082
1950	4 541	0,53	0,0193	3 265	0,0076
1970	8 335	0,65	0,0304	3 879	0,0086
1990	15 418	0,84	0,0308	4 241	0,0045

TABLA 12.10 | *Continuación*

	PIB per cápita (USD 1985)	Ratio PIB per cápita respecto el de EE.UU.	Tasa de crecimiento PIB per cápita	Población (en miles)	Tasa de crecimiento de la población
Suecia					
1870	1 401	0,62	—	4 164	—
1890	1 757	0,57	0,0112	4 780	0,0069
1910	2 509	0,55	0,0178	5 449	0,0065
1930	3 315	0,59	0,0139	6 131	0,0059
1950	5 673	0,66	0,0269	7 015	0,0067
1970	10 707	0,84	0,0318	8 043	0,0068
1990	14 804	0,81	0,0162	8 559	0,0031
Suiza					
1910	2 979	0,66	—	3 735	—
1930	4 511	0,80	0,0207	4 051	0,0041
1950	6 546	0,76	0,0186	4 694	0,0074
1970	12 208	0,95	0,0312	6 267	0,0145
1990	15 650	0,86	0,0124	6 796	0,0041
Reino Unido					
1870	2 693	1,20	—	29 312	—
1890	3 383	1,09	0,0114	35 000	0,0089
1910	3 891	0,86	0,0070	41 938	0,0090
1930	4 287	0,76	0,0048	45 866	0,0045
1950	5 651	0,66	0,0138	50 363	0,0047
1970	8 994	0,70	0,0232	55 632	0,0050
1990	13 589	0,74	0,0206	57 411	0,0016
Estados Unidos					
1870	2 244	1,0	—	40 061	—
1890	3 101	1,0	0,0162	63 302	0,0229
1910	4 538	1,0	0,0190	92 767	0,0191
1930	5 642	1,0	0,0109	123 668	0,0144
1950	8 605	1,0	0,0211	152 271	0,0104
1970	12 815	1,0	0,0199	205 052	0,0149
1990	18 258	1,0	0,0177	251 394	0,0102

Nota: Estos datos están sacados de Maddison (1991) y actualizaciones posteriores.

En la tabla 12.10 aparecen datos del PIB per cápita expresados en dólares americanos de 1985, expuestos en periodos de veinte años con inicio en 1870, el ratio correspondiente con respecto al PIB per cápita estadounidense y el nivel de población. En la tabla también aparece la tasa de crecimiento anual en cada periodo del PIB per cápita real y la población.

Maddison (1989) proporciona datos a largo plazo de algunos países más. Los datos de índices de PIB real aparecen recogidos en sus tablas B-4 y B-5, referentes a ciertos años seleccionados con inicio en 1900 y de manera anual entre 1950 y 1987. Los países en cuestión son nueve países asiáticos (Bangladesh, China, Corea del Sur, Filipinas, India, Indonesia, Pakistán, Taiwán y Tailandia) y seis latinoamericanos (Argentina, Brasil, Chile, Colombia, México y Perú). Los datos de población aparecen en sus tablas C-3 y C-4, y en la tabla A-1 aparecen recogidos los valores del PIB per cápita real, expresados en dólares internacionales de 1980. También se proporcionan datos de la URSS, si bien la experiencia de los años siguientes a 1990 parece indicar que dichos datos eran muy inexactos.

TABLA 12.11 I Datos históricos de quince países actualmente en desarrollo

	PIB per cápita (USD 1985)	Ratio PIB per cápita respecto el de EE.UU.	Tasa de crecimiento PIB per cápita	Población (en miles)	Tasa de crecimiento de la población
Bangladesh					
1900	349	0,12	—	29 012	—
1913	371	0,10	0,0047	31 786	0,0070
1950	331	0,05	-0,0031	43 135	0,0083
1973	281	0,03	-0,0071	74 368	0,0237
1987	375	0,03	0,0206	102 961	0,0232
China					
1900	401	0,14	—	400 000	—
1913	415	0,11	0,0026	430 000	0,0056
1950	338	0,05	-0,0055	546 815	0,0065
1973	774	0,07	0,0360	881 940	0,0208
1987	1 748	0,13	0,0582	1 069 608	0,0138
India					
1900	378	0,13	—	234 655	—
1913	399	0,11	0,0042	251 826	0,0054
1950	359	0,05	-0,0029	359 943	0,0097
1973	513	0,05	0,0155	579 000	0,0207
1987	662	0,05	0,0182	787 930	0,0220
Indonesia					
1900	499	0,17	—	40 209	—
1913	529	0,14	0,0045	48 150	0,0139
1950	484	0,07	-0,0024	72 747	0,0112
1973	786	0,07	0,0211	124 189	0,0233
1987	1 200	0,09	0,0302	170 744	0,0227
Pakistán					
1900	413	0,14	—	19 759	—
1913	438	0,12	0,0045	20 007	0,0010
1950	390	0,06	-0,0031	37 646	0,0171
1973	579	0,05	0,0172	67 900	0,0256
1987	885	0,07	0,0303	101 611	0,0288
Filipinas					
1900	718	0,25	—	7 324	—
1913	985	0,26	0,0243	9 384	0,0191
1950	898	0,13	-0,0025	20 062	0,0205
1973	1 400	0,13	0,0193	39 701	0,0297
1987	1 519	0,11	0,0058	57 011	0,0258
Corea del Sur					
1900	549	0,19	—	8 772	—
1913	610	0,16	0,0081	10 277	0,0122
1950	564	0,08	-0,0021	20 557	0,0187
1973	1 790	0,16	0,0502	34 103	0,0220
1987	4 143	0,31	0,0599	42 512	0,0157
Taiwán					
1900	434	0,15	—	2 858	—
1913	453	0,12	0,0033	3 469	0,0149
1950	526	0,08	0,0040	7 882	0,0222
1973	2 087	0,19	0,0599	15 427	0,0292
1987	4 744	0,35	0,0587	19 551	0,0169

TABLA 12.11 | *Continuación*

	PIB per cápita (USD 1985)	Ratio PIB per cápita respecto el de EE.UU.	Tasa de crecimiento PIB per cápita	Población (en miles)	Tasa de crecimiento de la población
Tailandia					
1900	626	0,22	—	7 320	—
1913	652	0,17	0,0031	8 690	0,0132
1950	653	0,10	0,0000	19 442	0,0218
1973	1 343	0,12	0,0314	39 303	0,0306
1987	2 294	0,17	0,0382	53 377	0,0219
Argentina					
1900	1 284	0,44	—	4 693	—
1913	1 770	0,47	0,0247	7 653	0,0376
1950	2 324	0,35	0,0074	17 150	0,0218
1973	3 713	0,34	0,0204	25 195	0,0167
1987	3 302	0,24	–0,0084	31 500	0,0160
Brasil					
1900	436	0,15	—	17 984	—
1913	521	0,14	0,0137	23 660	0,0211
1950	1 073	0,16	0,0195	51 941	0,0213
1973	2 504	0,23	0,0368	99 836	0,0284
1987	3 417	0,25	0,0222	140 692	0,0245
Chile					
1900	956	0,33	—	2974	—
1913	1 255	0,33	0,0209	3 491	0,0123
1950	2 350	0,35	0,0170	6 091	0,0150
1973	3 309	0,30	0,0149	9 899	0,0211
1987	3 393	0,25	0,0018	12 485	0,0166
Colombia					
1900	610	0,21	—	3 998	—
1913	801	0,21	0,0210	5 195	0,0201
1950	1 395	0,21	0,0150	11 597	0,0217
1973	2 318	0,21	0,0221	22 571	0,0290
1987	3 027	0,22	0,0191	29 496	0,0191
México					
1900	649	0,22	—	13 607	—
1913	822	0,22	0,0182	14 971	0,0073
1950	1 169	0,17	0,0095	27 376	0,0163
1973	2 349	0,21	0,0303	56 481	0,0315
1987	2 667	0,20	0,0091	81 163	0,0259
Perú					
1900	624	0,21	—	3 791	—
1913	819	0,22	0,0209	4 507	0,0133
1950	1 349	0,20	0,0135	7 630	0,0142
1973	2 357	0,21	0,0243	14 350	0,0275
1987	2 380	0,18	0,0007	20 756	0,0264

Nota: Estos datos están sacados de Maddison (1989).

En la tabla 12.11 se recogen los datos de nueve países asiáticos y seis latinoamericanos en 1900, 1913, 1950, 1973 y 1987. En dicha tabla aparece el PIB per cápita expresado en dólares internacionales de 1980, el ratio entre estos valores y el PIB per cápita real estadounidense, y el nivel de población. También se presentan las tasas de crecimiento anual del PIB per cápita real y de la población en cada periodo.

Maddison (1992) recoge datos históricos de tasas de ahorro y ratios de inversión de once países: Alemania, Australia, Canadá, Corea del Sur, Estados Unidos, Francia, India, Japón, Países Bajos, Reino Unido y Taiwán. Estos datos comienzan en 1820 para el caso de Francia; en 1870 para Australia, Canadá, Estados Unidos y Reino Unido. En los casos restantes se inician con posterioridad. Faltan datos intermedios de algunos países. La tabla de la introducción muestra los datos de ocho países, en periodos de veinte años, a fin de presentar una perspectiva histórica.

Apéndice

Índice

En este apéndice exponemos los principales métodos matemáticos utilizados en el texto. Tratamos aquí las ecuaciones diferenciales, la optimización estática, la optimización dinámica, algunos resultados de la teoría de matrices y unos cuantos resultados del cálculo.

A.1. Ecuaciones diferenciales

A.1.1. Introducción

Las ecuaciones diferenciales son ecuaciones en las que intervienen derivadas de variables. Una ecuación diferencial en la hay una sola variable independiente se llama *ecuación diferencial ordinaria* (EDO). El *orden* de una EDO es el orden de la derivada de orden superior; esto es, si la derivada de orden superior de una EDO es de orden n, la EDO es de orden n. Cuando la función que define una ecuación diferencial es lineal, se dice que es una *EDO lineal*. La mayoría de las ecuaciones diferenciales de este libro implican derivadas de funciones respecto del *tiempo*.

Un ejemplo de ecuación diferencial es el siguiente

$$a_1 \cdot \dot{y}(t) + a_2 \cdot y(t) + x(t) = 0 \tag{A.1}$$

donde el punto sobre $y(t)$ representa la derivada de $y(t)$ respecto del tiempo, $\dot{y}(t) \equiv dy(t)/dt$, a_1 y a_2 son constante y $x(t)$ es una función conocida del tiempo. A veces a la función $x(t)$ se le llama *función forzada*. La ecuación (A.1) es una EDO lineal de primer orden con coeficientes constantes. Si $x(t) = a_3$, una constante, se dice que la ecuación es *autónoma*. (Una ecuación es autónoma si su dependencia del tiempo se debe solamente a la variable $y(t)$.) Si $x(t) = 0$, la ecuación se denomina *homogénea*.

Una EDO lineal de segundo orden con coeficientes constantes tiene la forma,

$$a_1 \cdot \ddot{y}(t) + a_2 \cdot \dot{y}(t) + a_3 \cdot y(t) + x(t) = 0 \tag{A.2}$$

donde a_1, a_2 y a_3 son constantes e $\ddot{y}(t) \equiv d^2y(t)/dt^2$. La ecuación

$$a_1 \cdot \dot{y}(t) + a_2(t) \cdot y(t) + x(t) = 0 \tag{A.3}$$

es una EDO lineal de primer orden con *coeficientes variables* en la cual $a_2(t)$ es una función conocida del tiempo. La ecuación

$$\log[\dot{y}(t)] + 1/y(t) = 0 \tag{A.4}$$

es una *EDO no lineal de primer orden*.

El objeto de resolver una ecuación diferencial es determinar el comportamiento de $y(t)$. El primer método de resolución que utilizamos es *gráfico*. Esta técnica se puede aplicar a ecuaciones diferenciales tanto lineales como no lineales, pero tiene la desventaja de que sólo se puede utilizar para ecuaciones autónomas. El segundo método es *analítico*. Esta técnica permite hallar, en algunos casos, una fórmula exacta de $y(t)$, aun cuando la ecuación no sea autónoma, pero su inconveniente es que sólo se puede aplicar a un conjunto limitado de funciones. Sin embargo, una de ellas es la función lineal de la ecuación (A.1). Cuando nos enfrentamos a ecuaciones diferenciales no lineales, a menudo podemos aproximar la solución linealizando la ecuación mediante el desarrollo en series de Taylor. (Véase la sección A.6.2.)

Un tercer método de resolución de ecuaciones diferenciales se basa en el análisis numérico. Casi todo el software matemático moderno contiene subrutinas que resuelven numéricamente ecuaciones diferenciales. Matlab, por ejemplo, tiene las subrutinas ODE23 y ODE45, y Mathematica dispone del comando NDSOLVE.

A.1.2. Ecuaciones diferenciales ordinarias de primer orden

Soluciones gráficas

CONSTRUCCIÓN DE UN DIAGRAMA Consideremos una ecuación diferencial autónoma de la forma,

$$\dot{y}(t) = f[y(t)] \tag{A.5}$$

donde $f(\cdot)$ es una función conocida. La ecuación (A.5) es autónoma porque la función $f(\cdot)$ sólo depende del tiempo por la variable y. La función $f(\cdot)$ puede ser lineal o no.

Para resolver gráficamente la ecuación (A.5), representamos $f(\cdot)$ en función de y en la ilustración A.1. Los valores de y se representan en el eje horizontal, mientras que $f(\cdot)$ e $\dot{y}$ se representan en el eje vertical. Los valores positivos de $f(\cdot)$ se corresponden con valores positivos de $\dot{y}$, de acuerdo con la ecuación (A.5). Puesto que $\dot{y}$ es la

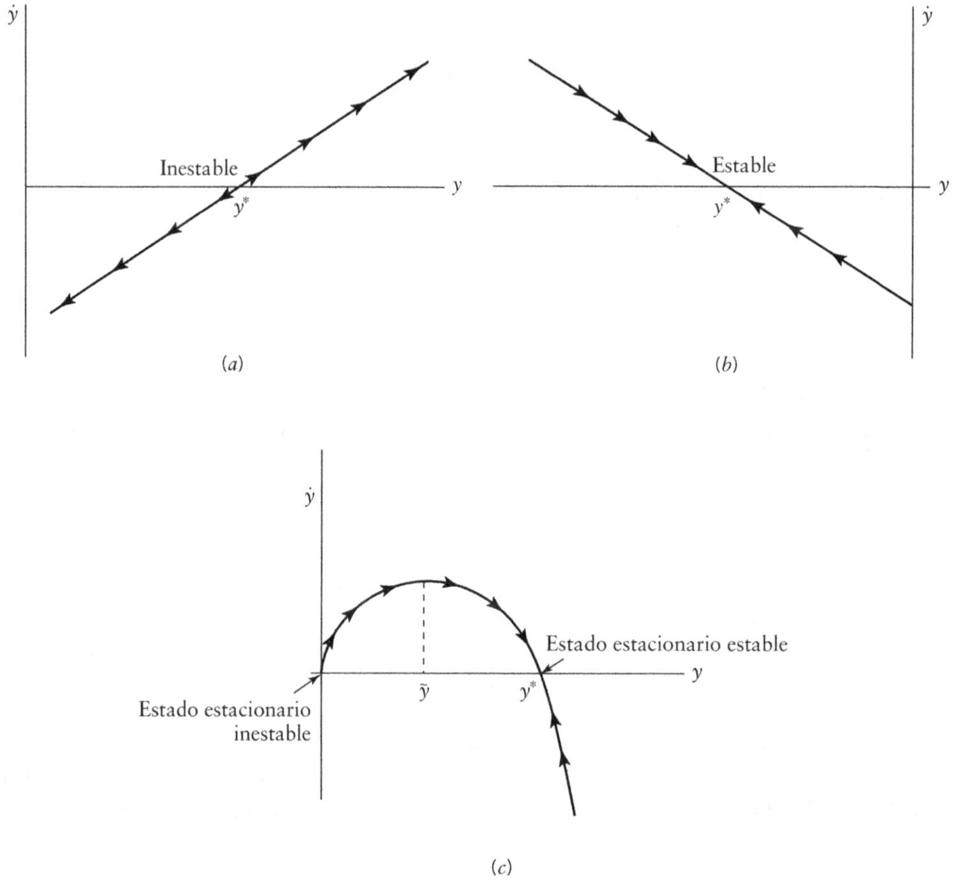

ILUSTRACIÓN A.1 | (*a*) **EDO lineal.** Si en la ecuación (A.6) el coeficiente a es positivo, la ecuación diferencial de y es inestable. (*b*) **EDO lineal.** Si en la ecuación (A.6) el coeficiente a es negativo, la ecuación diferencial de y es estable. (*c*) **EDO no lineal.** En la ecuación (A.7), la pendiente de $f(\bullet)$ respecto de y es primero positiva y luego negativa. El estado estacionario en 0 es inestable, mientras que en y^* es estable.

derivada de y respecto del tiempo, los valores positivos de $\dot{y}$ se corresponden con valores crecientes de y. Para indicar esta relación, dibujamos flechas que apuntan hacia el Este (y creciente) cuando $f(\cdot)$ está por encima del eje horizontal y hacia el Oeste (y decreciente) cuando $f(\cdot)$ está por debajo de ese mismo eje. Las flechas revelan la dirección en la cual y se mueve a lo largo del tiempo y por lo tanto proporciona una solución cualitativa de la ecuación diferencial.

A veces una ecuación diferencial se expresa como una diferencia de dos funciones, por ejemplo,

$$\dot{y}(t) = f[y(t)] - g[y(t)]$$

En este caso, en lugar de representar $f(\cdot) - g(\cdot)$, podemos representar $f(\cdot)$ y $g(\cdot)$ por separado. El coeficiente de variación de $y(t)$, $\dot{y}(t)$, viene dado aquí por la distancia vertical entre $f(\cdot)$ y $g(\cdot)$. Para valores de y que hacen que $f(\cdot)$ esté por encima de $g(\cdot)$, $\dot{y}(t)$ es positivo, y por tanto $y(t)$ crece con el tiempo. Lo contrario es cierto cuando $f(\cdot)$ está por debajo de $g(\cdot)$. El estado estacionario viene dado por el o los puntos en los cuales las curvas $f(\cdot)$ y $g(\cdot)$ se cortan.

Como ejemplo, consideremos una forma lineal de $f(\cdot)$:

$$\dot{y}(t) = f[y(t)] = a \cdot y(t) - x \tag{A.6}$$

donde a y x son constantes, con $a > 0$. La gráfica de $f(\cdot)$ es una recta de pendiente positiva. Esta recta, que se representa en la ilustración A.1a, corta el eje vertical en $\dot{y} = -x$ y el eje horizontal en $y^* = x/a$. Para valores de y que están por encima de y^*, la función está por encima del eje horizontal. Por tanto, $\dot{y}$ es positiva e y es creciente. En consecuencia, a la derecha de y^*, dibujamos flechas que apuntan hacia el Norte (véase la ilustración A.1a). A la izquierda de y^* se dan las condiciones opuestas, y dibujamos flechas que apuntan hacia el Sur.

Si el valor inicial, $y(0)$, es igual a y^*, la ecuación (A.6) implica que $\dot{y}$ es igual a 0, de manera que y no cambia con el tiempo. Se deduce que $y(t)$ permanece constantemente en y^*. El valor y^* se denomina el *estado estacionario* de y.

Si $y(0) > y^*$, entonces $\dot{y} > 0$, de manera que y crece con el tiempo. En cambio, si $y(0) < y^*$, entonces $\dot{y} < 0$, e y desminuye con el tiempo. La dinámica cualitativa de $y(t)$ queda completamente determinada en la ilustración A.1a: una vez especificado un valor inicial, $y(0)$, las flechas indican el movimiento de y a medida que el tiempo avanza. Un aspecto interesante es que la dinámica de la ecuación aleja a y del estado estacionario cuando $a > 0$, a menos que $y(0) = y^*$. Este comportamiento se da con valores iniciales que están por encima o por debajo de y^*. En este caso se dice que la ecuación diferencial es *inestable*.

Supongamos ahora que $a < 0$. La gráfica de $f(\cdot)$ es una recta de pendiente hacia abajo, representada en la ilustración A.1b, que corta el eje vertical en $\dot{y} = -x$ y el eje horizontal en $y^* = -x/a$. A la izquierda de y^*, $\dot{y}$ es positivo, de manera que y crece con el tiempo. Correspondientemente, las flechas en la figura apuntan al Sudeste. La relación opuesta se aplica a la derecha de y^*. Observe que, independientemente del valor inicial, $y(0)$, la dinámica de la ecuación hace que $y(t)$ vuelva al estado estacionario, y^*. En este caso se deduce que la ecuación (A.6) es *estable*.

Este método gráfico se puede utilizar para analizar la dinámica de funciones no lineales más complicadas. Consideremos, por ejemplo, la ecuación diferencial

$$\dot{y}(t) = f[y(t)] = s \cdot [y(t)]^{\alpha} - \delta \cdot y(t) \tag{A.7}$$

donde s, δ y α son constantes positivas y $\alpha < 1$. En el capítulo 1 mostramos que la ecuación fundamental del modelo de crecimiento de Solow–Swan toma la forma de la ecuación (A.7), donde $y(t)$ es el stock de capital. Con esta interpretación, la ecuación (A.7) dice que el incremento neto del stock de capital es igual a la diferencia entre el ahorro total y la depreciación total. Se supone que el ahorro total es la fracción constante, s, de la salida, y^{α}, y que la depreciación total es proporcional al stock de capital existente.

Puesto que sólo los valores no negativos del stock de capital son significativos desde el punto de vista económico, únicamente tenemos en cuenta el primer cuadrante de la ilustración A.1c. Con valores bajos de y, la pendiente de la función $f(\cdot)$ es positiva (hacia arriba). Alcanza un máximo cuando $s\,\alpha\,\tilde{y}^{\alpha-1} = \delta$, y se convierte en una pendiente negativa (hacia abajo) con valores altos de y. La función $f(\cdot)$ corta el eje horizontal en dos puntos, $y = 0$ e $y = y^* = (\delta/s)^{1/(\alpha-1)}$.

A la derecha de y^*, $\dot{y}$ es negativa, de manera que y está disminuyendo. En consecuencia, dibujamos flechas que apuntan hacia el Oeste. A la izquierda de y^*, $\dot{y}$ es positiva, de manera que y crece, y dibujamos flechas apuntando hacia el Este. Se deduce que la ecuación tiene dos estados estacionarios. El primero, y^*, es estable porque para cualquier valor inicial positivo, $y(0)$, la dinámica de la ecuación lleva a $y(t)$ hacia y^*. El segundo estado estacionario, 0, es inestable: si $y(0) > 0$, la dinámica aleja a $y(t)$ de 0.

Estabilidad La discusión anterior sugiere que si la pendiente de $f(\cdot)$ es hacia arriba en el estado estacionario, y^*, éste es inestable. Esto es, si $y(0) \neq y^*$, $y(t)$ se aleja de y^*. La razón es sencilla: si la pendiente de $f(\cdot)$ crece cuando $f(y^*) = 0$, entonces para $y > y^*$, $f(y) > 0$. En consecuencia, $\dot{y} > 0$ e y crece con el tiempo. Por otro lado, para $y < y^*$, $f(y) < 0$, $\dot{y} < 0$, e y disminuye con el tiempo. La conclusión es que y incrementa cuando es demasiado grande y disminuye cuando es demasiado pequeña, un indicio de inestabilidad.

En cambio, si la pendiente de $f(\cdot)$ es decreciente en el estado estacionario, y^*, la ecuación es estable. En este caso, si $y(0) \neq y^*$, $y(t)$ se aproxima a y^* con el tiempo.

Resumiendo, si se está interesado en la estabilidad de la ecuación diferencial en un entorno del valor del estado estacionario, todo lo que se ha de hacer es calcular la derivada de $f(\cdot)$ y evaluarla en el estado estacionario, y^*:

$$\begin{aligned} &\text{Si } \partial\dot{y}/\partial y|_{y^*} > 0, y \text{ es localmente inestable} \\ &\text{Si } \partial\dot{y}/\partial y|_{y^*} < 0, y \text{ es localmente estable} \end{aligned} \tag{A.8}$$

Aunque las ecuaciones diferenciales no lineales pueden tener más de un estado estacionario, las propiedades de estabilidad locales de cada uno de ellos seguirán siendo determinadas por la condición de la ecuación (A.8).

Soluciones analíticas La solución de algunas ecuaciones es casi inmediata gracias a que pueden ser integradas. Por ejemplo, la solución de $\dot{y}(t) = a$ es obviamente $y(t) = b + at$, donde b es una constante arbitraria.

Las ecuaciones que implican funciones polinómicas del tiempo son igualmente fáciles de resolver, por ejemplo,

$$\dot{y}(t) = a_0 + a_1 t + a_2 \cdot t^2 + \cdots + a_n \cdot t^n$$

tiene la solución

$$y(t) = b + a_0 t + a_1 \cdot (t^2/2) + \cdots + a_n \cdot [t^{n+1}/(n+1)]$$

En general, las funciones que trataremos no serán sencillas. A continuación obtenemos la solución general para EDOs lineales de primer orden.

ECUACIONES DIFERENCIALES LINEALES DE PRIMER ORDEN CON COEFICIENTES CONSTANTES La forma general de las EDOs lineales de primer orden con coeficientes constantes es

$$\dot{y}(t) + a \cdot y(t) + x(t) = 0 \tag{A.9}$$

donde a es una constante y $x(t)$ es una función conocida del tiempo. La forma más fácil de resolver esta ecuación es seguir los siguientes pasos.

Primero, se reúnen todos los términos que contienen a y y a sus derivadas en un miembro de la ecuación y el resto de los términos en el otro miembro:

$$\dot{y}(t) + a \cdot y(t) = -x(t)$$

Segundo, se multiplican ambos miembros de la ecuación por e^{at} y se integra:

$$\int e^{at} \cdot [\dot{y}(t) + a \cdot y(t)] \cdot dt = -\int e^{at} \cdot x(t) \cdot dt \tag{A.10}$$

El término e^{at} se denomina *factor de integración*. La razón de multiplicar por este factor es que, en el primer miembro, el término dentro de la integral se convierte en la derivada de $e^{at} \cdot y(t)$ respecto del tiempo:

$$e^{at} \cdot [\dot{y}(t) + a \cdot y(t)] = (d/dt)[e^{at} \cdot y(t) + b_0]$$

donde b_0 es una constante arbitraria. Observe que la integral del primer miembro de la ecuación (A.10) es la integral de la derivada de alguna función, y por tanto es igual a la propia función (véase la sección A.5.5). En consecuencia, el término del primer miembro de la ecuación (A.10) es igual a $e^{at} \cdot y(t) + b_0$.

Tercero, se calcula la integral del segundo miembro de la ecuación (A.10), asegurándose de añadir otro término constante b_1. Observe que esta integral es una función de t. Al resultado se le llama $\text{INT}(t) + b_1$. Puesto que $x(t)$ es una función conocida del tiempo, $\text{INT}(t)$ es también una función conocida del tiempo.

Cuarto, se multiplican ambos miembros por e^{-at} para obtener $y(t)$:

$$y(t) = -e^{-at} \cdot \text{INT}(t) + be^{-at} \quad \text{(A.11)}$$

donde $b = b_1 - b_0$ es una constante arbitraria. La ecuación (A.11) es la solución general a la EDO de la ecuación (A.9).

Consideremos, como ejemplo, la ecuación diferencial

$$\dot{y}(t) - y(t) - 1 = 0 \quad \text{(A.12)}$$

En este ejemplo, la función forzada $x(t)$ es una constante, –1. Para resolver esta ecuación seguimos los pasos enumerados anteriormente. Primero, ponemos en el primer miembro de la ecuación todos los términos que contienen $y(t)$ y sus derivadas, y los restantes en el segundo. Luego multiplicamos ambos miembros por e^{-t} e integramos:

$$\int e^{-t}[\dot{y}(t) - y(t)] \cdot dt = \int e^{-t}\, dt \quad \text{(A.13)}$$

El término dentro de la integral del primer miembro es la derivada de $e^{-t} \cdot y(t) + b_0$ respecto del tiempo. Por tanto, la integral del primer miembro es igual a $e^{-t} \cdot y(t) + b_0$. El segundo miembro es igual a $-e^{-t} + b_1$. En consecuencia, la solución a la ecuación (A.12) es

$$y(t) = -1 + be^{t} \quad \text{(A.14)}$$

donde $b = b_1 - b_0$ es una constante arbitraria. Podemos verificar que la ecuación (A.14) satisface la (A.12) tomando derivadas respecto del tiempo para obtener $\dot{y}(t) = be^{t} = y(t) + 1$.

El resultado de la ecuación (A.11) es la *solución general* de la ecuación (A.9); para obtener una *solución particular* hay que especificar el valor de la constante de integración, b. Para determinar cuál de las infinitas trayectorias posibles se aplica, es necesario conocer el valor de $y(t)$ en al menos un punto en un instante cualquiera. Esta *condición de acotación* determinará una única solución para la ecuación diferencial.

La ilustración A.2 muestra un arreglo de soluciones para la EDO del ejemplo de la ecuación (A.12). Para elegir entre ellas, suponga que sabemos que $y(t) = 0$ cuando $t = 0$. Este tipo de condición de acotación se denomina *condición inicial* porque define la trayectoria al especificar el valor de $y(t)$ en el instante inicial. En este ejemplo podemos sustituir $t = 0$ e $y(0) = 0$ en la ecuación (A.14) para hallar que $y(0) = -1 + be^{0} = 0$, lo que implica que $b = 1$. Por lo tanto en la ecuación (A.14) podemos poner $b = 1$ para obtener la solución particular,

$$y(t) = -1 + e^{t} \quad \text{(A.15)}$$

Esta ecuación, que determina un único valor de y en cada punto a lo largo del tiempo, corresponde a la trayectoria temporal etiquetada con A en la ilustración A.2.

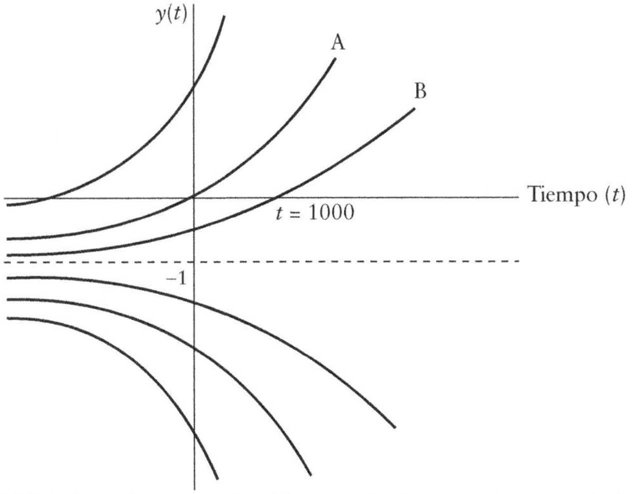

ILUSTRACIÓN A.2 | Soluciones de una ecuación diferencial. La figura muestra un arreglo de soluciones para la ecuación diferencial (A.12).

En lugar del valor inicial de una función, podemos conocer el valor en algún instante final; es decir, podemos tener una *condición final.*[1] Supongamos, por ejemplo, que el instante final es $t_1 = 1000$, y el valor de $y(t)$ en ese instante es 0. Por tanto, $y(1000) = -1 + b \cdot e^{1000} = 0$. La solución, $b = e^{-1000}$, implica que

$$y(t) = -1 + (e^{-1000}) \cdot e^{t} \tag{A.16}$$

Este resultado corresponde a la trayectoria B en la ilustración A.2.

ECUACIONES DIFERENCIALES LINEALES DE PRIMER ORDEN CON COEFICIENTES VARIABLES Consideremos ahora la ecuación diferencial

$$\dot{y}(t) + a(t) \cdot y(t) + x(t) = 0 \tag{A.17}$$

donde $a(t)$ es una función conocida del tiempo que ya no es constante. En este caso es posible seguir los mismos pasos de antes. La diferencia es que el factor de integración ahora es $e^{\int_0^t a(\tau)d\tau}$, de manera que el primer miembro se convierte en la derivada de $y(t) \cdot e^{\int_0^t a(\tau)d\tau}$.[2] De nuevo, cuando integramos la derivada de una función, volvemos a obtener la función original. Con esta información encontramos

1. Al abordar modelos de crecimiento con horizontes infinitos, es posible conocer el valor límite de una variable cuando el tiempo tiende a infinito. Esta información proporcionará una condición final.

2. El límite de integración inferior puede ser una constante arbitraria. La regla de Leibniz para la diferenciación de integrales definidas dice que $d[\int_0^t f(\tau)\,d\tau]/dt = f(t)$. Observe que estamos tomando la derivada respecto del límite de integración superior. Véase la sección A.6.6.

que la solución de la EDO es

$$y(t) = -e^{-\int_0^t a(\tau)d\tau} \cdot \int e^{\int_0^t a(\tau)d\tau} \cdot x(t) \cdot dt + b \cdot e^{-\int_0^t a(\tau)d\tau} \tag{A.18}$$

donde b es una constante arbitraria de integración. Para hallar la solución exacta o particular, hay que utilizar de nuevo una condición de acotación.

A.1.3. Sistemas de ecuaciones diferenciales ordinarias lineales

Estudiamos ahora un sistema de ecuaciones diferenciales lineales de primer orden de la forma

$$\dot{y}_1(t) = a_{11}y_1(t) + \cdots + a_{1n}y_n(t) + x_1(t)$$

$$\ldots$$

$$\dot{y}_n(t) = a_{n1}y_1(t) + \cdots + a_{nn}y_n(t) + x_n(t)$$

En notación matricial, el sistema es

$$\dot{y}(t) = A \cdot y(t) + x(t) \tag{A.19}$$

donde $y(t)$ es un vector columna de n funciones del tiempo, $\begin{bmatrix} y_1(t) \\ \cdots \\ y_n(t) \end{bmatrix}$, $\dot{y}(t)$ es el vector columna de las n derivadas correspondientes, A es una matriz cuadrada $n \times n$ de coeficientes constantes, y $x(t)$ es un vector de n funciones.

Consideramos tres procedimientos para resolver este sistema de ecuaciones diferenciales. El primero es un recurso gráfico llamado *diagrama de fase,* similar al que utilizamos para una sola ecuación diferencial. La ventaja de estos diagramas de fase es que son sencillos y proporcionan una solución cualitativa. Además, esta técnica sirve tanto para sistemas lineales como no lineales. Su desventaja es que sólo funcionan con sistemas 2×2 y solamente en el caso de ecuaciones autónomas con estados estacionarios.

El segundo procedimiento es *analítico*. La ventaja de este método es que proporciona respuestas cuantitativas y puede ser utilizado para estudiar sistemas grandes. Pero su desventaja es que, en general, funciona solamente con ecuaciones lineales. Sin embargo, más adelante, en esta misma sección, utilizamos aproximaciones lineales de sistemas no lineales.

El tercer procedimiento es *numérico*. En esta sección también describimos el método de eliminación del tiempo para resolver numéricamente sistemas no lineales.

Diagramas de fase

SISTEMAS DIAGONALES Comenzamos con un caso sencillo en el que A es una matriz *diagonal* 2×2 y las ecuaciones son homogéneas; es decir, las componentes del vector

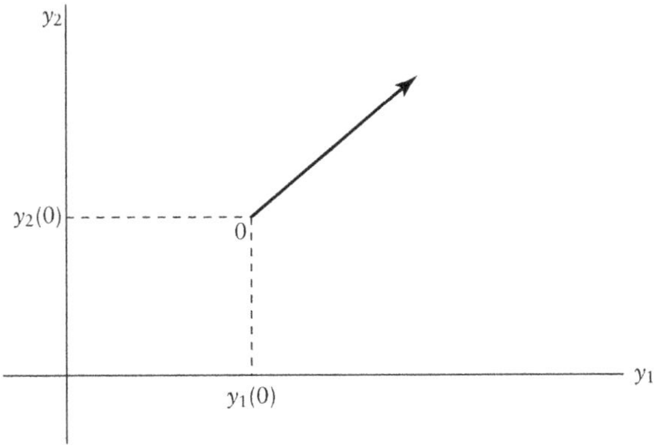

ILUSTRACIÓN A.3 | Direcciones del movimiento. La figura muestra las direcciones del movimiento de y_1 e y_2 en el sistema diagonal dado en la ecuación (A.20).

$x(t)$ son 0. El sistema puede escribirse como

$$\begin{aligned} \dot{y}_1(t) &= a_{11} \cdot y_1(t) \\ \dot{y}_2(t) &= a_{22} \cdot y_2(t) \end{aligned} \tag{A.20}$$

donde a_{11} y a_{22} son números reales.

Un diagrama de fase es una herramienta gráfica, similar a la de la sección anterior, que permite visualizar la dinámica del sistema. En la ilustración A.3, y_1 está sobre el eje horizontal, e y_2, sobre el eje vertical. Cada punto del espacio representa la posición del sistema (y_1, y_2) en un instante dado. Supongamos que en el instante 0 el sistema está en el punto "0" en la figura; esto es, y_1 es igual a $y_1(0)$ e y_2 es igual a $y_2(0)$. Si se desea saber cuál será la posición de la economía en el "siguiente instante", deberá haber una tercera dimensión para representar el tiempo. La dinámica de la ecuación puede representarse de una forma más conveniente mediante flechas que apunten en la dirección del movimiento, del mismo modo que en la sección A.1.2. Por ejemplo, una flecha que apunta hacia el Nordeste en el punto "0" significa que las variables y_1 e y_2 están creciendo con el tiempo. Si la flecha apunta hacia el Norte, y_2 crece e y_1 es estacionaria, y así sucesivamente.

El propósito de un diagrama de fase es el de traducir la dinámica implícita en dos ecuaciones diferenciales en un sistema de flechas que describe el comportamiento cualitativo de la economía en el transcurso del tiempo. Como ejemplo sencillo, consideremos el sistema diagonal que estudiamos anteriormente. La dinámica depende de los signos de los dos elementos diagonales de A. Ahora consideramos tres

Caso 1, $a_{11} > 0$ *y* $a_{22} > 0$ Para construir el diagrama de fase se siguen los siguientes pasos:

1. Se empieza representando en la ilustración A.4a el lugar geométrico de los puntos en que $\dot{y}_1$ es igual a 0, que da lugar a la *línea* $\dot{y}_1 = 0$. En este caso los lugares geométricos corresponden a los puntos en los cuales $y_1(t) = 0$; esto es, el eje vertical.

2. Se analiza la dinámica de y_1 en cada una de las regiones generadas por la línea $\dot{y}_1 = 0$. Para los y_1 positivos (esto es, a la derecha de la línea $\dot{y}_1 = 0$, $\dot{y}_1$) la dinámica es positiva porque $a_{11} > 0$ e $y_1 > 0$. En consecuencia, las flechas apuntan hacia el Este. Lo contrario es cierto a la izquierda del eje vertical porque en esa región $\dot{y}_1$ viene dada por el producto de un número positivo, $a_{11} > 0$, y un número negativo, $y_1 < 0$. Por tanto, las flechas apuntan hacia el Oeste.
3. Se repite el procedimiento para $\dot{y}_2$. En este ejemplo, la línea $\dot{y}_2 = 0$ es el eje horizontal mostrado en la ilustración A.4b. Para los y_2 positivos, $\dot{y}_2$ es el producto de dos números positivos y por tanto la dinámica es positiva. En consecuencia, y_2 es creciente y, correspondientemente, las flechas apuntan hacia el Norte. Asimismo, las flechas apuntan hacia el Sur para los y_2 negativos.
4. Se unen los dos gráficos en la ilustración A.4c. Las dos líneas dividen el espacio en cuatro regiones. (En este ejemplo sencillo, las regiones corresponden a los cuatro cuadrantes, un resultado que no es general.) En el primer cuadrante, un flecha apunta hacia el Este y la otra hacia el Norte. Estas dos flechas se combinan en una sola que apunta al Nordeste. Si la economía está en esta región, esto significa que y_1 e y_2 están creciendo. Las flechas combinadas en el segundo, tercero y cuarto cuadrantes apuntan hacia el Noroeste, el Sudoeste y el Sudeste, respectivamente. A lo largo del eje vertical, las flechas apuntan hacia el Norte para y_2 positivos y hacia el Sur para y_2 negativos. Sobre el eje horizontal, las flechas apuntan al Este para y_1 positivos y hacia el Oeste para y_1 negativos. Finalmente, en el origen, $\dot{y}_1$ y $\dot{y}_2$ son 0. En consecuencia, si la economía está por casualidad en el origen, ésta permanece allí para siempre. Este punto es el *estado estacionario*, que es *inestable* en cuanto a que si la posición inicial se desvía del origen una pequeña cantidad en cualquier dirección, la dinámica del sistema (las flechas) se aparta del estado estacionario.
5. Se utilizan las condiciones de acotación para ver cuál de las muchas trayectorias posibles representadas en el gráfico es la solución exacta. Por ejemplo, supongamos que en el instante cero el valor de y_1 es 1 y el valor de y_2 es 2. (En este caso las dos condiciones de acotación son condiciones iniciales, pero en otros casos puede haber también una condición inicial y una condición final o dos condiciones finales.) Las condiciones iniciales implican que el sistema comienza en el punto "0" en la ilustración A.4c. El comportamiento posterior de y_1 e y_2 viene dado por la trayectoria que pasa por "0", como se describe en la ilustración A.4c.

Caso 2, $a_{11} < 0$ y $a_{22} < 0$ Argumentos similares a los del caso anterior sugieren que la línea $\dot{y}_1 = 0$ es otra vez el eje vertical, y también que la línea $\dot{y}_2 = 0$ es el eje horizontal. Como antes, seguimos los mismos pasos para hallar en la ilustración A.5 que las flechas apuntan al Sudoeste en el primer cuadrante, al Sudeste en el segundo, al Nordeste en el tercero y al Noroeste en el cuarto

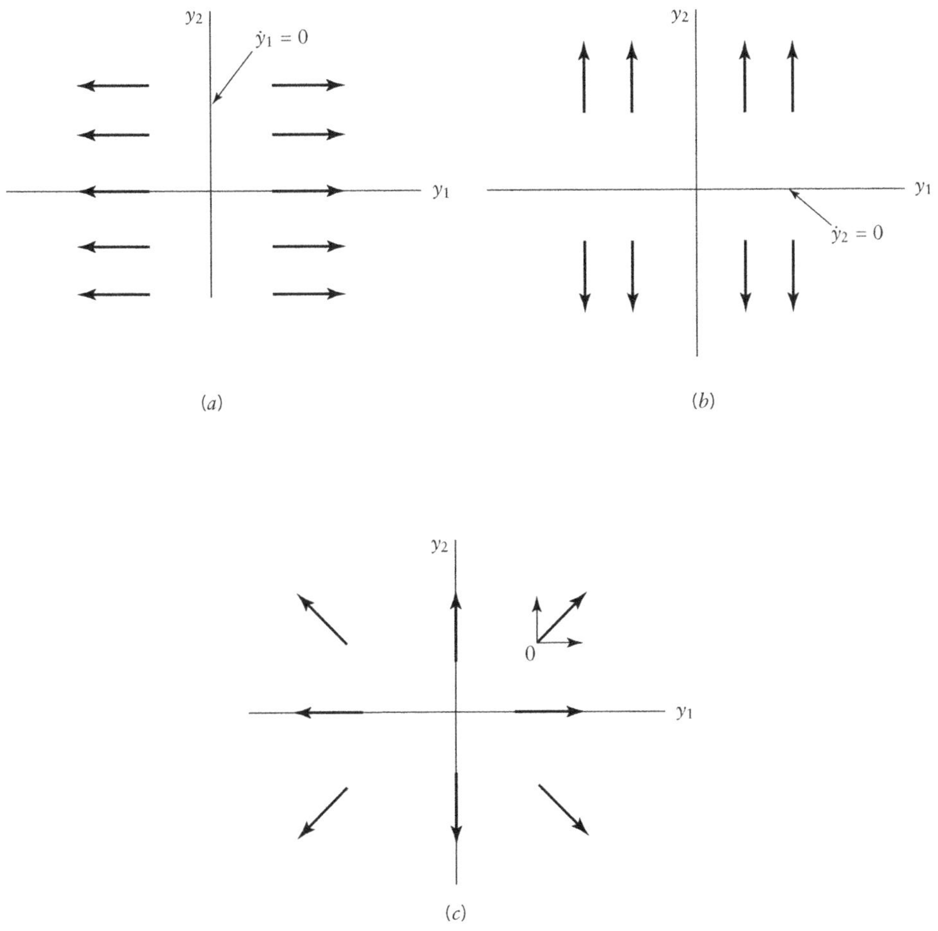

ILUSTRACIÓN A.4 | (*a*) **Lugares geométricos $\dot{y}_1 = 0$.** La figura muestra la línea $\dot{y}_1 = 0$ (el eje vertical en este ejemplo) para el sistema de la ecuación (A.20) cuando $a_{11} > 0$. Las flechas muestran la dirección del movimiento de y_1. (*b*) **Lugares geométricos $\dot{y}_2 = 0$.** La figura muestra la línea $\dot{y}_2 = 0$ (el eje horizontal en este ejemplo) para el sistema de la ecuación (A.20) cuando $a_{22} > 0$. Las flechas muestran la dirección del movimiento de y_2. (*c*) **Diagrama de fase para un caso inestable.** Los resultados de las ilustraciones A.4(a) y A.4(b) se unen para generar un solo diagrama de fase. Las flechas muestran las direcciones del movimiento de y_1 e y_2 cuando $a_{11} > 0$ y $a_{22} > 0$. Este sistema es inestable.

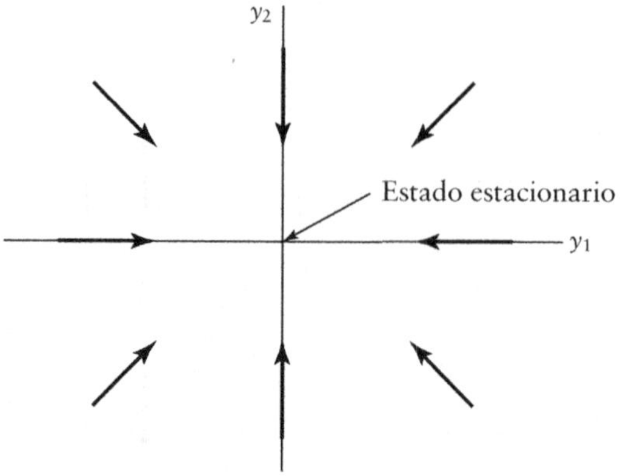

ILUSTRACIÓN A.5 | Diagrama de fase para un caso estable. En este ejemplo, $a_{11} < 0$ y $a_{22} < 0$ se aplican en la ecuación (A.20). Este sistema es estable.

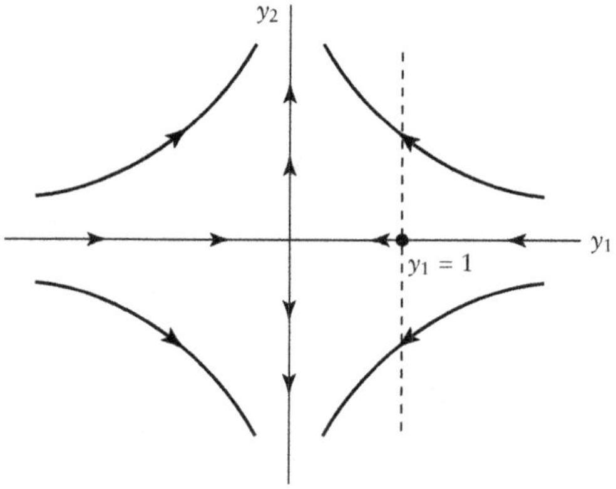

ILUSTRACIÓN A.6 | Diagrama de fase para un caso de estabilidad de trayectoria de silla. En este ejemplo, $a_{11} < 0$ y $a_{22} > 0$ se aplican en la ecuación (A.20). Este sistema es estable en la trayectoria de silla.

El estado estacionario es el origen, pero, a diferencia del caso anterior, esta posición es *estable*. Cualesquiera que sean los valores iniciales de y_1 e y_2, la dinámica del sistema lo devuelve al estado estacionario.

Caso 3, $a_{11} < 0$ y $a_{22} > 0$ Como en los casos anteriores, la línea $\dot{y}_1 = 0$ es el eje vertical, y la línea $\dot{y}_2 = 0$ es el eje horizontal. Sin embargo, la dinámica de este tercer caso, mostrada en la ilustración A.6, es más complicada que las anteriores. Las flechas apunta al Noroeste en el primer cuadrante, al Nordeste en el segundo, al Sudeste en el tercero y al Sudoeste en el cuarto. A lo largo del eje horizontal las flechas apuntan hacia el origen, mientras que en el eje vertical apuntan en el sentido que se aleja de él. El origen es, otra vez, el estado estacionario.

Un aspecto nuevo es que el sistema no es ni estable ni inestable. Si el sistema parte del estado estacionario, permanece allí. Si parte de un punto del eje horizontal, la dinámica del sistema lo devuelve al estado estacionario. Pero si parte de cualquier punto que no pertenezca a ese eje, no importa cuán cerca esté de él, la dinámica lo aparta del estado estacionario. El sistema "estalla" en el sentido de que y_2 tiende al infinito cuando t tiende al infinito.

En este caso se dice que el sistema es *estable en trayectoria de silla*. La razón de este nombre es la analogía con una canica que se coloca en la parte superior de una silla de montar. Hay un punto de la silla en el cual, si se pone allí, la canica no se mueve. Este punto corresponde al estado estacionario. En la silla hay una trayectoria que tiene la propiedad de que si la canica se coloca en cualquier punto que pertenece a ella, la canica rueda hacia el estado estacionario. Pero si se deja en cualquier otro punto, la canica cae al suelo.

Dos resultados de las trayectorias dinámicas mostradas en la ilustración A.6 merecen ser destacados. En primer lugar, ninguna trayectoria se cruza con otra. En segundo lugar, sólo hay dos trayectorias que pasan por el estado estacionario, una es la trayectoria de la silla de montar que acabamos de mencionar, y la otra es la trayectoria inestable que corresponde al eje vertical. Estas trayectorias se denominan *tramo estable* y *tramo inestable*, respectivamente. Todos los sistemas bidimensionales de ecuaciones diferenciales ordinarias que presentan estabilidad de trayectoria de silla tienen un tramo estable y otro inestable que pasan por el estado estacionario.

La ilustración A.6 muestra la dinámica de la economía para todos los puntos posibles. La trayectoria particular que sigue depende de dos condiciones de acotación, que deben ser especificadas. Como ejemplo, supongamos que la condición inicial es $y_1(0) = 1$, y que la condición final es $\lim_{t\to\infty} [y_2(t)] = 0$. La condición inicial nos dice que la economía parte de cualquier lugar de la línea vertical $y_1 = 1$ (véase la ilustración A.6). De todos los posibles puntos de esta recta, sólo los que están sobre el eje horizontal tienen la propiedad de que y_2 tienda a 0 cuando el tiempo tiende a infinito. Por consiguiente, la condición final asegura que el punto de partida de esta economía es $y_2(0) = 0$, correctamente en el tramo estable.

Por simetría, el caso en que $a_{11} > 0$ y $a_{22} < 0$ presenta también estabilidad en trayectoria de silla. La única diferencia es que ahora el eje horizontal es inestable, mientras que el eje vertical es estable.

La lección clave de esta sección es que si la matriz asociada al sistema de ecuaciones diferenciales ordinarias es diagonal, sus propiedades de estabilidad dependen de los signos de los coeficientes. Si ambos son positivos, el sistema es inestable. Si ambos son negativos, el sistema es estable. Si tienen signos opuestos, el sistema es estable en trayectoria de silla.

UN EJEMPLO NO DIAGONAL Cuando el sistema de EDOs es no diagonal, se siguen los mismos pasos para construir el diagrama de fase. Como ejemplo, consideremos el caso

$$\begin{aligned} \dot{y}_1(t) &= 0{,}06 \cdot y_1(t) - y_2(t) + 1{,}4 \\ \dot{y}_2(t) &= -0{,}004 \cdot y_1(t) + 0{,}04 \end{aligned} \tag{A.21}$$

con las condiciones de acotación $y_1(0) = 1$ y $\lim_{t\to\infty} [e^{-0{,}06t} \cdot y_1(t)] = 0$.

El lugar geométrico $\dot{y}_1 = 0$ es la recta con pendiente hacia arriba $y_2 = 1{,}4 + 0{,}06 \cdot y_1$. Si partimos de un punto de la recta $\dot{y}_1 = 0$ e incrementamos y_1 una pequeña cantidad, el segundo miembro de la expresión de $\dot{y}_1$ en la ecuación (A.21) aumenta. Por consiguiente, $\dot{y}_1$ se hace positiva e y_1 es creciente en esa región. Por tanto, en esta región las flechas apuntan al Este. Un argumento simétrico sugiere que las flechas para los puntos situados a la izquierda de la línea $\dot{y}_1 = 0$ apuntan hacia el Oeste.

El lugar geométrico $\dot{y}_2 = 0$ viene dado por $y_1 = 10$, una recta vertical; es decir, este lugar geométrico es independiente de y_2. La expresión de $\dot{y}_2$ en la ecuación (A.21) sugiere que si y_1 aumenta, $\dot{y}_2$ disminuye. Por consiguiente, a la derecha del lugar geométrico $\dot{y}_2 = 0$, $\dot{y}_2$ es negativo, y las flechas apuntan hacia el Sur. Lo contrario es cierto a la izquierda del lugar geométrico.

Los dos lugares geométricos dividen el espacio en cuatro regiones, etiquetadas de 1 a 4 en la ilustración A.7a. El estado estacionario es el punto en el cual los dos lugares geométricos se cruzan, una condición que en este caso corresponde a $y_1^* = 10$ e $y_2^* = 2$. En la región 1, las flechas combinadas apuntan al Sudoeste; en la región 2, al Noroeste; en la región 3, al Nordeste; y en la región 4, al Sudeste.

Para evaluar las propiedades de estabilidad del sistema, podemos hacernos la siguiente pregunta: ¿en cuántas de las cuatro regiones las flechas permiten que el sistema se mueva hacia el estado estacionario? Si la respuesta es dos, el sistema es estable en trayectoria de silla, y la trayectoria de silla está localizada en esas dos regiones.

La ilustración A.7a muestra que el sistema puede moverse hacia el estado estacionario si y sólo si parte de las regiones 1 y 3. Por tanto, el sistema es estable en trayectoria de silla. La trayectoria de silla, localizada en la regiones 1 y 3, pasa por el estado estacionario. Si el sistema parte de un punto perteneciente a esta trayectoria, converge al estado estacionario. Si parte de un punto que está ligeramente por encima de la trayectoria de silla en la región 3 —digamos en el punto x_0 de la ilustración A.7a— se deduce que las flechas apuntan al Nordeste durante un tiempo. La trayectoria finalmente cruza el lugar geométrico $\dot{y}_1 = 0$, y el sistema entonces se mueve hacia el Noroeste, apartándose del estado estacionario. También es posible demostrar fácilmente que el sistema diverge del estado estacionario si comienza por debajo del tramo estable en la región 3. De hecho, el sistema diverge del estado estacionario si parte de cualquier punto que no sea el tramo estable.

La trayectoria exacta a lo largo de la cual el sistema evoluciona depende de las condiciones de acotación. Este ejemplo especifica una condición inicial y otra final. La primera dice que el sistema comienza en alguna parte sobre la recta $y_1 = 1$. La condición final dice que el producto de y_1 y un término que tiende a 0 a razón de 0,06 por año tiende a 0 cuando t tiende a infinito. Si el sistema termina en el estado estacionario, y_1 será constante, de manera que el producto de una constante y un término que se aproxima a cero será cero. Por consiguiente, la condición final será satisfecha si y_1 se aproxima a una constante en el largo plazo. Si el sistema no termina en el estado estacionario, y_1 aumentará o disminuirá a un ritmo siempre creciente. (Las flechas alejan la economía del eje $\dot{y}_1 = 0$, e y_1 crece en magnitud a un ritmo creciente.) Puesto que el producto de un factor que decrece a razón de 0,06 por año y un factor cuyo valor absoluto crece a un ritmo siempre creciente no es 0, la condición final requiere que el sistema termine en el estado estacionario. Puesto que $y_1(0)$ no está en el estado estacionario, se deduce que el correspondiente valor

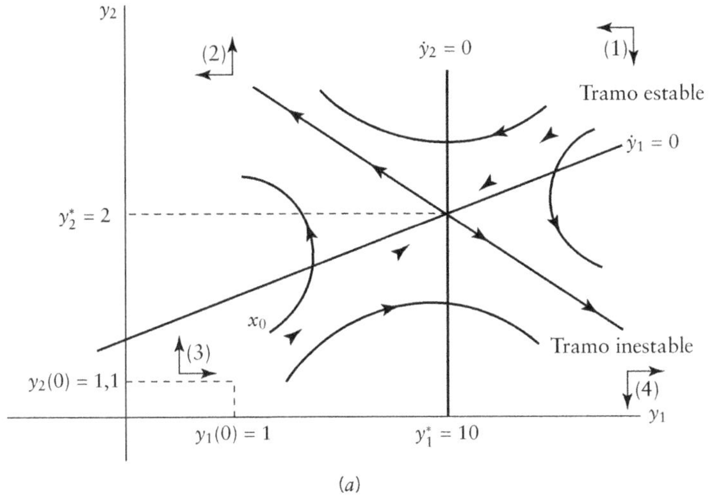

(*a*)

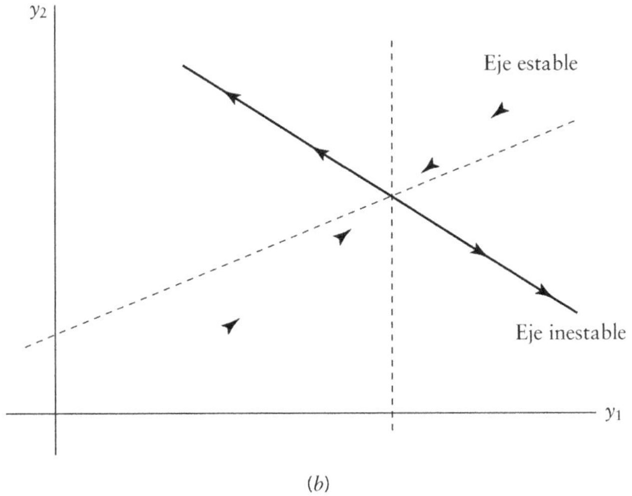

(*b*)

ILUSTRACIÓN A.7 I (*a*) **Diagrama de fase para un ejemplo no lineal con estabilidad en trayectoria de silla.** La figura muestra el diagrama de fase para el sistema de la ecuación (A.21). Este sistema es estable en la trayectoria de silla. (*b*) **El tramo estable y el tramo inestable.** esta figura se ha generado borrando las líneas $\dot{y}_1 = 0$ e $\dot{y}_2 = 0$ y los ejes normales de la ilustración A.7a. Solamente se han dejado los tramos estable e inestable.

$y_2(0)$ debe ser aquel que pone al sistema en el tramo estable, como muestra la ilustración A.7a.

Supongamos que borramos los ejes normales y las rectas $\dot{y}_1 = 0$ y $\dot{y}_2 = 0$, como se muestra en la ilustración A.7b. Entonces sólo queda el tramo estable (con flechas que apuntan hacia el estado estacionario) y el tramo instable (con flechas que apuntan alejándose del estado estacionario). Estas dos rectas dividen el espacio en cuatro regiones con sus correspondientes dinámicas representadas por flechas. Observe la similitud que hay entre las ilustraciones A.7b y A.6. De hecho, podemos pensar que la A.7b es una versión distorsionada de la A.6. Esta forma de ver las cosas nos permitirá interpretar la solución analítica de estos sistemas.

UN EJEMPLO NO LINEAL Concluimos esta sección sobre diagramas de fase con un ejemplo no lineal. Consideremos el siguiente sistema:

$$\dot{k}(t) = k(t)^{0,3} - c(t) \qquad \text{(A.22)}$$

$$\dot{c}(t) = c(t) \cdot [0,3 \cdot k(t)^{-0,7} - 0,06] \qquad \text{(A.23)}$$

con condiciones de acotación $k(0) = 1$ y $\lim_{t \to \infty} [e^{-0,06t} \cdot k(t)] = 0$. La principal diferencia entre este sistema y los ya considerados es que las formas funcionales son ahora no lineales. Sin embargo, para construir un diagrama de fase para sistemas no lineales, seguimos exactamente los mismos pasos que antes.

De la ecuación (A.22), el lugar geométrico $\dot{k} = 0$ viene dado por $c = k^{0,3}$. Si ponemos k en el eje horizontal y c en el vertical, este lugar geométrico es una curva cóncava de pendiente hacia arriba, como se muestra en la ilustración A.8. Consideremos un punto situado ligeramente a la derecha del lugar geométrico $\dot{k} = 0$; esto es, con un k ligeramente mayor y el mismo c. La ecuación (A.22) sugiere que el nuevo punto tiene un lado derecho mayor; por tanto $\dot{k}$ debe ser positivo. En consecuencia, k aumenta a la derecha de la línea $\dot{k} = 0$ y las flechas apuntan hacia el Este. Un argumento simétrico muestra que las flechas apuntan hacia el Oeste a la izquierda de la línea $\dot{k} = 0$.

De la ecuación (A.23), la línea $\dot{c} = 0$ viene dada por $k = 10$, una recta vertical (véase la ilustración A.8). Consideremos un punto situado a la derecha del lugar geométrico $\dot{c} = 0$; esto es, con el mismo c y un k mayor. La ecuación (A.23) sugiere $\dot{c} < 0$; por consiguiente, las flechas apuntan hacia el Sur. Por un argumento similar, a la izquierda de la línea $\dot{c} = 0$ las flechas apunta hacia el Norte.

Ahora podemos combinar las dinámicas de k y c. El estado estacionario es el punto en el cual los lugares geométricos $\dot{k} = 0$ y $\dot{c} = 0$ se cruzan, una condición que corresponde a $k^* = 10$ y $c^* = 2$. La ilustración A.8 muestra que las flechas son de tal manera que el sistema se aproxima al estado estacionario solamente desde las regiones 1 y 3. Concluimos que el sistema es estable en trayectoria de silla. En este caso el tramo estable *no* es una función lineal. Sin embargo sigue siendo verdad que el tramo estable va de la región 1 a la 3 y pasa por el estado estacionario. El tramo inestable se mueve entre las regiones 2 y 4.

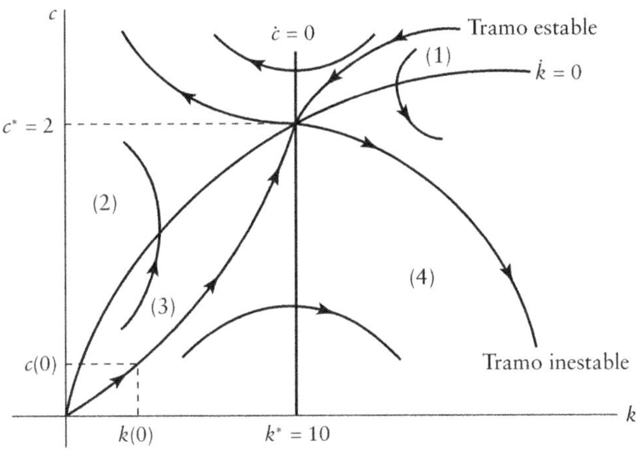

ILUSTRACIÓN A.8 | Diagrama de fase para un modelo no lineal. La figura muestra el diagrama de fase para el sistema de las ecuaciones (A.22) y (A.23). Este sistema es estable en trayectoria de silla.

Podemos utilizar las condiciones de acotación para elegir la trayectoria que seguirá el sistema. En este ejemplo, las condiciones de acotación aseguran que el sistema parte de tramo estable y por tanto se aproxima a su estado estacionario con el tiempo.

Soluciones analíticas de sistemas lineales homogéneos Consideramos ahora la solución analítica de sistemas de EDOs lineales. Comenzamos con el caso homogéneo porque la notación de la solución del caso general es más complicada. El vector $x(t)$ de la ecuación (A.19) se pone a 0, de manera que el sistema se convierte en

$$\dot{y}(t) = A \cdot y(t) \tag{A.24}$$

donde $y(t)$ es un vector columna $n \times 1$ de funciones del tiempo, $y_i(t)$, A es una matriz $n \times n$ de coeficientes constantes, e $\dot{y}(t)$ es el vector de las derivadas temporales correspondientes a $y(t)$.

Supongamos que existe una matriz V de dimensión $n \times n$ con la propiedad de que si premultiplicamos A por V^{-1} y postmultiplicamos por V, obtenemos una matriz diagonal $n \times n$:

$$V^{-1}AV = D \tag{A.25}$$

donde D es una matriz cuadrada en la cual todos los elementos que no están en la diagonal son 0. En la sección A.5 mostramos que V y D pueden existir: son, respectivamente, la matriz de autovectores y la matriz diagonal de autovalores asociada a A.[3]

3. Una condición suficiente para que la matriz A sea diagonalizable es que todos los autovalores sean diferentes. En este caso, los autovectores son linealmente independientes, de manera que $\det(V) \neq 0$ y V^{-1} existe.

Podemos definir las variables $z(t)$ como

$$z(t) = V^{-1} \cdot y(t)$$

Puesto que V^{-1} es una matriz de constantes, $\dot{z}(t) = V^{-1} \cdot \dot{y}(t)$. Por lo tanto podemos volver a escribir el sistema de la ecuación (A.24) en términos de las variables transformadas $z(t)$:

$$\dot{z}(t) = V^{-1} \cdot \dot{y}(t) = V^{-1}A \cdot y(t) = V^{-1}AVV^{-1} \cdot y(t) = D \cdot z(t) \tag{A.26}$$

Este sistema consiste en n ecuaciones diferenciales unidimensionales:

$$\begin{aligned} \dot{z}_1(t) &= \alpha_1 \cdot z_1(t) \\ \dot{z}_2(t) &= \alpha_2 \cdot z_2(t) \\ &\dots \\ \dot{z}_n(t) &= \alpha_n \cdot z_n(t) \end{aligned} \tag{A.27}$$

En la sección A.2.2 mostramos que la solución de cada una de estas ecuaciones diferenciales toma la forma $z_i(t) = b_i \cdot e^{\alpha_i t}$, donde cada b_i es una constante arbitraria de integración determinada por las condiciones de acotación (véase la ecuación [A.11]). Podemos expresar este resultado en notación matricial como

$$z(t) = Eb \tag{A.28}$$

donde E es una matriz diagonal con $e^{\alpha_i t}$ en el i-ésimo término diagonal, y b es el vector columna de las constantes b_i.

Podemos volver a transformar la solución para las variables z en las variables y utilizando la relación $y = Vz$. La solución para y es

$$y = VEb$$

o, en notación no matricial,

$$y_i(t) = v_{i1}e^{\alpha_1 t} \cdot b_1 + v_{i2}e^{\alpha_2 t} \cdot b_2 + \cdots + v_{in}e^{\alpha_n t} \cdot b_n \tag{A.29}$$

Resumiendo, el método general para resolver un sistema de ecuaciones de la forma de la ecuación (A.24) es como sigue:

1. Se hallan los autovalores de la matriz A y se los denomina $\alpha_1, \dots, \alpha_n$.
2. Se hallan los correspondientes autovectores y se ponen como columnas en una matriz V.
3. La solución toma la forma de la ecuación (A.29).
4. Se utilizan las condiciones de acotación para determinar las constantes arbitrarias de integración (b_i).

Relación entre las soluciones gráficas y analíticas Ahora relacionamos los métodos gráficos y analíticos. Recuerde que al hacer los diagramas de fase dijimos que si borrábamos los ejes y los lugares geométricos $\dot{y}_i = 0$ y mirábamos lo que queda en la ilustración A.7b, obteníamos una versión distorsionada del dibujo de la ilustración A.6, para la cual la matriz A era diagonal. Vimos también que la solución analítica implicaba una matriz diagonal de autovalores. Las similitudes de los dos métodos no son meras coincidencias: al diagonalizar una matriz se halla implícitamente un conjunto de ejes (o bases de vectores) en los cuales las aplicaciones lineales representadas por A se pueden expresar como una matriz diagonal (véase la sección A.5). Los nuevos ejes son los autovectores, y los elementos en la correspondiente matriz diagonal son los autovalores.

La solución gráfica del sistema de ecuaciones es básicamente la misma cosa. Los tramos estable e inestable corresponden a los dos autovectores. Si pensamos en estos dos tramos como un nuevo conjunto de ejes —es decir, si borramos los ejes antiguos y las líneas $\dot{y}_i = 0$ — entonces la antigua matriz A puede ser representada por la matriz diagonal de autovalores. El diagrama de fase para el caso no diagonal tiene en consecuencia el aspecto de una versión distorsionada del caso diagonal.

Estabilidad Recuerde que las propiedades de estabilidad de los ejemplos diagonales dependen de los signos de los elementos diagonales. Por lo tanto no es sorprendente que las propiedades de estabilidad dependan de los signos de sus autovalores. Se presentan varias posibilidades:

1. Los dos autovalores son *reales* y *positivos*. En este caso el sistema es inestable.
2. Los dos autovalores son *reales* y *negativos*. En este caso el sistema es estable.
3. Los dos autovalores son *reales* de *signos opuestos*. En este caso el sistema es estable en trayectoria de silla. Además, cuando el sistema es estable en trayectoria de silla, *el tramo estable corresponde al autovector asociado al autovalor negativo*.[4] Asimismo, el tramo inestable corresponde al autovector asociado al autovalor positivo. Otra vez, la intuición nos dice que los ejes asociados a la matriz diagonal vienen dados por los autovectores. Como vimos en los ejemplos, cuando el sistema es diagonal, el eje asociado al componente negativo de la matriz diagonal es el tramo estable, y el eje asociado al componente positivo es el tramo inestable.
4. Los dos autovalores son *complejos* con *partes reales negativas*. El sistema converge en este caso al estado estacionario de una manera oscilante (ilustración A.9a).
5. Los dos autovalores son *complejos* con *partes reales positivas*. El sistema es inestable y oscilante, como se muestra en la ilustración A.9b.
6. Los dos autovalores son *complejos* con *partes reales nulas*. Las trayectorias son entonces elipses alrededor del estado estacionario, como se muestra en la ilustración A.9c.

4. A lo largo del libro usaremos indistintamente los términos autovector asociado al autovalor negativo y autovector negativo.

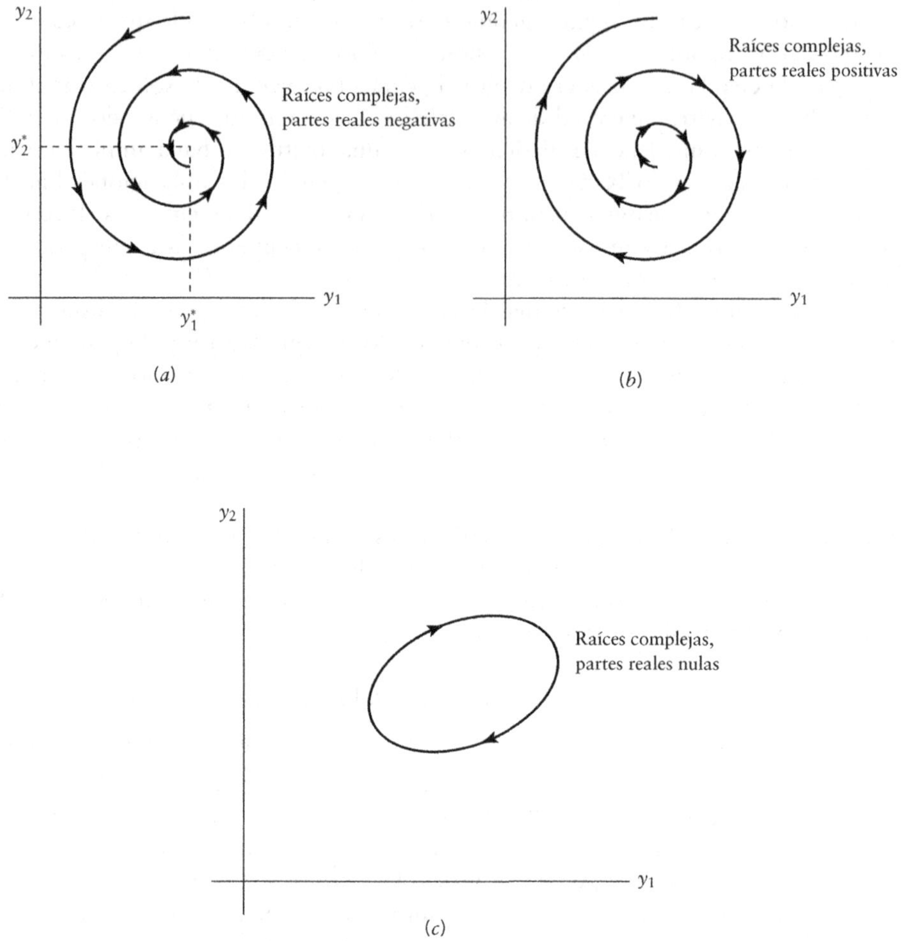

ILUSTRACIÓN A.9 I (*a*) **Dinámica oscilante estable.** Si los dos autovalores son complejos con partes reales negativas, entonces el sistema converge al estado estacionario de una manera oscilante. (*b*) **Dinámica oscilante inestable.** Si los dos autovalores son complejos con partes reales positivas, entonces el sistema diverge del estado estacionario de una manera oscilante. (*c*) **Dinámica oscilante.** Si los dos autovalores son complejos con partes reales nulas, entonces las trayectorias son elipses alrededor del estado estacionario. Este sistema ni converge ni diverge.

7. Los dos autovalores son *iguales*. En este caso, la matriz de autovectores no puede ser invertida, y la solución analítica esbozada antes en esta sección no puede ser aplicada. La solución en este caso toma la forma

$$y_i(t) = (b_{i1} + b_{i2} \cdot t) \cdot e^{\alpha t}$$

donde b_{i1} y b_{i2} son funciones de las constantes de integración y los coeficientes de A, y α es el único autovalor. La solución es estable si $\alpha < 0$ e inestable si $\alpha > 0$.

Debemos mencionar que en los sistemas no lineales hay un tipo más de equilibrio llamado *ciclo límite*. Un ciclo límite estable es aquel al cual convergen las trayectorias, mientras que un ciclo límite inestable es aquel a partir del cual las trayectorias divergen.

Las propiedades de estabilidad de los sistemas con un elevado número de dimensiones son similares. Si todos los autovalores son positivos, el sistema es inestable. Si todos los autovalores son negativos, el sistema es estable. Si los autovalores tienen signos diferentes, el sistema es estable en trayectoria de silla. Puesto que el tramo estable corresponde, como ya hemos dicho, al o los autovectores asociados con el o los autovalores negativos, la dimensión del tramo estable es el número de autovalores negativos. Por ejemplo, en un sistema 3×3 con un autovalor negativo, el tramo estable es una recta que pasa por el estado estacionario y que corresponde al autovector negativo. Si hay dos autovalores negativos, la variedad estable es un plano que pasa por el estado estacionario. Este plano es generado por los dos autovalores negativos. En un sistema $n \times n$, el tramo estable (a veces llamado *variedad estable*) es un hiperplano generado por los autovectores asociados, con dimensión igual al número de autovectores negativos.

Soluciones analíticas de sistemas no homogéneos lineales Consideremos ahora el sistema no homogéneo de ecuaciones diferenciales,

$$\dot{y}(t) = A \cdot y(t) + x(t) \tag{A.30}$$

donde $y(t)$ es un vector $n \times 1$ de funciones del tiempo, $\dot{y}(t)$ es el correspondiente vector de las derivadas respecto del tiempo, A es una matriz $n \times n$ de constantes y $x(t)$ es un vector $n \times 1$ de funciones conocidas del tiempo, donde estas funciones pueden ser constantes. El procedimiento para hallar las soluciones de la ecuación (A.30) es semejante al utilizado para el caso homogéneo. Se parte otra vez de la matriz V, compuesta de autovectores de A, tal que $V^{-1}AV$ genere una matriz diagonal D, que contiene los autovalores de A. Se transforma el sistema premultiplicando todos los términos por V^{-1} y definiendo $z \equiv V^{-1}y$ para obtener

$$\cdot\ \dot{z} = V^{-1}\dot{y} = V^{-1} \cdot (Ay + x) = V^{-1}AVV^{-1}y + V^{-1}x = Dz + V^{-1}x$$

Esta matriz de ecuaciones define un sistema de n ecuaciones diferenciales lineales de la forma

$$\dot{z}_i(t) = \alpha_i \cdot z_i(t) + V_i^{-1} \cdot x(t)$$

donde V_i^{-1} es la i-ésima fila de V^{-1}. Como mostramos en la sección A.2.2, la solución de cada una de estas ODEs lineales con coeficientes fijos toma la forma de la ecuación (A.11):

$$z_i(t) = e^{\alpha_i t} \cdot \int e^{-\alpha_i \tau} \cdot V_i^{-1} \cdot x(\tau) \cdot d\tau + e^{\alpha_i t} \cdot b_i$$

para $i = 1, \ldots, n$, donde b_i es otra vez una constante arbitraria de integración. Podemos escribir estas soluciones en notación matricial como

$$z = E\hat{X} + Eb \tag{A.31}$$

donde E es, de nuevo, una matriz diagonal de términos $e^{\alpha_i t}$, $\hat{X}$ es un vector columna cuyos elementos son integrales de la forma

$$\int e^{-\alpha_i \tau} \cdot V_i^{-1} \cdot x(\tau) \cdot d\tau$$

y b es un vector columna de constantes arbitrarias. Una vez conocida la trayectoria temporal de z, es posible hallar la trayectoria temporal de y premultiplicando z por V.

Como ejemplo, consideremos el sistema de EDOs de la ecuación (A.21). En notación matricial, este sistema puede ser escrito como

$$\begin{bmatrix} \dot{y}_1(t) \\ \dot{y}_2(t) \end{bmatrix} = \begin{bmatrix} 0{,}06 & -1 \\ -0{,}004 & 0 \end{bmatrix} \bullet \begin{bmatrix} y_1(t) \\ y_2(t) \end{bmatrix} + \begin{bmatrix} 1{,}4 \\ 0{,}04 \end{bmatrix} \tag{A.32}$$

con condiciones de acotación $y_1(0) = 1$ y

$$\lim_{t \to \infty} [e^{-0{,}06 \cdot t} \cdot y_1(t)] = 0$$

En este ejemplo, x es un vector de constantes. En la sección A.5 mostramos cómo hallar los valores y autovectores asociados a una matriz A. Encontramos que la matriz diagonal de autovalores, D, y la matriz de autovectores, V, vienen dadas por

$$D = \begin{bmatrix} 0{,}1 & 0 \\ 0 & -0{,}4 \end{bmatrix}, \qquad V = \begin{bmatrix} 1 & 1 \\ -0{,}04 & 0{,}1 \end{bmatrix}$$

donde

$$V^{-1} = \begin{bmatrix} 0{,}1/0{,}14 & -1/0{,}14 \\ 0{,}04/0{,}14 & 1/0{,}14 \end{bmatrix}$$

Definamos $\begin{matrix} z_1 \\ z_2 \end{matrix} = V^{-1} \bullet \begin{matrix} y_1 \\ y_2 \end{matrix}$. El sistema en términos de las nuevas variables puede escribirse como

$$\dot{z}_1 = 0{,}1 \cdot z_1 + 10/14$$

$$\dot{z}_2 = -0{,}04 \cdot z_2 + 9{,}6/14$$

un sistema de dos ecuaciones diferenciales que ya sabemos resolver (véase la sección A.2.2):

$$z_1(t) = -100/14 + b_1 e^{0,1 \cdot t}$$

$$z_2(t) = 240/14 + b_2 e^{-0,04 \cdot t}$$

donde b_1 y b_2 son constantes de integración, que deben ser determinadas con las condiciones de acotación. Podemos transformar la solución de z_1 y z_2 en una solución de y_1 e y_2 premultiplicando z por V para obtener

$$y_1(t) = 10 + b_1 e^{0,1 \cdot t} + b_2 e^{-0,04 \cdot t} \tag{A.33}$$

$$y_2(t) = 2 - 0{,}04 \cdot b_1 e^{0,1 \cdot t} + 0{,}1 \cdot b_2 e^{-0,04 \cdot t} \tag{A.34}$$

Ahora necesitamos determinar los valores de las constantes, b_1 y b_2. La condición inicial $y_1(0) = 1$ sugiere que $b_1 + b_2 = -9$. Podemos multiplicar ambos miembros de la ecuación (A.33) por $e^{-0,06 \cdot t}$, tomar el límite cuando t tiende a infinito y utilizar la condición final, $\lim_{t \to \infty} [e^{-0,06t} \cdot y_1(t)] = 0$, para obtener

$$\lim_{t \to \infty} [e^{-0,06 \cdot t} \cdot y_1(t)] = \lim_{t \to \infty} [10 \cdot e^{-0,06 \cdot t} + b_1 e^{0,04 \cdot t} + b_2 e^{-0,1 \cdot t}] = 0$$

Los términos primero y tercero en la expresión del centro tienden a 0 cuando t tiende a infinito, pero el segundo término tiende a infinito a menos que b_1 sea igual a 0. Por consiguiente, la condición para que toda la expresión sea igual a 0 es $b_1 = 0$, lo cual implica que $b_2 = -9$. La solución exacta al sistema de EDOs es, por tanto,

$$y_1(t) = 10 - 9 \cdot e^{-0,04 \cdot t}$$

$$y_2(t) = 2 - 0{,}9 \cdot e^{-0,04 \cdot t}$$

Observe que $y_1(t)$ es igual a 1 en $t = 0$, incrementa con el tiempo y tiende asintóticamente a su valor de estado estacionario, $y_1^* = 10$ (véase la ilustración A.10a). La variable y_2 es igual a 1,1 en $t = 0$, incrementa con el tiempo y tiende asintóticamente a su valor de estado estacionario, $y_2^* = 2$ (véase la ilustración A.10b). En otras palabras, las condiciones de acotación seleccionan el valor inicial de y_2 que hace que el sistema acabe en su estado estacionario. En cuanto a la ilustración A.7a, el valor $y_2(0)$ se elige de manera que ponga al sistema en el tramo estable. En el punto inicial,

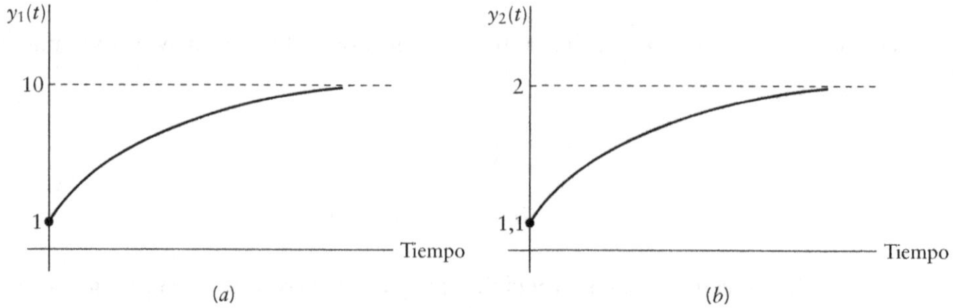

ILUSTRACIÓN A.10 | (*a*) **Solución de** $y_1(t)$. La figura muestra la solución de $y_1(t)$ en el sistema de la ecuación (A.32). (*b*) **Solución de** $y_2(t)$. La figura muestra la solución de $y_2(t)$ en el sistema de la ecuación (A.32).

$\begin{bmatrix} y_1(0) \\ y_2(0) \end{bmatrix} = \begin{bmatrix} 1 \\ 1{,}1 \end{bmatrix}$, el vector que va hacia el estado estacionario es $\begin{bmatrix} 9 \\ 0{,}9 \end{bmatrix}$ o, normalizando el primer elemento a la unidad, $\begin{bmatrix} 1 \\ 0{,}1 \end{bmatrix}$, el autovector negativo. Por consiguiente, como ya advertimos, el tramo estable pasa por el estado estacionario y corresponde al autovector asociado al autovalor negativo.

Linealización de sistemas no lineales La mayoría de los sistemas de EDOs que aparecen en el libro son no lineales. En este caso se pueden utilizar las técnicas de diagramas de fase vistas anteriormente o, alternativamente, se pueden aproximar a ecuaciones lineales mediante desarrollos en series de Taylor.

Consideremos el siguiente sistema de EDOs:

$$\begin{aligned} \dot{y}_1(t) &= f^1[y_1(t), \ldots, y_n(t)] \\ \dot{y}_2(t) &= f^2[y_1(t), \ldots, y_n(t)] \\ &\ldots \\ \dot{y}_n(t) &= f^n[y_1(t), \ldots, y_n(t)] \end{aligned} \tag{A.35}$$

donde las funciones $f^1(\bullet), f^2(\bullet), \ldots, f^n(\bullet)$ son no lineales. Podemos usar un desarrollo en series de Taylor para estudiar la dinámica del sistema en un entorno de su estado estacionario. (Tratamos el teorema de Taylor en la sección A.6.2.) El desarrollo de primer orden puede escribirse como

$$\begin{aligned} \dot{y}_1(t) &= f^1(\bullet) + (f^1)_{y_1}(\bullet) \cdot (y_1 - y_1^*) + \cdots + (f^1)_{y_n}(\bullet) \cdot (y_n - y_n^*) + R_1 \\ &\ldots \\ \dot{y}_n(t) &= f^n(\bullet) + (f^n)_{y_1}(\bullet) \cdot (y_1 - y_1^*) + \cdots + (f^n)_{y_n}(\bullet) \cdot (y_n - y_n^*) + R_n \end{aligned} \tag{A.36}$$

donde $f^1(\bullet), \ldots, f^n(\bullet)$ son los valores de las funciones $f^1(\bullet), \ldots, f^n(\bullet)$ en el estado estacionario, y $(f^1)_{y_i}(\bullet), \ldots, (f^n)_{y_i}(\bullet)$ son las derivadas parciales respecto de y_i en el estado estacionario. Los términos R_i son los residuos de Taylor. Si el sistema está en un punto próximo a su estado estacionario, estos residuos son pequeños y pueden despreciarse. La conveniencia de linealizar en un entorno del estado estacionario es que, por definición del estado estacionario, el primer elemento en cada una de las ecuaciones —$f^1(\bullet),\ldots,f^n(\bullet)$— es 0; es decir, el valor del estado estacionario de $\dot{y}_i$ es cero para todo i.

El sistema linealizado de la ecuación (A.36) puede escribirse en notación matricial como

$$\dot{y} = A \cdot (y - y^*) \tag{A.37}$$

donde A es una matriz $n \times n$ de constantes correspondientes a la primera derivada parcial calculada en el estado estacionario. Este sistema lineal es similar a aquellos que analizamos en las secciones anteriores.

Consideremos el ejemplo de sistema de ecuaciones no lineales que ya estudiamos gráficamente,

$$\dot{k} = k^{0,3} - c \tag{A.22}$$

$$\dot{c} = c \cdot (0{,}3 \cdot k^{-0,7} - 0{,}06) \tag{A.23}$$

con las condiciones de acotación $k(0) = 1$ y $\lim_{t\to\infty} [e^{-0,06t} \cdot k(t)] = 0$. Los valores del estado estacionario son $k^* = 10$ y $c^* = 2$. Podemos linealizar este sistema como sigue:

$$\begin{aligned} \dot{k} &= 0{,}3 \cdot (k^*)^{-0,7} \cdot (k - k^*) - (c - c^*) = 0{,}06 \cdot k - c + 1{,}4 \\ \dot{c} &= c^* \cdot [0{,}3 \cdot (-0{,}7) \cdot (k^*)^{-1,7}] \cdot (k - k^*) - 0 \cdot (c - c^*) = -0{,}008 \cdot k + 0{,}08 \end{aligned} \tag{A.38}$$

Sabemos cómo resolver este sistema; de hecho, ¡ya lo hemos resuelto! Si ahora etiquetamos k y c como y_1 e y_2, respectivamente, entonces el sistema coincide con el de la ecuación (A.32).

Para comprenderlo gráficamente, consideremos el diagrama de fase que construimos para el sistema no lineal definido por las ecuaciones (A.22) y (A.23), como se describe en la ilustración A.8. Los lugares geométricos en esa ilustración son no lineales. Sin embargo, alrededor del estado estacionario el lugar geométrico $\dot{c} = 0$ es vertical, y el lugar geométrico $\dot{k} = 0$ tiene pendiente hacia arriba. Podemos aproximar estos dos lugares geométricos con una recta vertical y un recta de pendiente hacia arriba que pasen por el mismo estado estacionario. Cuando el sistema está cerca de su estado estacionario, esta aproximación es buena, pero empeora a medida que el sistema se aleja del estado estacionario porque la línea $\dot{k} = 0$ es estrictamente cóncava. La dinámica del sistema no lineal es similar a la del sistema lineal en las inmediaciones del estado estacionario. De hecho, en el estado estacionario, el tramo estable no lineal corresponde al autovector negativo del sistema linealizado. Al comparar las ilustraciones A.7a y A.8 se puede ver que los dos sistemas tienen, cualitativamente, propiedades dinámicas similares.

Método de eliminación del tiempo para sistemas no lineales En la sección A.2.3 vimos que la solución cualitativa de un sistema de ecuaciones diferenciales no lineales se podía obtener mediante un diagrama de fase. El problema de este método gráfico es que no permite evaluar cuantitativamente el modelo. Más adelante, en esta sección, desarrollamos una solución analítica para una versión linealizada del sistema. El inconveniente es que la cuantificación es local, solamente válida como aproximación en un entorno del estado estacionario. En esta sección describimos un método para hallar soluciones numéricas globales para sistemas de EDOs; un método que proporciona resultados exactos para una configuración dada de parámetros.

Consideramos otra vez el sistema de ecuaciones no lineales definido por las ecuaciones (A.22) y (A.23):

$$\dot{k}(t) = k(t)^{0,3} - c(t) \tag{A.22}$$

$$\dot{c}(t) = c(t) \cdot [0{,}3 \cdot k(t)^{-0,7} - 0{,}06] \tag{A.23}$$

con las condiciones de acotación $k(0) = 1$ y $\lim\limits_{t\to\infty} [e^{-0,06t} \cdot k(t)] = 0$. El diagrama de fase para este sistema se muestra en la ilustración A.8. Si se conocen los valores iniciales, $c(0)$ y $k(0)$, cualquier método numérico estándar de resolución de ecuaciones diferenciales permitirá obtener la solución de las trayectorias completas de c y k integrando las ecuaciones (A.22) y (A.23) respecto del tiempo.[5]

El problema es que $c(0)$ es desconocida. En su lugar, damos la condición de transversalidad, una restricción que fuerza a que el valor inicial de c esté en el tramo estable. El reto es expresar esta condición en términos del valor requerido de $c(0)$. La solución habitual implica un método llamado *de disparo* (*shooting*). Se parte de un valor supuesto de $c(0)$ y se resuelven las trayectorias temporales implicadas por las ecuaciones diferenciales (A.22) y (A.23). Luego se comprueba si las trayectorias temporales se aproximan al estado estacionario y por tanto satisfacen la condición de transversalidad. Si la trayectoria falla —como ocurre casi siempre en el primer intento— el sistema finalmente diverge del estado estacionario. En este caso, hay que ajustar el valor supuesto según convenga: se reduce si $c(0)$ era demasiado alto, y viceversa. Se puede hallar una aproximación del valor correcto de $c(0)$ iterando muchas veces.

Mulligan y Sala-i-Martin (1991) desarrollaron una técnica numérica mucho más eficiente llamada *método del eliminación del tiempo*. La clave de esta técnica es la eliminación del tiempo de las ecuaciones, del mismo modo que cuando se construye un diagrama de fase. Recuerde que el tramo estable que se muestra en la ilustración A.8 expresa c como una función de k. En programación dinámica a esta función se le llama con frecuencia *función de política*. Imaginemos por un momento que esta función tiene una solución de forma cerrada, $c = c(k)$. Entonces se puede utilizar la ecuación (A.22) para expresar $\dot{k}$ como una función de k: $\dot{k} = k^{0,3} - c(k)$. Como $k(0)$ es conocida, se pueden utilizar métodos numéricos estándares para resolver en k esta ecuación diferencial de primer orden. Una vez conocida la trayectoria de k, es posible determinar la trayectoria de c (porque se conoce la función de política, $c[k]$).

5. Cuando las condiciones de acotación de un problema toman la forma de un conjunto de valores para todas las variables en un solo punto del tiempo, se dice que es un *problema de valor inicial*. Por ejemplo, el problema que estamos tratando sería un problema de valor inicial si se reemplaza la condición de transversalidad, $\lim_{t\to\infty} [e^{-0,06t} \cdot k(t)] = 0$, por algún valor de $c(0)$. Por el contrario, en un *problema de valor de acotación*, las condiciones de acotación se aplican a diferentes puntos a lo largo del tiempo. El sistema que estamos tratando es un *problema de valor de acotación* porque se da una condición inicial, $k(0) = 1$, que se aplica en $t = 0$, y una condición final, $\lim_{t\to\infty} [e^{-0,06t} \cdot k(t)] = 0$, que se aplica en $t = \infty$. Los problemas de valor inicial son mucho más fáciles de resolver numéricamente.

La eliminación del tiempo es una técnica numérica para resolver la función de política, $c = c(k)$. El truco está en advertir que la pendiente de esta función viene dada por la razón de $\dot{c}$ a $\dot{k}$:

$$dc/dk = c'(k) = \dot{c}/\dot{k} = \frac{c(k) \cdot [0{,}3 \cdot k^{-0{,}7} - 0{,}06]}{k^{0{,}3} - c(k)} \tag{A.39}$$

donde las fórmulas de $\dot{k}$ y $\dot{c}$ son las de las ecuaciones (A.22) y (A.23). En la ecuación (A.39) no aparece el tiempo; y de ahí el nombre de método de eliminación del tiempo.

Observe que la ecuación (A.39) es una ecuación diferencial en c, donde la derivada, dc/dk, se toma respecto de k en lugar de t. Para resolverla numéricamente mediante métodos estándares se necesita una condición de acotación; es decir, es necesario conocer un punto, (c, k), que esté en el tramo estable. Aunque el par inicial, $[c(0), k(0)]$ no se conoce, se sabe que la función de política pasa por el estado estacionario, (c^*, k^*). Por lo tanto se puede partir de ese punto y resolver numéricamente la ecuación (A.39) para determinar el resto de la función de política.[6] Observe que eliminando el tiempo el *problema de valor de acotación*, difícil, se transforma en un *problema de valor inicial* mucho más fácil de resolver.

Antes de poner en práctica este método, debemos considerar otro problema. La pendiente de la función de política en el estado estacionario es

$$c'(k^*) = (\dot{c})^*/(\dot{k})^* = 0/0$$

que es una forma indeterminada. Hay dos manera de resolver este problema. La primera utiliza la regla de l'Hôpital para evaluar formas indeterminadas (véase la sección A.6.3). En este ejemplo, la aplicación de la regla de l'Hôpital da

$$c'(k^*) = [c^* \cdot (-0{,}21) \cdot (k^*)^{-1{,}7}]/[0{,}3 \cdot (k^*)^{-0{,}7} - c'(k^*)]$$

que implica un ecuación cuadrática en $c'(k)$:

$$[c'(k^*)]^2 - [0{,}3 \cdot (k^*)^{-0{,}7}] \cdot c'(k^*) - 0{,}21 \cdot c^* \cdot (k^*)^{-1{,}7} = 0$$

Esta ecuación tiene dos soluciones para $c'(k^*)$:

$$c'(k^*) = [0{,}3 \cdot (k^*)^{-0{,}7} - \{[0{,}3 \cdot (k^*)^{-0{,}7}]^2 + 4 \cdot (0{,}21) \cdot c^* \cdot (k^*)^{-1{,}7}\}^{1/2}]/2 \tag{A.40}$$

$$c'(k^*) = [0{,}3 \cdot (k^*)^{-0{,}7} + \{[0{,}3 \cdot (k^*)^{-0{,}7}]^2 + 4 \cdot (0{,}21) \cdot c^* \cdot (k^*)^{-1{,}7}\}^{1/2}]/2 \tag{A.41}$$

Hay dos soluciones porque hay dos trayectorias que pasan por el estado estacionario: el tramo estable y el tramo inestable. El diagrama de fase de la ilustración

6. Se podía haber considerado partir del estado estacionario y retroceder en el tiempo para resolver numéricamente el sistema original de dos ecuaciones diferenciales. Sin embargo, esta idea no funciona porque $\dot{k}$ y $\dot{c}$ valen 0 en el estado estacionario. Por tanto, si se parte del estado estacionario, no se sabe cómo retroceder en el tiempo; es decir, no se puede decir de dónde se viene.

A.8 sugiere que el tramo estable tiene pendiente hacia arriba y el tramo inestable pendiente hacia abajo. Dado que la pendiente del tramo estable en el estado estacionario es positiva, debe venir dada por la solución de la ecuación (A.41).

Para la segunda forma de calcular el estado estacionario hay que darse cuenta de que en ese punto la función de política corresponde al autovector negativo. Dicho de otra forma, la pendiente del autovector negativo coincide con la pendiente del estado estacionario de la función de política. Por consiguiente, se puede usar este valor como pendiente inicial y luego la ecuación (A.39) para calcular la función de política completa. La ventaja de este método sobre la regla de l'Hôpital es que no requiere información cualitativa previa sobre el signo de la pendiente del estado estacionario.

El método de eliminación del tiempo puede extenderse fácilmente a sistemas de tres ecuaciones diferenciales con dos variables de control y una variable de estado (véase Mulligan y Sala-i-Martin, 1991, 1993). Consideremos un sistema de ecuaciones no lineal,

$$\begin{aligned}\dot{c}(t) &= c[c(t), u(t), k(t)]\\ \dot{u}(t) &= u[c(t), u(t), k(t)]\\ \dot{k}(t) &= k[c(t), u(t), k(t)]\end{aligned} \tag{A.42}$$

donde $c(t)$ y $u(t)$ son variables de control, y $k(t)$ es la variable de estado. Imaginemos que se conoce el valor inicial $k(0)$ y dos condiciones de transversalidad (que se aplican en $t = \infty$). Supongamos que los valores del estado estacionario son c^*, u^* y k^*. De nuevo, si se conocen $c(0)$ y $u(0)$, es posible hallar la solución a la ecuación (A.42) integrando respecto del tiempo. Sin embargo, existe el problema de que $c(0)$ y $u(0)$ son desconocidas.

Por ahora supongamos que tenemos expresiones de forma cerrada de $c(k)$ y $u(k)$, las funciones de políticas para el problema. En este caso, estas dos funciones se pueden insertar en la ecuación $\dot{k}$ para obtener una sola ecuación diferencial en k. Puesto que $k(0)$ es conocida, la trayectoria temporal total de $k(t)$ puede hallarse integrando esta ecuación diferencial respecto del tiempo. Una vez conocida la trayectoria de k, se pueden determinar las trayectorias de c y u insertando $k(t)$ en estas dos funciones $c(k)$ y $u(k)$.

El método de eliminación del tiempo proporciona una forma sencilla de hallar numéricamente $c(k)$ y $u(k)$. Como se muestra a continuación, utiliza la regla de la cadena del cálculo para eliminar el tiempo de la ecuación (A.42) y obtener las pendientes de $c(k)$ y $u(k)$:

$$\begin{aligned}dc/dk &= c'(k) = \dot{c}/\dot{k} = \frac{c[c(k), u(k), k]}{k[c(k), u(k), k]}\\ du/dk &= u'(k) = \dot{u}/\dot{k} = \frac{u[c(k), u(k), k]}{k[c(k), u(k), k]}\end{aligned} \tag{A.43}$$

Este sistema se puede resolver numéricamente utilizando el estado estacionario, (c^*, u^*, k^*), como condición inicial. En el estado estacionario se pueden hallar las pendientes utilizando la regla de l'Hôpital o calculando la pendiente del autovector asociado al autovalor negativo.

A.2. Optimización estática

A.2.1. Máximos no restringidos

Consideremos una función real univariada $u(\bullet)$. Se dice que una función $u(x)$ tiene un máximo local en $\bar{\bar{x}}$ si para todo x en el entorno de $\bar{\bar{x}}$ (es decir, para todo x en el intervalo $[\bar{\bar{x}} - \epsilon, \bar{\bar{x}} + \epsilon]$, donde ϵ es algún número positivo), $u(\bar{\bar{x}}) \geq u(x)$. Se dice también que $u(x)$ tiene un máximo absoluto [7] en $\bar{\bar{x}}$ si para todo x en el dominio de u, $u(\bar{\bar{x}}) \geq u(x)$.

Sea $u(x)$ continua y dos veces diferenciable en el intervalo cerrado $[a, b]$ y sea $\bar{\bar{x}}$ en el interior de $[a, b]$ un máximo local. Una *condición necesaria* para que $\bar{\bar{x}}$ sea un *máximo local interior* es que la derivada primera de $u(\bullet)$ evaluada en $\bar{\bar{x}}$ sea 0, $u'(\bar{\bar{x}}) = 0$, y que la derivada segunda sea no positiva, $u''(\bar{\bar{x}}) \leq 0$. Si $u'(\bar{\bar{x}}) = 0$ y $u''(\bar{\bar{x}}) \leq 0$, entonces $\bar{\bar{x}}$ es un máximo local interior. Es decir: si la función objetivo es estrictamente cóncava (derivada segunda negativa), la condición necesaria $u'(\bar{\bar{x}}) = 0$ es también una *condición suficiente*.

A efectos prácticos, si se quiere hallar el máximo de una función en algún intervalo, se calcula la derivada primera de esa función y se hallan los valores de x que satisfacen la ecuación $u'(\bar{\bar{x}}) = 0$. Esta condición proporciona algunos puntos candidatos, a veces llamados *puntos críticos*. Luego se calcula la derivada segunda de $u(\bullet)$ y se evalúa en los puntos críticos. Si es negativa, el punto crítico es un máximo local. Luego se compara el valor $u(\bar{\bar{x}})$ con el de la función en cada una de las esquinas a y b. El máximo absoluto de $u(\bullet)$ en el intervalo $[a, b]$ ocurre en uno de los $\bar{\bar{x}}$, a o b, dependiendo de cuál tenga la imagen mayor.

El caso multidimensional es similar al unidimensional que acabamos de describir. Consideremos una función $u : R^n \to R$, continua y derivable dos veces. Una condición necesaria para que $u(x)$ tenga un máximo local interior en $\bar{\bar{x}}$ (donde x es ahora un vector n-dimensional, $x \equiv [x_1, \ldots, x_n]$) es que todas las derivadas parciales se anulen cuando se evalúan en $\bar{\bar{x}}$. En otras palabras, al igual que en el caso unidimensional, las funciones son "planas en la parte superior".

Sin embargo, estas condiciones necesarias no son suficientes porque los mínimos locales y los puntos estacionarios también las satisfacen. En analogía con el caso unidimensional, una condición suficiente es que la función u sea estrictamente cóncava en el punto crítico.[8]

---

7. Una función $u(\bullet)$ alcanza un mínimo en el punto $\bar{\bar{x}}$ si $-u(\bullet)$ alcanza un máximo en ese punto. Por consiguiente, los mínimos de la función $u(\bullet)$ se pueden estudiar analizando los máximos de $-u(\bullet)$.

8. Una forma de comprobar la concavidad estricta es determinar cómo está definida la hessiana, una matriz de derivadas segundas: si la hessiana es definida negativa, la función u es estrictamente cóncava. Una matriz es *definida negativa* si y sólo si todos sus autovalores son negativos; es *semidefinida negativa* si y sólo si todos sus autovalores son no positivos; es *definida positiva* si y sólo si todos sus autovalores son positivos; es *semidefinida positiva* si y sólo si todos sus autovalores son no negativos; y, finalmente,

A.2.2. Programación no lineal clásica: restricciones de igualdad

Supongamos que queremos hallar el máximo de la función $u: R^n \to R$, sujeta a la restricción de que el punto elegido esté en el plano generado por la restricción $g(x) = a$, donde $g: R^n \to R$, y x es un vector n-dimensional, $x \equiv (x_1, \ldots, x_n)$. Es decir, el

$$\max_{x_1,\ldots,x_n} [u(x_1, \ldots, x_n)], \quad \text{sujeta a } g(x_1, \ldots, , x_n = a \tag{A.44}$$

Suponemos que $u(\bullet)$ y $g(\bullet)$ son continuas y dos veces diferenciables. Una forma fácil de resolver este problema es darse cuenta de que la restricción describe una función implícita de x_1: $x_1 = \tilde{x}_1(x_2, \ldots, x_n)$. (Aquí suponemos que la restricción determina únicamente x_1 para valores dados de $x_2, \ldots, x_n$.) Podemos insertar el resultado de x_1 en $u(x)$ para obtener una función no restringida de $(x_2, \ldots, x_n)$:

$$u[\tilde{x}_1(x_2, \ldots, x_n), (x_2, \ldots, x_n)] \equiv \tilde{u}(x_2, \ldots, x_n) \tag{A.45}$$

Como ya hemos dicho, la condición necesaria para que una función tenga un máximo no restringido es que todas las derivadas parciales se anulen. Al tomar derivadas parciales de $u(\bullet)$ respecto de cada uno de los argumentos $x_i, i = 2, \ldots, n$, tenemos que darnos cuenta de que $u(\bullet)$ depende de x_i directamente y también indirectamente a causa de la dependencia de x_1 en x_i. Por consiguiente, la condición necesaria para un máximo restringido es

$$\partial\tilde{u}(\bullet)/\partial x_i = [\partial u(\bullet)/\partial x_1] \cdot \partial\tilde{x}_1/\partial x_i + \partial u(\bullet)/\partial x_i = 0 \tag{A.46}$$

para $i = 2, \ldots, n$. Podemos calcular las derivadas parciales $\partial\tilde{x}_1/\partial x_i$ del teorema de la función implícita (sección A.6.1), $\partial\tilde{x}_1/\partial x_i = -[\partial g(\bullet)/\partial x_i]/[\partial g(\bullet)/\partial x_1]$. Insertando esta expresión en la ecuación (A.46) obtenemos

$$\frac{\partial g(\bullet)/\partial x_i}{\partial g(\bullet)/\partial x_1} = \frac{\partial u(\bullet)/\partial x_i}{\partial u(\bullet)/\partial x_1} \tag{A.47}$$

Otra forma de satisfacer estas condiciones es haciendo que cada una de las derivadas parciales de g respecto de x_i sea proporcional a la derivada parcial de u respecto de x_i, donde la constante de proporcionalidad μ es la misma para todo i. Este conjunto de condiciones puede escribirse en notación matricial como

$$Du(\bar{\bar{x}}) = \mu \cdot Dg(\bar{\bar{x}}) \tag{A.48}$$

donde $\bar{\bar{x}}$ es un vector n-dimensional, y Dg y Du son los vectores de derivadas parciales de g y u respecto de cada uno de sus argumentos ($Dg \equiv [\partial g(\bullet)/\partial x_1, \ldots,$

---

no es definida si sus autovalores no tienen todos los mismos signos. Tal como expusimos en la sección anterior, si se quieren conocer los signos de los autovalores, no es necesario calcularlos. Por ejemplo, en el caso 2×2, si el determinante de una matriz es negativo, los autovalores deben tener signos opuestos, porque el determinante de una matriz es igual al producto de sus autovalores.

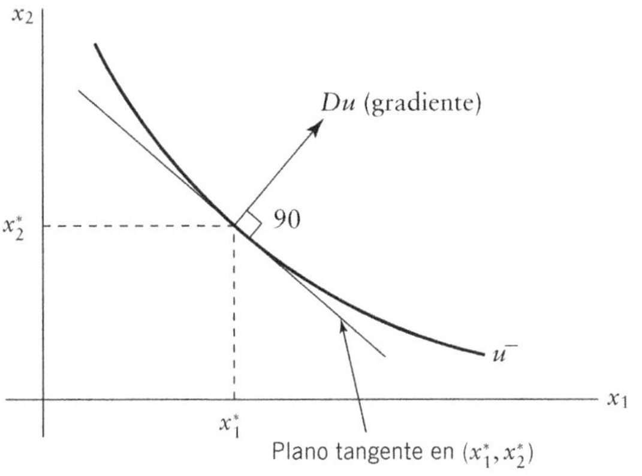

ILUSTRACIÓN A.11 | Solución al problema de maximización sujeto a restricciones de igualdad. La figura ilustra la solución a partir de la ecuación (A.48), que implica al multiplicador de Lagrange, μ.

$\partial g(\bullet)/\partial x_n]$, y análogamente para Du). Los vectores Dg y Du son los *gradientes* de g y u, respectivamente. El gradiente de una función $u(\bullet)$ evaluada en el punto $\bar{\bar{x}}$ es un vector perpendicular a la recta tangente de la función en ese punto (véase la ilustración A.11). La ecuación (A.48) nos dice que una condición necesaria para que $\bar{\bar{x}}$ sea un máximo del problema restringido es que el gradiente de la restricción sea proporcional al gradiente de la función objetivo en ese punto. A veces, al factor de probabilidad se le llama *multiplicador de Lagrange*, μ. Si pensamos en $u(\bullet)$ como una función de utilidad y en $g(\bullet) = a$ como una restricción presupuestaria (gasto total, $g[\bullet]$, es igual a ingreso total, a), entonces la ecuación (A.48) es la conocida igualdad entre las tasas marginales de sustitución y las tasas marginales de transformación (o precios relativos).

Una forma práctica de obtener estas condiciones de primer orden es utilizar la *lagrangiana,* que añade a la función objetivo una constante μ que multiplica la restricción:

$$L(\bullet) = u(x_1, \ldots, x_n) + \mu \cdot [a - g(x_1, \ldots, x_n)] \qquad \text{(A.49)}$$

Las condiciones de primer orden en la ecuación (A.48) se hallan tomando derivadas de la lagrangiana respecto de respecto de cada uno de los argumentos. Observe que la derivada respecto del multiplicador de Lagrange, μ, recupera la restricción.

Para dar una interpretación económica al multiplicador de Lagrange, consideremos la variación en la utilidad, $u(\bullet)$, cuando el ingreso, a, varía. La variación total de la utilidad viene dada por

$$du(\bullet)/da = \sum_{i=1}^{n} [\partial u(\bullet)/\partial x_i] \cdot \partial \bar{\bar{x}}_i/\partial a$$

donde $\partial \bar{\bar{x}}_i/\partial a$ es la variación en la cantidad óptima de bienes x_i cuando la restricción se relaja en la cantidad ∂a. Podemos utilizar las condiciones de primer orden en la ecuación (A.48) para reescribir esta expresión como

$$du(\bullet)/da = \sum_{i=1}^{n} \mu \cdot [\partial g(\bullet)/\partial x_i] \cdot \partial \bar{\bar{x}}_i/\partial a \tag{A.50}$$

Si derivamos totalmente la restricción presupuestaria respecto de a, obtenemos

$$dg(\bullet)/da = \sum_{i=1}^{n} [\partial g(\bullet)/\partial x_i] \cdot \partial \bar{\bar{x}}_i/\partial a = 1$$

La sustitución de este resultado en la ecuación (A.50) implica que

$$du(\bullet)/da = \mu \tag{A.51}$$

En otras palabras, el multiplicador de Lagrange, μ, representa la utilidad extra que el agente obtiene cuando la restricción se relaja en una unidad. Por este motivo, al multiplicador de Lagrange se le llama a menudo *precio sombra* o *valor sombra de la restricción*. Esta interpretación es importante y la utilizaremos en todo el libro.

A.2.3. Restricciones de desigualdad: las condiciones de Kuhn-Tucker

Imaginemos ahora que un agente se enfrenta a m restricciones de desigualdad de la forma

$$g_i(x_1, \ldots, x_n) \leq a_i \quad \text{para} i = 1, \ldots, m$$

Suponemos que todas las funciones $g_i(\bullet)$ son continuas y dos veces diferenciables y que cada a_i es constante. El problema puede escribirse como sigue:

$$\begin{aligned} &\max_{x_1,\ldots,x_n} [u(x_1, \ldots, x_n)], \quad \text{sujeta a} \\ &g_1(x_1, \ldots, x_n) \leq a_1 \\ &\ldots \\ &g_m(x_1, \ldots, x_n) \leq a_m \end{aligned} \tag{A.52}$$

Muchas restricciones económicas toman la forma que se muestra en la ecuación (A.52). Por ejemplo, una restricción presupuestaria no exige que un agente gaste todo su ingreso, pero sí que no pueda gastar más que su ingreso.

Una forma fácil de resolver el problema de la ecuación (A.52) es utilizar el teorema de Kuhn–Tucker (1951), que dice que si $\bar{\bar{x}} = (\bar{\bar{x}}_1, \ldots, \bar{\bar{x}}_n)$ es una solución al problema (A.52),[9] entonces existe un conjunto de m multiplicadores de Lagrange

9. Una condición adicional es que la "cualificación de la restricción" sea satisfecha. Esta condición

tal que

$$
\begin{aligned}
&(a)\ Du(\bullet) = \sum_{i=1}^{m} \mu_i \cdot [Dg_i(\bullet)] \\
&(b)\ g_i(\bullet) \leq a_i, \mu_i \geq 0 \\
&(c)\ \mu_i \cdot [a_i - g_i(\bullet)] = 0
\end{aligned}
\qquad (A.53)
$$

En la ecuación (A.53), la condición (*a*) dice que el gradiente de la función objetivo debe ser una combinación lineal de los gradientes de las restricciones. Los pesos en las combinaciones lineales son los multiplicadores de Lagrange. En el caso particular en que hay una sola restricción, $m = 1$, esta condición es equivalente a la ecuación (A.48). La condición (*b*) en la ecuación (A.53) dice que para que $\bar{\bar{x}}$ sea un óptimo, las restricciones tienen que ser satisfechas y que los precios sombra deben ser no negativos. Esto es, $Du(\bullet)$ debe estar sobre el cono generado por $Dg_i(\bullet)$.

A menudo a la condición (*c*) de la ecuación (A.53) se le llama *condición de laxitud complementaria*, que nos dice que el producto del precio sombra y la restricción es 0. El significado de esta condición es que si la restricción $g_i(\bullet) - a_i$ no se cumple (no se satisface con la igualdad estricta), el precio sombra debe ser 0. Es decir, $Dg_i(\bullet)$ no recibe peso alguno en la combinación lineal que genera $Du(\bullet)$. Por el contrario, si el precio es estrictamente positivo, la restricción asociada a él debe cumplirse.[10]

Consideremos el ejemplo de la ilustración A.12. Hay dos restricciones, $g_1(\bullet) \leq a_1$ y $g_2(\bullet) \leq a_2$. La primera restringe el conjunto de puntos en el espacio que está entre la curva etiquetada g_1 y el origen. Asimismo, la segunda restringe el espacio entre la curva etiquetada g_2 y el origen. La función objetivo puede ser representada por un conjunto de curvas de indiferencia etiquetadas u_i, que incrementan en la dirección Nordeste. Los gradientes de las dos restricciones (que apuntan en dirección perpendicular a la tangente en ese punto particular) se etiquetan Dg_1 y Dg_2. La condición (*a*) dice que si $\bar{\bar{x}}$ tiene que ser un óptimo, el gradiente de $u(\bullet)$ debe ser una combinación lineal de los dos gradientes Dg_1 y Dg_2. La condición (*b*) dice que la combinación lineal debe implicar pesos no negativos. Gráficamente, estas condiciones significan que el gradiente de u debe estar sobre el cono descrito por los gradientes de las dos restricciones.

Para comprender el significado de la condición de laxitud complementaria, supongamos que las preferencias para un par de bienes adquieren forma de campana (ilustración A.13a). Las curvas de indiferencia son circunferencias alrededor del punto que proporciona la mayor utilidad. (Este punto debe corresponder al nivel de saciedad más allá del cual los agentes no quieren pasar, sin importar los precios.) Supongamos que la restricción presupuestaria está a la izquierda de este punto de saciedad (véase la ilustración A.13b). El agente querría consumir más de ambos bienes,

---

requiere que los gradientes de las restricciones sean linealmente independientes.

10. En términos económicos, la condición de laxitud complementaria dice que si no es necesario cumplir una restricción (esto es, si no tiene importancia) y la relajamos en una unidad, la utilidad lograda no varía.

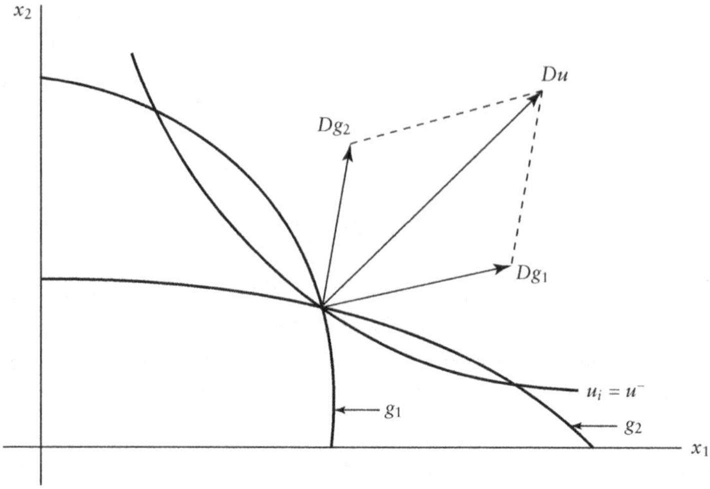

ILUSTRACIÓN A.12 | Solución al problema de maximización sujeto a restricciones de desigualdad. La figura ilustra la solución de un problema de maximización de la forma de la ecuación (A.53) con dos restricciones de desigualdad.

pero la restricción presupuestaria no se lo permite. En consecuencia, la restricción es vinculante. El teorema de Kuhn–Tucker dice que el gradiente de la función objetivo en el óptimo es proporcional al gradiente de la restricción. Dado que el gradiente es perpendicular a la función, esta condición significa que el máximo tiene lugar en el punto de tangencia.

Consideremos ahora qué sucede cuando el punto de saciedad está totalmente dentro del conjunto presupuestario (ilustración A.13c). El agente logra claramente la utilidad máxima permaneciendo dentro del conjunto presupuestario. Dicho de otra forma, dado que la restricción no es vinculante, el agente se comporta como si no estuviese limitado. El teorema de Kuhn–Tucker dice que, en el óptimo, el gradiente de la función objetivo es proporcional al gradiente de la restricción. La condición de laxitud complementaria dice que cuando la restricción no es vinculante, el factor de proporcionalidad es 0. Por consiguiente, el gradiente de la función objetivo debe ser igual a 0, la condición para un máximo no restringido. Resumiendo, la condición de laxitud complementaria dice que si una restricción no es vinculante, entonces no afectará a la elección óptima.

Las condiciones de Kuhn–Tucker pueden leerse de otra forma escribiendo la función de Lagrange como

$$L(x_1, \ldots, x_n; \mu_1, \ldots, \mu_m) = u(x_1, \ldots, x_n) + \sum_{i=1}^{m} \mu_i \cdot [a_i - g_i(x_1, \ldots, x_n)] \qquad \text{(A.54)}$$

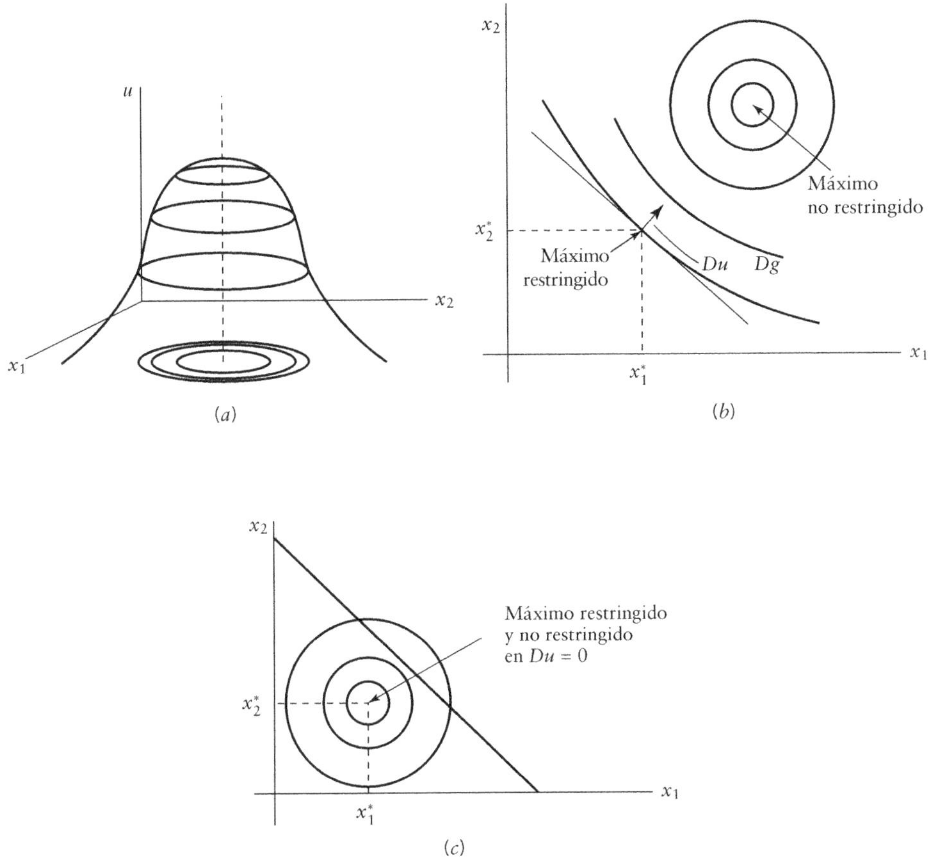

ILUSTRACIÓN A.13 | (*a*) **Preferencias sobre dos bienes.** Se supone que las curvas de indiferencia de x_1 y x_2 toman la forma de una campana. (*b*) **Maximización de la utilidad sujeta a una restricción de desigualdad que hay que cumplir.** En este ejemplo hay que cumplir la restricción presupuestaria de x_1 y x_2. (*c*) **Maximización de la utilidad sujeta a una restricción de desigualdad que no hay que cumplir.** En este ejemplo no es necesario cumplir la restricción presupuestaria de x_1 y x_2.

La condición (*a*) en la ecuación (A.53) dice que una condición necesaria para que el vector $\bar{\bar{x}}$ del problema restringido sea un máximo es que la lagrangiana asociada debe ser un máximo. Las condiciones (*b*) y (*c*) en la ecuación (A.53) dicen que, en el óptimo, la lagrangiana tiene un mínimo respecto del vector $\mu \equiv (\mu_1, \ldots, \mu_m)$. (La condición [*b*] dice que los dos componentes en [*c*] son no negativos; por consiguiente, el producto de los dos se minimiza en 0.) Juntas, las condiciones (*a*)–(*c*) de la ecuación (A.53) dicen que una condición necesaria para que $\bar{\bar{x}}$ sea un óptimo es que la lagrangiana tenga un punto de silla en $(\bar{\bar{x}}, \mu)$; es decir, un máximo respecto de x y un mínimo respecto de μ.

Las condiciones (*a*)–(*c*) en la ecuación (A.53) son el conjunto de condiciones necesarias del teorema de Kuhn–Tucker; si un punto es un óptimo, debe satisfacerlas. Si la función objetivo $u(\bullet)$ es cóncava y las restricciones forman un conjunto convexo, las condiciones necesarias son también suficientes.[11]

A.3. Optimización dinámica en tiempo continuo

A.3.1. Introducción

Los matemáticos se han ocupado desde hace mucho tiempo de los problemas dinámicos. En general, se cree que la primera persona que resolvió uno de estos problemas fue Bernoulli en 1696. Euler y Lagrange también estudiaron problemas dinámicos. La mayoría de las aplicaciones de sus hallazgos teóricos se hicieron en el campo de la física, especialmente en lo relacionado con el principio de Halmilton o el principio de mínima acción. Los economistas se han interesado por los problemas dinámicos desde al menos el trabajo de Hotelling y Ramsey en los años 1920. Sin embargo, las técnicas matemáticas dinámicas no se introdujeron ampliamente en Economía hasta la década de 1960, principalmente en los trabajos neoclásicos sobre la teoría del desarrollo. Estas técnicas forman ahora parte de las herramientas de la mayoría de los economistas modernos.

La metodología que utilizan los matemáticos clásicos para resolver problemas dinámicos se conoce como *cálculo de variaciones*. Este enfoque ha sido generalizado de dos formas. Primero, Richard Bellman, un matemático estadounidense, desarrolló el método de *programación dinámica* en la década de 1950. Este método es especialmente apropiado para problemas de tiempo discreto y es particularmente útil para modelos estocásticos. Segundo, también en la década de 1950, un equipo de matemáticos rusos liderado por L. Pontryagin desarrolló el *principio del máximo del control óptimo*. (La primera traducción al inglés de este trabajo no apareció hasta 1962.)

En este capítulo mostramos cómo se utiliza la técnica de Pontryagin. El principio del máximo es una generalización del cálculo de variaciones clásico en cuanto que éste proporciona soluciones a problemas en los que una o más de las restricciones implican las derivadas de algunas de las variables de estado. Este tipo de restricción es fundamental para la teoría del crecimiento económico.

Nuestro objetivo en esta sección no es demostrar el principio del máximo sino, más bien, proporcionar una deducción heurística junto con una descripción del procedimiento que seguimos para utilizar las soluciones. Este enfoque proporciona un conjunto de herramientas que permiten resolver los diferentes modelos dinámicos que se encuentran en el libro.[12]

---

11. Arrow y Enthoven (1961) propusieron un conjunto ligeramente menos restrictivo de condiciones suficientes: requiere que la función objetivo sea casi cóncava, es decir, que presente conjuntos de nivel superior convexos.

12. Una demostración completa del principio del máximo se encuentra en Pontryagin et al. (1962).

A.3.2. El problema típico

El problema típico que queremos resolver tiene la siguiente forma. El agente elige o controla varias variables, llamadas *variables de control*,[13] para maximizar una función objetivo sujeta a algunas restricciones. Estas limitaciones son dinámicas en cuanto que describen la evolución del estado de la economía, representada por un conjunto de *variables de estado*, a lo largo del tiempo. El problema viene dado por

$$\max_{c(t)} V(0) = \int_0^T v[k(t), c(t), t] \cdot dt, \quad \text{sujeta a}$$

$$\begin{aligned} &(a)\ \ \dot{k}(t) = g[k(t), c(t), t] \\ &(b)\ \ k(0) = k_0 > 0 \\ &(c)\ \ k(T) \cdot e^{-\bar{r}(T) \cdot T} \geq 0 \end{aligned} \tag{A.55}$$

donde $V(0)$ es el valor de la función objetivo en el instante inicial 0, $\bar{r}(t)$ es una tasa de descuento medio que se aplica entre las fechas 0 y t, y T es la fecha final de la previsión, que puede ser finita o infinita. Exponemos la diferencia entre un horizonte finito y uno infinito en la sección A.4.7.

La variable $k(t)$ —que se señala con un punto sobre ella en el apartado (a) de la ecuación (A.55)— es la *variable de estado*, y la variable $c(t)$ es la *variable de control*. Cada una de estas variables es una función del tiempo. En la ecuación (A.55) la función objetivo es la integral de las funciones de felicidad instantáneas, $v(\bullet)$,[14] en el intervalo de 0 a T. Estas funciones de felicidad dependen de las variables de estado y de control, $k(t)$ y $c(t)$, y del tiempo, t.

La restricción de acumulación del apartado (a) de la ecuación (A.55) es una ecuación diferencial en $k(t)$; esta restricción muestra cómo la elección de la variable de control, $c(t)$, se traduce en un modelo de movimiento para la variable de estado, $k(t)$. La expresión de $\dot{k}(t)$ se denomina *ecuación de transición* o *ecuación del movimiento*. Aunque tengamos una sola ecuación de transición, hay un continuo de restricciones, una para cada punto a lo largo del tiempo entre 0 y T.[15]

La condición inicial del apartado (b) de la ecuación (A.55) dice que la variable de estado, $k(t)$, parte de un valor dado, k_0. La restricción final, apartado (c) de la ecuación (A.55), dice que el valor elegido de la variable de estado al final del horizonte de previsión, $k(T)$, descontado a la tasa $\bar{r}(T)$, debe ser no negativo. Para valores finitos de T, esta restricción sugiere que $k(T) \geq 0$, mientras la tasa de descuento $\bar{r}(T)$ es positiva y finita. Si $k(t)$ representa los activos netos de una persona y T la vida

13. Pontryagin et al. (1962) llaman *variables de dirección* a estas variables de control.

14. Ejemplos de funciones de felicidad son las funciones de utilidad de los consumidores, las funciones de beneficios de las empresas y las funciones objetivo de los gobiernos. Para fijar ideas, en este capítulo las identificaremos con funciones de utilidad.

15. Esta ecuación de acumulación se puede poner como una restricción de desigualdad, $\dot{k} \leq g(\bullet)$. Típicamente, los agentes no encontrarán el óptimo que satisfaga las restricciones con desigualdades estrictas porque será ventajoso incrementar $c(t)$ para aumentar el flujo actual de utilidad o incrementar $k(t)$ para aumentar los flujos futuros de utilidad. Por tanto dejamos la restricción como una igualdad.

de la persona, la restricción en el apartado (c) de la ecuación (A.55) descarta tener deudas. Si el horizonte de previsión es infinito, la condición dice que los activos netos pueden ser negativos y crece constantemente en magnitud, mientras la tasa de crecimiento sea menor que $\bar{r}(t)$. Esta restricción descarta las "cadenas" o Esquemas de Ponzi para la deuda.

En Economía, un ejemplo de este tipo de problema dinámico es un modelo de crecimiento en el cual $v(\bullet)$ es una función de utilidad instantánea que depende del consumo y que se descuenta mediante un factor de preferencia en el tiempo,

$$v(k, c, t) = e^{-\rho t} \cdot u[c(t)] \tag{A.56}$$

En este ejemplo, $v(\bullet)$ no depende del stock de capital, $k(t)$, y depende directamente del tiempo solamente por el factor de descuento, $e^{-\rho t}$. La restricción describe la acumulación de la variable $k(t)$. Si pensamos en $k(t)$ como capital físico, un ejemplo de tal restricción es

$$\dot{k} = g[k(t), c(t), t] = f[k(t), t] - c(t) - \delta \cdot k(t) \tag{A.57}$$

donde δ es la fracción del stock de capital que se deprecia en cada instante. La ecuación (A.57) dice que el incremento en el stock de capital (inversión neta) es igual al ahorro total menos la depreciación. El ahorro total, a su vez, es igual a la diferencia entre la producción, $f(\bullet)$, y el consumo, $c(t)$. La dependencia de la producción respecto de t, para un $k(t)$ dado, puede reflejar el estado de la tecnología o el conocimiento en un determinado momento.

A.3.3. Deducción heurística de las condiciones de primer orden

Una demostración formal del principio del máximo está fuera del alcance de este libro; en su lugar proporcionamos una deducción heurística. Los lectores interesados solamente en el procedimiento para hallar las condiciones de primer orden, y no en la deducción, pueden saltarse las secciones A.4.3– A.4.9 y pasar directamente a la sección A.4.10.

El punto de partida es el método estático para la resolución de problemas de optimización no lineal, el teorema de Kuhn–Tucker. Este teorema, descrito en la sección A.3.3, sugiere la construcción de una lagrangiana de la forma,

$$L = \int_0^T v[k(t), c(t), t] \cdot dt + \int_0^T \{\mu(t) \cdot (g[k(t), c(t), t] - \dot{k}(t))\} \cdot dt + \nu \cdot k(T) \cdot e^{\bar{r}(T) \cdot T} \tag{A.58}$$

donde $\mu(t)$ es el multiplicador de Lagrange asociado con la restricción del apartado (a) de la ecuación (A.55), y ν es el multiplicador asociado con la restricción del apartado (c) de (A.55).[16] Puesto que en el apartado (a) hay un continuo de restric-

16. También tendríamos las restricciones $c(t) \geq 0$, pero las formas de la función de utilidad que

ciones, una para cada instante t entre 0 y T, hay en correspondencia un continuo de multiplicadores de Lagrange, $\mu(t)$. A $\mu(t)$ se le llama *variables de co-estado* o *multiplicadores de Lagrange dinámicos*. Siguiendo el paralelismo con el caso estático, estas variables de co-estado pueden ser interpretadas como precios sombra: $\mu(t)$ es el precio o valor de una unidad extra de stock de capital en el instante t en unidades de utilidad en el instante 0. Puesto que cada una de las restricciones, $g(\bullet) - \dot{k}$, es igual a 0, cada uno de los productos, $\mu(t) \cdot [g(\bullet) - \dot{k}]$, también es igual a 0. Se deduce que la "suma" de todas las restricciones es igual a 0:

$$\int_0^T \{\mu(t) \cdot (g[k(t), c(t), t] - \dot{k}(t))\} \cdot dt = 0$$

Esta expresión aparece en medio de la ecuación (A.58).

Para hallar el conjunto de condiciones de primer orden necesarias para un problema estático, se maximizaría L respecto de $c(t)$ y $k(t)$ para todo t entre 0 y T. El problema de este procedimiento es que no se sabe cómo tomar la derivada de $\dot{k}$ respecto de k. Para evitar este problema, se puede reescribir la lagrangiana integrando el término $\mu(t) \cdot \dot{k}(t)$ por partes para obtener [17]

$$L = \int_0^T (v[k(t), c(t), t] + \mu(t) \cdot g[k(t), c(t), t])\, dt$$

$$+ \int_0^T \mu(t)k(t)\, dt + \mu(0)k_0 - \mu(T)k(T) + \nu k(T)e^{-\bar{r}(T)T} \qquad \text{(A.59)}$$

La expresión dentro de la primera integral se denomina función *hamiltoniana*,

$$H(k, c, t, \mu) \equiv v(k, c, t) + \mu \cdot g(k, c, t) \qquad \text{(A.60)}$$

Esta función tiene una interpretación desde la perspectiva de la Economía (véase Dorfman, 1969). En un instante dado, el agente consume $c(t)$ y posee un stock de capital $k(t)$. Estas dos variables afectan a la utilidad por dos vías. Primero, la contribución directa del consumo, y quizás del capital, a la utilidad, se recoge en el término $v(\bullet)$ en la ecuación (A.60). Segundo, la elección de consumo afecta el cambio en el stock de capital de acuerdo con la ecuación de transición de $\dot{k}$ en el apartado (*a*) de la ecuación (A.55). El valor de este cambio en el stock de capital es el término $\mu \cdot g(\bullet)$ en la ecuación (A.60). Por consiguiente, para un valor dado

---

habitualmente se consideran sugieren que no deben ser tenidas en cuenta. Por lo tanto en nuestra exposición ignoramos estas restricciones de desigualdad.

17. Para integrar $\int_0^T (\dot{k}) \cdot \mu\, dt$ por partes, se comienza con $(d/dt)(\mu k) = \dot{\mu}k + \dot{k}\mu$. Integrando ambos miembros de esta expresión entre 0 y T se observa que $\int_0^T (d/dt)(k\mu) \cdot dt = k(T) \cdot \mu(T) - k(0) \cdot \mu(0)$. De esta expresión se resta la integral de $k\dot{\mu}$ para obtener $\int_0^T (\dot{k}) \cdot \mu\, dt = k(T) \cdot \mu(T) - k(0) \cdot \mu(0) - \int_0^T (\dot{\mu}) \cdot k\, dt$, que es la expresión utilizada para calcular la ecuación (A.59). Véanse las secciones A.6.4 y A.6.5 para más detalles.

de precio sombra, μ, la hamiltoniana recoge la contribución total a la utilidad de la elección de $c(t)$.

Volvamos a escribir la lagrangiana de la ecuación (A.59) como

$$L = \int_0^T \{H[k(t), c(t), t] + \dot{\mu}(t) \cdot k(t)\} \cdot dt + \mu(0) \cdot k_0 - \mu(T) \cdot k(T) + \nu \cdot k(T) \cdot e^{-\bar{r}(T) \cdot T} \tag{A.61}$$

Sean $\bar{\bar{c}}(t)$ y $\bar{\bar{k}}(t)$ las trayectorias temporales óptimas para las variables de control y de estado, respectivamente. Si se perturba la trayectoria óptima $\bar{\bar{c}}(t)$ con una función de perturbación arbitraria, $p_1(t)$, es posible generar una trayectoria vecina para la variable de control,

$$c(t) = \bar{\bar{c}}(t) + \epsilon \cdot p_1(t)$$

Cuando se altera $c(t)$ de esta forma, debe haber una perturbación correspondiente para $k(t)$ y $k(T)$ de manera que se satisfaga la restricción presupuestaria:

$$k(t) = \bar{\bar{k}}(t) + \epsilon \cdot p_2(t)$$

$$k(T) = \bar{\bar{k}}(T) + \epsilon \cdot dk(T)$$

Si las trayectorias iniciales son óptimas, entonces $\partial L / \partial \epsilon$ debe ser igual a 0. Ya calculamos una derivada de este tipo, y será conveniente reescribir la lagrangiana en términos de ϵ:

$$\bar{\bar{L}}(\cdot, \epsilon) = \int_0^T \{H[k(\bullet, \epsilon); c(\bullet, \epsilon)] + \dot{\mu}(\bullet) \cdot k(\bullet, \epsilon)\} \cdot dt$$

$$+ \mu(0) \cdot k_0 - \mu(T) \cdot k(T, \epsilon) + \nu \cdot k(T, \epsilon) \cdot e^{-\bar{r}(T) \cdot T}$$

Ahora se puede tomar la derivada de la lagrangiana respecto de ϵ e igualarla a 0:

$$\partial \bar{\bar{L}} / \partial \epsilon = \int_0^T [\partial H / \partial \epsilon + \dot{\mu} \cdot \partial k / \partial \epsilon] \cdot dt + [\nu e^{-\bar{r}(T)T} - \mu(T)] \cdot \partial k(T, \epsilon) / \partial \epsilon = 0$$

La regla de la cadena del cálculo sugiere que $\partial H / \partial \epsilon = [\partial H / \partial c] \cdot p_1(t) + [\partial H / \partial k] \cdot p_2(t)$ y que $\partial k(T, \epsilon) / \partial \epsilon = dk(T)$. Usando estas fórmulas y reordenando términos en la expresión de $\partial \bar{\bar{L}} / \partial \epsilon$ se obtiene

$$\partial L / \partial \epsilon = \int_0^T \{[\partial H / \partial c] \cdot p_1(t) + [\partial H / \partial k + \dot{\mu}] \cdot p_2(t)\} \cdot dt$$

$$+ [\nu \cdot e^{-\bar{r}(T)T} - \mu(T)] \cdot dk(T) = 0 \tag{A.62}$$

La ecuación (A.62) puede ser válida para todas las trayectoria de perturbación, descritas por $p_1(t), p_2(t)$ y $dk(T)$, sólo si cada una de las componentes de la ecuación se anula, es decir,

$$\partial H/\partial c = 0 \tag{A.63}$$

$$\partial H/\partial k + \dot{\mu} = 0 \tag{A.64}$$

$$\nu \cdot e^{-\bar{r}(T)\cdot T} = \mu(T) \tag{A.65}$$

La condición de primer orden respecto del variable de control en la ecuación (A.63) dice que si $\bar{\bar{c}}(t)$ y $\bar{\bar{k}}(t)$ son una solución para el problema dinámico, la derivada de la hamiltoniana respecto del control c es igual a 0 para todo t. Este resultado se denomina *principio del máximo*. La ecuación (A.64) dice que la derivada parcial de la hamiltoniana respecto de la variable de estado es igual al valor negativo de la derivada del multiplicador, $-\dot{\mu}$. A este resultado y a la ecuación de transición en el apartado (a) de la ecuación (A.55) se les llama a menudo ecuaciones de Euler. Finalmente, la ecuación (A.65) dice que la variable de co-estado en la fecha final, μ, es igual a ν, el multiplicador de Lagrange estático asociado con la restricción de no negatividad en k en la fecha final, descontada a la tasa $\bar{r}(T)$.

A.3.4. Condiciones de transversalidad

La sección A.3.3 muestra que las condiciones necesarias de Kuhn–Tucker de primer orden incluyen una condición de laxitud complementaria asociada a las restricciones de desigualdad. En el problema estático, estas condiciones dicen que si una restricción no es vinculante, el precio sombra asociado a él es 0. En este problema dinámico hay una restricción de desigualdad que dice que el stock de capital que queda al final del período de previsión, descontado a la tasa $\bar{r}(T)$, no puede ser negativo, $k(T) \cdot e^{-\bar{r}(T)\cdot T} \geq 0$. La condición asociada a esta restricción requiere que $\nu \cdot k(T) \cdot e^{-\bar{r}(T)\cdot T} = 0$, con $\nu \geq 0$. La ecuación (A.65) sugiere que se puede reescribir esta condición de laxitud complementaria como

$$\mu(T) \cdot k(T) = 0 \tag{A.66}$$

Frecuentemente esta condición de acotación se denomina *condición de transversalidad*. Dice que si la cantidad de capital que queda es positiva, $k(T) > 0$, su precio debe ser 0, $\mu(T) = 0$. Alternativamente, si el capital en la fecha final tiene un valor positivo, $\mu(T) > 0$, el agente no debe dejar capital, $k(T) = 0$. Más adelante tratamos el significado de la ecuación (A.66) cuando T es infinito.

A.3.5. Comportamiento del hamiltoniano con el tiempo

Para ver el comportamiento del valor óptimo del hamiltoniano con el tiempo, tomamos la derivada total de H respecto de t para obtener

$$dH(k,c,\mu,t)/dt = [\partial H/\partial k]\cdot\dot{k} + [\partial H/\partial c\cdot\dot{c}] + [\partial H/\partial\mu]\cdot\dot{\mu} + \partial H/\partial t \qquad (A.67)$$

La condición de primer orden en la ecuación (A.63) sugiere que, en el óptimo, $\partial H/\partial c = 0$; por consiguiente, el segundo término del segundo miembro de la ecuación (A.67) es igual a 0. La ecuación (A.64) requiere que $\partial H/\partial k = -\dot{\mu}$. Puesto que $\partial H/\partial\mu = g = \dot{k}$, los términos primero y tercero del segundo miembro de la ecuación (A.67) se anulan. Por consiguiente, en el óptimo, la derivada total del hamiltoniano respecto del tiempo es igual a la derivada parcial, $\partial H/\partial t$. Si el problema es autónomo —es decir, si tanto la función objetivo como las restricciones no dependen directamente del tiempo— entonces la derivada del hamiltoniano respecto del tiempo es 0. En otras palabras, el hamiltoniano asociado a problemas autónomos es constante en todos los puntos a lo largo del tiempo. Utilizamos estos resultados sobre el comportamiento del hamiltoniano más adelante en este apéndice.

A.3.6. Condiciones de suficiencia

En un problema de maximización no lineal estático, las condiciones necesarias de Kuhn–Tucker son también suficientes cuando la función objetivo es cóncava y las restricciones generan un conjunto convexo. Mangasarian (1966) extiende este resultado a problemas dinámicos y muestra que si las funciones $v(\bullet)$ y $g(\bullet)$ de la ecuación (A.55) son ambas cóncavas en k y c, entonces las condiciones necesarias son también suficientes. Este resultado de suficiencia es fácil de usar, pero es algo restrictivo.

Arrow y Kurz (1970) propusieron condiciones de suficiencia más generales. Definiendo $H^0(k,\mu,t)$ como el máximo de $H(k,c,\mu,t)$ respecto de c, dados k, μ y t, el teorema de Arrow–Kurz dice que si $H^0(k,\mu,t)$ es cóncava en k, para μ y t, entonces las condiciones necesarias son también suficientes. La concavidad de $v(\bullet)$ y $g(\bullet)$ es suficiente, pero no necesaria, para que la condición de Arrow–Kurz sea satisfecha. La desventaja de este resultado más general es que la comprobación de las propiedades de una función derivada, tal como H^0, tiende a ser más laboriosa que la comprobación de las propiedades de $v(\bullet)$ y $g(\bullet)$.

A.3.7. Horizontes infinitos

La mayoría de los modelos de crecimiento que tratamos en el libro implican agentes económicos con horizontes de previsión infinitos. El problema típico toma la forma

$$\max_{c(t)} V(0) = \int_0^\infty v[k(t),c(t),t]\cdot dt, \quad \text{sujeta a}$$

$$\begin{aligned}&(a)\ \dot{k}(t) = g[k(t),c(t),t]\\&(b)\ k(t) = k_0\\&(c)\ \lim_{t\to\infty}[k(t)\cdot e^{-\bar{r}(t)\cdot t}] \geq 0\end{aligned} \qquad (A.68)$$

La única diferencia entre las ecuaciones (A.68) y (A.55) es que el horizonte de previsión —el número en la parte superior de la integral— en la ecuación (A.68) es infinito, en lugar de $T < \infty$. Las condiciones de primer orden para el problema de horizonte infinito son las mismas que las del caso de horizonte finito, las ecuaciones (A.63) y (A.64). La diferencia clave es que la condición de transversalidad, mostrada en la ecuación (A.66), no se aplica a un T finito, excepto para el límite cuando T tiende a infinito. En otras palabras, la condición de transversalidad es ahora

$$\lim_{t\to\infty} [\mu(t) \cdot k(t)] = 0 \tag{A.69}$$

La explicación intuitiva de la nueva condición es que el valor del stock de capital debe ser asintóticamente 0; de lo contrario, quedaría algo de valor. Si la cantidad $k(t)$ permanece positiva asintóticamente, entonces el precio, $\mu(t)$, debe aproximarse a 0 asintóticamente. Si $k(t)$ crece constantemente a una tasa positiva —como ocurre en alguno de los modelos que estudiamos en este libro— entonces el precio $\mu(t)$ debe aproximarse a 0 a una tasa más rápida de manera que el producto, $\mu(t) \cdot k(t)$, tienda a 0.

Aunque la ecuación (A.69) es intuitivamente atractiva como versión limitante de la ecuación (A.66), hay desacuerdo sobre las condiciones en las que esta ecuación es realmente una condición necesaria para el problema de horizonte infinito en la ecuación (A.68). Recuerde que el único argumento que dimos para su validez fue el equivalente a la condición de transversalidad en el caso del horizonte finito. Algunos investigadores encontraron contraejemplos en los cuales la ecuación (A.69) no es una condición necesaria de optimización. En la sección A.4.9 tratamos uno de ellos.

Michel (1982) encontró una condición de transversalidad que siempre es apropiada. Argumenta que la condición de transversalidad requiere el valor del hamiltoniano para aproximarse a 0 cuando t tiende a infinito:

$$\lim_{t\to\infty} [H(t)] = 0 \tag{A.70}$$

Esta condición de transversalidad se puede deducir siguiendo el argumento de Michel y pensando en el caso de horizonte infinito como un marco en el cual el agente elige la fecha final, T. Si se perturba esta fecha en la ecuación (A.61) mediante $\epsilon \cdot dT$, se halla que el límite de integración depende ahora de ϵ. Cuando se toman derivadas de la lagrangiana respecto de ϵ, se encuentra que uno de los términos de la ecuación (A.62) es $H(T) \cdot dT$. Este término se obtiene al tomar la derivada del límite de integración, $T(\epsilon)$, respecto de ϵ. Como todos los términos de la ecuación (A.62), éste tendrá que ser 0 en el óptimo. Si la fecha final es fija, de manera que $dT = 0$, entonces $H(T)$ puede tomar cualquier valor. Pero si la fecha final es variable, de manera que dT no es cero, entonces $H(T)$ debe anularse. Si se toma el límite cuando T tiende a infinito, se obtiene la condición de transversalidad en la ecuación (A.70). Esta condición es redundante en la mayoría de los modelos que estudiamos en el libro porque será satisfecha siempre que se satisfaga la ecuación (A.69). Por lo tanto, en la mayoría de los casos se puede usar la ecuación (A.69) e ignorar la ecuación (A.70).

A.3.8. Ejemplo: El modelo de crecimiento neoclásico

Consideramos ahora el ejemplo del modelo de crecimiento neoclásico con una función de producción Cobb–Douglas. (Véase el capítulo 2 para más detalles.) Supongamos que los agentes económicos eligen la trayectoria de consumo, $c(t)$, y capital, $k(t)$, a fin de maximizar la función objetivo,

$$U(0) = \int_0^{\infty} e^{-\rho t} \cdot \log[c(t)] \cdot dt$$

$$\begin{aligned} &(a)\ \dot{k}(t) = [k(t)^{\alpha} - c(t) - \delta \cdot k(t)] \\ &(b)\ k(0) = 1 \\ &(c)\ \lim_{t\to\infty} [k(t) \cdot e^{-\bar{r}(t)\cdot t}] \geq 0 \end{aligned} \quad \text{(A.71)}$$

donde α es una constante con $0<\alpha<1$. Normalizamos el capital inicial $k(0)$ a la unidad. El tipo de interés, $r(t)$, es igual al producto marginal neto del capital, $\alpha \cdot k(t)^{\alpha-1} - \delta$, y el tipo de interés medio, $\bar{r}(t)$, es igual a $(1/t) \cdot \int_0^t r(v) \cdot dv$.

El agente puede considerarse como un hogar-productor que desea maximizar la utilidad, representada como el valor de descuento presente de una corriente de felicidades instantáneas. Cada una de estas felicidades depende del flujo instantáneo de consumo. En la ecuación (A.71) se supone que la función de felicidad es logarítmica. La tasa de descuento es $\rho > 0$. El agente tiene acceso a la tecnología (la función Cobb–Douglas descrita en el capítulo 1) que transforma capital en producto según $y(t) = [k(t)]^{\alpha}$. La restricción de acumulación en el apartado (a) de la ecuación (A.71) dice que la producción total tiene que ser dividida entre el consumo, $c(t)$, la depreciación, $\delta \cdot k(t)$, y la acumulación de capital, $\dot{k}(t)$. La condición inicial en el apartado (b) de la ecuación (A.71) dice que el stock de capital en el instante 0 es 1. La restricción del apartado (c) de la ecuación (A.71) dice que el stock de capital que queda al "final del horizonte de previsión", cuando se descuenta al tipo de interés medio, $\bar{r}(t)$, es no negativo. (Si $k[t]$ representa los activos de los hogares, esta condición descarta la financiación piramidal en la cual la deuda se acumula permanentemente a una tasa al menos tan alta como el tipo de interés.)

Para resolver el problema de optimización, se construye el hamiltoniano,

$$H(c, k, t, \mu) = e^{-\rho t} \cdot \log(c) + \mu \cdot (k^{\alpha} - c - \delta k) \quad \text{(A.72)}$$

Las ecuaciones (A.63) y (A.64) sugieren que las condiciones de primer orden son

$$H_c = e^{-\rho t} \cdot (1/c) - \mu = 0 \quad \text{(A.73)}$$

$$H_k = \mu \cdot (\alpha k^{\alpha-1} - \delta) = -\dot{\mu} \quad \text{(A.74)}$$

y la ecuación (A.69) sugiere que la condición de transversalidad es

$$\lim_{t\to\infty} [\mu(t) \cdot k(t)] = 0 \quad \text{(A.75)}$$

La ecuación (A.74) y la relación de transición del apartado (*a*) de la ecuación (A.71) forman un sistema de ODEs en el cual $\dot{\mu}$ y $\dot{k}$ dependen de μ, k y c. La ecuación (A.73) relaciona μ con c, de manera que se puede eliminar una de estas dos variables del sistema. Si se despeja μ, se toman logaritmos y derivadas respecto del tiempo de la ecuación (A.73) se obtiene

$$-\rho - \dot{c}/c = \dot{\mu}/\mu$$

Este resultado puede sustituirse en la ecuación (A.74) para eliminar $\dot{\mu}/\mu$ y obtener

$$\dot{c}/c = (\alpha k^{\alpha-1} - \rho - \delta) \quad \text{(A.76)}$$

Esta condición dice que el consumo se acumula a una tasa igual a la diferencia entre el producto marginal neto de capital, $\alpha k^{\alpha-1} - \delta$, y la tasa de descuento, ρ.

El apartado (*a*) de la ecuación (A.71) y la ecuación (A.76) forma un sistema de EDOSs no lineales en k y c. En el estado estacionario, el término $\alpha k^{\alpha-1}$ es igual a $\rho + \delta$, lo que establece el stock de capital del estado estacionario como $k^* = [(\rho + \delta)/\alpha]^{-1/(1-\alpha)}$. El apartado (*a*) de la ecuación (A.71) determina entonces el nivel de consumo en el estado estacionario como $c^* = (k^*)^\alpha - \delta k^*$. La ecuación (A.74) sugiere que, cuando t tiende a infinito, $\dot{\mu}/\mu$ tiende a $-\rho$, de manera que $\mu(t)$ tiende a $\mu(0) \cdot e^{-\rho t}$. Por tanto, la condición de transversalidad de la ecuación (A.75) se puede expresar como

$$\lim_{t \to \infty} [e^{-\rho t} \cdot k(t)] = 0 \quad \text{(A.77)}$$

La ecuación (A.77) proporciona una condición final, la cual, junto con la condición inicial $k(0) = 1$, da la solución exacta del sistema de EDOs.

Si se toma $\rho = 0{,}06$, $\delta = 0$ y $\alpha = 0{,}3$, este sistema corresponde al sistema no lineal estudiado en la sección A.2.3 con las ecuaciones (A.22) y (A.23), linealizadas más tarde en esa sección con la ecuación (A.38). Ya sabemos que este sistema es estable con trayectoria de punto de silla, y las condiciones iniciales y finales aseguran que la economía parta exactamente del tramo estable. En el texto utilizamos versiones más complicadas de este modelo.

Finalmente, podemos verificar que las condiciones anteriores implican que el valor del hamiltoniano en el estado estacionario es 0, como sugiere la ecuación (A.70):

$$\begin{aligned} \lim_{t \to \infty} [H(t)] &= \lim_{t \to \infty} \{e^{-\rho t} \cdot \log[c(t)]\} + \lim_{t \to \infty} \{\mu(t) \cdot [k(t)^\alpha - c(t) - \delta \cdot k(t)]\} \\ &= \log(c^*) \cdot \lim_{t \to \infty} (e^{-\rho t}) + 0 \cdot \lim_{t \to \infty} [\mu(t)] = 0 + 0 = 0 \end{aligned}$$

Por consiguiente, aunque la ecuación (A.70) es una condición necesaria para la optimización, ya está incluida en las otras condiciones.

A.3.9. Condiciones de transversalidad en problemas de horizonte infinito

La condición de transversalidad en la ecuación (A.75) no es universalmente aceptada como condición necesaria para el problema de horizonte infinito. Halkin (1974) proporciona un ejemplo en el cual el óptimo no satisface la condición de transversalidad.[18] Un contraejemplo aún más famoso es el modelo de crecimiento neoclásico de Ramsey (1928). La diferencia entre el modelo original de Ramsey y el descrito en la sección anterior es que Ramsey no supone descuento. Su versión del modelo es

$$\begin{aligned} &U(0) = \int_0^{\infty} \log\left[c(t)\right] \cdot dt \\ &(a)\ \ \dot{k}(t) = [k(t)^{\alpha} - c(t) - \delta \cdot k(t)] \\ &(b)\ \ k(0) = 1 \\ &(c)\ \ \lim_{t\to\infty} [k(t)] \geq 0 \end{aligned} \tag{A.78}$$

La principal diferencia con la ecuación (A.71) es que ρ ahora se ha igualado a 0. Un problema inmediato con la ecuación (A.78) es que, si $c(t)$ se aproxima asintóticamente a una constante (como en el problema anterior), entonces la utilidad no está acotada. Para resolver este problema, Ramsey expresó el integrando como la desviación de un "punto de dicha". Esta especificación modificada dará por resultado una utilidad acotada si la desviación del punto de dicha se aproxima a 0 a una tasa suficientemente rápida.

En la sección anterior encontramos que el consumo del estado estacionario converge a una constante, dada por $c^* = (k^*)^{\alpha} - \delta k^*$, donde k^* satisface $\alpha \cdot (k^*)^{\alpha-1} = (\rho + \delta)$. Por lo tanto comenzamos con la conjetura de que el consumo del estado estacionario en el modelo presente será $\tilde{c} = \tilde{k}^{\alpha} - \delta\tilde{k}$, donde $\tilde{k}$ satisface $\alpha\tilde{k}^{\alpha-1} = \delta$. La correspondiente función objetivo semejante a la de Ramsey es

$$U(0) = \int_0^{\infty} \left(\log\left[c(t)\right] - \log\left[\tilde{c}\right]\right) \cdot dt \tag{A.79}$$

Para resolver el problema de maximizar $U(0)$, tal como se da en la ecuación (A.79), se construye el hamiltoniano,

$$H(c, k, \mu) = [\log(c) - \log(\tilde{c})] + \mu \cdot (k^{\alpha} - c - \delta k) \tag{A.80}$$

Las condiciones de primer orden son

$$H_c = 1/c - \mu = 0 \tag{A.81}$$

$$H_k = \mu \cdot (\alpha k^{\alpha-1} - \delta) = -\dot{\mu} \tag{A.82}$$

que corresponden a las ecuaciones (A.73) y (A.74).

18. Este ejemplo fue presentado por primera vez en Arrow y Kurz (1970, p. 46). Sin embargo, los autores mencionan que la idea era de Halkin, quien publicó el resultado más tarde en *Econometrica*.

Si c tiende a $\tilde{c}$ cuando t se aproxima a infinito, la ecuación (A.81) sugiere que

$$\lim_{t\to\infty} [\mu(t)] = 1/\tilde{c} > 0 \tag{A.83}$$

Puesto que $\lim_{t\to\infty} [k(t)] = \tilde{k} > 0$, se deduce que $\lim_{t\to\infty} [\mu(t)\cdot k(t)] \neq 0$; por consiguiente, la habitual condición de transversalidad en la ecuación (A.75) es violada.

En la bibliografía hay varios ejemplos de este tipo en los cuales la condición de transversalidad estándar no es una condición necesaria para la optimización. Pitchford (1977) observa que todos los casos conocidos implican descuentos no temporales. Weitzman (1973) muestra que, para problemas de tiempo discreto, una condición de transversalidad análoga a la ecuación (A.75) es necesaria cuando hay descuento temporal y si la función objetivo converge. Benveniste y Scheinkman (1982) muestran que este resultado es válido también en tiempo continuo.

Todos los modelos tratados en este libro destacan el descuento temporal y una función objetivo que converge. Por lo tanto suponemos que la condición de transversalidad en la ecuación (A.75) es una condición necesaria para la optimización de nuestros problemas de horizonte infinito.

A.3.10. Resumen del procedimiento para hallar las condiciones de primer orden

En lugar de repetir toda la deducción cada vez que nos enfrentamos a un problema dinámico, podemos utilizar el siguiente procedimiento tipo receta de cocina.

Paso 1: Construir una función de Hamilton añadiendo a la función de felicidad, $v(\bullet)$, un multiplicador de Lagrange multiplicado por el segundo miembro de la ecuación de transición:

$$H = v(k, c, t) + \mu(t)\cdot g(k, c, t) \tag{A.84}$$

Paso 2: Tomar la derivada del hamiltoniano respecto de la variable de control e igualarla a 0:

$$\partial H/\partial c = \partial v/\partial c + \mu\cdot\partial g/\partial c = 0 \tag{A.85}$$

Paso 3: Tomar la derivada del hamiltoniano respecto de la variable de estado (la variable que aparece con un punto en la ecuación de transición) e igualarla al valor negativo de la derivada del multiplicador respecto del tiempo:

$$\partial H/\partial k \equiv \partial v/\partial k + \mu\cdot\partial g/\partial k = -\dot{\mu} \tag{A.86}$$

Paso 4 (condición de transversalidad):

Caso 1: Horizontes finitos. Igualar a 0 el producto del precio sombra por el stock de capital al final del horizonte de previsión:

$$\mu(T)\cdot k(T) = 0 \tag{A.87}$$

Caso 2: Horizontes infinitos con descuento. La condición de transversalidad es

$$\lim_{t\to\infty} [\mu(t) \cdot k(t)] = 0 \tag{A.88}$$

Caso 3: Horizontes infinitos sin descuento. El contraejemplo de Ramsey muestra que no es necesario aplicar la ecuación (A.88). En este caso se utiliza la condición de Michel,

$$\lim_{t\to\infty} [H(t)] = 0 \tag{A.89}$$

Si se combinan las ecuaciones (A.85) y (A.86) con la ecuación de transición del apartado (*a*) de la ecuación (A.55), es posible formar un sistema de dos ecuaciones diferenciales en las variables μ y k. Alternativamente, se puede utilizar la ecuación (A.85) para transformar la EDO en $\dot{\mu}$ en una EDO en $\dot{c}$. Para que el sistema sea determinado, se necesitan dos condiciones de acotación. Una condición inicial viene dada por el valor de partida de la variable de estado, $k(0)$. Una condición final viene dada por la condición de transversalidad, ecuación (A.87), (A.88) o (A.89), dependiendo de la naturaleza del problema.

A.3.11. Funciones de Hamilton del valor actual y del valor actualizado

La mayoría de los modelos que tratamos en este libro tienen una función objetivo de la forma,

$$\int_0^T v[k(t), c(t), t] \cdot dt = \int_0^T e^{-\rho t} \cdot u[k(t), c(t)] \cdot dt \tag{A.90}$$

donde ρ es una tasa de descuento constante y $e^{-\rho t}$ es un factor de descuento. Una vez que se considera el factor de descuento, la función de felicidad instantánea no depende directamente del tiempo. Si las restricciones son las mismas que antes, el problema se puede resolver construyendo la función de Hamilton,

$$H = e^{-\rho t} \cdot u(k, c) + \mu \cdot g(k, c, t)$$

En esta formulación, el precio sombra $\mu(t)$ representa el valor del stock de capital en el instante t en unidades de utilidad del momento cero.

A veces es conveniente reestructurar el problema en términos de precios de valor actualizados; esto es, precios del stock de capital en el instante t en unidades de utilidad del momento t. Para llevar a cabo esta reestructuración, se reescribe la función de Hamilton como

$$H = e^{-\rho t} \cdot [u(k, c) + q(t) \cdot g(k, c, t)]$$

donde $q(t) \equiv \mu(t) \cdot e^{\rho t}$. La variable $q(t)$ es el *precio sombra de valor actual*. Se define $\hat{H} \equiv He^{\rho t}$ como la *función de Hamilton de valor actualizado:*

$$\hat{H} \equiv u(k, c) + q(t) \cdot g(k, c, t) \tag{A.91}$$

Las condiciones de primer orden aún son $H_c = 0$ y $H_k = -\dot{\mu}$. Sin embargo, estas condiciones pueden ser expresadas en términos de la función de Hamilton de valor actualizado y de precios de valor actualizado como

$$\hat{H}_c = 0 \tag{A.92}$$

$$\hat{H}_k = \rho q - \dot{q} \tag{A.93}$$

La condición de transversalidad, $\mu(T) \cdot k(T) = 0$, pueden ser expresada como

$$q(T) \cdot e^{-\rho T} \cdot k(T) = 0 \tag{A.94}$$

Una cuestión interesante de la ecuación (A.93) es que se parece a una fórmula de precios de activos: q es el precio del capital en términos de utilidad actual, $\hat{H}_k$ es el dividendo que recibe el agente (la contribución marginal de capital a la utilidad), $\dot{q}$ es la ganancia de capital (el cambio de precio del activo), y ρ es la tasa de retorno de un activo alternativo (consumo). La ecuación (A.93) dice que, en el óptimo, el agente es indiferente entre los dos tipos de inversiones porque la tasa total de retorno de capital, $(\hat{H}_k + \dot{q})/q$, es igual al retorno del consumo, ρ.

A.3.12. Múltiples variables

Ahora consideramos un problema dinámico más general con n variables de control y m variables de estado. Se elige $c_1(t), c_2(t), \ldots, c_n(t)$ para maximizar

$$\int_0^T u[k_1(t), \ldots, k_m(t); c_1(t), \ldots, c_n(t); t] \cdot dt, \quad \text{sujeta a}$$

$$\begin{aligned}
\dot{k}_1(t) &= g^1[k_1(t), \ldots, k_m(t), c_1(t), \ldots, c_n(t), t] \\
\dot{k}_2(t) &= g^2[k_1(t), \ldots, k_m(t), c_1(t), \ldots, c_n(t), t] \\
&\ldots \\
\dot{k}_m(t) &= g^m[k_1(t), \ldots, k_m(t), c_1(t), \ldots, c_n(t), t] \\
k_1(0) &> 0, \ldots, k_m(0) > 0, \quad \text{dado} \\
k_1(T) &\geq 0, \ldots, k_m(T) \geq 0, \quad \text{libre}
\end{aligned} \tag{A.95}$$

La solución es similar a la estudiada anteriormente con una variable de control y una variable de estado. La función de Hamilton es

$$H = u[k_1(t), \ldots, k_m(t); c_1(t), \ldots, c_n(t); t] + \sum_{i=1}^{m} \mu_i \cdot g^i(\bullet) \tag{A.96}$$

Las condiciones de primer orden necesarias para un máximo son

$$\partial H/\partial c_i(t) = 0, \qquad i = 1, \ldots, n \tag{A.97}$$

$$\partial H/\partial k_i(t) = -\dot{\mu}_i, \qquad i = 1, \ldots, m \tag{A.98}$$

y las condiciones de transversalidad son

$$\mu_i(T) \cdot k_i(T) = 0, \qquad i = 1, \ldots, m \tag{A.99}$$

A.4. Resultados útiles del álgebra matricial: autovectores y diagonalización de matrices

Dada una matriz n-dimensional cuadrada A, es posible hallar los valores de un escalar α y los correspondientes vectores columna no nulos, tal que

$$(A - \alpha I) \cdot v = 0 \tag{A.100}$$

donde I es la matriz identidad n-dimensional. Observe que la ecuación (A.100) forma un sistema de n ecuaciones lineales homogéneas (es decir, el término constante es 0 para todas las ecuaciones). Para obtener soluciones no triviales, de manera que $v \neq 0$, el determinante de $(A - \alpha I)$ debe anularse:

$$\det(A - \alpha I) = 0 \tag{A.101}$$

La ecuación (A.101) define una ecuación polinómica de grado n en α denominada *ecuación característica*. Típicamente, habrá n soluciones a esta ecuación, que se denominan *raíces características* o *autovalores*.

Por construcción y reordenación de la ecuación (A.101), cada autovalor, α_i, está asociado a un vector v_i (determinado hasta un múltiplo escalar) que satisface

$$Av_i = v_i\alpha_i, \qquad i = 1, \ldots, n \tag{A.102}$$

El vector v_i se denomina *vector característico* o *autovector*. Para todo α_i, la ecuación (A.102) determina un vector columna $n \times 1$(A es $n \times n$, v_i es $n \times 1$ y α_i es 1×1). Estos vectores columna se pueden disponer en una matriz V de dimensión $n \times n$ para obtener

$$AV = VD \tag{A.103}$$

donde V es la matriz de autovectores $n \times n$, y D es una matriz diagonal $n \times n$ con los autovalores como elementos diagonales.

Si $\det(V) \neq 0$, una condición que se verifica si los autovectores son linealmente independientes, V puede ser invertido y la ecuación (A.103) puede ser reescrita como

$$V^{-1}AV = D \tag{A.104}$$

En otras palabras, si se premultiplica A por la inversa de V y se postmultiplica por V, se obtiene una matriz diagonal con los autovalores como elementos diagonales. Este procedimiento se denomina *diagonalización* de una matriz A. Este resultado es útil para resolver sistemas de ecuaciones diferenciales.

Intuitivamente, al diagonalizar una matriz se halla un conjunto de ejes (una *base vectorial*) para la cual la aplicación lineal representada por A puede ser expresada como una matriz diagonal. Los nuevos ejes corresponden a los autovectores. La aplicación lineal en estos ejes transformados viene dada por la matriz diagonal de autovalores.

Se pueden establecer dos resultados útiles. Primero, si todos los autovalores son diferentes, entonces la matriz de autovectores es no singular; es decir, $\det(V) \neq 0$. En este caso, V^{-1} existe y, por consiguiente, la matriz A puede ser diagonalizada.

Un segundo teorema interesante establece que el determinante y la traza (la suma de los elementos de la diagonal principal) de una matriz diagonal son iguales, respectivamente, al determinante y a la traza de la matriz original. Este resultado es útil cuando se quiere conocer los signos de los autovalores. Supongamos, por ejemplo, que A es una matriz 2×2 y que se quiere saber si sus dos autovalores tienen el mismo signo. Si el determinante de A es negativo, el determinante de D será negativo. Pero, como D es diagonal, su determinante es precisamente el producto de los dos autovalores. Por consiguiente, los dos autovalores deben tener signos opuestos.

Como ejemplo, consideremos los autovalores, los autovectores y la matriz diagonal asociada a $A = \begin{bmatrix} 0{,}06 & -1 \\ -0{,}004 & 0 \end{bmatrix}$. Comenzamos construyendo el sistema de ecuaciones

$$(A - \alpha I) \cdot v = \begin{bmatrix} 0{,}06 - \alpha & -1 \\ -0{,}004 & 0 - \alpha \end{bmatrix} \cdot \begin{bmatrix} v_1 \\ v_2 \end{bmatrix} = 0 \qquad \text{(A.105)}$$

Para obtener una solución no trivial, donde $v \neq 0$, debemos tener

$$\begin{vmatrix} 0{,}06 - \alpha & -1 \\ -0{,}004 & 0 - \alpha \end{vmatrix} = 0$$

Esta igualdad determina la ecuación característica $\alpha^2 - 0{,}06 \cdot \alpha - 0{,}004 = 0$, que es satisfecha para dos valores de α: $\alpha_1 = 0{,}1$ y $\alpha_2 = -0{,}04$. Una matriz diagonal asociada a A es por tanto

$$D = \begin{bmatrix} 0{,}1 & 0 \\ 0 & -0{,}04 \end{bmatrix}$$

Para hallar el autovector asociado con el autovalor positivo, $\alpha_1 = 0{,}1$, se sustituye α_1 en la ecuación (A.105):

$$\begin{bmatrix} 0{,}06 - 0{,}1 & -1 \\ -0{,}004 & -0{,}1 \end{bmatrix} \cdot \begin{bmatrix} v_1 \\ v_2 \end{bmatrix} = 0$$

Esta ecuación impone dos condiciones en la relación entre v_{11} y v_{21}: $-0{,}04 \cdot v_{11} - v_{21} = 0$ y $-0{,}004 \cdot v_{11} - 0{,}1 \cdot v_{21} = 0$. La segunda condición es linealmente dependiente de la primera y puede ser ignorada. La solución resultante para v_{11} y v_{21} será por tanto única sólo hasta un múltiplo escalar arbitrario de cada valor. Si normalizamos v_{11} a 1, obtenemos $v_{21} = -0{,}04$. El primer autovector es por tanto $\begin{bmatrix} 1 \\ -0{,}004 \end{bmatrix}$.

Si se repite el procedimiento para $\alpha_2 = -0{,}04$, se obtiene una relación entre v_{12} y v_{22}:$0{,}1 \cdot v_{12} - v_{22} = 0$. Si se normaliza v_{12} a 1, se obtiene $v_{22} = 0{,}1$, y el segundo autovector es $\begin{bmatrix} 1 \\ 0{,}1 \end{bmatrix}$. Los dos autovectores son linealmente independientes, y la matriz de autovectores normalizados es

$$V = \begin{bmatrix} 1 & 1 \\ -0{,}04 & 0{,}1 \end{bmatrix}$$

Ahora se puede comprobar que, en efecto, $V^{-1}AV = D$ calculando la inversa de V:

$$V^{-1} = \begin{bmatrix} 0{,}1/0{,}14 & -1/0{,}14 \\ 0{,}04/0{,}14 & 1/0{,}14 \end{bmatrix}$$

Luego es fácil verificar que $V^{-1}AV$ es la matriz diagonal D mostrada anteriormente.

A.5. Resultados útiles del Cálculo

A.5.1. Teorema de la función implícita

Sea $f(x_1, x_2)$ una función bivariada en el espacio real. Supongamos que $f(\bullet)$ es continua y dos veces diferenciable. Sea $\phi(x_1, x_2) = 0$ una ecuación que implica a x_1 y x_2 sólo a través de $f(x_1, x_2)$ y que implícitamente define x_2 como una función de x_1: $x_2 = \tilde{x}_2(x_1)$. Un ejemplo es $\phi(x_1, x_2) = f(x_1, x_2) - a = 0$, donde a es una constante. El teorema de la función implícita dice que la pendiente de la función implícita, $\tilde{x}_2(x_1)$, es

$$\frac{d\tilde{x}_2}{dx_1} = -\frac{\partial f(x_1, x_2)/\partial x_1}{\partial f(x_1, x_2)/\partial x_2} \tag{A.106}$$

Este resultado es válido tanto si existe o no una función explícita o solución de forma cerrada para $\tilde{x}_2(x_1)$.

Como ejemplo, consideramos la función $f(x_1, x_2) = 3x_1^2 - x_2$ y la ecuación $\phi(x_1, x_2) = 3x_1^2 - x_2 - 1 = 0$. En este caso se puede hallar una función explícita $\tilde{x}_2(x_1) = 3x_1^2 - 1$. Si se aplica el teorema de la función implícita a partir de la ecuación (A.106), se obtiene

$$d\tilde{x}_2/dx_1 = -(6x_1)/(-1) = 6x_1$$

En este ejemplo no se necesita el teorema de la función implícita para calcular $d\tilde{x}_2/dx_1$, porque se puede derivar directamente $\tilde{x}_2(x_1) = 3x_1^2 - 1$ para obtener $6x_1$. Sin embargo, el teorema es útil cuando no existe una solución de forma cerrada para $\tilde{x}_2(x_1)$.

Como otro ejemplo, consideramos $f(x_1, x_2) = \log(x_1) + 3 \cdot (x_1)^2 \cdot x_2 + e^{x_2}$ y la ecuación $\phi(x_1, x_2) = \log(x_1) + 3.(x_1)^2 \cdot x_2 + e^{x_2} - 17 = 0$, la cual define implícitamente x_2 como una función de x_1. No se puede hallar una función explícita $\tilde{x}_2(x_1)$. Sin embargo, se puede calcular la derivada de esta función usando el teorema de la función implícita,

$$d\tilde{x}_2/dx_1 = -[(1/x_1) + 6x_1x_2]/[3 \cdot (x_1)^2 + e^{x_2}]$$

También se dispone de una versión multivariada del teorema de la función implícita. Sea $f(x_1, \ldots, x_n)$ una función n-variada en el espacio real. Supongamos que $f(\bullet)$ es continua y dos veces diferenciable. Sea $\phi(x_1, \ldots, x_n) = 0$ una ecuación que implica $x_1, \ldots, x_n$ sólo a través de $f(x_1, \ldots, x_n)$ y que define implícitamente a x_n como una función de $x_1, x_2, \ldots, x_{n-1}$: $x_n = \tilde{x}_n(x_1, \ldots, x_{n-1})$. El teorema de la función implícita da las derivadas de la función implícita $\tilde{x}_n(x_1, \ldots, x_{n-1})$ como

$$\frac{\partial \tilde{x}_n}{\partial x_i} = -\frac{\partial f(\bullet)/\partial x_i}{\partial f(\bullet)/\partial x_n}, \quad i = 1, \ldots, n-1 \qquad \text{(A.107)}$$

A.5.2. Teorema de Taylor

Sea $f(x)$ una función univariada en el espacio real. El teorema de Taylor dice que es posible aproximar esta función alrededor del punto x^* con un polinomio de grado n como sigue:

$$\begin{aligned} f(x) = {} & f(x^*) + (df/dx)|_{x^*} \cdot (x - x^*) + (d^2f/dx^2)|_{x^*} \cdot (x - x^*)^2 \cdot (1/2!) \\ & + (d^3f/dx^3)|_{x^*} \cdot (x - x^*)^3 \cdot (1/3!) + \cdots \\ & + (d^nf/dx^n)|_{x^*} \cdot (x - x^*)^n \cdot (1/n!) + R_n \end{aligned} \qquad \text{(A.108)}$$

donde $(d^nf/dx^n)|_{x^*}$ es la derivada n de f respecto de x evaluada en el punto x^*, $n!$ es el factorial n $[n \cdot (n-1) \cdot \cdots \cdot 2 \cdot 1]$ y R_n es un resto. La expresión de la ecuación (A.108), con R_n omitida, es el *desarrollo en series de Taylor* de $f(x)$ alrededor x^*. La presencia del resto R_n en la ecuación indica que el desarrollo de Taylor no es una fórmula exacta de $f(x)$. Básicamente, este teorema describe condiciones en las cuales la aproximación mejora a medida que n aumenta.

La exactitud de la fórmula de Taylor —esto es, el tamaño de R_n— se puede comprobar calculando la aproximación a un polinomio. Si la fórmula es útil, deberá reproducir el polinomio exacto. Por ejemplo, si se utiliza un polinomio de grado 3 para aproximar x^3 alrededor 1, se obtiene

$$\begin{aligned} x^3 &= 1^3 + (3 \cdot 1^2) \cdot (x-1) + (6 \cdot 1) \cdot (x-1)^2/2 + 6 \cdot (x-1)^3/6 + R_3 \\ &= 1 + (3x-3) + 3 \cdot (x^2 - 2x + 1) + (x^3 - 3x^2 + 3x - 1) + R_3 \\ &= x^3 \end{aligned}$$

El resto, R_3, es 0 en este caso.

Como otro ejemplo, se puede utilizar un polinomio de orden 4 para aproximar la función no lineal e^x alrededor de 0:

$$\begin{aligned} e^x &= e^0 + e^0 \cdot x + e^0 \cdot (x^2/2) + e^0 \cdot (x^3/6) + e^0 \cdot (x^4/24) + R_4 \\ &= 1 + x + x^2/2 + x^3/6 + x^4/24 + R_4 \end{aligned}$$

La aproximación (la fórmula con R_n omitida) mejora cuando el valor de n aumenta.

Cuando se utiliza un polinomio de orden 1 para aproximar una función alrededor un punto x^*, se dice que *linealiza* la función alrededor x^*. También se puede *linealizar logarítmicamente* una función $f(x)$ utilizando un desarrollo de Taylor de primer orden del $\log(x)$ alrededor de $\log(x^*)$. Las linealizaciones logarítmicas se utilizan frecuentemente en este libro y a menudo son útiles en análisis empíricos.

La versión bidimensional del teorema de Taylor es como sigue. Sea $f(x_1, x_2)$ una función real continua y dos veces diferenciable. Es posible aproximar $f(x_1, x_2)$ alrededor el punto (x_1^*, x_2^*) con un desarrollo de segundo orden como sigue;

$$\begin{aligned} f(x_1, x_2) = {} & f(x_1^*, x_2^*) + f_{x_1}(\bullet) \cdot (x_1 - x_1^*) + f_{x_2}(\bullet) \cdot (x_2 - x_2^*) \\ & + (1/2) \cdot [f_{x_1 x_2}(\bullet) \cdot (x_1 - x_1^*)^2 + 2 \cdot f_{x_1 x_2}(\bullet) \cdot (x_1 - x_1^*) \cdot (x_2 - x_2^*) \\ & + f_{x_2 x_2}(\bullet) \cdot (x_2 - x_2^*)^2] + R_2 \end{aligned} \quad \text{(A.109)}$$

donde $f_{x_i}(\bullet)$ es la derivada parcial de $f(\bullet)$ con respecto a x_i evaluada en (x_1^*, x_2^*), y $f_{x_i x_j}(\bullet)$ es la segunda derivada parcial de $f(\bullet)$ respecto de x_i y x_j evaluada en (x_1^*, x_2^*). La aproximación lineal de $f(\bullet)$ alrededor de (x_1^*, x_2^*) viene dada por los primeros tres términos del segundo miembro de la ecuación (A.109).

A.5.3. Regla de L'Hôpital

Sean $f(x)$ y $g(x)$ dos funciones reales continuas y dos veces diferenciables. Supongamos que los límites de ambas funciones cuando x se aproxima a x^* son 0; es decir,

$$\lim_{x \to x^*} [f(x)] = \lim_{x \to x^*} [g(x)] = 0$$

Supongamos que estamos interesados en el límite del ratio, $f(x)/g(x)$, cuando x se aproxima x^*. En este caso, el ratio toma la forma indeterminada 0/0 cuando x tiende a x^*. La regla de L'Hôpital es

$$\lim_{x\to x^*}\left(\frac{f(x)}{g(x)}\right)=\lim_{x\to x^*}\left(\frac{f'(x)}{g'(x)}\right) \tag{A.110}$$

siempre que el límite en el segundo miembro exista. Si el segundo miembro sigue siendo igual a 0/0, podemos aplicar otra vez la regla de l'Hôpital, hasta obtener con un poco de suerte un resultado que no sea una forma indeterminada. La regla de L'Hôpital se puede aplicar a la forma indeterminada 0/0 y también funciona con la forma indeterminada ∞/∞. Sin embargo, la regla no funciona si $f(x)/g(x)$ tiende a infinito cuando x tiende a x^*.

Como ejemplo, consideramos $f(x)=2x$ y $g(x)=x$. El límite del ratio $f(x)/g(x)$ cuando x tiende a 0 es

$$\lim_{x\to x^*}\left(\frac{f(x)}{g(x)}\right)=\frac{0}{0}=\lim_{x\to x^*}\left(\frac{f'(x)}{g'(x)}\right)=\frac{2}{1}=2$$

A.5.4. Integración por partes

Para integrar una función por partes, observe que la fórmula de la derivada del producto de dos funciones del tiempo, $v_1(t)$ y $v_2(t)$, implica que

$$d[v_1v_2]=v_2\cdot dv_1+v_1\cdot dv_2$$

donde $dv_1=v_1'(t)\cdot dt$ y $dv_2=v_2'(t)\cdot dt$. Se toma la integral de ambos miembros de la ecuación anterior para obtener

$$v_1v_2=\int v_2\cdot dv_1+\int v_1\cdot dv_2$$

Se reordena para obtener la fórmula de integración por partes:

$$\int v_2\cdot dv_1=v_1v_2-\int v_1\cdot dv_2 \tag{A.111}$$

Como ejemplo, calculamos la integral $\int te^t\,dt$. Definimos $v_1=t$ y $dv_2=e^t\,dv$. Integrando dv_2 obtenemos $v_2=e^t$. Tomando la derivada de v_1 se obtiene $dv_1=1$. Con la fórmula de integración por partes de la ecuación (A.111) se obtiene

$$\int te^t dt=te^t-\int e^t dt=e^t\cdot(t-1)$$

A.5.5. Teorema fundamental del Cálculo

Sea $f(t)$ continua en $a \leq t \leq b$. Si $F(t) = \int f(t) \cdot dt$ es la integral indefinida de $f(t)$, de manera que $F'(t) = f(t)$, la integral definida es

$$\int_a^b f(t)\,dt = \int_a^b F'(t)\,dt = F(b) - F(a) \tag{A.112}$$

Una interpretación de la integral definida es que representa el área debajo de la función $f(t)$ entre los puntos a y b (véase la ilustración A.14).

A.5.6. Reglas de derivación de integrales

Derivación respecto de la variable de integración La condición $F'(t) = f(t)$ implica que la derivada de una integral indefinida respecto de la variable de integración, t, es la propia función $f(t)$:

$$\frac{\partial}{\partial t}\left(\int f(t)\,dt\right) = \frac{\partial}{\partial t}[F(t)] = F'(t) = f(t) \tag{A.113}$$

Regla de Leibniz para la derivación de integrales definidas Sea $F(a, b, c)$ la función que describe la integral definida de $f(c, t)$, donde a y b son, respectivamente, los límites inferior y superior de integración, y c es un parámetro de la función $f(\bullet)$:

$$F(a, b, c) = \int_a^b f(c, t) \cdot dt \tag{A.114}$$

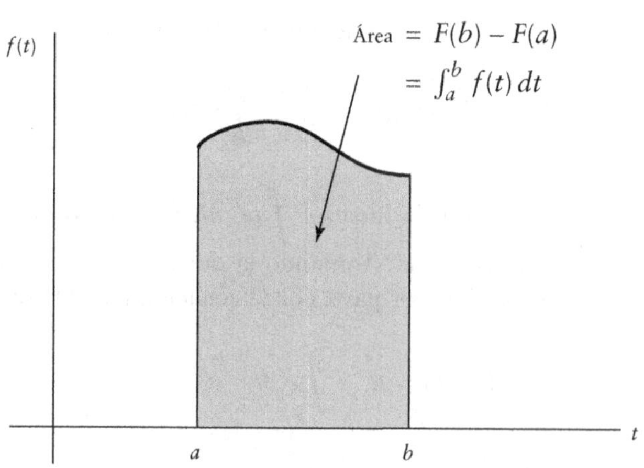

ILUSTRACIÓN A.14 | La integral definida. La integral definida corresponde al área debajo de la curva entre los límites de integración.

Suponemos que $f(c,t)$ tiene una derivada parcial continua respecto de c, $f_c(\bullet) \equiv \partial f(\bullet)/\partial c$. La derivada de $F(\bullet)$ respecto de c es

$$\frac{\partial F(\bullet)}{\partial c} = \int_a^b f_c(c,t)\,dt \tag{A.115}$$

Las derivadas de $F(\bullet)$ respecto de los límites de integración son

$$\frac{\partial F(\bullet)}{\partial b} = \frac{\partial}{\partial b}\left\{\int_a^b f_c(c,t)\,dt\right\} = f(c,t)\,|_{t=b} = f(c,b) \tag{A.116}$$

$$\frac{\partial F(\bullet)}{\partial a} = \frac{\partial}{\partial a}\left\{\int_a^b f_c(c,t)\,dt\right\} = -f(c,t)\,|_{t=a} = -f(c,a) \tag{A.117}$$

Las ecuaciones (A.115)–(A.117) pueden combinarse para obtener la regla de Leibniz de integración. Supongamos que a y b son funciones de c:

$$F(c) = \int_{a(c)}^{b(c)} f(c,t)\cdot dt \tag{A.118}$$

La regla de Leibniz es

$$\frac{dF(c)}{dc} = \int_{a(c)}^{b(c)} f_c(c,t)\cdot dt + f(c,b[c])\cdot b'(c) - f(c,a[c])\cdot a'(c) \tag{A.119}$$

Referencias

Abel, Andrew y Olivier Blanchard (1983). "An Intertemporal Equilibrium Model of Saving and Investment". *Econometrica,* 51, May, 675–692.

Acemoglu, Daron (2002). "Labor- and Capital-Augmenting Technical Change." Unpublished, MIT, November.

Acemoglu, Daron, Simon Johnson y James A. Robinson (2001). "The Colonial Origins of Comparative Development: An Empirical Investigation". *American Economic Review,* 91, December, 1369–1401.

Acemoglu, Daron, Simon Johnson y James A. Robinson (2002). "Reversal of Fortune: Geography and Institutions in the Making of the Modern World Income Distribution". *Quarterly Journal of Economics,* 117, November, 1231–1294.

Ades, Alberto F. y Edward L. Glaeser (1995). "Trade and Circuses: Explaining Urban Giants". *Quarterly Journal of Economics,* 110, February, 195–227.

Aghion, Philippe, Nicholas Bloom, Richard Blundell, Rachel Griffith y Peter Howitt (2002). "Competition and Innovation: An Inverted U Relationship". National Bureau of Economic Research, working paper 9269, October.

Aghion, Philippe, Christopher Harris, Peter Howitt y John Vickers (2001). "Competition, Imitation, and Growth with Step-by-Step Innovation". *Review of Economic Studies,* 68, July, 467–492.

Aghion, Philippe y Peter Howitt (1992). "A Model of Growth Through Creative Destruction". *Econometrica,* 60, March, 323–351.

Aghion, Philippe y Peter Howitt (1998). *Endogenous Growth Theory,* Cambridge MA: MIT Press.

Ainslie, George W. (1992). *Picoeconomics.* Cambridge: Cambridge University Press.

Alesina, Alberto, Arnaud Devleeschauwer, William Easterly, Sergio Kurlat y Romain Wacziarg (2003). "Fractionalization". Unpublished, Harvard University, January.

Arnold, Lutz (1997). "Stability of the Steady-State Equilibrium in the Uzawa–Lucas Model: A Simple Proof". *Zeitschrift für Wirtschafts- und Sozialwissenschaften,* 117, January, 197–207.

Arrow, Kenneth J. (1962). "The Economic Implications of Learning by Doing". *Review of Economic Studies,* 29, June, 155–173.

Arrow, Kenneth J., Hollis B. Chenery, Bagicha S. Minhas y Robert M. Solow (1961). "Capital-Labor Substitution and Economic Efficiency". *Review of Economics and Statistics,* 43, August, 225–250.

Arrow, Kenneth J. y Alain C. Enthoven (1961). "Quasiconcave Programming". *Econometrica,* 29, October, 779–800.

Arrow, Kenneth J. y Mordecai Kurz (1970). "Optimal Growth with Irreversible Investment in a Ramsey Model". *Econometrica,* 38, March, 331–344.

Asher, H. (1956). *Cost-Quantity Relationships in the Airframe Industry*, R-291. Santa Monica, CA: Rand Corporation.

Banco de Bilbao (various issues). *Renta Nacional de España y su Distribucion Provincial.* Bilbao, Banco de Bilbao-Vizcaya.

Barrett, David B. (1982). *World Christian Encyclopedia*, 1st ed. Oxford: Oxford University Press.

Barro, Robert J. (1974). "Are Government Bonds Net Wealth?" *Journal of Political Economy*, 81, December, 1095–1117.

Barro, Robert J. (1984). *Macroeconomics*, 1st ed. New York: Wiley.

Barro, Robert J. (1987). "Government Spending, Interest Rates, Prices, and Budget Deficits in the United Kingdom, 1701–1918". *Journal of Monetary Economics*, 20, September, 221–247.

Barro, Robert J. (1990a). "The Stock Market and Investment". *Review of Financial Studies*, 3, 115–130.

Barro, Robert J. (1990b). "Government Spending in a Simple Model of Endogenous Growth". *Journal of Political Economy*, 98, October, part II, S103–S125.

Barro, Robert J. (1991). "Economic Growth in a Cross Section of Countries". *Quarterly Journal of Economics*, 106, May, 407–443.

Barro, Robert J. (1997). *Macroeconomics*, 5th ed. Cambridge, MA: MIT Press.

Barro, Robert J. (1999). "Laibson Meets Ramsey in the Neoclassical Growth Model". *Quarterly Journal of Economics*, 114, November, 1125–1152.

Barro, Robert J. y Gary S. Becker (1989). "Fertility Choice in a Model of Economic Growth". *Econometrica*, 57, March, 481–501.

Barro, Robert J. y Jong-Wha Lee (1994). "Sources of Economic Growth". *Carnegie-Rochester Conference Series on Public Policy*.

Barro, Robert J. y Jong-Wha Lee (2001). "International Data on Educational Attainment: Updates and Implications". *Oxford Economic Papers*, 53, July, 541–563.

Barro, Robert J., N. Gregory Mankiw y Xavier Sala-i-Martin (1995). "Capital Mobility in Neoclassical Models of Growth". *American Economic Review*, 85, March, 103–115.

Barro, Robert J. y Xavier Sala-i-Martin (1991). "Convergence across States and Regions". *Brookings Papers on Economic Activity*, no. 1, 107–182.

Barro, Robert J. y Xavier Sala-i-Martin (1992a). "Convergence". *Journal of Political Economy*, 100, April, 223–251.

Barro, Robert J. y Xavier Sala-i-Martin (1992b). "Regional Growth and Migration: A Japan–United States Comparison". *Journal of the Japanese and International Economies*, 6, December, 312–346.

Barro, Robert J. y Xavier Sala-i-Martin (1992c). "Public Finance in Models of Economic Growth". *Review of Economic Studies*, 59, October, 645–661.

Barro, Robert y Xavier Sala-i-Martin (1997). "Technological diffusion, convergence, and growth". *Journal of Economic Growth*, 2, March, 1–26.

Baumol, William J. (1986). "Productivity Growth, Convergence, and Welfare: What the Long-Run Data Show". *American Economic Review*, 76, December, 1072–1085.

Becker, Gary S. (1965). "A Theory of the Allocation of Time". *Economic Journal*, 75, September, 493–517.

Becker, Gary S. (1991). "The Demand for Children," chapter 5 in *A Treatise on the Family.* Cambridge, MA: Harvard University Press.

Becker, Gary S. y Robert J. Barro (1988). "A Reformulation of the Economic Theory of Fertility". *Quarterly Journal of Economics,* 103, February, 1–25.

Becker, Gary S., Kevin M. Murphy y Robert Tamura (1990). "Human Capital, Fertility, and Economic Growth". *Journal of Political Economy,* 98, October, part II, S12–S37.

Behrman, Jere R. (1990). "Women's Schooling and Nonmarket Productivity: A Survey and a Reappraisal". Unpublished, University of Pennsylvania.

Benhabib, Jess y Roger E. A. Farmer (1996). "Indeterminacy and Sector-Specific Externalities". *Journal of Monetary Economics,* 37, 397–419.

Benhabib, Jess, Richard Rogerson y Randall Wright (1991). "Homework in Macroeconomics: Household Production and Aggregate Fluctuations". *Journal of Political Economy,* 99, December, 1166–1187.

Benveniste, Lawrence M. y Jose A. Scheinkman (1982). "Duality Theory for Dynamic Optimization Models of Economics: The Continuous Time Case". *Journal of Economic Theory,* 27, June, 1–19.

Bernheim, B. Douglas y Kyle Bagwell (1988). "Is Everything Neutral?" *Journal of Political Economy,* 96, April, 308–338.

Bhalla, Surjit S. (2002). *Imagine There's No Country: Poverty, Inequality and Growth in the Era of Globalization.* Washington, DC: Institute for International Economics.

Blanchard, Olivier (1985). "Debt, Deficits, and Finite Horizons". *Journal of Political Economy,* 93, April, 223–247.

Blanchard, Olivier y Stanley Fischer (1989). *Lectures on Macroeconomics.* Cambridge, MA: MIT Press.

Blanchard, Olivier, Changyong Rhee y Lawrence H. Summers (1993). "The Stock Market, Profit, and Investment". *Quarterly Journal of Economics,* 108, February, 115–136.

Boldrin, Michele y Aldo Rustichini (1994). "Growth and Indeterminacy in Dynamic Models with Externalities". *Econometrica,* 62, March, 323–343.

Bollen, Kenneth A. (1990). "Political Democracy: Conceptual and Measurement Traps". *Studies in Comparative International Development,* Spring, 7–24.

Bond, Eric, Ping Wang y C. K. Yip (1996). "A General Two-Sector Model of Endogenous Growth with Human and Physical Capital: Balanced Growth and Transitional Dynamics". *Journal of Economic Theory,* 68, 149–173.

Borjas, George J. (1992). "Ethnic Capital and Intergenerational Mobility". *Quarterly Journal of Economics,* 107, February, 123–150.

Borjas, George J., Stephen G. Bronars y Stephen J. Trejo (1992). "Self-Selection and Internal Migration in the United States". *Journal of Urban Economics,* 32, September, 159–185.

Borts, George H. y Jerome L. Stein (1964). *Economic Growth in a Free Market,* New York, Columbia University Press.

Bowman, Larry W. (1991). *Mauritius: Democracy and Development in the Indian Ocean,* Boulder, CO: Westview.

Brainard, William C. y James Tobin (1968). "Pitfalls in Financial Model Building". *American Economic Review,* 58, May, 99–122.

Braun, Juan (1993). *Essays on Economic Growth and Migration.* Ph.D. dissertation, Harvard University.

Bresnahan, Tim y Manuel Trajtenberg (1995). "General Purpose Technologies—Engines of Growth?" *Journal of Econometrics, 65*, 1, 83–108.

Brezis, Elise, Paul Krugman y Daniel Tsiddon (1993). "Leapfrogging in International Competition: A Theory of Cycles in National Technological Leadership". *American Economic Review,* 83, December, 1211–1219.

Brock, William A. (1975). "A Simple Perfect Foresight Monetary Model". *Journal of Monetary Economics,* 1, April, 133–150.

Caballe, Jordi y Manuel S. Santos (1993). "On Endogenous Growth with Physical and Human Capital". *Journal of Political Economy,* 101, December, 1042–1067.

Caballero, Ricardo J. y Adam B. Jaffe (1993). "How High are the Giants' Shoulders: An Empirical Assessment of Knowledge Spillovers and Creative Destruction in a Model of Economic Growth". En *NBER Macroeconomics Annual, 1993,* 15–74. Cambridge, MA: MIT Press.

Cannon, Edmund S. (2000). "Economies of Scale and Constant Returns to Capital: A Neglected Early Contribution to the Theory of Economic Growth". *American Economic Review,* 90, March, 292–295.

Canova, Fabio y Albert Marcet (1995). "The Poor Stay Poor: Non-Convergence across Countries and Regions". Unpublished, Universitat Pompeu Fabra.

Caselli, Francesco y Wilbur John Coleman (2001). "Cross-Country Technology Diffusion: The Case of Computers". National Bureau of Economic Research, working paper 8130, February.

Caselli, Francesco, Gerardo Esquivel y Fernando Lefort (1996). "Reopening the Convergence Debate: A New Look at Cross-Country Growth Empirics". *Journal of Economic Growth,* 1996.

Caselli, Francesco y Jaume Ventura (2000). "A Representative Consumer Theory of Distribution". *American Economic Review,* 90, September, 909–926.

Cashin, Paul (1995). "Economic Growth and Convergence across Seven Colonies of Australasia: 1861–1991". *The Economic Record,* 71, 213 June, 132–144.

Cashin, Paul y Norman Loayza (1995). "Paradise Lost? Growth, Convergence and Migration in the South Pacific". IMF working paper no. 95/28, International Monetary Fund.

Cashin, Paul y Ratna Sahay (1995). "Internal Migration, Center-State Grants and Economic Growth in the States of India". IMF working paper.

Cass, David (1965). "Optimum Growth in an Aggregative Model of Capital Accumulation". *Review of Economic Studies,* 32, July, 233–240.

Chamley, Christophe (1992). "The Last Shall Be First: Efficient Constraints on Foreign Borrowing in a Model of Endogenous Growth". *Journal of Economic Theory,* 58, December, 335–354.

Chiswick, Barry R. (1978). "The Effect of Americanization on the Earnings of Foreign-Born Men". *Journal of Political Economy,* 86, October, 897–921.

Christensen, Laurits R., Dianne Cummings y Dale W. Jorgenson (1980). "Economic Growth, 1947–1973: An International Comparison". En John W. Kendrick and Beatrice Vaccara, eds., *New Developments in Productivity Measurement and Analysis,* NBER Conference Report. Chicago: University of Chicago Press.

Chua, Hak B. (1993). "Regional Spillovers and Economic Growth," Ph.D. Dissertation, Harvard University.

Coase, Ronald W. (1960). "The Problem of Social Cost". *Journal of Law and Economics*, 3, October, 1–44.

Coe, David T. y Elhanan Helpman (1995). "International R&D Spillovers". *European Economic Review*, 39, 859–887.

Cohen, Daniel y Jeffrey Sachs (1986). "Growth and External Debt under Risk of Debt Repudiation". *European Economic Review*, 30, June, 526–560.

Collins, Susan M. y Won Am Park (1989). "External Debt and Macroeconomic Performance in South Korea". En Jeffrey D. Sachs, ed., *Developing Country Debt and the World Economy*, 121–140. Chicago: University of Chicago Press.

Connolly, Michelle (1999). "North-South Technological Diffusion: A New Case for Dynamic Gains from Trade". Unpublished, Duke University, September.

Coulombe, Serge y Frank C. Lee (1993). "Regional Economic Disparities in Canada". Unpublished, University of Ottawa, July.

David, Paul A. (1991). "Computer and Dynamo: The Modern Productivity Paradox in a Not-Too-Distant Mirror". En *Technology and Productivity: The Challenge for Economic Policy*. Paris: OECD.

DeLong, J. Bradford (1988). "Productivity Growth, Convergence, and Welfare: Comment". *American Economic Review*, 78, December, 1138–1154.

Denison, Edward F. (1962). "Sources of Growth in the United States and the Alternatives Before Us". Supplement Paper 13. New York: Committee for Economic Development.

Denison, Edward F. (1967). *Why Growth Rates Differ*. Washington, DC: Brookings Institution.

Denison, Edward F. (1974). *Accounting for United States Economic Growth, 1929–1969*. Washington, DC: Brookings Institution.

Diamond, Peter (1965). "National Debt in a Neoclassical Growth Model". *American Economic Review*, 55, December, 1126–1150.

Diewert, W. Erwin (1976). "Exact and Superlative Index Numbers". *Journal of Econometrics*, 4, May, 115–146.

Dinopoulos, Elias y Peter Thompson (1998). "Schumpeterian Growth Without Scale Effects". *Journal of Economic Growth*, 3, December, 313–335.

Dixit, Avinash K. y Joseph E. Stiglitz (1977). "Monopolistic Competition and Optimum Product Diversity". *American Economic Review*, 67, June, 297–308.

Dolado, Juan, Alessandra Goria y Andrea Ichino (1994). "Immigration, Human Capital, and Growth in the Host Country: Evidence from Pooled Country Data". *Journal of Population Economics*, 7, June, 193–215.

Domar, Evsey D. (1946). "Capital Expansion, Rate of Growth, and Employment". *Econometrica*, 14, April, 137–147.

Doppelhofer, Gernot (2000). "Three Essays on the Determinants of Economic Growth". Unpublished Ph.D. dissertation, Columbia University.

Dorfman, Robert (1969). "An Economic Interpretation of Optimal Control Theory". *American Economic Review*, 59, December, 817–831.

Dougherty, Christopher (1991). "A Comparison of Productivity and Economic Growth in the G-7 Countries". Ph.D. dissertation, Harvard University.

Douglas, Paul H. (1972). *In the Fullness of Time: The Memoirs of Paul H. Douglas*, New York, Harcourt Brace Jovanovich.

Dowrick, Steve y Duc Tho Nguyen (1989). "OECD Comparative Economic Growth, 1950–85: Catch-Up and Convergence". *American Economic Review,* 79, December, 1010–1030.

Duczynsti, Petr (2001). "Capital Mobility in Neoclassical Models of Growth". *American Economic Review,* 90, June, 687–694.

Durlauf, Steven N. y Danny T. Quah (1999). "The New Empirics of Economic Growth". En *Handbook of Macroeconomics,* vol. 1, ed. John B. Taylor and Michael Woodford. Amsterdam: North Holland.

Easterlin, Richard A. (1960a). "Regional Growth of Income: Long-Run Tendencies". En Simon Kuznets, Ann Ratner Miller y Richard A. Easterlin, eds., *Population Redistribution and Economic Growth, United States, 1870–1950. II: Analyses of Economic Change.* Philadelphia: American Philosophical Society.

Easterlin, Richard A. (1960b). "Interregional Differences in Per Capita Income, Population, and Total Income, 1840–1950". En *Trends in the American Economy in the Nineteenth Century.* Princeton, NJ: Princeton University Press.

Easterly, William (1993). "How Much Do Distortions Affect Growth?" *Journal of Monetary Economics,* 32, November, 187–212.

Easterly, W. y Ross Levine (1997). "Africa's Growth Tragedy: Politics and Ethnic Divisions". *Quarterly Journal of Economics,* 112(4), 1203–1250.

Easterly, William y Sergio Rebelo (1993). "Fiscal Policy and Economic Growth: An Empirical Investigation". *Journal of Monetary Economics,* 32, December, 417–458.

Elias, Victor J. (1990). *Sources of Growth: A Study of Seven Latin American Economies.* San Francisco: ICS Press.

Ethier, Wilfred J. (1982). "National and International Returns to Scale in the Modern Theory of International Trade". *American Economic Review,* 72, June, 389–405.

Faig, Miguel (1995). "A Simple Economy with Human Capital Accumulation: Transitional Dynamics, Technology Shocks, and Fiscal Policies". *Journal of Macroeconomics,* 17, summer, 421–446.

Feenstra, Robert C. y James R. Markusen (1995). "Accounting for Growth with New Intermediate Inputs". *International Economic Review,* 35, May, 429–447.

Fischer, Stanley (1979). "Anticipations and the Nonneutrality of Money". *Journal of Political Economy,* 87, April, 225–252.

Fishburn, Peter C. y Ariel Rubinstein (1982). "Time Preference". *International Economic Review,* 23, October, 677–693.

Fisher, I. (1930). *The Theory of Interest.* New York: Macmillan.

Frankel, Marvin (1962). "The Production Function in Allocation and Growth: A Synthesis". *American Economic Review,* 52, December, 995–1022.

Galor, Oded y Harl E. Ryder (1989). "Existence, Uniqueness, and Stability of Equilibrium in an Overlapping-Generations Model with Productive Capital". *Journal of Economic Theory,* 49, December, 360–375.

Galor, Oded y David N. Weil (1996). "The Gender Gap, Fertility, and Growth". *American Economic Review,* 86, June, 374–387.

Galor, Oded y David N. Weil (2000). "Population, Technology, and Growth: From Malthusian Stagnation to the Demographic Transition and Beyond". *American Economic Review,* 90, September, 806–828.

Galor, Oded y Joseph Zeira (1993). "Income Distribution and Macroeconomics". *Review of Economic Studies,* 60, January, 35–52.

Gallup, John L. y Jeffrey D. Sachs (1998). "Geography and Economic Development". National Bureau of Economic Research, working paper no. 6849, December.

Gastil, Raymond D. (1987). *Freedom in the World.* Westport, CT: Greenwood Press.

Geary, Robert C. (1950–51). "A Note on 'A Constant Utility Index of the Cost of Living." *Review of Economic Studies,* 18, 1, 65–66.

Gezici, Ferhan y Geoffrey Hewings (2001). "Regional Convergence and the Economic Performance of Peripheral Areas in Turkey". Mimeograph, University of Illinois at Urbana-Champaign.

Goldman, Steven M. (1980). "Consistent Plans". *Review of Economic Studies,* 47, April, 533–537.

Granger, Clive y Harold Uhlig (1990). "Reasonable Extreme-Bounds Analysis". *Journal of Econometrics,* 44, 159–170.

Greenwood, Jeremy y Zvi Hercowitz (1991). "The Allocation of Capital and Time over the Business Cycle". *Journal of Political Economy,* 99, December, 1188–1214.

Greenwood, Jeremy y Boyan Jovanovic (1990). "Financial Development, Growth, and the Distribution of Income". *Journal of Political Economy,* 98, October, 1076–1107.

Greenwood, Michael J. (1975). "Research on Internal Migration in the United States: A Survey". *Journal of Economic Literature,* 13, June, 397–433.

Griliches, Zvi (1957). "Hybrid Corn: An Exploration in the Economics of Technological Change". *Econometrica,* 25, October, 501–522.

Griliches, Zvi (1964). "Research Expenditures, Education, and the Aggregate Agricultural Production Function". *American Economic Review,* 54, December, 961–974.

Griliches, Zvi (1973). "Research Expenditures and Growth Accounting". En B. R. Williams, ed., *Science and Technology in Economic Growth.* New York: Macmillan.

Griliches, Zvi (1979). "Issues in Assessing the Contribution of Research and Development to Productivity Growth". *Bell Journal of Economics,* 10(1), 92–116.

Griliches, Zvi (1988). "Productivity Puzzles and R&D: Another Explanation". *Journal of Economic Perspectives,* 2, Fall, 9–21.

Griliches, Zvi (1997). "The Simon Kuznets Memorial Lecture". Unpublished, Harvard University, October.

Griliches, Zvi y Frank Lichtenberg (1984). "R&D and Productivity Growth at the Industry Level: Is There Still a Relationship". En Zvi Griliches, ed., *R&D, Patents, and Productivity.* Chicago: University of Chicago Press.

Grossman, Gene M. y Elhanan Helpman (1991). *Innovation and Growth in the Global Economy.* Cambridge, MA: MIT Press.

Gulhati, Ravi y Raj Nallari (1990). "Successful Stabilization and Recovery in Mauritius". EDI Development Policy Case Series, Analytical Case Studies, no. 5. Washington, DC: World Bank.

Halkin, Hubert (1974). "Necessary Conditions for Optimal Control Problems with Infinite Horizons". *Econometrica,* 42, March, 267–272.

Hansen, Gary D. y Edward C. Prescott (2002). "Malthus to Solow". *American Economic Review,* 92, September, 1205–1217.

Harrod, Roy F. (1939). "An Essay in Dynamic Theory". *Economic Journal,* 49, June, 14–33.

Harrod, Roy F. (1942). *Toward a Dynamic Economics: Some Recent Developments of Economic Theory and their Application to Policy.* London: Macmillan.

Hart, Peter E. (1995). "Galtonian Regression Across Countries and the Convergence of Productivity". *Oxford Bulletin of Economics and Statistics,* 57, August, 287–293.

Hatton, Timothy J. y Jeffrey G. Williamson (1994). "What Drove the Mass Migrations from Europe in the Late Nineteenth Century?" *Population and Development Review,* 20, September, 1–27.

Hayashi, Fumio (1982). "Tobin's Marginal *q* and Average *q*: A Neoclassical Interpretation". *Econometrica,* 50, January, 213–224.

Heckman, James J. (1976). "A Life-Cycle Model of Earnings, Learning, and Consumption". *Journal of Political Economy,* 84, August, Part 2, S11–S44.

Henderson, J. Vernon (1988). *Urban Development: Theory, Fact, and Illusion.* Oxford: Oxford University Press.

Heston, Alan, Robert Summers y Bettina Aten (2002). *Penn World Table Version 6.1.* Center for International Comparisons at the University of Pennsylvania (CICUP), October.

Hicks, John (1932). *The Theory of Wages.* London: Macmillan.

Hirshleifer, Jack (1987). *Economic Behavior in Adversity.* Chicago: University of Chicago Press.

Hossain, Akhtar (2000). "Convergence of Per Capita Output Levels Across Regions of Bangladesh, 1982–97". IMF working paper.

Hsieh, Chang-Tai (2002). "What Explains the Industrial Revolution in East Asia? Evidence from the Factor Markets". *American Economic Review,* 92, June, 502–526.

Inada, Ken-Ichi (1963). "On a Two-Sector Model of Economic Growth: Comments and a Generalization". *Review of Economic Studies,* 30, June, 119–127.

International Currency Analysis (1991). *World Currency Yearbook, 1988–89.* Brooklyn, NY.

International Monetary Fund (1991). *International Financial Statistics Yearbook,* Washington, DC, International Monetary Fund.

Jaumotte, Florence (1999). "Technological Catch-up and the Growth Process". Unpublished, Harvard University, November.

Jeffreys, Harold (1961). *Theory of Probability,* 3rd ed. Oxford: Oxford University Press.

Jones, Charles I. (1995). "R&D-Based Models of Economic Growth". *Journal of Political Economy,* 103, August, 759–784.

Jones, Charles I. (1999). "Growth: With or Without Scale Effects". *American Economic Review,* 89, May, 139–144.

Jones, Charles I. (2001). "Was an Industrial Revolution Inevitable? Economic Growth over the Very Long Run". *Advances in Economics,* 1(2), Article 1.

Jones, Larry E. y Rodolfo E. Manuelli (1990). "A Convex Model of Equilibrium Growth: Theory and Policy Implications". *Journal of Political Economy,* 98, October, 1008–1038.

Jorgenson, Dale W., Frank M. Gollop y Barbara M. Fraumeni (1987). *Productivity and U.S. Economic Growth.* Cambridge, MA: Harvard University Press.

Jorgenson, Dale W. y Zvi Griliches (1967). "The Explanation of Productivity Change". *Review of Economic Studies,* 34, July, 249–280.

Jorgenson, Dale y Eric Yip (2001). "Whatever Happened to Productivity Growth?" En E. R. Dean, M. J. Harper y C. Hulten, eds., *New Developments in Productivity Analysis*, 205–246. Chicago: University of Chicago Press.

Jovanovic, Boyan y Saul Lach (1991). "The Diffusion of Technological Inequality among Nations". Unpublished, New York University.

Jovanovic, Boyan y Yaw Nyarko (1996). "Learning by Doing and the Choice of Technology". *Econometrica*, 64, November, 1299–1310.

Judd, Kenneth L. (1985). "On the Performance of Patents". *Econometrica*, 53, May, 567–585.

Judson, Ruth (1998). "Economic Growth and Investment in Education: How Allocation Matters". *Journal of Economic Growth*, 3, December, 337–359.

Kaldor, Nicholas (1963). "Capital Accumulation and Economic Growth". En Friedrich A. Lutz and Douglas C. Hague, eds., *Proceedings of a Conference Held by the International Economics Association*. London: Macmillan.

Kamien, Morton I. y Nancy L. Schwartz (1991). *Dynamic Optimization, The Calculus of Variations and Optimal Control in Economics and Management*, 2nd ed. Amsterdam: North Holland.

Kendrick, John W. (1961). *Productivity Trends in the United States*. Princeton, NJ: Princeton University Press.

Kendrick, John W. (1976). *The Formation and Stocks of Total Capital*. New York: Columbia University Press.

Kimball, Miles S. (1987). "Making Sense of Two-Sided Altruism". *Journal of Monetary Economics*, 20, September, 301–326.

King, Robert G. y Ross Levine (1993). "Finance, Entrepreneurship, and Growth: Theory and Evidence". *Journal of Monetary Economics*, December, 513–542.

King, Robert G., Charles I. Plosser y Sergio Rebelo (1988a). "Production, Growth and Business Cycles: I. The Basic Neoclassical Model". *Journal of Monetary Economics*, 21, 2/3 (March/May), 195–232.

King, Robert G., Charles I. Plosser y Sergio Rebelo (1988b). "Production, Growth and Business Cycles: II. New Directions". *Journal of Monetary Economics*, 21, March/May, 309–341.

King, Robert G. y Sergio Rebelo (1993). "Transitional Dynamics and Economic Growth in the Neoclassical Model". *American Economic Review*, 83, September, 908–931.

Knack, Stephen y Philip Keefer (1995). "Institutions and Economic Performance: Cross-Country Tests Using Alternative Institutional Measures". *Economics and Politics*, 7, 207–228.

Knight, Frank H. (1944). "Diminishing Returns from Investment". *Journal of Political Economy*, 52, March, 26–47.

Koopmans, Tjalling C. (1960). "Stationary Ordinal Utility and Impatience". *Econometrica*, 28, April, 287–309.

Koopmans, Tjalling C. (1965). "On the Concept of Optimal Economic Growth". En *The Econometric Approach to Development Planning*. Amsterdam: North Holland, 1965.

Kremer, Michael (1993). "Population Growth and Technological Change: One Million b.c. to 1990". *Quarterly Journal of Economics*, 108, August, 681–716.

Kremer, Michael y James Thomson (1998). "Why Isn't Convergence Instantaneous? Young Workers, Old Workers, and Gradual Adjustment". *Journal of Economic Growth,* 3, March, 5–28.

Krugman, Paul (1979). "A Model of Innovation, Technology Transfer, and the World Distribution of Income". *Journal of Political Economy,* 87, April, 253–266.

Krugman, Paul (1991). "History Versus Expectations". *Quarterly Journal of Economics,* 106, May, 651–667.

Kuhn, Harold W. y Albert W. Tucker (1951). "Nonlinear Programming". En J. Neyman, ed., *Proceedings of the Second Berkeley Symposium on Mathematical Statistics and Probability,* 481–492. Berkeley: University of California Press.

Kurz, Mordecai (1968). "The General Instability of a Class of Competitive Growth Processes". *Review of Economic Studies,* 35, April, 155–174.

Kuznets, Simon (1961). "Economic Growth and the Contribution of Agriculture: Notes on Measurement". *International Journal of Agrarian Affairs,* 3, April, 56–75.

Kuznets, Simon (1973). "Modern Economic Growth: Findings and Reflections". *American Economic Review,* 63, June, 247–258.

Kuznets, Simon (1981). "Modern Economic Growth and the Less Developed Countries". *Conference on Experiences and Lessons of Economic Development in Taiwan.* Taipei: Institute of Economics, Academia Sinica.

Kydland, Finn E. y Edward C. Prescott (1982). "Time to Build and Aggregate Fluctuations". *Econometrica,* 50, November, 1345–1370.

Laibson, David (1994). "Self-Control and Saving". Unpublished, Harvard University, May.

Laibson, David (1996). "Hyperbolic Discount Functions, Undersaving, and Savings Policy". National Bureau of Economic Research, working paper no. 5635, June.

Laibson, David (1997a). "Golden Eggs and Hyperbolic Discounting". *Quarterly Journal of Economics,* 112, May, 443–477.

Laibson, David (1997b). "Hyperbolic Discount Functions and Time Preference Heterogeneity". Unpublished, Harvard University, March.

La Porta, Rafael, Florencio Lopez-de-Silanes, Andrei Shleifer y Robert W. Vishny (1998). "Law and Finance". *Journal of Political Economy,* 106, December, 1113–1155.

Leamer, Edward E. (1978). *Specification Searches.* New York: John Wiley and Sons.

Leamer, Edward E. (1983). "Let's Take the Con Out of Econometrics". *American Economic Review,* 73, March, 31–43.

Leamer, Edward E. (1985). "Sensitivity Analysis Would Help". *American Economic Review,* 75, June, 308–313.

Leontief, Wassily (1941). *The Structure of the American Economy, 1919–1929.* Cambridge, MA: Harvard University Press.

Levine, Ross y David Renelt (1992). "A Sensitivity Analysis of Cross-Country Growth Regressions". *American Economic Review,* 82, September, 942–963.

Lewis, William Arthur (1954). "Economic Development with Unlimited Supplies of Labor". *Manchester School of Economics and Social Studies,* 22, May, 139–191.

Loewenstein, George y Drazen Prelec (1992). "Anomalies in Intertemporal Choice: Evidence and an Interpretation". *Quarterly Journal of Economics,* 107, May, 573–598.

Lucas, Robert E., Jr. (1988). "On the Mechanics of Economic Development". *Journal of Monetary Economics,* 22, July, 3–42.

Lucas, Robert E. (2002). "The Industrial Revolution: Past and Future". En *Lectures in Economic Growth*. Cambridge, Mass.: Harvard University Press.

Maddison, Angus (1982). *Phases of Capitalist Development*. Oxford: Oxford University Press.

Maddison, Angus (1989). *The World Economy in the Twentieth Century*. Paris: OECD.

Maddison, Angus (1991). *Dynamic Forces in Capitalist Development*. Oxford: Oxford University Press.

Maddison, Angus (1992). "A Long-Run Perspective on Saving". *Scandinavian Journal of Economics*, 94, 2, 181–196.

Magalhaes, Andre, Geoffrey Hewings y Carlos Roberto Azzoni (2000). "Spatial Dependence and Regional Convergence in Brazil". Mimeograph, University of Illinois at Urbana-Champaign.

Malthus, Thomas R. (1798). *An Essay on the Principle of Population*. London: W. Pickering, 1986.

Mangasarian, O. L. (1966). "Sufficient Conditions for the Optimal Control of Nonlinear Systems". *SIAM Journal of Control*, 4, February, 139–152.

Mankiw, N. Gregory, David Romer y David N. Weil (1992). "A Contribution to the Empirics of Economic Growth". *Quarterly Journal of Economics*, 107, May, 407–437.

Mansfield, Edwin (1965). "Rates of Return from Industrial R&D". *American Economic Review*, 55, March, 310–322.

Mansfield, Edwin (1985). "How Rapidly Does New Industrial Technology Leak Out?" *Journal of Industrial Economics*, 34, December, 217–223.

Mansfield, Edwin, Mark Schwartz y Samuel Wagner (1981). "Imitation Costs and Patents: An Empirical Study". *Economic Journal*, 91, December, 907–918.

Mas-Colell, Andreu y Assaf Razin (1973). "A Model of Intersectoral Migration and Growth". *Oxford Economic Papers*, 25, March, 72–79.

Matsuyama, Kiminori (1991). "Increasing Returns, Industrialization, and the Indeterminacy of Equilibrium". *Quarterly Journal of Economics*, 106, May, 617–650.

Mauro, Paolo (1995). "Corruption and Growth". *Quarterly Journal of Economics*, 110, August, 681–712.

McCallum, Bennett T. (1984). "Are Bond-Financed Deficits Inflationary? A Ricardian Analysis". *Journal of Political Economy*, 92, February, 123–135.

McCallum, Bennett T. (1989). "Real Business Cycle Models". En Robert J. Barro, ed., *Modern Business Cycle Theory*. Cambridge, MA: Harvard University Press.

Michel, Philippe (1982). "On the Transversality Condition in Infinite Horizon Optimal Problems". *Econometrica*, 50, July, 975–985.

Minasian, Jora R. (1962). "The Economics of Research and Development". En Richard R. Nelson, ed., *The Rate and Direction of Inventive Activity*, NBER Special Conference Series. Princeton, NJ: Princeton University Press.

Mino, Kazuo (1996). "Analysis of a Two-Sector Model of Endogenous Growth with Capital Income Taxation". *International Economic Review*, 37, February, 227–251.

Molle, Willem, Bas Van Holst y Hans Smits (1980). *Regional Disparity and Economic Development in the European Community*. Westmead, England: Saxon House.

Mulligan, Casey B. (1993). "On Intergenerational Altruism, Fertility, and the Persistence of Economic Status". Ph.D. dissertation, University of Chicago.

Mulligan, Casey B. y Xavier Sala-i-Martin (1991). "A Note on the Time-Elimination Method for Solving Recursive Economic Models". National Bureau of Economic Research Technical Working Paper no. 116, November.

Mulligan, Casey B. y Xavier Sala-i-Martin (1993). "Transitional Dynamics in Two-Sector Models of Endogenous Growth". *Quarterly Journal of Economics*, 108, August, 737–773.

Murphy, Kevin M., Andrei Shleifer y Robert W. Vishny (1989). "Industrialization and the Big Push". *Quarterly Journal of Economics*, 106, May, 503–530.

Murphy, Kevin M. y Finis Welch (1990). "Empirical Age-Earnings Profiles". *Journal of Labor Economics*, 8, April, 202–229.

Nelson, Richard R. y Edmund S. Phelps (1966). "Investment in Humans, Technological Diffusion, and Economic Growth". *American Economic Review*, 56, May, 69–75.

Ohyama, Michihiro y Ronald W. Jones (1993). "Technology Choice, Overtaking and Comparative Advantage". Unpublished, University of Rochester, December.

O'Leary, Eoin (2000). "Convergence of Living Standards Across Irish Regions: The Role of Demography and Productivity: 1960–1996". Mimeograph, University College Cork.

Peretto, Pietro (1998). "Technological Change and Population Growth". *Journal of Economic Growth*, 3, December, 283–311.

Persson, Joakim (1997). "Convergence across the Swedish counties, 1911–1993". *European Economic Review*, 41, December, 1835–1852.

Petrakos, George y Yannis Saratsis (2000). "Regional Inequalities in Greece". *Papers in Regional Science*, 79, 57–74.

Phelps, Edmund S. (1962). "The New View of Investment: A Neoclassical Analysis". *Quarterly Journal of Economics*, 76, November, 548–567.

Phelps, Edmund S. (1966). *Golden Rules of Economic Growth*. New York: Norton.

Phelps, Edmund S. y Robert A. Pollak (1968). "On Second-Best National Saving and Game-Equilibrium Growth". *Review of Economic Studies*, 35, April, 185–199.

Pitchford, John D. (1977). *Applications of Control Theory to Economic Analysis*. Amsterdam: North Holland.

Pollak, Robert A. (1968). "Consistent Planning". *Review of Economic Studies*, 35, April, 201–208.

Pontryagin, Lev S., et al. (1962). *The Mathematical Theory of Optimal Processes*. New York: Interscience Publishers.

Quah, Danny (1993). "Galton's Fallacy and Tests of the Convergence Hypothesis". *Scandinavian Journal of Economics*, 95, 4, 427–443.

Quah, Danny (1996). "Twin Peaks: Growth and Convergence in Models of Distribution Dynamics". *Economic Journal*, 106, July, 1045–1055.

Raftery, Adrian E., David Madigan y Jennifer A. Hoeting (1997). "Bayesian Model Averaging for Linear Regression Models". *Journal of the American Statistical Association*, 92, 179–191.

Ramsey, Frank (1928). "A Mathematical Theory of Saving". *Economic Journal*, 38, December, 543–559.

Rapping, Leonard (1965). "Learning and World War II Production Functions". *Review of Economics and Statistics*, 47, February, 81–86.

Rebelo, Sergio (1991). "Long-Run Policy Analysis and Long-Run Growth". *Journal of Political Economy,* 99, June, 500–521.

Reinganum, Jennifer F. (1989). "The Timing of Innovation: Research, Development, and Diffusion". En Richard Schmalensee and Robert D. Willig, eds., *Handbook of Industrial Organization,* vol. 1. New York: North Holland.

Ricardo, David (1817). *On the Principles of Political Economy and Taxation.* Cambridge: Cambridge University Press, 1951.

Rivera-Batiz, Luis A. y Paul M. Romer (1991). "Economic Integration and Endogenous Growth". *Quarterly Journal of Economics,* 106, May, 531–555.

Roback, Jennifer (1982). "Wages, Rents, and the Quality of Life". *Journal of Political Economy,* 90, December, 1257–1278.

Robinson, Joan (1938). "The Classification of Inventions". *Review of Economic Studies,* 5, February, 139–142.

Romer, Paul M. (1986). "Increasing Returns and Long-Run Growth". *Journal of Political Economy,* 94, October, 1002–1037.

Romer, Paul M. (1987). "Growth Based on Increasing Returns Due to Specialization". *American Economic Review,* 77, May, 56–62.

Romer, Paul M. (1990). "Endogenous Technological Change". *Journal of Political Economy,* 98, October, part II, S71–S102.

Romer, Paul M. (1992). "Two Strategies for Economic Development: Using Ideas and Producing Ideas". En World Bank, *Annual Conference on Economic Development,* Washington, DC.

Romer, Paul M. (1993). "Idea Gaps and Object Gaps in Economic Development". *Journal of Monetary Economics,* 32, December, 543–573.

Rybczynski, T. M. (1955). "Factor Endowments and Relative Commodity Prices". *Economica,* 22, November, 336–341.

Saint-Paul, Gilles (1992). "Fiscal Policy in an Endogenous Growth Model". *Quarterly Journal of Economics,* 107, November, 1243–1259.

Sala-i-Martin, Xavier (1990). "On Growth and States". Unpublished Ph.D. dissertation, Harvard University.

Sala-i-Martin, Xavier (1997a). "I Just Ran Four Million Regressions". National Bureau of Economic Research working paper no. 6252, November.

Sala-i-Martin, Xavier (1997b). "I Just Ran Two Million Regressions". *American Economic Review,* 87, December, 178–183.

Sala-i-Martin, Xavier (2003a). "The World Distribution of Income, 1970–2000". Unpublished, Columbia University.

Sala-i-Martin, Xavier (2003b). "Estimating Consumption Poverty and the World Distribution of Consumption, 1970–2000". Unpublished, Columbia University.

Sala-i-Martin, Xavier, Gernot Doppelhofer y Ronald Miller (2003). "Determinants of Long-Term Growth: A Bayesian Averaging of Classical Estimates (BACE) Approach". Unpublished, Columbia University.

Samuelson, Paul A. (1954). "The Pure Theory of Public Expenditure". *Review of Economics and Statistics,* 36, November, 387–389.

Samuelson, Paul A. (1958). "An Exact Consumption-Loan Model of Interest with or without the Social Contrivance of Money". *Journal of Political Economy,* 66, December, 467–482.

Sanchez-Robles, Blanca y Jose Villaverde (2001). "Polarizacion, Convergencia y Movilidad entre las provincias espanolas, 1955–1997". *Revista Asturiana de Economia,* May, 259–270.

Schmookler, Jacob (1966). *Invention and Economic Growth.* Cambridge, MA: Harvard University Press.

Schultz, T. Paul (1989). "Returns to Women's Education". PHRWD Background Paper 89/001, World Bank, Population, Health, and Nutrition Department, Washington, DC.

Schumpeter, Joseph A. (1934). *The Theory of Economic Development.* Cambridge, MA: Harvard University Press.

Schwarz, Gideon (1978). "Estimating the Dimension of a Model". *The Annals of Statistics,* 6, 461–464.

Searle, Allan D. (1946). "Productivity Changes in Selected Wartime Shipbuilding Programs". *Monthly Labor Review.*

Segerstrom, Paul S. (1991). "Innovation, Imitation, and Economic Growth". *Journal of Political Economy,* 99, August, 807–827.

Segerstrom, Paul S. (1998). "Endogenous Growth Without Scale Effects". *American Economic Review,* 88, December, 1290–1310.

Shell, Karl (1967). "A Model of Inventive Activity and Capital Accumulation". En Karl Shell, ed., *Essays on the Theory of Optimal Economic Growth,* 67–85. Cambridge, MA: MIT Press.

Sheshinski, Eytan (1967). "Optimal Accumulation with Learning by Doing". En Karl Shell, ed., *Essays on the Theory of Optimal Economic Growth,* 31–52. Cambridge, MA: MIT Press.

Shioji, Etruso (1997). "It's Still 2 %: Evidence on Convergence from 116 Years of the US States Panel Data". Working Paper Universitat Pompeu Fabra.

Sidrauski, Miguel (1967). "Rational Choice and Patterns of Growth in a Monetary Economy". *American Economic Review,* 57, May, 534–544.

Smith, Adam (1776). *An Inquiry into the Nature and Causes of the Wealth of Nations.* New York: Random House, 1937.

Solow, Robert M. (1956). "A Contribution to the Theory of Economic Growth". *Quarterly Journal of Economics,* 70, February, 65–94.

Solow, Robert M. (1957). "Technical Change and the Aggregate Production Function". *Review of Economics and Statistics,* 39, August, 312–320.

Solow, Robert M. (1969). "Investment and Technical Change". En Kenneth J. Arrow et al., eds., *Mathematical Methods in the Social Sciences.* Palo Alto, CA: Stanford University Press.

Spence, Michael (1976). "Product Selection, Fixed Costs, and Monopolistic Competition". *Review of Economic Studies,* 43, June, 217–235.

Srinivasan, T. N. (1964). "Optimal Savings in a Two-Sector Model of Growth". *Econometrica,* 32, July, 358–373.

Stiglitz, Joseph E. (1969). "Distribution of Income and Wealth among Individuals". *Econometrica,* 37, July, 382–397.

Stone, Richard (1954). "Linear Expenditure Systems and Demand Analysis: An Application to the Pattern of British Demand". *Economic Journal,* 64, September, 511–527.

Streissler, Erich (1979). "Growth Models as Diffusion Processes: II". *Kyklos,* 32, 3, 571–586.

Strotz, Robert H. (1956). "Myopia and Inconsistency in Dynamic Utility Maximization". *Review of Economic Studies*, 23, 165–180.

Summers, Lawrence H. (1981). "Taxation and Corporate Investment: A *q*-Theory Approach". *Brookings Papers on Economic Activity*, no. 1, 67–127.

Summers, Robert y Alan Heston (1991). "The Penn World Table (Mark 5): An Expanded Set of International Comparisons, 1950–1988". *Quarterly Journal of Economics*, 106, May, 327–368.

Swan, Trevor W. (1956). "Economic Growth and Capital Accumulation". *Economic Record*, 32, November, 334–361.

Teece, David J. (1977). "Technological Transfer by Multinational Firms: The Resource Cost of Transferring Technological Know-How". *Economic Journal*, 87, June, 242–261.

Temple, Jonathan (1999). "The New Growth Evidence". *Journal of Economic Literature*, 37, March, 112–156.

Temple, Robert (1986). *The Genius of China*. New York: Simon and Schuster.

Terleckyj, Nestor E. (1958). "Factors Underlying Productivity: Some Empirical Observations". *Journal of the American Statistical Association*, 53, June.

Thaler, Richard (1981). "Some Empirical Evidence on Dynamic Inconsistency". *Economics Letters*, 8, 201–207.

Thompson, Earl A. (1976). "Taxation and National Defense". *Journal of Political Economy*, 82, August, 755–782.

Thörnqvist, Leo (1936). "The Bank of Finland's Consumption Price Index". *Bank of Finland Monthly Bulletin*, no. 10, 1–8.

U.S. Department of Commerce, Bureau of the Census (1975). *Historical Statistics of the United States, Colonial Times to 1970*. Washington, DC: U.S. Government Printing Office.

U.S. Department of Commerce, Bureau of the Economic Analysis (2002). *State Personal Income, 1929–87*. Washington, DC: U.S. Government Printing Office.

U.S. Department of Commerce, Bureau of the Census (1990). *Statistical Abstract of the United States*. Washington, DC: U.S. Government Printing Office.

Utrera, Gaston Ezequiel y Javier Adolfo Koroch (1998). "Convergencia: Evidencia empírica para las provincias argentinas (1953–1994)". En *Anales de la XXXIII Reunión Anual de la Asociación Argentina de Economi Politica*, November.

Uzawa, Hirofumi (1961). "Neutral Inventions and the Stability of Growth Equilibrium". *Review of Economic Studies*, 28, February, 117–124.

Uzawa, Hirofumi (1964). "Optimal Growth in a Two-Sector Model of Capital Accumulation". *Review of Economic Studies*, 31 (January), 1–24.

Uzawa, Hirofumi (1965). "Optimal Technical Change in an Aggregative Model of Economic Growth". *International Economic Review*, 6, January, 18–31.

Uzawa, Hirofumi (1968). "Time Preference, the Consumption Function, and Optimum Asset Holdings". En J. N. Wolfe, ed., *Value, Capital, and Growth*. Chicago, Aldine.

Ventura, Jaume (1997). "Growth and Interdependence". *Quarterly Journal of Economics*, 112, February, 57–84.

Von Furstenberg, George M. (1977). "Corporate Investment: Does Market Valuation Matter in the Aggregate?" *Brookings Papers on Economic Activity*, no. 2, 347–397.

Von Neumann, John (1937). "Über ein Ökonomisches Gleichungssystem und eine Verallgemeinerung des Brouwerschen". *Ergebnisse eines Mathematische Kolloquiums,* 8, translated by Karl Menger as "A Model of General Equilibrium," *Review of Economic Studies* (1945), 13, 1–9.

Wahl, Jenny Bourne (1985). "Fertility in America: Historical Patterns and Wealth Effects on the Quantity and Quality of Children". Ph.D. dissertation, University of Chicago.

Weil, Philippe (1987). "Love Thy Children: Reflections on the Barro Debt Neutrality Theorem". *Journal of Monetary Economics,* 19, May, 377–391.

Weil, Philippe (1989). "Overlapping Families of Infinitely Lived Agents". *Journal of Public Economics,* 38, March, 183–198.

Weitzman, Martin L. (1973). "Duality Theory for Infinite Horizon Convex Models". *Management Science,* 19, 783–789.

Woodberry, Robert D. (2002). "The Shadow of Empire: Church-State Relations, Colonial Policy, and Democracy in Postcolonial Societies". Unpublished, University of North Carolina, November.

World Bank (1990). *World Development Report, 1990.* Washington, DC: World Bank.

Wright, Theodore P. (1936). "Factors Affecting the Cost of Airplanes". *Journal of the Aeronautical Sciences,* 3, 122–128.

Xie, Danyang (1992). "Three Essays on Economic Growth and Development". Ph.D. dissertation, University of Chicago.

Yaari, Menahem E. (1965). "Uncertain Lifetime, Life Insurance, and the Theory of the Consumer". *Review of Economic Studies,* 32, April, 137–150.

Yao, Yudong y Melvyn Weeks (2000). "Provincial Income Convergence in China, 1953–1997: A Panel Data Approach". Mimeograph, University of Cambridge.

York, Jeremy C., David Madigan, I. Ivar Heuch y Rolv Terje Lie (1995). "Estimating a Proportion of Birth Defects by Double Sampling: A Bayesian Approach Incorporating Covariates and Model Uncertainty". *Applied Statistics,* 44, 227–242.

Young, Allyn (1928). "Increasing Returns and Economic Progress". *Economic Journal,* 38, December, 527–542.

Young, Alwyn (1989). "Hong Kong and the Art of Landing on One's Feet: A Case Study of a Structurally Flexible Economy". Ph.D. dissertation, Fletcher School, Tufts University, May.

Young, Alwyn (1992). "A Tale of Two Cities: Factor Accumulation and Technical Change in Hong Kong and Singapore". *NBER Macroeconomics Annual, 1992,* 13–54. Cambridge, MA: MIT Press.

Young, Alwyn (1993). "Invention and Bounded Learning by Doing". *Journal of Political Economy,* 101, June, 443–472.

Young, Alwyn (1995). "The Tyranny of Numbers: Confronting the Statistical Realities of the East Asian Growth Experience". *Quarterly Journal of Economics,* 110, August, 641–680.

Young, Alwyn (1998). "Growth Without Scale Effects". *Journal of Political Economy,* 106, February, 41–63.

Índice alfabético

Made in the USA
Monee, IL
05 November 2026

67858065R00374